9783848763085
AF821185

NomosKommentar

Prof. Dr. Rolf Schwartmann
Prof. Dr. Heinz-Joachim Pabst [Hrsg.]

Landesdatenschutzgesetz

Nordrhein-Westfalen

Handkommentar

Dominique Braun, Referentin beim Landesbeauftragten für den Datenschutz und die Informationsfreiheit Rheinland-Pfalz, Mainz | **Dr. Martin Eßer**, Maître en droit (Paris XI), Referatsleiter und Datenschutzbeauftragter bei der Bundesanstalt für Finanzdienstleistungsaufsicht (BaFin), Bonn/Frankfurt am Main | **Prof. Dr. Lorenz Franck**, Hochschule des Bundes für öffentliche Verwaltung, Brühl | **Maximilian Hermann**, LL.M., Rechtsanwalt, Köln | **Dr. Tobias Jacquemain**, LL.M., Mitglied der Geschäftsführung der GDD e.V., Bonn | **Paul C. Johannes**, LL.M., Rechtsanwalt, stellv. Geschäftsführer provet im Wissenschaftlichen Zentrum der Informationstechnik-Gestaltung (ITeG) an der Universität Kassel | **Dr. Lutz Martin Keppeler**, Rechtsanwalt, Köln | **Robin L. Mühlenbeck**, Kölner Forschungsstelle für Medienrecht, TH Köln | **Prof. Dr. Heinz-Joachim Pabst**, Hochschule des Bundes für öffentliche Verwaltung, Brühl | **Yvette Reif**, LL.M., Rechtsanwältin, stellvertretende Geschäftsführerin der GDD e.V., Bonn | **Prof. Dr. Rolf Schwartmann**, Kölner Forschungsstelle für Medienrecht, TH Köln, Vorsitzender der GDD e.V., Bonn | **Robert Weinhold**, Rechtsanwalt, Düsseldorf

Nomos

Zitiervorschlag: *Bearbeiter* in HK-LDSG NRW

Die Deutsche Nationalbibliothek verzeichnet diese Publikation in der Deutschen Nationalbibliografie | detaillierte bibliografische Daten sind im Internet über http://dnb.d-nb.de abrufbar.

ISBN 978-3-8487-6308-5

1. Auflage 2020
© Nomos Verlagsgesellschaft, Baden-Baden 2020. Gedruckt in Deutschland. Alle Rechte, auch die des Nachdrucks von Auszügen, der fotomechanischen Wiedergabe und der Übersetzung, vorbehalten.

Vorwort

Mit Inkrafttreten der Datenschutzgrundverordnung (EU) 2016/679 und dem zeitgleichen Erlass der Richtlinie (EU) 2016/680 (JI-Richtlinie) ist das Datenschutzrecht in der Europäischen Union weithin neu geordnet worden. Der föderalen Ordnung der Bundesrepublik Deutschland ist es geschuldet, dass Vorschriften zur Umsetzung der DS-GVO als auch der JI-Richtlinie sowohl auf der Ebene des Bundes als auch im Recht der Länder erlassen werden müssen. Der Landesgesetzgeber des Landes Nordrhein-Westfalen ist dieser Aufgabe mit dem Landesdatenschutzgesetzes NRW nachgekommen. Die Regelungsgegenstände bezüglich der vorgenannten europarechtlichen Vorgaben unterschieden sich dabei grundlegend.

Die Umsetzung der DS-GVO beschränkt sich aufgrund des Wesens der EU-Verordnung als unmittelbar geltendes Recht auf die Normierung von Durchführungsbestimmungen und die begrenzte Wahrnehmung der landesspezifischen Regelungsspielräume aufgrund der in der DS-GVO vorgesehenen Öffnungsklauseln. Dies hat zur Folge, dass die Kommentierung insoweit nur im begrenzten Maße materielle Regelungen des Datenschutzrechts zum Gegenstand hat. Insoweit kann das Verständnis des komplexen Verordnungsrechts nicht alleine auf Grundlage dieser Kommentierung entstehen, vielmehr bedarf es des Heranziehens einschlägiger Kommentierungen zur DS-GVO. Eine wichtige Aufgabe des Kommentars liegt in diesem Zusammenhang darin, das Landesrecht in den Rahmen des übergeordneten EU-Rechts einzupassen und es in seinem Bezugsrahmen zu präsentieren und zu erläutern.

Für den Bereich der Umsetzung der JI-Richtlinie war der Landesgesetzgeber dagegen gehalten, im Landesdatenschutzgesetz Vollregelungen zu den einzelnen Bestimmungen des Richtlinienrechts vorzunehmen, so dass diese Vorschriften eher aus sich heraus verständlich sind und insoweit auch inhaltlich vollständig kommentiert werden. Von diesem Regelungsweg weicht der Landesgesetzgeber allerdings immer dann ab, wenn er Regelungen der DS-GVO für den Bereich der Umsetzung der JI-Richtlinie für entsprechend anwendbar erklärt.

Die Kommentierung versucht im Rahmen dieser Vorgaben dennoch, dem Leser ein möglichst vollständiges Bild des für NRW geltenden Datenschutzrechts zu vermitteln, sei es durch ergänzende Erläuterungen des materiellen Datenschutzrechts nach der DS-GVO, sei es durch Verweise auf entsprechende Hinweise zur DS-GVO. Ihr besonderer Nutzen liegt aber in der Darstellung der landesspezifischen Besonderheiten. Diese sind derzeit weniger von der Rechtsprechung im Bundesland geprägt, als von der – nach zwei Jahren DS-GVO und LDSG-NRW – vorliegenden ersten Rechtsprechung des Europäischen Gerichtshofes, die es in den Landeskontext einzuordnen gilt.

Herausgeber und Autorenteam haben dabei besonderes Augenmerk auf die Bearbeitung aktueller sowie intensiv und kontrovers diskutierter Praxisfragen gelegt. Das betrifft etwa die Frage nach der datenschutzrechtlichen Stellung von Abgeordneten, die Kommunikation von Behörden über soziale Mediendienste, die datenschutzrechtliche Verantwortung von Hochschulen im Verhältnis zu den Hochschullehrern und die Reichweite der Generalermächtigung zur Datenverarbeitung durch öffentliche Stellen.

Die Kommentierungen folgen jeweils einem vergleichbaren Aufbau. Nach einer Literaturübersicht folgt eine Nennung der einschlägigen Bestimmungen der DS-GVO sowie eine kurze synoptische Gegenüberstellung von DS-GVO, LDSG

NRW und BDSG. In der Folge wird ein kurzer Abriss zu Inhalt und Zwecksetzung der Norm einschließlich des Blicks auf das frühere Landesrecht gegeben. Im Anschluss an die eigentliche Kommentierung finden sich dann Praxishinweise.

Die Kommentatoren sind zu guten Teilen Praktiker, darunter sowohl auf dem Gebiet des Datenschutzrechts tätige Rechtsanwälte als auch Vertreter der Datenschutzaufsicht sowie praxisorientierte Wissenschaftler. So kann sichergestellt werden, dass die verschiedenen Fragestellungen unter Einbeziehung aller Akteure im Bereich des Datenschutzes beleuchtet werden.

Die Bearbeitung befindet sich auf dem Stand von Februar 2020.

Die Herausgeber danken den Autorinnen und Autoren für ihre engagierte Mitarbeit und Herrn Dr. Ganzhorn vom Verlag für die kompetente und unkomplizierte Begleitung des Werks. Der Gesellschaft für Datenschutz und Datensicherheit (GDD) e.V. gilt Dank für die Beratung mit Blick auf die Belange der datenschutzrechtlichen Praxis.

Köln, im Februar 2020

Rolf Schwartmann

Heinz-Joachim Pabst

Inhaltsverzeichnis

Kapitel 3
Vorschriften für besondere Verarbeitungssituationen

Abschnitt 1: Besondere Verarbeitungssituationen im Anwendungsbereich der Verordnung (EU) 2016/679

Abschnitt 2: Besondere Verarbeitungssituationen außerhalb des Anwendungsbereiches der Verordnung (EU) 2016/679

Kapitel 4
Pflichten des Verantwortlichen

Kapitel 5
Die oder der Landesbeauftragte für Datenschutz und Informationsfreiheit

Kapitel 6
Die oder der behördliche Datenschutzbeauftragte

Kapitel 7
Straf- und Bußgeldvorschriften

Teil 3
Umsetzung der Richtlinie (EU) 2016/680

Kapitel 1
Allgemeine Bestimmungen

Kapitel 2
Grundsätze

Kapitel 3
Rechte der betroffenen Personen

Kapitel 4
Pflichten der Verantwortlichen und Auftragsverarbeiter

Bearbeiterverzeichnis

Dominique Braun Referentin beim Landesbeauftragten für den Datenschutz und die Informationsfreiheit Rheinland-Pfalz, Mainz	§§ 45, 46
Dr. Martin Eßer Maître en droit (Paris XI), Referatsleiter und Datenschutzbeauftragter bei der Bundesanstalt für Finanzdienstleistungsaufsicht (BaFin), Bonn/Frankfurt am Main	§ 36
Prof. Dr. Lorenz Franck Hochschule des Bundes für öffentliche Verwaltung, Brühl	§§ 47–59, 66
Maximilian Hermann, LL.M. Rechtsanwalt, Köln	§§ 3, 70–72 (zs. mit Schwartmann/Mühlenbeck) §§ 6, 7, 12, 17, 19 (zs. mit Schwartmann)
Dr. Tobias Jacquemain, LL.M. Mitglied der Geschäftsführung der Gesellschaft für Datenschutz und Datensicherheit (GDD) e.V., Bonn	§§ 22, 23, 32–34 § 20 (zs. mit Schwartmann)
Paul C. Johannes, LL.M. Rechtsanwalt, stellvertretender Geschäftsführer provet im Wissenschaftlichen Zentrum der Informationstechnik-Gestaltung (ITeG) an der Universität Kassel	§ 40 §§ 37–39, 41–44, 62–65 (zs. mit Weinhold)
Dr. Lutz Martin Keppeler Rechtsanwalt, Köln	§§ 10, 13–15, 24
Robin L. Mühlenbeck Kölner Forschungsstelle für Medienrecht, TH Köln	§§ 3, 70–72 (zs. mit Schwartmann/Hermann) §§ 4, 9, 11, 16 (zs. mit Schwartmann)
Prof. Dr. Heinz-Joachim Pabst Hochschule des Bundes für öffentliche Verwaltung, Brühl	§§ 1, 2, 5, 8, 21, 25–31, 35, 60, 61, 67–69

Yvette Reif, LL.M. Rechtsanwältin, stellvertretende Geschäftsführerin der Gesellschaft für Datenschutz und Datensicherheit (GDD) e.V., Bonn	§ 18
Prof. Dr. Rolf Schwartmann Kölner Forschungsstelle für Medienrecht, TH Köln, Vorsitzender der Gesellschaft für Datenschutz und Datensicherheit (GDD) e.V., Bonn	§§ 3, 70–72 (zs. mit Hermann/Mühlenbeck) §§ 4, 9, 11, 16 (zs. mit Mühlenbeck) §§ 6, 7, 12, 17, 19 (zs. mit Hermann) § 20 (zs. mit *Jacquemain*)
Robert Weinhold Rechtsanwalt, Düsseldorf	§§ 37–39, 41–44, 62–65 (zs. mit Johannes)

Abkürzungsverzeichnis

2. DSAnpUG-EU	Zweites Datenschutz-Anpassungs- und Umsetzungsgesetz EU – 2. DSAnpUG-EU
aA	anderer Ansicht
aaO	am angegebenen Ort
abl.	ablehnend
Abs.	Absatz
Abschn.	Abschnitt
abw.	abweichend
aE	am Ende
aF	alte Fassung
AG	Amtsgericht
allg.	allgemein
allgA	allgemeine Ansicht
allgM	allgemeine Meinung
aM	anderer Meinung
Anh.	Anhang
Anm.	Anmerkung
Art.	Artikel
Aufl.	Auflage
ausdr.	ausdrücklich
ausf.	ausführlich
Az.	Aktenzeichen
Bd.	Band
BDSG	Bundesdatenschutzgesetz
BeamtStG	Beamtenstatusgesetz
BeckOK DatenschutzR	Wolff/Brink (Hrsg.), BeckOK Datenschutzrecht in Bund und Ländern, 29. Edition 2019
BeckOK KommunalR NRW	Dietlein/Heusch (Hrsg.), BeckOK Kommunalrecht Nordrhein-Westfalen, 9. Edition 2019
BeckOK PolR NRW	Möstl/Kugelmann (Hrsg.), BeckOK Polizei und Ordnungsrecht Nordrhein-Westfalen, 11. Edition 2018
Begr.	Begründung
Bek.	Bekanntmachung
ber.	berichtigt
bes.	besonders
Beschl.	Beschluss
BfDI	Bundesbeauftragte(r) für den Datenschutz und die Informationsfreiheit
BGBl.	Bundesgesetzblatt
BGH	Bundesgerichtshof
bspw.	beispielsweise
BVerfG	Bundesverfassungsgericht
bzgl.	bezüglich
bzw.	beziehungsweise
ders.	derselbe
dh	das heißt

Dok.	Dokument
Drs.	Drucksache
DS-GVO	Datenschutz-Grundverordnung; Verordnung (EU) 2016/679
DSRL	Datenschutzrichtlinie; Richtlinie 95/46/EG
DVBl	Deutsches Verwaltungsblatt
E	Entwurf
EG	Europäische Gemeinschaft; Erwägungsgrund
EL	Ergänzungslieferung
eV	eingetragener Verein
ebd.	ebenda
Einf.	Einführung
eingetr.	eingetragen
Einl.	Einleitung
einschl.	einschließlich
einschr.	einschränkend
Entsch.	Entscheidung
entspr.	entsprechend
Erkl.	Erklärung
Erl.	Erlass; Erläuterung
ErwG	Erwägungsgrund
etc	et cetera
EU	Europäische Union
EuGH	Europäischer Gerichtshof
EUR	Euro (bei Geldbeträgen)
eur.	europäisch
evtl.	eventuell
f., ff.	folgende
Fn.	Fußnote
geänd.	geändert
gem.	gemäß
GG	Grundgesetz
ggf.	gegebenenfalls
GO	Gemeindeordnung
GRCh	Grundrechte-Charta
grds.	grundsätzlich
hA	herrschende Auffassung
HdB	Handbuch
HK-DS-GVO/BDSG	Schwartmann/Jaspers/Thüsing/Kugelmann (Hrsg.), DS-GVO/BDSG. Datenschutz-Grundverordnung mit Bundesdatenschutzgesetz, 2018
hL	herrschende Lehre
hM	herrschende Meinung
Hrsg.	Herausgeber
Hs.	Halbsatz
iA	im Auftrag
idF	in der Fassung
idR	in der Regel
idS	in diesem Sinne

ieS	im engeren Sinne
iHv	in Höhe von
inkl.	inklusive
insbes.	insbesondere
insg.	insgesamt
iS	im Sinne
iSd	im Sinne des
iSv	im Sinne von
iÜ	im Übrigen
iVm	in Verbindung mit
iwS	im weiteren Sinne
JI-RL	JI-Richtlinie; Richtlinie (EU) 2016/680
Kap.	Kapitel
krit.	kritisch
LArchG	Landesarchivgesetz
LDSG	Landesdatenschutzgesetz
LfDI	Landesbeauftragte(r) für den Datenschutz und die Informationsfreiheit
LG	Landgericht
lit.	litera
Lit.	Literatur
Ls.	Leitsatz
LV	Landesverfassung
mAnm	mit Anmerkung
mE	meines Erachtens
mind.	Mindestens
MinG	Ministergesetz
Mitt.	Mitteilung(en)
mN	mit Nachweisen
mwN	mit weiteren Nachweisen
mWv	mit Wirkung von
mzN	mit zahlreichen Nachweisen
nrkr	nicht rechtskräftig
nv	nicht veröffentlicht
Nachw.	Nachweise
nF	neue Fassung
Nov.	Novelle
Nr.	Nummer(n)
NRW	Nordrhein-Westfalen
o.a.	oben angegeben, angeführt
oÄ	oder Ähnliches
og	oben genannt
OLG	Oberlandesgericht
POG	Polizeigesetz
RdErl.	Runderlass
resp.	respektive
RhPf	Rheinland-Pfalz
Rn.	Randnummer
RP	Rheinland-Pfalz

Rspr.	Rechtsprechung
s.	siehe
s. o.	siehe oben
s. u.	siehe unten
Slg	Sammlung
sog.	sogenannt/so genannt
TMG	Telemediengesetz
ua	unter anderem
uam	und anderes mehr
uä	und ähnlich
uÄ	und Ähnliches
UAbs.	Unterabsatz
uE	unseres Erachtens
umstr.	umstritten
unstr.	unstreitig
usw	und so weiter
uU	unter Umständen
uVm	und Vieles mehr
v.	von/vom
VG	Verwaltungsgericht
vgl.	vergleiche
vorl.	vorläufig
wN	weitere Nachweise
zB	zum Beispiel
Ziff.	Ziffer
zit.	zitiert
zT	zum Teil
zust.	zustimmend
zutr.	zutreffend
zw.	zweifelhaft
zzgl.	zuzüglich

Literaturverzeichnis

Die im Werk zitierten Onlinequellen wurden zuletzt im Februar 2020 abgerufen.

Albrecht, Jan Philipp/Jotzo, Florian, Das neue Datenschutzrecht der EU. Grundlagen, Gesetzgebungsverfahren, Synopse, 2016 (zitiert: *Albrecht/Jotzo*)

Auernhammer, hrsg. von Eßer, Martin/Kramer, Philipp/v. Lewinski, Kai, DS-GVO/BDSG, Datenschutz-Grundverordnung/Bundesdatenschutzgesetz und Nebengesetze, 6. Aufl. 2018 (zitiert: *Bearbeiter* in Auernhammer DS-GVO/BDSG)

Bergmann, Lutz/Möhrle, Roland/Herb, Armin, Datenschutzrecht. Kommentar zum Bundesdatenschutzgesetz, den Datenschutzgesetzen der Länder und zum bereichsspezifischen Datenschutz, Loseblatt, Stand 2018
(zitiert: *Bergmann/Möhrle/Herb* BDSG)

Calliess, Christian/Ruffert, Matthias (Hrsg.), EUV/AEUV, 5. Aufl. 2016
(zitiert: *Bearbeiter* in Calliess/Ruffert EUV/AEUV)

Däubler, Wolfgang/Wedde, Peter/Weichert, Thilo/Sommer, Imke (Hrsg.), EU-Datenschutz-Grundverordnung und BDSG-neu. Kompaktkommentar, 2018
(zitiert: *Bearbeiter* in Däubler/Wedde/Weichert/Sommer DS-GVO/BDSG)

Dietlein, Johannes/Heusch, Andreas (Hrsg.), BeckOK Kommunalrecht Nordrhein-Westfalen, 9. Aufl. 2019 (zitiert: *Bearbeiter* in BeckOK KommunalR NRW)

Ehmann, Eugen/Selmayr, Martin (Hrsg.), Datenschutz-Grundverordnung, 2. Aufl. 2018
(zitiert: Bearbeiter in Ehmann/Selmayr DS-GVO)

Feiler, Lukas/Forgó, Nikolaus, EU-DSGVO. EU-Datenschutz-Grundverordnung, 2016
(zitiert: *Feiler/Forgó* DS-GVO)

Gierschmann, Sibylle/Schlender, Katharina/Stentzel, Rainer/Veil, Winfried (Hrsg.), Kommentar Datenschutz-Grundverordnung, 2017
(zitiert: *Bearbeiter* in Gierschmann/Schlender/Stentzel/Veil DS-GVO)

Gola, Peter (Hrsg.), DS-GVO. Datenschutz-Grundverordnung – VO (EU) 2016/679, 2. Aufl. 2018 (zitiert: *Bearbeiter* in Gola DS-GVO)

Gola, Peter/Heckmann, Dirk, BDSG. Bundesdatenschutzgesetz. Kommentar, 13. Aufl. 2019 (zitiert: *Bearbeiter* in *Gola/Heckmann* BDSG)

Grabitz, Eberhard/Hilf, Meinhard/Nettesheim, Martin (Hrsg.), Das Recht der Europäischen Union: EUV/AEUV, Loseblatt, Stand 67. Aufl. 2019
(zitiert: *Bearbeiter* in Grabitz/Hilf/Nettesheim EUV/AEUV)

von der Groeben, Hans/Schwarze, Jürgen/Hatje, Armin (Hrsg.), Europäisches Unionsrecht. Vertrag über die Europäische Union. Vertrag über die Arbeitsweise der Europäischen Union. Charta der Grundrechte der Europäischen Union, 7. Aufl. 2015 (zitiert: *Bearbeiter* in von der Groeben/Schwarze/Hatje EUV/AEUV)

Hartig, Judith/Klink, Judith/Eiermann, Helmut (Hrsg.), Landesdatenschutzgesetz Rheinland-Pfalz, 2009 (zit.: *Bearbeiter* in Hartig/Klink/Eiermann LDSG aF)

Hill, Hermann/Kugelmann, Dieter/Martini, Mario (Hrsg.), Digitalisierung in Recht, Politik und Verwaltung, 2018 (zitiert: *Bearbeiter* in Hill/Kugelmann/Martini Digitalisierung in Recht, Politik und Verwaltung)

Hill, Hermann/Kugelmann, Dieter/Martini, Mario (Hrsg.), Perspektiven der digitalen Lebenswelt, 2017 (zitiert: *Bearbeiter* in Hill/Kugelmann/Martini Perspektiven der digitalen Lebenswelt)

Jandt, Silke/Steidle, Roland (Hrsg.), Datenschutz im Internet, 2018
(zitiert: Bearbeiter in *Jandt/Steidle* Datenschutz im Internet)

Jarass, Hans D., Charta der Grundrechte der Europäischen Union. Kommentar, 3. Aufl. 2016 (zitiert: *Jarass* GRCh)

Jarass, Hans D./Pieroth, Bodo, Grundgesetz für die Bundesrepublik Deutschland. Kommentar, 15. Aufl. 2018 (zitiert: *Jarass/Pieroth* GG)

Johannes, Paul C./Weinhold, Robert, Das neue Datenschutzrecht bei Polizei und Justiz, 2018 (zitiert: *Johannes/Weinhold* Das neue DSR bei Polizei und Justiz)

Koreng, Ansgar/Lachenmann, Matthias (Hrsg.), Formularbuch Datenschutzrecht, 2. Aufl. 2018 (zitiert: *Bearbeiter* in Koreng/Lachenmann DatenschutzR-FormHdB)

Kühling, Jürgen/Buchner, Benedikt (Hrsg.), DS-GVO/BDSG. Datenschutzgrundverordnung, Bundesdatenschutzgesetz. Kommentar, 2. Aufl. 2018 (zitiert: *Bearbeiter* in Kühling/Buchner DS-GVO/BSDG

Kühling, Jürgen/Klar, Manuel/Sackmann, Florian, Datenschutzrecht, 4. Aufl. 2018 (zitiert: *Kühling/Klar/Sackmann* Datenschutzrecht)

Kühling, Jürgen/Martini, Mario et al., Die Datenschutz-Grundverordnung und das nationale Recht. Erste Überlegungen zum innerstaatlichen Regelungsbedarf, 2016 (zitiert: *Kühling/Martini et al.* DS-GVO und nationales Recht)

Lachmayer, Konrad/von Lewinski, Kai (Hrsg.), Datenschutz im Rechtsvergleich. Deutschland – Österreich, 2019 (zitiert: *Bearbeiter* in Lachmayer/von Lewinski Datenschutz im Rechtsvergleich)

Laue, Philip/Kremer, Sascha, Das neue Datenschutzrecht in der betrieblichen Praxis, 2. Aufl. 2019 (zitiert: *Laue/Kremer* Das neue Datenschutzrecht in der betrieblichen Praxis)

Lisken, Hans/Denninger, Erhard (Hrsg.), Handbuch des Polizeirechts. Gefahrenabwehr, Strafverfolgung, Rechtsschutz, 6. Aufl. 2018 (zitiert: *Bearbeiter* in Lisken/Denninger PolR-HdB)

Möstl, Dieter/Kugelmann, Markus (Hrsg.), BeckOK Polizei und Ordnungsrecht Nordrhein-Westfalen, 11. Edition 2018 (zitiert: *Bearbeiter* in BeckOK PolR NRW)

Paal, Boris P./Pauly, Daniel A. (Hrsg.), Datenschutz-Grundverordnung/Bundesdatenschutzgesetz: DSGVO/BDSG, 2. Aufl. 2018 (zitiert: *Bearbeiter* in Paal/Pauly DS-GVO/BDSG)

Plath, Kai-Uwe (Hrsg.), BDSG/DSGVO. Kommentar zu DSGVO, BDSG und den Datenschutzbestimmungen des TMG und TKG, 3. Aufl. 2018 (zitiert: *Bearbeiter* in Plath DS-GVO/BDSG)

Roßnagel, Alexander (Hrsg.), Handbuch Datenschutzrecht. Die neuen Grundlagen für Wirtschaft und Verwaltung, 2003 (zitiert: *Bearbeiter* in Roßnagel HB DSR)

Roßnagel, Alexander (Hrsg.), Europäische Datenschutzgrundverordnung. Vorrang des Unionsrechts – Anwendbarkeit des nationalen Rechts, 2017 (zitiert: *Bearbeiter* in Roßnagel DS-GVO)

Roßnagel, Alexander (Hrsg.), Das neue Datenschutzrecht. Europäische Datenschutz-Grundverordnung und deutsche Datenschutzgesetze, 2018 (zitiert: *Bearbeiter* in Roßnagel Das neue DSR)

Schantz, Peter/Wolff, Heinrich Amadeus, Das neue Datenschutzrecht. Datenschutzgrundverordnung und Bundesdatenschutzgesetz in der Praxis, 2017 (zitiert: *Bearbeiter* in Schantz/Wolff Das neue DSR)

Schneider, Datenschutz nach der EU-Datenschutzgrundverordnung, 2017 (zitiert: *Schneider* Datenschutz)

Schwartmann/Hermann/Mühlenbeck, Datenschutzrechtliche Zulässigkeit der Kenntlichmachung des Entzugs eines Doktorgrades in (Online-)Bibliothekskatalogen, September 2018, abrufbar unter https://ombudsman-fuer-die-wissenschaft.de/wp-content/uploads/2019/06/Schwartmann_Gutachten_Ombudsman_26092018.pdf (zuletzt abgerufen: 27.6.2019) (zitiert: *Schwartmann/Hermann/Mühlenbeck* Rechtsgutachten Entzug Doktorgrad)

Schwartmann, Rolf/Jaspers, Andreas/Thüsing, Gregor/Kugelmann, Dieter (Hrsg.), DS-GVO/BDSG. Datenschutz-Grundverordnung mit Bundesdatenschutzgesetz, 2018 (zitiert: *Bearbeiter* in HK-DS-GVO/BDSG)

Seckelmann, Margrit (Hrsg.), Digitalisierte Verwaltung – Vernetztes E-Government, 2. Aufl. 2019 (zitiert: *Bearbeiter* in Seckelmann Digitalisierte Verwaltung)

Seckelmann, Margrit, Evaluation und Recht. Strukturen, Prozesse und Legitimationsfragen staatlicher Wissensbeschaffung durch (Wissenschafts-)Evaluationen, 2018 (zitiert: *Seckelmann* Evaluation und Recht)

Simitis, Spiros/Hornung, Gerrit/Spiecker gen. Döhmann, Indra (Hrsg.), Datenschutzrecht. DSGVO mit BDSG, Datenschutz-Grundverordnung, Bundesdatenschutzgesetz. Kommentar, 2019
(zitiert: *Bearbeiter* in Simitis/Hornung/Spiecker gen. Döhmann BDSG/DS-GVO)

Stern, Klaus/Becker, Florian (Hrsg.), Grundrechte-Kommentar, 3. Aufl. 2019
(zitiert: Bearbeiter in Stern/Becker GG)

Streinz, Rudolf (Hrsg.), EUV/AEUV. Vertrag über die Europäische Union, Vertrag über die Arbeitsweise der Europäischen Union, Charta der Grundrechte der Europäische Union, 3. Aufl. 2018 (zitiert: *Bearbeiter* in Streinz EUV/AEUV)

Sydow, Gernot (Hrsg.), Bundesdatenschutzgesetz. Handkommentar, 2020
(zitiert: *Bearbeiter* in Sydow BDSG)

Sydow, Gernot (Hrsg.), Europäische Datenschutzgrundverordnung. Handkommentar, 2. Aufl. 2018 (zitiert: *Bearbeiter* in Sydow DS-GVO)

Taeger, Jürgen/Gabel, Detlev (Hrsg.), EU-DSGVO und BDSG 2018, 3. Aufl. 2018
(zitiert: *Bearbeiter* in Taeger/Gabel DS-GVO/BDSG)

Wolff, Heinrich Amadeus/Brink, Stefan (Hrsg.), BeckOK Datenschutzrecht in Bund und Ländern, 29. Edition 2019
(zitiert: *Bearbeiter* in BeckOK DatenschutzR DS-GVO/BDSG)

Wybitul, Tim, Handbuch EU-Datenschutz-Grundverordnung, 2017
(zitiert: *Wybitul* Handbuch DS-GVO)

Zöller, Mark A./Esser, Robert (Hrsg.), Justizielle Medienarbeit im Strafverfahren. Entwurf des Arbeitskreises Strafprozessrecht und Polizeirecht (ASP) für eine die Pressefreiheit und das Persönlichkeitsrecht schützende Auskunftserteilung im Strafverfahren, 2019
(zitiert: *Bearbeiter* in Zöller/Esser Justizielle Medienarbeit im Strafverfahren)

Datenschutzgesetz Nordrhein-Westfalen (DSG NRW)

Vom 17. Mai 2018 (GV. NRW. S. 244, ber. S. 278, 404)

Teil 1
Allgemeine Bestimmungen

§ 1 Zweck

(1) [1]Dieses Gesetz trifft die zur Durchführung der Verordnung (EU) 2016/679 des Europäischen Parlaments und des Rates vom 27. April 2016 zum Schutz natürlicher Personen bei der Verarbeitung personenbezogener Daten, zum freien Datenverkehr und zur Aufhebung der Richtlinie 95/46/EG (Datenschutz-Grundverordnung) (ABl. L 119 vom 4.5.2016, S. 1, L 314 vom 22.11.2016, S. 72) notwendigen ergänzenden Regelungen. [2]Innerhalb der Grenzen der Verordnung (EU) 2016/679 werden spezifische Anforderungen an die Verarbeitung personenbezogener Daten geregelt.

(2) Dieses Gesetz dient ebenfalls der Umsetzung der Richtlinie (EU) 2016/680 des Europäischen Parlaments und des Rates vom 27. April 2016 zum Schutz natürlicher Personen bei der Verarbeitung personenbezogener Daten durch die zuständigen Behörden zum Zweck der Verhütung, Ermittlung, Aufdeckung oder Verfolgung von Straftaten oder der Strafvollstreckung sowie zum freien Datenverkehr und zur Aufhebung des Rahmenbeschlusses 2008/977/JI des Rates (ABl. L 119 vom 4.5.2016, S. 89).

Verwandte Norm DS-GVO:

Art. 1 Gegenstand und Ziele

(1) Diese Verordnung enthält Vorschriften zum Schutz natürlicher Personen bei der Verarbeitung personenbezogener Daten und zum freien Verkehr solcher Daten.

(2) Diese Verordnung schützt die Grundrechte und Grundfreiheiten natürlicher Personen und insbesondere deren Recht auf Schutz personenbezogener Daten.

(3) Der freie Verkehr personenbezogener Daten in der Union darf aus Gründen des Schutzes natürlicher Personen bei der Verarbeitung personenbezogener Daten weder eingeschränkt noch verboten werden.

Öffnungsklausel in der DS-GVO für nationale Regelung:

Kurzübersicht zum Verhältnis der entscheidenden Normen			
Norm des DSG NRW	Entsprechende Norm der DS-GVO	Entsprechende Norm des BDSG	Öffnungsklausel der DS-GVO
§ 1 DSG NRW	Art. 1 DS-GVO		

Literatur:

Kühling/Martini ua, Die Datenschutz-Grundverordnung und das nationale Recht – Erste Überlegungen zum innerstaatlichen Regelungsbedarf, 2016; *Schantz/Wolff*, Das neue Datenschutzrecht, Datenschutz-Grundverordnung und Bundesdatenschutzgesetz in der Praxis, 2017.

A. Grundlagen

I. Gesamtverständnis, Zweck der Norm und Verhältnis zu anderen Normen

1 Mit dem Erlass der Verordnung (EU) 2016/679 (DS-GVO) sind große Teile des Datenschutzrechts innerhalb der Europäischen Union einheitlich und verbindlich geregelt worden. Die DS-GVO betrifft gleichermaßen die Verarbeitung personenbezogener Daten durch Private Unternehmen wie durch öffentliche Stellen in der Europäischen Union. Gemeinsam mit der Richtlinie (EU) 2016/680 (JI-Richtlinie), die den Schutz personenbezogener Daten speziell für den Bereich Polizei und Justiz betrifft, ist damit ein umfassender gemeinsamer Rahmen für den Schutz personenbezogener Daten in der Europäischen Union geschaffen worden.

2 Das Datenschutzrecht ist – auch nach Erlass der DS-GVO – gekennzeichnet durch ein Nebeneinander unmittelbar geltenden Unionsrechts, ergänzender nationaler Durchführungsbestimmungen, gegenüber der DS-GVO aufgrund von Öffnungsklauseln erlassener abweichender nationaler Bestimmungen sowie nationalen Rechts im Wege der Umsetzung von Richtlinienrecht. Aufgrund der innerstaatlichen Aufteilung der gesetzlichen Kompetenzen von Bund und Ländern finden sich Regelungen zum Datenschutzrecht dann sowohl auf Bundesebene – vor allem mit Erlass des Bundesdatenschutzgesetzes (BDSG) – als auch zum Länderdatenschutzrecht, hier in Gestalt des DSG NRW. § 1 DSG NRW zeichnet diese Strukturen teilweise nach.

3 § 1 DSG NRW ist in Absatz 1 dem Charakter der DS-GVO geschuldet. Die DS-GVO ist einerseits unmittelbar bindendes Recht der Europäischen Union, und verbietet den Mitgliedstaaten im Regelfall, von dem durch die Verordnung vorgegebenen Datenschutzniveau im Negativen wie im Positiven abzuweichen. Die DS-GVO enthält andererseits aber auch Öffnungsklauseln, die es den Mitgliedstaaten ermöglichen, im Rahmen der Reichweite dieser Klauseln abweichendes nationales Recht zu setzen. Gleichermaßen finden sich ergänzende Vorschriften, die zur Durchführung der DS-GVO notwendig sind.

4 Den Komplex notwendiger Durchführungsbestimmungen normiert das DSG NRW in Teil 2 des Gesetzes. Teil 2 enthält auch, bspw. in Kapitel 2, abweichende Vorschriften, gestützt auf Art. 23 DS-GVO.

5 Absatz 2 beschreibt die weitere Funktion des DSG NRW, nämlich die Umsetzung der Richtlinie (EU) 2016/680 des Europäischen Parlaments und des Rates vom 27.4.2016 zum Schutz natürlicher Personen bei der Verarbeitung personenbezogener Daten durch die zuständigen Behörden zum Zweck der Verhütung, Ermittlung, Aufdeckung oder Verfolgung von Straftaten oder der Straf-

vollstreckung sowie zum freien Datenverkehr und zur Aufhebung des Rahmenbeschlusses 2008/977/JI des Rates (ABl. L 119 vom 4.5.2016, S. 89), der Datenschutz-Richtlinie Justiz und Inneres, kurz JI-Richtlinie. Die entsprechenden Vorschriften finden sich in Teil 3 des Gesetzes.

II. Bisherige Rechtslage

Entsprechend der Rechtslage nach dem alten DSG NRW bedurfte es keines Verweises auf vorrangige europarechtliche Normen. § 1 DSG NRW aF beinhaltete nur eine allgemeine Aussage zur Aufgabe des Gesetzes, nämlich den Einzelnen davor zu schützen, dass er durch die Verarbeitung personenbezogener Daten durch öffentliche Stellen in unzulässiger Weise in seinem Recht beeinträchtigt wird, selbst über die Preisgabe und Verwendung seiner Daten zu bestimmen. Das Gesetz nahm insoweit ausdrücklich das informationelle Selbstbestimmungsrecht in Bezug. 6

B. Kommentierung

I. Absatz 1 – Regelungen bezogen auf die Verordnung (EU) 2016/679 (DS-GVO)

§ 1 Abs. 1 beschreibt die Stellung des DSG NRW im Gefüge der DS-GVO sowie die sich hieraus ergebenden Regelungsbefugnisse des Landesgesetzgebers. 7

Grundsätzlich bedarf es aufgrund des Wesens der Verordnung nach Art. 288 Abs. 2 AEUV keiner nationalen Umsetzungsakte.[1] Auch ist die Verordnung entsprechend Art. 288 Abs. 2 AEUV in allen ihren Teilen verbindlich und gilt unmittelbar in jedem Mitgliedstaat. Bezüglich beider Aspekte weicht die DS-GVO vom Idealbild der Verordnung ab und eröffnet dem nationalen Gesetzgeber Regelungsbefugnisse bzw. Regelungsspielräume. 8

1. Befugnis zum Erlass von Durchführungsbestimmungen

Ungeachtet der Aussagen des Art. 288 Abs. 2 AEUV kann eine Verordnung als sog. hinkende Verordnung die Berechtigung und Verpflichtung zum Erlass nationaler Durchführungsbestimmungen vorsehen,[2] insbesondere wenn die entsprechenden Ziele nicht durch Durchführungsverordnungen nach Art. 291 Abs. 3 AEUV erreicht werden können. Entsprechende Vorschriften sind in der DS-GVO enthalten, so etwa in Art. 51 DS-GVO über die Errichtung nationaler Aufsichtsbehörden. Der Erlass der betreffenden Regelungen für das Land NRW ist nach § 1 Abs. 1 Zweck des DSG NRW. 9

Verbunden mit der zuvor erwähnten grundsätzlichen Entbehrlichkeit nationaler Umsetzungsakte ist nach allgemeiner Ansicht ein **Normwiederholungsverbot** im nationalen Recht.[3] Eine Ausnahme wird dann gemacht, wenn im Mitgliedstaat das Regelungsziel der Verordnung erst durch das Zusammentreffen gemeinschaftsrechtlicher und einzelstaatlicher und Vorschriften sichergestellt werden kann; in diesem Fall sind mitgliedstaatliche Gesetze auch dann unionsrechtskonform, wenn sie im Interesse ihres inneren Zusammenhangs und ihrer Ver- 10

1 Vgl. *Ruffert* in Callies/Ruffert AEUV Art. 288 Rn. 20; *Schroeder* in Streinz AEUV Art. 288 Rn. 43.
2 *Ruffert* in Callies/Ruffert AEUV Art. 288 Rn. 21; *Schroeder* in Streinz AEUV Art. 288 Rn. 46.
3 Vgl. *Ruffert* in Callies/Ruffert AEUV Art. 288 Rn. 20; *Schroeder* in Streinz AEUV Art. 288 Rn. 43.

ständlichkeit für die Adressaten bestimmte Punkte der Unionsverordnungen wiederholen.[4] Entsprechend kommt der Gesetzgeber des DSG NRW nicht umhin, an verschiedenen Stellen Inhalte der DS-GVO zu wiederholen, um den Inhalt der Durchführungsbestimmungen zu verdeutlichen.

11 Wie bereits ausgeführt, sind die entsprechenden Durchführungsbestimmungen vornehmlich in Teil 2 des DSG NRW normiert.

2. Befugnis zum Erlass ergänzender Bestimmungen

12 Die DS-GVO beansprucht aufgrund ihres vorrangigen Charakters als Verordnung der Europäischen Union allgemeine Geltung, so wie Art. 288 Abs. 2 S. 1 AEUV dies anordnet. Sie ist insoweit untypisch, als sie, anders als Art. 288 Abs. 2 S. 2 AEUV dies für Verordnungen im Allgemeinen ausführt, nicht in allen Teilen verbindlich ist. Die DS-GVO eröffnet den Mitgliedstaaten vielmehr über **Öffnungsklauseln** die Möglichkeit, abweichende Regelungen zu treffen. Allerdings ist dem Art. 288 Abs. 2 AEUV der Erlass partiell rahmenartiger Regelungen im Verordnungswege nicht fremd; derartige Verordnungen sind damit nicht auf eine vollständige Rechtsvereinheitlichung gerichtet.[5] Ein derartiger Verordnungstyp nähert sich aber nicht unbedingt der Richtlinie an, da über die Öffnungsklauseln Regelungen der Verordnung abgeändert werden können.

13 Das der Richtlinie gemäß Art. 288 Abs. 3 AEUV typische Wesensmerkmal, hinsichtlich des zu erreichenden Ziels verbindlich zu sein, den Mitgliedstaaten aber die Wahl der Form und der Mittel zu überlassen, wird durch die vorgenannten Öffnungsklauseln nicht zwingend erreicht. Wenn die DS-GVO damit als **„Hybrid"** zwischen Richtlinie und Verordnung bezeichnet wird,[6] ist jedenfalls insoweit partiell zutreffend, als die grundsätzliche Zielsetzung nach Art. 1 Abs. 2 DS-GVO, Grundrechte und Grundfreiheiten natürlicher Personen und insbesondere deren Recht auf Schutz personenbezogener Daten zu schützen, auch in den mitgliedstaatlichen Regelungen zum Tragen kommen muss. Der Erlass ergänzender Vorschriften ist entsprechend § 1 Abs. 1 ein weiterer Zweck des DSG NRW.

II. Absatz 2 – Umsetzung der RL (EU) 2016/680 (JI-Richtlinie)

14 Mit der JI-Richtlinie soll ein möglichst einheitlicher Mindeststandard beim Schutz personenbezogener Daten im Bereich Polizei und Justiz erreicht werden. Verschiedene Umsetzungsregelungen insbesondere im Bereich der Strafverfolgung und der Justiz aufgrund der innerstaatlichen Kompetenzverteilung werden auf Bundesebene geregelt. Entsprechend enthält Teil 2 des Bundesdatenschutzgesetzes (BDSG) Vorschriften zur Umsetzung der JI-Richtlinie auf dem Gebiet der Verfolgung von Straftaten und Ordnungswidrigkeiten. Zugleich bedarf die Richtlinie insbesondere im Bereich des Gefahrenabwehrrechts der Umsetzung auf Landesebene. Diese Regelungen sind nunmehr – neben fachrechtlichen Vorschriften bspw. im Polizeigesetz NRW – im DSG NRW enthalten. Die entsprechenden Vorschriften finden sich vornehmlich im Teil 3 des Gesetzes.

4 Vgl. EuGH 272/83, Slg 1985, 1057 Rn. 27 – Kommission/Italien.
5 *Schroeder* in Streinz AEUV Art. 288 Rn. 46.
6 So *Kühling/Martini ua*, Die Datenschutz-Grundverordnung und das nationale Recht – Erste Überlegungen zum innerstaatlichen Regelungsbedarf, 2016, S. 1.

C. Bedeutung der Vorschrift für die behördliche Praxis

Aufgrund des beschreibenden Charakters ist die Bedeutung der Vorschrift in der behördlichen Praxis eher gering. Die insoweit bedeutsamen Regelungen sind in den weiteren Vorschriften des DSG NRW enthalten. 15

§ 2 Sicherstellung des Datenschutzes

Die obersten Landesbehörden, die Gemeinden und Gemeindeverbände sowie die sonstigen der Aufsicht des Landes unterstehenden juristischen Personen des öffentlichen Rechts und deren Vereinigungen ungeachtet ihrer Rechtsform haben jeweils für ihren Bereich die Ausführung der Verordnung (EU) 2016/679, dieses Gesetzes sowie anderer Rechtsvorschriften über den Datenschutz sicherzustellen.

Verwandte Norm DS-GVO:

Art. 5 Grundsätze für die Verarbeitung personenbezogener Daten

(1) Personenbezogene Daten müssen

a) auf rechtmäßige Weise, nach Treu und Glauben und in einer für die betroffene Person nachvollziehbaren Weise verarbeitet werden („Rechtmäßigkeit, Verarbeitung nach Treu und Glauben, Transparenz");
b) für festgelegte, eindeutige und legitime Zwecke erhoben werden und dürfen nicht in einer mit diesen Zwecken nicht zu vereinbarenden Weise weiterverarbeitet werden; eine Weiterverarbeitung für im öffentlichen Interesse liegende Archivzwecke, für wissenschaftliche oder historische Forschungszwecke oder für statistische Zwecke gilt gemäß Artikel 89 Absatz 1 nicht als unvereinbar mit den ursprünglichen Zwecken („Zweckbindung");
c) dem Zweck angemessen und erheblich sowie auf das für die Zwecke der Verarbeitung notwendige Maß beschränkt sein („Datenminimierung");
d) sachlich richtig und erforderlichenfalls auf dem neuesten Stand sein; es sind alle angemessenen Maßnahmen zu treffen, damit personenbezogene Daten, die im Hinblick auf die Zwecke ihrer Verarbeitung unrichtig sind, unverzüglich gelöscht oder berichtigt werden („Richtigkeit");
e) in einer Form gespeichert werden, die die Identifizierung der betroffenen Personen nur so lange ermöglicht, wie es für die Zwecke, für die sie verarbeitet werden, erforderlich ist; personenbezogene Daten dürfen länger gespeichert werden, soweit die personenbezogenen Daten vorbehaltlich der Durchführung geeigneter technischer und organisatorischer Maßnahmen, die von dieser Verordnung zum Schutz der Rechte und Freiheiten der betroffenen Person gefordert werden, ausschließlich für im öffentlichen Interesse liegende Archivzwecke oder für wissenschaftliche und historische Forschungszwecke oder für statistische Zwecke gemäß Artikel 89 Absatz 1 verarbeitet werden („Speicherbegrenzung");
f) in einer Weise verarbeitet werden, die eine angemessene Sicherheit der personenbezogenen Daten gewährleistet, einschließlich Schutz vor unbefugter oder unrechtmäßiger Verarbeitung und vor unbeabsichtigtem Verlust, unbeabsichtigter Zerstörung oder unbeabsichtigter Schädigung durch geeignete technische und organisatorische Maßnahmen („Integrität und Vertraulichkeit");

(2) Der Verantwortliche ist für die Einhaltung des Absatzes 1 verantwortlich und muss dessen Einhaltung nachweisen können („Rechenschaftspflicht").

Öffnungsklausel in der DS-GVO für nationale Regelung: keine

Kurzübersicht zum Verhältnis der entscheidenden Normen			
Norm des DSG NRW	Entsprechende Norm der DS-GVO	Entsprechende Norm des BDSG	Öffnungsklausel der DS-GVO
§ 2 DSG NRW	Art. 5 Abs. 2 DS-GVO		

Literatur:

Ehlers, Übertragung der Zuständigkeit für das Straßenwesen von Landschaftsverbänden auf das Land NRW, DVBl 2001, 1601; *Kühling/Martini ua*, Die Datenschutz-Grundverordnung und das nationale Recht – Erste Überlegungen zum innerstaatlichen Regelungsbedarf, 2016; *Schantz/Wolff*, Das neue Datenschutzrecht, Datenschutz-Grundverordnung und Bundesdatenschutzgesetz in der Praxis, 2017.

A. Grundlagen

1 Entsprechend der Gesetzesbegründung nimmt § 2 den Grundsatz der eigenverantwortlichen Durchführung des Datenschutzes auf. Anders als § 5 betrifft § 2 nicht den Anwendungsbereich des Gesetzes, sondern die Verantwortlichkeit für die Sicherstellung des Datenschutzes innerhalb der öffentlichen Stellen.

2 Die Pflicht zur Sicherstellung des Datenschutzes durch die in der Norm benannten Stellen war nach alter Rechtslage in § 7 DSG NRW aF geregelt. Die Norm nahm lediglich die Ausführung des DSG NRW aF und die Ausführung anderer Normen über den Datenschutz in Bezug.

B. Kommentierung

I. Sicherstellen des Datenschutzes

1. Begriff des Sicherstellens

3 Der Begriff des Sicherstellens umfasst die Einhaltung der gesetzlichen Vorgaben bezüglich des Datenschutzes. Dabei ist die konkrete Form des Sicherstellens durch das Gesetz nicht vorgegeben, so dass sich die betreffenden Stellen aller geeigneten Handlungsformen bedienen können.

4 Mittel des Sicherstellens können so gleichermaßen Akte der Anleitung wie der Überwachung ein. Anleitung kann erfolgen durch Verwaltungsvorschriften oder durch Weisung im Einzelfall. Gegebenenfalls können auch Schulungen erfolgen. Die Überwachung kann durch die Pflicht zur Berichterstattung abgesichert werden.

2. Konkrete Aufgabenzuweisung

Angesprochen ist innerhalb der im Weiteren unter II. beschriebenen Normadressaten jeweils die Leitung des betreffenden Geschäfts- bzw. Zuständigkeitsbereichs. Dies wird deutlich an der Einbeziehung der obersten Landesbehörden, also insbesondere der Landesministerien. Diese stehen dem jeweiligen Verwaltungszweig als Spitze und oberste Aufsichtsbehörde vor, und sind über § 2 aufgerufen, zur Einhaltung der gesetzlich auferlegten Datenschutzverpflichtungen auf Grundlage der DS-GVO, aufgrund des DSG NRW sowie aufgrund anderer Rechtsvorschriften über den Datenschutz anzuhalten und deren Einhaltung zu überwachen. 5

Das Gesetz trifft dabei keine Zuweisung bezüglich der Zuständigkeit einer konkreten Stelle innerhalb des jeweiligen Verwaltungsträgers. Diese ist aufgrund innerorganisatorischen Zuweisungsaktes vorzunehmen. 6

3. Abgrenzung zur Aufgabe der/des Landesbeauftragten für Datenschutz und Informationsfreiheit

Der Auftrag zur Sicherstellung des Datenschutzes nach § 2 tritt neben die Aufgaben des/der Landesbeauftragten für Datenschutz und Informationsfreiheit nach § 25 ff. Die/der Landesbeauftragte für Datenschutz und Informationsfreiheit überwacht nach § 26 als Aufsichtsbehörde die Einhaltung der datenschutzrechtlichen Bestimmungen im Anwendungsbereich der DS-GVO, dieses Gesetzes und anderer Rechtsvorschriften über den Datenschutz bei den öffentlichen Stellen. 7

Sie/er ist nach § 25 Abs. 2 aber als eine von der Landesregierung unabhängige Landesbehörde ausgestaltet. Ihre/seine Aufsichtstätigkeit tritt damit neben die im Behördenaufbau regelmäßig anzutreffende Rechts- und Fachaufsicht, bzw. neben die Rechtsaufsicht über Stellen der mittelbaren Staatsverwaltung, wenn diese im eigenen Wirkungskreis tätig werden. Sie wird durch den Sicherstellungsauftrag nach § 2 nicht verdrängt oder beeinträchtigt. Vielmehr handelt es sich um eine von der Aufsicht nach §§ 25 ff. unabhängige weitere Ebene zur Sicherstellung der Einhaltung datenschutzrechtlicher Normen. 8

Entsprechend führt die Gesetzesbegründung wie folgt aus: „*Es steht vielmehr im Einklang mit den gesetzlichen Zuständigkeiten für die konkrete Datenverarbeitung bei einer öffentlichen Stelle (verantwortliche Stelle) und beachtet auch die Sonderstellung der unabhängigen Aufsichtsbehörde, wie sie in Artikel 39 Absatz 1 Buchstabe b) DSGVO geregelt ist.*“[1] 9

Gegenstand des § 2 ist damit die Selbstkontrolle der öffentlichen Verwaltung,[2] während §§ 25 ff. die externe Kontrolle durch die/den Landesbeauftragten betrifft. Der Sicherstellungsauftrag würde den betreffenden Stellen allerdings auch ohne Normierung in § 2 obliegen. So gebietet der aus dem Rechtsstaatsprinzip nach Art. 20 Abs. 3 GG herzuleitende Grundsatz der Rechtmäßigkeit der Verwaltung, geltendes Recht, nicht zuletzt auch in Bezug auf datenschutzrechtliche Normen, zu achten und einzuhalten. 10

II. Kreis der Normadressaten

Normadressaten sind die obersten Landesbehörden, die Gemeinden und Gemeindeverbände sowie die sonstigen der Aufsicht des Landes unterstehenden juristischen Personen des öffentlichen Rechts und deren Vereinigungen ungeachtet ihrer Rechtsform. 11

1 LT-Drs. 17/1981, 132 zu § 2.
2 So auch LT-Drs. 17/1981, 132 zu § 2.

1. Oberste Landesbehörden

12 Die obersten Landesbehörden sind laut § 3 LOG NRW die Landesregierung, der Ministerpräsident und die Landesministerien. Angesprochen ist damit nicht primär das Staatsorgan „Landesregierung" iSd Art. 51 ff. LVerf NRW, sondern die obersten Landesbehörden in ihrer Funktion als Verwaltungsspitze der jeweils zuzuordnenden Landesbehörden. Dies ergibt sich aus dem Rückschluss auf § 5, der den Anwendungsbereich ua auf die „Behörden" des Landes erstreckt, damit nicht auf Stellen mit staatsleitender Funktion.

2. Gemeinden und Gemeindeverbände

13 Der Begriff der Gemeinde ist in Art. 1 Abs. 1 S. 2 und Art. 78 LVerf NRW nicht definiert; auch die GO NRW enthält sich einer Definition. Nach allgemeiner Ansicht sind Gemeinden mitgliedschaftlich verfasste Gebietskörperschaften, die grundsätzlich für alle Angelegenheiten der örtlichen Gemeinschaft zuständig in freier Selbstverwaltung durch gewählte Organe das Wohl der Einwohner fördern.[3]

14 Der Begriff des Gemeindeverbandes wird in Art. 1 Abs. 1 S. 2 und Art. 78 LVerf NRW angesprochen, erfährt aber keine nähere Erläuterung. Deswegen ist es am einfachen Gesetzgeber, den Begriff des Gemeindeverbandes näher zu bestimmen. Der VerfGH NRW sieht alle öffentlich-rechtlichen Gebietskörperschaften erfasst, die kommunale Aufgaben von einigem Gewicht als Selbstverwaltungsaufgaben in nicht unerheblichem Umfang wahrnehmen. Damit sind jedenfalls die Kreise als Gemeindeverbände anzusehen. Daneben sind entsprechend der VerfGH-Rechtsprechung die bestehenden Landschaftsverbände Rheinland und Westfalen-Lippe erfasst.[4] Sie sind als Gebietskörperschaften mit Gebietshoheit ausgestaltet und zur Erhebung der kommunalen Verfassungsbeschwerde befugt. Für die Einbindung der Landschaftsverbände im Kontext dieses Gesetzes spricht, dass die Aufgaben der Landschaftsverbände Behördentätigkeit sind und das Handeln ihrer Organe vom Anwendungsbereich nach § 5 erfasst ist.

15 Gemeinden und Gemeindeverbände nehmen den Sicherstellungsauftrag jedenfalls in ihrer Funktion als Selbstverwaltungseinrichtungen im eigenen Wirkungskreis als originäre Aufgabe wahr.[5]

3. Sonstige der Aufsicht des Landes unterstehenden juristischen Personen des öffentlichen Rechts

16 Erfasst sind weiterhin alle öffentlich-rechtlichen Körperschaften, Anstalten und Stiftungen unter der Aufsicht des Landes als juristische Personen des öffentlichen Rechts neben den Gemeinden und Gemeindeverbänden als Gebietskörperschaften. Auch für diese Stellen ist der Sicherstellungsauftrag im Rahmen der Selbstverwaltung als eine originäre Aufgabe anzusehen.

4. Vereinigungen ungeachtet ihrer Rechtsform

17 § 2 bezieht darüber hinaus Vereinigungen der zuvor aufgeführten Normadressaten ungeachtet ihrer Rechtsform, also insbesondere ungeachtet ihrer Ausge-

---

3 *Heusch* in BeckOK KommunalR NRW GO § 1 Rn. 2.

4 VerfGH NRW NVwZ-RR 2001, 617 (618); kritisch *Heusch* in BeckOK KommunalR NRW Systematische Einführung zum Kommunalrecht NRW Rn. 9; *Ehlers* DVBl 2001, 1601 (1601); *Heusch/Schönenbroicher/Schönenbroicher* LVerf NRW Art. 78 Rn. 52 mwN.

5 In diesem Sinne LT-Drs. 17/1981, 132 zu § 2.

staltung als öffentlich-rechtliche oder privatrechtliche Gebilde ein. Erfasst sind insoweit also Vereinigungen insbesondere der Gemeinden und Gemeindeverbände sowie die sonstigen der Aufsicht des Landes unterstehenden juristischen Personen des öffentlichen Rechts. Die Bildung von Vereinigungen zwischen den obersten Landesbehörden erscheint nicht denkbar.

C. Bedeutung der Vorschrift für die behördliche Praxis

Die Vorschrift hat neben der Aufgabenzuweisung an die jeweiligen Verwal- 18
tungsebenen vornehmlich appellativen Charakter. Es wird zudem die Eigenverantwortung öffentlicher Stellen im Umgang mit personenbezogenen Daten herausgestellt.

§ 3 Zulässigkeit der Verarbeitung personenbezogener Daten

(1) Soweit spezialgesetzliche Regelungen nicht vorgehen, ist die Verarbeitung personenbezogener Daten durch öffentliche Stellen zulässig, wenn sie für die Wahrnehmung einer im öffentlichen Interesse liegenden Aufgabe der verarbeitenden Stellen erforderlich ist oder wenn sie in Ausübung öffentlicher Gewalt erfolgt, die dem Verantwortlichen übertragen wurde.

(2) [1]Die Datenverarbeitung soll so organisiert sein, dass bei der Verarbeitung, insbesondere der Übermittlung, der Kenntnisnahme im Rahmen der Aufgabenerfüllung und der Einsichtnahme, die Trennung der Daten nach den jeweils verfolgten Zwecken und nach unterschiedlichen Betroffenen möglich ist. [2]Sind personenbezogene Daten derart verbunden, dass ihre Trennung nach erforderlichen und nicht erforderlichen Daten nicht oder nur mit unverhältnismäßigem Aufwand möglich ist, sind auch die Kenntnisnahme, die Weitergabe innerhalb der datenverarbeitenden Stelle und die Übermittlung der Daten, die nicht zur Erfüllung der jeweiligen Aufgaben erforderlich sind, zulässig, soweit nicht schutzwürdige Belange der betroffenen Person oder Dritter überwiegen. [3]Die nicht erforderlichen Daten unterliegen insoweit einem Verwertungsverbot.

(3) Behördliche Unterlagen über die technischen und organisatorischen Maßnahmen gemäß Artikel 32 der Verordnung (EU) 2016/670 unterliegen nicht dem allgemeinen Informationszugang nach dem Informationsfreiheitsgesetz Nordrhein-Westfalen.

Verwandte Norm DS-GVO (*Auszug*):

Art. 6 Rechtmäßigkeit der Verarbeitung

(1) Die Verarbeitung ist nur rechtmäßig, wenn mindestens eine der nachstehenden Bedingungen erfüllt ist:

(...)

e) die Verarbeitung ist für die Wahrnehmung einer Aufgabe erforderlich, die im öffentlichen Interesse liegt oder in Ausübung öffentlicher Gewalt erfolgt, die dem Verantwortlichen übertragen wurde;

(...)

(2) Die Mitgliedstaaten können spezifischere Bestimmungen zur Anpassung der Anwendung der Vorschriften dieser Verordnung in Bezug auf die Verarbeitung zur Erfüllung von Absatz 1 Buchstaben c und e beibehalten oder einführen, indem sie spezifische Anforderungen für die Verarbeitung sowie sonstige Maßnahmen präziser bestimmen, um eine rechtmäßig und nach Treu und Glauben erfolgende Verarbeitung

zu gewährleisten, einschließlich für andere besondere Verarbeitungssituationen gemäß Kapitel IX.

(3) [1]Die Rechtsgrundlage für die Verarbeitungen gemäß Absatz 1 Buchstaben c und e wird festgelegt durch

a) Unionsrecht oder
b) das Recht der Mitgliedstaaten, dem der Verantwortliche unterliegt.

[2]Der Zweck der Verarbeitung muss in dieser Rechtsgrundlage festgelegt oder hinsichtlich der Verarbeitung gemäß Absatz 1 Buchstabe e für die Erfüllung einer Aufgabe erforderlich sein, die im öffentlichen Interesse liegt oder in Ausübung öffentlicher Gewalt erfolgt, die dem Verantwortlichen übertragen wurde. [3]Diese Rechtsgrundlage kann spezifische Bestimmungen zur Anpassung der Anwendung der Vorschriften dieser Verordnung enthalten, unter anderem Bestimmungen darüber, welche allgemeinen Bedingungen für die Regelung der Rechtmäßigkeit der Verarbeitung durch den Verantwortlichen gelten, welche Arten von Daten verarbeitet werden, welche Personen betroffen sind, an welche Einrichtungen und für welche Zwecke die personenbezogenen Daten offengelegt werden dürfen, welcher Zweckbindung sie unterliegen, wie lange sie gespeichert werden dürfen und welche Verarbeitungsvorgänge und -verfahren angewandt werden dürfen, einschließlich Maßnahmen zur Gewährleistung einer rechtmäßig und nach Treu und Glauben erfolgenden Verarbeitung, wie solche für sonstige besondere Verarbeitungssituationen gemäß Kapitel IX. [4]Das Unionsrecht oder das Recht der Mitgliedstaaten müssen ein im öffentlichen Interesse liegendes Ziel verfolgen und in einem angemessenen Verhältnis zu dem verfolgten legitimen Zweck stehen.

(...)

Öffnungsklausel in der DS-GVO für nationale Regelung (*Auszug*):

Art. 6 Rechtmäßigkeit der Verarbeitung

s.o.

Kurzübersicht zum Verhältnis der Normen			
Norm des DSG NRW	Entsprechende Norm der DS-GVO	Entsprechende Norm des BDSG	Öffnungsklausel der DS-GVO
§ 3 DSG NRW	Art. 6 Abs. 1 S. 1 lit. e DS-GVO	§ 3 BDSG	Art. 6 Abs. 1 lit. e, Abs. 2, 3 DS-GVO

A. Allgemeines und Grundlagen

I. Gesamtverständnis, Zweck der Norm und Verhältnis zu anderen Vorschriften

1. Gesamtverständnis und Zweck der Norm

§ 3 DSG NRW stellt eine allgemeine Rechtsgrundlage für eine Verarbeitung personenbezogener Daten durch öffentliche Stellen dar. Sie ist damit die **datenschutzrechtliche Generalklausel** auf Landesebene, die eine Datenverarbeitung rechtfertigen kann.[1] Nach § 3 Abs. 1 DSG NRW ist die Verarbeitung personenbezogener Daten durch öffentliche Stellen zulässig, wenn sie für die Wahrnehmung einer im öffentlichen Interesse liegenden Aufgabe der verarbeitenden Stellen erforderlich ist oder wenn sie in Ausübung öffentlicher Gewalt erfolgt, die dem Verantwortlichen übertragen wurde. Nach § 3 Abs. 2 S. 1 DSG NRW soll die Datenverarbeitung so organisiert sein, dass bei der Verarbeitung, insbesondere der Übermittlung, der Kenntnisnahme im Rahmen der Aufgabenerfüllung und der Einsichtnahme, die Trennung der Daten nach den jeweils verfolgten Zwecken und nach unterschiedlichen Betroffenen möglich ist. Die Regelung nimmt dabei Rücksicht auf die mögliche Problemstellung, dass bei Datenverarbeitungen in der Praxis vor dem Hintergrund des Verarbeitungszwecks nicht immer trennscharf zwischen erforderlichen und nicht-erforderlichen Daten unterschieden werden kann.[2] Nach § 3 Abs. 2 S. 2 DSG NRW gilt, dass – sofern personenbezogene Daten derart verbunden sind, dass ihre Trennung nach erforderlichen und nicht erforderlichen Daten nicht oder nur mit unverhältnismäßigem Aufwand möglich ist – auch die Kenntnisnahme, die Weitergabe innerhalb der datenverarbeitenden Stelle und die Übermittlung der Daten, die nicht zur Erfüllung der jeweiligen Aufgabe erforderlich sind, zulässig sind, soweit nicht schutzwürdige Belange der betroffenen Person oder Dritter überwiegen. Die nicht erforderlichen Daten unterliegen nach § 3 Abs. 2 S. 3 DSG NRW insoweit einem Verwertungsverbot. 1

Gemäß § 3 Abs. 3 DSG NRW unterliegen behördliche Unterlagen über die technischen und organisatorischen Maßnahmen gemäß Artikel 32 DS-GVO nicht dem allgemeinen Informationszugang nach dem Informationsfreiheitsgesetz Nordrhein-Westfalen. Die Norm stellt damit eine Einschränkung des Rechts auf Information aus § 4 Abs. 1 IFG NRW dar. 2

2. Verhältnis zu anderen Vorschriften

Im Hinblick auf das Verhältnis von § 3 DSG NRW zu anderen Vorschriften ist insbesondere das Verhältnis zur DS-GVO sowie zum BDSG zu beachten. 3

a) Verhältnis zur DS-GVO

Die DS-GVO entfaltet als Verordnung entsprechend Art. 288 UAbs. 1 AEUV unmittelbare Geltung in den Mitgliedstaaten und genießt **Anwendungsvorrang.**[3] Gleichwohl weist die DS-GVO **Öffnungsklauseln** auf, die den nationalen Gesetzgeber zum Erlass mitgliedstaatlicher Rechtssetzung ermächtigen und unter Umständen sogar verpflichten.[4] Insofern kann die DS-GVO als **Hybrid** aus 4

1 Vgl. dazu auch *Richter* in HK-LDSG RhPf § 3 Rn. 1 ff.
2 LT-Drs. 17/1981, 133.
3 LT-Drs. 17/1981, 2.
4 *Schwartmann/Hermann/Mühlenbeck* Rechtsgutachten Entzug Doktorgrad; *Schwartmann/Hermann/Mühlenbeck* RDV 5/2018, 252 (252 f.) sowie *Kühling/Martini et al.* DS-GVO und nationales Recht.

Richtlinie und Verordnung bezeichnet werden.[5] Die Öffnungsklauseln der DS-GVO sind dabei letztlich besondere Ausprägungen der Achtung der Kompetenzen der Mitgliedstaaten.[6]

5 Laut der Gesetzesbegründung stützt sich der Erlass von § 3 DSG NRW auf Art. 6 Abs. 1 lit. e iVm Art. 6 Abs. 3 S. 1 lit. b DS-GVO.[7] Entscheidend ist somit, ob die Regelung aus § 3 DSG NRW mit der DS-GVO vereinbar ist bzw. ob § 3 DSG NRW rechtmäßig von der Öffnungsklausel Gebrauch macht. Dazu sind Inhalt und Reichweite der Öffnungsklausel aus Art. 6 Abs. 1 S. 1 lit. e iVm Abs. 3 DS-GVO zu bestimmen.[8]

6 Art. 6 Abs. 1 S. 1 lit. e DS-GVO[9] stellt seinem Wortlaut nach einen Zulässigkeitstatbestand zur Rechtfertigung einer Verarbeitung personenbezogener Daten dar. Danach ist die Verarbeitung personenbezogener Daten rechtmäßig, wenn diese für die Wahrnehmung einer Aufgabe, die im öffentlichen Interesse liegt, erforderlich ist oder in Ausübung öffentlicher Gewalt erfolgt, die dem Verantwortlichen übertragen wurde. Fraglich ist dabei, ob Art. 6 Abs. 1 S. 1 lit. e DS-GVO einen eigenständigen Zulässigkeitstatbestand darstellt, der als solcher eine Datenverarbeitung rechtfertigen kann.[10] Gegen diese Annahme spricht bereits die Systematik der Vorschrift: Daraus lässt sich ableiten, dass Art. 6 Abs. 1 S. 1 lit. e DS-GVO nicht isoliert betrachtet werden kann.[11] Vielmehr ist Art. 6 Abs. 3 DS-GVO zu berücksichtigen, der ausdrücklich auf Art. 6 Abs. 1 S. 1 lit. e DS-GVO Bezug nimmt. Art. 6 Abs. 3 S. 1 lit. b DS-GVO bestimmt, dass die Rechtsgrundlage für Verarbeitungen nach Art. 6 Abs. 1 S. 1 lit. e DS-GVO durch das Recht der Mitgliedstaaten festgelegt wird. Daraus folgt, dass die Rechtsgrundlage für Verarbeitungen nach Art. 6 Abs. 1 S. 1 lit. e DS-GVO außerhalb der Regelungen der DS-GVO liegen muss.[12] Art. 6 Abs. 1 S. 1 lit. e iVm Art. 6 Abs. 3 S. 1 DS-GVO enthält somit einen Regelungsauftrag an die Mitgliedstaaten zum Erlass nationaler Regelungen.[13] Damit stellt Art. 6 Abs. 1 S. 1 lit. e iVm Abs. 3 S. 1 DS-GVO eine Öffnungsklausel für nationales Recht dar.[14]

Hinsichtlich der rechtskonformen Ausgestaltung und Nutzung der Öffnungsklausel durch die Mitgliedstaaten enthält Art. 6 Abs. 3 DS-GVO darüber hinaus

---

5 HK-DS-GVO/BDSG/*Schwartmann/Jacquemain* Art. 6 Rn. 158 sowie *Buchner/Petri* in Kühling/Buchner DS-GVO Art. 6 Rn. 194 f.

6 HK-DS-GVO/BDSG/*Schwartmann/Jacquemain* Art. 6 Rn. 157 sowie *Buchner/Petri* in Kühling/Buchner DS-GVO Art. 6 Rn. 194 f.

7 LT-Drs. 17/1981, 133.

8 Dazu ausführlich *Schwartmann/Hermann/Mühlenbeck* Rechtsgutachten Entzug Doktorgrad S. 20 ff.; *Schwartmann/Hermann/Mühlenbeck* RDV 5/2018, 252 (252 f.); vgl. dazu auch *Richter* in HK-LDSG RhPf § 3 Rn. 1 ff.

9 Dazu HK-DS-GVO/BDSG/*Pabst* Art. 6 Abs. 1 S. 1 lit. e Rn. 77 ff.; vgl. dazu auch *Heberlein* in Ehmann/Selmayr DSGVO Art. 6 Abs. 1 S. 1 lit. e Rn. 20 ff.

10 Dazu ausführlich *Schwartmann/Hermann/Mühlenbeck* Rechtsgutachten Entzug Doktorgrad S. 20 ff.; *Schwartmann/Hermann/Mühlenbeck* RDV 5/2018, 252 (252 f.); vgl. dazu auch *Richter* in HK-LDSG RhPf § 3 Rn. 1 ff.; anders *Frenzel* in Paal/Pauly DS-GVO Art. 6 Rn. 23 f.

11 Dazu ausführlich *Schwartmann/Hermann/Mühlenbeck* Rechtsgutachten Entzug Doktorgrad S. 20.

12 *Schwartmann/Hermann/Mühlenbeck* Rechtsgutachten Entzug Doktorgrad S. 21; *Schwartmann/Hermann/Mühlenbeck* RDV 5/2018, 252 (252 f.). Zur Qualifikation der Öffnungsklausel *Kühling/Martini et al.* DS-GVO und nationales Recht S. 28.

13 *Schwartmann/Hermann/Mühlenbeck* Rechtsgutachten Entzug Doktorgrad S. 5, 21; *Schwartmann/Hermann/Mühlenbeck* RDV 5/2018, 252 (253).

14 *Schwartmann/Hermann/Mühlenbeck* Rechtsgutachten Entzug Doktorgrad S. 21 f.; *Schwartmann/Hermann/Mühlenbeck* RDV 5/2018, 252 (253); vgl. dazu auch *Kühling/Martini et al.* DS-GVO und nationales Recht S. 29 f.

weitergehende Bestimmungen. Nach Art. 6 Abs. 3 S. 2 DS-GVO muss die Rechtsgrundlage im nationalen Recht sowohl den Zweck der Verarbeitung festlegen als auch für die Erfüllung einer Aufgabe erforderlich sein, die im öffentlichen Interesse liegt. S. 2 legt somit den pflichtigen Mindeststandard fest, den die Mitgliedstaaten bei Erlass nationaler Regelungen wahren müssen.[15] Wegen des durch Art. 6 Abs. 3 S. 2 DS-GVO statuierten Regelungsauftrages unterliegen die Mitgliedstaaten einer Umsetzungspflicht, so dass S. 2 als zwingende Vorschrift keine eigene Öffnungsklausel für die Mitgliedstaaten darstellt.[16]

Art. 6 Abs. 3 S. 3 DS-GVO gestattet es demgegenüber den Mitgliedstaaten im Rahmen einer fakultativen Öffnungsklausel den Mindeststandard aus S. 2 zu spezifizieren.[17] Nach S. 3 kann die mitgliedstaatliche Rechtsgrundlage für Verarbeitungen nach Art. 6 Abs. 1 S. 1 lit. e DS-GVO spezifische Bestimmungen zur Anpassung der Anwendung der Vorschriften der DS-GVO enthalten. Dadurch wird den Mitgliedstaaten die Möglichkeit gegeben, über den pflichtigen Mindeststandard nach Art. 6 Abs. 3 S. 2 DS-GVO hinaus, die in der nationalen Rechtsgrundlage festgelegten Anforderungen hinsichtlich der Rechtmäßigkeit der Verarbeitung zu spezifizieren, wobei das Schutzniveau der Datenschutzgrundverordnung weder über- noch unterschritten werden darf.[18] 7

Das Verständnis der Systematik von Art. 6 Abs. 3 DS-GVO ist bedeutsam für den Kontroll- und Prüfungsmaßstab, dem die jeweiligen mitgliedstaatlichen Umsetzungsnormen bei der Ausfüllung der Öffnungsklausel unterliegen: Denn sofern die Mitgliedstaaten den in Art. 6 Abs. 3 S. 1 DS-GVO enthaltenen Regelungsauftrag nur im Rahmen der pflichtigen Umsetzung nach Art. 6 Abs. 3 S. 2 DS-GVO erfüllen, so übertragen sie lediglich europäische Vorgaben eins-zu-eins ins deutsche Recht und unterliegen dementsprechend dem Europarecht als Prüfungsmaßstab und der Kontrolle durch den EuGH.[19] Wenn die Mitgliedstaaten allerdings den freiwilligen Rahmen des Art. 6 Abs. 3 S. 3 DS-GVO nutzen und spezifischere Bestimmungen erlassen, so werden sie dadurch aus ihrer unionsrechtlichen Verantwortung entlassen und unterliegen daher primär der nationalen Gerichtsbarkeit.[20] 8

Dementsprechend haben der Bund im Rahmen von § 3 BDSG und alle Bundesländer die Pflicht zur Umsetzung des Regelungsauftrags aus Art. 6 Abs. 1 S. 1 lit. e iVm Art. 6 Abs. 3 S. 1 lit. b und S. 2 DS-GVO erfüllt und eine entsprechen- 9

15 *Schwartmann/Hermann/Mühlenbeck* Rechtsgutachten Entzug Doktorgrad S. 22; *Schwartmann/Hermann/Mühlenbeck* RDV 5/2018, 252 (252 f.); vgl. dazu auch *Richter* in HK-LDSG RhPf § 3 Rn. 3; vgl. dazu auch *Frenzel* in Paal/Pauly DS-GVO Art. 6 Rn. 42 ff.

16 *Schwartmann/Hermann/Mühlenbeck* Rechtsgutachten Entzug Doktorgrad S. 22; vgl. dazu auch *Richter* in HK-LDSG RhPf § 3 Rn. 3; *Frenzel* in Paal/Pauly DS-GVO Art. 6 Rn. 42 ff.

17 *Schwartmann/Hermann/Mühlenbeck* Rechtsgutachten Entzug Doktorgrad S. 22 f.; *Schwartmann/Hermann/Mühlenbeck* RDV 5/2018, 252 (253); vgl. dazu auch *Richter* in HK-LDSG RhPf § 3 Rn. 4.

18 *Schwartmann/Hermann/Mühlenbeck* Rechtsgutachten Entzug Doktorgrad S. 23; *Schwartmann/Hermann/Mühlenbeck* RDV 5/2018, 252 (253).

19 *Schwartmann/Hermann/Mühlenbeck* Rechtsgutachten Entzug Doktorgrad S. 5 f., 26; *Schwartmann/Hermann/Mühlenbeck* RDV 5/2018, 252 (253); *Frenzel* in Paal/Pauly DS-GVO Art. 6 Rn. 42 ff.

20 *Schwartmann/Hermann/Mühlenbeck* Rechtsgutachten Entzug Doktorgrad S. 5 f., 26 f.; *Schwartmann/Hermann/Mühlenbeck* RDV 5/2018, 252 (253). Zu den Voraussetzungen des Art. 6 Abs. 3 vgl. *Kühling/Martini et al.* DS-GVO und nationales Recht S. 34 f.

de Generalklausel erlassen.[21] Dabei haben es die Bundesländer Bayern, Bremen, Nordrhein-Westfalen und Rheinland-Pfalz bei der Pflichterfüllung belassen und keine spezifischen datenschutzrechtlichen Bestimmungen im Sinne des Art. 6 Abs. 3 S. 3 DS-GVO verabschiedet.[22] Die übrigen Länder sowie der Bund haben demgegenüber spezifische Regelungen in Umsetzung von Art. 6 Abs. 3 S. 3 DS-GVO geschaffen, indem sie zusätzlich das Kriterium der Zuständigkeit der öffentlichen Stelle in den Tatbestand aufgenommen haben.[23] Die Folge sind sowohl eine in Deutschland gespaltene Rechtsordnung als auch eine geteilte Zuständigkeit: Die Bundesländer Bayern, Bremen, Nordrhein-Westfalen und Rheinland-Pfalz unterliegen dem Maßstab des Europarechts und der Kontrolle durch den EuGH innerhalb von Art. 6 Abs. 3 S. 2 DS-GVO, die übrigen Bundesländer und das BDSG sind als Umsetzung von Art. 6 Abs. 3 S. 3 DS-GVO und unterliegen primär der Zuständigkeit des Bundesverfassungsgerichts.[24]

10 Zur Frage der Zuständigkeiten und des Prüfungsmaßstabs der Gerichte im Rahmen des Anwendungsbereichs der DS-GVO hat das BVerfG nunmehr gleich zweifach entschieden („*Recht auf Vergessen I*“[25] und „*Recht auf Vergessen II*“[26]). In beiden Entscheidungen hat das BVerfG wichtige Aussagen zu seiner Prüfungskompetenz und zum Prüfungsmaßstab des BVerfG im Kontext des Unionsrechts getroffen.[27]

11 In der Entscheidung „*Recht auf Vergessen I*“ ging es um einen äußerungsrechtlichen Unterlassungsanspruch im Rahmen des Medienprivilegs nach Art. 85 DS-GVO.[28] Das BVerfG stellte in der Entscheidung hinsichtlich seines Prüfungsmaßstabes klar, dass es dann, wenn Fachrecht unionsrechtlich **nicht vollständig vereinheitlicht** und determiniert und daher in den Mitgliedstaaten unterschiedlich ausgestaltet ist, dessen Auslegung primär am **Maßstab des Grundgesetzes** prüft, und das auch dann, wenn daneben gleichzeitig die Unionsgrundrechte gelten.[29] Dies ergebe sich nach Auffassung des Gerichts sowohl aus Art. 1 Abs. 3, Art. 20 Abs. 3 und Art. 93 Abs. 1 Nr. 4 lit. a GG als auch aus dem beschränkten Anwendungsbereich der Charta nach Art. 51 Abs. 1 S. 1 GRCh, der für grundrechtliche Gewährleistungen die föderative Vielfalt in den Mitgliedstaaten anerkenne.[30] Das Unionsrecht gewähre insoweit in Art. 51 Abs. 1, 2, Art. 52 Abs. 4, 6 und Art. 56 GRCh eine Vielgestaltigkeit des Grundrechts-

21 *Schwartmann/Hermann/Mühlenbeck* Rechtsgutachten Entzug Doktorgrad S. 5, 29; *Schwartmann/Hermann/Mühlenbeck* RDV 5/2018, 252 (253). Zu den Voraussetzungen des Art. 6 Abs. 3 vgl. *Kühling/Martini et al.* DS-GVO und nationales Recht S. 34 f.

22 *Schwartmann/Hermann/Mühlenbeck* Rechtsgutachten Entzug Doktorgrad S. 5, 30; *Schwartmann/Hermann/Mühlenbeck* RDV 5/2018, 252 (253).

23 *Schwartmann/Hermann/Mühlenbeck* Rechtsgutachten Entzug Doktorgrad S. 6, 30; *Schwartmann/Hermann/Mühlenbeck* RDV 5/2018, 252 (253).

24 *Schwartmann/Hermann/Mühlenbeck* Rechtsgutachten Entzug Doktorgrad S. 6 f., 31; *Schwartmann/Hermann/Mühlenbeck* RDV 5/2018, 252 (253).

25 BVerfG Beschl. v. 6.11.2019 – 1 BvR 16/13, BeckRS 2019, 29201 – Recht auf Vergessen I.

26 BVerfG Beschl. v. 6.11.2019 – 1 BvR 276/17, BeckRS 2016, 137494 – Recht auf Vergessen II.

27 Vgl. dazu Pressemitteilungen des Bundesverfassungsgerichts Nr. 83/2019 v. 27.11.2019 sowie Pressemitteilung Nr. 84/2019 v. 27.11.2019.

28 Zur inhaltlichen Reichweite des Medienprivilegs vgl. HK-DS-GVO/BDSG/*Frey* zu Art. 85.

29 BVerfG Beschl. v. 6.11.2019 – 1 BvR 16/13, Ls. 1 und Rn. 42 sowie Pressemitteilungen des *Bundesverfassungsgerichts* Nr. 83/2019 v. 27.11.2019.

30 BVerfG Beschl. v. 6.11.2019 – 1 BvR 16/13, Rn. 42 f.

schutzes, der den Mitgliedstaaten dort, wo ihnen durch das Fachrecht der Union Gestaltungsspielräume eröffnet würden, die **Möglichkeit einräume, die eigenen mitgliedstaatlichen Grundrechtsstandards zur Geltung zu bringen.**[31] Insofern sei anzunehmen, dass dies – sofern der Unionsgesetzgeber den Mitgliedstaaten bei der Umsetzung des Unionsrechts **Gestaltungsspielräume** belasse – auch für einen entsprechenden Grundrechtsschutz gelte.[32] Das BVerfG stützt sich dabei insoweit zudem auf die widerlegliche Vermutung, dass durch eine Prüfung am Maßstab des Grundgesetzes das Schutzniveau der Charta in der Regel mitgewährleistet sei und keine konkreten Anhaltspunkte dafür bestünden, dass das grundrechtliche Schutzniveau des Unionsrechts nicht gewahrt sein könnte.[33] Im Zuge dessen prüfte das BVerfG die Begründetheit des Unterlassungsanspruchs am Maßstab des Grundgesetzes.

Die Entscheidung „*Recht auf Vergessen II*" des BVerfG betrifft das Bestehen eines Unterlassungsanspruchs gegen einen Suchmaschinenbetreiber im Anwendungsbereich der DS-GVO und außerhalb der Geltung des Medienprivilegs nach Art. 85 DS-GVO. Das BVerfG stellt hierin zunächst fest, dass im Rahmen unionsrechtlich vollständig vereinheitlichten Rechts die Grundrechte des Grundgesetzes im Wege des Anwendungsvorrangs des Unionsrechts verdrängt würden.[34] Insofern seien als **Prüfungsmaßstab** nicht die Grundrechte des Grundgesetzes, sondern alleine die **Unionsgrundrechte** maßgeblich, so dass das Gericht die innerstaatliche Anwendung des Unionsrechts durch deutsche Stellen am Maßstab der Unionsgrundrechte prüfe.[35] Als Begründung der Prüfungskompetenz führt das Gericht zum einen an, dass eine Auslegung vollvereinheitlichen Unionsrechts am Maßstab des Grundgesetzes die Gefahr berge, dass innerstaatliche Maßstäbe dem Unionsrecht unterlegt und so auch als Maßstab für andere Mitgliedstaaten verstanden werden könnte.[36] Zum anderen verwies das Gericht hinsichtlich seiner Prüfungskompetenz auf Art. 23 Abs. 1 GG, der im Rahmen einer Übertragung von Hoheitsrechten auf die Union eine Öffnung des Grundgesetzes für das Unionsrechts beinhalte, dabei aber auch nach sich ziehe, dass das BVerfG im Rahmen seiner Integrationsverantwortung die Rechtsprechung der Fachgerichte erforderlichenfalls auch am Maßstab der Unionsgrundrechte kontrolliere.[37] Das Gericht schließe insofern auch eine Rechtschutzlücke, da eine Möglichkeit des Einzelnen, die Verletzung von Unionsgrundrechten durch die mitgliedstaatlichen Fachgerichte unmittelbar vor dem EuGH geltend zu machen, nicht bestehe.[38] 12

Nach Auffassung des Gerichts hängt die Frage, ob die Grundrechte des Grundgesetzes oder die Charta anzuwenden sei, maßgeblich von der **Unterscheidung zwischen vollständig vereinheitlichtem und gestaltungsoffenem Unionsrecht** ab.[39] Entscheidend sei insoweit eine **Auslegung** des anzuwendenden Unionsrechts in Bezug auf die konkret auf den Fall anzuwendenden Vorschriften, nicht 13

31 BVerfG Beschl. v. 6.11.2019 – 1 BvR 16/13, Rn. 48.
32 BVerfG Beschl. v. 6.11.2019 – 1 BvR 16/13, Rn. 50.
33 BVerfG Beschl. v. 6.11.2019 – 1 BvR 16/13, Rn. 55 und 64 ff.
34 BVerfG Beschl. v. 6.11.2019 – 1 BvR 276/17, Ls. 1.
35 BVerfG Beschl. v. 6.11.2019 – 1 BvR 276/17, Ls. 1 und Rn. 42 sowie Pressemitteilung des *Bundesverfassungsgerichts* Nr. 84/2019 v. 27.11.2019.
36 BVerfG Beschl. v. 6.11.2019 – 1 BvR 276/17, Rn. 45.
37 BVerfG Beschl. v. 6.11.2019 – 1 BvR 276/17, Rn. 53 ff. sowie Pressemitteilung des *Bundesverfassungsgerichts* Nr. 84/2019 v. 27.11.2019.
38 BVerfG Beschl. v. 6.11.2019 – 1 BvR 276/17, Rn. 61.
39 BVerfG Beschl. v. 6.11.2019 – 1 BvR 276/17, Rn. 77.

aufgrund einer allgemeinen Betrachtung des Regelungsbereichs.[40] Bei der Auslegung kann es demnach nach Ansicht des Gerichts entscheidend sein, ob es sich um eine **Richtlinie** oder eine **Verordnung** handelt.[41] Denn auch Verordnungen könnten durch Öffnungsklauseln Gestaltungsfreiräume der Mitgliedstaaten begründen.[42] Von einer vollständig vereinheitlichen Regelung sei daher grundsätzlich dann auszugehen, wenn eine Verordnung einen bestimmten Sachverhalt **abschließend** regele, wobei eine Gestaltungsoffenheit nicht bereits dadurch bestehe, dass sie für sachlich und inhaltlich beschränkte Sonderkonstellationen die Möglichkeit abweichender Regelungen schaffe.[43] Vielmehr sei „**in Bezug auf die jeweilige Norm des Unionsrechts** zu untersuchen, ob sie auf die Ermöglichung von Vielfalt und die Geltendmachung verschiedener Wertungen angelegt ist, oder ob sie nur dazu dienen soll, besonderen Sachgegebenheiten hinreichend flexibel Rechnung zu tragen, dabei aber von dem Ziel einer gleichförmigen Rechtsanwendung getragen ist".[44] Das BVerfG verweist außerdem darauf, dass sofern im Einzelfall bei Abgrenzungsfragen die Anwendung der verschiedenen Grundrechte zu gleichen Ergebnissen führe, die Fachgerichte nicht gehindert seien, die Frage nach der Reichweite der Vereinheitlichung dahinstehen zu lassen.[45]

14 Die beiden Entscheidungen knüpfen inhaltlich unmittelbar an die Rechtsprechung des BVerfG in *Solange I*[46] und *II*[47], *Maastricht*[48], *Bananenmarkt*[49] und *Lissabon*[50] an, brechen aber insofern mit der bisherigen Tradition der Rechtsprechung, als dass sich das Gericht bislang im Hinblick auf das Unionsrecht zurückhaltend etwa auf eine ultra-vires-Kontrolle ausbrechender Rechtsakte sowie die Kontrolle der Wahrung der Verfassungsidentität beschränkte und auf eine Grundrechtsprüfung ganz verzichtete und die Kontrolle den Fachgerichten sowie dem EuGH überließ.[51] Neben dem kompetenziellen Prüfungsanspruch, den das BVerfG nunmehr in den Entscheidungen erhebt, folgt aus den Urteilen, dass auch im Rahmen der Öffnungsklauseln der DS-GVO dem Anwendungsvorrang des Unionsrechts keine allgemeine Geltung zukommt. Vielmehr ist im Rahmen der jeweiligen Norm der DS-GVO anhand der aufgestellten Maßstäbe des BVerfG zu prüfen, ob diese auf die Ermöglichung von Vielfalt und die Geltung nationaler Grundrechtstraditionen angelegt ist.

15 Im Hinblick auf das Verständnis der Öffnungsklauseln aus Art. 6 Abs. 2 und 3 DS-GVO folgt aus der Rechtsprechung des BVerfG, dass sich im Sinne der obigen Ausführungen eine geteilte Rechtsordnung ergeben kann. Insoweit steht die Annahme einer Kompetenz des BVerfG, wenn die mitgliedstaatlichen Umsetzungsnormen spezifischere Bestimmungen für Datenverarbeitungen im öffentlichen Bereich enthalten (Art. 6 Abs. 3 S. 3 DS-GVO), hingegen einer Kompetenz des EuGH, wenn lediglich der von Art. 6 Abs. 3 S. 2 DS-GVO vorgegebene Mindeststandard ins nationale Recht übernommen wird, im Einklang mit der

40 BVerfG Beschl. v. 6.11.2019 – 1 BvR 276/17, Rn. 78.
41 BVerfG Beschl. v. 6.11.2019 – 1 BvR 276/17, Rn. 79.
42 BVerfG Beschl. v. 6.11.2019 – 1 BvR 276/17, Rn. 79.
43 BVerfG Beschl. v. 6.11.2019 – 1 BvR 276/17, Rn. 79.
44 BVerfG Beschl. v. 6.11.2019 – 1 BvR 276/17, Rn. 80.
45 BVerfG Beschl. v. 6.11.2019 – 1 BvR 276/17, Rn. 81.
46 BVerfGE 37, 271.
47 BVerfGE 73, 339.
48 BVerfGE 89, 155.
49 BVerfGE 102, 147.
50 BVerfGE 123, 276.
51 BVerfG Beschl. v. 6.11.2019 – 1 BvR 276/17, Rn. 51.

jüngsten Rechtsprechung des BVerfG. Welcher Prüfungsmaßstab im Bereich der nationalen Gerichtsbarkeit hierbei gilt, hängt davon ab, ob davon auszugehen ist, dass Art. 6 Abs. 3 S. 3 DS-GVO auf die Ermöglichung von Vielfalt und die Geltendmachung verschiedener Wertungen angelegt ist, oder ob er nur dazu dienen soll, besonderen Sachgegebenheiten hinreichend flexibel Rechnung zu tragen.

b) Verhältnis zum BDSG

Im Verhältnis zum BDSG ist zu beachten, dass das BDSG nach § 1 Abs. 1 S. 1 Nr. 1 BDSG in erster Linie für die öffentlichen Stellen des Bundes gilt und daher für öffentliche Stellen der Länder nach § 1 Abs. 1 S. 1 Nr. 2 BDSG hinter den Datenschutzgesetzen der Länder zurücktritt. Ansonsten sind die Wertungen von § 3 DSG NRW und § 3 BDSG insoweit analog zu verstehen, wie sie – außerhalb der spezifischen Bestimmungen des § 3 BDSG – wort- und inhaltsgleich sind und können dementsprechend sowohl von § 3 DSG NRW auf § 3 BDSG als auch von § 3 BDSG auf § 3 DSG NRW übertragen werden. 16

II. Bisherige Rechtslage

§ 3 DSG NRW findet seine Vorgängerregelung – zumindest teilweise – in § 4 DSG NRW aF. Die Regelung des § 3 Abs. 1 DSG NRW wurde im Zuge der Anpassung an die DS-GVO neu eingefügt. § 3 Abs. 2 DSG NRW entspricht § 4 Abs. 6 DSG NRW aF.[52] Insofern sind die Wertungen aus § 4 Abs. 6 DSG NRW aF entsprechend auf § 3 Abs. 2 DSG NRW übertragbar. 17

B. Kommentierung

§ 3 DSG NRW ist in drei Absätze mit unterschiedlichen Regelungsgehalten unterteilt. 18

I. § 3 Abs. 1 DSG NRW

§ 3 Abs. 1 DSG NRW ist eine allgemeine Rechtsgrundlage für die Verarbeitung personenbezogener Daten durch öffentliche Stellen. Die Norm ist damit die datenschutzrechtliche Generalklausel auf Landesebene, die eine Datenverarbeitung rechtfertigen kann. Nach § 3 Abs. 1 DSG NRW ist die Verarbeitung personenbezogener Daten durch öffentliche Stellen zulässig, wenn sie für die Wahrnehmung einer im öffentlichen Interesse liegenden Aufgabe der verarbeitenden Stelle erforderlich ist oder wenn sie in Ausübung öffentlicher Gewalt erfolgt, die dem Verantwortlichen übertragen wurde. 19

1. Subsidiarität

§ 3 Abs. 1 DSG NRW kann ausweislich ihres Wortlautes nur insoweit eine Datenverarbeitung rechtfertigen, als spezialgesetzliche Regelungen nicht vorgehen.[53] Damit macht bereits der Wortlaut deutlich, dass es sich bei der Vorschrift um eine subsidiäre, allgemeine Rechtsgrundlage für die Verarbeitung personenbezogener Daten durch öffentliche Stellen handelt, die auf Datenverarbeitungen mit geringer Eingriffsintensität beschränkt ist. Datenverarbeitungen mit hoher Eingriffsintensität sind durch den Gesetzgeber spezialgesetzlich zu normieren. Die den Eingriff legitimierende, gesetzliche Grundlage muss klare 20

52 LT-Drs. 17/1981, 133.
53 Vgl. dazu auch vgl. dazu auch *Richter* in HK-LDSG RhPf § 3 Rn. 12 ff.

und präzise Regeln für die Tragweite und die Anwendung der fraglichen Maßnahme vorsehen, damit die Adressaten ihr Verhalten darauf einrichten können.[54] Je intensiver eine Verarbeitung personenbezogener Daten in das Datenschutzrecht aus Art. 8 GRCh der betroffenen Person eingreift, desto höhere Anforderungen sind an die Bestimmtheit und Eindeutigkeit der gesetzlichen Regelungen zu stellen. Den Mindestanforderungen wird § 3 Abs. 1 DSG NRW gerecht, so dass die Norm eingriffsarme Datenverarbeitungen legitimieren kann. So kann die Norm beispielsweise die Datenverarbeitung im Rahmen der Anbringung eines Entzugsvermerks in einem Online-Bibliothekskatalog zur Kenntlichmachung des wissenschaftlichen Fehlverhaltens des Verfassers, und damit des datenschutzrechtlich Betroffenen, legitimieren, da der Eingriff in das Datenschutzrecht der betroffenen Person bei wertender Betrachtung als nicht intensiv zu qualifizieren ist.[55]

21 Die Verarbeitung personenbezogener Daten durch öffentliche Stellen ist nicht nur auf Grundlage des Art. 6 Abs. 1 lit. e DS-GVO iVm § 3 Abs. 1 DSG NRW oder einer spezialgesetzlichen Ermächtigung möglich. Grundlage für eine Datenverarbeitung durch eine öffentliche Stelle können auch die weiteren in Art. 6 Abs. 1 DS-GVO genannten Erlaubnistatbestände sein. Lediglich die Interessenabwägung des Art. 6 Abs. 1 lit. f DS-GVO scheidet für Behörden bei Datenverarbeitungen im Rahmen der Erfüllung ihrer Aufgaben aufgrund von Art. 6 Abs. 1 S. 2 DS-GVO als Zulässigkeitstatbestand aus.[56]

2. Verarbeitung personenbezogener Daten

22 Regelungsgegenstand des § 3 Abs. 1 DSG NRW ist die Verarbeitung personenbezogener Daten. Die Norm knüpft damit unmittelbar an die Begriffsbestimmungen des Art. 4 Nr. 1 und 2 DS-GVO an. Nach Art. 4 Nr. 1 DS-GVO sind alle Informationen, die sich auf eine identifizierte oder identifizierbare Person beziehen, personenbezogene Daten.[57] Verarbeitung definiert Art. 4 Nr. 2 DS-GVO als jeden mit oder ohne Hilfe automatisierter Verfahren ausgeführter Vorgang oder jede solche Vorgangsreihe im Zusammenhang mit personenbezogenen Daten.[58]

23 Ob die Verarbeitung der personenbezogenen Daten automatisiert oder nichtautomatisiert erfolgt, ist nicht entscheidend. Vielmehr dient § 3 Abs. 1 DSG NRW auch in den Verarbeitungssituationen, in denen die Verarbeitung weder automatisiert oder außerhalb von Dateisystemen erfolgt, und damit nicht im Anwendungsbereich der DS-GVO nach Art. 2 Abs. 1 DS-GVO liegt, als Ermächtigungsgrundlage für das Handeln öffentlicher Stellen. Auch eine solche Verarbeitung außerhalb der DS-GVO kann einen Eingriff in das Recht auf informationelle Selbstbestimmung der betroffenen Person darstellen und bedarf

54 *Jarass* GRCh, 3. Aufl. 2016, EU-Grundrechte-Charta Art. 8 Rn. 11; vgl. EuGH Urt. v. 8.4.2014 – C-293/12 – *Digital Rights*, Rn. 54 sowie EuGH Urt. v. 6.10.2015 – C-362/14 – *Schrems* Rn. 91.

55 *Schwartmann/Hermann/Mühlenbeck* Rechtsgutachten Entzug Doktorgrad S. 7 f.; *Schwartmann/Hermann/Mühlenbeck* RDV 5/2018, 252 (253 f.).

56 HK-DS-GVO/BDSG/*Schwartmann/Klein* Art. 6 Abs. 1 S. 1 lit. f Rn. 113; *Heberlein* in Ehmann/Selmayr DS-GVO Art. 6 Abs. 1 lit f. Rn. 28 f.

57 Zum Begriff „Personenbezogene Daten" vertiefend HK-DS-GVO/BDSG/*Schwartmann/Mühlenbeck* Art. 4 Nr. 1 Rn. 6 ff.; *Gola* in Gola DSGVO Art. 4 Rn. 4, sowie *Klabunde* in Ehmann/Selmayr DS-GVO Art. 4 Rn. 7 ff.

58 Zum Begriff „Verarbeitung" vertiefend HK-DS-GVO/BDSG/*Schwartmann/Hermann* Art. 4 Nr. 2 Rn. 34 ff.; *Ernst* in Paal/Pauly DS-GVO Art. 4 Rn. 20 ff.

damit einer Legitimation. Dies leistet § 3 Abs. 1 DSG NRW und ist deshalb in diesem Anwendungsbereich erforderlich.[59]

3. Öffentliche Stellen als Adressaten

Adressaten des § 3 Abs. 1 DSG NRW sind zum einen **öffentliche Stellen.** Der Begriff der öffentlichen Stellen richtet sich dabei nach § 5 Abs. 1 S. 1 DSG NRW, der eine Legaldefinition der öffentlichen Stelle enthält. Danach sind öffentliche Stellen iSd DSG NRW Behörden, Einrichtungen und sonstige öffentliche Stellen des Landes, Gemeinden und Gemeindeverbände sowie sonstige der Aufsicht des Landes unterstehende juristische Personen des öffentlichen Rechts und deren Vereinigungen ungeachtet ihrer Rechtsform.[60] 24

Zum anderen adressiert die Norm im Abs. 2 auch **Private,** soweit sie Befugnisse der Verwaltung übertragen bekommen haben und hoheitliche Aufgaben der öffentlichen Verwaltung wahrnehmen (→ § 5 Rn. 21). 25

4. Umfang der Ermächtigung

§ 3 Abs. 1 DSG NRW sieht zwei Fälle vor, in denen die Norm als Ermächtigung für die Verarbeitung personenbezogener Daten dienen kann. Zum einen ist der Fall erfasst, dass die Verarbeitung zur Wahrnehmung einer im öffentlichen Interesse liegenden Aufgabe erforderlich ist. Zum anderen ist die Norm einschlägig, wenn die Verarbeitung in Ausübung öffentlicher Gewalt erfolgt, die dem Verantwortlichen übertragen wurde. 26

§ 3 Abs. 1 Var. 1 DSG NRW legitimiert die Verarbeitung personenbezogener Daten, soweit die Datenverarbeitung **zur Wahrnehmung einer im öffentlichen Interesse liegenden Aufgabe der verarbeitenden Stelle erforderlich** ist.[61] Verfassungsrechtlicher Ausgangspunkt für das Handeln der öffentlichen Verwaltung ist Art. 20 Abs. 3 GG, wonach die öffentliche Verwaltung an Recht und Gesetz gebunden ist. Voraussetzung für das Eingreifen des § 3 Abs. 1 DSG NRW kann daher nur eine im öffentlichen Interesse liegende Aufgabe der verarbeitenden Stelle sein, die ihr per Gesetz zugewiesen ist. Wie konkret die Aufgabenzuweisung gefasst sein muss, lässt sich nicht allgemein bestimmen. Zu weit dürfte es jedenfalls gehen, bereits die Aufgabe der Sachverhaltsermittlung und Beweiserhebung, wie sie sich aus dem allgemeinen Verwaltungsverfahren ergeben, genügen zu lassen.[62] Vielmehr dürften die Voraussetzungen dann erfüllt sein, wenn die öffentliche Stelle schlicht im Rahmen ihrer Zuständigkeit tätig wird und dabei personenbezogene Daten verarbeiten muss.[63] 27

Welche Aufgaben in der Zuständigkeit der verarbeitenden Stelle liegen, kann sich sowohl aus nationalen Rechtsvorschriften als auch aus europarechtlichen Vorgaben ergeben. § 3 Abs. 1 Var. 1 DSG NRW kann die Datenverarbeitung nur dann legitimieren, wenn das Verwaltungshandeln an sich formell und materiell rechtmäßig ist. Dadurch kommt es an dieser Stelle zu einer Verzahnung 28

---

59 Siehe dazu auch Stellungnahme der behördlichen Datenschutzbeauftragten der Hochschulen des Landes NRW, S. 2.
60 Zum Begriff „öffentliche Stellen" → § 5 Rn. 7; *Gola* in Gola DS-GVO Art. 4 Rn. 58 ff.
61 Vgl. dazu auch *Richter* in HK-LDSG RhPf § 3 Rn. 25 ff.
62 Vgl. *Reimer* Verwaltungsdatenschutzrecht Rn. 175.
63 Vgl. HK-DS-GVO/BDSG/*Pabst* Art. 6 Rn. 99.

von Verwaltungs- und Datenschutzrecht. Die Rechtmäßigkeit der Datenverarbeitung steht oder fällt mit der Rechtmäßigkeit des Verwaltungshandelns.[64]

29 Entscheidend ist, dass die Datenverarbeitung zur Wahrnehmung einer im öffentlichen Interesse liegenden Aufgabe der verarbeitenden Stelle **erforderlich** ist. Die Bindung an die Erforderlichkeit der Datenverarbeitung besagt, dass auch öffentliche Stellen nur diejenigen Daten verarbeiten dürfen, die für die Aufgabenerfüllung vonnöten ist. Erforderlich kann damit nur die Verarbeitung der Daten sein, ohne die die öffentliche Stelle die Wahrnehmung der im öffentlichen Interesse liegenden Aufgabe nicht erfüllen kann. Das Tatbestandsmerkmal der Erforderlichkeit gebietet es, in jedem Einzelfall einer gesonderten Prüfung unterzogen zu werden. Prüfmaßstab ist dabei auf der einen Seite die Erfüllung der Aufgabe im Einzelfall und auf der anderen Seite das Datenschutzrecht der betroffenen Person.

30 In Zeiten digitaler Kommunikation stellt sich vor dem Hintergrund der **Erforderlichkeit** der Datenverarbeitung zur behördlichen Aufgabenerfüllung die Frage, ob es für öffentliche Stellen ein Recht oder sogar eine Pflicht zur **Teilhabe an digitaler Kommunikation** sowie zur Nutzung digitaler Angebote zur Öffentlichkeitsarbeit und zur Krisenkommunikation geben kann. Dies ist vor dem Hintergrund der Reichweite sozialer Netzwerke etwa zur Krisenkommunikation (Wetterwarnungen, Gesundheitswarnungen zur Verhinderung der Verbreitung von möglichen Pandemien), aber auch zu Zwecken der Öffentlichkeitsarbeit von großer Bedeutung. Eine Teilhabepflicht kann rechtlich schon aus Gründen der Aufgabenerfüllung im Netz („digitalisierte Daseinsvorsorge") bestehen. Schließlich korrespondiert der Anspruch des Bürgers auf digitale Angebote mit der Pflicht der öffentlichen Hand zur Bereitstellung und Nutzung dieser Angebote.

31 Essenziell erforderlich ist hierbei die Differenzierung nach Ausrichtung und Funktion des Angebots. Eine eigene Website im Netz unter einer eigenen Domain etwa ist technisch und datenschutzrechtlich für eine öffentliche Stelle beherrschbar, weil sie die Ausgestaltung des Dienstes und die digitale Infrastruktur kennt oder ggf. über einen Auskunftsanspruch in Erfahrung bringen kann. Messengerdienste wie Threema, Signal oder WhatsApp sind demgegenüber für die verantwortliche Stelle lediglich teilweise beherrschbar, während soziale Netzwerke wie Facebook, Instagram, Twitter, TikTok, Xing, LinkedIn etc. für die Behörde in ihrer Eigenschaft als Fanpagebetreiber oder Nutzer nicht (eigenverantwortlich) beherrschbar sind. Denn dort sind auch öffentliche Stellen letztlich lediglich Nutzer des von Facebook bereit gestellten Angebots.

32 Das praktische Erfordernis zur Nutzung digitaler Dienste birgt rechtlich allerdings großen Risiken. Der EuGH hat entschieden,[65] dass Facebook-Fanpage-Betreiber zusammen mit Facebook für die Verarbeitung personenbezogener Daten und etwaige Datenschutzverstöße verantwortlich sind. Diese Grundsätze wurden in den Rs. *Jehova*[66] und *FashionID*[67] bekräftigt. Datenschutzrechtlich Verantwortliche dürfen danach nur dann eine Facebook-Fanpage betreiben, wenn sie mit Facebook eine Vereinbarung über die Verteilung der datenschutz-

---

64 Vgl. dazu im Bereich von Hochschule die besondere Problematik des Informationshandelns von Hochschulen zu wissenschaftlichen Zwecken Rechtsgutachten *Schwartmann/Hermann/Mühlenbeck* Rechtsgutachten Entzug Doktorgrad S. 9.

65 EuGH Urt. v. 5.6.2018 – C-210/16, Rn. 16 (*Fanpage*). Zu dieser Problematik vgl. *Schwartmann/Keber/Mühlenbeck* Social Media S. 86 f.

66 EuGH Urt. v. 10.7.2018 – C-25/17 Rn. 66 (*Jehova*).

67 EuGH Urt. v. 29.7.2019 – C-40/17 Rn. 70 (*Fashion ID*).

rechtlichen Pflichten nach Art. 26 DSGVO getroffen haben. Die Pflicht trifft auch nordrhein-westfälische öffentliche und private Stellen. Es ist damit höchstrichterlich entschieden, dass der Betrieb einer Facebook-Fanpage ohne entsprechende Vereinbarung nach Art. 26 DSGVO aktuell datenschutzrechtlich unzulässig ist.

Im Nachgang zu der EuGH-Entscheidung veröffentlichte Facebook ein sog. Page Controller Addendum, das Rechte und Pflichten der Verantwortlichen (entsprechend Art. 26 DSGVO) beschreibt. Diese Ergänzung der Nutzungsbedingungen erfüllt die Anforderungen an eine Vereinbarung nach Art. 26 DSGVO nach Meinung der Datenschutzkonferenz (DSK) jedoch nicht. Im DSK-Beschluss zu Facebook-Fanpages vom 5.9.2018 heißt es: „*Ohne Vereinbarung nach Art. 26 DSGVO ist der Betrieb einer Fanpage, wie sie derzeit von Facebook angeboten wird, rechtswidrig.*“[68] Die DSK positionierte sich im April 2019 zur konkreten Form der „Vereinbarung“ wie folgt: „*Am 11. September 2018 veröffentlichte Facebook eine sog. „Seiten-Insights-Ergänzung bezüglich des Verantwortlichen“ sowie „Informationen zu SeitenInsights. (…) Diese (…) erfüllt nicht die Anforderungen an eine Vereinbarung nach Art. 26 DSGVO. (…) Solange diesen Pflichten nicht nachgekommen wird, ist ein datenschutzkonformer Betrieb einer Fanpage nicht möglich.*“[69] 33

Insofern verstoßen (nordrhein-westfälische) öffentliche Stellen, die eine Facebook-Fanpage betreiben, ebenso wie private Stellen nach Auffassung der deutschen Datenschutzaufsichtsbehörden gegen geltendes Recht. Das gilt, solange der jeweilige Verantwortliche keine Vereinbarung mit Facebook vorlegen kann, aus der sich nachvollziehbar ergibt, dass die beteiligten gemeinsam Verantwortlichen ihre Datenverarbeitungstätigkeiten jeweils rechtmäßig ausüben. 34

Bis zur Vorlage einer derartigen Vereinbarung drohen öffentlichen Stellen in Nordrhein-Westfalen datenschutzrechtliche Sanktionen durch die LDI-NRW. Das ergibt sich konkret aus der Rechtsprechung des BVerwG,[70] das die EuGH-Entscheidung zu Facebook-Fanpages zwar zur endgültigen Entscheidung an das OVG Schleswig zurückverwiesen hat. Zugleich hat es aber darauf hingewiesen, dass Datenschutzbehörden zur möglichst zügigen und wirkungsvollen Durchsetzung eines hohen Datenschutzniveaus ermessenfehlerfrei einen Fanpagebetreiber unmittelbar für die Herstellung datenschutzkonformer Zustände bei Nutzung seiner Fanpage in die Pflicht nehmen können. Die Aufsichtsbehörden müssen nicht „*gegen eine der Untergliederungen oder Niederlassungen von Facebook vorgehen, weil das wegen der fehlenden Kooperationsbereitschaft von Facebook mit erheblichen tatsächlichen und rechtlichen Unsicherheiten verbunden (…) wäre.*“[71] Bis zur Rechtskraft der abschließenden Entscheidung des OVG kann ein Verantwortlicher zwar versuchen, aus formalen Gründen unter Berufung auf die fehlende Rechtskraft im konkreten Verfahren vor dem OVG Schleswig die Rechtswidrigkeit des Betriebs einer Facebook-Fanpage auch ohne wirksame Vereinbarung nach Art. 26 DSGVO in Abrede zu stellen. Rechtlich belastbar scheint diese Argumentation aber nicht. 35

Weil letztlich wohl alle sozialen Netzwerke einem gemeinsamen Zweck zu einem gegenseitigen Nutzen im Sinne der Rechtsprechung dienen, weil eine 36

68 DSK, Beschluss der DSK zu Facebook Fanpages, S. 2.
69 DSK, Positionierung zur Verantwortlichkeit und Rechenschaftspflicht bei Facebook-Fanpages sowie der aufsichtsbehördlichen Zuständigkeit, S. 1.
70 BVerwG Urt. v. 11.9.2019 – 6 C 15.18.
71 S. https://www.bverwg.de/pm/2019/62.

Auswertung von Nutzerverhalten essenzieller Bestandteil ihres auf Werbung basierenden Geschäftsmodelles ist, dürfte sich die Rechtsprechung über Facebook hinaus, etwa auch auf Twitter, Xing, LinkedIn, Instagram, TikTok usw., erstrecken. Inwieweit die Rechtsprechung des EuGH auch auf Messengerdienste wie WhatsApp[72], Signal oder Threema übertragbar ist, hängt von der konkreten Ausgestaltung der Angebote ab. Die Umsetzung der Rechtspflichten ist bundesweit auch unter den Aufsichtsbehörden unterschiedlich. Während der LfDI BW seinen dienstlichen Twitter-Account zum 31.1.2020 eingestellt hat, twittert der BfDI als Privatperson zu dienstlichen Themen ebenso weiter, wie der Europäische Gerichtshof, der Europäische Datenschutzbeauftragte und viele andere öffentliche Stellen. Die LDI NRW rät öffentlichen Stellen jedenfalls von der Nutzung von Twitter ab.[73]

37 Ungeachtet dieser konkreten Probleme der Nutzung sozialer Mediendienste stellen sich nicht nur mit Blick auf die Kommunikation im Rahmen der Aufgabenerfüllung **weitere Rechtsfragen** hinsichtlich der digitalen Behördenkommunikation. Von Bedeutung ist etwa die Ermittlung der konkreten Nutzungsbefugnisse je nach DSGVO-Erlaubnistatbestand und die Frage des Vorgehens bei der Nutzung nicht rechtskonformer Dienste zur Aufgabenerfüllung (Art. 1 Abs. 3 GG). Fragen werfen auch die rechtliche Bindungswirkung von behördlichen Positionierungen im Rahmen digitaler Kommunikation (Regelungsgehalt, Bindungswirkung), die Abgrenzung von formellen und informellen Positionierungen in Posts und Tweets, die Unterscheidung der Kommunikation zu dienstlichen oder privaten Zwecken, die Nutzung privater Endgeräte zu dienstlichen Zwecken, die Wahrnehmung von Rechenschafts- und Dokumentationspflichten bei digitalen Äußerungen und die Differenzierung der Zulässigkeit von Äußerungen, abhängig von den Funktionen im Rahmen der Staatsgewalten, auf. Jeweils genauer Prüfung bedarf auch die Eröffnung der Anwendungsbereiche (DS-GVO/BDSG/LDG), etwa bezogen auf die datenschutzrechtliche Stellung von Abgeordneten (parlamentarisch/fiskalisch; s. dazu *Pabst* unter → § 5 Rn. 31) und den Einsatz Sozialer Mediendienste zu Wahlwerbezwecken.

38 Für öffentliche Stellen geht das Handeln zur Wahrnehmung einer im öffentlichen Interesse liegenden Aufgabe regelmäßig mit dem **Handeln in Ausübung übertragener öffentlicher Gewalt** einher.[74] Auch hier sind die Befugnisse der öffentlichen Stelle durch die Rechtsordnung begrenzt.

39 Eigenständige Bedeutung bekommt § 3 Abs. 1 Var. 2 DSG NRW wiederum für **Private**, denen durch Gesetz oder aufgrund Gesetzes hoheitliche Befugnisse eingeräumt sind, wodurch sie als Beliehene zu öffentlichen Stellen werden. Auch für diese Variante gilt, dass die betreffenden Stellen an die Zuständigkeitsordnung gebunden sind und dem Grundsatz der Rechtmäßigkeit der Verwaltung unterfallen.[75]

---

72 Zur möglichen Zulässigkeit der Nutzung von WhatsApp zu behördlichen Zwecken nach Auffassung des Unabhängigen Datenschutzzentrum Saarland s. https://www.saarbruecker-zeitung.de/saarland/datenschutz-kommunen-duerfen-whatsapp-nutzen_aid-48382661.

73 S. https://www1.wdr.de/nachrichten/landespolitik/behoerden-in-sozialen-medien-100~_page-2.html. Zur Position des LfDI BW s. https://www.rnz.de/politik/suedwest_artikel,-datenschuetzer-stefan-brink-warum-behoerden-bei-social-media-aussteigen-sollen-_arid,496021.html.

74 HK-DS-GVO/BDSG/*Pabst* Art. 6 Rn. 102; vgl. auch *Schulz* in Gola DSGVO Art. 6 Rn. 52 f. sowie *Frenzel* in Paal/Pauly DS-GVO Art. 6 Rn. 23 ff.

75 HK-DS-GVO/BDSG/*Pabst* Art. 6 Rn. 103 sowie *Richter* in HK-LDSG RhPf § 3 Rn. 23 f.; vgl. auch *Schulz* in Gola DSGVO Art. 6 Rn. 52 f.

40 Eine für die Praxis besonders relevante Fallgruppe im Rahmen von § 3 Abs. 1 DSG NRW liegt in der Frage nach der **Zulässigkeit der Anfertigung von Personenfotografien im Rahmen der Öffentlichkeitsarbeit öffentlicher Stellen.**[76]

41 Fraglich ist dabei zunächst, welche Rechtsvorschriften anzuwenden sind.[77] Es konkurrieren hierbei grundsätzlich das Datenschutzrecht (DS-GVO und BDSG sowie Datenschutzgesetze der Länder) und die Regelungen des KUG (§§ 22, 23 KUG).[78] Während § 1 Abs. 3 S. 1 BDSG aF noch den Vorrang des KUG statuierte, enthalten weder das neue BDSG noch die neuen Datenschutzgesetze der Länder eine Aussage hinsichtlich der Frage ihrer Subsidiarität bzw. hinsichtlich des anwendbaren Rechts bei der Anfertigung von Personenfotografien.[79] Eine Regelung zur Anwendbarkeit des KUG findet sich lediglich in § 5 Abs. 7 (vgl. dazu die Kommentierung von *Pabst* in → § 5 Rn. 82 ff.). Sofern es also um die Zulässigkeit von Personenfotografien *außerhalb* des Anwendungsbereichs von Art. 85 DS-GVO bei der Anfertigung von Bildnissen zu journalistischen Zwecken (sog. Medienprivileg) geht,[80] stellt sich zum einen die Frage, welches Regelwerk Anwendung findet, und zum anderen, ob die Ermächtigungsgrundlage auch die Anfertigung von Personenfotografien durch öffentliche Stellen legitimiert.[81]

42 Da es sich bei der Erstellung von Personenfotografien um eine Verarbeitung personenbezogener Daten iSd Art. 4 Nr. 1 und 2 DS-GVO handelt, verdrängt die DS-GVO als spezialgesetzliche Regelung insoweit das KUG.[82] Hinzu tritt, dass die DS-GVO bzw. das DSG NRW bereits für die Erstellung der Fotografien gilt, während das KUG (entsprechend § 5 Abs. 7) erst im Rahmen der Verbreitung und Zurschaustellung der Bildnisse Anwendung findet.[83] Für öffentliche Stellen verwundert der Verweis auf eine Anwendung des KUG, weil die Normen nicht als Ermächtigungsgrundlage für hoheitliche Grundrechtseingriffe geschaffen sind.[84] Wegen der unterschiedlichen Anwendungsbereiche von DSG NRW/DS-GVO und KUG ist aber ohnehin eine Anwendbarkeit von DSG NRW/DS-GVO gegeben und daher eine datenschutzrechtliche Ermächtigung für die Erstellung von Fotos sowie eine Information der betroffenen Personen erforderlich.

43 Indem die Landesgesetzgeber von der Öffnungsklausel aus Art. 6 Abs. 1 S. 1 lit. e iVm Abs. 2 und Abs. 3 S. 2 DS-GVO Gebrauch gemacht haben, richtet sich die Zulässigkeit von Personenfotografien nach **Art. 6 Abs. 1 S. 1 lit. e, Abs. 2 und 3 DS-GVO iVm § 3 Abs. 1 DSG NRW.**[85] Die Verarbeitungsbefugnis

---

76 Vgl. dazu auch HK-LDSG RhPf/*Richter* § 3 Rn. 32 und 53.
77 Dazu ausführlich *Schwartmann/Jacquemain* DataAgenda Arbeitspapier 02 S. 1 f.
78 Vgl. dazu etwa *Benedikt/Kranig* ZD 2019, 4 f. sowie *Schwartmann/Jacquemain* DataAgenda Arbeitspapier 02 S. 1 f., abrufbar unter https://dataagenda.de/wp-content/uploads/2019/09/190925_Arbeitspapier_02.pdf.
79 *Benedikt/Kranig* ZD 2019, 4 f.
80 Vgl. dazu etwa OLG Köln Beschl. v. 18.07.2019 – 15 W21/19 Rn. 36 ff. sowie Beschl. v. 08.10.2018 – 15 U 110/18 Rn. 18 und Beschl. v. 18.06.2018 – 15 W 27/18 Rn. 5 ff.
81 Bejahend insoweit HK-LDSG RhPf/*Richter* § 3 Rn. 32 und 53.
82 *Schwartmann/Jacquemain* DataAgenda Arbeitspapier 02 S. 1 f.
83 *Benedikt/Kranig* ZD 2019, 4 f. sowie *Schwartmann/Jacquemain* DataAgenda Arbeitspapier 02 S. 1 f.
84 BayLDA, Fotografien in der Öffentlichkeitsarbeit bayerischer Kommunen – Aktuelle Kurz-Information 16, S. 4.
85 Übereinstimmend BayLDA, Fotografien in der Öffentlichkeitsarbeit bayerischer Kommunen – Aktuelle Kurz-Information 16, S. 1.

für öffentlichen Stellen, im Rahmen ihrer Öffentlichkeitsarbeit auch Personenfotografien anzufertigen, folgt insofern aus Art. 6 Abs. 1 S. 1 lit. e DS-GVO iVm der Generalermächtigung des § 3 Abs. 1 DSG NRW sowie aus der jeweiligen Aufgabenzuweisung, und stellt somit zumindest eine Annexkompetenz öffentlicher Stellen dar, die sie zur Datenverarbeitung berechtigt.[86] Freilich ist dabei erforderlich, dass die Anfertigung der Personenfotografien zur Aufgabenerfüllung iSv § 3 Abs. 1 DSG NRW erforderlich ist.[87] Eine Einwilligung nach Art. 6 Abs. 1 S. 1 lit. a DS-GVO kommt zwar ebenfalls in Betracht, wird aber auch für öffentliche Stellen wegen ihrer jederzeitigen Widerrufsmöglichkeit nach Art. 7 Abs. 3 DS-GVO aufgrund der damit einhergehenden Rechtsunsicherheit sowie aufgrund praktischer Unmöglichkeit unzweckmäßig sein.[88]

44 Strukturell ergeben sich die Anforderungen hinsichtlich der Rechtmäßigkeit der Erstellung von Personenfotografien dabei aus den Voraussetzungen einer Interessenabwägung nach Art. 6 Abs. 1 S. 1 lit. f DS-GVO. Zwar ist die Interessenabwägung nach Art. 6 Abs. 1 S. 2 DS-GVO nicht auf öffentliche Stellen anwendbar, der Gleichklang der rechtlichen Prüfung zeigt sich jedoch bereits in Art. 21 Abs. 1 DS-GVO, der sowohl auf Art. 6 Abs. 1 S. 1 lit. f als auch auf lit. e DS-GVO Bezug nimmt.

45 Öffentliche Stellen haben insoweit das öffentliche Interesse mit den Interessen der betroffenen Person iSd Erforderlichkeitsmaßstabes nach § 3 Abs. 1 DSG NRW abzuwägen.[89] Für das Interesse der öffentlichen Stellen streitet die Befugnis zur Aufgabenwahrnehmung, etwa im Rahmen ihrer Öffentlichkeitsarbeit und des Informationshandelns. Hinsichtlich der Interessen der abgelichteten Personen ist zu beachten, dass nur deren *berechtigten* Interessen in die Abwägung einzustellen sind. Subjektive Befindlichkeiten der abgelichteten Personen (etwa unpassende Kleidung, schlecht sitzende Frisur, aber auch Anwesenheit auf einer Veranstaltung trotz unentschuldigten Fehlens auf der Arbeitsstelle etc.) bleiben dementsprechend bei der Abwägung außer Betracht, da es nicht zu den Regelungszielen des Datenschutzrechts gehört, Fehlverhalten oder jedwede Interessen der betroffenen Personen zu schützen. Die Rechtfertigungsgründe der §§ 22, 23 KUG können im Rahmen der Abwägung ebenfalls als Leitlinien herangezogen werden.[90]

46 Der weitere Schutz der betroffenen Personen erfolgt dabei über das **Widerspruchsrecht nach Art. 21 DS-GVO.**[91] Die Vorschrift gewährt der betroffenen Person, die sich gegen ein Foto wendet, gleichwohl nur ein eingeschränktes Widerspruchsrecht. Sie kann sich bei der Geltendmachung des Widerspruchsrechts

86 HK-LDSG RhPf/*Richter* § 3 Rn. 32 sowie BayLDA, Fotografien in der Öffentlichkeitsarbeit bayerischer Kommunen – Aktuelle Kurz-Information 16, S. 1 f.

87 HK-LDSG RhPf/*Richter* § 3 Rn. 32. Zur Erforderlichkeit vgl. BayLDA, Fotografien in der Öffentlichkeitsarbeit bayerischer Kommunen – Aktuelle Kurz-Information 16, S. 2 f.

88 Dazu *Hamburgischer Beauftragter für Datenschutz und Informationsfreiheit*, Vermerk: Rechtliche Bewertung von Fotografien einer unüberschaubaren Anzahl von Menschen nach der DS-GVO außerhalb des Journalismus, S. 53 sowie *Nutz* DB 2018, 226 (227). Vgl. dazu auch ULD, Praxisreihe Heft 6 (Fotos und Webcams) und insgesamt *Eggers*, Quick-Guide Bildrechte, 2. Aufl. 2019.

89 Zur Anwendung des Erforderlichkeitsmaßstabes vgl. BayLDA, Fotografien in der Öffentlichkeitsarbeit bayerischer Kommunen – Aktuelle Kurz-Information 16, S. 2 ff.

90 BayLDA, Fotografien in der Öffentlichkeitsarbeit bayerischer Kommunen – Aktuelle Kurz-Information 16, S. 4.

91 *Nutz* DB 2018, 226 (227).

nur auf solche Gründe berufen, die sich aus ihrer *besonderen* Situation ergeben. Die Anwendung von Art. 21 Abs. 1 DS-GVO dürfte sich dabei auf Fallgruppen beschränken, in denen sich die Besonderheit der Situation der abgelichteten Person nach objektiven Maßstäben ergibt (etwa Ablichtung eines erkennbar schutzbedürftigen Menschen, eines Kindes oder eines Betroffenen, der etwa einem Zeugenschutzprogramm untersteht). Doch selbst bei Bestehen einer derartigen besonderen Situation können seitens der öffentlichen Stelle nach Art. 21 Abs. 1 S. 2 DS-GVO zwingende schutzwürdige Gründe für die Verarbeitung nachgewiesen werden und insofern das Widerspruchsrecht zurücktreten lassen.

Aus der Anwendbarkeit der DS-GVO folgt ferner die Notwendigkeit einer hinreichenden Information der betroffenen Personen entsprechend Art. 13/14 DS-GVO[92] sowie § 11 DSG NRW. Die Verwendung eines Medienbruchs im Rahmen der Informationserteilung dürfte dabei auch für öffentliche Stellen zulässig sein. Hinsichtlich der Reichweite der Informationspflichten ergeben sich aus dem Verweis nach § 5 Abs. 7 auf das KUG letztlich keine Abweichungen.[93] 47

II. § 3 Abs. 2 DSG NRW

§ 3 Abs. 2 Satz 1 DSG NRW enthält mit dem Gebot, die Datenverarbeitung so zu organisieren, dass die Trennung der Daten nach den jeweils verfolgten Zwecken und nach unterschiedlichen Betroffenen möglich ist, eine Regelung zur Gewährleistung der Zweckbindung.[94] Der Grundsatz der Zweckbindung ergibt sich unmittelbar aus Art. 8 Abs. 2 S. 1 GRCh und stellt, auch durch seine Normierung in Art. 5 Abs. 1 lit. b DS-GVO, einen wesentlichen Kern der DS-GVO dar. Er soll verhindern, dass einmal erhobene und gespeicherte Daten nicht für beliebige Zwecke weiterverarbeitet werden.[95] Damit begrenzt der Grundsatz der Zweckbindung die Verarbeitungsmöglichkeiten auf einen legitimen, gegenüber der betroffenen Person informierten Zweck.[96] 48

Nach § 3 Abs. 2 S. 1 DSG NRW soll die Datenverarbeitung so **organisiert** sein, dass bei der Verarbeitung, insbesondere der Übermittlung, der Kenntnisnahme im Rahmen der Aufgabenerfüllung und der Einsichtnahme, die Trennung der Daten nach den jeweils verfolgten Zwecken und nach unterschiedlichen Betroffenen möglich ist. Die Norm dient der Umsetzung des Grundsatzes der informationellen Gewaltenteilung. Ziel sollte sein, dass jeder Bedienstete innerhalb einer öffentlichen Stelle nur Kenntnis über diejenigen personenbezogenen Daten 49

---

92 Vgl. dazu Hamburgischer Beauftragter für Datenschutz und Informationsfreiheit, Vermerk: Rechtliche Bewertung von Fotografien einer unüberschaubaren Anzahl von Menschen nach der DS-GVO außerhalb des Journalismus, S. 5 f. sowie BayLDA, Fotografien in der Öffentlichkeitsarbeit bayerischer Kommunen – Aktuelle Kurz-Information 16, S. 5.

93 Dazu DataAgenda-Arbeitspapiere 12 unter https://dataagenda.de/wp-content/uploads/2019/11/DataAgenda-Arbeitspapier-12_Informationspflichten-f%C3%BCr-Fotos-in-der-Praxis.pdf und 13 unter https://dataagenda.de/wp-content/uploads/2019/12/DataAgenda-Arbeitspapier-13_Musteraushang-Informationspflichten-bei-Fotos_Vers_1_1.pdf und 14.

94 *Roßnagel*, Schriftliche Stellungnahme zur öffentlichen Anhörung des Hauptausschusses des Landtags Nordrhein-Westfalen am 19.4.2018 zum Entwurf eines Gesetzes zur Anpassung des allgemeinen Datenschutzrechts an die Verordnung (EU) 2016/679 und zur Umsetzung der Richtlinie (EU) 2016/680 (Nordrhein-Westfälisches Datenschutz-Anpassungs- und Umsetzungsgesetz EU – NRWDSAnpUG-EU; Drs. 17/1981), S. 5.

95 HK-DS-GVO/BDSG/*Jaspers/Schwartmann/Hermann* Art. 5 Rn. 37; Kühling/Buchner/*Herbst* Art. 5 Rn. 22.

96 HK-DS-GVO/BDSG/*Jaspers/Schwartmann/Hermann* Art. 5 Rn. 37.

erlangt, welche zur Erfüllung der einzelnen Aufgabe tatsächlich benötigt werden. Die Regelung nimmt dabei Rücksicht auf die mögliche Problemstellung, dass bei Datenverarbeitungen in der Praxis vor dem Hintergrund des Verarbeitungszwecks nicht immer trennscharf zwischen erforderlichen und nicht-erforderlichen Daten unterschieden werden kann.[97] Trotzdem sind öffentliche Stellen dazu gehalten, die Organisation von Datenverarbeitungen am bestmöglichen Datenschutz auszurichten. Im Rahmen dieser Organisation muss eine Trennung der Daten nach den jeweils verfolgten Zwecken und nach unterschiedlichen Betroffenen möglich sein.

50 Ist die Trennung von personenbezogenen Daten nach erforderlichen und nicht erforderlichen Daten nicht oder nur mit unverhältnismäßigem Aufwand möglich, so sind auch die Kenntnisnahme, die Weitergabe innerhalb der datenverarbeitenden Stelle und die Übermittlung der Daten, die nicht zur Erfüllung der jeweiligen Aufgabe erforderlich sind, gem. § 3 Abs. 2 S. 2 DSG NRW zulässig, soweit nicht schutzwürdige Belange der betroffenen Person oder Dritter überwiegen. Kann also objektiv festgestellt werden, dass eine Unmöglichkeit der Trennung der Daten vorliegt, hat in einem zweiten Schritt eine **Interessenabwägung** zu erfolgen. Im Rahmen dieser Interessenabwägung wird darauf zu achten sein, dass dem Datenschutzrecht der betroffenen Personen hinreichend Rechnung getragen wird, da nur so ein angemessenes Datenschutzniveau gewährleistet werden kann.

51 Die nicht erforderlichen Daten unterliegen nach § 3 Abs. 2 S. 3 DSG NRW insoweit einem **Verwertungsverbot**. Konsequenterweise kann sich dieses Verwertungsverbot nur auf neue Sachverhalte beziehen. Das Verwertungsverbot des § 3 Abs. 2 S. 3 DSG NRW läuft jedoch dann ins Leere, wenn die öffentliche Stelle die Verarbeitung der jeweiligen personenbezogenen Daten über einen Rechtmäßigkeitstatbestand des Art. 6 DS-GVO legitimieren kann.

III. § 3 Abs. 3 DSG NRW

52 Gemäß § 3 Abs. 3 DSG NRW unterliegen behördliche Unterlagen über die technischen und organisatorischen Maßnahmen gemäß Art. 32 DS-GVO nicht dem allgemeinen **Informationszugang** nach dem Informationsfreiheitsgesetz Nordrhein-Westfalen. Die Norm stellt damit eine Einschränkung des Rechts auf Information aus § 4 Abs. 1 IFG NRW dar.

53 Gem. § 4 Abs. 1 IFG NRW hat jede natürliche Person nach Maßgabe des IFG NRW gegenüber den in § 2 IFG NRW genannten Stellen Anspruch auf Zugang zu den bei der Stelle vorhandenen amtlichen Informationen. In sachlicher Hinsicht sind gem. § 3 IFG NRW alle Informationen in Schrift-, Bild-, Ton- oder Datenverarbeitungsform oder auf sonstigen Informationsträgern vorhandenen Informationen, die im dienstlichen Zusammenhang erlangt wurden, erfasst.[98] Informationsträger sind alle Medien, die Informationen in Schrift-, Bild-, Ton- oder Datenverarbeitungsform oder in sonstiger Form speichern können. Damit dürften grundsätzlich auch die Aufzeichnungen der öffentlichen Stellen über die technischen und organisatorischen Maßnahmen gem. Art. 32 DS-GVO von diesem Anspruch erfasst sein.

54 Art. 32 DS-GVO verpflichtet die für die Datenverarbeitung Verantwortlichen, die Sicherheit der Datenverarbeitung zu gewährleisten. Insbesondere ist nach Art. 32 Abs. 1 lit. b DS-GVO die Vertraulichkeit der Systeme und der Datenver-

97 LT-Drs. 17/1981, 133.
98 Vertiefend dazu BeckOK InfoMedienR/*Schwartmann* IFG NRW § 3 Rn. 1 ff.

arbeitungen auf Dauer sicherzustellen. Die Vertraulichkeit dient dem Ziel, dass auf die Daten nicht unbefugt zugegriffen wird oder diese unbefugt offenbart werden. Sie sollen also nur denjenigen zugänglich sein, für die sie bestimmt sind.[99] Würden nun Dritte Zugang zu Informationen über die konkret eingesetzten Schutzmechanismen der öffentlichen Stelle erhalten, wäre der Schutz der personenbezogenen Daten nicht hinreichend gewährleistet. Die Regelung des § 3 Abs. 3 DSG NRW trägt damit dem Datenschutz Rechnung und ist konsequent.[100]

IV. Bedeutung der Vorschrift für die behördliche Praxis

Die Norm hat in zweierlei Hinsicht große Bedeutung für die behördliche Praxis. Zum einen enthält sie mit § 3 Abs. 1 DSG NRW einen allgemeinen Erlaubnistatbestand, auf den eine öffentliche Stelle oder ein Beliehener seine Datenverarbeitung dann stützen kann, wenn es an einer spezialgesetzlichen Ermächtigung fehlt. 55

Zum anderen enthält § 3 Abs. 2 Satz 1 DSG NRW mit dem Gebot, die Datenverarbeitung so zu organisieren, dass die Trennung der Daten nach den jeweils verfolgten Zwecken und nach unterschiedlichen Betroffenen möglich ist, eine Spezifikation der Regelung zur Gewährleistung der Zweckbindung. Diese Regelung hat unmittelbaren Einfluss auf die datenschutzrechtliche Organisation innerhalb einer öffentlichen Stelle, da diese damit zwingend ein **Datenschutzmanagementsystem** vorzuhalten hat, welches die Trennung der Daten nach den Vorgaben des § 3 Abs. 2 DSG NRW gewährleistet. 56

§ 4 Begriffsbestimmung

Ergänzend zu Artikel 4 der Verordnung (EU) 2016/679 bezeichnet der Ausdruck „Anonymisieren“ das Verändern personenbezogener Daten dergestalt, dass die Einzelangaben über persönliche oder sachliche Verhältnisse nicht mehr oder nur mit einem unverhältnismäßigen Aufwand an Zeit, Kosten und Arbeitskraft einer bestimmten oder bestimmbaren natürlichen Person zugeordnet werden können.

Verwandte Norm DS-GVO (*Auszug*):

Art. 4 Begriffsbestimmungen

Im Sinne dieser Verordnung bezeichnet der Ausdruck:

1. „personenbezogene Daten“ alle Informationen, die sich auf eine identifizierte oder identifizierbare natürliche Person (im Folgenden „betroffene Person“) beziehen; als identifizierbar wird eine natürliche Person angesehen, die direkt oder indirekt, insbesondere mittels Zuordnung zu einer Kennung wie einem Namen, zu einer Kennnummer, zu Standortdaten, zu einer Online-Kennung oder zu einem

99 HK-DS-GVO/BDSG/*Ritter* Art. 32 Rn. 36; vgl. auch *Hladjk* in Ehmann/Selmayr DSGVO Art. 32 Rn. 8.

100 Vgl. *Roßnagel*, Schriftliche Stellungnahme zur öffentlichen Anhörung des Hauptausschusses des Landtags Nordrhein-Westfalen am 19.4.2018 zum Entwurf eines Gesetzes zur Anpassung des allgemeinen Datenschutzrechts an die Verordnung (EU) 2016/679 und zur Umsetzung der Richtlinie (EU) 2016/680 (Nordrhein-Westfälisches Datenschutz-Anpassungs- und Umsetzungsgesetz EU – NRWDS-AnpUG-EU; Drs. 17/1981), S. 5.

oder mehreren besonderen Merkmalen, die Ausdruck der physischen, physiologischen, genetischen, psychischen, wirtschaftlichen, kulturellen oder sozialen Identität dieser natürlichen Person sind, identifiziert werden kann;
(...)
5. „Pseudonymisierung" die Verarbeitung personenbezogener Daten in einer Weise, dass die personenbezogenen Daten ohne Hinzuziehung zusätzlicher Informationen nicht mehr einer spezifischen betroffenen Person zugeordnet werden können, sofern diese zusätzlichen Informationen gesondert aufbewahrt werden und technischen und organisatorischen Maßnahmen unterliegen, die gewährleisten, dass die personenbezogenen Daten nicht einer identifizierten oder identifizierbaren natürlichen Person zugewiesen werden;
(...)

Öffnungsklausel in der DS-GVO für nationale Regelung (*Auszug*):

Art. 6 Rechtmäßigkeit der Verarbeitung

(1) Die Verarbeitung ist nur rechtmäßig, wenn mindestens eine der nachstehenden Bedingungen erfüllt ist:

(...)

e) die Verarbeitung ist für die Wahrnehmung einer Aufgabe erforderlich, die im öffentlichen Interesse liegt oder in Ausübung öffentlicher Gewalt erfolgt, die dem Verantwortlichen übertragen wurde;
(...)

(2) Die Mitgliedstaaten können spezifischere Bestimmungen zur Anpassung der Anwendung der Vorschriften dieser Verordnung in Bezug auf die Verarbeitung zur Erfüllung von Absatz 1 Buchstaben c und e beibehalten oder einführen, indem sie spezifische Anforderungen für die Verarbeitung sowie sonstige Maßnahmen präziser bestimmen, um eine rechtmäßig und nach Treu und Glauben erfolgende Verarbeitung zu gewährleisten, einschließlich für andere besondere Verarbeitungssituationen gemäß Kapitel IX.

(3) [1]Die Rechtsgrundlage für die Verarbeitungen gemäß Absatz 1 Buchstaben c und e wird festgelegt durch

a) Unionsrecht oder
b) das Recht der Mitgliedstaaten, dem der Verantwortliche unterliegt.

[2]Der Zweck der Verarbeitung muss in dieser Rechtsgrundlage festgelegt oder hinsichtlich der Verarbeitung gemäß Absatz 1 Buchstabe e für die Erfüllung einer Aufgabe erforderlich sein, die im öffentlichen Interesse liegt oder in Ausübung öffentlicher Gewalt erfolgt, die dem Verantwortlichen übertragen wurde. [3]Diese Rechtsgrundlage kann spezifische Bestimmungen zur Anpassung der Anwendung der Vorschriften dieser Verordnung enthalten, unter anderem Bestimmungen darüber, welche allgemeinen Bedingungen für die Regelung der Rechtmäßigkeit der Verarbeitung durch den Verantwortlichen gelten, welche Arten von Daten verarbeitet werden, welche Personen betroffen sind, an welche Einrichtungen und für welche Zwecke die personenbezogenen Daten offengelegt werden dürfen, welcher Zweckbindung sie unterliegen, wie lange sie gespeichert werden dürfen und welche Verarbeitungsvorgänge und -verfahren angewandt werden dürfen, einschließlich Maßnahmen zur Gewährleistung einer rechtmäßig und nach Treu und Glauben erfolgenden Verarbeitung, wie solche für sonstige besondere Verarbeitungssituationen gemäß Kapitel IX. [4]Das Unionsrecht oder das Recht der Mitgliedstaaten müssen ein im öffentlichen Interesse liegendes Ziel verfolgen und in einem angemessenen Verhältnis zu dem verfolgten legitimen Zweck stehen.

(...)

Kurzübersicht zum Verhältnis der Normen			
Norm des DSG NRW	Entsprechende Norm der DS-GVO	Entsprechende Norm des BDSG	Öffnungsklausel der DS-GVO
§ 4 DSG NRW	Art. 4 Nr. 1 und 5 DS-GVO		Art. 6 Abs. 1 lit. e, Abs. 2, 3 DS-GVO

A. Allgemeines und Grundlagen

I. Gesamtverständnis, Zweck der Norm und Verhältnis zu anderen Vorschriften

1. Gesamtverständnis und Zweck der Norm

1 § 4 DSG NRW enthält eine Definition des Begriffs der Anonymisierung.[1] Die Norm stellt eine Ergänzung zu den Begriffsdefinitionen aus Art. 4 Nr. 1 und 5 DS-GVO dar. Dementsprechend ist sie inhaltlich eng mit dem Begriff des personenbezogenen Datums aus **Art. 4 Nr. 1 DS-GVO**[2] sowie mit dem Begriff der Pseudonymisierung aus **Art. 4 Nr. 5 DS-GVO**[3] verknüpft und stets im Zusammenhang mit diesen zu lesen.[4]

2 Ausweislich der Gesetzesbegründung dient die Anonymisierung dem **Schutz der personenbezogenen Daten** sowie der Rechte und Freiheiten der betroffenen Person und als Maßnahme zur Gewährleistung einer **rechtmäßig** nach Treu und Glauben erfolgenden **Datenverarbeitung.**[5] Die Anonymisierung ist damit Instru-

1 LT-Drs. 17/1981, 134 vgl. zur Anonymisierung auch *Smolle* in HK-LDSG RhPf § 22 Rn. 29 ff.
2 Dazu ausführlich *Gola* in Gola DS-GVO Art. 4 Rn. 4 ff.; HK-DS-GVO/BDSG/*Schwartmann/Mühlenbeck* Art. 4 Rn. 6 ff.; *Karg* in Simitis/Hornung/Spiecker gen. Döhmann DS-GVO Art. 4 Nr. 1 Rn. 24 ff.
3 Dazu *Gola* in Gola DS-GVO Art. 4 Rn. 37 ff.; HK-DS-GVO/BDSG/*Schwartmann/Mühlenbeck* Art. 4 Rn. 62 ff.; *Hansen* in Simitis/Hornung/Spiecker gen. Döhmann DS-GVO Art. 4 Nr. 5 Rn. 30 ff.
4 *Schwartmann/Jacquemain* RDV 5/2019, 219 (220).
5 LT-Drs. 17/1981, 134.

ment zur **Gewährleistung geeigneter Garantien** zum Schutz personenbezogener Daten und anderer Grundrechte im Rahmen von Datenverarbeitungen (vgl. dazu § 15 Nr. 5 DSG NRW).[6] Dass die Anonymisierung durch ihre Schutzzwecke die Rechtmäßigkeit einer erfolgenden Datenverarbeitung gewährleisten soll, zeigt sich insbesondere auch in der Erwähnung der Anonymisierung in besonderen Verarbeitungssituationen, etwa bei Datenverarbeitungen personenbezogener Daten zu wissenschaftlichen oder historischen Forschungszwecken oder zu statistischen Zwecken (vgl. § 17 Abs. 1 bis 3 DSG NRW) oder im Zusammenhang mit der Verarbeitung besonders sensibler Daten (vgl. § 15 Nr. 5 DSG NRW): So soll die Verarbeitung besonderer Kategorien personenbezogener Daten im Sinne des Art. 9 DS-GVO in anonymisierter Form erfolgen.

3 Der Begriff der Anonymisierung hat darüber hinaus erhebliche Bedeutung für den **Anwendungsbereich** des DSG NRW: Nach § 5 DSG NRW[7] gilt das DSG NRW nur für die Verarbeitung personenbezogener Daten durch die in der Norm benannten Stellen. Daraus folgt in einem Umkehrschluss, dass der maßgebliche Zweck der Norm auch darin besteht, unter die Begriffsdefinition fallende anonyme Daten **aus dem Anwendungsbereich des DSG NRW auszuklammern.** Die Regelung des DSG NRW entspricht damit ErwG 26 S. 5 und 6 DS-GVO, nach dem anonyme Daten ebenfalls außerhalb des Anwendungsbereichs der DS-GVO liegen.[8]

4 Der Begriff der Anonymisierung ist insbesondere im Rahmen der §§ 4, 15 Nr. 5, 17 Abs. 2 und 3, 36 Nr. 6 und 40 DSG NRW bedeutsam. Hierbei ist zu beachten, dass lediglich die §§ 4, 15 Nr. 5 und 17 Abs. 2 und 3 DSG NRW der Umsetzung der DS-GVO dienen. Die §§ 36 Nr. 6 und 40 DSG NRW liegen demgegenüber im Anwendungsbereich der JI-RL.

2. Verhältnis zu anderen Vorschriften

a) Verhältnis zur DS-GVO

aa) Anknüpfung an inhaltliche Reichweite der Begriffsdefinitionen aus Art. 4 Nr. 1 und 5 DS-GVO sowie ErwG 26

5 Die Begriffsdefinition aus § 4 DSG NRW knüpft in seiner inhaltlichen Reichweite unmittelbar an die Begriffsdefinitionen aus Art. 4 Nr. 1 DS-GVO (personenbezogenes Datum) und Art. 4 Nr. 5 DS-GVO (Pseudonymisierung) sowie die dazugehörigen Erwägungsgründe der DS-GVO an (insbesondere ErwG 26).[9] Insofern bestimmt die inhaltliche Reichweite des Begriffsverständnisses des personenbezogenen Datums sowie der Pseudonymisierung die inhaltliche Ausgestaltung der Anonymisierung nach dem DSG NRW.

bb) Vereinbarkeit mit der Öffnungsklausel aus Art. 6 Abs. 1 lit. e, Abs. 2 und 3 DS-GVO

6 Ausweislich der Gesetzesbegründung folgt die Regelungsbefugnis zum Erlass von § 4 DSG NRW aus Art. 6 Abs. 2 und 3 DS-GVO, wonach die Mitgliedstaaten Regelungen einführen oder beibehalten dürfen, die spezifische Anforderungen für die Verarbeitung sowie sonstige Maßnahmen präziser bestimmen, um eine rechtmäßig nach Treu und Glauben erfolgende Verarbeitung zu gewähr-

---

6 Zu Einzelheiten vgl. Kommentierung von § 15 Nr. 5 DSG NRW (→ § 15 Rn. 21).
7 Vgl. dazu Kommentierung von § 5 DSG NRW (→ § 5 Rn. 5 ff.).
8 *Schwartmann/Jacquemain* RDV 5/2019, 219 (220).
9 LT-Drs. 17/1981, 134.

leisten.[10] Hierbei stellt sich zum einen die Frage nach der inhaltlichen Reichweite der Öffnungsklauseln aus Art. 6 Abs. 2 und 3 DS-GVO, zum anderen ist fraglich, ob die Öffnungsklauseln durch den Landesgesetzgeber mit dem Erlass von § 4 DSG NRW europarechtskonform ausgefüllt wurden.

Vor dem Hintergrund der Systematik des Art. 6 DS-GVO ist zunächst zu beachten, dass die Öffnungsklausel für den Erlass von § 4 DSG NRW inhaltlich nicht bloß aus Art. 6 Abs. 2 und 3 DS-GVO (wie in der Gesetzesbegründung angenommen)[11] folgen kann, sondern sich aus einer Zusammenschau von **Art. 6 Abs. 1 lit. e iVm Abs. 2 und 3 DS-GVO** ergibt.[12] Dies folgt bereits aus dem Wortlaut und der Systematik des Verordnungstextes: Nach Art. 6 Abs. 2 DS-GVO können die Mitgliedstaaten spezifischere Bestimmungen zur Anpassung der Anwendung der Vorschriften dieser Verordnung *in Bezug auf die zur Erfüllung von Abs. 1 lit. c und e* beibehalten oder einführen, indem sie spezifischere Anforderungen für die Verarbeitung (…) bestimmen. Nach Art. 6 Abs. 3 DS-GVO kann die Rechtsgrundlage für *Verarbeitungen nach Art. 6 Abs. 1 lit. c und e DS-GVO* durch Unionsrecht (Art. 6 Abs. 3 S. 1 lit. a DS-GVO) oder das Recht der Mitgliedstaaten (Art. 6 Abs. 1 S. 1 lit. b DS-GVO) festgelegt werden. Dies zeigt, dass sich die Öffnungsklauseln des Art. 6 Abs. 2 und 3 DS-GVO ausschließlich auf die Anwendungsfälle von Art. 6 Abs. 1 S. 1 lit. c und e DS-GVO beziehen und keine allgemeine Öffnungsklausel für die Mitgliedstaaten zum Erlass spezifischer Bestimmungen oder Rechtsgrundlagen eröffnen. 7

Im Hinblick auf die **Reichweite der Öffnungsklausel** ist festzuhalten, dass **Art. 6 Abs. 2 DS-GVO** den Erlass spezifischerer Bestimmungen als diejenigen aus Art. 6 Abs. 1 S. 1 lit. c und e DS-GVO zulässt, um die Anwendung der DS-GVO im Hinblick auf die Anforderungen des Art. 6 Abs. 1 S. 1 lit. c und e DS-GVO anzupassen: Die mitgliedstaatlichen Regelungen müssen also gegenüber Art. 6 Abs. 1 S. 1 lit. c und e spezifischer sein, indem sie etwa spezifischere Voraussetzungen im Hinblick auf die Sicherstellung der Rechtmäßigkeit der Verarbeitung in diesem Sinne präziser ausgestalten.[13] Dies können etwa Regelungen zur Zweckbegrenzung oder hinsichtlich bestehender Speicherfristen sein.[14] 8

Art. 6 Abs. 3 DS-GVO statuiert das Erfordernis einer Rechtsgrundlage im Unionsrecht oder im Recht der Mitgliedstaaten für Verarbeitungen nach Art. 6 Abs. 1 S. 1 lit. c und e DS-GVO. Demzufolge stellen Art. 6 Abs. 1 lit. c bzw. lit. e DS-GVO keinen eigenständigen Zulässigkeitstatbestand dar, sondern bedürfen einer Umsetzung bzw. besonderen Rechtsgrundlage im Unionsrecht oder Recht der Mitgliedstaaten.[15] 9

In diesem Zusammenhang erscheint zweifelhaft, ob die Regelung des § 4 DSG NRW eine **europarechtskonforme Ausgestaltung** der Öffnungsklausel aus Art. 6 Abs. 1 S. 1 lit. c bzw. e iVm Art. 6 Abs. 2, 3 DS-GVO darstellt. Für die Beurteilung dieser Frage ist entscheidend, ob § 4 DSG NRW eine im Sinne des Art. 6 Abs. 2 DS-GVO spezifischere Bestimmung darstellt oder eine Rechtsgrundlage 10

10 LT-Drs. 17/1981, 134.
11 LT-Drs. 17/1981, 134.
12 Dazu *Schwartmann/Hermann/Mühlenbeck* Rechtsgutachten Entzug Doktorgrad S. 20 ff., *Kühling/Martini et al.* DS-GVO und nationales Recht S. 27 ff. sowie *Schwartmann/Jacquemain* RDV 5/2019, 219 (220).
13 *Kühling/Martini et al.* DS-GVO und nationales Recht S. 33 f.
14 Beispiele aus *Kühling/Martini et al.* DS-GVO und nationales Recht S. 34.
15 Dazu ausführlich *Schwartmann/Hermann/Mühlenbeck* Rechtsgutachten Entzug Doktorgrad S. 20 ff.

nach Art. 6 Abs. 3 DS-GVO für Verarbeitungen nach Art. 6 Abs. 1 S. 1 lit. e oder c DS-GVO schafft.

11 § 4 DSG NRW stellt eine landesgesetzliche Begriffsdefinition der Anonymisierung dar. Inhaltlich knüpft sie dabei nach dem Wortlaut (vgl. § 4 DSG NRW: „Ergänzend zu Artikel 4“) an Art. 4 Nr. 1 und 5 DS-GVO sowie ErwG 26 S. 5 und 6 DS-GVO an. Die DS-GVO definiert den Begriff der Anonymisierung nicht, sondern erklärt in ErwG 26 S. 5 und 6 lediglich, dass anonyme Daten außerhalb des Anwendungsbereichs der DS-GVO liegen. Vor dem Hintergrund, dass nach ErwG 26 S. 5 und 6 DS-GVO die DS-GVO keine Anwendung auf anonyme Daten findet, stellt sich somit die Frage, ob sich der Landesgesetzgeber auf eine Öffnung innerhalb der DS-GVO zur Definition eines außerhalb der DS-GVO liegenden Begriffs berufen kann.[16] Dies kann bezweifelt werden.[17]

12 Ferner knüpft § 4 DSG NRW inhaltlich an die Begrifflichkeiten aus Art. 4 Nr. 1 und 5 DS-GVO an. Ob eine derartige Begriffsbestimmung noch als *spezifischere* Regelung im Sinne des Art. 6 Abs. 2 DS-GVO im Hinblick auf die Wahrung der Rechtmäßigkeit von Datenverarbeitungen nach Art. 6 Abs. 1 lit. c und e DS-GVO angesehen werden kann, erscheint fragwürdig. Denn die angestrebte Gewährleistung der Rechtmäßigkeit der Verarbeitung durch eine Begriffsbestimmung der Anonymisierung in dessen Folge der Anwendungsbereich der DS-GVO verlassen wird, ist hierbei für sich betrachtet keine spezifische Voraussetzung im Sinne des Art. 6 Abs. 2 DS-GVO. Ferner vollzieht sich die Begriffsbestimmung der Anonymisierung nach den inhaltlichen Maßstäben der DS-GVO und nicht nach dem nationalen Recht der Mitgliedstaaten.

13 Eine *Rechtsgrundlage* im Sinne des Art. 6 Abs. 3 DS-GVO schafft § 4 DSG NRW ebenfalls nicht.

14 Vor diesem Hintergrund ergeben sich Zweifel hinsichtlich der europarechtskonformen Ausgestaltung der Öffnungsklausel aus Art. 6 Abs. 1 lit. e iVm Art. 6 Abs. 2 und 3 DS-GVO im Hinblick auf § 4 DSG NRW.

b) Verhältnis zum BDSG

15 Das BDSG enthält zwar eine Regelung zu Begriffsbestimmungen in § 2 BDSG, definiert dabei allerdings nur den Begriff der öffentlichen Stellen des Bundes und der Länder (Abs. 1 und 2), sowie denjenigen der Vereinigungen des privaten Rechts von öffentlichen Stellen des Bundes (Abs. 3) und grenzt diesen von nichtöffentlichen Stellen (Abs. 4) ab. Eine begriffliche Definition der Anonymisierung enthält das BDSG somit nicht, wobei diese auch ohnehin nur Wirkung für die og Stellen des Bundes entfalten würde.

II. Bisherige Rechtslage

16 Das DSG NRW aF enthielt eine Definition des personenbezogenen Datums in § 3 Abs. 1 DSG NRW aF.[18] Im Unterschied zum Definitionsansatz der DS-GVO sprach das DSG NRW aF noch von „Einzelangaben“ anstatt von „Informatio-

16 Dazu *Schwartmann/Jacquemain* Stellungnahme zum Entwurf des NRWDSAnpUG-EU v. 6.4.2018 iRd öffentlichen Anhörung des LT v. 19.4.2018, S. 3.

17 Übereinstimmend *Schwartmann/Jacquemain* Stellungnahme zum Entwurf des NRWDSAnpUG-EU v. 6.4.2018 iRd öffentlichen Anhörung des LT v. 19.4.2018, S. 3 sowie *LDI NRW* Stellungnahme zum NRWDSAnpUG-EU v. 19.4.2018, S. 6.

18 Gesetz zum Schutz personenbezogener Daten (Datenschutzgesetz Nordrhein-Westfalen – DSG NRW –) in der Fassung der Bekanntmachung v. 9.6.2000 (GV. NRW. S. 542), außer Kraft am 25.5.2018 durch § 72 des Gesetzes vom 17.5.2018 (GV. NRW. S. 244, 278, 404).

nen" sowie von „bestimmten" und „bestimmbaren", anstelle von „identifizierten" oder „identifizierbaren" Personen. Eine Begriffsdefinition des „personenbezogenen Datums" enthält das DSG NRW nF nicht mehr.

Ferner wurde die Pseudonymisierung bereits in § 3 Abs. 8 DSG NRW aF legaldefiniert. Besonders war dabei, dass die Norm die Vorgabe enthielt, dass die Zuordnungsfunktion, also der Zuordnungsschlüssel, nicht bei der datenverarbeitenden Stelle, sondern bei Dritten zu verwahren ist. Die DS-GVO spricht in ihrem Definitionsansatz aus Art. 4 Nr. 5 DS-GVO lediglich von „gesonderter Aufbewahrung", was laut ErwG 29 S. 1 nicht bedeutet, dass die Zuordnungsfunktion bei einem anderen Verantwortlichen aufbewahrt werden muss.[19] Eine Definition der Pseudonymisierung enthält das DSG NRW nF ebenfalls nicht mehr. 17

Eine Definition der Anonymisierung war bereits in § 3 Abs. 7 DSG NRW aF enthalten.[20] Die Regelung wurde im Wesentlichen wortgleich in § 4 DSG NRW nF überführt. Lediglich im Hinblick auf die Prüfung der Unmöglichkeit bzw. Unverhältnismäßigkeit wurden die Regelbeispiele in Anlehnung an ErwG 26 S. 5 DS-GVO eingeführt. 18

B. Kommentierung

Nach § 4 DSG NRW bezeichnet der Ausdruck „Anonymisieren" das Verändern personenbezogener Daten dergestalt, dass die Einzelangaben über persönliche und sachliche Verhältnisse nicht mehr oder nur mit einem unverhältnismäßigen Aufwand an Zeit, Kosten und Arbeitskraft einer bestimmten oder bestimmbaren Person zugeordnet werden können. Zur Bestimmung der inhaltlichen Reichweite des Begriffs der Anonymisierung ist eine Abgrenzung der Anonymisierung von den Begriffen des personenbezogenen Datums und der Pseudonymisierung notwendig. 19

I. Inhaltliche Reichweite des Begriffs der „Anonymisierung"

1. Abgrenzung personenbezogenes Datum – Pseudonymisierung – Anonymisierung

Inhaltlich knüpft die Begriffsdefinition des § 4 DSG NRW an die inhaltliche Reichweite der Begriffe des personenbezogenen Datums und der Pseudonymisierung an. Folglich ist zunächst eine Abgrenzung zu diesen Begriffen vorzunehmen. Hierbei ist entscheidend, dass ausweislich ErwG 26 S. 5 und 6 DS-GVO jene nur Anwendung auf personenbezogene und pseudonymisierte Daten findet, während anonyme Daten außerhalb des Anwendungsbereichs der DS-GVO liegen. 20

Nach Art. 4 Nr. 1 DS-GVO[21] sind **personenbezogene Daten** alle Informationen, die sich auf eine identifizierte oder identifizierbare natürliche Person beziehen. Als identifizierbar wird dabei eine natürliche Person angesehen, die direkt oder indirekt, insbesondere mittels Zuordnung identifiziert werden kann. Die DS-GVO enthält in Art. 4 Nr. 1 DS-GVO dabei eine Reihe von Regelbeispielen, wie eine Zuordnung erfolgen kann. 21

19 Dazu ausführlich HK-DS-GVO/*Schwartmann/Mühlenbeck* Art. 4 Rn. 71.
20 *Smolle* in HK-LDSG RhPf § 22 Rn. 29 ff. sowie *Schwartmann/Jacquemain* RDV 5/2019, 219 (220).
21 Vgl. dazu ausführlich *Gola* in Gola DS-GVO Art. 4; HK-DS-GVO/BDSG/*Schwartmann/Mühlenbeck* Art. 4 Rn. 6 ff; *Karg* in Simitis/Hornung/Spiecker gen. Döhmann DS-GVO Art. 4 Nr. 1.

22 Demzufolge ist eine Person iSd Art. 4 Nr. 1 DS-GVO identifiziert, wenn die Identität der Person aus den vorhandenen Informationen selbst und unmittelbar ermittelt werden kann.[22] Eine Identifizierung ist daher jedenfalls in solchen Fällen gegeben, in denen keine zusätzlichen Informationen mehr notwendig sind, um die Identität der Person festzustellen.[23]

23 Für die Feststellung einer Identifizierbarkeit der betroffenen Person ist Art. 4 Nr. 1 DS-GVO zufolge maßgeblich, ob die vorhandene Information als solche bereits für eine Identifizierung ausreicht oder ob die Heranziehung oder Verknüpfung weiterer Informationen zur Bestimmung erforderlich ist.[24] Ausweislich ErwG 26 S. 3 DS-GVO sind hierbei alle Mittel zu berücksichtigen, die von dem Verantwortlichen oder einer anderen Person nach allgemeinem Ermessen wahrscheinlich genutzt werden, um die betroffene Person zu identifizieren.[25] Entscheidend ist daher, ob der Verantwortliche mittels der ihm zur Verfügung stehenden Mittel, Kenntnisse und Möglichkeiten im Rahmen einer Ermessensentscheidung und Verhältnismäßigkeitsabwägung die Identifikation vornehmen kann.[26]

24 **Pseudonymisierung** ist nach Art. 4 Nr. 5 DS-GVO die Verarbeitung personenbezogener Daten in einer Weise, dass die personenbezogenen Daten ohne Hinzuziehung zusätzlicher Informationen nicht mehr einer spezifischen betroffenen Person zugeordnet werden können.[27] Nach Art. 4 Nr. 5 DS-GVO sowie ErwG 26 DS-GVO liegen demzufolge pseudonymisierte Daten innerhalb des Anwendungsbereichs der DS-GVO und sind insbesondere dadurch gekennzeichnet, dass eine unmittelbare Identifikation der betroffenen Person zwar nicht möglich ist (etwa aufgrund einer Verschlüsselung), diese aber durch Hinzuziehung weiterer Informationen (wie der Möglichkeit der Zuordnung einer Kennziffer zu einer betroffenen Person) identifizierbar ist.

25 Die **Anonymisierung** ist in der DS-GVO nicht ausdrücklich definiert, sondern ergibt sich aus einem Umkehrschluss aus der Definition von Art. 4 Nr. 1 DS-GVO und ErwG 26.[28] Sie unterscheidet sich somit von einem personenbezogenen bzw. einem pseudonymisierten Datum insbesondere dadurch, dass gem. ErwG 26 S. 5 und 6 die betroffene Person nicht oder nicht mehr identifiziert werden kann.[29] Bei der Anonymisierung ist also eine Identifikation der be-

22 HK-DS-GVO/BDSG/*Schwartmann/Mühlenbeck* Art. 4 Rn. 20; *Klar/Kühling* in Kühling/Buch DS-GVO Art. 4 Nr. 1 Rn. 18.

23 HK-DS-GVO/BDSG/*Schwartmann/Mühlenbeck* Art. 4 Rn. 20; *Klar/Kühling* in Kühling/Buch DS-GVO Art. 4 Nr. 1 Rn. 18; *Karg* in Simitis/Hornung/Spiecker gen. Döhmann DS-GVO Art. 4 Nr. 1 Rn. 48 f., 54 ff.

24 HK-DS-GVO/BDSG/*Schwartmann/Mühlenbeck* Art. 4 Rn. 21; *Klar/Kühling* in Kühling/Buch DS-GVO Art. 4 Nr. 1 Rn. 19.

25 Dazu ausführlich HK-DS-GVO/BDSG/*Schwartmann/Mühlenbeck* Art. 4 Rn. 22; *Klar/Kühling* in Kühling/Buch DS-GVO Art. 4 Nr. 1 Rn. 20 ff.

26 Dazu ausführlich HK-DS-GVO/*Schwartmann/Mühlenbeck* Art. 4 Rn. 28; *Klar/Kühling* in Kühling/Buch DS-GVO Art. 4 Nr. 1 Rn. 19; *Karg* in Simitis/Hornung/Spiecker gen. Döhmann/DS-GVO Art. 4 Nr. 1 Rn. 48 f., 57 ff.

27 Zum Begriff der Pseudonymisierung vgl. ausführlich HK-DS-GVO/BDSG/*Schwartmann/Mühlenbeck* Art. 4 Rn. 62; *Klar/Kühling* in Kühling/Buch DS-GVO Art. 4 Nr. 5 Rn. 5 f.; *Karg* in Simitis/Hornung/Spiecker gen. Döhmann DS-GVO Art. 4 Nr. 5 Rn. 14.

28 HK-DS-GVO/*Schwartmann/Mühlenbeck* Art. 4 Rn. 73.

29 Eingehend dazu HK-DS-GVO/BDSG/*Schwartmann/Mühlenbeck* Art. 4 Rn. 73 ff. Zu den Abgrenzungen der Begriffe auch Gutachten der Datenethikkommission (2019), S. 129 ff.

troffenen Person praktisch nicht oder nur mit unverhältnismäßigem Aufwand möglich.[30]

2. Inhaltliche Reichweite der Anonymisierung

26 Nach der Begriffsdefinition des § 4 DSG NRW bezeichnet der Ausdruck „Anonymisieren" das Verändern personenbezogener Daten dergestalt, dass die Einzelangaben über persönliche oder sachliche Verhältnisse nicht mehr oder nur mit einem unverhältnismäßigen Aufwand an Zeit, Kosten und Arbeitskraft einer bestimmten oder bestimmbaren natürlichen Person zugeordnet werden können.

27 Entscheidendes Begriffsmerkmal des Definitionsansatzes ist daher die **Unmöglichkeit** bzw. **Unverhältnismäßigkeit der Identifizierung** der natürlichen Person. Diese bemisst sich jeweils durch eine Verhältnismäßigkeitsprüfung anhand der in § 4 DSG NRW genannten Regelbeispiele.[31]

28 Dementsprechend handelt es sich nach § 4 Alt. 1 DSG NRW um anonyme Daten, wenn die personenbezogenen Daten nicht mehr einer bestimmten oder bestimmbaren natürlichen Person zugeordnet werden können (Unmöglichkeit). Dies ist insbesondere dann der Fall, wenn Informationen über eine betroffene Person derart verändert werden, dass Rückschlüsse auf die Identität der Person ausgeschlossen sind, etwa weil alle Identitätsdaten entfernt wurden (zB nur Angabe hinsichtlich Geschlecht und Alter der betroffenen Person im Rahmen einer statischen Auswertung).[32]

29 Daneben handelt es sich nach § 4 Alt. 2 DSG NRW um anonyme Daten, wenn die personenbezogenen Daten nur mit einem unverhältnismäßigen Aufwand einer bestimmten oder bestimmbaren natürlichen Person zugeordnet werden können (Unverhältnismäßigkeit). Eine derartige Unverhältnismäßigkeit wird dabei etwa in solchen Fällen vorliegen, in denen eine Identifikation der betroffenen Person zwar (technisch) möglich ist, faktisch aber für den Verantwortlichen ausgeschlossen ist, weil eine Abwägung hinsichtlich der erforderlichen Zeit, Kosten und Arbeitskraft ergeben, dass dieser eine Identifikation nicht vornehmen kann.[33]

30 Die Frage, ob eine Unmöglichkeit bzw. ein unverhältnismäßiger Aufwand vorliegt ist insbesondere im Rahmen der Abgrenzung zwischen Anonymisierung und Pseudonymisierung relevant.[34]

31 Unklar ist allerdings, ob bei der Feststellung der Unmöglichkeit bzw. Unverhältnismäßigkeit der Identifikation der natürlichen Person in Abgrenzung zur Pseudonymisierung eine entsprechende Zweck-Mittel-Abwägung nach den Vorgaben des ErwG 26 S. 5 DS-GVO zu erfolgen hat oder ob ausschließlich die Auslegungsparameter des § 4 DSG NRW maßgeblich sind.

---

30 HK-DS-GVO/*Schwartmann/Mühlenbeck* Art. 4 Rn. 74; *Marnau* DuD 2016, 428 (430); *Plitz* K&R 2016, 557 (561); *Karg* in Simitis/Hornung/Spiecker gen. Döhmann DS-GVO Art. 4 Nr. 1 Rn. 13, 20.

31 Dazu *Schwartmann/Jacquemain* RDV 5/2019, 219 (221) sowie *Smolle* in HK-LDSG RhPf § 22 Rn. 29 ff.

32 *Schwartmann/Jacquemain* RDV 5/2019, 219 (221).

33 Vgl. dazu auch *Schwartmann/Jacquemain* RDV 5/2019, 219 (221).

34 Dazu ausführlich HK-DS-GVO/*Schwartmann/Mühlenbeck* Art. 4 Rn. 74 f. Eingehend auch *Schwartmann/Weiß* (Hrsg.), Anforderungen an den datenschutzkonformen Einsatz von Pseudonymisierungslösungen, 2018.

32 Durch eine Feststellung hinsichtlich des Vorliegens einer Anonymisierung ausschließlich unter Rückgriff auf § 4 DSG NRW ergibt sich dabei eine Divergenz zwischen dem Begriff der Anonymisierung nach der Systematik der DS-GVO und dem Begriff der Anonymisierung nach der Definition in § 4 DSG NRW: Während die DS-GVO anonyme Daten aus einem Umkehrschluss aus Art. 4 Nr. 1 und 5 DS-GVO im Zusammenspiel mit ErwG 26 S. 5 DS-GVO als solche bezeichnet, die sich nicht auf eine identifizierte oder identifizierbare Person beziehen oder als personenbezogene Daten, die in einer Weise anonymisiert worden sind, dass die betroffene Person nicht oder nicht mehr identifiziert werden kann (vgl. ErwG 26 S. 5), enthält § 4 DSG NRW eine positive Definition der Anonymisierung. Nach dem Verständnis der DS-GVO liegt eine Anonymisierung somit letztlich dann vor, wenn es sich nicht mehr um personenbezogene oder pseudonymisierte Daten handelt. Dies ist nach Art. 4 Nr. 1 und 5 DS-GVO im Zusammenspiel mit ErwG 26 S. 5 eine Wertungsfrage. Erst in einem Umkehrschluss daraus ergibt sich demzufolge die inhaltliche Reichweite des Begriffs der Anonymisierung. Indem der Landesgesetzgeber demgegenüber gleichwohl eine Definition der Anonymisierung vornimmt, ist der Anwendungsbereich von § 4 DSG NRW letztlich weiter als im Rahmen der DS-GVO, weil die Norm zum einen ihrem Wortlaut nach weniger Auslegungsparameter bei der Feststellung eines unverhältnismäßigen Aufwands als die DS-GVO berücksichtigt und daher unter Umständen einen unverhältnismäßigen Aufwand und eine Anonymisierung annimmt, obwohl eine Verhältnismäßigkeitsprüfung im Rahmen der DS-GVO hinsichtlich des bestehenden Aufwands bzw. nach dessen Unverhältnismäßigkeit ergibt, dass es sich um pseudonymisierte und nicht um anonymisierte Daten handelt. Demzufolge weitet die landesgesetzliche Regelung den Anwendungsbereich der Anonymisierung entgegen den Vorgaben der DS-GVO aus.

33 Darüber hinaus begegnet der Ansatz der landesgesetzlichen Regelung, solche Daten als anonymisiert zu betrachten, deren Personenbezug zwar grundsätzlich gegeben, aber aufgrund eines unverhältnismäßigen Aufwands faktisch ausgeschlossen ist, grundlegenden Bedenken.[35] Denn insbesondere vor dem Hintergrund der technischen Möglichkeiten kann zunächst die grundsätzliche Möglichkeit der Identifikation gegeben sein, aber ein unverhältnismäßiger Aufwand diese faktisch ausschließen, sich aber durch technische Innovationen dieser Aufwand verringern. Hier zeigt sich erneut die Divergenz zwischen dem Regelungsansatz der DS-GVO und demjenigen des DSG NRW: Während nach der DS-GVO das anonyme Datum ausschließlich aus einem Umkehrschluss zu den Begriffen des personenbezogenen und pseudonymisierten Datums heraus bestimmt wird, fallen im Rahmen des DSG NRW bei Verringerung des Aufwands zur Identifikation bestimmte Kategorien von Daten zu einem späteren Zeitpunkt aus dem Anwendungsbereich des § 4 DSG NRW heraus.

II. Bedeutung der Vorschrift für die behördliche Praxis

34 Die Anonymisierung ist außerhalb von § 4 DSG NRW im Rahmen der §§ 15 Nr. 5, 17 Abs. 2 und 3, 36 Nr. 6 und 40 DSG NRW relevant. Hierbei ist zu beachten, dass § 40 DSG NRW innerhalb des Anwendungsbereichs der JI-RL liegt und sich der Anwendungsbereich insoweit nach der Begriffsdefinition der Anonymisierung des § 36 Nr. 6 DSG NRW bestimmt.

35 Übereinstimmend *LDI NRW* Stellungnahme zum Entwurf des NRWDSAnpUG-EU v. 19.4.2018, S. 7.

Hinsichtlich einer Umsetzung der DS-GVO ist die Anonymisierung insbesondere im Rahmen von § 15 Nr. 5 DSG NRW als Garantie zum Schutz personenbezogener Daten sowie im Rahmen von § 17 Abs. 2 und 3 DSG NRW bei Datenverarbeitungen zu wissenschaftlichen oder historischen Forschungszwecken oder zu statistischen Zwecken relevant. 35

§ 5 Anwendungsbereich

(1) [1]Teil 2 dieses Gesetzes gilt für die Verarbeitung personenbezogener Daten durch die Behörden, Einrichtungen und sonstigen öffentlichen Stellen des Landes, die Gemeinden und Gemeindeverbände sowie für die sonstigen der Aufsicht des Landes unterstehenden juristischen Personen des öffentlichen Rechts und deren Vereinigungen ungeachtet ihrer Rechtsform (öffentliche Stellen). [2]Unbeschadet der Regelung des Satzes 1 gelten Schulen der Gemeinden und Gemeindeverbände, soweit sie in inneren Schulangelegenheiten personenbezogene Daten verarbeiten, als öffentliche Stellen im Sinne dieses Gesetzes. [3]Nimmt eine nicht-öffentliche Stelle hoheitliche Aufgaben einer öffentlichen Stelle des Landes wahr, gilt sie als öffentliche Stelle im Sinne des Gesetzes.

(2) Öffentliche Stellen im Sinne dieses Gesetzes sind auch natürliche und juristische Personen des privaten Rechts, soweit sie Befugnisse der Verwaltung übertragen bekommen haben und hoheitliche Aufgaben der öffentlichen Verwaltung wahrnehmen.

(3) Für den Landtag gilt Teil 2 dieses Gesetzes, soweit er Verwaltungsaufgaben wahrnimmt.

(4) Für den Landesrechnungshof und die Staatlichen Rechnungsprüfungsämter, die Gerichte und die Behörden der Staatsanwaltschaft gilt Teil 2 dieses Gesetzes, soweit sie Verwaltungsaufgaben wahrnehmen.

(5) [1]Teil 2 dieses Gesetzes findet mit Ausnahme des Kapitels 3 Abschnitt 1, des Kapitels 5 und des § 32 keine Anwendung, soweit

1. wirtschaftliche Unternehmen der Gemeinden oder Gemeindeverbände ohne eigene Rechtspersönlichkeit (Eigenbetriebe),
2. öffentliche Einrichtungen, die entsprechend den Vorschriften über Eigenbetriebe geführt werden,
3. Landesbetriebe oder
4. der Aufsicht des Landes oder der Gemeinden oder Gemeindeverbänden unterstehende juristische Personen des öffentlichen Rechts, die am Wettbewerb teilnehmen, und die NRW.BANK,

personenbezogene Daten zu wirtschaftlichen Zwecken oder Zielen verarbeiten. [2]Soweit Hochschulen im Sinne des § 1 des Gesetzes über die Hochschulen des Landes Nordrhein-Westfalen (Hochschulgesetz – HG) Aufgaben nach § 3 des Gesetzes über die Hochschulen des Landes Nordrhein-Westfalen (Hochschulgesetz – HG) wahrnehmen findet Satz 1 keine Anwendung. [3]Soweit dieses Gesetz nach Maßgabe von Satz 1 keine Anwendung findet, gelten die Vorschriften für nicht-öffentliche Stellen mit Ausnahme der §§ 4, 22, 26 bis 28 Bundesdatenschutzgesetz vom 30. Juni 2017 (BGBl. I S. 2097) in der jeweils geltenden Fassung entsprechend.

(6) [1]Soweit besondere Rechtsvorschriften auf die Verarbeitung personenbezogener Daten anzuwenden sind, gehen sie den Vorschriften des Teils 2 dieses Gesetzes vor. [2]Regeln Rechtsvorschriften einen Sachverhalt, für den dieses Gesetz

gilt, nicht oder nicht abschließend, finden die Vorschriften dieses Gesetzes insoweit Anwendung.

(7) Die Vorschriften der §§ 22–24 und 33 des Gesetzes betreffend das Urheberrecht an Werken der bildenden Künste und der Fotografie (KunstUrhG) vom 9.1.1907, zuletzt geändert durch Artikel 3 § 31 des Gesetzes vom 16.2.2001 in seiner jeweils geltenden Fassung, bleiben für die nach § 5 unter dieses Gesetz fallenden Stellen unberührt.

(8) [1]Auf Verarbeitungen, die nicht in den Anwendungsbereich des Unionsrechts fallen, sind die Vorschriften der Verordnung (EU) 2016/679 und die Vorschriften des Teils 2 dieses Gesetzes entsprechend anzuwenden, soweit nicht dieser Teil oder andere spezielle Rechtsvorschriften abweichende Regelungen enthalten. [2]Dies gilt nicht für die in den Absätzen 3 und 4 genannten Stellen. [3]Im Fall der entsprechenden Anwendung sind die Vorschriften über den gerichtlichen Rechtsschutz nach § 20 des Bundesdatenschutzgesetzes anzuwenden.

(9) Für Verarbeitungen, die nicht dem Anwendungsbereich von Artikel 2 Absatz 1 der Verordnung (EU) 2016/679 unterfallen, gelten die Artikel 13 und 14 der Verordnung (EU) 2016/679 nicht.

Verwandte Norm DS-GVO:

Art. 2 Sachlicher Anwendungsbereich

(1) Diese Verordnung gilt für die ganz oder teilweise automatisierte Verarbeitung personenbezogener Daten sowie für die nichtautomatisierte Verarbeitung personenbezogener Daten, die in einem Dateisystem gespeichert sind oder gespeichert werden sollen.

(2) Diese Verordnung findet keine Anwendung auf die Verarbeitung personenbezogener Daten

a) im Rahmen einer Tätigkeit, die nicht in den Anwendungsbereich des Unionsrechts fällt,
b) durch die Mitgliedstaaten im Rahmen von Tätigkeiten, die in den Anwendungsbereich von Titel V Kapitel 2 EUV fallen,
c) durch natürliche Personen zur Ausübung ausschließlich persönlicher oder familiärer Tätigkeiten,
d) durch die zuständigen Behörden zum Zwecke der Verhütung, Ermittlung, Aufdeckung oder Verfolgung von Straftaten oder der Strafvollstreckung, einschließlich des Schutzes vor und der Abwehr von Gefahren für die öffentliche Sicherheit.

(3) [1]Für die Verarbeitung personenbezogener Daten durch die Organe, Einrichtungen, Ämter und Agenturen der Union gilt die Verordnung (EG) Nr. 45/2001. [2]Die Verordnung (EG) Nr. 45/2001 und sonstige Rechtsakte der Union, die diese Verarbeitung personenbezogener Daten regeln, werden im Einklang mit Artikel 98 an die Grundsätze und Vorschriften der vorliegenden Verordnung angepasst.

(4) Die vorliegende Verordnung lässt die Anwendung der Richtlinie 2000/31/EG und speziell die Vorschriften der Artikel 12 bis 15 dieser Richtlinie zur Verantwortlichkeit der Vermittler unberührt.

Öffnungsklausel in der DS-GVO für nationale Regelung: keine

Kurzübersicht zum Verhältnis der entscheidenden Normen			
Norm des DSG NRW	**Entsprechende Norm der DS-GVO**	**Entsprechende Norm des BDSG**	**Öffnungsklausel der DS-GVO**
§ 5 DSG NRW	**Art. 2 DS-GVO**	**§ 1 BDSG**	

Literatur:

Grzeszick, Nationale Parlamente und EU-Datenschutzgrundverordnung, NVwZ 2019, 1505; *Schröder*, Anwendbarkeit der DS-GVO und des BDSG auf den Deutschen Bundestag, ZRP 2018, 129.

A. Grundlagen

I. Gesamtverständnis, Zweck der Norm und Verhältnis zu anderen Normen

1 § 5 regelt den sachlichen Anwendungsbereich des DSG NRW, vornehmlich in Bezug auf den Teil 2 des Gesetzes, „Durchführungsbestimmungen zur Verordnung (EU) 2016/679".

2 Absätze 1 bis 4 beschreiben die öffentlichen Stellen als Adressaten des Gesetzes näher. Absatz 5 normiert Ausnahmen von der Geltung des Gesetzes. Absätze 6 und 7 betreffen das Verhältnis speziellerer datenschutzrechtlicher Normen zum DSG NRW. Absatz 8 betrifft die entsprechende Anwendbarkeit der DS-GVO bzw. der Normen des Teils 2 des Gesetzes für Datenverarbeitungen, die nicht in den Anwendungsbereich des Unionsrechts fallen. Absatz 9 nimmt die Geltung der Art. 13 f. DS-GVO für Verarbeitungen, die nicht Verarbeitung iSd Art. 2 Abs. 1 DS-GVO sind, aus.

3 Im Laufe des Gesetzgebungsverfahren ist der Regelungsinhalt von Absatz 1 der Entwurfsfassung auf die jetzigen Absätze 1 und 2 aufgeteilt worden. Ergänzt wurden Absätze 7 und 9. Absatz 8 hat eine gegenüber dem Entwurf geänderte Fassung erhalten.

II. Bisherige Rechtslage

4 Der Regelungsinhalt von § 5 war bezogen auf die frühere Rechtslage im Übrigen in § 2 DSG NRW aF enthalten. Der Kreis der Normadressaten war in § 2 Abs. 1 DSG NRW aF ähnlich bestimmt. Auch die Ausnahmen nach dem heutigen Absatz 5 waren nach Absatz 2 der alten Rechtslage ähnlich angelegt. In der Neufassung waren lediglich die Landesbetriebe nach der heutigen Nr. 3 nicht genannt. Vorschriften mit Bezug zur DS-GVO waren nicht enthalten.

B. Kommentierung

I. Absatz 1 – Geltung für öffentliche Stellen

5 Absatz 1 betrifft die Geltung des Teils 2 des Gesetzes für öffentliche Stellen im Sinne dieses Gesetzes. Mit Absatz 3 wird die Geltung des Teils 2 des Gesetzes, also der Durchführungsbestimmungen zur DS-GVO, angeordnet. Umfasst sind damit die Vorschriften der §§ 6 bis 34.

6 Absatz 1 beschreibt die Geltung des Teils 2 des Gesetzes für die Verarbeitung von personenbezogenen Daten durch öffentliche Stellen. Er unterscheidet dabei zwischen öffentlichen Stellen im Allgemeinen und Schulen der Gemeinden und Gemeindeverbände. Mit den im Gesetz aufgeführten Stellen werden Verantwortliche iSd Art. 4 Nr. 7 DS-GVO benannt; Verantwortlicher ist insoweit „die natürliche oder juristische Person, Behörde, Einrichtung oder andere Stelle, die allein oder gemeinsam mit anderen über die Zwecke und Mittel der Verarbeitung von personenbezogenen Daten entscheidet".

1. Öffentliche Stellen iSd Satzes 1

Die in der Norm benannten Verantwortlichen beschränken sich dabei auf „öffentliche Stellen“. Als öffentliche Stellen iSd Satzes 1 werden die Behörden, Einrichtungen und sonstigen öffentlichen Stellen des Landes, die Gemeinden und Gemeindeverbände sowie die sonstigen der Aufsicht des Landes unterstehenden juristischen Personen des öffentlichen Rechts und deren Vereinigungen ungeachtet ihrer Rechtsform benannt. 7

a) Behörden, Einrichtungen und sonstige öffentliche Stellen des Landes

aa) Behörden des Landes

Das DSG NRW enthält selbst keine Definition des Behördenbegriffs. Insoweit liegt zunächst ein Rückgriff auf das VwVfG NRW nahe. Gemäß § 1 Abs. 2 VwVfG NRW ist eine Behörde jede Stelle, die Aufgaben der öffentlichen Verwaltung wahrnimmt. 8

Diese am Behördenbegriff im funktionellen Sinne orientierte Definition lässt sich nicht zwanglos in die Begrifflichkeit im Sinne des DSG NRW einpassen. So sind Behörden alle öffentlichen Stellen, die durch Organisationsakt gebildet werden, vom Wechsel des Amtsinhabers unabhängig und nach der jeweiligen Zuständigkeitsregelung berufen sind, unter eigenem Namen nach außen eigenständige Aufgaben der öffentlichen Verwaltung wahrzunehmen.[1] Anknüpfungspunkt des § 5 Abs. 1 sind jedenfalls nicht die Rechtsträger selbst, sondern deren verantwortliche Einrichtungen. Zugleich sind die unselbständigen Einheiten innerhalb des jeweiligen Rechtsträgers selbst datenschutzpflichtig. Folge der bspw. unter Geltung des BDSG aF vorgenommenen Anknüpfung an die Behörde als unselbständige Stelle, ggf. auch innerhalb des gleichen Verwaltungsträgers, ist, dass die Weiterleitung personenbezogener Daten von einer Stelle zur anderen datenschutzrechtlich relevant ist.[2] 9

Ein Zeichen dafür, dass das DSG NRW vornehmlich an die Begrifflichkeit des § 1 Abs. 2 VwVfG NRW anknüpfen will, ist der Umstand, dass etwa Absatz 3 die Einbeziehung des Landtages ausspricht, „soweit er Verwaltungsaufgaben wahrnimmt“. 10

bb) Einrichtungen und sonstige öffentliche Stellen des Landes

Unter den Begriff der Einrichtungen des Landes fallen nach der Systematik des Gesetzes zunächst die nicht rechtlich selbstständigen Körperschaften, Anstalten und Stiftungen des öffentlichen Rechts, die unter der Rechtsaufsicht des Landes stehen diese sind im Weiteren gesondert benannt. Ausweislich § 14 LOG NRW sind Einrichtungen des Landes *„insbesondere Institute, Archive, Untersuchungsanstalten, Schulen, Ausbildungsstätten, Forschungsanstalten und zentrale Forschungseinrichtungen, Kuranstalten und sonstige nichtrechtsfähige öffentliche Anstalten, die einen eigenen Bestand an Personal und sächlichen Mitteln haben“*. Einrichtungen iSd § 14 LOG NRW sind bspw. im Geschäftsbereich des Innenministeriums die Fortbildungsakademie in Herne, die Fachhochschule für öffentliche Verwaltung NRW in Gelsenkirchen, das Institut für öffentliche Verwaltung NRW in Hilden, das Landesprüfungsamt für Verwaltungslaufbahnen in Hilden, das Institut der Feuerwehr in Münster sowie die Deutsche Hochschule der Polizei in Münster. Im Geschäftsbereich des Gesundheitsministeriums findet sich bspw. das Landeszentrum Gesundheit NRW mit Sitz in Bochum 11

1 Stelkens/Bonk/Sachs/*Schmitz* VwVfG § 1 Rn. 231.
2 Vgl. insoweit BeckOK DatenschutzR/*Hanloser* BDSG § 2 Rn. 7.

und Münster. Festzustellen ist, dass die letztgenannten Stellen regelmäßig auch unter den Begriff der Behörde nach § 1 Abs. 2 VwVfG NRW fallen.

12 Der untechnische Begriff der „öffentlichen Stellen" dürfte Auffangcharakter haben und solche Institutionen erfassen, die sich nicht zwanglos unter die vorgenannten Kategorien fassen lassen.

cc) Gemeinden und Gemeindeverbände

13 Wie schon zu § 2 Abs. 1 ausgeführt (→ § 2 Rn. 14 ff.), wird der Begriff der Gemeinde in gesetzlichen Bestimmungen, bspw. in Art. 1 Abs. 1 S. 2 LVerf NRW und Art. 78 LVerf NRW, nicht definiert; auch die GO NRW beinhaltet insoweit keine Definition. Nach allgemeiner Ansicht handelt es sich bei Gemeinden um mitgliedschaftlich verfasste Gebietskörperschaften, die grundsätzlich für alle Angelegenheiten der örtlichen Gemeinschaft zuständig in freier Selbstverwaltung durch gewählte Organe das Wohl der Einwohner fördern.

14 Auch der Begriff des Gemeindeverbandes wird in Art. 1 Abs. 1 S. 2 LVerf NRW und Art. 78 LVerf NRW angesprochen, ohne entsprechend definiert zu werden. Der VerfGH NRW sieht vom Begriff des Gemeindeverbandes alle öffentlich-rechtlichen Gebietskörperschaften erfasst, die –außerhalb der Gemeinden selbst – kommunale Aufgaben von einigem Gewicht als Selbstverwaltungsaufgaben in nicht unerheblichem Umfang wahrnehmen. Damit sind jedenfalls die Kreise als Gemeindeverbände anzusehen. Neben den Kreisen sind entsprechend der vorgenannten VerfGH-Rechtsprechung die bestehenden Landschaftsverbände Rheinland und Westfalen-Lippe erfasst. Sie sind als Gebietskörperschaften mit Gebietshoheit ausgestaltet und zur Erhebung der kommunalen Verfassungsbeschwerde befugt. Für die Einbindung der Landschaftsverbände im Kontext dieses Gesetzes spricht, dass die Aufgaben der Landschaftsverbände Behördentätigkeit sind und das Handeln ihrer Organe vom Anwendungsbereich des DSG NRW erfasst sein muss.

dd) Sonstige der Aufsicht des Landes unterstehende juristische Personen des öffentlichen Rechts

15 Unter den Begriff der juristischen Personen des öffentlichen Rechts, die unter Aufsicht des Landes stehen, fallen alle Einrichtungen mit eigener Rechtspersönlichkeit, also Körperschaften, Anstalten und Stiftungen des öffentlichen Rechts. Da die Gemeinden und Gemeindeverbände, die ihrerseits (Gebiets)-Körperschaften des öffentlichen Rechts sind, gesondert benannt werden, sind die übrigen Körperschaften, Anstalten und Stiftungen des öffentlichen Rechts unter der Aufsicht des Landes erfasst.

16 Zählt man die Landschaftsverbände Rheinland und Westfalen-Lippe, den Regionalverband Ruhr und den Landesverband Lippe als körperschaftlich organisierte höhere Kommunalverbände nicht zu den Gemeindeverbänden, sind sie als sonstige juristische Personen der Geltung des Teils 2 des DSG NRW unterworfen. Die Hochschulen des Landes als Personalkörperschaften sind ungeachtet der Regelung in Absatz 5 Satz 2 erfasst. Nicht erfasst sind die als öffentlich-rechtliche Körperschaften organisierten Religionsgemeinschaften, die insoweit nicht der Aufsicht des Landes unterstehen.

17 Als Anstalten erfasst sind beispielsweise die Landesanstalt für Medien NRW oder die Gemeindeprüfungsanstalt NRW. Stiftungen des öffentlichen Rechts sind bspw. die Alexander-von-Humboldt-Stiftung und die Max-Weber-Stiftung.

b) Schulen der Gemeinden und Gemeindeverbände als öffentliche Stellen iSd Satzes 1

Satz 2 erfasst Datenverarbeitungstätigkeiten an Schulen der Gemeinden und Gemeindeverbände. Die entsprechende Regelung war bereits in § 2 Abs. 2 S. 3 DSG NRW aF enthalten und hat laut der Gesetzesbegründung klarstellende Funktion.[3] So ist die nach außen wirkende Tätigkeit der Schulen, etwa die Aufnahme in die Schule, die Zulassung zu einer Prüfung, die Versetzung oder Nichtversetzung, die Zuerkennung eines Zeugnisses klassisches Behördenhandeln; die Schule bedient sich hier der Handlungsform des Verwaltungsaktes. In diesem Kontext vorgenommene Datenverarbeitungen sind Handeln einer Behörde und so von Satz 1 erfasst. 18

Zweifel an der Behördenqualität können bestehen, wenn die Schulen innerorganisatorische Akte im sogenannten Betriebsverhältnis vornehmen, bspw. das Erteilen von Hausaufgaben, pädagogische Maßnahmen oder die Durchführung von Klassenarbeiten. Datenverarbeitungen in diesem Kontext, etwa die Erfassung von Noten oÄ, soll als Handeln der Schule als öffentliche Stelle iSd § 5 Abs. 1 zu erfassen sein. 19

2. Geltung des Teils 2

Über Absatz 1 Satz 1 wird die Geltung von Teil 2 des Gesetzes für die benannten Stellen angeordnet. Dies beruht darauf, dass Teil 3 entsprechend der Anordnung in § 35 für die Behörden der Polizei, die Gerichte in Strafsachen und die Staatsanwaltschaften, die Strafvollstreckungs- und Justizvollzugsbehörden, die Behörden des Maßregelvollzugs und die Behörden der Finanzverwaltung im Rahmen ihrer Aufgabenwahrnehmung zur Verhütung, Ermittlung, Aufdeckung, Verfolgung und Ahndung von Straftaten oder Ordnungswidrigkeiten und der Strafvollstreckung gilt. Für die zuletzt genannten Stellen wird in Absatz 4 die Geltung des Teils 2 des Gesetzes insoweit angeordnet, als diese Stellen verwaltende Tätigkeiten ausüben. 20

Damit gelten für die in Ansatz 1 benannten Stellen und für die Stellen nach Absätzen 2 bis 5, soweit keine Ausnahmetatbestände eingreifen (dazu im Weiteren → Rn. 36 ff., 72 ff.), die Durchführungsbestimmungen zur DS-GVO, also §§ 6 bis 34. 21

II. Absatz 2 – Wahrnehmung hoheitlicher Aufgaben durch nicht-öffentliche Stellen

Die Vorschrift betrifft sogenannte Beliehene, also Private, die durch Gesetz oder aufgrund eines Gesetzes mit hoheitlichen Aufgaben betraut werden. Beliehene können natürliche wie juristische Personen sein. Sie nehmen in diesem Fall Aufgaben der öffentlichen Verwaltung wahr und sind damit vom funktionalen Behördenbegriff erfasst,[4] finden aber in Satz 3 noch einmal gesondert Erwähnung. Die Vorschrift hat insoweit auch vornehmlich klarstellende Wirkung, dass wenn im Rahmen der Tätigkeit eines Beliehenen Datenverarbeitungen stattfinden, diese dem Teil 2 des Gesetzes unterfallen. 22

3 LT-Drs. 17/1981, 134 zu § 5.

4 So schon die Begründung zum Entwurf des BDSG von 1973, BT-Drs. 7/1022, 24. Missverständlich BeckOK DatenschutzR/*Hanloser* BDSG § 2 Rn. 14.

23 Nicht zu den Beliehenen gehören Private, die – mangels Übertragung hoheitlicher Gewalt – lediglich als Verwaltungshelfer tätig sind, dies zumeist aufgrund privatrechtlichen Auftrags, wie etwa Abschleppunternehmer.

III. Absatz 3 – Verwaltende Tätigkeit des Landtags

1. Geltung der DS-GVO und des 2. Teils

24 Absatz 3 betrifft die Geltung des Teils 2 des Gesetzes für den Landtag NRW. Mit Absatz 3 wird die Geltung des Teils 2 des Gesetzes, also der Durchführungsbestimmungen zur DS-GVO angeordnet, soweit der Landtag verwaltende Tätigkeit ausübt.

25 In der Entwurfsfassung war die Vorschrift noch in Absatz 2 enthalten; durch Herauslösen des Inhalts des jetzigen Absatzes 2 aus Absatz 1 ist die Regelung zu Absatz 3 geworden.

26 Die Anordnung der Geltung des Teils 2 des DSG NRW beruht auf dem Umstand, dass der Landtag sowohl eine Funktion als Staatsorgan als auch als Behörde hat, Letzteres bspw. gegenüber Landtagsbediensteten, Besuchern oder auch Abgeordneten, etwa bezüglich der Ausstattung mit sächlichen Mitteln zur Durchführung der Parlamentsarbeit. Die Funktion des Landtags als Staatsorgan ist Ausfluss der Staatlichkeit der Länder und damit originäre nationalstaatliche Tätigkeit. Die Organisation der mitgliedstaatlichen Volksvertretungen ist von der Geltung des Unionsrechts ausgenommen, was sich mittelbar aus Art. 4 Abs. 2 S. 1 EUV ergibt.[5] Dem zufolge achtet die Union die jeweilige nationale Identität, die in ihren grundlegenden politischen und verfassungsmäßigen Strukturen einschließlich der regionalen und lokalen Selbstverwaltung zum Ausdruck kommt. Damit fällt jedenfalls die politisch-parlamentarische und die legislative Tätigkeit der Parlamente nicht in den Anwendungsbereich der DS-GVO und damit auch nicht in den Anwendungsbereich des Teils 2 des Gesetzes.[6]

27 Die verwaltende Tätigkeit dagegen ist vom Anwendungsbereich der DS-GVO erfasst und damit auch von der Anwendung der Durchführungsbestimmungen nach Teil 2.

28 Die Vorschrift hat dabei allerdings nur klarstellenden Charakter, da der Landtag in seiner verwaltenden Tätigkeit zugleich Behörde iSd § 1 Abs. 2 VwVfG NRW und damit zugleich Behörde iSd Absatz 1 Satz 1 ist. Verwaltende Tätigkeiten entfaltet der Landtag bspw. im Rahmen der Personalwirtschaft. Hier findet dann etwa § 18 DSG NRW Anwendung.

29 Gegenüber der Entwurfsfassung ist in der endgültigen Fassung auf Betreiben der Fraktionen der CDU und der FDP die Erklärung der Anwendbarkeit der DS-GVO gestrichen worden. Hierzu wird in der Begründung des Änderungsantrags zutreffend ausgeführt, dass die DS-GVO für die verwaltende Tätigkeit des Landtages ohnehin, also ohne gesonderte Anordnung, gelte; eine ausdrückliche Regelung sei daher nicht – auch nicht klarstellend – erforderlich.[7] Dies ist inso-

5 So auch *Grzeszick* NVwZ 2018, 1505 (1508). Vgl. auch den Beschluss der Konferenz der unabhängigen Datenschutzaufsichtsbehörden des Bundes und der Länder vom 5.9.2018, https://www.datenschutz-bayern.de/dsbk-ent/DSK_95p-Parlament.html, zuletzt abgerufen am 21.9.2019.

6 So auch *v. Lewinski* in Auernhammer DSGVO Art. 2 Rn. 17; *Grzeszick* NVwZ 2018, 1505 (1508).

7 Änderungsantrag der Fraktionen der CDU und der FDP, LT-Drs. 17/629, 9, unter Begründung Pkt. C.

weit zutreffend, als die DS-GVO für verwaltende Tätigkeit öffentlicher Stellen generell nicht für anwendbar erklärt werden muss.

30 Ebenfalls erfasst von der Geltung der DS-GVO ist das fiskalische Handeln des Landtages einschließlich der Abgeordneten und Fraktionen, etwa, wenn inhaltlich neutrale Beschaffungs- oder Unterstützungsgeschäfte getätigt werden.[8] Als Gegenausnahme kann hier wieder wirtschaftliches Handeln, das in Verbindung zum parlamentarisch-politischen Handeln steht, von der Geltung der DS-GVO ausgenommen sein, so im Bereich des Dienst- und Arbeitsrechts der Fraktionsbeschäftigten und der wissenschaftlichen Mitarbeiter bezogen auf Befristungen.[9]

2. Rechtsstellung der Abgeordneten

31 Unklar bleibt damit die Rechtsstellung der Abgeordneten. Offenbar will das DSG NRW die Abgeordneten nicht zwanglos unter die öffentlichen Stellen nach Absatz 1 und 2 subsumieren. Das Gesetz achtet damit einerseits die Besonderheit der Stellung der Volksvertreter, auch gegenüber dem Datenschutzrecht der Union, andererseits aber nimmt es auch keine klare Zuordnung vor.

32 In der Literatur wird vereinzelt gefolgert, dass, sofern legislative Tätigkeit gerade im Bereich der Richtlinienumsetzung und der Ergänzung von Verordnungen im Anwendungsbereich des Unionsrechts liegt, die DSGVO auf diese Tätigkeit Anwendung finden müsse.[10] Die Geltung einer Norm für ein Gremium aus der Befassung mit dieser Norm oder diesem Normkomplex zu folgern, irritiert allerdings; hierbei handelt es sich um eine vorgelagerte Frage. Wenn aus der DS-GVO herzuleiten ist, dass sie insoweit keine Geltung beansprucht, kann aus dem Umstand der Befassung mit der Materie keine Rückausnahme gefolgert werden.

33 Wenn im Gegensatz zu der eben beschriebenen Position die Stellung der Abgeordneten in der Literatur in den Bereich der nicht-öffentlichen Stellen gerückt wird,[11] widerspricht dies dem Wesen der Tätigkeit eines Abgeordneten als Teil des obersten Staatsorgans Bundestag oder Landtag, gleichsam losgelöst von seiner Eigenschaft als natürliche Person. Diese Feststellung ist auch nicht mit dem Wortlaut des § 2 Abs. 4 BDSG in Übereinstimmung zu bringen, wonach nicht-öffentliche Stellen „*natürliche und juristische Personen, Gesellschaften und andere Personenvereinigungen des privaten Rechts, soweit sie nicht unter die Absätze 1 bis 3 fallen.*" Abgeordnete sind jedenfalls in ihrer Funktion als Abgeordnete keine natürlichen Personen; dieser Befund wird bspw. durch ihre aus der Eigenschaft als Organteil folgende fehlende Grundrechtsberechtigung bestätigt, dies jedenfalls außerhalb des sog. Grundverhältnisses. Auch würde die bereits beschriebene Zurückhaltung des EUV gegenüber innerstaatlichen Strukturen durch die unmittelbare Geltung des DS-GVO hinsichtlich der Regeln für nicht-öffentliche Stellen durchbrochen werden.

---

8 Vgl. *Grzeszick* NVwZ 2018, 1505 (1508 f.).

9 *Grzeszick* NVwZ 2018, 1505 (1509).

10 So *Wolff*, Schriftliche Stellungnahme zur Vorbereitung der Anhörung im Ausschuss für Justiz und Datenschutz der Hamburgischen Bürgerschaft am Dienstag, 27.3.2018, 17 Uhr, S. 2, abrufbar unter https://www.oer7.uni-bayreuth.de/pool/dokumente/news/StN_Wolff_Hamburg_HmbDSG_Abgabe.pdf.

11 Vgl. Simitis/*Dammann* BDSG § 2 Rn. 29 für die Abgeordneten des Deutschen Bundestages.

34 In der Folge ist anzunehmen, dass der Abgeordnete – und damit auch die Fraktion als organisatorische Einheit von Abgeordneten – außerhalb verwaltender Tätigkeit weder als öffentliche noch als nicht-öffentliche Stelle zu qualifizieren ist. Der Abgeordnete muss vielmehr als Datenschutzsubjekt eigener Art angesehen werden, für das die DS-GVO, auf der Ebene des Bundes aber auch das BDSG, und in der Folge für den Landtag NRW auch das DSG NRW nicht gilt.

3. Konsequenzen für das Datenschutzrecht des Landtages

35 In der Folge des zuvor Ausgeführten liegt es in der Verantwortung des Landtages, sich bezüglich der Wahrung des Datenschutzes außerhalb des Anwendungsbereichs der DS-GVO selbst zu organisieren. Hier wäre dem Landesgesetzgeber anzuraten, eine Regelung vergleichbar § 30 Abs. 1 S. 2, 3 HessDSG einzufügen. Die Norm lautet:

„Im Übrigen gibt sich der Landtag eine seiner verfassungsrechtlichen Stellung entsprechende Datenschutzordnung. Sie findet auf die für die Fraktionen und Abgeordneten tätigen Personen entsprechende Anwendung.“

Den Volksvertretungen ist in der Folge zu empfehlen, sich eine eigene Datenschutzordnung zu geben, die an den Grundsätzen der DS-GVO orientiert werden könnte, aber gleichzeitig den Besonderheiten der spezifisch parlamentarischen Tätigkeit Rechnung trägt.[12]

IV. Absatz 4 – Verwaltende Tätigkeiten des Landesrechnungshofes und der Staatlichen Rechnungsprüfungsämter sowie der Gerichte und Staatsanwaltschaften

36 Absatz 4 betrifft die Geltung des Teils 2 des Gesetzes für den Landesrechnungshof und die staatlichen Rechnungsprüfungsämter, sowie für die Gerichte und Staatsanwaltschaften. Mit Absatz 4 wird wiederum die Geltung des Teils 2 des Gesetzes angeordnet, also der Durchführungsbestimmungen zur DS-GVO, soweit die Normunterworfenen verwaltende Tätigkeit ausüben.

37 In der Entwurfsfassung war die Vorschrift noch in Absatz 3 enthalten; durch Herauslösen des Inhalts des jetzigen Absatzes 2 aus Absatz 1 ist die Regelung zu Absatz 4 geworden.

1. Verwaltende Tätigkeit des Landesrechnungshofes und der Staatlichen Rechnungsprüfungsämter

38 Von der Vorschrift erfasst sind neben dem Landesrechnungshof die dem Landesrechnungshof nachgeordneten staatlichen Rechnungsprüfungsämter in Düsseldorf, Köln, Münster, Detmold und Arnsberg, sowie das Staatliche Rechnungsprüfungsamt für Steuern in Münster.

39 Die Vorschrift nimmt die Rechtslage nach § 1 Abs. 1 S. 3 DSG NRW aF auf. Hintergrund der Regelung ist, dass der Landesrechnungshof als selbstständige oberste Landesbehörde und als unabhängiges Organ der Finanzkontrolle (§ 1 Abs. 1 LRHG NRW) seine prüfende Tätigkeit in einer der richterlichen Tätigkeit vergleichbaren Unabhängigkeit wahrnimmt. Zwar unterfällt die richterliche Tätigkeit nach Art. 55 Abs. 3 DS-GVO nicht den Regeln der Verordnung; allerdings ist eine Ausnahme für Rechnungsprüfungsbehörden insoweit nicht vorgesehen.

12 Vgl. hierzu auch *Schröder* ZRP 2018, 129 (131).

Insbesondere soll die oder der Landesbeauftragte für Datenschutz und Informationsfreiheit den Landesrechnungshof nur überwachen dürfen, soweit er verwaltend tätig wird. Das bedeutet, dass insbesondere die Tätigkeit der Präsidialabteilung bezogen auf die Leitung des Landesrechnungshofes und die Außenvertretung der Geltung des DSG NRW unterfällt. 40

2. Verwaltende Tätigkeit der Gerichte und Behörden der Staatsanwaltschaft

Da gem. Art. 2 Abs. 2 lit. d DS-GVO die DS-GVO keine Anwendung findet auf die Verarbeitung personenbezogener Daten durch die zuständigen Behörden zum Zwecke der Verhütung, Ermittlung, Aufdeckung oder Verfolgung von Straftaten oder der Strafvollstreckung, sind die Gerichte und die Behörden der Staatsanwaltschaft von der Geltung auch des Teils 2 des DSG NRW ausgenommen, soweit die zuvor benannten Tätigkeiten ausüben. Sofern sie aber verwaltend tätig sind, gilt grundsätzlich die DS-GVO und damit auch Teil 2 des DSG NRW. So sagt Erwägungsgrund 20 zur DS-GVO aus: „*Damit die Unabhängigkeit der Justiz bei der Ausübung ihrer gerichtlichen Aufgaben einschließlich ihrer Beschlussfassung unangetastet bleibt, sollten die Aufsichtsbehörden nicht für die Verarbeitung personenbezogener Daten durch Gerichte im Rahmen ihrer justiziellen Tätigkeit zuständig sein. Mit der Aufsicht über diese Datenverarbeitungsvorgänge sollten besondere Stellen im Justizsystem des Mitgliedstaats betraut werden können, die insbesondere die Einhaltung der Vorschriften dieser Verordnung sicherstellen, Richter und Staatsanwälte besser für ihre Pflichten aus dieser Verordnung sensibilisieren und Beschwerden in Bezug auf derartige Datenverarbeitungsvorgänge bearbeiten sollten.*“ 41

Verwaltende Tätigkeiten sind dabei insbesondere diejenigen der Gerichtsverwaltungen und der Staatsanwaltschaften bspw. auf dem Gebiet der Personalführung, der Haushaltsführung, aber auch des juristischen Prüfungswesens. 42

V. Absatz 5 – Ausnahme für wirtschaftliche Betätigung öffentlicher Stellen

Absatz 5 betrifft den Ausschluss der Geltung von Teilen des Teils 2 des Gesetzes für die dort genannten Stellen. Die in Absatz 5 normierte Ausnahme betrifft die Verarbeitung personenbezogener Daten im Kontext der wirtschaftlichen Tätigkeit dieser Einrichtungen. Für den Bereich der wirtschaftlichen Tätigkeit gelten damit, soweit Absatz 5 reicht, die für nicht-öffentliche Stellen geltenden Regelungen der DS-GVO und ergänzend die Vorschriften des Bundesdatenschutzgesetzes und die speziellerer Datenschutzvorschriften. Laut Gesetzesbegründung soll so die Chancengleichheit zwischen privaten Unternehmen und wirtschaftlich tätigen öffentlichen Stellen auf der Ebene des Datenschutzrechts im Wettbewerb sichergestellt werden.[13] 43

1. Betroffene Stellen

a) Absatz 5 Satz 1 Nr. 1 – Eigenbetriebe der Gemeinden

Nr. 1 betrifft wirtschaftliche Unternehmen der Gemeinden ohne Rechtspersönlichkeit, sog. Eigenbetriebe. Eigenbetriebe sind geregelt in § 114 GO NRW und in der Eigenbetriebsverordnung (EigVO). Eine nähere Definition des Eigenbetriebs enthalten die genannten Vorschriften nicht. Fest steht aber, dass sie in der 44

13 Vgl. LT-Drs. 17/1981, 134, zu Absätzen 1 bis 4 DSG NRW-E.

Organisationsform des öffentlichen Rechts geführt werden[14] und damit zunächst öffentliche Stellen sind.

45 Vorschriften über die wirtschaftliche Betätigung der Gemeinden finden sich vornehmlich in §§ 107, 107 a GO NRW. Die Zulässigkeit der wirtschaftlichen Betätigung im Allgemeinen richtet sich gem. § 107 Abs. 2 GO NRW danach, dass ein öffentlicher Zweck die Betätigung erfordert, die Betätigung nach Art und Umfang in einem angemessenen Verhältnis zu der Leistungsfähigkeit der Gemeinde steht und bei einem Tätigwerden außerhalb der Wasserversorgung, des öffentlichen Verkehrs sowie des Betriebes von Telekommunikationsleitungsnetzen einschließlich der Telekommunikationsdienstleistungen der öffentliche Zweck durch andere Unternehmen nicht besser und wirtschaftlicher erfüllt werden kann. Ausgenommen von der Zulässigkeit wirtschaftlicher Betätigung sind pflichtige Einrichtungen der Kommunen sowie öffentliche Einrichtungen für Erziehung, Bildung, Kultur, Sport und Erholung sowie Einrichtungen des Gesundheits- und Sozialwesens. Gem. § 107 a GO NRW ist die wirtschaftliche Betätigung in den Bereichen der Strom-, Gas- und Wärmeversorgung zulässig, wenn sie einem öffentlichen Zweck dient und wenn sie nach Art und Umfang in einem angemessenen Verhältnis zu der Leistungsfähigkeit der Gemeinde steht.

46 Für die nach der GO NRW zulässigen wirtschaftlichen Betätigungen steht den Gemeinden der Eigenbetrieb als Organisationsform offen.[15] Diese unterliegen dann insoweit nicht den Durchführungsbestimmungen des Teils 2.

47 Beispiele zulässiger kommunaler Wirtschaftstätigkeit durch Eigenbetriebe sind kommunale Wohnungsvermittlungen und Bestattungsbetriebe.[16] Die Kommunen erschließen sich daneben das Feld der Telekommunikationsdienstleistungen, Consulting- und Planungsaufgaben für private Auftragnehmer, Gartenbau und Handwerks- und Servicedienstleitungen.[17]

b) Absatz 5 Satz 1 Nr. 2 – Eigenbetriebsähnliche Einrichtungen der Gemeinden

48 Diejenigen datenverarbeitenden Tätigkeiten, die entsprechend § 107 Abs. 2 GO NRW nicht als wirtschaftliche Tätigkeiten anzusehen sind, unterliegen zwar gem. § 107 Abs. 2 S. 2 GO NRW den Vorschriften über Eigenbetriebe.[18] Obgleich die Vorschrift der Gesetzesbegründung zufolge vorrangig an den Umstand der wirtschaftlichen Betätigung anknüpft und nicht an den der Betriebsform als Eigenbetrieb, sind die Tätigkeiten eigenbetriebsähnlicher Einrichtungen ebenfalls von der Ausnahme nach Absatz 5 Satz 1 Nr. 1 erfasst. Dies kann damit begründet werden, dass die Zielsetzung der Norm in erster Linie die Gleichbehandlung im Wettbewerb erreichen soll.[19] Da die Tätigkeit der betreffenden Einrichtungen zwar nach § 107 Abs. 2 S. 1 nicht als wirtschaftliche Betätigung angesehen wird, die Einrichtungen aber gleichwohl im Wettbewerb mit privaten Anbietern stehen, ist die Einbeziehung in Absatz 5 naheliegend.

14 *Kaster* in BeckOK KommunalR NRW GO § 114 Rn. 7.
15 *Kaster* in BeckOK KommunalR NRW GO § 114 Rn. 1.
16 Vgl. die Nachweise und weitere Rechtsprechung bei *Held/Kotzea*, Praxis der Kommunalverwaltung NW, Abt. B-1, Pkt. 4.
17 Beispiele und Nachweise bei *Kaster* in BeckOK KommunalR NRW GO § 107 Rn. 2.
18 Vgl. insoweit auch *Kaster* in BeckOK KommunalR NRW GO § 114 Rn. 6.
19 Vgl. LT-Drs. 17/1981, 134, zu Absätzen 1 bis 4 DSG NRW-E.

c) Absatz 5 Satz 1 Nr. 3 – Landesbetriebe

Erfasst sind nach Nr. 3 Landesbetriebe des Landes NRW. Die betreffenden Landesbetriebe sind der Bau- und Liegenschaftsbetrieb NRW, der Geologische Dienst NRW, das Materialprüfungsamt NRW, der Landesbetrieb Straßenbau NRW und der Landesbetrieb Wald und Holz NRW. 49

Die wirtschaftliche Betätigung kann bei diesen Betrieben neben die öffentlich-rechtliche Aufgabenstellung treten. Bspw. bietet das Materialprüfungsamt NRW Materialprüfungen und Zertifizierungen auf für private Auftraggeber an. Der Landesbetrieb Wald und Holz verwaltet auf vertraglicher Basis Privatwälder; zugleich vermarktet der Betrieb Holz aus landeseigenen Wäldern. 50

d) Absatz 5 Satz 1 Nr. 4 – Juristische Personen des öffentlichen Rechts im Wettbewerb, NRW.BANK

Nr. 4 betrifft die Verarbeitung personenbezogener Daten bei wirtschaftlicher Tätigkeit von der Aufsicht des Landes oder der Gemeinden oder Gemeindeverbänden unterstehenden juristischen Personen des öffentlichen Rechts, die am Wettbewerb teilnehmen, sowie der NRW.BANK. 51

Es steht dem Land und den Gemeinden und Gemeindeverbänden im Rahmen der Gesetze frei, juristische Personen des öffentlichen Rechts zu errichten, und diesen Verwaltungsaufgaben zuzuweisen. Häufig wird hier die Form der Anstalt des öffentlichen Rechts gewählt. Gerade im Bereich der Kommunen kann es auf Grundlage des § 114 a GO NRW zu Umwandlungen von Regie- und Eigenbetrieben zu solchen Anstalten kommen.[20] Wenn diese juristischen Personen dann wirtschaftliche Tätigkeiten entfalten, unterfallen dabei stattfindende Verarbeitungen personenbezogener Daten in dem in Absatz 5 angeordneten Umfang nicht dem Teil 2 des DSG NRW. 52

Neben den benannten öffentlich-rechtlichen juristischen Personen wird auch die Tätigkeit der NRW.BANK ausgenommen. Die NRW.BANK betreibt Wirtschaftsförderung durch Rückgarantien ggü. Hausbanken für die durch diese vergebenen Kredite, wird aber auch unmittelbar ggü. Darlehensnehmern tätig. Sie handelt zwar wettbewerbsneutral, agiert aber partiell wie private Banken. Diese Gleichstellung soll lt. Gesetzesbegründung die Vertragsgestaltung vereinfachen, Rechtssicherheit schaffen, Mehraufwände durch zusätzliche Vereinbarungen sparen und im Einzelfall mehr Klarheit bringen.[21] 53

Auch für die Verarbeitung personenbezogener Daten bezogen auf diese Tätigkeit gilt der Ausschluss der Geltung des Teils 2 des DSG NRW in dem dort beschriebenen Umfang. 54

e) Absatz 5 S. 2 – Hochschulen

Satz 2 betrifft die Hochschulen des Landes NRW iSd § 1 HG NRW. Sofern die Verarbeitung von personenbezogenen Daten im Zuge der Aufgabenwahrnehmung nach § 3 HG NRW stattfindet, gilt die Ausnahme nach Satz 1 nicht. 55

Grund für die Rückausnahme nach Satz 2 ist der Umstand, dass gem. ErwG 159 zur DS-GVO die Verordnung auch für die Verarbeitung personenbezogener Daten zu wissenschaftlichen Forschungszwecken gelten soll. Die Verarbeitung personenbezogener Daten zu wissenschaftlichen Forschungszwecken im Sinne der DS-GVO soll entsprechend dieses ErwG weit ausgelegt werden und die Ver- 56

20 Näher *Kaster* in BeckOK KommunalR NRW GO § 114 a Rn. 11 ff.
21 Vgl. LT-Drs. 17/1981, 134, zu Absätzen 1 bis 4 DSG NRW-E.

arbeitung für beispielsweise die technologische Entwicklung und die Demonstration, die Grundlagenforschung, die angewandte Forschung und die privat finanzierte Forschung einschließen. Deswegen soll die gesamte Tätigkeit der Hochschulen in den Anwendungsbereich von Teil 2 des Gesetzes fallen, soweit sie Aufgaben aus dem Hochschulgesetz wahrnehmen.[22]

57 Die Regelung ist notwendig, da Absatz 5 S. 1 Nr. 4 die Hochschulen als der Aufsicht des Landes unterstehende juristische Personen des öffentlichen Rechts im Bereich der privat finanzierten Forschung tatsächlich umfassen würde.

2. Umfang des Ausschlusses

58 Nicht vom Anwendungsumfang erfasst sind die Vorschriften nach Kapitel 3 Abschnitt 1, nach Kapitel 5 sowie § 32. Diese Normen des Teils 2 finden weiterhin auf die zuvor genannten Stellen Anwendung. Während also die Normen des Teils 2 für Betätigungen außerhalb des Absatz 5 uneingeschränkt gelten, gelten die in Absatz 5 Satz 1 genannten Normen auch für den Fall der wirtschaftlichen Betätigung.

a) Kapitel 3 Abschnitt 1

Für die vorbenannten Stellen bleiben die Vorschriften der §§ 16–20 anwendbar.

59 § 16 betrifft die Verarbeitung besonderer Kategorien personenbezogener Daten, wie sie in Art. 9 Abs. 1 DS-GVO aufgeführt sind. Besondere Kategorien personenbezogener Daten sind insoweit Daten, aus denen die rassische und ethnische Herkunft, politische Meinungen, religiöse oder weltanschauliche Überzeugungen oder die Gewerkschaftszugehörigkeit hervorgehen, sowie genetische Daten, biometrische Daten zur eindeutigen Identifizierung einer natürlichen Person, Gesundheitsdaten oder Daten zum Sexualleben oder der sexuellen Orientierung einer natürlichen Person. Die Verarbeitung derartiger Daten ist grundsätzlich untersagt, dies aber unbeschadet der Öffnungsklauseln nach Art. 9 Abs. 2 DS-GVO.

60 Von den Öffnungsklauseln hat der nordrhein-westfälische Gesetzgeber in § 16 Gebrauch gemacht (vgl. insoweit → § 16 Rn. 9 ff.). Sollte ausnahmsweise eine Verarbeitung besonderer Kategorien personenbezogener Daten durch eine der in Absatz 5 benannten Stellen erfolgen müssen, ist dies nur unter den Voraussetzungen des § 16 zulässig.

61 § 17 betrifft die Datenverarbeitung zu wissenschaftlichen oder historischen Forschungszwecken oder zu statistischen Zwecken und bezieht sich zunächst auf Art. 6 Abs. 1 Satz lit. e DS-GVO. Danach ist die Verarbeitung personenbezogener Daten rechtmäßig, wenn sie erforderlich ist für die Wahrnehmung einer Aufgabe, die im öffentlichen Interesse liegt oder in die Ausübung öffentlicher Gewalt erfolgt, die dem Verantwortlichen übertragen wurde. Daneben wird die Öffnungsklausel nach Art. 9 Abs. 2 lit. j DS-GVO für die Verarbeitung besonderer personenbezogener Daten genutzt; danach ist die Verarbeitung besonderer Kategorien personenbezogener Daten ausnahmsweise zulässig, wenn sie auf der Grundlage des Unionsrechts oder des Rechts eines Mitgliedstaats erfolgt, das in angemessenem Verhältnis zu dem verfolgten Ziel steht, den Wesensgehalt des Rechts auf Datenschutz wahrt und angemessene und spezifische Maßnahmen zur Wahrung der Grundrechte und Interessen der betroffenen Person vorsieht,

22 Vgl. Änderungsantrag der Fraktionen der CDU und der FDP, LT-Drs. 17/2629, 2, Begründung, d).

und erforderlich ist für im öffentlichen Interesse liegende Archivzwecke, für wissenschaftliche oder historische Forschungszwecke oder für statistische Zwecke gemäß Art. 89 Abs. 1 DS-GVO (vgl. insoweit → § 17 Rn. 10 ff.).

62 § 18 betrifft die Datenverarbeitung im Beschäftigungskontext. Die Norm nutzt die Öffnungsklausel nach Art. 9 Abs. 2 lit. a und b DS-GVO (vgl. insoweit → § 18 Rn. 6 ff.).

63 § 19 betrifft die Verarbeitung personenbezogener Daten zu künstlerischen oder literarischen Zwecken. Die Norm verweist für die Rechte der betroffenen Personen auf Vorschriften des DS-GVO und trifft in Absatz 2 Regelungen für den Fall der Geltendmachung von Abwehransprüchen Betroffener, wie etwa Gegendarstellungen oder Widerrufsbegehren (vgl. insoweit → § 19 Rn. 4 ff.).

64 § 20 schließlich betrifft den datenschutzrechtlichen Rahmen für die Durchführung von Videoüberwachungen (vgl. insoweit → § 20 Rn. 2 ff.).

b) Kapitel 5

65 Kapitel 5 betrifft die oder den Landesbeauftragten für Datenschutz und Informationsfreiheit. Das bedeutet, dass die in den § 28 genannten Befugnisse der oder des Landesbeauftragten auch für die Tätigkeiten nach Absatz 5 gelten (vgl. insoweit → § 28 Rn. 6 ff.).

c) § 32

66 Im Teil 2 ist eine spezielle Vorschrift zu Geldbußen nach Art. 83 DS-GVO enthalten. Gemäß Art. 83 Abs. 7 DS-GVO kann jeder Mitgliedstaat Vorschriften dafür festlegen, ob und in welchem Umfang gegen Behörden und öffentliche Stellen, die in dem betreffenden Mitgliedstaat niedergelassen sind, Geldbußen verhängt werden können.

67 Der nordrhein-westfälische Gesetzgeber hat sich gemäß § 32 dazu entschlossen, dass Geldbußen nur gegen öffentliche Stellen im Sinne des § 5 Abs. 5 Nr. 1 bis 4 erhoben werden dürfen, also gegen die dort benannten öffentlichen Stellen im Rahmen ihrer wirtschaftlichen Tätigkeit (vgl. insoweit → § 32 Rn. 4 ff.). Dies trägt wiederum zur Chancengleichheit anderer Marktteilnehmer gegenüber den benannten öffentlichen Stellen bei.

68 In der Konsequenz dieser Regelung, die in Teil 2 des DSG NRW enthalten ist, wird § 32 auf die in Absatz 5 benannten Stellen für anwendbar erklärt.

3. Geltung des BDSG

69 Soweit Vorschriften des DSG NRW nach Maßgabe von Satz 1 keine Anwendung finden, gelten grundsätzlich die Vorschriften für nicht-öffentliche Stellen nach dem Bundesdatenschutzgesetz (BDSG). Ausgenommen sind dabei die §§ 4, 22, und 26–28 BDSG. Grundsätzlich steht es den Ländern nicht frei, diejenigen Stellen des Landes, die nicht Aufgaben der öffentlichen Verwaltung wahrnehmen, von der Geltung des BDSG auszunehmen.[23]

70 Grundsätzlich gilt das BDSG entsprechend § 1 Abs. 1 S. 2 BDSG für nicht-öffentliche Stellen für die ganz oder teilweise automatisierte Verarbeitung personenbezogener Daten sowie die nichtautomatisierte Verarbeitung personenbezogener Daten, die in einem Dateisystem gespeichert sind oder gespeichert werden sollen, es sei denn, die Verarbeitung durch natürliche Personen erfolgt zur Ausübung ausschließlich persönlicher oder familiärer Tätigkeiten. Es findet gem.

23 *Pabst* in HK-DS-GVO/BDSG Art. 2 Rn. 62.

dem insoweit relevanten § 1 Abs. 4 Nr. 1 BDSG Anwendung, sofern der Verantwortliche oder Auftragsverarbeiter personenbezogene Daten im Inland verarbeitet.

71 Nicht-öffentliche Stellen sind nach § 2 Abs. 4 BDSG natürliche und juristische Personen, Gesellschaften und andere Personenvereinigungen des privaten Rechts, soweit sie nicht unter die Absätze 1 bis 3 fallen. Absatz 1 betrifft dabei nur Vereinigungen auf der Ebene des Bundes. Absatz 3 betrifft Vereinigungen des privaten Rechts von öffentlichen Stellen auch der Länder, die Aufgaben der öffentlichen Verwaltung wahrnehmen.[24]

72 Weiterhin bestimmt § 2 Abs. 5 BDSG, dass als nicht-öffentliche Stellen im Sinne dieses Gesetzes auch öffentliche Stellen der Länder gelten, soweit sie als öffentlich-rechtliche Unternehmen am Wettbewerb teilnehmen, Bundesrecht ausführen und der Datenschutz nicht durch Landesgesetz geregelt ist. Sinn der Norm ist es wie auch nach Absatz 5 Satz 1, auf datenschutzrechtlicher Ebene Wettbewerbsverzerrungen zugunsten der wirtschaftlich tätigen öffentlichen Stellen gegenüber privaten Wettbewerbern zu vermeiden.[25]

73 Für öffentliche Stellen nach Absatz 5 Satz 1 gilt § 24 BDSG, wonach eine Datenverarbeitung durch nicht-öffentliche Stellen gemäß Absatz 1 zulässig ist, wenn sie zur Abwehr von Gefahren für die staatliche oder öffentliche Sicherheit oder zur Verfolgung von Straftaten oder zur Geltendmachung, Ausübung oder Verteidigung zivilrechtlicher Ansprüche erforderlich ist.[26] Die Verarbeitung besonderer Kategorien personenbezogener Daten nach § 24 Abs. 2 BDSG hat in Absatz 5 insoweit bereits eine speziellere Regelung gefunden, als §§ 16 ff. über die Ausnahme nach Abs. 1 S. 1 anwendbar bleiben.

74 Anwendbar ist auch § 25 BDSG, nach dessen Absatz 2 die Übermittlung personenbezogener Daten durch öffentliche Stellen an nicht-öffentliche Stellen zulässig ist, wenn sie zunächst zur Erfüllung der in der Zuständigkeit der übermittelnden Stelle liegenden Aufgaben erforderlich ist und die Voraussetzungen vorliegen, die eine Verarbeitung nach § 23 zulassen würden. Weiterhin muss der Dritte, an den die Daten übermittelt werden, ein berechtigtes Interesse an der Kenntnis der zu übermittelnden Daten glaubhaft darlegen. Zudem darf die betroffene Person kein schutzwürdiges Interesse an dem Ausschluss der Übermittlung haben; Gleiches gilt, wenn die Kenntnis zur Geltendmachung, Ausübung oder Verteidigung rechtlicher Ansprüche erforderlich ist. Darüber hinaus muss sich der Dritte gegenüber der übermittelnden öffentlichen Stelle verpflichtet haben, die Daten nur für den Zweck zu verarbeiten, zu dessen Erfüllung sie ihm übermittelt werden.[27]

75 Die Informationspflichten nach § 32 BDSG gelten, soweit die Regelungen nicht ausdrücklich öffentliche Stellen betreffen, so etwa § 32 Abs. 1 Nr. 2 BDSG. Gleichermaßen gilt § 33 Abs. 1 Nr. 2 BDSG bezüglich der Informationspflichten, wenn die personenbezogenen Daten nicht bei der betroffenen Person erhoben werden. Bezüglich des Auskunftsrechts betroffener Personen gilt § 34 Abs. 1, 2 BDSG. Das Auskunftsrecht nach § 35 BDSG gilt vollumfänglich, die Einschränkung des Widerspruchsrechts nach § 36 BDSG greift, da nur öffentliche Stellen betroffen sind, nicht.

24 *Pabst* in HK-DS-GVO/BDSG Anh. Art. 4, § 2 Rn. 27 ff.
25 *Pabst* in HK-DS-GVO/BDSG Anh. Art. 4, § 2 Rn. 26.
26 *Schwartmann/Pieper* in HK-DS-GVO/BDSG Art. 6 Rn. 222 ff.
27 *Schwartmann/Pieper* in HK-DS-GVO/BDSG Art. 6 Rn. 205 ff.

§ 37 BDSG zu automatisierten Entscheidungen im Einzelfall einschließlich Profiling würde mangels Beschränkung auf öffentliche Stellen gelten, dürfte aber mangels Bezugs der Stellen nach Absatz 5 zur Erbringung von Versicherungsleistungen oder zu Entgeltregelungen für Heilbehandlungen regelmäßig keine Anwendung finden. 76

§ 38 BDSG zu Datenschutzbeauftragten nicht-öffentlicher Stellen wird mit der Maßgabe angewendet werden, dass die oder der Datenschutzbeauftragte nach § 31 gleichzeitig für den Bereich der hoheitlichen wie der wirtschaftlichen Tätigkeit zuständig ist. 77

§ 40 BDSG über die Aufsichtsbehörden der Länder findet unmittelbare Anwendung auf Stellen iSd Absatzes 5. § 41 BDSG wird durch § 31 verdrängt. §§ 42–44 BDSG finden unmittelbare Anwendung auf Stellen iSd Absatzes 5. §§ 45–84 BDSG betreffen Datenverarbeitungen zu Zwecken gemäß Art. 1 Absatz 1 der JI-RL und sind damit für Stellen nach Absatz 5 nicht relevant. § 85 BDSG Verarbeitung personenbezogener Daten im Rahmen von nicht in die Anwendungsbereiche der DS-GVO und der JI-RL fallenden Tätigkeiten wird durch §§ 21–23 verdrängt. 78

VI. Absatz 6 – Subsidiarität des DSG NRW

Absatz 6, der im Ursprungsentwurf noch Absatz 5 war, beschreibt die subsidiäre Geltung des DSG NRW ggü. speziellerem Bundes- und Landesrecht mit datenschutzrechtlichem Bezug. Die Vorschrift war – mit anderem Regelungshintergrund – bereits in § 2 Abs. 3 DSG NRW aF enthalten. Während § 2 Abs. 3 DSG NRW aF noch vorrangiges Datenschutzrecht betraf, betrifft Absatz 6 nunmehr vorrangige Durchführungsvorschriften zur DS-GVO gegenüber dem Teil 2 des DSG NRW. 79

Die Subsidiarität des DSG NRW wird in Satz 2 dahingehend abgeschwächt, dass das DSG NRW für den Fall, dass das Spezialgesetz keine oder keine abschließende Regelung zu einem Sachverhalt enthält, das DSG NRW für die nicht oder nicht abschließend geregelte Durchführungsbestimmung zur DS-GVO wiederum vorrangig gilt. 80

Letztere Bestimmung regelt insoweit eine Selbstverständlichkeit, als das DSG NRW nicht gegenüber jedem Gesetz subsidiär ist, das einzelne vorrangige Vorschriften gegenüber dem DSG NRW enthält, sondern nur gegenüber der spezielleren Einzelbestimmung eines Gesetzes. Satz 2 hat damit allenfalls klarstellende Funktion. 81

VII. Absatz 7 – Verhältnis zu §§ 22–24, 33 KUG

Absatz 7, der das Verhältnis des DSG NRW zum KUG betrifft, ist erst nachträglich auf Betreiben der Fraktionen der CDU und der FDP in das Gesetz eingefügt worden. Die Ergänzung hat entsprechend der Gesetzesbegründung klarstellende Funktion, die darauf hinweisen soll, dass das KUG speziellere Vorschriften gegenüber dem DSG NRW enthält.[28] Da das KUG eine Vorschrift des Bundesrechts ist, ist es insoweit nicht von Absatz 6 erfasst. 82

§§ 22 bis 24 KUG betreffen das Recht zur Veröffentlichung von Bildnissen. § 22 KUG stellt den Grundsatz auf, dass Bildnis nur mit Einwilligung der oder des Abgebildeten veröffentlicht werden dürfen. Dabei gilt die Einwilligung bei Entlohnung für das Bild als im Zweifel erteilt. Beim Ableben der oder des Ab- 83

28 Vgl. Änderungsantrag der Fraktionen der CDU und der FDP, LT-Drs. 17/2629, 2.

gebildeten geht das Recht zur Einwilligung bis 10 Jahre nach dem Ableben auf dessen Angehörige über. § 23 KUG formuliert eine Abweichung vom Erfordernis der Einwilligung für zeitgeschichtliche Bildnisse, für Personen, die nur Beiwerk sind, für Bilder von Versammlungen und künstlerische Bildnisse, die nicht auf Bestellung gefertigt sind. § 23 Abs. 2 KUG regelt als Gegenausnahme zu Absatz 1, dass eine Veröffentlichung, die ein berechtigtes Interesse der oder des Abgebildeten oder deren/dessen Angehörigen verletzt, dennoch nur mit Einwilligung erfolgen darf. § 24 KUG betrifft die Veröffentlichung von Such- oder Fahndungsfotos. § 33 KUG enthält eine auf das Einwilligungserfordernis nach §§ 22, 23 KUG zugeschnittene Strafvorschrift.

84 Dabei ist das Verhältnis von DS-GVO zu KUG nicht eindeutig. Umstritten ist, ob insoweit Art. 85 Abs. 1 oder Abs. 2 DS-GVO für den Bereich der journalistischen Fotographie als Öffnungsklausel oder als Ausnahmetatbestand anzusehen ist. Vorzugswürdig erscheint die Ansicht, dass das KUG in seiner jetzigen Fassung als Ausnahmeregelung iSd Art. 85 Abs. 1 DS-GVO Bestand hat.[29]

85 Außerhalb des Anwendungsbereichs des Art. 85 DS-GVO ist der Norminhalt des Absatzes 7 insgesamt zweifelhaft. Wenn der Landesgesetzgeber, worüber die Gesetzesbegründung keine Auskunft gibt,[30] die Geltung des KUG unter Verdrängung der Vorschriften der DS-GVO anordnen wollte, ist die Norm aufgrund des Anwendungsvorrangs des Verordnungsrechts schlicht europarechtswidrig. Sofern die Vorschrift lediglich die vorrangige Geltung des KUG gegenüber dem DSG NRW anordnen soll, geht der Verweis insoweit ins Leere, als das KUG seinerseits bezüglich der Anfertigung von Bildwerken durch die Vorschriften des DS-GVO verdrängt wird. In der Praxis findet insoweit im Einzelfall bezüglich der Rechtmäßigkeit der Anfertigung von Bildaufnahmen je nach dem Kontext der jeweiligen Tätigkeit eine Abwägung anhand Art. 6 Abs. 1 lit. e DS-GVO für den öffentlichen Bereich beziehungsweise im Übrigen anhand Art. 6 Abs. 1 lit. f DS-GVO unter Heranziehung der Wertungen des KUG statt.

VIII. Absatz 8 – Verarbeitungen außerhalb der Geltung der DS-GVO

86 Absatz 8, der ursprünglich in Absatz 6 gefasst war, ist gekennzeichnet von dem Bemühen, auch andere als die von der DS-GVO erfassten Formen der Verarbeitung personenbezogener Daten einem einheitlichen Rechtsrahmen zu unterwerfen.

87 Gemeint sind insoweit Verarbeitungen in unstrukturierten Akten. Akten und Aktensammlungen, die nach bestimmten Kriterien geordnet sind, fallen, obgleich die Datenverarbeitung hier regelmäßig nicht auf elektronischem Wege erfolgt, gemäß Erwägungsgrund 15 in den Anwendungsbereich der DS-GVO. Entsprechend gilt die DS-GVO gemäß Art. 2 Abs. 1 DS-GVO auch für die nichtautomatisierte Verarbeitung personenbezogener Daten, die in einem Dateisystem gespeichert sind oder gespeichert werden sollen. Infolge des Grundsatzes der Technologieneutralität nach ErwG 15 ist damit auch die nichtautomatisierte Datenverarbeitung betroffen.[31] Gemäß Art. 4 Nr. 6 DS-GVO wird als „Dateisystem" jede strukturierte Sammlung personenbezogener Daten angesehen, die nach bestimmten Kriterien zugänglich sind, unabhängig davon, ob diese

29 *Frey* in HK-DS-GVO/BDSG Art. 85 Rn. 33. Zum Meinungsstand auch *Krüger/Wiencke* MMR 2019, 76 (77 f.) und *Raji* ZD 2019, 61 (62 ff.).

30 Vgl. wiederum Änderungsantrag der Fraktionen der CDU und der FDP, LT-Drs. 17/2629, 2.

31 *Pabst* in HK-DS-GVO/BDSG Art. 2 Rn. 29.

Sammlung zentral, dezentral oder nach funktionalen oder geografischen Gesichtspunkten geordnet geführt wird. Nicht dagegen erfasst sind damit manuelle Sammlungen von Daten in Akten, die nicht nach bestimmten Kriterien sortiert bzw. hierfür vorgesehen sind.[32]

Für derartige Verarbeitungen ordnet Absatz 8 die entsprechende Anwendbarkeit der DS-GVO und in der Konsequenz auch des Teils 2 des DSG NRW an. 88
Vorrangig sind speziellere Regelungen in Teil 2 des DSG NRW und in anderen Rechtsvorschriften, die – entsprechend Absatz 6 – dann wiederum Vorrang vor dem DSG NRW genießen.

Speziellere Vorschriften aus Teil 2 finden sich dann in Absatz 8 Satz 2. Hier 89
wird zunächst entsprechend Satz 2 die Verarbeitung von Daten im Sinne des Absatzes 8 Satz 1 durch Stellen nach Absatz 3 und 4, also durch den Landtag und den Landesrechnungshof, die Gerichte und Staatsanwaltschaften, von der Geltung der DS-GVO und des Teils 2 ausgenommen. Die hier formulierte Ausnahme achtet wiederum die weitgehende Autonomie der genannten Stellen und stellt diesen Stellen damit eine eigene Regelung der betreffenden Sachverhalte anheim.

Für die betreffenden Sachverhalte wird dann nach Satz 4 zugleich die Geltung 90
der Vorschriften über den gerichtlichen Rechtsschutz nach § 20 BDSG für anwendbar erklärt. Dieser enthält auf der Ebene des Bundesrechts eine aufdrängende Spezialzuweisung zu den Verwaltungsgerichten ungeachtet des Bereichs der Ordnungswidrigkeiten nach § 20 Abs. 1 S. 2 BDSG; für diese gilt nach § 68 OWiG der Rechtsweg zu den ordentlichen Gerichten.

Absatz 6 Satz 3 ist dabei – anders als § 20 Abs. 1 S. 1 BDSG – nicht als auf- 91
drängende Sonderzuweisung zu den Verwaltungsgerichten anzusehen, da eine solche nicht in der Regelungsmacht der Länder steht. Die Vorschrift hat daher deklaratorischen Charakter, wobei die betreffenden Streitigkeiten den Charakter einer öffentlich-rechtlichen Streitigkeit nach § 40 Abs. 1 S. 1 VwGO aufweisen und damit der Verwaltungsrechtsweg insoweit eröffnet ist.

IX. Absatz 9 – Nichtgeltung der Art. 13 f. DS-GVO für Verarbeitungen nach Absatz 8

Absatz 9 war im Entwurf im ursprünglichen Absatz 6 enthalten. Durch die 92
nunmehr in Absatz 9 ausgegliederte Regelung soll die Überbürokratisierung des Datenschutzes vermieden werden. So geht der Gesetzgeber davon aus, dass es für nichtautomatisierte Datenverarbeitungen in unsortierten Akten keiner entsprechenden Anwendung der Informationspflichten nach Art. 13 f. DS-GVO bedarf.[33] Dem wird im Hinblick auf die erschwerte Erfüllung von Informationsansprüchen gerade bei unsortierten Akten beizupflichten sein.

C. Bedeutung der Vorschrift für die behördliche Praxis

Die Vorschrift hat für die betroffenen Stellen insoweit Bedeutung, als sie jeweils 93
hinterfragen müssen, in welcher Funktion sie tätig werden. So ist insbesondere für die Stellen nach Absatz 3 und 4 zu fragen, ob sie im Kernbestand ihrer Aufgabenstellung, der legislative Funktion des Landtages, der prüfenden Funktion des Rechnungshofes und der nachgeordneten Rechnungsprüfungsämter und der

32 *Pabst* in HK-DS-GVO/BDSG Art. 2 Rn. 30.
33 Vgl. Änderungsantrag der Fraktionen der CDU und der FDP, LT-Drs. 17/2629, 2, Begründung, g).

judikativen Funktion der Gerichte und Staatsanwaltschaften tätig sind oder ob sie ausnahmsweise verwaltende Tätigkeit wahrnehmen. Insbesondere für die Stellen nach Absatz 5 ist von Interesse, ob sie wirtschaftlich tätig werden und welche Normen für diesen Fall einschlägig sind.

Teil 2
Durchführungsbestimmungen zur Verordnung (EU) 2016/679

Kapitel 1 Grundsätze der Verarbeitung personenbezogener Daten

§ 6 Automatisierte Abrufverfahren und regelmäßige Datenübermittlung

(1) [1]Die Einrichtung eines automatisierten Verfahrens, das die Übermittlung gespeicherter personenbezogener Daten an andere öffentliche Stellen ermöglicht, ist zulässig, soweit die Verarbeitung der Daten zur Erfüllung von Zwecken nach Artikel 6 Absatz 1 Buchstabe c oder e der Verordnung (EU) 2016/679 erfolgt und eine Rechtsvorschrift dies zulässt. [2]Die Zulässigkeit des einzelnen Abrufs bestimmt sich nach den Vorschriften der Verordnung (EU) 2016/679 und dieses Gesetzes.

(2) [1]Die obersten Landesbehörden werden ermächtigt, für die Behörden und Einrichtungen ihres Geschäftsbereichs sowie für die der Rechtsaufsicht des Landes unterliegenden sonstigen öffentlichen Stellen die Einrichtung automatisierter Abrufverfahren durch Rechtsverordnung zuzulassen. [2]Ein solches Verfahren darf nur eingerichtet werden, soweit dies unter Berücksichtigung des informationellen Selbstbestimmungsrechts des betroffenen Personenkreises und der Aufgaben der beteiligten Stellen angemessen ist. [3]Die Datenempfänger, die Datenart und der Zweck des Abrufs sind festzulegen. [4]Die oder der Landesbeauftragte für Datenschutz und Informationsfreiheit ist frühzeitig zu unterrichten.

(3) Die Absätze 1 und 2 gelten nicht für Datenbestände, die jedermann ohne oder nach besonderer Zulassung zur Benutzung offen stehen oder deren Veröffentlichung zulässig wäre.

(4) Für die Einrichtung automatisierter Abrufverfahren innerhalb einer öffentlichen Stelle gelten Absatz 2 Satz 2 bis 4 sowie Absatz 3 entsprechend.

(5) Für die Zulassung regelmäßiger Datenübermittlungen sind die Absätze 1 bis 4 entsprechend anzuwenden.

Verwandte Norm DS-GVO:

Art. 6 Rechtmäßigkeit der Verarbeitung

(1) Die Verarbeitung ist nur rechtmäßig, wenn mindestens eine der nachstehenden Bedingungen erfüllt ist:

a) Die betroffene Person hat ihre Einwilligung zu der Verarbeitung der sie betreffenden personenbezogenen Daten für einen oder mehrere bestimmte Zwecke gegeben;
b) die Verarbeitung ist für die Erfüllung eines Vertrags, dessen Vertragspartei die betroffene Person ist, oder zur Durchführung vorvertraglicher Maßnahmen erforderlich, die auf Anfrage der betroffenen Person erfolgen;

c) die Verarbeitung ist zur Erfüllung einer rechtlichen Verpflichtung erforderlich, der der Verantwortliche unterliegt;
d) die Verarbeitung ist erforderlich, um lebenswichtige Interessen der betroffenen Person oder einer anderen natürlichen Person zu schützen;
e) die Verarbeitung ist für die Wahrnehmung einer Aufgabe erforderlich, die im öffentlichen Interesse liegt oder in Ausübung öffentlicher Gewalt erfolgt, die dem Verantwortlichen übertragen wurde;
f) die Verarbeitung ist zur Wahrung der berechtigten Interessen des Verantwortlichen oder eines Dritten erforderlich, sofern nicht die Interessen oder Grundrechte und Grundfreiheiten der betroffenen Person, die den Schutz personenbezogener Daten erfordern, überwiegen, insbesondere dann, wenn es sich bei der betroffenen Person um ein Kind handelt.

Unterabsatz 1 Buchstabe f gilt nicht für die von Behörden in Erfüllung ihrer Aufgaben vorgenommene Verarbeitung.

(2) Die Mitgliedstaaten können spezifischere Bestimmungen zur Anpassung der Anwendung der Vorschriften dieser Verordnung in Bezug auf die Verarbeitung zur Erfüllung von Absatz 1 Buchstaben c und e beibehalten oder einführen, indem sie spezifische Anforderungen für die Verarbeitung sowie sonstige Maßnahmen präziser bestimmen, um eine rechtmäßig und nach Treu und Glauben erfolgende Verarbeitung zu gewährleisten, einschließlich für andere besondere Verarbeitungssituationen gemäß Kapitel IX.

(3) [1]Die Rechtsgrundlage für die Verarbeitungen gemäß Absatz 1 Buchstaben c und e wird festgelegt durch

a) Unionsrecht oder
b) das Recht der Mitgliedstaaten, dem der Verantwortliche unterliegt.

[2]Der Zweck der Verarbeitung muss in dieser Rechtsgrundlage festgelegt oder hinsichtlich der Verarbeitung gemäß Absatz 1 Buchstabe e für die Erfüllung einer Aufgabe erforderlich sein, die im öffentlichen Interesse liegt oder in Ausübung öffentlicher Gewalt erfolgt, die dem Verantwortlichen übertragen wurde. [3]Diese Rechtsgrundlage kann spezifische Bestimmungen zur Anpassung der Anwendung der Vorschriften dieser Verordnung enthalten, unter anderem Bestimmungen darüber, welche allgemeinen Bedingungen für die Regelung der Rechtmäßigkeit der Verarbeitung durch den Verantwortlichen gelten, welche Arten von Daten verarbeitet werden, welche Personen betroffen sind, an welche Einrichtungen und für welche Zwecke die personenbezogenen Daten offengelegt werden dürfen, welcher Zweckbindung sie unterliegen, wie lange sie gespeichert werden dürfen und welche Verarbeitungsvorgänge und -verfahren angewandt werden dürfen, einschließlich Maßnahmen zur Gewährleistung einer rechtmäßig und nach Treu und Glauben erfolgenden Verarbeitung, wie solche für sonstige besondere Verarbeitungssituationen gemäß Kapitel IX. [4]Das Unionsrecht oder das Recht der Mitgliedstaaten müssen ein im öffentlichen Interesse liegendes Ziel verfolgen und in einem angemessenen Verhältnis zu dem verfolgten legitimen Zweck stehen.

(4) Beruht die Verarbeitung zu einem anderen Zweck als zu demjenigen, zu dem die personenbezogenen Daten erhoben wurden, nicht auf der Einwilligung der betroffenen Person oder auf einer Rechtsvorschrift der Union oder der Mitgliedstaaten, die in einer demokratischen Gesellschaft eine notwendige und verhältnismäßige Maßnahme zum Schutz der in Artikel 23 Absatz 1 genannten Ziele darstellt, so berücksichtigt der Verantwortliche – um festzustellen, ob die Verarbeitung zu einem anderen Zweck mit demjenigen, zu dem die personenbezogenen Daten ursprünglich erhoben wurden, vereinbar ist – unter anderem

a) jede Verbindung zwischen den Zwecken, für die die personenbezogenen Daten erhoben wurden, und den Zwecken der beabsichtigten Weiterverarbeitung,

b) den Zusammenhang, in dem die personenbezogenen Daten erhoben wurden, insbesondere hinsichtlich des Verhältnisses zwischen den betroffenen Personen und dem Verantwortlichen,
c) die Art der personenbezogenen Daten, insbesondere ob besondere Kategorien personenbezogener Daten gemäß Artikel 9 verarbeitet werden oder ob personenbezogene Daten über strafrechtliche Verurteilungen und Straftaten gemäß Artikel 10 verarbeitet werden,
d) die möglichen Folgen der beabsichtigten Weiterverarbeitung für die betroffenen Personen,
e) das Vorhandensein geeigneter Garantien, wozu Verschlüsselung oder Pseudonymisierung gehören kann.

Öffnungsklausel in der DS-GVO für nationale Regelung:

Art. 6 Rechtmäßigkeit der Verarbeitung

(...)

(2) Die Mitgliedstaaten können spezifischere Bestimmungen zur Anpassung der Anwendung der Vorschriften dieser Verordnung in Bezug auf die Verarbeitung zur Erfüllung von Absatz 1 Buchstaben c und e beibehalten oder einführen, indem sie spezifische Anforderungen für die Verarbeitung sowie sonstige Maßnahmen präziser bestimmen, um eine rechtmäßig und nach Treu und Glauben erfolgende Verarbeitung zu gewährleisten, einschließlich für andere besondere Verarbeitungssituationen gemäß Kapitel IX.

(3) [1]Die Rechtsgrundlage für die Verarbeitungen gemäß Absatz 1 Buchstaben c und e wird festgelegt durch

a) Unionsrecht oder
b) das Recht der Mitgliedstaaten, dem der Verantwortliche unterliegt.

[2]Der Zweck der Verarbeitung muss in dieser Rechtsgrundlage festgelegt oder hinsichtlich der Verarbeitung gemäß Absatz 1 Buchstabe e für die Erfüllung einer Aufgabe erforderlich sein, die im öffentlichen Interesse liegt oder in Ausübung öffentlicher Gewalt erfolgt, die dem Verantwortlichen übertragen wurde. [3]Diese Rechtsgrundlage kann spezifische Bestimmungen zur Anpassung der Anwendung der Vorschriften dieser Verordnung enthalten, unter anderem Bestimmungen darüber, welche allgemeinen Bedingungen für die Regelung der Rechtmäßigkeit der Verarbeitung durch den Verantwortlichen gelten, welche Arten von Daten verarbeitet werden, welche Personen betroffen sind, an welche Einrichtungen und für welche Zwecke die personenbezogenen Daten offengelegt werden dürfen, welcher Zweckbindung sie unterliegen, wie lange sie gespeichert werden dürfen und welche Verarbeitungsvorgänge und -verfahren angewandt werden dürfen, einschließlich Maßnahmen zur Gewährleistung einer rechtmäßig und nach Treu und Glauben erfolgenden Verarbeitung, wie solche für sonstige besondere Verarbeitungssituationen gemäß Kapitel IX. [4]Das Unionsrecht oder das Recht der Mitgliedstaaten müssen ein im öffentlichen Interesse liegendes Ziel verfolgen und in einem angemessenen Verhältnis zu dem verfolgten legitimen Zweck stehen.

(...)

Kurzübersicht zum Verhältnis der entscheidenden Normen			
Norm des DSG NRW	Entsprechende Norm der DS-GVO	Entsprechende Norm des BDSG	Öffnungsklausel der DS-GVO
§ 6 DSG NRW	Art. 6 DS-GVO		Art. 6 Abs. 2 und 3 DS-GVO

A. Grundlagen

Die Norm regelt die Zulässigkeit automatisierter Abrufverfahren und regelmäßiger Datenübermittlungen im Befugnisrahmen öffentlicher Stellen. 1

I. Gesamtverständnis, Zweck der Norm und Verhältnis zu anderen Normen

§ 6 DSG NRW spezifiziert die Zulässigkeit automatisierter Abrufverfahren und 2 regelmäßiger Datenübermittlungen. Der Schutz personenbezogener Daten soll bei automatisierten Verfahren, welche die Übermittlung personenbezogener Daten durch Abruf (Online-Abrufe) oder die regelmäßige Datenübermittlung zulassen, bereits auf den Zeitpunkt der Einrichtung bzw. Absprache solcher Verfahren vorverlegt werden. Da beide Verfahrensarten ein erhöhtes Risiko potenzieller Gefährdungen des Persönlichkeitsrechts in sich bergen, beabsichtigte der Gesetzgeber so ein angemessenes Schutzniveau für den Kreis der von solchen Verfahren betroffenen Personen zu erreichen.[1]

Die notwendige Öffnungsklausel für den Landesgesetzgeber ist Art. 6 Abs. 2 3 und 3 DS-GVO. Insbesondere Art. 6 Abs. 2 DS-GVO erlaubt es den Mitgliedstaaten, bereits bestehende spezifischere Vorschriften aufrechtzuerhalten oder solche Vorschriften zu erlassen, um die Bedingungen, wann eine Verarbeitung nach Recht und Gesetz stattfindet, innerhalb des durch die Öffnungsklausel zugewiesenen Spielraums zu präzisieren.[2] Die Norm eröffnet einen weiteren Spielraum hinsichtlich der Ausgestaltung der zu konkretisierenden Vorschriften. § 6 DSG NRW bewegt sich in diesem Ermächtigungsrahmen, in dem die Norm spezifischere Bestimmungen in Bezug auf Verarbeitungen zur Erfüllung von Zwecken nach Art. 6 Abs. 1 lit. c oder e DS-GVO enthält. Dadurch soll insgesamt das datenschutzrechtliche Schutzniveau bei der Verarbeitung personenbezogener Daten zur Aufgabenerfüllung angemessen ausgestaltet werden.[3]

II. Bisherige Rechtslage

Mit § 9 DSG NRW aF existierte bereits im alten Datenschutzrecht eine entspre- 4 chende Norm. § 6 DSG NRW ist der bisherigen Rechtslage nachgebildet. Grundlegende Veränderungen hat es durch die DS-GVO und die Anpassung des nationalen Rechts nicht gegeben.

---

1 Vgl. LT-Drs. 17/1981, 136.
2 Vgl. *Kühling/Martini et al.* DS-GVO und nationales Recht S. 33 ff.
3 Vgl. LT-Drs. 17/1981, 136.

B. Kommentierung

I. Verbot mit Erlaubnisvorbehalt (§ 6 Abs. 1 S. 1 und S. 2 DSG NRW)

5 § 6 Abs. 1 S. 1 DSG NRW unterwirft die Errichtung eines automatisierten Abrufverfahrens, das die Übermittlung gespeicherter personenbezogener Daten an andere öffentliche Stellen ermöglicht, einem Verbot mit Erlaubnisvorbehalt. Nicht unter die Regelung des § 6 Abs. 1 S. 1 DSG NRW fallen demnach automatisierte Abrufverfahren, mit denen keine personenbezogenen Daten abgerufen werden, und solche, die Abrufverfahren innerhalb einer öffentlichen Stelle betreffen. Die Errichtung eines automatisierten Abrufverfahrens ist nur zulässig, soweit die Verarbeitung der Daten zur Erfüllung von Zwecken nach Art. 6 Abs. 1 lit. c oder e DS-GVO erfolgt und eine Rechtsvorschrift dies zulässt. Somit wird die Einrichtung nicht der Entscheidung der beteiligten Stelle überlassen. Sie muss vielmehr durch Rechtsvorschrift getroffen werden.

6 Zunächst kommen Zwecke nach Art. 6 Abs. 1 lit. c DS-GVO in Betracht. Danach ist die Verarbeitung personenbezogener Daten rechtmäßig, wenn die Verarbeitung zur Erfüllung einer rechtlichen Verpflichtung erforderlich ist, der der Verantwortliche unterliegt. Eine rechtliche Verpflichtung nach Art. 6 lit. c DS-GVO muss eine Verpflichtung kraft objektiven Rechts sein. Diese objektiv rechtliche Verpflichtung kann sowohl auf Unionsrecht als auch auf mitgliedstaatlichem Recht beruhen.[4]

7 Neben der Erfüllung einer objektiv rechtlichen Verpflichtung kommt als Zweck der Verarbeitung Art. 6 Abs. 1 lit. e DS-GVO in Betracht.[5] Danach ist eine Verarbeitung rechtmäßig, wenn die Verarbeitung für die Wahrnehmung einer Aufgabe erforderlich ist, die im öffentlichen Interesse liegt oder in Ausübung öffentlicher Gewalt erfolgt, die dem Verantwortlichen übertragen wurde. Mit Art. 6 Abs. 1 lit. e DS-GVO sind zwei rechtfertigende Tatbestände gegeben, die zu trennen sind. In beiden Fällen folgt die DS-GVO einem funktionalen Ansatz, indem sie nicht an die Stelle, die Daten verarbeitet, anknüpft, sondern an eine zu erfüllende Aufgabe.[6]

8 Zusätzlich zur Zweckorientierung an Art. 6 Abs. 1 lit. c oder e DS-GVO fordert § 6 DSG NRW eine Rechtsvorschrift, die die Errichtung eines automatisierten Abrufverfahrens zulässt. Welche Maßstäbe diese Rechtsvorschrift zu erfüllen hat, sagt § 6 Abs. 1 S. 1 DSG NRW nicht. § 6 Abs. 2 DSG NRW macht in diesem Zusammenhang aber deutlich, dass eine Rechtsverordnung ausreicht und somit ein formelles Gesetz nicht erforderlich ist.

9 § 6 Abs. 1 S. 1 DSG NRW regelt die Zulässigkeit der Errichtung eines automatisierten Abrufverfahrens. Die Zulässigkeit des einzelnen Abrufs bestimmt sich nach den Vorschriften der DS-GVO und des DSG NRW. Dies macht § 6 Abs. 1 S. 1 DSG NRW deutlich. Damit stellt § 6 Abs. 1 S. 2 DSG NRW deklaratorisch klar, dass der automatisierte Abruf als Verarbeitung personenbezogener Daten nur dann zulässig ist, wenn der Verantwortliche diese über einen Zulässigkeitstatbestand legitimieren kann. Damit orientiert sich die Zulässigkeit des einzelnen Abrufs an Art. 6 DS-GVO. Danach ist die Verarbeitung rechtmäßig, wenn

---

4 Vgl. dazu *Gola* in Gola DS-GVO Art. 6 Rn. 42; HK-DS-GVO/BDSG/*Pabst* Art. 6 Rn. 59 ff.; *Roßnagel* in Simitis/Hornung/Spiecker gen. DöhmannDS-GVO Art. 6 Rn. 52.

5 Dazu insgesamt *Gola* in Gola DS-GVO Art. 6 Rn. 197; HK-DS-GVO/BDSG/*Pabst* Art. 6 Rn. 75 ff.; *Roßnagel* in Simitis/Hornung/Spiecker gen. Döhmann DS-GVO Art. 6 Rn. 64 ff.

6 Schantz/Wolff/*Wolff* Das neue DSR Rn. 612.

personenbezogene Daten mit Einwilligung der betroffenen Person (Abs. 1 lit. a)[7] oder auf einer sonstigen Rechtsgrundlage (Abs. 1 lit. b-e) verarbeitet werden. Auf die Interessenabwägung nach Art. 6 Abs. 1 lit. f DS-GVO können sich Behörden für Datenverarbeitungen im Rahmen der Erfüllung ihrer Aufgaben nicht stützen (vgl. Art. 6 Abs. 1 S. 2 DS-GVO).[8] Bedenken, die Arbeit von Behörden würde durch die Regelung stark eingeschränkt, da eine automatisierte Datenübertragung nicht durch eine Einwilligung der betroffenen Person legitimiert werden könne, gehen fehl.[9] § 6 Abs. 1 S. 2 DSG NRW räumt durch seinen Verweis auf die DS-GVO diese Möglichkeit explizit ein.

II. Ermächtigung zu Rechtsverordnungen (§ 6 Abs. 2 DSG NRW)

§ 6 Abs. 2 S. 1 DSG NRW ermächtigt die obersten Landesbehörden, also insbesondere die Ministerien, entsprechend dem Ressortprinzip für die öffentlichen Stellen ihres Geschäftsbereiches die Einrichtung von automatisierten Abrufverfahren zuzulassen. Neben der Zulassung durch Rechtsverordnungen der zuständigen obersten Landesbehörde ist nach dem Wortlaut der Norm für eine Zulassung durch Satzungen der Gemeinden, Gemeindeverbänden und sonstigen Körperschaften des öffentlichen Rechts kein Raum. 10

§ 6 Abs. 2 S. 2 DSG NRW bestimmt, dass ein automatisiertes Abrufverfahren nur dann eingerichtet werden darf, soweit dies unter Berücksichtigung des informationellen Selbstbestimmungsrechts des betroffenen Personenkreises und der Aufgabe der beteiligten Stellen angemessen ist. Danach hat eine Abwägung zwischen dem Selbstbestimmungsrecht und der Aufgabenerfüllung der jeweiligen Stelle zu erfolgen. Das mit der Einrichtung automatisierter Verfahren einhergehende potenzielle Gefährdungsmoment des betroffenen Personenkreises muss in angemessener Relation zu der beabsichtigten technischen Aufgabenerledigung der öffentlichen Stelle stehen.[10] Die Abwägung hat der Rechtsverordnungsgeber selbst vorzunehmen und kann sie nicht den beteiligten Stellen überlassen. 11

Der Inhalt der Rechtsverordnung wird durch § 6 Abs. 2 S. 3 DSG NRW bestimmt. Danach sind die Datenempfänger, die Datenart und der Zweck des Abrufs in der Rechtsverordnung festzulegen. Es dürfte unschädlich sein, wenn die Rechtsverordnung weiteren Inhalt bereit hält und dadurch das Datenschutzniveau insgesamt erhöht wird. 12

§ 6 Abs. 2 S. 4 verpflichtet die obersten Landesbehörden frühzeitig die oder den Landesbeauftragte(n) für Datenschutz und Informationsfreiheit über die Errichtung automatisierter Abrufverfahren zu unterrichten. Dabei legt die Norm nicht fest, was unter der Zeitangabe „frühzeitig“ zu verstehen ist. Man wird davon ausgehen können, dass eine Unterrichtung erst dann sinnvoll ist, wenn die Überlegungen und Planung eines solchen Systems so weit vorangeschritten sind, dass die oder der Landesbeauftragte für Datenschutz und Informationsfreiheit in die Lage versetzt wird, das System auf seine Rechtmäßigkeit hin zu 13

7 Zur Einwilligung HK-DS-GVO/BDSG/*Schwartmann/Klein* Art. 6 Rn. 10 ff.; *Schantz* in Simitis/Hornung/Spiecker gen. Döhmann DS-GVO Art. 6 Rn. 1 ff.; *Schulz* in Gola DS-GVO Art. 6 Rn. 21 ff.

8 Vgl. HK-DS-GVO/BDSG/*Schwartmann/Klein* Art. 6 Rn. 113; *Schantz* in Simitis/Hornung/Spiecker gen. Döhmann DS-GVO Art. 6 Rn. 96; *Schulz* in Gola DS-GVO Art. 6 Rn. 56.

9 Vgl. Stellungnahme der Arbeitsgemeinschaft der kommunalen Spitzenverbände NRW v. 12.4.2018, S. 4.

10 Vgl. LT-Drs. 17/1981, 136.

prüfen. Wann das der Fall ist, wird eine Frage des jeweiligen Einzelfalls sein. Zumindest hat die Unterrichtung so rechtzeitig zu erfolgen, dass die oder der Landesbeauftragte in die Lage versetzt wird, gegen die beabsichtigte Regelung Bedenken geltend zu machen.

III. Allgemein zugängliche Daten (§ 6 Abs. 3 DSG NRW)

14 Nach § 6 Abs. 3 DSG NRW sind automatisierte Abrufverfahren für Datenbestände, die jedermann ohne oder nach besonderer Zulassung zur Benutzung offen stehen oder deren Veröffentlichung zulässig wäre, unbeschränkt zulässig. § 6 Abs. 1 und 2 DSG NRW finden in solchen Fällen keine Anwendung. Ihre Grenze dürfte die Ausnahme bei Daten finden, die nur bei Vorliegen eines berechtigten Interesses oder unter anderen einschränkenden Voraussetzungen verarbeitet abgerufen werden dürfen, da diese Daten eben nicht jedermann zur Benutzung offenstehen.

IV. Interne Abrufverfahren (§ 6 Abs. 4 DSG NRW)

15 Die Einrichtung automatisierter Abrufverfahren innerhalb einer öffentlichen Stelle wird durch § 6 Abs. 4 DSG NRW geregelt. Für interne Abrufverfahren gelten lediglich Abs. 2 S. 2–4 sowie Abs. 3. Die Regelung ist zu begrüßen, da auch der interne Abruf Gefahren für das Datenschutzrecht der betroffenen Personen birgt. Ein internes Abrufverfahren bedarf danach zwar keiner Zulassung durch Rechtsverordnung. Es darf jedoch nur eingerichtet werden, soweit dies unter Berücksichtigung des informationellen Selbstbestimmungsrechts des betroffenen Personenkreises und der Aufgaben der beteiligten öffentlichen Stellen angemessen ist.

V. Regelmäßige Übermittlungen (§ 6 Abs. 5 DSG NRW)

16 Gem. § 6 Abs. 5 DSG NRW sind die für das automatisierte Abrufverfahren geltenden Regelungen des § 6 Abs. 1–4 DSG NRW auf die Zulassung regelmäßiger Datenübermittlungen entsprechend anzuwenden. Auch regelmäßige Datenübermittlungen bergen ein erhöhtes Risikopotential für das Datenschutzrecht der betroffenen Personen. Insofern ist es sinnvoll auch diese Datenverarbeitungen unter die Anforderungen des § 6 Abs. 1–4 DSG NRW zu fassen. Was unter einer regelmäßigen Übermittlung zu verstehen ist, sagt die Norm nicht. Von einer regelmäßigen Übermittlung wird wohl nur dann auszugehen sein, wenn personenbezogene Daten wiederholt und in kürzeren Zeitabständen übermittelt werden, so dass sich eine Regelmäßigkeit dieser Verarbeitung objektiv erkennen lässt.

§ 7 Erhebung personenbezogener Daten bei dritten Personen und nicht-öffentlichen Stellen

[1]Werden personenbezogene Daten bei einer dritten Person oder einer nicht-öffentlichen Stelle erhoben, so hat die oder der Erhebende diese auf Verlangen über den Erhebungszweck zu informieren, soweit dadurch schutzwürdige Belange der betroffenen Person nicht beeinträchtigt werden. [2]Werden die Daten aufgrund einer Rechtsvorschrift erhoben, die sie zur Auskunft verpflichtet, ist die dritte Person beziehungsweise die nicht-öffentliche Stelle auf diese Vorschrift, anderenfalls auf die Freiwilligkeit ihrer Angaben, hinzuweisen.

Verwandte Norm DS-GVO:

Art. 14 Informationspflicht, wenn die personenbezogenen Daten nicht bei der betroffenen Person erhoben wurden

(1) Werden personenbezogene Daten nicht bei der betroffenen Person erhoben, so teilt der Verantwortliche der betroffenen Person Folgendes mit:

a) den Namen und die Kontaktdaten des Verantwortlichen sowie gegebenenfalls seines Vertreters;
b) zusätzlich die Kontaktdaten des Datenschutzbeauftragten;
c) die Zwecke, für die die personenbezogenen Daten verarbeitet werden sollen, sowie die Rechtsgrundlage für die Verarbeitung;
d) die Kategorien personenbezogener Daten, die verarbeitet werden;
e) gegebenenfalls die Empfänger oder Kategorien von Empfängern der personenbezogenen Daten;
f) gegebenenfalls die Absicht des Verantwortlichen, die personenbezogenen Daten an einen Empfänger in einem Drittland oder einer internationalen Organisation zu übermitteln, sowie das Vorhandensein oder das Fehlen eines Angemessenheitsbeschlusses der Kommission oder im Falle von Übermittlungen gemäß Artikel 46 oder Artikel 47 oder Artikel 49 Absatz 1 Unterabsatz 2 einen Verweis auf die geeigneten oder angemessenen Garantien und die Möglichkeit, eine Kopie von ihnen zu erhalten, oder wo sie verfügbar sind.

(2) Zusätzlich zu den Informationen gemäß Absatz 1 stellt der Verantwortliche der betroffenen Person die folgenden Informationen zur Verfügung, die erforderlich sind, um der betroffenen Person gegenüber eine faire und transparente Verarbeitung zu gewährleisten:

a) die Dauer, für die die personenbezogenen Daten gespeichert werden oder, falls dies nicht möglich ist, die Kriterien für die Festlegung dieser Dauer;
b) wenn die Verarbeitung auf Artikel 6 Absatz 1 Buchstabe f beruht, die berechtigten Interessen, die von dem Verantwortlichen oder einem Dritten verfolgt werden;
c) das Bestehen eines Rechts auf Auskunft seitens des Verantwortlichen über die betreffenden personenbezogenen Daten sowie auf Berichtigung oder Löschung oder auf Einschränkung der Verarbeitung und eines Widerspruchsrechts gegen die Verarbeitung sowie des Rechts auf Datenübertragbarkeit;
d) wenn die Verarbeitung auf Artikel 6 Absatz 1 Buchstabe a oder Artikel 9 Absatz 2 Buchstabe a beruht, das Bestehen eines Rechts, die Einwilligung jederzeit zu widerrufen, ohne dass die Rechtmäßigkeit der aufgrund der Einwilligung bis zum Widerruf erfolgten Verarbeitung berührt wird;
e) das Bestehen eines Beschwerderechts bei einer Aufsichtsbehörde;
f) aus welcher Quelle die personenbezogenen Daten stammen und gegebenenfalls ob sie aus öffentlich zugänglichen Quellen stammen;
g) das Bestehen einer automatisierten Entscheidungsfindung einschließlich Profiling gemäß Artikel 22 Absätze 1 und 4 und – zumindest in diesen Fällen – aussagekräftige Informationen über die involvierte Logik sowie die Tragweite und die angestrebten Auswirkungen einer derartigen Verarbeitung für die betroffene Person.

(3) Der Verantwortliche erteilt die Informationen gemäß den Absätzen 1 und 2

a) unter Berücksichtigung der spezifischen Umstände der Verarbeitung der personenbezogenen Daten innerhalb einer angemessenen Frist nach Erlangung der personenbezogenen Daten, längstens jedoch innerhalb eines Monats,
b) falls die personenbezogenen Daten zur Kommunikation mit der betroffenen Person verwendet werden sollen, spätestens zum Zeitpunkt der ersten Mitteilung an sie, oder,
c) falls die Offenlegung an einen anderen Empfänger beabsichtigt ist, spätestens zum Zeitpunkt der ersten Offenlegung.

(4) Beabsichtigt der Verantwortliche, die personenbezogenen Daten für einen anderen Zweck weiterzuverarbeiten als den, für den die personenbezogenen Daten erlangt wurden, so stellt er der betroffenen Person vor dieser Weiterverarbeitung Informationen über diesen anderen Zweck und alle anderen maßgeblichen Informationen gemäß Absatz 2 zur Verfügung.

(5) Die Absätze 1 bis 4 finden keine Anwendung, wenn und soweit

a) die betroffene Person bereits über die Informationen verfügt,
b) die Erteilung dieser Informationen sich als unmöglich erweist oder einen unverhältnismäßigen Aufwand erfordern würde; dies gilt insbesondere für die Verarbeitung für im öffentlichen Interesse liegende Archivzwecke, für wissenschaftliche oder historische Forschungszwecke oder für statistische Zwecke vorbehaltlich der in Artikel 89 Absatz 1 genannten Bedingungen und Garantien oder soweit die in Absatz 1 des vorliegenden Artikels genannte Pflicht voraussichtlich die Verwirklichung der Ziele dieser Verarbeitung unmöglich macht oder ernsthaft beeinträchtigt. In diesen Fällen ergreift der Verantwortliche geeignete Maßnahmen zum Schutz der Rechte und Freiheiten sowie der berechtigten Interessen der betroffenen Person, einschließlich der Bereitstellung dieser Informationen für die Öffentlichkeit,
c) die Erlangung oder Offenlegung durch Rechtsvorschriften der Union oder der Mitgliedstaaten, denen der Verantwortliche unterliegt und die geeignete Maßnahmen zum Schutz der berechtigten Interessen der betroffenen Person vorsehen, ausdrücklich geregelt ist oder
d) die personenbezogenen Daten gemäß dem Unionsrecht oder dem Recht der Mitgliedstaaten dem Berufsgeheimnis, einschließlich einer satzungsmäßigen Geheimhaltungspflicht, unterliegen und daher vertraulich behandelt werden müssen.

Öffnungsklausel in der DS-GVO für nationale Regelung:

Art. 6 Rechtmäßigkeit der Verarbeitung

(...)

(2) Die Mitgliedstaaten können spezifischere Bestimmungen zur Anpassung der Anwendung der Vorschriften dieser Verordnung in Bezug auf die Verarbeitung zur Erfüllung von Absatz 1 Buchstaben c und e beibehalten oder einführen, indem sie spezifische Anforderungen für die Verarbeitung sowie sonstige Maßnahmen präziser bestimmen, um eine rechtmäßig und nach Treu und Glauben erfolgende Verarbeitung zu gewährleisten, einschließlich für andere besondere Verarbeitungssituationen gemäß Kapitel IX.

(3) [1]Die Rechtsgrundlage für die Verarbeitungen gemäß Absatz 1 Buchstaben c und e wird festgelegt durch

a) Unionsrecht oder
b) das Recht der Mitgliedstaaten, dem der Verantwortliche unterliegt.

[2]Der Zweck der Verarbeitung muss in dieser Rechtsgrundlage festgelegt oder hinsichtlich der Verarbeitung gemäß Absatz 1 Buchstabe e für die Erfüllung einer Aufgabe erforderlich sein, die im öffentlichen Interesse liegt oder in Ausübung öffentlicher Gewalt erfolgt, die dem Verantwortlichen übertragen wurde. [3]Diese Rechtsgrundlage kann spezifische Bestimmungen zur Anpassung der Anwendung der Vorschriften dieser Verordnung enthalten, unter anderem Bestimmungen darüber, welche allgemeinen Bedingungen für die Regelung der Rechtmäßigkeit der Verarbeitung durch den Verantwortlichen gelten, welche Arten von Daten verarbeitet werden, welche Personen betroffen sind, an welche Einrichtungen und für welche Zwecke die personenbezogenen Daten offengelegt werden dürfen, welcher Zweckbindung sie unterliegen, wie lange sie gespeichert werden dürfen und welche Verarbeitungsvorgänge und -verfahren angewandt werden dürfen, einschließlich Maßnahmen zur Gewähr-

leistung einer rechtmäßig und nach Treu und Glauben erfolgenden Verarbeitung, wie solche für sonstige besondere Verarbeitungssituationen gemäß Kapitel IX. [4]Das Unionsrecht oder das Recht der Mitgliedstaaten müssen ein im öffentlichen Interesse liegendes Ziel verfolgen und in einem angemessenen Verhältnis zu dem verfolgten legitimen Zweck stehen.

(...)

Kurzübersicht zum Verhältnis der entscheidenden Normen			
Norm des DSG NRW	Entsprechende Norm der DS-GVO	Entsprechende Norm des BDSG	Öffnungsklausel der DS-GVO
§ 7 DSG NRW	knüpft an Art. 13, 14 DS-GVO an		Art. 6 Abs. 2, 3 DS-GVO

A. Grundlagen

I. Gesamtverständnis, Zweck der Norm und Verhältnis zu anderen Normen

Die DS-GVO sieht bei der Verarbeitung personenbezogener Daten umfassende Informationspflichten vor. Geregelt sind diese Informationspflichten in den Art. 13 und 14 DS-GVO. Mit dieser rechtlichen Verpflichtung zur Information wird dem Grundsatz der Transparenz gem. Art. 5 Abs. 1 lit. a DS-GVO Rechnung getragen.[1] Im Zusammenspiel mit den Betroffenenrechten der Art. 15 ff. DS-GVO sollen diese Informationspflichten die Datenverarbeitung aus der Perspektive der betroffenen Person nachvollziehbar machen und tragen zur Gewährleistung des Schutzziels der Transparenz bei. Art. 13 DS-GVO regelt in diesem Zusammenhang die Informationspflichten in den Fällen, in denen personenbezogene Daten bei der betroffenen Person erhoben werden (Direkterhebung). Art. 14 DS-GVO regelt die Informationspflicht, wenn die personenbezogenen Daten nicht bei der betroffenen Person erhoben werden (Dritterhebung). Für die Unterscheidung kommt es ausweislich ErwG 61 darauf an, ob die Daten von der betroffenen Person oder aus einer anderen Quelle erlangt werden. 1

§ 7 DSG NRW knüpft an die Verarbeitungssituation an, die Art. 14 DS-GVO vor Augen hat. Die DS-GVO enthält keine Regelung zur Information von dritten Personen und nicht-öffentlichen Stellen über die Verwendung der bei diesen über eine betroffene Person erhobenen Daten. § 7 DSG NRW statuiert eine Informationspflicht des Erhebenden gegenüber der dritten Person oder einer 2

1 Zum Grundsatz der Transparenz HK-DS-GVO/BDSG/*Jaspers/Schwartmann/Hermann* Art. 5 Rn. 31 ff.; *Pötters* in Gola DS-GVO Art. 5 Rn. 10 f.; *Roßnagel* in Simitis/Hornung/Spiecker gen. Döhmann DS-GVO Art. 5 Rn. 49 ff.

nicht-öffentlichen Stelle über den Erhebungszweck der Daten und weitet damit den Umfang der Informationspflichten im Vergleich zu den Informationspflichten der Art. 13 und 14 DS-GVO sachlich aus. Sofern der Erhebende nicht über die Zwecke und Mittel der Datenverarbeitung entscheidet, also nach den Vorgaben der DS-GVO nicht Verantwortlicher gem. Art. 4 Nr. 7 DS-GVO[2] ist, weitet § 7 DSG NRW den Kreis der Informationspflichtigen gegenüber der DS-GVO auch personell aus. Mit dieser Regelung soll auch gegenüber einer dritten Person oder nicht-öffentlichen Stelle, bei der Daten erhoben werden, ein größtmögliches Maß an Transparenz hergestellt werden.[3] Ausweislich der Gesetzbegründung verfolgte der Gesetzgeber das Ziel, eine Maßnahme zur Gewährleistung einer rechtmäßig und nach Treu und Glauben erfolgenden Verarbeitung zu regeln.[4]

3 Insofern stützt sich der Gesetzgeber bezüglich seiner Regelungsbefugnis auf Art. 6 Abs. 2 und 3 DS-GVO. Insbesondere Art. 6 Abs. 2 DS-GVO erlaubt es den Mitgliedstaaten, bereits bestehende spezifischere Vorschriften aufrechtzuerhalten oder solche Vorschriften zu erlassen, um die Bedingungen, wann eine Verarbeitung nach Recht und Gesetz stattfindet, innerhalb des durch die Öffnungsklausel zugewiesenen Spielraums zu präzisieren.[5] Die Norm eröffnet einen weiteren Spielraum hinsichtlich der Ausgestaltung der zu konkretisierenden Vorschriften. Der Gesetzgeber hat mit § 7 DSG NRW dahin gehend von diesem Spielraum Gebrauch gemacht, indem er den Grundsatz der Transparenz nach Art. 5 Abs. 1 lit. a DS-GVO interessengerecht näher konkretisiert hat.

II. Bisherige Rechtslage

4 Mit § 12 Abs. 3 DSG NRW aF existierte bereits im alten Datenschutzrecht eine vergleichbare Norm. Auch hier sah § 12 Abs. 3 DSG NRW aF Aufklärungs- und Hinweispflichten vor, soweit personenbezogene Daten bei einer dritten Person oder einer nicht-öffentlichen Stelle erhoben wurden.

B. Kommentierung

I. Erhebung personenbezogener Daten bei einer dritten Person oder nicht öffentlichen Stelle (§ 7 S. 1 DSG NRW)

1. Erhebung personenbezogener Daten

5 Die Informationspflicht des § 7 DSG NRW wird nur dann ausgelöst, wenn es sich um die Erhebung personenbezogener Daten handelt. Die Begriffsbestimmung personenbezogener Daten findet sich dabei nicht im LDSG NRW, sondern in Art. 4 Nr. 1 DS-GVO. Nach Art. 4 Nr. 1 DS-GVO sind personenbezogene Daten alle Informationen, die sich auf eine identifizierte oder identifizierbare natürliche Person beziehen.[6]

2 Vgl. dazu *Gola* in Gola DS-GVO Art. 4 Rn. 48 ff.; HK-DS-GVO/BDSG/*Schwartmann/Mühlenbeck* Art. 4 Nr. 7 Rn. 98 ff.; *Petri* in Simitis/Hornung/Spiecker gen. Döhmann DS-GVO Art. 4 Nr. 7 Rn. 1 ff.

3 LT-Drs. 17/1981, 136.

4 LT-Drs. 17/1981, 136.

5 Vgl. *Kühling/Martini et al.* DS-GVO und nationales Recht S. 33 ff.

6 Umfassend dazu *Gola* in Gola DS-GVO Art. 4 Rn. 4 ff.; HK-DS-GVO/BDSG/*Schwartmann/Mühlenbeck* Art. 4 Nr. 1 Rn. 6 ff.; *Karg* in Simitis/Hornung/Spiecker gen. Döhmann DS-GVO Art. 4 Nr. 1 Rn. 24 ff.

2. Dritte Person oder nicht-öffentliche Stelle

6 Die Informationspflicht gilt nur gegenüber dritten Personen und nicht-öffentlichen Stellen. Wer unter dem Begriff „dritte Person" zu fassen ist, erklärt weder die Norm selbst, noch das DSG NRW im Übrigen. Die DS-GVO enthält mit Art. 4 Nr. 10 eine Begriffsbestimmung des Dritten. Danach ist Dritter eine natürliche oder juristische Person, Behörde, Einrichtung oder andere Stelle, außer der betroffenen Person, dem Verantwortlichen, dem Auftragsverarbeiter und den Personen, die unter der unmittelbaren Verantwortung des Verantwortlichen oder des Auftragsverarbeiters befugt sind, die personenbezogenen Daten zu verarbeiten.[7] Art. 4 Nr. 10 DS-GVO grenzt den Dritten damit negativ ab. Danach ist der Dritte kein Betroffener, kein Verantwortlicher, kein Auftragsverarbeiter und keine Person, die unter der unmittelbaren Verantwortung des Verantwortlichen oder einer Auftragsverarbeiters befugt ist, personenbezogene Daten zu verarbeiten.

7 Auch der Begriff der nicht-öffentlichen Stelle wird im DSG NRW nicht definiert. Er ergibt sich jedoch zum einen aus einer Abgrenzung zur öffentlichen Stelle, die in § 5 Abs. 1 S. 1 DSG NRW legal definiert wird (vgl. dazu → § 5 Rn. 7). Gem. § 5 Abs. 2 DSG NRW sind öffentliche Stellen auch natürliche oder juristische Personen des privaten Rechts, soweit sie Befugnisse der Verwaltung übertragen bekommen haben und hoheitliche Aufgaben der öffentlichen Verwaltung wahrnehmen (vgl. dazu → § 5 Rn. 21). Fehlt es an der Übertragung von Befugnissen und der Wahrnehmung einer hoheitlichen Aufgabe, handelt es sich um eine nicht-öffentliche Stelle. Nur im Falle einer Wahrnehmung hoheitlicher Aufgaben, also einer Beleihung, gilt eine nicht-öffentliche Stelle als öffentliche Stelle iSd DSG NRW.

3. Auf Verlangen

8 Die dritte Person oder die nicht-öffentliche Stelle ist auf Verlangen über den Erhebungszweck zu informieren. Anders als bei den Informationspflichten nach Art. 13 und 14 DS-GVO handelt es sich bei der Informationspflicht nach § 7 DSG NRW damit nicht um eine pro-aktive Informationspflicht. Vielmehr ist nur dann eine Information über den Erhebungszweck zu erteilen, sofern die dritte Person oder die nicht-öffentliche Stelle Auskunft über den Erhebungszweck verlangt.

4. Inhaltliche Reichweite

9 Nach dem Wortlaut des § 7 DSG NRW erschöpft sich die inhaltliche Reichweite der Informationspflicht in der Mitteilung des Erhebungszwecks. Die Informationspflicht bleibt damit inhaltlich weit hinter den umfangreichen Informationspflichten der Art. 13 und 14 DS-GVO zurück. Dies wird vor allem dadurch deutlich, dass § 7 DSG NRW von „Erhebung" und eben nicht vom weiter gefassten Begriff der „Verarbeitung" spricht.[8] Es ist jedoch auch nicht ersichtlich, warum die dritte Person oder die nicht-öffentliche Stelle weitere Informationen

---

7 Vertiefend *Gola* in Gola DS-GVO Art. 4 Rn. 81 ff.; HK-DS-GVO/BDSG/*Schwartmann/Hermann* Art. 4 Nr. 10 Rn. 152 ff.; *Petri* in Simitis/Hornung/Spiecker gen. Döhmann DS-GVO Art. 4 Nr. 10 Rn. 1 ff.

8 Zum Begriff der Verarbeitung *Gola* in Gola DS-GVO Art. 4 Rn. 30 ff.; HK-DS-GVO/BDSG/*Schwartmann/Hermann* Art. 4 Nr. 2 Rn. 34 ff.; *Roßnagel* in Simitis/Hornung/Spiecker gen. Döhmann DS-GVO Art. 4 Nr. 2 Rn. 1 ff.

als den Erhebungszweck benötigen sollte.[9] So wird sichergestellt, dass möglichst Informationen von geringem Umfang an die Dritte Person oder nicht-öffentliche Stelle preisgegeben werden, was im Ergebnis dem Schutz der von der Verarbeitung betroffenen Person dient.

5. Interessenabwägung

10 Die Information über den Erhebungszweck iSd § 7 DSG NRW hat nur zu erfolgen, soweit dadurch schutzwürdige Belange der betroffenen Person nicht beeinträchtig werden. Das Interesse der betroffenen Person, dass keine für sie nachteiligen Datenübermittlungen stattfinden, wird durch diese Interessenabwägung gefördert. Der Erhebende hat diese Interessenabwägung in jedem Fall durchzuführen. Dabei stellt sich die Frage, wann eine Beeinträchtigung der schutzwürdigen Belange der betroffenen Person vorliegt. Anders als beispielsweise in einer Interessenabwägung, wie sie Art. 6 Abs. 1 lit. f DS-GVO vorsieht, geht es hier nicht darum, einen interessengerechten Ausgleich zwischen sich gegenüberstehenden schutzwürdigen Belangen zu finden. Vielmehr wird die betroffene Person bereits dem Wortlaut nach als besonders schutzwürdig erachtet, indem bereits eine Beeinträchtigung schutzwürdiger Belange die Information über den Erhebungszweck beschränkt. Dies ist insbesondere dann der Fall, wenn durch die Informationserteilung gegenüber der dritten Person oder der nicht-öffentlichen Stelle über den Erhebungszweck in die Grundfreiheiten und Grundrechte der betroffenen Person eingegriffen wird.

II. Hinweispflicht (§ 7 S. 2 DSG NRW)

11 § 7 Abs. 2 DSG NRW statuiert eine Hinweispflicht gegenüber der dritten Person oder der nicht-öffentlichen Stelle. Werden die personenbezogenen Daten aufgrund einer Rechtsvorschrift erhoben, die sie, also die dritte Person oder die nicht-öffentliche Stelle, zur Auskunft verpflichtet, ist die dritte Person oder die nicht-öffentliche Stelle auf diese Rechtsvorschrift hinzuweisen. Existiert keine Rechtsvorschrift, die die dritte Person oder die nicht-öffentliche Stelle zur Auskunft verpflichtet, ist die dritte Person oder die nicht-öffentliche Stelle auf die Freiwilligkeit ihrer Angaben hinzuweisen. Eine Information über die Verpflichtung oder Freiwilligkeit der Information hängt damit davon ob, ob eine verpflichtende Rechtsvorschrift existiert oder nicht.

§ 8 Verantwortung für die Datenübermittlung

(1) [1]Die Verantwortung für die Zulässigkeit einer Übermittlung personenbezogener Daten trägt die übermittelnde Stelle. [2]Erfolgt die Übermittlung aufgrund eines Ersuchens einer öffentlichen Stelle, trägt diese die Verantwortung. [3]Die übermittelnde Stelle hat dann lediglich zu prüfen, ob das Übermittlungsersuchen im Rahmen der Aufgaben des Empfängers liegt. [4]Die Rechtmäßigkeit des Ersuchens prüft sie nur, wenn hierzu im Einzelfall Anlass besteht. [5]Die ersuchende Stelle hat in dem Ersuchen die für diese Prüfung erforderlichen Angaben zu machen. [6]Erfolgt die Übermittlung durch automatisierten Abruf, trägt die Verantwortung für die Rechtmäßigkeit des Abrufs der Empfänger.

9 Stellungnahme Landesbeauftragte für Datenschutz und Informationsfreiheit Nordrhein-Westfalen v. 12.4.2018, S. 9.

(2) [1]Die Übermittlung personenbezogener Daten durch öffentliche Stellen an nichtöffentliche Stellen ist zulässig, wenn

1. sie zur Erfüllung der in der Zuständigkeit der übermittelnden Stelle liegenden Aufgaben erforderlich ist und die Voraussetzungen vorliegen, die eine Verarbeitung nach § 3 und § 9 zulassen würden,
2. der Dritte, an den die Daten übermittelt werden, ein berechtigtes Interesse an der Kenntnis der zu übermittelnden Daten glaubhaft darlegt und die betroffene Person kein schutzwürdiges Interesse an dem Ausschluss der Übermittlung hat oder
3. es zur Geltendmachung, Ausübung oder Verteidigung rechtlicher Ansprüche erforderlich ist
4. und der Dritte sich gegenüber der übermittelnden öffentlichen Stelle verpflichtet hat, die Daten nur für den Zweck zu verarbeiten, zu dessen Erfüllung sie ihm übermittelt werden.

[2]Eine Verarbeitung für andere Zwecke ist zulässig, wenn eine Übermittlung nach Satz 1 zulässig wäre und die übermittelnde Stelle zugestimmt hat.

(3) Die Übermittlung besonderer Kategorien personenbezogener Daten im Sinne des Artikels 9 Absatz 1 der Verordnung (EU) 2016/679 ist zulässig, wenn die Voraussetzungen des Absatzes 1 oder 2 und ein Ausnahmetatbestand nach Artikel 9 Absatz 2 der Verordnung (EU) 2016/679 oder nach § 16 vorliegen.

(4) Bei Übermittlung personenbezogener Daten an nichtöffentliche Stellen ist auf die Voraussetzungen in Absatz 2 und 3 hinzuweisen.

Verwandte Norm DS-GVO:

Art. 4 Begriffsbestimmungen

Im Sinne dieser Verordnung bezeichnet der Ausdruck:

(...)

7. „Verantwortlicher" die natürliche oder juristische Person, Behörde, Einrichtung oder andere Stelle, die allein oder gemeinsam mit anderen über die Zwecke und Mittel der Verarbeitung von personenbezogenen Daten entscheidet; sind die Zwecke und Mittel dieser Verarbeitung durch das Unionsrecht oder das Recht der Mitgliedstaaten vorgegeben, so kann der Verantwortliche beziehungsweise können die bestimmten Kriterien seiner Benennung nach dem Unionsrecht oder dem Recht der Mitgliedstaaten vorgesehen werden;

(...)

Art. 6 Rechtmäßigkeit der Verarbeitung

(1) Die Verarbeitung ist nur rechtmäßig, wenn mindestens eine der nachstehenden Bedingungen erfüllt ist:

a) Die betroffene Person hat ihre Einwilligung zu der Verarbeitung der sie betreffenden personenbezogenen Daten für einen oder mehrere bestimmte Zwecke gegeben;
b) die Verarbeitung ist für die Erfüllung eines Vertrags, dessen Vertragspartei die betroffene Person ist, oder zur Durchführung vorvertraglicher Maßnahmen erforderlich, die auf Anfrage der betroffenen Person erfolgen;
c) die Verarbeitung ist zur Erfüllung einer rechtlichen Verpflichtung erforderlich, der der Verantwortliche unterliegt;
d) die Verarbeitung ist erforderlich, um lebenswichtige Interessen der betroffenen Person oder einer anderen natürlichen Person zu schützen;

e) die Verarbeitung ist für die Wahrnehmung einer Aufgabe erforderlich, die im öffentlichen Interesse liegt oder in Ausübung öffentlicher Gewalt erfolgt, die dem Verantwortlichen übertragen wurde;
f) die Verarbeitung ist zur Wahrung der berechtigten Interessen des Verantwortlichen oder eines Dritten erforderlich, sofern nicht die Interessen oder Grundrechte und Grundfreiheiten der betroffenen Person, die den Schutz personenbezogener Daten erfordern, überwiegen, insbesondere dann, wenn es sich bei der betroffenen Person um ein Kind handelt.

Unterabsatz 1 Buchstabe f gilt nicht für die von Behörden in Erfüllung ihrer Aufgaben vorgenommene Verarbeitung.

(2) Die Mitgliedstaaten können spezifischere Bestimmungen zur Anpassung der Anwendung der Vorschriften dieser Verordnung in Bezug auf die Verarbeitung zur Erfüllung von Absatz 1 Buchstaben c und e beibehalten oder einführen, indem sie spezifische Anforderungen für die Verarbeitung sowie sonstige Maßnahmen präziser bestimmen, um eine rechtmäßig und nach Treu und Glauben erfolgende Verarbeitung zu gewährleisten, einschließlich für andere besondere Verarbeitungssituationen gemäß Kapitel IX.

(3) [1]Die Rechtsgrundlage für die Verarbeitungen gemäß Absatz 1 Buchstaben c und e wird festgelegt durch

a) Unionsrecht oder
b) das Recht der Mitgliedstaaten, dem der Verantwortliche unterliegt.

[2]Der Zweck der Verarbeitung muss in dieser Rechtsgrundlage festgelegt oder hinsichtlich der Verarbeitung gemäß Absatz 1 Buchstabe e für die Erfüllung einer Aufgabe erforderlich sein, die im öffentlichen Interesse liegt oder in Ausübung öffentlicher Gewalt erfolgt, die dem Verantwortlichen übertragen wurde. [3]Diese Rechtsgrundlage kann spezifische Bestimmungen zur Anpassung der Anwendung der Vorschriften dieser Verordnung enthalten, unter anderem Bestimmungen darüber, welche allgemeinen Bedingungen für die Regelung der Rechtmäßigkeit der Verarbeitung durch den Verantwortlichen gelten, welche Arten von Daten verarbeitet werden, welche Personen betroffen sind, an welche Einrichtungen und für welche Zwecke die personenbezogenen Daten offengelegt werden dürfen, welcher Zweckbindung sie unterliegen, wie lange sie gespeichert werden dürfen und welche Verarbeitungsvorgänge und -verfahren angewandt werden dürfen, einschließlich Maßnahmen zur Gewährleistung einer rechtmäßig und nach Treu und Glauben erfolgenden Verarbeitung, wie solche für sonstige besondere Verarbeitungssituationen gemäß Kapitel IX. [4]Das Unionsrecht oder das Recht der Mitgliedstaaten müssen ein im öffentlichen Interesse liegendes Ziel verfolgen und in einem angemessenen Verhältnis zu dem verfolgten legitimen Zweck stehen.

(4) Beruht die Verarbeitung zu einem anderen Zweck als zu demjenigen, zu dem die personenbezogenen Daten erhoben wurden, nicht auf der Einwilligung der betroffenen Person oder auf einer Rechtsvorschrift der Union oder der Mitgliedstaaten, die in einer demokratischen Gesellschaft eine notwendige und verhältnismäßige Maßnahme zum Schutz der in Artikel 23 Absatz 1 genannten Ziele darstellt, so berücksichtigt der Verantwortliche – um festzustellen, ob die Verarbeitung zu einem anderen Zweck mit demjenigen, zu dem die personenbezogenen Daten ursprünglich erhoben wurden, vereinbar ist – unter anderem

a) jede Verbindung zwischen den Zwecken, für die die personenbezogenen Daten erhoben wurden, und den Zwecken der beabsichtigten Weiterverarbeitung,
b) den Zusammenhang, in dem die personenbezogenen Daten erhoben wurden, insbesondere hinsichtlich des Verhältnisses zwischen den betroffenen Personen und dem Verantwortlichen,
c) die Art der personenbezogenen Daten, insbesondere ob besondere Kategorien personenbezogener Daten gemäß Artikel 9 verarbeitet werden oder ob personen-

bezogene Daten über strafrechtliche Verurteilungen und Straftaten gemäß Artikel 10 verarbeitet werden,

d) die möglichen Folgen der beabsichtigten Weiterverarbeitung für die betroffenen Personen,

e) das Vorhandensein geeigneter Garantien, wozu Verschlüsselung oder Pseudonymisierung gehören kann.

Öffnungsklausel in der DS-GVO für nationale Regelung:

Art. 9 Verarbeitung besonderer Kategorien personenbezogener Daten

(1) Die Verarbeitung personenbezogener Daten, aus denen die rassische und ethnische Herkunft, politische Meinungen, religiöse oder weltanschauliche Überzeugungen oder die Gewerkschaftszugehörigkeit hervorgehen, sowie die Verarbeitung von genetischen Daten, biometrischen Daten zur eindeutigen Identifizierung einer natürlichen Person, Gesundheitsdaten oder Daten zum Sexualleben oder der sexuellen Orientierung einer natürlichen Person ist untersagt.

(2) Absatz 1 gilt nicht in folgenden Fällen:

a) Die betroffene Person hat in die Verarbeitung der genannten personenbezogenen Daten für einen oder mehrere festgelegte Zwecke ausdrücklich eingewilligt, es sei denn, nach Unionsrecht oder dem Recht der Mitgliedstaaten kann das Verbot nach Absatz 1 durch die Einwilligung der betroffenen Person nicht aufgehoben werden,

b) die Verarbeitung ist erforderlich, damit der Verantwortliche oder die betroffene Person die ihm bzw. ihr aus dem Arbeitsrecht und dem Recht der sozialen Sicherheit und des Sozialschutzes erwachsenden Rechte ausüben und seinen bzw. ihren diesbezüglichen Pflichten nachkommen kann, soweit dies nach Unionsrecht oder dem Recht der Mitgliedstaaten oder einer Kollektivvereinbarung nach dem Recht der Mitgliedstaaten, das geeignete Garantien für die Grundrechte und die Interessen der betroffenen Person vorsieht, zulässig ist,

c) die Verarbeitung ist zum Schutz lebenswichtiger Interessen der betroffenen Person oder einer anderen natürlichen Person erforderlich und die betroffene Person ist aus körperlichen oder rechtlichen Gründen außerstande, ihre Einwilligung zu geben,

d) die Verarbeitung erfolgt auf der Grundlage geeigneter Garantien durch eine politisch, weltanschaulich, religiös oder gewerkschaftlich ausgerichtete Stiftung, Vereinigung oder sonstige Organisation ohne Gewinnerzielungsabsicht im Rahmen ihrer rechtmäßigen Tätigkeiten und unter der Voraussetzung, dass sich die Verarbeitung ausschließlich auf die Mitglieder oder ehemalige Mitglieder der Organisation oder auf Personen, die im Zusammenhang mit deren Tätigkeitszweck regelmäßige Kontakte mit ihr unterhalten, bezieht und die personenbezogenen Daten nicht ohne Einwilligung der betroffenen Personen nach außen offengelegt werden,

e) die Verarbeitung bezieht sich auf personenbezogene Daten, die die betroffene Person offensichtlich öffentlich gemacht hat,

f) die Verarbeitung ist zur Geltendmachung, Ausübung oder Verteidigung von Rechtsansprüchen oder bei Handlungen der Gerichte im Rahmen ihrer justiziellen Tätigkeit erforderlich,

g) die Verarbeitung ist auf der Grundlage des Unionsrechts oder des Rechts eines Mitgliedstaats, das in angemessenem Verhältnis zu dem verfolgten Ziel steht, den Wesensgehalt des Rechts auf Datenschutz wahrt und angemessene und spezifische Maßnahmen zur Wahrung der Grundrechte und Interessen der betroffenen Person vorsieht, aus Gründen eines erheblichen öffentlichen Interesses erforderlich,

h) die Verarbeitung ist für Zwecke der Gesundheitsvorsorge oder der Arbeitsmedizin, für die Beurteilung der Arbeitsfähigkeit des Beschäftigten, für die medizinische Diagnostik, die Versorgung oder Behandlung im Gesundheits- oder Sozialbereich oder für die Verwaltung von Systemen und Diensten im Gesundheits- oder Sozialbereich auf der Grundlage des Unionsrechts oder des Rechts eines Mitgliedstaats oder aufgrund eines Vertrags mit einem Angehörigen eines Gesundheitsberufs und vorbehaltlich der in Absatz 3 genannten Bedingungen und Garantien erforderlich,

i) die Verarbeitung ist aus Gründen des öffentlichen Interesses im Bereich der öffentlichen Gesundheit, wie dem Schutz vor schwerwiegenden grenzüberschreitenden Gesundheitsgefahren oder zur Gewährleistung hoher Qualitäts- und Sicherheitsstandards bei der Gesundheitsversorgung und bei Arzneimitteln und Medizinprodukten, auf der Grundlage des Unionsrechts oder des Rechts eines Mitgliedstaats, das angemessene und spezifische Maßnahmen zur Wahrung der Rechte und Freiheiten der betroffenen Person, insbesondere des Berufsgeheimnisses, vorsieht, erforderlich, oder

j) die Verarbeitung ist auf der Grundlage des Unionsrechts oder des Rechts eines Mitgliedstaats, das in angemessenem Verhältnis zu dem verfolgten Ziel steht, den Wesensgehalt des Rechts auf Datenschutz wahrt und angemessene und spezifische Maßnahmen zur Wahrung der Grundrechte und Interessen der betroffenen Person vorsieht, für im öffentlichen Interesse liegende Archivzwecke, für wissenschaftliche oder historische Forschungszwecke oder für statistische Zwecke gemäß Artikel 89 Absatz 1 erforderlich.

(3) Die in Absatz 1 genannten personenbezogenen Daten dürfen zu den in Absatz 2 Buchstabe h genannten Zwecken verarbeitet werden, wenn diese Daten von Fachpersonal oder unter dessen Verantwortung verarbeitet werden und dieses Fachpersonal nach dem Unionsrecht oder dem Recht eines Mitgliedstaats oder den Vorschriften nationaler zuständiger Stellen dem Berufsgeheimnis unterliegt, oder wenn die Verarbeitung durch eine andere Person erfolgt, die ebenfalls nach dem Unionsrecht oder dem Recht eines Mitgliedstaats oder den Vorschriften nationaler zuständiger Stellen einer Geheimhaltungspflicht unterliegt.

(4) Die Mitgliedstaaten können zusätzliche Bedingungen, einschließlich Beschränkungen, einführen oder aufrechterhalten, soweit die Verarbeitung von genetischen, biometrischen oder Gesundheitsdaten betroffen ist.

Kurzübersicht zum Verhältnis der entscheidenden Normen			
Norm des DSG NRW	Entsprechende Norm der DS-GVO	Entsprechende Norm des BDSG	Öffnungsklausel der DS-GVO
§ 8 DSG NRW	Art. 6, 9 DS-GVO	Art. 23, 24, 25 BDSG	Art. 4 Nr. 7, 9 Abs. 2 DS-GVO

A. Grundlagen

I. Gesamtverständnis, Zweck der Norm und Verhältnis zu anderen Normen

Die Norm formuliert in Absatz 1 zunächst in Ausübung der Regelungsbefugnis 1
nach Art. 4 Nr. 7 DS-GVO Verantwortlichkeiten für die Übermittlung personenbezogener Daten. Daneben werden in Absatz 2 Voraussetzungen für die Zulässigkeit der Übermittlung personenbezogener Daten durch öffentliche an nicht-öffentliche Stellen formuliert. Für die Zulässigkeit der Übermittlung besonderer Kategorien personenbezogener Daten werden in Absatz 3 die Absätze 1 und 2 sowie die Öffnungsklausel nach Art. 9 Abs. 2 DS-GVO in Bezug genommen; daneben ist die Übermittlung solcher Daten unter den Voraussetzungen der Erhebung nach § 16 zulässig. Absatz 4 enthält Hinweispflichten für den Fall der Übermittlung personenbezogener Daten an nicht-öffentliche Stellen.

II. Bisherige Rechtslage

Bislang war eine parallele Regelung in § 14 DSG NRW aF enthalten. Die Norm 2
enthielt aber keine explizite Regelung für die Übermittlung personenbezogener Daten an nicht-öffentliche Stellen.

B. Kommentierung

I. Absatz 1 – Grundlagen der Verantwortlichkeit im Falle der Datenübermittlung

Absatz 1 dient zur Festlegung, wer Verantwortlicher für die Datenverarbeitung 3
auf Ebene des DSG NRW ist im Falle der Übermittlung von Daten ist. „Verantwortlicher" ist gemäß Art. 4 Nr. 7 DS-GVO die natürliche oder juristische Person, Behörde, Einrichtung oder andere Stelle, die allein oder gemeinsam mit anderen über die Zwecke und Mittel der Verarbeitung von personenbezogenen Daten entscheidet. Art. 4 Nr. 7 DS-GVO enthält zugleich die Befugnis für die Mitgliedstaaten, den Verantwortliche beziehungsweise die bestimmten Kriterien seiner Benennung nach dem Recht der Mitgliedstaaten zu bestimmen, wenn, die Zwecke und Mittel dieser Verarbeitung durch das Unionsrecht oder das Recht der Mitgliedstaaten vorgegeben werden. Von dieser Befugnis macht § 8 Abs. 1 Gebrauch.

Der Verantwortliche hat insbesondere Sorge für die Einhaltung der Grundsätze 4
für die Verarbeitung personenbezogener Daten nach Art. 5 Abs. 1 DS-GVO zu tragen. Zugleich treffen den Verantwortlichen die Pflichten nach Art. 24 ff. DS-GVO, einschließlich der Datenschutz-Folgeabschätzung nach § 35 DS-GVO, der Benachrichtigungspflicht bei Datenschutzverstößen gegenüber der Aufsichtsbehörde nach § 34 DS-GVO sowie gegenüber dem Betroffenen nach § 35 DS-GVO, aber auch der Haftung für Datenschutzverstöße etwa gemäß Art. 82 DS-GVO.

Gemäß der Grundaussage des § 8 Abs. 1 S. 1 ist derjenige verantwortlich, der 5
die Daten an eine dritte Stelle übermittelt. Systematisch ist die Vorschrift so auszulegen, dass diese Verantwortlichkeit besteht, gleich ob eine Übermittlung an öffentliche oder nicht-öffentliche Stelle erfolgt.

6 Dabei trifft Absatz 1 Satz 1 zunächst keine Aussage über die Zulässigkeit der Übermittlung. Hier bedarf es einer Differenzierung zwischen einer Datenübermittlung an öffentliche und an nicht-öffentliche Stellen. So ist im Kontext des Absatzes 2 und der Sätze 2 und 3 anzunehmen, dass eine Übermittlung an öffentliche Stellen jedenfalls dann zulässig sein soll, wenn die Daten, auf die sich das Übermittlungsersuchen bezieht, der Erfüllung der der ersuchenden Stelle obliegenden Aufgaben dienen. Die Zulässigkeit der Übermittlung an nicht-öffentliche Stellen ist Regelungsgegenstand des Absatzes 2.

7 Die Verantwortlichkeit wechselt entsprechend Satz 2 auf die Stelle, an die die Daten übermittelt werden, wenn die Übermittlung auf Ersuchen dieser Stelle hin geschieht, sofern es sich hierbei um eine öffentliche Stelle handelt. Als Ersuchen ist die ausdrückliche Aufforderung zur Übermittlung der betreffenden Daten zu verstehen. Die übermittelnde Stelle ist dabei trotz Übergangs der Verantwortlichkeit für die Datenverarbeitung nicht vollkommen frei in der Übermittlung der Daten. So muss sie, insbesondere auch bei Übermittlung an andere öffentliche Stellen, jedenfalls überprüfen, ob die Daten, die übermittelt werden, zur Erfüllung der dem Datenempfänger zugewiesenen Aufgaben dienen. Gemäß Art. 6 Abs. 1 lit. e DS-GVO ist die Datenverarbeitung durch die empfangende Stelle rechtmäßig, wenn die Verarbeitung für die Wahrnehmung einer Aufgabe erforderlich ist, die im öffentlichen Interesse liegt oder in Ausübung öffentlicher Gewalt erfolgt, die dem Verantwortlichen übertragen wurde. Absatz 1 Satz 2 geht damit entsprechend von einer Vermutung der Rechtmäßigkeit der Datenverarbeitung bei Übermittlung der Daten im Rahmen der Aufgaben der empfangenden Stelle aus. Die Rechtmäßigkeit im konkreten Fall wird nach Satz 3 nur überprüft, wenn hierzu Anlass besteht, also Zweifel an der Rechtmäßigkeit der Datenverarbeitung auf Empfängerseite bestehen. In Zusammenspiel mit Satz 2 wird nur bei sehr konkreten Anhaltspunkten bezüglich der Rechtswidrigkeit der Verarbeitung eine Überprüfung vorzunehmen sein.

8 Der empfangenden Stelle obliegt hier nach Satz 4 eine Mitwirkungspflicht dahin gehend, dass sie „die für diese Prüfung erforderlichen Angaben“ zu machen hat. Diese Mitwirkungspflicht besteht aber nicht nur im Falle des Satzes 3, also nicht nur bei Zweifeln an der Rechtmäßigkeit. Vielmehr verlangt das Gesetz, dass die „für diese Prüfung“ erforderlichen Angaben bereits im Ersuchen zu machen sind, wenn also die übermittelnde Stelle noch gar keinen Anlass hat, an der Rechtmäßigkeit des Übermittlungsersuchens zu zweifeln. Die systematisch damit wenig gelungene Fassung der Norm legt nahe, dass die übermittelnde Stelle bei Zweifeln an der Rechtmäßigkeit des Ersuchens die Übermittlung verweigern kann, oder in diesem Fall entgegen dem Wortlaut der Norm auch nach dem Ersuchen seitens der empfangenden Stelle weitere Angaben nachfordern darf, um die Überprüfung der Rechtmäßigkeit im Einzelfall durchführen zu können.

9 Absatz 1 weicht insoweit von der Fassung der Norm nach § 14 Abs. 2 DSG NRW aF ab. Dort hier es noch: „*Die Rechtmäßigkeit des Ersuchens prüft sie nur, wenn im Einzelfall hierzu Anlass besteht; der Empfänger hat der übermittelnden Stelle die für diese Prüfung erforderlichen Angaben zu machen.*“ Die Verknüpfung der beiden Halbsätze mit dem Semikolon und der Verzicht auf die Worte „in dem Ersuchen“ im zweiten Halbsatz machte deutlich, dass nach der alten Gesetzesfassung die zusätzlichen Angaben bezogen auf die Prüfung im Zweifelsfalle verlangt werden durften. Es ist nicht wahrscheinlich, dass mit der neuen Gesetzesfassung von dieser Vorgehensweise abgewichen werden soll.

Dies gilt insbesondere, als die übermittelnde Stelle erst mit Übermittlung der Daten an die empfangende Stelle aus der Verantwortlichkeit entlassen ist.

Sofern die Datenübermittlung nicht auf Ersuchen, sondern durch automatisierten Abruf erfolgt, geht die Verantwortlichkeit gemäß Absatz 1 Satz 5 ohne Prüfung der Aufgabenzuweisung oder der Rechtmäßigkeit im Einzelfall an die empfangende Stelle über. In diesen Fällen ist, wie § 6 zeigt, davon auszugehen, dass der Abruf aufgrund anderweitiger gesetzlicher Grundlagen erfolgt und die Überprüfung der Rechtmäßigkeit bereits im Vorhinein mit Einrichten des automatisierten Abrufs erfolgt ist. 10

II. Absatz 2 – Übermittlung an nicht-öffentliche Stellen

Absatz 2 regelt die Datenübermittlung an nicht-öffentliche Stellen. Primärer Regelungsgegenstand ist die Zulässigkeit der Datenübermittlung. Die Frage der Verantwortlichkeit regelt Absatz 1 Satz 1. Zugleich lässt sich im Umkehrschluss aus Absatz 1 Satz 2 entnehmen, dass bei Übermittlung von Daten an nicht-öffentliche Stellen grundsätzlich kein Wechsel der Verantwortlichkeit auf die empfangende Stelle erfolgt. 11

Absatz 2 Satz 1 ist so auszulegen, dass zu den Zulässigkeitstatbeständen nach Nr. 1 bis 3 jeweils die Voraussetzung der Nr. 4 hinzutreten muss. 12

1. Zulässigkeit nach Nr. 1

Nach Nr. 1 ist eine Übermittlung an nicht-öffentliche Stellen zulässig, wenn die Übermittlung zunächst zur Erfüllung einer Aufgabe der übermittelnden – öffentlichen – Stelle erforderlich ist. Dies wird regelmäßig dann der Fall sein, wenn die Datenverarbeitung einerseits für die Erfüllung der zugewiesenen Aufgabe notwendig ist, diese andererseits aber nicht durch die öffentliche Stelle selbst, sondern nur unter Zuhilfenahme einer nicht-öffentlichen Stelle erfolgen kann. Die Verwendung des Begriffs „erforderlich" legt nahe, dass die Datenübermittlung für die Aufgabenerfüllung notwendig sein muss; dass eine andere – nicht-öffentliche – Stelle diese Datenverarbeitung lediglich besser oder effektiver durchführen kann, würde eine Datenübermittlung nicht rechtfertigen. 13

Somit handelt es sich letztlich um Fälle der Auftragsdatenverarbeitung im Sinne des Art. 4 Nr. 8 DS-GVO und Art. 28 DS-GVO. Notwendig ist damit nach Art. 28 Abs. 3 DSD-GVO eine vertragliche oder anderweitige rechtliche Bindung zwischen der öffentlichen Stelle als Verantwortliche und der nicht-öffentlichen Stelle als Auftragsdatenverarbeiterin. 14

Daneben muss die Verarbeitung nach § 3 oder § 9 zulässig sein. So ist nach § 3 eine Verarbeitung ungeachtet anderer gesetzlicher Vorschriften zulässig, wenn sie für die Wahrnehmung einer im öffentlichen Interesse liegenden Aufgabe der verarbeitenden Stellen erforderlich ist oder wenn sie in Ausübung öffentlicher Gewalt erfolgt, die dem Verantwortlichen übertragen wurde (→ § 3 Rn. 9 ff.). § 3 greift insoweit die allgemeine Zulässigkeitsregelung des Art. 6 Abs. 1 lit. e DS-GVO auf. § 9 trifft Regelungen zu bestimmten Verarbeitungszwecken und zur Lockerung der Zweckbindung bei der Datenverarbeitung (→ § 9 Rn. 14 ff.). 15

Bei verständiger Würdigung ist die Norm damit so zu lesen, dass eine zulässige Verarbeitung zur Aufgabenerfüllung nach §§ 3 und 9 vorliegen muss, und die Übermittlung der Daten an nicht-öffentliche Stellen zum Zwecke dieser Aufgabenerfüllung unumgänglich sein muss. 16

2. Zulässigkeit nach Nr. 2

17 Die Zulässigkeit einer Datenübermittlung an eine nicht-öffentliche Stelle nach Nr. 2 verlangt eine Abwägung zwischen den Interessen des Dritten und der durch Datenübermittlung betroffenen Person. Der Dritte ist im Kontext der Norm als die nicht-öffentliche Stelle anzusehen, an die die Datenübermittlung erfolgen soll.

18 Zunächst muss die nicht-öffentliche Stelle ein berechtigtes Interesse an der Kenntnis der betreffenden Daten darlegen. Sodann hat die übermittelnde öffentliche Stelle von Amts wegen zu überprüfen, ob ein vorgehendes schutzwürdiges Interesse der betroffenen Person gegeben ist. Ein Widerspruchsrecht des Betroffenen ist in Ansehung der Regelung in § 9 Abs. 2 Nr. 6 aE in Verbindung mit § 8 Abs. 2 Nr. 1 nicht gegeben.

3. Zulässigkeit nach Nr. 3

19 Nach Nr. 3 kann eine Datenübermittlung erfolgen, wenn dies zur Geltendmachung, Ausübung oder Verteidigung rechtlicher Ansprüche erforderlich ist. Hier ist anzunehmen, dass wiederum die Ansprüche eines Dritten, also der nicht-öffentlichen Stelle gemeint sind, an die die Datenübermittlung erfolgen soll.

20 Wenn der Dritte die Notwendigkeit der Kenntnis der betreffenden Daten zur Geltendmachung, Ausübung oder Verteidigung rechtlicher Ansprüche dargelegt hat, findet mangels entsprechender Regelung keine Abwägung mit Interessen der betroffenen Person statt.

4. Gemeinsames Erfordernis nach Nr. 4

21 Voraussetzung für die Zulässigkeit der Datenübermittlung an Dritte auf Grundlage der Nr. 1 bis 3 ist nach Nr. 4, dass sich der Dritte, also wiederum die nicht-öffentliche Stelle, an die die Datenübermittlung erfolgt, verpflichtet hat, die Daten nur zu dem jeweiligen Übermittlungszweck zu verarbeiten. An die Form der Verpflichtung stellt das Gesetz keine spezielle Anforderung. Es ist aber anzunehmen, dass die Verpflichtung in einer Form erfolgen muss, die dokumentierbar ist, also bevorzugt schriftlich, jedenfalls aber in elektronischer Form. In diesem Kontext ist noch einmal darauf hinzuweisen, dass die übermittelnde öffentliche Stelle in den Fällen des Absatzes 2 Verantwortliche für die ordnungsgemäße Datenverarbeitung bleibt.

III. Absatz 3 – Übermittlung besonderer Kategorien personenbezogener Daten

22 Absatz 3 betrifft die Übermittlung besonderer Kategorien personenbezogener Daten nach Art. 9 Abs. 1 DS-GVO. Besondere Kategorien personenbezogener Daten nach Art. 9 Abs. 1 DS-GVO sind Daten, aus denen die rassische und ethnische Herkunft, politische Meinungen, religiöse oder weltanschauliche Überzeugungen oder die Gewerkschaftszugehörigkeit hervorgehen, sowie genetische Daten, biometrische Daten zur eindeutigen Identifizierung einer natürlichen Person, Gesundheitsdaten oder Daten zum Sexualleben oder der sexuellen Orientierung einer natürlichen Person.

23 Die Zulässigkeit der Übermittlung derartiger Daten unterliegt zunächst den gleichen Zulässigkeitsanforderungen wie die Übermittlung sonstiger personenbezogener Daten. Hinzutreten muss das Eingreifen eines Ausnahmetatbestandes nach Art. 9 Abs. 2 DS-GVO oder nach § 16.

Für die Ausnahmetatbestände nach Art. 9 Abs. 2 wird verwiesen auf den Normtext sowie entsprechende Kommentierungen.[1] 24

Die Ausnahmetatbestände nach § 16 Abs. 1 greifen teilweise die nach Art. 9 Abs. 2 DS-GVO auf. So entspricht der Ausnahmetatbestand nach Nr. 2 demjenigen nach Art. 9 Abs. 2 lit. f. DS-GVO. Der Ausnahmetatbestand nach Nr. 3 ist in Art. 9 Abs. 3 lit. h und i enthalten. Der Ausnahmetatbestand nach Nr. 4 entspricht Art. 9 Abs. 2 lit. b (vgl. insoweit → § 16 Rn. 32 f.). 25

Mit § 16 Abs. 1 Nr. 1 hat der nordrhein-westfälische Gesetzgeber von der Öffnungsklausel nach Art. 9 Abs. 4 DS-GVO Gebrauch gemacht, indem er die Verarbeitung besonderer Kategorien personenbezogener Daten auch zu Zwecken der Abwehr von Gefahren für die öffentliche Sicherheit für zulässig erklärt hat (vgl. insoweit → § 16 Rn. 16 ff.). 26

Bezüglich der Verantwortung für die Zulässigkeit der Datenübermittlung verbleibt es auch die besonderen Kategorien personenbezogener Daten bei dem zu Absatz 1 und 2 Ausgeführten. 27

IV. Absatz 4 – Besondere Hinweispflicht bei Übermittlung an nicht-öffentliche Stellen

Gemäß Absatz 4 ist bei Übermittlung personenbezogener Daten im Allgemeinen und bei Übermittlung besonderer Kategorien personenbezogener Daten auf die Voraussetzungen der Absätze 2 und 3 hinzuweisen. 28

Somit muss im Zuge der Übermittlung der Daten der spezielle Zulässigkeitstatbestand mitgeteilt werden, insbesondere um die Zweckbindung der Verarbeitung der übermittelten Daten gegenüber der empfangenden Stelle transparent zu machen. Der Hinweis ist an keine spezielle Form gebunden, muss aber wiederum in dokumentierbarer Form, also schriftlich, jedenfalls in elektronischer Form erfolgen. 29

Der Hinweis ist zugleich Grundlage für die Erklärung nach Absatz 2 Nr. 4, mit der die empfangende Stelle bestätigt, die Daten nur für den Zweck zu verarbeiten, zu dessen Erfüllung sie ihr übermittelt wurden. 30

C. Bedeutung der Vorschrift für die behördliche Praxis

Die Vorschrift ist für die behördliche Praxis von besonderer Bedeutung. Sie hebt, gleich ob die Übermittlung an öffentliche oder an nicht-öffentliche Stellen erfolgt, die besondere Sensibilität der Übermittlung personenbezogener Daten hervor. Zugleich weist sie der übermittelnden Stelle, abgesehen von den Fällen des Absatzes 1 Satz 2 und 4, die verbleibende Verantwortlichkeit für die ordnungsgemäße Datenverarbeitung zu. 31

§ 9 Zulässigkeit der Datenverarbeitung im Hinblick auf die Zweckbindung

(1) [1]Personenbezogene Daten dürfen durch öffentliche Stellen auch zur Wahrnehmung von Aufsichts- und Kontrollbefugnissen, zur Rechnungsprüfung oder zur Durchführung von Organisationsuntersuchungen verarbeitet werden. [2]Dies gilt auch für die Verarbeitung zu Ausbildungs- und Prüfungszwecken, sofern be-

1 Vgl. etwa *Jaspers/Schwartmann/Mühlenbeck* in HK-DS-GVO/BDSG Art. 9 Rn. 109 ff.

rechtigte Interessen der betroffenen Person an der Geheimhaltung der Daten nicht offensichtlich überwiegen.

(2) Eine Verarbeitung personenbezogener Daten zu anderen Zwecken als zu denjenigen, zu denen die Daten erhoben worden sind, ist zulässig, wenn

1. sie zur Abwehr erheblicher Nachteile für das Gemeinwohl oder einer Gefahr für die öffentliche Sicherheit, die Verteidigung oder die nationale Sicherheit erforderlich ist,
2. sie zur Abwehr einer schwerwiegenden Beeinträchtigung der Rechte einer anderen Person erforderlich ist,
3. sich bei der rechtmäßigen Aufgabenerfüllung Anhaltspunkte für Straftaten oder Ordnungswidrigkeiten ergeben und die Unterrichtung der für die Verfolgung oder Vollstreckung zuständigen Behörden geboten erscheint,
4. die Überprüfung der Angaben der betroffenen Person aufgrund tatsächlicher Anhaltspunkte für deren Unrichtigkeit erforderlich ist,
5. sie zur Wahrung eines rechtlichen Interesses eines Dritten erforderlich ist und das schützenswerte Geheimhaltungsinteresse der betroffenen Person nicht überwiegt oder
6. sie im öffentlichen Interesse, insbesondere zur Durchsetzung öffentlich-rechtlicher Geldforderungen, liegt oder zur Wahrung berechtigter Interessen eines Dritten erforderlich ist und die betroffene Person in diesen Fällen der Datenverarbeitung nicht widersprochen hat.

(3) Eine Information der betroffenen Person über die Datenverarbeitung nach Absatz 2 erfolgt nicht, soweit und solange hierdurch der Zweck der Verarbeitung gefährdet würde.

(4) Ferner ist eine Zweckänderung zulässig, wenn

1. die Einholung der Einwilligung der betroffenen Person nicht möglich ist oder mit unverhältnismäßig hohem Aufwand verbunden wäre, aber offensichtlich ist, dass die Datenverarbeitung in ihrem Interesse liegt und sie in Kenntnis des anderen Zweckes ihre Einwilligung erteilen würde,
2. die Bearbeitung eines von der betroffenen Person gestellten Antrags ohne die Zweckänderung der Daten nicht möglich ist,
3. die Daten aus allgemein zugänglichen Quellen entnommen werden können oder die datenverarbeitende Stelle sie veröffentlichen darf, es sei denn, dass das Interesse der betroffenen Person an dem Ausschluss der Speicherung oder einer Veröffentlichung der gespeicherten Daten offensichtlich überwiegt.

(5) Unterliegen die personenbezogenen Daten einem Berufs- oder besonderen Amtsgeheimnis und sind sie der verantwortlichen Stelle von der zur Verschwiegenheit verpflichteten Person in Ausübung ihrer Berufs- oder Amtspflicht übermittelt worden, finden die Absätze 2 und 4 keine Anwendung.

(6) Die Übermittlung personenbezogener Daten an Stellen der öffentlich-rechtlichen Religionsgesellschaften ist in entsprechender Anwendung der Vorschriften über die Datenübermittlung an öffentliche Stellen zulässig, sofern sichergestellt ist, dass bei dem Empfänger ausreichende Datenschutzmaßnahmen getroffen sind.

Verwandte Norm DS-GVO:

Art. 6 Rechtmäßigkeit der Verarbeitung

(1) Die Verarbeitung ist nur rechtmäßig, wenn mindestens eine der nachstehenden Bedingungen erfüllt ist:

a) Die betroffene Person hat ihre Einwilligung zu der Verarbeitung der sie betreffenden personenbezogenen Daten für einen oder mehrere bestimmte Zwecke gegeben;
b) die Verarbeitung ist für die Erfüllung eines Vertrags, dessen Vertragspartei die betroffene Person ist, oder zur Durchführung vorvertraglicher Maßnahmen erforderlich, die auf Anfrage der betroffenen Person erfolgen;
c) die Verarbeitung ist zur Erfüllung einer rechtlichen Verpflichtung erforderlich, der der Verantwortliche unterliegt;
d) die Verarbeitung ist erforderlich, um lebenswichtige Interessen der betroffenen Person oder einer anderen natürlichen Person zu schützen;
e) die Verarbeitung ist für die Wahrnehmung einer Aufgabe erforderlich, die im öffentlichen Interesse liegt oder in Ausübung öffentlicher Gewalt erfolgt, die dem Verantwortlichen übertragen wurde;
f) die Verarbeitung ist zur Wahrung der berechtigten Interessen des Verantwortlichen oder eines Dritten erforderlich, sofern nicht die Interessen oder Grundrechte und Grundfreiheiten der betroffenen Person, die den Schutz personenbezogener Daten erfordern, überwiegen, insbesondere dann, wenn es sich bei der betroffenen Person um ein Kind handelt.

Unterabsatz 1 Buchstabe f gilt nicht für die von Behörden in Erfüllung ihrer Aufgaben vorgenommene Verarbeitung.

(2) Die Mitgliedstaaten können spezifischere Bestimmungen zur Anpassung der Anwendung der Vorschriften dieser Verordnung in Bezug auf die Verarbeitung zur Erfüllung von Absatz 1 Buchstaben c und e beibehalten oder einführen, indem sie spezifische Anforderungen für die Verarbeitung sowie sonstige Maßnahmen präziser bestimmen, um eine rechtmäßig und nach Treu und Glauben erfolgende Verarbeitung zu gewährleisten, einschließlich für andere besondere Verarbeitungssituationen gemäß Kapitel IX.

(3) [1]Die Rechtsgrundlage für die Verarbeitungen gemäß Absatz 1 Buchstaben c und e wird festgelegt durch

a) Unionsrecht oder
b) das Recht der Mitgliedstaaten, dem der Verantwortliche unterliegt.

[2]Der Zweck der Verarbeitung muss in dieser Rechtsgrundlage festgelegt oder hinsichtlich der Verarbeitung gemäß Absatz 1 Buchstabe e für die Erfüllung einer Aufgabe erforderlich sein, die im öffentlichen Interesse liegt oder in Ausübung öffentlicher Gewalt erfolgt, die dem Verantwortlichen übertragen wurde. [3]Diese Rechtsgrundlage kann spezifische Bestimmungen zur Anpassung der Anwendung der Vorschriften dieser Verordnung enthalten, unter anderem Bestimmungen darüber, welche allgemeinen Bedingungen für die Regelung der Rechtmäßigkeit der Verarbeitung durch den Verantwortlichen gelten, welche Arten von Daten verarbeitet werden, welche Personen betroffen sind, an welche Einrichtungen und für welche Zwecke die personenbezogenen Daten offengelegt werden dürfen, welcher Zweckbindung sie unterliegen, wie lange sie gespeichert werden dürfen und welche Verarbeitungsvorgänge und -verfahren angewandt werden dürfen, einschließlich Maßnahmen zur Gewährleistung einer rechtmäßig und nach Treu und Glauben erfolgenden Verarbeitung, wie solche für sonstige besondere Verarbeitungssituationen gemäß Kapitel IX. [4]Das Unionsrecht oder das Recht der Mitgliedstaaten müssen ein im öffentlichen Interesse liegendes Ziel verfolgen und in einem angemessenen Verhältnis zu dem verfolgten legitimen Zweck stehen.

(4) Beruht die Verarbeitung zu einem anderen Zweck als zu demjenigen, zu dem die personenbezogenen Daten erhoben wurden, nicht auf der Einwilligung der betroffenen Person oder auf einer Rechtsvorschrift der Union oder der Mitgliedstaaten, die in einer demokratischen Gesellschaft eine notwendige und verhältnismäßige Maßnahme zum Schutz der in Artikel 23 Absatz 1 genannten Ziele darstellt, so berücksichtigt der Verantwortliche – um festzustellen, ob die Verarbeitung zu einem anderen Zweck mit demjenigen, zu dem die personenbezogenen Daten ursprünglich erhoben wurden, vereinbar ist – unter anderem

a) jede Verbindung zwischen den Zwecken, für die die personenbezogenen Daten erhoben wurden, und den Zwecken der beabsichtigten Weiterverarbeitung,
b) den Zusammenhang, in dem die personenbezogenen Daten erhoben wurden, insbesondere hinsichtlich des Verhältnisses zwischen den betroffenen Personen und dem Verantwortlichen,
c) die Art der personenbezogenen Daten, insbesondere ob besondere Kategorien personenbezogener Daten gemäß Artikel 9 verarbeitet werden oder ob personenbezogene Daten über strafrechtliche Verurteilungen und Straftaten gemäß Artikel 10 verarbeitet werden,
d) die möglichen Folgen der beabsichtigten Weiterverarbeitung für die betroffenen Personen,
e) das Vorhandensein geeigneter Garantien, wozu Verschlüsselung oder Pseudonymisierung gehören kann.

Öffnungsklausel in der DS-GVO für nationale Regelung (*Auszug*):

Art. 6 Rechtmäßigkeit der Verarbeitung

(1) Die Verarbeitung ist nur rechtmäßig, wenn mindestens eine der nachstehenden Bedingungen erfüllt ist:

(…)

e) die Verarbeitung ist für die Wahrnehmung einer Aufgabe erforderlich, die im öffentlichen Interesse liegt oder in Ausübung öffentlicher Gewalt erfolgt, die dem Verantwortlichen übertragen wurde;

(…)

(2) Die Mitgliedstaaten können spezifischere Bestimmungen zur Anpassung der Anwendung der Vorschriften dieser Verordnung in Bezug auf die Verarbeitung zur Erfüllung von Absatz 1 Buchstaben c und e beibehalten oder einführen, indem sie spezifische Anforderungen für die Verarbeitung sowie sonstige Maßnahmen präziser bestimmen, um eine rechtmäßig und nach Treu und Glauben erfolgende Verarbeitung zu gewährleisten, einschließlich für andere besondere Verarbeitungssituationen gemäß Kapitel IX.

(3) [1]Die Rechtsgrundlage für die Verarbeitungen gemäß Absatz 1 Buchstaben c und e wird festgelegt durch

a) Unionsrecht oder
b) das Recht der Mitgliedstaaten, dem der Verantwortliche unterliegt.

[2]Der Zweck der Verarbeitung muss in dieser Rechtsgrundlage festgelegt oder hinsichtlich der Verarbeitung gemäß Absatz 1 Buchstabe e für die Erfüllung einer Aufgabe erforderlich sein, die im öffentlichen Interesse liegt oder in Ausübung öffentlicher Gewalt erfolgt, die dem Verantwortlichen übertragen wurde. [3]Diese Rechtsgrundlage kann spezifische Bestimmungen zur Anpassung der Anwendung der Vorschriften dieser Verordnung enthalten, unter anderem Bestimmungen darüber, welche allgemeinen Bedingungen für die Regelung der Rechtmäßigkeit der Verarbeitung durch den Verantwortlichen gelten, welche Arten von Daten verarbeitet werden, welche Personen betroffen sind, an welche Einrichtungen und für welche Zwecke die personenbezogenen Daten offengelegt werden dürfen, welcher Zweckbindung sie un-

terliegen, wie lange sie gespeichert werden dürfen und welche Verarbeitungsvorgänge und -verfahren angewandt werden dürfen, einschließlich Maßnahmen zur Gewährleistung einer rechtmäßig und nach Treu und Glauben erfolgenden Verarbeitung, wie solche für sonstige besondere Verarbeitungssituationen gemäß Kapitel IX. [4]Das Unionsrecht oder das Recht der Mitgliedstaaten müssen ein im öffentlichen Interesse liegendes Ziel verfolgen und in einem angemessenen Verhältnis zu dem verfolgten legitimen Zweck stehen.

(4) Beruht die Verarbeitung zu einem anderen Zweck als zu demjenigen, zu dem die personenbezogenen Daten erhoben wurden, nicht auf der Einwilligung der betroffenen Person oder auf einer Rechtsvorschrift der Union oder der Mitgliedstaaten, die in einer demokratischen Gesellschaft eine notwendige und verhältnismäßige Maßnahme zum Schutz der in Artikel 23 Absatz 1 genannten Ziele darstellt, so berücksichtigt der Verantwortliche – um festzustellen, ob die Verarbeitung zu einem anderen Zweck mit demjenigen, zu dem die personenbezogenen Daten ursprünglich erhoben wurden, vereinbar ist – unter anderem

a) jede Verbindung zwischen den Zwecken, für die die personenbezogenen Daten erhoben wurden, und den Zwecken der beabsichtigten Weiterverarbeitung,
b) den Zusammenhang, in dem die personenbezogenen Daten erhoben wurden, insbesondere hinsichtlich des Verhältnisses zwischen den betroffenen Personen und dem Verantwortlichen,
c) die Art der personenbezogenen Daten, insbesondere ob besondere Kategorien personenbezogener Daten gemäß Artikel 9 verarbeitet werden oder ob personenbezogene Daten über strafrechtliche Verurteilungen und Straftaten gemäß Artikel 10 verarbeitet werden,
d) die möglichen Folgen der beabsichtigten Weiterverarbeitung für die betroffenen Personen,
e) das Vorhandensein geeigneter Garantien, wozu Verschlüsselung oder Pseudonymisierung gehören kann.

Art. 23 Beschränkungen

(1) Durch Rechtsvorschriften der Union oder der Mitgliedstaaten, denen der Verantwortliche oder der Auftragsverarbeiter unterliegt, können die Pflichten und Rechte gemäß den Artikeln 12 bis 22 und Artikel 34 sowie Artikel 5, insofern dessen Bestimmungen den in den Artikeln 12 bis 22 vorgesehenen Rechten und Pflichten entsprechen, im Wege von Gesetzgebungsmaßnahmen beschränkt werden, sofern eine solche Beschränkung den Wesensgehalt der Grundrechte und Grundfreiheiten achtet und in einer demokratischen Gesellschaft eine notwendige und verhältnismäßige Maßnahme darstellt, die Folgendes sicherstellt:

(...)

c) die öffentliche Sicherheit;
d) die Verhütung, Ermittlung, Aufdeckung oder Verfolgung von Straftaten oder die Strafvollstreckung, einschließlich des Schutzes vor und der Abwehr von Gefahren für die öffentliche Sicherheit;
e) den Schutz sonstiger wichtiger Ziele des allgemeinen öffentlichen Interesses der Union oder eines Mitgliedstaats, insbesondere eines wichtigen wirtschaftlichen oder finanziellen Interesses der Union oder eines Mitgliedstaats, etwa im Währungs-, Haushalts- und Steuerbereich sowie im Bereich der öffentlichen Gesundheit und der sozialen Sicherheit;

(...)

i) den Schutz der betroffenen Person oder der Rechte und Freiheiten anderer Personen;
j) die Durchsetzung zivilrechtlicher Ansprüche.

(...)

Art. 89 Garantien und Ausnahmen in Bezug auf die Verarbeitung zu im öffentlichen Interesse liegenden Archivzwecken, zu wissenschaftlichen oder historischen Forschungszwecken und zu statistischen Zwecken

(1) [1]Die Verarbeitung zu im öffentlichen Interesse liegenden Archivzwecken, zu wissenschaftlichen oder historischen Forschungszwecken oder zu statistischen Zwecken unterliegt geeigneten Garantien für die Rechte und Freiheiten der betroffenen Person gemäß dieser Verordnung. [2]Mit diesen Garantien wird sichergestellt, dass technische und organisatorische Maßnahmen bestehen, mit denen insbesondere die Achtung des Grundsatzes der Datenminimierung gewährleistet wird. [3]Zu diesen Maßnahmen kann die Pseudonymisierung gehören, sofern es möglich ist, diese Zwecke auf diese Weise zu erfüllen. [4]In allen Fällen, in denen diese Zwecke durch die Weiterverarbeitung, bei der die Identifizierung von betroffenen Personen nicht oder nicht mehr möglich ist, erfüllt werden können, werden diese Zwecke auf diese Weise erfüllt.

(2) Werden personenbezogene Daten zu wissenschaftlichen oder historischen Forschungszwecken oder zu statistischen Zwecken verarbeitet, können vorbehaltlich der Bedingungen und Garantien gemäß Absatz 1 des vorliegenden Artikels im Unionsrecht oder im Recht der Mitgliedstaaten insoweit Ausnahmen von den Rechten gemäß der Artikel 15, 16, 18 und 21 vorgesehen werden, als diese Rechte voraussichtlich die Verwirklichung der spezifischen Zwecke unmöglich machen oder ernsthaft beeinträchtigen und solche Ausnahmen für die Erfüllung dieser Zwecke notwendig sind.

(3) Werden personenbezogene Daten für im öffentlichen Interesse liegende Archivzwecke verarbeitet, können vorbehaltlich der Bedingungen und Garantien gemäß Absatz 1 des vorliegenden Artikels im Unionsrecht oder im Recht der Mitgliedstaaten insoweit Ausnahmen von den Rechten gemäß der Artikel 15, 16, 18, 19, 20 und 21 vorgesehen werden, als diese Rechte voraussichtlich die Verwirklichung der spezifischen Zwecke unmöglich machen oder ernsthaft beeinträchtigen und solche Ausnahmen für die Erfüllung dieser Zwecke notwendig sind.

(4) Dient die in den Absätzen 2 und 3 genannte Verarbeitung gleichzeitig einem anderen Zweck, gelten die Ausnahmen nur für die Verarbeitung zu den in diesen Absätzen genannten Zwecken.

Kurzübersicht zum Verhältnis der Normen			
Norm des DSG NRW	Entsprechende Norm der DS-GVO	Entsprechende Norm des BDSG	Öffnungsklausel der DS-GVO
§ 9 DSG NRW	Art. 6 Abs. 2 bis 4 DS-GVO	§§ 23, 24 BDSG	Art. 6 Abs. 1 lit. e, Abs. 2, 3 iVm Art. 23 Abs. 1 lit. c, d, e Alt. 2 und j DS-GVO

A. Allgemeines und Grundlagen

I. Gesamtverständnis und Zweck der Norm

1 § 9 DSG NRW enthält eine Regelung zur **Zulässigkeit von Datenverarbeitungen im Hinblick auf die Zweckbindung.** Die Norm steht damit in inhaltlichem Zusammenhang mit Art. 6 Abs. 1 S. 1 lit. e, Abs. 2 bis 4 DS-GVO, die die Rechtmäßigkeit der Verarbeitung personenbezogener Daten regeln. Während § 9 Abs. 1 DSG NRW die Reichweite der Zulässigkeit von Datenverarbeitungen durch öffentliche Stellen konkretisiert, enthält § 9 Abs. 2 DSG NRW eine Ausweitung der begrenzten Weiterverarbeitungsbefugnis im Hinblick auf Datenverarbeitungen zu anderen Zwecken als zu denjenigen, zu denen die Daten erhoben wurden.[1] § 9 Abs. 2 DSG NRW enthält damit eine Abweichung von Art. 6 Abs. 4 DS-GVO, der die Zulässigkeit zweckändernder Weiterverarbeitungen regelt.[2] § 9 Abs. 3 DSG NRW sieht die Entbehrlichkeit der Information der betroffenen Person im Falle einer zweckändernden Datenverarbeitung vor.[3] § 9 Abs. 4 DSG NRW enthält ergänzende Bestimmungen im Hinblick auf die Zulässigkeit einer Zweckänderung. § 9 Abs. 5 DSG NRW normiert die Unanwendbarkeit von § 9 Abs. 2 und 4 DSG NRW im Falle des Geheimnisschutzes. § 9 Abs. 6 DSG NRW greift die Möglichkeit der Datenübermittlung an öffentlich-rechtliche Religionsgesellschaften auf, sofern die besonderen Voraussetzungen des Abs. 6 vorliegen.[4]

II. Bisherige Rechtslage

2 Die Regelung des § 9 Abs. 1 DSG NRW entspricht der bisherigen Vorschrift des § 13 Abs. 3 DSG NRW aF.[5] Dieser enthielt bereits die Aussage, dass eine Verarbeitung zu anderen Zwecken nicht vorliegt, wenn sie der Wahrnehmung von Aufsichts- und Kontrollbefugnissen, der Rechnungsprüfung oder der Durchführung von Organisationsuntersuchungen dient. Insofern wurde die Vorschrift im Wesentlichen wortgleich in das neue DSG NRW überführt. Inhaltlich ergeben sich somit keine Abweichungen.

3 § 9 Abs. 2 DSG NRW findet seine Vorgängerregelung in § 13 Abs. 2 DSG NRW aF.[6] § 13 Abs. 2 DSG NRW aF enthielt bereits eine Regelung im Hinblick auf die Zulässigkeit von Datenverarbeitungen zu anderen Zwecken als dem ursprünglichen Zweck. Hierbei ist allerdings zu beachten, dass sich die Zulässigkeitsvoraussetzungen des § 9 Abs. 2 Nr. 1 bis 6 DSG NRW gegenüber § 13 Abs. 2 lit. a bis i DSG NRW aF im Einzelnen aufgrund der Vorgaben der DS-GVO grundlegend geändert haben.

4 § 9 Abs. 3 und 4 DSG NRW wurden demgegenüber neu eingefügt.

1 LT-Drs. 17/1981, 137.
2 LT-Drs. 17/1981, 137.
3 LT-Drs. 17/1981, 137.
4 LT-Drs. 17/1981, 138.
5 LT-Drs. 17/1981, 137.
6 LT-Drs. 17/1981, 137.

5 § 9 Abs. 5 DSG NRW stellt eine wortgleiche Überführung von § 13 Abs. 2 S. 3 DSG NRW aF[7] in das neue DSG NRW dar. § 9 Abs. 7 DSG NRW ist eine wortgleiche Umsetzung von § 15 DSG NRW aF.[8] Inhaltlich ergeben sich daher keine Abweichungen. Freilich sind nunmehr bei der Auslegung und Anwendung der Vorschriften die grundsätzlichen Anforderungen der DS-GVO zu beachten.

B. Kommentierung

I. Regelungsgehalt von § 9 Abs. 1 DSG NRW

1. Inhaltliche Reichweite von § 9 Abs. 1 S. 1 Alt. 1 bis 3 DSG NRW

6 Nach § 9 Abs. 1 DSG NRW dürfen personenbezogene Daten durch öffentliche Stellen auch zur Wahrnehmung von Aufsichts- und Kontrollbefugnissen, zur Rechnungsprüfung oder zur Durchführung von Organisationsuntersuchungen verarbeitet werden.[9]

7 Ausweislich der Gesetzesbegründung ist somit die Verarbeitung zu den in § 9 Abs. 1 genannten Zwecken nicht als zweckändernde Weiterverarbeitung anzusehen.[10] Dies findet seine Begründung in der gesetzgeberischen Entscheidung, dass die genannten Verarbeitungsvorgänge den Datenverarbeitungen durch öffentliche Stellen stets inne wohnen und daher kein besonderes Rechtfertigungsbedürfnis auslösen sollen.[11] In der Folge können Datenverarbeitungen nach § 9 Abs. 1 DSG NRW ohne Kenntnis der betroffenen Person vorgenommen werden, weil die Informationspflichten aus Art. 13 Abs. 3 bzw. Art. 14 Abs. 4 DS-GVO nicht bestehen. § 9 Abs. 1 DSG NRW stellt somit einen **Privilegierungstatbestand** für Datenverarbeitungen durch öffentliche Stellen dar. In der Folge sind somit die in § 9 Abs. 1 DSG NRW genannten Datenverarbeitungen vom ursprünglichen Erhebungs- und Verarbeitungszweck (etwa gem. § 3 DSG NRW die rechtmäßige Aufgabenerfüllung im öffentlichen Interesse) mitumfasst und begründen in materiellrechtlicher Hinsicht weder eine Informationspflicht gegenüber der betroffenen Person noch die Notwendigkeit einer Kompatibilitätsprüfung im Sinne des Art. 6 Abs. 4 DS-GVO. Die Vorschrift soll somit die Verarbeitungspraxis öffentlicher Stellen unterstützen und erleichtern.

8 Gleichwohl ist zu beachten, dass im Hinblick auf die Zulässigkeit von Datenverarbeitungen durch öffentliche Stellen die besonderen Voraussetzungen des Abs. 1 zu beachten sind:[12] So stellen nur solche Datenverarbeitungen keine Zweckänderung dar, die in § 9 Abs. 1 DSG NRW ausdrücklich genannt sind. Andere Verarbeitungszwecke sind nicht erfasst und unterliegen daher nicht dem Privilegierungstatbestand.

9 Die Fallgruppe der Datenverarbeitung zur Wahrnehmung von **Aufsichts- und Kontrollbefugnissen** iSd § 9 Abs. 1 DSG NRW privilegiert somit zB die Aufsichtsbehörde bei der Wahrnehmung ihrer Befugnisse gegenüber den datenverarbeitenden Stellen und Verantwortlichen, etwa im Hinblick auf die Einhaltung der geltenden Datenschutzvorschriften.

10 Datenverarbeitungen zur **Rechnungsprüfung** sind ebenfalls ohne Information der betroffenen Person möglich. In Nordrhein-Westfalen ist § 9 Abs. 1 Alt. 2

7 LT-Drs. 17/1981, 138.
8 LT-Drs. 17/1981, 138.
9 Dazu auch *Richter* in HK-LDSG RhPf § 7 Rn. 21 f.
10 LT-Drs. 17/1981, 137.
11 LT-Drs. 17/1981, 137 sowie *Schwartmann/Jacquemain* Stellungnahme iRd öffentlichen Anhörung zum Entwurf des NRWDSAnpUG-EU v. 6.4.2018, S. 3.
12 LT-Drs. 17/1981, 137.

DSG NRW somit gem. § 101 GO NRW insbesondere für zur örtlichen Rechnungsprüfung verpflichteten kreisfreien Städte und Großen kreisangehörige Städte bedeutsam. Dies umfasst insbesondere Fälle, in denen öffentliche Stellen der Verwaltung personenbezogene Daten im Hinblick auf eine ordnungsgemäße Haushalts- und Wirtschaftsführung verarbeiten. Dadurch, dass eine effektive Rechnungsprüfung letztlich der effektiven Finanzplanung und Mittelverwendung dient und damit im Interesse der betroffenen Personen erfolgt, sind Datenverarbeitungen zu diesen Zwecken entsprechend § 9 Abs. 1 DSG NRW privilegiert.

Ferner sind gem. § 9 Abs. 1 Alt. 3 DSG NRW Datenverarbeitungen zur **Durchführung von Organisationsuntersuchungen** privilegiert. Dies umfasst etwa Datenverarbeitungen hinsichtlich Bemessungen des Personalbedarfs von öffentlichen Stellen sowie Optimierungs- und Organisationsentwicklungsprozesse. 11

2. § 9 Abs. 1 S. 2 DSG NRW

§ 9 Abs. 1 S. 2 DSG NRW erfasst **Datenverarbeitungen zu Ausbildungs- und Prüfungszwecken**. Nach dieser Vorschrift ist die Verarbeitung personenbezogener Daten zu diesen Zwecken nicht als zweckändernde Weiterverarbeitung anzusehen, sofern die berechtigten Interessen der betroffenen Person an der Geheimhaltung nicht offensichtlich überwiegen. Damit sind öffentliche Stellen im Rahmen ihrer Aufgabenerfüllung dazu befugt, etwa Klausuren an Prüfungsämter der Hochschulen oder Korrektoren von Prüfungsarbeiten zu übermitteln, ohne eine neue Befugnisnorm für die Datenverarbeitung bemühen zu müssen. 12

3. Öffnungsklausel für Erlass von § 9 Abs. 1 DSG NRW

Ausweislich der Gesetzesbegründung stützt der Landesgesetzgeber den Erlass von § 9 Abs. 1 DSG NRW auf die Öffnungsklausel aus Art. 6 Abs. 2 und 3 DS-GVO.[13] Zu Inhalt und Reichweite der Öffnungsklausel → § 11 Rn. 6 f. 13

II. Regelungsgehalt von § 9 Abs. 2 DSG NRW

1. Inhaltliche Reichweite von § 9 Abs. 2 DSG NRW

§ 9 Abs. 2 DSG NRW normiert die Zulässigkeit der Verarbeitung personenbezogener Daten zu anderen Zwecken als zu denjenigen, zu denen die Daten (ursprünglich) erhoben worden sind. § 9 Abs. 2 DSG NRW legitimiert somit Verarbeitungsvorgänge, deren Zweck nicht mit dem ursprünglichen Zweck vereinbar ist.[14] § 9 Abs. 2 Nr. 1 bis 6 DSG NRW enthält eine alternative (vgl. „oder" in § 9 Abs. 2 Nr. 5 aE DSG NRW), aber abschließende Aufzählung der einzelnen Zulässigkeitstatbestände. Letztlich stellt § 9 Abs. 2 DSG NRW damit eine **Ausweitung der begrenzten Weiterverarbeitungsbefugnis** aus Art. 6 Abs. 4 DS-GVO dar. 14

Problematisch ist im Rahmen von § 9 Abs. 2 DSG NRW insbesondere, dass sich aus den Tatbeständen nicht ergibt, wer die personenbezogenen Daten zu einem anderen Zweck verarbeiten darf.[15] § 9 Abs. 2 DSG NRW enthält hierzu keine Angaben. Auch ist der Umfang der zulässigen Datenverarbeitung unklar und trägt nicht zur Eingrenzung des in Betracht kommenden Kreises der Be- 15

---

13 LT-Drs. 17/1981, 137.
14 LT-Drs. 17/1981, 137.
15 Übereinstimmend *Roßnagel* Stellungnahme iRd öffentlichen Anhörung v. 19.4.2018 zum NRWDSAnpUG-EU v. 13 April 2018, S. 6.

rechtigten bei. § 9 Abs. 2 DSG NRW spricht pauschal von der Zulässigkeit der „Verarbeitung“ unter den Voraussetzungen der Nr. 1 bis 6. Der Begriff der Verarbeitung aus Art. 4 Nr. 2 DS-GVO[16] erfasst allerdings jeden Vorgang im Zusammenhang mit personenbezogenen Daten.[17] Dem Begriff liegt daher ein weites Verständnis zugrunde, so dass sowohl die Erhebung, Offenlegung, Übermittlung und Verbreitung von personenbezogenen Daten als auch die Weitergabe, der Abgleich oder sonstige Verwendungen erfasst werden.[18] In der Folge ist der Kreis sowohl der zur Datenverarbeitung nach § 9 Abs. 2 DSG NRW Berechtigten als auch der Kreis der möglichen Empfänger der im Rahmen einer Zweckänderung verarbeiteten Daten unbestimmt.[19] Erforderlich ist daher eine Eingrenzung des Anwendungsbereichs vor dem Hintergrund des DSG NRW und der DS-GVO. Vor dem Hintergrund des Begriffs des Verantwortlichen aus Art. 4 Nr. 7 DS-GVO[20] und der inhaltlichen Reichweite der Weiterverarbeitungsbefugnis aus Art. 6 Abs. 4 DS-GVO[21] ist davon auszugehen, dass nur die öffentliche Stelle, die die personenbezogenen Daten erstmalig erhoben und verarbeitet hat, zu einer Weiterverarbeitung im Sinne des § 9 Abs. 2 DSG NRW berechtigt sein kann.[22] Dabei kann eine Weitergabe der personenbezogenen Daten oder eine sonstige Übermittlung an Dritte oder andere Verantwortliche nur insoweit von der Reichweite des Tatbestandes umfasst sein, soweit dies erforderlich ist, um die in § 9 Abs. 2 Nr. 1 bis 6 DSG NRW genannten Voraussetzungen zu erfüllen. Insofern ist § 9 Abs. 2 Nr. 1 bis 6 DSG NRW ein restriktives Verständnis zugrunde zu legen.

16 Nach **§ 9 Abs. 2 Nr. 1 DSG NRW** ist eine Verarbeitung personenbezogener Daten zu anderen Zwecken zulässig, wenn sie zur Abwehr erheblicher Nachteile für das Gemeinwohl oder einer Gefahr für die öffentliche Sicherheit, die Verteidigung oder die nationale Sicherheit erforderlich ist.[23] Der Tatbestand lässt also das Drohen eines „erheblichen Nachteils“ oder einer „Gefahr“ für die benannten Rechtsgüter ausreichen. Kritisch ist dabei anzumerken, dass der Tatbestand sowohl durch die Aufnahme eines „Nachteils“ als auch durch das Ausreichen jeglicher Gefahr ausgesprochen weit ist.[24] Insbesondere wurde entgegen der früheren Entwurfsfassung, die noch eine „unmittelbar drohende Gefahr“ forderte, nunmehr durch das Ausreichen jeglicher Gefahren das Datenschutzniveau herabgesetzt.[25] Einschränkend ist durch das Merkmal der „Erforderlich-

16 Dazu ausführlich HK-DS-GVO/BDSG/*Schwartmann/Hermann* Art. 4 Nr. 2 Rn. 34 ff.; *Herbst* in Kühling/Buchner DS-GVO Art. 4 Nr. 2 Rn. 12.

17 HK-DS-GVO/BDSG/*Schwartmann/Hermann* Art. 4 Nr. 2 Rn. 34; *Herbst* in Kühling/Buchner DS-GVO Art. 4 Nr. 2 Rn. 13

18 Dazu *Roßnagel* Stellungnahme zur öffentlichen Anhörung v. 19.4.2018 zum NRWDSAnpUG-EU v. 13 April 2018, S. 6 sowie HK-DS-GVO/BDSG/*Schwartmann/Hermann* Art. 4 Nr. 2 Rn. 34.

19 *Roßnagel* Stellungnahme iRd öffentlichen Anhörung v. 19.4.2018 zum NRWDSAnpUG-EU v. 13 April 2018, S. 6.

20 Dazu HK-DS-GVO/BDSG/*Schwartmann/Mühlenbeck* Art. 4 Nr. 7 Rn. 98 ff.; *Hartung* in Kühling/Buchner DS-GVO Art. 4 Nr. 7 Rn. 1 ff.

21 Dazu HK-DS-GVO/BDSG/*Schwartmann/Pieper* Art. 6 Abs. 4 Rn. 187 ff. Zu Art. 6 Abs. 4 DS-GVO vgl. auch *Kühling/Martini et al.* DS-GVO und nationales Recht S. 38 f.

22 Übereinstimmend *Roßnagel* Stellungnahme iRd öffentlichen Anhörung v. 19.4.2018 zum NRWDSAnpUG-EU v. 13 April 2018, S. 6.

23 *Richter* in HK-LDSG RhPf § 7 Rn. 15 f.

24 Übereinstimmend *LDI NRW* Stellungnahme iRd öffentlichen Anhörung zum Entwurf des NRWDSAnpUG-EU v. 12.4.2018, S. 11.

25 Dazu *LDI NRW* Stellungnahme iRd öffentlichen Anhörung zum Entwurf des NRWDSAnpUG-EU v. 12.4.2018, S. 11.

keit" allerdings zu beachten, dass die Datenverarbeitung unter allen gleich wirksamen Mitteln das mildeste dieser Mittel sein muss.

§ 9 Abs. 2 Nr. 2 DSG NRW lässt eine Datenverarbeitung zu anderen Zwecken zu, wenn diese zur Abwehr einer schwerwiegenden Beeinträchtigung der Rechte einer anderen Person erforderlich ist.[26] Insofern stellt § 9 Abs. 2 Nr. 2 DSG NRW eine gesetzgeberische Entscheidung dahin gehend dar, dass eine zweckändernde Verarbeitung personenbezogener Daten dann zulässig sein kann, wenn aufgrund einer drohenden schwerwiegenden Beeinträchtigung der Rechte einer anderen Person deren Interessen gegenüber den Interessen der von der Datenverarbeitung betroffenen Person vorrangig sind. 17

§ 9 Abs. 2 Nr. 3 DSG NRW gestattet eine Verarbeitung personenbezogener Daten zu anderen Zwecken als dem ursprünglichen, wenn sich bei der rechtmäßigen Aufgabenerfüllung Anhaltspunkte für Straftaten oder Ordnungswidrigkeiten ergeben und die Unterrichtung der für die Verfolgung oder Vollstreckung zuständigen Behörden geboten erscheint.[27] Im Rahmen dieser Regelung ist zu beachten, dass im Hinblick auf die Zulässigkeit der zweckändernden Verarbeitung personenbezogener Daten einschränkend die Rechtmäßigkeit der Aufgabenerfüllung der datenverarbeitenden Stelle vorausgesetzt wird. Insofern liegen zweckändernde Verarbeitungen von Daten, die keine rechtmäßige Aufgabenerfüllung darstellen, außerhalb des Anwendungsbereichs. 18

§ 9 Abs. 2 Nr. 4 DSG NRW erlaubt die zweckändernde Verarbeitung personenbezogener Daten, wenn die Überprüfung der Angaben der betroffenen Person aufgrund tatsächlicher Anhaltspunkte für deren Unrichtigkeit erforderlich ist.[28] Die Norm stellt damit eine Umsetzung des Grundsatzes der Richtigkeit der Daten aus Art. 5 Abs. 1 lit. d DS-GVO[29] dar und erlaubt die Verarbeitung von Daten, um die Handlungsfähigkeit öffentlicher Stellen im Rahmen ihrer Praxis und Bearbeitungsvorgänge zu erhalten. Letztlich dient die Norm dabei auch den Interessen der betroffenen Person daran, dass (nur) zutreffende Daten über sie verarbeitet werden. 19

Einen weiteren Ausnahmetatbestand enthält **§ 9 Abs. 2 Nr. 5 DSG NRW**. Die Norm gestattet eine zweckändernde Verarbeitung, sofern dies zur Wahrung eines rechtlichen Interesses eines Dritten erforderlich ist und das schützenswerte Geheimhaltungsinteresse der betroffenen Person nicht überwiegt. Problematisch ist in diesem Zusammenhang, dass dem Wortlaut der Norm zufolge jedes rechtliche Interesse eines Dritten die Zulässigkeit einer zweckändernden Verarbeitung begründen kann und keine Abwägung mit den Interessen der betroffenen Person stattfindet, sofern kein schützenswertes Geheimhaltungsinteresse besteht. Nach seiner Formulierung legt die Vorschrift den Schluss nahe, dass die Norm in erster Linie Fallkonstellationen in den Blick nimmt, in denen es um die Offenbarung von personenbezogenen Daten gegenüber Dritten geht und dadurch das Geheimhaltungsinteresse der betroffenen Person tangiert ist. Dadurch erfolgt aber in Fallgruppen, in denen das Geheimhaltungsinteresse der betroffenen Person mangels Offenlegung der Daten gegenüber Dritten nicht betroffen ist, keine Interessenabwägung mehr. Darüber hinaus ist die Möglichkeit einer trennscharfen Abgrenzung zum Tatbestand nach § 9 Abs. 2 Nr. 6 DSG 20

---

26 *Richter* in HK-LDSG RhPf § 7 Rn. 16 f.
27 *Richter* in HK-LDSG RhPf § 7 Rn. 19.
28 *Richter* in HK-LDSG RhPf § 7 Rn. 18.
29 Ausführlich dazu HK-DS-GVO/BDSG/*Schwartmann/Hermann* Art. 5 Abs. 1 lit. d Rn. 52 ff.; *Pötters* in Gola DS-GVO Art. 5 Rn. 24.

NRW, der zur Rechtfertigung einer zweckändernden Verarbeitung auf die „berechtigten Interessen eines Dritten" Bezug nimmt, fraglich. In der Praxis werden sich daher Überschneidungen der Tatbestände ergeben.

21 **§ 9 Abs. 2 Nr. 6 DSG NRW** rechtfertigt eine Verarbeitung personenbezogener Daten zu anderen Zwecken, wenn sie im öffentlichen Interesse, insbesondere zur Durchsetzung öffentlich-rechtlicher Geldforderungen, liegt oder zu Wahrung berechtigter Interessen eines Dritten erforderlich ist und die betroffene Person in diesen Fällen der Datenverarbeitung nicht widersprochen hat. Der Regelungsansatz der Vorschrift, insbesondere der Verweis auf das Widerspruchsrecht, erschließt sich nicht unmittelbar: Denn durch § 9 Abs. 2 DSG NRW ist nicht (entsprechend den Vorgaben aus Art. 13 Abs. 3 und Art. 14 Abs. 5 DS-GVO) gewährleistet, dass die betroffene Person stets über die Zweckänderung informiert ist.[30] Hinzu tritt insbesondere, dass nach § 9 Abs. 3 DSG NRW eine Information der betroffenen Person unterbleibt, soweit dadurch der Zweck der Verarbeitung gefährdet würde. Datenverarbeitungen nach § 9 Abs. 2 Nr. 6 DSG NRW können also gem. § 9 Abs. 2 Nr. 6, Abs. 3 DSG NRW ohne Information der betroffenen Person stattfinden. Ohne eine hinreichende Information der betroffenen Person im Hinblick auf die Zweckänderung läuft aber letztlich das Widerspruchsrecht leer, da die betroffene Person keine Kenntnis von einer zweckändernden Verarbeitung hat und dementsprechend auch nicht widersprechen kann.[31]

22 Darüber hinaus enthält § 9 Abs. 2 Nr. 6 DSG NRW nicht die Voraussetzung des Überwiegens der öffentlichen Interessen oder berechtigten Interessen des Dritten gegenüber den Interessen der betroffen Personen.[32] Nach der Regelung sind daher auch solche zweckändernden Datenverarbeitungen rechtmäßig, wenn die Interessen der betroffenen Person schutzwürdiger sind oder sie die öffentlichen Interessen bzw. die Interessen Dritter überwiegen.[33] Eine Abwägung im Einzelfall findet nicht statt. Im Hinblick auf den Grundrechtsschutz der betroffenen Person ist es daher für die Praxis ratsam, bei der Anwendung der Norm davon auszugehen, dass ein „öffentliches Interesse" und ein „berechtigtes Interesse" eines Dritten nur dann bestehen, wenn sie im Einzelfall nach einer Abwägung den Vorrang vor den Interessen der betroffenen Person genießen.[34]

2. Öffnungsklausel für Erlass von § 9 Abs. 2 DSG NRW

23 Ausweislich der Gesetzesbegründung stützt sich der Erlass von § 9 Abs. 2 Nr. 1 bis 6 DSG NRW auf folgende Öffnungsklauseln der DS-GVO:[35]

- § 9 Abs. 2 Nr. 1 DSG NRW: Art. 6 Abs. 4 Fall 2 iVm Art. 23 lit. c und e DS-GVO
- § 9 Abs. 2 Nr. 2 DSG NRW: Art. 6 Abs. 4 Fall 2 iVm Art. 23 lit. i Alt. 2 DS-GVO

---

30 *Roßnagel* Stellungnahme iRd öffentlichen Anhörung v. 19.4.2018 zum NRWDS-AnpUG-EU v. 13 April 2018, S. 6.

31 Übereinstimmend *Roßnagel* Stellungnahme iRd öffentlichen Anhörung v. 19.4.2018 zum NRWDSAnpUG-EU v. 13 April 2018, S. 6.

32 *Roßnagel* Stellungnahme iRd öffentlichen Anhörung v. 19.4.2018 zum NRWDS-AnpUG-EU v. 13 April 2018, S. 6.

33 *Roßnagel* Stellungnahme iRd öffentlichen Anhörung v. 19.4.2018 zum NRWDS-AnpUG-EU v. 13 April 2018, S. 6.

34 In diese Richtung ebenfalls *Roßnagel* Stellungnahme iRd öffentlichen Anhörung v. 19.4.2018 zum NRWDSAnpUG-EU v. 13 April 2018, S. 6.

35 LT-Drs. 17/1981, 137.

- § 9 Abs. 2 Nr. 3 DSG NRW: Art. 6 Abs. 4 Fall 2 iVm Art. 23 lit. d und e DS-GVO
- § 9 Abs. 2 Nr. 4 DSG NRW: Art. 6 Abs. 4 Fall 2 iVm Art. 23 lit. e DS-GVO
- § 9 Abs. 2 Nr. 5 DSG NRW: Art. 6 Abs. 4 Fall 2 iVm Art. 23 lit. i Alt. 2 und j DS-GVO
- § 9 Abs. 2 Nr. 6 DSG NRW: Art. 6 Abs. 4 Fall 2 iVm Art. 23 lit. e, Art. 89 DS-GVO.

Im Rahmen von § 9 Abs. 2 DSG NRW ist zum einen bedeutsam, ob es sich bei Art. 6 Abs. 4 DS-GVO um eine eigenständige Öffnungsklausel handelt. Zum anderen ist die inhaltliche Reichweite von Art. 6 Abs. 4 DS-GVO zu klären. Während manche[36] eine Regelung zur Zulässigkeit einer Zweckänderung nach der Öffnungsklausel des Art. 6 Abs. 4 DS-GVO als zulässig erachten, bezweifeln andere,[37] dass § 9 Abs. 2 DSG NRW die Voraussetzungen von Art. 6 Abs. 4 DS-GVO erfüllt. 24

Ob es sich bei Art. 6 Abs. 4 DS-GVO und dessen Verweis auf das Recht der Mitgliedstaaten um eine eigenständige Öffnungsklausel handelt, ergibt sich aus der DS-GVO nicht unmittelbar.[38] Sowohl das BDSG enthält eigenständige Rechtsgrundlagen für zweckändernde Datenverarbeitungen (§§ 23 ff. BDSG) als auch das LDSG (§ 9 DSG NRW).[39] Dies zeigt, dass der deutsche Gesetzgeber von einer europarechtlichen Öffnung für den Erlass mitgliedstaatlicher Regelungen ausgeht.[40] 25

Demgegenüber bringen andere[41] vor, es handele sich bei Art. 6 Abs. 4 DS-GVO nicht um eine eigenständige Öffnungsklausel, die den Erlass mitgliedstaatlicher Regelungen im Hinblick auf die Zulässigkeit von Zweckänderungen rechtfertige.[42] Vielmehr nehme die DS-GVO selbst bereits durch Art. 23 Abs. 1 DS-GVO eine Aufzählung zulässiger Zweckänderungen vor. Regelungsgehalt von Art. 6 Abs. 4 DS-GVO sei es, dass dieser bestimme, bei welchen Rechtsgrundlagen eine (grundsätzlich erforderliche) Kompatibilitätsprüfung im Hinblick auf die Zulässigkeit einer (zweckändernden) Weiterverarbeitung unterbleiben könne.[43] Diese Rechtsgrundlagen seien dann wiederum an den Zwecken des Art. 23 Abs. 1 DS-GVO zu messen.[44] 26

Für die Praxis empfiehlt es sich, die Wertungen aus Art. 6 Abs. 4 und Art. 23 DS-GVO mit den landesgesetzlichen Regelungen im Hinblick auf die Zulässigkeit einer Weiterverarbeitung abzugleichen. Nur sofern die Ergebnisse im Hin- 27

---

36 *Roßnagel* Stellungnahme iRd öffentlichen Anhörung v. 19.4.2018 zum NRWDS-AnpUG-EU v. 13 April 2018, S. 6.

37 *LDI NRW* Stellungnahme iRd öffentlichen Anhörung zum Entwurf des NRWDS-AnpUG-EU v. 12.4.2018, S. 10 f.

38 HK-DS-GVO/BDSG/*Schwartmann/Pieper* Art. 6 Abs. 4 Rn. 206 ff.; vgl. zu Art. 6 Abs. 4 DS-GVO *Kühling/Martini et al.* DS-GVO und nationales Recht S. 38 ff.

39 HK-DS-GVO/BDSG/*Schwartmann/Pieper* Art. 6 Abs. 4 Rn. 207; vgl. dazu *Heberlein* in Ehmann/Selmayr DS-GVO Art. 6 Abs 4 Rn. 48 ff.

40 Dazu LT-Drs. 17/1981, 137 sowie HK-DS-GVO/BDSG/*Schwartmann/Pieper* Art. 6 Abs. 4 Rn. 207; vgl. dazu *Heberlein* in Ehmann/Selmayr DS-GVO Art. 6 Abs 4 Rn. 48 ff.

41 *LDI NRW* Stellungnahme iRd öffentlichen Anhörung zum Entwurf des NRWDS-AnpUG-EU v. 12.4.2018, S. 10.

42 *LDI NRW* Stellungnahme iRd öffentlichen Anhörung zum Entwurf des NRWDS-AnpUG-EU v. 12.4.2018, S. 10 f.

43 *LDI NRW* Stellungnahme iRd öffentlichen Anhörung zum Entwurf des NRWDS-AnpUG-EU v. 12.4.2018, S. 10 f.

44 *LDI NRW* Stellungnahme iRd öffentlichen Anhörung zum Entwurf des NRWDS-AnpUG-EU v. 12.4.2018, S. 10 f.

blick auf die Zulässigkeit der zweckändernden Weiterverarbeitung divergieren, müssen die europarechtlichen Wertungen verstärkt in den Blick genommen werden, indem diese bei der Anwendung von § 9 DSG NRW berücksichtigt werden.

III. Regelungsgehalt von § 9 Abs. 3 DSG NRW

28 Nach § 9 Abs. 3 DSG NRW erfolgt eine Information der betroffenen Person über die Datenverarbeitung nach Abs. 2 nicht, soweit und solange hierdurch der Zweck der Verarbeitung gefährdet würde. § 9 Abs. 3 DSG NRW regelt somit die **Entbehrlichkeit der Informationspflicht** bei Datenverarbeitungen nach § 9 Abs. 2 DSG NRW. Die einzelnen Pflichten im Hinblick auf eine Information der betroffenen Person ergeben sich aus Art. 13 bzw. Art. 14 DS-GVO.[45]

29 Die Regelung des § 9 Abs. 3 DSG NRW führt in der Praxis dazu, dass die betroffene Person über die zweckändernden Verarbeitungen des § 9 Abs. 2 DSG NRW nicht in Kenntnis gesetzt wird. Eine Ausübung seiner Betroffenenrechte, insbesondere des in § 9 Abs. 2 Nr. 6 DSG NRW erwähnten Widerspruchs, läuft damit im Ergebnis ins Leere, da die betroffene Person keine Kenntnis von der Datenverarbeitung hat und demzufolge auch ihre Betroffenenrechte nicht ausüben wird. Zu beachten ist allerdings, dass § 9 Abs. 3 DSG NRW nur eine zeitlich begrenzte Befreiung von der Informationspflicht gewährt. Ausweislich der Gesetzesbegründung besteht die Befreiung von Informationspflicht nämlich nur „nur solange eine Gefährdung des Verarbeitungszwecks besteht".[46] Nach Wegfall der Gefährdungslage hat somit eine (nachträgliche) Information der betroffenen Person zu erfolgen.[47]

IV. Regelungsgehalt von § 9 Abs. 4 DSG NRW

30 § 9 Abs. 4 DSG NRW enthält in § 9 Abs. 4 Nr. 1 bis 3 DSG eine Reihe von Tatbeständen, bei denen eine Zweckänderung (zusätzlich zu § 9 Abs. 2 DSG NRW) zulässig ist. § 9 Abs. 4 DSG NRW betrifft dabei inhaltlich Zweckänderungen im Interesse oder zum Schutze der betroffenen Person.[48] Ein wesentlicher Unterschied zur Regelung des § 9 Abs. 2 DSG NRW besteht zudem darin, dass bei Zweckänderungen nach § 9 Abs. 4 DSG NRW keine Ausnahme von der Informationspflicht vorgesehen ist, da sich § 9 Abs. 3 DSG NRW ausdrücklich nur auf den vorhergehenden Absatz 2 bezieht (vgl. § 9 Abs. 2 DSG NRW: „Information (...) nach Absatz 2").[49]

31 Nach **§ 9 Abs. 4 Nr. 1 DSG NRW** ist eine Zweckänderung zulässig, wenn die Einholung der Einwilligung der betroffenen Person nicht möglich ist oder mit einem unverhältnismäßig hohem Aufwand verbunden wäre, aber offensichtlich ist, dass die Datenverarbeitung in ihrem Interesse liegt und sie in Kenntnis des anderen Zwecks ihre Einwilligung erteilen würde. Die Norm erfasst somit solche Fälle, in denen eine Einwilligung der betroffenen Person in die Datenverarbeitung entweder gänzlich unmöglich oder die Einholung einer Einwilligung einen Aufwand erfordern würde, der derart unverhältnismäßig ist, dass sie einer Unmöglichkeit gleichzustellen ist. Freilich reicht dabei die Unmöglichkeit

45 Dazu ausführlich HK-DS-GVO/BDSG/*Schwartmann/Schneider* Art. 13 und 14; zudem *Franck* in Gola DS-GVO Art. 13 und 14.
46 LT-Drs. 17/1981, 137.
47 LT-Drs. 17/1981, 137.
48 LT-Drs. 17/1981, 138.
49 LT-Drs. 17/1981, 138.

oder Unverhältnismäßigkeit tatbestandlich nicht aus. Hinzutreten muss, dass die Datenverarbeitung offensichtlich im Interesse der betroffenen Person erfolgt und sie (im Rahmen einer hypothetischen Prüfung) daher ihre Einwilligung in die Datenverarbeitung erteilen würde. Eine Unmöglichkeit bzw. Unverhältnismäßigkeit wird somit insbesondere dann in Betracht kommen, wenn aus praktischen, rechtlichen oder wirtschaftlichen Gründen die Einholung einer Einwilligung nicht möglich oder derart unverhältnismäßig ist, dass sie einer Unmöglichkeit gleichsteht. Dies ist etwa der Fall, wenn eine Hochschule personenbezogene Daten der Studierenden bei der Immatrikulation erhebt und diese anschließend für Zwecke, die außerhalb der Durchführung des Studiums liegen (etwa Veranstaltungshinweise), verarbeitet.

Nach § 9 **Abs. 4 Nr. 2 DSG NRW** ist eine Zweckänderung zulässig, wenn die 32 Bearbeitung eines von der betroffenen Person gestellten Antrags ohne die Zweckänderung der Daten nicht möglich ist. Die Vorschrift erfasst damit insbesondere Fälle, in denen die betroffene Person etwa im Rahmen der Leistungsverwaltung einen Antrag bei der zuständigen öffentlichen Stelle stellt und diese die Daten für andere Zwecke zur Leistungsbewilligung verwendet.

Gemäß § **9 Abs. 4 Nr. 3 DSG NRW** ist eine Zweckänderung zulässig, wenn die 33 Daten aus allgemein zugänglichen Quellen entnommen werden können oder die datenverarbeitende Stelle sie veröffentlichen darf, es sei denn, dass das Interesse der betroffenen Person an dem Ausschluss der Speicherung oder einer Veröffentlichung der gespeicherten Daten offensichtlich überwiegt. Insoweit ist eine Verarbeitung personenbezogener Daten durch öffentliche Stellen zulässig, wenn diese Daten durch die betroffene Person bereits veröffentlicht wurden.

Ausweislich der Gesetzesbegründung stützt sich der Erlass von § 9 Abs. 4 DSG 34 NRW auf die **Öffnungsklausel** aus. Art. 6 Abs. 4 Fall 2 iVm Art. 23 Abs. 1 lit. i Alt. 1 DS-GVO.[50]

V. Regelungsgehalt von § 9 Abs. 5 DSG NRW

Nach § 9 Abs. 5 DSG NRW finden die Absätze 2 und 4 keine Anwendung, 35 wenn die personenbezogenen Daten einem Berufs- oder besonderen Amtsgeheimnis unterliegen und sie der verantwortlichen Stelle von der zur Verschwiegenheit verpflichteten Person in Ausübung ihrer Berufs- oder Amtspflicht übermittelt wurden.

§ 9 Abs. 5 DSG NRW postuliert somit die Unanwendbarkeit von § 9 Abs. 2 36 und 4 DSG NRW im Falle des Geheimnisschutzes. Daraus folgt, dass, soweit die personenbezogenen Daten der betroffenen Person einem Berufs- oder besonderem Amtsgeheimnis unterliegen, eine Zweckänderung nach den Abs. 2 bis 4 unzulässig ist.[51]

In der Praxis sind dabei etwa Fälle denkbar, in denen einer Schweigepflicht 37 bzw. im Rahmen von zum Geheimnisschutz unterliegende Berufe, wie Rechtsanwälte oder Ärzte, im Rahmen der Berufsausübung öffentlichen Stellen personenbezogene Daten ihrer Patienten oder Mandaten übermitteln. In diesen Fällen ist die Rechtfertigung einer Zweckänderung nach den Absätzen 2 und 4 ausgeschlossen.

---

50 LT-Drs. 17/1981, 138. Kritisch dazu *LDI NRW* Stellungnahme iRd öffentlichen Anhörung zum Entwurf des NRWDSAnpUG-EU v. 12.4.2018, S. 11.

51 LT-Drs. 17/1981, 138.

38 Ausweislich der Gesetzesbegründung folgt die Regelungsbefugnis zum Erlass von § 9 Abs. 5 DSG NRW aus Art. 6 Abs. 2 und 3 S. 3, der Ausnahmen und deren Bestimmung von Zweckänderungsfallgruppen und hinsichtlich ihrer Zulässigkeit gestattet.[52] Die Zulässigkeit einer Zweckänderung aufgrund einer Einwilligung nach Art. 6 Abs. 4 Fall 1 DS-GVO bleibt nach Aussage des Gesetzgebers unberührt.[53]

VI. Regelungsgehalt von § 9 Abs. 6 DSG NRW

39 § 9 Abs. 6 DSG NRW betrifft die Übermittlung personenbezogener Daten an öffentlich-rechtliche Religionsgesellschaften. Danach ist die Übermittlung personenbezogener Daten an Stellen der öffentlich-rechtlichen Religionsgesellschaften in entsprechender Anwendung der Vorschriften über die Datenübermittlung an öffentliche Stellen zulässig, sofern sichergestellt ist, dass bei dem Empfänger ausreichende Datenschutzmaßnahmen getroffen sind. Ziel der Vorschrift ist die Sicherung eines einheitlichen Datenschutzniveaus.[54]

40 Insofern ist die Übermittlung personenbezogener Daten an öffentlich-rechtliche Religionsgesellschaften dann zulässig, wenn diese entsprechende bzw. ausreichende Datenschutzmaßnahmen treffen, die einen hinreichenden Schutz der personenbezogenen Daten gewährleisten. Dies sind insbesondere die im Rahmen der Öffnungsklausel aus Art. 91 DS-GVO erlassenen bereichsspezifischen Datenschutzgesetze der öffentlich-rechtlichen Religionsgesellschaften, wie beispielsweise das DSG EKD sowie das KDG, die mit den Anforderungen der DS-GVO und dem DSG NRW in Einklang stehen müssen.

41 Hinsichtlich der Frage, wen die Pflicht zur Sicherstellung „ausreichender Datenschutzmaßnahmen" beim Empfänger trifft,[55] kann diese Pflicht nur die jeweilige öffentlich-rechtliche Religionsgesellschaft treffen, die die personenbezogenen Daten von der jeweiligen öffentlichen Stelle übermittelt bekommt, da diese folglich als Verantwortliche anzusehen ist.

42 Unklar bleibt allerdings der konkrete Umfang der erforderlichen Datenschutzmaßnahmen, damit diese als „ausreichend" iSd § 9 Abs. 6 DSG NRW anzusehen sind. Hier ist eine Beachtung der Anforderungen der DS-GVO und ggf. derjenigen des DSG NRW angezeigt.

§ 10 Löschung personenbezogener Daten

(1) Sofern öffentliche Stellen verpflichtet sind, einem öffentlichen Archiv Unterlagen zur Übernahme anzubieten, ist eine Löschung personenbezogener Daten erst zulässig, nachdem die Unterlagen dem öffentlichen Archiv angeboten und als nicht archivwürdig bewertet worden sind oder die Verpflichtung zur weiteren Aufbewahrung nach § 4 Absatz 5 Satz 1 des Archivgesetzes Nordrhein-Westfalen vom 16. März 2010 (GV. NRW. S. 188) in der jeweils geltenden Fassung, entfallen ist.

(2) [1]Ist eine Löschung im Fall nicht automatisierter Datenverarbeitung wegen der besonderen Art der Speicherung nicht oder nur mit unverhältnismäßig ho-

52 LT-Drs. 17/1981, 138.
53 LT-Drs. 17/1981, 138.
54 LT-Drs. 17/1981, 138.
55 Kritisch dazu Stellungnahme der behördlichen Datenschutzbeauftragten der Hochschulen des Landes NRW zum NRWDSAnpUG-EU v. 12.4.2018, S. 3.

hem Aufwand möglich und ist das Interesse der betroffenen Person an der Löschung als gering anzusehen, besteht das Recht der betroffenen Person auf und die Pflicht des Verantwortlichen zur Löschung personenbezogener Daten gemäß Artikel 17 Absatz 1 der Verordnung (EU) 2016/679 ergänzend zu den in Artikel 17 Absatz 3 der Verordnung (EU) 2016/679 genannten Ausnahmen nicht. [2]In diesem Fall tritt an die Stelle einer Löschung die Einschränkung der Verarbeitung gemäß Artikel 18 der Verordnung (EU) 2016/679. [3]Die Sätze 1 und 2 finden keine Anwendung, wenn die personenbezogenen Daten unrechtmäßig verarbeitet wurden.

Verwandte Norm DS-GVO:

Art. 17 Recht auf Löschung („Recht auf Vergessenwerden")

(1) Die betroffene Person hat das Recht, von dem Verantwortlichen zu verlangen, dass sie betreffende personenbezogene Daten unverzüglich gelöscht werden, und der Verantwortliche ist verpflichtet, personenbezogene Daten unverzüglich zu löschen, sofern einer der folgenden Gründe zutrifft:

a) Die personenbezogenen Daten sind für die Zwecke, für die sie erhoben oder auf sonstige Weise verarbeitet wurden, nicht mehr notwendig.
b) Die betroffene Person widerruft ihre Einwilligung, auf die sich die Verarbeitung gemäß Artikel 6 Absatz 1 Buchstabe a oder Artikel 9 Absatz 2 Buchstabe a stützte, und es fehlt an einer anderweitigen Rechtsgrundlage für die Verarbeitung.
c) Die betroffene Person legt gemäß Artikel 21 Absatz 1 Widerspruch gegen die Verarbeitung ein und es liegen keine vorrangigen berechtigten Gründe für die Verarbeitung vor, oder die betroffene Person legt gemäß Artikel 21 Absatz 2 Widerspruch gegen die Verarbeitung ein.
d) Die personenbezogenen Daten wurden unrechtmäßig verarbeitet.
e) Die Löschung der personenbezogenen Daten ist zur Erfüllung einer rechtlichen Verpflichtung nach dem Unionsrecht oder dem Recht der Mitgliedstaaten erforderlich, dem der Verantwortliche unterliegt.
f) Die personenbezogenen Daten wurden in Bezug auf angebotene Dienste der Informationsgesellschaft gemäß Artikel 8 Absatz 1 erhoben.

(2) Hat der Verantwortliche die personenbezogenen Daten öffentlich gemacht und ist er gemäß Absatz 1 zu deren Löschung verpflichtet, so trifft er unter Berücksichtigung der verfügbaren Technologie und der Implementierungskosten angemessene Maßnahmen, auch technischer Art, um für die Datenverarbeitung Verantwortliche, die die personenbezogenen Daten verarbeiten, darüber zu informieren, dass eine betroffene Person von ihnen die Löschung aller Links zu diesen personenbezogenen Daten oder von Kopien oder Replikationen dieser personenbezogenen Daten verlangt hat.

(3) Die Absätze 1 und 2 gelten nicht, soweit die Verarbeitung erforderlich ist

a) zur Ausübung des Rechts auf freie Meinungsäußerung und Information;
b) zur Erfüllung einer rechtlichen Verpflichtung, die die Verarbeitung nach dem Recht der Union oder der Mitgliedstaaten, dem der Verantwortliche unterliegt, erfordert, oder zur Wahrnehmung einer Aufgabe, die im öffentlichen Interesse liegt oder in Ausübung öffentlicher Gewalt erfolgt, die dem Verantwortlichen übertragen wurde;
c) aus Gründen des öffentlichen Interesses im Bereich der öffentlichen Gesundheit gemäß Artikel 9 Absatz 2 Buchstaben h und i sowie Artikel 9 Absatz 3;
d) für im öffentlichen Interesse liegende Archivzwecke, wissenschaftliche oder historische Forschungszwecke oder für statistische Zwecke gemäß Artikel 89 Absatz 1,

soweit das in Absatz 1 genannte Recht voraussichtlich die Verwirklichung der Ziele dieser Verarbeitung unmöglich macht oder ernsthaft beeinträchtigt, oder
e) zur Geltendmachung, Ausübung oder Verteidigung von Rechtsansprüchen.

Kurzübersicht zum Verhältnis der entscheidenden Normen			
Norm des DSG NRW	Entsprechende Norm der DS-GVO	Entsprechende Norm des BDSG	Öffnungsklausel der DS-GVO
§ 10 DSG NRW	Art. 17 DS-GVO	§ 35 BDSG	Art. 6 Abs. 1 lit. e, Abs. 2, Art. 23 DS-GVO

Literatur:

Berger, Die Anwendbarkeit der Datenschutz-Grundverordnung in öffentlichen Archiven, RDV 2018, 201; *Faas/Henseler,* Speicherdauer und Aufbewahrungsfristen unter der DSGVO, BB 2018, 2292; *Hunzinger,* Löschkonzepte nach der DSGVO am Beispiel von ERP-Systemen, CR 2018, 357; *Keppeler/Berning,* Technische und rechtliche Probleme bei der Umsetzung der DS-GVO-Löschpflichten, ZD 2017, 314; *Keppeler,* Das „Radierverbot“ als „Rettung“ vor den umfangreichen DS-GVO-Löschpflichten, RDV 2018, 70.

A. Grundlagen

I. Gesamtverständnis, Zweck der Norm und Verhältnis zu anderen Normen

1 Zweck der Norm ist es zum einen, **archivwürdiges Gut** vor einer übereilten **Löschung** nach Art. 17 DS-GVO zu schützen.[1] Zum anderen wird eine **Ausnahme** für die Löschung von personenbezogenen Daten – die nicht auf einer automatisierten Speicherung basieren – festgelegt, die jedoch nur gilt, wenn die Löschung einen unverhältnismäßigen Aufwand verursachen würde und das Interesse der betroffenen Person an der Löschung als gering anzusehen ist.

1 Kritisch zu Notwendigkeit einer ähnlichen Regelung *Richter* in HK-LDSG RhPf § 6 Rn. 2.

II. Bisherige Rechtslage

Vor Einführung der DS-GVO ergaben sich die Löschpflichten unmittelbar aus § 19 DSG NRW aF. Eine dem jetzigen § 10 Abs. 1 vergleichbare Vorschrift fand sich in § 19 Abs. 5 DSG NRW aF. Die Ausnahme von der Löschpflicht aus § 10 Abs. 2 regelte § 19 Abs. 3 S. 2 DSG NRW aF iVm § 4 Abs. 6 DSG NRW aF, wobei sich diese Vorschrift auf „in Akten“ gespeicherte Daten bezog, bei denen eine „Abtrennung nicht möglich“ ist. 2

III. Die allgemeinen DSGVO-Löschpflicht in der Praxis

Art. 17 Abs. 1 DS-GVO regelt die Voraussetzungen, unter welchen der Betroffene das Recht hat, die **Löschung** seiner personenbezogenen Daten zu verlangen, und der Verantwortliche verpflichtet ist, diese Daten zu löschen. Anders als bei anderen **Betroffenenrechten** ist der Verantwortliche proaktiv – also ohne jede Anspruchsstellung durch den Betroffenen – dazu verpflichtet, personenbezogene Daten zu löschen.[2] Als grobe Richtschnur kann festgehalten werden, dass eine Löschverpflichtung besteht, wenn der Zweck der Verarbeitung von personenbezogenen Daten erfüllt ist oder wegfällt, wenn sich herausstellt, dass schon von Anfang an kein datenschutzrechtlich legitimer Zweck vorhanden war oder wenn eine Einwilligungserklärung widerrufen wird. Im Einzelnen formuliert Art. 17 DS-GVO für folgende **Fälle** die Verpflichtung zur Löschung: 3

- Personenbezogene Daten sind für die Zwecke, für die sie verarbeitet wurden, nicht mehr erforderlich (sei dies durch Zweckerreichung oder Zweckfortfall).
- Widerruf einer Einwilligungserklärung (aber nur, wenn es keine anderweitige Rechtsgrundlage für eine weitere Verarbeitung der Daten gibt).
- Widerspruch eines Betroffenen gemäß Art. 21 Abs. 1 und 2 DS-GVO (das Widerspruchsrecht besteht nur bezüglich einer Verarbeitung auf Basis des berechtigten Interesses gemäß Art. 6 Abs. 1 lit. f DS-GVO und ist insoweit für Behörden häufig irrelevant).
- Soweit sich herausstellt, dass Daten unrechtmäßig verarbeitet wurden, sind diese zu löschen.
- Daten sind zu löschen, wenn dies nach EU-Recht oder dem nationalen Recht der Mitgliedsstaaten gesetzlich angeordnet ist.
- Daten von Kindern, die im Zusammenhang mit Diensten der Informationsgesellschaft erhoben worden, sind zu löschen, wenn die Voraussetzungen von Art. 8 DS-GVO nicht eingehalten wurden.

1. Allgemeine Ausnahme von der Löschpflicht

Gerade für die öffentliche Hand wurden verschiedene **Ausnahmen** von der Löschpflicht bereits auf Ebene der DS-GVO festgeschrieben. So gilt die Löschpflicht nicht, wenn die Verarbeitung zur Wahrnehmung einer Aufgabe erforderlich ist, die im **öffentlichen Interesse** liegt oder in **Ausübung öffentlicher Gewalt** erfolgt (Art. 17 Abs. 3 lit. b DS-GVO). Eine Spezialausnahme besteht zudem für **Gesundheitsdaten** im Sinne von Art. 9 Abs. 1 DS-GVO (Art. 17 Abs. 3 lit. c DS-GVO). Für den Bereich von **öffentlichen Archiven** und für wissenschaftliche oder historische **Forschung** besteht zudem eine generelle Ausnahme von der Löschpflicht (Art. 17 Abs. 3 lit. d DS-GVO). 4

2 Vgl. *Leutheuser-Schnarrenberger* in HK-DS-GVO/BDSG Art. 17 Rn. 12.

2. Typische Praxisprobleme der allgemeinen Löschpflicht in der Verwaltung

5 Sofern der Gesetzgeber nicht ausdrücklich Aufbewahrungsregelungen vorsieht oder eine zuständige oberste Landesbehörde im Rahmen von Verordnungen oder erlassenen Verwaltungsvorschriften Löschpflichten anordnet, muss der Verantwortliche bzw. die aktenführende Stelle typischerweise im Rahmen ihres **pflichtgemäßen Ermessens** eine Löschpflicht anhand der Kriterien der DS-GVO bestimmen. Eine erste Hilfestellung hierzu stellt das Ministerium für Wirtschaft Innovation, Digitalisierung und Energie des Landes Nordrhein-Westfalen zur Verfügung.[3] Die Bestimmung der genauen **Löschfrist** ist allerdings häufig nicht anhand von „mathematischen“ Kriterien „ausrechenbar“.[4] Zudem ist festzustellen, dass das Thema der Löschfristen weder für den öffentlich rechtlichen Bereich noch für die Privatwirtschaft durch Rechtsprechung konkretisiert wurde. Erschwerend wirkt die **generalklauselartige** Formulierung der datenschutzrechtlichen Erlaubnistatbestände.[5]

6 Vor diesem Hintergrund der **Rechtsunsicherheit** ist es wichtig, auf Basis von validen Argumenten eine plausible Entscheidung über die Löschpflichten zu treffen und diese Entscheidung ordnungsgemäß zu dokumentieren. Denn gemäß Art. 5 Abs. 1 lit. i iVm Abs. 2 DS-GVO ist der Verantwortliche dazu verpflichtet, **nachzuweisen**, dass er dem Prinzip der Speicherbegrenzung bzw. der Löschpflicht nachgekommen ist. Es empfiehlt sich daher, in einem **ausführlichen Verzeichnis der Verarbeitungstätigkeiten** nach Art. 30 DS-GVO die Löschpflichten für jedes Verfahren zu **dokumentieren.**

3. Technische Probleme des Löschens

7 Die Löschpflichten nach der DS-GVO führen aber auch in **technischer Hinsicht** zu einer Herausforderung. Zum einen gab es aufgrund des Platzmangels in der Vergangenheit eine grundsätzliche Motivation, alte Akten nicht allzu lange aufzubewahren. Zudem erfolgte die Aufbewahrung ganzer Vorgänge in geschlossenen Akten. Heutzutage besteht hingegen das Problem, dass ein – rechtlich einheitlicher – Verwaltungsvorgang auf **mehreren IT-Systemen** (Microsoft Outlook, Netzwerkfestplatte, spezifische Verwaltungssoftware, Cloud-Speicherplatz und Cloud-Anwendungen) **verteilt gespeichert** ist.

8 Der immer günstiger werdende verfügbare Speicher hat zudem in den letzten Jahren zunehmend dazu geführt, dass ein systematisches Löschen aus „Platzmangel“ kaum noch auf Eigeninitiative stattfindet. Zudem besteht das Problem, dass selbst **etablierte Fachsoftware** häufig das punktuelle und systematische Löschen einzelner Vorgänge nicht vorsieht, wenn dieses Thema nicht von Anfang an in den Datenbankstrukturen implementiert wurde.[6] Im Rahmen der Digitalisierung wurden auch in der öffentlichen Verwaltung zahlreiche vernetzte, performante Datenbanken geschaffen, bei denen die Löschung einzelner Vorgänge stets mit dem Risiko einhergeht, dass ein **anderer Vorgang** (in demselben oder einem anderen IT-System) **beeinträchtigt** wird. Die tatsächliche Umsetzung der Löschpflichten stellt daher für die öffentliche Verwaltung eine **enorme**

3 Handreichung zu Aufbewahrungsfristen, Version 1.0 (leider noch ohne Berücksichtigung der DS-GVO), http://www.archive.nrw.de/lav/informationen_fuer_behoerden/E-Government/Handreichung-Aufbewahrungsfristen-_DVN_-_V1_0_.pdf.
4 *Keppeler/Berning* ZD 2017, 314 (315 ff.).
5 Vgl. *Keppeler* RDV 2018, 70 (71 ff.).
6 *Keppeler/Berning* ZD 2017, 314 (317 f.).

Herausforderung dar, die teilweise nur mithilfe der **Softwareanbieter** umsetzbar ist.

4. Wichtige Aufbewahrungspflichten in NRW

Im Gegensatz zu der Verarbeitung von personenbezogenen Daten durch einen privaten Verantwortlichen ist die **Verarbeitung durch staatliche Einrichtungen** durch Gesetze, Verordnungen und Verwaltungsvorschriften regelmäßig **stark reguliert**. Dies umfasst häufig auch etwaige **Aufbewahrungspflichten** von Akten, die sich in zahlreichen **Spezialgesetzen** finden. Im Rahmen dieser Kommentierung ist es nur möglich, einen kleinen Ausschnitt hiervon beispielhaft zu präsentieren: 9

- Gemäß des Runderlasses des Innenministeriums NRW vom 29.4.2003 – 55/19-19-24.10 sind **Bußgeldakten** drei Jahre lang aufzubewahren (gilt nicht für die Finanzverwaltung).
- § 59 Abs. 2 der Verordnung über das Haushaltswesen der Kommunen im Land Nordrhein-Westfalen bestimmt, dass Jahresabschlüsse und Eröffnungsbilanzen von Kommunen dauernd, Bücher zehn Jahre, Belege und sonstige **Unterlagen zum Haushalt** sechs Jahre aufzubewahren.
- § 64 des Gesetzes über die juristischen Prüfungen und den juristischen Vorbereitungsdienst bestimmt, dass schriftliche **Prüfungsarbeiten** fünf Jahre und alle anderen Prüfungsunterlagen 50 Jahre aufbewahrt werden müssen.
- § 9 der Verordnung über die zur Verarbeitung zugelassenen Daten von Schülerinnen, Schülern und Eltern (VO-DV I NRW) bestimmt, dass Zweitschriften von **Abgangs-und Abschlusszeugnissen** für 50 Jahre, **Schülerstammblätter** für 20 Jahre, **Zeugnislisten, -durchschriften und Unterlagen** über die Klassenführung für zehn Jahre und alle übrigen Daten für fünf Jahre aufbewahrt werden müssen.

In den wenigen folgenden Fällen hat der Landesgesetzgeber auch **spezifische Löschpflichten** innerhalb des **DSG NRW** geregelt: 10

- Gemäß 18 Abs. 7 Satz 1 sind **Bewerberdaten** unverzüglich zu löschen, sobald feststeht, dass ein Dienst- oder Arbeitsverhältnis nicht zustande kommt, es sei denn, es liegt eine entsprechende Einwilligung vor, oder es könnten noch Ansprüche nach dem AGG geltend gemacht werden (vor dem Hintergrund des AGG und seiner Verjährungsfrist von sechs Monaten dürfen Bewerberdaten in der Regel sechs Monate aufbewahrt werden). Gemäß § 17 Abs. 3 Satz 2 sind personenbezogene Daten, die zu wissenschaftlichen oder historischen Forschungszwecken oder zu statistischen Zwecken verarbeitet werden, zu löschen, sobald der Forschungs- oder Statistikzweck dies erlaubt.
- Gemäß 18 Abs. 7 Satz 2 sind **Personaldaten** nach Beendigung eines Beschäftigungsverhältnisses zu löschen, wenn diese Daten nicht mehr benötigt werden, es sei denn, dass Rechtsvorschriften der Löschung entgegenstehen.
- Gemäß § 20 Abs. 4 sind **Videoüberwachungsdaten** unverzüglich zu löschen, es sei denn, die Daten sind zur Abwehr von Gefahren für die öffentliche Sicherheit, zur Verfolgung von Straftaten oder zur Geltendmachung von Rechtsansprüchen gegenüber der betroffenen Person erforderlich.

Weitere Löschfristen finden sich in den Abschnitten über die **JI-RL** (siehe §§ 50 11
Abs. 5, 52 Abs. 2, 54 Abs. 2, 55 Abs. 4).

B. Kommentierung

I. Absatz 1

12 Abs. 1 enthält eine klarstellende **Spezialregelung** für öffentliche Stellen, die verpflichtet sind, einem öffentlichen Archiv Unterlagen zur Übernahme anzubieten. Dies betrifft nach § 4 Abs. 1 ArchivG NRW nur **Landesbehörden, Gerichte und sonstige Stellen des Landes.** Die Träger der kommunalen Selbstverwaltung, deren Verbände und kommunale Stiftungen haben hingegen nach § 10 Abs. 1 ArchivG NRW eigene Archive zu führen und unterliegen damit nicht der Pflicht, einem anderen öffentlichen Archiv Unterlagen zur Übernahme anzubieten. Gleiches gilt für andere der Aufsicht des Landes unterstehende juristische Personen des öffentlichen Rechts, sofern diese faktisch ein Archiv gemäß den Kriterien des ArchivG NRW eingerichtet haben. Sollte dies nicht der Fall sein, sind sie verpflichtet, dem Landesarchiv NRW nicht mehr benötigte Unterlagen anzubieten (§ 11 Abs. 2 ArchivG NRW) und unterliegen somit auch der Regelung aus § 10 Abs. 1 ArchivG NRW.

13 Gemäß § 10 Abs. 1 ArchivG NRW darf eine Datenlöschung nicht bereits dann erfolgen, wenn Unterlagen dem öffentlichen Archiv angeboten wurden. Eine Löschung darf erst erfolgen, wenn das Archiv die **Unterlagen als nicht archivwürdig bewertet** hat oder **sechs Monate** nach dem Angebot der Unterlagen an das Archiv vergangen sind (siehe § 4 Abs. 5 S. 1 ArchivG NRW).

14 Der Gesetzgeber stützt seine **Regelungsbefugnis** auf Art. 6 Abs. 2 iVm Art. 17 Abs. 3 lit. d DS-GVO.[7] Nach Art. 17 Abs. 3 lit. d DS-GVO sind personenbezogene Daten nicht zu löschen, wenn ansonsten im öffentlichen Interesse liegende Archivzwecke unmöglich gemacht oder ernsthaft beeinträchtigt würden. Art. 6 Abs. 2 iVm Abs. 1 lit. c DS-GVO erlaubt den Mitgliedstaaten, spezifischere Bestimmungen hinsichtlich der Datenverarbeitung zur Erfüllung einer rechtlichen Verpflichtung des Verantwortlichen zu erlassen. Hiervon hat der Gesetzgeber mit der Schaffung von § 10 Abs. 1 Gebrauch gemacht.

II. Absatz 2

1. Einordnung der Regelung und deren Rechtsfolge

15 Die Regelung des § 10 Abs. 2 S. 1 enthält eine in ihrem Anwendungsbereich sehr eingeschränkte Regelung des § 35 Abs. 3 BDSG aF. § 35 Abs. 3 BDSG aF ordnete eine Ausnahme für die Löschung sämtlicher personenbezogener Daten an, soweit die Löschung mit „**unverhältnismäßigem Aufwand**" verbunden war. In der Praxis hat man sich vor dem oben geschilderten Hintergrund der Probleme des Löschens in modernen IT-Systemen häufig darauf berufen, dass die Löschung einzelner Daten grundsätzlich unverhältnismäßigen Aufwand erzeugt. § 10 Abs. 2 DSG NRW (und der für die Bundesverwaltung und freie Wirtschaft parallel formulierte § 35 Abs. 2 BDSG) betrifft allerdings nur Fälle der **nicht automatisierten Speicherung** und fordert neben dem unverhältnismäßigen Aufwand auch ein geringes **Interesse der betroffenen Person an der Löschung.** Liegen die Voraussetzungen von § 10 Abs. 2 S. 1 vor, so ordnet S. 2 an Stelle der Löschung die **Einschränkung der Verarbeitung** nach Art. 18 DS-GVO an. Diese von den Verantwortlichen bevorzugende Regelung gilt nach § 10 Abs. 2 S. 3 jedoch nicht, wenn die personenbezogenen Daten **unrechtmäßig verarbeitet** wurden. In diesem Fall ist der Verantwortliche nicht schutzwürdig.[8]

7 LT-Drs. 17/1981, 138.
8 LT-Drs. 17/1981, 139.

Hintergrund dieser Vorschrift ist die **Funktionsfähigkeit öffentlicher Stellen**. Soweit zu § 35 BDSG darauf hingewiesen wird, dass diese Ausnahme von der Löschpflicht eng auszulegen ist,[9] wird das auch für die landesrechtliche Vorschrift gelten. Dies darf jedoch nicht dazu führen, dass die Funktion der **Entlastung der Verwaltung** vollständig entfällt. Vieles spricht dafür, dass eine Behörde, die zu dem Schluss gelangt, dass sie schon die Prüfung älterer Aktenbestände nach dem neuen Verständnis von Löschpflichten im Tagesgeschäft aufgrund einer Personalnot nicht leisten kann, auch hierzu nicht verpflichtet ist. 16

2. Anwendbarkeit bei nicht automatisierter Datenverarbeitung

§ 10 Abs. 2 ist nur auf **nicht automatisierte Datenverarbeitungsvorgänge** anwendbar. Zwar ist der Begriff der nicht automatisierten Datenverarbeitung weder im DSG NRW noch in der DS-GVO explizit legal definiert, jedoch findet der Begriff in beiden Gesetzen Gebrauch (so beispielsweise in Art. 2 Abs. 1 DS-GVO). Aus Erwägungsgrund 15 zur DS-GVO lässt sich entnehmen, dass hierunter eine **rein manuelle Verarbeitung** verstanden wird. Es darf also weder beabsichtigt sein, die Daten später zu digitalisieren, noch darf ein – auch noch so geringer – Teilschritt der Verarbeitung automatisiert erfolgen.[10] In der Literatur wird diskutiert, ob auch die Datenverarbeitung durch **ältere analoge Geräte** (etwa die Aufnahme durch ein Tonbandgerät) als „automatisierte Datenverarbeitung" gelten müsse.[11] Dies ist für magnetisch gespeicherte Daten und Informationen, die auf Lochkarten gespeichert sind, nachvollziehbar, da hier eine automatische Suche und Auswertung zumindest theoretisch noch möglich ist. Argumentiert man anhand des **Schutzzwecks**, muss man aber zB für Informationen, die auf einem Microfiche gespeichert sind, zu einem anderen Ergebnis gelangen, auch wenn diese beim Betrachten mithilfe eines Geräts vergrößert dargestellt werden. Denn eine Papierakte wird ebenso wenig wie ein Microfiche durch eine Vergrößerung automatisiert durchsuchbar. Der Hauptanwendungsfall von „nicht automatisierten Datenverarbeitung" besteht jedenfalls in der Praxis aus Papierakten, die nicht zugleich auch noch digital gespeichert sind.[12] 17

Anders als in der europäischen Vorschrift findet sich in § 10 Abs. 2 keine ausdrückliche Limitierung auf manuelle Datenverarbeitungstätigkeiten, bei denen die Daten in einem „**Dateisystem** gespeichert sind" (Legaldefinition in Art. 4 Nr. 6 DS-GVO). Dies ist jedoch auch nicht notwendig, da in Fällen, in denen keine Speicherung in einem Dateisystem stattfindet, schon gar nicht der Anwendungsbereich der DS-GVO tangiert ist (Art. 2 Abs. 1 DS-GVO), so dass eine Löschpflicht iSd Art. 17 Abs. 1 DS-GVO nicht besteht. 18

3. Unverhältnismäßiger Löschungsaufwand

Der Tatbestand des § 10 Abs. 2 S. 1 setzt unter anderem voraus, dass eine Löschung nur mit **unverhältnismäßigem Aufwand** möglich ist. In Bezug auf die vergleichbare Einschränkung in der Bundesnorm weist die Begründung zum Gesetz darauf hin, dass das Merkmal in Bezug auf den jeweiligen **Stand der Technik** zu sehen ist.[13] Dies heißt auch, dass Löschungen, die jetzt noch unver- 19

9 Vgl. *Brink* in: BeckOK DatenschutzR § 35 Rn. 55.
10 Kühling/Buchner/*Kühling/Raab* DS-GVO Art. 2 Rn. 17.
11 Kühling/Buchner/*Kühling/Raab* DS-GVO Art. 2 Rn. 17; BeckOK DatenschutzR/Bäcker DS-GVO Art. 2 Rn. 2.
12 Vgl. Kühling/Buchner/*Kühling/Raab* DS-GVO Art. 2 Rn. 17.
13 *Herbst* in Kühling/Buchner BDSG § 35 Rn. 8.

hältnismäßig sind in Folge des technologischen Fortschritts, verhältnismäßig werden können. Auch die bundesrechtliche Vorgängervorschrift orientierte sich bereits daran, dass die technischen Gegebenheiten das maßgebliche Kriterium zur Bestimmung der Unverhältnismäßigkeit darstellt,[14] auch wenn teilweise angenommen wurde, dass auch **betriebswirtschaftliche Gründe** für die Bestimmung der Unverhältnismäßigkeit in Erwägung gezogen werden können.[15] Unabhängig davon sei die damalige Vorschrift restriktiv und damit zugunsten einer Löschung auszulegen.[16] Dies wird auch für § 10 Abs. 2 gelten müssen, da es sich um eine Ausnahmevorschrift handelt, deren extensive Auslegung ansonsten den Bedeutungsgehalt der Grundregel aushöhlen würde. Dies wird auch von Ausführungen des Bundesrats in einer Stellungnahme zur aktuellen bundesrechtlichen Vorschrift unterstrichen, die generelle Bedenken an eine „Unverhältnismäßigkeitsklausel" knüpft, da im digitalen Zeitalter die Löschung selektiver Inhalte grundsätzlich dem Stand der Technik entspricht.[17] Dieses Argument ist nicht leicht von der Hand zu weisen, da regelmäßig auch die Digitalisierung analoger Inhalte möglich ist und es in den digitalen Kopien technisch leicht umsetzbar ist, gewisse Passagen zu entfernen.[18]

20 Letztendlich ist zu akzeptieren, dass der landesrechtliche Gesetzgeber durch die Implementierung einer Verhältnismäßigkeitsprüfung das **Bewertungsrisiko auf die jeweilige Behörde** verlagert.[19]

4. Interesse des Betroffenen an Löschung gering

21 Neben dem Merkmal des unverhältnismäßigen Aufwands setzt § 10 Abs. 2 S. 1 als weitere Voraussetzung voraus, dass „das Interesse der betroffenen Person an der Löschung als **gering** anzusehen ist". Auch wenn teilweise anders vertreten, handelt es sich hierbei um eine alleinstehende Voraussetzung die nicht im Zusammenhang mit dem unverhältnismäßigen Aufwand steht.[20] Dies wird zum einen bereits daraus deutlich, dass die beiden Voraussetzungen in zwei voneinander unabhängigen Hauptsätzen stehen, die mit einem „und" verbunden sind. Außerdem bezieht sich die Unverhältnismäßigkeit der Löschung auf die „besondere Art der Speicherung".

22 Das Interesse des Betroffenen ist **subjektiv** zu bestimmen. Das hat zur Folge, dass ein hohes Interesse an einer Löschung daran abgelesen werden kann, dass ein Betroffener einen Löschungsanspruch bezüglich der älteren, nicht automatisiert verarbeiteten Daten geltend macht.[21] Umgekehrt gilt: Wenn keine besonders sensiblen Daten gespeichert sind und die Beeinträchtigung des Betroffenen daher bei einer längeren Speicherung gering ist, ist auch in der Regel das Interesse des Betroffenen an einer Löschung vergleichsweise gering.

5. Aktuelle Diskussionen

23 Der Bundesgesetzgeber ist in den ersten Entwürfen davon ausgegangen, dass die Ausnahme zur Löschpflicht bei unverhältnismäßigem Aufwand auch für au-

14 *Gola/Klug/Körffer* in Gola/Schomerus BDSG § 35 Rn. 17.
15 *Dix* in Simitis, BDSG, 7. Auflage 2011, § 35 Rn. 50.
16 *Dix* in Simitis, BDSG, 7. Auflage 2011, § 35 Rn. 50.
17 Stellungnahme des Bundesrats zum Regierungsentwurf BR-Drs. 110/17, 39 f.
18 Vgl. *Dix* in Simitis, BDSG, 7. Auflage 2011, § 35 Rn. 50.
19 Vgl. *Piltz* in BDSG Praxiskommentar für die Wirtschaft, § 35, Rn. 8.
20 Andere Auffassung zur bundesrechtlichen Vorschrift wohl *Worms* in: BeckOK DatenschutzR § 35 Rn. 25.
21 So auch *Worms* in: BeckOK DatenschutzR § 35 Rn. 25.

tomatisierte Datenverarbeitungsvorgänge gelten soll.[22] Umso bedauerlicher ist es, dass der Gesetzgeber hier keine parallele Umsetzung zu § 35 Abs. 3 Nr. 3 BDSG aF vorgenommen hat. Dieser erlaubte bei unverhältnismäßig hohem Aufwand auch bei automatisierter Datenverarbeitung eine Sperrung statt einer Löschung. In der Praxis besteht das Problem, dass Datenbanken und Software die Löschung einzelner Daten und spezifischer Vorgänge häufig nicht vorsehen (siehe oben).[23] Dies mag sich in Zukunft ändern, ist derzeit jedoch oftmals mit immensen Schwierigkeiten verbunden. Da derzeit noch keinesfalls flächendeckende IT-Lösungen für das erst durch die Digitalisierung hervorgerufene Problem des Löschens personenbezogener Daten bestehen, wäre es enorm hilfreich, wenn der Gesetzgeber die Rechtslage an die Realität anpassen und § 10 Abs. 2 bzw. § 35 Abs. 1 BDSG auf automatisierte Datenverarbeitungsvorgänge erweitern würde. Auch im Rahmen des „Zweite[n] Datenschutz-Anpassungs- und Umsetzungsgesetz EU (2. DSAnpUG-EU)" wurde keine entsprechende Ausnahme von den Löschpflichten aufgenommen. In der Praxis zeigte sich indes, dass die Aufsichtsbehörden die Löschverpflichtung im Hinblick auf ältere Datenbestände sehr ernst nehmen: Dem Unternehmen Deutsche Wohnen wurde das erste größere **Bußgeld in Höhe von EUR 14,5 Mio.** auferlegt, nachdem das Unternehmen sich offenbar nach einem ersten Audit geweigert hatte, nicht mehr benötigte Daten von Mietern zu löschen.[24]

6. Öffnungsklausel

Auf Grundlage der **Öffnungsklausel** in Art. 23 Abs. 1 lit. e DS-GVO wird – zusätzlich zu den Ausnahmen in Art. 17 Abs. 3 DS-GVO – eine weitere Ausnahme von der Löschpflicht geregelt, wodurch die Rechte Betroffener nach Art. 17 Abs. 1 DS-GVO eingeschränkt werden. 24

C. Bedeutung der Vorschrift für die behördliche Praxis

Die praktische Auswirkung der nun sehr ernst zu nehmenden Löschverpflichtung ist im Allgemeinen nicht zu unterschätzen (siehe → Rn. 6, 7 und 23). Die Auswirkungen der konkreten Regelungen in § 10 dürften jedoch in der behördlichen Praxis gering sein. Denn zum einen bestanden die Regeln zur weiteren Speicherverpflichtung nach Abgabe von potenziellem Archivgut an Archive nach § 10 Abs. 1 bereits vorher. Zum anderen hat die Regelung aus § 10 Abs. 2 nur einen sehr **eingeschränkten Anwendungsbereich**. Immerhin können sich öffentliche Stellen, denen auch bisher bereits die systematische Überprüfung größerer Aktenbestände auf Löschfristen bzw. die Umsetzung der Vernichtung zu aufwendig war, unter den oben geschilderten Voraussetzungen, auf § 10 Abs. 2 berufen. 25

22 Siehe etwa Referentenentwurf des Bundesministeriums des Inneren v. 5.8.2016; Gesetzentwurf BR-Drs. 110/17, 28.
23 *Keppeler* RDV 2018, 70 f.
24 Siehe die Presseerklärung unter https://www.datenschutz-berlin.de/infothek-und-service/pressemitteilungen/#c83.

Kapitel 2 Rechte der betroffenen Personen

§ 11 Beschränkung der Informationspflicht bei der Erhebung von personenbezogenen Daten nach Artikel 13 und 14 der Verordnung (EU) 2016/679

(1) Bei der Verarbeitung personenbezogener Daten entfällt die Informationspflicht des Verantwortlichen nach Artikel 13 Absatz 3 und Artikel 14 Absätze 1, 2 und 4 der Verordnung (EU) 2016/679, soweit und solange

1. die Information die Verfolgung von Straftaten, Ordnungswidrigkeiten oder berufsrechtlichen Verstößen, die öffentliche Sicherheit oder den Schutz des Wohles des Bundes oder eines Landes gefährdet,
2. die personenbezogenen Daten oder die Tatsache ihrer Verarbeitung nach einer Rechtsvorschrift oder wegen der Rechte und Freiheiten anderer Personen geheim zu halten sind oder
3. die Information die Geltendmachung, Ausübung oder Verteidigung zivilrechtlicher Ansprüche beeinträchtigen würde und die Interessen des Verantwortlichen an der Nichterteilung der Information die Interessen der betroffenen Person überwiegen.

(2) [1]Bezieht sich die Informationspflicht auf die Übermittlung personenbezogener Daten an Behörden der Staatsanwaltschaft, an Polizeidienststellen, an Behörden der Finanzverwaltung, soweit sie personenbezogene Daten für Zwecke der Verhütung, Ermittlung, Aufdeckung oder Verfolgung von Straftaten speichern, an Verfassungsschutzbehörden, an den Bundesnachrichtendienst, an den Militärischen Abschirmdienst und, soweit die Sicherheit des Bundes berührt wird, andere Behörden des Bundesministeriums der Verteidigung, ist die Erteilung der Information nur mit Zustimmung dieser Stellen zulässig. [2]Gleiches gilt für die Übermittlung personenbezogener Daten von diesen Behörden.

Verwandte Normen der DS-GVO:

Art. 13 Informationspflicht bei Erhebung von personenbezogenen Daten bei der betroffenen Person

(1) Werden personenbezogene Daten bei der betroffenen Person erhoben, so teilt der Verantwortliche der betroffenen Person zum Zeitpunkt der Erhebung dieser Daten Folgendes mit:

a) den Namen und die Kontaktdaten des Verantwortlichen sowie gegebenenfalls seines Vertreters;
b) gegebenenfalls die Kontaktdaten des Datenschutzbeauftragten;
c) die Zwecke, für die die personenbezogenen Daten verarbeitet werden sollen, sowie die Rechtsgrundlage für die Verarbeitung;
d) wenn die Verarbeitung auf Artikel 6 Absatz 1 Buchstabe f beruht, die berechtigten Interessen, die von dem Verantwortlichen oder einem Dritten verfolgt werden;
e) gegebenenfalls die Empfänger oder Kategorien von Empfängern der personenbezogenen Daten und
f) gegebenenfalls die Absicht des Verantwortlichen, die personenbezogenen Daten an ein Drittland oder eine internationale Organisation zu übermitteln, sowie das Vorhandensein oder das Fehlen eines Angemessenheitsbeschlusses der Kommission oder im Falle von Übermittlungen gemäß Artikel 46 oder Artikel 47 oder Artikel 49 Absatz 1 Unterabsatz 2 einen Verweis auf die geeigneten oder angemessenen Garantien und die Möglichkeit, wie eine Kopie von ihnen zu erhalten ist, oder wo sie verfügbar sind.

(2) Zusätzlich zu den Informationen gemäß Absatz 1 stellt der Verantwortliche der betroffenen Person zum Zeitpunkt der Erhebung dieser Daten folgende weitere Informationen zur Verfügung, die notwendig sind, um eine faire und transparente Verarbeitung zu gewährleisten:

a) die Dauer, für die die personenbezogenen Daten gespeichert werden oder, falls dies nicht möglich ist, die Kriterien für die Festlegung dieser Dauer;
b) das Bestehen eines Rechts auf Auskunft seitens des Verantwortlichen über die betreffenden personenbezogenen Daten sowie auf Berichtigung oder Löschung oder auf Einschränkung der Verarbeitung oder eines Widerspruchsrechts gegen die Verarbeitung sowie des Rechts auf Datenübertragbarkeit;
c) wenn die Verarbeitung auf Artikel 6 Absatz 1 Buchstabe a oder Artikel 9 Absatz 2 Buchstabe a beruht, das Bestehen eines Rechts, die Einwilligung jederzeit zu widerrufen, ohne dass die Rechtmäßigkeit der aufgrund der Einwilligung bis zum Widerruf erfolgten Verarbeitung berührt wird;
d) das Bestehen eines Beschwerderechts bei einer Aufsichtsbehörde;
e) ob die Bereitstellung der personenbezogenen Daten gesetzlich oder vertraglich vorgeschrieben oder für einen Vertragsabschluss erforderlich ist, ob die betroffene Person verpflichtet ist, die personenbezogenen Daten bereitzustellen, und welche mögliche Folgen die Nichtbereitstellung hätte und
f) das Bestehen einer automatisierten Entscheidungsfindung einschließlich Profiling gemäß Artikel 22 Absätze 1 und 4 und – zumindest in diesen Fällen – aussagekräftige Informationen über die involvierte Logik sowie die Tragweite und die angestrebten Auswirkungen einer derartigen Verarbeitung für die betroffene Person.

(3) Beabsichtigt der Verantwortliche, die personenbezogenen Daten für einen anderen Zweck weiterzuverarbeiten als den, für den die personenbezogenen Daten erhoben wurden, so stellt er der betroffenen Person vor dieser Weiterverarbeitung Informationen über diesen anderen Zweck und alle anderen maßgeblichen Informationen gemäß Absatz 2 zur Verfügung.

(4) Die Absätze 1, 2 und 3 finden keine Anwendung, wenn und soweit die betroffene Person bereits über die Informationen verfügt.

Art. 14 Informationspflicht, wenn die personenbezogenen Daten nicht bei der betroffenen Person erhoben wurden

(1) Werden personenbezogene Daten nicht bei der betroffenen Person erhoben, so teilt der Verantwortliche der betroffenen Person Folgendes mit:

a) den Namen und die Kontaktdaten des Verantwortlichen sowie gegebenenfalls seines Vertreters;
b) zusätzlich die Kontaktdaten des Datenschutzbeauftragten;
c) die Zwecke, für die die personenbezogenen Daten verarbeitet werden sollen, sowie die Rechtsgrundlage für die Verarbeitung;
d) die Kategorien personenbezogener Daten, die verarbeitet werden;
e) gegebenenfalls die Empfänger oder Kategorien von Empfängern der personenbezogenen Daten;
f) gegebenenfalls die Absicht des Verantwortlichen, die personenbezogenen Daten an einen Empfänger in einem Drittland oder einer internationalen Organisation zu übermitteln, sowie das Vorhandensein oder das Fehlen eines Angemessenheitsbeschlusses der Kommission oder im Falle von Übermittlungen gemäß Artikel 46 oder Artikel 47 oder Artikel 49 Absatz 1 Unterabsatz 2 einen Verweis auf die geeigneten oder angemessenen Garantien und die Möglichkeit, eine Kopie von ihnen zu erhalten, oder wo sie verfügbar sind.

(2) Zusätzlich zu den Informationen gemäß Absatz 1 stellt der Verantwortliche der betroffenen Person die folgenden Informationen zur Verfügung, die erforderlich sind,

um der betroffenen Person gegenüber eine faire und transparente Verarbeitung zu gewährleisten:

a) die Dauer, für die die personenbezogenen Daten gespeichert werden oder, falls dies nicht möglich ist, die Kriterien für die Festlegung dieser Dauer;
b) wenn die Verarbeitung auf Artikel 6 Absatz 1 Buchstabe f beruht, die berechtigten Interessen, die von dem Verantwortlichen oder einem Dritten verfolgt werden;
c) das Bestehen eines Rechts auf Auskunft seitens des Verantwortlichen über die betreffenden personenbezogenen Daten sowie auf Berichtigung oder Löschung oder auf Einschränkung der Verarbeitung und eines Widerspruchsrechts gegen die Verarbeitung sowie des Rechts auf Datenübertragbarkeit;
d) wenn die Verarbeitung auf Artikel 6 Absatz 1 Buchstabe a oder Artikel 9 Absatz 2 Buchstabe a beruht, das Bestehen eines Rechts, die Einwilligung jederzeit zu widerrufen, ohne dass die Rechtmäßigkeit der aufgrund der Einwilligung bis zum Widerruf erfolgten Verarbeitung berührt wird;
e) das Bestehen eines Beschwerderechts bei einer Aufsichtsbehörde;
f) aus welcher Quelle die personenbezogenen Daten stammen und gegebenenfalls ob sie aus öffentlich zugänglichen Quellen stammen;
g) das Bestehen einer automatisierten Entscheidungsfindung einschließlich Profiling gemäß Artikel 22 Absätze 1 und 4 und – zumindest in diesen Fällen – aussagekräftige Informationen über die involvierte Logik sowie die Tragweite und die angestrebten Auswirkungen einer derartigen Verarbeitung für die betroffene Person.

(3) Der Verantwortliche erteilt die Informationen gemäß den Absätzen 1 und 2

a) unter Berücksichtigung der spezifischen Umstände der Verarbeitung der personenbezogenen Daten innerhalb einer angemessenen Frist nach Erlangung der personenbezogenen Daten, längstens jedoch innerhalb eines Monats,
b) falls die personenbezogenen Daten zur Kommunikation mit der betroffenen Person verwendet werden sollen, spätestens zum Zeitpunkt der ersten Mitteilung an sie, oder,
c) falls die Offenlegung an einen anderen Empfänger beabsichtigt ist, spätestens zum Zeitpunkt der ersten Offenlegung.

(4) Beabsichtigt der Verantwortliche, die personenbezogenen Daten für einen anderen Zweck weiterzuverarbeiten als den, für den die personenbezogenen Daten erlangt wurden, so stellt er der betroffenen Person vor dieser Weiterverarbeitung Informationen über diesen anderen Zweck und alle anderen maßgeblichen Informationen gemäß Absatz 2 zur Verfügung.

(5) Die Absätze 1 bis 4 finden keine Anwendung, wenn und soweit

a) die betroffene Person bereits über die Informationen verfügt,
b) die Erteilung dieser Informationen sich als unmöglich erweist oder einen unverhältnismäßigen Aufwand erfordern würde; dies gilt insbesondere für die Verarbeitung für im öffentlichen Interesse liegende Archivzwecke, für wissenschaftliche oder historische Forschungszwecke oder für statistische Zwecke vorbehaltlich der in Artikel 89 Absatz 1 genannten Bedingungen und Garantien oder soweit die in Absatz 1 des vorliegenden Artikels genannte Pflicht voraussichtlich die Verwirklichung der Ziele dieser Verarbeitung unmöglich macht oder ernsthaft beeinträchtigt. In diesen Fällen ergreift der Verantwortliche geeignete Maßnahmen zum Schutz der Rechte und Freiheiten sowie der berechtigten Interessen der betroffenen Person, einschließlich der Bereitstellung dieser Informationen für die Öffentlichkeit,
c) die Erlangung oder Offenlegung durch Rechtsvorschriften der Union oder der Mitgliedstaaten, denen der Verantwortliche unterliegt und die geeignete Maßnahmen zum Schutz der berechtigten Interessen der betroffenen Person vorsehen, ausdrücklich geregelt ist oder

d) die personenbezogenen Daten gemäß dem Unionsrecht oder dem Recht der Mitgliedstaaten dem Berufsgeheimnis, einschließlich einer satzungsmäßigen Geheimhaltungspflicht, unterliegen und daher vertraulich behandelt werden müssen.

Öffnungsklausel in der DS-GVO für nationale Regelung *(Auszug)*:

Art. 23 Beschränkungen

(1) Durch Rechtsvorschriften der Union oder der Mitgliedstaaten, denen der Verantwortliche oder der Auftragsverarbeiter unterliegt, können die Pflichten und Rechte gemäß den Artikeln 12 bis 22 und Artikel 34 sowie Artikel 5, insofern dessen Bestimmungen den in den Artikeln 12 bis 22 vorgesehenen Rechten und Pflichten entsprechen, im Wege von Gesetzgebungsmaßnahmen beschränkt werden, sofern eine solche Beschränkung den Wesensgehalt der Grundrechte und Grundfreiheiten achtet und in einer demokratischen Gesellschaft eine notwendige und verhältnismäßige Maßnahme darstellt, die Folgendes sicherstellt:

a) die nationale Sicherheit;
b) die Landesverteidigung;
c) die öffentliche Sicherheit;
d) die Verhütung, Ermittlung, Aufdeckung oder Verfolgung von Straftaten oder die Strafvollstreckung, einschließlich des Schutzes vor und der Abwehr von Gefahren für die öffentliche Sicherheit;
e) den Schutz sonstiger wichtiger Ziele des allgemeinen öffentlichen Interesses der Union oder eines Mitgliedstaats, insbesondere eines wichtigen wirtschaftlichen oder finanziellen Interesses der Union oder eines Mitgliedstaats, etwa im Währungs-, Haushalts- und Steuerbereich sowie im Bereich der öffentlichen Gesundheit und der sozialen Sicherheit;
(...)
g) die Verhütung, Aufdeckung, Ermittlung und Verfolgung von Verstößen gegen die berufsständischen Regeln reglementierter Berufe;
(...)
i) den Schutz der betroffenen Person oder der Rechte und Freiheiten anderer Personen;
j) die Durchsetzung zivilrechtlicher Ansprüche.

(...)

Kurzübersicht zum Verhältnis der entscheidenden Normen			
Norm des DSG NRW	Verwandte Norm der DS-GVO	Entsprechende Norm des BDSG	Öffnungsklausel der DS-GVO
§ 11 DSG NRW	Art. 13 und 14 DS-GVO	§§ 29, 32, 33 BDSG	Art. 23 Abs. 1 lit. a bis e, g, i und j DS-GVO

A. Allgemeines und Grundlagen

I. Gesamtverständnis, Zweck der Norm und Verhältnis zu anderen Vorschriften

1. Gesamtverständnis und Zweck der Norm

§ 11 DSG NRW enthält eine **Beschränkung der Informationspflichten** gegenüber der betroffenen Person. Insoweit knüpft § 11 DSG NRW inhaltlich unmittelbar an **Art. 13**[1] und **Art. 14 DS-GVO**[2] an.[3] 1

§ 11 Abs. 1 DSG NRW enthält **zwei Regelungsbereiche:** Zum einen bestimmt § 11 Abs. 1 Var. 1 DS-GVO den **Wegfall der Informationspflicht nach Art. 13 Abs. 3 DS-GVO** im Falle einer Direkterhebung von personenbezogenen Daten bei der betroffenen Person bei einer Zweckänderung im Rahmen einer (zulässigen) Weiterverarbeitung. Dafür müssen die Voraussetzungen von § 11 Abs. 1 Nr. 1 bis 3 DSG NRW vorliegen.[4] Zum anderen **entfallen** nach § 11 Abs. 1 Var. 2 DSG NRW die **Informationspflichten nach Art. 14 Abs. 1, 2 und 4 DS-GVO** unter den Voraussetzungen des § 11 Abs. 1 Nr. 1 bis 3 DSG NRW. Dies führt somit zu einem gänzlichen Wegfall der Informationspflichten im Falle einer Dritterhebung personenbezogener Daten.[5] 2

Unberührt bleiben demgegenüber Art. 13 Abs. 1 und 2 DS-GVO sowie die in Art. 13 Abs. 4 DS-GVO und Art. 14 Abs. 5 DS-GVO niedergelegten Ausnahmen von der Informationspflicht.[6] Der Erhalt der Informationspflicht nach Art. 13 DS-GVO ist unter anderem im Rahmen der **Anfertigung von Bildnissen zu nicht-journalistischen Zwecken im öffentlichen Bereich** von besonderer praktischer Relevanz.[7] Die Geltung des Art. 14 Abs. 5 lit. b DS-GVO ist ebenfalls von Bedeutung, da der praktisch relevante Wegfall der Informationspflicht nach Art. 14 Abs. 1 bis 4 DS-GVO im Falle eines **unverhältnismäßigen Aufwands** (Art. 14 Abs. 5 lit. b DS-GVO) erhalten bleibt. Gleichwohl mutet es wertungswidersprüchlich an, die Ausnahmeregelungen aus Art. 14 Abs. 5 DS-GVO beizubehalten, während demgegenüber die grundsätzliche Informationspflicht aus Art. 14 DS-GVO entfällt. Infolge dessen entfällt in weiten Teilen der Anwendungsbereich des Art. 14 Abs. 5 DS-GVO.[8] 3

Die Beschränkung der Informationspflichten verfolgt den **Zweck**, Gefährdungen einer effektiven Strafverfolgung oder von Belangen des Bundes und der Länder zu vermeiden (§ 11 Abs. 1 Nr. 1 DSG NRW) sowie besondere Geheimhaltungspflichten zu beachten (§ 11 Abs. 1 Nr. 2 DSG NRW) bzw. durch die Information die Durchsetzung zivilrechtlicher Ansprüche nicht zu vereiteln (§ 11 Abs. 1 Nr. 3 DSG NRW). 4

§ 11 Abs. 2 DSG NRW statuiert für den Fall, dass personenbezogene Daten an die in Abs. 2 genannten Behörden übermittelt werden oder von diesen Stellen 5

---

1 Ausführlich zu Art. 13 vgl. HK-DS-GVO/BDSG/*Schwartmann/Schneider* DS-GVO Art. 13; *Veil* in Gierschmann/Schlender/Stentzel/Veil DS-GVO Art. 13 Rn. 27 ff.; *Paal/Hennemann* in Paal/Pauly DS-GVO Art. 13 Rn. 11 ff.
2 Ausführlich zu Art. 14 vgl. HK-DSGVO/BDSG/*Schwartmann/Schneider* DS-GVO Art. 14; *Veil* in Gierschmann/Schlender/Stentzel/Veil DS-GVO Art. 13 Rn. 27 ff.; *Paal/Hennemann* in Paal/Pauly DS-GVO Art. 14 Rn. 11 ff.
3 Vgl. dazu auch *Richter/Buchmann* in HK-LDSG RhPf § 11 Rn. 1 ff.
4 Vgl. dazu ausführlich unter → Rn. 13.
5 Vgl. dazu ausführlich unter → Rn. 57.
6 LT-Drs. 17/1981, 139 f.
7 Vgl. dazu die Ausführungen unter → Rn. 39.
8 Vgl. dazu die Ausführungen unter → Rn. 68.

an eine öffentliche Stelle übermittelt werden, ein **besonderes Zustimmungserfordernis** im Hinblick auf die Erteilung der Information.[9] Dementsprechend regelt § 11 Abs. 2 DSG NRW, dass die Erteilung der Information erst nach ausdrücklicher Zustimmung der ebenfalls betroffenen Behörde erteilt werden darf.[10] Die Regelung verfolgt damit den Zweck Kollisionen mit gesetzlichen Strafverfolgungs- oder Sicherheitsbelangen des Staates zu vermeiden.[11]

2. Verhältnis zu anderen Vorschriften

a) Verhältnis zur DS-GVO

6 Die DS-GVO entfaltet als Verordnung entsprechend Art. 288 UAbs. 1 AEUV unmittelbare Geltung in den Mitgliedstaaten und genießt **Anwendungsvorrang.**[12] Gleichwohl weist die DS-GVO **Öffnungsklauseln** auf, die den nationalen Gesetzgeber zum Erlass mitgliedstaatlicher Rechtssetzung ermächtigen und unter Umständen sogar verpflichten.[13] Die Öffnungsklauseln der DS-GVO sind letztlich besondere Ausprägungen der Achtung des Grundsatzes der begrenzten Einzelermächtigung und des Subsidiaritätsprinzips aus Art. 5 Abs. 2 und 3 EUV gegenüber den Mitgliedstaaten.[14]

7 Die DS-GVO enthält in Bezug auf eine Abweichung von den Informationspflichten aus Art. 13 und 14 DS-GVO dementsprechend eine Öffnungsklausel in **Art. 23 DS-GVO,** der es den Mitgliedstaaten erlaubt die Vorschriften aus den Artikel 12 bis 22 DS-GVO unter besonderen Voraussetzungen zu beschränken.[15]

8 Ausweislich des Wortlauts von § 11 Abs. 1 DSG NRW und der Gesetzesbegründung[16] enthält § 11 DSG NRW eine Beschränkung der Informationspflichten aus der DS-GVO.[17] Demnach knüpft die Vorschrift inhaltlich unmittelbar an die in Art. 13 und 14 DS-GVO statuierten Informationspflichten an. Aufgrund des grundsätzlichen Anwendungsvorrangs der DS-GVO gilt dementsprechend für die Informationspflicht nach Art. 13 DS-GVO, dass dessen übrige Absätze (insbesondere Abs. 1 und 2) weiterhin uneingeschränkt Anwendung finden.[18] Demgegenüber ist die Informationspflicht nach Art. 14 DS-GVO mit Ausnahme von dessen Abs. 5 durch § 11 Abs. 1 DSG abbedungen und hat folglich in den in § 11 Abs. 1 Nr. 1 bis 3 DSG genannten Fällen keine praktische Bedeutung mehr.

---

9 LT-Drs. 17/1981, 140.

10 LT-Drs. 17/1981, 140.

11 LT-Drs. 17/1981, 140.

12 LT -Drs. NRW 17/1981, 2.

13 Dazu ausführlich *Schwartmann/Hermann/Mühlenbeck* Rechtsgutachten Entzug Doktorgrad; *Schwartmann/Hermann/Mühlenbeck* RDV 5/2018, 252 f. sowie *Kühling/Martini et.al.* DS-GVO und nationales Recht 2016.

14 HK-DS-GVO/BDSG/*Schwartmann/Jacquemain* Art. 6 Rn. 157; *Paal* in Paal/Pauly DS-GVO Art. 23 Rn. 4.

15 Dazu HK-DS-GVO/BDSG/*Pabst* Art. 23; *Paal* in Paal/Pauly DS-GVO Art. 23 Rn. 1 ff.; sowie *Richter/Buchmann* in HK-LDSG RhPf § 11 Rn. 3 ff.

16 LT-Drs. 17/1981, 139.

17 Zur Rechtmäßigkeit der Nutzung der Öffnungsklausel vgl. Ausführungen unter → § 6 Rn. 1 ff.

18 LT-Drs. 17/1981, S. 2. Zu den Folgen einer Anwendbarkeit von Art. 13 DS-GVO im Übrigen vgl. die Ausführungen unter → Rn. 89.

b) Verhältnis zum BDSG

Das BDSG enthält entsprechende Ausnahmen von der Informationspflicht in den §§ 32 und 33 BDSG. Allerdings gelten die Vorschriften des BDSG nach § 1 BDSG (Anwendungsbereich) nur für die Verarbeitung personenbezogener Daten durch **öffentliche Stellen des Bundes** sowie für öffentliche Stellen der Länder, soweit der Datenschutz nicht durch Landesgesetz geregelt ist. Da das Land Nordrhein-Westfalen durch Erlass des DSG NRW dementsprechend eine eigene Regelung erlassen hat, finden die Vorschriften des BDSG in dieser Hinsicht somit nur Anwendung auf öffentliche Stellen des Bundes und stehen somit neben dem Regelungskomplex des DSG NRW. Sie entfalten daher für öffentliche Stellen des Landes NRW keine Wirkung. 9

II. Bisherige Rechtslage

Die Regelung des § 11 DSG NRW wurde durch die Neufassung des DSG NRW neu eingefügt. 10

B. Kommentierung

I. Regelungsgehalt von § 11 Abs. 1

In systematischer Hinsicht ist im Rahmen von § 11 Abs. 1 DSG NRW zwischen **zwei Regelungskomplexen** zu unterscheiden: § 11 Abs. 1 Var. 1 DSG NRW statuiert den Wegfall der Informationspflicht nach Art. 13 Abs. 3 DS-GVO. Demgegenüber bezieht sich § 11 Abs. 1 Var. 2 DSG NRW auf den Wegfall der Informationspflicht nach Art. 14 Abs. 1, 2 und 4 DS-GVO. 11

Unberührt bleiben demgegenüber die in Art. 13 Abs. 4 DS-GVO sowie die in Art. 14 Abs. 5 DS-GVO niedergelegten Ausnahmen von der Informationspflicht.[19] 12

1. § 11 Abs. 1 Var. 1: Wegfall der Informationspflicht nach Art. 13 Abs. 3 DS-GVO

Nach § 11 Abs. 1 Var. 1 DSG NRW entfällt die Informationspflicht nach Art. 13 Abs. 3 DS-GVO, wenn die Voraussetzungen nach § 11 Abs. 1 Nr. 1 bis 3 DSG NRW vorliegen. 13

a) Inhalt der Informationspflicht aus Art. 13 Abs. 3 DS-GVO

Nach Art. 13 Abs. 3 DS-GVO hat der Verantwortliche, der beabsichtigt, personenbezogene Daten zu einem anderen Zweck weiterzuverarbeiten als zu demjenigen, für den die personenbezogenen Daten ursprünglich erhoben wurden, der betroffenen Person vor dieser Weiterverarbeitung die Informationen über den anderen Zweck und alle anderen maßgeblichen Informationen nach Art. 13 Abs. 2 DS-GVO zur Verfügung zu stellen. 14

Insofern betrifft Art. 13 Abs. 3 DS-GVO die **Informationspflicht im Falle einer zweckändernden Weiterverarbeitung.** Dies entspricht dem Grundsatz, dass grundsätzlich jede (zulässige) Weiterverarbeitung (gemäß Art. 6 Abs. 4[20] bzw. § 9 Abs. 2 DSG NRW)[21] eine erneute Informationspflicht gemäß Art. 13 Abs. 2 15

---

19 LT-Drs. 17/1981, 139 f.

20 Dazu HK-DS-GVO/BDSG/*Schwartmann/Pieper* Art. 6 Abs. 4 Rn. 174 f.

21 Vgl. dazu Kommentierung *Schwartmann/Mühlenbeck* in → § 9 Rn. 1 ff.

DS-GVO auslöst.[22] Der Bezug, den Art. 13 Abs. 3 DS-GVO bloß zu dessen Abs. 2 und nicht auch zu den Informationsgehalten des Abs. 1 herstellt, liegt darin begründet, dass die betroffene Person die Informationen nach Art. 13 Abs. 1 DS-GVO im Zuge der erstmaligen Erhebung der Informationen bereits erhalten hat. Demgegenüber kann im Rahmen einer Weiterverarbeitung eine zusätzliche Information entsprechend Art. 13 Abs. 2 DS-GVO durchaus erforderlich werden.[23]

16 In Bezug auf den **Inhalt** der mitzuteilenden Informationen gilt der **Katalog des Art. 13 Abs. 2 DS-GVO.**[24]

17 Hinsichtlich des **Zeitpunktes der Informationserteilung** ist zu beachten, dass Art. 13 Abs. 3 DS-GVO eine Informationserteilung bereits vor der Weiterverarbeitung fordert, während die Informationen entsprechend Art. 13 Abs. 1 und 2 DS-GVO erst im Zeitpunkt der Erhebung bereit zu stellen sind. Damit ist die Informationspflicht aus Art. 13 Abs. 3 DS-GVO **vorverlagert.**

b) Wegfall der Informationspflicht unter den Voraussetzungen von § 11 Abs. 1 Nr. 1–3 DS-GVO

18 Nach § 11 Abs. 1 Var. 1 DSG NRW gilt die Informationspflicht aus Art. 13 Abs. 3 DS-GVO nicht, soweit und solange

- die Information die Verfolgung von Straftaten, Ordnungswidrigkeiten und berufsrechtlichen Verstößen, die öffentliche Sicherheit oder den Schutz des Wohles des Bundes oder eines Landes gefährdet (§ 11 Abs. 1 Nr. 1)
- die personenbezogenen Daten oder die Tatsache ihrer Verarbeitung nach einer Rechtsvorschrift oder wegen der Rechte und Freiheiten anderer Personen geheim zu halten sind oder (§ 11 Abs. 1 Nr. 2)
- die Information die Geltendmachung, Ausübung oder Verteidigung zivilrechtlicher Ansprüche beeinträchtigen würde und die Interessen des Verantwortlichen an der Nichterteilung der Information die Interessen der betroffenen Person überwiegen (§ 11 Abs. 1 Nr. 3).

19 Im Rahmen der Rechtsanwendung ist stets zu beachten, dass ein Wegfall der Informationspflicht stets dazu führt, dass die aus Art. 12 DS-GVO folgende **Transparenz** als Betroffenenrecht tangiert bzw. **verringert** wird.[25] Dies gilt es im Rahmen einer Auslegung der jeweiligen Tatbestände stets zu berücksichtigen.

aa) Gefährdung der Strafverfolgung oder der öffentlichen Sicherheit des Bundes oder eines Landes (§ 11 Abs. 1 Nr. 1)

20 Entsprechend § 11 Abs. 1 DSG NRW entfällt die Informationspflicht aus Art. 13 Abs. 3 DS-GVO insbesondere, soweit und solange die Informationserteilung eine effektive Strafverfolgung bzw. Verfolgung von Ordnungswidrigkeiten und berufsrechtlichen Verstößen sowie die öffentliche Sicherheit des Bundes oder der Länder gefährden würde.[26]

---

22 HK-DS-GVO/BDSG/*Schwartmann/Schneider* Art. 13 Abs. 3 Rn. 61 f.; *Paal/Hennemann* in Paal/Pauly DS-GVO Art. 13 Rn. 33.

23 Zum Ganzen HK-DS-GVO/BDSG/*Schwartmann/Schneider* Art. 13 Abs. 3 Rn. 61; *Veil* in Gierschmann/Schlender/Stentzel/Veil DS-GVO Art. 13 und 14 Rn. 130 ff.

24 Im Einzelnen dazu vgl. HK-DS-GVO/BDSG/*Schwartmann/Schneider* Art. 13 Abs. 2 Rn. 45 f.

25 Dazu HK-DS-GVO/BDSG/*Schwartmann/Schneider* Art. 13 Rn. 79.

26 Vgl. dazu auch *Richter/Buchmann* in HK-LDSG RhPf § 11 Rn. 11 ff.

Folglich stellt § 11 Abs. 1 Nr. 1 einen **Privilegierungstatbestand** dar, der zum Schutze der in Nr. 1 genannten Rechtsgüter eine Informationspflicht gegenüber dem Betroffenen entfallen lässt. Dementsprechend ist eine Einschlägigkeit des Tatbestandes grundsätzlich dann gegeben, wenn durch die Information Inhalte, Zusammenhänge oder Sachverhalte etc offenbart würden, die vor dem Hintergrund des zu schützenden Rechtsgutes nachrangig sind. 21

Zum Anwendungsbereich der Norm vgl. die Ausführungen unter → Rn. 78 ff. 22

(1) Verfolgung von Straftaten und Ordnungswidrigkeiten und berufsrechtliche Verstöße

Die inhaltliche Reichweite des Privilegierungstatbestandes im Rahmen der **Verfolgung von Straftaten und Ordnungswidrigkeiten** umfasst daher alle Fälle, in denen etwa die effektive Aufgabenwahrnehmung durch die Staatsanwaltschaft und Ermittlungsbehörden im Falle einer Informationserteilung vereitelt würde. Denkbar sind etwa Fälle, in denen gegen eine polizeibekannte Person nunmehr ein dringender Tatverdacht wegen einer weiteren Tat besteht und dementsprechend besondere Ermittlungs- und Überwachungsmaßnahmen getroffen bzw. eingeleitet werden. Insofern ist der Tatbestand weit zu verstehen und umfasst alle Aufgaben und Tätigkeiten, die zu einer effektiven Verfolgung von Straftaten und Ordnungswidrigkeiten im Rahmen der Aufgabenwahrnehmung erforderlich sind. 23

Darüber hinaus entfällt die Informationspflicht, wenn dadurch die Verfolgung **berufsrechtlicher Verstöße** gefährdet würde. Der Tatbestand ist daher jedenfalls etwa im Falle der §§ 299 ff. StGB erfüllt (wobei in diesem Falle eine Überschneidung mit § 11 Abs. 1 Nr. 1 Var. 1 und 3 DSG NRW vorliegt), aber auch im Falle eines Verstoßes gegen Berufsordnungen, wie etwa § 73 Abs. 7 SGB V im Rahmen des Vertragsarztrechts bzw. §§ 30 ff. MBO-Ä oder im Rahmen der §§ 43 ff. BRAO für Rechtsanwälte. 24

(2) Öffentliche Sicherheit

Wenn durch die Informationspflicht nach Art. 13 Abs. 3 DS-GVO die öffentliche Sicherheit gefährdet würde, ist der Privilegierungstatbestand des § 11 Abs. 1 Nr. 1 Var. 2 DSG NRW einschlägig. Der Begriff der **öffentlichen Sicherheit** umfasst dabei in Anlehnung an die polizei- und gefahrenabwehrrechtlichen Grundsätze die gesamte objektive Rechtsordnung, den Bestand des Staates und seiner Einrichtungen sowie alle Individualrechtsgüter des Einzelnen.[27] 25

Aufgrund der Weite des Tatbestandes sind in der Praxis Überschneidungen mit den sonstigen Tatbestandsvarianten der § 11 Abs. 1 Nr. 1 DSG NRW unvermeidbar. 26

(3) Schutz des Wohles des Bundes oder eines Landes

Ferner kann ein Wegfall der Informationspflicht nach Art. 13 Abs. 3 DS-GVO entsprechend § 11 Abs. 1 Nr. 1 Var. 3 DSG NRW gerechtfertigt werden, soweit und solange durch die Information der Schutz des Wohles des Bundes oder eines Landes gefährdet. In praktischer Hinsicht ist der Tatbestand etwa dann einschlägig, wenn es um Belange des Verfassungsschutzes oder der nationalen Sicherheit geht. 27

27 Vgl. etwa BeckOK PolR NRW/*Worms*/*Gusy* PolG § 8 Rn. 75 f.

28 Letztlich steht diese Tatbestandsalternative flankierend neben den anderen Varianten des § 11 Abs. 1 Nr. 1 DSG NRW, so dass eine trennscharfe Abgrenzung in der Praxis nicht immer möglich sein wird oder ein Sachverhalt mehrere Tatbestandsalternativen erfüllen kann.

(4) Gefährdung der Rechtsgüter des § 11 Abs. 1 Nr. 1 DS-GVO

29 Entsprechend § 11 Abs. 1 Nr. 1 DSG NRW setzt ein Wegfall der Informationspflicht die Gefährdung der og Rechtsgüter voraus.

30 In Anlehnung an die polizei- und ordnungsbehördlichen Grundsätze meint Gefahr jeden Sachverhalt, der bei ungehindertem Ablauf in absehbarer Zeit mit hinreichender Wahrscheinlichkeit zu einem nicht unerheblichen Schaden an den og Rechtsgütern führt.[28] Freilich erfordern die Polizeigesetze der Länder in der Regel das Vorliegen einer konkreten Gefahr (also eine im Einzelfall bestehende Gefahr), während § 11 Abs. 1 Nr. 1 DSG NRW lediglich von einer Gefährdung spricht. Demzufolge ist im Rahmen von § 11 Abs. 1 Nr. 1 DSG NRW ein großzügigerer Maßstab anzulegen.

31 Aufgrund der **Weite der Begrifflichkeiten** können die Tatbestände des § 11 Abs. 1 Nr. 1 DSG NRW potenziell äußerst weit ausgelegt werden. Infolge dessen besteht indes die Gefahr, die in Art. 12 DS-GVO und auch in den Mitgliedstaaten unmittelbar geltende **Transparenz** als Betroffenenrecht weitgehend zurückzudrängen. Denn aufgrund der Offenheit der Tatbestandsmerkmale sind eine Vielzahl von Fällen denkbar, in denen eine Gefährdung der genannten Rechtsgüter des § 11 Abs. 1 Nr. 1 DSG NRW gegeben sein kann. Insofern ist stets zu beachten, dass sich eine übermäßige Inanspruchnahme der Ausnahmetatbestände vor dem Hintergrund des Schutzgutes sowohl des DSG NRW als auch der DS-GVO verbieten. So liegen etwa bloße Störungen und Belästigungen der Rechtsgüter im Sinne des § 11 Abs. 1 Nr. 1 DSG NRW außerhalb des Tatbestandes. Dementsprechend besteht eine Gefährdung jedenfalls im Falle einer (drohenden) ernsthaften Beeinträchtigung.[29]

bb) Geheimhaltungspflicht wegen Rechtsvorschrift oder wegen Rechten und Freiheiten anderer Personen (§ 11 Abs. 1 Nr. 2)

32 § 11 Abs. 1 Nr. 2 DSG NRW beschränkt die grundsätzlich bestehende Informationspflicht des Verantwortlichen im Falle einer zweckändernden Weiterverarbeitung im Falle von **Geheimhaltungspflichten.**[30] Dabei kann die Geheimhaltungspflicht entweder aus einer Rechtsvorschrift oder aus den Rechten und Freiheiten anderer Personen folgen. Demzufolge sind sowohl **gesetzliche** als auch **vertragliche berufliche Geheimhaltungspflichten** von § 11 Abs. 1 Nr. 2 DSG NRW erfasst.

33 Der Ausnahmetatbestand greift dementsprechend in allen Fällen, in denen durch eine Information nach Art. 13 Abs. 3 DS-GVO Informationen, Inhalte oder Sachverhalte offenbart würden, die ihrem Wesen nach bzw. wegen einer Rechtsvorschrift oder den (überwiegenden) Rechten und Freiheiten anderer Personen geheim gehalten werden müssen.

34 Das Tatbestandsmerkmal der **Geheimhaltungspflicht wegen einer Rechtsvorschrift** umfasst jedenfalls alle gesetzlich normierten Geheimhaltungspflichten

---

28 BeckOK PolR NRW/*Worms/Gusy* PolG § 8 Rn. 98 f. sowie HK-DS-GVO/BDSG/*Schwartmann/Schneider* Art. 13 Rn. 79.
29 HK-DS-GVO/BDSG/*Schwartmann/Schneider* Art. 13 Rn. 82.
30 *Richter/Buchmann* in HK-LDSG RhPf § 11 Rn. 13 ff.

und umfasst damit über die §§ 203 ff. StGB alle Berufsgeheimnisträger. Abseits der strafrechtlichen Vorschriften können sich Geheimhaltungspflichten insbesondere aus den Berufsordnungen (zB § 9 MBO-Ä, § 43 a BRAO) ergeben.

In praktischer Hinsicht kann somit etwa im Falle der zweckändernden Weiterverarbeitung von Daten der betroffenen Person im Rahmen eines Mandatsverhältnisses die Information unterbleiben. Gleichwohl liegen die praktischen Anwendungsfälle eher im Rahmen einer Befreiung von der Informationspflicht nach Art. 14 Abs. 1, 2 und 4 DS-GVO (→ Rn. 57). 35

cc) Durchsetzung zivilrechtlicher Ansprüche und Interessenabwägung (§ 11 Abs. 1 Nr. 3)

Wenn durch die Information nach einer Interessenabwägung die Durchsetzung zivilrechtlicher Ansprüche im Sinne des § 11 Abs. 1 Nr. 3 DSG NRW gefährdet würde, so entfällt die Informationspflicht aus Art. 13 Abs. 3 DS-GVO. 36

Zu beachten ist, dass § 11 Abs. 1 Nr. 3 DSG NRW einem **zweistufigen Aufbau** folgt: So ist in einem ersten Schritt erforderlich, dass die Datenverarbeitung der Geltendmachung, Ausübung oder Verteidigung zivilrechtlicher Ansprüche dient. In einem zweiten Schritt ist vor diesem Hintergrund eine Interessenabwägung vorzunehmen, im Rahmen derer die Interessen des Verantwortlichen an der Nichterteilung mit den Interessen der betroffenen Person an der Erteilung der Information gegeneinander abzuwägen sind. 37

Die Vorschrift dient zentral dem Ausgleich der Interessen der betroffenen Person mit denjenigen des Verantwortlichen: So wird es durch den Wegfall der Informationspflicht dem Verantwortlichen ermöglicht, zur Ausübung oder Verteidigung von Rechtsansprüchen auch personenbezogene Daten der betroffenen Person zu verarbeiten.[31] In der Praxis sind dabei etwa Fälle denkbar, in denen zu Zwecken der Sachverhaltsklärung oder zur Vorbereitung eines gerichtlichen Verfahrens Daten der betroffenen Person verarbeitet werden. Sofern die Interessen des Verantwortlichen an der Nichterteilung der Information die Interessen der betroffenen Person überwiegen, entfällt die Informationspflicht aus Art. 13 Abs. 3 DS-GVO. 38

c) Folgen: Geltung von Art. 13 DS-GVO im Übrigen

Im Zuge des § 11 Abs. 1 DSG NRW entfällt im Hinblick auf die Informationspflicht nach Art. 13 DS-GVO nur die Pflicht zur Information im Falle einer (zulässigen) Weiterverarbeitung zu anderen Zwecken nach Art. 13 Abs. 3 DS-GVO. Dies bedeutet, dass die Informationspflichten insbesondere entsprechend **Art. 13 Abs. 1** und **2 DS-GVO** im Falle einer Direkterhebung personenbezogener Daten bei der betroffenen Person **erhalten** bleiben. Anwendbar bleibt zudem der Ausnahmetatbestand des **Art. 13 Abs. 4** DS-GVO. 39

Art. 13 DS-GVO enthält die Informationspflichten des Verantwortlichen zum Zeitpunkt der Erhebung, sofern personenbezogene Daten bei der betroffenen Person erhoben werden (Direkterhebung). Art. 13 DS-GVO trägt damit dem Grundsatz der Transparenz aus Art. 5 Abs. 1 lit. a, 12 DS-GVO Rechnung.[32] 40

---

31 In diesem Sinne *Piltz* BDSG § 32 Rn. 11 ff.; HK-DS-GVO/BDSG/*Schwartmann/Schneider* Art. 13 Rn. 80 f.

32 Vgl. dazu ausführlich HK-DS-GVO/BDSG/*Schwartmann/Schneider* Art. 13 Rn. 10 und 20 f.; *Veil* in Gierschmann/Schlender/Stentzel/Veil DS-GVO Art. 13 und 14 Rn. 2; *Paal/Hennemann* in Paal/Pauly DS-GVO Art. 13 Rn. 4.

41 **Art. 13 Abs. 1 DS-GVO** enthält einen Katalog von **allgemeinen Informationen**, die der Verantwortliche der betroffenen Person bei Erhebung bereitzustellen hat. Diese Informationspflicht gilt dabei bei jeder Datenverarbeitung und enthält keine besonderen bzw. weitergehenden Voraussetzungen.[33]

42 Hinsichtlich der **Art und Weise der Informationsgewährung** enthält Art. 13 DS-GVO selbst keine Aussage, dementsprechend ist **Art. 12 DS-GVO**[34] als Maßstab heranzuziehen.[35] So soll die betroffene Person entsprechend Art. 12 Abs. 1 S. 1 DS-GVO in „präziser, transparenter, verständlicher und leicht zugänglicher Form in einer klaren und einfachen Sprache" informiert werden. Insoweit ermöglicht es die „leicht zugängliche Form", die Informationen auch in **elektronischer Form** zB auf einer öffentlich zugänglichen Website bereit zu stellen. Dabei sind nach Art. 12 Abs. 7 DS-GVO auch **Bildsymbole** zulässig.[36] Da es in der Praxis Verarbeitungssituationen geben kann, in denen es nicht möglich ist der betroffenen Personen die Informationen nach Art. 13 DS-GVO nach dem Maßstab des Art. 12 DS-GVO bereits bei Erhebung vollständig zu erteilen, sind Medienbrüche durch eine **gestufte Informationsgewährung** unverzichtbar, um den Schutzzweck der Norm zu wahren.[37] Dies betrifft insbesondere Fälle von Datenerhebungen am Telefon.[38]

43 Die einzelnen **Informationsinhalte** richten sich nach dem **Katalog des Art. 13 Abs. 1 DS-GVO**. Dies beinhaltet ua die Kontaktdaten des Verantwortlichen (lit. a), eine Information über die Zwecke der Verarbeitung (lit. c), die Darlegung der berechtigten Interessen (lit. d) sowie eine Information über die Empfänger oder Kategorien von Empfängern (lit. e) der personenbezogenen Daten.

44 **Art. 13 Abs. 2 DS-GVO** enthält eine Reihe **zusätzlicher Informationen**, die der betroffenen Person bei Erhebung personenbezogener Daten mitzuteilen sind. Ziel ist auch hier die Gewährleistung einer fairen und transparenten Verarbeitung personenbezogener Daten.[39] Ob die zusätzlichen Informationen nach Abs. 2 der betroffenen Person bereitzustellen sind, richtet sich im konkreten

---

33 HK-DS-GVO/BDSG/*Schwartmann/Schneider* Art. 13 Rn. 20 f.; *Paal/Hennemann* in Paal/Pauly DS-GVO Art. 13 Rn. 1.

34 Vgl. ausführlich HK-DS-GVO/BDSG/*Schwartmann/Schneider* Art. 12 Rn. 12 ff.; *Paal/Hennemann* in Paal/Pauly DS-GVO Art. 13 Rn. 5; *Veil* in Gierschmann/Schlender/Stentzel/Veil DS-GVO Art. 13 und 14 Rn. 29.

35 HK-DS-GVO/BDSG/*Schwartmann/Schneider* Art. 13 Rn. 20 f.; *Paal/Hennemann* in Paal/Pauly DS-GVO Art. 13 Rn. 5 *Veil* in Gierschmann/Schlender/Stentzel/Veil DS-GVO Art. 13 und 14 Rn. 29.

36 HK-DS-GVO/BDSG/*Schwartmann/Schneider* Art. 13 Rn. 23 f.; *Veil* in Gierschmann/Schlender/Stentzel/Veil DS-GVO Art. 13 und 14 Rn. 31.

37 Dazu ausführlich Art. 29-Datenschutzgruppe WP 260, S. 10 f.; *Jaspers* DuD 2012, 571 (572); Arbeitspapier der *GDD* Transparenzpflichten bei der Datenverarbeitung 2017, S. 6; aA *DSK* Informationspflichten bei Dritt- und Direkterhebung 2017, S. 3; *LfD Niedersachsen* Transparenzanforderungen und Hinweisbeschilderung bei einer Videoüberwachung durch nichtöffentliche Stellen, abrufbar unter https://www.lfd.niedersachsen.de/startseite/dsgvo/transparenzanforderungen-und-hinweisbeschilderung-bei-einer-videoueberwachung-nach-der-ds-gvo-158959.html, HK-DS-GVO/BDSG/*Schwartmann/Schneider* Art. 13 Rn. 25 f.

38 HK-DS-GVO/BDSG/*Schwartmann/Schneider* Art. 13 Rn. 25; in diese Richtung *Veil* in Gierschmann/Schlender/Stentzel/Veil DS-GVO Art. 13 und 14 Rn. 29.

39 Dazu ausführlich HK-DS-GVO/BDSG/*Schwartmann/Schneider* Art. 13 Rn. 45 f.; *Paal/Hennemann* in Paal/Pauly DS-GVO Art. 13 Rn. 22.

Einzelfall danach, ob die Informationserteilung zur Sicherstellung einer fairen und transparenten Verarbeitung erforderlich ist.[40]

Die einzelnen Informationsgehalte ergeben sich aus dem **Katalog des Art. 13 Abs. 2 DS-GVO.** 45

In praktischer Hinsicht ist insbesondere die Frage nach einer **datenschutzkonformen Erfüllung der Informationspflichten bei der Erstellung von Personenfotografien im öffentlichen Bereich** relevant.[41] Im Ausgangspunkt ist dabei festzuhalten: Die Anfertigung von Personenfotografien befindet sich im Spannungsfeld zwischen DS-GVO und Kunsturhebergesetz (KUG). Weder die DS-GVO noch das KUG enthält spezielle Zulässigkeitsregelungen für den Bereich der Fotografien. 46

Grundsätzlich ist bereits die Erstellung von Bildnissen eine Verarbeitung personenbezogener Daten in automatisierter Form, so dass im Regelfall der Anwendungsbereich der DS-GVO nach Art. 2 DS-GVO[42] eröffnet ist.[43] 47

Für die (zeitlich nachfolgende) Veröffentlichung und Zurschaustellung der Bildnisse galten bisher entsprechend § 1 Abs. 3 BDSG aF die Regelungen der §§ 22, 23 KUG. Das neue BDSG enthält eine derartige Vorschrift zur Subsidiarität des Datenschutzrechts nicht mehr. Daraus folgt eine Normkonkurrenz, so dass sich die Frage stellt, ob und inwieweit die DS-GVO bzw. das KUG bei der Anfertigung von Personenfotografien Anwendung finden.[44] Dazu verhält sich auch § 5 Abs. 7 LDG.[45] Allerdings sind die Informationspflichten nach Art. 13 und 14 DS-GVO auch im Rahmen des DSG NRW zu erfüllen.[46] 48

2. § 11 Abs. 1 Var. 2: Wegfall der Informationspflicht nach Art. 14 Abs. 1, 2 und 4 DS-GVO

Nach § 11 Abs. 1 Var. 2 DSG NRW entfällt die Informationspflicht nach Art. 14 Abs. 1, 2 und 4 DS-GVO, wenn die Voraussetzungen nach § 11 Abs. 1 Nr. 1 bis 3 DSG NRW vorliegen. 49

a) Inhalt der Informationspflicht aus Art. 14 Abs. 1, 2 und 4 DS-GVO

Die Vorschrift des Art. 14 DS-GVO betrifft die Informationspflichten des Verantwortlichen, wenn die personenbezogenen Daten **nicht** bei der betroffenen Person erhoben wurden (sog. Dritterhebung). Dementsprechend stellt Art. 14 DS-GVO eine Ergänzung zu Art. 13 DS-GVO dar, so dass sich die inhaltlichen 50

40 HK-DS-GVO/BDSG/*Schwartmann/Schneider* Art. 13 Rn. 46 f.; *Veil* in Gierschmann/Schlender/Stentzel/Veil DS-GVO Art. 13 und 14 Rn. 2; *Paal/Hennemann* in Paal/Pauly DS-GVO Art. 13 Rn. 22.

41 Ausführlich zu dieser Problematik *Schwartmann/Jacquemain* DataAgenda-Arbeitspapier 02 Personenfotografie: DS-GVO vs. KUG v. 24.1.2019.

42 Dazu HK-DS-GVO/BDSG/*Pabst* Art. 2 Rn. 24 f.

43 *Schwartmann/Jacquemain* DataAgenda-Arbeitspapier 02 Personenfotografie: DS-GVO vs. KUG v. 24.1.2019, S. 1.

44 Vgl. zur Frage, inwieweit § 3 DSG NRW die Anfertigung von Personenfotos durch Behörden im Rahmen ihrer Öffentlichkeitsarbeit rechtfertigt, vgl. → § 3 Rn. 40 ff.

45 Siehe dazu → § 3 Rn. 41 und → § 5 Rn. 82 ff.

46 Zur Wahrung der Informationspflichten *Schwartmann/Jacquemain*, DataAgenda-Arbeitspapiere 12 unter https://dataagenda.de/wp-content/uploads/2019/11/DataAgenda-Arbeitspapier-12_Informationspflichten-f%C3%BCr-Fotos-in-der-Praxis.pdf und *Schwartmann/Jacquemain* und 13 unter https://dataagenda.de/wp-content/uploads/2019/12/DataAgenda-Arbeitspapier-13_Musteraushang-Informationspflichten-bei-Fotos_Vers_1_1.pdf und 14.

Anforderungen aus Art. 14 DS-GVO oftmals mit denen aus Art. 13 DS-GVO überschneiden.[47]

51 Nach **Art. 14 Abs. 1 DS-GVO** hat der Verantwortliche die betroffene Person zu informieren, wenn die personenbezogenen Daten nicht bei der betroffenen Person erhoben wurden. Zu diesem Zweck enthält Art. 14 Abs. 1 DS-GVO einen Katalog von Informationen, die der Verantwortliche der betroffenen Person mitzuteilen hat. Diese Informationspflicht gilt wie im Rahmen des Art. 13 DS-GVO grundsätzlich und ist an keine weiteren Voraussetzungen gebunden.[48]

52 Die Informationspflichten des Art. 14 Abs. 1 DS-GVO decken sich weitestgehend mit denjenigen aus Art. 13 Abs. 1 DS-GVO.[49] Zu beachten ist jedoch, dass Art. 14 Abs. 1 DS-GVO abweichend von Art. 13 Abs. 1 DS-GVO verlangt, dass der Verantwortliche die betroffene Person über die Kategorien personenbezogener Daten, die verarbeitet werden, zu informieren hat (vgl. Art. 14 Abs. 1 lit. d DS-GVO). Der Unterschied liegt darin begründet, dass die Kategorien der erhobenen personenbezogenen Daten der betroffenen Person bei einer Direkterhebung ohnehin bekannt sind, während im Falle einer Dritterhebung andernfalls unklar bliebe, welche personenbezogenen Daten der Verantwortliche aus einer Drittquelle nunmehr erhebt und verarbeitet.[50]

53 Hinsichtlich der **Art und Weise der Informationsgewährung** entsprechend der Grundsätze aus Art. 12 DS-GVO und Art. 12. Abs. 7 DS-GVO ergeben sich keine Abweichungen im Hinblick auf Art. 14 Abs. 1 DS-GVO. Dementsprechend soll die betroffene Person entsprechend Art. 12 Abs. 1 S. 1 DS-GVO in „präziser, transparenter, verständlicher und leicht zugänglicher Form in einer klaren und einfachen Sprache“ informiert werden. Insoweit ermöglicht es die „leicht zugängliche Form“, die Informationen auch in **elektronischer Form** zB auf einer öffentlich zugänglichen Website bereit zu stellen. Dabei sind nach Art. 12 Abs. 7 DS-GVO auch **Bildsymbole** zulässig.[51]

54 Die einzelnen **Informationsinhalte** richten sich nach dem **Katalog des Art. 14 Abs. 1 DS-GVO**.[52]

55 **Art. 14 Abs. 2 DS-GVO** enthält entsprechend der Regelungssystematik des Art. 13 DS-GVO einen Katalog **zusätzlicher Pflichtinformationen**, die der Verantwortliche der betroffenen Person ggf. zur Verfügung stellen muss, um eine faire und transparente Verarbeitung entsprechend den Grundsätzen aus Art. 5 Abs. 1 lit. a, 12 DS-GVO zu gewährleisten. Dementsprechend sind die Information nach Art. 14 Abs. 2 DS-GVO nur dann mitzuteilen, wenn sie **erforderlich** sind, um eine faire und transparente Verarbeitung zu gewährleisten.[53]

56 Die einzelnen Informationsgehalte ergeben sich im Einzelnen aus dem Katalog des Art. 14 Abs. 2 DS-GVO.[54]

---

47 Zu den Unterschieden *Veil* in Gierschmann/Schlender/Stentzel/Veil DS-GVO Art. 13 und 14 Rn. 15.

48 Dazu HK-DS-GVO/BDSG/*Schwartmann/Schneider* Art. 14 Rn. 18; *Paal/Hennemann* in Paal/Pauly DS-GVO Art. 13 Rn. 1.

49 Zu den Unterschieden *Veil* in Gierschmann/Schlender/Stentzel/Veil DS-GVO Art. 13 und 14 Rn. 15; HK-DS-GVO/BDSG/*Schwartmann/Schneider* Art. 14 Rn. 19.

50 HK-DS-GVO/BDSG/*Schwartmann/Schneider* Art. 14 Rn. 19.

51 *Veil* in Gierschmann/Schlender/Stentzel DS-GVO Art. 13 und 14 Rn. 31.

52 Vgl. dazu ausführlich HK-DS-GVO/BDSG/*Schwartmann/Schneider* Art. 14 Rn. 18 ff.

53 HK-DS-GVO/BDSG/*Schwartmann/Schneider* Art. 14 Rn. 37 ff.

54 Dazu ausführlich HK-DS-GVO/BDSG/*Schwartmann/Schneider* Art. 14 Rn. 38 ff.

Art. 14 Abs. 4 DS-GVO betrifft die Pflicht des Verantwortlichen zur Information im Falle einer **nachträglichen Zweckänderung** im Zuge einer (zulässigen) Weiterverarbeitung. Er entspricht insoweit Art. 13 Abs. 3 DS-GVO, so dass obige Ausführungen an dieser Stelle entsprechend gelten. 57

b) Wegfall der Informationspflicht unter den Voraussetzungen von § 11 Abs. 1 Var. 2 Nr. 1–3 DS-GVO

Nach § 11 Abs. 1 Var. 2 DSG NRW entfällt die Informationspflicht des Verantwortlichen im Falle des Vorliegens der Voraussetzungen von § 11 Abs. 1 Nr. 1 bis 3 DSG NRW. 58

Hinsichtlich der Auslegung der Begrifflichkeiten und Tatbestandsmerkmale des § 11 Abs. 1 Nr. 1 bis 3 DSG NRW gelten obige Ausführungen im Rahmen der Informationspflicht nach Art. 13 Abs. 3 DS-GVO an dieser Stelle entsprechend. 59

c) Folgen: Geltung von Art. 14 DS-GVO im Übrigen

Von § 11 Abs. 1 DSG NRW werden allerdings Art. 14 Abs. 3 und 5 DS-GVO nicht erfasst. Daraus folgt, dass insoweit die Vorschriften der DS-GVO weiterhin unmittelbar anwendbar bleiben. 60

Nach **Art. 14 Abs. 3 DS-GVO** ist hinsichtlich des **Zeitpunkts der Informationsgewährung** zu beachten, dass die Informationen anders als im Zuge von Art. 13 DS-GVO nicht bereits bei Erhebung der personenbezogenen Daten bereitzustellen sind. Der Grund dafür liegt darin, dass im Falle einer Dritterhebung zwischen dem Verantwortlichen und der betroffenen Person kein unmittelbarer Kontakt besteht und daher eine Bereitstellung der Informationen bereits zum Zeitpunkt der Erhebung nicht möglich ist.[55] Insofern bestimmt **Art. 14 Abs. 3 lit. a DS-GVO**, dass der Verantwortliche die Informationen gemäß den Abs. 1 und 2 unter Berücksichtigung der spezifischen Umstände der Verarbeitung der personenbezogenen Daten innerhalb einer angemessenen Frist nach Erlangung, längstens jedoch innerhalb eines Monats bereit zu stellen hat. Hinsichtlich des Zeitpunkts der Information ist zu beachten, dass insoweit die spezifischen Tatbestände der **Art. 14 Abs. 3 lit. b und c DS-GVO** gegenüber Art. 13 Abs. 1 lit. a DS-GVO im Falle der Nutzung personenbezogener Daten zur Kommunikation mit der betroffenen Person (lit. b) oder im Falle der Offenlegung an einen anderen Empfänger (lit. c) vorranging anzuwenden sind.[56] 61

Art. 14 Abs. 5 DS-GVO enthält Ausnahmen von der Informationspflicht des Verantwortlichen entsprechend der Abs. 1 bis 4, wenn und soweit die betroffene Person bereits über die Information verfügt (Art. 14 Abs. 5 lit. a DS-GVO), die Erteilung der Information sich als unmöglich erweist oder einen unverhältnismäßigen Aufwand erfordern würde (Art. 14 Abs. 5 lit. b DS-GVO), die Erlangung oder Offenlegung durch Rechtsvorschriften der Union ausdrücklich geregelt ist (Art. 14 Abs. 5 lit. c DS-GVO) oder die personenbezogenen Daten dem Berufsgeheimnis unterliegen und daher vertraulich behandelt werden müssen. 62

Hinsichtlich **Art. 14 Abs. 5 lit. a DS-GVO** gelten die Ausführungen zu Art. 13 Abs. 4 DS-GVO entsprechend. Die öffentliche Bereitstellung oder Verfügbarkeit der erforderlichen Informationen reicht nicht für die Erfüllung des Ausnahme- 63

55 Vgl. dazu HK-DS-GVO/BDSG/*Schwartmann/Schneider* Art. 14 Rn. 52.
56 HK-DS-GVO/BDSG/*Schwartmann/Schneider* Art. 14 Rn. 52 f.

tatbestands aus.[57] Zu fordern ist vielmehr das Vorhandensein der Informationen beim Betroffenen in dessen Herrschaftsbereich.[58]

64 **Art. 14 Abs. 5 lit. b DS-GVO** sieht eine Ausnahme von der Pflicht zur Information bei Unmöglichkeit oder Unverhältnismäßigkeit vor.[59] Eine **Unmöglichkeit** der Information ist in der Praxis etwa dann gegeben, wenn keine Kontaktmöglichkeit gegenüber der betroffenen Person besteht. Dies kann etwa dann der Fall sein, wenn der Verantwortliche personenbezogene Daten erhebt, gleichwohl aber keinen Kontakt zu der betroffenen Person aufnehmen kann, wie es etwa bei KFZ-Kennzeichen oder der Verarbeitung von Kennziffern (etwa in Prüfungsverfahren) der Fall ist.[60] Eine **Unverhältnismäßigkeit** der Informationserteilung kann etwa entsprechend ErwG 62 S. 2 bei Verarbeitungen für im öffentlichen Interesse liegende Archivzwecke, zu wissenschaftlichen oder historischen Forschungszwecken oder zu statistischen Zwecken vorliegen. Als Anhaltspunkte sollten dabei entsprechend ErwG 62 S. 3 die Anzahl der betroffenen Personen, das Alter der Daten oder etwa geeignete Garantien in Betracht gezogen werden.[61]

65 Im Rahmen einer Anwendung von Art. 14 Abs. 5 DS-GVO ist dabei zu beachten, dass die Informationspflicht entsprechend Art. 14 Abs. 1, 2 und 4 DS-GVO unter den Voraussetzungen von § 11 Abs. 1 Nr. 1 bis 3 DS-GVO ohnehin entfällt. Dementsprechend hat der Ausnahmetatbestand in den Fällen des § 11 Abs. 1 Nr. 1 bis 3 DS-GVO in der Praxis wohl keinen eigenen Anwendungsbereich mehr.

II. Regelungsgehalt von § 11 Abs. 2

66 § 11 Abs. 2 S. 1 DSG NRW enthält ein **besonderes Zustimmungserfordernis** von in § 11 Abs. 2 S. 1 DSG NRW genannten Behörden zur Informationserteilung gegenüber der betroffenen Person im Falle der Übermittlung von personenbezogenen Daten. Bezieht sich die Informationspflicht somit auf die Übermittlung personenbezogener Daten an die in § 11 Abs. 2 DSG NRW genannten Behörden, soweit sie personenbezogene Daten für Zwecke der Verhütung, Ermittlung, Aufdeckung und Verfolgung von Straftaten speichern, so ist die Erteilung der Information nur mit Zustimmung dieser Stellen zulässig. Gleiches gilt nach § 11 Abs. 2 S. 2 DSG NRW für die Übermittlung personenbezogener Daten von diesen Behörden.

67 Die Vorschrift statuiert daher ein besonderes Zustimmungserfordernis der in § 11 Abs. 2 DSG NRW genannten Behörden, wenn personenbezogene Daten an diese oder von diesen übermittelt werden, soweit diese Behörden die personenbezogenen Daten für Zwecke der Verhütung, Ermittlung, Aufdeckung oder Verfolgung von Straftaten speichern. Die beabsichtigte Information der betroffenen Person über diesen Übermittlungsvorgang darf also erst nach ausdrücklicher Zustimmung der betroffenen Behörde erteilt werden.

57 HK-DS-GVO/BDSG/*Schwartmann/Schneider* Art. 14 Rn. 66.
58 HK-DS-GVO/BDSG/*Schwartmann/Schneider* Art. 14 Rn. 66; Kühling/Buchner/*Bäcker* Art. 13 Rn. 86.
59 Ausführlich dazu vgl. HK-DS-GVO/BDSG/*Schwartmann/Schneider* Art. 14 Rn. 68 f.
60 HK-DS-GVO/BDSG/*Schwartmann/Schneider* Art. 14 Rn. 68.
61 Dazu auch HK-DS-GVO/BDSG/*Schwartmann/Schneider* Art. 14 Rn. 68 f.

Die Regelung dient somit präventiv dem **Ausschluss und der Vermeidung von Kollisionen mit Strafverfolgungs- oder Sicherheitsbelangen des Staates.**[62] 68

Denkbar sind dabei etwa Fälle, in denen personenbezogene Daten von einer öffentlichen Stelle an eine (Strafverfolgungs-)Behörde übermittelt werden, die diese zu Strafverfolgungszwecken verarbeitet. In diesen Fällen würde es der effektiven Aufgabenwahrnehmung der Behörde zuwiderlaufen, wenn in derartig gelagerten Fällen eine Information der betroffenen Person erfolgen würde. Insofern stellt § 11 Abs. 2 DSG NRW eine gesetzgeberische Entscheidung dar, dass die Belange der Strafverfolgung im Zweifel (also bei Ausbleiben der erforderlichen, ausdrücklichen Zustimmung) den Vorrang vor der datenschutzrechtlich erforderlichen Informationserteilung nach den Art. 12 ff. DS-GVO genießt. Letztlich hat dies (bei Versagung der Zustimmung) einen **Ausschluss der datenschutzrechtlich geforderten Transparenz** nach Art. 5 Abs. 1 lit. a, 12 DS-GVO zur Folge. 69

III. Vereinbarkeit mit der Öffnungsklausel aus Art. 23 DS-GVO

Die DS-GVO stellt im Kern eine Verordnung entsprechend Art. 288 UAbs. 1 AEUV dar und entfaltet somit unmittelbare Geltung in den Mitgliedstaaten und genießt **Anwendungsvorrang.**[63] Gleichwohl weist die DS-GVO **Öffnungsklauseln** auf, die den nationalen Gesetzgeber zum Erlass mitgliedstaatlicher Rechtssetzung ermächtigen und unter Umständen sogar verpflichten.[64] So enthält die DS-GVO Öffnungen für nationale Regelungen, weist zum anderen aber auch konkrete Regelungsaufträge auf.[65] Dementsprechend erinnern die Öffnungsklauseln in ihrem Rechtscharakter an die Umsetzungsmöglichkeiten der Mitgliedstaaten im Sinne einer Richtlinie entsprechend Art. 288 UAbs. 2 AEUV.[66] Die Öffnungsklauseln der DS-GVO sind letztlich besondere Ausprägungen des Grundsatzes der begrenzten Einzelermächtigung und des Subsidiaritätsprinzips aus Art. 5 Abs. 2 und 3 EUV.[67] Demzufolge stellt die DS-GVO ein **Hybrid** aus Richtlinie und Verordnung dar.[68] 70

Die DS-GVO enthält in Bezug auf eine Abweichung von den Informationspflichten aus Art. 13 und 14 DS-GVO dementsprechend eine Öffnungsklausel in **Art. 23 DS-GVO,** die es den Mitgliedstaaten erlaubt, die Vorschriften aus den Artikel 12 bis 22 DS-GVO unter besonderen Voraussetzungen durch den Erlass mitgliedstaatlicher Regelungen zu beschränken.[69] 71

62 LT-Drs. 17/1981, 140.

63 LT-Drs. 17/1981, 2.

64 Dazu ausführlich *Schwartmann/Hermann/Mühlenbeck* Rechtsgutachten Entzug Doktorgrad; *Schwartmann/Hermann/Mühlenbeck* RDV 5/2018, 252 f. sowie *Kühling/Martini et.al.* DS-GVO und nationales Recht 2016.

65 Dazu LT-Drs. 17/1981, 1.

66 Zum Charakter der Öffnungsklauseln der DS-GVO vgl. ausführlich *Schwartmann/Hermann/Mühlenbeck* Rechtsgutachten Entzug Doktorgrad; *Schwartmann/Hermann/Mühlenbeck* RDV 5/2018, 252 f.; HK-DS-GVO/BDSG/*Schwartmann/Jacquemain* Art. 6 Rn. 157 f.

67 HK-DS-GVO/BDSG/*Schwartmann/Jacquemain* Art. 6 Rn. 157.

68 HK-DS-GVO/BDSG/*Schwartmann/Jacquemain* Art. 6 Rn. 158; *Greve* NVwZ 2917, 737 (743); *Kühling/Martini et. al.* DS-GVO und nationales Recht S. 1.

69 Dazu HK-DS-GVO/BDSG/*Pabst* Art. 23.

1. Inhaltliche Reichweite der Öffnungsklausel

72 Die Regelung des Art. 23 DS-GVO ermöglicht es den Mitgliedstaaten, in bestimmten Fällen von den Betroffenenrechten der Art. 12 bis 22 DS-GVO **abzuweichen** bzw. diese zu **beschränken.** So definiert Art. 23 DS-GVO, in welchen Fallgruppen und unter welchen Voraussetzungen Beschränkungen der Betroffenenrechte zulässig sind.

73 Erforderlich ist daher zum einen, dass die Beschränkung die in **Art. 23 Abs. 1 DS-GVO** bezeichneten **öffentlichen Interessen** sicherstellt. Zum anderen muss die Gesetzgebungsmaßnahme der Mitgliedstaaten im Falle einer Beschränkung nach **Art. 23 Abs. 2 DS-GVO** spezifische Vorschriften zum **Schutz der Betroffenenrechte** enthalten.[70] Nur unter diesen Voraussetzungen kann eine mitgliedstaatliche Beschränkung der Betroffenenrechte als „notwendige und verhältnismäßige Maßnahme" entsprechend Art. 23 Abs. 1 DS-GVO angesehen werden, die den Wesensgehalt der Grundrechte und Grundfreiheiten achtet. Der deutsche Gesetzgeber muss sich daher bei der Ausfüllung der Öffnungsklausel des Art. 23 DS-GVO nicht nur am europäischen Primärrecht, sondern auch an dem Grundgesetz messen lassen.[71]

74 Abweichungsfähig bzw. einer Beschränkung zugänglich sind entsprechend Art. 23 Abs. 1 DS-GVO **Art. 12 bis 22 DS-GVO** sowie **Art. 34** und **Art. 5 DS-GVO,** soweit in diesen Vorschriften die Betroffenenrechte aus Art. 12 bis 22 DS-GVO enthalten sind.[72]

75 Hinsichtlich des Charakters von Art. 23 DS-GVO ist festzuhalten, dass die Vorschrift keinen konkreten Regelungsauftrag enthält, sondern eine **fakultative Öffnungsklausel**[73] (vgl. „können" im Rahmen von Art. 23 Abs. 1 DS-GVO) darstellt: Insofern sind die Mitgliedstaaten nicht zum Erlass von die Art. 12 bis 22 DS-GVO beschränkenden Regelungen verpflichtet, sie sind aber im Falle des Erlasses einer entsprechenden mitgliedstaatlichen Regelung zur Beachtung der Voraussetzungen des Art. 23 DS-GVO verpflichtet.[74]

76 Die in **Art. 23 Abs. 1 lit. a bis j DS-GVO** genannten **öffentlichen Interessen** sind namentlich die nationale Sicherheit (lit. a), die Landesverteidigung (lit. b), die öffentliche Sicherheit (lit. c), die Verhütung, Ermittlung, Aufdeckung oder Verfolgung von Straftaten oder die Strafvollstreckung, einschließlich des Schutzes vor und der Abwehr von Gefahren für die öffentliche Sicherheit (lit. d), der Schutz sonstiger wichtiger Ziele des allgemeinen öffentlichen Interesses der Union oder eines Mitgliedstaates (lit. e), der Schutz der Unabhängigkeit der Justiz und von Gerichtsverfahren (lit. f), die Prävention von Verstößen gegen berufsständische Regeln (lit. g), Kontroll-, Überwachungs- und Ordnungsfunktionen (lit. h), der Schutz der betroffenen Person oder der Rechte und Freiheiten anderer Personen (lit. i) sowie die Durchsetzung zivilrechtlicher Ansprüche (lit. j).

77 Dieser Katalog der Beschränkungszwecke ist abschließend.[75]

78 Ausweislich der Gesetzesbegründung werden die Tatbestände des § 11 DSG NRW „im Schwerpunkt" auf folgende Öffnungsklauseln gestützt:[76]

---

70 Dazu *Kühling/Martini et. al.* DS-GVO und nationales Recht S. 69.
71 HK-DS-GVO/BDSG/*Pabst* Art. 23 Rn. 7; Kühling/Buchner/*Bäcker* Art. 23 Rn. 7.
72 HK-DS-GVO/BDSG/*Pabst* Art. 23 Rn. 11.
73 *Kühling/Martini et. al.* DS-GVO und nationales Recht S. 69.
74 HK-DS-GVO/BDSG/*Pabst* Art. 23 Rn. 5; *Kühling/Martini et. al.* DS-GVO und nationales Recht S. 69.
75 HK-DS-GVO/BDSG/*Pabst* Art. 23 Rn. 23.
76 LT-Drs. 17/1981, 139 f.

- § 11 Abs. 1 Nr. 1 DSG NRW: Art. 23 Abs. 1 lit. c, d, e und g DS-GVO
- § 11 Abs. 1 Nr. 2 DSG NRW: Art. 23 Abs. 1 lit. e und i DS-GVO
- § 11 Abs. 1 Nr. 3 DSG NRW: Art. 23 Abs. 1 lit. j DS-GVO
- § 11 Abs. 2 DSG NRW: Art. 23 Abs. 1 lit. a bis e DS-GVO.

2. Europarechtskonforme Nutzung von Art. 23 Abs. 1 DS-GVO durch § 11 DSG NRW

§ 11 DSG NRW enthält Beschränkungen sowohl von Art. 13 DS-GVO als auch 79 von Art. 14 DS-GVO. Somit liegt § 11 DSG NRW grundsätzlich innerhalb des Anwendungsbereichs der beschränkungsfähigen Betroffenenrechte (nach Art. 23 Abs., 1 DS-GVO sind dies v.a. die Art. 12 bis 22 DS-GVO). Gleichwohl ist erforderlich, dass sich die Norm unter einen oder mehrere Tatbestände des Katalogs der Beschränkungszwecke subsumieren lässt. Darüber hinaus ist zu beachten, dass § 11 DSG NRW sowohl im Hinblick auf Art. 13 Abs. 3 DS-GVO einen Wegfall der Informationspflicht gegenüber der betroffenen Person im Falle einer (zweckändernden) Weiterverarbeitung als auch einen gänzlichen Wegfall der Informationspflichten aus Art. 14 Abs. 1, 2 und 4 DS-GVO enthält.

In formeller Hinsicht stellt § 11 DSG NRW eine nach Art. 23 Abs. 1 DS-GVO 80 geforderte **Gesetzgebungsmaßnahme** dar und wahrt somit in formeller Hinsicht die europarechtlichen Anforderungen an eine Beschränkung der Betroffenenrechte.[77]

a) Im Hinblick auf § 11 Abs. 1 Nr. 1 DSG NRW

Die Beschränkung der Informationspflicht nach **§ 11 Abs. 1 Nr. 1 DSG NRW** 81 wird durch den Gesetzgeber maßgeblich auf **Art. 23 Abs. 1 lit. c, d, e und g DS-GVO** gestützt.

Art. 23 Abs. 1 lit. c DS-GVO erlaubt Beschränkungen zur Sicherstellung der öf- 82 fentlichen Sicherheit. Dabei ist der Begriff im Rahmen von Art. 23 DS-GVO anders als im Rahmen von § 11 Abs. 1 Nr. 1 DSG NRW (→ Rn. 20) europarechtlich determiniert und umfasst entsprechend Art. 36 AEUV alle Regelungen, die als Bestandteil der Rechtsordnung für die Funktionsfähigkeit eines Staates und dessen Werte wesentlich sind.[78] Somit bestehen freilich inhaltliche Überschneidungen mit dem Begriffsverständnis nach nationalem Recht, das europäische Begriffsverständnis geht aber somit letztlich über die inhaltliche Reichweite nach deutschem Recht hinaus.

Art. 23 Abs. 1 lit. d DS-GVO lässt Beschränkungen der Betroffenenrechte zur 83 Verhütung, Ermittlung, Aufdeckung oder Verfolgung von Straftaten zu. Zu beachten ist hier die Regelung des Art. 2 Abs. 2 lit. d DS-GVO: Danach findet die DS-GVO keine Anwendung auf die Verarbeitung personenbezogener Daten durch Behörden zum Zwecke der Verhütung, Ermittlung, Aufdeckung oder Verfolgung von Straftaten oder der Strafvollstreckung.[79] Insoweit finden die spezielleren Regelungen der JI-RL Anwendung.[80] Dementsprechend verengt sich der Anwendungsbereich der Öffnungsklausel auf Fälle, in denen die Datenverarbeitung durch Verantwortliche vorgenommen wird, die keine für die Straf-

77 Dazu ausführlich *Bäcker* in Kühling/Buchner DS-GVO Art. 23 Rn. 34 f.
78 HK-DS-GVO/BDSG/*Pabst* Art. 23 Rn. 29.
79 Dazu ausführlich HK-DS-GVO/BDSG/*Pabst* Art. 23 Rn. 29 sowie HK-DS-GVO/BDSG/*ders.* Art. 2 Rn. 44 ff.
80 HK-DS-GVO/BDSG/*Pabst* Art. 23 Rn. 32.

verfolgung zuständige Stellen im Sinne des Art. 3 Nr. 7 lit. a JI-RL sind, aber dennoch personenbezogene Daten verarbeiten, die den og Zwecken dienen. Denkbar sind daher in der Praxis Fälle, in denen öffentliche Stellen, wie etwa kommunale Rechenzentren oder Finanzämter, personenbezogene Daten zur Verfolgung von Straftaten (zB §§ 202 a ff. StGB) verarbeiten.

84 **Art. 23 Abs. 1 lit. e DS-GVO** gestattet Beschränkungen zum Schutz wichtiger Ziele des allgemeinen öffentlichen Interesses. Folglich kommt der Vorschrift die Funktion eines Auffangtatbestandes für alle öffentlichen Interessen zu, die sich nicht unter eine anderweitige Norm innerhalb von Art. 23 Abs. 1 lit. a bis j DS-GVO subsumieren lassen.[81]

85 **Art. 23 Abs. 1 lit. g DS-GVO** eröffnet die Möglichkeit zur Beschränkung der Betroffenenrechte zum Zwecke der Prävention und Verfolgung von Verstößen gegen berufsständische Regeln reglementierter Berufe. Insofern erfasst die Öffnungsklausel Beschränkungen der Informationspflichten für berufliche Tätigkeiten, bei denen die Aufnahme und Ausübung durch Rechtsvorschrift an den Besitz bestimmter Berufsqualifikationen oder die Führung einer bestimmten Berufsbezeichnung gebunden ist (zB Approbation bei Ärzten oder Zulassung von Rechtsanwälten).[82]

86 Entsprechend **§ 11 Abs. 1 Nr. 1 DSG NRW** entfällt die Informationspflicht aus Art. 13 Abs. 3 DS-GVO und Art. 14 Abs. 1, 2 und 4 DS-GVO insbesondere, soweit und solange die Informationserteilung eine effektive Strafverfolgung bzw. Verfolgung von Ordnungswidrigkeiten und berufsrechtlichen Verstößen sowie die öffentliche Sicherheit des Bundes oder der Länder gefährden würde. Insofern dient die Beschränkung der Informationspflicht den in Art. 23 Abs. 1 lit. d, e und g DS-GVO genannten öffentlichen Interessen.

87 Ferner kann ein Wegfall der Informationspflicht entsprechend § 11 Abs. 1 Nr. 1 Var. 3 DSG NRW gerechtfertigt werden, soweit und solange durch die Information der Schutz des Wohles des Bundes oder eines Landes gefährdet. Insofern liegt die Norm im Anwendungsbereich von Art. 23 Abs. 1 lit. c DS-GVO.

b) Im Hinblick auf § 11 Abs. 1 Nr. 2 DSG NRW

88 Die Beschränkung der Informationspflicht nach **§ 11 Abs. 1 Nr. 2 DSG NRW** wird durch den Gesetzgeber maßgeblich auf **Art. 23 Abs. 1 lit. e und i DS-GVO** gestützt.

89 Hinsichtlich der inhaltlichen Reichweite von **Art. 23 Abs. 1 lit. e DS-GVO** gelten obige Ausführungen entsprechend (→ Rn. 89).

90 **Art. 23 Abs. 1 lit. i DS-GVO** erlaubt die Beschränkung der Informationspflichten zum Schutz der betroffenen Person oder der Rechte und Freiheiten anderer Personen. Der Anwendungsbereich der Öffnungsklausel zum Zwecke des Schutzes der betroffenen Person hat letztlich einen Verlust der Datensouveränität der betroffenen Person zur Folge und ist daher auf Fälle beschränkt, in denen die betroffene Person entweder die Auswirkungen einer Datenverarbeitung (zB im Falle von Datensätzen, die ein besonderes Fachwissen voraussetzen und daher für Laien unverständlich sind) nicht abschätzen kann oder aber infolge fehlender Geschäfts- oder Einsichtsfähigkeit nicht erfasst.[83] Die zweite Tatbestandsalternative erfasst demgegenüber Beschränkungen der Informationspflichten, um mittelbare oder unmittelbare (rechtliche) Beeinträchtigungen der

81 HK-DS-GVO/BDSG/*Pabst* Art. 23 Rn. 37 f.
82 Ausführlich dazu HK-DS-GVO/BDSG/*Pabst* Art. 23 Rn. 45 f.
83 HK-DS-GVO/BDSG/*Pabst* Art. 23 Rn. 51.

Rechte Dritter zu vermeiden. Außerhalb des Anwendungsbereichs liegt daher der Schutz bloß wirtschaftlicher oder ideeller Interessen ohne rechtliche Normierung oder Rechtsverletzung.[84]

Nach **§ 11 Abs. 1 Nr. 2 DSG NRW** kann die Information entsprechend Art. 13 Abs. 3. Art. 14 Abs. 1, 2 und 4 DS-GVO entfallen, wenn die personenbezogenen Daten nach einer Rechtsvorschrift oder wegen der Rechte und Freiheiten anderer Personen geheim zu halten sind. Die Geheimhaltungspflicht kann daher entweder aus einer Rechtsvorschrift oder aus den Rechten und Freiheiten anderer Personen folgen. Demzufolge sind sowohl gesetzliche als auch vertragliche berufliche Geheimhaltungspflichten von § 11 Abs. 1 Nr. 2 DSG NRW erfasst. Der Geheimnisschutz dient insoweit der Vermeidung von Beeinträchtigungen der Rechte Dritter und kann insoweit auf die Öffnungsklausel aus Art. 23 Abs. 1 lit. i DS-GVO gestützt werden. 91

Darüber hinaus wird der Erlass des § 11 Abs. 1 Nr. 2 DSG NRW auf die Öffnungsklausel in Art. 23 Abs. 1 lit. e DS-GVO gestützt. Vor dem Hintergrund, dass Art. 23 Abs. 1 lit. e DS-GVO als Auffangtatbestand für öffentliche Interessen anzusehen ist und daher auch die Geheimhaltungspflicht wegen einer Rechtsvorschrift im Sinne des § 11 Abs. 1 Nr. 2 DSG NRW erfasst, kann der nationale Gesetzgeber für den Erlass der Norm die Öffnung der DS-GVO beanspruchen. 92

c) Im Hinblick auf § 11 Abs. 1 Nr. 3 DSG NRW

Der Gesetzgeber stützt den Erlass von § 11 Abs. 1 Nr. 3 DSG NRW auf die Öffnungsklausel des Art. 23 Abs. 1 lit. j DS-GVO. 93

Art. 23 Abs. 1 lit. j DS-GVO gestattet die Nutzung der Öffnungsklausel zur Durchsetzung zivilrechtlicher Ansprüche. Hierbei ist zu beachten, dass der Schutz der Rechte anderer Personen iSd lit. i ebenfalls den Schutz zivilrechtlicher Ansprüche einbezieht und sich daher praktische Überschneidungen ergeben können.[85] 94

§ 11 Abs. 1 Nr. 3 DSG NRW sieht eine Beschränkung der Informationspflicht zur Durchsetzung zivilrechtlicher Ansprüche vor und bewegt sich damit innerhalb des Spielraums der Öffnungsklausel (zur inhaltlichen Reichweite von § 11 Abs. 1 Nr. 3 DSG NRW → Rn. 36). 95

d) Im Hinblick auf § 11 Abs. 2 DSG NRW

Ausweislich seiner Begründung stützt der Gesetzgeber den Erlass von § 11 Abs. 2 DSG NRW auf Art. 23 Abs. 1 lit. a bis e DS-GVO. 96

§ 11 Abs. 2 DSG NRW statuiert ein besonderes Zustimmungserfordernis zur Vermeidung von Kollisionen von Strafverfolgungs- und Sicherheitsbelangen des Staates und damit ein besonderes Verfahrenserfordernis, das sich inhaltlich im Rahmen der Öffnungsklauseln des Art. 23 Abs. 1 lit. a bis e DS-GVO bewegt. 97

e) Wesensgehalt der Grundrechte und Verhältnismäßigkeit nach Art. 23 Abs. 1 DS-GVO

Ferner ist nach Art. 23 Abs. 1 DS-GVO Voraussetzung, dass die Beschränkungen den **Wesensgehalt der Grundrechte und Grundfreiheiten** achten und in 98

84 HK-DS-GVO/BDSG/*Pabst* Art. 23 Rn. 53, Kühling/Buchner/*Bäcker* Art. 23 Rn. 32.
85 HK-DS-GVO/BDSG/*Pabst* Art. 23 Rn. 55 f.

einer demokratischen Gesellschaft eine **notwendige und verhältnismäßige Maßnahme** darstellen.

99 Insofern enthält Art. 23 Abs. 1 DS-GVO über den Katalog beschränkungsfähiger Rechte zu in den Art. 23 Abs. 1 lit. a bis j DS-GVO genannten Zwecken hinaus eine weitere Regelung zum Schutz der Betroffenenrechte und zur Wahrung des Grundsatzes der Verhältnismäßigkeit.[86]

100 Erforderlich ist daher eine Bewertung der Frage, ob die Regelungen des § 11 DSG NRW den Wesensgehalt der GRCh und der EMRK tangieren und ob die Vorschrift insgesamt verhältnismäßig ist.

101 Anhaltspunkte für eine Beeinträchtigung des Wesensgehalts von Art. 8 GRCh sind nicht ersichtlich. § 11 DSG NRW ist geeignet, zur Verfolgung der og Interessen die Informationspflicht entsprechend zu beschränken. Mildere Mittel sind nicht ersichtlich. Offenkundige Zweifel an der Angemessenheit der Regelung drängen sich nicht auf.

3. Voraussetzungen von Art. 23 Abs. 2 DS-GVO

a) Grundsätzliche inhaltliche Voraussetzungen nach Art. 23 Abs. 2 DS-GVO

102 Während Art. 23 Abs. 1 DS-GVO einen Katalog der beschränkungsfähigen Rechte und Pflichten der DS-GVO enthält, normiert Art. 23 Abs. 2 DS-GVO die Voraussetzungen bzw. **inhaltlichen Mindestanforderungen** an die (mitgliedstaatlichen) beschränkenden Rechtsvorschriften. Insofern statuiert Art. 23 Abs. 2 DS-GVO umfangreiche Anforderungen an entsprechende mitgliedstaatliche, die Betroffenenrechte beschränkende Gesetze.[87]

103 So muss jede (die Betroffenenrechte beschränkende) Gesetzgebungsmaßnahme insbesondere spezifische Vorschriften enthalten hinsichtlich der Zwecke der Verarbeitung oder der Verarbeitungskategorien, der Kategorien personenbezogener Daten, des Umfangs der Beschränkungen, hinsichtlich Garantien gegen Missbrauch, Angaben zum Verantwortlichen, die jeweiligen Speicherfristen, die Risiken für die Rechte und Freiheiten der betroffenen Person und das Recht der betroffenen Person auf Unterrichtung über die Beschränkung.

104 Der Wortlaut der Norm („gegebenenfalls“ in Art. 23 Abs. 2 DS-GVO) lässt dabei darauf schließen, dass eine Beachtung der nicht abschließenden Voraussetzungen („zumindest“ in Art. 23 Abs. 2 DS-GVO)[88] nur dann notwendig ist, wenn dies im Falle einer beschränkenden Regelung auch erforderlich ist. Insofern entfaltet Art. 23 Abs. 2 DS-GVO insoweit eine Hinweis- und Warnfunktion[89] für den nationalen Gesetzgeber bei einer Beschränkung der Betroffenenrechte die Anforderungen des Art. 23 Abs. 2 DS-GVO zu wahren.

b) Auswirkungen des Fehlens kompensatorischer Maßnahmen nach Art. 23 Abs. 2 DS-GVO

105 § 11 DSG NRW beschränkt die Informationspflichten aus Art. 13 Abs. 3, 14 Abs. 1, 2 und 4 DS-GVO in den in § 11 Abs. 1 Nr. 1 bis 3 DSG NRW genannten Fällen.

106 Problematisch ist in diesem Zusammenhang, dass die Vorschrift keine kompensatorischen Maßnahmen iSd Art. 23 Abs. 2 DS-GVO (wie dies etwa im Rah-

86 HK-DS-GVO/BDSG/*Pabst* Art. 23 Rn. 57.
87 *Kühling/Martini et. al.* DS-GVO und nationales Recht S. 71.
88 Dazu *Kühling/Martini et. al.* DS-GVO und nationales Recht S. 71.
89 HK-DS-GVO/BDSG/*Pabst* Art. 23 Rn. 64.

men von § 32 Abs. 2 BDSG der Fall ist) trifft. Lediglich § 11 Abs. 1 Nr. 3 DS-GVO enthält eine Abwägungsklausel, die eine Abwägung der Interessen des Verantwortlichen an der Nichterteilung der Information mit den Interessen der betroffenen Person an der Informationsgewährung vorsieht. Hierbei ist insbesondere unklar, ob sich die Abwägungsklausel nur auf den Tatbestand des § 11 Abs. 1 Nr. 3 DSG NRW bezieht oder auch für die Tatbestände der §§ 11 Abs. 1 Nr. 2 und 3 DSG gilt. Vor diesem Hintergrund ergeben sich Zweifel, ob die Vorschrift die europarechtlichen Anforderungen aus Art. 23 DS-GVO im Hinblick auf das Erfordernis einer „spezifischen Gesetzgebungsmaßnahme" zur Beschränkung der Informationsrechte als Betroffenenrechte erfüllt.[90] Denn das Fehlen einer Interessenabwägung im Rahmen von § 11 Abs. 1 Nr. 1 und 2 DSG NRW kann bei der Rechtsanwendung dazu führen, dass eine Einschränkung bzw. ein Wegfall der Informationspflichten nach Art. 13 Abs. 3 und Art. 14 Abs. 1, 2 und 4 DS-GVO auch dann zulässig wäre, obwohl den Interessen der betroffenen Personen im Einzelfall der Vorrang gebührt.[91] Dies widerspricht letztlich dem Erfordernis der Wahrung des Grundsatzes der Verhältnismäßigkeit nach den Vorgaben des Art. 23 DS-GVO.[92]

Ein Absehen von kompensatorischen Maßnahmen nach Art. 23 Abs. 2 107
DS-GVO kann jedenfalls nur dann in Betracht kommen, wenn die Regelung der § 11 Abs. 1 Nr. 1 und 2 DSG NRW zwingende schutzwürdige Gründe enthalten, die sich im Rahmen einer Abwägung mit den Interessen der betroffenen Person ohnehin durchsetzen. Dann wäre eine Abwägungsklausel lediglich deklaratorischer Natur. Dieses Verständnis des § 11 Abs. 1 Nr. 1 und 2 DSG NRW ist indes keineswegs zwingend. Dabei ist allerdings zu beachten, dass die notwendigen kompensatorischen Maßnahmen bzw. Schutzvorkehrungen letztlich eine Ausprägung des Grundsatzes der Verhältnismäßigkeit darstellen, bei dessen Umsetzung den Mitgliedstaaten ein weiter Gestaltungsspielraum zusteht.[93]

Im Hinblick auf eine Beschränkung der Informationspflichten aus Art. 14 108
Abs. 1, 2 und 4 DS-GVO ist zweifelhaft, ob die inhaltliche Reichweite der Öffnungsklausel des Art. 23 Abs. 1, 2 DS-GVO auch den faktischen Ausschluss einer Informationspflicht nach Art. 14 DS-GVO in den in § 11 Abs. 1 Nr. 1 bis 3 DSG NRW genannten Fällen trägt.

§ 12 Beschränkung des Auskunftsrechts der betroffenen Person nach Artikel 15 der Verordnung (EU) 2016/679

(1) [1]Soweit der Verantwortliche große Mengen von Informationen über die betroffene Person verarbeitet, kann er bei einem Auskunftsersuchen verlangen, dass die betroffene Person präzisiert, auf welche Information oder welche Verarbeitungsvorgänge sich ihr Auskunftsersuchen bezieht. [2]Das Auskunftsrecht setzt voraus, dass die betreffende Person Angaben macht, die das Auffinden der Daten mit angemessenem Aufwand ermöglicht.

---

90 Dazu Stellungnahme des *LDI NRW* im Rahmen der Anhörung zum Entwurf des NRWDSAnpUG-EU v. 19.4.2018, S. 4 und 12.

91 Übereinstimmend Stellungnahme von *Roßnagel* im Rahmen der Anhörung zum Entwurf des NRWDSAnpUG-EU v. 19.4.2018, S. 4 und 7.

92 Stellungnahme von *Roßnagel* im Rahmen der Anhörung zum Entwurf des NRWDSAnpUG-EU v. 19.4.2018, S. 4 und 7.

93 *Bäcker* in Kühling/Buchner DS-GVO Art. 23 Rn. 48 f.

(2) [1]Die Auskunftserteilung kann abgelehnt werden, soweit und solange
1. dies zur Verfolgung von Straftaten, Ordnungswidrigkeiten oder berufsrechtlichen Verstößen notwendig ist,
2. die Auskunft die öffentliche Sicherheit gefährden oder sonst dem Wohle des Bundes oder eines Landes Nachteile bereiten würde oder
3. die personenbezogenen Daten oder die Tatsache ihrer Verarbeitung nach einer Rechtsvorschrift oder wegen der Rechte und Freiheiten anderer Personen geheim zu halten sind.

[2]Die betroffene Person kann keine Auskunft über die Verarbeitung sie betreffender personenbezogener Daten nach Artikel 15 der Verordnung (EU) 2016/679 verlangen, soweit die Daten ausschließlich zu Zwecken der Datensicherung oder der Datenschutzkontrolle gespeichert sind und eine Verarbeitung zu anderen Zwecken durch geeignete technische und organisatorische Maßnahmen ausgeschlossen ist.

(3) [1]Bezieht sich die Auskunftserteilung auf die Übermittlung personenbezogener Daten an Behörden der Staatsanwaltschaft, an Polizeidienststellen, an Behörden der Finanzverwaltung, soweit sie personenbezogene Daten für Zwecke der Verhütung, Ermittlung, Aufdeckung oder Verfolgung von Straftaten speichern, an Verfassungsschutzbehörden, an den Bundesnachrichtendienst, an den Militärischen Abschirmdienst und, soweit die Sicherheit des Bundes berührt wird, andere Behörden des Bundesministeriums der Verteidigung, ist die Auskunft nur mit Zustimmung dieser Stellen zulässig. [2]Gleiches gilt für die Übermittlung personenbezogener Daten von diesen Behörden.

(4) [1]Die Ablehnung der Auskunftserteilung bedarf keiner Begründung, soweit durch die Begründung der Zweck der Verweigerung gefährdet würde. [2]Die Ablehnungsgründe sind aktenkundig zu machen.

Verwandte Norm DS-GVO:

Art. 15 Auskunftsrecht der betroffenen Person

(1) Die betroffene Person hat das Recht, von dem Verantwortlichen eine Bestätigung darüber zu verlangen, ob sie betreffende personenbezogene Daten verarbeitet werden; ist dies der Fall, so hat sie ein Recht auf Auskunft über diese personenbezogenen Daten und auf folgende Informationen:

a) die Verarbeitungszwecke;
b) die Kategorien personenbezogener Daten, die verarbeitet werden;
c) die Empfänger oder Kategorien von Empfängern, gegenüber denen die personenbezogenen Daten offengelegt worden sind oder noch offengelegt werden, insbesondere bei Empfängern in Drittländern oder bei internationalen Organisationen;
d) falls möglich die geplante Dauer, für die die personenbezogenen Daten gespeichert werden, oder, falls dies nicht möglich ist, die Kriterien für die Festlegung dieser Dauer;
e) das Bestehen eines Rechts auf Berichtigung oder Löschung der sie betreffenden personenbezogenen Daten oder auf Einschränkung der Verarbeitung durch den Verantwortlichen oder eines Widerspruchsrechts gegen diese Verarbeitung;
f) das Bestehen eines Beschwerderechts bei einer Aufsichtsbehörde;
g) wenn die personenbezogenen Daten nicht bei der betroffenen Person erhoben werden, alle verfügbaren Informationen über die Herkunft der Daten;
h) das Bestehen einer automatisierten Entscheidungsfindung einschließlich Profiling gemäß Artikel 22 Absätze 1 und 4 und – zumindest in diesen Fällen – aussagekräftige Informationen über die involvierte Logik sowie die Tragweite und die angestrebten Auswirkungen einer derartigen Verarbeitung für die betroffene Person.

(2) Werden personenbezogene Daten an ein Drittland oder an eine internationale Organisation übermittelt, so hat die betroffene Person das Recht, über die geeigneten Garantien gemäß Artikel 46 im Zusammenhang mit der Übermittlung unterrichtet zu werden.

(3) [1]Der Verantwortliche stellt eine Kopie der personenbezogenen Daten, die Gegenstand der Verarbeitung sind, zur Verfügung. [2]Für alle weiteren Kopien, die die betroffene Person beantragt, kann der Verantwortliche ein angemessenes Entgelt auf der Grundlage der Verwaltungskosten verlangen. [3]Stellt die betroffene Person den Antrag elektronisch, so sind die Informationen in einem gängigen elektronischen Format zur Verfügung zu stellen, sofern sie nichts anderes angibt.

(4) Das Recht auf Erhalt einer Kopie gemäß Absatz 3 darf die Rechte und Freiheiten anderer Personen nicht beeinträchtigen.

Öffnungsklausel in der DS-GVO für nationale Regelung:

Art. 23 Beschränkungen

(1) Durch Rechtsvorschriften der Union oder der Mitgliedstaaten, denen der Verantwortliche oder der Auftragsverarbeiter unterliegt, können die Pflichten und Rechte gemäß den Artikeln 12 bis 22 und Artikel 34 sowie Artikel 5, insofern dessen Bestimmungen den in den Artikeln 12 bis 22 vorgesehenen Rechten und Pflichten entsprechen, im Wege von Gesetzgebungsmaßnahmen beschränkt werden, sofern eine solche Beschränkung den Wesensgehalt der Grundrechte und Grundfreiheiten achtet und in einer demokratischen Gesellschaft eine notwendige und verhältnismäßige Maßnahme darstellt, die Folgendes sicherstellt:

a) die nationale Sicherheit;
b) die Landesverteidigung;
c) die öffentliche Sicherheit;
d) die Verhütung, Ermittlung, Aufdeckung oder Verfolgung von Straftaten oder die Strafvollstreckung, einschließlich des Schutzes vor und der Abwehr von Gefahren für die öffentliche Sicherheit;
e) den Schutz sonstiger wichtiger Ziele des allgemeinen öffentlichen Interesses der Union oder eines Mitgliedstaats, insbesondere eines wichtigen wirtschaftlichen oder finanziellen Interesses der Union oder eines Mitgliedstaats, etwa im Währungs-, Haushalts- und Steuerbereich sowie im Bereich der öffentlichen Gesundheit und der sozialen Sicherheit;
f) den Schutz der Unabhängigkeit der Justiz und den Schutz von Gerichtsverfahren;
g) die Verhütung, Aufdeckung, Ermittlung und Verfolgung von Verstößen gegen die berufsständischen Regeln reglementierter Berufe;
h) Kontroll-, Überwachungs- und Ordnungsfunktionen, die dauernd oder zeitweise mit der Ausübung öffentlicher Gewalt für die unter den Buchstaben a bis e und g genannten Zwecke verbunden sind;
i) den Schutz der betroffenen Person oder der Rechte und Freiheiten anderer Personen;
j) die Durchsetzung zivilrechtlicher Ansprüche.

(2) Jede Gesetzgebungsmaßnahme im Sinne des Absatzes 1 muss insbesondere gegebenenfalls spezifische Vorschriften enthalten zumindest in Bezug auf

a) die Zwecke der Verarbeitung oder die Verarbeitungskategorien,
b) die Kategorien personenbezogener Daten,
c) den Umfang der vorgenommenen Beschränkungen,
d) die Garantien gegen Missbrauch oder unrechtmäßigen Zugang oder unrechtmäßige Übermittlung;
e) die Angaben zu dem Verantwortlichen oder den Kategorien von Verantwortlichen,

f) die jeweiligen Speicherfristen sowie die geltenden Garantien unter Berücksichtigung von Art, Umfang und Zwecken der Verarbeitung oder der Verarbeitungskategorien,
g) die Risiken für die Rechte und Freiheiten der betroffenen Personen und
h) das Recht der betroffenen Personen auf Unterrichtung über die Beschränkung, sofern dies nicht dem Zweck der Beschränkung abträglich ist.

Kurzübersicht zum Verhältnis der entscheidenden Normen			
Norm des DSG NRW	Entsprechende Norm der DS-GVO	Entsprechende Norm des BDSG	Öffnungsklausel der DS-GVO
§ 12 DSG NRW	Art. 15 DS-GVO	§ 34 BDSG	Art. 23 DS-GVO

A. Grundlagen

1 Die Norm schränkt das Auskunftsrecht der betroffenen Person gem. Art. 15 DS-GVO ein.

I. Gesamtverständnis, Zweck der Norm und Verhältnis zu anderen Normen

2 § 12 DSG NRW regelt Modifikationen und Ausnahmen zum Auskunftsrecht aus Art. 15 DS-GVO.[1] Art. 15 DS-GVO statuiert das Auskunftsrecht der betroffenen Person und entspricht Art. 8 Abs. 2 S. 2 GRCh. Dieses Recht ist eines der unabdingbaren Werkzeuge der betroffenen Person, um ihr Recht auf informationelle Selbstbestimmung ausüben zu können. Im Zusammenspiel mit den Informationspflichten der Art. 13 und 14 DS-GVO verpflichtet es den Verantwortlichen, seine Datenverarbeitungen transparent zu gestalten. Art. 23 DS-GVO ermächtigt den nationalen Gesetzgeber unter den dort genannten Voraussetzungen das Auskunftsrecht der betroffenen Person zu beschränken oder bestehende Beschränkungen aufrecht zu erhalten.[2] Der Landesgesetzgeber hat von der Öffnungsklausel Gebrauch gemacht und § 12 DSG NRWgeschaffen.[3] Die gesetzgeberische Intention war der Erhalt der behördlichen Funktionsfähigkeit im Sinne eines Ausuferungsschutzes in Bezug auf Auskunftsansprüche von betroffenen Personen.[4]

II. Bisherige Rechtslage

3 Im DSG aF statuierte § 18 Abs. 1 DSG aF das Auskunftsrecht der betroffenen Person. § 18 Abs. 2–6 DSG aF enthielt entsprechende Einschränkungsmöglichkeiten.

1 Vgl. dazu auch *Richter/Buchmann* in HK-LDSG RhPf § 12 Rn. 1 ff.
2 Vertiefend dazu *Dix* in Simitis/Hornung/Spiecker gen. Döhmann DS-GVO Art. 23 Rn. 10; *Gola* in Gola DS-GVO Art. 23 Rn. 31 ff.; *Pabst* in HK-DS-GVO/BDSG Art. 23 Rn. 3 ff.
3 Vgl. dazu *Richter/Buchmann* in HK-LDSG RhPf § 12 Rn. 4 ff.
4 Vgl. LT-Drs. 17/1981, 140.

B. Kommentierung

I. § 12 Abs. 1 DSG NRW

Nach § 12 Abs. 1 S. 1 DSG NRW kann der Verantwortliche bei großen Datenmengen von der betroffenen Person bei einem Auskunftsersuchen verlangen, zu präzisieren, auf welche Informationen oder welche Verarbeitungsvorgänge sich ihr Auskunftsersuchen bezieht. Nach dem Willen des Landesgesetzgebers dient die Regelung dem Erhalt der behördlichen Funktionsfähigkeit der Behörden und beruht auf ErwG 63 DS-GVO. Dabei unterliegt der Gesetzgeber der Irrung, dass es sich bei ErwG 63 DS-GVO um eine Öffnungsklausel handelt, denn nur, wenn die DS-GVO eine Öffnungsklausel statuiert, können nationale Gesetzgeber tätig werden. Dies ist bei einem Erwägungsgrund der DS-GVO aber gerade nicht der Fall. Vielmehr würde für die landesgesetzliche Regelung Art. 23 DS-GVO als Öffnungsklausel in Betracht kommen. 4

Selbst dann, wenn § 12 Abs. 1 S. 1 DSG NRW im Rahmen der Öffnungsklausel des Art. 23 DS-GVO legitimierbar ist, kommt der Norm wohl lediglich eine deklaratorische Wirkung zu. Das gewünschte Regelungsziel, nämlich die Präzisierung eines Auskunftsersuchens der betroffenen Person, ist bereits in der DS-GVO angelegt. Dies ergibt sich aus dem Zusammenwirken des Art. 15 DS-GVO und ErwG 63 S. 7. 5

Ob eine große Menge von Informationen vorliegt, wird dabei nicht nur von der Menge der Daten abhängen, sondern auch von der Vielzahl der Verarbeitungstätigkeiten. Die Gesamtschau obliegt dem Verantwortlichen und dürfte insbesondere bei komplexeren Verwaltungstätigkeiten oder Verwaltungsstrukturen vorliegen. Dies kann beispielsweise bei umfangreichen Patientenakten der Fall sein, in denen sich Informationen über Jahre gesammelt haben und deren durchforsten zeitintensive Recherchen des Verantwortlichen erforderlich machen würde.[5] 6

Nach § 12 Abs. 1 S. 2 DSG NRW setzt das Auskunftsrecht voraus, dass die betroffene Person Angaben macht, die das Auffinden der Daten mit angemessenem Aufwand ermöglicht. Dies ist missverständlich, da der Verantwortliche so davon ausgehen könnte, dass die Mitwirkung der betroffenen Person eine materiellrechtliche Voraussetzung vom Auskunftsanspruch des Art. 15 DS-GVO sei. Dies ist jedoch nicht der Fall, da die Voraussetzungen abschließend in Art. 15 DS-GVO genannt sind. Vielmehr unterstreicht § 12 Abs. 1 S. 2 DSG NRW deklaratorisch eine im Einzelfall notwendige Mitwirkung der betroffenen Person, wie sie sich bereits aus Art. 15 DS-GVO iVm ErwG 63 S. 7 ergibt. 7

II. § 12 Abs. 2 DSG

Die Norm enthält Ausnahmetatbestände, die es dem Verantwortlichen ermöglichen, Auskunftsbegehren von betroffenen Personen, abzulehnen.[6] 8

Nach § 12 Abs. 2 S. 1 DSG NRW hat der Verantwortliche zu prüfen, in welchem Umfang und für welchen Zeitraum die Tatbestandsalternativen der Norm eine Verweigerung der Auskunft zulassen. Ist einer der in § 12 Abs. 2 S. 1 Nr. 1–3 DSG NRW abschließend aufgezählten Tatbestände nicht mehr erfüllt, hat der Verantwortliche vollumfänglich die von der betroffenen Person begehrte Auskunft zu erteilen. 9

5 Vgl. LT-Drs. 17/1981, 140.
6 Dazu auch *Richter/Buchmann* in HK-LDSG RhPf § 12 Rn. 13 ff.

10 Nach § 12 Abs. 2 S. 1 Nr. 1 DSG NRW kann die Auskunftserteilung soweit und solange abgelehnt werden, wie dies zur Verfolgung von Straftaten, Ordnungswidrigkeiten oder berufsrechtlichen Verstößen notwendig ist. Dies ist deshalb sinnvoll, da so effektiv einer möglichen Missbrauchsmöglichkeit des datenschutzrechtlichen Auskunftsanspruchs begegnet werden kann. Dieser dient nämlich dazu, der betroffenen Person durch die Übermittlung der in Art. 15 DS-GVO genannten Informationen Transparenz mit Blick auf das in Art. 8 GRCh verankerte Datenschutzrecht zu schaffen. Der Auskunftsanspruch soll nicht dazu genutzt werden, auf diesem Weg an Informationen zu gelangen, die zur Verfolgung von Straftaten, Ordnungswidrigkeiten oder berufsrechtlichen Verstößen notwendig sind. Der Erfolg solcher Ermittlungsmaßnahmen darf nicht durch die Erfüllung eines datenschutzrechtlichen Auskunftsbegehrens gefährdet werden. Gleichwohl muss die Verweigerung der Auskunft für die Verfolgung von Straftaten, Ordnungswidrigkeiten oder berufsrechtlichen Verstößen notwendig sein. Dadurch wird aufgrund des Wortlauts deutlich, dass die Norm eng auszulegen ist.

11 Nach § 12 Abs. 2 S. 1 Nr. 2 DSG NRW ist die Auskunft nicht zu erteilen, soweit und solange dies die öffentliche Sicherheit gefährden oder sonst dem Wohle des Bundes oder eines Landes Nachteile bereiten würde. Das Tatbestandsmerkmal der öffentlichen Sicherheit entstammt dem Polizei- und Ordnungsrecht und ist in diesem Zusammenhang durch die Rechtsprechung der Verwaltungsgerichte konkretisiert worden. Unter dem Begriff der öffentlichen Sicherheit ist die Summe der geschützten Rechtsgüter zu verstehen, namentlich die Rechtsordnung, die Unverletzlichkeit der Rechte des Einzelnen und der Bestand des Staates sowie der Bestand von Einrichtungen und Veranstaltungen des Staates und sonstiger Träger hoheitlicher Gewalt.[7] Das Tatbestandsmerkmal „Nachteile für das Wohl des Bundes oder eines Landes" kommt ebenfalls in anderen Rechtsvorschiften vor, so zu Beispiel in § 29 Abs. 2 VwVfG NRW. Liegen beispielsweise Informationen bei geheimdienstlichen Tätigkeiten vor, die das Wohl des Bundes oder eines Landes gefährden würden, dürfen diese Informationen nicht bekannt gegeben werden.

12 Nach § 12 Abs. 2 S. 1 Nr. 3 DSG NRW ist die Auskunft nicht zu erteilen, soweit und solange die personenbezogenen Daten oder die Tatsache ihrer Verarbeitung nach einer Rechtsvorschrift oder wegen der Rechte und Freiheiten anderer Personen geheim zu halten sind. Die Norm enthält damit zwei Alternativen. In der ersten Alternative ist die Auskunft dann zu versagen, wenn eine Rechtsvorschrift dies explizit verbietet. In der zweiten Alternative ist die Auskunft zu verbieten, wenn Recht und Freiheiten anderer Personen entgegenstehen. Eine explizite Rechtsvorschrift, die die Auskunft verbietet, ist nicht notwendig. Der Verantwortliche hat die Rechte und Freiheiten anderer Personen zu identifizieren, zu beachten und zu wahren. Als Ausnahmetatbestand ist § 12 Abs. 2 S. 1 Nr. 3 DSG NRW eng auszulegen.

13 § 12 Abs. 2 S. 2 DSG NRW nimmt bestimmte Daten von der Verpflichtung zur Auskunftserteilung aus. Ausschließlich zu Zwecken der Datensicherung[8] oder der Datenschutzkontrolle[9] dienende Daten werden von der Beauskunftung ausgeschlossen. Neben der Datensicherung und der Datenkontrolle dürfen die Da-

7 Vertiefend dazu *Worms/Gusy* in Möstl/Kugelmann BeckOK PolR NRW PolG § 8 Rn. 75 ff.
8 Bspw. Sicherungskopien auf externen Speichermedien.
9 Bspw. Protokolldateien.

ten keinem anderen Zweck dienen. Voraussetzung ist, dass eine Verarbeitung zu anderen Zwecken durch geeignete technische und organisatorische Maßnahmen ausgeschlossen wird. Welche Maßnahmen geeignet sind, sagt die Norm nicht. Der Verantwortliche wird sich hier am Katalog des Art. 32 DS-GVO orientieren können. Insbesondere Zutritts- und Zugangskontrollen dürften geeignete Maßnahmen darstellen.[10] Durch diese kann dem Interesse der betroffenen Person hinreichend Rechnung getragen werden.[11]

III. § 12 Abs. 3 DSG

Die Norm enthält eine weitere Beschränkung des Auskunftsrechts der betroffenen Person, die in einem engen Verhältnis zu § 12 Abs. 2 DSG NRW steht. § 12 Abs. 3 DSG NRW dient nach dem Willen des Gesetzgebers präventiv dem Ausschluss von Kollisionen mit gesetzlichen Strafverfolgungs- oder Sicherheitsbelangen des Staates.[12] Nach § 12 Abs. 3 S. 1 DSG NRW dürfen Verantwortliche ohne Zustimmung der nachfolgenden Behörde keine Auskunft erteilen, soweit sich diese auf die Übermittlung personenbezogener Daten aus dem Bereich der staatlichen Sicherheit, der Strafverfolgung oder der Finanzverwaltung des Bundes oder Landes bezieht. Dies ist konsequent, da nur so verhindert werden kann, dass die betroffene Person auf einem anderen Weg an die Informationen gelangt, die ihr durch § 12 Abs. 2 DSG verwehrt bleiben sollen. Im Landesbereich handelt es sich bei den benannten Stellen beispielsweise um die Behörde für Verfassungsschutz NRW, die Behörden der Staatsanwaltschaft und der Polizei NRW oder die Landesfinanzbehörden, soweit sie zur Aufgabe der Steuerfahndung tätig werden. Nach § 12 Abs. 3 S. 2 DSG NRW findet die Auskunftseinschränkung auch auf die Übermittlung personenbezogener Daten von diesen Behörden Anwendung. 14

IV. § 12 Abs. 4 DSG

Nach § 12 Abs. 4 S. 1 DSG NRW bedarf die Ablehnung der Auskunftserteilung gegenüber der betroffenen Person keiner Begründung, soweit durch die Begründung der Zweck der Verweigerung gefährdet würde. Die Regelung bezieht sich dabei auf alle in § 12 DSG NRW genannten Ablehnungsgründe und verfolgt den Zweck, dass eine begründete Ablehnung eines Auskunftsbegehrens nicht auf einem anderen Weg umgegangen werden kann. Nach § 12 Abs. 4 S. 2 DSG NRW sind die Ablehnungsgründe aktenkundig zu machen. Ohne diese Regelung würde eine Rechtschutzlücke entstehen, da der betroffenen Person ohne ein Aktenvermerk jegliche Rechtsschutzmöglichkeit genommen werden würde. Um eine spätere Überprüfung der Entscheidung zu ermöglichen, sind die Gründe für die Ablehnung der Auskunftserteilung deshalb aufzuzeichnen.[13] Wie und in welchem Umfang die Gründe aufzuzeichnen sind, sagt die Norm. Ausgehend vom Sinn und Zweck der Regelung, nämlich die spätere Überprüfbarkeit der Ablehnung des Auskunftsanspruchs, wird der Verantwortliche davon ausgehen müssen, alle in Betracht kommenden Ablehnungsgründe zu dokumentieren. Nur so kann eine vollumfängliche, gerichtliche Überprüfung der Rechtmäßigkeit des Handelns des Verantwortlichen sichergestellt werden. 15

---

10 Siehe dazu *Ritter* in HK-DS-GVO/BDSG Art. 32 Rn. 36 ff.; *Hansen* in Simitis/Hornung/Spiecker gen. Döhmann DS-GVO Art. 32 Rn. 39.
11 Vgl. LT-Drs. 17/1981, 140.
12 Vgl. LT-Drs. 17/1981, 141.
13 Vgl. LT-Drs. 17/1981, 141.

§ 13 Beschränkung der Benachrichtigung der von einer Verletzung des Schutzes personenbezogener Daten betroffenen Personen nach Artikel 34 der Verordnung (EU) 2016/679

Der Verantwortliche kann von der Benachrichtigung der von einer Verletzung des Schutzes personenbezogener Daten betroffenen Person absehen, soweit und solange

1. die Informationen die öffentliche Sicherheit gefährden oder sonst dem Wohle des Bundes oder eines Landes Nachteile bereiten würde,
2. die personenbezogenen Daten oder die Tatsache ihrer Verarbeitung nach einer Rechtsvorschrift oder wegen der Rechte und Freiheiten anderer Personen geheim zu halten sind oder
3. die Information die Sicherheit von IT-Systemen gefährden würde.

Verwandte Norm DS-GVO:

Art. 34 Benachrichtigung der von einer Verletzung des Schutzes personenbezogener Daten betroffenen Person

(1) Hat die Verletzung des Schutzes personenbezogener Daten voraussichtlich ein hohes Risiko für die persönlichen Rechte und Freiheiten natürlicher Personen zur Folge, so benachrichtigt der Verantwortliche die betroffene Person unverzüglich von der Verletzung.

(2) Die in Absatz 1 genannte Benachrichtigung der betroffenen Person beschreibt in klarer und einfacher Sprache die Art der Verletzung des Schutzes personenbezogener Daten und enthält zumindest die in Artikel 33 Absatz 3 Buchstaben b, c und d genannten Informationen und Maßnahmen.

(3) Die Benachrichtigung der betroffenen Person gemäß Absatz 1 ist nicht erforderlich, wenn eine der folgenden Bedingungen erfüllt ist:

a) der Verantwortliche geeignete technische und organisatorische Sicherheitsvorkehrungen getroffen hat und diese Vorkehrungen auf die von der Verletzung betroffenen personenbezogenen Daten angewandt wurden, insbesondere solche, durch die die personenbezogenen Daten für alle Personen, die nicht zum Zugang zu den personenbezogenen Daten befugt sind, unzugänglich gemacht werden, etwa durch Verschlüsselung;
b) der Verantwortliche durch nachfolgende Maßnahmen sichergestellt hat, dass das hohe Risiko für die Rechte und Freiheiten der betroffenen Personen gemäß Absatz 1 aller Wahrscheinlichkeit nach nicht mehr besteht;
c) dies mit einem unverhältnismäßigen Aufwand verbunden wäre. In diesem Fall hat stattdessen eine öffentliche Bekanntmachung oder eine ähnliche Maßnahme zu erfolgen, durch die die betroffenen Personen vergleichbar wirksam informiert werden.

(4) Wenn der Verantwortliche die betroffene Person nicht bereits über die Verletzung des Schutzes personenbezogener Daten benachrichtigt hat, kann die Aufsichtsbehörde unter Berücksichtigung der Wahrscheinlichkeit, mit der die Verletzung des Schutzes personenbezogener Daten zu einem hohen Risiko führt, von dem Verantwortlichen verlangen, dies nachzuholen, oder sie kann mit einem Beschluss feststellen, dass bestimmte der in Absatz 3 genannten Voraussetzungen erfüllt sind.

Kurzübersicht zum Verhältnis der entscheidenden Normen			
Norm des DSG NRW	Entsprechende Norm der DS-GVO	Entsprechende Norm des BDSG	Öffnungsklausel der DS-GVO
§ 13 DSG NRW	Art. 34 DS-GVO	§ 29 BDSG	Art. 23 Abs. 1 DS-GVO

Literatur:

Fuhlrott, Data Incident Management: Rechtlicher Umgang mit „Datenpannen", NZA 2019, 649; *Hanloser*, Datenschutz-Compliance: Security Breach Notification bei Datenpannen, CC2 2010, 25; *Marschall*, Datenpannen – „neue" Meldepflichten nach der europäischen DS-GVO, DuD 2015, 183; *Spittka,* Nur noch 72 Stunden – Data Breach Notification nach der EU-Datenschutz-Grundverordnung, DSRITB 2016, 387.

A. Grundlagen

I. Gesamtverständnis, Zweck der Norm und Verhältnis zu anderen Normen

Art. 34 DS-GVO enthält eine **Benachrichtigungspflicht** gegenüber Betroffenen im Falle von **Datenpannen.** Zweck des § 13 DSG NRW ist es, den öffentlichen Stellen weitere – über die in der DS-GVO geregelten Fälle hinaus – Ausnahmetatbestände zur Verfügung zu stellen, bei deren Vorliegen sie von der Verpflichtung befreit sind, die Betroffenen über eine etwaige Verletzung des Schutzes der personenbezogenen Daten in Kenntnis zu setzen. 1

II. Bisherige Rechtslage

Bis zur Einführung der DS-GVO und den Erneuerungen der BDSG war eine Einschränkung der Benachrichtigungspflicht im nationalen Recht nicht vorgesehen.[1] Dies liegt sicher auch daran, dass die Verpflichtung zur Meldung von Verletzungen des Schutzes personenbezogener Daten in § 42 a BDSG aF und § 15 a TMG einen wesentlich geringeren Anwendungsbereich hatte als Art. 34 DS-GVO und aufgrund der wesentlich geringeren Bußgeldandrohung in der Praxis eine deutlich geringere Rolle spielte. 2

1 *Herbst* in Kühling/Buchner BDSG § 29 Rn. 15.

III. Benachrichtigungspflichten nach der DS-GVO

3 Nach Art. 34 Abs. 1 DS-GVO ist im Falle einer Verletzung des Schutzes **personenbezogener Daten** im Sinne des Art. 4 Nr. 12 DS-GVO die betroffene Person unverzüglich zu benachrichtigen, sofern aus der Verletzung voraussichtlich ein **hohes Risiko** für die persönlichen Rechte und Freiheiten der betroffenen Person entsteht.[2]

4 Als Schutzverletzungen kommen die **Vernichtung**, der **Verlust** und die **Veränderung von Daten** sowie die **unbefugte Offenlegung** und der **unbefugte Zugang** in Betracht. Beispielhaft können hier die versehentliche oder absichtliche Löschung von personenbezogenen Daten oder der Angriff eines Krypto-Trojaners genannt werden. Praxisrelevant sind vor allem auch die Fälle von Hacker-Angriffen.[3]

5 Art. 34 Abs. 1 DS-GVO setzt in allen Fällen ein voraussichtlich hohes Risiko voraus. Es bedarf einer **Risikobewertung**, welche sich sowohl an der **Schadensintensität** als auch an der **Eintrittswahrscheinlichkeit** orientiert. Grundsätzlich ist ein Risiko dabei als hoch einzustufen, wenn der Schadenseintritt wahrscheinlich ist.[4] Nach den deutschen Datenschutzaufsichtsbehörden dürfen bei Kategorisierungen wie „niedriger", „mittlerer" oder „hoher" Schaden oder „niedrige", „mittlere" oder „hohe" Wahrscheinlichkeit verwendet werden.[5] Die Art. 29-Datenschutzgruppe hat folgende **Kriterien** zur Risikobewertung aufgestellt:[6]

1. Art der Datenschutzverletzung
2. Art, Sensibilität und Menge personenbezogener Daten
3. Identifizierbarkeit betroffener Personen
4. Schwere der Folgen für die betroffenen Personen
5. Besondere Eigenschaften der betroffenen Personen
6. Besondere Eigenschaften des Verantwortlichen
7. Die Zahl der betroffenen Personen
8. Allgemeine Aspekte.

6 Art. 34 Abs. 2 DS-GVO legt fest, wie die Benachrichtigung gestaltet sein sollte (klare und einfache Sprache) und welchen Inhalt sie haben muss (Art der Verletzung und Informationen und Empfehlungen im Sinne des Art. 33 Abs. 2 lit. b, c, d DS-GVO). Art. 34 Abs. 2 DS-GVO fungiert demnach lediglich als **Formvorschrift.**

IV. Ausnahmen von der Benachrichtigungspflichten in der DS-GVO

7 Art. 34 Abs. 3 DS-GVO statuiert **zwei Fälle** (lit. a, b), in denen von einer Benachrichtigung gänzlich abgesehen werden kann, da durch entsprechende Maßnahmen sichergestellt ist, dass das Risiko für die persönlichen Rechte und Freiheiten der betroffenen Person minimiert wird.[7] Des Weiteren regelt der Absatz den Fall (lit. c), bei dem eine individuelle Benachrichtigung einen unverhältnis-

---

2 Exemplarisch *Jandt* in Kühling/Buchner DS-GVO Art. 34 Rn. 5.
3 *Franck* in HK-DS-GVO/BDSG Art. 34 Rn. 31 ff.
4 *Franck* in HK-DS-GVO/BDSG Art. 33 Rn. 48, Art. 34 Rn. 2 f.
5 Siehe DSK Kurzpapier Nr. 18 „Risiko für die Rechte und Freiheiten natürlicher Personen".
6 Art.-29-Datenschutzgruppe, WP 250 v. 6.2.2018, S. 26 ff., abrufbar unter https://ec.europa.eu/newsroom/article29/item-detail.cfm?item_id=612052, das WP 250 wurde vom Data Protection Board bestätigt, abrufbar unter https://edpb.europa.eu/node/67.
7 *Jandt* in Kühling/Buchner DS-GVO BDSG Art. 34 Rn. 13.

mäßigen Aufwand darstellen würde und anstelle der Benachrichtigung die öffentliche Bekanntmachung oder eine ähnliche Maßnahme eintritt.[8] Art. 34 Abs. 4 DS-GVO stattet die **Datenschutzaufsichtsbehörde** mit der Möglichkeit aus, die Bewertung vorzunehmen, ob ein entsprechend hohes Risiko für die persönlichen Rechte und Freiheiten des Betroffenen in einem konkreten Fall der Verletzung des Schutzes personenbezogener Daten besteht. Zusätzlich kann sie den Verantwortlichen **auffordern**, eine entsprechende Benachrichtigung im Sinne des Art. 34 Abs. 1 DS-GVO zu erteilen. Auch kann die Datenschutzaufsichtsbehörde per **Beschluss** feststellen, dass eine Ausnahme im Sinne des Art. 34 Abs. 3 DS-GVO vorliegt.[9]

B. Kommentierung

I. Ermessungsentscheidung und Einschätzungsspielräume

Dass es sich bei der Norm um eine **Ermessensvorschrift** handelt, ist insbesondere an den Formulierungen „kann" ersichtlich. Die Norm räumt dem Anwender zudem einen **hohen Einschätzungsspielraum** ein. So muss der Verantwortliche die Ausnahme auf das zeitlich notwendige Maß („solange") beschränken. Der Begriff „soweit" kann darüber hinaus als inhaltliche Beschränkung verstanden werden, so dass der Rechtsanwender sich fragen muss, in welchem Umfang die Benachrichtigungspflicht unberücksichtigt gelassen werden kann. 8

II. Gefährdung der öffentlichen Sicherheit (Nr. 1 Alt. 1)

§ 13 Nr. 1 Alt. 1 DSG NRW benennt den ersten landesrechtlichen **Ausnahmetatbestand** von der Benachrichtigungspflicht. Hiernach kann die Benachrichtigung des Betroffenen unterbleiben, sofern „die Informationen die **öffentliche Sicherheit gefährden**". Aus der Systematik der Norm muss dabei geschlossen werden, dass sich „die Informationen" auf den **Inhalt** der etwaigen Benachrichtigung bezieht. Der Begriff der „öffentlichen Sicherheit" ist wortwörtlich aus Art. 23 Abs. 1 lit. c DS-GVO übernommen. Dementsprechend muss hier auch eine autonom unionsrechtliche Interpretationsweise gewählt werden, wonach der Begriff **eng** auszulegen ist und lediglich besonders bedeutsame Rechtsgüter und elementare rechtliche Standards umfasst sind.[10] Der Erwägungsgrund 73 zur DS-GVO führt als Beispielsfall den Schutz von Menschenleben im Katastrophenfall an.[11] Eine Gefährdung der öffentlichen Sicherheit muss immer für den jeweiligen Einzelfall umfassend geprüft werden.[12] Für die alltägliche behördliche Praxis wird dieser Ausnahmetatbestand damit eher von untergeordneter Bedeutung sein. 9

III. Nachteil für das Wohl des Bundes oder eines Landes (Nr. 1 Alt. 2)

Die zweite Variante des Ausnahmetatbestands des § 13 Nr. 1 DSG NRW legitimiert den Verzicht auf die Benachrichtigungen in Fällen, in denen „die Informationen" (s. o.) „dem Wohle des Bundes oder eines Landes Nachteile bereiten würden". Diese sehr vage Klausel findet auch in der Gesetzesbegründung keine nähere Erläuterung, so dass es kaum möglich ist, den Umfang dieses Ausnah- 10

8 *Jandt* in Kühling/Buchner DS-GVO BDSG Art. 34 Rn. 13.
9 *Jandt* in Kühling/Buchner DS-GVO BDSG Art. 34 Rn. 13.
10 *Bäcker* in Kühling/Buchner DS-GVO Art. 23 Rn. 19; *Paal* in Paal/Pauly DS-GVO Art. 23 Rn. 21.
11 *Bäcker* in Kühling/Buchner DS-GVO Art. 23 Rn. 20.
12 Vgl. *Richter* in HK-LDSG RhPf § 11 Rn. 11.

metatbestandes genauer zu definieren. Es handelt sich um eine Art **Auffangtatbestand**, wobei unsicher ist, inwieweit die Bezeichnung „wichtiger Ziele" eine weiterführende Einschränkung als das generell geltende Verhältnismäßigkeitsprinzip darstellt.[13] Als Ausnahmevorschrift ist § 13 Nr. 2 Alt 2 DSGVO jedenfalls eher **eng** auszulegen.

IV. Verarbeitung nach einer Rechtsvorschrift geheim zu halten (Nr. 2 Var. 1)

11 § 13 Nr. 2 Var. 1 DSG NRW erlaubt die Unterlassung einer Meldung nach Art. 34 DS-GVO, wenn die personenbezogenen Daten oder die Tatsache ihrer Verarbeitung nach einer Rechtsvorschrift **geheim** zu halten sind.

12 Eine Rechtsvorschrift im Sinne des § 13 Nr. 2 Var. 1 DSG NRW kann **jede materielle Rechtsnorm mit unmittelbarer Außenwirkung** sein, die dem Schutz des Betroffenen oder der Rechte und Freiheiten anderer Personen dient.[14] Geheimhaltungsverpflichtungen dienen in den meisten Fällen dem Schutz der betroffenen Person, so dass die Bekanntgabe an Betroffene nur in seltenen Fällen ausgeschlossen ist.[15] Zur Geheimhaltung verpflichtende Rechtsvorschriften können etwa **Berufsgeheimnisverpflichtungen** sein. Amtsverschwiegenheitsverpflichtungen zählen allerdings nicht dazu. Diese gelten in erster Linie im Verhältnis des einzelnen Beamten gegenüber seinem Dienstherren. Eine Verschwiegenheitspflicht Dritten gegenüber besteht jedoch nicht.[16] Geheim zu halten sind auch solche Daten, die nach §§ 93 ff. StGB Teil eines **Staatsgeheimnisses** sind. Ebenso sind Mitglieder der **Parlamentarischen Kontrollkommission** zur Geheimhaltung verpflichtet.[17] Ein weiteres Beispiel sind Informationen, die Gegenstand des Verfahrens von Sicherheitsüberprüfungen des Bundes und des Schutzes von Verschlusssachen (Sicherheitsüberprüfungsgesetz – SÜG) sowie der hierzu erlassenen Verwaltungsvorschriften (SÜG-AVV, VSA) sind.[18]

13 § 13 Nr. 2 Var. 1 DSG NRW entspricht seinem Inhalt überwiegend der bundesrechtlichen Vorschrift (§ 29 Abs. 1 S. 3 BDSG), wobei auf die in der Bundesvorschrift explizite Benennung der „Einzelfallprüfung" in § 13 Nr. 2 DSG NRW verzichtet wurde. Da es sich hierbei jedoch um einen Grundsatz des öffentlichen Rechts handelt, kann durchaus vertreten werden, dass auf eine explizite Benennung des Abwägungsprozesses verzichtet werden kann. Inhaltlich ist § 13 Nr. 2 DSG NRW damit als identisch zu § 29 Abs. 1 S. 3 BDSG anzusehen.

14 § 13 Nr. 2 Var. 1 fußt auf der Öffnungsklausel aus Art. 23 Abs. 1 lit. e und i DS-GVO (siehe hierzu unten → Rn. 17).

V. Verarbeitung wegen der Rechte und Freiheiten anderer Personen geheim zu halten (Nr. 2 Var. 2)

15 § 13 Nr. 2 Var. 2 DSG NRW erlaubt die Unterlassung einer Meldung nach Art. 34 DS-GVO, wenn die personenbezogenen Daten oder die Tatsache ihrer

13 *Bäcker* in Kühling/Buchner DS-GVO Art. 23 Rn. 22; *Gola* in Gola DS-GVO Art. 23 Rn. 9; *Paal* in Paal/Pauly DS-GVO Art. 23 Rn. 31, 31 a.
14 Vgl. *Herbst* in Kühling/Buchner BDSG § 29 Rn. 6.
15 Vgl. *Mallmann* in Simitis BDSG, 7. Aufl. 2011, § 19 Rn. 92.
16 Vgl. *Lapp* in Gola/Heckmann BDSG § 29 Rn. 7 ff.
17 Vgl. *Mallmann* in Simitis BDSG, 7. Aufl. 2011, § 19 Rn. 92.
18 Siehe weitere Beispiele zur Parallelvorschrift bei *Richter* in HK-LDSG RhPf § 11 Rn. 13

Verarbeitung wegen der Rechte und Freiheiten anderer Personen **geheim** zu halten sind.

Es bedarf daher einer Prüfung, ob die Geheimhaltung den berechtigten Interessen eines Dritten dient und ob diese Interessen des Dritten die Interessen des Betroffenen an der Benachrichtigung überwiegen. Den Interessen des Dritten muss dabei erhebliches Gewicht zukommen. Ein solches Interesse dürfte jedenfalls dann vorliegen, wenn die Geheimhaltung der Abwendung von Gefahren für Leben, Gesundheit oder Freiheit des Dritten dient.[19] Hierfür müssen auch konkrete Anhaltspunkte und nicht lediglich eine bloße Vermutung vorliegen, die ein Geheimhaltungsinteresse begründen.[20] 16

Beide Varianten des Ausnahmetatbestandes aus § 13 Nr. 2 fußen laut der Gesetzesbegründung auf der **Öffnungsklausel** aus Art. 23 Abs. 1 lit. e und i DS-GVO.[21] 17

VI. Die Sicherheit von IT-Systemen gefährden (Nr. 3)

§ 13 Nr. 3 DSG NRW berechtigt den Verzicht der Benachrichtigung für Fälle, in denen die Information die **Sicherheit von IT-Systemen** gefährden würde. Laut Gesetzesbegründung soll der Begriff der IT-Systeme dabei neben der **Hardware** auch die **Software** umfassen.[22] Eine solche Regelung ist sinnvoll, da jeder Hinweis über einen IT-Sicherheitsverstoß auf eventuelle Sicherheitslücken aufmerksam machen kann und damit die Gefahr eines Ausnutzens ebendieser Lücken birgt. 18

Unkommentiert lässt die Norm jedoch die Intensität der Gefahr und die Frage, ob damit alle IT-Systeme umfasst sind; also neben dem Hauptserver einer Landesbehörde beispielsweise auch das Mobiltelefon eines Sachbearbeiters. Der Wortlaut des Nr. 3 impliziert eine weite Auslegung. Sinn und Zweck der Einschränkung legen ebenfalls ein **weites Verständnis** nah. Dies erschließt sich auch aus der Gefahr, die von einem Sicherheitsvorfall zB nur eines Mobiltelefons eines Sachbearbeiters ausgeht. Ein solcher Sicherheitsvorfall kann sich im schlimmsten Fall wie ein Flächenbrand ausbreiten und gegebenenfalls umfassende IT-Infrastruktur beschädigen. Insofern ist es geboten, keine zu hohen Anforderungen an die Intensität der Gefahr zu stellen, da bereits scheinbar geringfügige Sicherheitsvorfälle sich erheblich ausbreiten und zu einer größeren Gefahr werden können. 19

§ 14 Beschränkung des Widerspruchsrechts

Das Recht auf Widerspruch gemäß Artikel 21 Absatz 1 der Verordnung (EU) 2016/679 gegenüber einer öffentlichen Stelle besteht nicht, soweit an der Verarbeitung ein zwingendes öffentliches Interesse besteht, das die Interessen der betroffenen Person überwiegt, oder eine Rechtsvorschrift zur Verarbeitung verpflichtet.

19 Vgl. *Herbst* in Kühling/Buchner BDSG § 29 Rn. 9 f.
20 Vgl. *Mallmann* in Simitis BDSG, 7. Aufl. 2011, § 19 Rn. 101.
21 Vergleiche Gesetzesbegründung zu §§ 11, 12 und 13 DSG NRW, LT-Drs. 17/1981. Bejahend zur Anwendbarkeit der Öffnungsklauseln für das bundesrechtliche Pendant: *Uwer* in BeckOK Datenschutzrecht, 30. Ed. 1.11.2019, BDSG § 29 Rn. 1; vgl. zum weiten Anwendungsbereich von Art. 23 DS-GVO *Bäcker* in Kühling/Buchner DS-GVO Art. 23 Rn. 32.
22 LT-Drs. 17/1981, 141.

Verwandte Norm DS-GVO (*Auszug*):

Art. 21 Widerspruchsrecht

(1) [1]Die betroffene Person hat das Recht, aus Gründen, die sich aus ihrer besonderen Situation ergeben, jederzeit gegen die Verarbeitung sie betreffender personenbezogener Daten, die aufgrund von Artikel 6 Absatz 1 Buchstaben e oder f erfolgt, Widerspruch einzulegen; dies gilt auch für ein auf diese Bestimmungen gestütztes Profiling. [2]Der Verantwortliche verarbeitet die personenbezogenen Daten nicht mehr, es sei denn, er kann zwingende schutzwürdige Gründe für die Verarbeitung nachweisen, die die Interessen, Rechte und Freiheiten der betroffenen Person überwiegen, oder die Verarbeitung dient der Geltendmachung, Ausübung oder Verteidigung von Rechtsansprüchen.

[...]

(4) Die betroffene Person muss spätestens zum Zeitpunkt der ersten Kommunikation mit ihr ausdrücklich auf das in den Absätzen 1 und 2 genannte Recht hingewiesen werden; dieser Hinweis hat in einer verständlichen und von anderen Informationen getrennten Form zu erfolgen.

(5) Im Zusammenhang mit der Nutzung von Diensten der Informationsgesellschaft kann die betroffene Person ungeachtet der Richtlinie 2002/58/EG ihr Widerspruchsrecht mittels automatisierter Verfahren ausüben, bei denen technische Spezifikationen verwendet werden.

[...]

Kurzübersicht zum Verhältnis der entscheidenden Normen			
Norm des DSG NRW	Entsprechende Norm der DS-GVO	Entsprechende Norm des BDSG	Öffnungsklausel der DS-GVO
§ 14 DSG NRW	Art. 21 Abs. 1 DS-GVO	§ 36 BDSG	Art. 23 Abs. 1 lit. e DS-GVO

Literatur:

Franck, Das System der Betroffenenrechte nach der Datenschutz-Grundverordnung, RDV 2016, 111; *Härting/Flisek/Thiess*, Der Verwaltungsakt wird zum Normalfall, CR 2018, 296; *Reimer*, Verwaltungsdatenschutzrecht, DÖV 2018, 881.

A. Grundlagen

I. Gesamtverständnis, Zweck der Norm und Verhältnis zu anderen Normen

1 § 14 schränkt das in Art. 21 Abs. 1 DS-GVO verankerte **Widerspruchsrecht** des Betroffenen, welches besteht, soweit eine Datenverarbeitung auf Basis des Art. 6 Abs. 1 lit. e oder f. DS-GVO erfolgt, für die Fälle ein, in denen ein die In-

teressen des Betroffenen überwiegendes zwingendes öffentliches Interesse besteht oder eine Rechtsvorschrift die Verarbeitung von personenbezogenen Daten vorschreibt. Die Regelung findet sich wortgetreu auch in § 36 BDSG.

Inhaltlich ist die Regelung grundsätzlich wichtig, da es sich bei Art. 6 Abs. 1 lit. e DS-GVO um die zentrale datenschutzrechtliche Erlaubnisnorm für die Verwaltung handelt. Allerdings dürfte § 14 in der Praxis kaum zu einer höheren Rechtssicherheit führen, da die Norm sich in der ersten Variante auf den unbestimmten Begriff **„öffentliches Interesse“** stützt. Statt diese Generalklausel zu konkretisieren, wird insoweit schlichtweg der Tatbestand der Öffnungsklausel aus Art. 23 Abs. lit. e DS-GVO im Hinblick auf die öffentlichen Interessen wiederholt. Für die zweite Variante von § 14 muss bezweifelt werden, ob überhaupt ein Anwendungsbereich besteht. 2

II. Bisherige Rechtslage

Bereits in Art. 14 RL 95/46/EG war ein Widerspruchsrecht des Betroffenen gegen eine Datenverarbeitung, die zur Wahrnehmung einer öffentlichen Aufgabe erfolgte, enthalten.[1] Dieser Grundsatz war in § 4 Abs. 5 DSG NRW aF umgesetzt und findet sich nun allgemein in Art. 21 DS-GVO. Die Einschränkung dieses Widerspruchsrechts in § 14 und § 36 BDSG stellt eine neue Regelung dar, die über keinen Vorläufer verfügt. 3

III. Das Widerspruchsrecht nach Art. 21 Abs. 1 DS-GVO für öffentliche Stellen

Das allgemeine Widerspruchsrecht aus Art. 21 Abs. 1 DS-GVO steht Betroffenen immer dann zu, wenn eine Datenverarbeitung auf den Erlaubnistatbestand aus Art. 6 Abs. 1 lit. e DS-GVO gestützt wird; wenn also die Datenverarbeitung zur Wahrnehmung einer Aufgabe erforderlich ist, die im öffentlichen Interesse liegt oder in Ausübung öffentlicher Gewalt erfolgt, die dem Verantwortlichen übertragen wurde.[2] Es dürfte sich hierbei um den für öffentliche Stellen wichtigsten und am häufigsten anzuwendenden Erlaubnistatbestand handeln (die Erlaubnisnorm aus Art. 6 Abs. 1 lit. f DS-GVO und das damit korrespondiere Widerspruchsrecht aus Art. 21 Abs. 1 DSGVO ist demgegenüber für die öffentliche Hand zu vernachlässigen, das diese Datenverarbeitungen grundsätzlich nicht auf das berechtigte Interesse stützen kann (siehe Art. 6 Abs. 1 Satz 2 DS-GVO)). 4

Dementsprechend ist es für öffentliche Stellen von erheblicher Bedeutung, dass eine Person gemäß Art. 21 Abs. 1 DS-GVO Widerspruch gegen die Verarbeitungstätigkeit einlegen kann, soweit sie dazu in der Lage ist, sich auf Gründe zu berufen, „die sich aus ihrer besonderen Situation ergeben“. Dies hat folgenden Hintergrund: Der Anwendung des Erlaubnistatbestandes aus Art. 6 Abs. 1 lit. e DS-GVO liegt durch die Prüfung der Erforderlichkeit und der Ermessensausübung eine **Abwägungsentscheidung** zugrunde.[3] Diese Abwägung muss in der verwaltungsrechtlichen Praxis häufig generalisiert für ein datenverarbeitendes Verfahren vorgenommen werden. Es ist daher nicht auszuschließen, dass ein konkreter Betroffener Dispositionen aufweist bzw. bei dessen Datenverarbei- 5

1 *Martini* in Paal/Pauly DS-GVO Art. 21 Rn. 11.
2 Siehe auch *Myßen* Kraus FR 2019, 58 (62) im Hinblick auf das Recht zum Widerspruch aus Art. 21 in der Finanzverwaltung.
3 *Pabst* in HK-DS-GVO/BDSG Art. 23 Rn. 84; *Frenzel* in Paal/Pauly DS-GVO Art. 6 Rn. 23; *Petri* in Kühling/Buchner DS-GVO Art. 6 Rn. 118 f.

tung Sachverhaltsdetails eine Rolle spielen, die so selten sind, dass sie nicht im Rahmen der allgemeinen Abwägung und der allgemeinen Ermessensentscheidung berücksichtigt wurden. In einer solchen Situation soll ein Betroffener grundsätzlich unter Hinweis auf die bei ihm vorliegenden Besonderheiten Widerspruch gegen die Datenverarbeitung einlegen können. Dies kann jedoch zu einem Konflikt mit dem Handeln von öffentlichen Stellen führen, wenn Bürger ihr Widerspruchsrecht aus Art. 21 Abs. 1 DS-GVO als Mittel verwenden, um gegen – an sich nicht (mehr) anfechtbare – Verwaltungsakte und andere Handlungen von öffentlichen Stellen vorzugehen.

6 Eine interessante, bislang nicht hinreichend diskutierte Frage ist auch, wie sich das Widerspruchsrecht aus Art. 21 Abs. 1 DS-GVO zu einer **Anfechtung** bzw. zu einem **Widerspruch** gegen einen **Verwaltungsakt** verhält, wenn der Kern der Anfechtung/des Widerspruchs in dem Vorwurf besteht, nicht den relevanten Sachverhalt (also die spezifische Situation des Betroffenen) berücksichtigt zu haben. Spielt es hierbei eine Rolle, wenn der Verwaltung ein Ermessens- und Interpretationsspielraum zusteht? All dies sind noch offene Fragen.[4]

7 Schon die Autoren der DS-GVO haben erkannt, dass eine weite Auslegung des Widerspruchsrechts zu vielfältigen Problemen führen kann und unmittelbar in Art. 21 Abs. 1 Satz 2 DS-GVO eine **Ausnahme** mit zwei Varianten kodifiziert. Die erste Variante greift, soweit sich der Verantwortliche „auf zwingende schutzwürdige Gründe für die Verarbeitung" berufen kann und zugleich die Interessen des Betroffenen an dem Widerspruch nicht überwiegen. In einer zweiten Variante der Ausnahme gilt das Widerspruchsrecht aus Art. 21 Abs. 1 DS-GVO auch dann nicht, wenn die Verarbeitung der Geltendmachung, Ausübung oder Verteidigung von Rechtsansprüchen dient. Hierauf dürften sich öffentliche Stellen in der Praxis **häufig** berufen können.

8 Ein spezifisches Widerspruchsrecht ist zudem in § 17 Abs. 4 bezüglich der Datenverarbeitung zu **wissenschaftlichen** oder **historischen Forschungszwecken** enthalten.

B. Kommentierung

I. Aufbau der Norm

9 § 14 definiert zwei Varianten, in denen das Widerspruchsrecht zusätzlich zu den Ausnahmen aus Art. 21 Abs. 1 Satz 2 DS-GVO entfällt. Dies ist zum einen der Fall, wenn ein **„zwingendes öffentliches Interesse“** an der Verarbeitung personenbezogener Daten besteht und dieses die Interessen der betroffenen Person überwiegt. Die andere Variante regelt den Ausschluss des Widerspruchsrechts für die Fälle, in denen eine **Rechtsvorschrift** zur Verarbeitung der Daten verpflichtet.

10 Damit gleichen sich die Ausnahmen aus § 14 in hohem Maße mit den Ausnahmen vom Widerspruchsrecht aus Art. 21 Abs. 1 Satz 2 DS-GVO. Dies wird gleichwohl in der Gesetzesbegründung nicht offengelegt.[5] Zum gleichlautenden § 36 BDSG wurden seitens des Bundesrats Zweifel bezüglich der **Vereinbarkeit der Norm** mit dem **Unionsrecht** geäußert, da Art. 21 Abs. 1 S. 2 DS-GVO bereits die Möglichkeit der weiteren Verarbeitung trotz Widerspruch nach Interessenabwägung ermögliche. Daher sei ein vollständiger Ausschluss des Wider-

4 Siehe eine erste Einordnung zu den Themenkomplex Verwaltung und Datenschutzrecht *Reimer* DÖV 2018, 881 ff.
5 Vergleiche insoweit LT-Drs. 17/1981, 141.

spruchsrechts (für den Fall, dass „eine Rechtsvorschrift zur Verarbeitung verpflichtet") als solches nicht notwendig und unverhältnismäßig im Sinne des Art. 23 Abs. 1 DS-GVO.[6]

II. Var. 1 Zwingendes öffentliches Interesse und fehlendes Überwiegen der Interessen der betroffenen Person

§ 14 setzt laut der Gesetzesbegründung **öffentliche Interessen** des Verantwortlichen im Sinne des Art. 23 Absatz 1 lit. e DS-GVO voraus. Aus den bisherigen Kommentierungen und der übrigen Literatur zu Art. 23 Abs. 1 lit. e. DS-GVO lässt sich jedoch kaum bestimmen, in welchem Fall ein entsprechendes öffentliches Interesse gegeben ist.[7] Insofern fehlt § 14 jegliche Trennschärfe, die in Art. 23 Abs. 1 DS-GVO immerhin noch durch die Aufnahme von Regelbeispielen geringfügig gegeben ist.[8] Auch die DS-GVO definiert die „öffentlichen Interessen" nicht, sondern verweist in **Erwägungsgrund 45** lediglich auf **abstrakte Beispiele.**[9] 11

Im Zweifel könnte argumentiert werden, dass jegliches staatliches Handeln einem zwingenden öffentlichen Interesse folgt, denn dies ist in einem Rechtsstaat der Theorie nach durch das Prinzip der Gesetzmäßigkeit der Verwaltung vorgegeben. Da der Wortlaut von § 14 aber von einem „zwingenden" öffentlichen Interesse spricht, darf vermutet werden, dass die Ausnahme nicht bei jeglichem staatlichen Handeln greift, sondern nur dann, wenn wichtige Ziele des Allgemeinwohls in Rede stehen.[10] Jedenfalls ist es plausibel, bei einer Anwendung von § 14 die mit dem jeweiligen staatlichen Handeln verbundenen **Allgemeinwohlziele** in ein Verhältnis zu dem Interesse des Betroffenen an der Unterlassung der hierfür erforderlichen Verarbeitung von personenbezogenen Daten zu setzen. Es wird aber auch zu dem gleichlautenden § 36 BDSG vertreten, dass eine Datenverarbeitung „zwingend" im Sinne der Norm ist, wenn die Verarbeitung zur Zielerreichung notwendig ist und es keine andere Maßnahme gibt, um das Ziel zu erreichen.[11] Diese allgemeine Anforderung ergibt sich jedoch bereits aus den Erlaubnistatbeständen, denn die Datenverarbeitung muss „erforderlich" sein, um die offensichtliche Gewalt auszuüben (vgl. Art. 6 Abs. 1 lit. e DS-GVO). 12

III. Var. 2 Rechtliche Verpflichtung zur Datenverarbeitung

§ 14 Var. 2 schließt das Widerspruchsrecht des Betroffenen aus, wenn eine **Rechtsvorschrift** zur Verarbeitung von personenbezogenen Daten verpflichtet. Es stellt sich jedoch die Frage, ob diese Variante überhaupt einen **Anwendungsbereich** hat. Denn die Voraussetzung der Anwendbarkeit von § 14 ist das Bestehen eines Widerspruchsrechts des Betroffenen gemäß Art. 21 DS-GVO. Wenn eine Datenverarbeitung jedoch nur erfolgt, weil ein Gesetz den Verantwortlichen zu einer entsprechenden Verarbeitung personenbezogener Daten verpflichtet, so ist Art. 6 Abs. 1 lit. c DS-GVO der richtige Erlaubnistatbestand. Soweit 13

6 Bundesrat; BR-Drs. 18/11655, 48.
7 Siehe hierzu bereits kritisch *Keppeler* EnWZ 2016, 99 (104 f.) zur Frage ob sich der Bundesgesetzgeber auf die Öffnungsklausel berufen kann, weil ein „öffentliches Interesse" für den Einsatz von Smart Metern besteht.
8 Zum Regelbeispielcharakter *Pabst* in HK-DS-GVO/BDSG Art. 23 Rn. 39.
9 *Pabst* in HK-DS-GVO/BDSG Art. 6 Rn. 79.
10 So auch zu Art. 6 Abs. 1 lit. e DS-GVO *Pabst* in HK-DS-GVO/BDSG Art. 6 Rn. 80.
11 *Herbst* in Kühling/Buchner BDSG § 36 Rn. 13.

sich jedoch ein Verantwortlicher auf Art. 6 Abs. 1 lit. c DS-GVO stützt, entsteht nach Art. 21 DS-GVO schon gar kein Widerspruchsrecht.

14 Es besteht deshalb gerade im Anwendungsbereich des § 14 Var. 2 kein Widerspruchsrecht nach Unionsrecht, so dass § 14 Var. 2 einen Fall regelt, **zu dem es nicht kommen kann.**[12] Die Gesetzesbegründung schweigt in dem einen kurzen Satz, welcher § 14 Var. 2 gewidmet ist, zu diesem Problem.[13] Demzufolge kommt der Norm ein **rein deklaratorischer Charakter** zu.[14] Es wird in diesem Zusammenhang auch diskutiert, ob die Norm gegen das unionsrechtliche **Normwiederholungsverbot** verstößt, da sie lediglich den Normtext wiederholt und nicht für die Herstellung des innerlichen Zusammenhangs der nationalen Norm oder aus Gründen der Verständlichkeit notwendig ist.[15] Auch bezüglich der landesrechtlichen Vorschrift sind diese Zweifel durchaus berechtigt.

IV. Öffnungsklausel

15 § 14 DSG NRW basiert auf der Öffnungsklausel des Art. 23 Abs. 1 lit. e DS-GVO, wonach der nationale Gesetzgeber eine Ausnahme von dem Widerspruchsrecht für die Fälle regeln kann, in denen wichtige Ziele des „allgemeinen öffentlichen Interesses" dies notwendig machen. § 14 DSG NRW greift diesen Begriff des „öffentlichen Interesses" auf und rezitiert damit sinngemäß den Inhalt des Art. 23 Abs. 1 lit. e DS-GVO. Aus diesem Umstand heraus rühren auch berechtigte Zweifel an der **Unionskonformität** der Norm; auch die bundesrechtliche Geschwisternorm (§ 36 BDSG) wird dieser Kritik ausgesetzt.[16] Unberücksichtigt bleibt bei einer solchen „Übernahme" des Begriffes die Verpflichtung des nationalen Gesetzgebers, die Fälle einer solchen Ausnahme näher zu definieren bzw. zu spezifizieren, Art. 23 Abs. 2 DS-GVO.[17] Art. 23 Abs. 2 DS-GVO verfolgt mit der nicht abschließenden Aufzählung von relevanten Informationen insbesondere den Zweck, dass die jeweilige entsprechende nationale Norm in ihrer Reichweite der Beschränkung „möglichst präzise" verfasst ist.[18] Auch das BVerfG hat diese Sichtweise in einem aktuellen Urteil zur DS-GVO gestützt und darauf hingewiesen, dass das nationale Recht eine Konkretisierung der Generalklauseln schaffen muss.[19]

C. Bedeutung der Vorschrift für die behördliche Praxis

16 Die tatsächliche behördliche Relevanz dieser Vorschrift kann als **gering** eingeschätzt werden. Dies kann insbesondere auf den Konflikt mit den unionsrechtlichen Vorschriften zurückgeführt werden, der einen restriktiven Umgang mit der Norm empfiehlt. Daneben wird insbesondere die zweite Variante ohne tatsächlichen Anwendungsbereich sein, da sie eine Ausnahme normiert, wo in der DS-GVO schon keine Regel vorgesehen ist. Die erste Variante ist inhaltlich so

---

12 Zur gleichlautenden Bundesnorm: Bundesrat; BR-Drs. 18/11655, 48; *Herbst* in Kühling/Buchner BDSG § 36 Rn. 17.
13 LT-Drs. 17/1981, 141.
14 Zur gleichlautenden Bundesnorm: *Herbst* in Kühling/Buchner BDSG § 36 Rn. 17; *Wolff/Brink* in BeckOK Datenschutzrecht, 26. Ed. 1.8.2018, § 36 Rn. 8.
15 *Herbst* in Kühling/Buchner BDSG § 36 Rn. 18.
16 *Herbst* in Kühling/Buchner BDSG § 36 Rn. 2; *Wolff/Brink* in BeckOK Datenschutzrecht, 26. Ed. 1.8.2018, § 36 Rn. 4.
17 *Herbst* in Kühling/Buchner BDSG § 36 Rn. 13.
18 *Bäcker* in Kühling/Buchner DS-GVO Art. 23 Rn. 40.
19 BVerwG Urt. v. 27.9.2018 – 7 C 5.17, Rn. 26 zu den Öffnungsklauseln aus Art. 6 Abs. 2 und 3 DS-GVO.

unkonkret, dass sie in der Praxis regelmäßig in einer allgemeinen Verhältnismäßigkeitsprüfung aufgehen dürfte.

Kapitel 3 Vorschriften für besondere Verarbeitungssituationen

§ 15 Garantien zum Schutz personenbezogener Daten und anderer Grundrechte

[1]Werden besondere Kategorien personenbezogener Daten im Sinne von Artikel 9 Absatz 1 der Verordnung (EU) 2016/679 verarbeitet, sind vom Verantwortlichen angemessene und spezifische Maßnahmen zur Wahrung der Grundrechte und Interessen der betroffenen Personen vorzusehen. [2]Unter Berücksichtigung des Stands der Technik, der Implementierungskosten und der Art, des Umfangs, der Umstände und der Zwecke der Verarbeitung sowie der unterschiedlichen Eintrittswahrscheinlichkeit und Schwere der mit der Verarbeitung verbundenen Risiken für die Rechte und Freiheiten natürlicher Personen sind das:

1. technische und organisatorische Maßnahmen, um sicherzustellen, dass die Verarbeitung gemäß der Verordnung (EU) 2016/679 erfolgt,
2. Maßnahmen, die gewährleisten, dass nachträglich überprüft und festgestellt werden kann, ob und von wem personenbezogene Daten eingegeben, verändert oder entfernt worden sind,
3. die Sensibilisierung der an Verarbeitungsvorgängen Beteiligten,
4. die Beschränkung des Zugangs zu den personenbezogenen Daten innerhalb der verantwortlichen Stelle und von Auftragsverarbeitern,
5. die Anonymisierung und wenn sie nicht möglich ist die Pseudonymisierung personenbezogener Daten,
6. die Verschlüsselung personenbezogener Daten,
7. die Sicherstellung der Fähigkeit, Vertraulichkeit, Integrität, Verfügbarkeit und Belastbarkeit der Systeme und Dienste im Zusammenhang mit der Verarbeitung personenbezogener Daten einschließlich der Fähigkeit, die Verfügbarkeit und den Zugang bei einem physischen oder technischen Zwischenfall unverzüglich wiederherzustellen,
8. die Einrichtung eines Verfahrens zur regelmäßigen Überprüfung, Bewertung und Evaluierung der Wirksamkeit der technischen und organisatorischen Maßnahmen zur Gewährleistung der Sicherheit der Verarbeitung oder
9. spezifische Verfahrensregelungen, die im Falle einer Übermittlung oder Verarbeitung für andere Zwecke die Einhaltung der Vorgaben dieses Gesetzes sowie der Verordnung (EU) 2016/679 sicherstellen.

Verwandte Norm DS-GVO (*Auszug*):

Art. 9 Verarbeitung besonderer Kategorien personenbezogener Daten

(1) Die Verarbeitung personenbezogener Daten, aus denen die rassische und ethnische Herkunft, politische Meinungen, religiöse oder weltanschauliche Überzeugungen oder die Gewerkschaftszugehörigkeit hervorgehen, sowie die Verarbeitung von genetischen Daten, biometrischen Daten zur eindeutigen Identifizierung einer natürlichen Person, Gesundheitsdaten oder Daten zum Sexualleben oder der sexuellen Orientierung einer natürlichen Person ist untersagt.

[...]

Art. 25 Datenschutz durch Technikgestaltung und durch datenschutzfreundliche Voreinstellungen

(1) Unter Berücksichtigung des Stands der Technik, der Implementierungskosten und der Art, des Umfangs, der Umstände und der Zwecke der Verarbeitung sowie der unterschiedlichen Eintrittswahrscheinlichkeit und Schwere der mit der Verarbeitung verbundenen Risiken für die Rechte und Freiheiten natürlicher Personen trifft der Verantwortliche sowohl zum Zeitpunkt der Festlegung der Mittel für die Verarbeitung als auch zum Zeitpunkt der eigentlichen Verarbeitung geeignete technische und organisatorische Maßnahmen – wie z.B. Pseudonymisierung –, die dafür ausgelegt sind, die Datenschutzgrundsätze wie etwa Datenminimierung wirksam umzusetzen und die notwendigen Garantien in die Verarbeitung aufzunehmen, um den Anforderungen dieser Verordnung zu genügen und die Rechte der betroffenen Personen zu schützen.

(2) [1]Der Verantwortliche trifft geeignete technische und organisatorische Maßnahmen, die sicherstellen, dass durch Voreinstellung nur personenbezogene Daten, deren Verarbeitung für den jeweiligen bestimmten Verarbeitungszweck erforderlich ist, verarbeitet werden. [2]Diese Verpflichtung gilt für die Menge der erhobenen personenbezogenen Daten, den Umfang ihrer Verarbeitung, ihre Speicherfrist und ihre Zugänglichkeit. [3]Solche Maßnahmen müssen insbesondere sicherstellen, dass personenbezogene Daten durch Voreinstellungen nicht ohne Eingreifen der Person einer unbestimmten Zahl von natürlichen Personen zugänglich gemacht werden.

(3) Ein genehmigtes Zertifizierungsverfahren gemäß Artikel 42 kann als Faktor herangezogen werden, um die Erfüllung der in den Absätzen 1 und 2 des vorliegenden Artikels genannten Anforderungen nachzuweisen.

Art. 32 Sicherheit der Verarbeitung

(1) Unter Berücksichtigung des Stands der Technik, der Implementierungskosten und der Art, des Umfangs, der Umstände und der Zwecke der Verarbeitung sowie der unterschiedlichen Eintrittswahrscheinlichkeit und Schwere des Risikos für die Rechte und Freiheiten natürlicher Personen treffen der Verantwortliche und der Auftragsverarbeiter geeignete technische und organisatorische Maßnahmen, um ein dem Risiko angemessenes Schutzniveau zu gewährleisten; diese Maßnahmen schließen gegebenenfalls unter anderem Folgendes ein:

a) die Pseudonymisierung und Verschlüsselung personenbezogener Daten;
b) die Fähigkeit, die Vertraulichkeit, Integrität, Verfügbarkeit und Belastbarkeit der Systeme und Dienste im Zusammenhang mit der Verarbeitung auf Dauer sicherzustellen;
c) die Fähigkeit, die Verfügbarkeit der personenbezogenen Daten und den Zugang zu ihnen bei einem physischen oder technischen Zwischenfall rasch wiederherzustellen;
d) ein Verfahren zur regelmäßigen Überprüfung, Bewertung und Evaluierung der Wirksamkeit der technischen und organisatorischen Maßnahmen zur Gewährleistung der Sicherheit der Verarbeitung.

(2) Bei der Beurteilung des angemessenen Schutzniveaus sind insbesondere die Risiken zu berücksichtigen, die mit der Verarbeitung verbunden sind, insbesondere durch – ob unbeabsichtigt oder unrechtmäßig – Vernichtung, Verlust, Veränderung oder unbefugte Offenlegung von beziehungsweise unbefugten Zugang zu personenbezogenen Daten, die übermittelt, gespeichert oder auf andere Weise verarbeitet wurden.

(3) Die Einhaltung genehmigter Verhaltensregeln gemäß Artikel 40 oder eines genehmigten Zertifizierungsverfahrens gemäß Artikel 42 kann als Faktor herangezogen werden, um die Erfüllung der in Absatz 1 des vorliegenden Artikels genannten Anforderungen nachzuweisen.

(4) Der Verantwortliche und der Auftragsverarbeiter unternehmen Schritte, um sicherzustellen, dass ihnen unterstellte natürliche Personen, die Zugang zu personenbezogenen Daten haben, diese nur auf Anweisung des Verantwortlichen verarbeiten, es sei denn, sie sind nach dem Recht der Union oder der Mitgliedstaaten zur Verarbeitung verpflichtet.

Kurzübersicht zum Verhältnis der entscheidenden Normen			
Norm des DSG NRW	Entsprechende Norm der DS-GVO	Entsprechende Norm des BDSG	Öffnungsklausel der DS-GVO
§ 15 DSG NRW	Artt. 9, 25, 32 DS-GVO	§§ 22, 27, 28 BDSG	Art. 9 Abs. 2 lit. b, g, j DS-GVO

Literatur:

Bartels/Backer, Die Berücksichtigung des Stands der Technik in der DS-GVO. Neue Anforderungen an die IT-Sicherheit im Datenschutz, DuD 2018, 214; *Däubler*, Datenschutz durch Technik, CuA 2018, Nr. 9; *Gonscherowski/Hansen/Rost*, Resilienz – eine neue Anforderung aus der Datenschutz-Grundverordnung, DuD 2018, 442; *Jandt*, Datenschutz durch Technik in der DS-GVO, Präventive und repressive Vorgaben zur Gewährleistung der Sicherheit der Verarbeitung, DuD 2017, 562; *Keppeler*, Warum Anwälte nach der DS-GVO nicht (zwingend) Ende-zu-Ende verschlüsselt kommunizieren müssen. Praxisprobleme in der Anwendung von Art. 32 DS-GVO, CR 2019, 18; *Sander*, Technische und organisatorische Maßnahmen im Rahmen der Auftragsverarbeitung gemäß Art. 28 DS-GVO, PinG 2017, 250; *Weichert*, „Sensitive Daten" revisited, DuD 2017, 538.

A. Grundlagen

I. Gesamtverständnis, Zweck der Norm

1 Die Norm bezweckt den Schutz **besonderer Kategorien** personenbezogener Daten durch angemessene Maßnahmen. Nach § 15 ist die verantwortliche Stelle verpflichtet, bei der Verarbeitung besonderer Kategorien personenbezogener Daten gemäß Art. 9 Abs. 1 DS-GVO angemessene und spezifische **Maßnahmen** zur Wahrung der Grundrechte und Interessen der betroffenen Person vorzusehen. In den Nummern 1 bis 9 des § 15 werden die konkret durchzuführenden Maßnahmen genannt.

II. Bisherige Rechtslage

2 Bisher regelte § 4 Abs. 3 DSG NRW aF den Umgang mit besonderen Kategorien personenbezogener Daten. Die Verarbeitung dieser Daten war nur unter den in § 4 Abs. 3 DSG NRW aF genannten Voraussetzungen zulässig. Diese entsprachen im Kern der Regelung des Art. 9 Abs. 2 DS-GVO, wenngleich die DS-GVO an dieser Stelle weit ausführlicher und spezifischer ist. Zwar verlangte auch § 4 Abs. 3 DSG NRW aF angemessene Garantien; allerdings ohne näher zu spezifizieren, wie diese auszugestalten waren. Lediglich § 10 DSG NRW aF enthielt wenige Vorgaben hinsichtlich der Umsetzung allgemeiner technischer und organisatorischer Maßnahmen. Neu an § 15 ist vor allem, dass im Hinblick auf die Sicherheit bei der Verarbeitung besonderer Kategorien personenbezogener Daten scheinbar abschließende Themenfelder benannt werden, zu denen Maßnahmen ergriffen werden müssen. Bei genauerer Betrachtung trügt der Schein des „Abschließenden“ jedoch, da unter Nr. 1 letztlich ganz allgemein „technische und organisatorische Maßnahmen“ verlangt werden, „um sicherzustellen, dass die Verarbeitung gemäß der Verordnung (EU) 2016/679 erfolgt“. Durch die Aufnahme dieser unbestimmten Generalklausel verliert die Auflistung der 9 Themenfelder in der Praxis ihren abschließenden Charakter.

III. Die allgemeine Verpflichtung zur Umsetzung technischer und organisatorischer Maßnahmen nach der DS-GVO

1. Art. 25 und 32 DS-GVO als Zentralnormen für technische und organisatorische IT-Sicherheitsmaßnahmen

3 Da der Begriff „**Personenbezug**“ weit definiert ist und nach der Rechtsprechung von EuGH und BGH **dynamische IP-Adressen** als personenbezogen anzusehen sind,[1] muss nahezu **jede Information** in einem IT-System als personenbezogen angesehen werden. Schon daraus ergibt sich die Notwendigkeit, den Vorgaben zu **technischen und organisatorischen Sicherheitsmaßnahmen** besondere Beachtung zu schenken. Hinzu kommt, dass heute auch öffentliche Stellen regelmäßig Opfer von Hacking und Cyber-Kriminalität werden. Zudem scheinen auch die **Datenschutzaufsichtsbehörden** ein besonderes Augenmerk auf die IT Sicherheit gelegt zu haben.[2]

---

1 EuGH 19.10.2016 – C-582/14, CR 2016, 791 (mAnm *Nink*), ZD 2017, 24 (mAnm *Klar/Kühling*); BGH 16.5.2017 – VI ZR 135/13, CR 2017, 662 (mAnm *Keppeler*), NJW 2017, 2416 (mAnm *Bierekoven*). Kritisch hierzu *Keppeler* CR 2016, 360 ff.

2 Unter den ersten Bußgeldern, die in ganz Europa auferlegt wurden, zählte auch das Bußgeld gegen einen Krankenhaus-Betreiber in Portugal, der über ein mangelhaftes Berechtigungskonzept für seine Krankenhaussoftware verfügt. Da besonders sensible Daten betroffen waren, wurde ein Bußgeld in Höhe von 400.000 EUR verhängt. In Deutschland wurde der Datenklau gegen das soziale Netzwerk „Knuddels“ mit

Art. 25 und 32 DS-GVO bilden die zentralen Normen für die Vorgaben zur Umsetzung von IT-Sicherheitsmaßnahmen durch den Verantwortlichen. Hierbei enthält Art. 32 DS-GVO die eigentlichen Vorgaben, während Art. 25 Abs. 1 DS-GVO dazu verpflichtet, dass bereits im Rahmen der Planung und Einführung neuer Verfahren, technische und organisatorische Maßnahmen mit zu planen und mit zu berücksichtigen sind ("**Privacy by Design**"). 4

Üblicherweise beziehen sich die zu treffenden Maßnahmen dabei in der Praxis hauptsächlich auf IT-Systeme. Es muss aber klarstellend darauf hingewiesen werden, dass Art. 25 und 32 DS-GVO auch auf Datenverarbeitungsvorgänge anwendbar sind, die vollständig **ohne digitale Hilfsmittel** durchgeführt werden. 5

2. Praxisprobleme des Bestimmens der angemessenen technischen und organisatorischen Sicherheitsmaßnahmen

Welche **technischen und organisatorischen Maßnahmen** konkret umzusetzen sind, lässt sich der Theorie nach aus Art. 32 Abs. 1 und 2 DS-GVO ableiten. Aufgrund der auslegungsbedürftigen und teilweisen unbestimmten Rechtsbegriffe[3] kann eine juristische Subsumtion hier jedoch auch bei vollständiger Berücksichtigung sämtlicher relevanter Aspekte des Einzelfalles nicht zu einem eindeutigen Ergebnis führen. Dies gilt zumal – soweit ersichtlich – **europaweit keine Rechtsprechung** zur Konkretisierung der Auslegung von Art. 32 DSGVO und den nationalen Vorgängernormen vorliegt. 6

Diese Unbestimmtheit führt zu einem sehr großen **Ermessensspielraum** des Verantwortlichen. Die Aufgabe für die öffentlichen Stellen besteht dementsprechend vor allem darin, die Ermessenerwägungen, die zur Umsetzung einer bestimmten Maßnahme und zur Bestimmung der Angemessenheit dieser Maßnahme führten, so zu dokumentieren, dass diese jederzeit nachvollziehbar und in sich schlüssig und plausibel sind. Hierbei ist von einer sogenannten Schutzbedarfsanalyse auszugehen. 7

3. Schutzbedarfsanalyse

Ausgangspunkt einer Prüfung von Art. 32 DS-GVO muss eine Vorstellung davon sein, vor welchen **Risiken** die zu implementierenden technischen und organisatorischen Maßnahmen schützen sollen.[4] Dies betonen auch die **Datenschutzaufsichtsbehörden** in den wenigen veröffentlichten Papieren[5] zu Art. 32 DS-GVO und in den von der Datenschutzaufsicht herausgegebenen **Standard Datenschutz Model** („SDM"), einer Methodik zur Umsetzung geeigneter Sicherheitsmaßnahmen. In der Fachsprache der IT-Sicherheit nennt sich dieser Vorgang „**Schutzbedarfsanalyse**". Sämtliche IT-Sicherheitsstandards, die auch im Rahmen der Auslegung von Art. 32 DS-GVO herangezogen werden kön- 8

---

einem Bußgeld in Höhe von 20.000 EUR geahndet. Der Bundesdatenschutzbeauftragte verhängte gegen einen Telekommunikationsanbieter ein Bußgeld in Höhe von EUR 10.000.000 aufgrund eines Verstoßes gegen Art 32 DSGVO.

3 Siehe kritisch zu dem Problem der Generalklauseln in der DS-GVO: *Keppeler/Schenk-Busch* BRJ 2018, 23; *Martini* in Paal/Pauly DS-GVO Art. 32 Rn. 5 und Rn. 79 („Art. 32 ist von unbestimmten Rechtsbegriffen und der Forderung nach Ausgleich zwischen verschiedenen, teils gegenläufigen Interessen durchdrungen") und zu dem sehr ähnlich formulierten Art. 25 Rn. 26.

4 So etwa: *Grages* in Plath DS-GVO Art. 32 Rn. 9; *Hladjk* in Ehmann/Selmayr DS-GVO Art. 32 Rn. 4–5; *Piltz* in Gola DS-GVO Art. 32 Rn. 13 f., 22.

5 Siehe BayLDA-Kurzpapiere zur DS-GVO Nr. 1 „Sicherheit der Verarbeitung – Art. 32 DS-GVO", Stand 9.6.2016, S. 2.

nen,[6] wie etwa die **BSI IT-Grundschutz-Kataloge** (jetzt sukzessiv abgelöst durch das **BSI IT-Grundschutz-Kompendium**), die Standards der **ISO-Normenreihe 27001 ff.**, die **„Common Criteria"** aber auch branchenspezifische gesetzliche/behördliche Regelungen wie MARisk (BA) sehen als ersten Schritt der IT-Sicherheit die Prüfung vor, welche Daten vor welchen Bedrohungen angesichts welcher Schadenspotentiale überhaupt geschützt werden sollen.

9 Es gilt also in der behördlichen Praxis für jedes datenverarbeitende Verfahren zu definieren, welche Risiken sich für Betroffene ergeben können, welche Schäden, Einbußen und sonstige Nachteile hiermit verbunden sind und wie hoch die **Eintrittswahrscheinlichkeit** entsprechender Nachteile zu bewerten ist. An welche Risiken hierbei primär zu denken ist, wird insbesondere in Erwägungsgrund 75 der DS-GVO erläutert (zB **Identitätsdiebstahl, finanzieller Verlust, unbefugte Aufhebung einer Pseudonymisierung**). Hierbei sollte eine Übersicht der Risiken entstehen, die in der Fachsprache der ISO 27001 auch „Risk-Inventory" genannte wird. Die Risiken sollten im Idealfall für jedes datenverarbeitende Verfahren dokumentiert werden – zB auf Ebene eines erweiterten **Verzeichnisses der Verarbeitungstätigkeiten**. Nach den Vorgaben der Aufsichtsbehörden kann die Einteilung der Risiken hierbei in Kategorien wie „hoch", „mittel" und „gering" erfolgen.[7] Typischerweise wird das Gesamtrisiko eines Verfahrens, welches Daten nach Art. 9 DS-GVO verarbeitet, eher als „mittel" oder als „hoch" angesehen.

4. Auswahl der technischen und organisatorischen Maßnahmen

10 Aufbauend auf dem Ergebnis der Schutzbedarfsanalyse müssen in einem zweiten Schritt diejenigen **technischen und organisatorischen Maßnahmen** gewählt werden, welche die Risiken **hinreichend eindämmen**. Hierbei gilt grundsätzlich: Je höher das in dem „Risk-Inventory" bzw. in den Verzeichnissen der Verarbeitungstätigkeiten dokumentierte Risiko, desto strenger und engmaschiger müssen auch die technischen und organisatorischen Maßnahmen sein. Umgekehrt gilt, dass für Verfahren, die ein durchweg „geringes" Risiko aufweisen, entsprechend weniger strenge Maßnahmen als ausreichend angesehen werden. Da es für die Frage, welche technischen und organisatorischen Maßnahmen genau umgesetzt werden müssen und als angemessen angesehen werden können, **keine Referenzrechtsprechung** gibt, empfiehlt es sich, auch diesbezüglich auf solche Maßnahmen zurückzugreifen, die etwa in dem **Standard Datenschutz Model** der Datenschutzaufsichtsbehörden, dem **BSI IT-Grundschutz-Kompendium** oder dem in der Anlage zu **ISO 27001** enthalten sind.

5. Besondere Vorgaben für öffentlich-rechtliche Betreiber einer kritischen Infrastruktur („KRITIS")

11 Für Betreiber **kritischer Infrastrukturen** – wie etwa Krankenhäuser und Wasserwerke – ergeben sich aus § 8 a BSIG erhöhte Anforderungen an die IT-Sicherheit. Ab welchen Schwellenwerten die erhöhten Anforderungen gelten, ist **branchenspezifisch** in der Verordnung zur Bestimmung Kritischer Infrastrukturen nach dem BSI-Gesetz („BSI-KritisV") niedergelegt; für Krankenhäuser liegt die Schwelle zB bei einer vollstationären Fallzahl von 30.000 pro Jahr. Ein Verantwortlicher, der die entsprechenden Vorgaben nach § 8 a BSIG bereits umgesetzt

6 *Martini* in Paal/Pauly DS-GVO Art. 32 Rn. 57; *Piltz* in Gola DS-GVO 32 Rn. 19; *Ritter* in *Herbst* in Kühling/Buchner DS-GVO Art. 32 Rn. 72.
7 Siehe DSK-Kurzpapier Nr. 18.

hat, kann in der Regel davon ausgehen, dass diese auch genügen, um Art. 32 DSGVO zu erfüllen.

B. Kommentierung

I. Zweck der Norm

Einige der Erlaubnistatbestände aus Art. 9 Abs. 2 DS-GVO fordern geeignete Garantien bzw. angemessene und spezifische Maßnahmen zur Wahrung der Grundrechte und Interessen der betroffenen Person. Solche Garantien und Maßnahmen werden in Art. 25 und Art. 32 DS-GVO sehr abstrakt und generell formuliert (→ Rn. 4). Der Gesetzgeber in NRW hat diese allgemeinen Vorgaben in § 15 insoweit konkretisiert, als dass Themenfelder genannt werden, in denen angemessene Maßnahmen umzusetzen sind. Laut der Gesetzesbegründung erfolgte dies, um die Erfordernisse aus Art. 9 Abs. 2 lit. b, g und j DS-GVO zu erfüllen.[8] Diese Vorschriften regeln die Verarbeitung **besonderer Kategorien** personenbezogener Daten zur Ausübung von Rechten im Bereich des Arbeits- und Sozialrechts (lit. b), aus Gründen des erheblichen öffentlichen Interesses (lit. g) sowie zu im öffentlichen Interesse liegenden Archivzwecken, wissenschaftlichen, historischen und statistischen Zwecken (lit. j). Vor diesem Hintergrund hätte es nahegelegen, den Anwendungsbereich von § 15 auf Fälle zu begrenzen, in denen personenbezogene Daten nach Art. 9 Abs. 2 lit. b, g und j DS-GVO verarbeitet werden. Der Gesetzgeber in NRW hat jedoch nach dem klaren Wortlaut des § 15, der insoweit keinen Auslegungsspielraum zulässt, angeordnet, dass bei jeder Verarbeitungstätigkeit, die Daten nach Art. 9 Abs. 1 DS-GVO betrifft, die Maßnahmen nach § 15 umzusetzen sind. Hierbei spielt es keine Rolle, auf welchen Erlaubnistatbestand sich die öffentliche Stelle beruft, sei es ein Erlaubnistatbestand der DS-GVO, ein Erlaubnistatbestand nach dem DSG NRW oder aus einer anderen gesetzlichen Vorschrift. 12

Der Gesetzgeber in NRW hat die Regelung des § 15 aus § 22 Abs. 2 BDSG mit sehr ähnlichem Wortlaut übernommen. Inhaltlich fehlt lediglich § 22 Abs. 2 Nr. 4 BDSG, der die Ernennung eines **Datenschutzbeauftragten** verlangt – eine Vorgabe, die für öffentliche Stellen, die ohnehin gemäß Art. 37 Abs. 1 lit. a DS-GVO einen Datenschutzbeauftragten zu bestellen haben, nicht erforderlich ist. Ein wesentlicher Unterschied zwischen § 22 Abs. 2 BDSG und § 15 muss jedoch deutlich betont werden: Während § 22 Abs. 2 BDSG den Katalog von Maßnahmen als Regelbeispiele formuliert („können dazu insbesondere gehören:"), enthält § 15 eine abschließende Aufzählung („sind dies:"). 13

Das DSG NRW selbst enthält wiederum eine Reihe von Normen, die sich ausdrücklich auf die Verarbeitung besonderer Kategorien personenbezogener Daten im Sinne von Art. 9 DS-GVO beziehen: § 17 (Datenverarbeitung personenbezogener Daten – inklusiver Daten nach Artikel 9 DS-GVO gemäß Art. 17 Abs. 4 – zu wissenschaftlichen oder historischen Forschungszwecken oder zu statistischen Zwecken; → § 17 Rn. 1 ff.), § 18 (Datenverarbeitung im Beschäftigungskontext inklusive Abweichung zu Art. 9 DS-GVO in § 18 Abs. 3; → § 18 Rn. 1 ff.), § 22 (Datenverarbeitung auch von Daten nach Art. 9 DS-GVO zur Vorbereitung öffentlicher Auszeichnungen und Ehrungen gemäß § 22 Abs. 1; → § 22 Rn. 1 ff.), § 23 (Verarbeitung personenbezogener Daten in Begnadigungsverfahren; → § 23 Rn. 1 ff.). Nach der Gesetzesbegründung sollen darüber hinaus sämtliche in Kapitel III (§§ 15 bis 23) genannten Erlaubnistatbe- 14

8 LT-Drs. 17/1981, 142.

stände per se auf besondere Kategorien personenbezogener Daten im Sinne des Art. 9 DS-GVO anwendbar sein.[9] Dies ist freilich ein Systembruch in der Dogmatik des Datenschutzrechts, nach der Daten im Sinne von Art. 9 Abs. 1 DS-GVO nur dann verarbeitet werden dürfen, wenn dies in Art. 9 Abs. 2 DS-GVO oder auf Basis einer Öffnungsklausel explizit erwähnt wird. § 15 ist jedenfalls auf alle Verarbeitungstätigkeiten anwendbar, die zumindest auch besondere Kategorien personenbezogener Daten gemäß Art. 9 DS-GVO enthalten.

II. (Unberechtigte) Kritik an dem Regelungskonzept

15 An § 15 bzw. an dem sehr ähnlichen § 22 BDSG wird in der Literatur kritisiert, dass der Gesetzgeber seiner Pflicht zur Präzisierung der Garantien nicht nachgekommen ist und möglicherweise damit gegen das **Normwiederholungsverbot** verstoßen hat: Die abstrakt formulierten Maßnahmen, die § 15 fordert, ergäben sich auch aus der Auslegung der Art. 25 und 32 DS-GVO.[10] Der Kritik ist jedoch vor dem Hintergrund des eklatanten **Rechtstaatsproblems** von Art. 25 und 32 DS-GVO zu widersprechen. Denn aus den Generalklauseln zu technischen und organisatorischen Maßnahmen kann einerseits in der Praxis nicht sicher deduziert werden, welche IT-Sicherheitsmaßnahmen Datenschutzaufsichtsbehörden und Gerichte als Mindestanforderung ansehen. Andererseits können Verstöße hiergegen jedoch mit einem enormen Bußgeld geahndet werden.[11] Vor diesem Hintergrund ist jede weitere **Konkretisierung** zu begrüßen, auch wenn diese keine Detailvorgaben zu IT-Maßnahmen enthält, wie etwa den zu verwendenden Hasch-Algorithmus oder die Stärke einer Verschlüsselung in einer spezifischen Situation. Immerhin werden die Themenfelder eingegrenzt, um die sich ein Verantwortlicher im Mindestmaß kümmern muss. Dies stellt für die Praxis eine wertvolle Erleichterung dar, auch wenn die Eingrenzung durch die Einbeziehung der Generalklausel in § 15 Nr. 1, die ganz allgemein auf technische und organisatorische Maßnahmen zur Einhaltung der DSGVO abzielt, wieder aufgeweicht wird.

16 Kritisiert wird auch, dass die in § 15 geforderten Maßnahmen nicht deutlich strenger als in Art. 32 DS-GVO formuliert sind, schließlich betreffen die Regelungen nach Art. 32 DS-GVO alle, auch sehr triviale Datenverarbeitungsvorgänge, während § 15 bzw. § 22 Abs. 2 BDSG ausschließlich im Rahmen der Verarbeitung besonderer Kategorien personenbezogener Daten anwendbar sind.[12] Dem ist jedoch entgegenzuhalten, dass das konkrete Sicherheitsniveau im Einzelfall stets anhand einer **Schutzbedarfsanalyse** festzustellen ist. Es ist daher positiv, dass die Vorgaben aus § 15 nicht strenger und eingrenzender formuliert sind, sondern vielmehr eine große Bandbreite der Umsetzung zugelassen wird.

---

9 LT-Drs. 17/1981, 142 mit Verweis auf Kapitel IV, was vermutlich als Redaktionsversehen zu werten ist.

10 Vgl. für die entsprechende Regelung in § 22 Abs. 2 BSDG *Weichert* in Kühling/Buchner BDSG § 22 Rn. 29; kritisch ebenfalls *Albers/Veit* in *Wolff/Brink* BeckOK DatenschutzR, § 22 Rn. 25.

11 Siehe oben Fn. 3.

12 *Frenzel* in Paal/Pauly BDSG § 22 Rn. 14; *Weichert* DuD 2017, 542.

III. Garantien und Maßnahmen

1. Technische und organisatorische Maßnahmen (§ 15 Nr. 1)

17 Das Erfordernis aus § 15 Nr. 1, **technische und organisatorische Maßnahmen** zu implementieren, geht nicht über die Regelungen der DSGVO hinaus und enthält auch keine weitergehende Spezifizierung.

2. Nachträglichen Überprüfung (§ 15 Nr. 2)

18 § 15 Nr. 2 fordert Maßnahmen, die gewährleisten, dass **nachträglich** überprüft werden kann, ob und von wem Daten eingegeben, verändert oder entfernt worden sind. Hier geht es um eine typische Frage der „**Revisionssicherheit**", der „Transparenz" und der „**Authentizität**" von Informationen.[13] Beide Konzepte erfordern, dass jegliche Veränderungen an Daten jederzeit nachvollziehbar sind. Dies erfolgt in der Praxis typischerweise durch Logdaten.

3. Sensibilisierung (§ 15 Nr. 3)

19 In § 15 Nr. 3 ist die **Sensibilisierung** der an Verarbeitungsvorgängen Beteiligten vorgesehen. Dies kann etwa durch regelmäßige **Mitarbeiterschulungen** sowie **Informations-E-Mails** sichergestellt werden. Da viele Hacking-Angriffe durch nicht oder schlecht geschulte Mitarbeiter erleichtert werden und zudem mitunter absichtlich Mitarbeiter als „schwächstes Glied der IT-Sicherheitskette" ausgenutzt werden (sog. „Social Engineering-Angriffe"), ist die entsprechende Schulung von Mitarbeitern wichtig.

4. Zugangsbeschränkung (§ 15 Nr. 4)

20 Gemäß § 15 Nr. 4 sind **Zugangsbeschränkungen** zu personenbezogenen Daten innerhalb der verantwortlichen Stelle vorgesehen. Diese Maßnahme betrifft den Bereich der Datensicherheit.[14] Es bietet sich hier ein klar definiertes Rollen- und Rechtsmanagement mit entsprechenden Nutzerkonten und Authentifizierungen an.[15] Es sollte nach dem „need to know" Prinzip jeder nur diejenigen Berechtigungen erhalten, die er zur Ausführung seiner täglichen Arbeit benötigt. Sobald Mitarbeiter ausscheiden oder die Stellen wechseln, sind Berechtigungen zu überarbeiten bzw. zu löschen.

5. Anonymisierung und Pseudonymisierung (§ 15 Nr. 5)

21 § 15 Nr. 4 sieht die **Anonymisierung** von Daten und, sofern dies nicht möglich ist, die **Pseudonymisierung** vor. Die Vorschrift geht damit über die Regelung der Art. 25, 32 DS-GVO hinaus, die eine Anonymisierung nicht vorsehen. Zu beachten ist dabei allerdings, dass eine Anonymisierung erst dann vollzogen ist, wenn für niemanden mehr eine Zuordnung der Daten zu einer bestimmten Person möglich ist; so jedenfalls die herrschende Meinung zum Begriff des Personenbezuges im Sinne der DS-GVO.[16] Dies stellt auch Erwägungsgrund 26 S. 5 der DS-GVO klar. Der Gesetzgeber in NRW hat jedoch in § 4 einen eigenen Begriff der Anonymisierung entwickelt, nach dem eine Anonymisierung bereits dann vorliegt, wenn die Identifizierung einer Person noch möglich ist, aber nur

13 *Mack* in HK-LDSG RhPf § 19 Rn. 31.
14 *Mack* in HK-LDSG RhPf § 19 Rn. 33.
15 *Ritter* in HK-DS-GVO/BDSG Art. 32 Rn. 41 f.
16 *Gola* in Gola DS-GVO Art. 4 Rn. 22; *Schwartmann/Mühlenbeck* in HK-DS-GVO/BDSG Art. 4 Rn. 29.

unter unverhältnismäßigen Aufwand an Zeit, Kosten und Arbeitskraft. Diese Regelung dürfte jedoch aufgrund vorrangigen Unionsrecht schlichtweg nicht anwendbar sein.

6. Verschlüsselung (§ 15 Nr. 6)

22 Die **Verschlüsselungsregelung** in § 15 Nr. 6 enthält keine Konkretisierung in Vergleich zu den Vorschriften des Art. 32 DS-GVO, insoweit kann auf die entsprechenden Kommentierungen verwiesen werden.[17]

7. Vertraulichkeit, Integrität, Verfügbarkeit und Belastbarkeit (§ 15 Nr. 7)

23 § 15 Nr. 7 regelt die Sicherstellung **der Vertraulichkeit, Integrität, Verfügbarkeit** und **Belastbarkeit** der IT-Systeme sowie die Fähigkeit, die Verfügbarkeit und den Zugang bei einem physischen oder technischen Zwischenfall unverzüglich wiederherzustellen. Die Regelung formuliert die wesentlichen allgemeinen Ziele der IT-Sicherheit, die etwa auch der allgemein verbreiteten Norm **ISO 27001** zugrundeliegend. Hinsichtlich der Wiederherstellung bieten sich Maßnahmen des sog. **Business Continuity Managements** mit entsprechenden Organisationsstrukturen für das Notfallmanagement an. Zudem sollten **Datensicherungskonzepte** implementiert werden.[18] Eine Umsetzung von ISO 27001 oder sogar eine Zertifizierung nach dieser internationalen Norm dürfte die Kriterien aus § 15 Nr. 7 in aller Regel erfüllen.

8. Regelmäßige Überprüfung, Bewertung und Evaluierung (§ 15 Nr. 8)

24 § 15 Nr. 8 sieht außerdem Verfahren zur **regelmäßigen Überprüfung**, Bewertung und Evaluierung der Wirksamkeit der technischen und organisatorischen Maßnahmen vor. Die entsprechenden Kontrollen und Überprüfungen müssen planvoll und nicht nur beliebig und zufällig erfolgen. In der Praxis bietet sich hierfür etwa ein **PDCA-Verfahren** (Plan, Do, Check, Act) gemäß der ISO 27001 oder dem BSI-Standard 100-1 an.[19]

9. Spezifische Verfahrensregelungen für Übermittlungen und Zweckänderungen (§ 15 Nr. 9)

25 Nach § 15 Nr. 9 ist durch **spezifische Verfahrensregeln** sicherzustellen, dass bei einer Datenübermittlung oder -verarbeitung für andere Zwecke die Vorgaben der DS-GVO eingehalten werden. Hiermit sind **alle Anforderungen der DS-GVO** angesprochen, angefangen von Datenschutzprinzipien und Erlaubnistatbeständen, über Betroffenenrechte, Dokumentationspflichten usw- Es genügt nicht, dass der Verantwortliche über die grundsätzliche Expertise verfügt, im Falle einer Übermittlung oder Zweckänderung die Vorgaben vollumfänglich umzusetzen. Vielmehr verlangt § 15 Nr. 9, dass organisatorische Anweisungen, Prozessbeschreibungen, Checklisten und Freigabeprozeduren bestehen, die sicherstellen, dass alle relevanten Aspekte eingehalten werden.

---

17 Ausführlich zur Verschlüsselung siehe *Ritter* in Schwartmann/Jaspers/Thüsing/Kugelmann HK-DS-GVO/BDSG Art. 32 Rn. 28 ff.
18 *Ritter* in HK-DS-GVO/BDSG Art. 32 Rn. 58 f.
19 *Ritter* in HK-DS-GVO/BDSG Art. 32 Rn. 62.

C. Bedeutung der Vorschrift für die behördliche Praxis

Es ist zu erwarten, dass § 15 grundsätzlich eine Erleichterung für Verantwortliche in der Praxis der öffentlichen Stellen mit sich bringt, denn zumindest ist dadurch sichergestellt, dass technische und organisatorische Sicherheitsmaßnamen in den richtigen Themenfeldern bzw. zu den richtigen Aspekten umgesetzt werden. 26

Abschnitt 1 Besondere Verarbeitungssituationen im Anwendungsbereich der Verordnung (EU) 2016/679

§ 16 Verarbeitung besonderer Kategorien personenbezogener Daten

(1) Die Verarbeitung besonderer Kategorien personenbezogener Daten im Sinne des Artikel 9 Absatz 1 der Verordnung (EU) 2016/679 ist zulässig, soweit

1. sie zur Abwehr von Gefahren für die öffentliche Sicherheit erforderlich ist,
2. sie zur Verfolgung von Straftaten oder Ordnungswidrigkeiten, zur Vollstreckung oder zum Vollzug von Strafen, von Bußgeldentscheidungen, Maßregeln der Besserung und Sicherung, Erziehungsmaßregeln oder Zuchtmitteln im Sinne des Jugendgerichtsgesetzes oder zur Anordnung von Einziehungsentscheidungen erforderlich ist,
3. sie zum Zwecke der Gesundheitsvorsorge, zur medizinischen Diagnostik, zur Gewährleistung und Überwachung der Gesundheit oder Mitteilung von Gesundheitswarnungen, zur Prävention oder Kontrolle ansteckender Krankheiten und anderer schwerwiegender Gesundheitsgefahren oder zur Verwaltung von Leistungen der Gesundheitsversorgung erforderlich ist, sofern die Verarbeitung dieser Daten durch ärztliches oder sonstiges Personal erfolgt, das einer entsprechenden Geheimhaltungspflicht unterliegt oder
4. sie erforderlich ist, um die aus dem Recht der sozialen Sicherheit und des Sozialschutzes erwachsenden Rechte auszuüben und den diesbezüglichen Pflichten nachzukommen.

(2) Im Falle des Artikel 9 Absatz 2 Buchstabe a der Verordnung (EU) 2016/679 hat die Einwilligung in die Verarbeitung genetischer oder biometrischer Daten oder von Gesundheitsdaten schriftlich zu erfolgen.

Verwandte Norm DS-GVO (*Auszug*):

Art. 9 Verarbeitung besonderer Kategorien personenbezogener Daten

(1) Die Verarbeitung personenbezogener Daten, aus denen die rassische und ethnische Herkunft, politische Meinungen, religiöse oder weltanschauliche Überzeugungen oder die Gewerkschaftszugehörigkeit hervorgehen, sowie die Verarbeitung von genetischen Daten, biometrischen Daten zur eindeutigen Identifizierung einer natürlichen Person, Gesundheitsdaten oder Daten zum Sexualleben oder der sexuellen Orientierung einer natürlichen Person ist untersagt.

(2) Absatz 1 gilt nicht in folgenden Fällen:

a) Die betroffene Person hat in die Verarbeitung der genannten personenbezogenen Daten für einen oder mehrere festgelegte Zwecke ausdrücklich eingewilligt, es sei denn, nach Unionsrecht oder dem Recht der Mitgliedstaaten kann das Verbot nach Absatz 1 durch die Einwilligung der betroffenen Person nicht aufgehoben werden,
b) die Verarbeitung ist erforderlich, damit der Verantwortliche oder die betroffene Person die ihm bzw. ihr aus dem Arbeitsrecht und dem Recht der sozialen Sicher-

heit und des Sozialschutzes erwachsenden Rechte ausüben und seinen bzw. ihren diesbezüglichen Pflichten nachkommen kann, soweit dies nach Unionsrecht oder dem Recht der Mitgliedstaaten oder einer Kollektivvereinbarung nach dem Recht der Mitgliedstaaten, das geeignete Garantien für die Grundrechte und die Interessen der betroffenen Person vorsieht, zulässig ist,

(...)

g) die Verarbeitung ist auf der Grundlage des Unionsrechts oder des Rechts eines Mitgliedstaats, das in angemessenem Verhältnis zu dem verfolgten Ziel steht, den Wesensgehalt des Rechts auf Datenschutz wahrt und angemessene und spezifische Maßnahmen zur Wahrung der Grundrechte und Interessen der betroffenen Person vorsieht, aus Gründen eines erheblichen öffentlichen Interesses erforderlich,

h) die Verarbeitung ist für Zwecke der Gesundheitsvorsorge oder der Arbeitsmedizin, für die Beurteilung der Arbeitsfähigkeit des Beschäftigten, für die medizinische Diagnostik, die Versorgung oder Behandlung im Gesundheits- oder Sozialbereich oder für die Verwaltung von Systemen und Diensten im Gesundheits- oder Sozialbereich auf der Grundlage des Unionsrechts oder des Rechts eines Mitgliedstaats oder aufgrund eines Vertrags mit einem Angehörigen eines Gesundheitsberufs und vorbehaltlich der in Absatz 3 genannten Bedingungen und Garantien erforderlich,

i) die Verarbeitung ist aus Gründen des öffentlichen Interesses im Bereich der öffentlichen Gesundheit, wie dem Schutz vor schwerwiegenden grenzüberschreitenden Gesundheitsgefahren oder zur Gewährleistung hoher Qualitäts- und Sicherheitsstandards bei der Gesundheitsversorgung und bei Arzneimitteln und Medizinprodukten, auf der Grundlage des Unionsrechts oder des Rechts eines Mitgliedstaats, das angemessene und spezifische Maßnahmen zur Wahrung der Rechte und Freiheiten der betroffenen Person, insbesondere des Berufsgeheimnisses, vorsieht, erforderlich, oder

(...)

(3) Die in Absatz 1 genannten personenbezogenen Daten dürfen zu den in Absatz 2 Buchstabe h genannten Zwecken verarbeitet werden, wenn diese Daten von Fachpersonal oder unter dessen Verantwortung verarbeitet werden und dieses Fachpersonal nach dem Unionsrecht oder dem Recht eines Mitgliedstaats oder den Vorschriften nationaler zuständiger Stellen dem Berufsgeheimnis unterliegt, oder wenn die Verarbeitung durch eine andere Person erfolgt, die ebenfalls nach dem Unionsrecht oder dem Recht eines Mitgliedstaats oder den Vorschriften nationaler zuständiger Stellen einer Geheimhaltungspflicht unterliegt.

(4) Die Mitgliedstaaten können zusätzliche Bedingungen, einschließlich Beschränkungen, einführen oder aufrechterhalten, soweit die Verarbeitung von genetischen, biometrischen oder Gesundheitsdaten betroffen ist.

Öffnungsklausel in der DS-GVO für nationale Regelung (*Auszug*):

Art. 9 Verarbeitung besonderer Kategorien personenbezogener Daten

(1) Die Verarbeitung personenbezogener Daten, aus denen die rassische und ethnische Herkunft, politische Meinungen, religiöse oder weltanschauliche Überzeugungen oder die Gewerkschaftszugehörigkeit hervorgehen, sowie die Verarbeitung von genetischen Daten, biometrischen Daten zur eindeutigen Identifizierung einer natürlichen Person, Gesundheitsdaten oder Daten zum Sexualleben oder der sexuellen Orientierung einer natürlichen Person ist untersagt.

(2) Absatz 1 gilt nicht in folgenden Fällen:

(...)

b) die Verarbeitung ist erforderlich, damit der Verantwortliche oder die betroffene Person die ihm bzw. ihr aus dem Arbeitsrecht und dem Recht der sozialen Sicher-

heit und des Sozialschutzes erwachsenden Rechte ausüben und seinen bzw. ihren diesbezüglichen Pflichten nachkommen kann, soweit dies nach Unionsrecht oder dem Recht der Mitgliedstaaten oder einer Kollektivvereinbarung nach dem Recht der Mitgliedstaaten, das geeignete Garantien für die Grundrechte und die Interessen der betroffenen Person vorsieht, zulässig ist,
(...)

g) die Verarbeitung ist auf der Grundlage des Unionsrechts oder des Rechts eines Mitgliedstaats, das in angemessenem Verhältnis zu dem verfolgten Ziel steht, den Wesensgehalt des Rechts auf Datenschutz wahrt und angemessene und spezifische Maßnahmen zur Wahrung der Grundrechte und Interessen der betroffenen Person vorsieht, aus Gründen eines erheblichen öffentlichen Interesses erforderlich,

h) die Verarbeitung ist für Zwecke der Gesundheitsvorsorge oder der Arbeitsmedizin, für die Beurteilung der Arbeitsfähigkeit des Beschäftigten, für die medizinische Diagnostik, die Versorgung oder Behandlung im Gesundheits- oder Sozialbereich oder für die Verwaltung von Systemen und Diensten im Gesundheits- oder Sozialbereich auf der Grundlage des Unionsrechts oder des Rechts eines Mitgliedstaats oder aufgrund eines Vertrags mit einem Angehörigen eines Gesundheitsberufs und vorbehaltlich der in Absatz 3 genannten Bedingungen und Garantien erforderlich,

i) die Verarbeitung ist aus Gründen des öffentlichen Interesses im Bereich der öffentlichen Gesundheit, wie dem Schutz vor schwerwiegenden grenzüberschreitenden Gesundheitsgefahren oder zur Gewährleistung hoher Qualitäts- und Sicherheitsstandards bei der Gesundheitsversorgung und bei Arzneimitteln und Medizinprodukten, auf der Grundlage des Unionsrechts oder des Rechts eines Mitgliedstaats, das angemessene und spezifische Maßnahmen zur Wahrung der Rechte und Freiheiten der betroffenen Person, insbesondere des Berufsgeheimnisses, vorsieht, erforderlich, oder
(...)

(3) Die in Absatz 1 genannten personenbezogenen Daten dürfen zu den in Absatz 2 Buchstabe h genannten Zwecken verarbeitet werden, wenn diese Daten von Fachpersonal oder unter dessen Verantwortung verarbeitet werden und dieses Fachpersonal nach dem Unionsrecht oder dem Recht eines Mitgliedstaats oder den Vorschriften nationaler zuständiger Stellen dem Berufsgeheimnis unterliegt, oder wenn die Verarbeitung durch eine andere Person erfolgt, die ebenfalls nach dem Unionsrecht oder dem Recht eines Mitgliedstaats oder den Vorschriften nationaler zuständiger Stellen einer Geheimhaltungspflicht unterliegt.

(4) Die Mitgliedstaaten können zusätzliche Bedingungen, einschließlich Beschränkungen, einführen oder aufrechterhalten, soweit die Verarbeitung von genetischen, biometrischen oder Gesundheitsdaten betroffen ist.

Kurzübersicht zum Verhältnis der Normen			
Norm des DSG NRW	Entsprechende Norm der DS-GVO	Entsprechende Norm des BDSG	Öffnungsklausel der DS-GVO
§ 16 DSG NRW	Art. 9 DS-GVO	§§ 22, 27, 29 BDSG	Art. 9 Abs. 2 lit. b, g, h, i DS-GVO

A. Grundlagen

I. Gesamtverständnis, Zweck der Norm und Verhältnis zu anderen Normen

1 § 16 DSG NRW regelt Fälle, in denen die Verarbeitung besonderer Kategorien personenbezogener Daten erfolgt. Insofern stellt § 16 Abs. 1 DSG NRW einen **gesetzlichen Erlaubnistatbestand** für die Verarbeitung sensibler Daten dar. § 16 Abs. 2 DSG NRW normiert besondere Voraussetzungen hinsichtlich einer **Einwilligung** in die Verarbeitung sensibler Daten der betroffenen Person entsprechend den Vorgaben aus Art. 9 Abs. 2 lit. a DS-GVO.

2 Die Norm knüpft somit unmittelbar an Art. 9 DS-GVO[1] an.[2] Die Regelungssystematik von § 16 DSG NRW folgt hinsichtlich der Verarbeitung besonderer Kategorien personenbezogener Daten dem **abgestuften Schutzkonzept** der DS-GVO. Art. 9 Abs. 1 DS-GVO wiederholt diesbezüglich ausdrücklich hinsichtlich der Verarbeitung besonderer Kategorien personenbezogener Daten das **Verbot mit Erlaubnisvorbehalt.** Eine Verarbeitung besonderer Kategorien personenbezogener Daten ist ausnahmsweise nur dann zulässig, wenn einer der in Art. 9 Abs. 2 DS-GVO abschließend normierten Tatbestände einschlägig ist. Die Zulässigkeit ergibt sich dabei teilweise aus Art. 9 Abs. 2 unmittelbar, teilweise können auch die Mitgliedstaaten abweichende Regelungen vorsehen, wann und inwiefern das Verarbeitungsverbot nicht oder nur eingeschränkt Anwendung findet.[3] Normadressaten des Art. 9 DS-GVO sind damit zum einen der für die jeweilige Verarbeitung Verantwortlichen im Sinne des Art. 4 Nr. 7 DS-GVO, zum anderen die Mitgliedsstaaten.

3 Mit § 16 DSG NRW hat der Landesgesetzgeber von der durch die Öffnungsklauseln des Art. 9 Abs. 2 DS-GVO eröffneten Gesetzgebungskompetenz Gebrauch gemacht.[4]

1 Zu Art. 9 insgesamt *Jaspers/Schwartmann/Mühlenbeck* in HK-DS-GVO/BDSG Art. 9 Rn. 1 ff.; *Petri* in Simitis/Hornung/Spiecker gen. Döhmann DS-GVO Art. 9 Nr. 1 ff.; *Schulz* in Gola DS-GVO Art. 9 Rn. 1 ff.
2 Dazu *Mack* in HK-LDSG RhPf § 19 Rn. 1 f.
3 Vgl. *Schiff* in Ehmann/Selmayr DS-GVO Art. 9 Rn. 32.
4 Vgl. schriftliche Stellungnahme der *GDD* zur öffentlichen Anhörung im Landtag NRW v. 6.4.2018, S. 4.

§ 16 Abs. 1 DSG NRW regelt demnach Fälle, in denen die Verarbeitung besonderer Kategorien personenbezogener Daten ohne die Einwilligung der betroffenen Person aus Gründen eines erheblichen öffentlichen Interesses zulässig ist.[5] 4

§ 16 Abs. 2 DSG NRW spezifiziert in Ausformung von Art. 9 Abs. 4 DS-GVO die Verarbeitung von genetischen, biometrischen oder Gesundheitsdaten hinsichtlich der Anforderungen an eine Einwilligung und statuiert ein **Schriftformerfordernis.**[6] 5

Weitere spezifische Ausnahmereglungen in Bezug auf Art. 9 DS-GVO sollen nach dem Willen des Gesetzgebers dem Fachrecht vorbehalten bleiben.[7] 6

Unter Beachtung des Schutzzwecks des Art. 9 DS-GVO ist es angezeigt, dass durch einen extensiven Gebrauch der Ausnahmevorschriften nicht der grundsätzliche Verbotscharakter der Vorschrift außer Kraft gesetzt werden darf. Gelingen kann dies nur durch eine restriktive Interpretation und Auslegung der Ausnahmetatbestände des Art. 9 Abs. 2 DS-GVO und in der Konsequenz auch der aufgrund der vorhanden Öffnungsklauseln erlassenen nationalen Regelungen, hier § 16 DSG NRW.[8] 7

II. Bisherige Rechtslage

Die Vorgängerreglung zu Art. 9 DS-GVO stellt Art. 8 DSRL dar. Das DSG NRW aF nannte den Begriff der besonderen Kategorien personenbezogener Daten nicht explizit, regelte aber in § 4 Abs. 3 DSG NRW aF die Verarbeitung personenbezogener Daten in besonders sensiblen Bereichen und unterstellte sie einem gesonderten Rechtmäßigkeitsregime. 8

B. Kommentierung

I. Verarbeitung besonderer Kategorien personenbezogener Daten

§ 16 DSG NRW knüpft an den Begriff der besonderen Kategorien personenbezogener Daten an, ohne diesen selbst näher zu bestimmen. Vielmehr verweist die Norm auf Art. 9 Abs. 1 DS-GVO, so dass der dort abschließend normierte Katalog maßgebend ist. Dies ist vor dem Hintergrund, dass Art. 9 Abs. 1 DS-GVO eine **abschließende Aufzählung** der unter den Begriff der besonderen Kategorien personenbezogener Daten fallenden Datenkategorien enthält, folgerichtig. 9

Nach Art. 9 Abs. 1 DS-GVO ist die Verarbeitung personenbezogener Daten, aus denen die rassische oder ethische Herkunft, politische Meinungen, religiöse oder weltanschauliche Überzeugungen oder die Gewerkschaftszugehörigkeit hervorgehen, sowie die Verarbeitung von genetischen Daten, biometrischen Daten zur eindeutigen Identifizierung einer natürlichen Person, Gesundheitsdaten oder Daten zum Sexualleben oder der sexuellen Orientierung einer natürlichen Person untersagt (grundsätzliches Verbot mit Erlaubnisvorbehalt).[9] 10

Zur Bestimmung, ob es sich um besondere Kategorien personenbezogener Daten handelt oder nicht, ist eine **kontextbezogene Betrachtungsweise** anzusetzen. 11

5 Vgl. LT-Drs. 17/1981, 142.
6 Vgl. LT-Drs. 17/1981, 142 sowie dazu *Mack* in HK-LDSG RhPf § 19 Rn. 15.
7 Vgl. LT-Drs. 17/1981, 142.
8 Vgl. dazu *Jaspers/Schwartmann/Mühlenbeck* in HK-DS-GVO/BDSG Art. 9 Rn. 110; *Petri* in Simitis/Hornung/Spiecker gen. Döhmann DS-GVO Art. 9 Nr. 1 Rn. 24.
9 Dazu vertiefend *Jaspers/Schwartmann/Mühlenbeck* in HK-DS-GVO/BDSG Art. 9 Rn. 33 ff.; *Petri* in Simitis/Hornung/Spiecker gen. Döhmann DS-GVO Art. 9 Nr. 1 Rn. 10; *Schulz* in Gola DS-GVO Art. 9 Rn. 1 ff.

Entscheidend ist dabei, dass die Zuordnung zu einer bestimmten Datenkategorie immer anhand des Schutzzwecks des Art. 9 DS-GVO, nämlich der Schutz vor Persönlichkeitsrechtsverletzungen und vor Diskriminierungen, erfolgt.[10]

12 Für genetische und biometrische Daten sowie für Gesundheitsdaten enthält die DS-GVO in Art. 4 eigene Begriffsbestimmungen, die auch für § 16 DSG NRW maßgeblich sind.[11]

13 **Genetische Daten** sind nach Art. 4 Nr. 13 DS-GVO personenbezogene Daten zu den geerbten oder erworbenen genetischen Eigenschaften einer natürlichen Person, die eindeutige Informationen über die Physiologie oder die Gesundheit dieser natürlichen Person liefern und insbesondere aus der Analyse einer biologischen Probe der betreffenden natürlichen Person gewonnen werden.[12]

14 **Biometrische Daten** sind gem. Art. 4 Nr. 14 DS-GVO mit speziellen technischen Verfahren gewonnene personenbezogene Daten zu den physischen, physiologischen oder verhaltenstypischen Merkmalen einer natürlichen Person, die die eindeutige Identifizierung dieser natürlichen Person ermöglichen oder bestätigen, wie Gesichtsbilder oder daktyloskopische Daten.[13]

15 **Gesundheitsdaten** sind nach Art. 4 Nr. 15 DS-GVO personenbezogene Daten, die sich auf die körperliche oder geistige Gesundheit einer natürlichen Person, einschließlich der Erbringung von Gesundheitsdienstleistungen, beziehen und aus denen Informationen über deren Gesundheitszustand hervorgehen.[14]

II. Abwehr von Gefahren für die öffentliche Sicherheit (§ 16 Abs. 1 Nr. 1 DSG NRW)

16 § 16 Abs. 1 Nr. 1 DSG NRW legitimiert die Verarbeitung besonderer Kategorien personenbezogener Daten, soweit sie zur Abwehr von Gefahren für die öffentliche Sicherheit erforderlich ist.[15]

17 Der Tatbestand setzt eine Gefahr für die öffentliche Sicherheit voraus.[16] Dabei wird auf die **Begriffsbestimmungen des Polizeirechts** und der durch die jeweilige Rechtsprechung erfolgten Konkretisierungen Rückgriff genommen werden können.[17]

18 Der Zweck der Verarbeitung darf alleine darin liegen, dass eine Gefahr für die öffentliche Sicherheit besteht und diese durch den Verarbeitungsvorgang beseitigt werden soll. Dazu steht die Tatbestandvariante unter dem Vorbehalt einer **Interessenabwägung**, das heißt, es darf insbesondere kein anderes Mittel zur

---

10 Vgl. *Jaspers/Schwartmann/Mühlenbeck* in HK-DS-GVO/BDSG Art. 9 Rn. 32; *Petri* in Simitis/Hornung/Spiecker gen. Döhmann DS-GVO Art. 9 Nr. 1 Rn. 11 f.

11 Dazu vertiefend *Jaspers/Schwartmann/Mühlenbeck* in HK-DS-GVO/BDSG Art. 9 Rn. 57 ff.; *Petri* in Simitis/Hornung/Spiecker gen. Döhmann DS-GVO Art. 9 Nr. 1 Rn. 13 ff.

12 *Gola* in Gola DS-GVO Art. 4 Rn. 94 f.; *Schwartmann/Mühlenbeck* in HK-DS-GVO/BDSG Art. 4 Rn. 183 ff.; *Petri* in Simitis/Hornung/Spiecker gen. Döhmann DS-GVO Art. 4 Nr. 13 Rn. 1 ff.

13 *Gola* in Gola DS-GVO Art. 4 Rn. 96; *Schwartmann/Mühlenbeck* in HK-DS-GVO/BDSG Art. 4 Rn. 194 ff.; *Petri* in Simitis/Hornung/Spiecker gen. Döhmann DS-GVO Art. 4 Nr. 14 Rn. 1 ff.

14 *Gola* in Gola DS-GVO Art. 4 Rn. 97 f; *Schwartmann/Mühlenbeck* in HK-DS-GVO/BDSG Art. 4 Rn. 207 ff.; *Petri* in Simitis/Hornung/Spiecker gen. Döhmann DS-GVO Art. 4 Nr. 15 Rn. 1 ff.

15 Vgl. dazu auch *Mack* in HK-LDSG RhPf § 19 Rn. 27.

16 Im Vergleich dazu setzt die entsprechende Norm des § 22 Abs. 1 Nr. 2 lit. b BDSG eine erhebliche Gefahr tatbestandlich voraus.

17 Umfassend dazu *Worms/Gusy* in BeckOK PolR NRW PolG § 8 Rn. 97 ff.

Verfügung stehen, um die Gefahr zu beseitigen. Auch in diesem Zusammenhang gilt es zu beachten, dass die Vorschrift des Art. 9 Abs. 2 DS-GVO und die auf ihr beruhenden nationalen Regelungen restriktiv anzuwenden und auszulegen sind. Die Fallgestaltung muss also so aussehen, dass die Verarbeitung sensibler Daten geeignet ist, um einer Gefahr für die öffentliche Sicherheit entgegenzuwirken. In der Praxis sind Anwendungsfälle dergestalt wohl eher selten anzutreffen.[18] Letztlich werden sich in der Praxis häufig Überschneidungen mit dem Tatbestand aus § 16 Abs. 1 Nr. 2 DSG NRW ergeben, weil die Datenverarbeitung zur Verfolgung von Rechtsverletzungen iSd Vorschrift gleichzeitig auch immer eine Gefahr für die öffentliche Sicherheit beinhaltet.

III. § 16 Abs. 1 Nr. 2 DSG NRW

Nach § 16 Abs. 1 Nr. 2 DSG NRW ist die Verarbeitung besonderer Kategorien 19
personenbezogener Daten zulässig, soweit sie zur Verfolgung von Straftaten oder Ordnungswidrigkeiten, zur Vollstreckung oder zum Vollzug von Strafen, von Bußgeldentscheidungen, Maßregeln der Besserung und Sicherung, Erziehungsmaßregeln oder Zuchtmitteln im Sinne des Jugendgerichtsgesetzes oder zur Anordnung von Einziehungsentscheidungen erforderlich ist.

Der Tatbestand rechtfertigt somit die Verarbeitung sensibler Daten, wenn dies 20
für Strafverfolgungszwecke oder zur Verfolgung von Ordnungswidrigkeiten sowie zur Durchsetzung von Vollzugsmaßnahmen erforderlich ist. Insofern enthält § 16 Abs. 1 Nr. 2 DSG NRW dahin gehend eine **Abwägungsentscheidung** des Gesetzgebers, dass der Effektivität der Strafverfolgung der Vorrang vor dem Datenschutz gebührt, sofern dies erforderlich ist. Eine Erforderlichkeit wird dabei in der Regel in der Praxis dann gegeben sein, wenn die Nichtvornahme der Datenverarbeitung die in § 16 Abs. 1 Nr. 2 DSG NRW genannten Zwecke vereitelt bzw. vereiteln würde. Insofern ist in Anlehnung an die Wertung aus Art. 9 DS-GVO auch § 16 Abs. 1 Nr. 2 DSG NRW die Aussage zu entnehmen, dass die Norm die Effektivität der Rechtsdurchsetzung sichern will: Lassen sich Straftaten oder Ordnungswidrigkeiten sowie die in der Norm benannten Maßnahmen nur durch die Verarbeitung von sensiblen Daten verfolgen oder durchsetzen, so soll dies nicht an einem grundsätzlichen Verarbeitungsverbot im Sinne des Datenschutzrechts scheitern.[19] Begrenzt wird diese Abwägungsentscheidung freilich durch das Erfordernis einer materiellrechtlichen Prüfung der **Erforderlichkeit** der Datenverarbeitung.

IV. § 16 Abs. 1 Nr. 3 DSG NRW

Die Verarbeitung sensibler Daten soll nach den Regelungen des § 16 Abs. 1 21
Nr. 3 DSG NRW zu den Zwecken zulässig sein, welche sich unmittelbar aus der Norm entnehmen lassen. Namentlich handelt es sich hierbei um die Gesundheitsvorsorge, die medizinische Diagnostik, die Gewährleistung und Überwachung der Gesundheit oder Mitteilung von Gesundheitswarnungen, zur Prävention oder Kontrolle ansteckender Krankheiten und anderer schwerwiegender Gesundheitsgefahren oder zur Verwaltung von Leistungen der Gesundheitsversorgung. Dabei ist zu berücksichtigen, dass die Verarbeitung zur Erfüllung der tatbestandlichen Zwecke dem Kriterium der Erforderlichkeit standhalten muss.

18 So auch *Heckmann/Scheurer* in Gola/Heckmann BDSG § 22 Rn. 41.
19 Dazu vertiefend *Jaspers/Schwartmann/Mühlenbeck* in HK-DS-GVO/BDSG Art. 9 Rn. 154.

22 Zusätzlich ist die jeweilige Verarbeitung durch ärztliches Personal oder sonstiges Personal, das einer entsprechenden **Geheimhaltungspflicht** unterliegt, durchzuführen (vgl. dazu unter → Rn. 34).

1. Gesundheitsvorsorge

23 Mit der Nennung der Gesundheitsvorsorge greift § 16 Abs. 1 Nr. 3 Var. 1 DSG NRW die Formulierung des Art. 9 Abs. 2 lit. h Var. 1 DS-GVO auf, wobei auf die Einbeziehung der Arbeitsmedizin verzichtet wird. § 16 Abs. 1 Nr. 3 Var. 1 DSG NRW dient somit der Gewährleistung der Funktionsfähigkeit der Erbringung von medizinischen Dienstleistungen.[20] Der Begriff der Gesundheitsvorsorge umfasst dabei insbesondere die **Behandlung zur Prävention von gesundheitlichen Beeinträchtigungen, der Aufklärung** oder **sonstiger präventiver Maßnahmen** zum Schutz der Gesundheit, wie etwa Vorsorgeuntersuchungen etc. Gemäß dem Sinn und Zweck umfasst die Gesundheitsvorsorge alle gesundheitsfördernden und therapeutischen Maßnahmen.[21]

2. Medizinische Diagnostik

24 § 16 Abs. 1 Nr. 3 Var. 2 DSG NRW soll die Verarbeitung sensibler Daten zum Zwecke der medizinischen Diagnostik ermöglichen. Dabei umfasst der Begriff der medizinischen Diagnostik insbesondere das **Erkennen und Benennen eines pathologischen Zustands.** Die durch medizinisches Fachpersonal gestellte Diagnose beruht dabei regelmäßig auf der Beurteilung von Befunden, welche im Rahmen der Anamnese sowie der Befragung und Untersuchung des Patienten erhoben werden.[22] In der Praxis ist es dafür oftmals notwendig, dass die über den Patienten erhobenen Daten zwischen unterschiedlichen Verantwortlichen zum Zwecke der Diagnostik ausgetauscht werden können. Die hierin liegende Datenverarbeitung kann ebenfalls über die Norm legitimiert werden.

3. Gewährleistung und Überwachung der Gesundheit oder Mitteilung von Gesundheitswarnungen

25 Nach § 16 Abs. 1 Nr. 3 Var. 3 DSG NRW ist eine Verarbeitung sensibler Daten zulässig, soweit dies zur Gewährleistung und Überwachung der Gesundheit oder Mitteilung von Gesundheitswarnungen erforderlich ist. Die Norm knüpft dabei ebenso wie § 16 Abs. 1 Nr. 3 Var. 4 DS-GVO unmittelbar an den Tatbestand aus Art. 9 Abs. 2 lit. i DS-GVO an.

26 Die Rechtfertigung der Verarbeitung besonderer Kategorien personenbezogener Daten zur Mitteilung von Gesundheitsgefahren erfasst dabei in der Praxis insbesondere Fälle, in denen etwa Gesundheitsämter oder andere öffentliche Stellen die Öffentlichkeit über den Ausbruch einer ansteckenden Krankheit in einer bestimmten Region informieren (so etwa als im Frühjahr 2019 diverse Gesundheitsämter vor dem Ausbruch von Masern an Schulen in Deutschland warn-

---

20 HK-DS-GVO/BDSG/*Jaspers/Schwartmann/Mühlenbeck* Art. 9 Rn. 173.
21 *Schulz* in Gola DS-GVO Art. 9 Rn. 35;HK-DS-GVO/BDSG/*Jaspers/Schwartmann/Mühlenbeck* Art. 9 Rn. 173 f.; *Petri* in Simitis/Hornung/Spiecker gen. Döhmann DS-GVO Art. 9 Rn. 80.
22 *Weichert* in Kühling/Buchner DS-GVO Art. 9 Rn. 100.

ten).[23] Der Tatbestand enthält insofern eine gefahrenabwehrrechtliche Komponente.[24]

4. Prävention und Kontrolle ansteckender Krankheiten und anderer schwerwiegender Gesundheitsgefahren

27 § 16 Abs. 1 Nr. 3 Var. 4 DSG NRW gestattet die Verarbeitung sensibler Daten zur Prävention oder Kontrolle ansteckender Krankheiten und anderer schwerwiegender Gesundheitsgefahren, sofern dies erforderlich ist. Die Norm nimmt hier wie § 16 Abs. 1 Nr. 3 Var. 3 DSG NRW Bezug auf die **Prävention von Gesundheitsgefahren** und lässt eine Datenverarbeitung zu diesen Zwecken zu, soweit dies erforderlich ist. Hierbei zeichnet sich wie bei § 16 Abs. 1 Nr. 3 Var. 3 DSG NRW insbesondere die Bezugnahme auf die Öffnungsklausel in Art. 9 Abs. 2 lit. i DSG-GVO ab.[25] Die Vorschrift legitimiert die Verarbeitung sensibler Daten nach Art. 9 Abs. 1 DS-GVO, wenn dies zum Schutz vor Gesundheitsgefahren erforderlich ist. Insofern wohnt auch § 16 Abs. 1 Nr. 3 Var. 4 DSG NRW eine gefahrenabwehrrechtliche Komponente inne.[26] Der Tatbestand erfasst dabei insbesondere Maßnahmen zur Aufklärung oder Prävention von ansteckenden Krankheiten oder anderer schwerwiegender Gesundheitsgefahren. In der Praxis ist hierbei etwa an die Führung von Krankheitsregistern, statistische Erhebungen und Analysen oder Maßnahmen zur Vermeidung von Pandemien oder Epidemien zu denken.[27]

5. Verwaltung von Leistungen

28 § 16 Abs. 3 Nr. 3 Var. 5 DSG NRW rechtfertigt die Verarbeitung besonderer Kategorien personenbezogener Daten zur Verwaltung von Leistungen der Gesundheitsversorgung. Dies umfasst etwa die Verarbeitung von sensiblen Daten im Rahmen von Abrechnungen und Beitragsfinanzierungen im Rahmen von ärztlichen, ambulanten oder stationären Behandlungs- und Versorgungsverhältnissen.

6. Geheimhaltungspflicht

29 § 16 Abs. 1 Nr. 3 aE DSG NRW begrenzt den Anwendungsbereich des Tatbestandes in personeller Hinsicht auf Fälle, in denen die Datenverarbeitung durch ärztliches oder sonstiges Personal vorgenommen wird, dass einer entsprechenden Geheimhaltungspflicht unterliegt. Die Verarbeitung sensibler Daten auf Grundlage des § 16 Abs. 1 Nr. 3 DSG NRW darf daher nur durch ärztliches oder sonstiges Personal erfolgen, das einer entsprechenden Geheimhaltungspflicht unterliegt. Mit dieser Einschränkung auf einen bestimmten Personenkreis kann sichergestellt werden, dass die Verarbeitung sensibler Daten von entsprechend geschultem Fachpersonal erfolgt. Dabei kommen insbesondere Personen in Betracht, die einer der in **§ 203 StGB** aufgezählten Berufsgruppen angehören.[28] Daneben dürften auch Personen in Betracht kommen, die dem Sozi-

---

23 Für NRW vgl. etwa Warnungen des *Gesundheitsamtes* der Stadt Köln, abrufbar unter https://www.stadt-koeln.de/basisdienste/suche/?keywords=Warnung (zuletzt abgerufen: 23.8.2019).
24 HK-DS-GVO/BDSG/*Jaspers/Schwartmann/Mühlenbeck* Art. 9 Rn. 179.
25 LT-Drs. 17/1981, 142.
26 HK-DS-GVO/BDSG/*Jaspers/Schwartmann/Mühlenbeck* Art. 9 Rn. 179.
27 Dazu HK-DS-GVO/BDSG/*Jaspers/Schwartmann/Mühlenbeck* Art. 9 Rn. 185.
28 Dazu *Roßnagel* Stellungnahme zur öffentlichen Anhörung des NRWDSAnPUG-EU v. 13.4.2018, S. 8.

algeheimnis nach § 35 SGB I oder einem allgemeinen Berufsgeheimnis unterliegen.[29]

30 Teilweise wurde im Gesetzgebungsprozess kritisiert, dass § 16 Abs. 1 Nr. 3 DSG NRW den über § 203 StGB gewährten Geheimnisschutz missachtet, indem über die Vorschrift auch „sonstiges Personal" eine Datenverarbeitung vornehmen kann, ohne dabei gleichzeitig zum Geheimnisschutz über § 203 Abs. 4 StGB verpflichtet zu sein.[30] Insofern wird darin teilweise eine Gefährdung des „Gleichklang[s] zwischen Strafrecht und Datenschutzrecht"[31] befürchtet, indem der Schutz besonders sensibler personenbezogener Daten durch die Ausweitung des personellen Anwendungsbereichs herabgesetzt wird.[32] Hierbei ist gleichwohl zu beachten, dass § 203 StGB in dessen Abs. 1 und 2 insbesondere Berufsgeheimnisträger und Amtsträger zum Geheimnisschutz verpflichtet. § 203 Abs. 4 StGB bezieht darüber hinaus an den in Abs. 1 und 2 genannten Tätigkeiten mitwirkende Personen sowie den Datenschutzbeauftragten in den Tatbestand mit ein. Durch die Aufnahme der „mitwirkenden Personen" in § 203 Abs. 4 StGB ist somit der Kreis der Personen, die zwar als „sonstiges Personal" nach § 16 Abs. 1 Nr. 3 DSG eine Datenverarbeitung vornehmen können (etwa weil sie vertraglich zur Verschwiegenheit verpflichtet sind), aber gleichzeitig nicht dem strafrechtlichen Tatbestand unterliegen, äußerst klein. Entscheidend ist, dass die Geheimhaltungspflicht ein ähnliches Schutzniveau aufweist, wie das der in § 203 Abs. 1 und 2 StGB benannten Personen.[33] Dementsprechend ist zu erkennen, dass § 16 Abs. 1 Nr. 3 DSG NRW ein hohes Niveau des Geheimnisschutzes gewährleistet, da bereits der Wortlaut der Norm von einer „dem ärztlichen Personal entsprechenden Geheimhaltungspflicht" spricht. Diesem Anspruch an einen hinreichenden Geheimnisschutz wird zudem nicht alleine § 203 StGB gerecht, sondern auch Regelungen wie § 35 SGB I oder solche, die allgemeine Berufsgeheimnisse statuieren (zB § 43 a Abs. 2 BRAO, § 9 Abs. 1 MBO-Ä). Auch der aus diesen Regelungen resultierende Geheimnisschutz muss genügen, um im Interesse der betroffenen Person eine Verarbeitung sensibler Daten im Bereich des Gesundheitswesens zu legitimieren. Insofern trägt § 16 Abs. 1 Nr. 3 DSG NRW dem praktischen Bedürfnis Rechnung, dass im Rahmen eines arbeitsteiligen Vorgehens oftmals der Berufsgeheimnisträger die Datenverarbeitung nicht selbst vornimmt, sondern diese an Mitarbeiter oder Fachpersonal delegiert.[34] Insoweit ist die diesbezügliche Ausweitung des zur Datenverarbeitung befugten Personenkreises gerechtfertigt. Eine Divergenz zum Strafrecht hat dabei insbesondere keine Auswirkungen auf die Rechtmäßigkeit der Vorschrift.

7. Erforderlichkeit

31 Erfolgt die Datenverarbeitung zu einem Zweck, der im Tatbestand des § 16 Abs. 1 Nr. 3 DSG NRW aufgeführt ist und wird sie durch das entsprechend be-

---

29 *Arning* in Moos/Schefzig/Arning, Die neue Datenschutz-Grundverordnung, Kap. 17 Rn. 204.
30 *Roßnagel* Stellungnahme zur öffentlichen Anhörung des NRWDSAnPUG-EU v. 13.4.2018, S. 8.
31 *Roßnagel* Stellungnahme zur öffentlichen Anhörung des NRWDSAnPUG-EU v. 13.4.2018, S. 8.
32 *Roßnagel* Stellungnahme zur öffentlichen Anhörung des NRWDSAnPUG-EU v. 13.4.2018, S. 8.
33 HK-DS-GVO/BDSG/*Jaspers/Schwartmann/Mühlenbeck* Art. 9 Rn. 207.
34 HK-DS-GVO/BDSG/*Jaspers/Schwartmann/Mühlenbeck* Art. 9 Rn. 207.

fugte ärztliche oder sonstige Personal durchgeführt, muss sie insgesamt dem Kriterium der Erforderlichkeit standhalten. Dies erfordert, dass die Verarbeitung der sensiblen Daten in einem angemessenen Verhältnis zu dem verfolgten Zweck steht und für die Zweckerreichung notwendig ist und dabei im Ergebnis den Kern des Rechts auf Datenschutz wahrt. Dazu ist das Recht auf Datenschutz der betroffenen Person mit dem Zweck der Verarbeitung in Verhältnis zu setzen und einem interessengerechten Ergebnis zuzuführen. Unter Beachtung des Schutzzwecks des Art. 9 DS-GVO ist es angezeigt, dass durch einen extensiven Gebrauch der Ausnahmevorschriften nicht der grundsätzliche Verbotscharakter der Vorschrift außer Kraft gesetzt wird.

V. § 16 Abs. 1 Nr. 4 DSG NRW

§ 16 Abs. 1 Nr. 4 DSG NRW schafft die Grundlage dafür, dass die Verarbeitung sensibler Daten durch den Verantwortlichen zur Erfüllung der geltenden sozial- und sozialversicherungsrechtlichen Pflichten unverändert fortgeführt werden kann. 32

Inhaltlich entspricht § 16 Abs. 1 Nr. 4 DSG NRW dem Regelungsgehalt des Art. 9 Abs. 2 lit. b DS-GVO.[35] Damit folgt die Norm in ihrer Konzeption der Regelung des § 22 Abs. 1 Nr. 1 lit. a BDSG. In diesem Zusammenhang wird teilweise vertreten, die bundesgesetzliche Norm verstoße gegen das europarechtliche Normwiederholungsverbot.[36] Dem ist entgegenzuhalten, dass laut ErwG 8 die Mitgliedsstaaten Teile der DS-GVO in ihr nationales Recht aufnehmen können, um die Kohärenz zu wahren und die nationalen Rechtsvorschriften verständlicher zu machen. Insofern ist die punktuelle Wiederholung einzelner Passagen der DS-GVO europarechtlich nicht zu beanstanden. Seinem Ausgestaltungs- und Konkretisierungsauftrag kommt der nationale Gesetzgeber dabei durch den Erlass bereichsspezifischer Regelungen nach. Dahingehend hindert die Wiederholung des DS-GVO-Normtextes, wie sie sich in § 16 Abs. 1 Nr. 4 DSG NRW findet, die unmittelbare Wirkung der DS-GVO nicht.[37] 33

VI. Schriftformerfordernis bei Einwilligung (§ 16 Abs. 2 DSG NRW)

§ 16 Abs. 2 DSG NRW statuiert ein Schriftformerfordernis für die Einwilligung der betroffenen Person in die Verarbeitung genetischer oder biometrischer Daten sowie von Gesundheitsdaten. Nach dem Willen des Gesetzgebers soll dadurch der Sensibilität dieser Daten Rechnung getragen werden. Des Weiteren dient das Schriftformerfordernis zum einen der **Beweisfunktion** des Art. 7 Abs. 1 DS-GVO und andererseits wird hierdurch eine **Hinweis- und Warnfunktion** gegenüber der betroffenen Person etabliert.[38] 34

Gleichwohl muss die Einwilligung, damit sie die Verarbeitung legitimieren kann, auch die weiteren von der DS-GVO aufgegebenen Anforderungen erfüllen. Da sie letztlich eine Ausprägung des Datenschutzrechts der betroffenen Per- 35

35 Vertiefend dazu *Jaspers/Schwartmann/Mühlenbeck* in HK-DS-GVO/BDSG Art. 9 Rn. 120 ff.; *Petri* in Simitis/Hornung/Spiecker gen. Döhmann DS-GVO Art. 9 Rn. 37 ff.; *Schulz* in Gola DS-GVO Art. 9 Rn. 20 ff.

36 *Frenzel* in Paal/Pauly BDSG § 22 Rn. 5; *Albers/Veit* in BeckOK DatenschutzR BDSG § 22 Rn. 15.

37 Im Zusammenhang mit der bundesgesetzlichen Norm siehe *Jaspers/Schwartmann/Mühlenbeck* in HK-DS-GVO/BDSG Art. 9 Rn. 98; *Petri* in Simitis/Hornung/Spiecker gen. Döhmann DS-GVO Art. 9 Rn. 33; *Schulz* in Gola DS-GVO Art. 9 Rn. 11.

38 Vgl. LT-Drs. 17/1981, 142.

son darstellt, wird diesem Recht nur Rechnung getragen, wenn die betroffene Person in eine Datenverarbeitung freiwillig und bewusst eingewilligt hat. Dies beinhaltet jedenfalls, dass sich die Einwilligung explizit auf die Verarbeitung der sensiblen Daten beziehen muss und daher ein erhöhtes Maß an Bestimmtheit und Genauigkeit erforderlich ist.[39]

36 Grundsätzlich sieht Art. 9 Abs. 2 lit. a DS-GVO kein Formerfordernis für die Einwilligung vor, so dass eine ausdrücklich mündlich erteilte Einwilligung die Datenverarbeitung legitimieren könnte.[40] Der Gesetzgeber in NRW hat sich bei der Verarbeitung genetischer oder biometrischer Daten und Gesundheitsdaten jedoch dazu entschieden, das Schriftlichkeitserfordernis zu statuieren. Es gilt jedoch zu beachten, dass das Schriftformerfordernis nicht für alle Datenverarbeitungen besonderer Kategorien personenbezogener Daten gilt. Handelt es sich nämlich nicht um genetische oder biometrische Daten sowie Gesundheitsdaten genügt die ausdrückliche Einwilligung der betroffenen Person nach Art. 9 Abs. 2 lit. a DS-GVO.[41] Gleichwohl ist in der Praxis bereits vor dem Hintergrund der Rechenschaftspflicht des Art. 5 Abs. 2 DS-GVO eine geeignete Dokumentation ratsam.[42]

§ 17 Datenverarbeitung personenbezogener Daten zu wissenschaftlichen oder historischen Forschungszwecken oder zu statistischen Zwecken

(1) Die Verarbeitung personenbezogener Daten ist aufgrund von Artikel 6 Absatz 1 Satz 1 Buchstabe e) der Verordnung (EU) 2016/679 sowie besonderer Kategorien personenbezogener Daten aufgrund von Artikel 9 Absatz 2 Buchstabe j) der Verordnung (EU) 2016/679, auch ohne Einwilligung für wissenschaftliche oder historische Forschungszwecke oder für statistische Zwecke zulässig, wenn die Verarbeitung zu diesen Zwecken erforderlich ist und schutzwürdige Belange der betroffenen Person nicht überwiegen.

(2) [1]Der Verantwortliche sieht angemessene und spezifische Maßnahmen zur Wahrung der Interessen der betroffenen Person gemäß § 15 vor. [2]Ergänzend zu den in § 15 genannten Maßnahmen sind zu wissenschaftlichen oder historischen Forschungszwecken oder zu statistischen Zwecken verarbeitete besondere Kategorien personenbezogener Daten im Sinne des Artikels 9 Absatz 1 der Verordnung (EU) 2016/679 zu anonymisieren, sobald dies nach dem Forschungs- oder Statistikzweck möglich ist, es sei denn, berechtigte Interessen der betroffenen Person stehen dem entgegen.

(3) [1]Die personenbezogenen Daten sind zu anonymisieren, sobald dies nach dem Forschungs- oder Statistikzweck möglich ist. [2]Zuvor sind die Merkmale gesondert zu speichern, mit denen Einzelangaben über persönliche oder sachli-

39 *Schulz* in Gola DS-GVO Art. 9 Rn. 14 f.

40 *Jaspers/Schwartmann/Mühlenbeck* in HK-DS-GVO/BDSG Art. 9 Rn. 112 ff.; *Petri* in Simitis/Hornung/Spiecker gen. Döhmann DS-GVO Art. 9 Rn. 33; *Schulz* in Gola DS-GVO Art. 9 Rn. 17.

41 Dazu *Jaspers/Schwartmann/Mühlenbeck* in HK-DS-GVO/BDSG Art. 9 Rn. 112 ff.; *Petri* in Simitis/Hornung/Spiecker gen. Döhmann DS-GVO Art. 9 Rn. 33; *Schulz* in Gola DS-GVO Art. 9 Rn. 11.

42 Vgl. *Jaspers/Schwartmann/Mühlenbeck* in HK-DS-GVO/BDSG Art. 9 Rn. 115; *Petri* in Simitis/Hornung/Spiecker gen. Döhmann DS-GVO Art. 9 Rn. 33; *Schulz* in Gola DS-GVO Art. 9 Rn. 11.

che Verhältnisse einer bestimmten oder bestimmbaren Person zugeordnet werden können. [3]Sie dürfen mit den Einzelangaben nur zusammengeführt werden, soweit der Forschungszweck dies erfordert. [4]Sie sind zu löschen, sobald der Forschungs- oder Statistikzweck dies erlaubt.

(4) Die zu wissenschaftlichen oder historischen Forschungszwecken oder zu statistischen Zwecken verarbeiteten personenbezogenen Daten einschließlich solcher im Sinne von Artikel 9 Absatz 1 der Verordnung (EU) 2016/679 dürfen nach Maßgabe von Artikel 9 Absatz 2 Buchstabe a der Verordnung (EU) 2016/679 nur veröffentlicht werden, wenn

1. die betroffene Person in die Veröffentlichung eingewilligt hat oder
2. dies für die Darstellung von Forschungsergebnissen oder solchen über Ereignisse der Zeitgeschichte erforderlich ist und das öffentliche Interesse die schutzwürdigen Belange der betroffenen Person erheblich überwiegt.

(5) Ansprüche auf Auskunft gemäß Artikel 15 der Verordnung (EU) 2016/679, auf Berichtigung gemäß Artikel 16 der Verordnung (EU) 2016/679, auf Einschränkung der Bearbeitung gemäß Artikel 18 der Verordnung (EU) 2016/679 und auf Widerspruch gemäß Artikel 21 der Verordnung (EU) 2016/679 bestehen nicht, soweit die Inanspruchnahme dieser Rechte voraussichtlich die Verwirklichung der Forschungs- oder Statistikzwecke unmöglich macht oder ernsthaft beeinträchtigt und die Beschränkung dieser Rechte für die Erfüllung dieser Zwecke notwendig ist.

Verwandte Norm DS-GVO (*Auszug*):

Art. 6 Rechtmäßigkeit der Verarbeitung

(1) Die Verarbeitung ist nur rechtmäßig, wenn mindestens eine der nachstehenden Bedingungen erfüllt ist:

a) Die betroffene Person hat ihre Einwilligung zu der Verarbeitung der sie betreffenden personenbezogenen Daten für einen oder mehrere bestimmte Zwecke gegeben;
b) die Verarbeitung ist für die Erfüllung eines Vertrags, dessen Vertragspartei die betroffene Person ist, oder zur Durchführung vorvertraglicher Maßnahmen erforderlich, die auf Anfrage der betroffenen Person erfolgen;
c) die Verarbeitung ist zur Erfüllung einer rechtlichen Verpflichtung erforderlich, der der Verantwortliche unterliegt;
d) die Verarbeitung ist erforderlich, um lebenswichtige Interessen der betroffenen Person oder einer anderen natürlichen Person zu schützen;
e) die Verarbeitung ist für die Wahrnehmung einer Aufgabe erforderlich, die im öffentlichen Interesse liegt oder in Ausübung öffentlicher Gewalt erfolgt, die dem Verantwortlichen übertragen wurde;
f) die Verarbeitung ist zur Wahrung der berechtigten Interessen des Verantwortlichen oder eines Dritten erforderlich, sofern nicht die Interessen oder Grundrechte und Grundfreiheiten der betroffenen Person, die den Schutz personenbezogener Daten erfordern, überwiegen, insbesondere dann, wenn es sich bei der betroffenen Person um ein Kind handelt.

Unterabsatz 1 Buchstabe f gilt nicht für die von Behörden in Erfüllung ihrer Aufgaben vorgenommene Verarbeitung.

(2) Die Mitgliedstaaten können spezifischere Bestimmungen zur Anpassung der Anwendung der Vorschriften dieser Verordnung in Bezug auf die Verarbeitung zur Erfüllung von Absatz 1 Buchstaben c und e beibehalten oder einführen, indem sie spezifische Anforderungen für die Verarbeitung sowie sonstige Maßnahmen präziser bestimmen, um eine rechtmäßig und nach Treu und Glauben erfolgende Verarbeitung

zu gewährleisten, einschließlich für andere besondere Verarbeitungssituationen gemäß Kapitel IX.

(3) [1]Die Rechtsgrundlage für die Verarbeitungen gemäß Absatz 1 Buchstaben c und e wird festgelegt durch

a) Unionsrecht oder
b) das Recht der Mitgliedstaaten, dem der Verantwortliche unterliegt.

[2]Der Zweck der Verarbeitung muss in dieser Rechtsgrundlage festgelegt oder hinsichtlich der Verarbeitung gemäß Absatz 1 Buchstabe e für die Erfüllung einer Aufgabe erforderlich sein, die im öffentlichen Interesse liegt oder in Ausübung öffentlicher Gewalt erfolgt, die dem Verantwortlichen übertragen wurde. [3]Diese Rechtsgrundlage kann spezifische Bestimmungen zur Anpassung der Anwendung der Vorschriften dieser Verordnung enthalten, unter anderem Bestimmungen darüber, welche allgemeinen Bedingungen für die Regelung der Rechtmäßigkeit der Verarbeitung durch den Verantwortlichen gelten, welche Arten von Daten verarbeitet werden, welche Personen betroffen sind, an welche Einrichtungen und für welche Zwecke die personenbezogenen Daten offengelegt werden dürfen, welcher Zweckbindung sie unterliegen, wie lange sie gespeichert werden dürfen und welche Verarbeitungsvorgänge und -verfahren angewandt werden dürfen, einschließlich Maßnahmen zur Gewährleistung einer rechtmäßig und nach Treu und Glauben erfolgenden Verarbeitung, wie solche für sonstige besondere Verarbeitungssituationen gemäß Kapitel IX. [4]Das Unionsrecht oder das Recht der Mitgliedstaaten müssen ein im öffentlichen Interesse liegendes Ziel verfolgen und in einem angemessenen Verhältnis zu dem verfolgten legitimen Zweck stehen.

(4) [...]

Öffnungsklausel in der DS-GVO für nationale Regelung (*Auszug*):

Art. 6 Rechtmäßigkeit der Verarbeitung

[...]

(2) Die Mitgliedstaaten können spezifischere Bestimmungen zur Anpassung der Anwendung der Vorschriften dieser Verordnung in Bezug auf die Verarbeitung zur Erfüllung von Absatz 1 Buchstaben c und e beibehalten oder einführen, indem sie spezifische Anforderungen für die Verarbeitung sowie sonstige Maßnahmen präziser bestimmen, um eine rechtmäßig und nach Treu und Glauben erfolgende Verarbeitung zu gewährleisten, einschließlich für andere besondere Verarbeitungssituationen gemäß Kapitel IX.

(3) [1]Die Rechtsgrundlage für die Verarbeitungen gemäß Absatz 1 Buchstaben c und e wird festgelegt durch

a) Unionsrecht oder
b) das Recht der Mitgliedstaaten, dem der Verantwortliche unterliegt.

[2]Der Zweck der Verarbeitung muss in dieser Rechtsgrundlage festgelegt oder hinsichtlich der Verarbeitung gemäß Absatz 1 Buchstabe e für die Erfüllung einer Aufgabe erforderlich sein, die im öffentlichen Interesse liegt oder in Ausübung öffentlicher Gewalt erfolgt, die dem Verantwortlichen übertragen wurde. [3]Diese Rechtsgrundlage kann spezifische Bestimmungen zur Anpassung der Anwendung der Vorschriften dieser Verordnung enthalten, unter anderem Bestimmungen darüber, welche allgemeinen Bedingungen für die Regelung der Rechtmäßigkeit der Verarbeitung durch den Verantwortlichen gelten, welche Arten von Daten verarbeitet werden, welche Personen betroffen sind, an welche Einrichtungen und für welche Zwecke die personenbezogenen Daten offengelegt werden dürfen, welcher Zweckbindung sie unterliegen, wie lange sie gespeichert werden dürfen und welche Verarbeitungsvorgänge und -verfahren angewandt werden dürfen, einschließlich Maßnahmen zur Gewährleistung einer rechtmäßig und nach Treu und Glauben erfolgenden Verarbeitung, wie

solche für sonstige besondere Verarbeitungssituationen gemäß Kapitel IX. [4]Das Unionsrecht oder das Recht der Mitgliedstaaten müssen ein im öffentlichen Interesse liegendes Ziel verfolgen und in einem angemessenen Verhältnis zu dem verfolgten legitimen Zweck stehen.

[...]

Art. 9 Verarbeitung besonderer Kategorien personenbezogener Daten

[...]

(2) Absatz 1 gilt nicht in folgenden Fällen:

[...]

j) die Verarbeitung ist auf der Grundlage des Unionsrechts oder des Rechts eines Mitgliedstaats, das in angemessenem Verhältnis zu dem verfolgten Ziel steht, den Wesensgehalt des Rechts auf Datenschutz wahrt und angemessene und spezifische Maßnahmen zur Wahrung der Grundrechte und Interessen der betroffenen Person vorsieht, für im öffentlichen Interesse liegende Archivzwecke, für wissenschaftliche oder historische Forschungszwecke oder für statistische Zwecke gemäß Artikel 89 Absatz 1 erforderlich.

[...]

Art. 89 Garantien und Ausnahmen in Bezug auf die Verarbeitung zu im öffentlichen Interesse liegenden Archivzwecken, zu wissenschaftlichen oder historischen Forschungszwecken und zu statistischen Zwecken

(1) [1]Die Verarbeitung zu im öffentlichen Interesse liegenden Archivzwecken, zu wissenschaftlichen oder historischen Forschungszwecken oder zu statistischen Zwecken unterliegt geeigneten Garantien für die Rechte und Freiheiten der betroffenen Person gemäß dieser Verordnung. [2]Mit diesen Garantien wird sichergestellt, dass technische und organisatorische Maßnahmen bestehen, mit denen insbesondere die Achtung des Grundsatzes der Datenminimierung gewährleistet wird. [3]Zu diesen Maßnahmen kann die Pseudonymisierung gehören, sofern es möglich ist, diese Zwecke auf diese Weise zu erfüllen. [4]In allen Fällen, in denen diese Zwecke durch die Weiterverarbeitung, bei der die Identifizierung von betroffenen Personen nicht oder nicht mehr möglich ist, erfüllt werden können, werden diese Zwecke auf diese Weise erfüllt.

(2) Werden personenbezogene Daten zu wissenschaftlichen oder historischen Forschungszwecken oder zu statistischen Zwecken verarbeitet, können vorbehaltlich der Bedingungen und Garantien gemäß Absatz 1 des vorliegenden Artikels im Unionsrecht oder im Recht der Mitgliedstaaten insoweit Ausnahmen von den Rechten gemäß der Artikel 15, 16, 18 und 21 vorgesehen werden, als diese Rechte voraussichtlich die Verwirklichung der spezifischen Zwecke unmöglich machen oder ernsthaft beeinträchtigen und solche Ausnahmen für die Erfüllung dieser Zwecke notwendig sind.

(3) Werden personenbezogene Daten für im öffentlichen Interesse liegende Archivzwecke verarbeitet, können vorbehaltlich der Bedingungen und Garantien gemäß Absatz 1 des vorliegenden Artikels im Unionsrecht oder im Recht der Mitgliedstaaten insoweit Ausnahmen von den Rechten gemäß der Artikel 15, 16, 18, 19, 20 und 21 vorgesehen werden, als diese Rechte voraussichtlich die Verwirklichung der spezifischen Zwecke unmöglich machen oder ernsthaft beeinträchtigen und solche Ausnahmen für die Erfüllung dieser Zwecke notwendig sind.

(4) Dient die in den Absätzen 2 und 3 genannte Verarbeitung gleichzeitig einem anderen Zweck, gelten die Ausnahmen nur für die Verarbeitung zu den in diesen Absätzen genannten Zwecken.

Kurzübersicht zum Verhältnis der entscheidenden Normen			
Norm des DSG NRW	Entsprechende Norm der DS-GVO	Entsprechende Norm des BDSG	Öffnungsklausel der DS-GVO
§ 17 DSG-NRW	Art. 6 DS-GVO	§§ 27 und 28 BDSG	Art. 6 Abs. 2 und 3, Art. 9 Abs. 2 lit. j, Art. 89 DS-GVO

Literatur:

Hermann, Datenschutz im Prüfungsverfahren nach DSGVO und BDSG, RDV 2019, 64 ff.; *Schemmer/von Coelln,* BeckOK Hochschulrecht NRW, 11. Edition 1.5.2019.

A. Grundlagen

I. Gesamtverständnis, Zweck der Norm und Verhältnis zu anderen Normen

1 Die Verarbeitung von großen Datenmengen ist für die Forschung von großer Bedeutung.[1] Zur Erleichterung der wissenschaftlichen Forschung können daher personenbezogene Daten zu wissenschaftlichen Forschungszwecken verarbeitet werden, wobei sie angemessenen Bedingungen und Garantien unterliegen, die im Unionsrecht oder im Recht der Mitgliedsstaaten festgelegt sind.[2] § 17 DSG NRW regelt in diesem Zusammenhang spezifische Anforderungen an die Verarbeitung personenbezogener Daten, wenn diese wissenschaftliche oder historische Forschungszwecke oder statistische Zwecke verfolgt. Mit Art. 89 DS-GVO privilegiert der europäische Gesetzgeber Datenverarbeitungen zu den genannten Zwecken und ermöglicht es den Mitgliedsstaaten, eigene Regelungen

1 Vgl. dazu insbesondere Gutachten der Datenethikkommission (2019), S. 124 ff., sowie *Schwartmann,* Die Verantwortlichkeit für die Verarbeitung von Forschungsdaten an Hochschulen, erscheint in: Ordnung der Wissenschaft, 2020 S. 15 ff. Von der Frage der Datenverarbeitung zu Forschungszwecken ist die sonstige Datenverarbeitung an Hochschulen und Wissenschaftseinrichtungen zu trennen. Diese bezieht sich etwa auf die Verarbeitung der Beschäftigtendaten des wissenschaftlichen und nicht wissenschaftlichen Personals sowie auf Verwaltungsfragen und Fragen der Studienorganisation mit Blick auf Studierende.

2 ErwG 157 S. 5.

in den geöffneten Bereichen zu treffen.[3] Gleichzeitig enthält Art. 9 Abs. 2 lit. j DS-GVO eine Öffnungsklausel für die nationalen Gesetzgeber, soweit besondere personenbezogene Daten zu den abschließend aufgezählten Zwecken verarbeitet werden.[4] Von beiden Öffnungsklauseln hat der Gesetzgeber mit Schaffung des § 17 DSG NRW Gebrauch gemacht.[5]

Im Rahmen des Gesetzgebungsprozesses ist die Norm des § 17 DSG NRW auf 2 erhebliche Kritik von Seiten der Hochschulen gestoßen.[6] § 17 DSG NRW sei keine geeignete Rechtgrundlage für die wissenschaftliche Verarbeitung nichtsensibler Daten. Der Gesetzgeber stütze die Regelungsbefugnis auf Art. 6 Abs. 3 DS-GVO und berufe sich damit indirekt auf Art. 6 Abs. 1 S. 1 lit. e DS-GVO als Rechtsgrundlage für wissenschaftliche Forschung.[7] Nach Ansicht eines Zusammenschlusses von Hochschulen und Hochschulleitungsorganen in NRW spricht indes vieles dafür, dass die Hochschulen bei Forschungsvorhaben gar nicht Verantwortliche iSd Art. 4 Nr. 7 DS-GVO sind, denn über die Zwecke und Mittel der Datenverarbeitung entscheiden nach deren Auffassung alleine die Wissenschaftler und zwar in Ausübung ihres höchstpersönlichen Grundrechts auf Wissenschaftsfreiheit (Art. 5 Abs. 3 GG).[8] Genau diese freie Grundrechtsbetätigung hätten die Hochschulen lediglich zu ermöglichen, ohne inhaltlich Einfluss nehmen zu dürften. Wenn man weiter damit rechnen müsse, dass die allgemeine Aufgabenzuweisung in §§ 3 und 4 HG NRW zu allgemein sei, um daraus die Erforderlichkeit der Verarbeitung personenbezogener Daten in einem konkreten Forschungsvorhaben ableiten zu können, scheide Art. 6 Abs. 1 S. 1 lit. e DS-GVO als Rechtsgrundlage aus.[9] Es liege daher nahe, dass die Datenverarbeitung zu Forschungszwecken auf Art. 6 Abs. 1 S. 1 lit. f DS-GVO zu stützen sei.[10] Dessen Anwendungsverbot für Behörden sei auch überwindbar, weil die dienstliche Betätigung der höchstpersönlichen Wissenschaftsfreiheit gerade – anders als das verwaltungsrechtliche Hochschulhandeln – nicht von Art. 6 Abs. 1 S. 2 DS-GVO gemeint sei.[11]

Diese Betrachtung begegnet, insbesondere vor dem Hintergrund der Rechtspre- 3 chung des EuGH zur gemeinsamen Verantwortlichkeit nach der DS-GVO, die

3 Vertiefend dazu *Wybitul* in HK-DS-GVO/BDSG Art. 89 Rn. 1 ff.; *Nolte* in Gierschmann/Schlender/Stentzel/Veil DS-GVO Art. 89 Rn. 14; *Pauly* in Paal/Pauly DS-GVO Art. 89 Rn. 1.

4 Vertiefend dazu *Jaspers/Schwartmann/Mühlenbeck* in HK-DS-GVO/BDSG Art. 9 Rn. 187 ff. sowie *Schwartmann/Jacquemain* RDV 5/2019, 219 (222); dazu auch *Smolle* in HK-LDSG RhPf § 22 Rn. 3.

5 Vgl. LT-Drs. 17/1981, 143.

6 Vgl. dazu insbesondere Stellungnahme der behördlichen Datenschutzbeauftragten der Hochschulen des Landes NRW, S. 4 ff. sowie *Schwartmann/Jacquemain* RDV 5/2019, 219 (222).

7 Vgl. LT-Drs. 17/1981, 143.

8 Stellungnahme der behördlichen Datenschutzbeauftragten der Hochschulen des Landes NRW, S. 5. Vgl. hierzu *Schwartmann,* Die Verantwortlichkeit für die Verarbeitung von Forschungsdaten an Hochschulen, Ordnung der Wissenschaft, 2020 S. 18.

9 Stellungnahme der behördlichen Datenschutzbeauftragten der Hochschulen des Landes NRW, S. 5 sowie *Schwartmann/Jacquemain* RDV 5/2019, 219 (222).

10 Stellungnahme der behördlichen Datenschutzbeauftragten der Hochschulen des Landes NRW, S. 5.

11 Stellungnahme der behördlichen Datenschutzbeauftragten der Hochschulen des Landes NRW, S. 5.

sich nach Art. 4 Nr. 7 DS-GVO richtet, datenschutzrechtlichen Bedenken.[12] Verantwortlich in diesem Sinne ist derjenige, der alleine oder gemeinsam mit anderen über die Zwecke und M ittel der Datenverarbeitung entscheidet. Die Vorschrift dient dazu, zu bestimmen, wer für die Einhaltung der Datenschutzbestimmungen verantwortlich ist und wem gegenüber die betroffene Person ihre Rechte geltend machen kann.[13] Es kommt also darauf an, wer über die Zwecke und Mittel der Datenverarbeitung bei Forschungsvorhaben entscheidet. Die Wissenschaftsfreiheit des Art. 5 Abs. 3 GG garantiert Wissenschaftlern große Entscheidungsfreiheit über Auswahl, Fragestellung, Methodik sowie Bewertung von Forschungsergebnissen. Allerdings führt das nicht dazu, dass sie die alleinige Verantwortung über die Entscheidung über Zwecke und Mittel der Forschungsdatenverarbeitung trifft. Eine Vielzahl datenschutzrelevanter Entscheidungen können Forscher nur aufgrund von übergeordneten Entscheidungen der Hochschulen treffen. Schon aufgrund der Einwirkungsmöglichkeiten im Rahmen der Drittmittelforschung, der Denomination der Professuren und der Festlegung von Forschungsschwerpunkten kann und soll der einzelne Hochschullehrer im Verhältnis zur Hochschule nicht allein über Zwecke und Mittel seiner Datenverarbeitung entscheiden. Dies korrespondiert mit der der staatlichen Verpflichtung zur Bereitstellung personeller, finanzieller und organisatorischer Mittel der Hochschulen.[14] So verpflichtet der den Art. 5 Abs. 3 S. 1 GG einfachrechtlich konkretisierende § 4 Abs. 1 HG NRW Land und Hochschulen dazu, jeder Aushöhlung der Freiheitsgarantien vorzubeugen.[15] Dazu gehört, dass funktionsfähige Institutionen für einen freien Wissenschaftsbetrieb erhalten oder hergestellt werden.[16] Für das einzelne Hochschulmitglied resultiert daraus kein originärer Leistungsanspruch, also auch kein Grundausstattungsanspruch für die Ausübung der Grundfreiheiten aus Art. 5 Abs. 3 S. 1 GG. Es besteht nur ein Anspruch auf verhältnismäßige und am allgemeinen Gleichheitssatz orientierte Teilhabe an Leistungen und Einrichtungen, die vom Staat bereitgestellt sind.[17] Überträgt man dies auf die Bestimmung der datenschutzrechtlichen Verantwortlichkeit, ist auch die jeweilige Hochschule für die in ihrem Rahmen durchgeführten wissenschaftlichen Forschungsvorhaben gem. Art. 4 Nr. 7 DS-GVO verantwortlich, da sie die personellen, finanziellen und organisatorischen Mittel der in ihrem Verantwortungsbereich durchgeführten Forschungsvorhaben festlegt und verteilt werden, so dass die Hochschule dadurch zumindest mittelbar Einfluss auf die Datenverarbeitungszwecke nimmt.

4 Da daneben auch Wissenschaftler über die konkreten Zwecke und Mittel der Datenverarbeitung entscheiden, ist es naheliegend, den Wissenschaftler gemeinsam mit der Hochschule in der (gemeinsamen) Verantwortung nach Art. 26 DS-GVO zu sehen. Eine Auftragsverarbeitung nach Art. 28 DSGVO oder eine einseitige Zurechnung der Verantwortung scheitern an der fehlenden Weisungsgebundenheit des Forschers in Fragen konkreter Entscheidungen über Zwecke

12 Zu dieser Rechtsprechung in Bezug auf die Verantwortlichkeit von Hochschulen → § 17 Rn. 4 sowie ausführlich *Schwartmann,* Die Verantwortlichkeit für die Verarbeitung von Forschungsdaten an Hochschulen, Ordnung der Wissenschaft, 2020 S. 15 ff.

13 Vgl. *Petri* in Simitis/Hornung/Spiecker gen. Döhmann DS-GVO Art. 4 Nr. 7 Rn. 1; *Schwartmann/Mühlenbeck* in HK-DS-GVO/BDSG Art. 4 Rn. 105.

14 BVerfGE 35, 79 = NJW 1973, 1176 (1177) – Hochschulurteil.

15 Vgl. BeckOK HochschulR NRW/*Schemmer* HG § 4 Rn. 4.

16 BeckOK HochschulR NRW/*Schemmer*, 11. Ed. 1.5.2019, HG § 4 Rn. 4.

17 BeckOK HochschulR NRW/*Schemmer*, 11. Ed. 1.5.2019, HG § 4 Rn. 4.

und Mittel der Datenverarbeitung zu Forschungszwecken.[18] Entscheidend für die Annahme einer gemeinsamen Verantwortlichkeit infolge einer gemeinsamen Abwicklung der Datenverarbeitung ist die gemeinsame Festlegung ihrer Zwecke und Mittel. Nach der Rechtsprechung des EuGH muss dabei keine Parität zwischen den Verantwortlichen herrschen.[19] Eine *Beteiligung an der Entscheidung* über die Zwecke und Mittel der Verarbeitung reicht für eine gemeinsame Verantwortung aus.[20] Für die Begründung der gemeinsamen Verantwortlichkeit reicht es aus, dass eine konkrete Datenverarbeitung („Verkündungstätigkeit" der Zeugen Jehovas) von einem weiteren Verantwortlichen im Hintergrund (Religionsgemeinschaft) organisiert und koordiniert wird. Nicht erforderlich ist der Zugriff dieses weiteren Verantwortlichen auf die von den in der konkreten Verarbeitungssituation erhobenen personenbezogenen Daten oder die Einflussnahme durch konkrete Anleitungen oder Anweisungen zur Datenverarbeitung im Einzelfall.[21] Diese Grundsätze lassen sich auf die Hochschulen übertragen. Die Einrichtung ist neben dem wissenschaftlich verantwortlichen Personal an der Entscheidung über die Zwecke und Mittel der Verarbeitung beteiligt. Den Hochschulen obliegt die Sicherstellung der Aufgabenerfüllung der durch Artikel 5 Abs. 3 S. 1 GG verbürgten Rechte der Wissenschaftler, indem sie den dafür erforderlich personellen, sächlichen und organisatorischen Rahmen schaffen (vgl. § 4 HG NRW). Der Wissenschaftler nutzt diesen Freiraum zur Ausübung seiner Wissenschaftsfreiheit nach Art. 5 Abs. 3 GG, indem er den organisatorisch gewährten Freiraum auch im Wege der Datenverarbeitung nutzt.[22]

Im Falle der gemeinsamen Verantwortlichkeit sind die Vorgaben des Art. 26 DS-GVO zu beachten. Liegt sie vor, bedarf es dann einer Vereinbarung zwischen den Beteiligten (Hochschule/ Wissenschaftler) über die Übernahme der Verpflichtungen nach der DS-GVO.[23] In diesem Fall spricht die Einbindung des Forschers in die Hochschulorganisation dafür, dass die Hochschule sowohl im Verhältnis zu den Betroffenen als auch im Verhältnis zur Datenschutzaufsicht die datenschutzrechtliche Verantwortung übernimmt.[24] Die rechtlich zulässige Freistellung des Forschers von der datenschutzrechtlichen Haftung im Innenverhältnis[25] ist im Hochschulkontext geboten, weil das wissenschaftliche Personal nur auf diese Weise vollumfänglich von der verfassungsrechtlich verbürgten Wissenschaftsfreiheit Gebrauch machen kann. 5

Forscher und Hochschulen sollten angesichts dessen gemeinsam auf die Schaffung eines sicheren und einheitlichen Rahmens für Verarbeitung personenbezo-

18 Bei anderen datenschutzrechtlichen Hochschulangelegenheiten, insbesondere im Bereich der Verwaltung und Studienorganisation, ist, soweit Weisungsgebundenheit besteht, eine gemeinsame Verantwortlichkeit demgegenüber fernliegend. Vgl. zur Abgrenzung von Verantwortlichem und Auftragsverarbeiter im Bereich der Hochschule *Schwartmann,* Die Verantwortlichkeit für die Verarbeitung von Forschungsdaten an Hochschulen, Ordnung der Wissenschaft, 2020 S. 20.

19 EuGH ZD 2018, 357 (359) Rn. 43 – *Wirtschaftsakademie.*

20 EuGH Urt. v. 5.6.2018 – C-210/16 Rn. 34 ff. – *Fanpages*; EuGH Urt. v. 29.7.2019 – C-40/17 Rn. 70 (*Fashion ID*).

21 EuGH Urt. v. 10.7.2018 – C-25/17 Rn. 69 – Zeugen Jehovas.

22 Vgl. hierzu auch *Schwartmann,* Die Verantwortlichkeit für die Verarbeitung von Forschungsdaten an Hochschulen, erscheint in: Ordnung der Wissenschaft, Heft 2 2020.

23 Vertiefend dazu *Kremer* in HK-DS-GVO/BDSG Art. 26 Rn. 31 ff

24 *Schwartmann*, Forschung und Lehre 2019, 1006 (1007); *Schwartmann/Jacquemain* RDV 5/2019, 219 (222); s. dazu insgesamt *Kremer* in HK-DS-GVO/BDSG Art. 26 Rn. 21.

25 Dazu *Kremer* CR 2019, 225 (232).

gener Daten hinwirken, dabei aber immer auch die Freiheit ihrer Forschung im Auge haben. Die rechtlichen Rahmenvorgaben sind in vielen Fällen noch nicht spezifiziert. Wissenschaftler sind daran gewöhnt und darauf angewiesen, unter freiheitlichen Bedingungen zu arbeiten. Jeder Forscher muss gleichwohl auf den sorgsamen Umgang mit Daten achten und sensibel werden. Dazu zählen vor allem auch der Einsatz und die Nutzung zur Verfügung stehender technischer Hilfsmittel.[26]

6 Da Art. 26 DS-GVO keine Rechtsgrundlage enthält, ergibt sich die Zulässigkeit der Datenverarbeitung zu Forschungszwecken für die Hochschule aus Art. 6 Abs. 1 e DS-GVO iVm § 17 Abs. 1 DSG NRW. Sofern der Wissenschaftler im Rahmen seiner Dienstaufgaben forscht, ist ebenfalls auf diese Ermächtigung zuzugreifen. Die private Forschung kann über Art. 6 Abs. 1 lit. f DS-GVO im Rahmen der Interessenabwägung zu legitimieren sein.

II. Bisherige Rechtslage

7 Der Datenschutz bei Forschungsvorhaben war bisher in § 28 DSG aF geregelt. Angestrebtes Ziel des Gesetzgebers war es, diese Regelung, die sich in der Praxis bewährt hatte, unter der DS-GVO aufrechtzuerhalten.[27] § 28 DSG aF enthielt Regelungen, die das Spannungsverhältnis zwischen dem Recht auf informationelle Selbstbestimmung und der Wissenschaftsfreiheit in Einklang bringen sollten. Prägender Bestandteil der Regelung war der speziell normierte Grundsatz der Anonymisierung und Pseudonymisierung bei Datenverarbeitungen zu wissenschaftlichen Zwecken. Diese speziellen Schutzmaßnahmen sieht auch § 17 DSG NRW vor, damit eine Datenverarbeitung zu wissenschaftlichen oder historischen Forschungszwecken oder zu statistischen Zwecken erleichtert legitimiert werden kann.

B. Kommentierung

I. Wissenschaftliche oder historische Forschungszwecke oder statistische Zwecke

8 § 17 DSG NRW verwendet die Begriffe „wissenschaftliche Forschungszwecke“, „historische Forschungszwecke“ und „statistische Zwecke“. Die Norm findet nur dann Anwendung, wenn die jeweilige Datenverarbeitung die benannten Zwecke verfolgt.

1. Wissenschaftliche oder historische Forschungszwecke

9 Definitionen oder Begriffsbestimmungen, was unter wissenschaftlichen oder historischen Forschungszwecken zu verstehen ist, enthält weder die DS-GVO noch das DSG NRW selbst.[28] ErwG 159 S. 2 macht deutlich, dass das Begriffspaar „wissenschaftliche Forschungszwecke“ im Rahmen der DS-GVO weit auszulegen ist. Selbiges dürfte auch für historische Forschungszwecke gelten.[29] Konsequenterweise ist damit bei der Auslegung im Rahmen der Begrifflichkeiten auch in § 17 DSG NRW von einem weiten Begriffsverständnis auszugehen.

---

26 *Schwartmann*, Forschung und Lehre 2019, 1006 (1007); *Schwartmann*, Die Verantwortlichkeit für die Verarbeitung von Forschungsdaten an Hochschulen, Ordnung der Wissenschaft, 2020 S. 18 ff.
27 Vgl. LT-Drs. 17/1981, 143.
28 Dazu auch *Smolle* in HK-LDSG RhPf § 22 Rn. 7.
29 Vgl. ErwG 160.

Nur so kann die notwendige Konsistenz zwischen DS-GVO und DSG NRW erreicht werden.

10 Nach ErwG 159 S. 2 sollte die Verarbeitung zu wissenschaftlichen Forschungszwecken beispielsweise die technologische Entwicklung und die Demonstration, die Grundlagenforschung, die angewandte Forschung und die privat finanzierte Forschung einschließen. Dabei ist zu beachten, dass nicht jede Datenverarbeitung von Forschungseinrichtungen wissenschaftliche oder historische Forschungszwecke verfolgt. So sind beispielsweise Prüfungsverfahren an Hochschulen, die der Leistungsbeurteilung der Studierenden dienen, nicht von der Privilegierung erfasst.[30]

2. Statistische Zwecke

11 Auch für die statistischen Zwecke enthält weder die DS-GVO noch das DSG eine Legaldefinition. Was der Verordnungsgeber unter statistischen Zwecken versteht, lässt sich jedoch ErwG 162 S. 3 entnehmen. Danach ist unter dem Begriff „statistische Zwecke" jeder für die Durchführung statistischer Untersuchungen und die Erstellung statistischer Ergebnisse erforderliche Vorgang der Erhebung und Verarbeitung personenbezogener Daten zu verstehen. Diese statistischen Ergebnisse können für verschiedene Zwecke, so auch für wissenschaftliche Forschungszwecke, weiterverwendet werden.[31]

II. Zulässigkeit, § 17 Abs. 1 DSG NRW

12 § 17 Abs. 1 DSG NRW enthält einen Zulässigkeitstatbestand für die Datenverarbeitung zu wissenschaftlichen oder historischen Forschungszwecken oder statistischen Zwecken.[32] Er enthält damit einen weiteren Erlaubnistatbestand, der neben die des Art. 6 DS-GVO und 9 DS-GVO tritt. Ihrem Wortlaut nach legitimiert die Norm die Verarbeitung sowohl personenbezogener Daten als auch besonderer Kategorien personenbezogener Daten gem. Art. 9 Abs. 1 DS-GVO. Art. 9 Abs. 1 DS-GVO definiert diese Daten als Daten, aus denen die rassische und ethnische Herkunft, politische Meinung, religiöse oder weltanschauliche Überzeugungen oder Gewerkschaftszugehörigkeiten hervorgehen sowie genetische und biometrische Daten zur eindeutigen Identifizierung einer natürlichen Person, Gesundheitsdaten und Daten zum Sexualleben oder der sexuellen Orientierung einer natürlichen Person.[33] Im Zusammenhang bietet § 17 Abs. 1 DSG NRW dem Verantwortlichen eine weitere Verarbeitungsgrundlage, da diese gem. Art. 9 DS-GVO nur mit der ausdrücklichen Einwilligung der betroffenen Person zulässig wäre.[34] In vielen Fällen wird es dem Verantwortlichen aus tatsächlichen Gründen nicht möglich sein, die Einwilligung der betroffenen Person einzuholen. § 17 Abs. 1 DSG NRW löst diesen Konflikt zwischen den Belangen der wissenschaftlichen Forschung und dem Datenschutzrecht der betroffenen Person in der Weise, dass unter bestimmten Voraussetzungen die Verar-

30 *Hermann* RDV 2019, 64 ff.

31 ErwG 162 S. 4.

32 Vgl. dazu auch *Smolle* in HK-LDSG RhPf § 22 Rn. 11 ff.

33 Vgl. zu besonderen Kategorien personenbezogener Daten umfassend *Karg* in Simitis/Hornung/Spiecker gen. Döhmann DS-GVO Art. 9 Rn. 13 ff.; *Jaspers/Schwartmann/Mühlenbeck* in HK-DS-GVO/BDSG Art. 9 Rn. 26 ff.

34 Vgl. zur Zulässigkeit der Datenverarbeitung nach Art. 9 DS-GVO *Petri* in Simitis/Hornung/Spiecker gen. Döhmann DS-GVO Art. 9 Rn. 24 ff.; *Jaspers/Schwartmann/Mühlenbeck* in HK-DS-GVO/BDSG Art. 9 Rn. 30 ff.

beitung der personenbezogenen Daten auch ohne Einwilligung der betroffenen Person zulässig ist.

13 Voraussetzung des § 17 Abs. 1 DSG NRW ist, dass die Datenverarbeitung zur Verwirklichung der benannten Zwecke erforderlich ist und die schutzwürdigen Belange der betroffenen Person nicht überwiegen.

14 An der Erforderlichkeit dürfte es fehlen, wenn die wissenschaftlichen oder historischen Forschungszwecke oder statistischen Zwecke auch mit anonymisierten Daten erreicht werden können. Anonymisierung meint in diesem Zusammenhang nicht die Begriffsbestimmung des DSG NRW in § 4, sondern die Anonymisierung der Daten nach dem Verständnis der DS-GVO, nämlich die komplette Aufhebung der Identifizierbarkeit der betroffenen Person.[35] Eine Ausweitung auf andere Zwecke, etwa durch die Koppelung mit anderen Zwecken, dürfte nicht mehr von der Privilegierung erfasst werden.[36]

15 Ist die Datenverarbeitung zur Zweckerreichung erforderlich, dürfen die schutzwürdigen Belange der betroffenen Person im Rahmen einer Interessenabwägung nicht überwiegen. Dem Wortlaut nach geht der Gesetzgeber von einer Gleichrangigkeit der Rechtsgüter im Rahmen der Interessenabwägung aus und lässt ein einfaches Überwiegen der schutzwürdigen Belange genügen.[37] Im Rahmen der Interessenabwägung streitet für den Verantwortlichen die Forschungssowie die Wissenschaftsfreiheit. Die schutzwürdigen Belange der betroffenen Person bestimmen sich vorwiegend nach Art. 8 GRCh und zum anderen nach dem Recht auf informationelle Selbstbestimmung. So können die schutzwürdigen Belange der betroffenen Person dann abnehmen, wenn Daten zwar nicht anonymisiert, aber pseudonymisiert, verarbeitet werden.

III. Garantien zum Schutz personenbezogener Daten, § 17 Abs. 2 DSG NRW

16 § 17 Abs. 2 DSG NRW legt dem Verantwortlichen[38] angemessene und spezifische Maßnahmen zur Wahrung der Interessen der betroffenen Person vor. In § 17 Abs. 2 S. 1 DSG NRW verweist die Norm auf § 15 DSG NRW, so dass der Norm an dieser Stelle eine deklaratorische Wirkung zukommt (→ § 15 Rn. 14). § 17 Abs. 2 S. 2 DSG NRW ergänzt § 15 DSG dahin gehend, dass er den Verantwortlichen zur Anonymisierung der personenbezogenen Daten grundsätzlich verpflichtet, sobald dies nach dem Forschungs- oder Statistikzweck möglich ist.[39] Eine Einschränkung erfährt diese Vorgabe dann, wenn berechtigte Interessen der betroffenen Person einer Anonymisierung der Daten entgegenstehen. Dies dürfte insbesondere bei medizinischen Forschungsvorhaben der Fall sein, soweit die betroffene Person an den sie betreffenden Ergebnissen ein persönliches Interesse hat.

---

35 Vgl. ErwG 26 S. 5.
36 Vgl. *Pauly* in Paal/Pauly BDSG § 27 Rn. 7.
37 Anders bspw. § 27 BDSG, der von „erheblichem Überwiegen" spricht, vgl. dazu *Pauly* in Paal/Pauly BDSG § 27 Rn. 8.
38 Zur Frage der Verantwortlichkeit im Bereich der Hochschulen → § 17 Rn. 3 ff. sowie *Schwartmann*, Die Verantwortlichkeit für die Verarbeitung von Forschungsdaten an Hochschulen, Ordnung der Wissenschaft, 2020 S. 15 ff.
39 Zum Begriff der Anonymisierung → § 4 Rn. 19 ff.

IV. De-Pseudonymisierung, § 17 Abs. 3 DSG NRW

§ 17 Abs. 3 S. 1 DSG NRW stellt abermals klar, dass personenbezogene Daten zu anonymisieren sind, sobald dies nach dem Forschungs- oder Statistikzweck möglich ist. Die Norm knüpft damit an den frühestmöglichen Zeitpunkt zur Anonymisierung an, sobald der Zweck der Datenverarbeitung dadurch nicht gefährdet wird. 17

Auch hier ist der vom Landesgesetzgeber verwendete Begriff der „Anonymisierung" missverständlich, denn § 17 Abs. 3 S. 2 DSG NRW legt dem Verantwortlichen die Pflicht auf, zuvor die Merkmale gesondert zu speichern, mit denen Einzelangaben über persönliche oder sachliche Verhältnisse einer bestimmten oder bestimmbaren Person zugeordnet werden können. Dies ist jedoch nur dann möglich, wenn die personenbezogenen Daten pseudonymisiert und eben nicht anonymisiert werden. Die Herstellung eines Bezugs zu einer bestimmbaren Person ist bei anonymen Daten gerade nicht mehr möglich.[40] Bei der Speicherung der Merkmale, welche gesondert zu erfolgen hat, hat der Verantwortliche die notwendigen technischen und organisatorischen Maßnahmen zu beachten. 18

§ 17 Abs. 3 S. 3 DSG NRW ermöglicht es dem Verantwortlichen die Daten wieder mit den gesondert gespeicherten Einzelangaben zusammenzuführen, soweit der Forschungszweck dies erfordert, um wieder einen Personenbezug herzustellen. Damit stellt die Norm einen Erlaubnistatbestand für den Verantwortlichen zur De-Pseudonymisierung personenbezogener Daten dar. Voraussetzung dafür ist, dass die De-Pseudonymisierung zur Erreichung des Forschungszwecks erforderlich ist, der Forschungszweck also nicht mit pseudonymisierten Daten erreicht werden kann. Es kommt dabei nicht auf die Interessen oder schutzwürdigen Belange der Beteiligten an. Vielmehr ist ex-ante objektiv zu bestimmen, ob die Zweckerreichung die De-Pseudonymisierung unabdingbar macht. 19

§ 17 Abs. 3 S. 4 DSG NRW verpflichtet den Verantwortlichen zur Löschung der gesondert gespeicherten Einzelangaben, sobald der Forschungs- oder Statistikzweck dies erlaubt. Die Regelung konkretisiert damit den Grundsatz der Speicherbegrenzung des Art. 5 Abs. 1 lit. e DS-GVO.[41] Sie legt eine zeitliche Komponente fest, wann die Löschung der gesondert gespeicherten Merkmale zu erfolgen hat. 20

V. Veröffentlichung, § 17 Abs. 4 DSG NRW

§ 17 Abs. 4 DSG NRW befasst sich mit der Veröffentlichung von personenbezogenen Daten im Rahmen von wissenschaftlichen oder historischen Forschungszwecken oder statistischen Zwecken. Auf die Art der Daten kommt es nicht an, so dass auch besondere Kategorien personenbezogener Daten nach Art. 9 Abs. 1 DS-GVO Gegenstand der Regelung sind. Von einer Veröffentlichung dürfte dann auszugehen sein, wenn die Daten einem bestimmbaren oder unbestimmbaren Personenkreis zugänglich gemacht werden, der auch Personen umfasst, die an der vorherigen Nutzung der Daten beteiligt waren.[42] Dabei ist 21

40 Vgl. zur Abgrenzung der Begrifflichkeiten *Karg* in Simitis/Hornung/Spiecker gen. Döhmann DS-GVO Art. 4 Nr. 1 Rn. 13ff.; *Schwartmann/Hermann* in HK-DS-GVO/BDSG Art. 4 Rn. 73 ff.

41 Zum Grundsatz der Speicherbegrenzung *Jaspers/Schwartmann/Hermann* in HK-DS-GVO/BDSG Art. 5 Rn. 60 ff.; *Pötters* Gola DS-GVO Art. 5 Rn. 25 f.; *Roßnagel* in Simitis/Hornung/Spiecker gen. Döhmann DS-GVO Art. 5 Nr. 1 Rn. 150.

42 Vgl. *Pauly* in Paal/Pauly BDSG § 27 Rn. 21.

nicht relevant, in welcher Art und Weise oder wo die Daten zugänglich gemacht werden.

22 Die Veröffentlichung ist dann zulässig, wenn die betroffene Person eingewilligt hat oder dies für die Darstellung von Forschungsergebnissen oder solchen über Ereignisse der Zeitgeschichte erforderlich ist und das öffentliche Interesse die schutzwürdigen Belange der betroffenen Person erheblich überwiegt.

23 Die Anforderungen an eine rechtmäßige Einwilligung der betroffenen Person richten sich nach den allgemeinen Anforderungen der DS-GVO. Sie hat insbesondere in informierter Art und Weise zu erfolgen.[43] So hat der Verantwortliche die betroffene Person vor Erteilung der Einwilligung über den Zweck und Umfang der Forschungsarbeit, über die Art der Veröffentlichung und den Umfang der hierdurch betroffenen Daten zu unterrichten.

24 Eine Veröffentlichung ist auch dann zulässig, wenn dies für die Darstellung von Forschungsergebnissen oder solchen über Ereignisse der Zeitgeschichte erforderlich ist und das öffentliche Interesse die schutzwürdigen Belange der betroffenen Person erheblich überwiegt. Diese Abwägungsklausel trägt dem Gesichtspunkt Rechnung, dass durch die Veröffentlichung zwar das Recht der betroffenen Person auf Datenschutz besonders tangiert wird, andererseits ein gesteigertes Interesse der Öffentlichkeit an den Forschungsergebnissen bestehen kann. Bei der Abwägung ist den schutzwürdigen Belangen der betroffenen Person ein gesteigertes Gewicht zu verleihen. Dies hat der Gesetzgeber dadurch zum Ausdruck gebracht, dass das öffentliche Interesse die schutzwürdigen Belange der betroffenen Person erheblich überwiegen muss. In die Abwägung können unterschiedliche Aspekte einfließen. Zu denken ist insbesondere an die Sensibilität der Daten, wie zB Gesundheitsdaten, oder die von einer Person erfassten Lebensbereiche, wie zB der Beruf oder die Familienverhältnisse.

VI. Beschränkung der Betroffenenrechte, § 17 Abs. 5 DSG NRW

25 § 17 Abs. 5 DSG sieht umfassende Beschränkungen der Betroffenenrechte der DS-GVO vor. Beschränkt werden das Recht auf Auskunft gem. Art. 15 DS-GVO, auf Berichtigung gem. Art. 16 DS-GVO, auf Einschränkung der Verarbeitung gem. Art. 18 DS-GVO und auf Widerspruch gem. Art. 21 DS-GVO. Hierdurch soll nach dem Willen des Gesetzgebers gewährleistet werden, dass unter den Voraussetzungen des § 17 Abs. 1 DSG NRW zulässige im öffentlichen Interesse liegenden Forschungs- und Statistikvorhaben nicht durch die Wahrnehmung von Betroffenenrechten gefährdet werden.[44]

26 Nach dem Wortlaut der Norm bestehen die benannten Betroffenenrechte nicht, wenn die Voraussetzungen des § 17 Abs. 5 Hs. 2 DSG NRW vorliegen. Ein kompletter Ausschluss der Betroffenenrechte dürfte aber die Ausnahme darstellen. Vielmehr wird es in der Praxis zu teilweisen Beschränkungen kommen, soweit die privilegierten Zwecke gefährdet werden. Hierbei wird der Verantwortliche eine Prognose treffen müssen, bei der ein Beurteilungsspielraum besteht.

27 Die Einschränkung der benannten Betroffenenrechte ist legitim, soweit die Inanspruchnahme dieser Rechte voraussichtlich die Verwirklichung der Forschungs- oder Statistikzwecke unmöglich macht oder ernsthaft beeinträchtigt

43 Zu den weiteren Voraussetzungen der Einwilligung nach der DS-GVO vgl. *Klement* in Simitis/Hornung/Spiecker gen. Döhmann DS-GVO Art. 7 Rn. 35 ff.; *Schulz* in Gola DS-GVO Art. 7 Rn. 21 ff.; *Schwartmann/Klein* in HK-DS-GVO/BDSG Art. 7 Rn. 6 ff.

44 Vgl. LT-Drs. 17/1981, 144.

und die Beschränkung dieser recht für die Erfüllung dieser Zwecke notwendig ist. Die Voraussetzungen haben nach § 17 Abs. 5 Hs. 2 DSG NRW kumulativ vorzuliegen. Die Norm macht keine Angaben darüber, wann die Voraussetzungen erfüllt sind und hält die Einschränkungen recht unspezifisch. In der Praxis wird die Erfüllung der Betroffenenrechte eine Kostenfrage sein, da eine Verarbeitung, die diese Rechte berücksichtigt, ein umfängliches Datenschutz-Management-System erfordert. Dies hat jedoch keinen Einfluss auf die privilegierte Datenverarbeitung an sich, sondern nur auf den Aufwand der Erfüllung der Betroffenenrechte. Ein hoher Aufwand bei der Erfüllung der Betroffenenrechte allein wird von der Einschränkungsmöglichkeit der Betroffenenrechte jedoch nicht erfasst. Erfasst sind nur die Fälle, bei denen die Datenverarbeitung zu den privilegierten Zwecken an sich durch die entsprechenden Betroffenenrechte beeinträchtigt ist.[45]

Weitere Einschränkungsmöglichkeiten der Betroffenenrechte, zu den benannten 28
privilegierten Zwecken, ergeben sich unmittelbar aus der DS-GVO.[46]

§ 18 Datenverarbeitung im Beschäftigungskontext

(1) [1]Personenbezogene Daten von Bewerberinnen und Bewerbern sowie Beschäftigten dürfen nur verarbeitet werden, wenn dies zur Eingehung, Durchführung, Beendigung oder Abwicklung des Beschäftigungsverhältnisses oder zur Durchführung organisatorischer, personeller und sozialer Maßnahmen, insbesondere zu Zwecken der Personalplanung und des Personaleinsatzes, erforderlich ist oder eine Rechtsvorschrift, ein Tarifvertrag oder eine Dienstvereinbarung dies vorsieht oder die oder der Beschäftigte eingewilligt hat. [2]Eine Übermittlung der Daten von Bewerberinnen und Bewerbern und Beschäftigten an Personen und Stellen außerhalb des öffentlichen Bereichs ist nur zulässig, wenn der Empfänger ein rechtliches Interesse darlegt, der Dienstverkehr es erfordert oder die betroffene Person eingewilligt hat. [3]Die Datenübermittlung an einen künftigen Dienstherrn oder Arbeitgeber ist nur mit Einwilligung der betroffenen Person zulässig.

(2) [1]Erfolgt die Verarbeitung personenbezogener Daten von Beschäftigten auf der Grundlage einer Einwilligung, so sind für die Beurteilung der Freiwilligkeit der Einwilligung insbesondere die im Beschäftigungsverhältnis bestehende Abhängigkeit der beschäftigten Person sowie die Umstände, unter denen die Einwilligung erteilt worden ist, zu berücksichtigen. [2]Freiwilligkeit kann insbesondere vorliegen, wenn für die beschäftigte Person ein rechtlicher oder wirtschaftlicher Vorteil erreicht wird oder Arbeitgeber und beschäftigte Person gleichgelagerte Interessen verfolgen. [3]Die Einwilligung bedarf der Schriftform, soweit nicht wegen besonderer Umstände eine andere Form angemessen ist. [4]Der Arbeitgeber hat die beschäftigte Person über den Zweck der Datenverarbeitung und über ihr Widerrufsrecht nach Artikel 7 Absatz 3 der Verordnung (EU) 2016/679 in Textform aufzuklären.

(3) [1]Abweichend von Artikel 9 Absatz 1 der Verordnung (EU) 2016/679 ist die Verarbeitung besonderer Kategorien personenbezogener Daten im Sinne des Artikels 9 Absatz 1 der Verordnung (EU) 2016/679 für Zwecke des Beschäfti-

45 Vgl. *Wybitul* in HK-DS-GVO/BDSG Art. 89 Rn. 7 ff.
46 Siehe Art. 14 Abs. 5 lit. b DS-GVO, Art. 17 Abs. 3 lit. d DS-GVO und Art. 21 Abs. 6 DS-GVO.

gungsverhältnisses zulässig, wenn sie zur Ausübung von Rechten oder zur Erfüllung rechtlicher Pflichten aus dem Arbeitsrecht, dem Recht der sozialen Sicherheit und des Sozialschutzes erforderlich ist und kein Grund zu der Annahme besteht, dass das schutzwürdige Interesse der betroffenen Person an dem Ausschluss der Verarbeitung überwiegt. [2]Absatz 2 gilt auch für die Einwilligung in die Verarbeitung besonderer Kategorien personenbezogener Daten; die Einwilligung muss sich dabei ausdrücklich auf diese Daten beziehen.

(4) [1]Personenbezogene Daten von Bewerberinnen und Bewerbern für
1. den Polizeivollzugsdienst oder
2. ein Arbeits-, Ausbildungs- oder Praktikantenverhältnis in Polizeibehörden

dürfen zum Zwecke der Überprüfung der Einstellungsvoraussetzungen an Polizei- und Verfassungsschutzbehörden übermittelt werden. [2]Die Daten dürfen in den Vorgangsverwaltungs- und Informationssystemen der Polizei- und der Verfassungsschutzbehörden verarbeitet werden. [3]Eine Einwilligung der Bewerberinnen und Bewerber hierzu ist nicht notwendig.

(5) Die beamtenrechtlichen Vorschriften über die Führung von Personalakten gemäß § 50 des Beamtenstatusgesetzes vom 17. Juni 2008 (BGBl. I S. 1010) in der jeweils geltenden Fassung sowie §§ 83 bis 92 des Landesbeamtengesetzes vom 14. Juni 2016 (GV. NRW. S. 310, ber. S. 642) in der jeweils geltenden Fassung, sind für alle nicht beamteten Beschäftigten einer öffentlichen Stelle entsprechend anzuwenden, soweit nicht die Besonderheiten des Tarif- und Arbeitsrechts hinsichtlich der Aufnahme und Entfernung von bestimmten Vorgängen und Vermerken eine abweichende Behandlung erfordern.

(6) [1]Die Weiterverarbeitung der bei ärztlichen oder psychologischen Untersuchungen und Tests zum Zwecke der Eingehung eines Beschäftigungsverhältnisses erhobenen Daten ist nur mit schriftlicher Einwilligung der betroffenen Person zulässig. [2]Die Einstellungsbehörde darf vom untersuchenden Arzt in der Regel nur die Übermittlung des Ergebnisses der Eignungsuntersuchung und der dabei festgestellten Risikofaktoren verlangen.

(7) [1]Personenbezogene Daten, die vor der Eingehung eines Beschäftigungsverhältnisses erhoben wurden, sind unverzüglich zu löschen, sobald feststeht, dass ein Dienst- oder Arbeitsverhältnis nicht zustande kommt, es sei denn, dass die betroffene Person in die weitere Speicherung eingewilligt hat oder dass Fristen für die Geltendmachung von Ansprüchen nach dem Allgemeinen Gleichbehandlungsgesetz vom 14. August 2006 (BGBl. I S. 1897) in der jeweils geltenden Fassung abzuwarten sind. [2]Nach Beendigung eines Beschäftigungsverhältnisses sind personenbezogene Daten zu löschen, wenn diese Daten nicht mehr benötigt werden, es sei denn, dass Rechtsvorschriften der Löschung entgegenstehen.

(8) Die Ergebnisse medizinischer oder psychologischer Untersuchungen und Tests der Beschäftigten dürfen automatisiert nur verarbeitet werden, wenn dies dem Schutz der Beschäftigten dient.

(9) Soweit Daten der Beschäftigten im Rahmen der Durchführung von technischen und organisatorischen Maßnahmen nach Artikel 32 der Verordnung (EU) 2016/679 gespeichert werden, dürfen sie nicht zu Zwecken der Verhaltens- oder Leistungskontrolle genutzt werden.

(10) Beurteilungen dürfen nicht allein auf Informationen gestützt werden, die unmittelbar durch automatisierte Datenverarbeitung gewonnen werden.

(11) [1]Leitstellen und Befehlsstellen der in Satz 4 genannten Einrichtungen und Organisationen dürfen zur Bestimmung des geografischen Standorts personenbezogene Daten der von ihnen gesteuerten Einsatzkräfte mittels elektronischer

Einrichtungen durch eine Funktion des Digitalfunks für Behörden und Organisationen mit Sicherheitsaufgaben (BOS-Digitalfunk) oder durch andere technische Mittel ohne Einwilligung der betroffenen Person verarbeiten, soweit dies aus dienstlichen Gründen zur Sicherheit oder zur Koordinierung der Einsatzkräfte erforderlich ist. [2]Standortdaten dürfen ausschließlich zu den in Satz 1 festgelegten Zwecken verarbeitet werden. [3]Die Daten sind unverzüglich zu löschen, wenn sie zur Erreichung des Zwecks der Speicherung nicht mehr erforderlich sind. [4]Die Sätze 1 und 2 gelten für Einsatzkräfte der Berechtigten des § 4 Absatz 1 Nummern 1.1, 1.5, 1.6, 1.7 bis 1.9 der BOS-Funkrichtlinie vom 7. September 2009 (GMBl. 2009, S. 803) in der jeweils geltenden Fassung soweit es sich hierbei um kommunale Behörden oder um Landesbehörden handelt.

(12) Die Beteiligungsrechte der Interessenvertretungen der Beschäftigten bleiben unberührt.

Verwandte Normen DS-GVO (*Auszug*):

Art. 6 Rechtmäßigkeit der Verarbeitung

(1) Die Verarbeitung ist nur rechtmäßig, wenn mindestens eine der nachstehenden Bedingungen erfüllt ist:

a) Die betroffene Person hat ihre Einwilligung zu der Verarbeitung der sie betreffenden personenbezogenen Daten für einen oder mehrere bestimmte Zwecke gegeben;
b) die Verarbeitung ist für die Erfüllung eines Vertrags, dessen Vertragspartei die betroffene Person ist, oder zur Durchführung vorvertraglicher Maßnahmen erforderlich, die auf Anfrage der betroffenen Person erfolgen;
   [...]

Art. 9 Verarbeitung besonderer Kategorien personenbezogener Daten

(1) Die Verarbeitung personenbezogener Daten, aus denen die rassische und ethnische Herkunft, politische Meinungen, religiöse oder weltanschauliche Überzeugungen oder die Gewerkschaftszugehörigkeit hervorgehen, sowie die Verarbeitung von genetischen Daten, biometrischen Daten zur eindeutigen Identifizierung einer natürlichen Person, Gesundheitsdaten oder Daten zum Sexualleben oder der sexuellen Orientierung einer natürlichen Person ist untersagt.

(2) Absatz 1 gilt nicht in folgenden Fällen:

a) Die betroffene Person hat in die Verarbeitung der genannten personenbezogenen Daten für einen oder mehrere festgelegte Zwecke ausdrücklich eingewilligt, es sei denn, nach Unionsrecht oder dem Recht der Mitgliedstaaten kann das Verbot nach Absatz 1 durch die Einwilligung der betroffenen Person nicht aufgehoben werden,
   [...]

Art. 17 Recht auf Löschung („Recht auf Vergessenwerden")

(1) Die betroffene Person hat das Recht, von dem Verantwortlichen zu verlangen, dass sie betreffende personenbezogene Daten unverzüglich gelöscht werden, und der Verantwortliche ist verpflichtet, personenbezogene Daten unverzüglich zu löschen, sofern einer der folgenden Gründe zutrifft:

a) Die personenbezogenen Daten sind für die Zwecke, für die sie erhoben oder auf sonstige Weise verarbeitet wurden, nicht mehr notwendig.
   [...]

(3) Die Absätze 1 und 2 gelten nicht, soweit die Verarbeitung erforderlich ist

[...]

b) zur Erfüllung einer rechtlichen Verpflichtung, die die Verarbeitung nach dem Recht der Union oder der Mitgliedstaaten, dem der Verantwortliche unterliegt, erfordert, oder zur Wahrnehmung einer Aufgabe, die im öffentlichen Interesse liegt oder in Ausübung öffentlicher Gewalt erfolgt, die dem Verantwortlichen übertragen wurde;

[...]

e) zur Geltendmachung, Ausübung oder Verteidigung von Rechtsansprüchen.

Öffnungsklauseln in der DS-GVO für nationale Regelung:

Art. 88 Datenverarbeitung im Beschäftigungskontext

(1) Die Mitgliedstaaten können durch Rechtsvorschriften oder durch Kollektivvereinbarungen spezifischere Vorschriften zur Gewährleistung des Schutzes der Rechte und Freiheiten hinsichtlich der Verarbeitung personenbezogener Beschäftigtendaten im Beschäftigungskontext, insbesondere für Zwecke der Einstellung, der Erfüllung des Arbeitsvertrags einschließlich der Erfüllung von durch Rechtsvorschriften oder durch Kollektivvereinbarungen festgelegten Pflichten, des Managements, der Planung und der Organisation der Arbeit, der Gleichheit und Diversität am Arbeitsplatz, der Gesundheit und Sicherheit am Arbeitsplatz, des Schutzes des Eigentums der Arbeitgeber oder der Kunden sowie für Zwecke der Inanspruchnahme der mit der Beschäftigung zusammenhängenden individuellen oder kollektiven Rechte und Leistungen und für Zwecke der Beendigung des Beschäftigungsverhältnisses vorsehen.

(2) Diese Vorschriften umfassen geeignete und besondere Maßnahmen zur Wahrung der menschlichen Würde, der berechtigten Interessen und der Grundrechte der betroffenen Person, insbesondere im Hinblick auf die Transparenz der Verarbeitung, die Übermittlung personenbezogener Daten innerhalb einer Unternehmensgruppe oder einer Gruppe von Unternehmen, die eine gemeinsame Wirtschaftstätigkeit ausüben, und die Überwachungssysteme am Arbeitsplatz.

(3) Jeder Mitgliedstaat teilt der Kommission bis zum 25. Mai 2018 die Rechtsvorschriften, die er aufgrund von Absatz 1 erlässt, sowie unverzüglich alle späteren Änderungen dieser Vorschriften mit.

Art. 6 Rechtmäßigkeit der Verarbeitung

(1) Die Verarbeitung ist nur rechtmäßig, wenn mindestens eine der nachstehenden Bedingungen erfüllt ist:

[...]

e) die Verarbeitung ist für die Wahrnehmung einer Aufgabe erforderlich, die im öffentlichen Interesse liegt oder in Ausübung öffentlicher Gewalt erfolgt, die dem Verantwortlichen übertragen wurde;

[...]

(2) Die Mitgliedstaaten können spezifischere Bestimmungen zur Anpassung der Anwendung der Vorschriften dieser Verordnung in Bezug auf die Verarbeitung zur Erfüllung von Absatz 1 Buchstaben c und e beibehalten oder einführen, indem sie spezifische Anforderungen für die Verarbeitung sowie sonstige Maßnahmen präziser bestimmen, um eine rechtmäßig und nach Treu und Glauben erfolgende Verarbeitung zu gewährleisten, einschließlich für andere besondere Verarbeitungssituationen gemäß Kapitel IX.

(3) [1]Die Rechtsgrundlage für die Verarbeitungen gemäß Absatz 1 Buchstaben c und e wird festgelegt durch

a) Unionsrecht oder
b) das Recht der Mitgliedstaaten, dem der Verantwortliche unterliegt.

[2]Der Zweck der Verarbeitung muss in dieser Rechtsgrundlage festgelegt oder hinsichtlich der Verarbeitung gemäß Absatz 1 Buchstabe e für die Erfüllung einer Aufgabe erforderlich sein, die im öffentlichen Interesse liegt oder in Ausübung öffentlicher Gewalt erfolgt, die dem Verantwortlichen übertragen wurde. [3]Diese Rechtsgrundlage kann spezifische Bestimmungen zur Anpassung der Anwendung der Vorschriften dieser Verordnung enthalten, unter anderem Bestimmungen darüber, welche allgemeinen Bedingungen für die Regelung der Rechtmäßigkeit der Verarbeitung durch den Verantwortlichen gelten, welche Arten von Daten verarbeitet werden, welche Personen betroffen sind, an welche Einrichtungen und für welche Zwecke die personenbezogenen Daten offengelegt werden dürfen, welcher Zweckbindung sie unterliegen, wie lange sie gespeichert werden dürfen und welche Verarbeitungsvorgänge und -verfahren angewandt werden dürfen, einschließlich Maßnahmen zur Gewährleistung einer rechtmäßig und nach Treu und Glauben erfolgenden Verarbeitung, wie solche für sonstige besondere Verarbeitungssituationen gemäß Kapitel IX. [4]Das Unionsrecht oder das Recht der Mitgliedstaaten müssen ein im öffentlichen Interesse liegendes Ziel verfolgen und in einem angemessenen Verhältnis zu dem verfolgten legitimen Zweck stehen.

[...]

Art. 9 Verarbeitung besonderer Kategorien personenbezogener Daten

(1) Die Verarbeitung personenbezogener Daten, aus denen die rassische und ethnische Herkunft, politische Meinungen, religiöse oder weltanschauliche Überzeugungen oder die Gewerkschaftszugehörigkeit hervorgehen, sowie die Verarbeitung von genetischen Daten, biometrischen Daten zur eindeutigen Identifizierung einer natürlichen Person, Gesundheitsdaten oder Daten zum Sexualleben oder der sexuellen Orientierung einer natürlichen Person ist untersagt.

(2) Absatz 1 gilt nicht in folgenden Fällen:

[...]

b) die Verarbeitung ist erforderlich, damit der Verantwortliche oder die betroffene Person die ihm bzw. ihr aus dem Arbeitsrecht und dem Recht der sozialen Sicherheit und des Sozialschutzes erwachsenden Rechte ausüben und seinen bzw. ihren diesbezüglichen Pflichten nachkommen kann, soweit dies nach Unionsrecht oder dem Recht der Mitgliedstaaten oder einer Kollektivvereinbarung nach dem Recht der Mitgliedstaaten, das geeignete Garantien für die Grundrechte und die Interessen der betroffenen Person vorsieht, zulässig ist,

[...]

(4) Die Mitgliedstaaten können zusätzliche Bedingungen, einschließlich Beschränkungen, einführen oder aufrechterhalten, soweit die Verarbeitung von genetischen, biometrischen oder Gesundheitsdaten betroffen ist.

Kurzübersicht zum Verhältnis der entscheidenden Normen			
Norm des DSG NRW	Entsprechende Normen der DS-GVO	Entsprechende Norm des BDSG	Öffnungsklauseln der DS-GVO
§ 18 DSG NRW	Art. 6 Abs. 1 lit. a und b, Art. 9 Abs. 1 lit. a, Art. 17 Abs. 1 lit. a, Abs. 3 lit. b und e DS-GVO	§ 26 BDSG	Art. 88, Art. 6 Abs. 1 lit. e iVm Abs. 2, Art. 9 Abs. 2 lit. b DS-GVO

Literatur:

BDA (Hrsg.), Beschäftigtendatenschutz und Datenschutz-Grundverordnung in der Praxis, E-Book, Januar 2018; *Brinktrine/Heid*, BeckOK Beamtenrecht NRW, 10. Edition Stand: 01.10.2019; *Däubler*, Gläserne Belegschaften – Das Handbuch zum Beschäftigtendatenschutz, 8. Aufl. 2019; *Datenschutzkonferenz*, Kurzpapier Nr. 14: Beschäftigtendatenschutz, Stand: 17.12.2018; *Gola*, Handbuch Beschäftigtendatenschutz, 8. Aufl. 2019; *LfDI Baden-Württemberg*, Ratgeber Beschäftigtendatenschutz, 3. Aufl., Stand: März 2019; *Piltz*, BDSG, Vorschriften für nichtöffentliche Stellen, 2017; *Schröder*, Datenschutzrecht für die Praxis, 3. Aufl. 2019; *Stähler/Pohler*, Datenschutzgesetz Nordrhein-Westfalen. Kommentar, 3. Aufl. 2003.

A. Grundlagen

I. Gesamtverständnis und Zweck der Norm

1 Die **Öffnungsklausel in Art. 88 DS-GVO** eröffnet den Mitgliedstaaten die Möglichkeit, durch Rechtsvorschriften oder Kollektivvereinbarungen spezifische Vorschriften für die Verarbeitung personenbezogener Daten im Beschäftigungskontext zu schaffen. Hierdurch können die Mitgliedstaaten die oftmals nur unbestimmten Rechtsbegriffe der DS-GVO über die Verarbeitung personenbezogener Daten für den Beschäftigungskontext konkretisieren und diesen schärfere Konturen verleihen.[1] Von dieser Option wird mit § 18 Gebrauch gemacht. Die Regelung in § 18 Abs. 3 zur Verarbeitung besonderer Kategorien personenbezogener Daten iSv Art. 9 Abs. 1 DS-GVO wird ausweislich der Gesetzesbegründung auf die Öffnungsklausel in Art. 9 Abs. 2 lit. b DS-GVO gestützt. Grundlage der Regelung in Abs. 11 zur Ortung von Beschäftigten unter Einsatz des

1 Simitis/Hornung/Spiecker gen. Döhmann/*Seifert* DS-GVO Art. 88 Rn. 21.

BOS-Digitalfunks ist nach der Gesetzesbegründung Art. 6 Abs. 1 lit. e iVm Abs. 2 DS-GVO.

2 Spezifischer iSv Art. 88 DS-GVO sind solche Vorschriften, die den besonderen Sachgesetzlichkeiten und Anforderungen des zu regelnden Lebenssachverhalts Rechnung tragen.[2] Umstritten ist, inwiefern über die Öffnungsklausel in Art. 88 DS-GVO auch eine **Absenkung des Schutzniveaus der DS-GVO** erlaubt ist.[3] Nach hier vertretener Auffassung spricht vieles für die Ansicht, dass sich spezifische mit allgemeinen Regelungen vielfach gar nicht im Sinne von „stärkeren" oder „schwächeren" Schutzmechanismen vergleichen lassen und die Öffnungsklausel den nationalen Gesetzgebern einen eigenen Regelungsspielraum überlassen soll, den diese mit Rücksicht auf die Besonderheiten des Beschäftigungsverhältnisses kreativ ausfüllen können.[4] In jedem Fall sind der Wesensgehalt des Grundrechts auf angemessenen Datenschutz sowie der Verhältnismäßigkeitsgrundsatz zu wahren, wenn von der Öffnungsklausel Gebrauch gemacht wird.[5]

II. Bisherige Rechtslage

3 Die personenbezogene Datenverarbeitung im Zusammenhang mit Dienst- und Arbeitsverhältnissen im landesöffentlichen Bereich war bislang in **§ 29 DSG NRW aF** geregelt. Die Abs. 2 bis 7 des § 29 DSG NRW aF wurden im Rahmen der Neuregelung im Wesentlichen beibehalten.

B. Kommentierung

I. Normadressaten, Reichweite und Verhältnis zu § 83 Abs. 4 LBG NRW

4 Die Regelungen des § 18 finden Anwendung auf **alle Beschäftigungsverhältnisse mit den in § 5 Abs. 1 aufgeführten öffentlichen Stellen des Landes.** Nach § 5 Abs. 5 gilt § 18 auch für die Beschäftigtendatenverarbeitung durch Eigenbetriebe, öffentliche Einrichtungen, die entsprechend den Vorschriften über Eigenbetriebe geführt werden, Landesbetriebe, der Aufsicht des Landes oder der Gemeinden oder Gemeindeverbände unterstehende juristische Personen des öffentlichen Rechts, die am Wettbewerb teilnehmen, und die NRW.BANK.

5 Unklar ist das **Verhältnis von § 18 DSG NRW zu § 83 Abs. 4 LBG NRW**. Ausweislich der Gesetzesbegründung handelt es sich bei § 83 Abs. 4 LBG NRW um eine „zentrale Ermächtigungsnorm" und eine „bereichsspezifische Datenschutzregelung".[6] Dies wirft Abgrenzungsprobleme insoweit auf, als die LDSG-Regelungen zum Beschäftigtendatenschutz bislang unabhängig von der Ausgestaltung des Beschäftigungsverhältnisses als Arbeits- oder Beamtenverhältnis für anwendbar erachtet wurden.[7] Anzunehmen sein dürfte wohl, dass sich an der Anwendbarkeit der LDSG-Regelungen auch für Beamte/Beamtinnen nichts geändert hat und die Regelung in § 83 Abs. 4 LBG NRW keine abschließende Regelung im Verhältnis zu den deutlich spezifischeren Vorgaben in § 18 DSG NRW bedeuten soll.

---

2 BeckOK Datenschutzrecht/*Riesenhuber* DS-GVO Art. 88 Rn. 66; ähnlich *Düwell/Brink* NZA 2016, 665 (666).
3 Zum Streitstand ausführlich BeckOK Datenschutzrecht/*Riesenhuber* DS-GVO Art. 88 Rn. 67.
4 So BeckOK Datenschutzrecht/*Riesenhuber* DS-GVO Art. 88 Rn. 67 ff.
5 Simitis/Hornung/Spiecker gen. Döhmann/*Seifert* Art. 88 Rn. 31 ff.
6 LT-Drs. 17/1981, 176.
7 Vgl. *Stähler/Pohler* DSG NRW aF § 29 Rn. 2.

II. Allgemeines zur Datenverarbeitung im Beschäftigungskontext (Abs. 1)

6 Abs. 1 S. 1 regelt die personenbezogene Datenverarbeitung bei und nach Eingehung eines Beschäftigungsverhältnisses. Die weiteren Sätze des Abs. 1 enthalten spezielle Regelungen zur Übermittlung der Daten von Bewerberinnen und Bewerbern und Beschäftigten an Personen und Stellen außerhalb des öffentlichen Bereichs (S. 2) sowie zur Datenübermittlung an einen künftigen Dienstherrn oder Arbeitgeber (S. 3).

7 Entscheidender Maßstab für die Datenverarbeitung bei und nach Eingehung eines Beschäftigungsverhältnisses ist nach Abs. 1 S. 1 die **Erforderlichkeit für die Eingehung, Durchführung, Beendigung oder Abwicklung des Beschäftigungsverhältnisses.** Mit den persönlichkeitsrechtlichen Grenzen der Erhebung von Bewerberdaten sind die Arbeitsgerichte seit langem unabhängig vom Datenschutzrecht befasst.[8] Unter dem Begriffspaar **„Fragerecht und Offenbarungspflicht"** wird abgehandelt, welche Fragen der Arbeitgeber stellen darf und was der/die Bewerber/in – ggf. auch ungefragt – von sich preisgeben muss. Die im Rahmen der arbeitsgerichtlichen Rechtsprechung entwickelten Grundsätze zum Fragerecht sind im Rahmen der datenschutzrechtlichen Wertung für die Beurteilung der Erforderlichkeit der Datenverarbeitung mitheranzuziehen.[9] Bei unzulässigen Fragen ist der Arbeitnehmer zur Lüge berechtigt.

8 Zulässig im Rahmen des Bewerbungsverfahrens sind **arbeitsplatzbezogene Fragen,** die nicht an Diskriminierungsmerkmale anknüpfen und bei denen das Interesse des Arbeitgebers an einer Beantwortung das Interesse des Arbeitnehmers an einer Geheimhaltung überwiegt. Hierzu zählen ua Fragen nach Ausbildung und beruflichem Werdegang, Erwartungen bezüglich des angebotenen Arbeitsplatzes und angestrebter beruflicher Entwicklung, Zeugnissen und Prüfungsnoten, beruflich relevanten[10] **Vorstrafen,** Art und Umfang von Nebentätigkeiten sowie Zeitpunkt eines möglichen Arbeitsbeginns. Die Frage nach laufenden **Straf- und Ermittlungsverfahren** ist zulässig, soweit ein solches Verfahren bereits Zweifel an der persönlichen Eignung und Zuverlässigkeit des/der Bewerbers/Bewerberin für den konkreten Arbeitsplatz begründen kann oder die Verfügbarkeit durch das Verfahren erheblich eingeschränkt ist, weil mit umfangreichen Ermittlungen, Untersuchungshaft oder der Verurteilung zu einer Freiheitsstrafe zu rechnen ist.[11] Statthaft ist die Frage, ob eine **Krankheit bzw. Beeinträchtigung des Gesundheitszustands** vorliegt, durch die die Eignung für die vorgesehene Tätigkeit auf Dauer oder in periodisch wiederkehrenden Abständen eingeschränkt ist, bzw. ob ansteckende Krankheiten vorliegen, die zwar nicht die Leistungsfähigkeit beeinträchtigen, jedoch die zukünftigen Kollegen gefährden oder andere Personen, zu denen man beruflich Kontakt hat. Gefragt werden darf auch, ob es zum Zeitpunkt des Dienstantritts bzw. in absehbarer Zeit zu einer Arbeitsunfähigkeit, zB durch eine geplante Operation, eine bewilligte Kur oder auch durch eine zurzeit bestehende akute Erkrankung, kommen kann. Zur Frage der Zulässigkeit von **Einstellungsuntersuchungen** und damit

---

8 Zum Ganzen ausführlich *Gola* Handbuch Beschäftigtendatenschutz Rn. 559 ff.; *Däubler* Gläserne Belegschaften Rn. 182 ff.

9 *Stähler/Pohler* DSG NRW aF § 29 Rn. 3; *Gola* Handbuch Beschäftigtendatenschutz Rn. 562.

10 So darf etwa bei Bankmitarbeitern nach Straftaten auf vermögensrechtlichem Gebiet, bei Kraftfahrern nach verkehrsrechtlichen Straftaten gefragt werden, vgl. *Stähler/Pohler* DSG NRW aF § 29 Rn. 3.

11 *LfDI Baden-Württemberg* Ratgeber Beschäftigtendatenschutz S. 26.

zusammenhängender Datenverarbeitungen → Rn. 42 ff., 55 ff. Nach Fahrerlaubnissen und Fremdsprachenkenntnissen darf gefragt werden, soweit diese Umstände für die vorgesehene Tätigkeit relevant sind.[12] Die **finanziellen Verhältnisse** des Bewerbers/der Bewerberin sind nur relevant, wenn eine Position ausgefüllt werden soll, mit der nicht unerhebliche finanzielle Verfügungsbefugnisse verbunden sind. In solchen Fällen darf erfragt werden, ob der/die Bewerber/in in geordneten wirtschaftlichen Verhältnissen lebt oder überschuldet ist, Lohnpfändungen oder -abtretungen erfolgt sind, eine eidesstattliche Versicherung abgegeben oder eine Privatinsolvenz eröffnet wurde.

Regelmäßig unzulässig im Rahmen des Bewerbungsverfahrens sind **Fragen nach den Familienverhältnissen** (zB Familienstand, alleinerziehend, Zahl und Alter der Kinder). Auch Fragen nach Geburtsort, Geburtsname und **Nationalität** dürfen üblicherweise nicht gestellt werden und können ein Indiz für eine Diskriminierung sein.[13] Bei Bewerbern, die nicht verbeamtet werden sollen, ist aus demselben Grund die Frage nach dem **Lebensalter** regelmäßig unzulässig. In Fällen, in denen eine Verbeamtung vorgesehen ist, bedarf es der Altersangabe zur Prüfung der beamtenrechtlichen Voraussetzungen (§ 14 Abs. 3 LBG NRW).[14] Nach einer bestehenden **Schwangerschaft** darf im Rahmen des Bewerbungsverfahrens nach der Rechtsprechung des EuGH selbst dann nicht gefragt werden, wenn ein befristeter Arbeitsvertrag begründet werden soll und feststeht, dass die Bewerberin während eines wesentlichen Teils der Vertragszeit nicht arbeiten kann.[15] 9

Bezüglich der Zulässigkeit der Frage nach der **Schwerbehinderteneigenschaft** ist danach zu differenzieren, wann die Frage gestellt wird. Im bestehenden Beschäftigungsverhältnis ist jedenfalls nach sechs Monaten, dh ggf. nach Erwerb des Behindertenschutzes gemäß SGB IX, die Frage statthaft, da der/die Arbeitgeber/in Beschäftigungsquoten und ein Recht auf behinderungsgerechte Beschäftigung nur erfüllen kann, wenn er/sie Schwerbehinderungen der Beschäftigten kennt.[16] In der Phase der Vertragsanbahnung und in den ersten 6 Monaten des Beschäftigungsverhältnisses ist die Frage nur insoweit erlaubt, als die Behinderung die vertragsgemäße Arbeitsleistung dauerhaft unmöglich macht und ihr Nichtvorliegen daher eine wesentliche und entscheidende berufliche Anforderung darstellt. 10

Zur Verpflichtung, Daten von Bewerbern/innen nach Abschluss des Bewerbungsverfahrens zu löschen, → Rn. 50 ff. 11

Im Beschäftigungsverhältnis dürfen personenbezogene Daten eines/einer Beschäftigten verarbeitet werden, wenn dies für die **Durchführung, Beendigung oder Abwicklung des Beschäftigungsverhältnisses** erforderlich ist. Sofern, wie üblich, die Arbeitsleistung für eine bestimmte Dauer geschuldet ist, ist etwa die Erfassung der **Arbeitszeit** erforderlich im Sinne von § 18 Abs. 1 S. 1.[17] Nach § 16 Abs. 2 ArbZG ist der Arbeitgeber außerdem gesetzlich verpflichtet, die über die werktägliche Arbeitszeit des § 3 S. 1 ArbZG hinausgehende Arbeitszeit der Arbeitnehmer aufzuzeichnen und ein Verzeichnis der Arbeitnehmer zu füh- 12

12 *LfDI Baden-Württemberg* Ratgeber Beschäftigtendatenschutz S. 26.
13 *LfDI Baden-Württemberg* Ratgeber Beschäftigtendatenschutz S. 26.
14 Zur Vereinbarkeit von § 14 Abs. 3 LBG NRW, nach dem eine Verbeamtung nur vorgenommen werden darf, wenn der Betroffene das 42. Lebensjahr noch nicht vollendet hat, mit Grundgesetz und Europarecht vgl. BVerwG Urt. v. 11.10.2016 – 2 C 11.15.
15 *EuGH* Urt. v. 4.10.2001 – C-109/00.
16 *BAG* Urt. v. 16.2.2012 – 6 AZR 553/10.
17 BeckOK Datenschutzrecht/*Riesenhuber* BDSG § 26 Rn. 116.

ren, die in eine Verlängerung der Arbeitszeit gemäß § 7 Abs. 7 ArbZG eingewilligt haben. Die Nachweise sind mindestens zwei Jahre aufzubewahren. Nach dem EuGH-Urteil vom 14.5.2019 (C-55/18) werden sich die arbeitgeberseitigen Dokumentationspflichten im Zusammenhang mit der Arbeitszeit künftig noch erweitern. Danach werden die Mitgliedstaaten Arbeitgeber dazu verpflichten müssen, ein System einzurichten, mit dem die tägliche Arbeitszeit der Mitarbeiter gemessen werden kann. Ohne ein System, das die tägliche Arbeitszeit misst, sei es äußerst schwierig oder gar praktisch unmöglich, dass Arbeitnehmer ihre Rechte durchsetzen können, so der EuGH. Für die Frage, ob die Mindestruhezeiten oder die wöchentliche Höchstarbeitszeit eingehalten sind, sei die objektive und verlässliche Feststellung der täglichen und wöchentlichen Arbeitsstunden unerlässlich.

13 Arbeitgeber und Dienstherren sind berechtigt, regelmäßig **Beurteilungen** der Eignung, Befähigung und fachlichen Leistung der Beschäftigten vorzunehmen und zu diesem Zweck personenbezogene Daten zu verarbeiten.[18] Für Beamte/Beamtinnen sind Regelbeurteilungen und Beurteilungen bei Versetzungen gesetzlich vorgesehen (§ 92 Abs. 1 LBG NRW). Für sonstige Beschäftigte bestehen entsprechende Regelungen zwar nicht. Nach dem BAG[19] kann dem/der Arbeitgeber/in aber das Recht, die Leistungen der bei ihm/ihr beschäftigten Arbeitnehmer/innen zu beurteilen, nicht abgesprochen werden. Der/die Arbeitnehmer/in kann nur verlangen, dass der/die Arbeitgeber/in bei dienstlichen Beurteilungen auf seine/ihre berechtigten Interessen Rücksicht nimmt. Die Beurteilungen müssen in der Sache zutreffen und ordnungsgemäß zustande gekommen sein. Sie dürfen den beruflichen Werdegang nicht in unzulässiger Weise behindern. Nach § 18 Abs. 10 LDSG NRW dürfen Beurteilungen zudem nicht allein auf Informationen gestützt werden, die unmittelbar durch automatisierte Datenverarbeitung gewonnen werden (vgl. dazu → Rn. 60 ff.). Zum Personalaktenrecht und zur Zulässigkeit der Aufbewahrung bzw. Speicherung vom Arbeitgeber ausgesprochener Abmahnungen vgl. die Kommentierung zu Abs. 5 (→ Rn. 39 ff.).

14 **Leistungs- und Verhaltenskontrollen** im laufenden Beschäftigungsverhältnis finden ihre Grundlage ebenfalls in § 18 Abs. 1 S. 1, immer vorausgesetzt, es handelt sich um verhältnismäßige Maßnahmen. Im Sinne der Wahrung der Persönlichkeitsrechte der betroffenen Beschäftigten gilt der Grundsatz, dass „Vollkontrollen" der Beschäftigten nach Möglichkeit zu vermeiden und **notwendige Kontrollen im Regelfall auf Stichproben zu beschränken** sind. So kann etwa nach dem BAG die vorübergehende Speicherung und stichprobenartige Kontrolle der Verlaufsdaten des Internetbrowsers eines/einer Beschäftigten zulässig sein, um die Einhaltung des Verbots der Privatnutzung von IT-Einrichtungen des Arbeitgebers zu kontrollieren.[20] Soweit der Arbeitgeber die private Nutzung betrieblicher Telekommunikationsmittel gestattet, sind im Hinblick auf mögliche Kontrollmaßnahmen zusätzlich die Bestimmungen des Telekommunikationsgesetz (TKG) und § 206 StGB zu beachten.[21] Sinnvoll sind klare Regelungen zum Ob und zu den Grenzen einer erlaubten Privatnutzung sowie zu

18 Simitis/Hornung/Spiecker gen. Döhmann/*Seifert* Art. 88 Rn. 195.
19 *BAG* AP BPersVG § 75 Nr. 3.
20 Urt. v. 27.7.2017 – 2 AZR 681/16.
21 Vgl. zum Ganzen ausführlich bei *Gola* Handbuch Beschäftigtendatenschutz Rn. 1290 ff. Die Fortgeltung der Bestimmungen der §§ 11 ff. TMG nach Geltung der DS-GVO ist fraglich, vgl. hierzu Orientierungshilfe der Aufsichtsbehörden für Anbieter von Telemedien, Stand: März 2019, S. 2 ff.

den bestehenden Kontrollmechanismen. Der/die Beschäftigte hat, will er/sie vom Recht zur Privatnutzung Gebrauch machen, sein/ihr Einverständnis mit den geltenden „Spielregeln“ zu erklären. Allgemeine Vorgaben zur Protokollierung im Zusammenhang mit automatisierten Verarbeitungssystemen und zu der anschließenden (eingeschränkten) Verwendbarkeit der Protokolldaten finden sich in § 55 DSG.

Bezogen auf mobile Beschäftigte kann eine Verhaltenskontrolle ua durch den **Einsatz von Ortungssystemen** erfolgen. Die geografische Standortbestimmung von Einsatzkräften im Rahmen des BOS-Digitalfunks ist in § 18 Abs. 11 speziell geregelt (vgl. dazu im Einzelnen → Rn. 63 ff.). Andere Systeme zur Bestimmung des Aufenthaltsortes mittels mobiler technischer Mittel, die nicht auf der BOS-Digitalfunktechnik beruhen, sollen ausweislich der Gesetzesbegründung[22] weiterhin gemäß § 18 Abs. 1 S. 1 zulässig sein können. Dies gilt etwa für die **Ortung per GPS**. Berechtigten Anlass für den Einsatz von Ortungssystemen kann in der Praxis insbesondere die Koordinierung des Einsatzes von Beschäftigten bieten, etwa im Transport- und Beförderungsbereich.[23] Die Möglichkeit der Datenverarbeitung zu organisatorischen Zwecken, ua zur Personaleinsatzplanung, ist in § 18 Abs. 1 S. 1 explizit angesprochen (vgl. hierzu im Einzelnen → Rn. 17). Personaleinsatzplanung wird zudem regelmäßig den Tatbestand der „Durchführung des Beschäftigungsverhältnisses“ erfüllen. In jedem Fall sind nur verhältnismäßige Datenverarbeitungen zur Einsatzkoordinierung gestattet. So darf die Ortung nicht zu einem permanenten Kontrolldruck auf Seiten der Beschäftigten führen, was aber der Fall ist, wenn eine Ortung routinemäßig innerhalb bestimmter Intervalle erfolgt, also unabhängig von notwendigen Routenplanungen.[24] Routinemäßige Ortungen können hingegen statthaft sein, sofern Ortungssysteme der Sicherheit der betroffenen Beschäftigten dienen und deren Schutz eine regelmäßige Standortbestimmung erfordert. Ortungen zum Schutz der betroffenen Beschäftigten werden praktisch allerdings vor allem bezogen auf BOS-Einsatzkräfte relevant sein, für die Abs. 11 aber, wie gesagt, eine Spezialregelung enthält. Ortungssysteme können auch zum Eigentumsschutz eingesetzt werden. Die Ortung darf allerdings erst im Verlustfall erfolgen, nicht solange der/die Beschäftigte die Sache ordnungsgemäß nutzt oder sie sich in seiner/ihrer Obhut befindet.[25] Beim Einsatz von Ortungssystemen sind die Transparenzanforderungen aus Art. 12 ff. DS-GVO zu beachten, wobei für die betroffenen Beschäftigten insbesondere Erhebungszweck und -umfang bedeutsam sind. Die Beschäftigten sind zudem, etwa durch eine Benachrichtigung oder eine Leuchtanzeige am Gerät, zu informieren, wenn eine Ortung konkret erfolgt.[26] 15

Erfolgt die **Mitarbeiterortung mithilfe des Mobilfunkanbieters über das Diensthandy**, so sind für die Ermittlung der Standortdaten durch den Anbieter die Bestimmungen des Telekommunikationsgesetzes (TKG) maßgeblich. Die Erhebung der Standortdaten (§ 3 Nr. 19 TKG) ist dem TK-Anbieter nach § 98 Abs. 1 TKG gestattet, wenn der Teilnehmer (also hier der Arbeitgeber, § 3 Nr. 20 TKG) seine Einwilligung erteilt hat. Einer Einwilligung des/der Beschäf- 16

22 LT-Drs. 17/1981, 147.
23 Für datenschutzrechtlich unzulässig erklärte hingegen das VG Lüneburg (Teilurt. v. 19.3.2019 – 4 A 12/19) die GPS-Ortung von Firmenfahrzeugen durch ein Gebäudereinigungsunternehmen.
24 *LfDI Baden-Württemberg* Ratgeber Beschäftigtendatenschutz S. 36.
25 *Schröder* Datenschutzrecht für die Praxis S. 105 ff.
26 *LfDI Baden-Württemberg* Ratgeber Beschäftigtendatenschutz S. 36.

tigten als Nutzer/in des Gerätes bedarf es gegenüber dem Anbieter des Telekommunikationsdienstes nicht. Der Teilnehmer ist aber gemäß § 98 Abs. 1 S. 7 TKG verpflichtet, die Nutzer über eine erteilte Einwilligung zu unterrichten.

17 Die Verarbeitung von Beschäftigtendaten ist nach Abs. 1 S. 1 zudem gestattet, sofern sie zur Durchführung organisatorischer, personeller und sozialer Maßnahmen, insbesondere zu Zwecken der **Personalplanung** und des Personaleinsatzes, erforderlich ist. Sofern dies zu den vorgenannten Zweckbestimmungen erforderlich ist, darf die Einstellungsbehörde Beschäftigtendaten also auch zu Zwecken verarbeiten, die nicht unmittelbar auf das Beschäftigungsverhältnis, dh die Rechtsbeziehung Dienstherr/Beamter bzw. Arbeitgeber/Arbeitnehmer bezogen sind. Dies stellt ein gewisses Korrektiv dafür dar, dass öffentliche Arbeitgeber anders als private Unternehmer für **sog. „beschäftigungsfremde Zwecke“**[27] nicht auf die Interessenabwägung nach Art. 6 Abs. 1 lit. f DS-GVO zurückgreifen dürfen.

18 Auf Grundlage der Befugnis, Beschäftigtendaten zu verarbeiten, sofern dies zur Durchführung personeller Maßnahmen erforderlich ist, wird sich auch die in der Praxis bei der Einstellung bzw. Beförderung von Beamten übliche und vom BVerwG[28] bestätigte namensgenaue **Konkurrentenmitteilung** legitimieren lassen. Insbesondere kommt es für den genannten Zulässigkeitstatbestand nicht darauf an, dass die Verarbeitung der personenbezogenen Daten des Konkurrenten für die Durchführung von dessen Beschäftigungsverhältnis erforderlich ist. Es genügt vielmehr, dass die Datenverarbeitung allgemein für die Durchführung personeller Maßnahmen erforderlich ist. Nach dem BVerwG hat der im Stellenbesetzungsverfahren unterlegene Bewerber Anspruch auf verbindliche Information durch den Dienstherrn über das Ergebnis des Auswahlverfahrens, damit er nicht Gefahr läuft, ein Rechtsmittel auf ungesicherter tatsächlicher oder rechtlicher Grundlage zu ergreifen. Dazu gehört nach Auffassung des BVerwG auch die Mitteilung des Namens des erfolgreichen Bewerbers. Zur konkreten Rechtsgrundlage der Datenweitergabe hat sich das Gericht indes nicht geäußert.

19 Die in § 18 Abs. 1 S. 1 angesprochene Erlaubnis, Beschäftigtendaten auf Grundlage einer (sonstigen) Rechtsvorschrift zu verarbeiten, ist nur klarstellender Natur. Diese ergibt sich bereits aus der in § 5 Abs. 6 S. 1 DSG NRW geregelten **Subsidiarität der Regelungen des LDSG**. Der **Vorrang des Bundes- vor dem Landesrecht** ergibt sich aus Art. 31 GG. Nach § 1 Abs. 1 S. 1 Nr. 2 BDSG gilt dieser Vorrang allerdings nicht für das allgemeine Datenschutzrecht.

20 Die Möglichkeit, die Verarbeitung von Beschäftigtendaten bzw. von Daten von Bewerberinnen und Bewerbern auf tarifvertragliche Regelungen bzw. Regelungen in Dienstvereinbarungen zu stützen, geht europarechtlich auf Art. 88 DS-GVO zurück, der es den Mitgliedstaaten ausdrücklich gestattet, auch weiterhin den Erlass von **Kollektivvereinbarungen** zur Verarbeitung von Beschäftigtendaten zuzulassen. Aufgrund von Art. 88 Abs. 2 DS-GVO müssen die Kollektivvereinbarungen allerdings bestimmte inhaltliche Anforderungen erfüllen, um als Erlaubnistatbestand in Betracht zu kommen. Zulässig werden danach im Wesentlichen nur konkretisierende[29] Regelungen sein bzw. solche, die den Schutzstandard der DS-GVO anheben.[30] Gewährleistet bleiben müssen insbe-

27 Vgl. hierzu bei *Gola* Handbuch Beschäftigtendatenschutz Rn. 752 ff.
28 *BVerwG* Urt. v. 20.10.2016 – 2 C 30.15.
29 Gola/*Pötters* Art. 88 Rn. 27; *Maier* DuD 2017, 169 (172 f.).
30 Vgl. etwa *Kort* ZD 2017, 319 (322); *Wybitul* ZD 2016, 203 (207); Paal/Pauly/*Gräber/Nolden* BDSG § 26 Rn. 50.

sondere der materielle Schutzstandard der DS-GVO (Art. 6–9), die Grundsätze der Datenverarbeitung nach Art. 5 DS-GVO sowie die Betroffenenrechte. Vor dem 25.5.2018 bereits bestehende Kollektivregelungen können dabei ohne erneute Bestätigung fortbestehen, sofern sie den Vorgaben des Art. 88 DS-GVO genügen.[31] Voraussetzung für die Vereinbarkeit einer Kollektivvereinbarung mit der DS-GVO ist vor allem die Transparenz und Angemessenheit der regelungsgegenständlichen Datenverarbeitung und nicht die formalistische Wiedergabe von DS-GVO-Bestimmungen.[32] Ggf. bedarf es allerdings einer Anpassung an die Begriffsbestimmungen der DS-GVO. Für die Phase vor Begründung des Beschäftigungsverhältnisses können Dienstvereinbarungen nach herrschender Ansicht keinen datenschutzrechtlichen Erlaubnistatbestand darstellen, da die Bewerber der öffentlichen Stelle noch nicht angehören.[33] Anders verhält es sich insoweit bei tarifvertraglichen Regelungen, deren Wirkung sich allein durch die Tarifbindung des Arbeitgebers ergibt.

Abs. 1 S. 1 sieht schließlich explizit auch die Möglichkeit vor, die Verarbeitung von Bewerber-/Bewerberinnen- bzw. Beschäftigtendaten auf eine **Einwilligung** zu stützen und verschafft so dem Recht auf informationelle Selbstbestimmung Geltung. Soll als Rechtsgrundlage der Datenverarbeitung eine Einwilligung herangezogen werden, sind die Anforderungen nach Abs. 2 zu beachten, insbesondere bedarf es der besonderen Prüfung der Freiwilligkeit der Erklärung. 21

Abs. 1 S. 2 regelt die **Übermittlung von Daten von Bewerberinnen und Bewerbern und Beschäftigten an Personen und Stellen außerhalb des öffentlichen Bereichs.** Als Rechtfertigung für eine entsprechende Übermittlung kommen nach dem Gesetzeswortlaut drei verschiedene Gründe in Betracht, nämlich erstens die Darlegung eines rechtlichen Interesses durch den nicht öffentlichen potenziellen Empfänger der Daten, zweitens die Erforderlichkeit der Übermittlung für den Dienstverkehr und drittens das Vorliegen einer Einwilligung des/der Bewerbers/Bewerberin bzw. des/der Beschäftigten. Ein rechtliches Interesse ist mehr als ein bloß berechtigtes Interesse. Es liegt vor, wenn die gewünschten Informationen oder Auskünfte zur Rechtsverfolgung (gerichtliche Mahnverfahren und Klageverfahren) oder zur Abwehr von Ansprüchen (Rechtsverteidigung) erforderlich sind. Da Abs. 1 S. 2 Var. 1 (rechtliches Interesse des Datenempfängers) die Interessen bzw. Grundrechte und Grundfreiheiten der betroffenen Person nicht berücksichtigt, erscheint die Vereinbarkeit der Regelung mit europarechtlichen Vorgaben fraglich (→ Rn. 2). Anders als Var. 2 (Erforderlichkeit der Übermittlung für den Dienstverkehr) knüpft Var. 1 auch nicht an das Tatbestandsmerkmal der Erforderlichkeit der Datenübermittlung an, über das im Rahmen der Auslegung auch der Position der betroffenen Person Geltung verschafft werden könnte.[34] 22

Abs. 1 S. 3 regelt die **Datenübermittlung an einen künftigen Dienstherrn oder Arbeitgeber.** Wenn es um die Besetzung leitender Positionen oder besonderer Vertrauensstellungen geht, holen insbesondere Unternehmen, aber auch öffentliche Stellen teilweise ergänzende Informationen über in die engere Auswahl ge- 23

31 Vgl. etwa *Reif* RDV 2018, 89 (91); *Gola/Pötters/Thüsing* RDV 2016, 561.
32 *Reif* RDV 2018, 89 (91).
33 Vgl. BeckOK Datenschutzrecht/*Riesenhuber* BDSG § 26 Rn. 109 mwN; anderer Auffassung *Kort* ZD 2017, 3 (5); wohl auch Gola/Heckmann/*Gola* BDSG § 26 Rn. 173.
34 Vgl. Gola/Heckmann/*Gola* BDSG § 26 Rn. 16, wonach die Erforderlichkeit an Hand einer am Verhältnismäßigkeitsgrundsatz ausgerichteten Interessenabwägung zu ermitteln ist.

zogene Bewerber ein.[35] Die arbeitsgerichtliche Rechtsprechung war in diesem Zusammenhang zunächst sehr großzügig und hat entsprechende Auskünfte sogar gegen den Willen des ausgeschiedenen Arbeitnehmers gestattet.[36] Der Arbeitgeber könne grundsätzlich nicht gehindert werden, andere Arbeitgeber bei der Wahrung ihrer Belange zu unterstützen, so die damalige Argumentation. Vor dem Hintergrund des Rechts auf informationelle Selbstbestimmung hat diese Rechtsprechung in der Folge jedoch Kritik von Teilen der Literatur und der Datenschutzaufsichtsbehörden erfahren. Diese Auffassung teilt auch der Landesgesetzgeber und macht entsprechend Arbeitgeberauskünfte von einer Einwilligung der betroffenen Personen abhängig. Auch bei vorliegender Einwilligung darf das Auskunftsersuchen des potenziellen neuen Arbeitgebers/Dienstherrn nur auf Informationen gerichtet sein, die vom Fragerecht des Arbeitgebers/Dienstherrn erfasst sind.[37] Datenerhebungen, die gegenüber dem/der Bewerber/in unzulässig sind, können nicht über den Umweg der Arbeitgeberauskunft gestattet sein. Die Auskunft muss in Abwägung der berechtigten Interessen des anfragenden Arbeitgebers und des schutzwürdigen Interesses des Beschäftigten erfolgen, wobei der Grundsatz der Vertraulichkeit der Personalakte zu berücksichtigen ist.[38]

24 Übermittlungen nach § 18 Abs. 1 S. 2 bzw. 3 wird regelmäßig eine **Zweckänderung** zugrunde liegen. Zur allgemeinen Zulässigkeit der zweckändernden Verarbeitung von Beschäftigtendaten macht das LDSG keine expliziten Aussagen. Die einleitende Formulierung in Abs. 1 S. 1 („Personenbezogene Daten von Bewerberinnen und Bewerbern sowie Beschäftigten dürfen *nur* verarbeitet werden, wenn …“) spricht für eine enge Zweckbindung und dafür, dass ein Rückgriff auf § 9 DSG NRW bzw. Art. 6 Abs. 4 DS-GVO ausgeschlossen sein soll.[39] Zweckändernde Verarbeitungen unmittelbar auf die allgemeinen Erlaubnistatbestände in § 18 Abs. 1 S. 1 zu stützen, dürfte daran scheitern, dass an die zweckändernde Datenverarbeitung dann keine anderen Bedingungen bestünden als an die Verarbeitung zum ursprünglichen Erhebungszweck. Dies kann aber mit dem Zweckbindungsgrundsatz aus Art. 5 Abs. 1 lit. b DS-GVO nicht vereinbar sein. Taugliche Rechtsgrundlage kann daher wohl nur eine (freiwillige) Einwilligung des/der Beschäftigten sein.

III. Beschäftigtendatenverarbeitung auf Grundlage einer Einwilligung (Abs. 2)

25 Abs. 2 regelt die **Anforderungen an einwilligungsbasierte Datenverarbeitungen** im Beschäftigungsverhältnis und ist identisch mit § 26 Abs. 2 BDSG. Soll die Verarbeitung personenbezogener Daten von Beschäftigten auf der Grundlage einer Einwilligung erfolgen, bedarf es danach einer besonderen Prüfung der **Freiwilligkeit der Erklärung**. Der Umstand, dass Einwilligungen generell Grundlage der Verarbeitung von Beschäftigtendaten sein können, ergibt sich aus § 18 Abs. 1 S. 1. Nach der Gesetzesbegründung trägt § 18 Abs. 2 der Besonderheit des Beschäftigungsverhältnisses als Abhängigkeitsverhältnis und der daraus resultierenden Situation der Beschäftigten Rechnung. Eine Freiwilligkeit

35 Ausführlich zu Arbeitgeberauskünften *Gola* Handbuch Beschäftigtendatenschutz Rn. 708 ff.
36 *BAG* Urt. v. 18.12.1984 – 3 AZR 389/83.
37 *Gola* Handbuch Beschäftigtendatenschutz Rn. 715.
38 *Gola* Handbuch Beschäftigtendatenschutz Rn. 717.
39 Vgl. auch *Stähler/Pohler* DSG NRW aF § 29 Rn. 3 zur insoweit gleichlautenden Vorgängernorm.

der Einwilligung kann gemäß Abs. 2 S. 2 insbesondere vorliegen, wenn für die beschäftigte Person ein rechtlicher oder wirtschaftlicher Vorteil erreicht wird oder Arbeitgeber und beschäftigte Person gleichgelagerte Interessen verfolgen. Die Gewährung eines Vorteils soll ausweislich der Gesetzesbegründung etwa bei der Einführung eines betrieblichen Managements zur Gesundheitsförderung oder der Erlaubnis zur Privatnutzung von betrieblichen IT-Systemen anzunehmen sein.[40] Eine Verfolgung gleichgerichteter Interessen soll zB vorliegen bei Aufnahme in eine DNA-Referenzdatei zum Ausschluss von Trugspuren, bei Aufnahme von Name und Geburtsdatum in eine Geburtstagsliste oder der Nutzung von Fotos für das Intranet, bei der Arbeitgeber und Beschäftigter im Sinne eines betrieblichen Miteinanders zusammenwirken. Bei der Beurteilung der Freiwilligkeit der Erklärung ist neben der Art der verarbeiteten Daten und der Eingriffstiefe ua auch der Zeitpunkt der Einwilligungserteilung relevant.[41] So werden Beschäftigte vor Abschluss eines (Arbeits-)Vertrages regelmäßig einer größeren Drucksituation ausgesetzt sein, eine Einwilligung in eine Datenverarbeitung zu erteilen, als im laufenden Beschäftigungsverhältnis. Bedenken gegen eine Freiwilligkeit werden sich in der Praxis insbesondere dann ergeben, wenn komplette IT-Systeme oder Datenverarbeitungsprozesse auf Einwilligungserklärungen der Beschäftigten gestützt werden sollen. In solchen Fällen würde eine Verweigerung der Einwilligung bzw. der spätere Widerruf der Erklärung das komplette System bzw. den kompletten Prozess gefährden, so dass ein unangemessener Druck für die Beschäftigten entsteht.

In Abweichung von der DS-GVO, wonach grundsätzlich jede eindeutige schriftliche, elektronische oder mündliche Willensbekundung eine datenschutzrechtliche Einwilligung darstellen kann, bedarf die Einwilligung von Beschäftigten nach Abs. 2 S. 3 regelmäßig der **Schriftform**. Das Schriftformerfordernis soll nach der Gesetzesbegründung[42] dazu dienen, die informationelle Selbstbestimmung der aufgrund ihrer Abhängigkeitssituation besonders gefährdeten Beschäftigten abzusichern sowie die Nachweispflicht des Arbeitgebers iSv Art. 7 Abs. 1 DS-GVO zu konkretisieren. Ein entsprechendes Schriftformerfordernis existierte bereits nach § 4 a Abs. 1 S. 3 BDSG aF. Dieses galt freilich für alle Arten datenschutzrechtlicher Einwilligungen und nicht nur für Einwilligungen von Beschäftigten. Im Hinblick auf das Schriftformerfordernis nach § 4 a Abs. 1 S. 3 BDSG aF ging die Kommentarliteratur ohne nähere Begründung und weitgehend einmütig davon aus, dass Schriftform im Sinne der datenschutzrechtlichen Regelung Schriftform iSv § 126 Abs. 1 BGB meint.[43] Inzwischen mehren sich die Stimmen, die von einem eigenständigen datenschutzrechtlichen Schriftlichkeitsbegriff ausgehen.[44] Danach können auch Einwilligungen, die per E-Mail oder sonst auf elektronischem Wege abgegeben werden, formwahrend sein. Andere Stimmen halten gar mündliche oder unmissverständliche konkludente Erklärungen entgegen der gesetzlichen Regelung für ausreichend, weil es unionswidrig sei, wenn für eine wirksame Einwilligung die Schriftform verlangt 26

40 LT-Drs. 17/1981, 145.
41 LT-Drs. 17/1981, 145.
42 LT-Drs. 17/1981, 145.
43 *Gola/Schomerus*, BDSG, 10. Aufl. 2010, § 4 a Rn. 13; Simitis/*Simitis*, BDSG, 6. Aufl. 2006, § 4 a Rn. 33; Taeger/Gabel/*Taeger*, BDSG, 2010, § 4 a Rn. 32; ErfK/*Wank*, 11. Aufl. 2011, BDSG § 4 a Rn. 3.
44 So zuerst *Thüsing/Schmidt/Forst* RDV 2017, 116; ebenso BeckOK Datenschutzrecht/*Riesenhuber* BDSG § 26 Rn. 45.

wird.[45] Folgt man den vorgenannten Auffassungen nicht, lassen sich Fälle, in denen die Einholung einer eigenhändigen Unterschrift nicht praktikabel ist, ggf. über die gesetzlich vorgesehene Ausnahmeklausel („soweit nicht wegen besonderer Umstände eine andere Form angemessen ist“) lösen. So dürfte zB ein Beschäftigter, der in einer Außenstelle der Behörde sitzt und mit dem Arbeitgeber im Wesentlichen nur per E-Mail kommuniziert, eine Einwilligungserklärung auch auf diesem Wege abgeben können.[46] Ein Allheilmittel ist die Ausnahmeklausel allerdings nicht, da das gesetzliche Regel-Ausnahme-Verhältnis erhalten bleiben muss und stets besondere Umstände gefunden werden müssen, die eine Abweichung von der Schriftform rechtfertigen. Allein der Umstand, dass das Einholen von Einwilligungen in elektronischer Form oder in Textform in Bezug auf eine Angemessenheit in der betrieblichen Praxis eher den Regelfall darstellen mag,[47] reicht insofern als Begründung nicht aus. Dem zu begegnen ist Aufgabe des Gesetzgebers, nicht des Rechtsanwenders. Der Bundesgesetzgeber hat für die Bundesebene das Problem im Rahmen des zweiten Datenschutz-Anpassungs- und Umsetzungsgesetzes EU (2. DSAnpUG-EU) dadurch gelöst, dass § 26 Abs. 2 S. 3 BDSG neben der Schriftform nunmehr explizit auch die elektronische Form zulässt.

27 Im Zusammenhang mit der Einholung einer Einwilligung treffen den Arbeitgeber spezifische **Aufklärungspflichten**. Der Arbeitgeber ist verpflichtet, die beschäftigte Person über den **Zweck der Datenverarbeitung sowie** ihr **Widerrufsrecht** nach Art. 7 Abs. 3 DS-GVO aufzuklären. Insoweit reicht ausweislich des ausdrücklichen Gesetzestextes die Wahrung der Textform.

IV. Verarbeitung besonderer Kategorien von Beschäftigtendaten (Abs. 3)

28 Abs. 3 regelt die **Verarbeitung besonderer Kategorien personenbezogener Daten iSd Art. 9 Abs. 1 DS-GVO im Beschäftigungskontext.** Die Bestimmung stützt sich auf die Öffnungsklausel in Art. 9 Abs. 2 lit. b DS-GVO und entspricht derjenigen in § 26 Abs. 3 S. 1 und 2 BDSG. Von praktischer Bedeutung ist insbesondere die Verarbeitung von Gesundheitsdaten des/der Beschäftigten – vor allem bei Begründung sowie bei Durchführung des Beschäftigungsverhältnisses –, aber auch der Religionszugehörigkeit zum Zwecke der Abführung der Kirchensteuer durch den Arbeitgeber sowie der Gewerkschaftszugehörigkeit von Beschäftigten.[48]

29 § 18 Abs. 3 kommt immer dann als Rechtsgrundlage für die Verarbeitung in Betracht, wenn **Rechte oder Pflichten aus dem Arbeitsrecht, dem Recht der sozialen Sicherheit oder des Sozialschutzes** die Verarbeitung auch von besonderen Kategorien personenbezogener Daten erfordern. Die Zulässigkeit der Verarbeitung steht wie bei Abs. 1 unter dem Vorbehalt der Erforderlichkeit und setzt eine Verhältnismäßigkeitsprüfung voraus sowie das Nichtbestehen überwiegender schutzwürdiger Interessen der Beschäftigten an einem Ausschluss der Verarbeitung. Die Bestimmung stellt also für sich genommen keinen eigenen Erlaubnistatbestand dar, sondern kann nur in Verbindung mit aus dem Arbeits- und Sozialrecht resultierenden Rechten oder Pflichten eine Datenverarbeitung rechtfertigen.[49] So hat etwa bei krankheitsbedingter Arbeitsunfähigkeit des Arbeit-

---

45 Kühling/Buchner/*Maschmann* BDSG § 26 Rn. 64; gegen eine Unionswidrigkeit *Kort* ZD 2017, 319 (321); Paal/Pauly/*Pauly* Art. 88 DS-GVO Rn. 4.
46 Ähnlich *Thüsing/Schmidt/Forst* RDV 2017, 116 (122).
47 *Wybitul* NZA 2017, 413 (417).
48 Simitis/Hornung/Spiecker gen. Döhmann/*Seifert* DS-GVO Art. 88 Rn. 221.
49 So auch Gola/*Pötters* DS-GVO Art. 88 Rn. 94 zu § 26 Abs. 3 S. 1 BDSG.

nehmers der Arbeitgeber im Regelfall einen Anspruch auf unverzügliche Mitteilung der Arbeitsunfähigkeit und von deren voraussichtlicher Dauer (§ 5 Abs. 1 S. 1 EFZG). Eine Rechtspflicht iSv § 18 Abs. 3 S. 1 DSG NRW ergibt sich zB auch, wenn der Gesetzgeber die Zulässigkeit der Beschäftigung an ärztliche Untersuchungen knüpft, wie zB in §§ 32 ff. JArbSchG.

Im Zusammenhang mit der identischen Regelung in § 26 Abs. 3 S. 1 BDSG 30
bzw. der zugrundeliegenden Öffnungsklausel in Art. 9 Abs. 2 lit. b DS-GVO ist umstritten, ob eine Datenverarbeitung ausschließlich zur Ausübung bzw. Erfüllung gesetzlicher Rechte und Pflichten gestattet sein soll oder ob die Verarbeitung besonderer Kategorien personenbezogener Daten legitimierende Rechte und Pflichten auch aus dem **Arbeitsvertrag** bzw. der arbeitsrechtlichen Beziehung erwachsen können. Die gleiche Frage stellt sich im Zusammenhang mit § 18 Abs. 3 S. 1 DSG NRW. Für das Erfordernis einer Rechtsvorschrift spricht sich die Datenschutzkonferenz in ihrem Kurzpapier Nr. 17 aus.[50] Für diese Ansicht spricht, dass die DS-GVO die Erforderlichkeit für Zwecke der Vertragserfüllung lediglich im Hinblick auf „normale" personenbezogene Daten als Verarbeitungsgrundlage anerkennt (Art. 6 Abs. 1 lit. b DS-GVO), nicht aber für Daten iSv Art. 9 Abs. 1 DS-GVO. Ein solches Verständnis führt allerdings zu erheblichen Schwierigkeiten in der Praxis. So wäre etwa in Fällen, in denen das Fragerecht des Arbeitgebers auch besondere Kategorien personenbezogener Daten umfasst, die mit der Ausübung des Fragerechts verbundene Datenverarbeitung nicht legitimiert. So ist es dem Arbeitgeber zB arbeitsrechtlich erlaubt, im Bewerbungsgespräch nach Krankheiten zu fragen, die zur dauerhaft fehlenden Eignung des Bewerbers führen. In der Literatur zur gleichlautenden Regelung in § 26 Abs. 3 S. 1 BDSG finden sich daher diverse Stimmen, die den Erlaubnisrahmen weiterziehen und nicht allein gesetzliche Rechte und Pflichten ausreichen lassen wollen.[51] So sieht etwa die BDA es als notwendig, aber auch genügend an, wenn das zu verarbeitende sensitive Datum in jedem Fall konstitutive, dh grundlegende Bedingung für die Rechtsausübung ist.[52]

Rechte und Pflichten iSv § 18 Abs. 3 S. 1 DSG NRW begründen können jeden- 31
falls **Dienstvereinbarungen.**[53] Die in einer Dienstvereinbarung getroffenen Regelungen haben normative Wirkung, dh, sie wirken wie Gesetze auf die Arbeits- und Dienstverhältnisse der von ihr betroffenen Bediensteten. In Art. 9 Abs. 2 lit. b DS-GVO sind Kollektivvereinbarungen als mögliche Rechtsgrundlage der Datenverarbeitung explizit erwähnt. Eine klarstellende Bestimmung entsprechend § 26 Abs. 4 S. 1 BDSG auch für das Landesrecht wäre wünschenswert.

Abs. 3 regelt ausschließlich die Verarbeitung besonderer Arten personenbezoge- 32
ner Daten für Zwecke des Beschäftigungsverhältnisses. **Die Zulässigkeit der Verarbeitung besonderer Kategorien personenbezogener Daten für andere Zwecke bleibt unberührt;** zB richtet sich diese im Fall der Verarbeitung zu Zwecken der Gesundheitsvorsorge nach § 16 Abs. 1 Nr. 3 DSG NRW. Sollte eine Verar-

50 *Datenschutzkonferenz*, Kurzpapier Nr. 17: Besondere Kategorien personenbezogener Daten, Stand: 27.3.2018, S. 1 f.; ebenso Paal/Pauly/*Gräber/Nolden* BDSG § 26 Rn. 41; Gola/*Pötters* DS-GVO Art. 88 Rn. 94.

51 Vgl. etwa *Piltz* BDSG § 26 Rn. 84; ähnlich Gola/Heckmann/*Gola* BDSG § 26 Rn. 144 ff.

52 *BDA (Hrsg.)*, Beschäftigtendatenschutz und Datenschutz-Grundverordnung in der Praxis, S. 132.

53 So auch die *Datenschutzkonferenz*, Kurzpapier Nr. 17: Besondere Kategorien personenbezogener Daten, Stand: 27.3.2018, S. 1 f.

beitung zugleich mehreren Zwecken dienen, gilt für den jeweiligen Zweck die jeweils einschlägige Verarbeitungsgrundlage.[54]

33 Nach Abs. 3 S. 2 gelten die Vorschriften des Abs. 2 auch für die **Einwilligung** von Beschäftigten in die Verarbeitung besonderer Kategorien personenbezogener Daten, wie zB von Gesundheitsdaten; die Einwilligung muss sich dabei ausdrücklich auf diese Daten beziehen. An die Freiwilligkeit einer Einwilligung in die Verarbeitung besonderer Kategorien personenbezogener Daten sind hohe Anforderungen zu stellen.[55]

34 Auch ohne expliziten Verweis in § 18 Abs. 3 DSG NRW ist § 15 DSG NRW zu beachten, sofern öffentliche Stellen des Landes, Gemeinden oder Gemeindeverbände besondere Kategorien von Beschäftigtendaten verarbeiten.[56]

V. Besonderheiten hinsichtlich der personenbezogenen Daten von Bewerberinnen und Bewerbern im Polizeibereich (Abs. 4)

35 Nach Abs. 4 dürfen personenbezogene **Daten von Bewerberinnen und Bewerbern für den Polizeivollzugsdienst** oder ein Arbeits-, Ausbildungs- oder Praktikantenverhältnis in Polizeibehörden zum Zwecke der Überprüfung der Einstellungsvoraussetzungen an Polizei- und Verfassungsschutzbehörden übermittelt werden (S. 1). Die Daten dürfen in den Vorgangsverwaltungs- und Informationssystemen der Polizei- und der Verfassungsschutzbehörden verarbeitet werden (S. 2). Abs. 4 soll einen gesetzlichen Erlaubnistatbestand für die Übermittlung der Daten der Bewerber/innen an die Polizei- und Verfassungsschutzbehörden sowie die dortige Verarbeitung begründen. Der Umstand, dass es einer Einwilligung der Bewerber/innen nicht bedarf, ist in S. 3 des Absatzes nochmal deklaratorisch festgestellt.

36 Zur Begründung der Regelung wird in der Gesetzesbegründung[57] ausgeführt, dass aufgrund der Entwicklung der Sicherheitslage in Europa und in der Bundesrepublik Deutschland ein Ausschluss von Sicherheitsbedenken durch den Einsatz der Bewerberinnen und Bewerber vor der Einstellung bzw. Verwendung im öffentlichen Interesse liege. Es seien daher für die Zukunft auch entsprechende Überprüfungen der Rechts- und Verfassungstreue der Bewerberinnen und Bewerber zu ermöglichen. Zudem sei auch eine Beschäftigung von Regierungsbeschäftigten in der Polizei in einem deutlich erweiterten Umfang vorgesehen.

37 Auch wenn mit der Regelung mit der freiheitlich demokratischen Grundordnung und der Funktionsfähigkeit der Polizei Rechtsgüter von besonderer Bedeutung geschützt werden sollen, bedarf sie zur Vermeidung eines unverhältnismäßigen Eingriffs in die Persönlichkeitsrechte der betroffenen Bewerber/innen jedenfalls einer **einschränkenden Interpretation**. So wird eine Sicherheitsabfrage nur bzgl. solcher Bewerber/innen in Betracht kommen, die nach einer ersten Sichtung für die ausgeschriebene Stelle prinzipiell in Erwägung gezogen werden. Auch werden die angerufenen Polizei- und Verfassungsschutzbehörden die Daten der Bewerber/innen regelmäßig nur zweckgebunden zur Prüfung der Einstellungsvoraussetzungen verarbeiten dürfen und diese nach Zweckerreichung zu löschen haben. Die Sammlung und Auswertung personenbezogener Informationen durch den Verfassungsschutz zu eigenen Zwecken würde voraussetzen,

---

54 Vgl. zum gesamten Absatz LT-Drs. 17/1981, 145.
55 LT-Drs. 17/1981, 145.
56 Vgl. auch die Gesetzesbegründung zu § 15 (LT-Drs. 17/1981, 142).
57 LT-Drs. 17/1981, 146.

dass tatsächliche Anhaltspunkte für verfassungsfeindliche Bestrebungen der betroffenen Personen vorliegen. Soweit Anfragen an das Bundesamt für Verfassungsschutz betroffen sind, besitzt der Landesgesetzgeber im Übrigen nur die Gesetzgebungszuständigkeit bezüglich der Übermittlung personenbezogener Daten an den Verfassungsschutz und die anschließende Verarbeitung des Ergebnisses der Überprüfung durch die Landesbehörden. Hinsichtlich der Verarbeitung von Daten beim Bundesamt für Verfassungsschutz oder der Bundespolizei kann der Landesgesetzgeber keine Regelungen treffen.

Fraglich ist, ob über die mit der Sicherheitsabfrage bei den Polizei- und Verfas- 38
sungsschutzbehörden **verbundene Übermittlung von Daten** der Bewerber/innen **zumindest gemäß Art. 13 DS-GVO zu informieren ist.** Dem könnte § 11 Abs. 2 DSG NRW entgegenstehen. Bezieht sich danach die Informationspflicht auf die Übermittlung personenbezogener Daten ua an Polizeidienststellen oder Verfassungsschutzbehörden, so ist die Erteilung der Information nur mit Zustimmung dieser Stellen zulässig. Gleiches gilt für die Übermittlung personenbezogener Daten von diesen Behörden. Vorliegend stellt sich allerdings die Frage, mit welcher Begründung Verfassungsschutz bzw. Polizei die Zustimmung ermessensfehlerfrei verweigern sollten, denn betroffen ist hier nicht die Übermittlung von Daten über potenzielle Gefährder, die durch die Information nach Art. 13 DS-GVO ggf. gewarnt werden könnten. Vielmehr geht es lediglich um die Information über eine – aus Sicht des Bewerbers/der Bewerberin aber durchaus relevante – routinemäßige Abfrage. Die Position der Polizei- bzw. Verfassungsschutzbehörden dürfte durch die Information der betroffenen Personen regelmäßig nicht beeinträchtigt sein.

VI. Führung von Personalakten (Abs. 5)

Die detaillierten **Regelungen zum Personalaktenrecht** in § 50 BeamtStG und in 39
§§ 83 ff. LBG NRW gelten originär nur für Beamte. Im TV-L ist nur das Recht auf Einsicht in die Personalakte und die Pflicht zur Anhörung vor Aufnahme negativer Vorgänge geregelt (§ 3 Abs. 6 TV-L). Nach Auffassung des Landesgesetzgebers ist eine Ungleichbehandlung in diesem Bereich aber aus datenschutzrechtlicher Sicht nicht gerechtfertigt.[58] Aufgrund der erheblichen Anzahl der tarifbeschäftigten Arbeitnehmer im öffentlichen Dienst und deren Bedürfnis nach einem entsprechenden Schutz ihrer personenbezogenen Daten bestimmt § 18 Abs. 5 DSG NRW deshalb, dass die beamtenrechtlichen Vorschriften über die Führung von Personalakten in der jeweils geltenden Fassung auch für alle nicht beamteten Beschäftigten einer öffentlichen Stelle sinngemäß anzuwenden sind.[59] Auch im Hinblick auf nicht beamtete Beschäftigte hat also der/die öffentliche Arbeitgeber/in die Verpflichtung zur Führung von Personalakten, den Grundsatz der Vertraulichkeit von Personalaktendaten und die Zweckbindung derselben gemäß § 50 BeamtStG sowie die Regelungen zu Gliederung, Aktenführung, Digitalisierung etc in §§ 83 LBG NRW zu beachten.

Unterschiede zwischen Beamten/Beamtinnen einerseits und Tarifbeschäftigten 40
andererseits können sich allerdings ergeben, sofern die **Aufnahme und Entfernung von bestimmten Vorgängen und Vermerken in die bzw. aus der Personalakte** betroffen ist (vgl. Abs. 5 Hs. 2). Im Personalaktenrecht gilt einerseits der Grundsatz der Personalaktenwahrheit, andererseits der Resozialisierungsgedan-

58 LT-Drs. 12/4476, 72.
59 BeckOK Beamtenrecht NRW/*Kawik*, 10. Edition Stand: 1.10.2019, § 83 LBG NRW Rn. 3.

ke. Danach sind Unterlagen über Beschwerden, Behauptungen sowie Bewertungen, die sich als unbegründet oder falsch erwiesen haben, aus der Personalakte von Amts wegen nach Zustimmung des Beamten zu entfernen, § 88 Abs. 1 Nr. 1 LBG NRW. Vorgänge, die zulässigerweise in die Personalakte aufgenommen wurden, die für den Beamten aber ungünstig sind oder ihm nachteilig werden können, sind auf Antrag nach zwei Jahren zu entfernen und zu vernichten, wobei dienstliche Beurteilungen ausgenommen sind, § 88 Abs. 1 Nr. 2 LBG NRW. Die Regelung in § 88 LBG NRW bezieht sich allerdings nur auf Unterlagen, auf die die Tilgungsvorschriften des Disziplinarrechts keine Anwendung finden. Letztere Vorschriften sind insofern spezieller. Nach § 16 Abs. 3 LDG NRW sind Eintragungen über Verweis, Geldbuße, Kürzung der Dienstbezüge und Kürzung des Ruhegehaltes einschließlich der in diesem Zusammenhang entstandenen Vorgänge mit Eintritt des Verwertungsverbotes (§ 16 Abs. 1 LDG NRW) von Amts wegen zu entfernen und zu vernichten. Eine Pflicht zur Entfernung besteht auch bezüglich Disziplinarvorgängen, die nicht zu einer Disziplinarmaßnahme geführt haben (§ 16 Abs. 4 LDG NRW). Für Mitteilungen in Strafsachen, soweit sie nicht Bestandteil einer Disziplinarakte sind, sowie Auskünfte aus dem Bundeszentralregister gilt § 88 Abs. 2 LBG, der vorsieht, dass diese Vorgänge von Amts wegen mit Zustimmung des Beamten nach zwei Jahren zu entfernen und zu vernichten sind.

41 Während also bei Beamtinnen und Beamten zu gegebener Zeit eine Tilgung oder Entfernung negativer Aspekte aus der Personalakte erfolgt, dürfen entsprechende Vorgänge arbeits- und tarifrechtlich ggf. für im weiteren Verlauf des Arbeitsverhältnisses erforderliche Maßnahmen (Abmahnung, Änderungskündigung, Kündigung) in der Personalakte verbleiben. So besteht eine Verpflichtung zur Entfernung bzw. Löschung von Unterlagen über rechtmäßig erfolgte Abmahnungen nur, wenn die Abmahnung durch Zeitablauf wirkungslos geworden ist. Ob dies der Fall ist, ist regelmäßig anhand sämtlicher Umstände des Einzelfalls zu bestimmen.[60] Insbesondere sind die Art der Verfehlung sowie das weitere Verhalten des/der Arbeitnehmers/Arbeitnehmerin und die Einstellung des/der Arbeitgebers/Arbeitgeberin hierzu im Anschluss an die Abmahnung sowie die Geringfügigkeit bzw. Erheblichkeit der erhobenen Vorwürfe zu berücksichtigen. Ferner ist zu würdigen, ob seitdem eine neue Abmahnung ausgesprochen werden musste. Die Speicherung des Vorgangs ist also so lange zulässig, wie die betreffenden Vorgänge für die weitere berufliche Beurteilung und Entwicklung des Arbeitnehmers von Bedeutung bleiben, was für die Dauer des gesamten Arbeitsverhältnisses der Fall sein kann.[61]

VII. Personenbezogene Daten aus ärztlichen oder psychologischen Einstellungsuntersuchungen (Abs. 6)

42 Abs. 6 entspricht im Wesentlichen § 29 Abs. 3 DSG NRW aF. Er regelt in S. 1 die **„Weiterverarbeitung“ der bei ärztlichen oder psychologischen Untersuchungen und Tests zum Zwecke der Eingehung eines Beschäftigungsverhältnisses erhobenen Daten** und stellt diese unter den Vorbehalt der schriftlichen Einwilligung der betroffenen Person. Gemeint ist in Abs. 6 S. 1 die Verarbeitung der bei der ärztlichen oder psychologischen Untersuchung zum Zwecke der Eingehung eines Beschäftigungsverhältnisses erhobenen Anamnese- und Diagnosedaten durch die Einstellungsbehörde. Die Anamnese- und Diagnosedaten sind in Ab-

60 *BAG* Urt. v. 19.7.2012 – 2 AZR 782/11.
61 *Gola* Handbuch Beschäftigtendatenschutz Rn. 843.

grenzung zu sehen zu dem in Abs. 6 S. 2 angesprochenen zusammenfassenden Ergebnis der Eignungsuntersuchung.

Das im Verhältnis zur DS-GVO überobligatorische **Schriftformerfordernis** bezüglich der Einwilligung nach Abs. 6 S. 1 stützt der Landesgesetzgeber auf Art. 9 Abs. 4 DS-GVO und begründet die zusätzliche formale Anforderung mit dem „Interesse der Betroffenen". Im Rahmen eines europarechtskonformen Verständnisses von Abs. 6 S. 1 wird man zudem verlangen müssen, dass die schriftliche Einwilligung auch ausdrücklich im Sinne von Art. 9 Abs. 1 lit. a DS-GVO erfolgt. Wenn auch im Detail nicht eindeutig sein mag, welche Anforderungen an eine ausdrückliche Einwilligung konkret zu stellen sein mögen,[62] so ist jedenfalls klar, dass es sich bei Schriftlichkeit und Ausdrücklichkeit um verschiedene Anforderungen handelt.[63] Konkludente, stillschweigende Erklärungen sind nicht ausreichend, sofern eine ausdrückliche Einwilligung gefordert ist.[64] Zudem ist ein erhöhtes Maß an Bestimmtheit erforderlich sowie die Nennung der betroffenen Daten und des Verwendungszwecks.[65] 43

Abs. 6 S. 2 regelt den Umfang der zulässigen Weitergabe von ärztlichen Untersuchungsergebnissen aus Sicht der empfangenden Einstellungsbehörde. Für den Regelfall ist diese danach auf das Ergebnis der Eignungsuntersuchung (Eignung im Hinblick auf die zuvor festgelegten gesundheitlichen Anforderungen ja/nein) und bei der Untersuchung festgestellte Risikofaktoren beschränkt. Einzelne Untersuchungsergebnisse, Befunde und Diagnosen dürfen nur ausnahmsweise angefordert werden, nämlich, wenn diese im Einzelfall notwendig sind, um konkrete Zweifel der Einstellungsbehörde an der Eignung auszuräumen bzw. zu erhärten. Die Einstellungsbehörde muss in die Lage versetzt werden, ihre Einstellungsentscheidung unter sämtlichen rechtlichen und tatsächlichen Gesichtspunkten vertreten zu können. Die Erforderlichkeit einzelner Untersuchungsergebnisse ist substantiiert darzulegen.[66] 44

Nicht in Abs. 6 geregelt ist, unter welchen Voraussetzungen die Einstellungsbehörde die Einstellung überhaupt von einer ärztlichen und/oder psychologischen Untersuchung abhängig machen darf. In einigen Fällen ist die Untersuchung der gesundheitlichen Eignung explizit vorgeschrieben. So darf gemäß § 32 Abs. 1 JArbeitSchutzG ein Jugendlicher (bis 18 Jahre) nur dann beschäftigt werden, wenn er innerhalb der letzten 14 Monate von einem Arzt untersucht worden ist und dem Arbeitgeber/der Arbeitgeberin eine von diesem Arzt ausgestellte Bescheinigung vorliegt. Medizinische Untersuchungen sind auch bei Umgang mit Gefahrenstoffen oder Strahlenbelastung (zB für Röntgenassistenten), für Personen mit besonderer Verantwortung für andere (zB Lokführer, Piloten, Busfahrer) und, vorliegend besonders relevant, bei der **Verbeamtung** vorgeschrieben. Die gesundheitliche Eignung eines Beamtenbewerbers ist zu verneinen, wenn tatsächliche Anhaltspunkte die Annahme rechtfertigen, dass mit überwiegender Wahrscheinlichkeit vor Erreichen der gesetzlichen Altersgrenze Dienstunfähigkeit eintreten wird oder wenn der Beamte mit überwiegender Wahrscheinlichkeit bis zum Erreichen der gesetzlichen Altersgrenze über Jahre 45

62 Gola/*Schulz* DS-GVO Art. 9 Rn. 16; BeckOK Datenschutzrecht/*Albers/Veit* DS-GVO Art. 9 Rn. 51.
63 Gola/*Schulz* DS-GVO Art. 9 Rn. 17.
64 BeckOK Datenschutzrecht/*Albers/Veit* DS-GVO Art. 9 Rn. 51.
65 BeckOK Datenschutzrecht/*Albers/Veit* DS-GVO Art. 9 Rn. 51; ähnlich Kühling/Buchner/*Weichert* DS-GVO Art. 9 Rn. 47; Gola/*Schulz* DS-GVO Art. 9 Rn. 16.
66 Zum Ganzen siehe *Stähler/Pohler* DSG NRW aF § 29 Rn. 8.

hinweg regelmäßig krankheitsbedingt ausfallen und deshalb eine erheblich geringere Lebensdienstzeit aufweisen wird.[67]

46 Der Arbeitgeber bzw. die Arbeitgeberin kann darüber hinaus die Einstellung einer Bewerberin bzw. eines Bewerbers arbeitsrechtlich von der Durchführung einer ärztlichen Untersuchung abhängig machen, sofern das **Vorhandensein bestimmter gesundheitlicher Voraussetzungen** aufgrund der Art der auszuübenden Tätigkeit oder der sie begleitenden Bedingungen eine **wesentliche und entscheidende berufliche Anforderung zum Zeitpunkt der Arbeitsaufnahme** darstellt. Die Arbeitsplatzbezogenheit der Gesundheitsuntersuchung ist zugleich Voraussetzung wie rechtliche Grenze.[68] Zur Frage, ob § 18 Abs. 3 S. 1 DSG NRW Datenverarbeitungen ausschließlich zur Ausübung bzw. Erfüllung gesetzlicher Rechte und Pflichten gestatten kann oder ob die Verarbeitung besonderer Kategorien personenbezogener Daten legitimierende Rechte und Pflichten auch aus dem Arbeitsvertrag bzw. der arbeitsrechtlichen Beziehung erwachsen können, vgl. → Rn. 30. Für die meisten Tätigkeiten wird es einer solchen ärztlichen Eignungsuntersuchung ohnehin nicht bedürfen und daher das schutzwürdige Interesse des Bewerbers an der Nichtvornahme eines solchen Eingriffs in sein Persönlichkeitsrecht überwiegen.[69] Unzulässig ist auch ein allgemeines, von den konkreten Anforderungen des in Aussicht genommenen Arbeitsplatzes losgelöstes **Drogenscreening.**[70]

47 **Psychologische Tests,** mit denen aktuelle Zustände oder überdauernde Eigenschaften, Dispositionen, Interessen, Einstellungen von Bewerbern ermittelt werden sollen, sind außerhalb spezialgesetzlicher Vorgaben, wie zB § 5 Abs. 1 Nr. 4 Triebfahrzeugführerscheinverordnung (TfV), nur zulässig, soweit eine Notwendigkeit der Datenerhebung in Bezug zum Anforderungsprofil des konkreten Arbeitsplatzes besteht. Hinsichtlich der Mehrzahl der Arbeitsplätze wird ein solcher psychologischer Ermittlungsbedarf abzulehnen sein. Ausnahmen können gelten, wenn Zuverlässigkeit, Belastbarkeit und Verhalten des Bewerbers in Krisensituationen auch für Dritte relevant sind, wie zB bei Piloten. **Allgemeine Persönlichkeitstests** und rein **quantifizierende Intelligenztests** sind regelmäßig rechtswidrig.[71]

48 Über die Zulässigkeit der Datenerhebung und -weitergabe aus der Perspektive des Arztes ist mit der Regelung in Abs. 6 keine Aussage getroffen. Dem Arzt ist weiterhin zu raten, sich eine schriftliche Einwilligungserklärung sowohl zur Untersuchung als auch zur Weitergabe der Tauglichkeitsmitteilung unterschreiben zu lassen.[72]

49 Zu Untersuchungen und Tests im laufenden Beschäftigungsverhältnis → Rn. 55 ff.

---

67 *BVerwG* Urt. v. 25.7.2013 – 2 C 12/11 und Urt. v. 30.10.2013 – 2 C 16/12.
68 Simitis/Hornung/Spiecker gen. Döhmann/*Seifert* DS-GVO Art. 88 Rn. 90 mwN.
69 Simitis/Hornung/Spiecker gen. Döhmann/*Seifert* DS-GVO Art. 88 Rn. 90.
70 Simitis/Hornung/Spiecker gen. Döhmann/*Seifert* DS-GVO Art. 88 Rn. 91.
71 Zu psychologischen Testverfahren vgl. *Gola* Handbuch Beschäftigtendatenschutz Rn. 696 ff.
72 Zur Lage vor Geltung der DS-GVO ausführlich *Beckschulze* BB 2014, 1013 (1017 f.).

VIII. Datenlöschung nach Beendigung des Bewerbungsverfahrens bzw. Beschäftigungsverhältnisses (Art. 7)

50 Abs. 7 entspricht im Wesentlichen § 29 Abs. 4 DSG NRW aF. Abs. 7 S. 1 verlangt eine Zwangslöschung von Bewerber-/Bewerberinnendaten, sobald feststeht, dass das Beschäftigungsverhältnis nicht zustande kommt. Die **Löschpflicht** bezieht sich nicht nur auf digitale Unterlagen, sondern auch auf Bewerbungsunterlagen in Papierform, sofern diese von der öffentlichen Stelle nicht zurückgesendet werden.[73] Der sachliche Anwendungsbereich des DSG NRW ist weiter als derjenige der DS-GVO (vgl. Art. 2). Das DSG NRW gilt unabhängig von der Form der personenbezogenen Datenverarbeitung.[74]

51 Wie bereits nach § 29 Abs. 4 DSG NRW aF gilt eine Ausnahme von der Löschpflicht, soweit der/die Bewerber/in der weiteren Speicherung seiner/ihrer personenbezogenen Daten zugestimmt hat. Bei Vorliegen einer entsprechenden **Einwilligung** kann auf Unterlagen vielversprechender Bewerber also auch im Zusammenhang mit anderen Stellenausschreibungen zurückgegriffen werden als derjenigen, auf die sich ursprünglich beworben wurde. An der Pflicht zur Datenlöschung ändert auch eine **Initiativbewerbung** nichts. Sofern keine Stelle zu besetzen ist, ist eine Aufbewahrung nicht erforderlich und der/die Bewerber/in um seine/ihre Einwilligung zu bitten, wenn ggf. in Zukunft nochmal auf ihn/sie zurückgekommen werden soll.

52 Neu im Verhältnis zum DSG NRW aF ist, dass Abs. 7 S. 1 explizit auch eine Zulässigkeit der Weiterspeicherung von Bewerberdaten vorsieht, solange **Fristen für die Geltendmachung von Ansprüchen nach dem Allgemeinen Gleichbehandlungsgesetz** vom 14.8.2006 (BGBl. I S. 1897) in der jeweils geltenden Fassung laufen. Gemäß § 15 Abs. 4 AGG muss ein Anspruch auf Schadensersatz (§ 15 Abs. 1 AGG) oder auf Geldentschädigung (§ 15 Abs. 2 AGG) wegen einer nach dem AGG verbotenen Diskriminierung innerhalb von zwei Monaten nach Zugang der Ablehnung schriftlich geltend gemacht werden, es sei denn, aus einem Tarifvertrag ergibt sich etwas anderes. Die Klage auf Entschädigung nach § 15 AGG muss innerhalb von drei Monaten, nachdem der Anspruch schriftlich geltend gemacht worden ist, erhoben werden (§ 61 b Abs. 1 ArbGG). Lehnt der Dienstherr die Zahlung von Schadensersatz/Entschädigung per Bescheid ab, muss er die Ablehnung nach § 58 VwGO mit einer Rechtsbehelfsbelehrung versehen, aus der sich ergibt, welches Rechtsmittel innerhalb welcher Frist einzulegen ist.[75] Eine Berechtigung, personenbezogene Daten zur „Geltendmachung, Ausübung oder Verteidigung von Rechtsansprüchen" vorzuhalten, kennt auch die DS-GVO, vgl. Art. 17 Abs. 3 lit. e DS-GVO. Die DS-GVO-Regelung ist allerdings weiter und nicht beschränkt auf das AGG-Recht. Eine Beschränkung der DS-GVO-Rechte des Verantwortlichen und ein daraus resultierender Konflikt mit europarechtlichen Vorgaben lässt sich nur vermeiden, indem man der Regelung zur weiteren Speicherung im zweiten Halbsatz von Abs. 7 S. 1 keine abschließende Wirkung zuschreibt.

53 Abs. 7 S. 2 beschäftigt sich mit der Frage, wie nach **Ende des Beschäftigungsverhältnisses** mit den personenbezogenen Daten der ehemaligen Beschäftigten zu

73 Sofern es sich nicht um eine Initiativbewerbung, sondern um eine Bewerbung auf eine ausgeschriebene Stelle handelt, besteht regelmäßig die Pflicht zur Rücksendung von postalisch eingesandten Unterlagen.
74 LT-Drs. 17/1981, 135 (Ausführungen zu § 5 Abs. 6).
75 Zur Frage, wann einer Klage aus dem Beamtenverhältnis ein Widerspruchsverfahren vorauszugehen hat, siehe § 103 Abs. 1 LBG NRW.

verfahren ist. Hiernach sind nach Beendigung eines Beschäftigungsverhältnisses personenbezogene Daten zu löschen, wenn diese Daten nicht mehr benötigt werden, es sei denn, dass Rechtsvorschriften der Löschung entgegenstehen. Als Gründe für die Beendigung des Beschäftigungsverhältnisses kommen insbesondere das Erreichen der Altersgrenze, die (rechtskräftige) Kündigung, ein Aufhebungsvertrag, der Tod des/der Beschäftigten oder der Eintritt der Berufs- oder Erwerbsunfähigkeit in Betracht. Wird ein Beamter wegen Dienstunfähigkeit in den Ruhestand versetzt, ist eine erneute Berufung in das Beamtenverhältnis wegen Wiederherstellung der Dienstfähigkeit jedoch nicht ausgeschlossen (§ 35 LBG NRW), so dürfen zur Prüfung und Organisation der Wiedereinstellung nötige Daten weiterhin vorgehalten werden.[76] Als der Löschung entgegenstehende Vorschriften sind vor allem steuer- und sozialversicherungsrechtliche Aufbewahrungsvorschriften von Belang. Unter Umständen können (Teil-)Informationen aus Personalakten als historisch relevante Vorgänge den öffentlichen Archiven zur Übernahme anzubieten sein (§ 10 DSG NRW iVm Archivgesetz NRW). Die Regelung in Abs. 7 S. 2 entspricht der Regelung in Art. 17 Abs. 1 lit. a, Abs. 3 lit. b DS-GVO. Abs. 7 S. 2 ist europarechtskonform dahin gehend zu lesen, dass andere potenzielle Gründe für eine Weiterspeicherung nach Art. 17 Abs. 3 DS-GVO nicht ausgeschlossen werden sollen, etwa die Weiterspeicherung zwecks Geltendmachung, Ausübung oder Verteidigung von Rechtsansprüchen.

54 Die Frage, in welchem Umfang personenbezogene Beschäftigtendaten im laufenden Dienst- oder Arbeitsverhältnis zu löschen sind, regelt Abs. 7 nicht. Maßgeblich ist insofern Art. 17 DS-GVO, wonach etwa unzulässigerweise verarbeitete oder zur Durchführung eines bestehenden Dienst- oder Arbeitsverhältnisses nicht mehr erforderliche Daten zu löschen sind (Abs. 1 lit. a und d).

IX. Verarbeitung der Ergebnisse medizinischer oder psychologischer Untersuchungen und Tests (Art. 8)

55 Die Regelung in Abs. 8 entspricht § 29 Abs. 5 DSG NRW aF. Ähnliche Bestimmungen finden sich auch in § 89 Abs. 3 LBG NRW und § 114 Abs. 3 BBG.

56 Abs. 8 reguliert die **Form der Verarbeitung von Ergebnissen medizinischer oder psychologischer Untersuchungen und Tests.** Letztere dürfen danach automatisiert nur verarbeitet werden, wenn dies dem Schutz der Beschäftigten dient. Im Verhältnis zu den herkömmlichen Formen manueller Personaldatenverwaltung resultieren die spezifischen Gefährdungen der automatisierten Personaldatenverarbeitung insbesondere daraus, dass die automatisierte Verarbeitung Speicherungs- und Verknüpfungsmöglichkeiten in praktisch unbegrenzter Menge, und dies sowohl hinsichtlich der Zahl als auch der Art, möglich macht. Hierdurch ergeben sich Gefahren für die Transparenz der Datenverarbeitung wie auch eine erhöhte Gefahr des Missbrauchs und Kontextverlusts.[77] Dem Schutz des/der Beschäftigten dienen sollen zB Angaben über Tropentauglichkeit oder Schwerbehinderteneigenschaft.[78]

57 Die Regelung bezieht sich auf Untersuchungen und Tests zum Zwecke der Eingehung eines Beschäftigungsverhältnisses (vgl. hierzu die Kommentierung zu Abs. 6, → Rn. 42 ff.) ebenso wie auf Untersuchungen und Tests im laufenden

---

76 Vgl. auch *Stähler/Pohler* DSG NRW aF § 29 Rn. 9.
77 BT-Drs. 12/544, 13, allgemeine Begründung ua zu § 90 g Abs. 3 BBG aF (Vorgängernorm zur Parallelvorschrift von § 18 Abs. 8 DSG NRW in § 114 Abs. 3 BBG).
78 BT-Drs. 12/544, 21 zu § 90 g Abs. 3 BBG aF.

Beschäftigungsverhältnis. Im laufenden Beschäftigungsverhältnis kann eine Untersuchung erforderlich sein, wenn tatsächliche Zweifel an der fortdauernden Eignung des Beschäftigten bestehen, ein Tätigkeits- bzw. Arbeitsplatzwechsel beabsichtigt ist oder weil besondere Bedingungen der Beschäftigung vorliegen, die eine regelmäßige Untersuchung anhand des Anforderungsprofils und der Gefährdungsbeurteilung erfordern und dies in einer Dienstvereinbarung festgehalten ist.[79]

Der Umstand, dass sich Abs. 8 nur auf Ergebnisse medizinischer oder psychologischer Untersuchungen und Tests bezieht, bedeutet nicht, dass **Einzelinformationen** aus entsprechenden Untersuchungen und Tests großzügiger automatisiert verarbeitet werden dürfen. Vielmehr berücksichtigt die Regelung bereits den Umstand, dass der beschäftigenden Stelle regelmäßig überhaupt nur die Verarbeitung zusammenfassender Eignungsergebnisse gestattet ist (vgl. dazu auch → Rn. 44). Sofern ausnahmsweise einzelne Anamnese- und Diagnosedaten verarbeitet werden dürfen, gelten die Anforderungen aus Abs. 8 erst recht. Eine automatisierte Verarbeitung ärztlicher Unterlagen ist im Rahmen der Personalverwaltung grundsätzlich ausgeschlossen. Die Verarbeitung von Unterlagen aus medizinischen und psychologischen Untersuchungen und Tests in selbstständigen Systemen des ärztlichen Dienstes soll die Norm hingegen nicht verbieten.[80] 58

X. Zweckbindung von im Rahmen technischer und organisatorischer Maßnahmen gespeicherter Beschäftigtendaten (Abs. 9)

Abs. 9 verbietet eine Nutzung von **Beschäftigtendaten, die im Rahmen der Durchführung von technischen und organisatorischen Maßnahmen nach Art. 32 DS-GVO gespeichert werden**, zu Zwecken der Verhaltens- und Leistungskontrolle und stimmt im Wesentlichen mit § 29 Abs. 6 DSG NRW aF überein. Für eine spezielle Kategorie von Beschäftigtendaten begründet die Regelung also eine **ausnahmslose Zweckbindung**. Sie befreit damit eine Datenschutzmaßnahme (Datenspeicherung auf Grundlage von Art. 32 DS-GVO) von datenschutzwidrigen Nebeneffekten (Leistungs- und Verhaltenskontrolle auf Basis von personenbezogenen Daten, die nur auf Grundlage datenschutzrechtlicher Vorgaben vorhanden sind).[81] 59

XI. Informationsgrundlage bei Beurteilungen (Abs. 10)

Abs. 10 ist identisch mit § 29 Abs. 7 DSG NRW aF. Nach Abs. 10 dürfen **Beurteilungen** von Beschäftigten nicht allein auf Informationen gestützt werden, die unmittelbar durch automatisierte Datenverarbeitung gewonnen werden. Die Regelung dient dem Schutz der Beschäftigten und basiert auf dem gleichen Grundgedanken wie die Regelung zu automatisierten Einzelfallentscheidungen einschließlich Profiling in Art. 22 DS-GVO und die diesbezügliche Vorgängernorm in Art. 15 RL 95/46/EG: Es soll die ungeprüfte Unterwerfung des Individuums unter die Entscheidung einer Maschine verhindert werden. Der Mensch soll nicht zum Objekt automatisierter Entscheidungen werden.[82] Kritiker werfen Regelungen wie Art. 22 DS-GVO und § 18 Abs. 10 DSG NRW demgegenüber vor, sie seien Ausdruck eines diffusen allgemeinen Unbehagens des Gesetz- 60

79 *Beckschulze* BB 2014, 1013 (1017).
80 BT-Drs. 12/544, 21 zu § 90g Abs. 3 BBG aF.
81 Simitis/*Dammann* BDSG aF § 14 Rn. 106 f.
82 Vgl. BeckOK Datenschutzrecht/*von Lewinski* DS-GVO Art. 22 Rn. 2 mwN.

gebers gegenüber maschinellen Entscheidungen und ließen die Vorteile einer objektiven Entscheidungsfindung durch programmierte standardisierte technische Regeln und „künstliche Intelligenz“ gegenüber naturgemäß auch von nicht-sachlichen Erwägungen geleiteten Entscheidungen natürlicher Personen unbeachtet.[83]

61 Der über § 18 Abs. 10 DSG NRW bzw. Art. 22 DS-GVO geregelte Sachverhalt ist allerdings nicht identisch. Während Art. 22 DS-GVO die automatisierte Entscheidungsfindung betrifft, die dahin gehend reguliert wird, dass sie nicht per se verboten ist, aber durch bestimmte organisatorische bzw. verfahrenstechnische Vorkehrungen flankiert sein muss,[84] bezieht sich Abs. 10 auf die Entscheidung einer natürlichen Person, nämlich die Beurteilung durch den/die Dienstvorgesetzte/n. Über Abs. 10 wird die Informationsbasis reguliert, auf welche der/die Vorgesetzte seine/ihre Entscheidung stützen darf. **Nicht gestattet ist danach ein ausschließlicher Rückgriff auf Informationen, die unmittelbar durch automatisierte Datenverarbeitung gewonnen wurden.** Ein solches Vorgehen hätte aus Sicht der betroffenen Beschäftigten die gleiche Wirkung wie eine unmittelbar automatisierte Entscheidungsfindung.

62 Unzulässig nach Abs. 10 ist ein ausschließlicher Rückgriff auf **HR-Intelligence und Analytics Verfahren**, die automatisiert Aussagen zur Leistung von Beschäftigten bzw. Teilaspekten derselben wie Initiative, Kooperation, Produktivität, Zuverlässigkeit, Verbesserung etc treffen. Das Verbot entfällt, sofern der/die Dienstvorgesetzte die automatisierte Bewertung nochmal inhaltlich überprüft, also an den persönlichen Erfahrungen mit dem/der Beschäftigten misst und ggf. anpasst. Die praktische Bedeutung der Norm dürfte daher gering sein. Nicht ausgeschlossen durch Abs. 10 sind zudem Konstellationen, in denen beurteilungsrelevante Aussagen zwar unter Einsatz automatisierter Datenverarbeitung entstehen, die Beurteilungsentscheidung aber beim Vorgesetzten verbleibt, zB Excel-Einsatz, um verschiedene Teilnoten einzutragen und anschließend einen Durchschnittswert zu bilden. In diesen Fällen ist die Leistungsbewertung nicht unmittelbar durch die automatisierte Datenverarbeitung gewonnen.

XII. Geografische Standortbestimmung bei Einsatzkräften (Abs. 11)

63 Abs. 11 regelt die **geografische Standortbestimmung (Ortung) von Einsatzkräften im Zusammenhang mit dem BOS-Digitalfunk.** „Behörden und Organisationen mit Sicherheitsaufgaben (BOS)“ ist ein Sammelbegriff für Einrichtungen, die mit der Abwehr von Gefahren betraut sind. Allgemein bezeichnet man diese Einsatzkräfte auch als Blaulichtorganisationen, sie stellen aber einen umfassenderen Bereich der Einsatzorganisationen dar.[85] Der BOS-Digitalfunk ist ein auf dem TETRA-Standard basierendes universelles Sprach- und Datenfunksystem der BOS-Behörden und -Organisationen.[86] Der BOS-Digitalfunk soll den bisher zum Einsatz kommenden analogen Sprechfunk als Technik ablösen. Die praktische Umsetzung bereitet indes noch Probleme, zB durchdringt der Digitalfunk große Gebäudekomplexe nicht. Die Übertragungsqualität leidet oder die Kom-

83 Gola/*Schulz* DS-GVO Art. 22 Rn. 2.

84 Zur Einordnung von Art. 22 DS-GVO als organisatorische (Verfahrens-)Vorschrift und nicht als materielle Datenverarbeitungsregelung vgl. Gola/*Schulz* DS-GVO Art. 22 Rn. 3.

85 Wikipedia Eintrag „Behörden und Organisationen mit Sicherheitsaufgaben“ (Stand: 12.6.2019).

86 Wikipedia Eintrag „Digitalfunk der Behörden und Organisationen mit Sicherheitsaufgaben“ (Stand: 1.1.2020).

munikation ist unmöglich.[87] Analoge Funktechnik findet daher auch weiterhin Einsatz. Das Verfahren und die Zuständigkeiten bei der Bearbeitung von Anträgen auf Frequenzzuteilung innerhalb der BOS sind in der BOS-Funkrichtlinie geregelt.

Der digitale Sprechfunk bietet die Nebenfunktion, dass durch eingebaute **GPS-Empfänger**, die sich in den digitalen Geräten befinden, eine **Ortung des Standortes** des jeweiligen Gerätes für die Leitstelle bzw. Befehlsstelle möglich ist. Diese zusätzliche Ortungsfunktion des digitalen Sprechfunks bietet die Möglichkeit, die aktuelle Kräfteverteilung auszuwerten und gezielt Einsatzkräfte zum nächstgelegenen Einsatzort zu steuern. Die Ortungsfunktion kann auch eingesetzt werden, um Einsatzkräften vor Ort Hilfe und Unterstützung zukommen zu lassen, sofern diese nicht in der Lage sind, selbst um Unterstützung bei der Leitstelle zu bitten.[88] Auch wenn die gezielte Einsatzsteuerung im Interesse der Allgemeinheit liegt und das Lokalisieren von hilflosen Einsatzkräften im Rahmen der Fürsorge geboten ist, so ist mit einer Ortungsmöglichkeit aus Sicht der betroffenen Beschäftigten allerdings zugleich auch ein weitreichender Eingriff in die Persönlichkeitsrechte verbunden. Insbesondere wohnt solchen Systemen stets die Gefahr einer missbräuchlichen Verwendung zu Zwecken der allgemeinen **Leistungs- und Verhaltenskontrolle** inne. Um Rechtssicherheit im Hinblick auf die mit dem BOS-Digitalfunk verbundenen Ortungsmöglichkeiten zu schaffen, wurde 2015 daher § 29 a Abs. 4 DSG NRW aF eingeführt, die im Wesentlichen identische Vorgängernorm von § 18 Abs. 11. Basis der Regelung in Abs. 11 ist laut Gesetzesbegründung Art. 6 Abs. 1 lit. e iVm Abs. 2 DS-GVO. Insbesondere bei der polizeilichen Einsatzplanung stellt sich allerdings die Frage nach der Abgrenzung zum Anwendungsbereich der Richtlinie (EU) 2016/680 (Art. 2 Abs. 1).[89] 64

Im Rahmen von § 18 Abs. 11 zur Standortbestimmung ihrer Einsatzkräfte berechtigt sind Leit- und Befehlsstellen der Berechtigten nach § 4 Abs. 1 Nr. 1.1, 1.5, 1.6, 1.7 bis 1.9 der **BOS-Funk-richtlinie** vom 7.9.2009 (GMBl. 2009, S. 803) in der jeweils geltenden Fassung, soweit es sich hierbei um kommunale Behörden oder um Landesbehörden handelt. Im Einzelnen sind folgende Stellen erfasst: 65

- nach Nr. 1.1 die Polizei des Landes NRW;
- nach Nr. 1.5 die in § 9 Abs. 1 des Gesetzes über den Feuerschutz und die Hilfeleistung (FSHG) genannten öffentlichen Feuerwehren (freiwillige Feuerwehren, Berufsfeuerwehren, ggf. Pflichtfeuerwehren in kommunaler Trägerschaft);
- nach Nr. 1.6 die Kreise und kreisfreien Städte gemäß § 1 Abs. 1 und 6 FSHG;
- nach Nr. 1.7 die kreisfreien Städte, Kreise und ggf. kreisangehörige Gemeinden gemäß § 6 des Gesetzes über den Rettungsdienst sowie die Notfallrettung und den Krankentransport durch Unternehmer (Rettungsgesetz NRW – RettG NRW) und die zu Nr. 1.5 genannten öffentlichen Feuerwehren gemäß § 17 FSHG iVm dem RettG NRW;

87 Quelle: „Probleme bei neuer Technik: Digitalfunk nicht gut genug für Feuerwehr", Ruhr Nachrichten online, Artikel vom 25.10.2017.
88 Zum gesamten Absatz vgl. LT-Drs. 16/1762, Gesetzentwurf S. 1.
89 Zur Abgrenzung zwischen DS-GVO und Richtlinie vgl. Simitis/Hornung/Spiecker gen. Döhmann/*Roßnagel* DS-GVO Art. 2 Rn. 37 ff. und BeckOK Datenschutzrecht/*Bäcker* DS-GVO Art. 2 Rn. 24 ff.

- nach Nr. 1.8 die mit Sicherheits- und Vollzugsaufgaben gesetzlich beauftragten Behörden und Dienststellen, für die das BMI im Benehmen mit dem BMF und den zuständigen obersten Landesbehörden die Notwendigkeit bestätigt hat, mit den Berechtigten nach Nr. 1.1 – 1.7 über BOS-Funk zusammenzuarbeiten;
- nach Nr. 1.9 der Verfassungsschutz des Landes NRW.

66 Standortinformationen aus dem BOS-Digitalfunk dürfen ohne Einwilligung der betroffenen Beschäftigten ausschließlich verarbeitet werden, soweit dies aus **dienstlichen Gründen zur Sicherheit oder zur Koordinierung der Einsatzkräfte erforderlich** ist. Eine Verarbeitung von Standortdaten zu anderen Zwecken wird durch Abs. 11 S. 2 explizit ausgeschlossen. Letztere Einschränkung bezieht sich allerdings nur auf die Ortung mittels BOS-Digitalfunk. Andere Systeme zur Überwachung des Aufenthaltsortes mittels mobiler technischer Mittel, die nicht auf der BOS-Digitalfunktechnik beruhen, können ausweislich der Gesetzesbegründung gemäß § 18 Abs. 1 S. 1 zulässig sein.[90] Als andere Technik kommt insbesondere die Ortung mittels GPS in Betracht. Die geografische Standortbestimmung bei Einsatzkräften darf ebenso auch auf Grundlage anderer Techniken als unter Einsatz des BOS-Digitalfunks erfolgen. Maßstab für die datenschutzrechtliche Zulässigkeit der Maßnahme bleibt in diesen Fällen allerdings § 18 Abs. 11 (vgl. § 18 Abs. 11 S. 1: „oder durch andere technische Mittel").

67 Abs. 11 gestattet die Ortung unter den dort geregelten Voraussetzungen unabhängig vom Vorliegen einer Einwilligung der betroffenen Beschäftigten („Leitstellen und Befehlsstellen ... dürfen zur Bestimmung des geografischen Standorts personenbezogene Daten der von ihnen gesteuerten Einsatzkräfte ... ohne Einwilligung der betroffenen Person verarbeiten ..."). Lässt sich eine Ortung weder über Abs. 11 noch über § 18 Abs. 1 S. 1 legitimieren, bleibt die Möglichkeit, die **Einwilligung** der betroffenen Beschäftigten einzuholen. Die Freiwilligkeit einer entsprechenden Erklärung bedarf allerdings vertiefter Prüfung (§ 18 Abs. 2).

68 Nach Abs. 11 S. 3 sind die **Standortdaten unverzüglich zu löschen**, wenn sie zur Erreichung des Zwecks der Speicherung nicht mehr erforderlich sind. Diese Regelung entspricht Art. 17 Abs. 1 lit. a DS-GVO. Streng am Wortlaut von Abs. 11 S. 4 orientiert („Die Sätze 1 und 2 gelten für Einsatzkräfte der Berechtigten des § 4 Abs. 1 Nr. 1.1, 1.5, 1.6, 1.7 bis 1.9 der BOS-Funkrichtlinie ...") hat die Löschpflicht nach S. 3 allerdings gar keinen Anwendungsbereich. Da die Löschpflicht ansonsten ins Leere liefe, ist davon auszugehen, dass es sich insofern um ein Redaktionsversehen handelt und S. 4 eigentlich auf die Sätze 1 bis 3 verweisen sollte. Dafür spricht auch ein Vergleich mit der Vorgängernorm in § 29 a Abs. 4 DSG NRW aF.

XIII. Rechte der Interessenvertretungen der Beschäftigten (Abs. 12)

69 Die Regelung in Abs. 12, wonach die **Beteiligungsrechte der Interessenvertretungen der Beschäftigten** unberührt bleiben, ist wortlautidentisch mit § 26 Abs. 6 BDSG und wie die BDSG-Regelung rein klarstellender Natur.[91]

90 LT-Drs. 17/1981, 147.
91 LT-Drs. 17/1981, 147.

Als **Mitbestimmungstatbestände mit Datenschutzrelevanz** kommen insbesondere in Betracht: 70

- Einführung, Anwendung, wesentliche Änderung/Erweiterung von automatisierter Verarbeitung personenbezogener Daten der Beschäftigten außerhalb von Besoldungs-, Gehalts-, Lohn-, Versorgungs- und Beihilfeleistungen sowie Jubiläumszuwendungen (§ 72 Abs. 3 Nr. 1 LPVG)
- Einführung, Anwendung und Erweiterung technischer Einrichtungen, es sei denn, dass deren Eignung zur Überwachung des Verhaltens oder der Leistung der Beschäftigten ausgeschlossen ist (§ 72 Abs. 3 Nr. 2 LPVG)
- Einführung, wesentliche Änderung oder wesentliche Ausweitung betrieblicher Informations- und Kommunikationsnetze (§ 72 Abs. 3 Nr. 5 LPVG)
- Maßnahmen zur Verhütung von Dienst- und Arbeitsunfällen und sonstigen Gesundheitsschädigungen einschließlich Maßnahmen vorbereitender und präventiver Art (§ 72 Abs. 4 Nr. 7 LPVG)[92]
- Regelung der Ordnung in der Dienststelle und des Verhaltens der Beschäftigten (§ 72 Abs. 4 Nr. 9 LPVG)[93]
- Richtlinien für die personelle Auswahl bei Einstellungen, bei Versetzungen, bei Höhergruppierungen und bei Kündigungen (§ 72 Abs. 4 Nr. 14 LPVG)
- Beurteilungsrichtlinien (§ 72 Abs. 4 Nr. 15 LPVG)
- Inhalt von Personalfragebogen (§ 72 Abs. 4 Nr. 17 LPVG).

Zu den Beteiligungsrechten zählt auch das **Recht des Personalrats auf Unterrichtung und Information** nach § 65 LPVG. Insoweit handelt es sich um eine das LDSG verdrängende Informationspflicht.[94] 71

Der Umstand, dass die Beteiligungsrechte der Interessenvertretungen unberührt bleiben, ist indes nicht so zu verstehen, dass das Datenschutz- hinter das Personalvertretungsrecht zurücktritt. Wie bereits ausgeführt (→ Rn. 2), ist der Spielraum der Parteien der Dienstvereinbarung durch **Art. 88 Abs. 2 DS-GVO** begrenzt. Auch der Unterrichtungsanspruch des Personalrates aus § 65 Abs. 1 S. 1 und 2 LPVG kann eingeschränkt sein, soweit es um die Weitergabe persönlicher Daten ohne Einwilligung der betroffenen Beschäftigten geht. Nach Auffassung des OVG NRW[95] ist bei der Auslegung und Anwendung dieser Regelung das Grundrecht der betroffenen Beschäftigten auf informationelle Selbstbestimmung (Art. 2 Abs. 1 iVm Art. 1 GG) zu berücksichtigen. Als bereichsspezifische Gesamtregelung habe § 65 Abs. 1 S. 1 LPVG für das Personalvertretungsrecht zwar eine typisierende und generalisierende Abwägung vorgenommen, so das Gericht. Die generalklauselartigen Bestimmungen in § 65 Abs. 1 S. 1 und 2 LPVG schrieben unter den Gesichtspunkten Aufgabenbezug und Erforderlichkeit zwar die Informationspflicht der Dienststelle als Regelfall vor. Art. 2 Abs. 1 iVm Art. 1 GG komme als Korrektiv allerdings dort zum Zuge, wo sich die typisierende gesetzliche Abwägung im Einzelfall als unverhältnismäßig erweist.[96] **Eine personenbezogene Information des Personalrates wird** vor diesem Hinter- 72

92 Die insoweit gebotene Gefährdungsbeurteilung kann in einem ersten Schritt eine Mitarbeiterbefragung vorsehen, vgl. Gola/Heckmann/*Gola* BDSG § 26 Rn. 181.
93 Eine Regelung des Arbeitgebers, die zur Erhebung, Bekanntgabe etc personenbezogener Daten führt, kann eine mitbestimmungspflichtige Regelung der Ordnung der Dienststelle und des Verhaltens der Beschäftigten darstellen, vgl. Gola/Heckmann/*Gola* BDSG § 26 Rn. 179.
94 *OVG NRW* Beschl. v. 3.4.2017 – 20 A 628/16.PVL, Rn. 28.
95 *OVG NRW* Beschl. v. 3.4.2017 – 20 A 628/16.PVL, Rn. 30.
96 So bereits *BVerwG* Beschl. v. 4.9.2012 – 6 P 5.11, Rn. 28.

grund jedenfalls dann **abzulehnen sein, wenn dieser seine Aufgaben auch mit aggregierten Informationen adäquat erfüllen kann.**

73 Der vom Personalrat geführte Datenbestand darf weder von der Quantität noch von der Qualität an ein Personalinformationssystem heranreichen, dh einer ganz oder in Teilen automatisiert geführten Personalakte gleichkommen. Ansonsten würde das Zustimmungserfordernis aus § 65 Abs. 3 S. 1 Hs. 1 LPVG unterlaufen. Um seinen Pflichten sachgemäß nachkommen zu können, benötigt der Personalrat allerdings einen Überblick, wen er vertritt.[97] Zu diesem Zweck darf er eine eigene **„Grunddatendatei"** aufbauen oder alternativ einen entsprechenden eingeschränkten Zugriff auf das Personalverwaltungssystem erhalten. In Anlehnung an § 67 Abs. 3 S. 2 LPVG Baden-Württemberg wird man zu den „Grunddaten" Name, Funktion sowie deren Bewertung, Besoldungs- oder Entgeltgruppe, Geburts-, Einstellungs- und Ernennungsdatum, Rechtsgrundlage und Dauer der Befristung des Arbeitsverhältnisses, Datum der letzten Beförderung, Höher- oder Rückgruppierung, Beurlaubung und Teilzeitbeschäftigung zählen können. Private Kontaktinformationen der vertretenen Personen, wie zB die private Mailadresse oder Telefonnummer, darf der Personalrat regelmäßig nicht ohne Einwilligung der betroffenen Personen erhalten.[98]

74 Die aktuell im Fluss befindliche **Diskussion, ob der Personalrat als Teil des Verantwortlichen oder als eigener datenschutzrechtlicher Verantwortlicher** anzusehen ist,[99] ist für die Beurteilung von Datenweitergaben an die Mitarbeitervertretung unerheblich. Obgleich das OVG NRW[100] den Personalrat als Teil der verantwortlichen Stelle nach § 3 Abs. 3 DSG NRW aF einstuft, untersagt es Datenweitergaben an denselben, die im Hinblick auf das informationelle Selbstbestimmungsrecht der betroffenen Beschäftigten unverhältnismäßig sind. Dies entspricht der datenschutzrechtlichen Wertung, wonach auch Weitergaben personenbezogener Informationen gegenüber internen Empfängern zu legitimieren sind.

75 Die Praxisrelevanz der Frage, ob der Personalrat eigener datenschutzrechtlicher Verantwortlicher ist, darf gleichwohl nicht unterschätzt werden. Sollte der Personalrat entgegen der vor Geltung der DS-GVO vorherrschenden Meinung als eigener Verantwortlicher anzusehen sein, würden sich hieraus diverse Umsetzungsaufgaben ergeben, so die Pflicht, ein eigenes Verzeichnis der Verarbeitungstätigkeiten (§ 53 LDSG NRW) zu führen, selbst die Informationspflichten (Art. 13/14 DS-GVO) zu erfüllen, einen eigenen Datenschutzbeauftragten (Art. 37 DS-GVO) zu benennen etc.

C. Bedeutung der Vorschrift für die behördliche Praxis

76 Die Regelungen in § 18 haben **große Relevanz für die behördliche Praxis,** macht doch für viele öffentliche Stellen die Beschäftigtendatenverarbeitung einen wesentlichen Bestandteil, wenn nicht den Hauptteil der personenbezogenen Datenverarbeitung aus. § 18 führt die relevanten Bestimmungen der DS-GVO zum Beschäftigtendatenschutz in einer zentralen Vorschrift zusammen und konkreti-

---

97 Zum gesamten Absatz vgl. bei *Gola* Handbuch Beschäftigtendatenschutz Rn. 1673 ff.

98 *OVG NRW* Beschl. v. 3.4.2017 – 20 A 628/16.PVL.

99 Eine eigene datenschutzrechtliche Verantwortlichkeit der betrieblichen und behördlichen Beschäftigtenvertretungen sehen etwa *Brink/Joos* NZA 2019, 1395; anders etwa *Däubler* Gläserne Belegschaften Rn. 850 a.

100 *OVG NRW* Beschl. v. 3.4.2017 – 20 A 628/16.PVL, Rn. 28 unter Berufung auf BVerwG Beschl. v. .9.2012 – 6 P 5.11, Rn. 25.

siert zugleich deren nur allgemeine Regelungen, insbesondere Art. 6 Abs. 1 lit. b sowie Art. 7, für die Verarbeitung von Beschäftigtendaten und erleichtert so die Rechtsanwendung.

§ 19 Verarbeitung zu künstlerischen oder literarischen Zwecken

(1) [1]Werden personenbezogene Daten zu künstlerischen oder literarischen Zwecken verarbeitet, stehen den betroffenen Personen nur die in Absatz 2 genannten Rechte zu. [2]Im Übrigen gelten für Verarbeitungen im Sinne des Satzes 1 Kapitel I, Artikel 5 Absatz 1 Buchstabe f, Artikel 24 und 32, Kapitel VIII, X und XI der Verordnung (EU) 2016/679. [3]Artikel 82 der Verordnung (EU) 2016/679 gilt mit der Maßgabe, dass nur für unzureichende Maßnahmen nach Artikel 5 Absatz 1 Buchstabe f, Artikel 24 und 32 der Verordnung (EU) 2016/679 gehaftet wird.

(2) Führt die künstlerische oder literarische Verarbeitung personenbezogener Daten zur Verbreitung von Gegendarstellungen, zu Verpflichtungserklärungen, gerichtlichen Entscheidungen oder Widerrufen, sind diese zu den gespeicherten Daten zu nehmen, dort für dieselbe Zeitdauer aufzubewahren wie die Daten selbst und bei einer Übermittlung der Daten gemeinsam mit diesen zu übermitteln.

Öffnungsklausel in der DS-GVO für nationale Regelung:

Art. 85 Verarbeitung und Freiheit der Meinungsäußerung und Informationsfreiheit

(1) Die Mitgliedstaaten bringen durch Rechtsvorschriften das Recht auf den Schutz personenbezogener Daten gemäß dieser Verordnung mit dem Recht auf freie Meinungsäußerung und Informationsfreiheit, einschließlich der Verarbeitung zu journalistischen Zwecken und zu wissenschaftlichen, künstlerischen oder literarischen Zwecken, in Einklang.

(2) Für die Verarbeitung, die zu journalistischen Zwecken oder zu wissenschaftlichen, künstlerischen oder literarischen Zwecken erfolgt, sehen die Mitgliedstaaten Abweichungen oder Ausnahmen von Kapitel II (Grundsätze), Kapitel III (Rechte der betroffenen Person), Kapitel IV (Verantwortlicher und Auftragsverarbeiter), Kapitel V (Übermittlung personenbezogener Daten an Drittländer oder an internationale Organisationen), Kapitel VI (Unabhängige Aufsichtsbehörden), Kapitel VII (Zusammenarbeit und Kohärenz) und Kapitel IX (Vorschriften für besondere Verarbeitungssituationen) vor, wenn dies erforderlich ist, um das Recht auf Schutz der personenbezogenen Daten mit der Freiheit der Meinungsäußerung und der Informationsfreiheit in Einklang zu bringen.

(3) Jeder Mitgliedstaat teilt der Kommission die Rechtsvorschriften, die er aufgrund von Absatz 2 erlassen hat, sowie unverzüglich alle späteren Änderungsgesetze oder Änderungen dieser Vorschriften mit.

Kurzübersicht zum Verhältnis der entscheidenden Normen			
Norm des DSG NRW	Entsprechende Norm der DS-GVO	Entsprechende Norm des BDSG	Öffnungsklausel der DS-GVO
§ 19 DSG NRW			Art. 85 DS-GVO

A. Grundlagen

I. Gesamtverständnis, Zweck der Norm und Verhältnis zu anderen Normen

1 § 19 DSG NRW hat den Anknüpfungspunkt seines Regelungsinhalts in Art. 85 DS-GVO.[1] Mit Art. 85 DS-GVO soll besonderen Verarbeitungssituationen im Zusammenhang mit dem Recht auf Freiheit der Meinungsäußerung und Informationsfreiheit Rechnung getragen werden. Insbesondere sieht Art. 85 Abs. 2 DS-GVO umfangreiche Abweichungsmöglichkeiten von der DS-GVO bei Verarbeitungen zu künstlerischen der literarischen Zwecken vor durch die nationalen Gesetzgeber vor. Von dieser Regelungskompetenz hat der Landesgesetzgeber bei der Schaffung des § 19 DSG NRW Gebrach gemacht. Da künstlerische sowie literarische Arbeit nicht vollends mit den Anforderungen der DS-GVO in Einklang stehen, ist es erforderlich, abweichende Regelungen zu treffen.[2]

2 Künstlerische und literarische Werke setzen sich oftmals mit realen Personen auseinander. Sie können daher Anlass zur Auseinandersetzung mit einer identifizierbaren Person geben. Je stärker sich ein künstlerisches oder literarisches Werk im Bereich streng fachlich gebundener Faktenvermittlung bewegt, je weniger dürfte es in der Regel erforderlich sein, die Meinungs- und Informationsfreiheit zugunsten des Datenschutzrechts der betroffenen Person zu beschränken.[3] Die Grenze wird jedoch dann erreicht sein, wenn in einem solchen Werk erkennbar das Privat- und Intimleben der betroffenen Person an die Öffentlichkeit getragen wird.[4]

II. Bisherige Rechtslage

3 Die unionsrechtliche Vorgängerregelung des Art. 85 DS-GVO war Art. 9 DS-RL. Eine Umsetzung für künstlerische sowie literarische Zwecke verfolgende Datenverarbeitungen fand im Landesrecht keine eigenständige Privilegierung. Ausprägung fand der Grundgedanke des Art. 9 DSRL bzw. Art. 85 DS-GVO

B. Kommentierung

I. Begriffsbestimmungen

4 Die Norm enthält Privilegierungen für Datenverarbeitungen, die zu künstlerischen oder literarischen Zwecken erfolgen. Was unter diesen Zwecken zu verstehen ist, sagt die Norm dagegen nicht. Vielmehr wird man im Rahmen einer europarechtlich geprägten Auslegung auf das Begriffsverständnis im Rahmen der DS-GVO zurückgreifen müssen. Die Privilegierung künstlerische sowie literarische Datenverarbeitungszwecke bezieht sich demnach auf die Herstellung

1 Vertiefend zu Art. 85 DS-GVO siehe *Frey* in HK-DS-GVO/BDSG Art. 85 Rn. 1 ff.
2 Vgl. LT-Drs. 17/1981, 147.
3 Vgl. *Buchner/Tinnefeld* in Kühling/Buchner DS-GVO Art. 85 Rn. 23.
4 Vgl. in diesem Zusammenhang BVerfG Urt. v. 13.6.2007 – 1 BvR 1783/05, BVerfGE 119, 1 – Esra.

belletristischer, kultur- und geistesgeschichtlicher, aber auch fachbezogener wie wissenschaftlicher Schriftwerke.[5]

II. § 19 Abs. 1 DSG NRW

Inhaltlich nimmt § 19 Abs. 1 DSG NRW umfangreiche Bereichsausnahmen von 5
der DS-GVO bei der Verarbeitung zu künstlerischen und literarischen Zwecken vor. Dabei beschränkt § 19 Abs. 1 S. 1 DSG NRW die Rechte der betroffenen Person dahin gehend, dass die sich aus der DS-GVO ergebenden Betroffenenrechte ausgeschlossen werden und der betroffenen Person lediglich die Rechte des § 19 Abs. 2 DSG NRW zustehen. Dabei kann durchaus bezweifelt werden, dass dieser fast pauschale Ausschluss der Betroffenenrechte sich innerhalb der Regelungsmöglichkeit des Art. 85 Abs. 2 DS-GVO bewegt. Dieser sieht die Möglichkeit von Abweichungen oder Ausnahmen von den Rechten des Kapitel III DS-GVO (Rechte der betroffenen Person) vor. Dazu fordert er die nationalen Gesetzgeber auf, das Recht auf Schutz personenbezogener Daten mit der Freiheit der Meinungsäußerung und der Informationsfreiheit „in Einklang zu bringen“.[6]

Nach § 19 Abs. 1 S. 2 DSG NRW gelten für die Datenverarbeitungen zu künst- 6
lerischen und literarischen Zwecken Art. 5 Abs. 1 lit. f DS-GVO (Integrität und Vertraulichkeit), Art. 24 DS-GVO (Verantwortlichkeit) und Art. 32 DS-GVO (Sicherheit der Verarbeitung), Kapitel VIII (Rechtsbehelfe, Haftung und Sanktionen), Kapitel X (Delegierte Rechtsakte und Durchführungsakte) und Kapitel XI (Schlussbestimmungen) der DS-GVO. Weitere Kapitel und Abschnitte der DS-GVO kommen demnach bei der Verarbeitung zu künstlerischen und literarischen Zwecken nicht zur Anwendung. Insbesondere Kapitel II der DS-GVO, welches die mit Art. 6 DS-GVO Regelung zur Rechtmäßigkeit der Datenverarbeitung enthält, findet nach dem Willen des Landesgesetzgebers keine Anwendung.

§ 19 Abs. 1 S. 3 DSG NRW schränkt Art. 82 DS-GVO (Haftung und Recht auf 7
Schadensersatz) dahin gehend ein, dass der Verantwortliche nur für unzureichende Maßnahmen nach Art. 5 Abs. 1 lit. f DS-GVO (Integrität und Vertraulichkeit), Art. 24 DS-GVO (Verantwortlichkeit) und Art. 32 DS-GVO (Sicherheit der Verarbeitung) haftet. Darüber hinausgehende Haftungsmöglichkeiten sind damit im Rahmen eines Anspruchs gem. Art. 82 DS-GVO ausgeschlossen.

III. § 19 Abs. 2 DSG NRW

Hat die künstlerische oder literarische Datenverarbeitung Gegendarstellungen, 8
Verpflichtungserklärungen, gerichtliche Entscheidungen oder Widerrufe zur Folge, sind diese zu den gespeicherten Daten zu nehmen, dort für dieselbe Zeitdauer aufzubewahren wie die Daten selbst und bei einer Übermittlung der Daten gemeinsam mit diesen zu übermitteln. Sinn der Regelung ist es, dass es nicht ohne Weiteres zu einer Berichtigung oder Löschung bereits veröffentlichter oder zur Veröffentlichung vorgesehener künstlerischer oder literarischer Erzeugnisse aufgrund der Vorgaben der DS-GVO kommt. Das Datenschutzrecht vermittelt jedoch einen Anspruch der betroffenen Person auf Gewährleistung von Vollständigkeit und Richtigkeit seiner Daten. Dieser Anspruch ergibt sich unmittel-

---

5 *Buchner/Tinnefeld* in Kühling/Buchner DS-GVO Art. 85 Rn. 23; vertiefend zur Begriffsbestimmung siehe *Frey* in HK-DS-GVO/BDSG Art. 85 Rn. 21 ff.

6 Dazu mit Blick auf das Medienprivileg *Buchner/Tinnefeld* in Kühling/Buchner DS-GVO Art. 85 Rn. 31.

bar aus Art. 5 Abs. 1 lit. d DS-GVO.[7] Ein Ausgleich dieser beiden Interessen wird mit der Verpflichtung zur parallelen Aufbewahrung und Übermittlung erzielt.[8]

§ 20 Videoüberwachung

(1) Die Verarbeitung personenbezogener Daten in öffentlich zugänglichen Bereichen mittels optisch-elektronischer Einrichtungen (Videoüberwachung) durch öffentliche Stellen ist zulässig, wenn dies
1. zur Wahrnehmung des Hausrechts,
2. zum Schutz des Lebens, der Gesundheit, des Eigentums oder Besitzes oder
3. zur Kontrolle von Zugangsberechtigungen

erforderlich ist und keine Anhaltspunkte bestehen, dass schutzwürdige Interessen der betroffenen Personen überwiegen.

(2) Der Umstand der Videoüberwachung, die Angaben nach Artikel 13 Absatz 1 Buchstabe a bis c der Verordnung (EU) 2016/679 sowie die Möglichkeit, bei der oder dem Verantwortlichen die weiteren Informationen nach Artikel 13 der Verordnung (EU) 2016/679 zu erhalten, sind durch geeignete Maßnahmen zum frühestmöglichen Zeitpunkt erkennbar zu machen.

(3) Die Verarbeitung der nach Absatz 1 erhobenen Daten zu einem anderen Zweck ist nur zulässig, soweit dies zur Abwehr von Gefahren für die öffentliche Sicherheit, zur Verfolgung von Straftaten oder zur Geltendmachung von Rechtsansprüchen gegenüber betroffenen Personen erforderlich ist und keine Anhaltspunkte dafür bestehen, dass schutzwürdige Interessen betroffener Personen überwiegen.

(4) [1]Die nach Absatz 1 erhobenen Daten sind unverzüglich zu löschen. [2]Dies gilt nicht, sofern die Daten zur Abwehr von Gefahren für die öffentliche Sicherheit, zur Verfolgung von Straftaten oder zur Geltendmachung von Rechtsansprüchen gegenüber der betroffenen Person erforderlich sind.

Verwandte Normen der DS-GVO:

Art. 6 Rechtmäßigkeit der Verarbeitung

(1) Die Verarbeitung ist nur rechtmäßig, wenn mindestens eine der nachstehenden Bedingungen erfüllt ist:

a) Die betroffene Person hat ihre Einwilligung zu der Verarbeitung der sie betreffenden personenbezogenen Daten für einen oder mehrere bestimmte Zwecke gegeben;
b) die Verarbeitung ist für die Erfüllung eines Vertrags, dessen Vertragspartei die betroffene Person ist, oder zur Durchführung vorvertraglicher Maßnahmen erforderlich, die auf Anfrage der betroffenen Person erfolgen;
c) die Verarbeitung ist zur Erfüllung einer rechtlichen Verpflichtung erforderlich, der der Verantwortliche unterliegt;
d) die Verarbeitung ist erforderlich, um lebenswichtige Interessen der betroffenen Person oder einer anderen natürlichen Person zu schützen;

7 Vertiefend dazu *Jaspers/Schwartmann/Hermann* in HK-DS-GVO/BDSG Art. 5 Rn. 52 ff.

8 Vgl. LT-Drs. 17/1981, 148.

e) die Verarbeitung ist für die Wahrnehmung einer Aufgabe erforderlich, die im öffentlichen Interesse liegt oder in Ausübung öffentlicher Gewalt erfolgt, die dem Verantwortlichen übertragen wurde;
f) die Verarbeitung ist zur Wahrung der berechtigten Interessen des Verantwortlichen oder eines Dritten erforderlich, sofern nicht die Interessen oder Grundrechte und Grundfreiheiten der betroffenen Person, die den Schutz personenbezogener Daten erfordern, überwiegen, insbesondere dann, wenn es sich bei der betroffenen Person um ein Kind handelt.

Unterabsatz 1 Buchstabe f gilt nicht für die von Behörden in Erfüllung ihrer Aufgaben vorgenommene Verarbeitung.

(2) Die Mitgliedstaaten können spezifischere Bestimmungen zur Anpassung der Anwendung der Vorschriften dieser Verordnung in Bezug auf die Verarbeitung zur Erfüllung von Absatz 1 Buchstaben c und e beibehalten oder einführen, indem sie spezifische Anforderungen für die Verarbeitung sowie sonstige Maßnahmen präziser bestimmen, um eine rechtmäßig und nach Treu und Glauben erfolgende Verarbeitung zu gewährleisten, einschließlich für andere besondere Verarbeitungssituationen gemäß Kapitel IX.

(3) [1]Die Rechtsgrundlage für die Verarbeitungen gemäß Absatz 1 Buchstaben c und e wird festgelegt durch

a) Unionsrecht oder
b) das Recht der Mitgliedstaaten, dem der Verantwortliche unterliegt.

[2]Der Zweck der Verarbeitung muss in dieser Rechtsgrundlage festgelegt oder hinsichtlich der Verarbeitung gemäß Absatz 1 Buchstabe e für die Erfüllung einer Aufgabe erforderlich sein, die im öffentlichen Interesse liegt oder in Ausübung öffentlicher Gewalt erfolgt, die dem Verantwortlichen übertragen wurde. [3]Diese Rechtsgrundlage kann spezifische Bestimmungen zur Anpassung der Anwendung der Vorschriften dieser Verordnung enthalten, unter anderem Bestimmungen darüber, welche allgemeinen Bedingungen für die Regelung der Rechtmäßigkeit der Verarbeitung durch den Verantwortlichen gelten, welche Arten von Daten verarbeitet werden, welche Personen betroffen sind, an welche Einrichtungen und für welche Zwecke die personenbezogenen Daten offengelegt werden dürfen, welcher Zweckbindung sie unterliegen, wie lange sie gespeichert werden dürfen und welche Verarbeitungsvorgänge und -verfahren angewandt werden dürfen, einschließlich Maßnahmen zur Gewährleistung einer rechtmäßig und nach Treu und Glauben erfolgenden Verarbeitung, wie solche für sonstige besondere Verarbeitungssituationen gemäß Kapitel IX. [4]Das Unionsrecht oder das Recht der Mitgliedstaaten müssen ein im öffentlichen Interesse liegendes Ziel verfolgen und in einem angemessenen Verhältnis zu dem verfolgten legitimen Zweck stehen.

(4) Beruht die Verarbeitung zu einem anderen Zweck als zu demjenigen, zu dem die personenbezogenen Daten erhoben wurden, nicht auf der Einwilligung der betroffenen Person oder auf einer Rechtsvorschrift der Union oder der Mitgliedstaaten, die in einer demokratischen Gesellschaft eine notwendige und verhältnismäßige Maßnahme zum Schutz der in Artikel 23 Absatz 1 genannten Ziele darstellt, so berücksichtigt der Verantwortliche – um festzustellen, ob die Verarbeitung zu einem anderen Zweck mit demjenigen, zu dem die personenbezogenen Daten ursprünglich erhoben wurden, vereinbar ist – unter anderem

a) jede Verbindung zwischen den Zwecken, für die die personenbezogenen Daten erhoben wurden, und den Zwecken der beabsichtigten Weiterverarbeitung,
b) den Zusammenhang, in dem die personenbezogenen Daten erhoben wurden, insbesondere hinsichtlich des Verhältnisses zwischen den betroffenen Personen und dem Verantwortlichen,
c) die Art der personenbezogenen Daten, insbesondere ob besondere Kategorien personenbezogener Daten gemäß Artikel 9 verarbeitet werden oder ob personen-

bezogene Daten über strafrechtliche Verurteilungen und Straftaten gemäß Artikel 10 verarbeitet werden,

d) die möglichen Folgen der beabsichtigten Weiterverarbeitung für die betroffenen Personen,

e) das Vorhandensein geeigneter Garantien, wozu Verschlüsselung oder Pseudonymisierung gehören kann.

Art. 13 Informationspflicht bei Erhebung von personenbezogenen Daten bei der betroffenen Person

(1) Werden personenbezogene Daten bei der betroffenen Person erhoben, so teilt der Verantwortliche der betroffenen Person zum Zeitpunkt der Erhebung dieser Daten Folgendes mit:

a) den Namen und die Kontaktdaten des Verantwortlichen sowie gegebenenfalls seines Vertreters;

b) gegebenenfalls die Kontaktdaten des Datenschutzbeauftragten;

c) die Zwecke, für die die personenbezogenen Daten verarbeitet werden sollen, sowie die Rechtsgrundlage für die Verarbeitung;

d) wenn die Verarbeitung auf Artikel 6 Absatz 1 Buchstabe f beruht, die berechtigten Interessen, die von dem Verantwortlichen oder einem Dritten verfolgt werden;

e) gegebenenfalls die Empfänger oder Kategorien von Empfängern der personenbezogenen Daten und

f) gegebenenfalls die Absicht des Verantwortlichen, die personenbezogenen Daten an ein Drittland oder eine internationale Organisation zu übermitteln, sowie das Vorhandensein oder das Fehlen eines Angemessenheitsbeschlusses der Kommission oder im Falle von Übermittlungen gemäß Artikel 46 oder Artikel 47 oder Artikel 49 Absatz 1 Unterabsatz 2 einen Verweis auf die geeigneten oder angemessenen Garantien und die Möglichkeit, wie eine Kopie von ihnen zu erhalten ist, oder wo sie verfügbar sind.

(2) Zusätzlich zu den Informationen gemäß Absatz 1 stellt der Verantwortliche der betroffenen Person zum Zeitpunkt der Erhebung dieser Daten folgende weitere Informationen zur Verfügung, die notwendig sind, um eine faire und transparente Verarbeitung zu gewährleisten:

a) die Dauer, für die die personenbezogenen Daten gespeichert werden oder, falls dies nicht möglich ist, die Kriterien für die Festlegung dieser Dauer;

b) das Bestehen eines Rechts auf Auskunft seitens des Verantwortlichen über die betreffenden personenbezogenen Daten sowie auf Berichtigung oder Löschung oder auf Einschränkung der Verarbeitung oder eines Widerspruchsrechts gegen die Verarbeitung sowie des Rechts auf Datenübertragbarkeit;

c) wenn die Verarbeitung auf Artikel 6 Absatz 1 Buchstabe a oder Artikel 9 Absatz 2 Buchstabe a beruht, das Bestehen eines Rechts, die Einwilligung jederzeit zu widerrufen, ohne dass die Rechtmäßigkeit der aufgrund der Einwilligung bis zum Widerruf erfolgten Verarbeitung berührt wird;

d) das Bestehen eines Beschwerderechts bei einer Aufsichtsbehörde;

e) ob die Bereitstellung der personenbezogenen Daten gesetzlich oder vertraglich vorgeschrieben oder für einen Vertragsabschluss erforderlich ist, ob die betroffene Person verpflichtet ist, die personenbezogenen Daten bereitzustellen, und welche mögliche Folgen die Nichtbereitstellung hätte und

f) das Bestehen einer automatisierten Entscheidungsfindung einschließlich Profiling gemäß Artikel 22 Absätze 1 und 4 und – zumindest in diesen Fällen – aussagekräftige Informationen über die involvierte Logik sowie die Tragweite und die angestrebten Auswirkungen einer derartigen Verarbeitung für die betroffene Person.

(3) Beabsichtigt der Verantwortliche, die personenbezogenen Daten für einen anderen Zweck weiterzuverarbeiten als den, für den die personenbezogenen Daten erhoben wurden, so stellt er der betroffenen Person vor dieser Weiterverarbeitung Infor-

mationen über diesen anderen Zweck und alle anderen maßgeblichen Informationen gemäß Absatz 2 zur Verfügung.

(4) Die Absätze 1, 2 und 3 finden keine Anwendung, wenn und soweit die betroffene Person bereits über die Informationen verfügt.

Verwandte Normen des BDSG:

§ 4 Videoüberwachung öffentlich zugänglicher Räume

(1) [1]Die Beobachtung öffentlich zugänglicher Räume mit optisch-elektronischen Einrichtungen (Videoüberwachung) ist nur zulässig, soweit sie

1. zur Aufgabenerfüllung öffentlicher Stellen,
2. zur Wahrnehmung des Hausrechts oder
3. zur Wahrnehmung berechtigter Interessen für konkret festgelegte Zwecke

erforderlich ist und keine Anhaltspunkte bestehen, dass schutzwürdige Interessen der Betroffenen überwiegen. [2]Bei der Videoüberwachung von

1. öffentlich zugänglichen großflächigen Anlagen, wie insbesondere Sport-, Versammlungs- und Vergnügungsstätten, Einkaufszentren oder Parkplätzen, oder
2. Fahrzeugen und öffentlich zugänglichen großflächigen Einrichtungen des öffentlichen Schienen-, Schiffs- und Busverkehrs

gilt der Schutz von Leben, Gesundheit oder Freiheit von dort aufhältigen Personen als ein besonders wichtiges Interesse.

(2) Der Umstand der Beobachtung und der Name und die Kontaktdaten des Verantwortlichen sind durch geeignete Maßnahmen zum frühestmöglichen Zeitpunkt erkennbar zu machen.

(3) [1]Die Speicherung oder Verwendung von nach Absatz 1 erhobenen Daten ist zulässig, wenn sie zum Erreichen des verfolgten Zwecks erforderlich ist und keine Anhaltspunkte bestehen, dass schutzwürdige Interessen der Betroffenen überwiegen. [2]Absatz 1 Satz 2 gilt entsprechend. [3]Für einen anderen Zweck dürfen sie nur weiterverarbeitet werden, soweit dies zur Abwehr von Gefahren für die staatliche und öffentliche Sicherheit sowie zur Verfolgung von Straftaten erforderlich ist.

(4) [1]Werden durch Videoüberwachung erhobene Daten einer bestimmten Person zugeordnet, so besteht die Pflicht zur Information der betroffenen Person über die Verarbeitung gemäß den Artikeln 13 und 14 der Verordnung (EU) 2016/679. [2]§ 32 gilt entsprechend.

(5) Die Daten sind unverzüglich zu löschen, wenn sie zur Erreichung des Zwecks nicht mehr erforderlich sind oder schutzwürdige Interessen der Betroffenen einer weiteren Speicherung entgegenstehen.

Kurzübersicht zum Verhältnis der entscheidenden Normen			
Norm des DSG NRW	Entsprechende Norm der DS-GVO	Entsprechende Norm des BDSG	Öffnungsklausel der DS-GVO
§ 20 DSG NRW	Art. 13 DS-GVO	§ 4 BDSG	Art. 6 DS-GVO

A. Normgenese und Regelungszweck[1]

1 Der § 20 weist Ähnlichkeiten in der Struktur mit § 29 b DSG NRW aF auf. Die Vorgängerregelung zur optisch-elektronischen Überwachung enthielt in Abs. 1 Rechtfertigungstatbestände zur Zulässigkeit der Beobachtung öffentlich-zugänglicher Bereiche. Die Wahrnehmung des Hausrechts als Rechtfertigungstatbestand besteht auch in § 20 Abs. 1 fort.

2 Grundlage für die Neuregelung der Videoüberwachung in öffentlichen zugänglichen Bereichen ist der Gesetzesbegründung nach Art. 6 Abs. 1 lit. e DS-GVO,[2] welcher die personenbezogene Datenverarbeitung erlaubt, wenn diese im öffentlichen Interesse liegt oder in Ausübung öffentlicher Gewalt erfolgt, die dem Verantwortlichen übertragen wurde.

3 Strukturell ähnelt der Aufbau des § 20 bis auf wenige Ausnahmen der Neufassung des § 4 BDSG. Im Gegensatz zu § 4 BDSG erlaubt § 20 lediglich öffentlichen Stellen die Videoüberwachung, da sich die Ländergesetzgebungskompetenz ausschließlich auf den öffentlich-rechtlichen Bereich erstreckt und nicht zusätzlich auch auf das Privatrecht, wie dies beim Bundesgesetzgeber der Fall ist.

4 Die Videoüberwachung ist der Gesetzesbegründung nach für die Gewährleistung der Funktionsfähigkeit der betroffenen Behörden, Gerichte und der anderen öffentlichen Stellen bestimmt und erfüllt deswegen ein öffentliches Interesse.[3] Im Sinne der Legaldefinition des Verarbeitungsbegriffs in Art. 4 Nr. 2 DS-GVO ist sowohl das Erheben durch die Beobachtung als auch die Speicherung von personenbezogenen Daten gleichermaßen zulässig.[4] Somit sollen alle Verarbeitungsschritte und nicht nur das Verfahren der reinen Beobachtung abgedeckt werden.

B. Regelungsbefugnis des Gesetzgebers

5 Mit § 20 DSG NRW regelt der deutsche Gesetzgeber selbstständig einen bedeutenden Bereich der Verarbeitung personenbezogener Daten. Da die DS-GVO außer einer Erwähnung in den Erwägungsgründen[5] keine spezifische Regelung trifft und mithin keinen eigenen Erlaubnistatbestand zur Videoüberwachung beinhaltet, gewinnt die Regelung im BDSG besondere Bedeutung. Solange eine europäische Norm einen Sachverhalt nicht abschließend regelt, können auch

1 Die vorliegende Kommentierung des § 20 wurde mit Genehmigung des C.F. Müller Verlags zum überwiegenden Teil wortgleich der Kommentierung derselben Autorenschaft in Schwartmann/Jaspers/Thüsing/Kugelmann (Hrsg.), DS-GVO/BDSG, § 4 Rn. 4–34 BDSG, Heidelberg 2018 entnommen. Dies geschah aufgrund der Kongruenz der Normen bei identischen Autoren.

2 Entwurf eines Gesetzes zur Anpassung des allgemeinen Datenschutzrechts an die Verordnung (EU) 2016/679 und zur Umsetzung der Richtlinie (EU) 2016/680 (Nordrhein-Westfälisches Datenschutz-Anpassungs- und Umsetzungsgesetz EU – NRWDSAnpUG-EU) v. 20.2.2018, LT-Drs. 17/1981, 148.

3 Entwurf eines Gesetzes zur Anpassung des allgemeinen Datenschutzrechts an die Verordnung (EU) 2016/679 und zur Umsetzung der Richtlinie (EU) 2016/680 (Nordrhein-Westfälisches Datenschutz-Anpassungs- und Umsetzungsgesetz EU – NRWDSAnpUG-EU) v. 20.2.2018, LT-Drs. 17/1981, 148.

4 Entwurf eines Gesetzes zur Anpassung des allgemeinen Datenschutzrechts an die Verordnung (EU) 2016/679 und zur Umsetzung der Richtlinie (EU) 2016/680 (Nordrhein-Westfälisches Datenschutz-Anpassungs- und Umsetzungsgesetz EU – NRWDSAnpUG-EU) v. 20.2.2018, LT-Drs. 17/1981, 148.

5 In ErwG 91 S. 3 wird der Begriff „optoelektronische Vorrichtung“ genannt. Dies entspricht in der englischen Fassung dem Begriff „opticelectronic devices“.

nationale Regelungen bestehen bleiben und insbesondere auch eigene Vorgaben vorsehen.[6] Auch wenn die DS-GVO den Sachverhalt nicht regelt, muss die nationale Regelung zur Videoüberwachung mit dem Primärrecht zum Schutz personenbezogener Daten im Allgemeinen und mit dem unmittelbar geltenden Sekundärrechtsakt im Besonderen vereinbar sein, damit sie unionsrechtskonform ist.

Das Unionsrecht normiert innerhalb der DS-GVO den Anwendungsbereich, der 6
auch Einfluss auf die Videoüberwachung hat. Zu nennen ist hier zunächst die Ausnahme für private Haushalte vom Anwendungsbereich.[7] Danach findet die DS-GVO keine Anwendung für die vom Datenschutzrecht umfasste Videoüberwachung, die durch natürliche Personen zur Ausübung ausschließlich persönlicher und familiärer Tätigkeiten erfolgt. Konkret handelt es sich hierbei zum Bsp. um die Videoüberwachung des Inneren der eigenen vier Wände. Diese Ausnahme vom Anwendungsbereich ist nach der Rechtsprechung der Unionsgerichtsbarkeit eng auszulegen und endet faktisch unmittelbar hinter den Mauern des privaten Grundstücks.[8] Damit fällt eine solche Überwachung aber auch nicht unter § 20 DSG NRW, da diese Bestimmung entsprechend der amtlichen Überschrift nur die Überwachung öffentlich zugänglicher Räume regelt.

Das Unionsrecht stößt sich generell nicht an der Übernahme von Aufgaben im 7
öffentlichen Interesse durch Private. Die „Google Spain“-Entscheidung[9] betrifft privatrechtliche Datenverarbeitung und steht dem Rechtsvollzug eines darin geschaffenen Rechts auf Nicht-Indexierung durch Unternehmen ausdrücklich nicht entgegen.

Außerhalb des Anwendungsbereichs der DS-GVO besteht kein Bedarf dafür, 8
das DSG NRW an dieser Stelle in Einklang mit dem Sekundärrechtsakt zu bringen. Schließlich gilt die Verordnung nicht für die Verarbeitung personenbezogener Daten, die von einer natürlichen Person zur Ausübung ausschließlich persönlicher oder familiärer Tätigkeiten und somit ohne Bezug zu einer beruflichen oder wirtschaftlichen Tätigkeit vorgenommen wird.[10] Solange die Videoüberwachung keinen Dritten innerhalb eines rein persönlichen oder familiären Bereichs berührt, ist das Datenschutzrecht der EU nicht einschlägig.[11]

§ 20 DSG NRW als mitgliedstaatliches Recht (Art. 6 Abs. 3 S. 1 lit. b) erlässt 9
damit über die Öffnungsklausel in Art. 6 im Ergebnis spezifische Bestimmungen iSd Art. 6 Abs. 3 S. 3 und steht in Einklang mit dem Unionsrecht. Nachdem der Landesgesetzgeber sein Datenschutzrecht überarbeitet hat, dürften die Fragen im Zusammenhang mit Abs. 3 S. 3 und Abs. 2 praktisch deutlich in den Hintergrund treten.[12]

Dem steht auch nicht die Rechtsprechung des Bundesverwaltungsgerichts 10
(BVerwG) entgegen.[13] Danach dürften nationale Gesetze aufgrund des Öffnungsklauseln des Art. 6 Abs. 2 und 3 DS-GVO Videoüberwachungen privater Verantwortlicher nicht regeln.[14] Dem Anwendungsbereich des DSG NRW (§ 5)

6 Vgl. *Piltz* Sachverständigenanhörung im Innenausschuss des Bundestages v. 27.3.2017, Protokoll-Nr. 18/110, 67.
7 Vgl. Art. 2 Abs. 2 lit. c; ErwG 18.
8 Vgl. EuGH 11.12.2015 – C-212/13, Ryneš.
9 EuGH 13.5.2014 – C-131/12, Google Spain und Google.
10 Brem. LfDI, 39. TB 2016, 21; vgl. Art. 2 Abs. 2 lit. c.
11 Argumentum e contrario: EuGH 11.12.2015 – C-212/13, Ryneš, Rn. 33.
12 Schantz/Wolff-*Wolff* Das neue Datenschutzrecht Rn. 628.
13 BVerwG Urt. v. 27.3.2019 – 6 C 2.18.
14 BVerwG Urt. v. 27.3.2019 – 6 C 2.18, Rn. 47.

nach wird aber ebendiese Datenverarbeitung mit § 20 nicht geregelt, sondern dient lediglich öffentlichen Stellen als Erlaubnistatbestand.

C. Zulässigkeit der Videoüberwachung

11 Die Zulässigkeit nach § 20 erlaubt unter gewissen Bedingungen lediglich die Verarbeitung personenbezogener Daten mittels optisch-elektronischer Einrichtungen in öffentlich zugänglichen Bereichen. Öffentlich zugängliche Bereiche können als Bereiche verstanden werden, die von einem unbestimmten und nur nach allgemeinen Merkmalen abgrenzbaren Personenkreis betreten und genutzt werden können und ihrem Zweck nach auch dazu bestimmt sind.[15] Die Zweckbestimmung kann sich aus der Widmung oder dem erkennbaren Willen des Berechtigten ergeben.[16] Die Eigentumsverhältnisse sind hierbei unerheblich, auch ob der Bereich überdacht oder umschlossen ist.[17] Vielmehr kommt es auf die tatsächlich vorhandenen Nutzungsmöglichkeiten durch die Allgemeinheit an.[18]

12 Die für die Zulässigkeit weiter verlangte Verwendung von optisch-elektronischen Einrichtungen iSd § 20 können gem. Abs. 1 als Legaldefinition des Begriffs Videoüberwachung angesehen werden. Aufgrund der Technikneutralität der DS-GVO kennt die DS-GVO keinen eigenen Begriff der Videoüberwachung.[19] Diese optisch-elektronischen Einrichtungen iSd BDSG bzw. DSG NRW umfassen Geräte jeder Art, die für derartige Beobachtungen geeignet sind, sofern sie Licht in elektrische Signale umwandeln können.[20] Dies sind neben klassischen Überwachungskameras sämtliche Arten von Kameras wie Webcams oder Mobiltelefone mit integrierter Kamera – unabhängig davon, ob sie fest installiert sind oder mobil sind.[21] Nicht umfasst vom Anwendungsbereich des § 20 sind Kameraattrappen, Spiegel oder Ferngläser, da hierbei jeweils keine elektronischen Vorgänge involviert sind.

13 Der Landesgesetzgeber normiert drei alternative Tatbestände, wonach die Videoüberwachung unter den bereits genannten Voraussetzungen zulässig sein kann: zur Wahrnehmung des Hausrechts, zum Schutz des Lebens, der Gesundheit, des Eigentums oder Besitzes oder zur Kontrolle von Zugangsberechtigungen.

14 Der Inhaber des Hausrechts[22] ist befugt, eine Videoüberwachung zur Verhinderung von Straftaten und sonstigen Vergehen durchzuführen. Damit soll das Hausrecht präventiv abgesichert werden.[23] Konkret handelt es sich hierbei um die Videoüberwachung des Inneren, das der Öffentlichkeit zugänglich ist.

15 Sämtliche Erlaubnistatbestände unterliegen der Voraussetzung, dass noch nicht einmal „Anhaltspunkte bestehen, dass schutzwürdige Interessen der Betroffenen überwiegen". Bei der gesetzlich vorgeschriebenen Interessenabwägung ist insbesondere die mit der Videoüberwachung einhergehende Eingriffsintensität zu würdigen. Diese wird durch Art der erfassten Informationen (Informations-

15 Erfurter Kommentar zum Arbeitsrecht/*Franzen* BDSG § 4 Rn. 3.
16 Erfurter Kommentar zum Arbeitsrecht/*Franzen* BDSG § 4 Rn. 3.
17 BeckOK Datenschutzrecht/*Brink/Wilhelm* BDSG § 4 Rn. 7.
18 BeckOK Datenschutzrecht/*Brink/Wilhelm* BDSG § 4 Rn. 8.
19 BeckOK Datenschutzrecht/*Brink/Wilhelm* BDSG § 4 Rn. 6.
20 Erfurter Kommentar zum Arbeitsrecht/*Franzen* BDSG § 4 Rn. 3.
21 Vgl. hierzu OLG Celle 4.10.2017 – DuD 2018, 111.
22 Zum Personenkreis der Hausrechtsinhaber Auernhammer/*Onstein* BDSG aF § 6 b Rn. 31.
23 Vgl. Plath/*Becker* BDSG aF § 6 b Rn. 16; Taeger/Gabel-*Zscherpe* BDSG aF § 6 b Rn. 46.

gehalt), Umfang der erfassten Informationen (Informationsdichte, zeitliches und räumliches Ausmaß), den betroffenen Personenkreis, die Interessenlage der betroffenen Personengruppen, das Vorhandensein von Ausweichmöglichkeiten sowie Art und Umfang der Verwertung der erhobenen Daten bestimmt. Dabei sind die vernünftigen Erwartungen der betroffenen Person, die auf ihrer Beziehung zu dem Verantwortlichen beruhen, zu berücksichtigen.

16 Diese Interessensabwägung ist für jede Videoüberwachung, als auch für jede daran anknüpfende Speicherung oder gar eine noch folgende Auswertung, durchzuführen. Bei der kurzfristigen Speicherung einer üblichen Videoüberwachung sind entgegenstehende Interessen kaum vorstellbar.

D. Vereinbarkeit der Informationspflichten nach Abs. 2 mit Art. 13 DS-GVO

17 Im Fall einer nach § 20 DSG NRW zulässigen Videoüberwachung wird das Recht der Betroffenen auf Informationserteilung aus Art. 13 beschränkt oder wenigstens modifiziert. Diese Beschränkung der Betroffenenrechte ist unter die entsprechende Gestattung zur Beschränkung nach Art. 23 zu fassen. In Art. 23 Abs. 1 lit. i ist das Ziel des Schutzes der betroffenen Person genannt, was wohl dem Ziel des § 20 DSG NRW dient.[24] Es ist dem Bundesgesetzgeber nach Art. 23 möglich auch nur einzelne Informationspflichten zu beschränken, so wie es in § 20 DSG NRW geschehen ist.[25] Einer freiwilligen Informationserteilung, um etwa auch die Informationen gem. Art. 13 und/oder 14 bereit zu stellen, steht indes nichts entgegen. Solche zusätzlichen Informationen schaffen Rechtssicherheit. Im Umkehrschluss wird die ausbleibende Anwendung der Art. 13 und 14 bis zu einer abschließenden Klärung vorerst in jedem Fall keinen Bußgeldtatbestand auslösen, sondern zuvor müsste die zuständige Aufsichtsbehörde erst einmal die Informationspflicht gem. DS-GVO anordnen. Im Rahmen einer solchen Anordnung obläge es der Aufsicht dem Verantwortlichen Hinweise zu geben, wie der Informationspflicht nach Art. 13 und 14 abweichend von § 20 Abs. 2, 3 im konkreten Fall nachgekommen werden kann. Die umfassende Information des Betroffenen dürfte gerade im Falle der Videoüberwachung an die Grenze der Unmöglichkeit stoßen, weil sie dem Betroffenen zum Zeitpunkt der Erfassung durch die Kamera in einer den Anforderungen des Art. 12 genügenden Weise gegeben sein muss. Dies dürfte etwa bei videoüberwachten Tankstellen, auf deren Grundstück man zügig auffährt, zu erheblichen praktischen Problemen führen. Die Regelung des § 20 Abs. 3 DSG NRW beschränkt aufgrund der darin geregelten Zeitfolge ebenfalls die Informationspflichten gem. DS-GVO. Die nationale Regelung bleibt hinter den Anforderungen des Sekundärrechtsakts zurück.

I. Zeitpunkt der Information

18 Die gebotene Information auf eine Videoüberwachung soll nach § 20 Abs. 2 DSG NRW „zum frühestmöglichen Zeitpunkt" gegeben werden. Die zu erteilenden Informationen müssen in der Regel bereitgestellt werden, bevor der Betroffene einen optisch-elektronisch überwachten Bereich betreten kann. Damit stimmt der Zeitpunkt zur Erteilung der gesetzlich geforderten Information nicht mit dem zur Wahrung der Informationspflicht nach Art. 13 überein. Fährt

---

24 *Piltz* Sachverständigenanhörung im Innenausschuss des Bundestages v. 27.3.2017, Protokoll-Nr. 18/110, 77.

25 Vgl. Kühling/Buchner/*Bäcker* DS-GVO Art. 13 Rn. 89.

die betroffene Person mit ihrem Auto in ein Parkhaus am Flughafen, so muss sie vor der ersten Erfassung zumindest eine zumutbare Möglichkeit haben, von den Pflichtinformationen Kenntnis zu erlangen. Aus Sicht der verantwortlichen Stelle ist es als ausreichend zu betrachten, wenn es nur eine entsprechende Möglichkeit vor der Videoerfassung gibt. Zugleich lässt die offenere Formulierung in § 20 DSG NRW, anders als Art. 13 aber auch die Möglichkeit offen, die Information unter Umständen erst nach der Erfassung durch die Kamera zu geben. Dies wäre etwa denkbar, wenn im entsprechenden Einzelfall eine Information zum Zeitpunkt der Erhebung unmöglich erscheint, etwa weil bei Einfahrt in den Überwachungsbereich aufgrund der örtlichen Gegebenheiten eine Information bei Datenerhebung unmöglich ist (siehe das Beispiel unter → Rn. 24).

19 § 20 Abs. 2 DSG NRW schreibt die Informationspflichten nach Art. 13 und 14 erst dann vor, wenn durch Videoüberwachung erhobene Daten einer bestimmten Person zugeordnet werden können. Damit besteht das Problem, dass die Zuordnung bereits eine weitere Verarbeitung nach der Aufnahme, die Erhebung im datenschutzrechtlichen Sinne, darstellt. Der Zeitpunkt der Information nach § 20 DSG NRW lässt sich nicht mit dem Erfordernis in Art. 13 Abs. 1 und 2 („zum Zeitpunkt der Erhebung") in Einklang bringen. Das deutsche Recht bleibt hier hinter den Anforderungen der DS-GVO zurück. Für den Verantwortlichen muss in der Praxis aber auch hier eine Information zum frühestmöglichen Zeitpunkt ausreichend sein.

II. Inhalt und Zeitpunkt der Information

20 Abs. 2 enthält eine Transparenzregelung, wonach der Umstand der Videoüberwachung und weitere Information durch geeignete Maßnahmen zum frühestmöglichen Zeitpunkt erkennbar zu machen sind. Art. 13 Abs. 1 u. 2 DS-GVO verlangen das Bereitstellen der Information „zum Zeitpunkt der Erhebung". Es erscheint plausibel, dass der frühestmögliche Zeitpunkt zeitlich nach dem Moment liegen kann, da das Bereitstellen der umfänglichen Informationen zum Zeitpunkt der Erhebung nicht möglich war. Diese Auffassung vertritt auch der Gesetzgeber in seiner Gesetzesbegründung: „*‚Frühestmöglich' bezieht sich dabei im Sinne des Artikels 13 in der Regel auf den Zeitpunkt der Erhebung, soll aber gleichfalls Fallgestaltungen mitumfassen, in denen eine Kenntlichmachung bei Erhebung noch nicht möglich ist. In derlei Fällen ist die Mitteilung der in Absatz 2 gebotenen Informationen unverzüglich nachzuholen.*"[26]

21 Inhaltlich sind neben dem Umstand der Videoüberwachung der Name, die Kontaktdaten des Verantwortlichen, der Zweck der Verarbeitung sowie deren Rechtsgrundlage kenntlich zu machen.[27]

22 § 4 Abs. 2 konkretisiert das unionsrechtliche Transparenzgebot (Art. 5 Abs. 1 lit. a) und ist mithin grundsätzlich nur wiederholend.[28] Gegenüber der weitestgehend übereinstimmenden Regelung des § 6 b Abs. 2 BDSG aF wird sie nur dahin gehend konkreter, dass zur geforderten Erkennbarkeit der verantwortli-

---

26 Entwurf eines Gesetzes zur Anpassung des allgemeinen Datenschutzrechts an die Verordnung (EU) 2016/679 und zur Umsetzung der Richtlinie (EU) 2016/680 (Nordrhein-Westfälisches Datenschutz-Anpassungs- und Umsetzungsgesetz EU – NRWDSAnpUG-EU) v. 20.2.2018, LT-Drs. 17/1981, 148.

27 Entwurf eines Gesetzes zur Anpassung des allgemeinen Datenschutzrechts an die Verordnung (EU) 2016/679 und zur Umsetzung der Richtlinie (EU) 2016/680 (Nordrhein-Westfälisches Datenschutz-Anpassungs- und Umsetzungsgesetz EU – NRWDSAnpUG-EU) v. 20.2.2018, LT-Drs. 17/1981, 148.

28 *Kühling/Martini* ua DSGVO und nationales Recht S. 345.

chen Stelle der Name und die Kontaktdaten des Verantwortlichen gehört. In der Rechtsanwendung wird ein Piktogramm als Hinweis auf die Videoüberwachung neben der Nennung der verantwortlichen Stelle und ihrer Kontaktdaten als ausreichend anzusehen sein; in Betrieben kann ein Lageplan mit Darstellung der Aufnahmefelder im Intranet bereitgestellt werden.[29] Der Eigentümer der überwachten Liegenschaft ist nicht zwangsläufig als verantwortliche Stelle anzusehen, da dies auch ein Pächter oder eine dort eingesetzte Sicherheitsfirma sein. Weitere Transparenzinformationen erhält die betroffene Person nicht, sie ist stattdessen auf den Auskunftsanspruch nach Art. 15 angewiesen.[30]

Unter der Berücksichtigung der Möglichkeit zur abgestuften Information iSd WP 100 der Betroffenen müsste es ausreichend sein, wenn neben einem Piktogramm der Name des Verantwortlichen und ggf. seine Adresse unmittelbar kommuniziert wird.[31] Ein Verweis auf weitere Informationen, wie zum Bsp. Informationen nach Art. 13 und/oder 14, in Form eines QR-Code oder mittels eines Flyers aus Papier ist praktikabel und zulässig.[32] Aus Gründen einer beherrschbaren Rechtsanwendung können jedenfalls bei Erhebung nicht alle Informationen körperlich zur Verfügung gestellt werden. Eine nach § 4 Abs. 2 und 4 BDSG freiwillige darüberhinausgehende Informationsgewährung kann im Umfang der vollständigen Informationen nach Art. 13 und 14 auf einer Website oder aber in ausgedruckter Form etwa in den Räumen einer Tank- oder Raststätte allenfalls noch „zum frühestmöglichen Zeitpunkt" erfolgen. Damit trägt der Verantwortliche den Transparenzanforderungen dennoch am meisten Rechnung. Die Information zum Zeitpunkt der Datenerhebung gem. Art. 13 ist auf diese Weise und zu diesem Zeitpunkt nicht mehr möglich. 23

Beispiel: Ein Hinweisschild im Falle des oben genannten Beispiels muss damit unter anderem Name und Kontaktdaten des Verantwortlichen und ein Symbolbild enthalten. So muss bei der Videoüberwachung oder der Erfassung von Kfz-Kennzeichen in Parkhäusern der Betroffene bereits bei Erreichen des überwachten Bereichs zumindest die Informationen der 1. Stufe nach § 4 Abs. 2, 4 BDSG, etwa durch ein Hinweisschild, erhalten, um über den Zutritt in den überwachten Bereich entscheiden zu können. Darauf sind unter anderem die Rechtsgrundlage der Verarbeitung, die Kontaktdaten des Datenschutzbeauftragten, die berechtigten Interessen des Verantwortlichen sowie das Bestehen eines Auskunftsrechts zu nennen. 24

Auch der Landesgesetzgeber verfolgt einen sowohl sachgerechten als auch gleichzeitig praktikablen Weg für die Bereitstellung der Informationspflichten. So hält er auch einen Aushang für die weiteren Informationen des Art. 13 DS-GVO am Ort der Videoüberwachung für denkbar.[33] 25

29 Vgl. *Lachenmann* ZD 2017, 407 (409).
30 *GDD* Transparenzpflichten bei der Datenverarbeitung (2017), S. 10.
31 Vgl. *Lachenmann* ZD 2017, 407 (409); aA Brem. LfDI, 39. TB 2016, 23: Nach Ansicht der LfDI bestehen folgende Mindestanforderungen an die Information: ein Hinweis vor Ort mit Piktogramm, Name und Kontaktdaten des Verantwortlichen, Dauer der Speicherung sowie in Schlagworten die Nennung von Zweck Rechtsgrundlage, Hinweis auf Zugang zu allen Pflichtinformationen nach Art. 13 Abs. 2; letzterem könne durch eine Veröffentlichung im Internet oder ein Informationsblatt vor Ort nachgekommen werden.
32 *Brem. LfDI* 39. TB 2016, 23; aA *DSK* Informationspflichten bei Dritt- und Direkterhebung (2017), S. 3.
33 Vgl. Entwurf eines Gesetzes zur Anpassung des allgemeinen Datenschutzrechts an die Verordnung (EU) 2016/679 und zur Umsetzung der Richtlinie (EU) 2016/680

E. Zweckbindung (Abs. 3)

26 Abs. 3 normiert über die Erlaubnistatbestände des Abs. 1 hinaus weitere Rechtfertigungen für die Weiterverarbeitung von durch Videoüberwachung erhobenen Daten. Danach kann der Zweckbindungsgrundsatz aufgehoben werden, „soweit dies zur Abwehr von Gefahren für die öffentliche Sicherheit, zur Verfolgung von Straftaten oder zur Geltendmachung von Rechtsansprüchen gegenüber betroffenen Personen erforderlich ist". Damit wird dem Ziel, die Sicherheitsbehörden von den verfassungsrechtlichen Vorgaben zur Videoüberwachung durch öffentliche Stellen zu befreien, Rechnung getragen.[34]

27 Ebenso wie in Abs. 1 wird in diesem Fall eine Erforderlichkeitsprüfung als zwingend vorgeschrieben und anlassbezogen eine Interessenabwägung mit den schutzwürdigen Interessen der betroffenen Personen verlangt.

28 Abs. 3 ist als Spezialnorm zu § 9 (Zulässigkeit der Datenverarbeitung im Hinblick auf die Zweckbindung) anzusehen. Durch die gesetzlich abschließende Enumeration in Abs. 3 für mögliche kompatible Zwecke – erkennbar an dem Wort „nur" – sollen die zulässigen Zweckänderungsgründe bei der Verarbeitung von Daten aus einer Videoüberwachung zum Schutz der betroffenen Personen beschränkt werden. Die unionsrechtliche Regelungskompetenz zugunsten der föderalen Legislative ergibt sich nach Auffassung des Gesetzgebers aus Art. 6 Abs. 4 iVm Art. 23 Abs. 1 lit. c, d, i und j DS-GVO. Die Regelung dient gleichermaßen dem Schutz der betroffenen Personen und den Rechten und Freiheiten Dritter. Neben der Beweissicherungsfunktion im Strafprozess kann die Videoüberwachung damit insbesondere der Durchsetzung zivilrechtlicher Ansprüche des Verantwortlichen und Dritter dienen.[35]

F. Löschung (Abs. 4)

29 Die Pflicht zur Löschung gem. Abs. 5 stimmt mit der bisherigen Rechtspflicht nach § 6 b Abs. 5 BDSG aF gänzlich überein. Eine konkret auf Videoüberwachung bezogene Regelung zur Löschung enthält die DS-GVO nicht. Die allgemeinen Löschpflichten nach Art. 17 dominieren diese Pflicht nicht. Für die Videoüberwachung wird in der Praxis überwiegend die Löschung nach § 4 Abs. 5 BDSG durchzuführen sein. Ob Material gesichert werden muss, soll und kann grundsätzlich innerhalb weniger Werktage (2 Tage) geklärt werden. Zugleich sind Abschnitt II Konstellationen denkbar, in denen der Speicherzweck länger andauert.

30 Nach Art. 17 Abs. 1 lit. a DS-GVO sind personenbezogene Daten unverzüglich zu löschen, wenn sie für die Zwecke, für die sie weiterverarbeitet wurden, nicht mehr notwendig sind. Dieser Grundsatz wird durch das in Abs. 4 enthaltene Löschungsgebot im nationalen Recht umgesetzt. Die zulässige, aber unbezifferte Speicherfrist wird durch bei Erforderlichkeit aufgrund der in Abs. 3 und in Abs. 4 erneut genannten Fallkonstellationen als Ausnahme angehoben. Diese

---

(Nordrhein-Westfälisches Datenschutz-Anpassungs- und Umsetzungsgesetz EU – NRWDSAnpUG-EU) v. 20.2.2018, LT-Drs. 17/1981, 148.

34 Vgl. *Lachenmann* ZD 2017, 407 (410).

35 Entwurf eines Gesetzes zur Anpassung des allgemeinen Datenschutzrechts an die Verordnung (EU) 2016/679 und zur Umsetzung der Richtlinie (EU) 2016/680 (Nordrhein-Westfälisches Datenschutz-Anpassungs- und Umsetzungsgesetz EU – NRWDSAnpUG-EU) v. 20.2.2018, LT-Drs. 17/1981, 148.

Einschränkung der originär bestehenden Löschungspflicht im innerstaatlichen Recht ist nach Art. 17 Abs. 3 lit. b DS-GVO zulässig.[36]

Abschnitt 2 Besondere Verarbeitungssituationen außerhalb des Anwendungsbereiches der Verordnung (EU) 2016/679

§ 21 Anwendbarkeit der Verordnung (EU) 2016/679

Auf die Regelungen dieses Abschnitts findet abweichend von der Regelung in § 5 Absatz 8 die Verordnung (EU) 2016/679 grundsätzlich keine entsprechende Anwendung, soweit nicht die Vorschriften dieses Abschnitts die Anwendung einzelner Vorschriften vorsehen.

Verwandte Norm in der DS-GVO: Keine

Kurzübersicht zum Verhältnis der entscheidenden Normen			
Norm des DSG NRW	Entsprechende Norm der DS-GVO	Entsprechende Norm des BDSG	Öffnungsklausel der DS-GVO
§ 21 DSG NRW			Art. 2 Abs. 2 DS-GVO

Literatur:

Ehlers: Übertragung der Zuständigkeit für das Straßenwesen von Landschaftsverbänden auf das Land NRW, DVBl 2001, 1601; *Schirmbacher*, Anpassung des bereichsspezifischen Datenschutzes an EU-Recht – ein notwendiger, aber nicht hinreichender Schritt, GmbHR 2019, R 296 ff.

A. Grundlagen

I. Gesamtverständnis, Zweck der Norm und Verhältnis zu anderen Normen

Der zweite Abschnitt des dritten Kapitels betrifft besondere Verarbeitungssitua- 1
tionen außerhalb des Anwendungsbereichs der DS-GVO, und zwar Verarbeitungen personenbezogener Daten im Zuge der Verleihung von öffentlichen Auszeichnungen und Ehrungen sowie im Begnadigungsverfahren. § 21 trifft eine Regelung bezüglich der Anwendbarkeit bzw. der Nichtanwendbarkeit der Bestimmungen der DS-GVO auf diese Verarbeitungssituationen. Dabei wird die DS-GVO grundsätzlich für nicht anwendbar erklärt, zugleich aber auf die Aus-

36 Entwurf eines Gesetzes zur Anpassung des allgemeinen Datenschutzrechts an die Verordnung (EU) 2016/679 und zur Umsetzung der Richtlinie (EU) 2016/680 (Nordrhein-Westfälisches Datenschutz-Anpassungs- und Umsetzungsgesetz EU – NRWDSAnpUG-EU) v. 20.2.2018, LT-Drs. 17/1981, 148.

nahme nach § 5 Abs. 8 verwiesen, sowie auf die ausdrückliche Anordnung der Anwendbarkeit einzelner Bestimmungen der DS-GVO im zweiten Abschnitt.

II. Bisherige Rechtslage

2 Bislang war mangels Geltung der DS-GVO keine parallele Regelung enthalten.

B. Kommentierung

3 Gemäß § 21 sind auf die Datenverarbeitungen im Zuge der Verleihung von öffentlichen Auszeichnungen und Ehrungen sowie im Begnadigungsverfahren die Vorschriften der DS-GVO nicht anwendbar. Die Nichtanwendbarkeit folgt aus Art. 2 Abs. 2 lit. a DS-GVO, die die DS-GVO für nicht anwendbar erklärt für Tätigkeiten, die nicht in den Anwendungsbereich des Unionsrechts fallen. Dies ist für das Recht der öffentlichen Auszeichnungen und Ehrungen sowie des Gnadenrechts gegeben, da diese Rechtsgebiete vollständig der Souveränität der Mitgliedstaaten unterfallen.

4 Für Verarbeitungen außerhalb der Anwendbarkeit des Unionsrechts ordnet § 5 Abs. 8 grundsätzlich die entsprechende Anwendbarkeit der DS-GVO und in der Konsequenz auch des Teils 2 des DSG NRW an (vgl. insoweit → § 5 Rn. 78 ff.). Vorrangig sind speziellere Regelungen in Teil 2 des DSG NRW und in anderen Rechtsvorschriften, die – entsprechend § 5 Abs. 6 – dann wiederum Vorrang vor dem DSG NRW genießen. § 5 Abs. 6 beschreibt die subsidiäre Geltung des DSG NRW ggü. speziellerem Landesrecht mit datenschutzrechtlichem Bezug.

5 Gemäß § 21 1. Hs. wird für die im zweiten Abschnitt des dritten Kapitels genannten Verarbeitungssituationen abweichend von § 5 Abs. 8 die DS-GVO als Rückausnahme für nicht anwendbar erklärt. Der Hs. 2 eröffnet dann wieder die Anwendbarkeit einzelner Vorschriften der DS-GVO, soweit dies in §§ 22, 23 ausdrücklich ausgesprochen wird.

6 Entsprechende Anordnungen finden sich in § 22 Abs. 4 und § 23 Abs. 2 bezüglich der Vorschriften der Artikel 5 bis 7, Kapitel IV mit Ausnahme der Artikel 33 und 34 sowie Kapitel VI DS-GVO.

C. Bedeutung für die behördliche Praxis

7 § 21 unterstreicht die nationalstaatliche Souveränität im Bereich des Rechts der Ehrenzeichen und des Gnadenrechts auch im Bereich der Datenverarbeitung. Die Vorschrift macht sich aber die Möglichkeit der Anwendung geeigneter Vorschriften der DS-GVO zunutze, wodurch den Behörden in den betreffenden Rechtsgebieten ein gewisses Maß an gleichmäßiger Verwaltungspraxis in Bezug auf die Verarbeitung personenbezogener Daten ermöglicht wird.

§ 22 Öffentliche Auszeichnungen und Ehrungen

(1) [1]Zur Vorbereitung öffentlicher Auszeichnungen und Ehrungen dürfen die zuständigen Stellen die dazu erforderlichen Daten einschließlich Daten im Sinne von Artikel 9 Absatz 1 der Verordnung (EU) 2016/679 auch ohne Kenntnis der betroffenen Person verarbeiten. [2]Eine Verarbeitung dieser Daten für andere Zwecke ist nur mit Einwilligung der betroffenen Person zulässig.

(2) Auf Anforderung der in Absatz 1 genannten Stellen dürfen andere öffentliche Stellen die zur Vorbereitung der Auszeichnung oder Ehrung erforderlichen Daten übermitteln.

(3) Die Absätze 1 und 2 finden keine Anwendung, wenn der datenverarbeitenden Stelle bekannt ist, dass die betroffene Person ihrer öffentlichen Auszeichnung oder Ehrung oder der mit ihr verbundenen Datenverarbeitung widersprochen hat.

(4) In Verfahren der Entscheidung über öffentliche Auszeichnungen und Ehrungen finden nur Artikel 5 bis 7, Kapitel IV mit Ausnahme der Artikel 33 und 34 sowie Kapitel VI der Verordnung (EU) 2016/679 entsprechende Anwendung.

Verwandte Normen der DS-GVO:

Art. 6 Rechtmäßigkeit der Verarbeitung

(1) Die Verarbeitung ist nur rechtmäßig, wenn mindestens eine der nachstehenden Bedingungen erfüllt ist:

a) Die betroffene Person hat ihre Einwilligung zu der Verarbeitung der sie betreffenden personenbezogenen Daten für einen oder mehrere bestimmte Zwecke gegeben;
b) die Verarbeitung ist für die Erfüllung eines Vertrags, dessen Vertragspartei die betroffene Person ist, oder zur Durchführung vorvertraglicher Maßnahmen erforderlich, die auf Anfrage der betroffenen Person erfolgen;
c) die Verarbeitung ist zur Erfüllung einer rechtlichen Verpflichtung erforderlich, der der Verantwortliche unterliegt;
d) die Verarbeitung ist erforderlich, um lebenswichtige Interessen der betroffenen Person oder einer anderen natürlichen Person zu schützen;
e) die Verarbeitung ist für die Wahrnehmung einer Aufgabe erforderlich, die im öffentlichen Interesse liegt oder in Ausübung öffentlicher Gewalt erfolgt, die dem Verantwortlichen übertragen wurde;
f) die Verarbeitung ist zur Wahrung der berechtigten Interessen des Verantwortlichen oder eines Dritten erforderlich, sofern nicht die Interessen oder Grundrechte und Grundfreiheiten der betroffenen Person, die den Schutz personenbezogener Daten erfordern, überwiegen, insbesondere dann, wenn es sich bei der betroffenen Person um ein Kind handelt.

Unterabsatz 1 Buchstabe f gilt nicht für die von Behörden in Erfüllung ihrer Aufgaben vorgenommene Verarbeitung.

(2) Die Mitgliedstaaten können spezifischere Bestimmungen zur Anpassung der Anwendung der Vorschriften dieser Verordnung in Bezug auf die Verarbeitung zur Erfüllung von Absatz 1 Buchstaben c und e beibehalten oder einführen, indem sie spezifische Anforderungen für die Verarbeitung sowie sonstige Maßnahmen präziser bestimmen, um eine rechtmäßig und nach Treu und Glauben erfolgende Verarbeitung zu gewährleisten, einschließlich für andere besondere Verarbeitungssituationen gemäß Kapitel IX.

(3) [1]Die Rechtsgrundlage für die Verarbeitungen gemäß Absatz 1 Buchstaben c und e wird festgelegt durch

a) Unionsrecht oder
b) das Recht der Mitgliedstaaten, dem der Verantwortliche unterliegt.

[2]Der Zweck der Verarbeitung muss in dieser Rechtsgrundlage festgelegt oder hinsichtlich der Verarbeitung gemäß Absatz 1 Buchstabe e für die Erfüllung einer Aufgabe erforderlich sein, die im öffentlichen Interesse liegt oder in Ausübung öffentlicher Gewalt erfolgt, die dem Verantwortlichen übertragen wurde. [3]Diese Rechtsgrundlage kann spezifische Bestimmungen zur Anpassung der Anwendung der Vor-

schriften dieser Verordnung enthalten, unter anderem Bestimmungen darüber, welche allgemeinen Bedingungen für die Regelung der Rechtmäßigkeit der Verarbeitung durch den Verantwortlichen gelten, welche Arten von Daten verarbeitet werden, welche Personen betroffen sind, an welche Einrichtungen und für welche Zwecke die personenbezogenen Daten offengelegt werden dürfen, welcher Zweckbindung sie unterliegen, wie lange sie gespeichert werden dürfen und welche Verarbeitungsvorgänge und -verfahren angewandt werden dürfen, einschließlich Maßnahmen zur Gewährleistung einer rechtmäßig und nach Treu und Glauben erfolgenden Verarbeitung, wie solche für sonstige besondere Verarbeitungssituationen gemäß Kapitel IX. [4]Das Unionsrecht oder das Recht der Mitgliedstaaten müssen ein im öffentlichen Interesse liegendes Ziel verfolgen und in einem angemessenen Verhältnis zu dem verfolgten legitimen Zweck stehen.

(4) Beruht die Verarbeitung zu einem anderen Zweck als zu demjenigen, zu dem die personenbezogenen Daten erhoben wurden, nicht auf der Einwilligung der betroffenen Person oder auf einer Rechtsvorschrift der Union oder der Mitgliedstaaten, die in einer demokratischen Gesellschaft eine notwendige und verhältnismäßige Maßnahme zum Schutz der in Artikel 23 Absatz 1 genannten Ziele darstellt, so berücksichtigt der Verantwortliche – um festzustellen, ob die Verarbeitung zu einem anderen Zweck mit demjenigen, zu dem die personenbezogenen Daten ursprünglich erhoben wurden, vereinbar ist – unter anderem

a) jede Verbindung zwischen den Zwecken, für die die personenbezogenen Daten erhoben wurden, und den Zwecken der beabsichtigten Weiterverarbeitung,
b) den Zusammenhang, in dem die personenbezogenen Daten erhoben wurden, insbesondere hinsichtlich des Verhältnisses zwischen den betroffenen Personen und dem Verantwortlichen,
c) die Art der personenbezogenen Daten, insbesondere ob besondere Kategorien personenbezogener Daten gemäß Artikel 9 verarbeitet werden oder ob personenbezogene Daten über strafrechtliche Verurteilungen und Straftaten gemäß Artikel 10 verarbeitet werden,
d) die möglichen Folgen der beabsichtigten Weiterverarbeitung für die betroffenen Personen,
e) das Vorhandensein geeigneter Garantien, wozu Verschlüsselung oder Pseudonymisierung gehören kann.

Verwandte Normen des BDSG:

§ 86 Verarbeitung personenbezogener Daten für Zwecke staatlicher Auszeichnungen und Ehrungen[1]

(1) Zur Vorbereitung und Durchführung staatlicher Verfahren bei Auszeichnungen und Ehrungen dürfen sowohl die zuständigen als auch andere öffentliche und nichtöffentliche Stellen die dazu erforderlichen personenbezogenen Daten, einschließlich besonderer Kategorien personenbezogener Daten im Sinne des Artikels 9 Absatz 1 der Verordnung (EU) 2016/679, auch ohne Kenntnis der betroffenen Person verarbeiten. Für nichtöffentliche Stellen gilt insoweit § 1 Absatz 8 entsprechend. Eine Verarbeitung der personenbezogenen Daten nach Satz 1 für andere Zwecke ist nur mit Einwilligung der betroffenen Person zulässig.

(2) Soweit eine Verarbeitung ausschließlich für die in Absatz 1 Satz 1 genannten Zwecke erfolgt, sind die Artikel 13 bis 16, 19 und 21 der Verordnung (EU) 2016/679 nicht anzuwenden.

1 Art. 12 Ziff. 8 Entwurf eines Zweiten Gesetzes zur Anpassung des Datenschutzrechts an die Verordnung (EU) 2016/679 und zur Umsetzung der Richtlinie (EU) 2016/680 (Zweites Datenschutz-Anpassungs- und Umsetzungsgesetz EU – 2. DSAnpUG-EU) v. 7.9.2018.

(3) Bei der Verarbeitung besonderer Kategorien personenbezogener Daten im Sinne des Artikels 9 Absatz 1 der Verordnung (EU) 2016/679 sieht der Verantwortliche angemessene und spezifische Maßnahmen zur Wahrung der Rechte der betroffenen Person gemäß § 22 Absatz 2 vor.

Kurzübersicht zum Verhältnis der entscheidenden Normen			
Norm des DSG NRW	Entsprechende Norm der DS-GVO	Entsprechende Norm des BDSG	Öffnungsklausel der DS-GVO
§ 22 DSG NRW		§ 86 BDSG	Art. 6 DS-GVO

Literatur:

Stähler/Pohler, Datenschutzgesetz Nordrhein-Westfalen. Kommentar, 3. Aufl. 2003.

A. Grundlagen

I. Gesamtverständnis, Zweck der Norm

§ 22 stellt einen Erlaubnistatbestand für die Verarbeitung personenbezogener Daten zur Vorbereitung von **Auszeichnungen und Ehrungen** dar. Dieser ist auch im Hinblick auf die dabei anfallende Verarbeitung besonderer Kategorien personenbezogener Daten im Sinne des Art. 9 Abs. 2 lit. g DS-GVO einschlägig.[2] 1

Die **Ordensverleihung** ist ein außergerichtlicher Gunstbeweis, der sich ohne Begründungszwang und gerichtliche Überprüfbarkeit vollzieht. Insoweit wird für die Verleihung öffentlicher Auszeichnungen und Ehrungen von der Anwendbarkeit der DS-GVO in diesen Fällen abgesehen, da ein **besonderes öffentliches Interesse** an einer **tragfähigen Auswahlentscheidung** besteht, welche auf einer vollumfänglichen Würdigung aller Aspekte beruht und auch die **persönliche Integrität** der möglicherweise auszuzeichnenden oder zu ehrenden Person umfasst.[3] Demnach findet die DS-GVO in diesem Zusammenhang gemäß Art. 2 2

2 Entwurf eines Gesetzes zur Anpassung des allgemeinen Datenschutzrechts an die Verordnung (EU) 2016/679 und zur Umsetzung der Richtlinie (EU) 2016/680 (Nordrhein-Westfälisches Datenschutz-Anpassungs- und Umsetzungsgesetz EU – NRWDSAnpUG-EU) v. 20.2.2018, LT-Drs. 17/1981, 149.

3 Entwurf eines Gesetzes zur Anpassung des allgemeinen Datenschutzrechts an die Verordnung (EU) 2016/679 und zur Umsetzung der Richtlinie (EU) 2016/680 (Nordrhein-Westfälisches Datenschutz-Anpassungs- und Umsetzungsgesetz EU – NRWDSAnpUG-EU) v. 20.2.2018, LT-Drs. 17/1981, 149. Analog dazu: Entwurf eines Zweiten Gesetzes zur Anpassung des Datenschutzrechts an die Verordnung (EU) 2016/679 und zur Umsetzung der Richtlinie (EU) 2016/680 (Zweites Datenschutz-Anpassungs- und Umsetzungsgesetz EU – 2. DSAnpUG-EU) v. 7.9.2018, Drs.

Abs. 2 lit. a DS-GVO keine Anwendung. Aus diesem Grund ist die Vorschrift im Abschnitt „Besondere Verarbeitungssituationen außerhalb des Anwendungsbereiches der Verordnung (EU) 2016/679" des DSG NRW zu finden. Gleichermaßen wird die entsprechende Norm im BDSG, § 86 BDSG, auch dem Abschnitt „Besondere Bestimmungen für Verarbeitungen im Rahmen von nicht in die Anwendungsbereiche der Verordnung (EU) 2016/679 und der Richtlinie (EU) 2016/680 fallenden Tätigkeiten" zugewiesen.

II. Bisherige Rechtslage

3 In der alten Fassung des DSG NRW wurde die Weiterverarbeitung personenbezogener Daten zur Vorbereitung von Auszeichnungen und Ehrungen in § 13 Abs. 2 lit. g DSG NRW aF geregelt. Hierbei handelte es sich um einen **Ausnahmetatbestand** vom Zweckbindungsgebot des § 13 Abs. 1 DSG NRW aF. Unter **Zweckbindungsgebot** ist die Beschränkung „multifunktionaler Datennutzung" zu verstehen, die den Vorgang der Erhebung durch die Zweckbestimmung beeinflusst und wiederum die Erhebung den Umfang der Zweckbindung bestimmt.[4] Insofern löst § 22 die Fälle der Vorbereitung von öffentlichen Auszeichnung und Ehrungen nun aus einer solchen Enumeration heraus und deckt diese durch eine **eigenständige Rechtsgrundlage** ab.

III. Verhältnis zu anderen Normen

4 Eine vergleichbare Vorschrift für öffentliche Auszeichnungen und Ehrungen existiert zunächst im BDSG nicht. Im Zuge des 2. Gesetzes zur Anpassung des Datenschutzrechts an die Verordnung (EU) 2016/679 und zur Umsetzung der Richtlinie (EU) 2016/680 (2. DSAnpUG) soll diese Vorschrift mit § 86 BDSG hinzugefügt werden. Auf Landesebene existieren in mehreren Landesdatenschutzgesetzen vergleichbare Vorschriften, etwa in § 13 des Hamburgischen Datenschutzgesetzes (HmbDSG).

B. Kommentierung

I. Rechtsgrundlage für die erforderliche Datenverarbeitung (§ 22 Abs. 1 S. 1)

5 Abs. 1 erlaubt den zuständigen Stellen im Hinblick auf die Vorbereitung öffentlicher Auszeichnungen und Ehrungen die dafür erforderlichen Daten zu verarbeiten. Die Befugnis ist durch das Tatbestandsmerkmal der Erforderlichkeit begrenzt, welches sich aus dem Schutz der betroffenen Person ableitet. So sind zur Vorbereitung der Entscheidung alle Daten erforderlich, die zur Beurteilung der Würdigkeit der betroffenen Person benötigt werden. Einerseits betrifft dies die Aspekte des Sachzusammenhangs, welcher der Auszeichnung zugrunde liegt. Andererseits kann aber auch die persönliche Integrität der auszuzeichnenden Person von Bedeutung sein, so dass je nach Einzelfall auch diesbezügliche personenbezogene Daten erhoben werden dürfen.[5]

430/18, 251; Entwurf eines Gesetzes zur Anpassung des Hamburgischen Datenschutzgesetzes sowie weiterer Vorschriften an die Verordnung (EU) 2016/679 v. 16.1.2018, Bürgerschafts-Drucksache 21/11638, 25.

4 *Stähler/Pohler* DSG NRW aF § 13 Rn. 1.

5 Entwurf eines Gesetzes zur Anpassung des allgemeinen Datenschutzrechts an die Verordnung (EU) 2016/679 und zur Umsetzung der Richtlinie (EU) 2016/680 (Nordrhein-Westfälisches Datenschutz-Anpassungs- und Umsetzungsgesetz EU – NRWDSAnpUG-EU) v. 20.2.2018, LT-Drs. 17/1981, 149.

Einer solchen gesetzlichen Ermächtigung bedarf es aufgrund der Verarbeitung personenbezogener Daten für den Zweck der öffentlichen Auszeichnungen und Ehrungen, da dieser Zweck bei der Erhebung oder Speicherung der Sache nach nicht vorgesehen war.[6] Mangels der Anwendbarkeit der DS-GVO kann Art. 6 Abs. 4 DS-GVO seinen Regelungsspielraum für die Mitgliedsstaaten für die Fälle, in denen der Zweck der Weiterverarbeitung nicht mit dem ursprünglichen Zweck vereinbar ist, nicht eröffnen. 6

Bei der Prüfung der Voraussetzungen des § 22 DSG NRW im Einzelfall ist zu beachten, dass es sich bei der Vorschrift um eine Ausnahme von der DS-GVO handelt. Durch die Nichtanwendbarkeit der allgemeinen datenschutzrechtlichen Verordnung tritt in Fällen der Vorbereitung öffentlicher Auszeichnungen und Ehrungen damit zunächst der grundrechtliche Schutz personenbezogener Daten zurück. Aus diesem Umstand heraus hat sich die Subsumtion aus teleologischen Gründen eng am Wortlaut zu orientieren. Zur Vorbereitung der Entscheidung sind alle Daten erforderlich, die zur Beurteilung der Würdigkeit der betroffenen Person benötigt werden.[7] Zur Vorbereitung des Verfahrens der Verleihung staatlicher Auszeichnungen benötigen die zuständigen Stellen regelmäßig personenbezogene Daten über die in Frage kommenden Personen. Überdies beinhaltet die Rechtgrundlage die für die Vorbereitung bzw. Prüfung von Ordensvorschlägen erforderliche Datenverarbeitung personenbezogener Daten Dritter, wie etwa der des Anregers der Auszeichnung ebenso wie benannte Referenzpersonen.[8] Die Verarbeitungsbefugnis ist zutreffend als „umfassend"[9] zu bewerten, die aber dennoch nicht grenzenlos herangezogen werden kann. Eine von diesem Zweck abweichende Verarbeitung personenbezogener Daten ist – bereits bei ersten Zweifeln – als unzulässig zu bewerten und eine Legitimation hierfür abzulehnen.[10] 7

Unklar bleibt, warum die Vorschrift lediglich die Datenverarbeitung „zur Vorbereitung öffentlicher Auszeichnungen und Ehrungen" und nicht die Durchführung des staatlichen Verfahrens selbst erlaubt. Letzteres hat der Bundesgesetzgeber in § 86 Abs. 1 S. 1 ausdrücklich geregelt. Das HmbDSG regelt jedoch ebenso wie NRW nur die „Vorbereitung öffentlicher Auszeichnungen und Ehrungen" (§ 13 Abs. 1 S. 1 HmbDSG). 8

Für die Verleihung öffentlicher Auszeichnungen und Ehrungen bestehen auf Landesebene bereichsspezifische Regelungen, wie zB das Gesetz über den Ver- 9

6 Vgl. *Stähler/Pohler* DSG NRW aF § 13 Rn. 5.

7 Entwurf eines Gesetzes zur Anpassung des allgemeinen Datenschutzrechts an die Verordnung (EU) 2016/679 und zur Umsetzung der Richtlinie (EU) 2016/680 (Nordrhein-Westfälisches Datenschutz-Anpassungs- und Umsetzungsgesetz EU – NRWDSAnpUG-EU) v. 20.2.2018, LT-Drs. 17/1981, 150.

8 Vgl. Entwurf eines Zweiten Gesetzes zur Anpassung des Datenschutzrechts an die Verordnung (EU) 2016/679 und zur Umsetzung der Richtlinie (EU) 2016/680 (Zweites Datenschutz-Anpassungs- und Umsetzungsgesetz EU – 2. DSAnpUG-EU) v. 7.9.2018, Drs. 430/18, 251.

9 Vgl. Entwurf eines Zweiten Gesetzes zur Anpassung des Datenschutzrechts an die Verordnung (EU) 2016/679 und zur Umsetzung der Richtlinie (EU) 2016/680 (Zweites Datenschutz-Anpassungs- und Umsetzungsgesetz EU – 2. DSAnpUG-EU) v. 7.9.2018, Drs. 430/18, 251.

10 Vgl. *Stähler/Pohler* DSG NRW aF § 13 Rn. 5.

dienstorden des Landes NRW.[11] Sofern einschlägig, können solche bereichsspezifischen Regelungen als Kompetenzgrundlage für die Datenverarbeitung im Verfahren herangezogen werden. Liegen entsprechende Regelungen jedoch nicht vor, sollen bestehende Ordensverfahren mit für ursprünglich zu anderen Zwecken gespeicherten und verarbeiteten Daten durchgeführt werden können. Dabei kommt hierfür insbesondere der Informationsaustausch über bereits vorhandene personenbezogene Daten in Betracht. Der Grundsatz der Erforderlichkeit stellt auch für diese Verarbeitungsbefugnis die Grenze dar.[12]

II. Rechtsgrundlage für die Verarbeitung dieser Daten für andere Zwecke (§ 22 Abs. 1 S. 2)

10 Die Rechtsgrundlage des § 22 Abs. 1 S. 1 ist auf die Erforderlichkeit der Datenverarbeitung begrenzt. Für die Verarbeitung darüber hinaus oder für andere Zwecke verbleibt mithin nur die Möglichkeit eine Einwilligung des Betroffenen einzuholen. Dieser gesetzliche Hinweis in § 22 Abs. 1 S. 2 besitzt lediglich deklaratorischen Charakter.[13] Damit wird in der Konsequenz § 9 explizit ausgeschlossen.

III. Rechtsgrundlage für die Übermittlung (§ 22 Abs. 2)

11 Abs. 2 ergänzt die Verarbeitungsbefugnis in Abs. 1 S. 1 um eine Übermittlungsbefugnis auf Ersuchen bzw. Anforderung der für die Auszeichnung oder Ehrung zuständigen Stellen. Mit der legitimierten Übermittlung der Daten zwischen den genannten Stellen statuiert § 22 in seiner Gesamtheit eine umfassende Erlaubnisvorschrift. Die mit Abs. 1 korrespondierende Regelung des Abs. 2 bezweckt damit ein wichtiges öffentliches Interesse sicherzustellen. Damit soll gewährleistet werden, dass nur sowohl in sachlicher als auch in persönlicher Hinsicht würdige Personen durch staatliche Stellen ausgezeichnet oder geehrt werden.[14]

IV. Recht auf Widerspruch gegen die Datenverarbeitung (§ 22 Abs. 3)

12 Der Regelungsgehalt des Abs. 3 bestimmt, dass eine Erhebung oder Übermittlung personenbezogener Daten dann nicht erfolgen darf, wenn die Person Auszeichnungen oder Ehrung und/oder in diesem Zusammenhang stehende Datenverarbeitungen widersprochen hat. Es kommt nicht darauf an, ob ein solcher Widerspruch bereits im Vorfeld eines Ehrungs- oder Auszeichnungsverfahrens artikuliert worden ist oder erst während des Verfahrens.

---

11 Gesetz über den Verdienstorden des Landes Nordrhein-Westfalen v. 11.3.1986, GV. NRW, 218, zuletzt geändert durch: Art. 1 Zweites G zur Änd. der gesetzlichen Befristungen im Zuständigkeitsbereich der Ministerpräsidentin vom 20.5.2014, GV. NRW, 290.

12 Vgl. *Stähler/Pohler* DSG NRW aF Rn. 6.

13 Vgl. zur Entsprechung in § 86 Abs. 1 S. 3 BDSG: Entwurf eines Zweiten Gesetzes zur Anpassung des Datenschutzrechts an die Verordnung (EU) 2016/679 und zur Umsetzung der Richtlinie (EU) 2016/680 (Zweites Datenschutz-Anpassungs- und Umsetzungsgesetz EU – 2. DSAnpUG-EU) v. 7.9.2018, Drs. 430/18, 251.

14 Entwurf eines Gesetzes zur Anpassung des allgemeinen Datenschutzrechts an die Verordnung (EU) 2016/679 und zur Umsetzung der Richtlinie (EU) 2016/680 (Nordrhein-Westfälisches Datenschutz-Anpassungs- und Umsetzungsgesetz EU – NRWDSAnpUG-EU) v. 20.2.2018, LT-Drs. 17/1981, 150.

V. Anwendbarkeit von Rechtsvorschriften der DS-GVO (§ 22 Abs. 4)

Trotz der Nichtanwendbarkeit der DS-GVO für öffentliche Ehrungen und Auszeichnungen sollen dem Abs. 4 nach dennoch ausgewählte Rechtsvorschriften der DS-GVO im Zusammenhang mit der Entscheidung über öffentliche Auszeichnungen und Ehrungen entsprechend Anwendung finden. Die Regelung des Abs. 4 ist der Gesetzesbegründung nach an § 21 DSG NRW angelehnt.[15] Hierdurch wird sichergestellt, dass die Anforderungen der DS-GVO in Bezug auf die Grundsätze der Verarbeitung und den technischen und organisatorischen Datenschutz eingehalten werden und die Datenverarbeitung der Kontrolle durch die und den Landesbeauftragten unterliegt. Gerade wegen der besonderen Sensibilität der Verarbeitung besonderer Kategorien personenbezogener Daten iSd Art. 9 DS-GVO ist eine Verpflichtung zu umfassenden Schutzmaßnahmen geboten. Die Vorschriften der DS-GVO über die Informationspflicht (Art. 13 und 14), das Auskunftsrecht (Art. 15) und die Mitteilungspflicht (Art. 19) sind nicht anzuwenden.[16] Diese Beschränkungen von Betroffenenrechten sind angemessen, da wegen der in Abs. 1 enthaltenen engen Zweckbindung Beeinträchtigungen der Rechte und Freiheiten der betroffenen Person nicht zu befürchten sind. 13

§ 23 Begnadigungsverfahren

(1) [1]In Begnadigungsverfahren ist die Verarbeitung personenbezogener Daten einschließlich Daten im Sinne von Artikel 9 Absatz 1 der Verordnung (EU) 2016/679 zulässig, soweit sie zur Ausübung des Gnadenrechts durch die zuständigen Stellen erforderlich ist. [2]Die Datenverarbeitung unterliegt nicht der Kontrolle durch die Landesbeauftragte oder den Landesbeauftragten für Datenschutz und Informationsfreiheit.

(2) In Begnadigungsverfahren finden nur Artikel 5 bis 7 sowie Kapitel IV mit Ausnahme der Artikel 33 und 34 der Verordnung (EU) 2016/679 entsprechende Anwendung.

Verwandte Normen der DS-GVO:

Art. 6 Rechtmäßigkeit der Verarbeitung

(1) Die Verarbeitung ist nur rechtmäßig, wenn mindestens eine der nachstehenden Bedingungen erfüllt ist:

a) Die betroffene Person hat ihre Einwilligung zu der Verarbeitung der sie betreffenden personenbezogenen Daten für einen oder mehrere bestimmte Zwecke gegeben;
b) die Verarbeitung ist für die Erfüllung eines Vertrags, dessen Vertragspartei die betroffene Person ist, oder zur Durchführung vorvertraglicher Maßnahmen erforderlich, die auf Anfrage der betroffenen Person erfolgen;

15 Entwurf eines Gesetzes zur Anpassung des allgemeinen Datenschutzrechts an die Verordnung (EU) 2016/679 und zur Umsetzung der Richtlinie (EU) 2016/680 (Nordrhein-Westfälisches Datenschutz-Anpassungs- und Umsetzungsgesetz EU – NRWDSAnpUG-EU) v. 20.2.2018, LT-Drs. 17/1981, 150.

16 Entwurf eines Gesetzes zur Anpassung des allgemeinen Datenschutzrechts an die Verordnung (EU) 2016/679 und zur Umsetzung der Richtlinie (EU) 2016/680 (Nordrhein-Westfälisches Datenschutz-Anpassungs- und Umsetzungsgesetz EU – NRWDSAnpUG-EU) v. 20.2.2018, LT-Drs. 17/1981, 150.

c) die Verarbeitung ist zur Erfüllung einer rechtlichen Verpflichtung erforderlich, der der Verantwortliche unterliegt;
d) die Verarbeitung ist erforderlich, um lebenswichtige Interessen der betroffenen Person oder einer anderen natürlichen Person zu schützen;
e) die Verarbeitung ist für die Wahrnehmung einer Aufgabe erforderlich, die im öffentlichen Interesse liegt oder in Ausübung öffentlicher Gewalt erfolgt, die dem Verantwortlichen übertragen wurde;
f) die Verarbeitung ist zur Wahrung der berechtigten Interessen des Verantwortlichen oder eines Dritten erforderlich, sofern nicht die Interessen oder Grundrechte und Grundfreiheiten der betroffenen Person, die den Schutz personenbezogener Daten erfordern, überwiegen, insbesondere dann, wenn es sich bei der betroffenen Person um ein Kind handelt.

Unterabsatz 1 Buchstabe f gilt nicht für die von Behörden in Erfüllung ihrer Aufgaben vorgenommene Verarbeitung.

(2) Die Mitgliedstaaten können spezifischere Bestimmungen zur Anpassung der Anwendung der Vorschriften dieser Verordnung in Bezug auf die Verarbeitung zur Erfüllung von Absatz 1 Buchstaben c und e beibehalten oder einführen, indem sie spezifische Anforderungen für die Verarbeitung sowie sonstige Maßnahmen präziser bestimmen, um eine rechtmäßig und nach Treu und Glauben erfolgende Verarbeitung zu gewährleisten, einschließlich für andere besondere Verarbeitungssituationen gemäß Kapitel IX.

(3) [1]Die Rechtsgrundlage für die Verarbeitungen gemäß Absatz 1 Buchstaben c und e wird festgelegt durch

a) Unionsrecht oder
b) das Recht der Mitgliedstaaten, dem der Verantwortliche unterliegt.

[2]Der Zweck der Verarbeitung muss in dieser Rechtsgrundlage festgelegt oder hinsichtlich der Verarbeitung gemäß Absatz 1 Buchstabe e für die Erfüllung einer Aufgabe erforderlich sein, die im öffentlichen Interesse liegt oder in Ausübung öffentlicher Gewalt erfolgt, die dem Verantwortlichen übertragen wurde. [3]Diese Rechtsgrundlage kann spezifische Bestimmungen zur Anpassung der Anwendung der Vorschriften dieser Verordnung enthalten, unter anderem Bestimmungen darüber, welche allgemeinen Bedingungen für die Regelung der Rechtmäßigkeit der Verarbeitung durch den Verantwortlichen gelten, welche Arten von Daten verarbeitet werden, welche Personen betroffen sind, an welche Einrichtungen und für welche Zwecke die personenbezogenen Daten offengelegt werden dürfen, welcher Zweckbindung sie unterliegen, wie lange sie gespeichert werden dürfen und welche Verarbeitungsvorgänge und -verfahren angewandt werden dürfen, einschließlich Maßnahmen zur Gewährleistung einer rechtmäßig und nach Treu und Glauben erfolgenden Verarbeitung, wie solche für sonstige besondere Verarbeitungssituationen gemäß Kapitel IX. [4]Das Unionsrecht oder das Recht der Mitgliedstaaten müssen ein im öffentlichen Interesse liegendes Ziel verfolgen und in einem angemessenen Verhältnis zu dem verfolgten legitimen Zweck stehen.

(4) Beruht die Verarbeitung zu einem anderen Zweck als zu demjenigen, zu dem die personenbezogenen Daten erhoben wurden, nicht auf der Einwilligung der betroffenen Person oder auf einer Rechtsvorschrift der Union oder der Mitgliedstaaten, die in einer demokratischen Gesellschaft eine notwendige und verhältnismäßige Maßnahme zum Schutz der in Artikel 23 Absatz 1 genannten Ziele darstellt, so berücksichtigt der Verantwortliche – um festzustellen, ob die Verarbeitung zu einem anderen Zweck mit demjenigen, zu dem die personenbezogenen Daten ursprünglich erhoben wurden, vereinbar ist – unter anderem

a) jede Verbindung zwischen den Zwecken, für die die personenbezogenen Daten erhoben wurden, und den Zwecken der beabsichtigten Weiterverarbeitung,

b) den Zusammenhang, in dem die personenbezogenen Daten erhoben wurden, insbesondere hinsichtlich des Verhältnisses zwischen den betroffenen Personen und dem Verantwortlichen,
c) die Art der personenbezogenen Daten, insbesondere ob besondere Kategorien personenbezogener Daten gemäß Artikel 9 verarbeitet werden oder ob personenbezogene Daten über strafrechtliche Verurteilungen und Straftaten gemäß Artikel 10 verarbeitet werden,
d) die möglichen Folgen der beabsichtigten Weiterverarbeitung für die betroffenen Personen,
e) das Vorhandensein geeigneter Garantien, wozu Verschlüsselung oder Pseudonymisierung gehören kann.

Kurzübersicht zum Verhältnis der entscheidenden Normen			
Norm des DSG NRW	Entsprechende Norm der DS-GVO	Entsprechende Norm des BDSG	Öffnungsklausel der DS-GVO
§ 23 DSG NRW			Art. 6 DS-GVO

A. Grundlagen

I. Gesamtverständnis, Zweck der Norm

1 Für die Befassung mit Gnadensachen fallen der Sache wegen stets zu verarbeitende personenbezogene Daten an. § 23 erlaubt die Verarbeitung personenbezogener Daten in Gnadensachen und stellt damit die hierfür notwendige Erlaubnisnorm dar. Die gesetzliche Erlaubnis umfasst die Verarbeitung besonders sensitiver Daten iSv Art. 9 Abs. 1 DS-GVO. Die Datenverarbeitung ist indes daran geknüpft, dass sie für die Bearbeitung von Gnadengesuchen erforderlich sein muss.

2 Die Durchführung von Begnadigungsverfahren fällt nicht in den Anwendungsbereich des Unionsrechts und damit auch nicht in den der DS-GVO, wie in Art. 2 Abs. 2 lit. a geregelt. Insofern ist dieser Bereich durch nationales Recht frei gestaltbar. § 5 Abs. 8 S. 1 sollen einzelne nicht in den Anwendungsbereich des Unionsrechts fallende Bereiche dennoch generell dem allgemeinen Datenschutzsekundärrecht unterstellt werden. Aus diesem Grund ist die Vorschrift im Abschnitt „Besondere Verarbeitungssituationen außerhalb des Anwendungsbereiches der Verordnung (EU) 2016/679" des DSG NRW zu finden.

3 Das Gnadenrecht begründet eine dem Amt des Trägers des Gnadenrechts eigene Befugnis, eine Gestaltungsmacht besonderer Art. Der Begriff der Gnade impliziert, dass eine Verurteilte oder ein Verurteilter bzw. eine sonstige Gnadenempfängerin oder ein sonstiger Gnadenempfänger kein Recht auf Gnade hat.

Dieser besondere Charakter des Gnadenrechts begründet spezielle datenschutzrechtliche Regelungen.[1]

II. Bisherige Rechtslage

4 Eine vergleichbare Vorschrift mit § 23 existierte in der alten Fassung des DSG NRW nicht.

III. Verhältnis zu anderen Normen

1. Entsprechungen im Bundesrecht

5 Eine solche Spezialnorm beinhaltet auch das BDSG nicht.

2. Entsprechungen in anderen Landesdatenschutzgesetzen

6 Auch wenn der Bundesgesetzgeber sich nicht datenschutzrechtlich mit Gnadensachen befasst hat, finden sich dennoch entsprechende Regelungen in Deutschland. Auf Landesebene existieren in mehreren Landesdatenschutzgesetzen vergleichbare Vorschriften, so etwa mit § 14 des Hamburgischen Datenschutzgesetzes (HmbDSG) oder in § 16 des Niedersächsischen Datenschutzgesetzes (NDSG).

3. Verhältnis zum eigenen Landesrecht

7 Das Recht auf Begnadigung übt gemäß Art. 59 Abs. 1 S. 1 LVerf NRW der Ministerpräsident aus. Gemäß Art. 59 Abs. 1 S. 2 LVerf NRW kann der Regierungschef die Befugnis auf andere Stellen übertragen.

8 Das Gnadenverfahren selbst im Landesrecht in Form der Gnadenordnung[2] (GnO NW) geregelt. Sie gilt für das Gnadenverfahren bei zahlreichen in NRW verhangenen Rechtsfolgen.

B. Kommentierung

I. Rechtsgrundlage für die Datenverarbeitung (§ 23 Abs. 1 S. 1)

9 § 23 Abs. 1 S. 1 ist die allgemeine Befugnisnorm zur Datenverarbeitung in Gnadensachen. Die Befugnis ist durch das Tatbestandsmerkmal der Erforderlichkeit begrenzt, welches sich aus dem Schutz der betroffenen Person ableitet.

10 Damit gelten auch hier nach § 5 Abs. 8 S. 1 die Regelungen der DS-GVO und des DSG NRW, um dadurch ein möglichst einheitliches Datenschutzregime zu erhalten und die Rechtssicherheit zu fördern, was auch für den Bereich der Datenverarbeitung in Begnadigungsverfahren sinnvoll ist.[3]

11 Offen bleibt die Frage, warum die Vorschrift neben der Verarbeitung besonderer Kategorien personenbezogener Daten iSd Art. 9 DS-GVO nicht auch die Verarbeitung von personenbezogenen Daten über strafrechtliche Verurteilungen und Straftaten iSd Art. 10 DS-GVO erlaubt. Aufgrund des Sachzusammenhangs scheint diese Regelungssystematik, die sich entsprechend in § 14 HmbDSG wiederfindet, überzeugend.

---

1 Entwurf eines Gesetzes zur Neuordnung des niedersächsischen Datenschutzrechts v. 28.3.2018, LT-Drs. 18/548, 56.

2 Gnadenordnung für das Land Nordrhein-Westfalen, GV. NW., ausgegeben: 6.2.1976.

3 Vgl. analog Entwurf eines Gesetzes zur Neuordnung des niedersächsischen Datenschutzrechts v. 28.3.2018, LT-Drs. 18/548, 56.

II. Keine Kontrollbefugnis der LDI NRW

Die Datenverarbeitung im Rahmen von Gnadenverfahren unterliegt nicht der Kontrolle durch die oder den Landesbeauftragte/n für den Datenschutz und Informationsfreiheit, was sich durch die Besonderheit des Gnadenrechts begründet.[4] Es ist fraglich, inwiefern diese Begründung haltbar ist, wenn das Gnadenrecht in Niedersachsen die datenschutzrechtliche Kontrolle durch die Landesbeauftragte oder den Landesbeauftragten für zulässig erklärt und diese Befugnis übernimmt.[5] 12

III. Anwendbarkeit von Rechtsvorschriften der DS-GVO (§ 23 Abs. 2)

Trotz der Nichtanwendbarkeit der DS-GVO für Gnadenverfahren sollen dem Abs. 4 nach dennoch ausgewählte Rechtsvorschriften der DS-GVO im Zusammenhang mit der Entscheidung über Gnadenersuchen Anwendung finden. Die Regelung des Abs. 2 ist der Gesetzesbegründung nach an § 21 DSG NRW angelehnt.[6] Hierdurch wird sichergestellt, dass die Anforderungen der DS-GVO in Bezug auf die Grundsätze der Verarbeitung und den technischen und organisatorischen Datenschutz eingehalten werden. Gerade wegen der besonderen Sensibilität der Verarbeitung besonderer Kategorien personenbezogener Daten iSd Art. 9 DS-GVO ist eine Verpflichtung zu umfassenden Schutzmaßnahmen geboten. 13

Insbesondere die Vorschriften der DS-GVO über die Informationspflicht (Art. 13 und 14), das Auskunftsrecht (Art. 15) und die Mitteilungspflicht (Art. 19) sind nicht anzuwenden. Die Rechte der betroffenen Personen ergeben sich aus der Gnadenordnung unmittelbar. Damit wird der Schutz der Daten betroffener Personen auch in dieser besonderen Verarbeitungssituation außerhalb der DS-GVO gewährleistet.[7] 14

Kapitel 4 Pflichten des Verantwortlichen

§ 24 Datenschutz-Folgenabschätzung

(1) Eine Datenschutz-Folgenabschätzung nach Artikel 35 Absatz 1 Satz 1 der Verordnung (EU) 2016/679 soll nicht durchgeführt werden, soweit diese für eine Verarbeitung, die im Wesentlichen unverändert übernommen wird, bereits von der fachlich zuständigen obersten Landesbehörde oder von einer durch diese ermächtigten öffentlichen Stelle durchgeführt wurde.

(2) Die obersten Landesbehörden können den öffentlichen Stellen ihres Geschäftsbereichs die Ergebnisse der von ihnen oder durch von ihnen ermächtigten Behörden durchgeführten Datenschutz-Folgenabschätzungen zur Verfügung

4 Entwurf eines Gesetzes zur Anpassung des allgemeinen Datenschutzrechts an die Verordnung (EU) 2016/679 und zur Umsetzung der Richtlinie (EU) 2016/680 (Nordrhein-Westfälisches Datenschutz-Anpassungs- und Umsetzungsgesetz EU – NRWDSAnpUG-EU) v. 20.2.2018, LT-Drs. 17/1981, 150.

5 Vgl. Entwurf eines Gesetzes zur Neuordnung des niedersächsischen Datenschutzrechts v. 28.3.2018, LT-Drs. 18/548, 56.

6 Entwurf eines Gesetzes zur Anpassung des allgemeinen Datenschutzrechts an die Verordnung (EU) 2016/679 und zur Umsetzung der Richtlinie (EU) 2016/680 (Nordrhein-Westfälisches Datenschutz-Anpassungs- und Umsetzungsgesetz EU – NRWDSAnpUG-EU) v. 20.2.2018, LT-Drs. 17/1981, 150.

7 LT-Drs. 17/1981, 150.

stellen, soweit die Information nicht die Sicherheit von IT-Systemen gefährden würde.

(3) [1]Entwickelt eine öffentliche Stelle ein automatisiertes Verfahren, das zum Einsatz durch öffentliche Stellen bestimmt ist, so kann sie, sofern die Voraussetzungen des Artikel 35 Absatz 1 der Verordnung (EU) 2016/679 bei diesem Verfahren vorliegen, die Folgenabschätzung nach den Artikeln 35 und 36 der Verordnung (EU) 2016/679 durchführen. [2]Soweit das Verfahren von öffentlichen Stellen im Wesentlichen unverändert übernommen wird, kann eine weitere Folgenabschätzung durch die übernehmenden öffentlichen Stellen unterbleiben.

Verwandte Norm DS-GVO:

Art. 35 Datenschutz-Folgenabschätzung

(1) [1]Hat eine Form der Verarbeitung, insbesondere bei Verwendung neuer Technologien, aufgrund der Art, des Umfangs, der Umstände und der Zwecke der Verarbeitung voraussichtlich ein hohes Risiko für die Rechte und Freiheiten natürlicher Personen zur Folge, so führt der Verantwortliche vorab eine Abschätzung der Folgen der vorgesehenen Verarbeitungsvorgänge für den Schutz personenbezogener Daten durch. [2]Für die Untersuchung mehrerer ähnlicher Verarbeitungsvorgänge mit ähnlich hohen Risiken kann eine einzige Abschätzung vorgenommen werden.

(...)

Kurzübersicht zum Verhältnis der entscheidenden Normen			
Norm des DSG NRW	Entsprechende Norm der DS-GVO	Entsprechende Norm des BDSG	Öffnungsklausel der DS-GVO
§ 24 DSG NRW	Art. 35 DS-GVO		

Literatur:

Bieker/Hansen/Friedwald, Die grundrechtskonforme Ausgestaltung der Datenschutz-Folgenabschätzung nach der neuen europäischen Datenschutz-Grundverordnung, RDV 2016, 188; *Franck*, Nachträgliche Datenschutz-Folgenabschätzung, PinG 2018, 41; *Reinis*, Privacy Impact Assessment. Datenschutz-Folgenabschätzung nach ISO/IEC 29134 und ihre Anwendung im Rahmen der EU-DSGVO, 2017; *Schmitz/von Dall'Arm*, Datenschutz-Folgenabschätzung – verstehen und anwenden. Wichtiges Instrument zur Umsetzung von Privacy by Design ZD 2017, 57; *Volkmer/Kaiser*, Das Verzeichnis von Verarbeitungstätigkeiten und die Datenschutz-Folgenabschätzung in der Praxis, PinG 2017, 153; *Wichtermann*, Die Datenschutz-Folgenabschätzung in der DS-GVO. Die Folgenabschätzung als Nachfolger der Vorabkontrolle, DuD 2016, 797. *Wybitul/Ströbel*, Checklisten zur DS-GVO – Teil 1: Datenschutz-Folgenabschätzung in der Praxis, BB 2016, 2307.

A. Grundlagen

I. Gesamtverständnis, Zweck der Norm und Verhältnis zu anderen Normen

1 Gemäß Art. 35 DS-GVO muss der Verantwortliche für Verarbeitungstätigkeiten, die voraussichtlich ein hohes Risiko für die Rechte und Freiheiten natürlicher Personen zur Folge haben, eine **Datenschutz-Folgenabschätzung** durchführen.[1] Diese besteht zum einen aus einer umfassenden Bewertung sämtlicher Risiken, Eintrittswahrscheinlichkeiten und potenzieller Schäden. Auf Basis dieser Bewertung muss sodann zum anderen geprüft werden, ob die bisherigen **technischen und organisatorischen Maßnahmen** ausreichend sind, oder ob angesichts der Risiken noch weitere Sicherheitsmaßnahmen umgesetzt werden sollen.

2 Um den hiermit verbundenen Aufwand für Behörden zu reduzieren[2], ohne das Niveau des Datenschutzes abzusenken, genügt es nach § 24 Abs. 1 DSG NRW, dass die **jeweils oberste Landesbehörde** oder eine von ihr **beauftragte öffentliche Stelle** die entsprechende Datenschutz-Folgenabschätzung durchführt, um alle unterstehendenden Behörden von dieser Pflicht zu befreien. Gemäß § 24 Abs. 3 DSG NRW ist eine solche „Übernahme" der Datenschutz-Folgenabschätzung darüber hinaus auch dann möglich, wenn eine Behörde ein automatisiertes Datenverarbeitungsverfahren entwickelt, das für Behörden bestimmt und von diesen übernommen wird.

II. Bisherige Rechtslage

3 Bereits die Datenschutzrichtlinie EG/46/95, auf der das bisherige BDSG maßgeblich beruht, kannte das Konzept einer „**Vorabkontrolle**" zur Vermeidung von Gefahren bei riskanten Datenverarbeitungsvorgängen (Art. 20 RL EG/46/95). § 4 d Abs. 5 BDSG aF kodifizierte eine Verpflichtung zur Vorabkontrolle im nationalen Recht.[3] In der Praxis erlangte die Vorabkontrolle jedoch nie den Stellenwert, den die Datenschutz-Folgenabschätzung nun einnimmt. Dementsprechend gab es bislang auch keine spezifischen Ausnahmevorschriften für öffentliche Stellen.

III. Verfahren für Datenschutz-Folgenabschätzungen

4 Für sämtliche Verfahren, deren Ausübung voraussichtlich ein hohes Risiko für die Rechte und Freiheiten natürlicher Personen zur Folge hat, ist eine Datenschutz-Folgenabschätzung gemäß Art. 35 DS-GVO durchzuführen. Es ist deshalb empfehlenswert, schon auf Ebene des **Verzeichnisses der Verarbeitungstätigkeiten** nach Art. 30 DS-GVO für jedes einzelne Verfahren zu vermerken, welche Risiken mit diesem einhergehen und wie hoch diese sind. Welche Risiken

1 *Jandt* in Kühling/Buchner DS-GVO Art. 35 Rn. 62.
2 *Gröhl/Mack* in HK-LDSG RhPf § 9 Rn. 1.
3 *Hansen* in BeckOK Datenschutzrecht DS-GVO Art. 35 Rn. 8; *Jandt* in Kühling/Buchner DS-GVO Art. 35 Rn. 62; *Ferik* in HK-DS-GVO/BDSG Art. 35 Rn. 21 f.

hierbei maßgeblich berücksichtigt werden müssen, lässt sich exemplarisch dem Erwägungsgrund 75 zur DS-GVO entnehmen. Gemäß der Hinweise der Datenschutzaufsichtsbehörden dürfen bei der Bestimmung der Eintrittswahrscheinlichkeiten und Auswirkungen Kategorisierungen wie „hoch“, „mittel“, und „gering“ verwendet werden.[4] Da die hierfür erforderlichen Bewertungen angesichts des Fehlens sämtlicher Rechtsprechung notwendiger Weise subjektiv ausfallen müssen, haben die Datenschutzaufsichtsbehörden **Negativlisten** und **Positivlisten** veröffentlicht, in denen näher erläutert wird, in welchen Fällen eine Datenschutz-Folgenabschätzung durchzuführen ist und in welchen Fällen nicht. Die Landesbeauftragte für den Datenschutz Nordrhein-Westfalen hat am 3.8.2018 eine spezifische Auflistung für Verarbeitungstätigkeiten im öffentlichen Bereich veröffentlicht, für die eine Datenschutz-Folgenabschätzung durchzuführen ist.[5] Hiernach sind unter anderem für umfangreiche Verarbeitungstätigkeiten in Jugendämtern, bei Job-Centern, Meldeämtern (abhängig von der Größe der Kommune) und etwa beim Anonymisierungsprozess im Vorfeld der Erstellung amtlicher Statistiken Datenschutz-Folgenabschätzungen durchzuführen.

IV. Durchführung und Dokumentation einer Datenschutz-Folgenabschätzung

5 Die **Art.-29-Datenschutzgruppe** hat umfangreiche Leitlinien zur Datenschutz-Folgenabschätzung veröffentlicht.[6] Die Fortgeltung dieser Leitlinien wurde durch den Europäischen Datenschutzausschuss, der die Art.-29-Datenschutzgruppe nach Inkrafttreten der DS-GVO abgelöst hat, ausdrücklich empfohlen.[7] In den Leitlinien wird umfangreicher und präziser als in den bisherigen Vorgaben der deutschen Datenschutzaufsichtsbehörden zur Durchführung einer Datenschutz-Folgenabschätzung Stellung genommen.[8] Übersichtliche Ablaufpläne zur Durchführung einer Datenschutz-Folgenabschätzung sind in der deutschen Literatur zu finden.[9]

6 Grundlage einer Datenschutz-Folgenabschätzung sind letztlich sämtliche Aspekte der datenschutzrechtlichen Bewertung nach der DS-GVO (neben den Angaben, die in einem Verzeichnis der Verarbeitungstätigkeit zu dokumentieren sind, müssen etwa auch Erlaubnistatbestände, Erfüllung von Transparenzhinweisen, Erfüllung der Prinzipien nach Art. 5 DS-GVO, bisherige technische und organisatorische Maßnahmen nach Art. 32 DS-GVO, usw benannt werden).[10] Zur Vorbereitung einer Datenschutz-Folgenabschätzung müssen die genannten

4 DSK Kurzpapier Nr. 18 – Risiko für die Rechte und Freiheiten natürlicher Personen, abrufbar unter https://www.datenschutzkonferenz-online.de/kurzpapiere.htm l.

5 Abrufbar unter https://www.ldi.nrw.de/mainmenu_Aktuelles/submenu_EU-Datens chutzreform/Inhalt/EU-Datenschutzreform/Datenschutz-Folgenabschaetzung.html.

6 Art. 29-Datenschutzgruppe, Arbeitspapier Nr. 248, abrufbar in allen Amtssprachen unter https://ec.europa.eu/newsroom/article29/item-detail.cfm?item_id=611236.

7 Siehe https://edpb.europa.eu/node/70.

8 Das DSK-Kurzpapier Nr. 5 zur Datenschutz-Folgenabschätzung nach Art. 35 DS-GVO ist demgegenüber relativ kurz gehalten. Abrufbar unter https://www.lfd.n iedersachsen.de/startseite/dsgvo/anwendung_dsgvo_kurzpapiere/ds-gvo---kurzpapie re-155196.html.

9 Siehe etwa *Bieker/Hansen/Friedwald* RDV 2016, 189. Aber auch das DSK-Kurzpapier Nr. 5 enthält einen kurzen schematischen Ablaufplan (Fundstelle siehe Fn. 8).

10 Siehe die tabellarische Aufführung in Art. 29-Datenschutzgruppe, Arbeitspapier Nr. 248, S. 22.

Informationen sämtlichen Beteiligten vorliegen. Auch aus dieser Perspektive ist es empfehlenswert, ein **Verzeichnis der Verarbeitungstätigkeiten** von Anfang an so umfangreich zu erstellen und auszufüllen, dass möglichst viele der für die Datenschutz-Folgenabschätzung notwendigen Angaben bereits hierin enthalten sind.

Nach der Zusammenstellung aller relevanten Informationen erfolgt die Zusammensetzung derjenigen Personen, welche die Datenschutz-Folgenabschätzung durchführen sollen. Hierbei sind sämtliche Experten aus dem Unternehmen (evtl. aber auch von Externen, wie etwa Auftragsverarbeiter) zu berücksichtigen. Während der dann folgenden Durchführung der Datenschutz-Folgenabschätzung bewerten die Experten, ob die bestehenden Schutzmaßnahmen ausreichen, um die Risiken hinreichend einzudämmen und ob vor diesem Hintergrund die gegebenen technischen und organisatorischen Schutzmaßnahmen zweckmäßig und ausreichend sind. Um den **Nachweispflichten** nachzukommen und um eine praktikable Grundlage für die Umsetzung des Ergebnisses der Datenschutz-Folgenabschätzung zu erlangen, sollten die Ergebnisse der Datenschutz-Folgenabschätzung **dokumentiert** werden, etwa in einem **„DSFA-Bericht"**. All dies zeigt, dass die Durchführung einer Datenschutz-Folgenabschätzung einen erheblichen Aufwand mit sich bringen kann. 7

V. Ausnahmen von der Pflicht zur Durchführung einer Datenschutz-Folgenabschätzung

Der Unionsgesetzgeber hat mit Art. 35 Abs. 10 DS-GVO die Möglichkeit geschaffen, dass der **nationale Gesetzgeber** für solche Verarbeitungstätigkeiten Ausnahmen von der Datenschutz-Folgenabschätzung regeln kann, die zur Erfüllung einer rechtlichen Verpflichtung erforderlich sind (im Sinne von Art. 6 Abs. 1 lit. c DS-GVO) oder die zur Wahrnehmung einer Aufgabe erforderlich sind, die im öffentlichen Interesse liegt oder in Ausübung öffentlicher Gewalt erfolgt (im Sinne von Art. 6 Abs. 1 lit. e DS-GVO) ausgeführt wird. Die Idee hierbei ist, dass ein Nationalstaat bereits **auf Ebene des Gesetzgebungsverfahrens** eine allgemeine Datenschutz-Folgenabschätzung durchführen kann. Soweit dies erfolgt ist, kann die Durchführung einer spezifischeren Datenschutz-Folgenabschätzung durch die jeweils Verantwortlichen im Ermessen der Mitgliedsstaaten entfallen.[11] Eine entsprechende **Dokumentation** der Datenschutz-Folgenabschätzung müsste dann in den Gesetzgebungsmaterialien enthalten sein. Zu einem solchen Schritt hat sich der deutsche Gesetzgeber soweit ersichtlich jedoch noch nicht durchgerungen.[12] Gleiches gilt für den Gesetzgeber in NRW der Art. 35 Abs. 10 DS-GVO eher als Öffnungsklausel und Grundlage der Regelungen in § 24 sieht.[13] 8

B. Kommentierung

I. Datenschutz-Folgenabschätzung der zuständigen obersten Landesbehörde (Abs. 1)

§ 24 Abs. 1 DSG NRW bestimmt, dass eine Datenschutz-Folgenabschätzung im Sinne des Art. 35 Abs. 1 S. 1 DS-GVO nicht stattfinden soll, soweit die **fachlich zuständige oberste Landesbehörde** bereits eine Datenschutz-Folgenabschätzung 9

11 *Martini* in Paal/Pauly DS-GVO Art. 35 Rn. 64.
12 *Nolte/Werkmeister* in Gola DS-GVO Art. 35 Rn. 72.
13 LT-Drs. 17/1981, 151.

zu dem entsprechenden Verarbeitungsverfahren vorgenommen hat und das in Rede stehende Verfahren im Wesentlichen unverändert übernommen wird.

1. Durchführung einer Datenschutz-Folgenabschätzung durch die oberste Landesbehörde

10 Die erste Voraussetzung dieser Soll-Vorschrift liegt darin, dass die zuständige oberste Landesbehörde entweder selbst oder durch eine von ihr ermächtigte öffentliche Stelle eine Datenschutz-Folgenabschätzung für einen Verarbeitungsprozess erstellt. Diese Datenschutz-Folgenabschätzung muss dabei die oben ausgeführten Kriterien des Art. 35 DS-GVO erfüllen. Dementsprechend muss eine **vollständig durchgeführte** Datenschutz-Folgenabschätzung vorliegen, inklusive Abschlussbericht. Die Durchführung der Implementierung der eventuell in dem Bericht geforderten weiteren Maßnahmen ist jedoch nicht erforderlich.

2. Übernahme im Wesentlichen

11 Im Falle einer Übernahme dieses Verarbeitungsprozesses „soll" die öffentliche Stelle selbst keine eigene Datenschutz-Folgenabschätzung durchführen. Dies gilt dabei nicht nur im Falle einer gesamten Übernahme, sondern auch dann, wenn die Verarbeitung im „**Wesentlichen unverändert**" übernommen wird. Aus beiden Umständen lassen sich zwei Fragen ableiten. Zum einen stellt sich die Frage, wann eine öffentliche Stelle von dieser Soll-Vorschrift abweichen kann und zum anderen, wann eine Veränderung des Verarbeitungsprozess eine solche Relevanz aufweist, dass es sich nicht mehr im „Wesentlichen" um den gleichen Verarbeitungsprozess handelt.

12 In Bezug auf die zweite Frage stellt die Begründung zur Norm klar, dass sie sich „im Wesentlichen" auf Fallkonstellationen bezieht, bei denen die jeweilige öffentliche Stelle nicht den gesamten Verarbeitungsprozess, sondern **nur einen Ausschnitt hiervon umsetzt.**[14] Mit anderen Worten: Durch die Formulierung sollen nicht auch andersartige Verfahren umfasst werden, die eine Ähnlichkeit zu dem Verfahren der obersten Landesbehörde aufweisen, sondern nur solche, die einen Bestandteil der von der obersten Landesbehörde durchgeführten Datenschutz-Folgenabschätzung aufweisen. Damit unterfallen der Norm beispielsweise keine Fälle, in denen eine öffentliche Stelle andere aber ähnliche Datenkategorien verarbeitet, sondern nur solche, in denen die öffentliche Stelle einen **Teil der gleichen Datenkategorien** verarbeitet. Gleiches gilt für den Zweck der Verarbeitung. Nicht vom Anwendungsbereich der Norm umfasst sind Fälle, bei denen ein vergleichbarer Zweck verfolgt wird, sondern nur solche, bei denen ein Teilzweck des durch die oberste Behörde überprüften Zweckes verwendet wird.

13 Antworten zur ersten Frage, wann eine öffentliche Stelle von der Soll-Vorschrift abweichen darf, lassen sich in der Gesetzesbegründung indes nicht finden. Hier wird man nach den Grundsätzen des Verwaltungsrechts davon ausgehen müssen, dass die öffentliche Stelle nur einen **eingeschränkten Ermessensspielraum** besitzt und damit nur in **Ausnahmefällen** die Datenschutz-Folgenabschätzung der obersten Landesbehörde nicht übernehmen muss.

14 LT-Drs. 17/1981, 151.

II. Zurverfügungstellung der Datenschutz-Folgenabschätzung (Abs. 2)

§ 24 Abs. 2 stellt klar, dass es nicht erforderlich ist, dass die obersten Landesbehörden die Berichte und Ergebnisse zur Datenschutz-Folgenabschätzung denjenigen öffentlichen Stellen zur Verfügung stellen müssen, die auf der Basis der jeweiligen Datenschutz-Folgenabschätzung personenbezogene Daten verarbeiten. Dies ist aus zwei Gründen erstaunlich: Zum einen benötigen die öffentlichen Stellen zur Erfüllung ihrer **Nachweispflichten** ohnehin den Bericht der Datenschutz-Folgenabschätzung. Ansonsten würde im Falle einer Überprüfung durch eine Datenschutz-Aufsichtsbehörde oder einer anderen Instanz, wie etwa den Landesrechnungshof, nur der Verweis auf den Bericht verbleiben, welcher nur der obersten Landesbehörde vorliegt. Zum anderen muss bedacht werden, dass ein Bericht zu einer Datenschutz-Folgenabschätzung typischerweise technische und organisatorische Maßnahmen benennt, die zur weiteren **Risikominimierung** durch die verarbeitende Stelle umzusetzen sind. Es dürfte daher eher den Regelfall darstellen, dass den öffentlichen Stellen möglichst umfangreiche Teile der entsprechenden Berichte zugänglich gemacht werden. 14

Grundsätzlich stellt § 24 Abs. 2 die Entscheidung über die Zurverfügungstellung der Dokumentation einer Datenschutz-Folgenabschätzung aber in das **Ermessen der obersten Behörden**. Das Ermessen wird nur insoweit eingeschränkt, dass eine Zurverfügungstellung nicht erfolgen darf, soweit die in der Dokumentation enthaltenden Informationen die Sicherheit von IT-Systemen gefährden würde. Da auch die **IT-Sicherheit** ein wichtiger Bestandteil einer Datenschutz-Folgenabschätzung ist, kann es in der Praxis durchaus vorkommen, dass aktuelle oder vermeidbare IT-Sicherheitsrisiken erläutert werden müssen. Es liegt auf der Hand, dass eine solche Beschreibung zugleich als Anleitung zum Ausnutzen der entsprechenden Sicherheitslücken dienen kann und vor diesem Hintergrund so weit wie möglich unter Verschluss zu halten ist. Dennoch sollte es insgesamt regelmäßig im Interesse und der Befolgung des Datenschutzrechts sein, möglichst umfangreiche Teile (ggf. unter Ausklammerung der zu sensibleren und detaillierten IT-sicherheitsrechtlichen Aspekte) des Berichts einer Datenschutz-Folgenabschätzung an untere öffentliche Stellen weiterzugeben. 15

III. Entwicklung eines automatisierten Verfahrens (Abs. 3)

Anders als die ersten beiden Absätze erstreckt sich der Anwendungsbereich des § 24 Abs. 3 nicht nur auf oberste Landesbehörden, sondern auf **jede öffentliche Stelle**, und regelt dabei die Möglichkeit einer **einheitlichen Datenschutz-Folgenabschätzung** in Fällen, in denen eine öffentliche Stelle ein **automatisiertes Verfahren** erstellt, das zum Einsatz durch andere öffentliche Stellen bestimmt ist. Maßgeblich geht es hierbei um von öffentlichen Stellen entwickelte IT-Systeme wie beispielsweise einer Software/Webseite für die automatisierte Kita-Plätze-Vergabe (aufgrund der Frage nach der Religionszugehörigkeit werden hier regelmäßig besonderen Kategorien von personenbezogenen Daten verarbeitet), die von anderen öffentlichen Stellen (bspw. anderen Kommunen) übernommen werden. 16

Der erste Satz des Absatzes regelt, dass die „**Entwicklungsbehörde**" in einem solchen Fall die Datenschutz-Folgenabschätzung im Sinne der Art. 35 f. DS-GVO durchzuführen „kann". Es handelt sich hierbei um eine leicht irreführende Formulierung, denn der Gesetzgeber wollte mit § 24 Abs. 3 nicht die Frage, ob eine Datenschutz-Folgenabschätzung überhaupt durchzuführen ist, zur Disposition bzw. in das Ermessen einer öffentlichen Stelle stellen. Das Unions- 17 recht ist insoweit **zwingend** und eine entsprechende Öffnungsklausel nicht ersichtlich. Eine staatliche Stelle, die ein entsprechendes datenverarbeitendes Verfahren entwickeln und selbst einsetzt, muss daher eine Datenschutz-Folgenabschätzung ohnehin selbst durchführen. § 24 Abs. 3 Satz 1 stellt aber klar, dass auch eine öffentliche Stelle, die ein Verfahren entwickelt und nicht selbst umsetzt bzw. nicht selbst als Verantwortlicher, sondern als Auftragsverarbeiter umsetzt – wie dies bei kommunalen IT-Dienstleistern regelmäßig der Fall ist –, ebenfalls eine Datenschutz-Folgenabschätzung durchführen können. Hierbei sind dann aber bereits die Besonderheiten zu berücksichtigen, die sich bei der Umsetzung durch eine andere öffentliche Stelle ergeben.

18 Der zweite Satz des Absatzes bezieht sich auf die öffentliche Stelle, die das automatisierte Verfahren nutzt. Diese „kann" von einer eigenen Datenschutz-Folgenabschätzung absehen, wenn das Verfahren „im Wesentlichen unverändert übernommen wird". Der Begriff der **wesentlichen Übernahme** ist dabei gleich zu verstehen wie im ersten Absatz. Anders als dort ist hier die öffentliche Stelle, die das Verfahren übernimmt jedoch nicht in ihrem Ermessen eingeschränkt, sondern kann frei entscheiden, ob sie selbst eine Datenschutz-Folgenabschätzung vornimmt.

IV. Konformität mit dem Unionsrecht

19 Problematisch gestaltet sich jedoch die Konformität der Norm mit dem Unionsrecht. Weder findet Art. 35 DS-GVO im Katalog des Art. 23 DS-GVO Erwähnung, noch enthält die Norm selbst eine Öffnungsklausel. Hieraus folgt nach einhelliger Meinung, dass die Regelungen des Art. 35 DS-GVO zur Datenschutz-Folgenabschätzung **abschließend** sind.[15] Selbst das inhaltliche Rezitieren seitens des nationalen Gesetzgebers wäre unzulässig, da dies einen Verstoß gegen das **Normwiederholungsverbot** darstellen würde.[16] Dies hat auch der Bundesgesetzgeber beim § 67 BDSG erkannt und die Norm im Rahmen der Umsetzung des Art. 27 der JI-RL auf Fälle beschränkt, die außerhalb des Anwendungsbereiches der DS-GVO liegen.[17]

20 Hieraus folgt letztendlich, dass **starke Bedenken** an der **Wirksamkeit** des § 24 DSG NRW geäußert werden können, auch wenn es sich sachlich um eine sehr sinnvolle Vorschrift handelt, die ein ökonomisches Arbeiten im öffentlichen Bereich begünstigt.

C. Bedeutung der Vorschrift für die Behördenpraxis

21 Da in der heutigen Behördenpraxis immer mehr Verfahren vereinheitlicht und spezielle Systeme für die Arbeit der Behörden erstellt werden, ist davon auszugehen, dass der Anwendungsbereich der Norm häufig betroffen ist. Dennoch sollten sich Behörden im Falle einer nachhaltigen und weitsichtigen Arbeit nicht zu stark auf die Norm des § 24 DSG NRW verlassen, da deren Vereinbarkeit mit dem Unionsrecht stark in Zweifel gezogen werden kann. Es dürfte jedoch in der Praxis sehr einfach sein, die durch obere Behörden oder andere öffentliche Stellen erstellten Datenschutz-Folgenabschätzungen im Zweifelsfall als

15 *Jandt* in Kühling/Buchner DS-GVO Art. 35 Rn. 63; *Martini* in Paal/Pauly DS-GVO Art. 35 Rn. 76 a.

16 *Jandt* in Kühling/Buchner DS-GVO Art. 35, Rn. 63; *Martini* in Paal/Pauly DS-GVO Art. 35 Rn. 76 a.

17 LT-Drs. 18/11325, 117; *Jandt* in Kühling/Buchner DS-GVO Art. 35 Rn. 63.

Muster zu verwenden und auf dieser Basis mit sehr geringem Aufwand eine eigene Datenschutz-Folgenabschätzung durchzuführen.

Kapitel 5 Die oder der Landesbeauftragte für Datenschutz und Informationsfreiheit

§ 25 Errichtung und Rechtsstellung

(1) [1]Die oder der Landesbeauftragte für Datenschutz und Informationsfreiheit ist Aufsichtsbehörde im Sinne des Artikels 51 der Verordnung (EU) 2016/679. [2]Der Landtag wählt auf Vorschlag der Landesregierung die Leiterin oder den Leiter der Aufsichtsbehörde für den Datenschutz mit mehr als der Hälfte der gesetzlichen Zahl seiner Mitglieder. [3]Die Leiterin oder der Leiter der Aufsichtsbehörde für den Datenschutz ist zugleich die oder der Landesbeauftragte für Informationsfreiheit. [4]Sie oder er muss die Befähigung zum Richteramt oder zu der Laufbahngruppe 2, zweites Einstiegsamt haben und die zur Erfüllung ihrer oder seiner Aufgaben erforderliche Fachkunde und Erfahrung gemäß Artikel 53 Absatz 2 der Verordnung (EU) 2016/679 besitzen. [5]Die Amts- und Funktionsbezeichnung lautet „Die Landesbeauftragte für Datenschutz und Informationsfreiheit" oder „Der Landesbeauftragte für Datenschutz und Informationsfreiheit".

(2) [1]Die oder der Landesbeauftragte für Datenschutz und Informationsfreiheit ist eine von der Landesregierung unabhängige Landesbehörde. [2]Die Behörde hat ihren Sitz in Düsseldorf. [3]Sie oder er ist oberste Dienstbehörde und trifft Entscheidungen nach § 37 des Beamtenstatusgesetzes vom 17. Juni 2008 (BGBl. I S. 1010) in der jeweils geltenden Fassung für sich und ihre oder seine Bediensteten in eigener Verantwortung. [4]Die Bediensteten unterstehen nur ihren oder seinen Weisungen.

(3) [1]Die oder der Landesbeauftragte für Datenschutz und Informationsfreiheit wird jeweils für die Dauer von acht Jahren in ein Beamtenverhältnis auf Zeit berufen. [2]Die einmalige Wiederwahl ist zulässig. [3]Nach Ende der Amtszeit bleibt sie oder er bis zur Ernennung einer Nachfolgerin oder eines Nachfolgers im Amt. [4]Die oder der Landesbeauftragte für Datenschutz und Informationsfreiheit bestellt eine Mitarbeiterin zur Stellvertreterin oder einen Mitarbeiter zum Stellvertreter. [5]Diese oder dieser führt die Geschäfte im Verhinderungsfall.

(4) Für die beamtenrechtlichen Angelegenheiten der oder des Landesbeauftragten für Datenschutz und Informationsfreiheit in Person ist das für Inneres zuständige Ministerium mit der Maßgabe zuständig, dass die Wahrnehmung der Zuständigkeit die Unabhängigkeit der oder des Landesbeauftragten für Datenschutz und Informationsfreiheit nicht beeinträchtigt.

(5) [1]Das Amtsverhältnis beginnt mit Aushändigung der Ernennungsurkunde. [2]Das Amtsverhältnis endet neben den in Artikel 53 Absatz 3 der Verordnung (EU) 2016/679 genannten Gründe mit dem Rücktritt der oder des Landesbeauftragten für Datenschutz und Informationsfreiheit. [3]Über eine Amtsenthebung wegen schwerer Verfehlung der oder des Landesbeauftragten für Datenschutz und Informationsfreiheit in Person entscheiden die Richterdienstgerichte. [4]Auf das Verfahren vor den Richterdienstgerichten sind die Vorschriften des Landesrichter- und Staatsanwältegesetzes vom 8. Dezember 2015 (GV. NRW. S. 812) in der jeweils geltenden Fassung anzuwenden. [5]Die nach diesen Vorschriften zustehenden Befugnisse der verfahrenseinleitenden Stelle übt die Präsi-

dentin oder der Präsident des Landtags aus. [6]Die nicht ständigen Beisitzerinnen und Beisitzer des Richterdienstgerichts müssen Mitglieder der Verwaltungsgerichtsbarkeit sein.

(6) [1]Die oder der Landesbeauftragte für Datenschutz und Informationsfreiheit wird im Einzelplan des Landtags in einem eigenen Kapitel ausgewiesen. [2]§ 28 Absatz 3 und § 29 Absatz 3 der Landeshaushaltsordnung in der Fassung der Bekanntmachung vom 26. April 1999 (GV. NRW. S. 158) in der jeweils geltenden Fassung gelten entsprechend. [3]Die oder der Landesbeauftragte für Datenschutz und Informationsfreiheit unterliegt der Rechnungsprüfung durch den Landesrechnungshof, soweit hierdurch ihre oder seine Unabhängigkeit nicht beeinträchtigt wird.

(7) [1]Die oder der Landesbeauftragte für Datenschutz und Informationsfreiheit ist für alle beamten- und disziplinarrechtlichen Entscheidungen sowie für alle arbeitsrechtlichen Entscheidungen ihren oder seinen Beschäftigten gegenüber zuständig. [2]Ihre Einbeziehung in den Personalaustausch in der Landesverwaltung wird gewährleistet. [3]Näheres zur Personalgewinnung und zur Personalverwaltung kann die oder der Landesbeauftragte für Datenschutz und Informationsfreiheit mit dem für Inneres zuständigen Ministerium vereinbaren.

(8) Die oder der Landesbeauftragte für Datenschutz und Informationsfreiheit kann sich jederzeit an den Landtag wenden.

Verwandte Normen in der DS-GVO:

Art. 51 Aufsichtsbehörde

(1) Jeder Mitgliedstaat sieht vor, dass eine oder mehrere unabhängige Behörden für die Überwachung der Anwendung dieser Verordnung zuständig sind, damit die Grundrechte und Grundfreiheiten natürlicher Personen bei der Verarbeitung geschützt werden und der freie Verkehr personenbezogener Daten in der Union erleichtert wird (im Folgenden „Aufsichtsbehörde“).

(2) [1]Jede Aufsichtsbehörde leistet einen Beitrag zur einheitlichen Anwendung dieser Verordnung in der gesamten Union. [2]Zu diesem Zweck arbeiten die Aufsichtsbehörden untereinander sowie mit der Kommission gemäß Kapitel VII zusammen.

(3) Gibt es in einem Mitgliedstaat mehr als eine Aufsichtsbehörde, so bestimmt dieser Mitgliedstaat die Aufsichtsbehörde, die diese Behörden im Ausschuss vertritt, und führt ein Verfahren ein, mit dem sichergestellt wird, dass die anderen Behörden die Regeln für das Kohärenzverfahren nach Artikel 63 einhalten.

(4) Jeder Mitgliedstaat teilt der Kommission bis spätestens 25. Mai 2018 die Rechtsvorschriften, die er aufgrund dieses Kapitels erlässt, sowie unverzüglich alle folgenden Änderungen dieser Vorschriften mit.

Art. 52 Unabhängigkeit

(1) Jede Aufsichtsbehörde handelt bei der Erfüllung ihrer Aufgaben und bei der Ausübung ihrer Befugnisse gemäß dieser Verordnung völlig unabhängig.

(2) Das Mitglied oder die Mitglieder jeder Aufsichtsbehörde unterliegen bei der Erfüllung ihrer Aufgaben und der Ausübung ihrer Befugnisse gemäß dieser Verordnung weder direkter noch indirekter Beeinflussung von außen und ersuchen weder um Weisung noch nehmen sie Weisungen entgegen.

(3) Das Mitglied oder die Mitglieder der Aufsichtsbehörde sehen von allen mit den Aufgaben ihres Amtes nicht zu vereinbarenden Handlungen ab und üben während ihrer Amtszeit keine andere mit ihrem Amt nicht zu vereinbarende entgeltliche oder unentgeltliche Tätigkeit aus.

(4) Jeder Mitgliedstaat stellt sicher, dass jede Aufsichtsbehörde mit den personellen, technischen und finanziellen Ressourcen, Räumlichkeiten und Infrastrukturen ausgestattet wird, die sie benötigt, um ihre Aufgaben und Befugnisse auch im Rahmen der Amtshilfe, Zusammenarbeit und Mitwirkung im Ausschuss effektiv wahrnehmen zu können.

(5) Jeder Mitgliedstaat stellt sicher, dass jede Aufsichtsbehörde ihr eigenes Personal auswählt und hat, das ausschließlich der Leitung des Mitglieds oder der Mitglieder der betreffenden Aufsichtsbehörde untersteht.

(6) Jeder Mitgliedstaat stellt sicher, dass jede Aufsichtsbehörde einer Finanzkontrolle unterliegt, die ihre Unabhängigkeit nicht beeinträchtigt und dass sie über eigene, öffentliche, jährliche Haushaltspläne verfügt, die Teil des gesamten Staatshaushalts oder nationalen Haushalts sein können.

Art. 53 Allgemeine Bedingungen für die Mitglieder der Aufsichtsbehörde

(1) Die Mitgliedstaaten sehen vor, dass jedes Mitglied ihrer Aufsichtsbehörden im Wege eines transparenten Verfahrens ernannt wird, und zwar

- vom Parlament,
- von der Regierung,
- vom Staatsoberhaupt oder
- von einer unabhängigen Stelle, die nach dem Recht des Mitgliedstaats mit der Ernennung betraut wird.

(2) Jedes Mitglied muss über die für die Erfüllung seiner Aufgaben und Ausübung seiner Befugnisse erforderliche Qualifikation, Erfahrung und Sachkunde insbesondere im Bereich des Schutzes personenbezogener Daten verfügen.

(3) Das Amt eines Mitglieds endet mit Ablauf der Amtszeit, mit seinem Rücktritt oder verpflichtender Versetzung in den Ruhestand gemäß dem Recht des betroffenen Mitgliedstaats.

(4) Ein Mitglied wird seines Amtes nur enthoben, wenn es eine schwere Verfehlung begangen hat oder die Voraussetzungen für die Wahrnehmung seiner Aufgaben nicht mehr erfüllt.

Art. 54 Errichtung der Aufsichtsbehörde

(1) Jeder Mitgliedstaat sieht durch Rechtsvorschriften Folgendes vor:

a) die Errichtung jeder Aufsichtsbehörde;
b) die erforderlichen Qualifikationen und sonstigen Voraussetzungen für die Ernennung zum Mitglied jeder Aufsichtsbehörde;
c) die Vorschriften und Verfahren für die Ernennung des Mitglieds oder der Mitglieder jeder Aufsichtsbehörde;
d) die Amtszeit des Mitglieds oder der Mitglieder jeder Aufsichtsbehörde von mindestens vier Jahren; dies gilt nicht für die erste Amtszeit nach 24. Mai 2016, die für einen Teil der Mitglieder kürzer sein kann, wenn eine zeitlich versetzte Ernennung zur Wahrung der Unabhängigkeit der Aufsichtsbehörde notwendig ist;
e) die Frage, ob und – wenn ja – wie oft das Mitglied oder die Mitglieder jeder Aufsichtsbehörde wiederernannt werden können;
f) die Bedingungen im Hinblick auf die Pflichten des Mitglieds oder der Mitglieder und der Bediensteten jeder Aufsichtsbehörde, die Verbote von Handlungen, beruflichen Tätigkeiten und Vergütungen während und nach der Amtszeit, die mit diesen Pflichten unvereinbar sind, und die Regeln für die Beendigung des Beschäftigungsverhältnisses.

(2) [1]Das Mitglied oder die Mitglieder und die Bediensteten jeder Aufsichtsbehörde sind gemäß dem Unionsrecht oder dem Recht der Mitgliedstaaten sowohl während ihrer Amts- beziehungsweise Dienstzeit als auch nach deren Beendigung verpflichtet, über alle vertraulichen Informationen, die ihnen bei der Wahrnehmung ihrer Aufga-

ben oder der Ausübung ihrer Befugnisse bekannt geworden sind, Verschwiegenheit zu wahren. [2]Während dieser Amts- beziehungsweise Dienstzeit gilt diese Verschwiegenheitspflicht insbesondere für die von natürlichen Personen gemeldeten Verstößen gegen diese Verordnung.

Kurzübersicht zum Verhältnis der entscheidenden Normen			
Norm des DSG NRW	Entsprechende Norm der DS-GVO	Entsprechende Norm des BDSG	Öffnungsklausel der DS-GVO
§ 25 DSG NRW	Art. 51–54 DS-GVO	§§ 8–12 BDSG	

Literatur:

v. Lewinski, Datenschutzaufsicht in Europa im Netzwerk, NVwZ 2017, 1483; *Thomé*, Die Unabhängigkeit der Bundesdatenschutzaufsicht, VuR 2015, 130.

A. Grundlagen

I. Gesamtverständnis, Zweck der Norm und Verhältnis zu anderen Normen

1 § 25 regelt die Errichtung einer unabhängigen Aufsichtsbehörde im Sinne des Art. 51 DS-GVO. Nach § 51 DS-GVO sieht jeder Mitgliedstaat vor, dass eine oder mehrere unabhängige Behörden für die Überwachung der Anwendung der DS-GVO zuständig sind, damit die Grundrechte und Grundfreiheiten natürlicher Personen bei der Verarbeitung personenbezogener Daten geschützt werden und der freie Verkehr personenbezogener Daten in der Union erleichtert wird.

II. Bisherige Rechtslage

2 Die bisherige Regelung zum Landesdatenschutzbeauftragten war in § 21 DSG NRW aF enthalten.

B. Kommentierung

I. Absatz 1 – Funktion, Wahl und Befähigung

§ 25 Abs. 1 beschreibt die grundsätzliche Funktion der/des Landesbeauftragten, die Wahl und die notwendige Qualifikation. Daneben wird die Amts- und Funktionsbezeichnung definiert. 3

1. Funktion

Gemäß § 25 Abs. 1 S. 1 ist die/der Landesbeauftragte Aufsichtsbehörde im Sinne des Art. 51 DS-GVO. Gemäß Art. 51 Abs. 2 DS-GVO ist Aufgabe der nationalen Aufsichtsbehörden, einen Beitrag zur einheitlichen Anwendung der DS-GVO in den Mitgliedstaaten zu leisten. Zugleich soll nach Art. 51 Abs. 1 DS-GVO durch die nationalen Aufsichtsbehörden sichergestellt werden, dass Grundrechte und Grundfreiheiten natürlicher Personen bei der Verarbeitung personenbezogener Daten geschützt werden und der freie Verkehr personenbezogener Daten in der Union erleichtert wird. 4

Neben der Funktion als Aufsichtsbehörde nach Art. 51 DS-GVO ist die Leiterin oder der Leiter der Aufsichtsbehörde zugleich Landesbeauftragte/r für die Informationsfreiheit. Eine entsprechende Regelung ist in § 13 IFG NRW enthalten. 5

Die Benennung „der Leiterin oder des Leiters der Aufsichtsbehörde" macht deutlich, dass die/der Landesbeauftragte Behörde im funktionalen Sinne ist. Behörden im funktionellen Sinne sind alle Stellen der öffentlichen Verwaltung, die durch Organisationsrecht gebildet werden sind und ihre Tätigkeiten unabhängig vom Amtsinhaber ausführen können. Die Leiterin oder der Leiter der Behörde ist das nach außen agierende Organ der betreffenden Behörde. 6

2. Wahl

Gemäß § 25 Abs. 1 S. 2 macht die Landesregierung einen Personalvorschlag. Die Wahl erfolgt dann durch den Landtag NRW. Notwendig für die Wahl ist die Mehrheit der gesetzlichen Mitglieder. Das Gesetz kommt damit der Forderung zur Normierung eines transparenten Verfahrens für die Errichtung der Aufsichtsbehörde nach Art. 53 Abs. 1 DS-GVO nach. 7

3. Befähigung

Gemäß § 15 Abs. 1 S. 3 muss die/der Landesbeauftragte die Befähigung zum Richteramt oder zu der Laufbahngruppe 2, zweites Einstiegsamt haben. 8

Die Befähigung zum Richteramt wird mit erfolgreichem Abschluss der Zweiten juristischen Staatsprüfung erreicht. Zugangsvoraussetzung für die Laufbahngruppe 2, zweites Einstiegsamt ist nach § 6 Abs. 1 Nr. 4 LBG NRW ein mit einem Mastergrad abgeschlossenes, geeignetes Hochschulstudium oder ein gleichwertiger Abschluss an einer Universität, einer technischen Hochschule oder einer anderen gleichstehenden Hochschule. 9

Da gemäß Art. 54 Abs. 1 lit. b DS-GVO neben der erforderlichen Qualifikation auch die „sonstigen Voraussetzungen" zur Ausübung der Befugnisse zu regeln sind, wird die Forderung nach Erfüllung der Einstellungsvoraussetzungen für bestimmte Ämter des öffentlichen Dienstes als unproblematisch anzusehen sein.[1] 10

1 In diesem Sinne auch *Selmayr* in Ehrmann/Selmayr DS-GVO Art. 53 Rn. 10.

11 Darüber hinaus ist die zur Erfüllung ihrer oder seiner Aufgaben erforderliche Fachkunde und Erfahrung gemäß Artikel 53 Abs. 2 DS-GVO verlangt. Erfahrung und Sachkunde wird – über die durch die betreffende Ausbildung erlernten Kenntnisse hinaus – durch eine relevante praktische Tätigkeit im Bereich des Datenschutzes und der Datensicherheit nachzuweisen sein. Dieser Nachweis kann bspw. durch eine vorherige Tätigkeit als behördlicher oder betrieblicher Datenschutzbeauftragter erbracht werden. [2]

4. Funktionsbezeichnung

12 Aufgrund der nach Satz 2 vorgenommenen Aufgabenzuweisung auf dem Gebiet der Informationsfreiheit lautet die Amts- und Funktionsbezeichnung – je nach Geschlecht der Leitungsperson „Die Landesbeauftragte für Datenschutz und Informationsfreiheit“ oder „Der Landesbeauftragte für Datenschutz und Informationsfreiheit“.

II. Absatz 2 – Unabhängigkeit, Sitz und Dienstherrenfunktion

1. Unabhängigkeit

13 Absatz 2 beschreibt die/den Landesbeauftragten in Satz 1 als eine von der Landesregierung unabhängige Landesbehörde. Die Regelung reagiert damit auf die Forderung des Art. 52 Abs. 1 DS-GVO, wonach jede Aufsichtsbehörde bei der Erfüllung ihrer Aufgaben und bei der Ausübung ihrer Befugnisse gemäß der DS-GVO völlig unabhängig handelt. Zugleich korrespondiert Absatz 2 mit Art. 77 a Abs. 2 LVerf NRW, wonach der Landesbeauftragte für den Datenschutz in Ausübung seines Amtes unabhängig und nur dem Gesetz unterworfen ist.

14 Umstritten ist, ob die Aufnahme einer Bestimmung wie die des Absatzes 2 Satz 1 in Anbetracht des Art. 52 Abs. 1 DS-GVO gegen das gegenüber den entsprechenden unmittelbar geltenden Normen des Europarechts bestehende Normwiederholungsverbot verstößt.[3] Die Vorschrift dürfte aber damit zu rechtfertigen sein, dass das DSG NRW keine Unterscheidung bezüglich der Unabhängigkeit der/des Landesbeauftragten bei den Aufgaben nach DS-GVO und bei den übrigen durch das DSG NRW zugewiesenen Aufgaben vornimmt; damit reicht die Unabhängigkeit nach Satz 1 weiter als die nach Art. 52 Abs. 1 DS-GVO angeordnete Unabhängigkeit.

15 Weiterhin ist nicht eindeutig, ob die Unabhängigkeit der/des Landesbeauftragten nur gegenüber nationalen Stellen besteht, oder etwa auch gegenüber dem Europäischen Datenschutzausschuss. Dafür würde sprechen, dass die nationalen Aufsichtsbehörden nach Art. 52 Abs. 1 DS-GVO „völlig unabhängig“ sind. Allerdings sind sie in den europäischen Verwaltungsverbund hinsichtlich des Datenschutzes eingebunden und zugleich gemäß Art. 51 Abs. 2, 63 DS-GVO im Kohärenzverfahren zur Zusammenarbeit mit der Kommission verpflichtet, die – gleichermaßen als Hüterin der Verträge – die ordnungsgemäße Durchführung des EU-Rechts auch insoweit überwachen kann. Allerdings wird den nationalen Aufsichtsbehörden ein Klagerecht im Wege der Nichtigkeitsklage gegenüber sie belastenden Beschlüssen der Kommission zuzugestehen sein.[4]

2 *Selmayr* in Ehrmann/Selmayr DS-GVO Art. 53 Rn. 8; vgl. auch *Römer* in HK-DS-GVO/BDSG Art. 53 Rn. 33.
3 Zum Normwiederholungsverbot im Kontext des BDSG vgl. *Römer* in HK-DS-GVO/BDSG Art. 53 Rn. 35.
4 Vgl. insoweit *Selmayr* in Ehrmann/Selmayr DS-GVO Art. 52 Rn. 14.

2. Sitz, Dienstbehördeneigenschaft, Weisungsbefugnis

Der Sitz der/des Landesbeauftragten ist nach Satz 2 Düsseldorf. Konkret sitzt sie/er derzeit in der Kavalleriestraße 2–4, 40213 Düsseldorf. Gemäß Satz 3 Halbsatz 1 ist die/der Landesbeauftragte oberste Dienstbehörde. Hierdurch wird noch einmal die Unabhängigkeit von der Landesregierung deutlich, da oberste Dienstbehörden ansonsten regelmäßig die Landesministerien sind. 16

Die Anordnung nach Satz 3 Halbsatz 2, wonach die/der Landesbeauftragte Entscheidungen nach § 37 des Beamtenstatusgesetzes vom 17.6.2008 (BGBl. I S. 1010) in der jeweils geltenden Fassung für sich und ihre oder seine Bediensteten in eigener Verantwortung trifft, beruht darauf, dass gemäß § 37 Abs. 3 S. 2 BeamtStG die Erteilung der Aussagegenehmigung in Fällen der Verschwiegenheitspflicht dem Dienstherren obliegt, damit der juristischen Person, die berechtigt ist, Beamte zu beschäftigen. Dies wäre das Land NRW, das dann wiederum durch die jeweilige oberste Dienstbehörde, also die Ministerpräsidentin/den Ministerpräsidenten bzw. die Ministerinnen/Minister vertreten würde. Das Recht, Aussagegenehmigungen zu erteilen, kann in der Folge auf untere Verwaltungsebenen delegiert werden; würde es für den Geschäftsbereich der/des Landesbeauftragten einer solchen Delegation bedürfen oder würde sich das jeweilige Ministerium die Entscheidung vorbehalten, könnte hierdurch die völlige Unabhängigkeit der/des Landesbeauftragten in Frage gestellt sein. Ob es allerdings der Aufnahme des 2. Halbsatzes bedurft hätte, kann in Anbetracht des 1. Halbsatzes bezweifelt werden, da die/der Landesbeauftragte die Befugnis zur Erteilung des Aussagegenehmigungen bereits durch die Einräumung der Eigenschaft als oberste Dienstbehörde verliehen bekommt. Der 2. Halbsatz dürfte so eher klarstellenden Charakter haben. 17

Satz 4 überträgt die Weisungsbefugnis gegenüber den Mitarbeitern der Behörde alleine auf die/den Landesbeauftragten, also die Leiterin/den Leiter der obersten Dienstbehörde. Dies entspricht trotz der unklaren Formulierung in Art. 52 Abs. 2 DS-GVO dem dort Gewollten. Wenn Art. 52 Abs. 2 DS-GVO davon spricht, dass „das Mitglied oder die Mitglieder jeder Aufsichtsbehörde" weisungsfrei sind, ist damit im Kontext des Art. 53 Abs. 1 DS-GVO nicht jeder einzelne Bedienstete der Aufsichtsbehörde gemeint, sondern vielmehr allein deren Leitungsebene.[5] Im Übrigen wird in Art. 54 Abs. 1 lit. f. DS-GVO zwischen den Mitgliedern und den Bediensteten der Aufsichtsbehörde differenziert. 18

Damit können die Bediensteten der Aufsichtsbehörde weisungsunterworfen sein; sicherzustellen ist nur, dass keine Weisungsgebundenheit nach außen existiert, was mit der Weisungsgebundenheit allein gegenüber der Leiterin/des Leiters der Behörde gewährleistet ist. 19

III. Absatz 3 – Amtsdauer, Wiederwahl, Stellvertretung

Gemäß Absatz 3 Satz 1 beträgt die Amtszeit der/des Landesbeauftragten acht Jahre; nach Satz 2 ist eine einmalige Wiederwahl zulässig. Die Bestimmung füllt damit den Regelungsauftrag nach Art. 54 Abs. 1 lit. d und e aus. Der Gesetzgeber hat, anders als der Bundesgesetzgeber in § 11 Abs. 1 S. 3 BDSG, auf die Normierung eines Mindestalters verzichtet; er geht aber entsprechend der Gesetzesbegründung davon aus, dass aufgrund der nach Art. 53 Abs. 2 DS-GVO verlangten Sachkunde und Erfahrung regelmäßig lebensältere Bewerberinnen und Bewerber gewählt werden, so dass mit zwei Amtsperioden zu je acht Jah- 20

5 So auch zutreffend *Kugelmann* in HK-DS-GVO/BDSG Art. 52 Rn. 35.

ren häufig der regelmäßige Ruhestand erreicht sein wird. Auch wird mit maximal 16 Amtsjahren ein hinreichender Gestaltungszeitraum für den Amtsinhaber vermutet.[6] Der Begründungsansatz überrascht in mehrfacher Hinsicht. Einerseits ist die Vermutung des Erreichens der regulären Altersgrenze nach einer zweiten Amtsperiode höchst spekulativ, andererseits müsste, da eine Wiederwahl möglich, aber nicht vorgeschrieben ist, konsequenter Weise hinterfragt werden, ob auch eine achtjährige Amtsperiode hinreichend Gestaltungsspielraum gibt. Zu bezweifeln ist aber vorrangig, ob es dieser Begründung bedurft hätte, da sich der Landesgesetzgeber mit seiner Regelung vollständig im Rahmen der Vorgaben der DS-GVO hält.

21 Die Berufung in ein Beamtenverhältnis auf Zeit nach Satz 1 sowie die weiteren Bestimmungen in Satz 3 und 4 zum Verbleiben im Amt bis zur Ernennung der Nachfolgerin/des Nachfolgers und die Ernennung einer Abwesenheitsvertreterin/eines Abwesenheitsvertreters durch die Leiterin/den Leiter der Behörde entspricht der Befugnis des nationalen Gesetzgebers, die Aufsichtsbehörde zu errichten und im Einklang mit der DS-GVO zu organisieren.[7] Auch dürfte die Verpflichtung zum Verbleiben im Amt die Unabhängigkeit der/des Landesbeauftragten nicht in Frage stellen. So ist insbesondere in Fällen der Verhinderung einer weiteren Wahrnehmung der Amtsgeschäfte beispielsweise aus gesundheitlichen Gründen davon auszugehen, dass die bestellte Vertreterin/der bestellte Vertreter die Übergangsphase in der Leitungsfunktion ausgestalten kann.

22 Keine Aussage trifft das Gesetz – anders als etwa § 12 Abs. 4 BDSG – zur Höhe der der/dem Landesbeauftragten zustehenden Besoldung. Die Eingruppierung wird stattdessen auf Grundlage der Anlage 2 zum LBesG NRW Stufe B 7 der Landesbesoldungsordnung B vorgenommen.

IV. Absatz 4 – Beamtenrechtliche Zuständigkeit

23 Absatz 4 regelt die beamtenrechtliche Zuständigkeit für die Landesbeauftragte/den Landesbeauftragten in Person, also für die Leiterin/den Leiter der Aufsichtsbehörde selbst. Diese liegt beim Innenministerium des Landes mit dem Vorbehalt, dass durch die Wahrnehmung dieser Zuständigkeit deren/dessen Unabhängigkeit nicht gefährdet wird.

24 Erfasst ist damit insbesondere die gesamte personalrechtliche Zuständigkeit bezogen auf das begründete Beamtenverhältnis abgesehen von disziplinarischen Zuständigkeiten, die die Unabhängigkeit der/des Landesbeauftragten beeinträchtigen könnten; Letzteres wird auch durch die Gesetzesbegründung bestätigt.[8] Insoweit ist vorrangig das Verfahren über eine eventuelle Amtsenthebung wegen schwerer Verfehlungen nach Absatz 5 zu beachten. Im Übrigen kann nur im Einzelfall entschieden werden, welche beamtenrechtlichen Entscheidungen die Unabhängigkeit der/des Landesbeauftragten gefährden. Hier wird im Übrigen vorrangig die Einschätzung der/des Landesbeauftragten selbst entscheidend sein; sollte das zuständige Ministerium auf seiner beamtenrechtlichen Entscheidung beharren, müsste die/der Landesbeauftragte Rechtsschutz zu den Verwaltungsgerichten in Anspruch nehmen. Auch kann die/der Landesbeauftragte insoweit das Recht nach Absatz 8 in Anspruch nehmen, sich wegen unausräum-

6 Vgl. hierzu LT-Drs. 17/1981, 152 zu Absatz 3.
7 In diesem Sinne auch zutreffend LT-Drs. 17/1981, 152 zu Absatz 3.
8 Vgl. LT- Drs. 17/1981, 153 zu Absatz 5.

barer Meinungsverschiedenheiten mit der Landesregierung an den Landtag zu wenden.[9]

V. Absatz 5 – Ernennung, Abberufung, Rücktritt

Voraussetzung für den Beginn des Amtsverhältnisses ist nach Absatz 5 Satz 1 entsprechend den beamtenrechtlichen Üblichkeiten die Aushändigung der Ernennungsurkunde. 25

Für die Beendigung des Amtes verweist Absatz 5 Satz 2 auf Art. 53 Abs. 3 DS-GVO und damit auf die dort genannten Beendigungsgründe. Ergänzend wird der Rücktritt der/des Landesbeauftragten als Beendigungsgrund benannt, der aber bereits Gegenstand des Art. 53 Abs. 3 DS-GVO ist. Neben dem Rücktritt sind Beendigungsgründe nach Art. 53 Abs. 3 DS-GVO der Ablauf der Amtszeit und die verpflichtende Versetzung in den Ruhestand gemäß dem Recht des betroffenen Mitgliedstaats. Wegen des Normwiederholungsverbots ist die Inbezugnahme des Rücktritts in Satz 2 unzulässig. 26

Entsprechend dem Normwiederholungsverbot wird dagegen das Begehen schwerer Verfehlungen nicht als Abberufungsgrund benannt, da dies bereits Gegenstand des Art. 53 Abs. 4 DS-GVO ist. Die dort angesprochenen schweren Verfehlungen können solche sein, die auf einer qualifizierten Amtspflichtverletzung beruhen, oder auf schweren persönlichen Verfehlungen. Letztere werden anzunehmen sein bei schweren oder spezifisch in Zusammenhang mit der Aufgabenerfüllung stehenden Straftaten; denkbar wäre hier das Erlangen von Vorteilen aus Sonderwissen, das im dienstlichen Kontext erlangt wurde.[10] Die zweite Variante der Nichterfüllung der Voraussetzungen für die fortgesetzte Aufgabenerfüllung wird insbesondere bei Eintritt gesundheitlicher Hinderungsgründe anzunehmen sein.[11] Absatz 5 Sätze 3 bis 6 beschreiben insoweit nur das einzuhaltende Verfahren bei Annahmen entsprechender Verfehlungen. So wird entsprechend der Vorgängerregelung in § 21 Abs. 3 b DSG NRW die Zuständigkeit der Richterdienstgerichte für das entsprechende Verfahren begründet. Anders als § 21 Abs. 3 b S. 1 DSG NRW aF ist aber im Einklang mit Art., 53 Abs. 4 DS-GVO) nur die Annahme einer schweren Verfehlung Anlass eines entsprechenden Verfahrens; gemäß § 21 Abs. 3 b S. 1 DSG NRW war jegliche Disziplinarangelegenheit möglicher Anlass für die Einschaltung der Richterdienstgerichte. 27

Für das Verfahren werden die Vorschriften des Landesrichter- und Staatsanwältegesetzes NRW vom 8.12.2015 (GV. NRW. S. 812) in der jeweils geltenden Fassung für anwendbar erklärt; dies sind insbesondere die Vorschriften der §§ 67 ff. LRiStaG NRW. 28

Als nichtständige Beisitzerinnen oder Beisitzer nach § 74 Abs. 1 LRiStaG NRW sind gemäß Absatz 5 Satz 6 wegen der Sachnähe Richterinnen oder Richter der Verwaltungsgerichtsbarkeit zu benennen. Das Antragsrecht nach § 80 Abs. 1 LRiStaG wird gemäß Absatz 5 Satz 5 der Präsidentin oder dem Präsidenten des Landtages zugesprochen. Hier kommt die durch die Wahl seitens des Landtages 29

9 Vgl. insoweit unten → Rn. 38; zum Anrufungsrecht auch LT- Drs. 17/1981, 153 zu Absatz 8.
10 Vgl. insoweit *Selmayr* in Ehrmann/Selmayr DS-GVO Art. 53 Rn. 14.
11 Vgl. auch insoweit *Selmayr* in Ehrmann/Selmayr DS-GVO Art. 53 Rn. 15.

begründete besondere Verbindung der/des Landesbeauftragten zum Parlament zum Tragen.[12]

30 Die einzig vom Gericht zu verhängende Maßnahme dürfte in entsprechender Anwendung des § 78 Abs. 1 Nr. 5 LRiStaG NRW die Entfernung aus dem Amt der/des Landesbeauftragten sein. Sonstige – auch mildere – Disziplinarmaßnahmen nach dem Katalog des § 78 Abs. 1 LRiStaG NRW dürften in Übereinstimmung mit Art. 53 Abs. 4 DS-GVO nicht verhängt werden.[13] Zwar führt Art. 53 Abs. 4 DS-GVO wörtlich aus: *„Ein Mitglied wird seines Amtes nur enthoben, wenn es eine schwere Verfehlung begangen hat […].“* Damit wären disziplinarische Maßnahmen unterhalb der Amtsenthebung grundsätzlich möglich. Dies ist aufgrund der mit den entsprechenden anderweitigen Disziplinarmaßnahmen verbundenen Beugewirkung und der damit einhergehenden Beeinträchtigung der Unabhängigkeit der/des Landesbeauftragten allerdings problematisch. Es zeigt sich hieran aber auch, dass die Amtsenthebung nur besonders schweren Verfehlungen zu betreiben und schließlich auszusprechen ist.

31 Dem Gesetzgeber wäre zu raten, schwere Verfehlungen in Anwendung der Öffnungsklausel nach Art. 54 Abs. 1 lit. f. DS-GVO über einen Katalog von Regelbeispielen zu konkretisieren.[14] Zu beachten ist, dass einschlägige Verfehlungen – wie zuvor ausgeführt – nicht nur solche dienstlicher Natur sein können; auch außerdienstliche Verfehlungen werden bei entsprechendem Einfluss auf die Amtsführung eine Amtsenthebung rechtfertigen können.[15]

32 Keine Regelung trifft das DSG NRW zur Möglichkeit einer Amtsenthebung, wenn die/der Landesbeauftragte – wie in Art. 53 Abs. 4 DS-GVO als Amtsenthebungsgrund vorgesehen – die Voraussetzungen für die Wahrnehmung seiner Aufgaben nicht mehr erfüllt. Dies ist insoweit misslich, als das LRiStaG NRW auch bei denkbaren derartigen Gründen, insbesondere bei gesundheitlichen Beeinträchtigungen, zum Tragen kommen könnte, etwa in entsprechender Anwendung des § 67 Nr. 3 LRiStaG NRW, das Gesetz aber diesen Antragsgrund nicht nennt. Die damit gegebene Regelungslücke kann auch durch direkte Anwendung des Art. 53 Abs. 4 DS-GVO nur unzureichend geschlossen werden; dem Gesetzgeber wäre eine entsprechende Ergänzung des Absatzes 5 dringend anzuraten. Auch trifft das Gesetz keine Aussagen zu den weiteren Folgen einer evtl. Amtsenthebung, so etwa bezüglich der Belassung oder Streichung von Ruhegehaltsbezügen. Auch eine solche Regelung ist dringend anzumahnen. Als Vorbild mag der mittlerweile außer Kraft getretene Art. 42 Abs. 5 VO (EG) 45/2001 des Europäischen Parlaments und des Rates vom 18.12.2000 zum Schutz natürlicher Personen bei der Verarbeitung personenbezogener Daten durch die Organe und Einrichtungen der Gemeinschaft und zum freien Datenverkehr dienen, der für den Fall der Amtsenthebung folgende Regelung enthielt:

„Der Europäische Datenschutzbeauftragte kann auf Antrag des Europäischen Parlaments, des Rates oder der Kommission vom Gerichtshof seines Amtes enthoben oder seiner Ruhegehaltsansprüche oder an ihrer Stelle gewährten Vergünstigungen für verlustig erklärt werden, wenn er die Voraussetzungen für die Ausübung seines Amtes nicht mehr erfüllt oder eine schwere Verfehlung begangen hat.“

12 Vgl. hierzu im Kontext des Anrufungsrechts nach Absatz 8 LT-Drs. 17/1981, 153 zu Absatz 8.
13 Vgl. insoweit auch Kugelmann/*Römer* HK LDSG RP § 14 Rn. 67.
14 So auch *Römer* in HK-DS-GVO/BDSG Art. 53 Rn. 46.
15 Vgl. auch insoweit *Römer* in HK-DS-GVO/BDSG Art. 53 Rn. 46.

VI. Absatz 6 – Haushaltsrechtliche Verortung, Rechnungsprüfung

33 Gemäß der Forderung nach Art. 52 Abs. 4 und 6 DS-GVO wird die/der Landesbeauftragte für Datenschutz und Informationsfreiheit nach Absatz 6 Satz 1 im Einzelplan des Landtags in einem eigenen Kapitel ausgewiesen. Durch die entsprechende Geltung der §§ 28 Abs. 3, 29 Abs. 3 LHO wird sichergestellt, dass die Exekutive in Gestalt des Finanzministeriums gegen die Entscheidung des Parlamentes keine Änderung des im Haushaltsentwurf zulasten des Budgets der/des Landesbeauftragten vornehmen kann. Die/der Landesbeauftragte genießt so die gleiche privilegierte Stellung wie der Landesrechnungshof. Auch durch diese Regelung wird die Unabhängigkeit der/des Landesbeauftragten gestärkt.[16]

34 Die in Satz 3 angeordnete Rechnungsprüfung entspricht der Forderung nach Art. 52 Abs. 6 DS-GVO. Auch hier gilt, dass durch die Rechnungsprüfung die Unabhängigkeit der/des Landesbeauftragten nicht beeinträchtigt werden darf. Entsprechend den Ausführungen zu Absatz 4 (vgl. → Rn. 24 f.) kann nur im Einzelfall entschieden werden, welche konkrete Prüfungsmaßnahmen und -entscheidungen die Unabhängigkeit der/des Landesbeauftragten gefährden. Auch hier wird vorrangig die Einschätzung der/des Landesbeauftragten selbst entscheidend sein; sollte der Rechnungshof auf seinem Standpunkt beharren, müsste die/der Landesbeauftragte auch hier wieder Rechtsschutz zu den Verwaltungsgerichten in Anspruch nehmen. Ebenso kann die/der Landesbeauftragte insoweit das Recht nach Absatz 8 in Anspruch nehmen, sich wegen unausräumbarer Meinungsverschiedenheiten mit dem Rechnungshof an den Landtag zu wenden.

VII. Absatz 7 – Beamtenrechtliche Zuständigkeiten

35 Absatz 7 räumt der/dem Landesbeauftragten umfassende personal- und disziplinarrechtliche Zuständigkeiten bezogen auf das bei der Aufsichtsbehörde beschäftigte Personal zu. Dies entspricht der Forderung nach Art. 52 Abs. 5 DS-GVO, wonach sichergestellt sein muss, dass jede Aufsichtsbehörde ihr eigenes Personal auswählt, das ausschließlich der Leitung des Mitglieds oder der Mitglieder der betreffenden Aufsichtsbehörde untersteht.

36 Die nähere Ausgestaltung in Absatz 7, wonach eine Teilnahme an der Personalrotation auf Landesebene nicht ausgeschlossen ist, ist unbedenklich, wenn die Letztentscheidung über die Personalauswahl bei der/dem Landesbeauftragten verbleibt. Dies muss auch bei Abschluss einer Verwaltungsvereinbarung mit dem Innenministerium, die nach Absatz 7 Satz 3 möglich ist, gewährleistet sein.

VIII. Absatz 8 – Anrufungsrecht des Parlaments

37 Gemäß Absatz 8 ist es der/dem Landesbeauftragten jederzeit möglich, sich an den Landtag zu wenden. Dies ist in Fällen, in denen die/der Landesbeauftragte die Notwendigkeit datenschutzrechtlicher Hinweise sieht, möglich, aber auch und insbesondere dann, wenn in datenschutzrechtlichen Fragen, aber auch in Fragen der Rechtsstellung der/des Landesbeauftragten unausräumbare Meinungsverschiedenheiten mit der Landesregierung,[17] aber auch mit dem Landesrechnungshof in Fragen der Rechnungsprüfung bestehen (dazu schon → Rn. 35).

---

16 Vgl. insoweit auch LT- Drs. 17/1981, 153 zu Absatz 6.
17 Vgl. insoweit LT-Drs. 17/1981, 153 zu Absatz 8 und oben → Rn. 34.

C. Bedeutung für die behördliche Praxis

38 § 25 unterstreicht für die öffentliche Verwaltung die hervorgehobene Stellung der/des Landesbeauftragten als unabhängige Institution in Fragen des Datenschutzes. Auswirkungen für die behördliche Praxis ergeben sich insbesondere für die in § 25 genannten Ministerien im Kontakt mit der/dem Landesbeauftragten.

§ 26 Zuständigkeit

[1]Als Aufsichtsbehörde überwacht die oder der Landesbeauftragte für Datenschutz und Informationsfreiheit die Einhaltung der datenschutzrechtlichen Bestimmungen im Anwendungsbereich der Verordnung (EU) 2016/679, dieses Gesetzes und anderer Rechtsvorschriften über den Datenschutz bei den öffentlichen Stellen. [2]Für nicht-öffentliche Stellen und solche im Sinne von § 5 Absatz 5 ist sie oder er Aufsichtsbehörde nach § 40 des Bundesdatenschutzgesetzes.

Verwandte Vorschriften in der DS-GVO:

Art. 55 Zuständigkeit

(1) Jede Aufsichtsbehörde ist für die Erfüllung der Aufgaben und die Ausübung der Befugnisse, die ihr mit dieser Verordnung übertragen wurden, im Hoheitsgebiet ihres eigenen Mitgliedstaats zuständig.

(2) [1]Erfolgt die Verarbeitung durch Behörden oder private Stellen auf der Grundlage von Artikel 6 Absatz 1 Buchstabe c oder e, so ist die Aufsichtsbehörde des betroffenen Mitgliedstaats zuständig. [2]In diesem Fall findet Artikel 56 keine Anwendung.

(3) Die Aufsichtsbehörden sind nicht zuständig für die Aufsicht über die von Gerichten im Rahmen ihrer justiziellen Tätigkeit vorgenommenen Verarbeitungen.

Kurzübersicht zum Verhältnis der entscheidenden Normen			
Norm des DSG NRW	Entsprechende Norm der DS-GVO	Entsprechende Norm des BDSG	Öffnungsklausel der DS-GVO
§ 26 DSG NRW	Art. 55 DS-GVO	§§ 9, 40 BDSG	

Literatur:

v. Lewinski, Datenschutzaufsicht in Europa im Netzwerk, NVwZ 2017, 1483; *Thomé*, Die Unabhängigkeit der Bundesdatenschutzaufsicht, VuR 2015, 130.

A. Grundlagen

I. Gesamtverständnis, Zweck der Norm und Verhältnis zu anderen Normen

1 § 26 regelt die Zuständigkeit der/des Landesbeauftragten primär für die Datenverarbeitung seitens öffentlicher Stellen. Aufgrund Satz 2 wird die Zuständigkeit für die Überwachung der Datenverarbeitung seitens nicht-öffentlicher Stellen und denen gleichgestellte öffentliche Stellen nach § 5 Abs. 5 unter Bezugnahme auf § 40 BDSG erweitert.

II. Bisherige Rechtslage

2 Die bisherige Regelung zur Zuständigkeit der/des Landesdatenschutzbeauftragten war in § 22 DSG NRW aF enthalten.

B. Kommentierung

3 § 26 trennt zwischen der Aufgabe als Aufsichtsbehörde für öffentliche Stellen (Satz 1) und für nicht-öffentliche Stellen (Satz 2).

I. Satz 1 – Aufsichtsbehörde für öffentliche Stellen

4 Nach Satz 1 ist die/der Landesbeauftragte Aufsichtsbehörde bezüglich der Überwachung der Einhaltung datenschutzrechtlicher Vorschriften im Anwendungsbereich der DS-GVO sowie anderer Vorschriften zum Datenschutz bei öffentlichen Stellen.

5 Öffentliche Stellen sind gemäß § 36 Nr. 20 „Behörden, die Organe der Rechtspflege und andere öffentlich-rechtlich organisierte Einrichtungen eines Landes, einer Gemeinde, eines Gemeindeverbandes oder sonstiger der Aufsicht des Landes unterstehender juristischer Personen des öffentlichen Rechts sowie deren Vereinigungen ungeachtet ihrer Rechtsform" (vgl. insoweit → § 36 Rn. 125 ff.). Gemäß Art. 55 Abs. 3 DS-GVO sind die Organe der Rechtspflege, soweit diese justizielle Tätigkeiten ausüben, aufgrund ihrer Unabhängigkeit von der Zuständigkeit der/des Landesbeauftragten ausgenommen. Sofern diese Stellen verwaltende Tätigkeiten wahrnehmen, ist die Zuständigkeit der/des Landesbeauftragten gegeben (vgl. insoweit → § 5 Rn. 34 f.).

6 Damit werden der/dem Landesbeauftragten zunächst die Befugnisse nach Art. 51, 55 DS-GVO übertragen. Mit der Möglichkeit, nach Art. 51 Abs. 1 DS-GVO „eine oder mehrere Aufsichtsbehörden" einzurichten, nimmt die DS-GVO auf die Besonderheiten der inneren Organisation der Mitgliedstaaten Rücksicht, für die Bundesrepublik vornehmlich auf die föderale Struktur, die neben der Einrichtung einer Aufsichtsbehörde auf Bundesebene jedenfalls die Einrichtung von Aufsichtsbehörden auf Länderseite erfordert.[1]

7 Die/der Landesbeauftragte nimmt damit insbesondere die Aufgaben und Befugnisse nach Art. 57, 58 DS-GVO wahr.[2]

8 Die Aufnahme der Überwachung anderer datenschutzrechtlich relevanter Vorschriften in den Zuständigkeitsbereich der/des Landesbeauftragten erweitert deren/dessen Aufgabenbereich über die Aufgabenzuweisung nach DS-GVO hinaus.[3] Damit überwacht die/der Landesbeauftragte die Einhaltung datenschutz-

1 Vgl. insoweit auch *v. Lewinski* NVwZ 2017, 1483 (1485).
2 Vgl. hierzu nur *Kugelmann/Bachmann* in HK-DS-GVO/BDSG Art. 57, 58.
3 Vgl. insoweit auch LT-Drs. 17/1981, 153 zu § 26.

rechtlicher Vorschriften im Fachrecht des Landes NRW durch öffentliche Stellen des Landes, einschließlich der Vorschriften nach DSG NRW, soweit das jeweilige Handeln nicht der Anwendung der DS-GVO unterfällt, beispielsweise §§ 22 f. DSG NRW für den Bereich der Ehrungen und des Begnadigungsrechts (vgl. insoweit → § 22 Rn. 5 ff., → § 23 Rn. 9 ff.).

II. Satz 2 – Aufsichtsbehörde für nicht-öffentliche Stellen.

9 Satz 2 verweist bezüglich der Zuständigkeit für die Überwachung nicht-öffentlicher Stellen auf § 40 BDSG. Nach § 40 Abs. 1 BDSG überwachen die nach Landesrecht zuständigen Behörden im Anwendungsbereich der Verordnung (EU) 2016/679 bei den nicht-öffentlichen Stellen die Anwendung der Vorschriften über den Datenschutz. Übertragen wird damit die Aufsicht bezüglich der Vorschriften des DS-GVO und des hierzu ergangenen nationalen Rechts, nicht aber für die Überwachung von Vorgängen außerhalb des Anwendungsbereichs der DS-GVO.[4]

10 Als nicht-öffentliche Stellen gelten alle Stellen der Privatwirtschaft sowie aller Privaten, die dem Anwendungsbereich der DS-GVO unterfallen. Damit sind auch diejenigen datenverarbeitenden Tätigkeiten natürlicher Personen erfasst, die nicht dem Familienprivileg nach Art. 2 Abs. 2 lit. c DS-GVO unterfallen.[5]

11 Angeknüpft für die örtliche Zuständigkeit wird für Unternehmen der Privatwirtschaft an den Sitz des Unternehmens. Sofern Unternehmen der Privatwirtschaft Datenverarbeitung betreiben, gilt nach § 40 Abs. 2 BDSG das „One-Stop-Shop"-Prinzip, wonach bei Niederlassungen in mehreren Bundesländern die Behörde des Landes zuständig ist, in der sich die Hauptniederlassung des Unternehmens befindet.[6]

12 Gleichgestellt sind den nicht-öffentlichen Stellen die Stellen nach § 5 Abs. 5, also diejenigen öffentlichen Stellen, die sich wirtschaftlich betätigen (vgl. dazu → § 5 Rn. 37 ff.).

C. Bedeutung für die behördliche Praxis

13 Die Bedeutung für die behördliche Praxis und die Praxis wirtschaftlich tätiger öffentlicher Stellen liegt vornehmlich in der Kenntnis der als Aufsichtsbehörde tätigen Stelle auf der Ebene des Landes NRW.

§ 27 Aufgaben

(1) Neben den sonstigen in Artikel 57 der Verordnung (EU) 2016/679 genannten Aufgaben berät und informiert die oder der Landesbeauftragte für Datenschutz und Informationsfreiheit die öffentlichen Stellen in Belangen des Datenschutzes.

(2) [1]Die öffentlichen Stellen sind verpflichtet, die Landesbeauftragte oder den Landesbeauftragten für Datenschutz und Informationsfreiheit bei der Erfüllung ihrer oder seiner Aufgaben und Befugnisse nach Maßgabe von Artikel 57

4 Vgl. insoweit *Gola* in Gola/Heckmann BDSG § 40 Rn. 5.
5 Vgl. insoweit *Pabst* in HK-DS-GVO/BDSG Art. 2 Rn. 37 ff. Auch *Pauly* in Paal/Pauly BDSG § 40 Rn. 4.
6 Vgl. insoweit *Gola* in Gola/Heckmann BDSG § 40 Rn. 6. Zum One-Stop-Shop-Prinzip auf Ebene der DS-GVO vgl. *Kugelmann/Römer* in HK-DS-GVO/BDSG Art. 56 Rn. 68 ff.

und 58 der Verordnung (EU) 2016/679 zu unterstützen und Amtshilfe zu leisten. [2]Der oder dem Landesbeauftragten für Datenschutz und Informationsfreiheit ist jederzeit Zutritt zu allen Diensträumen und Zugriff auf elektronische Dienste zu gewähren. [3]Gesetzliche Geheimhaltungsvorschriften können einem Auskunfts- oder Einsichtsverlangen nicht entgegengehalten werden.

(3) Abweichend von Absatz 2 bestehen die Untersuchungsbefugnisse der oder des Landesbeauftragten für Datenschutz und Informationsfreiheit gemäß Artikel 58 Absatz 1 Buchstabe e und f der Verordnung (EU) 2016/679 gegenüber den in § 203 Absatz 1 und 3 sowie Absatz 4 Satz 1 des Strafgesetzbuchs genannten Personen oder deren Auftragsverarbeitern nicht, soweit die Inanspruchnahme der Befugnisse zu einem Verstoß gegen die Geheimhaltungspflichten dieser Personen führen würde.

(4) [1]Sofern die Bereitstellung der geforderten Informationen die Aufgabenerfüllung des Verantwortlichen wesentlich gefährden würde, ist die Gefährdung der oder dem Landesbeauftragten für Datenschutz und Informationsfreiheit schriftlich anzuzeigen und zu begründen. [2]Stellt die jeweils zuständige oberste Landesbehörde im Einzelfall fest, dass die Sicherheit des Bundes oder eines Landes dies gebietet, können die Befugnisse der oder des Landesbeauftragten für Datenschutz und Informationsfreiheit nur von dieser oder diesem persönlich ausgeübt werden. [3]In diesem Fall müssen personenbezogene Daten einer betroffenen Person, der von der datenverarbeitenden Stelle Vertraulichkeit besonders zugesichert worden ist, auch ihr oder ihm gegenüber nicht offenbart werden.

(5) [1]Die oder der Landesbeauftragte für Datenschutz und Informationsfreiheit ist frühzeitig über Planungen zur Entwicklung, zum Aufbau oder zur wesentlichen Veränderung automatisierter Datenverarbeitungs- und Informationssysteme zu unterrichten, sofern in dem jeweiligen System personenbezogene Daten verarbeitet werden sollen. [2]Entsprechendes gilt für Entwürfe für Rechts- oder Verwaltungsvorschriften des Landes, wenn sie eine Verarbeitung personenbezogener Daten vorsehen.

Verwandte Norm DS-GVO:

Art. 57 Aufgaben

(1) Unbeschadet anderer in dieser Verordnung dargelegter Aufgaben muss jede Aufsichtsbehörde in ihrem Hoheitsgebiet

a) die Anwendung dieser Verordnung überwachen und durchsetzen;
b) die Öffentlichkeit für die Risiken, Vorschriften, Garantien und Rechte im Zusammenhang mit der Verarbeitung sensibilisieren und sie darüber aufklären. Besondere Beachtung finden dabei spezifische Maßnahmen für Kinder;
c) im Einklang mit dem Recht des Mitgliedsstaats das nationale Parlament, die Regierung und andere Einrichtungen und Gremien über legislative und administrative Maßnahmen zum Schutz der Rechte und Freiheiten natürlicher Personen in Bezug auf die Verarbeitung beraten;
d) die Verantwortlichen und die Auftragsverarbeiter für die ihnen aus dieser Verordnung entstehenden Pflichten sensibilisieren;
e) auf Anfrage jeder betroffenen Person Informationen über die Ausübung ihrer Rechte aufgrund dieser Verordnung zur Verfügung stellen und gegebenenfalls zu diesem Zweck mit den Aufsichtsbehörden in anderen Mitgliedstaaten zusammenarbeiten;
f) sich mit Beschwerden einer betroffenen Person oder Beschwerden einer Stelle, einer Organisation oder eines Verbandes gemäß Artikel 80 befassen, den Gegenstand der Beschwerde in angemessenem Umfang untersuchen und den Beschwer-

deführer innerhalb einer angemessenen Frist über den Fortgang und das Ergebnis der Untersuchung unterrichten, insbesondere, wenn eine weitere Untersuchung oder Koordinierung mit einer anderen Aufsichtsbehörde notwendig ist;
g) mit anderen Aufsichtsbehörden zusammenarbeiten, auch durch Informationsaustausch, und ihnen Amtshilfe leisten, um die einheitliche Anwendung und Durchsetzung dieser Verordnung zu gewährleisten;
h) Untersuchungen über die Anwendung dieser Verordnung durchführen, auch auf der Grundlage von Informationen einer anderen Aufsichtsbehörde oder einer anderen Behörde;
i) maßgebliche Entwicklungen verfolgen, soweit sie sich auf den Schutz personenbezogener Daten auswirken, insbesondere die Entwicklung der Informations- und Kommunikationstechnologie und der Geschäftspraktiken;
j) Standardvertragsklauseln im Sinne des Artikels 28 Absatz 8 und des Artikels 46 Absatz 2 Buchstabe d festlegen;
k) eine Liste der Verarbeitungsarten erstellen und führen, für die gemäß Artikel 35 Absatz 4 eine Datenschutz-Folgenabschätzung durchzuführen ist;
l) Beratung in Bezug auf die in Artikel 36 Absatz 2 genannten Verarbeitungsvorgänge leisten;
m) die Ausarbeitung von Verhaltensregeln gemäß Artikel 40 Absatz 1 fördern und zu diesen Verhaltensregeln, die ausreichende Garantien im Sinne des Artikels 40 Absatz 5 bieten müssen, Stellungnahmen abgeben und sie billigen;
n) die Einführung von Datenschutzzertifizierungsmechanismen und von Datenschutzsiegeln und -prüfzeichen nach Artikel 42 Absatz 1 anregen und Zertifizierungskriterien nach Artikel 42 Absatz 5 billigen;
o) gegebenenfalls die nach Artikel 42 Absatz 7 erteilten Zertifizierungen regelmäßig überprüfen;
p) die Anforderungen an die Akkreditierung einer Stelle für die Überwachung der Einhaltung der Verhaltensregeln gemäß Artikel 41 und einer Zertifizierungsstelle gemäß Artikel 43 abfassen und veröffentlichen;
q) die Akkreditierung einer Stelle für die Überwachung der Einhaltung der Verhaltensregeln gemäß Artikel 41 und einer Zertifizierungsstelle gemäß Artikel 43 vornehmen;
r) Vertragsklauseln und Bestimmungen im Sinne des Artikels 46 Absatz 3 genehmigen;
s) verbindliche interne Vorschriften gemäß Artikel 47 genehmigen;
t) Beiträge zur Tätigkeit des Ausschusses leisten;
u) interne Verzeichnisse über Verstöße gegen diese Verordnung und gemäß Artikel 58 Absatz 2 ergriffene Maßnahmen und
v) jede sonstige Aufgabe im Zusammenhang mit dem Schutz personenbezogener Daten erfüllen.

(2) Jede Aufsichtsbehörde erleichtert das Einreichen von in Absatz 1 Buchstabe f genannten Beschwerden durch Maßnahmen wie etwa die Bereitstellung eines Beschwerdeformulars, das auch elektronisch ausgefüllt werden kann, ohne dass andere Kommunikationsmittel ausgeschlossen werden.

(3) Die Erfüllung der Aufgaben jeder Aufsichtsbehörde ist für die betroffene Person und gegebenenfalls für den Datenschutzbeauftragten unentgeltlich.

(4) [1]Bei offenkundig unbegründeten oder – insbesondere im Fall von häufiger Wiederholung – exzessiven Anfragen kann die Aufsichtsbehörde eine angemessene Gebühr auf der Grundlage der Verwaltungskosten verlangen oder sich weigern, aufgrund der Anfrage tätig zu werden. [2]In diesem Fall trägt die Aufsichtsbehörde die Beweislast für den offenkundig unbegründeten oder exzessiven Charakter der Anfrage.

Kurzübersicht zum Verhältnis der entscheidenden Normen			
Norm des DSG NRW	Entsprechende Norm der DS-GVO	Entsprechende Norm des BDSG	Öffnungsklausel der DS-GVO
§ 27 DSG NRW	Art. 57 DS-GVO	§ 14 BDSG	Art. 58 Abs. 6 DS-GVO

Literatur:

v. Lewinski, Kai von, Datenschutzaufsicht in Europa im Netzwerk, NVwZ 2017, 1483; *Thomé*, Die Unabhängigkeit der Bundesdatenschutzaufsicht, VuR 2015, 130.

A. Grundlagen

I. Gesamtverständnis, Zweck der Norm und Verhältnis zu anderen Normen

§ 27 regelt Aufgaben der/des Landesbeauftragten, die sich überwiegend aus den Bestimmungen der DS-GVO ergeben. Weil sich die Aufgaben der/des Landesbeauftragten damit überwiegend nach der DS-GVO richten, befasst sich § 27 in erheblichem Maße mit dem äußeren Rahmen der Aufgabenerfüllung und mit der Beschaffung der für die Aufgabenerfüllung notwendigen Informationen. Zusätzliche Aufgabenzuweisungen enthält die Norm damit vornehmlich in den Absätzen 1 und 5. 1

II. Bisherige Rechtslage

Die bisherige Regelung zu den Aufgaben der/des Landesdatenschutzbeauftragten war in § 22 DSG NRW aF enthalten. 2

B. Kommentierung

§ 27 regelt Beratungs- und Informationsfunktion gegenüber öffentlichen Stellen (Absatz 1), die Pflicht der öffentlichen Stellen zur Informationsverschaffung, Unterstützung und zur Amtshilfe (Absatz 2), Einschränkungen der Informationspflicht im Einzelfall (Absätze 3 und 4), sowie die Einbindung der/des Landesbeauftragten in die datenschutzrelevanten Planungen öffentlicher Stellen (Absatz 5). 3

I. Absatz 1 – Aufgaben der/des Landesbeauftragten

4 Nach Absatz 1 wird zunächst auf den Aufgabenbestand nach Art. 57 DS-GVO verwiesen, den die/der Landesbeauftragte je nach Adressat gegenüber öffentlichen und/oder nicht-öffentlichen Stellen zu erbringen hat.[1]

5 Speziell gegenüber öffentlichen Stellen wird der/dem Landesbeauftragten die Aufgabe der Beratung und Information in Belangen des Datenschutzes übertragen.

6 Öffentliche Stellen sind gemäß § 36 Nr. 20 „Behörden, die Organe der Rechtspflege und andere öffentlich-rechtlich organisierte Einrichtungen eines Landes, einer Gemeinde, eines Gemeindeverbandes oder sonstiger der Aufsicht des Landes unterstehender juristischer Personen des öffentlichen Rechts sowie deren Vereinigungen ungeachtet ihrer Rechtsform“ (vgl. insoweit → § 36 Rn. 125 ff.).Während gemäß Art. 55 Abs. 3 DS-GVO die Organe der Rechtspflege, soweit diese justizielle Tätigkeiten ausüben, von der Aufsicht der/des Landesbeauftragten ausgenommen sind, kann sie/er diesen Stellen gegenüber informierend und beratend tätig werden, und dies nicht nur, wenn sie verwaltende Tätigkeiten wahrnehmen, sondern auch im Bereich der justiziellen Tätigkeit.

7 Bedenklich ist, dass das DSG NRW der/dem Landesbeauftragten neben den „sonstigen in Artikel 57 der Verordnung (EU) 2016/679 genannten Aufgaben“ explizit die Aufgabe der Beratung und Information in Belangen des Datenschutzes gegenüber öffentlichen Stellen überträgt.

8 Mit der Formulierung der „sonstigen Aufgaben“ gibt der Gesetzgeber selbst zu erkennen, dass die Aufgabe der Beratung und Information in Belangen des Datenschutzes bereits im unmittelbar geltenden Aufgabenkatalog nach Art. 57 DS-GVO enthalten ist. So lässt sich eine dahin gehende Aufgabenzuweisung insbesondere aus Art. 57 Abs. 1 lit. c mit hinreichender Klarheit entnehmen.

9 Die DS-GVO gilt gemäß Art. 288 Abs. 2 AEUV unmittelbar und ist grundsätzlich nicht auf eine Umsetzung in nationales Recht angelegt. In der Folge ist selbst eine Normwiederholung im nationalen Recht ausgeschlossen.[2] Nur im Rahmen ausdrücklicher Ermächtigungen können ihre Regelungen vom nationalen Gesetzgeber spezifiziert, präzisiert und konkretisiert werden. Selbst wenn man mit der Gesetzesbegründung annimmt, dass Art. 57, 58 DS-GVO Präzisierungs- und Regelungsoptionen im mitgliedstaatlichen Recht eröffnen,[3] fehlt es in § 27 Abs. 1 an einer entsprechenden Präzisierung. Auch ist die Regelung im Interesse der Verständlichkeit und Kohärenz nicht notwendig.

10 In der Folge hätte es, wenn überhaupt, nur des Verweises auf die zugewiesenen Aufgaben nach Art. 57 DS-GVO bedurft.

II. Absatz 2 – Amtshilfe und Betretungsrechte

11 Absatz 2 verpflichtet die öffentlichen Stellen, der/dem Landesbeauftragten bei der Erfüllung ihrer/seiner Aufgaben nach Art. 57 DS-GVO Unterstützung zu gewähren und Amtshilfe zu leisten. Aufgrund der Rechtssetzungsmacht des Landes NRW ist davon auszugehen, dass nur öffentliche Stellen des Landes NRW erfasst sind, was sich insbesondere aus dem nach Satz 2 normierten Betretungsrecht ableiten lässt.

---

1 Vgl. insoweit etwa *Kugelmann/Bachmann* in HK-DS-GVO/BDSG Art. 57 Rn. 16 ff.
2 Vgl. insoweit etwa BVerwG NVwZ 2019, 473 (475), zu § 5 BayDSG.
3 Vgl. LT-Drs. 17/1981, 154 zu § 2.

Amtshilfe ist in Anlehnung an §§ 4 f. VwVfG NRW eine ergänzende Hilfeleistung einer ersuchten Behörde gegenüber einer um Amtshilfe ersuchenden Behörde. Eine Behörde kann um Amtshilfe insbesondere dann ersuchen, wenn sie aus rechtlichen oder tatsächlichen Gründen die Amtshandlung nicht selbst vornehmen kann, zur Durchführung ihrer Aufgaben auf die Kenntnis von Tatsachen angewiesen ist, die ihr unbekannt sind und die sie selbst nicht ermitteln kann, zur Durchführung ihrer Aufgaben Urkunden oder sonstige Beweismittel benötigt, die sich im Besitz der ersuchten Behörde befinden oder die Amtshandlung nur mit wesentlich größerem Aufwand vornehmen könnte als die ersuchte Behörde. Im Rahmen des § 27 Abs. 2 wird es sich häufig um Fälle handeln, in denen die/der Landesbeauftragte zur Durchführung der Aufgaben nach DS-GVO auf die Kenntnis von Tatsachen angewiesen ist, die ihr unbekannt sind und die sie selbst nicht ermitteln kann oder Urkunden oder sonstige Beweismittel benötigt, die sich im Besitz der ersuchten Behörde befinden. 12

Auf welche Art Unterstützung bzw. Amtshilfe zu gewähren ist, liegt im Ermessen der/des Landesbeauftragten. Auch ist anzunehmen, dass es der/dem Landesbeauftragten freisteht, auf welche Weise sie/er ein Unterstützungsverlangen an die öffentlichen Stellen heranträgt, nämlich durch schriftliche, gegebenenfalls elektronische oder fernmündliche Nachfrage, oder durch persönliches Auftreten oder Auftreten eines Bediensteten in den Diensträumen der betreffenden Stelle. Absatz 2 verzichtet insoweit auf die Darlegung verschiedener Formen des Auskunftsverlangens und der Informationsvermittlung, wie sie noch Teil des § 22 Abs. 2 DSG NRW aF war. Dies gilt auch für die Pflicht, Zutritt zu Diensträumen zu gewähren. 13

Gemäß Satz 2 dürfen dem Auskunfts- oder Einsichtnahmeverlangen gesetzliche Geheimhaltungsvorschriften nicht entgegengehalten werden. Als Korrektiv kann insoweit die Regelung nach Absatz 4 gelten, wonach dann, wenn im Einzelfall festgestellt wird, dass die Sicherheit des Bundes oder eines Landes dies gebietet, nur die/der Landesbeauftragte persönlich die Rechte nach Absatz 2 geltend machen darf. Die Feststellung ist stets einer obersten Landesbehörde, also der Ministerialebene, vorbehalten. Nachgeordnete Stellen der jeweiligen Ministerien müssen sich mit der entsprechenden Bitte um Feststellung an das Ministerium wenden. 14

III. Absatz 3 – Schutz von Privatgeheimnisses

Eine Begrenzung der Aufgabenwahrnehmung nach Art. 58 Abs. 1 lit. e und f. DS-GVO ergibt sich dem Wortlaut der Norm nach „gegenüber den in § 203 Absatz 1 und 3 sowie Absatz 4 Satz 1 des Strafgesetzbuchs genannten Personen oder deren Auftragsverarbeitern nicht". 15

§ 203 StGB lautet in der geltenden Fassung, soweit dies im Kontext des Absatzes 3 von Interesse ist, wie folgt: 16

§ 203 Verletzung von Privatgeheimnissen

(1) Wer unbefugt ein fremdes Geheimnis, namentlich ein zum persönlichen Lebensbereich gehörendes Geheimnis oder ein Betriebs- oder Geschäftsgeheimnis, offenbart, das ihm als

1. Arzt, Zahnarzt, Tierarzt, Apotheker oder Angehörigen eines anderen Heilberufs, der für die Berufsausübung oder die Führung der Berufsbezeichnung eine staatlich geregelte Ausbildung erfordert,
2. Berufspsychologen mit staatlich anerkannter wissenschaftlicher Abschlußprüfung,

3. Rechtsanwalt, Kammerrechtsbeistand, Patentanwalt, Notar, Verteidiger in einem gesetzlich geordneten Verfahren, Wirtschaftsprüfer, vereidigtem Buchprüfer, Steuerberater, Steuerbevollmächtigten oder Organ oder Mitglied eines Organs einer Rechtsanwalts-, Patentanwalts-, Wirtschaftsprüfungs-, Buchprüfungs- oder Steuerberatungsgesellschaft,
4. Ehe-, Familien-, Erziehungs- oder Jugendberater sowie Berater für Suchtfragen in einer Beratungsstelle, die von einer Behörde oder Körperschaft, Anstalt oder Stiftung des öffentlichen Rechts anerkannt ist,
5. Mitglied oder Beauftragten einer anerkannten Beratungsstelle nach den §§ 3 und 8 des Schwangerschaftskonfliktgesetzes,
6. staatlich anerkanntem Sozialarbeiter oder staatlich anerkanntem Sozialpädagogen oder
7. Angehörigen eines Unternehmens der privaten Kranken-, Unfall- oder Lebensversicherung oder einer privatärztlichen, steuerberaterlichen oder anwaltlichen Verrechnungsstelle anvertraut worden oder sonst bekanntgeworden ist, wird mit Freiheitsstrafe bis zu einem Jahr oder mit Geldstrafe bestraft.

(2) Ebenso wird bestraft, wer unbefugt ein fremdes Geheimnis, namentlich ein zum persönlichen Lebensbereich gehörendes Geheimnis oder ein Betriebs- oder Geschäftsgeheimnis, offenbart, das ihm als

1. Amtsträger,
2. für den öffentlichen Dienst besonders Verpflichteten,
3. Person, die Aufgaben oder Befugnisse nach dem Personalvertretungsrecht wahrnimmt,
4. Mitglied eines für ein Gesetzgebungsorgan des Bundes oder eines Landes tätigen Untersuchungsausschusses, sonstigen Ausschusses oder Rates, das nicht selbst Mitglied des Gesetzgebungsorgans ist, oder als Hilfskraft eines solchen Ausschusses oder Rates,
5. öffentlich bestelltem Sachverständigen, der auf die gewissenhafte Erfüllung seiner Obliegenheiten aufgrund eines Gesetzes förmlich verpflichtet worden ist, oder
6. Person, die auf die gewissenhafte Erfüllung ihrer Geheimhaltungspflicht bei der Durchführung wissenschaftlicher Forschungsvorhaben aufgrund eines Gesetzes förmlich verpflichtet worden ist,

anvertraut worden oder sonst bekanntgeworden ist. Einem Geheimnis im Sinne des Satzes 1 stehen Einzelangaben über persönliche oder sachliche Verhältnisse eines anderen gleich, die für Aufgaben der öffentlichen Verwaltung erfaßt worden sind; Satz 1 ist jedoch nicht anzuwenden, soweit solche Einzelangaben anderen Behörden oder sonstigen Stellen für Aufgaben der öffentlichen Verwaltung bekanntgegeben werden und das Gesetz dies nicht untersagt.

(2 a) (weggefallen)

(3) Kein Offenbaren im Sinne dieser Vorschrift liegt vor, wenn die in den Absätzen 1 und 2 genannten Personen Geheimnisse den bei ihnen berufsmäßig tätigen Gehilfen oder den bei ihnen zur Vorbereitung auf den Beruf tätigen Personen zugänglich machen. Die in den Absätzen 1 und 2 Genannten dürfen fremde Geheimnisse gegenüber sonstigen Personen offenbaren, die an ihrer beruflichen oder dienstlichen Tätigkeit mitwirken, soweit dies für die Inanspruchnahme der Tätigkeit der sonstigen mitwirkenden Personen erforderlich ist; das Gleiche gilt für sonstige mitwirkende Personen, wenn diese sich weiterer Personen bedienen, die an der beruflichen oder dienstlichen Tätigkeit der in den Absätzen 1 und 2 Genannten mitwirken.

(4) Mit Freiheitsstrafe bis zu einem Jahr oder mit Geldstrafe wird bestraft, wer unbefugt ein fremdes Geheimnis offenbart, das ihm bei der Ausübung oder bei Gelegenheit seiner Tätigkeit als mitwirkende Person oder als bei den in den Absätzen 1 und 2 genannten Personen tätiger Beauftragter für den Datenschutz bekannt geworden ist. (…)

17 In Anbetracht der Regelung nach Absatz 2 kommt Absatz 3 nur zum Tragen, wenn die in Absatz 3 angesprochene Person einer öffentlichen Stelle im Sinne des DSG NRW zuzurechnen ist, da durch die Wendung eingangs des Absatzes 3 „Abweichend von Absatz 2“ eine Ausnahme von der Pflicht zur Amtshilfe und zur Unterstützung durch öffentliche Stellen normiert wird.[4] Gemeint sind entsprechend der Gesetzesbegründung beispielsweise Notarinnen und Notare als Organe der Rechtspflege, die durch Hoheitsakt bestellt werden und der Dienstaufsicht der Landesjustizverwaltung unterliegen.[5]

18 Im Übrigen dürfte es sich bei der Nennung des § 203 Abs. 3 StGB um ein redaktionelles Versehen handeln. § 203 Abs. 3 StGB regelt Fälle, in denen ausnahmsweise kein Offenbaren von Privatgeheimnissen geben ist. Einen Katalog weiterer Personen, die im Kontext § 27 Abs. 3 von Interesse sind, regelt dagegen § 203 Abs. 2 StGB, so dass die Einbeziehung dieses Absatzes sinnhafter erscheint.

19 Eine Beschränkung der Untersuchungsbefugnisse besteht bezogen auf Art. 58 Abs. 1 lit. e und f. DS-GVO. Das heißt, dass die/der Landesbeauftragte von dem Verantwortlichen und dem Auftragsverarbeiter nicht nach Art. 58 Abs. 1 lit. e DS-GVO Zugang zu personenbezogenen Daten und Informationen, die zur Erfüllung ihrer Aufgaben notwendig sind, erhalten kann, soweit diese Daten in der Funktion nach § 203 StGB erlangt wurden. Auch stehen der/dem Landesbeauftragten im Umfang des § 203 StGB nicht die Zugangsrechte nach Art. 58 Abs. 1 lit. f. DS-GVO einschließlich aller Datenverarbeitungsanlagen und -geräte zu. Erfasst sind nicht nur die Personen, die selbst die amtliche Funktion erfüllen, sondern nach § 203 Abs. 4 StGB auch die Datenschutzbeauftragten, die in dieser Funktion bei einer entsprechenden amtlichen Stelle Kenntnis von den betreffenden Daten erlangt haben.

20 Dieser Ausschluss ist insoweit nicht unproblematisch, als die Personen, die Kontakt zu Geheimnisträgern im Sinne des § 203 StGB haben, sich auf den Schutz des Privatgeheimnisses berufen können sollen und auch entsprechenden Schutz genießen dürfen. Zugleich kann aber ein datenschutzrechtlich bedenklicher Umgang mit den Daten der Personen nicht aufgedeckt werden. Letztlich liegt die betreffende Vorschrift aber auf gleicher Linie wie § 27 Abs. 4 S. 3, der die Offenbarung von Daten bezogen auf Personen, denen besondere Vertraulichkeit zugesagt worden ist, unterbindet.

IV. Absatz 4 – Umgang mit sicherheitsrelevanten Informationen

21 Absatz 4 Satz 1 betrifft den Fall, dass eine oberste Landesbehörde im Einzelfall feststellt, dass mit der Erfüllung des Amtshilfebegehrens durch Preisgabe von Informationen die Sicherheit des Bundes oder eines Landes gefährdet ist. In diesem Fall sieht das Gesetz vor, dass die Befugnisse nach Absatz 2 nur durch die/den Landesbeauftragten in Person ausgeübt werden dürfen, im Falle der Verhinderung durch deren/dessen Stellvertreterin/Stellvertreter nach § 25 Abs. 3 S. 4. Die Feststellung ist stets einer obersten Landesbehörde, also der Ministerialebene vorbehalten. Nachgeordnete Stellen der jeweiligen Ministerien müssen sich mit der entsprechenden Bitte um Feststellung an das Ministerium wenden.

22 Gemäß Absatz 4 Satz 2 darf die Preisgabe personenbezogener Daten einer betroffenen Person, der von der datenverarbeitenden Stelle Vertraulichkeit besonders zugesichert worden ist, auch gegenüber der/dem Landesbeauftragten per-

4 So auch LT-Drs. 17/1981, 154 zu § 27 Absatz 3.
5 Vgl. LT-Drs. 17/1981, 154 zu § 27 Absatz 3.

sönlich verweigert werden. Dieser Fall muss dabei als ein – besonders schwerwiegender – Unterfall der Gefährdung von Sicherheitsinteressen nach Absatz 4 Satz 1 angesehen werden. Auch diese Entscheidung obliegt dem jeweils zuständigen Ministerium.

23 Nur bei einer derart engen Auslegung des Ausnahmetatbestandes nach Satz 2 kann das Gesetz den Rechten der/des Landesbeauftragten hinreichend gerecht werden, weil durch die Zusicherung von Vertraulichkeit im Einzelfall die Grundsatzentscheidung nach Absatz 2 Satz 3, wonach gesetzliche Geheimhaltungsvorschriften einem Auskunfts- oder Einsichtsverlangen nicht entgegen gehalten werden können, durchbrochen wird.

24 Eine Begründungspflicht sieht das Gesetz weder im Fall des Satzes 1 noch des Satzes 2 vor. Da im Fall des Satzes 1 eine Auskunftserteilung grundsätzlich erfolgt, kann sich die/der Landesbeauftragte zumeist ein Bild machen, ob die Sicherheitsbedenken, die eine nur ihr/ihm gegenüber persönlich vorgenommene Auskunftserteilung erforderlich erscheinen ließen, tragfähig waren. In Fällen des Satzes 1 wird das jeweilige Ministerium aber kritisch zu hinterfragen haben, ob die Sicherheitsbedenken so schwer wiegen, dass die für die Mitarbeiter der/des Landesbeauftragten regelmäßig geltende Pflicht zur Amtsverschwiegenheit (§ 37 Abs. 1 BeamtStG; für die Tarifbeschäftigten § 3 Abs. 2 TV-L) keinen hinreichenden Schutz der Sicherheitsinteressen bietet.

25 Die Verweigerung der Weitergabe von Daten nach Satz 2 wird dagegen lediglich auf die Feststellung gestützt sein, dass jedenfalls die Preisgabe personenbezogener Daten über eine Person verweigert wird, der die datenverarbeitende Stelle Vertraulichkeit besonders zugesichert hat. So darf mit Blick auf die Definition nach Art. 4 Nr. 1 DS-GVO in einem solchen Fall schon die Identität der Person nicht bekannt gemacht werden. Die Entscheidung des Ministeriums ist nach jetziger Gesetzeslage keiner Nachprüfung zugänglich. Insbesondere kann die Berechtigung der Zusicherung von Vertraulichkeit nicht überprüft werden.

V. Absatz 5 – Konsultationspflicht

26 Absatz 5 übernimmt den Regelungsgehalt nach § 22 Abs. 3 DSG NRW aF und gebietet, dass die/der Landesbeauftragte über Planungen zur Entwicklung, zum Aufbau und zur wesentlichen Veränderung automatisierter Datenverarbeitungs- und Informationssysteme zu unterrichten ist, sofern in dem jeweiligen System personenbezogene Daten verarbeitet werden sollen. Die Konsultationspflicht trifft insbesondere öffentliche Stellen des Landes im Verfahren der Einführung von Rechts- und Verwaltungsvorschriften, sofern diese – auch – die Verarbeitung personenbezogener Daten zum Gegenstand haben.

27 Adressaten der Pflicht nach Absatz 5 sind wiederum öffentliche Stellen, wie sich aus dem Kontext des Satzes 2 und des § 27 im Übrigen herleiten lässt.

28 Die Gesetzesbegründung geht auch insoweit davon aus, dass es sich bei der Regelung nach Absatz 5 um eine Konkretisierung und Präzisierung der Aufgabenzuweisung nach DS-GVO, insbesondere Art. 36 Abs. 4 DS-GVO, handelt.[6] Auch insoweit sind Zweifel angebracht, ob es sich um eine solche Präzisierung und Konkretisierung handelt, die die Aufnahme der Vorschrift über den Wortlaut der DS-GVO hinaus in das DSG NRW rechtfertigen kann. Die Gesetzesbegründung stellt insoweit auf die Verwendung des Begriffs „frühzeitig“ ab, womit deutlich werden, dass die Information so zu erfolgen habe, dass eine Be-

6 Vgl. LT-Drs. 17/1981, 154 zu Absatz 5.

rücksichtigung einer eventuellen Stellungnahme der/des Landesbeauftragten noch möglich sei. Hiergegen ist einzuwenden, dass die Konsultationspflicht nach Art. 36 Abs. 4 DS-GVO kein Selbstzweck darstellt und – in Entsprechung zum Grundsatz des effet utile[7] – darauf angelegt ist, die Vereinbarkeit der geplanten Verarbeitung mit der DS-GVO sicherzustellen und damit verbundene datenschutzbezogene Risiken für natürliche Personen einzudämmen.[8] Bei Anwendung des effet utile-Grundsatzes kann Art. 36 Abs. 4 DS-GVO nur so verstanden werden, dass eine frühzeitige Einbindung der Aufsichtsbehörde geboten ist.

C. Bedeutung für die behördliche Praxis

Die Bedeutung für die behördliche Praxis liegt vornehmlich in der Erkenntnis, 29
dass der/dem Landesbeauftragten zur Erfüllung seiner Aufgaben zuzuarbeiten ist.

§28 Befugnisse

(1) [1]Die oder der Landesbeauftragte für Datenschutz und Informationsfreiheit ist befugt, personenbezogene Daten, die ihr oder ihm durch Beschwerden, Anfragen, Hinweise und Beratungswünsche bekannt werden, zu verarbeiten, soweit dies zur Erfüllung ihrer oder seiner Aufgaben erforderlich ist. [2]Sie oder er darf im Rahmen von Kontrollmaßnahmen personenbezogene Daten auch ohne Kenntnis der betroffenen Person erheben. [3]Von einer Benachrichtigung der betroffenen Person kann nach pflichtgemäßem Ermessen abgesehen werden.

(2) [1]Kommt die oder der Landesbeauftragte für Datenschutz und Informationsfreiheit zu dem Ergebnis, dass Verstöße gegen die Vorschriften dieses Gesetzes oder gegen andere Vorschriften über den Datenschutz oder sonstige Mängel bei der Verarbeitung personenbezogener Daten vorliegen, kann sie oder er diese

1. bei der Landesverwaltung der zuständigen obersten Landesbehörde, beim Landesrechnungshof der Präsidentin oder dem Präsidenten,
2. bei der Kommunalverwaltung der jeweils verantwortlichen Gemeinde oder dem verantwortlichen Gemeindeverband,
3. bei den wissenschaftlichen Hochschulen und Fachhochschulen der Hochschulpräsidentin oder dem Hochschulpräsidenten oder der Rektorin oder dem Rektor, bei öffentlichen Schulen der Leitung der Schule oder
4. bei den sonstigen Körperschaften, Anstalten und Stiftungen des öffentlichen Rechts dem Vorstand oder dem sonst vertretungsberechtigten Organ

beanstanden und kann vor Ausübung der Befugnisse des Artikels 58 Absatz 2 Buchstabe b bis g, i und j der Verordnung (EU) 2016/679 Gelegenheit zur Stellungnahme innerhalb einer angemessenen Frist geben. [2]In den Fällen von Satz 1 Nummer 2 bis 4 unterrichtet die oder der Landesbeauftragte für Datenschutz und Informationsfreiheit gleichzeitig auch die zuständige Aufsichtsbehörde. [3]Von der Einräumung der Gelegenheit zur Stellungnahme kann abgesehen werden, wenn eine sofortige Entscheidung wegen Gefahr im Verzug oder im öffentlichen Interesse notwendig erscheint oder ihr ein zwingendes öffentliches Interesse entgegensteht.

7 Grundlegend zum effet utile als Auslegungsgrundsatz *Potacs* EuR 2009, 465 ff.
8 Vgl. *Ferik* in HK-DS-GVO/BDSG Art. 36 Rn. 31.

(3) [1]Die Stellungnahme nach Absatz 2 Satz 1 soll auch eine Darstellung der Maßnahmen enthalten, die aufgrund der Beanstandung der oder des Landesbeauftragten für Datenschutz und Informationsfreiheit getroffen worden sind. [2]Die in Absatz 2 Nummer 2 bis 4 genannten Stellen leiten der zuständigen Rechts- oder Fachaufsichtsbehörde eine Abschrift ihrer Stellungnahme an die oder den Landesbeauftragten für Datenschutz und Informationsfreiheit unverzüglich zu.

Verwandte Norm DS-GVO:

Art. 58 Befugnisse

(1) Jede Aufsichtsbehörde verfügt über sämtliche folgenden Untersuchungsbefugnisse, die es ihr gestatten,

a) den Verantwortlichen, den Auftragsverarbeiter und gegebenenfalls den Vertreter des Verantwortlichen oder des Auftragsverarbeiters anzuweisen, alle Informationen bereitzustellen, die für die Erfüllung ihrer Aufgaben erforderlich sind,
b) Untersuchungen in Form von Datenschutzüberprüfungen durchzuführen,
c) eine Überprüfung der nach Artikel 42 Absatz 7 erteilten Zertifizierungen durchzuführen,
d) den Verantwortlichen oder den Auftragsverarbeiter auf einen vermeintlichen Verstoß gegen diese Verordnung hinzuweisen,
e) von dem Verantwortlichen und dem Auftragsverarbeiter Zugang zu allen personenbezogenen Daten und Informationen, die zur Erfüllung ihrer Aufgaben notwendig sind, zu erhalten,
f) gemäß dem Verfahrensrecht der Union oder dem Verfahrensrecht des Mitgliedstaats Zugang zu den Räumlichkeiten, einschließlich aller Datenverarbeitungsanlagen und -geräte, des Verantwortlichen und des Auftragsverarbeiters zu erhalten.

(2) Jede Aufsichtsbehörde verfügt über sämtliche folgenden Abhilfebefugnisse, die es ihr gestatten,

a) einen Verantwortlichen oder einen Auftragsverarbeiter zu warnen, dass beabsichtigte Verarbeitungsvorgänge voraussichtlich gegen diese Verordnung verstoßen,
b) einen Verantwortlichen oder einen Auftragsverarbeiter zu verwarnen, wenn er mit Verarbeitungsvorgängen gegen diese Verordnung verstoßen hat,
c) den Verantwortlichen oder den Auftragsverarbeiter anzuweisen, den Anträgen der betroffenen Person auf Ausübung der ihr nach dieser Verordnung zustehenden Rechte zu entsprechen,
d) den Verantwortlichen oder den Auftragsverarbeiter anzuweisen, Verarbeitungsvorgänge gegebenenfalls auf bestimmte Weise und innerhalb eines bestimmten Zeitraums in Einklang mit dieser Verordnung zu bringen,
e) den Verantwortlichen anzuweisen, die von einer Verletzung des Schutzes personenbezogener Daten betroffene Person entsprechend zu benachrichtigen,
f) eine vorübergehende oder endgültige Beschränkung der Verarbeitung, einschließlich eines Verbots, zu verhängen,
g) die Berichtigung oder Löschung von personenbezogenen Daten oder die Einschränkung der Verarbeitung gemäß den Artikeln 16, 17 und 18 und die Unterrichtung der Empfänger, an die diese personenbezogenen Daten gemäß Artikel 17 Absatz 2 und Artikel 19 offengelegt wurden, über solche Maßnahmen anzuordnen,
h) eine Zertifizierung zu widerrufen oder die Zertifizierungsstelle anzuweisen, eine gemäß den Artikel 42 und 43 erteilte Zertifizierung zu widerrufen, oder die Zertifizierungsstelle anzuweisen, keine Zertifizierung zu erteilen, wenn die Voraussetzungen für die Zertifizierung nicht oder nicht mehr erfüllt werden,

i) eine Geldbuße gemäß Artikel 83 zu verhängen, zusätzlich zu oder anstelle von in diesem Absatz genannten Maßnahmen, je nach den Umständen des Einzelfalls,
j) die Aussetzung der Übermittlung von Daten an einen Empfänger in einem Drittland oder an eine internationale Organisation anzuordnen.

(3) Jede Aufsichtsbehörde verfügt über sämtliche folgenden Genehmigungsbefugnisse und beratenden Befugnisse, die es ihr gestatten,

a) gemäß dem Verfahren der vorherigen Konsultation nach Artikel 36 den Verantwortlichen zu beraten,
b) zu allen Fragen, die im Zusammenhang mit dem Schutz personenbezogener Daten stehen, von sich aus oder auf Anfrage Stellungnahmen an das nationale Parlament, die Regierung des Mitgliedstaats oder im Einklang mit dem Recht des Mitgliedstaats an sonstige Einrichtungen und Stellen sowie an die Öffentlichkeit zu richten,
c) die Verarbeitung gemäß Artikel 36 Absatz 5 zu genehmigen, falls im Recht des Mitgliedstaats eine derartige vorherige Genehmigung verlangt wird,
d) eine Stellungnahme abzugeben und Entwürfe von Verhaltensregeln gemäß Artikel 40 Absatz 5 zu billigen,
e) Zertifizierungsstellen gemäß Artikel 43 zu akkreditieren,
f) im Einklang mit Artikel 42 Absatz 5 Zertifizierungen zu erteilen und Kriterien für die Zertifizierung zu billigen,
g) Standarddatenschutzklauseln nach Artikel 28 Absatz 8 und Artikel 46 Absatz 2 Buchstabe d festzulegen,
h) Vertragsklauseln gemäß Artikel 46 Absatz 3 Buchstabe a zu genehmigen,
i) Verwaltungsvereinbarungen gemäß Artikel 46 Absatz 3 Buchstabe b zu genehmigen
j) verbindliche interne Vorschriften gemäß Artikel 47 zu genehmigen.

(4) Die Ausübung der der Aufsichtsbehörde gemäß diesem Artikel übertragenen Befugnisse erfolgt vorbehaltlich geeigneter Garantien einschließlich wirksamer gerichtlicher Rechtsbehelfe und ordnungsgemäßer Verfahren gemäß dem Unionsrecht und dem Recht des Mitgliedstaats im Einklang mit der Charta.

(5) Jeder Mitgliedstaat sieht durch Rechtsvorschriften vor, dass seine Aufsichtsbehörde befugt ist, Verstöße gegen diese Verordnung den Justizbehörden zur Kenntnis zu bringen und gegebenenfalls die Einleitung eines gerichtlichen Verfahrens zu betreiben oder sich sonst daran zu beteiligen, um die Bestimmungen dieser Verordnung durchzusetzen.

(6) [1]Jeder Mitgliedstaat kann durch Rechtsvorschriften vorsehen, dass seine Aufsichtsbehörde neben den in den Absätzen 1, 2 und 3 aufgeführten Befugnissen über zusätzliche Befugnisse verfügt. [2]Die Ausübung dieser Befugnisse darf nicht die effektive Durchführung des Kapitels VII beeinträchtigen.

Kurzübersicht zum Verhältnis der entscheidenden Normen			
Norm des DSG NRW	Entsprechende Norm der DS-GVO	Entsprechende Norm des BDSG	Öffnungsklausel der DS-GVO
§ 28 DSG NRW	Art. 58 DS-GVO	§ 16 BDSG	Art. 58 Abs. 6 DS-GVO

Literatur:

v. Lewinski, Datenschutzaufsicht in Europa im Netzwerk, NVwZ 2017, 1483; *Stelkens/Bonk/Sachs*, VwVfG, 9. Aufl. 2018; *Thomé*, Die Unabhängigkeit der Bundesdatenschutzaufsicht, VuR 2015, 130.

A. Grundlagen

I. Gesamtverständnis, Zweck der Norm und Verhältnis zu anderen Normen

1 § 28 befasst sich mit den Befugnissen, die der/dem Landesbeauftragten zusätzlich zu denen nach Art. 58 DS-GVO zustehen, bzw. die sie/er zur Durchsetzung der Befugnisse nach Art. 58 DS-GVO gegenüber öffentlichen Stellen benötigt.

2 Gegenüber nicht-öffentlichen Stellen und gegenüber wirtschaftlich tätigen öffentlichen Stellen nach § 5 Abs. 5 (vgl. dazu → § 5 Rn. 36 ff.) stehen der/dem Landesbeauftragten die Rechte nach Art. 58 DS-GVO unmittelbar zu.

II. Bisherige Rechtslage

3 Die bisherige Regelung zu den Befugnissen der/des Landesdatenschutzbeauftragten war in §§ 22, 24 DSG NRW aF enthalten.

B. Kommentierung

4 Anders als § 27 bezüglich der Aufgaben der/des Landesbeauftragten verweist § 28 nicht auf die Befugnisnorm nach Art. 58 DS-GVO. § 28 regelt notwendige ergänzende Befugnisse, wozu Art. 58 Abs. 6 DS-GVO ermächtigt.[1]

I. Absatz 1 – Datenverarbeitung bei Ausübung der Befugnisse

5 Absatz 1 sieht vor, dass die/der Landesbeauftragte personenbezogene Daten verarbeiten darf, die ihr/ihm im Zuge der Wahrnehmung seiner Aufgabenwahrnehmung, insbesondere durch Beschwerden, Anfragen, Hinweise oder Beratungswünsche, bekannt werden.

6 Dieser Normierung nach Satz 1 bedarf es eigentlich nicht. So ist die/der Landesbeauftragte bereits aufgrund Art. 6 Abs. 1 lit. c und e DS-GVO berechtigt, personenbezogene Daten zu verarbeiten. Die/der Landesbeauftragte ist in diesen Fällen Verantwortliche/Verantwortlicher im Sinne des Art. 4 Nr. 7 DS-GVO.

7 Diese in Satz 1 getroffene Feststellung ist allenfalls im Kontext der Sätze 2 und 3 verständlich. Nach Satz 2 und 3 wird die/der Landesbeauftragte insoweit privilegiert, als sie/er die betreffenden Daten im Rahmen von Kontrollmaßnahmen auch ohne Kenntnis der betroffenen Person erheben darf. Zudem kann die/der Landesbeauftragte von der Benachrichtigung der betroffenen Person, die nach Art. 14 DS-GVO geboten wäre, nach pflichtgemäßem Ermessen absehen. Dies kann insbesondere dann unterbleiben, wenn der Erfolg der Kontroll-

1 Vgl. insoweit LT-Drs. 17/1981, 154 zu § 28.

maßnahme durch die Benachrichtigung der betroffenen Person gefährdet würde.

8 Die Nichtbenachrichtigung kann Rechte der betroffenen Person verkürzen; dies ist aber insoweit hinzunehmen, als – eine Entscheidung über die Nichtbenachrichtigung nach pflichtgemäßem Ermessen unterstellt – die/der Landesbeauftragte Gewähr dafür bietet, dass die Regeln zum Umgang mit personenbezogenen Daten im Übrigen eingehalten werden.

II. Absatz 2 – Beanstandung

9 Absatz 2 regelt mit dem Beanstandungsrecht eine der zentralen Befugnisse der/des Landesbeauftragten gegenüber öffentlichen Stellen.

10 Voraussetzung für eine Beanstandung ist, dass die/der Landesbeauftragte in Ausübung seiner Kontrollbefugnisse Verstöße gegen die Vorschriften des DSG NRW oder gegen andere Vorschriften über den Datenschutz, beispielsweise die DS-GVO, oder sonstige Mängel bei der Verarbeitung personenbezogener Daten festgestellt hat. Diese Feststellung kann auf Hinweisen, Anfragen, Beschwerden beruhen, oder auf Untersuchungen, die die/der Landesbeauftragte selbst initiiert hat. Ihr/ihm stehen insoweit die Untersuchungsbefugnisse nach Art. 58 Abs. 1 DS-GVO zur Verfügung.

11 Die Beanstandung stellt eine Reaktion auf Rechtsverstöße im Bereich des Datenschutzrechts dar.

1. Beanstandung und Beanstandungsadressaten

12 Die Beanstandung ist die Aufforderung zur Mängelbeseitigung, wenn die/der Landesbeauftragte Verstöße gegen datenschutzrechtliche Vorschriften bei den in Satz 1 aufgezählten Stellen feststellt. Das Gesetz setzt dabei nicht obligatorisch die vorherige Wahrnehmung von Informations- und Auskunftsrechten voraus; das heißt, die/der Landesbeauftragte kann offensichtliche Verstöße auch sofort rügen. Regelmäßig wird der Beanstandung aber ein Auskunftsbegehren vorhergehen.

13 Mit dem Katalog der Adressaten der Beanstandung nach Absatz 2 Satz 1 wird § 24 Abs. 1 DSG NRW aF nachgebildet. So ist Adressat der Beanstandung grundsätzlich die Spitze des betreffenden Verwaltungsträgers. Unschärfen zeigen sich dabei gem. Nr. 2 bei Verstößen innerhalb der Kommunalverwaltung, da hier nicht das vertretungsberechtigte Organ, sondern mit der Gemeinde oder dem Gemeindeverband vornehmlich der Rechtsträger als Adressat der Beanstandung bezeichnet wird. Eine weitere Durchbrechung zeigt sich gem. Nr. 3 aE bei den öffentlichen Schulen, da hier die Schulleitung und nicht das vertretungsberechtigte Organ des Rechtsträgers angesprochen ist.

14 Mit der Beanstandung verbunden ist im Regelfall eine Aufforderung zur Stellungnahme innerhalb einer durch die/den Landesbeauftragten zu bestimmenden Frist. Als Maßstab für die Frist mag insbesondere die Schwere des Verstoßes und das Maß der Gefährdung der Rechte Betroffener gelten. Jedenfalls ist auf eine zügige Erfüllung des Stellungnahmebegehrens hinzuwirken.

2. Funktion der Stellungnahme

15 Die Stellungnahme soll vornehmlich das Ergreifen der Maßnahmen nach Art. 58 Abs. 2 lit. b bis g, i und j vorbereiten. Diese sind

- nach lit. b einen Verantwortlichen oder einen Auftragsverarbeiter zu verwarnen, wenn er mit Verarbeitungsvorgängen gegen diese Verordnung verstoßen hat,
- nach lit. c den Verantwortlichen oder den Auftragsverarbeiter anzuweisen, den Anträgen der betroffenen Person auf Ausübung der ihr nach dieser Verordnung zustehenden Rechte zu entsprechen,
- nach lit. d den Verantwortlichen oder den Auftragsverarbeiter anzuweisen, Verarbeitungsvorgänge gegebenenfalls auf bestimmte Weise und innerhalb eines bestimmten Zeitraums in Einklang mit dieser Verordnung zu bringen,
- nach lit. e den Verantwortlichen anzuweisen, die von einer Verletzung des Schutzes personenbezogener Daten betroffene Person entsprechend zu benachrichtigen,
- nach lit. f. eine vorübergehende oder endgültige Beschränkung der Verarbeitung, einschließlich eines Verbots, zu verhängen,
- nach lit. g die Berichtigung oder Löschung von personenbezogenen Daten oder die Einschränkung der Verarbeitung gemäß den Artikeln 16, 17 und 18 und die Unterrichtung der Empfänger, an die diese personenbezogenen Daten gemäß Artikel 17 Absatz 2 und Artikel 19 offengelegt wurden, über solche Maßnahmen anzuordnen,
- nach lit. i eine Geldbuße gemäß Artikel 83 zu verhängen, zusätzlich zu oder anstelle von in diesem Absatz genannten Maßnahmen, je nach den Umständen des Einzelfalls,
- nach lit. j die Aussetzung der Übermittlung von Daten an einen Empfänger in einem Drittland oder an eine internationale Organisation anzuordnen.

16 Zugleich kann die Aufforderung zur Stellungnahme als Hinweis nach Art. 58 Abs. 1 lit. d DS-GVO gelten.

17 Verbunden mit der Beanstandung ist nach Absatz 2 Satz 2 eine Benachrichtigung der jeweils zuständigen Aufsichtsbehörde, dies in den Fällen der Nr. 2 bis 4 in Satz 1. Bezüglich der Nr. 1 fehlt es an einer Aufsichtsbehörde. Die obersten Landesbehörden sind insoweit auf der höchsten Hierarchieebene angesiedelt. Der Landesrechnungshof ist gem. § 1 Abs. 1 S. 1 des Gesetzes über den Landesrechnungshof eine selbstständige oberste Landesbehörde und als unabhängiges Organ der Finanzkontrolle nur dem Gesetz unterworfen.

18 Es ist damit davon auszugehen, dass auch in Fällen, in denen die Beanstandung Verwaltungsaktcharakter haben kann, so gegenüber Rechtsträgern mit dem Recht der Selbstverwaltung, eine Anhörung nach § 28 VwVfG NRW unterbleibt. Hierfür spricht, dass in Absatz 2 Satz 3 eigene Gründe für das Unterbleiben der Stellungnahme normiert werden, nämlich bei Gefahr in Verzug, wenn die sofortige Entscheidung im öffentlichen Interesse notwendig erscheint oder wenn ihr ein zwingendes öffentliches Interesse entgegensteht.[2] Die Gründe sind insoweit § 28 Abs. 2 Nr. 1 VwVfG bzw. § 28 Abs. 3 VwVfG NRW nachgebildet. Mit Blick auf Satz 3 wird das insoweit offen formulierte „kann" in Satz 1 als „soll" zu begreifen sein, da es ansonsten der Normierung dieser relativ eng gefassten Entbehrlichkeitsgründe nicht bedurft hätte.

2 Vgl. zu diesen Begriffen *Kallerhoff/Mayen* in Stelkens/Bonk/Sachs VwVfG § 28 Rn. 51 ff., 65.

III. Absatz 3 – Inhalt der Stellungnahme nach Absatz 2 Satz 2 und Einbindung der Aufsichtsbehörde

1. Inhalt der Stellungnahme

Gemäß Absatz 3 Satz 1 soll die Stellungnahme nach Absatz 2 S. 1 die Maßnahmen darstellen, die aufgrund der Beanstandung getroffen wurden. Nach der Systematik des Gesetzes ist die Stellungnahme darauf gerichtet, der/dem Landesbeauftragten die Entscheidung über die Notwendigkeit des Ergreifens von Maßnahmen nach Art. 58 Abs. 2 lit. b bis, i und j DS-GVO zu ermöglichen. 19

In der Konsequenz ist davon auszugehen, dass, wenn die Stellungnahme nicht zur Zufriedenheit der/des Landesbeauftragten ausfällt, dieser die vorgenannten Befugnisse ausüben darf. 20

2. Einbindung der Aufsichtsbehörde

Gemäß Absatz 3 Satz 2 ist in den Fällen der Beanstandung gegenüber Stellen nach Absatz 2 Satz 1 Nr. 2 bis 4 die Stellungnahme auch der zuständigen Rechts- oder Fachaufsichtsbehörde zugeleitet werden. Zuständig für die unverzügliche Zuleitung ist insoweit die beanstandete Stelle. 21

Entsprechend der Gesetzesbegründung soll durch die Mitteilung insbesondere gewährleistet werden, dass die zuständige Rechts- oder Fachaufsichtsbehörde Kenntnis von dem Verstoß erhält und vor der Ausübung weitergehender Befugnisse durch die/den Landesbeauftragte(n) rechtliches Gehör findet. Die Gefahr divergierender Anweisungen zwischen Datenschutzaufsicht und der Rechts- oder Fachaufsicht soll hierdurch reduziert werden.[3] 22

Widersprüchliche Auffassungen der Datenschutzaufsicht und der Fachaufsicht sollen der Gesetzesbegründung zufolge auf dem Gerichtsweg zu klären sein.[4] Dies ist insoweit zweifelhaft, als es der/dem Landesbeauftragten erlaubt ist, nach pflichtgemäßem Ermessen Maßnahmen nach Art. 58 Abs. 2 DS-GVO zu ergreifen. Gerichtlicher Rechtsschutz kann seitens der beanstandeten Stelle bzw. seitens der Rechts- oder Fachaufsichtsbehörde in Anwendung des § 44 a VwGO allenfalls bezüglich der dann getroffenen Maßnahme ergriffen werden. 23

C. Bedeutung für die behördliche Praxis

Die Bedeutung für die behördliche Praxis liegt insbesondere in der Erkenntnis, dass Datenschutzverstöße nicht folgenlos bleiben und dass die/der Landesbeauftragte sich der scharfen Aufsichtsbefugnisse nach Art. 58 Abs. 2 DS-GVO auch gegenüber öffentlichen Stellen bedienen darf. 24

§ 29 Beschwerderecht nach Artikel 77 der Verordnung (EU) 2016/679

[1]Jeder kann sich gemäß Artikel 77 der Verordnung (EU) 2016/679 an die oder den Landesbeauftragten für Datenschutz und Informationsfreiheit mit dem Vorbringen wenden, bei der Verarbeitung personenbezogener Daten in seinen Rechten verletzt worden zu sein. [2]Durch die Anrufung der oder des Landesbeauftragten dürfen der betroffenen Person keine Nachteile entstehen. [3]Bei der Ausübung des Beschwerderechts durch Beschäftigte öffentlicher Stellen muss der Dienstweg nicht eingehalten werden.

3 Vgl. insoweit LT-Drs. 17/1981, 155 zu Absatz 2.
4 Vgl. insoweit wiederum LT-Drs. 17/1981, 155 zu Absatz 2.

Verwandte Norm DS-GVO:

Art. 77 Recht auf Beschwerde bei einer Aufsichtsbehörde

(1) Jede betroffene Person hat unbeschadet eines anderweitigen verwaltungsrechtlichen oder gerichtlichen Rechtsbehelfs das Recht auf Beschwerde bei einer Aufsichtsbehörde, insbesondere in dem Mitgliedstaat ihres gewöhnlichen Aufenthaltsorts, ihres Arbeitsplatzes oder des Orts des mutmaßlichen Verstoßes, wenn die betroffene Person der Ansicht ist, dass die Verarbeitung der sie betreffenden personenbezogenen Daten gegen diese Verordnung verstößt.

(2) Die Aufsichtsbehörde, bei der die Beschwerde eingereicht wurde, unterrichtet den Beschwerdeführer über den Stand und die Ergebnisse der Beschwerde einschließlich der Möglichkeit eines gerichtlichen Rechtsbehelfs nach Artikel 78.

Kurzübersicht zum Verhältnis der entscheidenden Normen			
Norm des DSG NRW	Entsprechende Norm der DS-GVO	Entsprechende Norm des BDSG	Öffnungsklausel der DS-GVO
§ 29 DSG NRW	Art. 77 DS-GVO	§ 60 BDSG	

Literatur:

v. Lewinski, Datenschutzaufsicht in Europa im Netzwerk, NVwZ 2017, 1483; *Thomé,* Die Unabhängigkeit der Bundesdatenschutzaufsicht, VuR 2015, 130.

A. Grundlagen

1 § 29 befasst sich mit dem jeder betroffenen Person zustehenden Recht, sich an die/den Landesbeauftragte(n) mit dem Vorbringen wenden, bei der Verarbeitung personenbezogener Daten in seinen Rechten verletzt worden zu sein.

2 Die bisherige Regelung zu den Befugnissen der/des Landesdatenschutzbeauftragten war in §§ 25 DSG NRW aF enthalten.

B. Kommentierung

3 Die Gesetzesbegründung begreift § 29 als Konkretisierung des nach Art. 77 DS-GVO eingeräumten Beschwerderechts.[1] Zugleich dürfte anzunehmen sein, dass auf nationaler Ebene das Beschwerderecht nach § 29 für betroffenen Personen leichter auffindbar sein dürfte als das Beschwerderecht nach dem insoweit eigentlich unmittelbar geltenden Art. 77 DS-GVO.

1 Vgl. insoweit LT-Drs. 17/1981, 155 zu § 29.

I. Satz 1 – Inhaber und Anlass des Beschwerderechts

Das Recht, sich an die/den Landesbeauftragte(n) zu wenden, steht jeder natürlichen Person zu. Voraussetzung ist, dass sich die betroffene Person durch eine Verarbeitung personenbezogener Daten in ihren Rechten verletzt sieht. 4

Die Formulierung weicht insoweit von Art. 77 Abs. 1 DS-GVO ab, als dort davon gesprochen wird, dass die betroffene Person der Ansicht ist, dass die Verarbeitung der sie betreffenden personenbezogenen Daten gegen diese Verordnung verstößt. Insoweit ist die Formulierung des § 29 getragen von dem dem deutschen Verwaltungsrechtsschutz zugrundeliegenden Gedanken der Verletzung subjektiv öffentlicher Rechte. Damit reicht bezüglich des Beschwerderechts nach § 29 ein Verstoß gegen Datenschutzvorschriften, die nicht drittschützend sind, nicht für eine Beschwerde aus. 5

In der Folge müsste § 29 dann aber so ausgelegt werden, dass – im Einklang mit Art. 77 Abs. 1 DS-GVO – auch objektive Rechtsverstöße gerügt werden können. Allerdings lässt ErwG 141 erkennen, dass das Beschwerderecht auch nach der DS-GVO bei der Vermutung einer Verletzung eigener Rechte eingreifen soll. 6

Das Beschwerderecht nach § 29 besteht unterschiedslos bezogen auf Datenverarbeitungen seitens öffentlicher wie nicht-öffentlicher Stellen. 7

II. Satz 2 – Nichtentstehen von Nachteilen

Durch Satz 2 soll sichergestellt werden, dass die betroffene Person sich nicht durch eventuell drohende Repressalien von der Ausübung des Rechts nach Satz 1 abhalten lässt. 8

Als Nachteil ist jede rechtliche oder tatsächliche Schlechterstellung anzusehen, die kausal auf die Ausübung des Rechts nach Satz 1 zurückzuführen ist. Es kann sich dabei beispielsweise – im nicht-öffentlichen Bereich – um Aufkündigung von Geschäftsbeziehungen, schleppende Belieferung, oder – im öffentlichen Bereich – schleppende Behandlung von Anträgen handeln. 9

Satz 2 muss aber so verstanden werden, dass durch die Ausübung des Rechts nach Satz 1 keine ungerechtfertigten Nacheile entstehen dürfen. So ist beispielsweise eine strafrechtliche Verfolgung möglich, wenn mit der Ausübung des Beschwerderechts der Tatbestand der Beleidigung nach § 185 StGB oder der Verleumdung nach § 187 StGB verwirklicht wird. Auch können in diesem Fall im nicht-öffentlichen Bereich berechtigte Kündigungen ausgesprochen werden. 10

Die Ausübung des Beschwerderechts nach Satz 1 entfaltet in verwaltungsrechtlichen Streitigkeiten keinen Suspensiveffekt. Wenn ein Beschwerdeführer die Rechtswidrigkeit eines behördlichen Aktes und eine hierauf beruhende Rechtsverletzung aufgrund von Verstößen gegen datenschutzrechtliche Bestimmungen vermutet, entbindet ihn das nicht von der Notwendigkeit der Erhebung eines Widerspruchs oder einer Klage, um etwa im Falle eines belastenden Verwaltungsaktes den Eintritt der Bestandskraft zu verhindern. Es steht dem entscheidenden Gericht dann frei, das Verfahren zur Vermeidung divergierender Entscheidung auszusetzen, bis die/der Landesbeauftragte zu einer Einschätzung bezüglich des Datenschutzverstoßes gelangt ist. 11

Im Falle ungerechtfertigter Nachteile liegt die Beweislast für die kausale Verknüpfung zwischen Beschwerde und Nachteil bei der betroffenen Person bzw. bei der Person, die auf den Datenschutzverstoß hingewiesen hat. 12

III. Satz 3 – Nichteinhaltung des Dienstweges

13 Satz 3 legt fest, dass bei Beschwerden nach Satz 1 für Beschäftigte öffentlicher Stellen der Dienstweg nicht einzuhalten ist. Als Dienstweg wird der vorgeschriebene Weg zum Austausch von Informationen unter Einschaltung der vorgesetzten Dienststelle bzw. des Vorgesetzten verstanden. So wären etwa bei Zweifeln an der Rechtmäßigkeit dienstlicher Anordnungen entsprechende Bedenken gemäß § 36 Abs. 2 BeamtStG auf dem Dienstweg geltend zu machen.

14 Durch die Ausschaltung des Dienstweges soll verhindert werden, dass eine begründete Beschwerde durch Vorgesetzte gestoppt wird.[2]

15 Da die Beschwerdebefugnis nach Satz 1 an die Vermutung einer Verletzung eigener Rechte geknüpft ist, ist in Fällen, in denen ein öffentlicher Bediensteter eine Verletzung datenschutzrechtlicher Vorgaben gegenüber Dritten vermutet, der Dienstweg wiederum einzuhalten.

IV. Missbräuchliche Inanspruchnahme des Beschwerderechts

16 Anders als § 14 BDSG beinhaltet § 29 selbst keine Handhabe gegen eine missbräuchliche Inanspruchnahme des Beschwerderechts, also beispielsweise durch wiederholte unberechtigte und querulatorische Eingaben.

17 Hier kann aber auf Art. 57 Abs. 4 DS-GVO zurückgegriffen werden, der unmittelbar Anwendung findet. Hier kann die Aufsichtsbehörde bei offenkundig unbegründeten oder – insbesondere im Fall von häufiger Wiederholung – exzessiven Anträgen eine angemessene Gebühr auf der Grundlage der Verwaltungskosten verlangen oder sich weigern, aufgrund des Antrags tätig zu werden. Allerdings trägt die Aufsichtsbehörde nach Art. 57 Abs. 4 S. 2 DS-GVO die Beweislast für den offenkundig unbegründeten oder exzessiven Charakter des Antrags.

V. Hinweise an die/den Landesbeauftragte(n)

18 Auch in dem Fall, dass mit einem erkannten Datenrechtsverstoß keine Verletzung eigener Rechte verbunden ist, kann sich jeder an die/den Landesbeauftragte(n) wenden. Diese/dieser kann den entsprechenden Hinweisen nachgehen und gegebenenfalls Untersuchungen und Maßnahmen nach § 28 bzw. Art. 58 DS-GVO einleiten. In diesem Fall würde dann die obligatorische Unterrichtung über den Fortgang der Angelegenheit nach Art. 77 Abs. 2 DS-GVO unterbleiben können.

19 Auch im Falle eines solchen Hinweises muss die Regelung nach Satz 2, wonach im Falle einer nicht ungerechtfertigten Einschaltung der/des Landesbeauftragten keine Nacheile entstehen dürfen, entsprechende Anwendung finden.

C. Bedeutung für die behördliche Praxis

20 Für die behördliche Praxis ist insbesondere die Ausschaltung des sonst einzuhaltenden Dienstweges im Falle der Beschwerde seitens Beschäftigter öffentlicher Stellen von Bedeutung, gleichermaßen der Ausschluss von Nachteilen für den Fall der Anrufung der/des Landesbeauftragten.

2 Vgl. insoweit LT-Drs. 17/1981, 155 zu § 29.

§ 30 Tätigkeitsbericht, Gutachtertätigkeit

(1) [1]Die oder der Landesbeauftragte für Datenschutz und Informationsfreiheit kann ihren oder seinen nach Maßgabe von Artikel 59 der Verordnung (EU) 2016/679 zu erstellenden Jahresbericht in jedem zweiten Kalenderjahr um eine Darstellung ihrer oder seiner Tätigkeiten auf dem Gebiet der Informationsfreiheit ergänzen. [2]Der Bericht zur Informationsfreiheit ist inhaltlich klar von dem nach Artikel 59 der Verordnung (EU) 2016/679 zu erstellenden Tätigkeitsbericht zu trennen. [3]Eine gemeinsame Veröffentlichung ist zulässig. [4]Der Bericht ist dem Landtag sowie der Landesregierung vorzulegen. [5]Die Landesregierung nimmt hierzu gegenüber dem Landtag schriftlich Stellung.

(2) Der Landtag kann die oder den Landesbeauftragten für Datenschutz und Informationsfreiheit mit der Erstattung von Gutachten in Datenschutzfragen betrauen.

Verwandte Norm DS-GVO:

Art. 59 Tätigkeitsbericht

[1]Jede Aufsichtsbehörde erstellt einen Jahresbericht über ihre Tätigkeit, der eine Liste der Arten der gemeldeten Verstöße und der Arten der getroffenen Maßnahmen nach Artikel 58 Absatz 2 enthalten kann. [2]Diese Berichte werden dem nationalen Parlament, der Regierung und anderen nach dem Recht der Mitgliedstaaten bestimmten Behörden übermittelt. [3]Sie werden der Öffentlichkeit, der Kommission und dem Ausschuss zugänglich gemacht.

Kurzübersicht zum Verhältnis der entscheidenden Normen			
Norm des DSG NRW	Entsprechende Norm der DS-GVO	Entsprechende Norm des BDSG	Öffnungsklausel der DS-GVO
§ 30 DSG NRW	Art. 59 DS-GVO	§ 15 BDSG	

Literatur:

v. Lewinski, Datenschutzaufsicht in Europa im Netzwerk, NVwZ 2017, 1483; *Thomé*, Die Unabhängigkeit der Bundesdatenschutzaufsicht, VuR 2015, 130.

A. Grundlagen

1 § 30 nimmt auf die Doppelfunktion der/des Landesbeauftragten auf dem Gebiet des Datenschutzes und der Informationsfreiheit Bezug und betrifft die Verknüpfung mit der nach § 13 Abs. 10 bestehenden Berichtspflicht.

2 Die bisherige Regelung zur Berichtspflicht der/des Landesdatenschutzbeauftragten war in § 27 DSG NRW aF enthalten.

B. Kommentierung

I. Absatz 1 – Tätigkeitsberichte

1. Verbindung der Tätigkeitsberichte der/des Landesbeauftragten

3 § 30 greift die Doppelfunktion der/des Landesbeauftragten auf dem Gebiet des Datenschutzes und der Informationsfreiheit auf. Gemäß § 13 Abs. 10 IFG NRW ist die/der Landesbeauftragte verpflichtet, alle zwei Jahre einen Tätigkeitsbericht zur Tätigkeit auf dem Gebiet der Informationsfreiheit vorzulegen.

4 § 30 ermöglicht es, den nach Art. 59 DS-GVO jährlich vorzulegenden Bericht alle zwei Jahre um den betreffenden Bericht zur Informationsfreiheit zu ergänzen. Um die Berichtspflicht nach Art. 59 DS-GVO nicht zu entwerten, sieht § 29 vor, dass beide Berichte zwar gemeinsam veröffentlicht werden dürfen, inhaltlich aber eine klare Trennung zwischen beiden Tätigkeitsbereichen vorzunehmen ist.

5 Ob die jetzige Praxis dem in Satz 2 angelegten Gebot der klaren inhaltlichen Abtrennung zukünftig genügt, mag bezweifelt werden. So wird der Bericht für den Zeitraum vom 1.1.2015 bis zum 31.12.2016, also vor Geltung der DS-GVO und des DSG NRW in der jetzigen Fassung als „23. Datenschutz- und Informationsfreiheitsbericht der Landesbeauftragten für Datenschutz und Informationsfreiheit Nordrhein-Westfalen“[1] betitelt. Die inhaltliche Trennung wird insoweit vorgenommen, als das Gebiet der Informationsfreiheit als laufende Nummer 16 vor 15 laufenden Nummern zum Gebiet des Datenschutzes gefasst wird. Hier ist zukünftig eine klarere Differenzierung beispielsweise durch Bildung zweier klar abgrenzbarer Blöcke anzuraten sein.

2. Stellungnahme der Landesregierung

6 In der Regelungshoheit des Landesgesetzgebers liegt es, der Landesregierung eine schriftliche Stellungnahme zum Bericht der/des Landesbeauftragten aufzuerlegen. Ziel ist es, den Bericht damit zu einer Grundlage für eine parlamentarische Auseinandersetzung zu machen.[2] Hierin kommt dann auch wieder die besondere Verbindung der/des Landesbeauftragten zum Parlament zu tragen, die durch die Wahl nach § 25 Abs. 1 begründet wird (vgl. → § 25 Rn. 8).

II. Absatz 2 – Gutachtertätigkeit

7 Absatz 2 nimmt die Regelung nach Art. 57 Abs. 1 lit. c DS-GVO auf, wonach im Einklang mit dem Recht des Mitgliedsstaats das nationale Parlament, die Regierung und andere Einrichtungen und Gremien über legislative und administrative Maßnahmen zum Schutz der Rechte und Freiheiten natürlicher Personen in Bezug auf die Verarbeitung beraten muss.

8 Die Vorschrift ist § 27 Abs. 2 DSG NRW aF nachempfunden und gestaltet die Beratungspflicht zulässig in Form einer gutachterlichen Tätigkeit auf Betreiben des Parlaments aus.

C. Bedeutung für die behördliche Praxis

9 Die Bedeutung für die behördliche Praxis liegt insbesondere dahingehend, dass die/der Landesbeauftragte neben den Beanstandungs- und Berichtspflichten

1 Abrufbar unter https://www.ldi.nrw.de/mainmenu_Service/submenu_Berichte/Inhalt/23_DIB/DIB-2017.pdf, zuletzt abgerufen am 15.12.2019.
2 Vgl. insoweit LT-Drs. 17/1981, 155 zu § 30.

auch die Verpflichtung zur Beratung in Fragen des Datenschutzes hat. Zugleich ist auf die strenge inhaltliche Trennung zwischen der europarechtlich veranlassten Berichtspflicht zum Datenschutz und der Berichtspflicht zur Informationsfreiheit zu achten.

Kapitel 6 Die oder der behördliche Datenschutzbeauftragte

§ 31 Verschwiegenheitspflicht, Zeugnisverweigerungsrecht und Abberufung

(1) Bei Bedarf kann eine Stelle auch mehrere behördliche Datenschutzbeauftragte sowie mehrere Vertreterinnen und Vertreter benennen.

(2) [1]Betroffene Personen können die behördliche Datenschutzbeauftragte oder den behördlichen Datenschutzbeauftragten zu allen mit der Verarbeitung ihrer personenbezogen Daten und mit der Wahrnehmung ihrer Rechte gemäß der Verordnung (EU) 2016/679, dieses Gesetzes sowie anderer Rechtsvorschriften über den Datenschutz im Zusammenhang stehenden Fragen zu Rate ziehen. [2]Die oder der behördliche Datenschutzbeauftragte ist zur Verschwiegenheit über die Identität der betroffenen Person sowie über Umstände, die Rückschlüsse auf die betroffene Person zulassen, verpflichtet, soweit sie oder er nicht davon durch die betroffene Person befreit ist.

(3) [1]Wenn die oder der Datenschutzbeauftragte bei ihrer oder seiner Tätigkeit Kenntnis von Daten erhält, für die der Leitung oder einer bei der öffentlichen Stelle beschäftigten Person aus beruflichen Gründen ein Zeugnisverweigerungsrecht zusteht, steht dieses Recht auch der oder dem Datenschutzbeauftragten und den ihr oder ihm unterstellten Beschäftigten zu. [2]Über die Ausübung dieses Rechts entscheidet die Person, der das Zeugnisverweigerungsrecht aus beruflichen Gründen zusteht, es sei denn, dass diese Entscheidung in absehbarer Zeit nicht herbeigeführt werden kann. [3]Soweit das Zeugnisverweigerungsrecht der oder des Datenschutzbeauftragten reicht, unterliegen ihre oder seine Akten und andere Dokumente einem Beschlagnahmeverbot.

(4) [1]Die Abberufung der oder des behördlichen Datenschutzbeauftragten ist nur in entsprechender Anwendung des § 626 des Bürgerlichen Gesetzbuchs zulässig. [2]Die Kündigung des Arbeitsverhältnisses ist unzulässig, es sei denn, dass Tatsachen vorliegen, welche die öffentliche Stelle zur Kündigung aus wichtigem Grund ohne Einhaltung einer Kündigungsfrist berechtigen. [3]Nach dem Ende der Tätigkeit als behördliche Datenschutzbeauftragte oder behördlicher Datenschutzbeauftragter ist die Kündigung des Arbeitsverhältnisses innerhalb eines Jahres unzulässig. [4]Dies gilt nicht, wenn die öffentliche Stelle zur Kündigung aus wichtigem Grund ohne Einhaltung einer Kündigungsfrist berechtigt ist.

Verwandte Norm DS-GVO:

Art. 37 Benennung eines Datenschutzbeauftragten

(1) Der Verantwortliche und der Auftragsverarbeiter benennen auf jeden Fall einen Datenschutzbeauftragten, wenn

a) die Verarbeitung von einer Behörde oder öffentlichen Stelle durchgeführt wird, mit Ausnahme von Gerichten, soweit sie im Rahmen ihrer justiziellen Tätigkeit handeln,
b) die Kerntätigkeit des Verantwortlichen oder des Auftragsverarbeiters in der Durchführung von Verarbeitungsvorgängen besteht, welche aufgrund ihrer Art,

ihres Umfangs und/oder ihrer Zwecke eine umfangreiche regelmäßige und systematische Überwachung von betroffenen Personen erforderlich machen, oder

c) die Kerntätigkeit des Verantwortlichen oder des Auftragsverarbeiters in der umfangreichen Verarbeitung besonderer Kategorien von Daten gemäß Artikel 9 oder von personenbezogenen Daten über strafrechtliche Verurteilungen und Straftaten gemäß Artikel 10 besteht.

(2) Eine Unternehmensgruppe darf einen gemeinsamen Datenschutzbeauftragten ernennen, sofern von jeder Niederlassung aus der Datenschutzbeauftragte leicht erreicht werden kann.

(3) Falls es sich bei dem Verantwortlichen oder dem Auftragsverarbeiter um eine Behörde oder öffentliche Stelle handelt, kann für mehrere solcher Behörden oder Stellen unter Berücksichtigung ihrer Organisationsstruktur und ihrer Größe ein gemeinsamer Datenschutzbeauftragter benannt werden.

(4) [1]In anderen als den in Absatz 1 genannten Fällen können der Verantwortliche oder der Auftragsverarbeiter oder Verbände und andere Vereinigungen, die Kategorien von Verantwortlichen oder Auftragsverarbeitern vertreten, einen Datenschutzbeauftragten benennen; falls dies nach dem Recht der Union oder der Mitgliedstaaten vorgeschrieben ist, müssen sie einen solchen benennen. [2]Der Datenschutzbeauftragte kann für derartige Verbände und andere Vereinigungen, die Verantwortliche oder Auftragsverarbeiter vertreten, handeln.

(5) Der Datenschutzbeauftragte wird auf der Grundlage seiner beruflichen Qualifikation und insbesondere des Fachwissens benannt, das er auf dem Gebiet des Datenschutzrechts und der Datenschutzpraxis besitzt, sowie auf der Grundlage seiner Fähigkeit zur Erfüllung der in Artikel 39 genannten Aufgaben.

(6) Der Datenschutzbeauftragte kann Beschäftigter des Verantwortlichen oder des Auftragsverarbeiters sein oder seine Aufgaben auf der Grundlage eines Dienstleistungsvertrags erfüllen.

(7) Der Verantwortliche oder der Auftragsverarbeiter veröffentlicht die Kontaktdaten des Datenschutzbeauftragten und teilt diese Daten der Aufsichtsbehörde mit.

Art. 38 Stellung des Datenschutzbeauftragten

(1) Der Verantwortliche und der Auftragsverarbeiter stellen sicher, dass der Datenschutzbeauftragte ordnungsgemäß und frühzeitig in alle mit dem Schutz personenbezogener Daten zusammenhängenden Fragen eingebunden wird.

(2) Der Verantwortliche und der Auftragsverarbeiter unterstützen den Datenschutzbeauftragten bei der Erfüllung seiner Aufgaben gemäß Artikel 39, indem sie die für die Erfüllung dieser Aufgaben erforderlichen Ressourcen und den Zugang zu personenbezogenen Daten und Verarbeitungsvorgängen sowie die zur Erhaltung seines Fachwissens erforderlichen Ressourcen zur Verfügung stellen.

(3) [1]Der Verantwortliche und der Auftragsverarbeiter stellen sicher, dass der Datenschutzbeauftragte bei der Erfüllung seiner Aufgaben keine Anweisungen bezüglich der Ausübung dieser Aufgaben erhält. [2]Der Datenschutzbeauftragte darf von dem Verantwortlichen oder dem Auftragsverarbeiter wegen der Erfüllung seiner Aufgaben nicht abberufen oder benachteiligt werden. [3]Der Datenschutzbeauftragte berichtet unmittelbar der höchsten Managementebene des Verantwortlichen oder des Auftragsverarbeiters.

(4) Betroffene Personen können den Datenschutzbeauftragten zu allen mit der Verarbeitung ihrer personenbezogenen Daten und mit der Wahrnehmung ihrer Rechte gemäß dieser Verordnung im Zusammenhang stehenden Fragen zu Rate ziehen.

(5) Der Datenschutzbeauftragte ist nach dem Recht der Union oder der Mitgliedstaaten bei der Erfüllung seiner Aufgaben an die Wahrung der Geheimhaltung oder der Vertraulichkeit gebunden.

(6) [1]Der Datenschutzbeauftragte kann andere Aufgaben und Pflichten wahrnehmen. [2]Der Verantwortliche oder der Auftragsverarbeiter stellt sicher, dass derartige Aufgaben und Pflichten nicht zu einem Interessenkonflikt führen.

Art. 39 Aufgaben des Datenschutzbeauftragten

(1) Dem Datenschutzbeauftragten obliegen zumindest folgende Aufgaben:

a) Unterrichtung und Beratung des Verantwortlichen oder des Auftragsverarbeiters und der Beschäftigten, die Verarbeitungen durchführen, hinsichtlich ihrer Pflichten nach dieser Verordnung sowie nach sonstigen Datenschutzvorschriften der Union bzw. der Mitgliedstaaten;
b) Überwachung der Einhaltung dieser Verordnung, anderer Datenschutzvorschriften der Union bzw. der Mitgliedstaaten sowie der Strategien des Verantwortlichen oder des Auftragsverarbeiters für den Schutz personenbezogener Daten einschließlich der Zuweisung von Zuständigkeiten, der Sensibilisierung und Schulung der an den Verarbeitungsvorgängen beteiligten Mitarbeiter und der diesbezüglichen Überprüfungen;
c) Beratung – auf Anfrage – im Zusammenhang mit der Datenschutz-Folgenabschätzung und Überwachung ihrer Durchführung gemäß Artikel 35;
d) Zusammenarbeit mit der Aufsichtsbehörde;
e) Tätigkeit als Anlaufstelle für die Aufsichtsbehörde in mit der Verarbeitung zusammenhängenden Fragen, einschließlich der vorherigen Konsultation gemäß Artikel 36, und gegebenenfalls Beratung zu allen sonstigen Fragen.

(2) Der Datenschutzbeauftragte trägt bei der Erfüllung seiner Aufgaben dem mit den Verarbeitungsvorgängen verbundenen Risiko gebührend Rechnung, wobei er die Art, den Umfang, die Umstände und die Zwecke der Verarbeitung berücksichtigt.

Kurzübersicht zum Verhältnis der entscheidenden Normen			
Norm des DSG NRW	Entsprechende Norm der DS-GVO	Entsprechende Norm des BDSG	Öffnungsklausel der DS-GVO
§ 31 DSG NRW	Art. 37–39 DS-GVO	§§ 5–7 BDSG	

Literatur:

v. Lewinski, Datenschutzaufsicht in Europa im Netzwerk, NVwZ 2017, 1483; *Thomé*, Die Unabhängigkeit der Bundesdatenschutzaufsicht, VuR 2015, 130.

A. Grundlagen

1 § 31 soll entsprechend der Gesetzesbegründung die Vorschriften der Art. 37–39 DS-GVO zu Datenschutzbeauftragten bei datenverarbeitenden Stellen für die hier betroffenen öffentlichen Stellen präzisieren und konkretisieren. Die Aufgaben und Befugnisse werden in erster Linie durch Art. 37 bis 39 DS-GVO definiert.

2 Eine parallele Regelung zum behördlichen Datenschutzbeauftragten war in § 32 a DSG NRW aF enthalten.

B. Kommentierung

I. Absatz 1 – Mehrere Datenschutzbeauftragte

3 In Anlehnung an die frühere Rechtslage will sich der Gesetzgeber die Möglichkeit erhalten, in einer öffentlichen Stelle mehrere Datenschutzbeauftragte und entsprechend mehrere Vertreterinnen oder Vertreter zu benennen. Dies ist jedenfalls insoweit mit Art. 37 Abs. 1 DS-GVO zu vereinbaren, als dass die Verantwortlichen nach der Vorschrift „auf jeden Fall einen Datenschutzbeauftragten" zu benennen haben. Damit ist bei entsprechender Auslegung die Möglichkeit der Benennung mehrerer Datenschutzbeauftragter eröffnet. Zu verlangen ist eine klare Aufgabentrennung.[1] So könnte beispielsweise ein Datenschutzbeauftragter für den Mitarbeiterdatenschutz benannt werden, und ein weiterer für den Schutz personenbezogener Daten im amtlichen oder sonstigen Kontakt der Behörde nach außen mit Bürgern oder Lieferanten.

II. Absatz 2 – Anrufungsrecht und Verschwiegenheitspflicht

4 Absatz 2 normiert ein Anrufungsrecht betroffener Personen gegenüber der/dem behördlichen Datenschutzbeauftragten, die/der insoweit zugleich einer Verschwiegenheitspflicht unterliegt. Die Norm wiederholt letztlich den Inhalt des Art. 38 Abs. 4 und 5 DS-GVO und ist insoweit nicht unproblematisch. Als zulässige Präzisierung kann begriffen werden, dass die betroffene Person die/den Datenschutzbeauftragten von der Schweigepflicht entbinden kann. Auch dürfte die Vorschrift über die Verschwiegenheitspflicht im nationalen Recht für betroffene Personen leichter auffindbar sein.

III. Absatz 3 – Zeugnisverweigerungsrecht

5 Absatz 3 erstreckt ein der Leitung der öffentlichen Stelle zustehendes Zeugnisverweigerungsrecht auch auf die/den behördlichen Datenschutzbeauftragten und deren/dessen Mitarbeiterinnen und Mitarbeiter. Gedacht ist der Fall, dass die/der Datenschutzbeauftragte im Kontext ihrer/seiner Tätigkeit Kenntnis von entsprechenden Daten erhält.

6 Allerdings kann die/der Datenschutzbeauftragte nicht selbst über die Ausübung des Zeugnisverweigerungsrechts disponieren. Sie/er ist insoweit an die Entscheidung der Person gebunden, der das Zeugnisverweigerungsrecht unmittelbar zusteht. Ausnahmsweise kann die/der Datenschutzbeauftragte selbst über die Ausübung des Zeugnisverweigerungsrechts entscheiden, wenn die ursprünglich berechtigte Person nicht rechtzeitig erreichbar ist. Der/dem Datenschutzbeauftragten in solchen Fällen anzuraten, im Zweifel zunächst das Zeugnis zu verweigern und diese Entscheidung gegebenenfalls später durch die ursprünglich zeugnisverweigerungsberechtigte Person bestätigen zu lassen. Mit dem Zeugnisverweigerungsrecht verbunden ist ein auch auf die/den Datenschutzbeauftragten erstrecktes Beschlagnahmeverbot.

7 Korrespondierend ist darauf hinzuweisen, dass sich die/der behördliche Datenschutzbeauftragte auch nach § 203 Abs. 4 StGB wegen der Verletzung von Privatgeheimnissen strafbar machen kann, und entsprechend nach § 27 Abs. 3 privilegiert wird (Vgl. insoweit → § 27 Rn. 15 ff.).

---

1 Vgl. insoweit LT-Drs. 17/1981, 156 zu § 31 Abs. 1.

IV. Absatz 4 – Abberufung

Die/der behördliche Datenschutzbeauftragte, die/der in einem Angestelltenverhältnis steht, unterliegt einen besonderen Kündigungsschutz; eine Kündigung ist nur als fristlose Kündigung aus wichtigem Grund nach § 626 BGB zulässig. Die Voraussetzung ist nach § 626 Abs. 1 BGB nur gegeben, „*wenn Tatsachen vorliegen, aufgrund derer dem Kündigenden unter Berücksichtigung aller Umstände des Einzelfalles und unter Abwägung der Interessen beider Vertragsteile die Fortsetzung des Dienstverhältnisses bis zum Ablauf der Kündigungsfrist oder bis zu der vereinbarten Beendigung des Dienstverhältnisses nicht zugemutet werden kann.*“ Die Kündigung ist dann nur im Verfahren nach § 626 Abs. 2 BGB möglich, also binnen zwei Wochen nach Feststellung des Kündigungsgrundes nach Absatz 1, der dann nach § 626 Abs. 2 S. 3 BGB auch schriftlich mitzuteilen ist. Die inhaltliche Wiedergabe der wesentlichen Grundsätze des § 626 BGB in Satz 2 dürfte obsolet sein. 8

Der Kündigungsschutz wird, um Missbrauch vorzubeugen, nach der Ende der Tätigkeit als behördliche(r) Datenschutzbeauftragte(r) auf die Zeit von einem Jahr nach dem Ende der Tätigkeit erstreckt. 9

Für Beamtinnen und Beamte wird ein vergleichbarer Schutz über die beamtenrechtlichen Regelungen zum Disziplinarrecht und zum Verlust der Beamtenrechte vermittelt, insbesondere § 24 BeamtStG. 10

C. Bedeutung für die behördliche Praxis

Für die behördliche Praxis ist die Vorschrift insbesondere insoweit von Bedeutung, als das Gesetz eine Nachteilszufügung gegenüber der/dem Datenschutzbeauftragten bezogen auf deren/dessen Tätigkeit unterbinden will und die/den Datenschutzbeauftragten entsprechend schützt. 11

Kapitel 7 Straf- und Bußgeldvorschriften

§ 32 Geldbußen

Geldbußen nach Artikel 83 der Verordnung (EU) 2016/679 dürfen nur gegen öffentliche Stellen im Sinne des § 5 Absatz 5 Nummer 1 bis 4 verhängt werden.

Verwandte Normen der DS-GVO:

Art. 83 Allgemeine Bedingungen für die Verhängung von Geldbußen

(1) Jede Aufsichtsbehörde stellt sicher, dass die Verhängung von Geldbußen gemäß diesem Artikel für Verstöße gegen diese Verordnung gemäß den Absätzen 4, 5 und 6 in jedem Einzelfall wirksam, verhältnismäßig und abschreckend ist.

(2) [1]Geldbußen werden je nach den Umständen des Einzelfalls zusätzlich zu oder anstelle von Maßnahmen nach Artikel 58 Absatz 2 Buchstaben a bis h und j verhängt. [2]Bei der Entscheidung über die Verhängung einer Geldbuße und über deren Betrag wird in jedem Einzelfall Folgendes gebührend berücksichtigt:

a) Art, Schwere und Dauer des Verstoßes unter Berücksichtigung der Art, des Umfangs oder des Zwecks der betreffenden Verarbeitung sowie der Zahl der von der Verarbeitung betroffenen Personen und des Ausmaßes des von ihnen erlittenen Schadens;
b) Vorsätzlichkeit oder Fahrlässigkeit des Verstoßes;

c) jegliche von dem Verantwortlichen oder dem Auftragsverarbeiter getroffenen Maßnahmen zur Minderung des den betroffenen Personen entstandenen Schadens;
d) Grad der Verantwortung des Verantwortlichen oder des Auftragsverarbeiters unter Berücksichtigung der von ihnen gemäß den Artikeln 25 und 32 getroffenen technischen und organisatorischen Maßnahmen;
e) etwaige einschlägige frühere Verstöße des Verantwortlichen oder des Auftragsverarbeiters;
f) Umfang der Zusammenarbeit mit der Aufsichtsbehörde, um dem Verstoß abzuhelfen und seine möglichen nachteiligen Auswirkungen zu mindern;
g) Kategorien personenbezogener Daten, die von dem Verstoß betroffen sind;
h) Art und Weise, wie der Verstoß der Aufsichtsbehörde bekannt wurde, insbesondere ob und gegebenenfalls in welchem Umfang der Verantwortliche oder der Auftragsverarbeiter den Verstoß mitgeteilt hat;
i) Einhaltung der nach Artikel 58 Absatz 2 früher gegen den für den betreffenden Verantwortlichen oder Auftragsverarbeiter in Bezug auf denselben Gegenstand angeordneten Maßnahmen, wenn solche Maßnahmen angeordnet wurden;
j) Einhaltung von genehmigten Verhaltensregeln nach Artikel 40 oder genehmigten Zertifizierungsverfahren nach Artikel 42 und
k) jegliche anderen erschwerenden oder mildernden Umstände im jeweiligen Fall, wie unmittelbar oder mittelbar durch den Verstoß erlangte finanzielle Vorteile oder vermiedene Verluste.

(3) Verstößt ein Verantwortlicher oder ein Auftragsverarbeiter bei gleichen oder miteinander verbundenen Verarbeitungsvorgängen vorsätzlich oder fahrlässig gegen mehrere Bestimmungen dieser Verordnung, so übersteigt der Gesamtbetrag der Geldbuße nicht den Betrag für den schwerwiegendsten Verstoß.

(4) Bei Verstößen gegen die folgenden Bestimmungen werden im Einklang mit Absatz 2 Geldbußen von bis zu 10 000 000 EUR oder im Fall eines Unternehmens von bis zu 2 % seines gesamten weltweit erzielten Jahresumsatzes des vorangegangenen Geschäftsjahrs verhängt, je nachdem, welcher der Beträge höher ist:

a) die Pflichten der Verantwortlichen und der Auftragsverarbeiter gemäß den Artikeln 8, 11, 25 bis 39, 42 und 43;
b) die Pflichten der Zertifizierungsstelle gemäß den Artikeln 42 und 43;
c) die Pflichten der Überwachungsstelle gemäß Artikel 41 Absatz 4.

(5) Bei Verstößen gegen die folgenden Bestimmungen werden im Einklang mit Absatz 2 Geldbußen von bis zu 20 000 000 EUR oder im Fall eines Unternehmens von bis zu 4 % seines gesamten weltweit erzielten Jahresumsatzes des vorangegangenen Geschäftsjahrs verhängt, je nachdem, welcher der Beträge höher ist:

a) die Grundsätze für die Verarbeitung, einschließlich der Bedingungen für die Einwilligung, gemäß den Artikeln 5, 6, 7 und 9;
b) die Rechte der betroffenen Person gemäß den Artikeln 12 bis 22;
c) die Übermittlung personenbezogener Daten an einen Empfänger in einem Drittland oder an eine internationale Organisation gemäß den Artikeln 44 bis 49;
d) alle Pflichten gemäß den Rechtsvorschriften der Mitgliedstaaten, die im Rahmen des Kapitels IX erlassen wurden;
e) Nichtbefolgung einer Anweisung oder einer vorübergehenden oder endgültigen Beschränkung oder Aussetzung der Datenübermittlung durch die Aufsichtsbehörde gemäß Artikel 58 Absatz 2 oder Nichtgewährung des Zugangs unter Verstoß gegen Artikel 58 Absatz 1.

(6) Bei Nichtbefolgung einer Anweisung der Aufsichtsbehörde gemäß Artikel 58 Absatz 2 werden im Einklang mit Absatz 2 des vorliegenden Artikels Geldbußen von bis zu 20 000 000 EUR oder im Fall eines Unternehmens von bis zu 4 % seines ge-

samten weltweit erzielten Jahresumsatzes des vorangegangenen Geschäftsjahrs verhängt, je nachdem, welcher der Beträge höher ist.

(7) Unbeschadet der Abhilfebefugnisse der Aufsichtsbehörden gemäß Artikel 58 Absatz 2 kann jeder Mitgliedstaat Vorschriften dafür festlegen, ob und in welchem Umfang gegen Behörden und öffentliche Stellen, die in dem betreffenden Mitgliedstaat niedergelassen sind, Geldbußen verhängt werden können.

(8) Die Ausübung der eigenen Befugnisse durch eine Aufsichtsbehörde gemäß diesem Artikel muss angemessenen Verfahrensgarantien gemäß dem Unionsrecht und dem Recht der Mitgliedstaaten, einschließlich wirksamer gerichtlicher Rechtsbehelfe und ordnungsgemäßer Verfahren, unterliegen.

(9) [1]Sieht die Rechtsordnung eines Mitgliedstaats keine Geldbußen vor, kann dieser Artikel so angewandt werden, dass die Geldbuße von der zuständigen Aufsichtsbehörde in die Wege geleitet und von den zuständigen nationalen Gerichten verhängt wird, wobei sicherzustellen ist, dass diese Rechtsbehelfe wirksam sind und die gleiche Wirkung wie die von Aufsichtsbehörden verhängten Geldbußen haben. [2]In jeden Fall müssen die verhängten Geldbußen wirksam, verhältnismäßig und abschreckend sein. [3]Die betreffenden Mitgliedstaaten teilen der Kommission bis zum 25. Mai 2018 die Rechtsvorschriften mit, die sie aufgrund dieses Absatzes erlassen, sowie unverzüglich alle späteren Änderungsgesetze oder Änderungen dieser Vorschriften.

Verwandte Normen des BDSG:

§ 43 Bußgeldvorschriften

(1) Ordnungswidrig handelt, wer vorsätzlich oder fahrlässig

1. entgegen § 30 Absatz 1 ein Auskunftsverlangen nicht richtig behandelt oder
2. entgegen § 30 Absatz 2 Satz 1 einen Verbraucher nicht, nicht richtig, nicht vollständig oder nicht rechtzeitig unterrichtet.

(2) Die Ordnungswidrigkeit kann mit einer Geldbuße bis zu fünfzigtausend Euro geahndet werden.

(3) Gegen Behörden und sonstige öffentliche Stellen im Sinne des § 2 Absatz 1 werden keine Geldbußen verhängt.

(4) Eine Meldung nach Artikel 33 der Verordnung (EU) 2016/679 oder eine Benachrichtigung nach Artikel 34 Absatz 1 der Verordnung (EU) 2016/679 darf in einem Verfahren nach dem Gesetz über Ordnungswidrigkeiten gegen den Meldepflichtigen oder Benachrichtigenden oder seine in § 52 Absatz 1 der Strafprozessordnung bezeichneten Angehörigen nur mit Zustimmung des Meldepflichtigen oder Benachrichtigenden verwendet werden.

Kurzübersicht zum Verhältnis der entscheidenden Normen			
Norm des DSG NRW	Entsprechende Norm der DS-GVO	Entsprechende Norm des BDSG	Öffnungsklausel der DS-GVO
§ 32 DSG NRW	Art. 83 DS-GVO	§ 43 Abs. 3 BDSG	Art. 83 Abs. 7 DS-GVO

A. Allgemeines

1 § 32 ermöglicht das Verhängen von Geldbußen nach Art. 83 DS-GVO gegen **öffentliche Stellen im Sinne des § 5 Abs. 5 Nr. 1 bis 4**. Grundsätzlich sind die öffentlichen Stellen des Landes damit weitestgehend befreit Bußgelder für Verstöße gegen Datenschutzregelungen zu erhalten. Schließlich dürfen dem *argumentum e contrario* nach öffentliche Stellen im Sinne des § 5 Abs. 1 gerade nicht mit Geldbußen belastet werden.[1]

2 Art. 83 Abs. 7 DS-GVO enthält eine fakultative Öffnungsklausel für Geldbußen gegen öffentliche Stellen. Danach kann jeder Mitgliedstaat festlegen, ob und in welchem Umfang gegen Behörden und öffentliche Stellen, die in dem betreffenden Mitgliedstaat niedergelassen sind, Geldbußen verhängt werden können. Es besteht jedoch keine Pflicht für die nationalen Gesetzgeber von dieser Regelungsmöglichkeit Gebrauch zu machen.

3 Die **Sanktionen**, die Art. 83 DS-GVO in Form und Höhe vorsieht, sind der Gesetzesbegründung nach im öffentlichen Bereich weder erforderlich noch angemessen und überdies dem **deutschen Verfassungsrecht fremd**.[2] Vielmehr sollen die Rechtsaufsichtsbehörden zum Handeln aufgerufen sein, wenn die in Art. 83 Abs. 1 bis 6 DS-GVO genannten Tatbestände erfüllt sind.[3]

B. Normadressaten

4 Anders als in § 43 Abs. 3 BDSG sind im DSG NRW die öffentlichen Stellen, gegen die Bußgelder verhängt werden können, explizit benannt. Denkbar wäre demnach wie im BDSG auch zu normieren, welche öffentliche Stellen keine Bußgelder erhalten dürfen. Diesen Regelungsweg hat der Landesgesetzgeber nicht gewählt.

5 Die **von der Vorschrift betroffenen öffentlichen Stellen** sind: Wirtschaftliche Unternehmen der Gemeinden oder Gemeindeverbände ohne eigene Rechtspersönlichkeit, sog. Eigenbetriebe (**§ 5 Abs. 5 Nr. 1**); öffentliche Einrichtungen, die entsprechend den Vorschriften über Eigenbetriebe geführt werden (**§ 5 Abs. 5 Nr. 2**); Landesbetriebe (**§ 5 Abs. 5 Nr. 3**) oder der Aufsicht des Landes oder der Gemeinden oder Gemeindeverbänden unterstehende juristische Personen des öffentlichen Rechts, die am Wettbewerb teilnehmen, und die NRW.BANK (**§ 5 Abs. 5 Nr. 4**). Zwingende Voraussetzung ist zudem, dass die von diesen Stellen jeweils vorgenommene personenbezogene Datenverarbeitung wirtschaftlichen Zwecken oder Zielen dient.

6 Die gesetzestechnische Verwendung des **Enumerationsprinzips** erwirkt, dass § 32 sich nicht auf die generalklauselartige Definition von öffentlichen Stellen im Sinne des § 5 Abs. 1 bezieht. Dort werden öffentliche Stellen als solche begriffen, die juristische Personen des öffentlichen Rechts oder der Vereinigung

---

1 Vgl. Entwurf eines Gesetzes zur Anpassung des allgemeinen Datenschutzrechts an die Verordnung (EU) 2016/679 und zur Umsetzung der Richtlinie (EU) 2016/680 (Nordrhein-Westfälisches Datenschutz-Anpassungs- und Umsetzungsgesetz EU – NRWDSAnpUG-EU) v. 20.2.2018, LT-Drs. 17/1981, 157.

2 Vgl. Entwurf eines Gesetzes zur Anpassung des allgemeinen Datenschutzrechts an die Verordnung (EU) 2016/679 und zur Umsetzung der Richtlinie (EU) 2016/680 (Nordrhein-Westfälisches Datenschutz-Anpassungs- und Umsetzungsgesetz EU – NRWDSAnpUG-EU) v. 20.2.2018, LT-Drs. 17/1981, 157.

3 Entwurf eines Gesetzes zur Anpassung des allgemeinen Datenschutzrechts an die Verordnung (EU) 2016/679 und zur Umsetzung der Richtlinie (EU) 2016/680 (Nordrhein-Westfälisches Datenschutz-Anpassungs- und Umsetzungsgesetz EU – NRWDSAnpUG-EU) v. 20.2.2018, LT-Drs. 17/1981, 157.

sind und der Aufsicht des Landes Nordrhein-Westfalen unterstehen, ungeachtet deren Rechtsform. Durch § 5 Abs. 1 S. 2 und 3 werden zusätzlich Schulen und Beliehene des Landes als öffentliche Stellen im Sinne des DSG NRW begriffen. In der Konsequenz sind die Normadressaten des § 32 sehr überschaubar, da kein Bezug auf § 5 Abs. 1 genommen wurde.

Normadressaten des § 32 sind öffentlichen Stellen, die als öffentlich-rechtliche Unternehmen im Wettbewerb mit anderen Verarbeitern stehen, weil sie bei der Verhängung von Geldbußen gegenüber ihren Wettbewerbern nicht bessergestellt werden sollen.[4] Dies ergibt sich auf das Erfordernis der personenbezogenen Datenverarbeitung „zu wirtschaftlichen Zwecken oder Zielen" nach § 32 iVm § 5 Abs. 5 S. 1. 7

C. Bezug zur DS-GVO

Art. 83 Abs. 7 DS-GVO normiert, dass neben den nur für Unternehmen geltenden Abs. 4–6 auch **Bußgelder** gegen **Behörden und öffentliche Stellen** möglich sind.[5] Als Öffnungsklausel ermöglicht Art. 83 Abs. 7 den **Mitgliedstaaten selbst festzulegen**, ob und in welchem Umfang gegen Behörden und öffentliche Stellen im selben Staat Geldbußen verhängt werden können.[6] Eine spürbare Sanktionierung öffentlicher Stellen in Form von Bußgeldern ginge konform mit dem Prinzip des effektiven Rechtschutzes.[7] Gleichwohl besteht in der Logik der Gesetzmäßigkeit der Verwaltung, von Aufsicht und Weisung und des effektiven Rechtsschutzes mit der Möglichkeit der Amtshaftung (Art. 34 GG) kein Bedarf einer Ahndung von Verstößen durch öffentliche Stellen desselben Rechtsträgers mittels Bußgeldern.[8] Zudem unterliegen Behörden und andere öffentliche Stellen bei der Ausübung ihrer Tätigkeiten der Grundrechtsbindung.[9] 8

Der Regelungsspielraum nach Art. 83 Abs. 7 DS-GVO erstreckt sich für die nationale Legislative auf die zwei Fragen, ob und inwieweit gegen Behörden Geldbußen verhängt werden können. Folglich kann durch den Mitgliedstaat somit grundsätzlich die Entscheidung getroffen werden, Bußgelder gegen Behörden zu erlauben oder davon abzusehen. Bei einer Entscheidung zugunsten der Zulässigkeit von Bußgeldern gegenüber öffentlichen Stellen kann ebenso der **Umfang** der Implementierung von Geldbußen im jeweiligen nationalen Recht bestimmt werden.[10] 9

Sind Bußgelder gegen öffentliche Stellen nach nationalem Recht erlaubt, so wie das Land NRW dies gegenüber einer begrenzten Anzahl öffentlicher Stellen erlaubt hat, ist der Anwendungsbereich für die Verhängung von Bußgeldern nach Art. 83 DS-GVO geöffnet. Dadurch erstrecken sich auch die vereinzelten Regelungslücken des Verordnungsgebers auf die potenziell nach § 32 betroffenen Landesstellen. Von Art. 83 DS-GVO nicht geregelt ist etwa die Verjährung der 10

4 Vgl. Entwurf eines Gesetzes zur Anpassung des Datenschutzrechts an die Verordnung (EU) 2016/679 und zur Umsetzung der Richtlinie (EU) 2016/680 (Datenschutz-Anpassungs- und -Umsetzungsgesetz EU – DSAnpUG-EU) v. 24.2.2017, BT-Drs. 18/11325, 109.

5 HK-DSGVO/BDSG/*Schwartmann/Jacquemain* Art. 83 Rn. 14.

6 HK-DSGVO/BDSG/*Schwartmann/Jacquemain* Art. 83 Rn. 15.

7 Kühling/Buchner/*Bergt* DS-GVO/BDSG Art. 83 Rn. 26.

8 Vgl. Paal/Pauly/*Frenzel* DS-GVO Art. 83 Rn. 27 f.; vgl. auch BeckOK DatenschutzR/*Holländer* DS-GVO Art. 83 Rn. 79.1.

9 HK-DSGVO/BDSG/*Schwartmann/Jacquemain* Art. 83 Rn. 16.

10 HK-DSGVO/BDSG/*Schwartmann/Jacquemain* Art. 83 Rn. 17.

Befugnisse zur Verhängung einer Geldbuße (**Verfolgungs- und Vollstreckungsverjährung**).

D. Bezug zum BDSG

11 Anwendung fand Art. 83 Abs. 7 DS-GVO in Deutschland außerdem mit **§ 43 Abs. 3 BDSG** nF. Danach dürfen gegenüber den in der Vorschrift genannten Behörden keine Bußgelder verhängt werden. Dadurch sind **sonstige öffentliche Stellen**, die als öffentlich-rechtliche Unternehmen im Wettbewerb mit anderen Verarbeitern stehen, **nicht von finanziell spürbaren Rechtsfolgen ausgeschlossen**. Für sie soll damit die Möglichkeit der Sanktionierung durch Bußgelder bestehen, da sie bei der Verhängung von Geldbußen gegenüber ihren Wettbewerbern nicht bessergestellt werden sollen.[11] Eine solche Regelung ist wegen des Verbots der Ungleichbehandlung von wesentlich Gleichen – hier Wettbewerbern – notwendig. Davon betroffen sind in der Praxis zB staatliche Krankenhäuser.[12]

E. Bußgelder gegen Beschäftigte

12 Die Möglichkeit der Verhängung von Geldbußen gegen **Beschäftigte** der von § 32 erfassten Behörden und öffentliche Stellen, die gegen Datenschutzrecht verstoßen haben, bleibt von der Öffnungsklausel des Art. 83 Abs. 7 **DS-GVO unberührt** und damit können Geldbußen theoretisch auch gegen die handelnden Personen verhangen werden.[13] Diese Möglichkeit ist aber sehr beschränkt durch die Ausgestaltung des Art. 83 DS-GVO.[14] Die Konferenz der unabhängigen Datenschutzaufsichtsbehörden des Bundes und der Länder (DSK) hat sich in einer Entschließung dafür ausgesprochen Beschäftigte von Unternehmen ausdrücklich freizusprechen von möglichen Bußgeldern.[15] Es ist wohl der praktisch fehlenden Relevanz geschuldet, dass sich dieser Appell nicht auf Beschäftigte der wenigen von Bußgeldern potenziell betroffenen öffentlichen Stellen bezieht.

F. Bezug zu Regelungen in anderen Landesdatenschutzgesetzen

13 In mehreren Landesdatenschutzgesetzen sind ähnliche Regelungen enthalten, so beispielsweise im Freistaat Bayern[16] oder im Land Brandenburg.[17] In Thüringen wird in § 61 Abs. 4 ThürDSG explizit das Kriterium der Wettbewerbsteilnahme als konstituierend für eine Adressatenstellung einer Geldbuße genannt. Damit wird hier im Vergleich zum § 32 dessen Normzweck schon in den Wortlaut mit aufgenommen. Teilweise wird auf eine vergleichbare Vorschrift verzichtet, so im DSG LSA von Sachsen-Anhalt.

---

11 HK-DSGVO/BDSG/*Schwartmann/Jacquemain* Art. 83 Rn. 18.
12 Auernhammer/*Golla* DSGVO/BDSG § 43 Rn. 7.
13 Vgl. Plath/*Becker* DSGVO Art. 83 Rn. 24; Kühling/Buchner/*Bergt* DS-GVO Art. 83 Rn. 26. Vgl. dazu BGH 22.6.2000 – 5 StR 268/99, RDV 2001, 99 (Polizist gibt Halterdaten an Anwalt weiter).
14 Kühling/Buchner/*Bergt* DS-GVO Art. 83 Rn. 21 ff., 26.
15 DSK, Entschließung v. 3.4.2019, Unternehmen haften für Datenschutzverstöße ihrer Beschäftigten!
16 Art. 23 Abs. 3 BayDSG.
17 § 32 Abs. 3 BbgDSG; vgl. Gola/Heckmann/*Ehmann* BDSG § 43 Rn. 13 mit zahlreichen weiteren Regelungen im Landesrecht.

§ 33 Ordnungswidrigkeiten

(1) [1]Ordnungswidrig handelt, wer entgegen den Vorschriften der Verordnung (EU) 2016/679, dieses Gesetzes oder einer anderen Rechtsvorschrift des Landes Nordrhein-Westfalen geschützte personenbezogene Daten, die nicht offenkundig sind,
1. erhebt, speichert, verwendet, verändert, übermittelt, weitergibt, zum Abruf bereit hält, den Personenbezug herstellt oder löscht oder
2. abruft, einsieht, sich verschafft oder durch Vortäuschung falscher Tatsachen ihre Übermittlung oder Weitergabe an sich oder andere veranlasst.

[2]Ordnungswidrig handelt auch, wer unter den in Satz 1 genannten Voraussetzungen Einzelangaben über persönliche oder sachliche Verhältnisse einer nicht mehr bestimmbaren Person mit anderen Informationen zusammenführt und dadurch die betroffene Person wieder bestimmbar macht.

(2) Die Ordnungswidrigkeit kann mit einer Geldbuße bis zu fünfzigtausend Euro geahndet werden.

(3) Verwaltungsbehörde im Sinne von § 36 Absatz 1 Nummer 1 des Gesetzes über Ordnungswidrigkeiten in der Fassung der Bekanntmachung vom 19. Februar 1987 (BGBl. I S. 602) in der jeweils geltenden Fassung ist die oder der Landesbeauftragte für Datenschutz und Informationsfreiheit.

(4) Gegen öffentliche Stellen im Sinne von § 5 Absatz 1 werden Geldbußen nach Absatz 2 oder einer anderen Rechtsvorschrift über den Schutz personenbezogener Daten nicht verhängt.

Verwandte Normen der DS-GVO:

Art. 84 Sanktionen

(1) [1]Die Mitgliedstaaten legen die Vorschriften über andere Sanktionen für Verstöße gegen diese Verordnung – insbesondere für Verstöße, die keiner Geldbuße gemäß Artikel 83 unterliegen – fest und treffen alle zu deren Anwendung erforderlichen Maßnahmen. [2]Diese Sanktionen müssen wirksam, verhältnismäßig und abschreckend sein.

(2) Jeder Mitgliedstaat teilt der Kommission bis zum 25. Mai 2018 die Rechtsvorschriften, die er aufgrund von Absatz 1 erlässt, sowie unverzüglich alle späteren Änderungen dieser Vorschriften mit.

Verwandte Normen des BDSG:

§ 43 Bußgeldvorschriften

(1) Ordnungswidrig handelt, wer vorsätzlich oder fahrlässig
1. entgegen § 30 Absatz 1 ein Auskunftsverlangen nicht richtig behandelt oder
2. entgegen § 30 Absatz 2 Satz 1 einen Verbraucher nicht, nicht richtig, nicht vollständig oder nicht rechtzeitig unterrichtet.

(2) Die Ordnungswidrigkeit kann mit einer Geldbuße bis zu fünfzigtausend Euro geahndet werden.

(3) Gegen Behörden und sonstige öffentliche Stellen im Sinne des § 2 Absatz 1 werden keine Geldbußen verhängt.

(4) Eine Meldung nach Artikel 33 der Verordnung (EU) 2016/679 oder eine Benachrichtigung nach Artikel 34 Absatz 1 der Verordnung (EU) 2016/679 darf in einem Verfahren nach dem Gesetz über Ordnungswidrigkeiten gegen den Meldepflichtigen oder Benachrichtigenden oder seine in § 52 Absatz 1 der Strafprozessordnung be-

zeichneten Angehörigen nur mit Zustimmung des Meldepflichtigen oder Benachrichtigenden verwendet werden.

Kurzübersicht zum Verhältnis der entscheidenden Normen			
Norm des DSG NRW	Entsprechende Norm der DS-GVO	Entsprechende Norm des BDSG	Öffnungsklausel der DS-GVO
§ 33 DSG NRW		§ 43 BDSG	Art. 84 DS-GVO

Literatur:

Mitsch (Hrsg.), Karlsruher Kommentar zum OWiG, 5. Aufl. 2018; *Stähler/Pohler*, Datenschutzgesetz Nordrhein-Westfalen. Kommentar, 3. Aufl. 2003.

A. Allgemeines

1 Die **Bußgeldtatbestände** des § 33 Abs. 1 sind hinsichtlich der Tathandlung und der Tätereigenschaft **deckungsgleich** mit den Bestimmungen des § 34 Abs. 1 DSG NRW aF, der in der **alten Fassung** des Landesdatenschutzgesetzes NRW die Ordnungswidrigkeiten regelte.

2 Abs. 1 enthält spezielle Ordnungswidrigkeitentatbestände nach nationalem Recht. Verstöße gegen die Vorschriften der DS-GVO sind bereits durch den umfassenden Tatbestandskatalog des Art. 83 Abs. 4–6 DS-GVO bußgeldbewehrt. § 33 schafft eine weitere, ergänzende Rechtsfolge.

B. Regelungsbefugnis des Gesetzgebers

I. Für Abs. 1 und 2

3 Art. 83 DS-GVO normiert die Ordnungswidrigkeitensanktionen in Form von Geldbußen nicht abschließend. Vielmehr ist diese Regelung als ein Mindestbestand an Sanktionen anzusehen, der aufgrund der Öffnungsklausel des Art. 84 DS-GVO durch weitere Ordnungswidrigkeitentatbestände als auch durch sonstige Sanktionen erweitert werden kann.[1] Diese zwingende Öffnungsklausel Art. 84 DS-GVO erlaubt es den nationalen Gesetzgebern zusätzliche Sanktionen festzulegen, was nicht nur in Form von Straftatbeständen, sondern auch in Form von Bußgeldtatbeständen geschehen darf.[2] Einzelstaatlich erlassene Bußgeldtatbestände dürfen aber nur solche Fälle, die nicht bereits von Art. 83 DS-GVO erfasst sind, weil sie im Rahmen eines mitgliedstaatlichen Regelungsspielraums erlassen worden sind, mit eben dieser Rechtsfolge versehen.[3]

---

1 Schantz/Wolff/*Wolff* Das neue DSR Rn. 1142.
2 *Kühling/Martini et al.* DSGVO und nationales Recht S. 282.
3 Ehmann/Selmayr/*Nemitz* DS-GVO Art. 84 Rn. 6; *Kühling/Martini et al.* DSGVO und nationales Recht S 480.

Dementsprechend nachvollziehbar erscheint das Vorgehen des Bundesgesetzgebers. Dieser beschränkt sich im Rahmen seines Bußgeldtatbestands (§ 43 BDSG) auf die Sanktionierung von Verstößen gegen die Vorschriften über Verbraucherkredite in § 30 BDSG, weil diese Regelung auf der Verbrauchkreditrichtlinie[4] und nicht auf einer Regelungsbefugnis ausgehend von der DS-GVO beruht. 4

Nach der Begründung des Landesgesetzgebers normiert § 33 die Bedingungen und Tatbestände zur Verhängung von Geldbußen gegenüber Mitarbeitern der verantwortlichen Stelle.[5] Demnach erlaube Art. 84 Abs. 1 DS-GVO den nationalen Gesetzgebern „insbesondere für Verstöße, die keiner Geldbuße gemäß Art. 83 unterliegen", Vorschriften über Sanktionen festzulegen. 5

Damit schafft der Landesgesetzgeber keine Bußgeldtatbestände für Tatbestände, die auf den von der DS-GVO ausgehenden Regelungsspielraum der nationalen Gesetzgeber zurückgehen. Hierfür bestünde der Regelungssystematik nach folglich ein Sanktionsbedürfnis, das nicht bereits von Art. 83 DS-GVO erfasst sein kann und was weitere Bußgelder im nationalen Recht erlauben würde.[6] Art. 84 DS-GVO ermöglicht davon ausgehend nur weitere – strafrechtliche oder verwaltungsrechtliche – Sanktionen, nicht aber weitere Bußgelder.[7] 6

Es besteht aufgrund der Öffnungsklausel in Art. 84 Abs. 1 DS-GVO keine Regelungskompetenz des nationalen Gesetzgebers für die durch § 33 neu geschaffenen Tatbestände für Geldbußen gegen Mitarbeiter.[8] Beschäftigte sind nach der DS-GVO keine Adressaten für Bußgelder.[9] Die Konferenz der unabhängigen Datenschutzaufsichtsbehörden des Bundes und der Länder (DSK) hat sich in einer Entschließung deswegen auch dafür ausgesprochen, Beschäftigte von möglichen Bußgeldern ausdrücklich freizusprechen.[10] Es ist deswegen mit dem Sekundärrechtsakt unvereinbar, dass der Landesgesetzgeber diese vermeintliche Regelungslücke eigenständig zu schließen beabsichtigt. 7

II. Für Abs. 4

Die gesetzliche Befreiung bestimmter Behörden von Bußgeldern gemäß Abs. 4 ist der Gebrauch einer gesetzlichen Handlungsmöglichkeit, welche die DS-GVO einräumt.[11] Art. 83 Abs. 7 DS-GVO enthält eine fakultative Öffnungsklausel für Geldbußen gegen öffentliche Stellen. Danach kann jeder Mitgliedstaat festlegen, ob und in welchem Umfang gegen Behörden und öffentliche Stellen, die in dem betreffenden Mitgliedstaat niedergelassen sind, Geldbußen verhängt werden können. 8

4 RL 2008/48/EG über Verbraucherkreditverträge und zur Aufhebung der Richtlinie 87/102/EWG des Rates v. 23.4.2008, ABl. L 133 v. 22.5.2008, 66.

5 Entwurf eines Gesetzes zur Anpassung des allgemeinen Datenschutzrechts an die Verordnung (EU) 2016/679 und zur Umsetzung der Richtlinie (EU) 2016/680 (Nordrhein-Westfälisches Datenschutz-Anpassungs- und Umsetzungsgesetz EU – NRWDSAnpUG-EU) v. 20.2.2018, LT-Drs. 17/1981, 157.

6 Vgl. auch ErwG 152 iVm ErwG 150 S. 1 DS-GVO.

7 Vgl. *Kühling/Martini et al.* DSGVO und nationales Recht S. 281.

8 Vgl. BeckOK DatenschutzR/*Holländer* DS-GVO Art. 84 Rn. 12.

9 Statt vieler nur Gola/*Gola* DS-GVO Art. 83 Rn. 16.

10 Wenngleich auf Beschäftigte von Unternehmen als Verantwortliche, dennoch analog zutreffend für Beschäftigte öffentlicher Stellen: DSK, Entschließung v. 3.4.2019, Unternehmen haften für Datenschutzverstöße ihrer Beschäftigten!

11 In Bezug auf § 43 Abs. 3 BDSG als Analogie: Gola/Heckmann/*Ehmann* BDSG § 43 Rn. 2.

C. Ordnungswidrigkeitentatbestand und Rechtsfolge (Abs. 1 und 2)

9 Art. 83 DS-GVO regelt lediglich die Bedingungen und Tatbestände für die Verhängung von Geldbußen gegen verantwortliche Stellen und Auftragsverarbeiter. Die DS-GVO enthält keine Regelungen zur Verhängung von Geldbußen gegenüber Beschäftigten. Der Landesgesetzgeber wertet diesen Umstand als Regelungslücke und greift mit § 33 Abs. 1 die **bisherige Rechtslage** nach DSG NRW aF auf, wonach die Verhängung von Geldbußen auch gegen die bei der datenverarbeitenden Stelle beschäftigten Personen möglich war. Geahndet wird in Verbindung mit § 2 und § 10 des Gesetzes über Ordnungswidrigkeiten (OWiG) nur vorsätzliches Verhalten von Beschäftigten. § 33 Abs. 2 begrenzt die Höhe des Bußgeldes wie bisher auf 50.000 EUR.[12]

I. Tatbestand

10 Der unzulässige Umgang mit personenbezogenen Daten ist nach § 33 nur rechtsfolgenbewehrt, wenn bestimmte (straferschwerende) Umstände vorliegen. Grundsätzlich liegt es nicht im öffentlichen Interesse das Fehlverhalten Einzelner im Umgang mit personenbezogenen Daten ohne Sanktion zu lassen.

11 Gemeinsames Merkmal jedes Tatbestands nach § 33 ist der Bezug auf „geschützte personenbezogene Daten". Der Schutz kann danach entweder von der DS-GVO, dem DSG NRW oder weiterem bereichsspezifischen Landesdatenschutzrecht ausgehen. Als weiterer kumulativer Umstand zur Erfüllung des Tatbestands dürfen die personenbezogenen Daten nicht offenkundig sein. **Offenkundig** sind Daten, wenn die Informationen einer nicht beschränkten Zahl von Personen bekannt sind oder ohne besondere Anstrengung zugänglich sind. Insoweit sind Daten selbst bei einem größeren Kreis von Mitwissern nicht offenkundig, soweit Personen durch Gesetz zur Geheimhaltung verpflichtet sind. Dies gilt auch bei noch bestätigungsbedürftigen bloßen Gerüchten. Nicht offenkundig sind dagegen Daten, die von authentischer Stelle veröffentlicht, bekannt gemacht oder sie aus allgemein zugänglichen Quellen wie Presse oder Rundfunk zu erfahren sind.[13]

12 **Jede Art der Datenverarbeitung** ist von der Vorschrift erfasst.[14] Die Tathandlungen lassen sich in **zwei Gruppen** zusammenfassen.[15]

13 Die erste Gruppe umfasst diejenigen Handlungen, die sich durch eine Kompetenzüberschreitung ereignen. Dies setzt voraus, dass eine **„Sachherrschaft"** über die personenbezogenen Daten bereits **besteht** und davon ausgehend ein rechtswidriges Verhalten erfolgt. Alternativ kann bereits eine den Regelungsregimen nach unzulässige Erhebung der von § 33 Abs. 1 geschützten Daten den Tatbestand erfüllen, womit die Sachherschafft hergestellt wird. Die Tathandlungen sind das Erheben, Speichern, die zweckwidrige Verwendung, die Übermittlung, die Weitergabe, das zum Abruf Bereithalten, das Herstellen des Personenbezugs oder das Löschen geschützter personenbezogener Daten. Alle Tathandlungen lassen sich unmittelbar oder mittelbar unter die Legaldefinition des Verarbeitungsbegriffs nach Art. 4 Nr. 2 DS-GVO subsumieren.

---

12 Entwurf eines Gesetzes zur Anpassung des allgemeinen Datenschutzrechts an die Verordnung (EU) 2016/679 und zur Umsetzung der Richtlinie (EU) 2016/680 (Nordrhein-Westfälisches Datenschutz-Anpassungs- und Umsetzungsgesetz EU – NRWDSAnpUG-EU) v. 20.2.2018, LT-Drs. 17/1981, 157.

13 *Stähler/Pohler* DSG NRW aF § 34 Rn. 3.

14 *Stähler/Pohler* DSG NRW aF § 34 Rn. 1.

15 *Stähler/Pohler* DSG NRW aF § 34 Rn. 4.

Die zweite Tatbestandsgruppe enthält diejenigen Tathandlungen, in denen der Täter sich die **Verfügungsgewalt** über die geschützten personenbezogenen Daten als Außenstehender **verschafft**: das Abrufen, das Einsehen, das sich Verschaffen oder die durch Vortäuschung falscher Tatsachen veranlasste Übermittlung oder Weitergabe an sich oder andere. 14

Die neue Fassung des nordrhein-westfälischen Datenschutzgesetzes enthält **keine Legaldefinitionen der Tathandlungen**. § 3 DSG NRW aF enthielt damals entsprechende Begriffsbestimmungen, die auch Legaldefinitionen der verschiedenen Tathandlungen (das Erheben, das Speichern, das Erfassen, das Verändern, das Übermitteln, das Bekanntgeben, das Sperren, das Löschen, das Nutzen) enthielten.[16] Aufgrund des Anwendungs- und Geltungsvorrangs der DS-GVO sind eigenständige Legaldefinitionen innerhalb des DSG NRW grundsätzlich nicht mehr nötig, wenn nicht sogar nicht mehr geboten. Im Sinne der Praktikabilität erschien das direkte Zurückgreifen auf den weit definierten Verarbeitungsbegriff iSd Art. 4 Nr. 2 DS-GVO vorzugswürdig. 15

Der Tatbestand des Abs. 1 S. 2 erscheint kongruent zu dem in Abs. 1 S. 1 Nr. 1 genannten Tatbestand des Herstellens eines Personenbezugs. Schließlich geht der Tatbestand des Abs. 1 S. 2 ausdrücklich von den „unter den in Satz 1 genannten Voraussetzungen" aus und verlangt ferner den Umstand, dass der Täter Einzelinformationen, die nicht zwingend als personenbezogene Daten angesehen werden müssen, in Personenbezug bringt oder „mit anderen Informationen zusammenführt". Der einzige Unterschied liegt hier darin, dass Einzelinformationen nicht pauschal als personenbezogene Daten qualifiziert werden können. Gleichwohl lassen sich die gesetzlich geschützten personenbezogenen Daten auch als in S. 1 genannte Voraussetzung einordnen, was auch diese potenzielle Unterscheidbarkeit hinfällig werden lässt. 16

II. Normadressaten

Im Rahmen der Tatbestandsvoraussetzungen kann **jeder Täter** sein. Dies entspricht dem in der Gesetzesbegründung formulierten Vorhaben, dass damit Beschäftigte der Verantwortlichen mit Rechtsfolgen konfrontiert werden. 17

III. Opportunitätsprinzip

Abs. 2 legt das **Opportunitätsprinzip** für die in Absatz 3 genannten Verwaltungsbehörden fest, so dass kein Verfolgungszwang besteht. Entsprechend dem Opportunitätsprinzip verfügen die zuständigen Aufsichtsbehörden über einen Entscheidungsspielraum, in dem sie nach pflichtgemäßem Ermessen Verstöße verwaltungsrechtlich sanktionieren (§ 47 Abs. 1 OWiG). Damit ist die Möglichkeit gegeben, flexibel zu reagieren und den Besonderheiten jedes Einzelfalles Rechnung zu tragen. 18

IV. Vorsätzlichkeit

Ein nach § 33 sanktionierbarer Tatbestand verlangt überdies die Vorsätzlichkeit. Mangels gesetzlicher Bezugnahme darauf, dass bereits die Fahrlässigkeit tatbestandsauslösend wirken kann, folgt aus §§ 2, 10 OWiG das Erfordernis 19

16 § 3 Abs. 2 DSG NRW aF.

der Vorsätzlichkeit.[17] Danach kann als Ordnungswidrigkeit nur das vorsätzliche Handeln eines Täters geahndet werden.

D. Sachlich zuständige Behörde (Abs. 3)

20 Künftig ist die oder der Landesbeauftragte für Datenschutz und Informationssicherheit **sachlich allein zuständige Verwaltungsbehörde** iSd § 36 Abs. 1 Nr. 1 OWiG für die Verfolgung von Ordnungswidrigkeiten nach § 33 DSG NRW. Dies stellt eine Abkehr der Regelung des § 34 DSG NRW aF dar.[18]

21 Dort waren neben dem Landesbeauftragten für den Datenschutz auch die jeweilige Bezirksregierung sachlich zuständig zur Verfolgung und Ahndung der Ordnungswidrigkeiten und zum Erlass des Bußgeldbescheides nach den Abs. 1 und 2.[19]

22 § 36 Abs. 1 Nr. 1 OWiG legt fest, dass die sachliche Zuständigkeit einer Verwaltungsbehörde vorliegt, sofern dies **durch Gesetz bestimmt** wird. § 33 Abs. 3 DSG NRW stellt eine solche gesetzliche Bestimmung dar. Mithin wird dem Auftrag des § 36 Abs. 1 Nr. 1 OWiG gerecht, als Gesetz selbst die sachliche Zuständigkeit für die dort mit Geldbuße bedrohte Zuwiderhandlung zu begründen.[20] Die oder der Landesbeauftragte für Datenschutz und Informationssicherheit stellt einen **zulässigen Normadressaten** dar, weil die nach Bundes- oder Landesrecht bestimmten Verwaltungsbehörden sowohl organisationsrechtlich selbstständige Behörden als auch „sonstige Stellen" – also öffentlich-rechtliche Körperschaften, Anstalten und Stiftungen – sein können.[21] Aufgrund der von § 36 Abs. 1 Nr. 1 OWiG bezweckten offenen Formulierung[22] ergibt sich auch **keine Unterscheidung für Bundes- oder Landesrecht**, so dass die Zugehörigkeit des DSG NRW zum Landesrecht unerheblich ist.

E. Öffnungsklausel (Abs. 4)

23 Abs. 4 macht von der Öffnungsklausel des Art. 83 Abs. 7 DS-GVO Gebrauch, indem nach einzelstaatlichem Recht geregelt wird, ob und in welchem Umfang gegen Behörden und sonstige öffentliche Stellen Geldbußen verhängt werden können. Auch Geldbußen nach § 33 sollen nicht gegen öffentliche Stellen nach § 5 Abs. 1 verhängt werden dürfen.[23]

24 Die Bußgeldprivilegierung öffentlicher Stellen ist bereits in § 32 geregelt. Dieser erstreckt sich aber nur auf die nach Art. 83 DS-GVO verhängten Bußgelder, die aufgrund des § 32 nicht gegen öffentliche Stellen verhängt werden können. Da § 33 ergänzende Bußgeldtatbestände normiert, bedarf es im Sinne der erneut beabsichtigten Privilegierung öffentlicher Stellen noch einmal einer Regelung zur Ausnahme öffentlicher Stellen gemäß Art. 83 Abs. 7 DS-GVO.

17 Entwurf eines Gesetzes zur Anpassung des allgemeinen Datenschutzrechts an die Verordnung (EU) 2016/679 und zur Umsetzung der Richtlinie (EU) 2016/680 (Nordrhein-Westfälisches Datenschutz-Anpassungs- und Umsetzungsgesetz EU – NRWDSAnpUG-EU) v. 20.2.2018, LT-Drs. 17/1981, 157.
18 LT-Drs. 17/1981, 157.
19 *Stähler/Pohler* DSG NRW aF § 34 Rn. 4.
20 *Lampe* in Karlsruher Kommentar zum OWiG § 36 Rn. 2.
21 *Lampe* in Karlsruher Kommentar zum OWiG § 36 Rn. 3.
22 *Lampe* in Karlsruher Kommentar zum OWiG § 36 Rn. 1.
23 Entwurf eines Gesetzes zur Anpassung des allgemeinen Datenschutzrechts an die Verordnung (EU) 2016/679 und zur Umsetzung der Richtlinie (EU) 2016/680 (Nordrhein-Westfälisches Datenschutz-Anpassungs- und Umsetzungsgesetz EU – NRWDSAnpUG-EU) v. 20.2.2018, LT-Drs. 17/1981, 157.

Gesetzestechnisch ist es bemerkenswert, dass in Abs. 4 anders als in § 32 eine negativ formulierte Regelung geschaffen wurde. Danach dürfen öffentliche Stellen iSd § 5 Abs. 1 keine Bußgelder erhalten. Nach § 32 durften nur öffentliche Stellen iSd § 5 Abs. 5 Nr. 1–4 Bußgelder erhalten. Abs. 4 bezieht sich bei der Ausfüllung der Öffnungsklausel auch nicht allein auf Bußgelder nach Abs. 2, sondern umfasst auch Bußgelder nach „anderen Rechtsvorschrift über den Schutz personenbezogener Daten“. Dies schließt Bußgelder aufgrund von Art. 83 DS-GVO mit ein. Gemäß § 32 durften solche Bußgelder jedoch nur gegenüber öffentlichen Stellen iSd § 5 Abs. 5 Nr. 1–4 verhängt werden. Im Umkehrschluss war ein Bußgeld aufgrund von Art. 83 DS-GVO gegenüber öffentlichen Stellen iSd § 5 Abs. 1 bereits nach § 32 unzulässig. 25

Bußgelder nach Abs. 2 sind gemäß Abs. 4 auch gegenüber öffentlichen Stellen iSd § 5 Abs. 2–5 möglich. Dies erscheint der Gesetzesbegründung nach teleologisch sinnvoll, wenn der Gesetzgeber beabsichtigt auch explizit natürliche Personen (§ 5 Abs. 2) mit als Bußgeldadressaten einzubeziehen. 26

§ 34 Straftaten

(1) [1]Wer in Ausübung seiner Tätigkeit für eine öffentliche Stelle einen der in § 33 Absatz 1 genannten Verstöße gegen Entgelt oder in der Absicht, sich oder einen anderen zu bereichern oder einen anderen zu schädigen, begeht, wird mit Freiheitsstrafe bis zu zwei Jahren oder mit Geldstrafe bestraft. [2]Der Versuch ist strafbar.

(2) [1]Die Tat wird nur auf Antrag verfolgt. [2]Antragsberechtigt sind die betroffene Person, der Verantwortliche, der Auftragsverarbeiter sowie die oder der Landesbeauftragte für Datenschutz und Informationsfreiheit.

(3) Absatz 1 findet nur Anwendung, soweit die Tat nicht nach anderen Vorschriften mit Strafe bedroht ist.

Verwandte Normen der DS-GVO:

Art. 84 Sanktionen

(1) [1]Die Mitgliedstaaten legen die Vorschriften über andere Sanktionen für Verstöße gegen diese Verordnung – insbesondere für Verstöße, die keiner Geldbuße gemäß Artikel 83 unterliegen – fest und treffen alle zu deren Anwendung erforderlichen Maßnahmen. [2]Diese Sanktionen müssen wirksam, verhältnismäßig und abschreckend sein.

(2) Jeder Mitgliedstaat teilt der Kommission bis zum 25. Mai 2018 die Rechtsvorschriften, die er aufgrund von Absatz 1 erlässt, sowie unverzüglich alle späteren Änderungen dieser Vorschriften mit.

Verwandte Normen des BDSG:

§ 42 Strafvorschriften

(1) Mit Freiheitsstrafe bis zu drei Jahren oder mit Geldstrafe wird bestraft, wer wissentlich nicht allgemein zugängliche personenbezogene Daten einer großen Zahl von Personen, ohne hierzu berechtigt zu sein,

1. einem Dritten übermittelt oder
2. auf andere Art und Weise zugänglich macht

und hierbei gewerbsmäßig handelt.

(2) Mit Freiheitsstrafe bis zu zwei Jahren oder mit Geldstrafe wird bestraft, wer personenbezogene Daten, die nicht allgemein zugänglich sind,

1. ohne hierzu berechtigt zu sein, verarbeitet oder
2. durch unrichtige Angaben erschleicht

und hierbei gegen Entgelt oder in der Absicht handelt, sich oder einen anderen zu bereichern oder einen anderen zu schädigen.

(3) [1]Die Tat wird nur auf Antrag verfolgt. [2]Antragsberechtigt sind die betroffene Person, der Verantwortliche, die oder der Bundesbeauftragte und die Aufsichtsbehörde.

(4) Eine Meldung nach Artikel 33 der Verordnung (EU) 2016/679 oder eine Benachrichtigung nach Artikel 34 Absatz 1 der Verordnung (EU) 2016/679 darf in einem Strafverfahren gegen den Meldepflichtigen oder Benachrichtigenden oder seine in § 52 Absatz 1 der Strafprozessordnung bezeichneten Angehörigen nur mit Zustimmung des Meldepflichtigen oder Benachrichtigenden verwendet werden.

Kurzübersicht zum Verhältnis der entscheidenden Normen			
Norm des DSG NRW	Entsprechende Norm der DS-GVO	Entsprechende Norm des BDSG	Öffnungsklausel der DS-GVO
§ 34 DSG NRW		§ 42 BDSG	Art. 84 DS-GVO

A. Allgemeines

I. Regelungszweck und Verhältnis zur DS-GVO

1 § 34 enthält in Abs. 1 eine **Strafvorschrift.** Ähnlich dem § 42 BDSG erfüllt der nationale Gesetzgeber damit seinen Auftrag aus Art. 84 Abs. 1 DS-GVO zum Erlass weiterer Sanktionen. Art. 84 DS-GVO ist keine fakultative, sondern eine **obligatorische Öffnungsklausel.** Insofern werden die Mitgliedstaaten verpflichtet, im nationalen Recht andere **„wirksame, verhältnismäßige und abschreckende“**[1] **Sanktionen** zu erlassen. Der legislative Gestaltungsspielraum besteht nur hinsichtlich der Modalitäten der zwingenden Umsetzung im einzelstaatlichen Recht. Legaldefiniert wird der Begriff der Sanktion von der DS-GVO nicht.[2]

2 Den Mitgliedstaaten wird damit ein **breiter Handlungsspielraum** eröffnet, worin sich Art. 84 Abs. 1 DS-GVO wesentlich von der weitestgehend abschließenden Regelung (vgl. dazu → § 33 Rn. 1 ff.) des Art. 83 DS-GVO unterscheidet. Hierin liegt gleichzeitig die Grenze der Umsetzungsfreiheit: Der nationale Gesetzgeber muss sich auf die Sanktionierung von Verstößen beschränken, die nicht schon durch Geldbußen gemäß Art. 83 Abs. 4–6 DS-GVO erfasst sind.[3] Durch die bestehende Wahlfreiheit der Sanktionsinstrumente werden kompe-

1 Art. 84 Abs. 1 S. 2 DS-GVO.
2 HK-DSGVO/BDSG/*Schwartmann/Jacquemain* Art. 84 Rn. 4–6.
3 Gola/Heckmann/*Ehmann* BDSG § 42 Rn. 4.

tenzrechtliche Probleme vermieden, die bei einer Verpflichtung zu einem rein strafrechtlichen Vorgehen aufgrund von Art. 83 Abs. 2 AEUV bestünden.[4]

3 Bei der Entscheidung des Landesgesetzgebers für eine strafrechtliche Sanktion im Rahmen des § 34 handelt es sich um eine **zulässige Sanktionsmöglichkeit,** da strafrechtliche Tatbestände eindeutig unter den Sanktionsbegriff des Art. 84 Abs. 1 DS-GVO fallen. Die ErwG 149 u. 152 DS-GVO weisen ausdrücklich auf die Möglichkeit entweder verwaltungsrechtliche oder strafrechtliche Sanktionen in Ergänzung zu den Rechtsfolgen der DS-GVO im nationalen Recht zu erlassen. Der Landesgesetzgeber erkennt mit der Normierung des § 34 an, dass es sich hierbei um Durchführung von Unionsrecht handelt.[5] Er vollzieht diesen Weg, indem er die der bisherige Strafregelug im DSG NRW aF weitestgehend beibehält.[6]

II. Vorgängerregelung im DSG NRW aF

4 In der **alten Fassung** des nordrhein-westfälischen Datenschutzgesetzes enthielt § 33 DSG NRW aF eine **ähnliche strafrechtliche Regelung** für Datenschutzvergehen. Danach konnte Täter sein, wer eine Strafhandlung gegen Entgelt oder in der Absicht beging, sich oder einen anderen zu bereichern oder einen anderen zu schädigen (§ 33 Abs. 1 DSG NRW aF). Die Tathandlung entspricht im Ergebnis dem Tatbestand des § 33 DSG NRW nF (vgl. dazu → § 9 Rn. 1 ff.). Die Vorgängerregelung stellte wie die aktuelle Strafregel bereits den Versuch unter Strafe (§ 33 Abs. 1 S. 3 DSG NRW aF) und normierte dasselbe Strafmaß (Freiheitsstrafe bis zu zwei Jahre oder Geldstrafe) wie heute. Hervorzuheben ist, dass die Vorläuferregelung keinen Antrag zur Strafverfolgung voraussetzte und die Antragsbefugnis gesetzlich limitierte.

B. Kommentierung

I. Tatbestand (Abs. 1)

5 Die **Tathandlungen** sind **identisch** mit **§ 33 Abs. 1** (→ § 33 Rn. 1 ff.). Die **strafbewährten Umstände,** die auch den Unterschied zur bloßen Ordnungswidrigkeit begründen, liegen bei der Tatausführung in der **Tätigkeit für eine öffentliche Stelle** sowie in der **Absicht, sich oder einen anderen zu bereichern oder einen anderen zu schädigen oder entgeltlich zu agieren.**

6 Normadressaten können aufgrund der zwingenden Tätigkeit für eine öffentliche Stelle in der Folge nur Beschäftigte öffentlicher Stellen iSd § 5 Abs. 1 u. 2 sein. Aufgrund des grundsätzlich auf den öffentlichen fokussierten Anwendungsbereich des DSG NRW ist diese Anforderung regelmäßig selbstverständlich erfüllt. Das ausdrückliche Erfordernis kann aber mithin die Rechtsfolge praktisch einschränken. Als weiteres Tatbestandsmerkmal zur Begründung einer Strafbarkeit ist das alternative Vorliegen eines der drei Tatbestandsmerkmale ausreichend: entgeltliches Vorgehen, schädigende oder bereichernde Absicht. Eine kumulative Erfüllung ist nicht notwendig.

7 Die Tatbestandsmerkmale lassen sich in **zwei Gruppen** zusammenfassen. Die erste „Gruppe" beschreibt ein **Merkmal des objektiven Tatbestandes.** Die zwei-

4 Gola/Heckmann/*Ehmann* BDSG § 42 Rn. 2.
5 In Bezug auf § 42 BDSG als Analogie: Paal/Pauly/*Frenzel* BDSG § 42 Rn. 2.
6 Entwurf eines Gesetzes zur Anpassung des allgemeinen Datenschutzrechts an die Verordnung (EU) 2016/679 und zur Umsetzung der Richtlinie (EU) 2016/680 (Nordrhein-Westfälisches Datenschutz-Anpassungs- und Umsetzungsgesetz EU – NRWDSAnpUG-EU) v. 20.2.2018, LT-Drs. 17/1981, 158.

te Gruppe beschreibt mit der Selbst- oder Fremdbereicherungsabsicht sowie der Fremdschädigungsabsicht solche des **subjektiven Tatbestandes.** Es ist davon auszugehen, dass damit der **Absichtsbegriff des Strafrechts** zu verstehen ist. Dies legt bei systematischer Betrachtung der Vorschrift im Besonderen die Qualifikation des § 34 als Strafvorschrift nahe. Das Tatbestandsmerkmal Absicht kennzeichnet damit den finalen Handlungswillen des Täters gerade auf den vom Gesetz bezeichneten Handlungserfolg.[7] Bei Vorliegen eines bloßen Eventualvorsatzes kommt damit lediglich die Tatbestandserfüllung einer Ordnungswidrigkeit im Sinne des § 33 in Betracht. Zu beachten ist die Konstellation, in welcher der Täter den Erfolg lediglich als Nebenzweck angestrebt hat. Hier wird von der Rechtsprechung bei **Delikten mit überschießender Innentendenz** generell auf einen technischen Absichtsbegriff, also *dolus directus* 1. Grades, bestanden.[8]

8 Voraussetzung für die Erfüllung eines Straftatbestands ist nicht ausschließlich der Handlungserfolg. Gemäß § 34 Abs. 1 S. 2 ist gleichermaßen der Versuch strafbewährt.

II. Strafmaß (Abs. 1)

9 Der Strafrahmen in § 34 DSG NRW entspricht der Vorgängerregelung (§ 33 Abs. 1 S. 1 DSG NRW aF). Dieser erfüllt nach Auffassung des Landesgesetzgebers die Anforderungen an Sanktion gemäß Art. 84 Abs. 1 S. 2 DS-GVO, wonach das Strafmaß wirksam, verhältnismäßig und abschreckend sein muss.[9]

III. Antragserfordernis (Abs. 2)

10 Abs. 2 legt ein **Antragserfordernis** für die Strafverfolgung fest und bestimmt die Antragsberechtigten. Der erforderliche Strafantrag kann neben der betroffenen Person auch von dem Verantwortlichen, dem Auftragsverarbeiter oder der oder dem Landesbeauftragten für Datenschutz und Informationsfreiheit gestellt werden.

11 Damit wird auch die subjektive **Antragstellerfähigkeit** gesetzlich geregelt und auf die genannten Personenkreise eingegrenzt. Neben den konkreten Beteiligten im Einzelfall wie der betroffenen Person, dem Verantwortlichen oder dem Auftragsverarbeiter wird als objektive Kontrollinstanz der oder die Landesbeauftragten für Datenschutz und Informationsfreiheit mit einbezogen. Eine Antragstellung durch eine Einrichtung, Organisation oder Vereinigung wie die Verbraucherschutzverbände kommt daher ebenso wenig in Betracht wie die Antragstellung von Seiten eines Datenschutzbeauftragten oder eines Anwalts. Damit folgt der Landesgesetzgeber dem Vorgehen des Bundesgesetzgebers, der die Strafvorschrift damals (§ 44 Abs. 2 S. 1 BDSG aF) wie heute (§ 42 Abs. 3 S. 1 BDSG nF) als Antragsdelikt ausgestaltet hat. Die langjährige Strafvorschrift hat wohl insbesondere aufgrund des Antragserfordernisses keine praktische Relevanz entfalten können.[10]

---

7 Vgl. Schönke/Schröder/*Lieben/Schuster* StGB § 15 Rn. 66.

8 *Ingeborg/Puppe* in Kindhäuser/Neumann/Paeffgen StGB § 15 Rn. 110.

9 Entwurf eines Gesetzes zur Anpassung des allgemeinen Datenschutzrechts an die Verordnung (EU) 2016/679 und zur Umsetzung der Richtlinie (EU) 2016/680 (Nordrhein-Westfälisches Datenschutz-Anpassungs- und Umsetzungsgesetz EU – NRWDSAnpUG-EU) v. 20.2.2018, LT-Drs. 17/1981, 158.

10 Thüsing/*Thüsing/Pötters*, Beschäftigtendatenschutz und Compliance, 2014, § 21 Rn. 27. Ebenfalls kritisch *Golla*, Die Straf- und Bußgeldtatbestände der Datenschutzgesetze, 2015, S. 187, 223 f., 237 ff.

IV. Subsidiaritätsregelung (Abs. 3)

Durch die **Subsidiaritätsregelung** des Abs. 3 wird anderen Strafvorschriften **Anwendungsvorrang** gewährt. In Betracht kommen hier insbesondere § 42 BDSG, §§ 202 a ff. oder § 303 a Strafgesetzbuch (StGB). 12

Hintergrund der Regelung ist die Überschneidungsmöglichkeit des Regelungsgehalts der Vorschrift mit zB § 203 Abs. 2 StGB. In einem solchen Fall hat das Bundesrecht Vorrang.[11] Insoweit ist die Subsidiaritätsklausel rein deklaratorischer Natur und gibt lediglich den Grundsatz des Art. 31 GG wieder, wonach Bundesrecht Landesrecht bricht. 13

V. Bezug zu Regelungen in anderen Landesdatenschutzgesetzen

Strafvorschriften auf der Basis des Art. 84 Abs. 1 DS-GVO wie die des § 34 DSG NRW finden sich in **allen Landesdatenschutzgesetzen**. Dabei wird das Stufenverhältnis zwischen § 43 BDSG aF und § 44 BDSG aF mit Ausnahme von Baden-Württemberg, Schleswig-Holstein, Hamburg, Hessen und Sachsen-Anhalt genutzt. Hierbei fungiert der Ordnungswidrigkeitstatbestand als Grundvorschrift und schlägt durch zusätzliche Tatbestandsmerkmale in eine Strafvorschrift um.[12] 14

Teil 3
Umsetzung der Richtlinie (EU) 2016/680

Kapitel 1 Allgemeine Bestimmungen

§ 35 Anwendungsbereich

(1) [1]Die Vorschriften dieses Teils gelten für die Verarbeitung personenbezogener Daten durch
1. die Behörden der Polizei,
2. die Gerichte in Strafsachen und die Staatsanwaltschaften,
3. die Strafvollstreckungs- und Justizvollzugsbehörden,
4. die Behörden des Maßregelvollzugs und
5. die Behörden der Finanzverwaltung

im Rahmen ihrer Aufgabenwahrnehmung zur Verhütung, Ermittlung, Aufdeckung, Verfolgung und Ahndung von Straftaten oder Ordnungswidrigkeiten und der Strafvollstreckung. [2]Die Verhütung von Straftaten im Sinne des Satzes 1 umfasst den Schutz vor sowie die Abwehr von Gefahren für die öffentliche Sicherheit oder Ordnung.

(2) Für Ordnungsbehörden gelten die Vorschriften dieses Teils, soweit sie Ordnungswidrigkeiten verfolgen, ahnden sowie Sanktionen vollstrecken.

(3) Soweit besondere Rechtsvorschriften auf die Verarbeitung personenbezogener Daten anzuwenden sind, gehen sie den Vorschriften dieses Gesetzes vor.

11 LT-Drs. 17/1981, 158.
12 *Ehmann* in Gola/Heckmann BDSG § 42 Rn. 35.

Verwandte Norm DS-GVO:

Art. 2 Sachlicher Anwendungsbereich

(1) Diese Verordnung gilt für die ganz oder teilweise automatisierte Verarbeitung personenbezogener Daten sowie für die nichtautomatisierte Verarbeitung personenbezogener Daten, die in einem Dateisystem gespeichert sind oder gespeichert werden sollen.

(2) Diese Verordnung findet keine Anwendung auf die Verarbeitung personenbezogener Daten

a) im Rahmen einer Tätigkeit, die nicht in den Anwendungsbereich des Unionsrechts fällt,
b) durch die Mitgliedstaaten im Rahmen von Tätigkeiten, die in den Anwendungsbereich von Titel V Kapitel 2 EUV fallen,
c) durch natürliche Personen zur Ausübung ausschließlich persönlicher oder familiärer Tätigkeiten,
d) durch die zuständigen Behörden zum Zwecke der Verhütung, Ermittlung, Aufdeckung oder Verfolgung von Straftaten oder der Strafvollstreckung, einschließlich des Schutzes vor und der Abwehr von Gefahren für die öffentliche Sicherheit.

(3) [1]Für die Verarbeitung personenbezogener Daten durch die Organe, Einrichtungen, Ämter und Agenturen der Union gilt die Verordnung (EG) Nr. 45/2001. [2]Die Verordnung (EG) Nr. 45/2001 und sonstige Rechtsakte der Union, die diese Verarbeitung personenbezogener Daten regeln, werden im Einklang mit Artikel 98 an die Grundsätze und Vorschriften der vorliegenden Verordnung angepasst.

(4) Die vorliegende Verordnung lässt die Anwendung der Richtlinie 2000/31/EG und speziell die Vorschriften der Artikel 12 bis 15 dieser Richtlinie zur Verantwortlichkeit der Vermittler unberührt.

Kurzübersicht zum Verhältnis der entscheidenden Normen			
Norm des DSG NRW	Entsprechende Norm der DS-GVO	Entsprechende Norm des BDSG	Öffnungsklausel der DS-GVO
§ 35 DSG NRW		§ 45 BDSG	

Literatur:

Bäcker, Die Datenschutzrichtlinie für Polizei und Strafjustiz und das deutsche Eingriffsrecht, in: Hill/Kugelmann/Martini (Hrsg.), Perspektiven der digitalen Lebenswelt, 2017, S. 63 ff.; *v. Lewinski*, Datenschutzaufsicht in Europa im Netzwerk, NVwZ 2017, 1483.

A. Grundlagen

I. Gesamtverständnis, Zweck der Norm und Verhältnis zu anderen Normen

1 § 35 steckt in Ansatz 1 den Anwendungsbereich des dritten Teils des DSG NRW ab, mit dem die Vorschriften der JI-RL in deutsches Recht, hier auf Ebene des Landes NRW, umgesetzt werden. Die Vorschrift definiert zugleich den Begriff der Verhütung von Straftaten und erweitert in Absatz 2 den Anwendungsbereich auf Tätigkeiten der Ordnungsbehörden bei der Verfolgung von Ordnungswidrigkeiten. Schließlich wird in Ansatz 3 die Subsidiarität des dritten Teils DSG NRW gegenüber besonderen Vorschriften zur Verarbeitung personenbezogener Daten normiert.

II. Bisherige Rechtslage

2 § 2 Abs. 1 S. 2 DSG NRW aF normierte für die Behörden der Staatsanwaltschaft, soweit sie andere als Verwaltungsaufgaben wahrnahmen, die Anwendbarkeit der Vorschriften des zweiten Teils des DSG NRW aF, die die/den Landesbeauftragten für Datenschutz betrafen.

B. Kommentierung

I. Absatz 1 – Anwendbarkeit des dritten Teils des DSG NRW

3 Die Vorschriften des dritten Teils gelten für die Verarbeitung personenbezogener Daten durch

1. die Behörden der Polizei,
2. die Gerichte in Strafsachen und die Staatsanwaltschaften,
3. die Strafvollstreckungs- und Justizvollzugsbehörden,
4. die Behörden des Maßregelvollzugs und
5. die Behörden der Finanzverwaltung

im Rahmen ihrer Aufgabenwahrnehmung zur Verhütung, Ermittlung, Aufdeckung, Verfolgung und Ahndung von Straftaten oder Ordnungswidrigkeiten und der Strafvollstreckung, wobei Aufgaben bei der Verhütung von Straftaten Satz 2 auch solche der Gefahrenabwehr für die öffentliche Sicherheit oder Ordnung sind.

1. Betroffene Stellen

a) Nr. 1 – Behörden der Polizei

4 Behörden der Polizei sind grundsätzlich solche im Sinne des § 2 POG NRW, nämlich das Landeskriminalamt, das Landesamt für Zentrale Polizeiliche Dienste, das Landesamt für Ausbildung, Fortbildung und Personalangelegenheiten der Polizei und als Kreispolizeibehörden, die Polizeipräsidien in Polizeibezirken mit mindestens einer kreisfreien Stadt sowie die die Landrätinnen oder Landräte, soweit das Kreisgebiet nach Absatz 2 zu einem Polizeibezirk bestimmt wird.

5 Von den benannten Stellen nicht unmittelbar befasst mit der Verhütung, Ermittlung, Aufdeckung, Verfolgung und Ahndung von Straftaten oder Ordnungswidrigkeiten und der Strafvollstreckung sowie der Gefahrenabwehr sind das Landesamt für Zentrale polizeiliche Dienste und das Landesamt für Ausbil-

dung, Fortbildung und Personalangelegenheiten. Diese sind nicht Behörden der Polizei im Sinne der Nr. 1 und unterfallen den Regelungen der DS-GVO.[1]

6 Die Trennung zwischen der Verfolgung von Straftaten und Ordnungswidrigkeiten ist dem Umstand geschuldet, dass Erwägungsgrund 13 zur JI-RL einen eigenständigen unionsrechtlichen Begriff der Straftat zugrunde legt, der im Lichte der deutschen Begrifflichkeit sowohl die Straftat als auch die Ordnungswidrigkeit erfasst.[2]

b) Nr. 2 – Gerichte in Strafsachen und Staatsanwaltschaften

7 Gerichte im Sinne der Nr. 2 sind die Gerichte in Strafsachen auf der Ebene des Landes NRW sind die Amtsgerichte bzw. Schöffengerichte iSd §§ 24 ff., 28 ff. GVG. Weiterhin sind es die Landgerichte als Strafkammern, Große Strafkammern oder Schwurgerichtskammern nach §§ 72, 73 ff., 79 ff. GVG. Schließlich sind es die Strafsenate bei den Oberlandesgerichten gem. §§ 116, 120 ff. GVG.

8 Die Staatsanwaltschaften sind die den Oberlandesgerichten und den Land- und Amtsgerichten zugeordneten Behörden im Sinne der §§ 142 ff. GVG, soweit sie Aufgaben der Strafverfolgung wahrnehmen.

c) Nr. 3 – Strafvollstreckungs- und Justizvollzugsbehörden

9 Der Kreis der Strafvollstreckungsbehörden ist teilweise deckungsgleich mit den Gerichten in Strafsachen und den Staatsanwaltschaften. So sind bei den Landgerichten gem. §§ 78 a, b GVG Strafvollstreckungskammern eingerichtet. Gleichermaßen sind die Staatsanwaltschaften nach § 451 StPO und § 4 StrVollstrO mit der Überwachung der Vollstreckung rechtskräftiger Strafurteile betraut, insbesondere die Zahlung von Geldstrafen und Zahlungsauflagen. Ebenso laden die Staatsanwaltschaften zum Haftantritt, § 27 StrVollstrO.

10 Die Justizvollzugsbehörden werden gebildet durch die Landesjustizvollzugsdirektion beim Ministerium der Justiz und die 42 Landesjustizvollzugsanstalten, einschließlich der Jugendarrestanstalten, der Justizvollzugskrankenhäuser und der sozialtherapeutischen Anstalt Gelsenkirchen.

d) Nr. 4 – Behörden des Maßregelvollzugs

11 Behörden des Maßregelvollzugs im Sinne der Nr. 4 sind die bei den Landschaftsverbänden Rheinland und Westfalen-Lippe angesiedelten Stellen des Maßregelvollzugs gem. Maßregelvollzugsgesetz NRW. Maßregeln der Besserung und Sicherung in einem psychiatrischen Krankenhaus oder einer Entziehungsanstalt sollen die betroffenen Patientinnen und Patienten durch Behandlung und Betreuung (Therapie) befähigen, ein in die Gemeinschaft eingegliedertes Leben zu führen; sie sollen gleichzeitig die Allgemeinheit für die Zeit der Unterbringung vor rechtswidrigen Taten der Betroffenen schützen.

e) Nr. 5 – Behörden der Finanzverwaltung

12 Die Behörden der Finanzverwaltung sind für den Bereich der Verfolgung von Steuerstraftaten und -ordnungswidrigkeiten mit Befugnissen der Staatsanwaltschaften ausgestattet, §§ 385 ff., 397 ff. AO. Soweit die Finanzbehörden Aufgaben in diesem Bereich wahrnehmen, unterfallen sie den Regelungen des Dritten Teils.

---

1 Vgl. *Pabst* in HK-DS-GVO/BDSG Art. 2 Rn. 44. ff.
2 Vgl. insoweit auch LT-Drs. 17/19812, 159.

2. Satz 2 – Einschluss des polizeilichen Gefahrenabwehrrechts

13 Gem. Satz 2 umfasst die Verhütung von Straftaten im Sinne des Satzes 1 den Schutz vor sowie die Abwehr von Gefahren für die öffentliche Sicherheit oder Ordnung. Die Vorschrift betrifft insbesondere das Handeln der Polizeibehörden im Bereich der präventiven Tätigkeit, die auch die Verhütung von Straftaten umfasst. So hat die Polizei nach § 1 S. 1, 2 PolG NRW die Aufgabe, Gefahren für die öffentliche Sicherheit oder Ordnung abzuwehren, und sie hat im Rahmen dieser Aufgabe Straftaten zu verhüten sowie vorbeugend zu bekämpfen. Somit ist sichergestellt, dass das Handeln der Polizei vollumfänglich dem Regime des Dritten Teils des DSG NRW unterfällt. Dass das nicht in gleichem Maße für die Ordnungsbehörden gilt, ergibt sich sogleich aus § 35 Abs. 2. Die Festlegung entspricht auch Art. 1 Abs. 1 JI-RL, der lautet:

Art. 1 Gegenstand und Ziele

(1) Diese Richtlinie enthält Bestimmungen zum Schutz natürlicher Personen bei der Verarbeitung personenbezogener Daten durch die zuständigen Behörden zum Zwecke der Verhütung, Ermittlung, Aufdeckung oder Verfolgung von Straftaten oder der Strafvollstreckung, einschließlich des Schutzes vor und der Abwehr von Gefahren für die öffentliche Sicherheit.

14 Zugleich legt der Gesetzgeber NRW in Ansatz 1 zutreffend ein enges Verständnis des Regelungsauftrages nach Art. 1 JI-RL zugrunde, indem er – in Zusammenspiel mit Absatz 2 – lediglich die polizeiliche Gefahrenabwehr erfasst.[3]

3. Einschränkung der Geltung des DSG NRW durch Bundesrecht?

15 Soweit die Strafverfolgung auf Grundlage der StPO erfolgt, soll nach dem Entwurf des Gesetzes zur Umsetzung der Richtlinie (EU) 2016/680 im Strafverfahren sowie zur Anpassung datenschutzrechtlicher Bestimmungen an die Verordnung (EU) 2016/679 gem. § 500 StPO das BDSG mit der Maßgabe entsprechend Anwendung finden, dass an die Stelle der/des Bundesbeauftragten die/der Landesbeauftragte für Datenschutz tritt. § 500 StPO lautet:

§ 500 Entsprechende Anwendung

(1) Soweit öffentliche Stellen der Länder im Anwendungsbereich dieses Gesetzes personenbezogene Daten verarbeiten, ist Teil 3 des Bundesdatenschutzgesetzes entsprechend anzuwenden.

(2) Absatz 1 gilt nur

1. **nur soweit nicht in diesem Gesetz etwas anderes bestimmt ist und**
2. **mit der Maßgabe, dass die Landesbeauftragte oder der Landesbeauftragte an die Stelle der oder des Bundesbeauftragten tritt.**

16 In der Folge dieser Änderung wäre die Anordnung des § 35 Abs. 1 weithin gegenstandslos.

Die Begründung des Bundesgesetzgebers ist relativ lapidar:

„Die Umsetzung der Richtlinie für das Strafverfahren und für die Gefahrenabwehr ist in Teil 3 des BDSG (2018) bereits größtenteils erfolgt. Somit stellt das BDSG (2018) bereits einen Teil des bereichsspezifischen Datenschutzrechts für die Materie der Strafverfolgung dar. Daher erschiene es nicht sinnvoll, entsprechende Regelungen durch vollumfänglich inhaltsgleich in die StPO zu integrie-

3 Zu diesem engen Verständnis des Art. 1 Abs. 1 JI-RL vgl. *Bäcker* in Hill/Kugelmann/Martini (Hrsg.), Perspektiven der digitalen Lebenswelt, S. 63 (65 ff.).

ren. Die StPO soll daher lediglich bereichsspezifische abweichende, oder ergänzende Regelungen enthalten. Um gleichzeitig aber eine bundesweit einheitliche Ausgestaltung des Datenschutzrechts für das Strafverfahren zu gewährleisten, soll sichergestellt werden, dass die bereichsspezifischen Regelungen des BDSG (2018) auch in den Ländern flächendeckend zur Anwendung kommen, soweit in der StPO selbst nichts anderes geregelt ist. Für die Datenschutzaufsicht verbleibt es jedoch bei der Zuständigkeit der landesrechtlichen Aufsichtsstellen, um eine jeweils landesspezifische einheitliche Aufsicht der Staatsanwaltschaften und der übrigen öffentlichen Stellen sicherzustellen.“[4]

17 Offenbar will der Bundesgesetzgeber die einheitliche Geltung des BDSG auf das Strafverfahren begrenzen und nicht auch die mittelbare Anwendung der StPO über das Ordnungswidrigkeitenrecht erfassen, vgl. § 46 StPO.

18 In der Folge dieser Änderung wäre die Anordnung des § 35 Abs. 1 abgesehen vom Ordnungswidrigkeitenverfahren, vom präventiven Handeln der Polizei, dem Maßregelvollzug und dem Handeln der Finanzbehörden in Steuerstrafverfahren gegenstandslos. Aus kompetenzieller Sicht ist die Gesetzesbegründung relativ aussagearm. So kann die Zielsetzung, eine „bundesweit einheitliche Ausgestaltung des Datenschutzrechts für das Strafverfahren zu gewährleisten“, als Inanspruchnahme einer Annexkompetenz zu Art. 74 Abs. 1 Nr. 1 GG gedeutet werden. Ob diese Vorgabe für das Strafverfahren zwingend ist, mag bezweifelt werden; so ist ein Nebeneinander landes- und bundesrechtlicher Datenschutzvorschriften aufgrund des Regelvollzugs des Bundesrechts durch die Länder (Art. 83, 84 GG) ein relativ häufiger Fall. Im Übrigen stellt die StPO insbesondere im Bereich des länderübergreifenden Datenaustauschs bereits einen umfangreichen Katalog einheitlicher Vorschriften zur Verfügung.

II. Absatz 2 – Eingeschränkte Geltung für Ordnungsbehörden

19 Das Handeln der Ordnungsbehörden ist nur insoweit erfasst, als diese Ordnungswidrigkeiten verfolgen, ahnden sowie Sanktionen vollstrecken. Die Verfolgung von Ordnungswidrigkeiten kann sich sowohl aus spezialgesetzlichen Vorschriften wie auch bspw. aus auf Grundlage des § 31 OBG NRW ergangenen sanktionsbewehrten ordnungsbehördlichen Verordnungen ergeben. Entsprechend sind auch die Sonderordnungsbehörden, so bspw. für die Gewerbeaufsichtsämter nach §§ 144 ff. GewO.

20 Zugleich ist das gefahrenabwehrende, präventive Handeln der Ordnungsbehörden nicht vom dritten Teil des DSG NRW erfasst. Dies gilt wiederum gleichermaßen für die allgemeinen örtlichen Ordnungsbehörden wie für die Sonderordnungsbehörden.

21 Für das präventive Handeln der Ordnungsbehörden hat der Gesetzgeber in § 24 Abs. 2 OBG NRW die Geltung der DS-GVO und des ersten und zweiten Teils des DSG NRW angeordnet. Diese Anordnung ist nur dann verständlich, wenn man nach einem engen Begriffsverständnis die Ausschlussklausel des Art. 2 Abs. 2 lit. d DS-GVO nicht auf präventives ordnungsbehördliches Handeln bezieht.[5]

4 BT-Drs. 19/4671, 71.

5 In diesem Sinne auch *Bäcker* in Hill/Kugelmann/Martini (Hrsg.), Perspektiven der digitalen Lebenswelt, S. 63 (66).

III. Absatz 3 – Subsidiarität ggü. spezialgesetzlichen Datenschutzbestimmungen

Absatz 3 beschreibt, ähnlich wie § 5 Abs. 6, die subsidiäre Geltung des DSG NRW ggü. speziellerem Bundes- und Landesrecht mit datenschutzrechtlichem Bezug. Die Vorschrift war – mit anderem Regelungshintergrund – bereits in § 2 Abs. 3 DSG NRW aF enthalten. 22

Die Subsidiarität des DSG NRW wird in § 5 Abs. 5 S. 2 dahingehend abgeschwächt, dass das DSG NRW für den Fall, dass das Spezialgesetz keine oder keine abschließende Regelung zu einem Sachverhalt enthält, das DSG NRW für die nicht oder nicht abschließend geregelte Durchführungsbestimmung zur DS-GVO wiederum vorrangig gilt. Eine derartige Bestimmung enthält Absatz 3 nicht, jedoch gilt die Aussage des § 5 Abs. 5 S. 2 in gleichem Maße für § 35 Abs. 3. 23

Wie für § 5 Abs. 5 gilt, dass das DSG NRW nicht gegenüber jedem Gesetz subsidiär ist, das einzelne vorrangige Vorschriften gegenüber dem DSG NRW enthält, sondern nur gegenüber der einzelnen spezielleren Einzelbestimmung eines Gesetzes. 24

Praktisch wird die Vorschrift insbesondere bezüglich der vorgenommenen Änderungen der StPO und des Strafvollzugsgesetzes, die weitreichende, dann vorrangig geltende Anpassungen an die JI-RL enthalten.[6] 25

C. Bedeutung für die behördliche Praxis

Die praktische Bedeutung der Vorschrift liegt vornehmlich in der Abgrenzung der Tätigkeiten, die dem dritten Teil des DSG NRW unterfallen, gegenüber solchen, die, insbesondere sofern die betreffenden Stellen nur verwaltende Tätigkeiten ausführen, durch die DS-GVO und den zweiten Teil geregelt werden. 26

Durch das Inkrafttreten des § 500 StPO hat die Bedeutung des § 35, aber auch des dritten Teils des DSG NRW insgesamt, deutlich abgenommen. Ob dem Landesgesetzgeber diese Auswirkung bewusst ist, ist derzeit nicht nachvollziehbar. 27

§ 36 Begriffsbestimmungen

Es bezeichnen die Begriffe:

1. „personenbezogene Daten" alle Informationen, die sich auf eine identifizierte oder identifizierbare natürliche Person (betroffene Person) beziehen; als identifizierbar wird eine natürliche Person angesehen, die direkt oder indirekt, insbesondere mittels Zuordnung zu einer Kennung wie einem Namen, zu einer Kennnummer, zu Standortdaten, zu einer Online-Kennung oder zu einem oder mehreren besonderen Merkmalen, die Ausdruck der physischen, physiologischen, genetischen, psychischen, wirtschaftlichen, kulturellen oder sozialen Identität dieser Person sind, identifiziert werden kann,
2. „Verarbeitung" jeden mit oder ohne Hilfe automatisierter Verfahren ausgeführten Vorgang oder jede solche Vorgangsreihe im Zusammenhang mit personenbezogenen Daten wie das Erheben, das Erfassen, die Organisation, das Ordnen, die Speicherung, die Anpassung, die Veränderung, das

6 BT-Drs. 19/4671.

Auslesen, das Abfragen, die Verwendung, die Offenlegung durch Übermittlung, Verbreitung oder eine andere Form der Bereitstellung, den Abgleich, die Verknüpfung, die Einschränkung, das Löschen oder die Vernichtung,

3. „Einschränkung der Verarbeitung“ die Markierung gespeicherter personenbezogener Daten mit dem Ziel, ihre künftige Verarbeitung einzuschränken,
4. „Profiling“ jede Art der automatisierten Verarbeitung personenbezogener Daten, bei der diese Daten verwendet werden, um bestimmte persönliche Aspekte, die sich auf eine natürliche Person beziehen, zu bewerten, insbesondere um Aspekte der Arbeitsleistung, der wirtschaftlichen Lage, der Gesundheit, der persönlichen Vorlieben, der Interessen, der Zuverlässigkeit, des Verhaltens, der Aufenthaltsorte oder der Ortswechsel dieser natürlichen Person zu analysieren oder vorherzusagen,
5. „Pseudonymisierung“ die Verarbeitung personenbezogener Daten in einer Weise, in der die Daten ohne Hinzuziehung zusätzlicher Informationen nicht mehr einer spezifischen betroffenen Person zugeordnet werden können, sofern diese zusätzlichen Informationen gesondert aufbewahrt werden und technischen und organisatorischen Maßnahmen unterliegen, die gewährleisten, dass die Daten keiner betroffenen Person zugewiesen werden,
6. „Anonymisierung“ das Verändern personenbezogener Daten derart, dass die Einzelangaben über persönliche oder sachliche Verhältnisse nicht mehr oder nur mit einem unverhältnismäßig großen Aufwand an Zeit, Kosten, Arbeitskraft einer bestimmten oder bestimmbaren natürlichen Person zugeordnet werden können,
7. „Dateisystem“ jede strukturierte Sammlung personenbezogener Daten, die nach bestimmten Kriterien zugänglich sind, unabhängig davon, ob diese Sammlung zentral, dezentral oder nach funktionalen oder geografischen Gesichtspunkten geordnet geführt wird,
8. „zuständige Behörde“
   a) eine staatliche Stelle, die für die Verhütung, Ermittlung, Aufdeckung oder Verfolgung von Straftaten oder die Strafvollstreckung, einschließlich des Schutzes vor und der Abwehr von Gefahren für die öffentliche Sicherheit oder Ordnung, zuständig ist, oder
   b) eine andere Stelle oder Einrichtung, der durch das nationale Recht die Ausübung öffentlicher Gewalt und hoheitlicher Befugnisse zur Verhütung, Ermittlung, Aufdeckung oder Verfolgung von Straftaten oder zur Strafvollstreckung, einschließlich des Schutzes vor und der Abwehr von Gefahren für die öffentliche Sicherheit oder Ordnung, übertragen wurde,
9. „Verantwortlicher“ die zuständige Behörde, die allein oder gemeinsam mit anderen über die Zwecke und Mittel der Verarbeitung von personenbezogenen Daten entscheidet,
10. „Auftragsverarbeiter“ eine natürliche oder juristische Person, Behörde, Einrichtung oder andere Stelle, die personenbezogene Daten im Auftrag des Verantwortlichen verarbeitet,
11. „Empfänger“ eine natürliche oder juristische Person, Behörde, Einrichtung oder andere Stelle, der personenbezogene Daten offengelegt werden, unabhängig davon, ob es sich bei ihr um einen Dritten handelt oder nicht; Behörden, die im Rahmen eines bestimmten Untersuchungsauftrags nach dem Unionsrecht oder anderen Rechtsvorschriften personenbezogene Daten erhalten, gelten jedoch nicht als Empfänger; die Verarbeitung dieser

Daten durch die genannten Behörden erfolgt im Einklang mit den geltenden Datenschutzvorschriften gemäß den Zwecken der Verarbeitung,

12. „Verletzung des Schutzes personenbezogener Daten" eine Verletzung der Sicherheit, die zur unbeabsichtigten oder unrechtmäßigen Vernichtung, zum Verlust, zur Veränderung oder zur unbefugten Offenlegung von oder zum unbefugten Zugang zu personenbezogenen Daten geführt hat, die verarbeitet wurden,
13. „genetische Daten" personenbezogene Daten zu den ererbten oder erworbenen genetischen Eigenschaften einer natürlichen Person, die eindeutige Informationen über die Physiologie oder die Gesundheit dieser Person liefern, insbesondere solche, die aus der Analyse einer biologischen Probe der Person gewonnen wurden,
14. „biometrische Daten" mit speziellen technischen Verfahren gewonnene personenbezogene Daten zu den physischen, physiologischen oder verhaltenstypischen Merkmalen einer natürlichen Person, die die eindeutige Identifizierung dieser natürlichen Person ermöglichen oder bestätigen, insbesondere Gesichtsbilder oder daktyloskopische Daten,
15. „Gesundheitsdaten" personenbezogene Daten, die sich auf die körperliche oder geistige Gesundheit einer natürlichen Person, einschließlich der Erbringung von Gesundheitsdienstleistungen, beziehen und aus denen Informationen über deren Gesundheitszustand hervorgehen,
16. „Aufsichtsbehörde" ist die oder der Landesbeauftragte für Datenschutz und Informationsfreiheit gemäß § 60 dieses Gesetzes,
17. „internationale Organisation" eine völkerrechtliche Organisation und ihre nachgeordneten Stellen sowie jede sonstige Einrichtung, die durch eine von zwei oder mehr Staaten geschlossene Übereinkunft oder auf der Grundlage einer solchen Übereinkunft geschaffen wurde,
18. „besondere Kategorien personenbezogener Daten"
    a) Daten, aus denen die rassische oder ethnische Herkunft, politische Meinungen, religiöse oder weltanschauliche Überzeugung oder die Gewerkschaftszugehörigkeit hervorgehen,
    b) genetische Daten,
    c) biometrische Daten zur eindeutigen Identifizierung einer natürlichen Person,
    d) Gesundheitsdaten und
    e) Daten zum Sexualleben oder zur sexuellen Orientierung,
19. „Einwilligung" jede freiwillig für den bestimmten Fall, in informierter Weise und unmissverständlich abgegebene Willensbekundung in Form einer Erklärung oder einer sonstigen eindeutigen bestätigenden Handlung, mit der die betroffene Person zu verstehen gibt, dass sie mit der Verarbeitung der sie betreffenden personenbezogenen Daten einverstanden ist,
20. „öffentliche Stellen" sind die Behörden, die Organe der Rechtspflege und andere öffentlich-rechtlich organisierte Einrichtungen eines Landes, einer Gemeinde, eines Gemeindeverbandes oder sonstiger der Aufsicht des Landes unterstehender juristischer Personen des öffentlichen Rechts sowie deren Vereinigungen ungeachtet ihrer Rechtsform.

Verwandte Norm JI-RL:

Artikel 3 Begriffsbestimmungen

Im Sinne dieser Richtlinie bezeichnet der Ausdruck:

1. „personenbezogene Daten“ alle Informationen, die sich auf eine identifizierte oder identifizierbare natürliche Person (im Folgenden „betroffene Person“) beziehen; als identifizierbar wird eine natürliche Person angesehen, die direkt oder indirekt, insbesondere mittels Zuordnung zu einer Kennung wie einem Namen, zu einer Kennnummer, zu Standortdaten, zu einer Online-Kennung oder zu einem oder mehreren besonderen Merkmalen, die Ausdruck der physischen, physiologischen, genetischen, psychischen, wirtschaftlichen, kulturellen oder sozialen Identität dieser natürlichen Person sind, identifiziert werden kann;
2. „Verarbeitung“ jeden mit oder ohne Hilfe automatisierter Verfahren ausgeführten Vorgang oder jede solche Vorgangsreihe im Zusammenhang mit personenbezogenen Daten wie das Erheben, das Erfassen, die Organisation, das Ordnen, die Speicherung, die Anpassung oder Veränderung, das Auslesen, das Abfragen, die Verwendung, die Offenlegung durch Übermittlung, Verbreitung oder eine andere Form der Bereitstellung, den Abgleich oder die Verknüpfung, die Einschränkung, das Löschen oder die Vernichtung;
3. „Einschränkung der Verarbeitung“ die Markierung gespeicherter personenbezogener Daten mit dem Ziel, ihre künftige Verarbeitung einzuschränken;
4. „Profiling“ jede Art der automatisierten Verarbeitung personenbezogener Daten, die darin besteht, dass diese personenbezogenen Daten verwendet werden, um bestimmte persönliche Aspekte, die sich auf eine natürliche Person beziehen, zu bewerten, insbesondere um Aspekte bezüglich Arbeitsleistung, wirtschaftliche Lage, Gesundheit, persönliche Vorlieben, Interessen, Zuverlässigkeit, Verhalten, Aufenthaltsort oder Ortswechsel dieser natürlichen Person zu analysieren oder vorherzusagen;
5. „Pseudonymisierung“ die Verarbeitung personenbezogener Daten in einer Weise, dass die personenbezogenen Daten ohne Hinzuziehung zusätzlicher Informationen nicht mehr einer spezifischen betroffenen Person zugeordnet werden können, sofern diese zusätzlichen Informationen gesondert aufbewahrt werden und technischen und organisatorischen Maßnahmen unterliegen, die gewährleisten, dass die personenbezogenen Daten nicht einer identifizierten oder identifizierbaren natürlichen Person zugewiesen werden;
6. „Dateisystem“ jede strukturierte Sammlung personenbezogener Daten, die nach bestimmten Kriterien zugänglich sind, unabhängig davon, ob diese Sammlung zentral, dezentral oder nach funktionalen oder geografischen Gesichtspunkten geordnet geführt wird;
7. „zuständige Behörde“
   a) eine staatliche Stelle, die für die Verhütung, Ermittlung, Aufdeckung oder Verfolgung von Straftaten oder die Strafvollstreckung, einschließlich des Schutzes vor und der Abwehr von Gefahren für die öffentliche Sicherheit, zuständig ist, oder
   b) eine andere Stelle oder Einrichtung, der durch das Recht der Mitgliedstaaten die Ausübung öffentlicher Gewalt und hoheitlicher Befugnisse zur Verhütung, Ermittlung, Aufdeckung oder Verfolgung von Straftaten oder zur Strafvollstreckung, einschließlich des Schutzes vor und der Abwehr von Gefahren für die öffentliche Sicherheit, übertragen wurde;
8. „Verantwortlicher“ die zuständige Behörde, die allein oder gemeinsam mit anderen über die Zwecke und Mittel der Verarbeitung von personenbezogenen Daten entscheidet; sind die Zwecke und Mittel dieser Verarbeitung durch das Unionsrecht oder das Recht der Mitgliedstaaten vorgegeben, so kann der Verantwortliche beziehungsweise können die bestimmten Kriterien seiner Benennung nach dem Unionsrecht oder dem Recht der Mitgliedstaaten vorgesehen werden;
9. „Auftragsverarbeiter“ eine natürliche oder juristische Person, Behörde, Einrichtung oder andere Stelle, die personenbezogene Daten im Auftrag des Verantwortlichen verarbeitet;

10. „Empfänger" eine natürliche oder juristische Person, Behörde, Einrichtung oder andere Stelle, denen personenbezogene Daten offengelegt werden, unabhängig davon, ob es sich bei ihr um einen Dritten handelt oder nicht. Behörden, die im Rahmen eines bestimmten Untersuchungsauftrags nach dem Recht der Mitgliedstaaten möglicherweise personenbezogene Daten erhalten, gelten jedoch nicht als Empfänger; die Verarbeitung dieser Daten durch die genannten Behörden erfolgt im Einklang mit den geltenden Datenschutzvorschriften gemäß den Zwecken der Verarbeitung;
11. „Verletzung des Schutzes personenbezogener Daten" eine Verletzung der Sicherheit, die zur Vernichtung, zum Verlust oder zur Veränderung, ob unbeabsichtigt oder unrechtmäßig, oder zur unbefugten Offenlegung von beziehungsweise zum unbefugten Zugang zu personenbezogenen Daten führt, die übermittelt, gespeichert oder auf sonstige Weise verarbeitet wurden;
12. „genetische Daten" personenbezogene Daten zu den ererbten oder erworbenen genetischen Eigenschaften einer natürlichen Person, die eindeutige Informationen über die Physiologie oder die Gesundheit dieser natürlichen Person liefern und insbesondere aus der Analyse einer biologischen Probe der betreffenden natürlichen Person gewonnen wurden;
13. „biometrische Daten" mit speziellen technischen Verfahren gewonnene personenbezogene Daten zu den physischen, physiologischen oder verhaltenstypischen Merkmalen einer natürlichen Person, die die eindeutige Identifizierung dieser natürlichen Person ermöglichen oder bestätigen, wie Gesichtsbilder oder daktyloskopische Daten;
14. „Gesundheitsdaten" personenbezogene Daten, die sich auf die körperliche oder geistige Gesundheit einer natürlichen Person, einschließlich der Erbringung von Gesundheitsdienstleistungen, beziehen und aus denen Informationen über deren Gesundheitszustand hervorgehen;
15. „Aufsichtsbehörde" eine von einem Mitgliedstaat gemäß Artikel 41 eingerichtete unabhängige staatliche Stelle;
16. „internationale Organisation" eine völkerrechtliche Organisation und ihre nachgeordneten Stellen oder jede sonstige Einrichtung, die durch eine zwischen zwei oder mehr Ländern geschlossene Übereinkunft oder auf der Grundlage einer solchen Übereinkunft geschaffen wurde.

Kurzübersicht zum Verhältnis der entscheidenden Normen			
Norm des DSG NRW	Entsprechende Norm der JI-RL	Entsprechende Norm des BDSG	Entsprechende Norm der DS-GVO
§ 36 DSG NRW	Art. 3 JI-RL	§ 46 BDSG	Art. 4 DS-GVO

Literatur:

Petri, Biometrie in der polizeilichen Ermittlungsarbeit am Beispiel der automatisierten Gesichtserkennung, GSZ 2018, 144; *Pieper*, Grundstrukturen des verfassungsrechtlichen Datenschutzes – Zum Schutz personenbezogener Daten durch die Grundrechte des Grundgesetzes bei Maßnahmen der Gefahrenabwehr, JA 2018, 568; *Schwichtenberg*, Die „kleine Schwester" der DSGVO: Die Richtlinie zur Datenverarbeitung bei Polizei und Justiz, DuD 2016, 605; *Weinhold*, RL zum Datenschutz für Polizei und Justiz – Überblick und Umsetzung, ZD-aktuell 2017, 05451; *Wysk*, Tausche Freiheit gegen Sicherheit? Die polizeiliche Videoüberwachung im Visier des Datenschutzes, VerwArch 2018, 141.

Ergänzend wurde Literatur zur DS-GVO und zum BDSG herangezogen: *Arens*, Postmortaler Datenschutz und die Datenschutz-Grundverordnung, RDV 2018, 127; *Arning/Forgó/Krüger*, Datenschutzrechtliche Aspekte der Forschung mit genetischen Daten, DuD 2006, 700; *Art. 29-Datenschutzgruppe*, Datenschutzfragen im Zusammenhang mit der RFID-Technik, Arbeitspapier 105 vom 19.1.2005; *Art. 29-Datenschutz-*

gruppe, Leitfaden zu Profiling und automatisierter Einzelfallentscheidung, Arbeitspapier 251 vom 3.10.2017; *Art. 29-Datenschutzgruppe,* Stellungnahme 4/2007 zum Begriff „personenbezogene Daten", Arbeitspapier 136 vom 20.6.2007; *Art. 29-Datenschutzgruppe,* Stellungnahme 1/2010 zu den Begriffen „für die Verarbeitung Verantwortlicher" und „Auftragsverarbeiter", Arbeitspapier 169 vom 16.2.2010; *Bergt,* Die Bestimmbarkeit als Grundproblem des Datenschutzrechts, ZD 2015, 365; *Brink/Eckhardt,* Wann ist ein Datum ein personenbezogenes Datum? Anwendungsbereich des Datenschutzrechts, ZD 2015, 205; *Dotzler,* Eine datenschutzrechtlich motivierte Untersuchung Tippverhalten basierender Authentifizierungssysteme, DuD 2011, 192; *Dovas,* Joint Controllership – Möglichkeiten oder Risiken der Datennutzung, ZD 2016, 512; *Forgó/Krügel,* Der Personenbezug von Geodaten – Cui bono, wenn alles bestimmbar ist?, MMR 2010, 17; *Hansen/Walczak,* Pseudonymsierung à la DS-GVO und verwandte Methoden, RDV 2019, 53; *Hardenberg,* Genetische Gesundheitsdaten in der Individualisierten Medizin, ZD 2014, 115; *Hornung/Wagner,* Der schleichende Personenbezug, CR 2019, 565; *Hofmann/Johannes,* DS-GVO: Anleitung zur autonomen Auslegung des Personenbezugs, ZD 2017, 221; *Karg,* Die Rechtsfigur des personenbezogenen Datums, ZD 2012, 255; *Klein,* Zu datenschutzrechtlichen Relevanz des Scorings von Kreditrisiken, BKR 2003, 488; *Kirchberg-Lennartz/Weber,* Ist die IP-Adresse ein personenbezogenes Datum?, DuD 2010, 479; *Krügel,* Das personenbezogene Datum nach der DS-GVO, ZD 2017, 455; *Krüger/Maucher,* Ist die IP-Adresse wirklich ein personenbezogenes Datum? – Ein falscher Trend mit großen Auswirkungen für die Praxis, MMR 2011, 433; *v. Lewinski,* Kaufleute im Schutzbereich des BDSG, DuD 2000, 39; *Meyerdierks,* Sind IP-Adressen personenbezogene Daten?, MMR 2008, 8; *Müthlein,* ADV 5.0 – Neugestaltung der Auftragsdatenverarbeitung in Deutschland, RDV 2016, 74; *Pahlen-Brandt,* Datenschutz braucht scharfe Instrumente – Beitrag zur Diskussion um „personenbezogene Daten", DuD 2008, 34; *Roßnagel,* Psuedonymisierung personenbezogener Daten, ZD 2018, 243; *Roßnagel/Scholz,* Datenschutz durch Anonymität und Pseudonymität – Rechtsfolgen der Verwendung anonymer und pseudonymer Daten, MMR 2000, 721; *Schmitz/Dall'Armi,* Auftragsdatenverarbeitung in der DS-GVO – das Ende der Privilegierung, ZD 2016, 427; *Specht/Müller-Riemenschneider,* Dynamische IP-Adressen: Personenbezogene Daten für den Webseitenbetreiber? – Aktueller Stand der Diskussion um den Personenbezug, ZD 2014, 71; *Spilker,* Postmortaler Datenschutz, DÖV 2015, 54; *Spindler,* Die neue EU-Datenschutz-Grundverordnung, DB 2016, 937; *Tillenburg,* Stimmt die Stimme?, DuD 2011, 197; *Weichert,* Der Schutz genetischer Informationen, DuD 2002, 133; *Weichert,* Scoring meets Datenschutz, DuD 2006, 399; *Weichert,* Der Personenbezug von Geodaten, DuD 2007, 17; *Wójtowicz/Cebulla,* Anonymisierung nach der DSGVO, PinG 2017, 186.

A. Grundlagen

I. Gesamtverständnis, Zweck der Norm und Verhältnis zu anderen Normen

1 Mit § 36 werden die Begriffsbestimmungen des **Art. 3 JI-RL** in das Landesrecht umgesetzt. Der Bundesgesetzgeber hat Art. 3 JI-RL mit § 46 BDSG in das Bundesrecht umgesetzt.[1] Die Begriffsbestimmungen des § 36 sind ausschließlich auf Sachverhalte anwendbar, die in den Anwendungsbereich der JI-RL fallen, die im 3. Teil des DSG NRW (§§ 35 bis 69) umgesetzt ist. Der Anwendungsbereich des 3. Teils ist in § 35 definiert und umfasst die Verarbeitung personenbezogener Daten durch die zuständigen Behörden zum Zwecke der Verhütung, Ermittlung, Aufdeckung oder Verfolgung von Straftaten oder der Strafverfolgung, einschließlich des Schutzes vor und der Abwehr von Gefahren für die öffentliche Sicherheit oder Ordnung (vgl. Art. 1 Abs. 1 JI-RL). Auf Sachverhalte, die nicht in diesen Bereich oder in den Anwendungsbereich der DS-GVO fallen, können die Begriffsbestimmungen des § 36 nicht angewendet werden, weder direkt noch indirekt.[2]

2 Im Unterschied zur unmittelbar geltenden DS-GVO mit der zentralen Definitionsnorm des Art. 4 DS-GVO[3] wird im Anwendungsbereich der JI-RL die Umsetzung der Begriffsdefinitionen in nationales Recht erforderlich. Die Anzahl der Begriffsbestimmungen in § 36 ist kürzer als die Anzahl der Begriffsbestimmungen in Art. 4 DS-GVO, weil im Anwendungsbereich der JI-RL Begriffe nicht benötigt werden, die bei der Verarbeitung personenbezogener Daten durch Unternehmen oder andere nicht-öffentliche (private) Stellen relevant sind und in Art. 4 DS-GVO definiert werden.[4]

3 Die im 1. Teil des DSG NRW unter den „Allgemeine Bestimmungen“ definierten Begriffe „Anonymisieren“ (§ 4) und „öffentliche Stelle“ (§ 5 Abs. 1), die der gesetzgeberischen Systematik des Klammerprinzips folgend ergänzend zu § 36 auch im Bereich des 3. Teils des DSG NRW anwendbar wären, finden im 3. Teil des DSG NRW jedoch wider Erwarten keine Anwendung, da § 36 stattdessen in Nr. 6 eine eigene (aber mit § 4 wortgleiche) Definition des Begriffs „Anonymisieren“ (→ Rn. 72) und in Nr. 20 eine eigene (aber mit § 5 Abs. 1 wortgleiche) Definition des Begriffs „öffentliche Stelle“ (→ Rn. 125) enthält. Diese

1 *Eßer* in Auernhammer § 46 Rn. 1 ff.; *Schulz* in Gola/Heckmann BDSG § 46 Rn. 1 ff.
2 *Johannes/Weinhold* Das neue DSR bei Polizei und Justiz Rn. 120; vgl. zu § 46 BDSG entsprechend: *Schulz* in Gola/Heckmann BDSG § 46 Rn. 3.
3 *Eßer* in Auernhammer DS-GVO Art. 4 Rn. 1.
4 *Herbst* in Auernhammer JI-RL Rn. 16.

Dopplung hätte angesichts der ohnehin hohen Anzahl von Definition im Datenschutzrecht gesetzgeberisch vermieden werden können.[5]

4 Wie bereits bei der Umsetzung des Art. 3 JI-RL mit § 46 BDSG[6] im Bundesrecht, sind auch die Begriffsbestimmungen des § 36 weitgehend wortgleich mit den in Art. 3 JI-RL und Art. 4 DS-GVO enthaltenen Definitionen. Die Wiederholungen des Wortlauts aus Art. 3 JI-RL begegnen keinen europarechtlichen Bedenken und sind zur Umsetzung der JI-RL erforderlich.

5 Teilweise sind die neuen Begriffsbestimmungen sehr nah an den bereits aus den Vorgängerregelungen (zB § 3 DSG NRW aF) bekannten Formulierungen gehalten (zB „personenbezogenen Daten", „Pseudonymisieren", „Anonymisieren", „Empfänger"), womit auch das **bisherige Verständnis** der zu definierenden Begrifflichkeit weitgehend aufrechterhalten werden und auf bestehende Literatur zurückgegriffen werden kann und damit allerdings auch bestehende Unklarheiten oder offene Fragen fortbestehen.[7]

6 Neben Wiederholungen des Wortlauts nutzt der Landesgesetzgeber seinen **Gestaltungsspielraum** für vereinzelte Abweichungen, Ergänzungen und Konkretisierungen in § 36. Die Abweichungen, Ergänzungen und Konkretisierungen werden in der nachstehenden Tabelle dargestellt und im folgenden Abschnitt B. (Kommentierung im Einzelnen, → Rn. 9 ff.) erläutert:

Begriffsbestimmung	§ 36 DSG NRW Nummer	Art. 3 JIRL Nummer	Art. 4 DS-GVO Nummer
Personenbezogene Daten	1	1	1
Verarbeitung	2	2	2
Einschränkung der Verarbeitung	3	3	3
Profiling	4	4	4
Pseudonymisierung	5	5	5
Anonymisierung	6	-	*(ErwG 26 Satz 5)*
Dateisystem	7	6	6
Zuständige Behörde	8	7	-
Verantwortlicher	9*	8	7
Auftragsverarbeiter	10	9	8
Empfänger	11	10	9
Verletzung des Schutzes personenbezogener Daten	12	11	12
Genetische Daten	13	12	13
Biometrische Daten	14	13	14

5 Beispielsweise indem § 67 Begriffsbestimmungen des 1. Teils des DSG im 3. Teil des DSG NRW für anwendbar erklärt.
6 *Eßer* in Auernhammer BDSG § 46 Rn. 1.
7 Vgl. zur DS-GVO: *Ernst* in Paal/Pauly DS-GVO Art. 4 Rn. 2; *Eßer* in Auernhammer DS-GVO Art. 4 Rn. 2.

Begriffsbestimmung	§ 36 DSG NRW Nummer	Art. 3 JIRL Nummer	Art. 4 DS-GVO Nummer
Gesundheitsdaten	15	14	15
Aufsichtsbehörde	16*	15	21
Internationale Organisation	17	16	26
Besondere Kategorien personenbezogener Daten	18	*(Art. 10 JI-RL)*	*(Art. 9 Abs. 1 DS-GVO)*
Einwilligung	19	-	11
Öffentliche Stellen	20	-	-

* Keine vollständige Übereinstimmung mit dem Wortlaut der JI-RL.

II. Bisherige Rechtslage

7 Hinsichtlich der Begriffsbestimmungen unterscheidet sich die mit der DS-GVO und der JI-RL sowie ihren Durchführungs- und Umsetzungsgesetzen seit dem 25.5.2018 geltende Rechtslage von der bisherigen Rechtslage (§ 3 DSG NRW aF)[8] vor allem durch die nunmehr insgesamt **größere Anzahl** an Begriffsbestimmungen. Darin spiegelt sich nicht zuletzt die **höhere Komplexität** des Datenschutzrechts wider. Zum einen gelten für Verarbeitungen, die in den Anwendungsbereich der DS-GVO fallen die 26 Begriffsbestimmungen in **Art. 4 DS-GVO** (und die weiteren Begriffsbestimmungen der DS-GVO zB in den **Art. 5 DS-GVO** (Verarbeitungsgrundsätze), **Art. 51 Abs. 1 DS-GVO** (Aufsichtsbehörde) und **Art. 68 Abs. 1 DS-GVO** (europäischer Datenschutzausschuss)) [9] und die Begriffsbestimmungen des **§ 4 DSG NRW** (Anonymisieren), **§ 5 Abs. 1, 2 DSG NRW** (öffentliche Stelle), **§ 19 Abs. 2 DSG NRW** (Videoüberwachung). Zum anderen gelten für Verarbeitungen im Anwendungsbereich der JI-RL, umgesetzt im 3. Teil des DSG NRW (§§ 35 bis 69), die 20 Begriffsbestimmungen des § 36.

8 Art. 3 JI-RL führt die im Unterschied zu bisherigen Rechtslage **neu oder abweichend definierten Begriffe** „Profiling" (Art. 3 Nr. 4 JI-RL) und „biometrische Daten" (Art. 3 Nr. 13 JI-RL) für Verarbeitungen im Anwendungsbereich des 3. Teil des DSG NRW ein.[10] Der Begriff „Akte" (§ 3 Abs. 6 DSG NRW aF) ist in § 36 nicht mehr definiert.

B. Kommentierung

I. Personenbezogene Daten (Nr. 1)

9 Personenbezogene Daten (Einzahl: Datum) sind alle Informationen, die sich auf eine **identifizierte oder identifizierbare natürliche Person**, die sogenannte **betrof-**

8 Im Vergleich zu § 3 DSG NRW alte Fassung enthält § 36 mit Begriffsbestimmungen in 20 Nummern mehr Begriffsbestimmungen als § 3 DSG NRW aF, der in sieben Absätzen je eine Begriffsbestimmung und in einem Absatz (Absatz 2) acht Begriffsbestimmungen, also insgesamt 15 Begriffsbestimmungen enthielt.
9 Vgl. zu den weiteren Begriffsbestimmungen in der DS-GVO: *Eßer* in Auernhammer DS-GVO Art. 4 Rn. 2, 5.
10 *Johannes/Weinhold* Das neue DSR bei Polizei und Justiz Rn. 118.

fene Person (oder kurz: den Betroffenen) beziehen. Natürliche Personen sind alle Menschen, unabhängig von ihrer Staatsangehörigkeit oder von der Unionsbürgerschaft.[11] Der Begriff ist von zentraler Bedeutung für das Verständnis des gesamten Datenschutzrechts und die Anwendung des DSG NRW, dessen Ziel es nach § 1 Abs. 1 iVm Art. 1 Abs. 1 DS-GVO ist, die Betroffenen bei der Verarbeitung ihrer personenbezogenen Daten zu schützen.

10 § 36 Nr. 1 geht von einem **sehr weiten Verständnis** personenbezogener Daten aus und bezieht ausdrücklich „alle Informationen" mit Personenbezug in den Schutzbereich ein.[12] Dies war bereits unter der bisherigen Rechtslage der Fall (vgl. ua auch Art. 2 lit. a DSRL, RL (EG) 95/46, die mit Art. 94 Abs. 1 DS-GVO zum 25.5.2018 aufgehoben wurde) und entspricht auch dem allgemeinen Verständnis von Art. 4 Nr. 1 DS-GVO.

11 Die Informationen können **in jedem denkbaren Format** (alphabetischer, numerischer, grafischer, fotografischer, akustischer oder sonstiger Form) vorliegen und **auf beliebigen Datenträgern** gespeichert sein.[13] Der Begriff ist somit **technikneutral** und bezieht selbst künftige Formate und Speicherformen mit ein.[14]

12 Abzugrenzen sind personenbezogene Daten von sog. **Sachdaten,** die sich nicht auf eine Person beziehen, sondern eine Sache, zB „die Farbe des Buches ist blau" oder „Stadt A hat XY Einwohner".[15] Für Sachdaten ist der Anwendungsbereich des 3. Teils des DSG NRW nach § 35 nicht eröffnet. Eine Information ist dann kein Sachdatum, sondern ein personenbezogenes Datum, wenn ein **Inhaltselement** oder ein **Zweckelement** oder ein **Ergebniselement** mit Personenbezug vorliegt.[16]

13 Ein Inhaltselement ist immer dann vorhanden, wenn **Daten über eine bestimmte Person** gegeben werden, und zwar unabhängig vom Zweck oder von den Auswirkungen dieser Daten auf die betroffene Person. Daten „beziehen" sich auf eine Person, wenn es sich um Daten „über" diese Person handelt. Ein Zweckelement ist gegeben, wenn die Daten unter Berücksichtigung aller Begleitumstände mit dem Zweck verwendet werden bzw. verwendet werden könnten, eine Person **zu beurteilen, in einer bestimmten Weise zu behandeln oder ihre Stellung oder ihr Verhalten zu beeinflussen.** Als Ergebniselement können Daten angesehen werden, weil sich ihre Verwendung unter Berücksichtigung aller jeweiligen Begleitumstände **auf die Rechte und Interessen einer bestimmten Person auswirken könnte.** Es ist bereits ausreichend, wenn die Person aufgrund der Verarbeitung solcher Informationen anders als andere Personen behandelt werden könnte.[17]

---

11 Vgl. *Ziebarth* in Sydow DS-GVO Art. 4 Rn. 10.

12 Vgl. *Klar/Kühling* in Kühling/Buchner DS-GVO Art. 4 Nr. 1 Rn. 8; Stellungnahme 4/2007 der Artikel-29-Datenschutzgruppe vom 20.6.2007, WP 136, 7; *Schreiber* in Plath DS-GVO Art. 4 Rn. 8.

13 Vgl. Stellungnahme 4/2007 der Artikel-29-Datenschutzgruppe vom 20.6.2007, WP 136, 8.

14 Vgl. *Eßer* in Auernhammer DS-GVO Art. 4 Rn. 8.

15 Vgl. *Klar/Kühling* in Kühling/Buchner DS-GVO Art. 4 Nr. 1 Rn. 12 ff.

16 Stellungnahme 4/2007 der Artikel-29-Datenschutzgruppe vom 20.6.2007, WP 136, 11; *Klar/Kühling* in Kühling/Buchner DS-GVO Art. 4 Nr. 1 Rn. 14; *Klabunde* in Ehmann/Selmayr DS-GVO Art. 4 Rn. 7 f.

17 Stellungnahme 4/2007 der Artikel-29-Datenschutzgruppe vom 20.6.2007, WP 136, 11 (13).

14 Auf den **Wahrheitsgehalt** der Daten kommt es für die Einordnung als personenbezogenes Datum nicht an.[18] Auch die Zuordnung einer von vorneherein oder erst nach weiteren Ermittlungen als unrichtig erkannten Information ist ein personenbezogenes Datum, weil sie zu jedem Zeitpunkt eine Aussage zu einer Person enthält.

1. Juristische Personen

15 Geschützt sind natürliche Personen und **keine juristischen Personen**.[19] Nicht geschützt sind auch **Personengemeinschaften** und -gruppen, wie zB **offene Handelsgesellschaften**, **Wohngemeinschaften** (Haushalte), **Vereine**[20] oder **Bürgerinitiativen**. Allerdings besteht hier der wichtige Unterschied, dass diese Gemeinschaften sehr viel stärker durch natürliche Personen, nämlich ihre Mitglieder, verkörpert werden, die bezüglich aller ihrer Einzelangaben als natürliche Person unter § 36 Nr. 1 fallen; so sind zB Informationen über Haushalte, gekennzeichnet durch die Namen der Haushaltsangehörigen, oder die Ein-Personen-Gesellschaft,[21] gekennzeichnet durch die dahinter stehende natürliche Person, geschützte personenbezogene Daten. In diesen Konstellationen können die Informationen zu Personengemeinschaften oder zu juristischen Personen im Einzelfall auf natürliche Personen durchlagen und zu den personenbezogenen Daten nach Art. 4 Nr. 1 zählen.[22] Voraussetzung dafür ist, dass eine oder mehrere Personen **identifiziert oder identifizierbar** sind, auf die sich die Informationen beziehen lassen. Im Übrigen werden Informationen über natürliche Personen, soweit sie als Mitglieder oder Organe von juristischen Personen wie Gesellschafter, Vorstandsmitglieder, Geschäftsführer usw tätig werden, ebenfalls von § 36 Nr. 1 erfasst.[23] Juristische Personen sind, auch wenn sie selbst nicht geschützt sind, Normadressaten der DSG NRW und ggf. weiterer Datenschutzgesetze und müssen diese als zuständige Behörde (Nr. 8, → Rn. 79 ff.), Verantwortliche (Nr. 9, → Rn. 83 ff.) oder Auftragsverarbeiter (Nr. 10, → Rn. 88 f.) soweit einschlägig beachten.

2. Verstorbene (postmortaler Datenschutz)

16 Daten Verstorbener (**postmortaler Datenschutz**) werden nicht geschützt.[24] Angaben zu Verstorbenen können jedoch **im Einzelfall zugleich Angaben zu lebenden natürlichen Personen** sein, zB Angaben zum Vermögen des Erblassers hinsichtlich der Erben oder Angaben zu Erbkrankheiten[25] oder Verwandtschaftsverhältnissen und als solche von § 36 Nr. 1 erfasst sein.[26]

---

18 Vgl. *Klabunde* in Ehmann/Selmayr DS-GVO Art. 4 Rn. 7; *Ziebarth* in Sydow DS-GVO Art. 4 Rn. 41 weist zu Recht auf eine höhere Eingriffsintensität hin, wenn falsche Angaben verarbeitet werden.

19 *Schreiber* in Plath DS-GVO Art. 4 Rn. 4; *Ernst* in Paal/Pauly DS-GVO Art. 4 Rn. 4 f.

20 *Ernst* in Paal/Pauly DS-GVO Art. 4 Rn. 5.

21 *Ziebarth* in Sydow DS-GVO Art. 4 Rn. 13 mwN; *Weichert* in Däubler/Wedde/Weichert/Sommer DS-GVO Art. 4 Rn. 14; *Karg* in Simitis/Hornung/Spiecker DS-GVO Art. 4 Nr. 1 Rn. 44.

22 *Schwartmann/Mühlenbeck* in HK-DS-GVO/BDSG Art. 4 Rn. 11.

23 Vgl. *Schneider* Datenschutz S. 92.

24 Vgl. *Eßer* in Auernhammer DS-GVO Art. 4 Rn. 13.

25 *Arning/Rothkegel* in Taeger/Gabel DS-GVO Art. 4 Rn. 18.

26 *Schwartmann/Mühlenbeck* in HK-DS-GVO/BDSG Art. 4 Rn. 12; *Schild* in Wolff/Brink BeckOK DatenschutzR Art. 4 Rn. 11; vgl. *Schneider* Datenschutz S. 92; zu Rechten im Zusammenhang mit dem sog. Digitalen Nachlass s. LG Berlin Urt. v.

17 Allgemeine Regelungen zum postmortalen Datenschutz kennt das nationale Datenschutzrecht jedoch nicht. Der Bundesgesetzgeber hat den postmortalen Datenschutz teilweise bereichsspezifisch geregelt, zB für den Bereich der Abgabenordnung (§ 2 a Abs. 5 Nr. 1 AO) und im Bereich des Sozialdatenschutzes (§ 35 Abs. 2 SGB I).

3. Identifizierte oder identifizierbare Person

18 Die Verwendung der Begriffe identifizierte oder identifizierbare natürliche Person in § 36 Nr. 1 beinhaltet im Vergleich zu den Begriffen **bestimmt** und **bestimmbar** in der Vorgängerregelung § 3 Abs. 1 DSG NRW aF oder in Art. 2 lit. a DSRL[27] keine inhaltliche Änderung. In der englischsprachigen Fassung der JI-RL und der DS-GVO sind die Begriffe identisch („*identified or identifiable*").[28]

19 Es ist in der Regel ohne Schwierigkeiten erkennbar, ob eine Person identifiziert ist, beispielsweise wenn eine Person **namentlich benannt** wird, es sich um die Angaben in Ausweisdokumenten, namentlich bezeichneten Akten oder Erklärungen handelt. In diesen Fällen ist die Person aufgrund der **Namensangabe** identifiziert.[29]

20 Ob eine Person identifizierbar ist, richtet sich danach, ob sie direkt oder indirekt mittels Zuordnung zu einer Kennung (zB zu einem Namen, einer **Kennnummer**, zu **Standortdaten**, zu einer **Online-Kennung**) oder zu einem oder mehreren besonderen Merkmalen, die Ausdruck der psychischen, physiologischen, genetischen (ErwG 23 JI-RL), wirtschaftlichen, kulturellen oder sozialen Identität dieser Person sind, identifiziert werden kann. Wesentlich ist bei der Identifizierbarkeit, dass der Bezug zu einer konkreten Person erst durch Zuhilfenahme **zusätzlicher Kriterien oder Identifizierungsmerkmale** hergestellt werden kann, weil sich aus der Information selbst der Name einer Person nicht ergibt. Bei pseudonymisierten Daten (s. Nr. 5, → Rn. 68 ff.) ist der Betroffene für die Stelle, die das Pseudonym erstellt hat, identifizierbar, da diese Stelle das Pseudonym regelmäßig einer bestimmten Person zuordnen kann.[30]

21 Die Identifizierung kann sich nicht nur aus der Hinzuziehung einer Information ergeben, die die Identifizierung ermöglicht, sondern auch aus der **Kombination mehrerer Informationen**, die gemeinsam eine Identifizierung ermöglichen. Es gibt daher eine nicht abschließbar aufzählbare Anzahl von Kriterien, aus denen eine Person durch Hinzuziehung einer oder mehrerer weiterer Angaben identifizierbar ist. Von daher sind die in § 36 Nr. 1 Hs.. 2 genannte Beispiele, die eine Identifizierbarkeit ermöglichen, nicht abschließend zu verstehen.

4. Relative Identifizierbarkeit

22 Unterschiedlich beurteilt wird die Frage, inwieweit es für die Identifizierbarkeit (Bestimmbarkeit) auf die **Kenntnisse und Möglichkeiten der datenverarbeitenden Stelle** ankommt. Kann die verarbeitende Stelle aufgrund ihres Wissens (oder durch Erweiterung ihres Wissens mit verhältnismäßigem Aufwand an Arbeitskraft, Kosten und Zeit, zB durch Befragungen oder Berechnungen) Einzel-

---

17.12.2015 – 20 O 172/15, ZD 2016, 182–186; *Raue* ZEV 2017, 433 (437); *Klas/Möhrke-Sobolewski* NJW 2015, 3473 (3475).

27 Die DSRL wurde mit Art. 94 Abs. 1 DS-GVO zum 25.5.2018 aufgehoben.

28 Vgl. Art. 3 Nr. 1 JI-RL und Art. 4 Nr. 1 DS-GVO.

29 *Klar/Kühling* in Kühling/Buchner DS-GVO Art. 4 Nr. 1 Rn. 18.

30 Vgl. *Klabunde* in Ehmann/Selmayr DS-GVO Art. 4 Rn. 15.

angaben einer bestimmten Person zuordnen, handelt es sich um personenbezogene Daten. Kann die verarbeitende Stelle diese Zuordnung nicht vornehmen, ist der Betroffene nicht identifizierbar und die Einzelangaben stellen keine personenbezogenen Daten dar (sog. **relative Theorie** oder relativer Personenbezug).[31] Wesentlich für die relative Theorie ist, dass Einzelangaben für den Verantwortlichen mit bereits vorhandenem Zusatzwissen oder mittels Zusatzwissen, dass für ihn mit vernünftigem Aufwand (vgl. ErwG 21 JI-RL) und auf legale Weise beschaffbar ist, personenbezogene Daten darstellen können. Dagegen stellen dieselben Einzelangaben für eine andere Stelle, die nicht über das zur Zuordnung notwendige **Zusatzwissen** verfügt oder verfügen kann, keine personenbezogenen Daten dar. Demgegenüber stellt die absolute Betrachtung (sog. **objektive Theorie** oder absoluter Personenbezug)[32] nicht auf Zusatzwissen, Kenntnisse und Möglichkeiten der datenverarbeitenden Stelle ab, sondern geht bereits dann von der Identifizierbarkeit und von personenbezogenen Daten aus, wenn irgendeine Person (auch ein Dritter) die Zuordnung von Einzelangaben zu einer bestimmten Person vornehmen kann. Nach dieser objektiven Betrachtungsweise sind Einzelangaben dann entweder für alle Stellen personenbezogene Daten oder für keine Stelle. Auf jeweiliges Zusatzwissen der die Daten konkret verarbeitenden Stelle kommt es bei der objektiven Theorie nicht an. Dies ist nicht sachgerecht, so dass der relativen Theorie der Vorzug zu geben ist.[33] Von Bedeutung ist diese Diskussion unter anderem (aber nicht nur) für die Frage, ob IP-Adressen personenbezogene Daten sind oder nicht.[34] Zur IP-Adresse → Rn. 26 ff.

5. Einzelfälle personenbezogener Daten

a) E-Mail-Adressen

E-Mail-Adressen, die aus dem **Vornamen und Namen einer natürlichen Person,** 23
gefolgt von einer Domainbezeichnung bestehen (zB Vorname.Name@Domain.de), sind regelmäßig ohne Weiteres personenbezogen, soweit die Namensangabe von der datenverarbeitenden Stelle einer bestimmten Person zugeordnet

31 *Gola* in Gola DS-GVO Art. 4 Rn. 18; *Schild* in Wolff/Brink BeckOK DatenschutzR DS-GVO Art. 4 Rn. 18; vgl. ausführlich zur Thematik: *Arning/Rothkegel* in Taeger/Gabel DS-GVO Art. 4 Rn. 30 ff., 35; *Schwartmann/Mühlenbeck* in HK-DS-GVO/BDSG Art. 4 Rn. 126 ff., 27; *Karg* in Simitis/Hornung/Spiecker DS-GVO Art. 4 Nr. 1 Rn. 57 ff.; *Klar/Kühling* in Kühling/Buchner DS-GVO Art. 4 Nr. 1 Rn. 26 ff.; *Schreiber* in Plath DS-GVO Art. 4 Rn. 8; *Buchholtz/Stenzel* in Gierschmann/Schlender/Stentzel/Veil DS-GVO Art. 4 Nr. 1 Rn. 12; zum BDSG aF; *Schild* in Wolff/Brink BDSG aF § 3 Rn. 20; *Arning/Forgó/Krügel* DuD 2006, 700 (704); *Meyerdierks* MMR 2009, 8 (9 f.); *Roßnagel/Scholz* MMR 2000, 722 (723); LG Berlin MMR 2007, 799 (801); LG Frankenthal Beschl. v. 21.5.2008 – 6 O 156/08, MMR 2008, 687 (689); Prüfschritte zur Ermittlung des Personenbezugs zusammenfassend *Brink/Eckhardt* ZD 2015, 205 (211); auf den Identifizierungsaufwand abstellend *Bergt* ZD 2015, 365 ff.

32 *Weichert* in Däubler/Wedde/Weichert/Sommer DS-GVO Art. 4 Rn. 23 ff.; *Pahlen-Brandt* DuD 2008, 34; EuGH Urt. v. 24.11.2011 – C-70/10 – Scarlet Extended SA/Société belge des auteurs, compositeurs et éditeurs SCRL (SABAM), ZD 2012, 29 (32) mAnm *Meyerdierks*; vgl. *Karg* ZD 2012, 255 (256).

33 *Schwartmann/Mühlenbeck* in HK-DS-GVO/BDSG Art. 4 Rn. 22 ff., 27; kritisch zur relativen (und absoluten) Theorie: *Ziebarth* in Sydow DS-GVO Art. 4 Rn. 33 ff.; der relativen Theorie mit Einschränkungen folgend: *Arning/Rothkegel* in Taeger/Gabel DS-GVO Art. 4 Rn. 35.

34 *Ernst* in Paal/Pauly DS-GVO Art. 4 Rn. 11.

werden kann.[35] Bei **pseudonymisierten Emailadressen** kommt es nach dem relativen Ansatz der Identifizierbarkeit (→ Rn. 22 oben) darauf an, wer über das notwendige Wissen verfügt, die pseudonymisierte E-Mail-Adresse einer Person zuzuordnen. Für die Stelle, die dazu in der Lage ist, regelmäßig mindestens der E-Mail-Provider, ist die E-Mail-Adresse personenbezogen.[36] S. zur Pseudonymisierung allgemein auch unter → Rn. 68 ff.

b) Geodaten

24 Positionsdaten, zB GPS-Koordinaten, sind Sachdaten und **als solche nicht personenbezogen**. Sie können jedoch **durch einen Kontextbezug personenbezogen** werden,[37] zB die Positionsdaten eines Mobiltelefons, die den Aufenthaltsort des Anschlussinhabers dokumentieren. Durch das Anbringen eines GPS-Empfängers an das Auto von Zielpersonen durch einen Detektiv werden personenbezogene Daten der Zielpersonen erhoben.[38]

25 Ob ein Personenbezug der Geodaten vorliegt, kann anhand folgender Kriterien ermittelt werden: Sie werden personenbezogen verarbeitet (zB in einer Datenbank mit weiteren Daten zu einer Person), der Verantwortliche verfügt über Zusatzwissen, mit dem er die Geodaten einer Person zuordnen kann oder der Verantwortliche erhebt sie zu dem Zweck, sie einer Person zuzuordnen.[39]

c) IP-Adressen

26 IP-Adressen sind ein numerisches Adressformat, welches die Kommunikation vernetzter Geräte im Internet ermöglicht.[40] Statische IP-Adressen sind (im Unterschied zu **dynamischen IP-Adressen**) einem Endgerät im Internet (zB einem Rechner) fest zugeordnet. Der Personenbezug zum Inhaber des Endgeräts mit **statischer IP-Adresse** wird jedenfalls für den Access-Provider regelmäßig bejaht.[41]

27 Kontrovers diskutiert wird der Personenbezug von **dynamischen IP-Adressen,** denn diesen fehlt der feste Bezug zu einer Person, weil sie den Endgeräten durch die Access-Provider bei jedem Verbindungsaufbau (zeitliche Komponente) mit dem Internet neu zugeteilt werden.[42] Die deutschen Datenschutzaufsichtsbehör-

35 *Klar/Kühling* in Kühling/Buchner DS-GVO Art. 4 Nr. 1 Rn. 39 »sprechende« E-Mail-Adressen.
36 *Gola* in Gola DS-GVO Art. 4 Rn. 20; *Schaffland/Holthaus* in Schaffland/Wiltfang DS-GVO Art. 4 Rn. 42.
37 *Ernst* in Paal/Pauly DS-GVO Art. 4 Rn. 15; *Weichert* in Däubler/Wedde/Weichert/Sommer DS-GVO Art. 4 Rn. 33; *Schild* in Wolff/Brink BeckOK DatenschutzR DS-GVO Art. 4 Rn. 23, 26; ausführlich: *Krügel* ZD 2017, 455 (456ff.), 459 f.; *Forgó/Krügel* MMR 2010, 17 (22).
38 BGH Urt. v. 4.6.2013 – 1 StR 32/13, NJW 2013, 2530 ff.; *Cornelius* NJW 2013, 3340.
39 So *Krügel* ZD 2017, 455 (458).
40 Vgl. VG Wiesbaden Beschl. v. 27.2.2009 – 6 K 1045/08, DuD 2009, 251 (257).
41 Vgl. *Gola* in Gola DS-GVO Art. 4 Rn. 21; zum BDSG aF: *Gola/Schomerus* BDSG § 3 Rn. 10 a; *Weichert* in Däubler/Klebe/Wedde/Weichert BDSG § 3 Rn. 14; *Dammann* in Simitis BDSG § 3 Rn. 63; *Buchner* in Taeger/Gabel BDSG § 3 Rn. 17; *Schreiber* in Plath BDSG § 3 Rn. 20; *Schild* in BeckOK DAtenschutzR BDSG § 3 Rn. 21; vgl. LG Berlin Beschl. v. 27.2.2009 – 6 K 1045/08, DuD 2007, 853 (856 f.) = MMR 2007, 799 (801).
42 *Krüger/Maucher* MMR 2011, 433 ff. mit einem Überblick über den Meinungsstand; EuGH ZD 2012, 29 (32) mAnm *Meyerdierks*.

den werten dynamische IP-Adressen als personenbezogene Daten.[43] Wie im Zusammenhang mit der Frage der Bestimmbarkeit personenbezogener Daten erörtert (→ Rn. 22), ist dem relativen Ansatz der Vorzug zu geben.[44]

Die deutsche **Rechtsprechung zu dieser Frage war uneinheitlich** und ging teilweise von der Personenbezogenheit aus,[45] und teilweise macht sie die Personenbezogenheit entsprechend der relativen Theorie zur Bestimmbarkeit davon abhängig, ob die datenverarbeitende Stelle über das notwendige Wissen verfügt, um die dynamische IP-Adresse einer Person zuzuordnen.[46] In einer Vorlagefrage des BGH[47] an den EuGH hat der Generalanwalt in der Rechtssache Breyer gegen BRD[48] am 12.5.2016 vorgetragen, dass: „*… eine dynamische IP-Adresse, über die ein Nutzer die Internetseite eines Telemedienanbieters aufgerufen hat, für Letzteren ein „personenbezogenes Datum“ [ist], soweit ein Internetzugangsanbieter über weitere zusätzliche Daten verfügt, die in Verbindung mit der dynamischen IP-Adresse die Identifizierung des Nutzers ermöglichen.*“ Bezugspunkt des Vortrags war die mit § 36 Abs. 1 identische Definition in Art. 2 lit. a DSRL. Der EuGH ist dem Vortrag des Generalanwalts gefolgt.[49] Dies entspricht der hier vertretenen relativen Theorie, nach der die Identifizierbarkeit und damit der Personenbezug danach zu beurteilen ist, ob der Verantwortliche über Zusatzwissen zur Identifizierung verfügt oder nicht, bzw. solches Wissen mit vernünftigem Aufwand (vgl. ErwG 21 JI-RL) auf legale Weise beschaffen kann oder nicht.[50] Ist beides nicht der Fall, gelten die Informationen nicht als personenbezogen.[51] Danach sind dynamische IP-Adressen dann personenbezogene Daten, wenn die verarbeitende Stelle, zB der Content-Provider, über das notwendige Zusatzwissen verfügt, die IP-Adresse einer Person zuzuordnen oder er sich dieses Zusatzwissen mit vernünftigem Aufwand beschaffen kann. Der BGH führt dies mit seinem Urteil vom 16.5.2017 entsprechend fort.[52] 28

d) RFID

Bei der Radio Frequency Identification (RFID) Technik kommuniziert ein Mikrochip (Transponder) mit einem Lesegerät. Der Transponder besteht aus einem elektronischen Schaltkreis zur Datenspeicherung und einer Antenne zum Empfangen und Senden von Funkwellen. Das Lesegerät besitzt eine Antenne 29

---

43 Vgl. auch *Weichert* in Däubler/Wedde/Weichert/Sommer DS-GVO Art. 4 Rn. 22; *Schild* in BeckOK DatenschutzR DS-GVO Art. 4 Rn. 20; *Meyerdierks* MMR 2009, 8 ff.; *Krüger/Maucher* MMR 2011, 433 ff.; Beschluss des Düsseldorfer Kreises vom 26./27.11.2009, dass IP-Adressen keine Pseudonyme darstellen.

44 *Ernst* in Paal/Pauly DS-GVO Art. 4 Rn. 11.

45 LG Berlin Beschl. v. 27.2.2009 – 6 K 1045/08, DuD 2007, 853 (856 f.) = MMR 2007, 799 (801); VG Wiesbaden Beschl. v. 27.2.2009 – 6 K 1045/08, DuD 2009, 251 (257).

46 LG Frankenthal Beschl. v. 21.5.200 – 6 O 156/08, MMR 2008, 687 (689); LG Wuppertal Beschl. v. 19.10.2010 – 25 Qs 10 Js 1977/08-177/10 (AG Wuppertal), MMR 2011, 65 (66); OLG Hamburg Beschl. v. 3.11.2010 – 5 W 126/10 (LG Hamburg), DuD 2011, 213 (214) = MMR 2011, 281 f.; LG Berlin Urt. v. 31.1.2013 – 57 S 87/98 (AG Tiergarten), ZD 2013, 618 (622); vgl. *Kirchberg-Lennartz/Weber* DuD 2010, 479 ff.; *Krüger/Maucher* MMR 2011, 433 ff.; *Specht/Müller-Riemenschneider* ZD 2014, 71 ff.

47 BGH Urt. v. 28.10.2014 – VI ZR 135/13, ZD 2015, 80 ff.

48 EuGH Urt. v. 19.10.2016 – C-582/14 – Breyer/BRD.

49 EuGH Urt. v. 19.10.2016 – C-582/14 – Breyer/BRD.

50 Vgl. *Wójtowicz/Cebulla* PinG 2017, 186 (189).

51 Vgl. *Schreiber* in Plath DS-GVO Art. 4 Rn. 8.

52 BGH Urt. v. 16.5.2017 – VI ZR 135/13.

und einen Demodulator, der die ankommenden analogen Informationen in digitale Daten umwandelt, die dann von einem Rechner verarbeitet werden können.[53] RFID-Chips sind beispielsweise in Ausweisdokumenten oder Kundenkarten enthalten und können berührungslos und auch unbemerkt ausgelesen werden. Ob es sich bei den im Mikrochip (dem RFID-Tag) enthaltenen Daten um personenbezogene Daten handelt, ist **von den jeweiligen Daten und dem Zusatzwissen abhängig**, das der datenverarbeitenden Stelle gegebenenfalls die Zuordnung zu einer bestimmten Person ermöglicht.[54] Sind im Einzelhandel beispielsweise Waren und Kundenkarten jeweils zur Identifikation von Ware und Produkt mit RFID-Mikrochips ausgestattet, so handelt es sich bei der Zuordnung von Waren zu einem Kunden um personenbezogene Daten des Kunden.[55]

e) Videoüberwachung, Bilder

30 Bilder von Personen, die von einem **Videoüberwachungssystem** erfasst werden, können als personenbezogene Daten angesehen werden, wenn die Personen zu erkennen sind.[56] Der Landesgesetzgeber hat die Videoüberwachung für öffentlich zugängliche Räume in § 20 DSG NRW geregelt.[57] Nach § 20 Abs. 3 DSG NRW können die aus der Videoüberwachung gewonnenen personenbezogenen Daten bei Vorliegen der entsprechenden Voraussetzungen zweckändernd für Verarbeitungen nach dem 3. Teil des DSG NRW (§§ 35 bis 69) verwendet werden. **Lichtbildaufnahmen (Fotos, Bilder)** sind personenbezogene Daten. Sie können auch von der Definition des Begriffs **„biometrische Daten"** (Nr. 18 lit. c, → Rn. 118 f.) erfasst sein, zB wenn sie mit speziellen technischen Mitteln verarbeitet werden, die die eindeutige Identifizierung oder Authentifizierung einer natürlichen Person ermöglichen.[58]

f) Zeitstempel und Zeitangabe

31 Die Ausführungen zu Geodaten gelten sinngemäß. Durch den Bezug zu einer Person, zB bei der Arbeitszeiterfassung durch eine „Stechuhr", erhält ein Zeitstempel Personenbezug.[59]

g) Aggregierte oder statistische Daten

32 Aggregierte oder statistische Daten sind aufgrund ihres zusammenfassenden Charakters dann **nicht mehr personenbezogenen, wenn sie keine Rückschlüsse mehr auf eine einzelne Person zulassen**. Im Einzelfall ist zu beurteilen, ob die jeweilige Darstellung hinsichtlich der gewählten **Gruppengröße**, des **Aggregationsniveaus** oder der **in der Statistik ausgewiesenen Merkmale** noch Rückschlüsse auf bestimmte Personen zulässt und daher eine Identifizierbarkeit gegeben

53 Vgl. Stellungnahme der Artikel-29-Datenschutzgruppe vom 19.1.2005, WP 105, 3 f.
54 Stellungnahme der Artikel-29-Datenschutzgruppe vom 19.1.2005, WP 105, 9.
55 *Weichert* in Däubler/Wedde/Weichert/Sommer DS-GVO Art. 4 Rn. 22; *Schaffland/Holthaus* in Schaffland/Wiltfang DS-GVO Art. 4 Rn. 37; *Ernst* in Paal/Pauly DS-GVO Art. 4 Rn. 16; zum BDSG aF: *Buchner* in Taeger/Gabel BDSG aF § 3 Rn. 18; *Dammann* in Simitis BDSG aF § 3 Rn. 70.
56 Stellungnahme 4/2007 der Artikel-29-Datenschutzgruppe vom 20.6.2007, WP 136, 9; *Klar/Kühling* in Kühling/Buchner DS-GVO Art. 4 Nr. 1 Rn. 37; *Weichert* in Däubler/Wedde/Weichert/Sommer DS-GVO Art. 4 Rn. 22.
57 Siehe auch *Wysk* VerwArch 2018, 157 ff. zur Videoüberwachung nach JI-RL.
58 Vgl. *Schwartmann/Mühlenbeck* in HK-DS-GVO/BDSG Art. 4 Rn. 32 ff.
59 Zum BDSG aF: *Dammann* in Simitis BDSG aF § 3 Rn. 69.

ist.[60] Zu berücksichtigen ist in diesen Einzelfällen auch die Möglichkeit, dass **Kontextdaten als Zusatzwissen** hinzugezogen werden können, die einen personenbezogenen Rückschluss ermöglichen.

II. Verarbeitung (Nr. 2)

Verarbeitung ist jeder **Vorgang** oder jede **Vorgangsreihe** mit personenbezogenen Daten, die mit oder ohne Hilfe automatisierter Verfahren ausgeführt wird. Als Beispiele nennt § 36 Nr. 2 das Erheben, das Erfassen, das Organisieren, das Ordnen, die Speicherung, die Anpassung oder Veränderung, das Auslesen, das Abfragen, die Verwendung, die Offenlegung durch Übermittlung, Verbreitung oder eine andere Form der Bereitstellung, den Abgleich oder die Verknüpfung, die Einschränkung, das Löschen oder die Vernichtung von personenbezogenen Daten. Die Aufzählung ist nicht abschließend und bringt zum Ausdruck, dass jeglicher Umgang mit personenbezogenen Daten eine Verarbeitung im Sinne des 3. Teils des DSG NRW darstellt. 33

§ 36 Nr. 2 fasst unter dem Begriff des Verarbeitens viele der Begriffe zusammen, die noch in § 3 DSG NRW aF als Phasen der Datenverarbeitung einzeln definiert waren. Die Zusammenfassung führt zu einer spürbaren sprachlichen Vereinfachung in den einzelnen Normen in der Datenschutzgesetzgebung, weil die Aufzählung der Verarbeitungsphasen Erheben, Verarbeiten und Nutzen in vielen Regelungssituationen entfallen kann. Da der Begriff des Verarbeitens nach § 36 Nr. 2 auch weiterhin die einzelnen Verarbeitungsphasen umfasst, führt die Vereinfachung nicht zu einer inhaltlichen Veränderung oder einer Absenkung des Schutzniveaus, denn wo erforderlich, kann der Gesetzgeber auf die spezifische Verarbeitungssituation abstellen, beispielsweise beim Übermitteln in § 44 oder bei der Protokollierung nach § 55. Letzterer sieht vor, dass in automatisierten Verarbeitungsvorgängen, die Phasen der Erhebung, Veränderung, Abfrage, Offenlegung einschließlich Übermittlung, Kombination und Löschung zu protokollieren sind (→ § 55 Rn. 6). 34

Mit der Formulierung mit oder ohne Hilfe automatisierter Verfahren wird klargestellt, dass es für das Vorliegen einer Verarbeitung nicht darauf ankommt, ob die Verarbeitung automatisiert erfolgt.[61] 35

Der Begriff bezeichnet eine Aktivität und keinen Zustand.[62] Die Weite der Definition, die bewirkt, dass (nahezu) jeder denkbare Umgang mit personenbezogenen Daten eine Verarbeitung und damit einen datenschutzrechtlich relevanten Tatbestand darstellt, dass das Verbot mit Erlaubnisvorbehalt des § 3 Abs. 1 DSG NRW für (nahezu) jeden denkbaren Umgang greift und der für die Verarbeitung Verantwortliche (zum Begriff des Verantwortlichen → Rn. 76 ff.) über eine Erlaubnis für die Verarbeitung verfügen muss. 36

1. Erheben, Erfassen

Erheben ist als das **Beschaffen von Daten** über den Betroffenen zu verstehen, so dass sie in den Verfügungsbereich des Verantwortlichen gelangen. Beim Erheben oder Erfassen wird der Zweck der Verarbeitung festgelegt bzw. das Erheben oder Erfassen erfolgt **zu einem bestimmten Zweck**, so dass bei der weiteren Verarbeitung die Zweckbindung beachtet werden muss. 37

60 Vgl. *Klar/Kühling* in Kühling/Buchner DS-GVO Art. 4 Nr. 1 Rn. 15 f.
61 *Herbst* in Kühling/Buchner DS-GVO Art. 4 Nr. 2 Rn. 16.
62 Vgl. *Meier* in HK-LDSG RhPf § 27 Rn. 7.

38 Maßgeblich ist, dass der Verantwortliche die personenbezogenen Daten **aktiv** und **willentlich** erhebt. Dies ist schon der Fall, wenn der Verantwortliche ein (Kontakt-) Formular bereithält und erklärt oder signalisiert, dass er über dieses Kontaktformular Daten zu einem bestimmten Zweck entgegennimmt, nicht aber allein durch das Bereitstellen von Kontaktangaben.

39 Werden dem Verantwortlichen personenbezogene Daten **aufgedrängt**,[63] indem ihm unaufgefordert Informationen zugehen, an denen er zuvor kein Interesse für einen bestimmten Zweck erklärt oder implizit signalisiert hat, so handelt es sich nicht um ein Erheben. Davon ist auch auszugehen, **wenn der Betroffene dem Verantwortlichen mehr Daten mitteilt**, als dieser aktiv und willentlich erheben möchte (überschießende Daten), indem er beispielsweise weitere als die abgefragten Informationen in einem Formular angibt. Eine Erhebung liegt auch dann nicht vor, wenn dem Verantwortlichen personenbezogene Daten zufällig oder beiläufig zur Kenntnis gelangen. Ein Erfassen ist erst dann gegeben, wenn sich der Verantwortliche die diese aufgedrängten, überschießenden oder zufälligen Daten aktiv und willentlich zu eigen macht.

40 Auf die tatsächliche Kenntnisnahme der Daten oder auf eine Speicherung durch den Verantwortlichen kommt es nicht an; für das Erheben reicht es aus, dass er die **Zugriffsmöglichkeit** erhält.[64]

41 Das Erfassen ist teilweise mit dem Erheben deckungsgleich, bzw. eine strikte Trennung zwischen beiden Begriffen ist nicht möglich. Meint Erheben eher das gezielte Beschaffen von Daten über einen oder mehrere Betroffene, so ist das **Erfassen breiter angelegt** und beschreibt die kontinuierliche Aufzeichnung.[65]

2. Organisieren, Ordnen

42 Mit dem Organisieren und Ordnen werden personenbezogene Daten so **strukturiert**, dass sie analysiert oder aufgefunden werden können.[66] Durch das Strukturieren können Daten zu einem Dateisystem iSd Nr. 7 werden (→ Rn. 76 ff.).

3. Speicherung

43 Speichern ist **Aufbewahren** von personenbezogenen Daten zum Zwecke ihrer weiteren Verarbeitung oder Nutzung, **ungeachtet der dabei angewendeten (Speicher-) Verfahren**.

44 Speicherung bedeutet, dass die personenbezogenen Daten **perpetuiert** werden und **nicht nur flüchtig** vorhanden sind,[67] wie beispielsweise als temporäre Arbeitskopie oder in einem Cache-Speicher. Die Perpetuierung muss mit der Zielrichtung der weiteren Verarbeitung und entsprechend der Zweckbindung der Daten erfolgen.

45 Um welchen Datenträger oder welches Speicherverfahren es sich handelt, ist unerheblich. Das hinter dem Begriff der Speicherung stehende Konzept ist insoweit **technikoffen** und reicht von der Speicherung auf technologisch komplexen Anlagen bis zur Speicherung in einem **Notizblock** oder **Karteikasten** und setzt daher nicht zwingend eine elektronische Speicherung voraus. Maßgeblich ist,

63 Vgl. *Reimer* in Sydow DS-GVO Art. 4 Rn. 55.
64 *Herbst* in Kühling/Buchner DS-GVO Art. 4 Nr. 2 Rn. 20.
65 So auch: *Herbst* in Kühling/Buchner DS-GVO Art. 4 Nr. 2 Rn. 22.
66 *Herbst* in Kühling/Buchner DS-GVO Art. 4 Nr. 2 Rn. 23; *Reimer* in Sydow DS-GVO Art. 4 Rn. 58 f.
67 Vgl. *Herbst* in Kühling/Buchner DS-GVO Art. 4 Nr. 2 Rn. 24.

dass die Daten durch die jeweilige Speicherung verfügbar gehalten werden. Die Speicherung endet, wenn die personenbezogenen Daten gelöscht werden.

4. Anpassung, Veränderung

46 Verändern ist das **inhaltliche Umgestalten** personenbezogener Daten, ungeachtet der dabei angewendeten Verfahren.[68] Dies kann geschehen durch das Wegnehmen von Datenbestandteilen, also durch **teilweises Löschen**, durch das **Hinzufügen** von Datenbestandteilen oder durch das Kombinieren (Verknüpfen) mit anderen Daten. Die Veränderung ist ein auch im Zusammenhang mit Nr. 12 „Verletzung des Schutzes personenbezogener Daten" bedeutsame Definition (→ Rn. 94 ff.).

47 Immer Voraussetzung für ein Verändern ist ein **Eingriff in den Inhalt der Daten** mit dem Effekt der Umgestaltung, im Extremfall der Entstellung oder der Verfälschung. Eine rein formale Umgestaltung ohne Einwirkung auf den Inhalt der Daten ist keine Veränderung; dabei ist aber zu beachten, dass eine Kontextänderung auch auf den Inhalt der betroffenen Daten einwirken und ihren Informationsgehalt verändern kann.[69]

48 Nicht hierher gehört das **vollständige Löschen** sowie das Hinzuspeichern eines neuen Datums (neuer Daten).[70] Wird in einem Datensatz die Person, auf die sich der Datensatz bezieht, durch eine andere Person ersetzt (Wechsel des Betroffenen), so stellt dies für die ersetzte Person eine Löschung und für die neu eingefügte Person eine Speicherung dar.[71]

49 Anpassen stellt einen **Unterfall des Änderns** dar. Eine strikte Trennung zwischen beiden Begriffen ist nicht ohne Weiteres möglich, bzw. ähnlich wie bei dem Begriffspaar Erheben und Erfassen gibt es große Überschneidungen. Anpassen zielt eher auf die Aktualisierung[72] von Daten in einem bestimmten Kontext: Unter Anpassung fällt zum Beispiel die Änderung in einer Datenbank von „nicht geprüft" in „geprüft" in Bezug auf eine Person, die Anpassung der Funktionsbezeichnung einer Person ebenso wie die Summe von bestimmten Meldungen oder Eintragungen.

5. Auslesen, Abfragen

50 Beim Auslesen werden personenbezogene Daten aus einem Datenbestand **extrahiert**, also zurückgewonnen. Das Abfragen stellt die **Verwendung einer gezielten Suche** zur Zurückgewinnung von personenbezogenen Daten aus gespeicherten Daten dar.[73]

6. Verwendung

51 Der Begriff Verwendung hat **keine eigenständige Bedeutung** und stellt einen Auffangtatbestand dar.[74] Kann der Umgang mit personenbezogenen Daten nicht einer anderen Form der Verarbeitung zugeordnet werden, handelt es sich um ein Verwenden. Der Begriff hat damit in § 36 DSG NRW dieselbe Funktion

68 Vgl. *Reimer* in Sydow DS-GVO Art. 4 Rn. 61.
69 Vgl. zum BDSG aF: *Gola/Schomerus* BDSG aF § 3 Rn. 30.
70 Vgl. *Eßer* in Auernhammer DS-GVO Art. 4 Rn. 47.
71 Zum BDSG aF: *Dammann* in Simitis BDSG aF § 3 Rn. 139.
72 Vgl. *Herbst* in Kühling/Buchner DS-GVO Art. 4 Nr. 2 Rn. 26.
73 So *Herbst* in Kühling/Buchner DS-GVO Art. 4 Nr. 2 Rn. 27; vgl. *Reimer* in Sydow DS-GVO Art. 4 Rn. 63.
74 Vgl. *Eßer* in Auernhammer DS-GVO Art. 4 Rn. 50.

wie noch im DSG NRW aF der Begriff des Nutzens (§ 3 Abs. 2 Nr. 7 DSG NRW aF).

7. Offenlegung durch Übermittlung, Verbreitung oder andere Formen der Bereitstellung

52 **Offenlegung** ist das **Bekanntgeben** gespeicherter oder durch Datenverarbeitung gewonnener personenbezogener Daten durch den Verantwortlichen an **Auftragsverarbeiter** oder an **Dritte** andere Stellen, ungeachtet des dabei angewendeten Verfahrens. Das Bekanntgeben der Daten besteht in der Vermittlung der Kenntnis über ihren Inhalt. Ein Wechsel des physischen Besitzes am Datenträger oder an den Daten ist dabei nicht erforderlich. Die bekanntgegebenen Daten müssen entweder gespeichert oder durch Datenverarbeitung gewonnen sein.

53 Die Offenlegung erfolgt durch Übermittlung personenbezogener Daten durch den Verantwortlichen an einen **Auftragsverarbeiter** oder einen **Dritten** oder mittels Verbreitung durch Gewährung von Einsicht oder Bereitstellung zum Abruf durch einen Dritten. Voraussetzung für die Offenlegung ist das gezielte Bereithalten zur Einsichtnahme (zB Öffnung des Verfasserkatalogs für jeden Bibliotheksbenutzer, Übergabe des Schlüssels zum Personalaktenraum) oder zum **Onlineabruf**. Die Bereitstellung ist nicht allein durch die Eröffnung der Zugriffsmöglichkeit gegeben (zwar sind weitere Aktivitäten der speichernden Stelle nicht erforderlich), erheblich ist aber, ob von der Möglichkeit der Einsichtnahme bzw. des Abrufs durch den Dritten Gebrauch gemacht wird.

54 Werden Daten innerhalb der Organisation des Verantwortlichen weitergegeben, liegt regelmäßig ein Verwenden und kein Übermitteln vor. Eine Übermittlung liegt auch dann nicht vor, wenn der Verantwortliche personenbezogene Daten an den Auftragsverarbeiter (Nr. 10, → Rn. 88 f.) weitergibt. Handelt es sich dagegen nicht um eine Auftragsverarbeitung, ist regelmäßig eine Übermittlung anzunehmen und die Zulässigkeitsvoraussetzungen für Übermittlungen sind zu beachten.

55 Weder Übermittlung noch Verwendung und damit **keine Verarbeitung ist die Weitergabe** seiner Daten an den Betroffenen selbst (er ist nicht Dritter), etwa im Rahmen einer Auskunftserteilung (§ 49 DSG NRW).

56 Die öffentliche Bekanntmachung an Dritte ist die **intensivste Form der Übermittlung.**[75] Auch die Veröffentlichung bzw. Verbreitung im Internet stellt eine Übermittlung dar. Zwar hat der EuGH in der Rechtssache Lindqvist/Schweden[76] entschieden, dass ein Übermitteln von personenbezogenen Daten in einen Drittstaat iSd Art. 25 DSRL nicht schon dann vorliegt, wenn Daten auf einer Internetseite für jedermann und damit auch in einem Drittstaat abrufbar sind. Art. 25 DSRL regelte die Übermittlung von personenbezogenen Daten in Drittstaaten. Wenn der EuGH das Einstellen von Daten in das weltweit abrufbare Internet als Übermitteln eingestuft hätte, wären aufgrund dieser Wertung die

75 BVerfG Beschl. v. 24.7.1990 -1 BvR 1244/87, NVwZ 1990, 1162; OVG Lüneburg Urt. v. 12.2.1991 – 9 L 246/89, NJW 1992, 192 (195); VG Wiesbaden Beschl. v. 27.2.2009 – 6 K 1045/08, MMR 2009, 428 (430 f.); vgl. *Wente* RDV 1986, 256 (257).

76 EuGH, Rs. C-101/01, Slg 2003, I-12971, Tz. 56 ff. mAnm *Dammann* RDV 2014, 16 ff.

Übermittlungen in Drittländer nach dem Maßstab der DSRL rechtswidrig, wenn für ein Drittland kein angemessenes Schutzniveau besteht.[77]

8. Abgleich, Verknüpfung

Beim Abgleich werden personenbezogene Daten miteinander verglichen, beispielsweise um Angaben zu überprüfen oder um anhand bestimmter **Abgleichkriterien** Ergebnisse zu gewinnen. Beim Verknüpfen wird **der Bezug von personenbezogenen Daten zueinander** hergestellt, so dass die Aussage der Daten verändert, bzw. reduziert oder erweitert wird. 57

9. Einschränkung

Eine Einschränkung der Verarbeitung bewirkt eine **ganze oder teilweise Sperrung** (s. dazu die gesonderte Definition in Nr. 3, → Rn. 61 ff.). 58

10. Löschung, Vernichtung

Löschen ist das **Unkenntlichmachen** gespeicherter personenbezogener Daten, ungeachtet der dabei angewendeten Verfahren. Daten können unkenntlich gemacht werden durch Durchstreichen (**Schwärzen**), Überschreiben, durch Radieren oder sonstige Beseitigung (Vernichtung) auf dem Datenträger, aber auch durch Zerstörung des Datenträgers. 59

Keine Löschung ist die **bloße Kennzeichnung von Daten** (Datenfeldern) als „gelöscht" oder die Freigabe oder Auslagerung von Daten (zB eines Datenträgers) zur Löschung, solange diese nicht unkenntlich gemacht sind, ebenso die Verhinderung des Zugriffs auf die gespeicherten Daten durch technische oder organisatorische Maßnahmen, wenn diese nicht absolut, also auf Dauer (unaufhebbar) und gegenüber jedermann, wirkt. 60

III. Einschränkung der Verarbeitung (Nr. 3)

Durch eine Markierung bestimmter personenbezogener Daten können diese **für die weitere, zukünftige Verarbeitung eingeschränkt** werden. Dies kommt zB dann in Betracht, wenn die Daten für ihren eigentlichen Zweck **nicht mehr erforderlich** sind, aber **noch nicht gelöscht werden können**, weil **gesetzliche Aufbewahrungsfristen** der Löschung entgegenstehen. Ebenfalls kommt die Einschränkung der Verarbeitung in Betracht, wenn die Daten streitbefangen sind und geklärt werden muss, ob die erhoben oder gespeichert werden durften.[78] Das Ziel der Einschränkung ist es, den Eingriff in die Rechte der Personen, die von der Bearbeitung betroffen sind, zu reduzieren. 61

Inhaltlich entspricht eine Einschränkung der Verarbeitung dem **Begriff der Sperrung**, der auch in § 3 Abs. 2 Nr. 5 DSG NRW aF definiert war.[79] Das **Markieren** oder **Kennzeichnen** der Daten, das nach der Definition die Sperrung ausmacht, erfolgt in der Regel durch das Hinzufügen eines Sperrvermerks, also eines entsprechenden Hinweises zu den zu sperrenden Daten. Dies muss nicht durch Kennzeichnung jedes einzelnen gesperrten Datums geschehen, denn die 62

77 EuGH, Rs. C-101/01, Slg 2003, I-12971, Tz. 69; *Arning/Rothkegel* in Taeger/Gabel DS-GVO Art. 4 Rn. 86; kritisch zur Lindqvist-Entscheidung *Dammann* RDV 2014, 16 (20).
78 *Ziebarth* in Sydow DS-GVO Art. 4 Rn. 80.
79 Vgl. zur DS-GVO: *Ernst* in Paal/Pauly DS-GVO Art. 4 Rn. 35; *Schwartmann/Mühlenbeck* in HK-DS-GVO/BDSG Art. 4 Rn. 44.

Kennzeichnungspflicht kann auch durch einen Hinweis in bestimmten Datenbeständen oder auf bestimmten Datenträgern erfüllt werden.

63 Darüber hinaus ist es zur wirksamen Ausführung der Einschränkung der Verarbeitung im Sinne des § 36 Nr. 3 erforderlich, die gesperrten Daten mit technischen Mitteln abzusichern, beispielsweise indem sie von übrigen, nicht gesperrten Daten getrennt gespeichert werden und die Einschränkung der Verarbeitung im jeweiligen Speichersystem unmissverständlich erkennbar ist.[80]

64 § 50 Abs. 3 DSG NRW regelt Fallkonstellationen, in denen der Betroffene ein Recht auf Einschränkung der Verarbeitung (Sperrung) seiner personenbezogenen Daten hat (→ § 50 Rn. 26 ff.).

IV. Profiling (Nr. 4)

65 Nach § 36 Nr. 4 ist Profiling jede Art der automatisierten Verarbeitung personenbezogener Daten, die darin besteht, dass diese personenbezogenen Daten verwendet werden, um bestimmte **persönliche Aspekte**, die sich auf eine natürliche Person beziehen, zu **bewerten**.[81] Insbesondere gilt dies für eine Analyse oder Vorhersage der Aspekte **Arbeitsleistung, wirtschaftliche Lage, Gesundheit, persönliche Vorlieben, Interessen, Zuverlässigkeit, Verhalten, Aufenthaltsort oder Ortswechsel** einer natürlichen Person. Die Verwendung des Begriffs „insbesondere" macht deutlich, dass die Aufzählung der Aspekte **nicht abschließend** zu verstehen ist.[82]

66 Die besondere Gefährdung der Rechte der Betroffenen ist beim Profiling darin zu sehen, dass mit technischen Mitteln eine Entscheidung in Bezug auf den Betroffenen herbeigeführt oder zumindest wesentlich vorbereitet wird, die für den Betroffenen **nachteilig sein kann**.

67 § 46 Abs. 1 nennt das Profiling ausdrücklich als einen **Unterfall der automatisierten Einzelentscheidung**.[83] Profiling und automatisierte Entscheidungsfindung sind unabhängig voneinander möglich. Ein Profiling mittels Klassifizierung kann vorliegen, ohne dass zugleich auch eine automatisierte Entscheidungsfindung gegeben sein muss und ebenso kann eine automatisierte Entscheidungsfindung ohne gleichzeitiges Profiling vorliegen.[84] Diskriminierende Anknüpfungspunkte sind beim Profiling unzulässig, § 46 Abs. 3 enthält ein **Diskriminierungsverbot** in Bezug auf die Verwendung von besonderen personenbezogenen Daten (definiert in Nr. 14): Profiling auf Grundlage von besonderen personenbezogenen Daten ist unzulässig. Auch Art. 21 GRCh enthält ein Diskriminierungsverbot.

V. Pseudonymisierung (Nr. 5)

68 Die Pseudonymisierung ist definiert als die Verarbeitung personenbezogener Daten in der Weise, dass die personenbezogenen Daten **ohne Hinzuziehung zusätzlicher Informationen nicht mehr einer spezifischen betroffenen Person zugeordnet werden können**. Sie setzt voraus, dass diese zusätzlichen Informationen gesondert aufbewahrt werden und technischen und organisatorischen Maßnah-

---

80 Vgl. ErwG 67 DS-GVO; *Eßer* in Auernhammer DS-GVO Art. 4 Rn. 62; *Dix* in Simitis/Hornung/Spiecker gen. Döhmann DS-GVO Art. 4 Nr. 3 Rn. 2.
81 Vgl. *Meier* in HK-LDSG RhPf § 27 Rn. 9.
82 Vgl. grundsätzliche Stellungnahme der Art. 29-Arbeitsgruppe vom 3.10.2017, WP 251, 6 ff.
83 Vgl. zur DS-GVO: *Helfrich* in Sydow DS-GVO Art. 4 Rn. 85.
84 Vgl. *Klabunde* in Ehmann/Selmayr DS-GVO Art. 4 Rn. 31.

men unterliegen, die gewährleisten, dass die personenbezogenen Daten nicht einer identifizierten oder identifizierbaren natürlichen Person zugewiesen werden können. Eine ausdrückliche Pflicht oder ein ausdrückliches Gebot zur Pseudonymisierung kennt das DSG NRW nicht. Jedoch kann ein **Gebot zur Pseudonymisierung** aus den Verarbeitungsgrundsätzen des § 37 Nr. 2 und Nr. 6 DSG NRW abgeleitet werden, wonach Daten auf den erforderlichen Umfang zu minimieren und technisch-organisatorisch zu schützen sind.

Hervorzuheben ist, dass allein die Pseudonymisierung eine Verarbeitung noch 69
nicht rechtmäßig macht; § 3 Abs. 1 DSG NRW ist zu beachten. Die Pseudonymisierung ist vielmehr eine flankierende **Maßnahme zur Schonung des Persönlichkeitsrechts** der von der Verarbeitung betroffenen Person. Das einer Verarbeitung einhergehende Risiko kann durch Pseudonymisierung reduziert werden.[85]

Beim Pseudonymisieren wird der Name oder ein anderes Identifikationsmerk- 70
mal durch ein **Kennzeichen** zu dem Zweck ersetzt, die Identifizierbarkeit des Betroffenen auszuschließen oder wesentlich zu erschweren.[86] Das Kennzeichen (das Pseudonym) kann durch den Betroffenen selbst, durch einen Dritten oder durch die verantwortliche Stelle vergeben werden. Für denjenigen, der das Pseudonym vergibt, bleiben die Daten personenbezogen, denn er kann die Daten über das Kennzeichen wieder dem Betroffenen zuordnen (relative Identifizierbarkeit, → Rn. 22).

Ob es sich bei pseudonymisierten Daten um personenbezogene Daten handelt 71
oder nicht, ist anhand der Kriterien zu beurteilen, die zur Identifizierbarkeit entwickelt wurden (→ Rn. 18 ff., 23). Zur Abgrenzung zwischen Pseudonymisierung und Anonymisierung → § 4 Rn. 5, 20 ff. Nach der hier vertretenen Auffassung der relativen Identifizierbarkeit **sind pseudonymisierte Daten dann keine personenbezogenen Daten**, wenn ihr Empfänger oder derjenige, der sie verarbeitet, nicht über das Zusatzwissen zur Re-Identifizierung verfügt.[87] Gegenüber derartigen Empfängern pseudonymisierter Daten, Auftragsverarbeitern oder auch anderen Organisationseinheiten innerhalb der die Pseudonymisierung vornehmenden Stelle wird eine relative Anonymität[88] erreicht und das Recht der Betroffenen geschützt.[89] Ein **Anreiz für die Pseudonymisierung** ist, dass die Risiken der Verarbeitung reduziert werden können, ohne dass die Nutzbarkeit der personenbezogenen Daten reduziert wird.[90] Die Verantwortung für eine wirksame Pseudonymisierung trägt der für die Verarbeitung Verantwortliche nach § 36 Nr. 9. Das eingesetzte Pseudonymisierungsverfahren muss dem Stand der Technik entsprechen und bei längerem Einsatz überprüft und erforderlichenfalls angepasst werden.[91]

85 *Schwartmann/Mühlenbeck* in HK-DS-GVO/BDSG Art. 4 Rn. 65; *Schild* in BeckOK DatenschutzR DS-GVO Art. 4 Rn. 69; *Roßnagel* ZD 2018, 243 (245); *Hansen/Walczak* RDV 2019, 53 (55).
86 *Ziebarth* in Sydow DS-GVO Art. 4 Rn. 91; *Arning/Rothkegel* in Taeger/Gabel DS-GVO Art. 4 Rn. 116.
87 *Hofmann/Johannes* ZD 2017, 221 (222 f.); *Arning/Rothkegel* in Taeger/Gabel DS-GVO Art. 4 Rn. 55.
88 *Roßnagel* ZD 2018, 243 (245); zum BDSG aF: *Zscherpe* in Taeger/Gabel BDSG § 3 a Rn. 52.
89 Vgl. *Klar/Kühling* in Kühling/Buchner DS-GVO Art. 4 Nr. 5 Rn. 3; *Ziebarth* in Sydow DS-GVO Art. 4 Rn. 95 ff.
90 *Arning/Rothkegel* in Taeger/Gabel DS-GVO Art. 4 Rn. 120.
91 *Hansen/Walczak* RDV 2019, 53 (55).

VI. Anonymisierung (Nr. 6)

72 Der Begriff des Anonymisierens ist im 1. Teil des DSG NRW unter den „Allgemeinen Bestimmungen“ in § 4 wortgleich definiert (→ § 4 Rn. 1 ff.). Für den 3. Teil des DSG NRW (§§ 35 bis 69) findet sich in Nr. 6 eine wortgleiche Definition des Begriffs, die für Verarbeitung im Anwendungsbereich des 3. Teils DSG NRW anwendbar ist. Zur Abgrenzung zwischen Anonymisierung und Pseudonymisierung → § 4 Rn. 5, 20 ff.

73 Anders als noch § 3 Abs. 7 DSG NRW aF **definieren Art. 3 JI-RL oder die DS-GVO die Anonymisierung nicht.** Lediglich in ErwG 26 Satz 5 DS-GVO wird erläutert, dass die Grundsätze der DS-GVO nicht für anonyme Informationen gelten, die sich nicht auf eine identifizierte oder identifizierbare natürliche Person beziehen, oder personenbezogene Daten, die in einer Weise anonymisiert worden sind, dass die betroffene Person nicht oder nicht mehr identifiziert werden kann.

74 Die Begriffsbestimmung der Anonymisierung durch den Landesgesetzgeber in Nr. 6 (und in § 4) ist geboten, um den Anwendungsbereich des Datenschutzrechts zu bestimmen. **Anonymisierte Daten liegen außerhalb des Anwendungsbereichs des DSG NRW, weil es keine personenbezogenen Daten** (mehr) sind.[92] Der Anonymisierung kommt zum Schutz der Betroffenen und der Verarbeiter in der Praxis seit jeher große Bedeutung zu.

75 In Nr. 6 Hs. 2 wird in Anlehnung an § 16 Abs. 6 Nr. 1 Bundesstatistikgesetz eine **faktische Anonymisierung** vorgesehen. Faktische Anonymisierung ist gegeben, wenn der Personenbezug nur mit einem unverhältnismäßig großen Aufwand an Zeit, Kosten und Arbeitskraft wiederhergestellt werden kann (Re-Identifizierung) und daher nicht zu erwarten ist. Die faktische Anonymisierung stellt eine Fiktion dar.[93] Kriterien zur Bewertung, ob von einem unverhältnismäßig großen **Aufwand zur Re-Identifizierung** auszugehen ist und die Daten als faktisch anonymisiert anzusehen sind, enthält das DSG NRW jedoch nicht. Stattdessen kann auf eine Stellungnahme der Artikel-29-Datenschutzgruppe zu Anonymisierungstechniken zurückgegriffen werden.[94]

VII. Dateisystem (Nr. 7)

76 Ein Dateisystem ist jede **strukturierte Sammlung** personenbezogener Daten, die nach bestimmten Kriterien zugänglich sind, unabhängig davon, ob diese Sammlung zentral, dezentral oder nach funktionalen oder geografischen Gesichtspunkten geordnet geführt wird.

77 Nicht darunter fallen **Akten oder Aktensammlungen** sowie ihre Deckblätter, wenn sie nicht nach bestimmten Kriterien geordnet sind, nicht in den Anwendungsbereich der Verordnung.[95] Auch unsortierte Blätter, Fließtexte[96] wie zB **Notizen auf Papier** fallen nicht in den Anwendungsbereich.[97]

---

92 Vgl. zur DS-GVO *Eßer* in Auernhammer DS-GVO Art. 4 Rn. 71; *Schwartmann/Mühlenbeck* in HK-DS-GVO/BDSG Art. 4 Rn. 29; *Weichert* in Däubler/Wedde/Weichert/Sommer DS-GVO Art. 4 Rn. 79; *Ernst* in Paal/Pauly DS-GVO Art. 4 Rn. 48.

93 *Eßer* in Auernhammer DS-GVO Art. 4 Rn. 72.

94 Stellungnahme 5/2014 der Artikel-29-Datenschutzgruppe vom 10.4.2014, WP 216, 9 f.

95 Vgl. zur DS-GVO: *Ernst* in Paal/Pauly DS-GVO Art. 4 Rn. 54; *Klabunde* in Ehmann/Selmayr DS-GVO Art. 4 Rn. 35.

96 *Ennöckl* in Sydow DS-GVO Art. 4 Rn. 111.

97 *Schneider* Datenschutz S. 84.

Maßgeblich, um als Dateisystem zu gelten, ist, dass Informationen strukturiert vorliegen und damit **einer Ordnung folgen,**[98] die **nicht zufällig oder wechselnd,** sondern schematisch ist, was eine Auswertung nach bestimmten Kriterien ermöglichen und somit ein Risiko für die Rechte und Freiheiten der Betroffenen darstellen kann. Soweit Papier(-akten) oder ein anderes System (ob automatisiert oder nicht-automatisiert, ist dabei unerheblich) nach mehreren Kriterien geordnet und damit auswertbar sind, handelt es sich um ein Dateisystem im Sinne des Nr. 6. Werden Notizen mit einem Textverarbeitungsprogramm in einer Datei gespeichert,[99] fällt dies in aller Regel in den Anwendungsbereich, denn die Datei kann durchsucht und geordnet werden. 78

VIII. Zuständige Behörde (Nr. 8)

Nr. 8 übernimmt den Wortlaut des Art. 3 Nr. 7 JI-RL. Die Begriffsbestimmung erfolgt vor dem Hintergrund des Anwendungsbereichs der JI-RL und des 3. Teils des DSG NRW (§§ 35 bis 69), der sich erstreckt auf die Verarbeitung zum Zwecke der Verhütung, Ermittlung, Aufdeckung oder Verfolgung von Straftaten oder der Strafverfolgung, einschließlich des Schutzes vor und der Abwehr von Gefahren für die öffentliche Sicherheit oder Ordnung (vgl. Art. 1 Abs. 1 JI-RL). 79

Zuständige Behörde nach Nr. 8 lit. a ist jede staatliche Stelle (zum Begriff der Stelle → Rn. 125), die personenbezogene Daten zu einem oder mehreren der vorstehenden Zwecke verarbeitet. 80

Mit Nr. 8 lit. b werden den zuständigen Behörden nach lit. a andere Stellen oder Einrichtungen gleichgestellt, denen die Ausübung öffentlicher Gewalt oder hoheitlicher Befugnisse auf gesetzlicher Grundlage übertragen wurde, zB **Beliehene.** Die Eigenschaft als andere Stelle gilt für den Beliehenen nur, soweit hoheitliche Aufgaben wahrgenommen werden. 81

Die nachfolgende Begriffsbestimmung des Verantwortlichen (Nr. 9) greift den Begriff der zuständigen Behörde wieder auf. 82

IX. Verantwortlicher (Nr. 9)

Der Verantwortliche ist neben dem Auftragsverarbeiter (Nr. 10) einer der beiden zentralen Normadressaten, die die Vorgaben des 3. Teil des DSG NRW beachten müssen und die Rechte der betroffenen natürlichen Personen nicht verletzen dürfen. Als Verantwortlichen definiert Nr. 9 die zuständige Behörde, die allein oder gemeinsam mit anderen **über die Zwecke und Mittel der Verarbeitung** von personenbezogenen Daten entscheidet. Nr. 9 greift damit den in Nr. 8 definierten Begriff „zuständige Behörde" wieder auf. 83

Der Verantwortliche ist für die Einhaltung der Datenschutzbestimmungen **rechtlich verantwortlich.** Mit dem Verantwortlichen (teil-)identisch und daher keine eigenen Verantwortlichen sind interne Funktions- oder Organisationseinheiten zB Abteilungen, Referate derselben Behörde oder Abteilungen desselben Unternehmens (s. auch → Rn. 91).[100] 84

98 *Kühling/Raab* in Kühling/Buchner DS-GVO Art. 4 Nr. 6 Rn. 3.
99 *Schneider* Datenschutz S. 84.
100 Vgl. *Eßer* in Auernhammer DS-GVO Art. 4 Rn. 76; *Petri* in Simitis/Hornung/Spiecker gen. Döhmann DS-GVO Art. 4 Nr. 7 Rn. 16; *Kramer* in Gierschmann/Schlender/Stentzel/Veil DS-GVO Art. 4 Nr. 7 Rn. 14.

85 Entscheiden **mehrere Stellen gemeinsam über Zweck(e) und Mittel der Verarbeitung,** sieht Nr. 9 vor, dass sie gemeinsam für die Verarbeitung verantwortlich sind. Im 3. Teil des DSG NRW erklärt § 67 Nr. 2 die Regelung der gemeinsamen Verantwortung in Art. 26 DS-GVO für anwendbar. Art. 26 DS-GVO regelt, wie die Verantwortung bei mehreren Stellen zugeordnet und transparent gemacht wird. In der Anwendungspraxis und Rechtsprechung gewinnt das Konzept der gemeinsamen Verantwortung zunehmend an Bedeutung.[101] Der EuGH hat in Bezug auf die Religionsgemeinschaft der Zeugen Jehovas und ihren als Verkündern tätigen Mitgliedern entschieden, dass die Religionsgemeinschaft und ihre Verkünder als gemeinsam Verantwortliche anzusehen sind, da die Verarbeitung durch die Verkünder bei der Verkündigungstätigkeit von Tür zu Tür erfolgt, und die Verkündigungstätigkeit von der Gemeinschaft organisiert und ermuntert wird, sie aber keinen Zugriff auf die Datenverarbeitung der Verkünder hat, die von diesen selbst und ohne Anweisungen der Gemeinschaft organisiert wird; Gemeinschaft und Verkünder sind gemeinsam an der Festlegung der Zwecke und Mittel der Verarbeitung beteiligt.[102] In Bezug auf Facebook-Fanpages entschied der EuGH, dass Facebook für die Verarbeitung der personenbezogenen Daten der Besucher von Fanpages verantwortlich ist, aber das die Betreiber der Fanpages gemeinsam mit Facebook verantwortlich sind, weil sie zB Statistiken zu den Besuchern ihrer Fanpage einsehen, um ihr Angebot zielgerichtet gestalten zu können und damit an der Entscheidung über die Zwecke und Mittel der Verarbeitung personenbezogener Daten beteiligt sind.[103]

86 Entscheidend für die Zuweisung der Verantwortung für eine Verarbeitung ist die Möglichkeit, über deren Zweck(e) und Mittel zu entscheiden. Häufig sind Zweck und Mittel einer Verarbeitung bereits gesetzlich festgelegt. Die Zuweisung der Aufgabenerledigung an eine bestimmte Stelle führt dann in der Regel dazu, dass diese Stelle verantwortlich im Sinne des Nr. 9 ist. **Wirken mehrere Stellen an der Aufgabenerledigung mit,** beispielsweise der (arbeitsteiligen) Pflege personenbezogener Daten in einer Datenbank, sind diese Stellen in der Regel gemeinsam verantwortlich im Sinne des Nr. 9.

87 Die Artikel-29-Datenschutzgruppe geht davon aus, dass derjenige, der weder **einen rechtlichen noch einen tatsächlichen Einfluss** auf die Entscheidung hat, wie personenbezogene Daten verarbeitet werden, nicht als für die Verarbeitung Verantwortlicher herangezogen werden kann.[104]

X. Auftragsverarbeiter (Nr. 10)

88 Der Auftragsverarbeiter ist neben dem Verantwortlichen (Nr. 9) ein weiterer zentraler Normadressat des 3. Teils des DSG NRW. Der Auftragsverarbeiter ist definiert, wie auch schon in Art. 3 Nr. 9 JI-RL, als eine natürliche oder juristische Person, Behörde, Einrichtung oder andere Stelle, die personenbezogene Daten im Auftrag des Verantwortlichen verarbeitet. Die Auftragsverarbeitung ist in § 52 geregelt (→ § 52 Rn. 7).

101 Zur Verantwortlichkeit in kollaborativen Sachverhalten: *Jung/Hansch* ZD 2019, 143 (144 ff.); *Schreiber* ZD 2019, 55 ff.

102 EuGH Urt. v. 10.7.2018 – C-25/17 (Religionsgemeinschaft Zeugen Jehovas), *Arning/Rothkegel* in Taeger/Gabel DS-GVO Art. 4 Rn. 186.

103 EuGH Urt. v. 5.6.2018 – C-210/16 (Facebook Fanpage).

104 Stellungnahme 1/2010 der Artikel-29-Datenschutzgruppe vom 16.2.2010, WP 169, 15.

Maßgeblich ist für die Einordnung als Auftragsverarbeiter, dass eine andere Stelle, die Verantwortlicher im Sinne des Nr. 9 ist, dem Auftragsverarbeiter einen **Auftrag erteilt** hat. Der Begriff „Auftrag“ ist in der JI-RL und dem DSG NRW nicht definiert. Der Auftragsverarbeiter **bestimmt nicht über Zweck und Mittel der Verarbeitung.** Dies ist Aufgabe des Verantwortlichen, der die Entscheidung darüber zum Inhalt seines Auftrags an den Auftragnehmer machen kann. 89

XI. Empfänger (Nr. 11)

Nach Nr. 11 ist ein Empfänger eine **natürliche oder juristische Person, Behörde, Einrichtung** oder **andere Stelle,** der personenbezogene Daten offengelegt werden, unabhängig davon, ob es sich bei ihr um einen Dritten handelt oder nicht. Der Begriff Empfänger ist ein Oberbegriff.[105] Es kommt anders als beim Begriff des Verantwortlichen (Nr. 9) oder des Auftragsverarbeiters (Nr. 10), die jeweils Verantwortlichkeiten zuweisen, nicht auf die rechtliche Einordnung des Empfängers an, denn der Begriff des Empfängers soll nur beschreiben, dass jemandem tatsächlich Daten offengelegt werden. Offenlegung ist nach § 36 Nr. 2 die "Übermittlung, Verbreitung oder andere Form der Bereitstellung" (Nr. 2, → Rn. 52 ff.) 90

Empfänger ist danach **jeder, dem Daten durch den Verantwortlichen offengelegt** werden. Dies kann ein Auftragsverarbeiter[106] (oder dessen Unterauftragnehmer) sein oder der Empfänger eines Datentransfers. Der Empfänger kann, muss aber nicht zugleich Dritter im Sinne von Art. 4 Nr. 10 sein. **Keine Empfänger sind interne Funktions- oder Organisationseinheiten** des Verantwortlichen.[107] 91

Die Einordnung als Empfänger ist auch **für die Betroffenenrechte (Transparenz) entscheidend,** zB in § 48 Abs. 1 Nr. 4 (Benachrichtigung über Kategorien von Empfängern) oder § 49 Abs. 1 Nr. 4 (Auskunft über Empfänger oder Kategorien von Empfängern). 92

Die Begriffsbestimmung sieht eine **Ausnahmeregelung** vor, indem sie eine Fiktion schafft: **Behörden** gelten nach Nr. 11 2. Halbsatz nicht als Empfänger, wenn sie im Rahmen eines bestimmten Untersuchungsauftrages nach dem Unionsrecht oder einer anderen Rechtsvorschrift (zB aus dem Bundes- oder Landesrecht) personenbezogene Daten erhalten. ErwG 22 nennt beispielhaft und nicht abschließend die **Steuer- und Zollbehörden, Finanzermittlungsstellen, unabhängige Verwaltungsbehörden** oder **Finanzmarktbehörden,** die für die Regulierung von Wertpapiermärkten zuständig sind.[108] Mangels Empfänger-Eigenschaft entfällt in diesen Fällen die Berücksichtigung bei den Betroffenenrechten. Nr. 11 Hs. 3 stellt jedoch klar, dass die Verarbeitung durch diese Behörden im Einklang mit den geltenden Datenschutzvorschriften erfolgen muss. Dies bedeutet, dass das rechtmäßige Handeln einer Behörde eine Rechtsgrundlage erfordert. 93

105 *Hartung* in Kühling/Buchner DS-GVO Art. 4 Nr. 9 Rn. 1.
106 *Veil* in Gierschmann/Schlender/Stentzel/Veil DS-GVO Art. 4 Nr. 9 Rn. 3.
107 AA *Veil* in Gierschmann/Schlender/Stentzel/Veil DS-GVO Art. 4 Nr. 9 Rn. 3; *Schwartmann/Hermann* in HK-DS-GVO/BDSG Art. 4 Rn. 145; *Schild* in Wolff/Brink BeckOK DatenschutzR DS-GVO Art. 4 Rn. 102.
108 *Gola* in Gola DS-GVO Art. 4 Rn. 79; *Regenhardt* in Sydow DS-GVO Art. 4 Rn. 158.

Welchen über den Wegfall der Berücksichtigung bei den Betroffenenrechten hinausgehenden Zweck diese Ausnahmeregelung hat, ist nicht ersichtlich.[109]

XII. Verletzung des Schutzes personenbezogener Daten (Nr. 12)

94 Nr. 12 definiert die Verletzung des Schutzes personenbezogener Daten als eine Verletzung der Sicherheit, die, ob unbeabsichtigt oder unrechtmäßig, zur Vernichtung, zur Veränderung, oder zur unbefugten Offenlegung von bzw. zum unbefugten Zugang zu personenbezogenen Daten führt, die übermittelt, gespeichert oder auf sonstige Weise verarbeitet wurden.

95 Es muss sich folglich um eine Verarbeitung nach Nr. 2 (→ Rn. 33 ff.) von personenbezogenen Daten nach Nr. 1 (→ Rn. 9 ff.) handeln, bei der eine Verletzung aufgetreten ist. Alle Verarbeitungsphasen (→ Rn. 33 ff.), insbesondere auch das praxisrelevante Übermitteln, sind erfasst.

96 Praktische Bedeutung erlangt die Definition vor allem im Zusammenhang mit den **Meldepflichten**, die den Verantwortlichen (Nr. 9) treffen: § 59 DSG NRW regelt die Pflicht zur Meldung der Verletzung des Schutzes personenbezogener Daten an die Aufsichtsbehörde und § 67 Nr. 5 DSG NRW iVm Art. 34 DS-GVO regelt die Pflicht zur **Meldung (Information)** an die von der **Verletzung betroffene Person**.

97 Die Anforderungen an eine sichere Verarbeitung personenbezogener Daten sind in § 58 (Sicherheit der Verarbeitung) festgelegt. Eine Verletzung der Sicherheit personenbezogene Daten ist jeder Vorfall, bei dem es **unbeabsichtigt oder unrechtmäßig trotz technischer oder organisatorischer Schutzmaßnahmen** entweder dazu kommt, dass (Var. 1) **Daten verändert, vernichtet** oder **gelöscht** werden oder dass (Var. 2) **unbefugt Zugang zu Daten geschaffen** wird bzw. **Daten unbefugt offengelegt** werden.

98 Werden Daten aufgrund der Verletzung der Sicherheit verändert, vernichtet oder gelöscht (Var. 1), stellt dies ohne Weiteres eine Verletzung nach Nr. 12 dar. Eine Vernichtung liegt vor, wenn die Daten nicht mehr genutzt werden können, zB weil der jeweilige Datenträger zerstört oder nichtmehr lesbar ist. Ein Verlust ist gegeben, wenn die Daten zwar noch existieren, der Verantwortliche aber **keine Kontrolle oder keinen Zugriff mehr** auf die Daten hat, zB weil Datenträger gestohlen wurden oder unbekannt ist, wo sich ein Datenträger befindet.[110] Eine Veränderung liegt vor, wenn Daten inhaltlich umgestaltet werden, so dass sich ihr Aussagegehalt ändert.[111]

99 Der Zugang zu oder die Offenlegung von Daten (Variante 2) stellen nur dann eine Verletzung nach Nr. 12 dar, wenn sie unbefugt erfolgen.[112] Erfolgen Zugang oder Offenlegung im Rahmen einer Befugnis führt dies dazu, dass die Folgen, die § 59 und § 67 Nr. 5 DSG NRW iVm Art. 34 DS-GVO an eine Verletzung knüpfen, nicht einschlägig sind. Eine Offenlegung ist gegeben, wenn die

109 Kritisch auch zur entsprechenden Regelung in der DS-GVO: *Eßer* in Auernhammer DS-GVO Art. 4 Rn. 88; *Hartung* in Kühling/Buchner DS-GVO Art. 4 Nr. 9 Rn. 7.

110 Vgl. *Gierschmann* in Gierschmann/Schlender/Stentzel/Veil DS-GVO Art. 4 Nr. 12 Rn. 15; *Schwartmann/Hermann* in HK-DS-GVO/BDSG Art. 4 Rn. 179.

111 Vgl. *Arning/Rothkegel* in Taeger/Gabel DS-GVO/BDSG Art. 4 Rn. 304 ff.; *Gierschmann* in Gierschmann/Schlender/Stentzel/Veil DS-GVO Art. 4 Nr. 12 Rn. 16; *Schwartmann/Hermann* in HK-DS-GVO/BDSG Art. 4 Rn. 180.

112 *Schreiber* in Plath DS-GVO/BDSG Art. 4 Rn. 46; vgl. *Klabunde* in Ehmann/Selmayr DS-GVO Art. 4 Rn. 40.

Daten einem Empfänger nach Nr. 11 zur Kenntnis gelangen.[113] Zugang bedeutet, dass Personen (zB Beschäftigte des Verantwortlichen)[114] oder interne Funktions- oder Organisationseinheiten des Verantwortlichen Zugriff auf Daten erhalten, über den sie aufgrund der fehlenden Erforderlichkeit des Zugriffs zur Aufgabenerledigung oder der technisch-organisatorischen Schutzmaßnahmen nicht verfügen dürften.

Es sind viele Beispiele denkbar, in denen es zu einer Verletzung nach Nr. 12 100 kommen kann: In technischer Hinsicht kommen eine unterlassene oder unzureichende Verschlüsselung bei der Übermittlung oder dem Transport von Daten, eine mangelnde Zugangs-, Zutritts- oder Zugriffssicherung zu einer elektronischen Verarbeitung und die dadurch mögliche Einsicht eines Unbefugten in die Daten in Betracht (zB durch Hackerangriff).[115] In organisatorischer Hinsicht zB kommen eine Fehlversendung von Daten (zB durch Fehladressierungen oder automatische Weiterleitungen), das Vergessen von Unterlagen, die unterlassene Begleitung von externen Besuchern in Gebäuden, in denen personenbezogene Daten eingesehen werden können, oder unverschlossene Aufbewahrung von (Personal-) Akten in Betracht, soweit dadurch Unbefugte Zugriff auf personenbezogene Daten bekommen können (→ § 59 Rn. 9 ff. mit weiteren Beispielen).

XIII. Genetische Daten (Nr. 13)

Genetische Daten sind nach Nr. 13 alle personenbezogenen Daten zu den **ererbten oder erworbenen genetischen Eigenschaften** einer natürlichen Person, die 101 eindeutige Informationen über die Physiologie oder die Gesundheit dieser natürlichen Person liefern und insbesondere aus der **Analyse einer biologischen Probe** der betreffenden natürlichen Person gewonnen wurden.

Die genetischen Daten müssen einen Personenbezug aufweisen und sind damit 102 ein Unterfall der personenbezogenen Daten nach Nr. 1. Um als genetische Daten zu gelten, müssen sich die Daten auf ererbte oder erworbene genetische Eigenschaften einer natürlichen Person beziehen und **eindeutige Angaben über die Physiologie und die Gesundheit** der Person liefern. Ererbte Eigenschaften sind solche, die die natürliche Person von Geburt an trägt bzw. vorgeburtlich erhält. Erworbene Eigenschaften sind solche, die die natürliche Person zeitlebens erhält, bzw. Veränderungen der ererbten genetischen Eigenschaften aufgrund von äußeren Einflüssen. Die Angaben müssen einen eindeutigen Rückschluss entweder auf den Gesundheitszustand des Betroffenen oder auf dessen Physiologie, also die Vorhersage beispielsweise seines Stoffwechsels, seines Wachstums oder seiner Fortpflanzung auf molekularer Ebene zulassen. Darin liegt die Besonderheit genetischer Daten, die ihren Schutz erforderlich macht.[116]

Genetische Daten können nach ErwG 23 JI-RL aus der Analyse einer biologi- 103 schen Probe der betreffenden natürlichen Person, zB durch eine **Chromosomen-**, Desoxyribonukleinsäure (DNS)- oder Ribonukleinsäure (RNS)-Analyse oder der Analyse eines anderen Elements, durch die gleichwertige Informationen erlangt werden können, gewonnen werden.[117]

113 *Arning/Rothkegel* in Taeger/Gabel DS-GVO Art. 4 Rn. 308.
114 *Gierschmann* in Gierschmann/Schlender/Stentzel/Veil DS-GVO Art. 4 Nr. 12 Rn. 18.
115 Vgl. *Mantz* in Sydow DS-GVO Art. 4 Rn. 180.
116 Vgl. *Weichert* in Kühling/Buchner DS-GVO Art. 4 Nr. 13 Rn. 5.
117 Vgl. *Weichert* in Kühling/Buchner DS-GVO Art. 4 Nr. 13 Rn. 2: *Meier* in HK-LDSG RhPf § 27 Rn. 31.

104 Genetische Daten nach Nr. 13 erlauben daher in Bezug auf eine natürliche Person nicht nur eine Aussage zu dem, was war (ererbte Informationen), sondern auch zu dem, was ist (Gesundheitszustand, Identifizierbarkeit mittels genetischen Fingerabdrucks) und mit einer gewissen Wahrscheinlichkeit auch zu dem, was in Zukunft sein wird (Vorhersage des Gesundheitszustands und anderer Entwicklungen).[118] Daher haben genetische Daten einen hohen Schutzbedarf und ihre unzulässige Verarbeitung stellt ein hohes Risiko für die Rechte und Freiheiten der betroffenen natürlichen Personen dar.

XIV. Biometrische Daten (Nr. 14)

105 Biometrische Daten sind **mit speziellen technischen Verfahren gewonnene personenbezogene Daten zu den physischen, physiologischen oder verhaltenstypischen Merkmalen einer natürlichen Person**, die die eindeutige Identifizierung dieser natürlichen Person ermöglichen oder bestätigen. Dazu zählen Gesichtsbilder oder daktyloskopische Daten.[119] Biometrische Daten sind in der polizeilichen Ermittlungsarbeit von ständig zunehmender Bedeutung.[120]

106 Die biometrischen Daten müssen (wie die genetischen Daten nach Nr. 13) einen Personenbezug aufweisen und sind damit ebenfalls ein nach Nr. 1. Sie müssen Informationen über physische Merkmale, wie zB **Fingerabdrücke, Augennetzhaut, Stimme,**[121] oder über **physiologische Merkmale**, wie zB Wachstum oder Fortpflanzung oder über verhaltenstypische Merkmale, zB handgeschriebene **Unterschrift, Tippverhalten/Tastenanschlag,**[122] charakteristische Gangart usw[123] enthalten. Anhand dieser Informationen muss die Identität einer natürlichen Person bestimmt (Identifikation) oder bestätigt (Authentifizierung) werden können.

107 Die physischen Merkmale **Gesichtsbilder (biometrie-taugliches Foto)**[124] und **daktyloskopische Daten (Fingerabdrücke)**[125] werden in Nr. 13 beispielhaft genannt, da diese Informationen in sogenannten biometrischen Ausweisdokumenten enthalten sind und die zweifelsfreie Identifikation oder Authentifizierung einer Person ermöglichen. Fotos sind nur dann biometrische Daten, wenn sie mit speziellen technischen Mitteln verarbeitet werden, die eine eindeutige Identifikation oder Authentifizierung einer natürlichen Person ermöglichen.[126] Mit dieser Einschränkung wird verhindert, dass allgemeine Fotografien als biometrische Daten nach Nr. 14 gelten und den Anforderungen an deren Verarbeitung unterworfen sind.

---

118 Vgl. schon *Weichert* DuD 2002, 133 (134), s. auch *Ernst* in Paal/Pauly DS-GVO Art. 4 Rn. 97.
119 Vgl. *Gola* in Gola DS-GVO Art. 4 Rn. 96; *Weichert* in Kühling/Buchner DS-GVO Art. 4 Nr. 14 Rn. 4.
120 Vgl. *Petri* GSZ 2018, 144 ff. insbesondere zur Gesichtserkennung.
121 *Tillenburg* DuD 2011, 197 f.
122 *Dotzler* DuD 2011, 192 f.; *Weichert* in Kühling/Buchner DS-GVO Art. 4 Nr. 14 Rn. 4.
123 Stellungnahme 4/2007 der Artikel-29-Datenschutzgruppe vom 20.6.2007, WP 136, 9 *Weichert* in Kühling/Buchner DS-GVO Art. 4 Nr. 14 Rn. 4.
124 *Ernst* in Paal/Pauly DS-GVO Art. 4 Rn. 102; *Schild* in BeckOK DatenschutzR DS-GVO Art. 4 Rn. 141.
125 *Ernst* in Paal/Pauly DS-GVO Art. 4 Rn. 104.
126 Siehe dazu ErwG 51 Satz 3 DS-GVO und vgl. *Eßer* in Auernhammer DS-GVO Art. 4 Rn. 112.

XV. Gesundheitsdaten (Nr. 15)

Gesundheitsdaten sind personenbezogene Daten, die sich auf die **körperliche oder geistige Gesundheit** einer natürlichen Person, einschließlich der Erbringung von Gesundheitsdienstleistungen, beziehen und aus denen Informationen über deren Gesundheitszustand hervorgehen. 108

Zu den Gesundheitsdaten zählen beispielsweise[127] Informationen zu **Krankheiten, Behinderungen,**[128] klinischen Behandlungen, **physiologischem oder biomedizinischem Zustand** einer natürlichen Person sowie Informationen, die von der Prüfung oder Untersuchung eines Körperteils oder einer körpereigenen Substanz, auch aus genetischen Daten (→ Rn. 101) und biologischen Proben abgeleitet wurden. Gesundheitsdaten **können daher zugleich genetische und/oder biometrische Daten sein.**[129] 109

In zeitlicher Hinsicht können sich diese Informationen auf den **früheren,** den **gegenwärtigen** oder den **künftigen körperlichen oder geistigen Zustand** der Person beziehen. 110

Die **Herkunft der Daten ist unerheblich,** sie können beispielsweise von einem Arzt oder sonstigem Angehörigen eines Gesundheitsberufes, einem Krankenhaus, einem Medizinprodukt oder einem In-Vitro-Diagnostikum stammen. 111

Als Gesundheitsdaten gelten auch Informationen über eine natürliche Person, die im Zuge der Anmeldung für sowie der Erbringung von Gesundheitsdienstleistungen[130] (zB die Angaben im sog. Anamnesebogen bei der Aufnahme eines neuen Patienten) für die natürliche Person erhoben werden. Ebenso gelten Nummern, Symbole oder Kennzeichen, die einer natürlichen Person zur eindeutigen Identifizierung für gesundheitliche Zwecke zugeteilt werden, als Gesundheitsdaten, soweit diese Angaben Informationen zum Gesundheitszustand der natürlichen Person enthalten.[131] 112

XVI. Aufsichtsbehörde (Nr. 16)

Aufsichtsbehörde ist die durch das Land NW nach Art. 41, 44 JI-RL eingerichtete unabhängige staatliche Stelle die oder der **Landesbeauftragte für Datenschutz und Informationsfreiheit – LDI NW** – nach § 60. Es handelt sich dabei um eine Datenschutzaufsichtsbehörde und nicht um andere Aufsichtsbehörden, die eine nicht-datenschutzrechtliche Aufsicht ausüben, zB Bank-, Versicherungs-, Gewerbeaufsicht usw.[132] 113

Die **unabhängige Aufsichtsbehörde** ist im europäischen Primärrecht in Art. 8 Abs. 3 GRCh institutionell vorgesehen. Art. 8 GRCh gewährleistet den Schutz personenbezogener Daten auf Verfassungsebene. Dieser Schutz wird in Art. 8 Abs. 3 GRCh (und in Art. 16 Abs. 2 Satz 2 AEUV, ex-Art. 286 EGV) ergänzt 114

---

127 Vgl. ErwG 35 DS-GVO.
128 *Gola* in Gola DS-GVO Art. 4 Rn. 97 nennt die »Schwerbehinderteneigenschaft«.
129 So auch: *Schreiber* in Plath DS-GVO Art. 4 Rn. 56.
130 Gesundheitsdienstleistungen iSd Richtlinie 2011/24/EU des Europäischen Parlaments und des Rates vom 9.3.2011 über die Ausübung der Patientenrechte in der grenzüberschreitenden Gesundheitsversorgung; s. ErwG 35; *Kampert in Sydow DS-GVO Art. 4* Rn. 189.
131 Vgl. ErwG 35 DS-GVO; so zur DS-GVO auch *Schreiber* in Plath DS-GVO/BDSG DS-GVO Art. 4 Rn. 545 ff.; *Ernst* in Paal/Pauly DS-GVO Art. 4, Rn. 110; *Weichert* in Kühling/Buchner DS-GVO Art. 4 Nr. 15 Rn. 2.
132 *Ziebarth* in Sydow DS-GVO Art. 4 Rn. 228.

durch den Regelungsauftrag und die Regelungspflicht zur Errichtung der unabhängigen Aufsicht (Art. 41, 44 JI-RL).

XVII. Internationale Organisation (Nr. 17)

115 Als internationale Organisation gelten eine **völkerrechtliche Organisation** und ihre nachgeordneten Stellen oder jede sonstige Einrichtung, die durch eine **zwischen zwei oder mehr Ländern geschlossene Übereinkunft** oder auf der Grundlage von einer solchen Übereinkunft geschaffen wurde. Der Begriff ist im Zusammenhang mit Datenübermittlungen, §§ 62 ff., insbesondere auch dem Auskunftsrecht nach § 49 Abs. 1 Nr. 4 (Auskunft an die betroffene Person über die Übermittlung an internationale Organisationen).

116 Die Definition umfasst zum Beispiel das auf Grundlage der Genfer Konvention geschaffene **Internationale Komitee des Roten Kreuzes** (IKRK)[133] und als internationale zwischenstaatliche Organisationen (Intergovernmental Organisations – IOG), die **Europäische Union** (EU) – einschließlich des Europäischen Polizeiamts – **EUROPOL**) und des **Europäischen Amtes für Betrugsbekämpfung** (European Anti-Fraud Office – OLAF), die **Vereinten Nationen** (United Nations – UN), die North Atlantic Treaty Organisation (**NATO**), den Internationalen Währungsfonds (**IWF**), die Welthandelsorganisation (World Trade Organisation – **WTO**), die Organisation für wirtschaftliche Zusammenarbeit und Entwicklung (Organisation for Economic Co-operation and Development – **OECD**), die European Free Trade Association (**EFTA**) und deren jeweilige Einrichtungen und Organe.[134]

117 Nicht erfasst von der Definition sind Nichtregierungsorganisationen (Non-Governmental Organisations – NGO), wie zum Beispiel Greenpeace, Ärzte ohne Grenzen, Human Rights Watch, Amnesty International.

XVIII. Besondere Kategorien personenbezogener Daten (Nr. 18)

118 Die Begriffsbestimmung „besondere Kategorien personenbezogener Daten" in Nr. 18 enthält eine abschließende Aufzählung von Datenkategorien, die teilweise auch als „sensible" oder „sensitive" personenbezogene Daten bezeichnet werden. Dazu gehören Angaben über die **rassische und ethnische Herkunft** (zB **Hautfarbe**, regional begrenzte Sprache, aber nicht die Staatsangehörigkeit),[135] **politische Meinungen** (zB **Parteimitgliedschaften**, aber nicht die Teilnahme einer Parteiveranstaltung),[136] **religiöse oder philosophische Überzeugungen** (zB Zugehörigkeit zu einer **Konfession** oder **Sekte**) und die **Gewerkschaftszugehörigkeit** hinaus auch **genetischen Daten** (definiert in Nr. 13, → Rn. 101ff.), **biometrische Daten** zur eindeutigen Identifizierung einer natürlichen Person (definiert in Nr. 14, → Rn. 105 ff.), Gesundheitsdaten (definiert in Nr. 15, → Rn. 108 ff.) sowie Daten zum **Sexualleben** oder zur **sexuellen Orientierung**.

119 Der Gesetzgeber legt in Bezug auf diese Kategorien von Daten einen **hohen Schutzbedarf** fest, bzw. geht davon aus, dass deren Verarbeitung eher ein hohes Risiko für die Rechte und Freiheiten der von der Verarbeitung betroffenen Personen darstellt. Das DSG NRW knüpft dementsprechend an mehreren Stellen im 3. Teil Restriktionen an den Umgang mit besonderen personenbezogen Daten, so zB in § 45, wonach besondere Kategorien personenbezogener Daten nur

133 *Klabunde* in Ehmann/Selmayr DS-GVO Art. 4 Rn. 98.
134 Vgl. *Klabunde* in Ehmann/Selmayr DS-GVO Art. 4 Rn. 97.
135 Vgl. *Schulz* in Gola/Heckmann BDSG § 46 Rn. 71.
136 Vgl. *Schulz* in Gola/Heckmann BDSG § 46 Rn. 71.

verarbeitet werden dürfen, wenn dies zur Aufgabenerledigung unbedingt erforderlich ist (§ 45 Abs. 1) und wenn dabei geeignete Garantien für die Rechtsgüter der betroffenen Personen vorgesehen sind (§ 45 Abs. 2), in § 38 Abs. 5 bezüglich der Einwilligung zur Verarbeitung besonderer Kategorien personenbezogener Daten, in § 58 Abs. 1 bei den Anforderungen an die Sicherheit der Verarbeitung besonderer Kategorien personenbezogener Daten und in § 46 Abs. 3 beim **Diskriminierungsverbot im Rahmen des Profilings** nach Nr. 4 (→ Rn. 65 ff.). Die geplante Verarbeitung besonderer Kategorien personenbezogener Daten wirkt sich auch auf die **Risikobewertung bei der Datenschutz-Folgenabschätzung** nach § 56 dahin gehend aus, dass die Verarbeitung besonderer Kategorien personenbezogener Daten eher für ein hohes Risiko spricht und die Durchführung einer Datenschutz-Folgenabschätzung notwendig erscheinen lassen kann.

XIX. Einwilligung (Nr. 19)

§ 38 regelt die Einwilligung für Teil 3 des DSG NRW (§§ 35 bis 69). Hierzu wurde in Nummer 19 die Definition des Begriffs der Einwilligung aufgenommen, da die JI-RL die Einwilligung selbst nicht definiert. Die Begriffsbestimmung in Nr. 19 entspricht der in Art. 4 Nr. 11 DS-GVO. Im Anwendungsbereich von Teil 3 des DSG NRW ist die Einwilligung als Erlaubnis für die Verarbeitung personenbezogener Daten **selten anzutreffen.** Zum einen wird das Verhältnis zwischen Bürger und staatlichen Stellen maßgeblich durch Gesetze geprägt (im Unterschied dazu herrscht Privatautonomie im Verhältnis zwischen Verbrauchern und Unternehmen, weshalb die Einwilligung in diesem Verhältnis eine größere Bedeutung hat als im behördlichen Bereich) und zum anderen ist das Verhältnis zwischen Bürger und Behörde häufig von einem Ungleichgewicht geprägt, was besonders am Beispiel der Eingriffsverwaltung oder der Strafverfolgung deutlich wird, von daher ist dort eine freiwillige Einwilligung in vielen Fällen nicht möglich.[137] 120

Eine Einwilligung ist jede **freiwillig** für den **bestimmten Fall,** in **informierter Weise** und **unmissverständlich** abgegebene Willensbekundung in Form einer Erklärung oder einer sonstigen eindeutigen bestätigenden Handlung, mit der die betroffene Person zu verstehen gibt, dass sie mit der Verarbeitung der sie betreffenden personenbezogenen Daten einverstanden ist. **§ 38 regelt die Anforderungen für die Einwilligung.** Nach § 38 Abs. 5 muss sich bei der einwilligungsbasierten Verarbeitung besonderer Kategorien personenbezogener Daten (Nr. 18) die Einwilligung ausdrücklich auf diese Daten beziehen. 121

Die Einwilligung erfordert, dass der Betroffene sich bei Verständnis der Verarbeitung **ohne Zwang und in Kenntnis der Zwecke, Mittel** und **Identität des Verantwortlichen** eindeutig äußert, dass er der beabsichtigten Verarbeitung zustimmt. Die Einwilligung stellt eine Erlaubnis zur Verarbeitung dar. 122

Wesentliche Elemente der Einwilligung sind: (i) die **Freiwilligkeit,** die erfordert, dass der Betroffene die Einwilligung frei von Zwang und ohne Kopplung an ein Rechtsgeschäft, für dessen Durchführung die personenbezogenen Daten, für die eine Einwilligung verlangt wird, nicht erforderlich sind; (ii) die **Bestimmtheit,** nach der beim Erteilen der Einwilligung feststehen muss, zu welchem konkreten Zweck und zu welcher konkreten Verarbeitung die Zustimmung erfolgt; (iii) die **Informiertheit,** die eine vorausgehende Unterrichtung des Betroffenen über den vorgesehenen Zweck und die Verarbeitung erfordert, und die (iv) **Unmiss-** 123

137 Vgl. *Eßer* in Auernhammer DS-GVO Art. 4 Rn. 98.

verständlichkeit, die erfordert, dass der Betroffene eine eindeutige Willenserklärung abgibt.[138]

124 Die Einwilligung kann **schriftlich, elektronisch oder mündlich** erfolgen. Aus Sicht des Verantwortlichen, für den die Einwilligung eine Erlaubnis zur Verarbeitung darstellt, sollte die Einwilligung dokumentiert sein, was durch eine schriftliche oder elektronische Einwilligung erreicht werden kann; eine wirksame Einwilligung kann nicht durch Schweigen der betroffenen Person erfolgen, sondern erfordert ein aktives Tun der betroffenen Person.

XX. Öffentliche Stellen (Nr. 20)

125 „Stelle" beschreibt als **Oberbegriff** einen Adressaten, dem das Datenschutzrecht je nach seiner Eigenschaft als Verantwortlichem, Auftragsverarbeiter, Empfänger oder Dritter bestimmte Pflichten auferlegt. Gleichzeitig hat der **Begriff „Stelle"** eine **Auffangfunktion**, die sicherstellt, dass die mit der jeweiligen Eigenschaft verbundenen Pflichten auch dann greifen, wenn der Adressat nicht oder nicht eindeutig einer der im DSG NRW genannten Kategorien Behörde oder Einrichtung zugeordnet werden kann, sondern lediglich unspezifisch als Stelle einzuordnen ist.

126 Unter **Behörde** ist jede Stelle zu verstehen, die **Aufgaben der öffentlichen Verwaltung** wahrnimmt (§ 1 Abs. 4 VwVfG). Zu den Landesbehörden zählen die obersten Landesbehörden (zB Landesministerien, Landesbeauftragte/r für den Datenschutz und die Informationsfreiheit, Landesrechnungshof) sowie alle weiteren Landesbehörden (Landesoberbehörden, zB Landesamt für zentrale polizeiliche Dienste, und Landesmittelbehörden, zB Bezirksregierungen), die diesen Behörden nachgeordnet sind.

127 Soweit sie als **Organe der Rechtspflege** tätig werden, zählen zu den öffentlichen Stellen die Gerichte, die Strafverfolgungsbehörden und die Vertreter des öffentlichen Interesses (§ 35 VwGO).

128 Die Formulierung **„andere öffentlich-rechtlich organisierte Einrichtungen"** stellt eine Auffangklausel dar, nach der alle Bereiche staatlichen Handelns unabhängig von ihrer Form erfasst werden sollen. Erfasst sind zB der Ministerpräsident (nicht die Staatskanzlei, das bereits unter den Begriff Behörde fällt), gesetzgebende Körperschaften des Landtages, Fraktionen und parlamentarische Gruppen des Landtages, nicht jedoch einzelne Abgeordnete in ihrer Mandatswahrnehmung.

129 Auf Ebene der **Kommunen** sind öffentliche Stellen die Städte und Gemeinden sowie Gemeindeverbände (Zusammenschluss mindestens zweier Gemeinden zu einer Körperschaft des öffentlichen Rechts).

130 Der Begriff **„sonstige juristische Personen des öffentlichen Rechts**, die der Aufsicht des Landes unterstehen" ist wiederum ein Auffangtatbestand. Darunter fallen zB die Kreise, die im Rahmen der Kommunalaufsicht durch die Bezirksregierungen beaufsichtigt werden.

131 Schließen sich mindestens zwei der vorgenannten Stellen zu einer **Vereinigung** zusammen, bspw. um eine bestimmte öffentliche Aufgabe zu erledigen, so gelten diese ungeachtet ihrer Rechtsform ebenfalls als öffentliche Stelle.

132 Nach § 1 BRAO sind Rechtsanwälte unabhängige Organe der Rechtspflege; als freiberuflich Tätige zählen sie jedoch nicht zu den öffentlichen Stellen (des Bundes oder der Länder). Religionsgemeinschaften sind weder öffentliche Stellen

138 Vgl. *Buchner/Kühling* in Kühling/Buchner DS-GVO Art. 4 Nr. 11 Rn. 6 ff.

des Bundes noch der Länder. Religionsgemeinschaften steht nach Art. 140 GG iVm Art. 137 WRV vielmehr ein Selbstverwaltungsrecht zu.

C. Bedeutung der Vorschrift für die behördliche Praxis

Die Begriffsbestimmungen des § 36 sind in der Praxis zu berücksichtigen, wenn die **Vorschriften des 3. Teils des DSG NRW (§§ 35 bis 69)** oder andere spezielle Regelungen daran anknüpfen, die den **Bereich der Verhütung, Ermittlung, Aufdeckung oder Verfolgung von Straftaten oder der Strafverfolgung**, einschließlich des **Schutzes vor und der Abwehr von Gefahren für die öffentliche Sicherheit oder Ordnung** betreffen. 133

Der Katalog der Begriffsbestimmungen in § 36 ist **umfangreich**. Die DS-GVO enthält in Art. 4 zusätzlich einen umfangreichen Definitionskatalog, der für den 3. Teil des DSG NRW jedoch nicht anwendbar ist. Den Rechtsanwender stellt dies vor die Herausforderung, für einen konkreten Anwendungsfall stets auf den richtigen Katalog der Begriffsbestimmungen zurückzugreifen. Da die Begriffsbestimmungen der unterschiedlichen Kataloge jedoch weitgehend inhaltlich übereinstimmen und Definitionen des § 36 zum Teil wortgleich aus der DS-GVO (zB Art. 4 Nr. 1) oder dem DSG NRW selbst (zB § 4) wiederholt werden, bleiben die praktischen Auswirkungen einer etwaigen Verwechslung gering, wenngleich die Begriffsbestimmungen des § 36 aufgrund der im Zusammenhang mit der Verfolgung von Straftaten oder Ordnungswidrigkeiten bestehenden unterschiedlichen Schwerpunkte teilweise eine andere Bedeutung oder einen anderen Fokus haben können.[139] 134

Kapitel 2 Grundsätze

§ 37 Allgemeine Grundsätze für die Verarbeitung personenbezogener Daten

Personenbezogene Daten müssen

1. auf rechtmäßige Weise und nach Treu und Glauben verarbeitet werden,
2. für festgelegte, eindeutige und rechtmäßige Zwecke erhoben und nicht in einer mit diesen Zwecken nicht zu vereinbarenden Weise verarbeitet werden,
3. dem Verarbeitungszweck entsprechen, für das Erreichen des Verarbeitungszwecks erforderlich sein und ihre Verarbeitung darf nicht außer Verhältnis zu diesem Zweck stehen,
4. sachlich richtig und erforderlichenfalls auf dem neuesten Stand sein; dabei sind alle angemessenen Maßnahmen zu treffen, damit personenbezogene Daten, die im Hinblick auf die Zwecke ihrer Verarbeitung unrichtig sind, unverzüglich gelöscht oder berichtigt werden,
5. nicht länger als es für die Zwecke, für die sie verarbeitet werden, erforderlich ist, in einer Form gespeichert werden, die die Identifizierung der betroffenen Personen ermöglicht, und
6. in einer Weise verarbeitet werden, die eine angemessene Sicherheit der personenbezogenen Daten gewährleistet; hierzu gehört auch ein durch geeignete technische und organisatorische Maßnahmen zu gewährleistender Schutz vor unbefugter oder unrechtmäßiger Verarbeitung, unbeabsichtigtem Verlust, unbeabsichtigter Zerstörung oder unbeabsichtigter Schädigung.

139 Vgl. *Johannes/Weinhold* Das neue DSR bei Polizei und Justiz Rn. 120.

Verwandte Norm JI-RL:

Artikel 4 Grundsätze in Bezug auf die Verarbeitung personenbezogener Daten

(1) Die Mitgliedstaaten sehen vor, dass personenbezogene Daten

a) auf rechtmäßige Weise und nach Treu und Glauben verarbeitet werden,
b) für festgelegte, eindeutige und rechtmäßige Zwecke erhoben und nicht in einer mit diesen Zwecken nicht zu vereinbarenden Weise verarbeitet werden,
c) dem Verarbeitungszweck entsprechen, maßgeblich und in Bezug auf die Zwecke, für die sie verarbeitet werden, nicht übermäßig sind,
d) sachlich richtig und erforderlichenfalls auf dem neuesten Stand sind; dabei sind alle angemessenen Maßnahmen zu treffen, damit personenbezogene Daten, die im Hinblick auf die Zwecke ihrer Verarbeitung unrichtig sind, unverzüglich gelöscht oder berichtigt werden,
e) nicht länger, als es für die Zwecke, für die sie verarbeitet werden, erforderlich ist, in einer Form gespeichert werden, die die Identifizierung der betroffenen Personen ermöglicht,
f) in einer Weise verarbeitet werden, die eine angemessene Sicherheit der personenbezogenen Daten gewährleistet, einschließlich des Schutzes vor unbefugter oder unrechtmäßiger Verarbeitung und vor unbeabsichtigtem Verlust, unbeabsichtigter Zerstörung oder unbeabsichtigter Schädigung durch geeignete technische und organisatorische Maßnahmen.

(2) Eine Verarbeitung durch denselben oder einen anderen Verantwortlichen für einen anderen der in Artikel 1 Absatz 1 genannten Zwecke als den, für den die personenbezogenen Daten erhoben werden, ist erlaubt, sofern

a) der Verantwortliche nach dem Unionsrecht oder dem Recht der Mitgliedstaaten befugt ist, solche personenbezogenen Daten für diesen anderen Zweck zu verarbeiten, und
b) die Verarbeitung für diesen anderen Zweck nach dem Unionsrecht oder dem Recht der Mitgliedstaaten erforderlich und verhältnismäßig ist.

(3) Die Verarbeitung durch denselben oder einen anderen Verantwortlichen kann die Archivierung im öffentlichen Interesse und die wissenschaftliche, statistische oder historische Verwendung für die in Artikel 1 Absatz 1 genannten Zwecke umfassen, sofern geeignete Garantien für die Rechte und Freiheiten der betroffenen Personen vorhanden sind.

(4) Der Verantwortliche ist für die Einhaltung der Absätze 1, 2 und 3 verantwortlich und muss deren Einhaltung nachweisen können.

Kurzübersicht zum Verhältnis der entscheidenden Normen			
Norm des DSG NRW	Entsprechende Norm der JI-RL	Entsprechende Norm des BDSG	
§ 37 DSG NRW	Art. 4 JI-RL	§ 47 BDSG	

Literatur:

Eifert/Hoffmann-Riem, Innovation, Recht und öffentliche Kommunikation, 2011; *Johannes*, Die Gegenüberstellung – Allgemeine Grundsätze der Datenverarbeitung nach neuem BDSG, DS-GVO und JI-Richtlinie, ZD-Aktuell 2017, 05757; *Johannes/Richter*, Privilegierte Verarbeitung im BDSG-E, DuD 2017, 301; *Marquenie*, The Police and Criminal Justice Authorities Directive, CL&SR 2017, 331; *Ohm*, Broken Promises of Privacy: Responding to the Surprising Failure of Anonymization, UCLA Law Review 2010, 1701; *Roßnagel*, Datenschutzgrundsätze – unverbindliches Programm oder verbindliches Recht?, ZD 2018, 339; *Tene/Zanfir-Fortuna*, Chasing the Golden Goose: What is the path to effective anonymisation?, PinG 2017, 129.

A. Grundlagen

I. Gesamtverständnis, Zweck der Norm und Verhältnis zu anderen Normen

§ 37 legt, in Umsetzung von Art. 4 Abs. 1 JI-RL, sechs generelle **Grundsätze für die Datenverarbeitung** fest und führt diese an zentraler Stelle zusammen.[1] Die Umsetzung erfolgt nahezu wortgleich. Die Grundsätze ähneln in Aufbau, Wortlaut und Inhalt denen in Art. 5 DS-GVO, unterscheiden sich jedoch im Detail.[2] Der mit den Grundsätzen in Art. 4 JI-RL und § 37 verfolgte Zweck ist aber vergleichbar mit den Grundsätzen nach Art. 5 DS-GVO.[3] 1

Die in § 37 festgelegten Grundsätze sind verbindliche **Vorgaben** für Verantwortliche bei der Auslegung, Fortbildung und Anwendung der besonderen Regeln von Teil 3 des DSG NRW. Sie sind auch bei der Auslegung, Fortbildung und Anwendung des sonstigen, spezialgesetzlichen Fachrechts im Anwendungsbereich von § 35 heranzuziehen. Es sind keine bloßen Programmsätze. Dies wird aus ihrer primärrechtlichen Ableitung aus **Art. 8 Abs. 2 GRCh** deutlich.[4] Die Grundsätze konkretisieren auch die allgemeinen Regelungen zum Grundrecht auf Datenschutz in **Art. 16 Abs. 2 AEUV** und in **Art. 8 EMRK**.[5] 2

Die Grundsätze sollen die **einheitliche Umsetzung und Rechtsanwendung** der JI-RL in allen Mitgliedsstatten dadurch fördern, dass Rechte der betroffenen Personen gleichwertig geschützt und die Verpflichtungen für diejenigen, die personenbezogene Daten verarbeiten, einheitlich verschärft werden.[6] 3

Sie sind nicht beliebig.[7] Die Einhaltung der Grundsätze ist eine **rechtliche Pflicht** (→ Rn. 12). Auch sonst zulässige Datenverarbeitungen sind bei einem Verstoß gegen die Grundsätze als rechtswidrig zu bewerten. Bedeutung erhalten die Grundsätze insbesondere bei der Anwendung und Auslegung anderer Rechte und Pflichten nach Teil 3 des DSG NRW oder sonstigen Fachrechts, welches die Richtlinie umsetzt. Die Grundsätze schließen keine spezielleren Vorschriften aus, die konkretisierende oder sogar abweichende Regelungen treffen können.[8] Man muss die Grundsätze als **allgemeingültige rechtliche Anforderungen** verstehen. Diese werden durch gesetzliche Kriterien im Rest des Gesetzes konkreti- 4

1 LT-Drs. 17/1981, 159.
2 *Johannes* ZD-Aktuell 05757.
3 Zu jenem *Roßnagel* ZD 2018, 339.
4 So entsprechend zu Art. 5 DS-GVO *Albrecht/Jotzo* Teil 2 Rn. 1.
5 Sydow/*Johannes/Weinhold* BDSG § 47 Rn. 3.
6 BeckOK DatenschutzR/*Hertfelder* BDSG § 47 Rn. 3.
7 Paal/Pauly/*Frenzel* BDSG § 47 Rn. 3.
8 Entsprechend zu den Grundsätzen nach DS-GVO Roßnagel/*ders.* Das neue DSR § 3 Rn. 47.

siert. Soweit sie jedoch nicht konkretisiert werden, können sie direkt zur Anwendung kommen.

5 Die Umsetzung der JI-RL erfolgt im DSG NRW nur **nahezu wortgleich**. Große Abweichungen bestehen von § 37 Nr. 3 zu Art. 4 Abs. 1 lit. c JI-RL. Art. 4 Abs. 2 JI-RL wird umgesetzt in § 39 und Art. 4 Abs. 3 JI-RL wird umgesetzt in § 40. Die Rechenschaftspflicht nach Art. 4 Abs. 4 JI-RL wurde nicht in ausdrücklicher Form in das DSG NRW übernommen (→ Rn. 37).

6 § 37 entspricht § 47 BDSG. Die Vorschriften sind nahezu wortgleich. Lediglich die jeweiligen Nr. 3 sind sprachlich leicht unterschiedlich, jedoch inhaltlich bedeutungsgleich. Bei Datenverarbeitungen auf Grundlage der StPO ist nach § 500 StPO der § 47 BDSG entsprechend anzuwenden und hat Anwendungsvorrang vor § 37.

7 Der Wortlaut der allgemeinen Grundsätze nach Art. 5 DS-GVO und der allgemeinen Grundsätze nach § 37 – die Art. 4 JI-RL umsetzen – ist sehr ähnlich. Die Vorschriften ähneln sich in Aufbau, Wortlaut und Inhalt, unterscheiden sich jedoch im Detail. Die Zwecke der Vorschriften sind vergleichbar.[9] Der offensichtlichste Unterschied ist, dass die Grundsätze nach Art. 5 DS-GVO jeweils am Ende mit **Kernbegriffen** in Klammern versehen worden, die die Verständlichkeit fördern sollen.[10]

8 Auch unterscheidet sich der **Wortlaut** der einzelnen Grundsätze in Art. 4 Abs. 1 JI-RL und § 37 teilweise stark von dem der Grundsätze in Art. 5 DS-GVO.[11] Im Gegensatz zu Art. 5 Abs. 1 lit. a DS-GVO enthält Art. 4 Abs. 1 lit. a JI-RL – und folglich auch § 37 Nr. 1 – ein Transparenzgebot. Die Grundsätze der Zweckbindung nach Art. 4 Abs. 1 lit. b JI-RL – und folglich auch § 37 Nr. 2 – und Speicherbegrenzung nach Art. 4 Abs. 1 lit. e JI-RL – und folglich auch § 37 Nr. 5 – enthalten keine Einschränkungen hinsichtlich der Verarbeitung für im öffentlichen Interesse liegende Archivzwecke oder für wissenschaftliche und historische Forschungszwecke oder für statistische Zwecke.[12] Aussagen und Bewertungen zu den Grundsätzen nach Art. 5 DS-GVO sind wegen solcher und anderer Unterschiede im Detail nur eingeschränkt auf die Grundsätze nach Art. 4 JI-RL und § 37 übertrag- und anwendbar. Hier kommt es bei der Auslegung auf den konkreten Wortlaut und den Kontext der Datenverarbeitungen im Anwendungsbereich von § 35 an.

9 Die in § 37 festgelegten allgemeinen Grundsätze für die Verarbeitung von personenbezogenen Daten beziehen sich auf jede Form der Verarbeitung im Anwendungsbereich des § 35. Der verwendete **Begriff der Verarbeitung** entspricht dem des § 36 Nr. 2 und ist denkbar weit, im Sinne jeder Form des Datenumgangs, auszulegen (→ § 36 Rn. 33 ff.).[13]

II. Bisherige Rechtslage

10 Weder dem DSG NRW aF noch dem BDSG aF waren allgemeine Grundsätze entsprechend Art. 4 JI-RL vorangestellt. Art. 4 JI-RL geht zurück auf **Art. 6 RL 95/46 EG**. Das BDSG aF und DSG NRW aF hatten jene Regelung **nicht un-**

9 Sydow/*Johannes/Weinhold* BDSG § 47 Rn. 11.
10 So *Albrecht/Jotzo* Teil 2 Rn. 1.
11 Vgl. Gegenüberstellung BDSG zu JI-RL zu DS-GVO bei *Johannes* ZD-Aktuell 05757.
12 Vgl. aber Art. 4 Abs. 3 JI-RL der in § 40 umgesetzt wird.
13 Sydow/*Johannes/Weinhold* BDSG § 47 Rn. 11.

mittelbar übernommen,[14] da es **Ziele** waren, die der Gesetzgeber des Mitgliedstaats in seiner Rechtsordnung nicht wörtlich übernehmen musste.[15] Diese Grundsätze waren im deutschen Datenschutzrecht in Form von Verarbeitungsvoraussetzungen, wie dem Grundsatz der Rechtmäßigkeit, der Zweckbindung, von Treu und Glauben sowie den Betroffenenrechten umgesetzt.[16]

Im Entwurf der Kommission zur JI-RL war Art. 4 bereits enthalten. Sowohl die Stellungnahme des Parlaments als auch die des Rates sahen wenige Änderungen und Ergänzungen vor.[17] Im **Trilog** konnte überwiegend der Rat seinen Vorschlag durchsetzen, was auch zu einem größeren Gleichlaut der Grundsätze nach DS-GVO und JI-RL führte. Die Rechenschaftspflicht in Art. 4 Abs. 4 JI-RL entstand erst im Trilog als Kompromisslösung.[18] Die Entwürfe der Kommission und des Parlaments hatten diese Rechenschaftspflicht als lit. f in eine Reihe mit den anderen Grundsätzen gestellt.[19] 11

B. Kommentierung

§ 37 enthält Grundsätze, die bei jeder Verarbeitung personenbezogener Daten im Anwendungsbereich von § 35 beachtet werden müssen. Alle dazugehörigen Regelungen des materiellen Datenschutzrechts für Verarbeitungen zu den in den § 35 genannten Zwecken durch die zuständigen Behörden sind auf die **Umsetzung dieser Grundsätze** ausgerichtet. Sie sind Leitlinien für die Auslegung spezielleren Rechts.[20] Diese sind so zu interpretieren, dass die Grundsätze in der sozialen Wirklichkeit möglichst gut realisiert werden.[21] Das folgt aus dem Wortlaut („Allgemeine Grundsätze"), der systematischen Stellung und auch aufgrund des Sinns und Zwecks von „Grundsätzen". Die Datenschutzgrundsätze sind die wesentlichen **Zielsetzungen des Schutzkonzepts** der JI-Richtlinie und damit auch der §§ 35 ff.[22] In ihnen kommt der Grundsatz der Verhältnismäßigkeit zum Ausdruck.[23] Datenschutzgrundsätze werden auch als Strukturprinzipien[24] und Optimierungsgebote[25] bezeichnet. 12

I. Rechtmäßigkeit der Datenverarbeitung (Nr. 1)

Art. 4 Abs. 1 lit. a JI-RL wurde in § 37 Nr. 1 wortgleich umgesetzt. Die Regelung der Richtlinie entspricht zum Teil der Regelung von Art. 5 Abs. 1 lit. a DS-GVO. Personenbezogene Daten müssen nach § 37 Nr. 1 zunächst auf **recht-** 13

---

14 S. für BDSG HK-DS-GVO/BDSG/*Jaspers/Schwartmann/Hermann* DS-GVO Art. 5 Rn. 8; Sydow/*Reimer* DS-GVO Art. 5 Rn. 4; s. für den Grundsatz der Zweckbindung Roßnagel/*von Zezschwitz* HB DSR Kap. 3.1 Rn. 27.
15 S. auch Kühling/Buchner/*Herbst* DS-GVO Art. 5 Rn. 81; Paal/Pauly/*Frenzel* DS-GVO Art. 5 Rn. 1.
16 Sydow/*Johannes/Weinhold* BDSG § 47 Rn. 12.
17 Vgl. Synopse in Dokument des Rates 13523/15 ADD 1.
18 Sydow/*Johannes/Weinhold* BDSG § 47 Rn. 14.
19 Hier zeigt sich die gleichlaufende Entwicklung von DS-GVO und JI-RL; vgl. Simitis/Hornung/Spiecker gen. Döhmann/*Roßnagel* DS-GVO Art. 5 Rn. 13.
20 Roßnagel/*ders.* Das neue DSR § 3 Rn. 44.
21 So zu den Grundsätzen der DS-GVO Simitis/Hornung/Spiecker gen. Döhmann/*Roßnagel* DS-GVO Art. 5 Rn. 13.
22 Entsprechend HK-DS-GVO/BDSG/*Jaspers/Schwartmann/Hermann* DS-GVO Art. 5 sind Datenschutzgrundsätze das „Herzstück" (Rn. 1) und die „Kernnorm" (Rn. 13) des Datenschutzrechts.
23 Gola/Heckmann/*Braun* BDSG § 47 Rn. 2.
24 Gola/*Pötters* DS-GVO Art. 5 Rn. 4.
25 Paal/Pauly/*Frenzel BDSG* § 47 Rn. 3 mwN.

mäßige Weise verarbeitet werden. Vorrang und Vorbehalt des Gesetzes und Gesetzmäßigkeit der Verwaltung sind prägend für den Grundsatz.[26]

14 Das Gebot der Rechtmäßigkeit der Datenverarbeitung verdeutlicht den sich aus dem Grundrecht auf informationelle Selbstbestimmung und aus Art. 8 Abs. 1 lit. a GRCh ergebenden Grundsatz, dass eine Verarbeitung personenbezogener Daten durch eine staatliche Stelle ein **Eingriff** ist, der einer gesetzlichen Ermächtigung bedarf.[27] Dabei muss die Rechtsgrundlage, auf der die Datenverarbeitung beruht, **klar und präzise** deren Tragweite und Anwendung regeln.[28] Eine Datenverarbeitung muss für die betroffene Person dadurch **voraussehbar** sein.[29] Dies spricht aber nicht gegen die Durchführung besonderer Ermittlungsmethoden. Auch verdeckte Ermittlungsmaßnahmen und Videoüberwachungsmaßnahmen sind zulässig, soweit eine entsprechende gesetzliche Grundlage vorliegt.[30] Jedoch sind diese Regelungen selbst an den datenschutzrechtlichen Grundsätzen und Art. 8 JI-RL zu messen. Insbesondere müssen die berechtigten Interessen der betroffenen natürlichen Personen im Rahmen des Gesetzgebungsprozesses des entsprechenden Gesetzes angemessen berücksichtigt werden.[31]

15 Der Grundsatz wird unter anderem durch die Vorgaben der § 38 (Einwilligung) sowie § 45 (Verarbeitung besonderer Kategorien personenbezogener Daten) konkretisiert. Im Fachrecht wird er durch die Ermächtigungen zur Datenverarbeitung konkretisiert. Dabei gibt Art. 8 JI-RL weitere Vorgaben. Eine Verarbeitungsermächtigung ist nur dann rechtmäßig, wenn und soweit diese Verarbeitung für die Erfüllung einer Aufgabe erforderlich ist, die von der zuständigen Behörde zu den in Art. 1 Abs. 1 JI-RL genannten Zwecken wahrgenommen wird. Dabei müssen die Ziele der Verarbeitung, die personenbezogenen Daten, die verarbeitet werden sollen, und die Zwecke der Verarbeitung angegeben werden.

II. Datenverarbeitung nach Treu und Glauben (Nr. 1)

16 Personenbezogene Daten müssen gemäß § 37 Nr. 1 auch nach Treu und Glauben verarbeitet werden. Die Regelung wurde wortgleich zu Art. 4 Abs. 1 lit. a JI-RL umgesetzt. Die Regelung der Richtlinie entspricht zum Teil der Regelung von Art. 5 Abs. 1 lit. a DS-GVO. Jene enthält zusätzlich ein ausdrückliches **Transparenzgebot.**[32] Schon der Entwurf der Kommission zur JI-RL enthielt diesen nicht. Das Parlament wollte diesen ergänzen, konnte sich aber nicht durchsetzen.[33]

17 Die Verarbeitung nach **Treu und Glauben** ist ebenfalls in Art. 8 Abs. 2 Satz 1 GRCh verbürgt.

---

26 So Paal/Pauly/*Frenzel* BDSG § 47 Rn. 4, der dem Grundsatz eine „Auffangfunktion" zuspricht.

27 Vgl. zur DS-GVO BeckOK DatenschutzR/*Schantz* DS-GVO Art. 5 Rn. 5.

28 Erwägungsgrund 33 JI-RL.

29 Vgl. EuGH Urt. v. 20.5.2003 – C-465/00, Slg 2003 I-04989 (ECLI:EU:C:2003:294) – Österreichischer Rundfunk = EuR 2004, 276, Rn. 77; EuGH Urt. v. 8.4.2014 – C-293/12 u. C-594/12, Slg 2014 (ECLI:EU:C:2014:238) – Digital Rights Ireland = NJW 2014, 2169, Rn. 54.

30 Erwägungsgrund 26 JI-RL.

31 BeckOK DatenschutzR/*Hertfelder* BDSG § 47 Rn. 7.

32 Dort zusätzlich: „*... und in einer für die betroffene Person nachvollziehbaren Weise verarbeitet werden („Rechtmäßigkeit, Verarbeitung nach Treu und Glauben, Transparenz")*".

33 Vgl. Synopse in Dokument des Rates 13523/15 ADD 1.

Der Begriff ist sowohl in der Grundrechtecharta als auch in der JI-RL und der DS-GVO aus Sicht des Rechtsanwenders schwer zu fassen.[34] Der Datenschutzgrundsatz der Verarbeitung nach Treu und Glauben nach der JI-RL ist ein anderes Konzept als das Recht auf ein faires Verfahren im Sinne des Artikels 47 der Charta und des Artikels 6 der Europäischen Konvention zum Schutze der Menschenrechte und Grundfreiheiten (EMRK).[35] Zum einen ist das Gebot als **Rücksichtnahmepflicht** zu verstehen, das den Grundsatz der Verhältnismäßigkeit leiten soll.[36] Verstanden werden kann er auch als Gebot und **Wertungsmaßstab der Fairness**, der in Ausnahmefällen, in denen eine einschlägige Regelung fehlt, die Beurteilung einer Verarbeitung als rechtswidrig ermöglicht.[37] Der Grundsatz nach Treu und Glauben soll betroffene Personen folglich auch vor unklaren Verarbeitungsvorgängen schützen.[38] Der Grundsatz von Treu und Glauben ist anders als in Art. 5 DS-GVO kein Korrektiv der prinzipiellen Freiheit des Einzelnen, sondern im Anwendungsbereich von § 35 und der JI-RL Ausdruck der Bindung der Staatsgewalt an die Grundrechte.[39] 18

Der Grundsatz von Treu und Glauben ist ein Ausfluss des **Transparenzgrundsatzes.**[40] Natürliche Personen sollten über die Risiken, Vorschriften, Garantien und Rechte im Zusammenhang mit der Verarbeitung ihrer personenbezogenen Daten informiert und darüber aufgeklärt werden, wie sie ihre diesbezüglichen Rechte geltend machen können.[41] Anders als Art. 5 lit. a DS-GVO sieht Art. 4 Abs. 1 lit. a JI-RL kein Transparenzgebot vor. Dies scheint aufgrund des Verarbeitungszusammenhangs zunächst offensichtlich.[42] Transparenz und (verdeckte) staatliche Überwachung sind Antonyme. Auch wenn es nicht ausdrücklich erwähnt wird, enthält die Pflicht zur Verarbeitung nach Treu und Glauben in Art. 4 Abs. 1 lit. a JI-RL und § 37 Nr. 1 aber **immanent ein Gebot zur Transparenz.** Eine Datenverarbeitung nach Treu und Glauben ist ohne Transparenz schwerlich möglich. Allerdings steht Transparenz im Anwendungsbereich der Richtlinie zweckentsprechend unter anderen Anforderungen an die Verhältnismäßigkeit als im Anwendungsbereich der Datenschutz-Grundverordnung. So ist zum Beispiel im Zuge von verdeckten Ermittlungen auch die **nachträgliche Benachrichtigung** über die erfolgte Datenverarbeitung angemessen. 19

Der Grundsatz wird unter anderem durch die Vorgaben des § 41 zum Datengeheimnis, des § 46 zu automatisierten Einzelentscheidungen sowie durch die Betroffenenrechte nach §§ 47 bis 51 konkretisiert. Im PolG NRW wird der Grundsatz unter anderem durch die §§ 33, 33 a, 33 b und 33 c konkretisiert. 20

III. Zweckfestlegung und -bindung (Nr. 2)

Nach § 37 Nr. 2 müssen personenbezogene Daten für festgelegte, eindeutige und rechtmäßige Zwecke erhoben werden und dürfen nicht in einer mit diesen Zwecken nicht zu vereinbarenden Weise verarbeitet werden. Zu unterscheiden 21

34 Für die DS-GVO: Paal/Pauly/*Frenzel* DS-GVO Art. 5 Rn. 18; BeckOK DatenschutzR/*Schantz* DS-GVO Art. 5 Rn. 7.
35 Erwägungsgrund 26 JI-RL.
36 Beck OK DatenschutzR/*Schantz* DS-GVO Art. 5 Rn. 7.
37 Paal/Pauly/*Frenzel* DS-GVO Art. 5 Rn. 20.
38 So bereits für die vergleichbare Formulierung der RL 95/46 EG *Dammann/Simitis* 1997, RL 95/46 EG Art. 6 Rn. 3.
39 Sydow/*Johannes/Weinhold* BDSG § 47 Rn. 20.
40 BeckOK DatenschutzR/*Hertfelder* BDSG § 47 Rn. 8.
41 Erwägungsgrund 26 JI-RL.
42 Paal/Pauly/*Frenzel* BDSG § 47 Rn. 42.

ist demnach zwischen der **Erhebung** personenbezogener Daten zu festgelegten, eindeutigen und rechtmäßigen Zwecken, und der Bindung an die zuvor festgelegten Zwecke bei **im Nachhinein erfolgenden Verarbeitungen.** Ersteres ist der Grundsatz der Zweckfestlegung und Letzteres der der Zweckbindung.[43]

22 Die Regelung wurde wortgleich aus der JI-RL übernommen. Sie entspricht Art. 5 Abs. 1 lit. b Hs. 1 DS-GVO. Die Datenschutz-Grundverordnung sieht in der Regelung darüber hinaus in Art. 5 Abs. 1 Hs. 2 eine **Privilegierung bei der Weiterverarbeitung** für im öffentlichen Interesse liegende Archivzwecke, wissenschaftliche und historische Forschungszwecke oder statistischen Zwecke vor.[44] Im Unterschied zur Grundverordnung wird der Zweckbindungsgrundsatz im Rahmen der Richtlinie und dem neuen DSG NRW für solche begünstigte Zwecke nicht in den Grundsätzen der Verarbeitung gelockert.[45] Daraus folgt im Vergleich zur DS-GVO im Anwendungsbereich der Richtlinie und § 35 ein grundsätzlich strengerer Zweckbindungsgrundsatz. Dieser ist im Wesentlichen mit den vom Bundesverfassungsgericht im Rahmen seines Volkszählungsurteils aufgestellten Anforderungen vergleichbar.[46] Danach müssen die Zwecke bereichsspezifisch und präzise bestimmt sein und die erhobenen Daten für den Zweck geeignet und erforderlich sein. Dies deckt sich mit den Anforderungen des Art. 8 Abs. 2 GRCh an die Verarbeitung personenbezogener Daten.

23 Der Grundsatz wird unter anderem durch die Vorgaben der § 39 (Verarbeitung zu einem anderen Zweck als dem Erhebungszweck) und § 40 (Verarbeitung zu wissenschaftlichen oder statistischen Zwecken) konkretisiert. Im PolG NRW wird dieser Grundsatz insbesondere durch §§ 23, 24 und 24 a konkretisiert.

IV. Datenminimierung (Nr. 3)

24 Nach § 37 Nr. 3 müssen personenbezogene Daten dem Verarbeitungszweck **entsprechen,** für das Erreichen des Verarbeitungszwecks **erforderlich** sein und ihre Verarbeitung **nicht außer Verhältnis** zu diesem Zweck stehen. Die Regelung soll Art. 4 Abs. 1 lit. c JI-RL umsetzen, weicht aber von deren Wortlaut ab. Inhaltlich sind die Regelungen aber trotz unterschiedlichen Wortlauts gleich.[47] Mit der Änderung des von der Richtlinie abweichenden Wortlauts sollte eine **an die deutsche Rechtssprache angelehnte Formulierung** gewählt werden, insbesondere um die Wörter „maßgeblich" und „übermäßig" zu umschreiben.[48] Demnach soll die Bedeutung der Regelung zwar sprachlich an die deutsche Rechtssprache angeglichen werden, aber inhaltlich keine andere Bedeutung als in der Richtlinie haben. Der in § 37 Nr. 3 normierte Grundsatz hat damit die Bedeutung des Grundsatzes der Datenminimierung nach Art. 5 Abs. 1 lit. c DS-GVO.[49] In den englischen Sprachfassungen von Richtlinie und DS-GVO sind die Regelungen ähnlicher.[50]

---

43 Sydow/*Johannes/Weinhold* BDSG § 47 Rn. 22.

44 Dies ist eher eine Flexibilisierung als eine klare Regelausnahme, vgl. *Johannes/Richter* DuD 2017, 301.

45 S. aber Art. 4 Abs. 3 JI-RL und §§ 49 und 50 BDSG; vgl. Sydow/*Johannes/Weinhold* BDSG § 47 Rn. 23.

46 Vgl. BVerfGE 65, 1 (46) und Erwägungsgrund 29 JI-RL.

47 Unterschiede sieht Auernhammer/*Kramer* BDSG § 47 Rn. 6, der in der wortgleichen Norm des BDSG mit Nr. 6 ein Übermaßverbot sieht, das dem Prinzip der Datenminimierung nur ähnlich sei.

48 BT-Drs. 18/12144, 6 f.

49 Sydow/*Johannes/Weinhold* BDSG § 47 Rn. 24.

50 Vgl. Art. 4 Abs. 1 lit. c JI-RL: *Member States shall provide for personal data to be adequate, relevant and not excessive in relation to the purposes for which they are*

Dieser Grundsatz entspricht dem **Gebot der Erforderlichkeit,** der an verschiedenen Stellen des BDSG aF und auch im DSG NRW aF auszumachen war.[51] Der Grundsatz bleibt hinter dem bisher bekannten Grundsatz der Datenvermeidung und Datensparsamkeit zurück,[52] da dessen Maßstab der von dem Betroffenen festgelegte Zweck ist.[53] 25

Der Grundsatz wird unter anderem durch § 54 zur Berichtigung und Löschung personenbezogener Daten sowie Einschränkung der Verarbeitung konkretisiert. Im PolG NRW wird der Grundsatz durch die in den Ermächtigungsgrundlagen (§§ 16 bis 25) zur Datenerhebung explizit benannten Datenarten konkretisiert. Diese sind im Lichte von § 37 Nr. 3 stets eng auszulegen. Die Ermächtigungsgrundlagen müssen sich an Art. 8 JI-RL messen lassen, der den Grundsatz der Erforderlichkeit ausdrücklich vorgibt. 26

V. Richtigkeit (Nr. 4)

Das Gebot der Richtigkeit nach § 37 Nr. 4 verlangt, dass personenbezogene Daten **sachlich richtig** und **erforderlichenfalls auf dem neuesten Stand** sein müssen. Die Regelung wurde wortgleich aus der JI-RL übernommen. Sie ist wortgleich zu Art. 5 Abs. 1 lit. d Hs. 1 DS-GVO. Auch sachlich stimmen die Grundsätze überein und verlangen dasselbe.[54] 27

Zum Zeitpunkt der Beurteilung, wann personenbezogene Daten auf den neuesten Stand zu bringen sind, verhält sich das Gesetz nicht. Naheliegend ist, dass für den **Zeitpunkt der Beurteilung** auf den Zeitpunkt der Verarbeitung abzustellen ist. Vor der Verarbeitung von personenbezogenen Daten ist der Verantwortliche damit verpflichtet, in angemessener Weise zu prüfen, ob die einer (Weiter-)Verarbeitung zugrundeliegenden personenbezogenen Daten richtig und auf dem neuesten Stand sind. Insoweit statuiert das Gebot der Richtigkeit eine **Überprüfungspflicht** von personenbezogenen Daten, die der Verarbeitung vorausgehen muss. Dazu sind technische und organisatorische Maßnahmen zu treffen, mit denen aktiv die Richtigkeit der verarbeitenden Daten zu überprüfen ist.[55] Dabei sind alle angemessenen Maßnahmen zu treffen, damit personenbezogene Daten, die im Hinblick auf die Zwecke ihrer Verarbeitung unrichtig sind, unverzüglich gelöscht oder berichtigt werden. Nicht ableiten lässt sich die Pflicht, personenbezogen Daten neu zu erheben, wenn sie nicht auf dem neuesten Stand sind.[56] 28

Der Grundsatz der sachlichen Richtigkeit bezieht sich allerdings nicht auf die **Richtigkeit von Ermittlungsergebnissen oder Beweismitteln,** wie zB einer Aussage von Zeugen. Diese sind nicht ohne Weiteres nachprüfbar.[57] Richtigkeit be- 29

---

processed zu Art. 5 Abs. 1 lit. c DS-GVO: *Personal data shall be adequate, relevant and limited to what is necessary in relation to the purposes for which they are processed ('data minimisation').*

51 Zum Grundsatz nach DS-GVO Roßnagel/*ders.* Das neue DSR § 3 Rn. 70 ff.

52 Dazu Roßnagel/*Barlag* DS-GVO § 3 Rn. 233.

53 Zum Grundsatz der Datenvermeidung und -sparsamkeit vgl. § 3 a BDSG aF; vgl. auch § 4 Abs. 2 und § 10 a DSG NRW aF.

54 So zum Verhältnis BDSG zu JI-RL und DS-GVO auch Schantz/Wolff/*Wolff* Das neue DSR Rn. 440.

55 Zur DS-GVO Gola/*Pötters* DS-GVO Art. 5 Rn. 24.

56 Sydow/*Johannes/Weinhold* BDSG § 47 Rn. 27.

57 Erwägungsgrund 30 JI-RL.

zieht sich vielmehr auf die Tatsachen, die ein bestimmtes personenbezogenes Datum nach dem Wissen des Verarbeiters verkörpern sollen.[58]

30 Das Gebot der Richtigkeit wird ua durch die Pflicht zur Unterscheidung zwischen Tatsachen und persönlichen Einschätzungen nach § 43, der Pflicht zur Berichtigung und Löschung personenbezogener Daten sowie Einschränkung der Verarbeitung nach § 54 und den Pflichten zur Protokollierung nach § 55 konkretisiert. Im PolG NRW wird der Grundsatz insbesondere durch § 22 b zur Kennzeichnung in polizeilichen Dateisystemen, sowie § 33 b zur Protokollierung bei verdeckten oder eingriffsintensiven Maßnahmen konkretisiert.

VI. Speicherdauer (Nr. 5)

31 Nach § 37 Nr. 5 sind personenbezogene Daten **nicht länger**, als es für die Zwecke, für die sie verarbeitet werden, erforderlich ist, in einer Form zu speichern, die die **Identifizierung der betroffenen Personen ermöglicht**. Die Regelung setzt Art. 4 Abs. 1 lit. e JI-RL wortgleich um. Sie entspricht inhaltlich Art. 5 Abs. 1 lit. e Hs. 1 DS-GVO. Die Regelungen haben auch grundsätzlich dieselbe Bedeutung.[59] In der DS-GVO wird der Speicherbegrenzungsgrundsatz darüber hinaus für die begünstigten Zwecke der Archivierung, Statistik und wissenschaftlichen Forschung gelockert.[60]

32 Der Grundsatz setzt der Gesetzessystematik und dem Sinn und Zweck nach voraus, dass personenbezogene Daten, die nicht mehr für den festgelegten Zweck erforderlich sind, zu **löschen oder zu anonymisieren** sind. Die verarbeitenden Behörden sind nach dem Grundsatz dazu verpflichtet, regelmäßig zu prüfen, ob sie gespeicherte personenbezogene Daten noch benötigen.[61]

33 Der Grundsatz fordert die **Anonymisierung** von Daten, wenn die Identifizierung der Betroffenen Personen mit den Daten nicht mehr dem Zweck nach erforderlich ist. Nach § 36 Nr. 6 ist die Anonymisierung das Verändern personenbezogener Daten derart, dass die Einzelangaben über persönliche oder sachliche Verhältnisse nicht mehr oder nur mit einem unverhältnismäßig großen Aufwand an Zeit, Kosten, Arbeitskraft einer bestimmten oder bestimmbaren natürlichen Person zugeordnet werden können (→ § 36 Rn. 72 ff.). Dies entspricht der Bestimmung in § 4. Soweit Daten durch Anonymisierung die Merkmale entfernt wurden, die der verantwortlichen Stelle die Identifizierung der betroffenen Person erlaubt, können diese erhalten werden. Eine solche Anonymisierung durchzuführen ist sowohl organisatorisch als auch technisch herausfordernd.[62] Gerade aufgrund der Möglichkeiten und Befugnisse der Polizei- und Strafverfolgungsbehörden dürfte eine **Re-Identifizierung** mit verhältnismäßigem Aufwand oft möglich bleiben.[63]

34 Der Grundsatz wird unter anderem durch § 54 (Berichtigung und Löschung personenbezogener Daten sowie Einschränkung der Verarbeitung) konkretisiert. Im PolG NRW wird der Grundsatz insbesondere durch § 22 konkretisiert.

58 Sydow/*Johannes/Weinhold* BDSG § 47 Rn. 28.
59 So zum Verhältnis BDSG zu JI-RL und DS-GVO auch Schantz/Wolff/*Wolff* Das neue DSR Rn. 447.
60 Siehe aber Art. 4 Abs. 3 JI-RL und § 40.
61 BeckOK DatenschutzR/*Hertfelder* BDSG § 47 Rn. 27.
62 Vgl. *Ohm* UCLA Law Review 2010, 1701; *Tene/Zanfir-Fortuna* PinG 2017, 129.
63 EuGH Urt. v. 19.10.2016 – C-582/14, ECLI:EU:C:2016:779 – Breyer/Deutschland = NJW 2016, 3579.

VII. Integrität und Vertraulichkeit (Nr. 6)

Nach § 37 Nr. 6 müssen personenbezogene Daten in einer Weise verarbeitet werden, die eine **angemessene Sicherheit** der personenbezogenen Daten gewährleistet. Hierzu gehört auch ein durch geeignete technische und organisatorische Maßnahmen zu gewährleistender Schutz vor unbefugter oder unrechtmäßiger Verarbeitung, unbeabsichtigtem Verlust, unbeabsichtigter Zerstörung oder unbeabsichtigter Schädigung (**Techniksicherung**). Die Regelung setzt Art. 4 Abs. 1 lit. f JI-RL nahezu wortgleich um, von einer unbeachtlichen Umstellung des Satzbaus abgesehen. Sie entspricht inhaltlich den Grundsätzen der Integrität und Vertraulichkeit nach Art. 5 Abs. 1 lit. f DS-GVO. Die Vorschrift gebietet den **Systemdatenschutz** und nennt dazu Regelbeispiele.[64] 35

Konkretisiert wird der Grundsatz im DSG NRW unter anderem durch §§ 42, 43, 54, 55, 56, und 58. Im PolG NRW wird der Grundsatz unter anderem konkretisiert durch §§ 22 b, 33 b und 33 c. 36

VIII. Grundsatz der Verantwortlichkeit und Rechenschaftspflicht

Nach Art. 4 Abs. 4 JI-RL ist der Verantwortliche für die Einhaltung der Grundsätze der Datenverarbeitung nach Art. 4 JI-RL verantwortlich und muss deren Einhaltung nachweisen können. Die Regelung entspricht im Wortlaut der **Rechenschaftspflicht** des Art. 5 Abs. 2 DS-GVO. Sie wurde nicht in Teil 3 des DSG NRW umgesetzt. Der Gesetzgeber setz die Richtlinienvorgabe zu diesem Grundsatz auch an keiner anderen Stelle des DSG NRW vollumfänglich um. Lediglich § 38 Abs. 1 schreibt eine Nachweispflicht hinsichtlich erteilter Einwilligungen vor. Auch § 47 BDSG oder der Rest des BDSG enthält keine Umsetzung des Grundsatzes.[65] Entsprechende Pflichten folgen aber im Anwendungsbereich von § 35 im Ansatz aus dem Gebot der Gesetzmäßigkeit der Verwaltung, wie es aus Art. 20 Abs. 3 GG folgt. In richtlinienkonformer Auslegung des § 37 muss daher der Grundsatz bei der Anwendung von § 37 und aller anderen Vorschriften des dritten Teils stets beachtet und in diese hineininterpretiert werden.[66] Ansonsten käme der Grundsatz zur direkten Anwendung. Mit der Verantwortlichkeit geht immer auch eine Rechenschaftspflicht einher.[67] Es ist daher überaus ratsam, diesen Grundsatz zukünftig auch im DSG NRW aufzunehmen.[68] 37

Insbesondere im Hinblick auf die Nachweispflicht, erscheint die unmittelbare Wirkung von Art. 4 Abs. 4 JI-RL möglich.[69] Die Nachweispflicht formuliert nämlich eine **Beweisregel**, die den Verantwortlichen mit einer Nachweispflicht belastet. Eingedenk dieses Grundsatzes ist im Gerichtsverfahren die Anwendung eines Erfahrungssatzes, der die Einhaltung der Gebote durch die verantwortliche öffentliche Stelle unterstellt, ausgeschlossen. Vielmehr wird es bei fehlenden Nachweisen zu einer Umkehr der Beweislast kommen, soweit diese – zB durch den Grundsatz „*in dubio pro reo*" im Strafverfahren – nicht ohnehin beim Verarbeiter liegt. Der Grundsatz belegt die Behörden also bei Streitfragen, 38

64 Ausführlich zur Regelung der DS-GVO Roßnagel/*ders.* Das neue DSR § 3 Rn. 81 f.
65 Sydow/*Johannes/Weinhold* BDSG § 47 Rn. 34.
66 Auernhamme/*Kramer* BDSG § 47 Rn. 1; offenlassend Gola/Heckmann/*Braun* BDSG § 47 Rn. 7.
67 Kühling/Buchner/*Schwichtenberg* BDSG § 47 Rn. 4.
68 Vgl. zur Umsetzung im Landesrecht zB § 32 DSG RP.
69 Grundsätzlich zur direkten Anwendbarkeit der JI-RL *Johannes/Weinhold* Das neue DSR bei Polizei und Justiz § 1 Rn. 370ff.

zB im Schadensersatzprozess, mit einer **erhöhten Darlegungs- und Substantiierungslast.**[70]

C. Bedeutung der Vorschrift für die behördliche Praxis

39 Die Einführung der Grundsätze der Datenverarbeitung im Anwendungsbereich der JI-RL ist ein Fortschritt.[71] Dadurch werden europaweit grundlegende Garantien zum Schutz der Rechte des Betroffenen bei der Verarbeitung von Daten zu Zwecken der Gefahrenabwehr und Strafverfolgung geschaffen. Mit den Grundsätzen liefert das Gesetz den Verantwortlichen im Anwendungsbereich von § 35 sowohl „Orientierungspunkte für Kontrollüberlegungen“[72] als auch verbindliche **Vorgaben** für Verantwortliche und Rechtsanwender bei der Auslegung, Fortbildung und Anwendung der besonderen Regeln.[73]

40 Verstößt eine Behörde gegen die Grundsätze des § 37, kann gegen sie kein Bußgeld verhängt werden (§ 69). Die Behörde haftet aber nach § 68 betroffenen Personen für aus dem Verstoß entstandene materielle und immaterielle Schäden. Verantwortliche Personen innerhalb der Behörde können bei einer Verarbeitung entgegen den Grundsätzen nach § 69 iVm § 33 ordnungswidrig oder nach § 69 iVm § 33 strafbar handeln.

41 Die Grundsätze in § 37 beschreiben abstrakt eine allgemeine objektive Ordnung des Datenschutzrechts. Von den verantwortlichen Behörden sind sie als Strukturprinzipien, Optimierungsgebote sowie Leitlinien für die Auslegung des sonstigen Datenschutzrechts anzuwenden. Das gilt auch für Datenschutzregelungen im sonstigen Fachrecht, insbesondere dem PolG NRW. Bei Datenverarbeitungen auf Grundlage der StPO ist nach § 500 StPO der § 47 BDSG entsprechend anzuwenden und hat Anwendungsvorrang vor § 37. Mangels ausreichender Bestimmtheit sind die Grundsätze auf Konkretisierungen im DSG NRW und im Fachrecht angewiesen. Weitere Konkretisierungen müssen durch Auslegung in Aufsichtspraxis und Rechtsprechung erfolgen.

42 Das Abstraktions- und Regelungsniveau der Grundsätze schwankt. ZB ist der Grundsatz von Treu und Glauben sehr stark wertungs- und ausfüllungsbedürftig. Der Grundsatz der Datenminimierung und der Grundsatz der Speicherbegrenzung können als Unterfälle zu den Grundsätzen der Zweckbindung und dem Prinzip der Erforderlichkeit gesehen werden.[74] Das Prinzip der Erforderlichkeit ist aber nur punktuell durch diese beiden Untergrundsätze repräsentiert, wird jedoch über die Anforderungen nach Art. 8 JI-RL an die Ermächtigungsgrundlagen aufgewertet.

§ 38 Einwilligung

(1) Soweit die Verarbeitung personenbezogener Daten auf der Grundlage einer Einwilligung erfolgen kann, muss der Verantwortliche die Einwilligung der betroffenen Person nachweisen können.

70 Für DS-GVO Roßnagel/*ders.* Das neue DSR § 3 Rn. 83 f.; Schantz/Wolff/*Wolff* Das neue DSR Rn. 449.
71 *Marquenie* CL&SR 2017, 331 mwN.
72 Paal/Pauly/*Frenzel* BDSG § 47 Rn. 6.
73 Sydow/*Johannes/Weinhold* BDSG § 47 Rn. 36; Gola/Heckmann/*Braun* BDSG § 47 Rn. 3.
74 *Roßnagel* ZD 2018, 344.

(2) Erfolgt die Einwilligung der betroffenen Person durch eine schriftliche Erklärung, die noch andere Sachverhalte betrifft, muss das Ersuchen um Einwilligung in verständlicher und leicht zugänglicher Form in einer klaren und einfachen Sprache so erfolgen, dass es von den anderen Sachverhalten klar zu unterscheiden ist.

(3) [1]Die betroffene Person hat das Recht, ihre Einwilligung jederzeit zu widerrufen. [2]Durch den Widerruf der Einwilligung wird die Rechtmäßigkeit der aufgrund der Einwilligung bis zum Widerruf erfolgten Verarbeitung nicht berührt. [3]Die betroffene Person ist vor Abgabe der Einwilligung hiervon in Kenntnis zu setzen.

(4) [1]Die Einwilligung ist nur wirksam, wenn sie auf der freien Entscheidung der betroffenen Person beruht. [2]Bei der Beurteilung, ob die Einwilligung freiwillig erteilt wurde, müssen die Umstände der Erteilung berücksichtigt werden. [3]Die betroffene Person ist in geeigneter Weise über die Bedeutung der Einwilligung, insbesondere über den Verwendungszweck der Daten, und bei einer beabsichtigten Übermittlung über die Empfänger der Daten aufzuklären. [4]Ist dies nach den Umständen des Einzelfalles erforderlich oder verlangt die betroffene Person dies, ist sie auch über die Folgen der Verweigerung der Einwilligung zu belehren.

(5) Soweit besondere Kategorien personenbezogener Daten verarbeitet werden, muss sich die Einwilligung ausdrücklich auf diese Daten beziehen.

Kurzübersicht zum Verhältnis der entscheidenden Normen			
Norm des DSG NRW	Entsprechende Norm der JI-RL	Entsprechende Norm des BDSG	
§ 38 DSG NRW		§ 51 BDSG	

Literatur:

Art. 29-Datenschutzgruppe, Arbeitspapier über eine gemeinsame Auslegung des Artikels 26 Absatz 1 der Richtlinie 95/46/EG vom 24. Oktober 1995, WP 114, 2005; *dies.*, Stellungnahme zu einigen wesentlichen Aspekten der Richtlinie zum Datenschutz bei der Strafverfolgung (EU 2016/680), WP 258, 2017; *DSK*, Kurzpapier Nr. 20 – Einwilligung nach der DS-GVO, 2019; *Golla*, Datenschutzrechtliche Schattengewächse in den Ländern – Herausforderungen bei der Umsetzung der JI-Richtlinie für die Polizei, KriPoz 2019, 238; *Roßnagel/Laue*, Zweckbindung im Electronic Government, DöV 2007, 543; *Schwichtenberg*, Die „kleine Schwester" der DSGVO: Die Richtlinie zur Datenverarbeitung bei Polizei und Justiz, DuD 2016, 605; *Stief*, Die Richtlinie (EU) 2016/680 zum Datenschutz in der Strafjustiz und die Zukunft der datenschutzrechtlichen Einwilligung im Strafverfahren, StV 2017, 470.

A. Grundlagen

1 § 38 regelt die Einwilligung im Anwendungsbereich von § 35. Diese muss ausdrücklich, informiert und frei erfolgen. Die Vorschrift konturiert und konkretisiert die Möglichkeit, die Verarbeitung von personenbezogenen Daten im Anwendungsbereich von § 35 mittels Einwilligung zu legitimieren.[1] Sie selbst ist aber keine ausreichende Rechtsgrundlage und bedarf der Ergänzung durch entsprechende Regelungen im Fachrecht. § 35 ist wortgleich zu § 51 BDSG.

I. Gesamtverständnis, Zweck der Norm und Verhältnis zu anderen Normen

1. Gesamtverständnis

2 § 38 enthält Vorgaben für die **Rechtfertigung der Verarbeitung** von personenbezogenen Daten durch Einwilligung.[2] Die Vorschrift hat keine Entsprechung in der Richtlinie (EU) 2016/680 zum Schutz natürlicher Personen bei der Verarbeitung personenbezogener Daten durch die zuständigen Behörden zum Zwecke der Verhütung, Ermittlung, Aufdeckung oder Verfolgung von Straftaten oder der Strafvollstreckung, sowie zum freien Datenverkehr und zur Aufhebung des Rahmenbeschlusses 2008/977/JI[3] (im Folgenden JI-RL), da diese die Einwilligung als Rechtsgrundlage nicht ausdrücklich vorsieht.

3 Die **Einwilligung** ist in § 36 Nr. 19 **legaldefiniert** als jede freiwillig für den bestimmten Fall, in informierter Weise und unmissverständlich abgegebene Willensbekundung in Form einer Erklärung oder einer sonstigen eindeutigen bestätigenden Handlung, mit der die betroffene Person zu verstehen gibt, dass sie mit der Verarbeitung der sie betreffenden personenbezogenen Daten einverstanden ist. § 38 ist eine Ausgestaltungs- oder **Rahmenvorgabe**, die das Verfahren um und die Wirksamkeit von nach anderen Rechtsnormen erlaubten Einwilligungen näher ausgestaltet.[4]

2. Verhältnis zur JI-RL

4 Die JI-RL enthält keine Umsetzungsaufträge hinsichtlich der Zulässigkeit von Einwilligungen. Nicht erwähnt in der Richtlinie, aber auch nicht ausdrücklich ausgeschlossen im Normtext, ist die **Möglichkeit der Einwilligung** der betroffenen Personen. In der Richtlinie ist den Mitgliedstaaten in Art. 8 vorgegeben, dass eine Verarbeitung nur dann rechtmäßig ist, wenn sie für die Erfüllung einer Aufgabe erforderlich ist und wenn sie auf Grundlage des Unionsrechts oder des Rechts der Mitgliedstaaten erfolgt. Die Rechtmäßigkeit erfordert demnach zweierlei: Die Erforderlichkeit der Verarbeitung für eine Aufgabe zu Zwe-

1 Sydow/*Johannes/Weinhold* BDSG § 51 Rn. 3.
2 Sydow/*Johannes/Weinhold* BDSG § 51 Rn. 1 ff.
3 Rahmenbeschluss 2008/977/JI des Rates vom 27.11.2008 über den Schutz personenbezogener Daten, die im Rahmen der polizeilichen und justiziellen Zusammenarbeit in Strafsachen verarbeitet werden, EU ABl. L 350 vom 30.12.2018, 60.
4 BeckOK DatenschutzR/*Stemmer/Wolff* BDSG § 51 Rn. 1.

cken der Richtlinie und eine Ermächtigungsgrundlage zur Einholung von Einwilligungen im Recht der Union oder der Mitgliedstaaten.[5]

Erwägungsgründe 35 und 37 zeigen, dass die **Einwilligung** zwar weitgehend, 5
aber nicht vollständig ausgeschlossen wird.[6] Die Mitgliedstaaten sollen nach **Erwägungsgrund 35** Rechtsvorschriften erlassen können, die die betroffenen Personen zur Zustimmung in die Verarbeitung ihrer personenbezogenen Daten in konkreten Situationen ermächtigen. Dies folgt daraus, dass die Behörden bei der Wahrnehmung der ihnen als gesetzlich begründeter Institution übertragenen Aufgaben, Straftaten zu verhüten, zu ermitteln, aufzudecken und zu verfolgen, natürliche Personen auffordern oder anweisen können sollen, ihren Anordnungen nachzukommen. In einem solchen Fall sollte die Einwilligung der betroffenen Person aber **alleine** keine rechtliche Grundlage für die Verarbeitung personenbezogener Daten durch die zuständigen Behörden darstellen. Denn in diesen Fällen bliebe den betroffenen Personen keine echte **Wahlfreiheit**, weshalb ihre Reaktionen nicht als freiwillig angesehen werden könnten.[7]

In Erwägungsgrund 35 wird aber weiter ausgeführt, dass dies die Mitgliedstaa- 6
ten nicht daran hindern soll, durch Rechtsvorschriften vorzusehen, dass die betroffene Person der Verarbeitung ihrer personenbezogenen Daten für die Zwecke dieser Richtlinie zustimmen kann, beispielsweise im Falle von **DNA-Tests** in strafrechtlichen Ermittlungen oder zur **Überwachung ihres Aufenthaltsorts mittels elektronischer Fußfessel** zur Strafvollstreckung.[8] Im Zusammenhang mit der Verarbeitung besonderer Kategorien personenbezogener Daten soll dies nach Erwägungsgrund 37 insbesondere dann möglich sein, wenn die Verarbeitung durch eine Rechtsvorschrift erlaubt ist, die betroffene Person ausdrücklich zugestimmt hat und die Einwilligung allein nicht die ausschließliche Grundlage der Verarbeitung darstellt.[9]

3. Verhältnis zur DS-GVO und zum BDSG

§ 38 ist wortgleich zu § 51 BDSG. Die Anforderungen an die Einwilligung in 7
§ 38 und § 51 BDSG sind teilweise den Bestimmungen zur Einwilligung nach Art. 7 DS-GVO **entlehnt.**[10] Dabei wurden Elemente aus Art. 7 DS-GVO mit dort nicht enthaltenen Elementen des § 4 a BDSG aF kombiniert.[11] Abs. 1 entspricht Teilen von Art. 7 Abs. 1 DS-GVO, Abs. 2 dem Art. 7 Abs. 2 S. 1 DS-GVO und Abs. 3 dem Artikel 7 Abs. 3 DS-GVO.[12] Bei Datenverarbeitungen auf Grundlage der StPO ist nach § 500 StPO der § 51 BDSG entsprechend anzuwenden und hat Anwendungsvorrang vor § 38.

4. Verhältnis zu anderen Normen

Mit Blick auf die Erwägungsgründe 35 und 37 der JI-RL ist zu gewährleisten, 8
dass die **Einwilligung allein nicht ausreichend** ist für die rechtmäßige Verarbeitung personenbezogener Daten. Neben in § 51 BDSG sind bereichsspezifische Ermächtigungstatbestände im Fachrecht vorzusehen, die als Rechtfertigungstatbestand für die Erhebung und Verarbeitung die Einwilligung der betroffenen

5 Sydow/*Johannes/Weinhold* BDSG § 51 Rn. 6.
6 *Schwichtenberg* DuD 2016, 606 f.; *Stief* StV 2017, 473.
7 Sydow/*Johannes/Weinhold* BDSG § 51 Rn. 7.
8 Sydow/*Johannes/Weinhold* BDSG § 51 Rn. 8.
9 Sydow/*Johannes/Weinhold* BDSG § 51 Rn. 9.
10 Auernhammer/*Kramer* BDSG § 51 Rn. 3.
11 Sydow/*Johannes/Weinhold* BDSG § 51 Rn. 10.
12 Plath/*ders.* BDSG § 51 Rn. 2.

Personen explizit vorsehen.[13] Dabei sollte die Möglichkeit zur Einwilligung eine Ausnahme bleiben, da der Umgang mit personenbezogenen Daten bei öffentlichen Stellen nicht am freien Willen der betroffenen Person orientiert ist, sondern am **Über- und Unterordnungsverhältnis** zwischen den Beteiligten.[14] Entsprechend nennen Erwägungsgründe 35 und 37 JI-RL nur spezifische Fälle als Beispiele, für die die Einwilligung als Rechtsgrundlage der Datenverarbeitung vorgesehen werden kann.[15]

9 In den Fachgesetzen finden sich Vorschriften, die eine Datenverarbeitung durch Polizei und Justiz auf der Grundlage der Einwilligung einer betroffenen Person zulassen.[16] Einwilligungen der betroffenen Personen erlauben Verarbeitungen im PolG NRW allgemein nach § 9 Abs. 1 Nr. 2 und speziell nach § 32 Abs. 3 Satz 3 zur Verarbeitung trotz Einschränkung und nach § 34 c Abs. 3 Satz 6 zur Verwendung der Daten der elektronischen Aufenthaltsüberwachung.

10 Insbesondere ist fraglich, ob die Regelung zur Einwilligung in der allgemeinen Ermächtigung nach § 9 Abs. 1 Nr. 2 PolG NRW spezifisch genug ist und damit den Anforderungen nach Erwägungsgrund 35 und 37 JI-RL genügt.[17]

11 § 27 Abs. 3 Nr. 3 PolG NRW lässt eine mutmaßliche Einwilligung der betroffenen Person zur Datenübermittlung außerhalb des öffentlichen Bereichs im Rahmen einer Interessenabwägung genügen. Dann kann erst recht auch die tatsächliche Einwilligung der betroffenen Person eingeholt werden. Dies entbindet den Verarbeiter aber nicht davon, tatsächlich auch noch eine Interessenabwägung im Sinne § 27 Abs. 3 Nr. 3 PolG anzustellen. Die tatsächliche Einwilligung ist dann im Rahmen dieser zu bewerten. Im Einzelfall wird eine Übermittlung dann trotz vorhandener tatsächlicher Einwilligung nicht gerechtfertigt werden können, weil der Verarbeiter zu dem Schluss kommt, dass eine Übermittlung nicht im Interesse der betroffenen Person liegt.

12 Für Verarbeitungen zu Zwecken der Aufdeckung, Verfolgung und Ahndung von Straftaten auf Grundlage der Strafprozessordnung (StPO) ist gemäß § 500 StPO der dritte Teil des BDSG entsprechend anzuwenden. Dieser kommt dann vor dem DSG NRW zur Anwendung. Das gilt auch für die Polizeibehörden und Staatsanwaltschaften des Landes NRW. Maßgebliche Norm bezüglich Einwilligungen betroffener Personen ist dann § 51 BDSG.

13 Die Vollzugsbehörden in NRW können personenbezogene Daten auf Grundlage einer Einwilligung unter den Voraussetzungen des § 4 Abs. 2 bis 6 JVollzDSG NRW (Gesetz zum Schutz personenbezogener Daten im Justizvollzug in Nordrhein-Westfalen – Justizvollzugsdatenschutzgesetz Nordrhein-Westfalen) verarbeiten.

II. Bisherige Rechtslage

14 Die Einwilligung war im Bundesrecht in § 4 a BDSG aF geregelt. Nach Abs. 1 S. 1 war eine solche nur wirksam, wenn sie auf der freien Entscheidung des Betroffenen beruhte. Nach Abs. 1 S. 2 war der Betroffene auf den Zweck der Erhebung, Verarbeitung oder Nutzung hinzuweisen und auf die Folgen der Verweigerung seiner Einwilligung. Nach Abs. 1 S. 3 bedurfte die Einwilligung der

13 *Stief* StV 2017, 474.
14 *Roßnagel/Laue* DöV 2007, 546.
15 *Johannes/Weinhold* Das neue DSR für Polizei und Justiz § 1 Rn. 157.
16 Ausführlich und mit weiteren Beispielen Kühling/Buchner/*Schwichtenberg* BDSG § 51 Rn. 8 ff.
17 *Golla* KriPoz 2019, 240.

Schriftform, soweit nicht wegen besonderer Umstände eine andere Form angemessen war. Nach Abs. 1 S. 4 war die Einwilligung bei der Abgabe zusammen mit anderen Erklärungen besonders hervorzuheben. Abs. 2 sah Erleichterungen der Formvorschriften nach Abs. 1 S. 3 im Bereich der wissenschaftlichen Forschung vor und Abs. 4 enthielt Anforderungen bezüglich der Einwilligung in die Verarbeitung besonderer Arten personenbezogener Daten. Die Einwilligung nach § 4 a BDSG aF ist eine rechtsgeschäftliche Erklärung, wurde jedoch als bloße Realhandlung bezeichnet. Demnach kam es auf die Einsichtsfähigkeit und nicht die Geschäftsfähigkeit der Betroffenen an.[18] Für die Beurteilung der Frage der Zulässigkeit einer Einwilligung kam es entscheidend auf das Element der **Freiwilligkeit** an, das heißt, ob eine freie Entscheidung des Betroffenen ohne Zwang vorlag.

Im **Landesrecht** war die Einwilligung in § 4 Abs. 1 DSG NRW aF in ähnlicher 15 Weise geregelt. Sie war als die widerrufliche, freiwillige und eindeutige Willenserklärung der betroffenen Person, einer bestimmten Datenverarbeitung zuzustimmen, legaldefiniert. Sie bedurfte der Schriftform, soweit nicht wegen besonderer Umstände eine andere Form angemessen ist. § 4 Abs. 1 Satz 6 DSG NRW aF stellte klar, unter welchen Vorrausetzungen die Einwilligung auch elektronisch erklärt werden durfte. Außerdem war die Einwilligungsklausel bei der Abgabe zusammen mit anderen Erklärungen besonders hervorzuheben und sie musste in geeigneter Weise über die Bedeutung und die Rechtsfolgen der Einwilligung aufklären.

B. Kommentierung

I. Zielbestimmung

§ 38 Abs. 1 bestimmt die Voraussetzungen, nach denen eine Einwilligung erteilt 16 werden kann. Die Vorschrift basiert im Wesentlichen auf Art. 7 DS-GVO. Die **Einwilligung** selbst ist im Rahmen der Begriffsbestimmungen in § 36 Nr. 19 **legaldefiniert.** Eine Einwilligung ist danach jede freiwillig für den bestimmten Fall, in informierter Weise und unmissverständlich abgegebene Willensbekundung in Form einer Erklärung oder einer sonstigen eindeutigen bestätigenden Handlung, mit der die betroffene Person zu verstehen gibt, dass sie mit der Verarbeitung der sie betreffenden personenbezogenen Daten einverstanden ist.

Der Verantwortliche muss die **Erklärung nachweisen** können und sie muss in 17 der erforderlichen Form nach § 38 Abs. 2 abgegeben worden sein. Die Einwilligung ist nach § 38 Abs. 3 **frei widerruflich.** Die Einwilligung soll nur wirksam sein, wenn sie nach § 38 Abs. 4 auf der freien Entscheidung der betroffenen Person beruht. Die Umstände der Erteilung sind für die Beurteilung zu berücksichtigen. Nach § 38 Abs. 5 muss sich die Erklärung der Einwilligung ausdrücklich auf die besonderen Kategorien personenbezogener Daten beziehen, soweit diese verarbeitet werden.[19]

§ 38 selbst ist keine ausreichende Rechtsgrundlage für eine Verarbeitung und 18 bedarf der **Ergänzung durch entsprechende Regelungen im Fachrecht.** Sie konturiert und konkretisiert die Möglichkeit, die Verarbeitung von personenbezogenen Daten im Anwendungsbereich von § 35 mittels Einwilligung zu legitimieren.[20]

18 Simitis/*ders.*, 8. Aufl. 2014, BDSG § 4 a Rn. 20 ff.
19 Sydow/*Johannes/Weinhold* BDSG § 51 Rn. 21 ff.
20 Sydow/*Johannes/Weinhold* BDSG § 51 Rn. 20.

19 Die Bestimmungen des § 38 kommen nur zur Anwendung, sofern mit diesen anderen Rechtsnormen im Fachrecht keine spezielleren Vorgaben erlassen wurden. Diese können die Einwilligungsvoraussetzungen ggf. auch absenken. Sie haben Anwendungsvorrang, soweit sie spezieller sind. Eine solche **speziellere Ausgestaltung** einer Einwilligung in anderen Rechtsvorschriften muss allerdings den verfassungsrechtlichen und grundrechtlichen Anforderungen genügen.[21] Ein Zusammenwirken von § 38 und speziellerem Fachrecht ist möglich und wahrscheinlich.

II. Gesetzesvorbehalt und Nachweis (Abs. 1)

1. Gesetzesvorbehalt (Abs. 1 Hs. 1)

20 Abs. 1 Hs. 1 formuliert einen **Gesetzesvorbehalt**, wonach Einwilligungen im Anwendungsbereich von § 35 nur tauglich sind, wenn nach einer Rechtsvorschrift die Verarbeitung auf Grundlage einer Einwilligung erfolgen darf. § 38 soll damit die Möglichkeit ausschließen, dass eine Verarbeitung auf der Grundlage einer Einwilligung erfolgen kann, die nicht in einer Rechtsvorschrift zugelassen wird.[22]

2. Nachweisgebot (Abs. 1 Hs. 2)

21 Mit Abs. 1 Hs. 2 wird dem Verantwortlichen die **Beweislast** für die Abgabe der Einwilligung und dem Vorliegen von deren Vorrausetzungen auferlegt. Die Beweislast steht nicht zur Disposition der Beteiligten.[23] Das Gebot findet seine unionsrechtliche Basis in der Rechenschaftspflicht nach Art. 4 Abs. 4 JI-RL. Eine solche Pflicht ist zwar nicht ausdrücklich im DSG NRW normiert, ergibt sich aber zumindest aus dem Gebot der Gesetzmäßigkeit der Verwaltung (→ § 37 Rn. 37 ff.).

III. Form und Unterscheidbarkeit (Abs. 2)

22 Abs. 2 enthält ein Art. 7 Abs. 2 S. 1 DS-GVO nachgebildetes **Unterscheidungsgebot**, jedoch sonst keine Vorgaben zur Form der Einwilligung. Die Einwilligung ist daher grundsätzlich **formfrei**. Sie kann schriftlich, aber auch mündlich oder elektronisch erfolgen. Im Sinne des Nachweisbarkeitsgebots nach Abs. 1 ist den Verarbeitenden aber zu raten, sich, soweit dies praktikabel ist, zu Beweiszwecken schriftliche Einwilligungen erteilen zu lassen und mündliche und elektronisch erteilte Einwilligungen aktenkundig und beweissicher zur protokollieren.[24]

23 Auch **konkludente Einwilligung** durch tatsächliches Verhalten sind grundsätzlich möglich.[25] Allerdings genügen stillschweigende oder mutmaßlicher Einwilligungen nicht dem Kriterium der Unmissverständlichkeit.[26]

24 Abs. 2 regelt lediglich verschriftliche Konstellationen einer **kombinierten Einwilligung**, in denen von der betroffenen Person neben einer Einwilligung zugleich andere Gehalte in einem einheitlichen Dokument erklärt werden sollen.[27]

---

21 BeckOK DatenschutzR/*Stemmer/Wolff* BDSG § 51 Rn. 10.
22 Auernhammer/*Kramer* BDSG § 51 Rn. 8.
23 Paal/Pauly/*Frenzel* BDSG § 51 Rn. 4.
24 Sydow/*Johannes/Weinhold* BDSG § 51 Rn. 26.
25 HK-DS-GVO/BDSG/*Schwartmann/Klein* Art. 7 Rn. 36.
26 HK-DS-GVO/BDSG/*Schwartmann/Klein* Art. 7 Rn. 37; Sydow/*Johannes/Weinhold* BDSG § 51 Rn. 26.
27 Sydow/*Ingold* DS-GVO Art. 7 Rn. 24.

Dies betrifft insbesondere Fälle formularmäßig vorbereiteten Einwilligungen.[28] Abs. 2 hat daher besondere Bedeutung für die Gestaltung schriftlicher Einwilligungserklärungen. Formularmäßig vorbereitete Einwilligungserklärungen sind in verständlicher und leicht zugänglicher Form sowie in klarer und einfacher Sprache zu fassen.

25 Aus Abs. 2 ist nicht zu folgern, dass Einwilligungen im Bereich des Anwendungsbereichs von § 35 nur schriftlich erfolgen dürfen.[29] Von Abs. 2 **auch erfasst sind elektronische (zB einfache E-Mail) oder sonstige Erklärungen in Schriftzeichen.**[30] Denn „schriftliche" entspricht in Abs. 2 nicht der Schriftform des § 126 BGB. Der Begriff ist aus der DGSVO übernommen.[31] Er ist hier wie dort weit auszulegen.[32] Demnach umfasst ist auch die Textform iSd § 126 b BGB.[33] „Schriftlich" in Abs. 2 meint jede in Schriftzeichen perpetuierte und lesbare Gedankenerklärung.[34] Ohnehin wären hinsichtlich elektronischer und sonstiger Einwilligungen die Vorgaben des Abs. 2 im Lichte des Grundsatzes der Verarbeitung nach Treu und Glauben und dem darin enthaltenden Grundsatz der Transparenz nach § 37 Nr. 1 erst recht anzuwenden.[35]

26 Insbesondere soll nach Abs. 2 eine **klare Unterscheidbarkeit** von den anderen Erklärungsgehalten gewährleistet werden. Zur Einhaltung des Unterscheidungsgebots ist vor allem auf eine geeignete **grafische Gestaltung** des Einwilligungsersuchens abzustellen. ZB kann dieses durch die Verwendung von **Fettungen,** GROSSBUCHSTABEN oder Umrandungen des Textes von anderen Sachverhalten eines Formulars abgegrenzt werden. Zu empfehlen ist zB die eindeutige Verwendung und Hervorhebung des Wortes **„EINWILLIGUNG"**[36] im Text.[37]

27 Anders als Art. 7 Abs. 2 S. 2 DS-GVO enthält Abs. 2 keinen Hinweis zur **Rechtsfolge bei Verstoß** gegen das Unterscheidungsgebot.[38] Die DS-GVO stellt dort klar, dass bei Verstößen gegen die Vorgaben zur Einwilligung lediglich die Einwilligungserklärung zum Datenschutz unverbindlich ist, nicht aber eventuell sonst gemachte Erklärungen.[39] Ein solcher Hinweis ist im Anwendungsbereich von § 35 entbehrlich. Einwilligungserklärungen sind unwirksam und darauf gestützte Datenverarbeitungen rechtswidrig, wenn die gesetzlichen Vorgaben nicht eingehalten werden. Eine unwirksame oder widerrufene (Abs. 3) Einwilligung kann nicht durch eine andere Ermächtigungsgrundlage zur Verarbeitung ersetzt und die weitere Verarbeitung der Daten damit „gerettet" werden. Dies widerspräche dem allgemeinen Grundsatz der rechtmäßigen Verarbeitung nach Treu und Glauben nach § 37 Nr. 1.[40] Eine solche Möglichkeit widerspräche sys-

28 Sydow/*Johannes/Weinhold* BDSG § 51 Rn. 26.
29 BeckOK DatenschutzR/*Stemmer/Wolff* BDSG § 51 Rn. 16.
30 BeckOK DatenschutzR/*Stemmer/Wolff* BDSG § 51 Rn. 15.
31 Vgl. LT-Drs. 17/1981, 159 die auf § 51 BDSG als Grundlage verweist, und dazu BT-Drs. 18/11325, 112.
32 Gola/Heckmann/*Heckmann/Paschke* BDSG § 51 Rn. 38.
33 HK-DS-GVO/BDSG/*Schwartmann/Klein* Art. 7 Rn. 35.
34 Simitis/Hornung/Spiecker gen. Döhmann/*Klement* DS-GVO Art. 7 Rn. 76.
35 Sydow/*Johannes/Weinhold* BDSG § 51 Rn. 29.
36 Wobei natürlich nicht alle Hervorhebungsmöglichkeiten gleichzeitig genutzt werden müssen.
37 Zur DS-GVO Plath/*ders.* BDSG § 51 Rn. 12.
38 Dort „Teile der Erklärung sind dann nicht verbindlich, wenn sie einen Verstoß gegen diese Verordnung darstellen."
39 ZB Willenserklärungen zu Verträgen und/oder AGB.
40 Entsprechend zur DS-GVO *DSK*, Kurzpapier Nr. 20, 3.

tematisch auch dem Widerrufsrecht nach Abs. 3, das dann praktisch bedeutungslos wäre.

IV. Widerrufsrecht (Abs. 3)

1. Zeitpunkt und Form (S. 1)

28 Abs. 3 legt fest, dass die Selbstbestimmung über die Einwilligung auch deren Widerruf ermöglicht. Die Widerrufsmöglichkeit ist der Gegenpart zur Einwilligung. Auf die Möglichkeit zum Widerruf kann nicht verzichtet werden und sie kann auch nicht abbedungen werden.[41] Der Widerruf ist die **eindeutige Erklärung**, die durch die Einwilligung gesetzten Rechtsfolgen nicht mehr zu wollen. Der Widerruf kann in jeder Form erteilt werden, auch in einer anderen Form als der, in der die Einwilligung erteilt wurde.[42] Die Rechtsnorm, die die Einwilligung regelt, kann allerdings zusätzliche Formerfordernisse für den Widerruf vorsehen. Der Widerruf muss von der betroffenen Person nicht ausdrücklich als solcher bezeichnet werden, er muss nicht begründet werden und es genügt, wenn klar ist, dass ein Widerruf gemeint ist.[43]

29 Nach Abs. 3 S. 1 kann die Einwilligung von der betroffenen Person **„jederzeit"** widerrufen werden. Folglich sind zwischen Abgabe der Einwilligung und Widerruf keine Wartezeiten statthaft. Insbesondere existieren für den Verarbeiter keine Warte- oder Karenzzeiten, in denen er eine Verarbeitung nach Widerruf „noch" abschließen dürfte. Strenggenommen kann eine Einwilligung eine juristische Sekunde nach der Erteilung auch widerrufen werden.[44]

2. Wirkung (S. 2)

30 Der Widerruf wirkt nach Abs. 3 S. 2 nur ex nunc, da durch den Widerruf der Einwilligung die Rechtmäßigkeit der bis dahin erfolgten Verarbeitung nicht berührt wird. Er nimmt also der Verarbeitung der Daten nicht von Anfang an den Rechtsgrund. Erst mit **Zugang und Kenntnisnahme des Widerrufs beim Verarbeiter** müssen weitere Datenverarbeitungen auf Grundlage der Einwilligung unterbleiben.[45] Die Einwilligung kann aber nicht durch eine andere Ermächtigungsgrundlage ersetzt werden.[46]

31 Auch im Zusammenhang mit den in § 35 beschriebenen Zwecken ist die **Kombination der Einwilligung mit anderen Erlaubnistatbeständen zugunsten der Verarbeitung personenbezogener Daten nicht statthaft.**[47] Die Einwilligung ist kein alternativer Legitimationsstrang, der aus Opportunitätsgründen anderen gesetzlichen Ermächtigungsgrundlagen zur Datenerhebung vorgezogen werden kann, nur um dann auf diese zurückzugreifen, wenn die Einwilligung widerrufen wird. Es ist fraglich, aus welchem Grund eine Einwilligung dann überhaupt notwendig wäre. Wäre dies möglich, könnte die in Abs. 4 niedergelegten Grundsätze der Freiwilligkeit und Entscheidungshoheit überhaupt nicht realisiert werden.[48] Dies gilt auch, soweit man annimmt, dass die gesetzliche

---

41 Sydow/*Johannes/Weinhold* BDSG § 51 Rn. 32.
42 Eine schriftliche Einwilligung kann auch mündlich widerrufen werden.
43 BeckOK DatenschutzR/*Stemmer/Wolff* BDSG § 51 Rn. 20.
44 Sydow/*Johannes/Weinhold* BDSG § 51 Rn. 34.
45 Auernhammer/*Kramer* BDSG § 51 Rn. 11.
46 *DSK*, Kurzpapier Nr. 20, 3.
47 AA BeckOK DatenschutzR/*Stemmer/Wolff* BDSG § 51 Rn. 20; Paal/Pauly/*Frenzel* BDSG § 51 Rn. 6.
48 Paal/Pauly/*Frenzel* BDSG § 51 Rn. 6.

Grundlagen für die Datenverarbeitung zur Erfüllung öffentlicher Aufgaben iSv § 35 eine Einwilligung als zusätzliche Verarbeitungsvoraussetzung vorsieht.[49] Denn gerade dann würde es der Gesetzessystematik und dem Sinn und Zweck der Vorschriften widersprechen, die Einwilligungen durch andere Erlaubnistatbestände zu ersetzen. Dies muss gerade auch in dem von § 35 abgesteckten Anwendungsbereich gelten, um das Vertrauen der Bevölkerung in das rechtsstaatliche Handeln der Ermittlungsbehörden nicht zu gefährden. Wenn die Möglichkeit bestünde, dass Datenverarbeitungen aufgrund von Einwilligungen nach deren Wiederruf einfach aufgrund anderer Rechtsgrundlagen weiter erfolgen dürften, bestünde die Gefahr, dass aufgeklärte Bürger zu gar keiner Verarbeitung mehr ihre Einwilligung erteilen würden. Dies wäre nicht im Sinne einer rationalen und zweckentsprechenden Strafverfolgungs- und Gefahrenabwehrpraxis.[50]

Soweit der Rechtsgrund der Verarbeitung entfallen ist, sind die Daten idR zu **löschen.**[51] Dies folgt schon aus dem Grundsatz der Speicherbegrenzung (vgl. § 37 Nr. 5), aber auch aus dem Recht zur Löschung (§ 50). Bestehen Zweifel hinsichtlich der Identität des Widerrufenden iSv § 51 Abs. 4 oder des Erklärungsinhalts des Widerrufs, sind die Daten in der Bearbeitung nach § 50 Abs. 1 Satz 3 in ihrer Verarbeitung zu beschränken, bis eine Klärung herbeigeführt werden kann. 32

3. Informationspflicht (S. 3)

Nach S. 3 soll die betroffene Person vor Abgabe der Einwilligung sowohl über die Folge und Reichweite des Widerrufs nach S. 2 als auch über die Widerrufsmöglichkeit nach S. 1 informiert werden. Diese **Informationspflicht** besteht unabhängig von der Form der Einwilligung oder der des Einwilligungsersuchens. Betroffene Personen können schriftlich, aber auch mündlich und elektronisch informiert werden.[52] Die Pflicht des S. 3 besteht auch unabhängig von der Pflicht nach § 47 Nr. 2. Die Informationspflicht ist speziell hinsichtlich der Einwilligung und geht damit über die allgemeine Informationspflicht nach § 47 hinaus. Die Pflicht nach S. 3 kann nicht durch die allgemeinen Informationen nach § 47 erfüllt werden.[53] 33

Nach S. 3 muss die Information vor Abgabe der Einwilligung erfolgen. In der Regel sollte sie daher mit dem Einwilligungsersuchen erteilt werden. Gibt die betroffene Person die Einwilligung insofern nicht informiert ab, ist die Einwilligung ex tunc unwirksam. Die gesamte Verarbeitung ab Abgabe der Erklärung wäre dann rechtswidrig, da keine informierte Einwilligung abgegeben wurde.[54] 34

V. Freiwilligkeit (Abs. 4)

1. Grundsatz der Freiwilligkeit (S. 1)

Die Einwilligung ist nach Abs. 4 S. 1 nur wirksam, wenn sie auf der **freien Entscheidung** der betroffenen Person beruht. Eine unwirksame Einwilligung führt dazu, dass eine darauf beruhende Verarbeitung unzulässig ist. Soweit eine Ein- 35

49 Dazu Simitis/Hornung/Spiecker gen. Döhmann/*Schantz* DS-GVO Art. 6 Abs. 1 Rn. 14.
50 Sydow/*Johannes/Weinhold* BDSG § 51 Rn. 36.
51 BeckOK DatenschutzR/*Stemmer/Wolff* BDSG § 51 Rn. 22.
52 Sydow/*Johannes/Weinhold* BDSG § 51 Rn. 39.
53 Sydow/*Johannes/Weinhold* BDSG § 51 Rn. 40.
54 BeckOK DatenschutzR/*Stemmer/Wolff* BDSG § 51 Rn. 23.

willigung unwirksam ist, ist der Rückgriff auf eine alternative gesetzliche Erlaubnis im Anwendungsbereich von § 35 unstatthaft.

36 Die Regelung in Abs. 4 S. 1 entspricht der Regelung des § 4 a Abs. 1 S. 1 BDSG aF. Nach der bisherigen Rechtslage war eine Einwilligung dann unwirksam, wenn die Entscheidung nicht auf der freien Entscheidung der betroffenen Person beruhte. Das war insbesondere dann der Fall, wenn die Erklärung unter **Zwang** abgegeben wurde.[55] Unfreiwilligkeit ist insbesondere dann anzunehmen, wenn die betroffene Person in einem **Abhängigkeitsverhältnis** zu dem Verantwortlichen steht, beispielsweise im Rahmen der Arbeitsbeziehung. Im Rahmen des Anwendungsbereichs von § 35 sind jedoch die besonderen Situationen, in denen sich die betroffenen Personen regelmäßig befinden, besonders zu berücksichtigen.[56] Soweit die betroffene Person Mitwirkungs- oder Duldungspflicht kraft öffentlich-rechtlicher Ermächtigungsgrundlagen treffen, ist regelmäßig von der Unfreiwilligkeit der Einwilligung auszugehen.[57] Gleiches gilt, wenn sich die Person in einer besonderen **Drucksituation** befindet, beispielsweise im Rahmen eines Ermittlungsverfahren als Beschuldigter, wenn dieser davon ausgehen kann, dass die Verweigerung einer Einwilligung für ihn negative Folgen im Rahmen der weiteren Ermittlungen haben kann.[58]

2. Beurteilung (S. 2)

37 Für die Beurteilung der Freiwilligkeit der Einwilligung kommt es nach Abs. 4 S. 2 auf die Umstände der Erteilung an. Es bedarf einer Berücksichtigung der Umstände des Einzelfalls.[59] Dabei können jedoch nur die Umstände berücksichtigt werden, die der Verantwortliche auch belegen kann. Abs. 4 S. 2 ist daher im Zusammenhang mit der Pflicht zum Nachweis des Abs. 1 zu betrachten und gleichermaßen eine **Rechtfertigung für eine umfassende Dokumentation der Umstände der Erteilung der Einwilligung.**[60] Die Regelung steht im Zusammenhang mit Erwägungsgrund 43 DS-GVO, da sie auf Art. 7 Abs. 4 DS-GVO basiert. Demnach muss eine Einwilligung bei einem klaren Machtungleichgewicht zwischen betroffener Person und Verantwortlichem (zB bei Polizeibehörden) besonders kritisch überprüft werden.

3. Hinweispflicht (S. 3)

38 Die betroffene Person ist nach Abs. 4 S. 3 auf den vorgesehenen Zweck der Verarbeitung hinzuweisen. Diese Information ist neben den weiteren Informationspflichten des Verantwortlichen zwingend notwendig, um der betroffenen Person eine informierte Entscheidung über ihre Einwilligung zu ermöglichen.[61]

4. Belehrungspflicht (S. 4)

39 Flankiert wird die Regelung des Abs. 4 S. 3 durch die Belehrungspflichten nach S. 4. Soweit es nach den Umständen des Einzelfalls erforderlich sein sollte oder auf Verlangen der betroffenen Person, ist sie über die Folgen der Verweigerung

55 Vgl. Art. 29 Datenschutzgruppe, WP 114, 13; Simitis/*ders.*, 8. Aufl. 2014, BDSG § 4 a Rn. 62 ff.
56 Sydow/*Johannes/Weinhold* BDSG § 51 Rn. 44.
57 Kühling/Buchner/*Schwichtenberg* BDSG § 51 Rn. 5.
58 Kühling/Buchner/*Schwichtenberg* BDSG § 51 Rn. 6.
59 Gola/Heckmann/*dersl./Paschke* BDSG § 51 Rn. 44.
60 BeckOK DatenschutzR/*Stemmer/Wolff* BDSG § 51 Rn. 27.
61 Sydow/*Johannes/Weinhold* BDSG § 51 Rn. 46.

der Einwilligung zu belehren. Der betroffenen Person wird damit möglicherweise ein Ausweg aus einer bestehenden Drucksituation eröffnet, indem sie über die Folgen der Verweigerung **umfassend aufgeklärt** wird.[62] Die Aufklärung über die Folgen der Verweigerung ist nicht zwingend, sondern muss nur dann erfolgen, wenn eine solche erforderlich ist. Im Rahmen **polizeilicher Maßnahmen** im Anwendungsbereich von § 35 wird aufgrund der Drucksituation der betroffenen Personen davon ausgegangen werden müssen, dass ein Hinweis auf die Freiwilligkeit der Einwilligung und die Folgen der Verweigerung grundsätzlich **geboten** ist.[63]

VI. Daten besonderer Kategorien (Abs. 5)

40 Daten besonderer Kategorien personenbezogener Daten sind definiert in § 36 Nr. 18. Nach Abs. 5 ist die Rechtfertigung der Verarbeitung von besonderen Kategorien personenbezogener Daten durch die Einwilligung nur zulässig, wenn sich die Einwilligung ausdrücklich auf diese Daten oder deren Kategorie bezieht. Dies ist als **Aufklärungsauftrag** gegenüber den betroffenen Personen zu verstehen. Diesen soll vom Verarbeiter vor Augen geführt werden, welche Qualität die Daten haben, in deren Verarbeitung sie einwilligen.[64] Konkludente Einwilligungen sind in diesem Zusammenhang ohnehin nicht möglich. Die Einwilligung kann nur in denjenigen Fällen als eine zusätzliche, durch Rechtsvorschriften begründete Garantie im Sinne von § 45 betrachtet werden, in denen durch Rechtsvorschriften eine Verarbeitung von Daten besonderer Kategorien vorgesehen ist.[65]

C. Bedeutung der Vorschrift für die behördliche Praxis

41 Die Einwilligung ist im Datenschutz als Legitimation für die Verarbeitung von Daten nicht von zentraler, praktischer Bedeutung. Dies wird auch durch gesonderte, prominente Regelung in § 38 nicht geändert. Auch dadurch wird diese weiter eine **untergeordnete Rolle** spielen. Im Bereich der JI-RL und § 35 besteht in der Regel kein Handeln auf Augenhöhe, so dass für Einwilligungen kaum Raum bleibt. Sie kann nur in wenigen, gesetzlich normierten Ausnahmefällen als Verarbeitungsgrundlage oder zusätzliche Garantie dienen.

42 Bei Datenverarbeitungen auf Grundlage der StPO ist nach § 500 StPO der § 51 BDSG entsprechend anzuwenden und hat Anwendungsvorrang vor § 38.

§ 39 Verarbeitung zu einem anderen Zweck als dem Erhebungszweck

[1]Eine Verarbeitung personenbezogener Daten zu einem anderen Zweck als zu demjenigen, zu dem die Daten erhoben worden sind, ist zulässig, wenn es sich bei dem anderen Zweck um einen solchen in § 35 genannten Zweck handelt, der Verantwortliche befugt ist, Daten zu diesem Zweck zu verarbeiten und die Verarbeitung zu diesem Zweck erforderlich und verhältnismäßig ist. [2]Die Verarbeitung personenbezogener Daten zu einem anderen, in § 35 nicht genannten Zweck, ist zulässig, wenn sie in einer Rechtsvorschrift vorgesehen ist.

62 Kühling/Buchner/*Schwichtenberg* BDSG § 51 Rn. 6.
63 Auernhammer/*Kramer* BDSG § 51 Rn. 16.
64 Paal/Pauly/*Frenzel* BDSG § 51 Rn. 9.
65 Vgl. Art. 29-Gruppe, WP 258, 10.

Verwandte Norm JI-RL:

Artikel 4 Grundsätze in Bezug auf die Verarbeitung personenbezogener Daten

(1) (... auf Abdruck hier verzichtet ...)

(2) Eine Verarbeitung durch denselben oder einen anderen Verantwortlichen für einen anderen der in Artikel 1 Absatz 1 genannten Zwecke als den, für den die personenbezogenen Daten erhoben werden, ist erlaubt, sofern

a) der Verantwortliche nach dem Unionsrecht oder dem Recht der Mitgliedstaaten befugt ist, solche personenbezogenen Daten für diesen anderen Zweck zu verarbeiten, und
b) die Verarbeitung für diesen anderen Zweck nach dem Unionsrecht oder dem Recht der Mitgliedstaaten erforderlich und verhältnismäßig ist.

(3) (... auf Abdruck hier verzichtet ...)

(4) (... auf Abdruck hier verzichtet ...)

Kurzübersicht zum Verhältnis der entscheidenden Normen			
Norm des DSG NRW	Entsprechende Norm der JI-RL	Entsprechende Norm des BDSG	
§ 39 DSG NRW	Art. 4 JI-RL	§ 49 BDSG	

Literatur:

Albrecht, Das neue EU-Datenschutzrecht – von der Richtlinie zur Verordnung, CR 2016, 88; *Hofmann/Johannes*, DS-GVO: Anleitung zur autonomen Auslegung des Personenbezugs, ZD 2017, 221; *Müller-Eiselt*, Highway oder Nadelöhr?, DVBl 2014, 1170; *Löffelmann*, Die Umsetzung des Grundsatzes der hypothetischen Datenneuerhebung – Schema oder Struktur, GSZ 2019, 16; *Müllmann*, Zweckkonforme und zweckändernde Weiternutzung, NVwZ 2016, 1695.

A. Grundlagen

I. Gesamtverständnis, Zweck der Norm und Verhältnis zu anderen Normen

1 § 39 regelt Anforderungen an die Rechtmäßigkeit von Zweckänderungen, also an die Rechtmäßigkeit von Verarbeitungen personenbezogener Informationen und Daten zu anderen Zwecken als zu denjenigen, zu denen sie ursprünglich erhoben wurden. Die Vorschrift setzt Art. 4 Abs. 2 der Richtlinie (EU) 2016/680 zum Schutz natürlicher Personen bei der Verarbeitung personenbezogener Daten durch die zuständigen Behörden zum Zwecke der Verhütung, Ermittlung, Aufdeckung oder Verfolgung von Straftaten oder der Strafvollstreckung, sowie

zum freien Datenverkehr und zur Aufhebung des Rahmenbeschlusses 2008/977/JI[1] (im Folgenden JI-RL) um.

Die Vorschrift ist, abgesehen von der angepassten Verweisung auf den Anwendungsbereich, wortgleich zu § 49 BDSG. Die Vorschrift ähnelt damit Art. 6 Abs. 4 DS-GVO.[2] Bei Datenverarbeitungen auf Grundlage der StPO ist nach § 500 StPO der § 49 BDSG entsprechend anzuwenden und hat Anwendungsvorrang vor § 39. 2

§ 39 erlaubt die **Weiterverarbeitung** von personenbezogenen Daten zu anderen Zwecken als zu denjenigen, zu denen sie erhoben wurden. Die Regelung ermöglicht es, vorhandene Datenbestände zwischen verschiedenen Aufgabenbereichen der in § 35 genannten Zwecke hin und her zu transferieren, soweit dies erforderlich ist, verhältnismäßig ist und der Verarbeiter dazu befugt ist.[3] 3

§ 39 setzt Art. 4 Abs. 2 JI-RL um. Dessen Wortlaut nach ist die Umsetzung der Regelung für die Mitgliedstaaten fakultativ („sofern").[4] Art. 4 Abs. 2 JI-RL erlaubt den Erlass von entsprechenden Ermächtigungsgrundlagen zur Weiterverarbeitung. Das diese Möglichkeit gleich im Anschluss an die Vorgaben zur den Datenschutzgrundsätzen in Art. 4 Abs. 1 JI-RL formuliert wurde, zeigt auch systematisch, dass es sich bei ihr um eine **Modifikation des Grundsatzes der Zweckbindung** in Art. 4 Abs. 1 lit. b JI-RL handelt.[5] 4

Erwägungsrund 23 der JI-RL gibt Hinweise zum Sinn und Zweck der Vorschrift. Danach müssen zur Verhütung, Ermittlung und Verfolgung von Straftaten die zuständigen Behörden personenbezogene Daten, die im Zusammenhang mit der Verhütung, Ermittlung, Aufdeckung oder Verfolgung einer bestimmten Straftat erhoben wurden, auch in einem anderen **Kontext** verarbeiten können, um sich ein Bild von den kriminellen Handlungen machen und **Verbindungen zwischen verschiedenen aufgedeckten Straftaten** herstellen zu können.[6] Nach Art. 9 JI-RL ist unter bestimmten Voraussetzungen eine weitere Verarbeitung zu anderen Zwecken, die nicht in den Anwendungsbereich der Richtlinie fallen, zulässig. Diese Vorgabe greift § 39 S. 2 auf.[7] 5

Die Erlaubnis zur Verarbeitung zu einem anderen Zweck als dem Erhebungszweck, impliziert, dass die zu verarbeitenden Daten zunächst **rechtmäßig erhoben** worden sind. Auch Art. 8 Abs. 1 JI-RL verlangt ausdrücklich eine Rechtsgrundlage für jede Verarbeitung durch die zuständigen Stellen zu den in Art. 1 Abs. 1 JI-RL genannten Zwecken.[8] 6

II. Bisherige Rechtslage

Nach BDSG aF war eine Zweckänderung nicht zulässig. Fachgesetze ließen und lassen eine weitere Verwendung von Daten zu anderen Zwecken zu. Unbeschadet davon war für die Rechtmäßigkeit einer Zweckänderung entscheidend, ob die Datennutzung zu einem geänderten Zweck **mit dem ursprünglichen Zweck vereinbar** war. Das BVerfG grenzte die Zulässigkeit solcher Zweckänderungen 7

1 Rahmenbeschluss 2008/977/JI des Rates vom 27.11.2008 über den Schutz personenbezogener Daten, die im Rahmen der polizeilichen und justiziellen Zusammenarbeit in Strafsachen verarbeitet werden, EU ABl. L 350 vom 30.12.2018, 60.
2 Sydow/*Johannes/Weinhold* BDSG § 49 Rn. 1.
3 Sydow/*Johannes/Weinhold* BDSG § 49 Rn. 2.
4 Paal/Pauly/*Frenzel* BDSG § 49 Rn. 3.
5 Paal/Pauly/*Frenzel* BDSG § 49 Rn. 1; Sydow/*Johannes/Weinhold* BDSG § 49 Rn. 3.
6 Sydow/*Johannes/Weinhold* BDSG § 49 Rn. 4.
7 Sydow/*Johannes/Weinhold* BDSG § 49 Rn. 5.
8 Sydow/*Johannes/Weinhold* BDSG § 49 Rn. 7.

aber ein und entwickelte den Ansatz der hypothetischen Datenneuerhebung weiter.[9] Voraussetzung für eine Zweckänderung ist danach, dass die neue Nutzung der Daten dem Schutz von Rechtsgütern oder der Aufdeckung von Straftaten eines solchen Gewichts dient, die verfassungsrechtlich ihre Neuerhebung mit vergleichbar schwerwiegenden Mitteln rechtfertigen kann (vgl. § 12 BKAG).[10]

B. Kommentierung

I. Verfassungsrechtliche Bedenken

8 § 39 setzt Art. 4 Abs. 2 JI-RL um. Sie wiederholt jedoch lediglich den Wortlaut der Richtlinie und dürfte verfassungsrechtlich zu unbestimmt sein.[11] Die allgemein gehaltene Weiterverarbeitungsklausel in § 39 fällt ebenso wie der wortgleiche § 49 BDSG hinter die bisher in der Strafprozessordnung und den Polizeigesetzen vorhandenen Zweckänderungsvorschriften zurück.[12] Jene spezielleren Vorschriften gehen § 39 ohne Rückgriffsmöglichkeit vor.

9 Spezifische Zweckänderungsregelungen tragen dem verfassungsrechtlichen Bestimmtheitsgrundsatz in ausreichendem Maße Rechnung. Aus der vorliegenden Regelung ist jedoch nicht ersichtlich, in welchem Umfang und Fällen die Verantwortlichen von einer **Zweckänderung** Gebrauch machen können.[13] Der pauschale Verweis in § 39 S. 1 auf die in § 35 genannten Zwecke ist **zu allgemein** und zu unbestimmt, um alleine eine Ermächtigungsgrundlage für Weiterverarbeitungen sein.[14]

10 Die **verfassungsrechtlichen Bedenken** stützen sich in der Rechtsprechung des BVerfG zum bisherigen Recht. In seiner Entscheidung zum Bundeskriminalamtgesetz traf das BVerfG zentrale Aussagen zur Zweckbindung.[15] Das Gericht forderte, dass der Gesetzgeber eine Nutzung von Daten über den konkreten Anlass hinaus nur dann erlauben kann, wenn er hierfür eine eigene Rechtsgrundlage schafft.[16] Das BVerfG forderte nicht eine allgemeine Rechtsgrundlage für die Zweckänderung, sondern spezifische auf die Ermächtigungstatbestände abgestimmte Regelungen.[17]

11 § 39 wäre als Ermächtigungsgrundlage nicht mit den Anforderungen des Bundesverfassungsgerichts vereinbar. Eine Differenzierung zwischen unterschiedlichen Zwecken findet nicht statt. Die Regelung bleibt sogar hinter § 481 StPO zurück, der bereits erhebliche verfassungsrechtliche Herausforderungen für die

9 BVerfG Urt. v. 20.4.2016 – 1 BvR 966/09, 1 BvR 1140/09 = BVerGE 141, 220.

10 Sydow/*Johannes/Weinhold* BDSG § 49 Rn. 8; s. dazu auch *Löffelmann* GSZ 2019, 16.

11 AA BeckOK DatenschutzR/*Albers* BDSG § 49 Rn. 9; differenzierend Gola/Heckmann/*Heckmann/Scheurer* BDSG § 49 Rn. 9.

12 Zum Verständnis der ‚zweckkonformen Weiternutzung' als Zweckänderung *Müllmann* NVwZ 2016, 1694; zum Grundsatz der hypothetischen Datenneuerhebung nach BVerfGE 141, 220, Rn. 287 mwN.

13 Vgl. *Aden*, BT Ausschussdrucksache 18(4)824 G, 6.

14 AA Gola/Heckmann/*Heckmann/Scheurer* BDSG § 49 Rn. 9, die jedoch auch eine weitere Eingrenzung durch Fachgesetze erwarten und eine restriktive Auslegung von § 49 befürworten und in § 49 dann doch (Rn. 12) wieder keinen „originären datenschutzrechtlichen Erlaubnistatbestand" sehen.

15 BVerfG Urt. v. 20.4.2016 – 1 BvR 966/09, 1 BvR 1140/09, BVerfGE 141, 220.

16 BVerfG Urt. v. 20.4.2016 – 1 BvR 966/09, 1 BvR 1140/09, BVerfGE 141, 220–378, Rn. 276 ff. mwN.

17 *Müllmann* NVwZ 2016, 1695.

Gesetzgeber der Länder begründet.[18] Nach dem BVerfG soll eine Übermittlung personenbezogener Daten aus eingriffsintensiven Ermittlungsmaßnahmen nur dann zulässig sein, wenn ein **gleichwertiger Rechtsgüterschutz** besteht. Eine Übermittlung von personenbezogenen Daten an andere Sicherheitsbehörden komme nur dann in Betracht, wenn sich daraus ein hinreichend spezifischer Ansatz für eine konkrete Ermittlung ergebe.[19] Soweit sich daraus nur ein potenzieller Ermittlungsansatz ergibt oder die Zweckänderung nur nützlich ist, ist es für die Rechtfertigung einer Übermittlung nicht ausreichend. Mit Blick auf die Entscheidung des BVerfG und den darin enthaltenen weitreichenden Aussagen zu den verfassungsmäßigen Anforderungen an die Zweckänderung und Zweckbindung müssen die **Regelungen über die Zweckänderung spezifisch im Fachrecht** geregelt werden.[20] Den Anforderungen, die das deutsche Verfassungsrecht an Zweckänderungsvorschriften stellt, wird auch nach der Gesetzesbegründung erst durch spezifische Regelungen in den Fachgesetzen Rechnung getragen.[21] § 39 ist für sich genommen deswegen keine genügende Ermächtigungsgrundlage für die Verarbeitung von personenbezogenen Daten zu anderen Zwecken.[22]

Zulässige Zwecke und einschränkende Tatbestandsvoraussetzungen für eine 12 Weiterverarbeitung werden zB durch §§ 23 und 24 PolG NRW in genügend bestimmter Weise konkretisiert. Die Normen wirken zusammen mit § 39 und die jeweiligen Vorrausetzungen gelten **kumulativ.** § 24 a PolG NRW betrifft den speziellen Fall der Weiterverarbeitung von personenbezogenen Daten zu wissenschaftlichen Zwecken, die durch den verdeckten Einsatz technischer Mittel in oder aus Wohnungen erhoben werden, und verbietet eine die Weiterverarbeitung aus solchen Maßnahmen in Abweichung von §§ 17 und 40. Der mit § 25 PolG NRW erlaubte Datenabgleich zu Daten von Verantwortlichen nach § 4 und 5 PolG NRW ist ebenfalls eine Weiterverarbeitung.

II. Verarbeitung zu anderen Zwecken als dem Erhebungszweck (S. 1)

Nach S. 1 ist eine Verarbeitung zu einem anderen Zweck als dem Erhebungs- 13 zweck zulässig, wenn es sich bei dem anderen Zweck um einen in § 35 genannten Zweck handelt (Verhütung, Ermittlung, Aufdeckung, Verfolgung oder Ahndung von Straftaten oder Ordnungswidrigkeiten und Strafvollstreckung iSd § 35 S. 1 oder die Gefahrenabwehr iSd § 35 S. 2). Außerdem muss der Verantwortliche befugt sein, Daten zu diesem Zweck zu verarbeiten und die Verarbeitung zu diesem neuen Zweck erforderlich und verhältnismäßig sein. Zu beachten ist § 500 StPO, wonach für Datenverarbeitungen zur Verhütung, Ermittlung, Aufdeckung, Verfolgung oder Ahndung von Straftaten oder Ordnungswidrigkeiten das BDSG entsprechend anzuwenden ist. § 49 BDSG hat dann Anwendungsvorrang vor § 39.

1. Zulässiger Zweck

Eine Weiterverarbeitung zu anderen Zwecken ist nach S. 1 nur dann zulässig, 14 wenn der andere Zweck von § 35 erfasst ist. § 39 verbindet die Zwecke nach § 35. Diese sind in der Praxis uU auf natürliche Weise verbunden. Bspw. kann

18 Zur Verfassungswidrigkeit der Ermächtigungen zur Datenweitergabe an Private *Müller-Eiselt* DVBl 2014, 1170 ff.
19 BVerfG Urt. v. 20.4.2016 – 1 BvR 966/09, 1 BvR 1140/09, NJW 2016, 1781 (1802), Rn. 290 ff. mwN, 1804, Rn. 313.
20 *Voßhoff*, BT-Ausschussdrucksache 18-4-824-h-18-4-788, 19.
21 LT-Drs. 17/1981, 160; vgl. zu § 49 BDSG die BT-Drs. 18/11325, 111.
22 Sydow/*Johannes/Weinhold* BDSG § 49 Rn. 14.

sich aus einer Gefahrenabwehrmaßnahme ein konkretes Strafverfahren entwickeln, welches abschließend Strafvollstreckungsmaßnahmen erfordert.[23]

15 Ausgangspunkt der Betrachtung ist die Zweckfestlegung der zu verarbeitenden Daten im Sinne von § 37 Nr. 2. Genauso wie der ursprüngliche Zweck eindeutig festgelegt werden muss, muss auch der **Zweck der Weiterverarbeitung hinreichend bestimmt und eindeutig festgelegt werden.** Dabei können die fachgesetzlich festgelegten Aufgabenbeschreibungen und Befugnisse der verarbeitenden Behörden herangezogen werden. §§ 39 und 35 knüpfen an diese sachlichen Kompetenzbestimmungen an.[24] Dieser Rahmen ist jedoch weitgesteckt und muss in Bezug auf die konkrete Verarbeitung oder Weiterverarbeitung weiter eingegrenzt werden.

2. Befugnis

16 Außerdem muss der Verantwortliche befugt sein, Daten zu dem anderen Zweck zu verarbeiten. Dies ist kein Zirkelschluss, sondern verdeutlicht zwei Dinge: Dadurch wird zum einen festgestellt, dass das Datenschutzrecht an bestehende Befugnisregeln anknüpft.[25] Zum anderen folgt daraus, dass sich der Verantwortliche auf eine **geltende Rechtsgrundlage** für die Verarbeitung zu dem neuen Zweck berufen können muss. § 39 alleine ist damit kein ausreichender Erlaubnistatbestand für eine Weiterverarbeitung.[26] Eine Ermächtigungsgrundlage kann sich aus dem allgemeinen Erlaubnisnormen ergeben.[27] Solche ergeben sich idR aber bestimmter aus dem Fachrecht.[28]

17 § 39 bezieht sich auf die Verarbeitung von personenbezogenen Daten zu anderen Zwecken, ohne den Verarbeiter näher zu bestimmen. Dieser muss lediglich befugt sein. Daraus folgt, dass der, der die Daten zu einem anderen Zweck verarbeitet, auch ein anderer Verarbeiter sein kann, als der, der die Daten erhoben hat.[29]

18 Wer befugt sein kann, wird durch § 35 Abs. 1 eingeschränkt. Die Auflistung (Behörden der Polizei, des Maßregelvollzugs und der Finanzverwaltung, die Gerichte in Strafsachen und die Staatsanwaltschaften, sowie die Strafvollstreckungs- und Justizvollzugsbehörden) ist abschließend. Über § 500 StPO wird der Anwendungsbereich noch weiter eingeschränkt. Weiterverarbeitungen zu Zwecken der Ermittlung, Aufdeckung, Verfolgung oder Ahndung von Straftaten im Sinn der StPO müssen auf § 49 BDSG gestützt werden.

3. Erforderlichkeit

19 S. 1 knüpft die Rechtmäßigkeit der Verarbeitung daran, dass die Datenverarbeitung zu einem der in § 35 genannten Zwecke **erforderlich** ist. Die Verarbeitung zu anderen Zwecken wird damit als nicht wegzudenke Bedingung für die Erfüllung des anderen Zwecks konzipiert.[30] Die getrennte Nennung von Verhältnis-

---

23 Sydow/*Johannes/Weinhold* BDSG § 49 Rn. 17.
24 BeckOK DatenschutzR/*Albers* BDSG § 49 Rn. 11.
25 BeckOK DatenschutzR/*Albers* BDSG § 49 Rn. 12.
26 Kühling/Buchner/*Schwichtenberg* BDSG § 49 Rn. 4.
27 Plath/ders./*Grages* BDSG § 49 Rn. 6.
28 Auernhammer/*Herbst* BDSG § 49 Rn. 7.
29 Auernhammer/*Herbst* 2018, BDSG § 49 Rn. 8.
30 Sydow/*Johannes/Weinhold* BDSG § 49 Rn. 21.

mäßigkeit und Erforderlichkeit bedeutet, dass die Erforderlichkeit nicht einfach als Teil der Verhältnismäßigkeitsprüfung verstanden werden darf.[31]

Das Tatbestandsmerkmal der „Erforderlichkeit" entstammt im Wortlaut der Art. 4 Abs. 2 JI-RL. Der Begriff ist **unionsrechtlich autonom** auszulegen.[32] Er meint nicht das relativ mildeste Mittel im Sinne des verfassungsrechtlichen Verständnisses. Vom EuGH wird das Erforderlichkeitskriterium dahin gehend präzisiert, dass sich die Verarbeitung auf „das absolut Notwendige beschränken muss".[33] Ob eine Datenverarbeitung auf das absolut Notwendige beschränkt ist, ist nach der jeweiligen Aufgabe, einschließlich etwaiger Begleit-, Neben- und Hilfsfunktionen, den eingesetzten Medien und Techniken sowie der jeweiligen Organisation der Datenverarbeitung zu berücksichtigen.[34] 20

Zur Bestimmung der Erforderlichkeit ist in erster Linie an den zu bestimmenden Zweck der Weiterverarbeitung anzuknüpfen und nicht an den ursprünglichen Zweck der Verarbeitung. Bestimmt werden sollte zB welche Informationen und welche Daten als Informationsgrundlage zur vollständigen und rechtmäßigen Aufgabenwahrnehmung der verarbeitenden Behörde benötigt werden.[35] 21

4. Verhältnismäßigkeit

Die Verarbeitung muss außerdem für den neuen Zweck verhältnismäßig sein. Dieses Vorrausetzung verpflichtet den Verarbeiter, bei jedem Verarbeitungsvorgang auf dessen Verhältnismäßigkeit mit Blick auf ein im konkreten Fall zu identifizierendes grundrechtliches Schutzgut zu achten.[36] Dabei ist ein restriktiver Maßstab anzulegen.[37] 22

Insbesondere muss für die Weiterverarbeitung sichergestellt werden, dass die mit der Verarbeitung verbundene Beeinträchtigung des Rechts auf Schutz der personenbezogenen Daten bei der Abwägung gegen den neuen Zweck als angemessen erscheint.[38] Dies erfordert eine **einzelfallbezogene Verhältnismäßigkeitsprüfung.** Dabei muss berücksichtigt werden, dass die Verarbeitung zu weiteren Zwecken iSv § 35 weitreichende Folgen für die betroffene Person, etwa eine weitere Verurteilung im Strafverfahren, nach sich ziehen kann. 23

Zur Beurteilung der Verhältnismäßigkeit kann uU auf die Kriterien des Art. 6 Abs. 4 DS-GVO zurückgegriffen werden.[39] Dabei handelt es sich um eine mögliche inhaltliche Verbindung zwischen dem ursprünglichen und dem neuen Zweck (lit. a), den Erhebungszusammenhang (lit. b), der Art der Daten (lit. c), die möglichen Folgen der beabsichtigten Weiterverarbeitung für die betroffenen Personen (lit. d) und den vorgesehenen Garantien (lit. e). Die Kriterien des Art. 6 Abs. 4 DS-GVO sind allerdings ihrerseits sehr konturlos und abstrakt,[40] so dass sie bei einer konkrete Verhältnismäßigkeitsprüfung stark auslegungs- 24

31 AA wohl, weil von „Selbstverständlichkeit" sprechend, Kühling/Buchner/*Schwichtenberg* BDSG § 49 Rn. 5.
32 Dazu *Hofmann/Johannes* ZD 2017, 221.
33 EuGH Urt. v. 4.5.2017 – C-13/16 [30] – Rīgas satiks, Rn. 30 – ECLI:EU:C:2017:336.
34 BeckOK DatenschutzR/*Albers* BDSG § 49 Rn. 16.
35 BeckOK DatenschutzR/*Albers* BDSG § 49 Rn. 15.
36 BeckOK DatenschutzR/*Albers* BDSG § 49 Rn. 17.
37 Kühling/Buchner/*Schwichtenberg* BDSG § 49 Rn. 5.
38 Auernhammer/*Herbst* BDSG § 49 Rn. 10.
39 Kühling/Buchner/*Schwichtenberg* BDSG § 49 Rn. 5.
40 Simitis/Hornung/Spiecker gen. Döhmann /*Roßnagel* DS-GVO Art. 6 Abs. 4 Rn. 35.

und ausfüllungsbedürftig sind. Kriterien für die Verhältnismäßigkeit der Zweckänderung sollten daher in der Ermächtigungsgrundlage im Fachrecht weiter konkretisiert werden.

25 Eine Verhältnismäßigkeitsprüfung muss sich auch an europäischen Grundrechten orientieren, weil der Gesetzgeber mit § 39 Richtlinienvorgaben umsetzt. Somit handelt er in Durchführung des Unionsrechts iSv Art. 51 GRCh, so dass sich § 39 und seine Auslegung und Anwendung durch die Exekutive an europäischen Grundrechten messen lassen müssen. Deutsche Grundrechte sind parallel anzuwenden, insoweit sie einen gegenüber den europäischen Grundrechten erhöhten Schutzstandard einfordern.[41]

III. Verarbeitung zu einem in § 35 nicht genannten Zweck (S. 2)

26 Nach § 39 Satz 2 ist die Verarbeitung zu einem anderen, in § 35 nicht genannten Zwecke zulässig, wenn es in einer Rechtsvorschrift vorgesehen ist. Die Vorschrift regelt die Weiterverarbeitung von außerhalb der Richtlinie liegenden Zwecken. Nach Erwägungsgrund 34 JI-RL sollte für außerhalb der Richtlinie liegende Zwecken grundsätzlich die DS-GVO gelten, wenn eine solche Verarbeitung nach dem Unionsrecht oder dem Recht der Mitgliedstaaten zulässig ist. Insbesondere sollte die DS-GVO für die Übermittlung personenbezogener Daten für Zwecke gelten, die **außerhalb des Anwendungsbereichs der JI-RL** liegen.[42]

27 Kritisch ist zu sehen, dass in § 39 S. 2 lediglich der Begriff der Rechtsvorschrift verwendet wird, aus der nicht ersichtlich sei, ob es sich um nationale oder europäische Vorschriften, insbesondere die DS-GVO handeln solle.[43] Richtlinienkonform mit Blick auf Erwägungsgrund 34 ist der Begriff so auszulegen, dass unter Rechtsvorschriften sowohl nationale Vorschriften als auch unionsrechtliche Vorschriften, einschließlich der DS-GVO zu verstehen sind.

C. Bedeutung der Vorschrift für die behördliche Praxis

28 § 39 steht im besonderen **Spannungsverhältnis** zum Grundsatz der Zweckbestimmung nach § 37 Nr. 2. Er konkretisiert die Zweckvereinbarkeit. Diese ist bei jeder möglichen Zweckänderung zu beachten. Gerade im Bereich der Gefahrenabwehr und Strafverfolgung müssen die in § 39 niedergelegten Grundsätze der Erforderlichkeit und Verhältnismäßigkeit ernsthaft zur Anwendung gebracht werden.

29 Die Vorschrift kann nur im Zusammenspiel mit spezifischeren Fachrecht zur verfassungsrechtlich und unionsrechtlich konformen Anwendung kommen. Sowohl § 39 S. 1 als auch S. 2 verlangen einen konkreten Erlaubnistatbestand, der die Datenverarbeitung zu dem neuen Zweck legitimiert (Befugnis). Bei S. 1 muss sich dieser im Anwendungsbereich von der JI-RL aus den nationalen Fachrecht ergeben. Bei S. 2 kann sie sich aus der DS-GVO selbst, aber auch auf Öffnungsklauseln der DS-GVO beruhendem Recht ergeben.

30 Im PolG NRW wird die Vorschrift durch § 23 und 24 konkretisiert. Die Normen sind sich ergänzend anzuwenden. Die Vorrausetzungen der Erforderlichkeit und Verhältnismäßigkeit nach § 39 müssen zusätzlich zu den Zweckbe-

41 Sydow/*Johannes/Weinhold* BDSG § 49 Rn. 28; vgl. zum Prüfungsmaßstab der Unionsgrundrechte BVerfG Beschl. v. 6.11.2019 – 1 BvR 276/17, NJW 2020, 314.
42 Sydow/*Johannes/Weinhold* BDSG § 49 Rn. 29.
43 *Piltz*, BT-Ausschussdrucksache 18(4)824 C, 33.

stimmungen und Tatbestandsvorrausetzungen nach § 23 oder 24 PolG NRW erfüllt sein.

§ 40 Verarbeitung zu wissenschaftlichen oder statistischen Zwecken

[1]Personenbezogene Daten dürfen im Rahmen der in § 35 genannten Zwecke in wissenschaftlicher oder statistischer Form verarbeitet werden, wenn hieran ein öffentliches Interesse besteht und geeignete Garantien für die Rechtsgüter der betroffenen Personen vorgesehen sind. [2]Solche Garantien können in einer so zeitnah wie möglich erfolgenden Anonymisierung der personenbezogenen Daten, in Vorkehrungen gegen ihre unbefugte Kenntnisnahme durch Dritte oder in ihrer räumlich und organisatorisch von den sonstigen Fachaufgaben getrennten Verarbeitung bestehen.

Verwandte Norm JI-RL:

Artikel 4 Grundsätze in Bezug auf die Verarbeitung personenbezogener Daten

(1) (… auf Abdruck hier verzichtet …)

(2) (… auf Abdruck hier verzichtet …)

(3) Die Verarbeitung durch denselben oder einen anderen Verantwortlichen kann die Archivierung im öffentlichen Interesse und die wissenschaftliche, statistische oder historische Verwendung für die in Artikel 1 Absatz 1 genannten Zwecke umfassen, sofern geeignete Garantien für die Rechte und Freiheiten der betroffenen Personen vorhanden sind.

(4) (… auf Abdruck hier verzichtet …)

Kurzübersicht zum Verhältnis der entscheidenden Normen			
Norm des DSG NRW	Entsprechende Norm der JI-RL	Entsprechende Norm des BDSG	
§ 40 DSG NRW	Art. 4 Abs. 3 JI-RL	§ 50 BDSG	

Literatur:

Johannes, Analyse offener Datenquellen durch die Polizei: Entgrenzte Internet- und Darknetaufklärung in der Strafverfolgung, in: Roßnagel/Friedewald/Hansen (Hrsg.): Die Fortentwicklung des Datenschutzes, 2018, S. 151; *Johannes/Richter*, Privilegierte Verarbeitung im BDSG-E, DuD 2017, 301; *Marquenie*, The Police and Criminal Justice Authorities Directive, CL&SR 2017, 331; *Ohm*, Broken Promises of Privacy: Responding to the Surprising Failure of Anonymization, UCLA Law Review 2010, 1701; *Roßnagel*, Pseudonymisierung personenbezogener Daten, ZD 2018, 243; *Schwartmann/Jacquemain*, Datenschutzpraxis in Nordrhein-Westfalen – Exemplarische Probleme des LDG NRW, RDV 2019, 2019; *Tene/Zanfir-Fortuna*, Chasing the Golden Goose: What is the path to effective anonymisation?, PinG 2017, 129.

A. Grundlagen

1 Mit § 40 soll Art. 4 Abs. 3 JI-RL umgesetzt werden. § 50 BDSG ist die nahezu wortgleiche Entsprechung im Bundesrecht. Anders als die Richtlinienvorgabe ist § 40 nicht nur als Modifikation des Zweckbindungsgrundsatzes ausgestaltet, sondern als Ermächtigungsgrundlage. Ermöglicht wird dadurch ua die Entwicklung von IT-gestützten, ermittlungsunterstützenden Analyse-Tools und Werkzeugen, sowie die Forschung an Big-Data-Anwendungen und Werkzeugen für Predictive Policing, nicht aber deren Einsatz.

I. Gesamtverständnis, Zweck der Norm und Verhältnis zu anderen Normen

2 § 40 **erlaubt** die Verarbeitung von Daten zu Zwecken der Strafverfolgung und Gefahrenabwehr in wissenschaftlicher oder statistischer Form, wenn hieran ein öffentliches Interesse besteht und geeignete Garantien für die Rechtsgüter der betroffenen Personen vorgesehen werden. Anonymisierung wird explizit als mögliche Garantie genannt, ebenso wie die räumliche und organisatorische Trennung der Verarbeitung.

3 Die Vorschrift steht im systematischen Zusammenhang mit § 39 und modifiziert den Zweckbindungsgrundsatz nach § 37 Nr. 2 und den Grundsatz der Speicherbegrenzung nach § 37 Nr. 5. Sie ähnelt der entsprechenden Modifizierung der Verarbeitungsgrundsätze zu den genannten Zwecken in Art. 5 Abs. 1 lit. b und e DS-GVO sowie Art. 89 DS-GVO.[1] Jene Vorgaben werden durch § 17 konkretisiert und ergänzt. Hinsichtlich der **Verarbeitung besonderer Kategorien** personenbezogener Daten ist § 45 lex specialis zu § 40 und damit bei der (Weiter-)Verarbeitung zu wissenschaftlichen oder statistischen Zwecken voll anwendbar.

4 § 40 ähnelt § 50 BDSG stark. Der Wortlaut ist nahezu identisch. Allerdings benennt § 50 BDSG ausdrücklich die Verarbeitung in archivarischer Form. Das LDSG NRW verzichtet auf die Benennung dieses Zwecks. Die Archivierung im öffentlichen Interesse wird in § 10 im Zusammenspiel mit dem Archivgesetz NRW geregelt. § 10 gilt nach § 5 Abs. 1 iVm Abs. 6 auch für die in § 35 genannten Stellen, da Teil 3 des DSG NRW keine spezielleren Regelungen enthält. § 34 Abs. 4 PolG NRW gilt entsprechend und bestimmt Vergleichbares.

5 § 40 soll Art. 4 Abs. 3 JI-RL umsetzen, nach der die Verarbeiter Daten auch zur Archivierung im öffentlichen Interesse sowie zu wissenschaftlichen, statistischen und historischen Zwecken verarbeiten darf. **Die Umsetzung dieser Vorgabe in § 40 ist damit zugleich enger und weiter als die Richtlinienvorgabe.** Sie ist enger, da Archivierung als Zweck nicht genannt ist. Sie ist weiter, weil sie nicht nur eine Modifikation des Zweckbindungsgrundsatzes enthält, sondern eine Rechtsgrundlage zur Verarbeitung ist.

6 Art. 4 Abs. 3 JI-RL ist nach Systematik und Entstehungsgeschichte eine Privilegierung der Datenverarbeitung zu archivarischen, wissenschaftlichen und statistischen Zwecken.[2] Er kann als **Ausnahme von dem Zweckbindungsgrundsatz** nach Art. 4 Abs. 1 lit. b, Abs. 2 verstanden werden.[3] Bei einer zulässigen Datenverarbeitung im Anwendungsbereich von § 35 dürften nach diesem Verständnis von Art. 4 Abs. 3 JI-RL die Daten entgegen dem Zweckbindungsgrundsatz zu

1 Kühling/Buchner/*Schwichtenberg* BDSG § 50 Rn. 2.
2 BeckOK DatenschutzR/*Schlösser-Rost* BDSG § 50 Rn. 1.
3 Kühling/Buchner/*Schwichtenberg* BDSG § 50 Rn. 2.

den besonderen Zwecken der Archivierung im öffentlichen Interesse, der Wissenschaft und der Statistik verwendet werden. Voraussetzung nach Art. 4 Abs. 3 JI-RL ist, dass geeignete Garantien für die Rechtsgüter der betroffenen Personen vorgesehen sind. Die Weiterverarbeitung der Daten zu archivarischen, wissenschaftlichen und statistischen Zwecken wäre eine besondere Form der kompatiblen Zweckänderung, die nicht den Voraussetzungen des Art. 4 Abs. 2 JI-RL unterliegt.

Mit § 40 wird dieser **Ausnahmetatbestand**[4] in deutsches Recht umgesetzt und um konkrete Beispiele möglicher Garantien ergänzt. Welche Vorkehrungen im Einzelnen zu treffen sind, soll im bereichsspezifischen Recht weiter ausdifferenziert werden.[5] 7

Die Vorgabe der JI-RL in Art. 4 Abs. 3 lässt einen Teil der Literatur zu § 50 BDSG darauf schließen, dass es sich bei dieser Umsetzung, die im Wortlaut nahezu völlig § 40 entspricht, nur um einen **Annex zu sonstigen primären Verarbeitungen** handelt.[6] Damit würde die Privilegierung voraussetzen, dass eine nach den jeweils einschlägigen Fachgesetzen zulässige Datenverarbeitung durch Polizei und Justiz vorläge.[7] § 50 BDSG und § 40 wären dann eigentlich keine Rechtsgrundlagen zur Verarbeitung.[8] Vielmehr wäre in den so gefassten Vorschriften ein besonderer Fall der Zweckänderung nach § 49 BDSG bzw. § 39 zu sehen.[9] Insbesondere wären dann Erhebungen auf Grundlage von § 40 nicht statthaft. Der Wortlaut von § 40 Satz 1 ist diesbezüglich aber nicht eindeutig. Zwar spricht er von einer Verarbeitung von personenbezogenen Daten in wissenschaftlicher oder statistischer Form. Dies deutet eher auf eine Weiterverarbeitung hin. Andererseits benennt die Überschrift die „Verarbeitung zu wissenschaftlichen oder statistischen Zwecken". Verarbeitung ist in § 36 Nr. 2 legaldefiniert und umfasst gerade auch die **Erhebung von Daten**. Der deutsche Gesetzgeber ist auch nicht daran gehindert, über Art. 4 Abs. 3 JI-RL hinauszugehen und eine Rechtsgrundlage zur Verarbeitung zu Archivzwecken im öffentlichen Interesse sowie zu wissenschaftlichen und statistischen Zwecken im Anwendungsbereich der JI-Richtlinie zu schaffen. Dies gestattet Art. 8 JI-RL. § 40 setzt daher Art. 4 Abs. 3 JI-RL um und ist **gleichwohl eine Ermächtigungsgrundlage** im Sinne von Art. 8 JI-RL. Für diese Auslegung spricht systematisch auch die kongruente Regelung in § 17 Abs. 1, die auch Erhebungen zu den privilegierten Zwecken erlaubt. 8

§ 40 ist damit eine **Erlaubnisnorm,**[10] **die auch die Erhebung von Daten ermöglicht.** § 40 ermöglicht daher – genauso wie § 50 BDSG – sowohl die Weiterverarbeitung von bereits erhobenen Daten unter Modifizierung des Zweckbindungsgrundsatzes als auch die Erhebung von Daten zu wissenschaftlichen und statistischen Zwecken mit dem Ziel der Verhütung, Ermittlung, Aufdeckung oder Verfolgung von Straftaten oder Ordnungswidrigkeiten und der Strafvoll- 9

4 BeckOK DatenschutzR/*Schlösser-Rost* BDSG § 50 Rn. 1.
5 LT-Drs. 17/1981, 160; ähnlich BT-Drs. 18/11325, 112 zu § 50 BDSG.
6 Paal/Pauly/*Frenzel* BDSG § 50 Rn. 1.
7 Kühling/Buchner/*Schwichtenberg* BDSG § 50 Rn. 3.
8 Kühling/Buchner/*Schwichtenberg* BDSG § 50 Rn. 2; Sydow/*Hense* BDSG § 50 Rn. 1.
9 Plath/*Grages* BDSG § 50 Rn. 2; Paal/Pauly/*Frenzel* BDSG § 50 Rn. 1; Auernhammer/*Greve* BDSG § 50 Rn. 2; Gola/Heckmann/*Krohm* BDSG § 50 Rn. 4; im Ergebnis so auch BeckOK DatenschutzR/*Schlösser-Rost* BDSG § 50 Rn. 1.
10 Einerseits dafür Gola/Heckmann/*Krohm* BDSG § 50 Rn. 1, andererseits dagegen ebenda Rn. 4.

streckung, einschließlich der Abwehr von Gefahren für die öffentliche Sicherheit oder Ordnung durch die dafür zuständigen Behörden.

10 § 40 erlaubt nur die Verarbeitung von personenbezogenen Daten zu den begünstigten Zwecken durch die in § 35 genannten Stellen, also insbesondere Strafverfolgungs- und Polizeibehörden, wobei diese Daten zu den begünstigten Zwecken auch austauschen dürfen. Hinsichtlich **Übermittlungen** ist auch § 44 zu beachten. Spezialgesetzliche Rechtsgrundlagen können auch andere öffentliche und nichtöffentliche Stellen zur Verarbeitung der Datensätze der Strafverfolgungs- und Polizeibehörden, insbesondere zu den begünstigten Zwecken, ermächtigen.[11]

11 Diese Regelung zur Verarbeitung zu wissenschaftlichen und statistischen Zwecken durch die in § 35 genannten zuständigen Behörden kann – und sollte – im **Fachrecht** konkretisiert, erweitert oder eingeschränkt werden.[12] § 24 a Abs. 1 S. 1 PolG NRW zB schließt die Weiterverarbeitung von personenbezogenen Daten, die durch den verdeckten Einsatz technischer Mittel in oder aus Wohnungen auf Grundlage von § 18 PolG NRW ermittelt worden sind, zu wissenschaftlichen Zwecken grundsätzlich aus. Die Rückausnahme nach Satz 2 erlaubt die Weiterverarbeitung, wenn diese zur Eigenforschung oder Evaluation unerlässlich ist. Will man nicht annehmen, dass die Einschränkung nach § 24 a PolG NRW nicht mehr bedeuten soll als der Erforderlichkeitsgrundsatz, muss mit dem unbestimmten Rechtsbegriff „unerläßlich" wenigstens ein besonders strenger Maßstab an die diesbezügliche Prüfung verbunden werden. Nicht ausgeschlossen durch § 24 a PolG NRW ist die Weiterverarbeitung zu statistischen Zwecken.

II. Bisherige Rechtslage

12 Spezielle Regeln zur Verarbeitung personenbezogener Daten für wissenschaftliche oder statistische Zwecke gab es bereits in älteren Fassungen des DSG NRW aF. Spezielle Regeln für die der JI-RL unterfallenden öffentlichen Stellen sah das DSG NRW aF in diesem Zusammenhang allerdings nicht vor.

B. Kommentierung

I. Adressat

13 § 40 gilt nur für die in § 35 Abs. 1 genannten **Behörden** (Polizei, Gerichte in Strafsachen und die Staatsanwaltschaften, Strafvollstreckungs- und Justizvollzugsbehörden, Behörden des Maßregelvollzugs und Behörden der Finanzverwaltung), soweit deren **Aufgabenbereich** zur Verhütung, Ermittlung, Aufdeckung, Verfolgung und Ahndung von Straftaten oder Ordnungswidrigkeiten und der Strafvollstreckung, sowie der Gefahrenabwehr überhaupt durch die wissenschaftliche oder statische Zweckverfolgung eröffnet ist. Aus einer (gesetzlichen) Aufgabenzuweisung muss sich also zB die Eigenforschung oder die Erstellung von Statistiken als Aufgabe ergeben. Sie kann sich als **Annexaufgabe** aus einer eher allgemein gehaltenen Aufgabenzuweisung ergeben, also als immanente Nebenpflicht.

14 ZB gilt für die **Polizeibehörden in NRW**: Die Eigenforschung zur Kriminalitätsverhütung und -bekämpfung ist Annexaufgabe zu den grundsätzlichen Aufgaben der Polizei nach § 1 Abs. 1 PolG NRW im Aufgabenbereich der Polizei.

11 ZB § 476 StPO.
12 Vgl. dazu im Bundesrecht § 21 BKAG.

Gleiches gilt für die statische Auswertung der diesbezüglichen Ereignisse und der der eigenen Tätigkeit. § 24 a Abs. 1 S. 2 PolG NRW nennt die Eigenforschung sogar ausdrücklich. Nach § 13 Abs. 2 POG NRW unterhält das Landeskriminalamt NRW eine Stelle für kriminalistische und kriminologische Forschung (Nr. 4) und ist die zentrale Informationssammel- und -auswertungsstelle in Kriminalitätsangelegenheiten (Nr. 5). Über § 500 StPO wird der dritte Teil des BDSG auch für die Polizeibehörden und Staatsanwaltschaften NRWs für entsprechend anwendbar erklärt. Jener hat dann Anwendungsvorrang vor den Bestimmungen des DSG NRW soweit die Verarbeitung Zwecke der Ermittlung, Aufdeckung, Verfolgung und Ahndung von Straftaten betrifft. Dies schließt Forschung und statische Verarbeitung zu diesen Zwecken ein.

§ 40 ermächtig die in § 35 genannten Stellen auch zum **Empfang** von personenbezogenen Daten. Auch erlaubt § 40 grundsätzlich die **Übermittlung von personenbezogenen Daten an andere Stellen** und zwar sowohl an öffentliche als auch an nichtöffentliche Stellen.[13] Die Übermittlung ist ein Unterfall der Verarbeitung, die durch § 40 legitimiert wird. Die empfangende Stelle muss ihrerseits (gesetzlich) zum Empfang und zur (Weiter-)Verarbeitung ermächtigt sein. 15

- Eine Behörde im Anwendungsbereich von § 35 übermittelt Daten zu wissenschaftlichen oder statistischen Zwecken im sachlichen Anwendungsbereich von § 35 an eine andere Behörde im Anwendungsbereich von § 35. Beispielweise übermitteln Kreispolizeibehörden in NRW Daten zu Anzeigen und Ermittlungserfolgen an das LKA NRW, das diese zur Polizeilichen Kriminalstatistik weiterverarbeitet. Beide handeln auf Grundlage von § 40.
- Eine Behörde im Anwendungsbereich von § 35 übermittelt Daten zu wissenschaftlichen oder statistischen Zwecken im sachlichen Anwendungsbereich von § 35 an eine andere öffentliche Stelle. Die Übermittlung kann auf § 40 gestützt werden. Die empfangende Stelle muss die Verarbeitung ihrerseits auf eine Ermächtigungsgrundlage stützen können. Art. 9 Abs. 2 JI-RL stellt klar, dass jene Behörde im Anwendungsbereich der DS-GVO verarbeitet. Eine Behörde in NRW könnte dies auf § 17 oder besonderes Fachrecht stützen.
- Eine Behörde im räumlichen und sachlichen Anwendungsbereich von § 35 übermittelt Daten zu wissenschaftlichen oder statistischen Zwecken im sachlichen Anwendungsbereich von § 35 an eine nicht-öffentliche Stelle. Die Übermittlung kann auf § 40 gestützt werden. Die empfangende nichtöffentliche Stelle muss die Verarbeitung ihrerseits auf eine Ermächtigungsgrundlage stützen können.[14] Hier kommt insbesondere Art. 6 Abs. 1 lit. e oder lit. f DS-GVO sowie § 27 Abs. 1 BDSG in Betracht. Arbeitet zB das LKA NRW im Rahmen eines Forschungsvorhabens zur Entwicklung von ermittlungsunterstützenden IT-Werkzeugen[15] zusammen mit nicht-öffentlichen Stellen, kann das LKA auf Grundlage von § 40 personenbezogene Daten an diese nicht-öffentlichen Stellen übermitteln, damit jene mit diesen

13 AA und für ein enges Verständnis von § 50 BDSG, Paal/Pauly/*Frenzel* BDSG § 50 Rn. 2.

14 Jene nicht-öffentliche Stelle verarbeitet zwangsläufig im Anwendungsbereich der DSGVO. Art. 9 Abs. 2 JI-RL stellt klar, dass für zuständige Behörden, die mit der Wahrnehmung von Aufgaben betraut sind, die sich nicht mit den Ar. 1 Abs. 1 genannten Zwecke wahrgenommenen Aufgaben decken, die DS-GVO gilt. Dies muss erst recht für nicht-öffentliche Stellen gelten.

15 Dazu *Johannes* in Friedewald/Roßnagel/Hansen Fortentwicklung des Datenschutzes S. 153 ff.

Daten mustererkennende Algorithmen (zB Big Data Anwendungen) trainieren können. Zusätzliche Garantien und Sicherheitsmaßnahmen zur Anonymisierung sind idR erforderlich, zB Geheimhaltungsverträge. Im Rahmen von mit öffentlichen Mitteln geförderter Forschung kann die nicht-öffentliche Stelle diese Verarbeitung auf Art. 6 Abs. 1 lit. e DS-GVO stützen. Bei Auftragsforschung könnte die nicht-öffentliche Stelle diese Verarbeitung auf Art. 6 Abs. 1 lit. f. DS-GVO stützen. Es müssen jeweils die weiteren Vorrausetzungen dieser Ermächtigungsgrundlagen vorliegen.[16] Hilfsweise und soweit die Forschungs- und Entwicklungsaufgabe eine Eingrenzung zulässt, könnte Auftragsforschung, inkl. der Entwicklung von Big Data Anwendungen, als Auftragsverarbeitung ausgestaltet werden.

II. Verarbeitung (S. 1)

16 Bei den in § 35 genannten **Zwecken** handelt es sich um die Verhütung, Ermittlung, Aufdeckung, Verfolgung oder Ahndung von Straftaten oder Ordnungswidrigkeiten und die Strafvollstreckung durch die zuständigen öffentlichen Stellen. Dabei umfasst die Verhütung von Straftaten auch den Schutz vor und die Abwehr von Gefahren für die öffentliche Sicherheit und Ordnung. Die Verarbeitung nach § 40 in wissenschaftlicher oder statistischer Form muss also mindestens einem dieser Zwecke dienen. Beispielhaft wird in der Gesetzesbegründung zu § 50 BDSG die kriminologische und kriminaltechnische Forschung des BKA genannt.[17] Dies entspricht der Aufgabenzuweisung des LKA NRW nach § 13 Abs. 2 Nr. 4 POG NRW. Die Datenverarbeitung zu wissenschaftlichen oder statistischen Zwecken außerhalb der JI-RL unterfällt nicht § 40.[18] Der Anwendungsvorrang von § 50 über § 500 StPO bei Daten, die ursprünglich auf Grundlage der StPO erhoben und verarbeitet wurden, ist zu beachten.

III. Wissenschaftliche oder statistische Form (S. 1)

17 Unter „wissenschaftlicher oder statistischer Form" iSd Vorschrift ist die Verarbeitung zu **wissenschaftlichen und statistischen Zwecken** im Anwendungsbereich von § 35 verstehen. Dies folgt zum einen aus richtlinienkonformer Auslegung, denn Art. 4 Abs. 3 JI-RL nennt einerseits die „Archivierung" und andererseits die „wissenschaftliche, statistische oder historische Verwendung". Die genannte „historische Verwendung" fällt unter den Begriff der „Verarbeitung in wissenschaftlicher Form".[19] Zum anderen ist die Vorschrift amtlich mit „Verarbeitung zu wissenschaftlichen und statistischen Zwecken" **überschrieben** und auch die Gesetzesbegründung hebt diese Zwecke hervor.[20] Es ist zu vermuten, dass sich der Gesetzgeber allein aus sprachlichen Gründen für den Begriff

16 Dies lässt sich auch mit der Feststellung von Paal/Pauly/*Frenzel* BDSG § 50 Rn. 2 vereinbaren, dass nur schwer vorstellbar sei, dass eine externe Institution durch ihre Auswertung der Daten die Zwecke des § 45 BDSG verfolgen soll. Denn darauf kommt es nicht an. Es kommt nur darauf an, dass die Übermittlung seitens der Behörde im Anwendungsbereich der JI-RL über die Forschungsprivilegierung legitimiert werden kann. Die empfangende nicht-öffentliche Stelle kann (auch) andere Zwecke verfolgen, muss sich aber auch auf andere Ermächtigungsrundlagen berufen können.

17 BT-Drs. 18/11325, 111.

18 BeckOK DatenschutzR/*Schlösser-Rost* BDSG § 50 Rn. 5; Plath/*Grages* BDSG § 50 Rn. 1.

19 Gola/Heckmann/*Krohm* BDSG § 50 Rn. 6; BeckOK DatenschutzR/*Schlösser-Rost* BDSG § 50 Rn. 6.

20 LT-Drs. 17/1981, 160.

der „Form" entschieden hat und damit eine wissenschaftliche und statistische Zweckverfolgung zusätzlich zu einer Zweckverfolgung nach § 35 Abs. 1 gemeint hat.[21] Zur Bestimmung der Begriffe wissenschaftliche Zwecke und statische Zwecke wird ergänzend auf die Kommentierung zu § 17 und Art. 89 DS-GVO verwiesen.

Der Begriff **Wissenschaft** ist in Literatur und Rechtsprechung durch bestimmte objektive und subjektive Merkmale konkretisiert worden. Der Begriff der Wissenschaft („sciences") bildet den Oberbegriff für Forschung und akademische Lehre.[22] Die Begriffe sind aber aufgrund der prinzipiellen Offenheit des wissenschaftlichen Erkenntnisprozesses wandelbar.[23] Auch wenn der Wissenschaftsbegriff nach Art. 13 Satz 2 GRCh die wissenschaftliche Lehre mitumfassen kann,[24] zeigen sowohl der Wortlaut von Art. 4 Abs. 3 JI-RL als auch der Sinn und Zweck der Vorschrift nach Erwägungsgrund 26 JI-RL und der Wortlaut von Art. 9 Abs. 2 JI-RL, dass die JI-RL die **Lehre** nicht vom Begriff der wissenschaftlichen Verwendung umfasst sieht.[25] Der Staat kann sich ohnehin nicht auf das Grundrecht der Lehrfreiheit berufen. Erst recht nicht umfasst vom Begriff Wissenschaft ist daher auch die polizeiliche, justizielle oder sonstige behördliche oder hochschulische **Ausbildung** zu den in § 35 genannten Aufgaben. Privilegiert wird deshalb lediglich die **wissenschaftliche Verwendung in Ausprägung der wissenschaftlichen Forschung** und die Verwendung zur Erstellung von amtlichen **Statistiken.** 18

Wissenschaftliche Forschung ist die Tätigkeit mit dem Ziel, in methodischer, systematischer und nachprüfbarer Weise neue Erkenntnisse zu gewinnen.[26] Die wissenschaftliche Forschung ist die methodisch geleitete Suche und Generierung neuen Wissens. Im Zusammenhang mit den in § 35 genannten Zwecken, setzt § 40 mithin die **methodisch geleitete Suche nach neuen Erkenntnissen** zur Verhütung, Ermittlung, Aufdeckung, Verfolgung und Ahndung von Straftaten oder Ordnungswidrigkeiten und der Strafvollstreckung, sowie der Abwehr von Gefahren für die öffentliche Sicherheit oder Ordnung voraus. Verarbeitung in wissenschaftlicher Form impliziert **Wissensgenerierung über den einzelnen Kriminalfall, die einzelne Gefahr oder Gefahrensituation oder Vorkommnis hinaus.** Die Gesetzesbegründung zu § 50 BDSG nennt als Beispiel für die erfassten Zwecke die im Bundeskriminalamt durchgeführte kriminologische oder kriminaltechnische Forschung.[27] Die Gesetzbegründung zu § 40 nennt keine Beispiele, dürfte aber die entsprechende Forschung des LKA NRW nach § 13 Abs. 2 Nr. 4 POG NRW meinen. Umfasst können sein jede Art der wissenschaftlichen Forschung zur Verbesserung polizeilicher Ermittlungsmethoden und Werkzeuge, insbesondere auch IT-gestützter Ermittlungsverfahren. Auch die initiale Forschung- und Entwicklung von Big Data-Anwendungen und ermittlungsunterstützenden Werkzeugen zur Datenanalyse lassen sich unter § 40 fassen.[28] Insbesondere also auch das „Trainieren" von Algorithmen mit vorhanden Daten, um damit Muster in neuen Daten erkennen zu können. Nicht umfasst ist aber dann 19

21 BeckOK DatenschutzR/*Schlösser-Rost* BDSG § 50 Rn. 6.
22 Für Art. 5 Abs. 3 GG BVerfGE 35, 79 (113).
23 BVerfGE 35, 79; 90, 1.
24 „Die akademische Freiheit wird geachtet".
25 AA zu, Wissenschaftsbegriff der DS-GVO HK-DS-GVO/BDSG/*Wybitul* Art. 89 Rn. 18.
26 So BVerfGE 35, 79 (113) zum GG; vgl. *Jarass* GrC Art. 13 Rn. 6.
27 BT-Drs. 18/11325, 111.
28 Gola/Heckmann/*Krohm* BDSG § 50 Rn. 5; Auernhammer/*Greve* BDSG § 50 Rn. 2.

deren Verwendung im echten Einsatz zur Aufgabenerfüllung nach § 35 oder kontinuierliche Verbesserung und Weiterentwicklung. Dafür bedarf es in der Regel speziellerer Ermächtigungsgrundlagen.[29] Dies gilt auch für den Test solcher Anwendungen im Realbetrieb.

20 Verarbeitung in **statistischer Form** meint die Verwendung zu **statistischen Zwecken.** Statistische Verarbeitung ist der **methodische Umgang mit empirischen Daten.**[30] Danach sind Bezüge zu wissenschaftlichen Forschungszwecken nicht erforderlich. Statistische Ergebnisse können jedoch auch für Forschungszwecke weiterverwendet werden. Gemeint sind alle Arten von statistischer Aufbereitung und Darstellung von Tätigkeiten und Erkenntnissen zur Aufgabenwahrnehmung im Anwendungsbereich von § 35, also insbesondere in Kriminalitätsstatistiken,[31] sowie in Tätigkeits- und öffentlichkeitswirksamen Sachlageberichten. Das Statistikgesetz (LStatG) NRW gilt auch für die Behörden nach § 35. Statistische Verwendung setzt voraus, dass die Daten im Zuge der Verarbeitung auf eine Weise anonymisiert und aggregiert werden, die eine Re-Identifizierung Einzelner so weit wie möglich ausschließt.

IV. Öffentliches Interesse (S. 1)

21 § 40 S. 1 verlangt, dass den privilegierten Verarbeitungen ein öffentliches Interesse besteht. Damit geht der Gesetzgeber über die Vorgaben des Art. 4 Abs. 3 JI-RL hinaus, der das Vorliegen eines öffentlichen Interesses lediglich für die Archivierung verlangt. Diese Abweichung zum Schutz der Rechte betroffener Personen ist nach Art. 1 Abs. 3 JI-RL **unionrechtskonform.** Ohnehin dürfte sich dies materiell nicht bedeutend auswirken, da die Verarbeitung stets zu den in § 35 genannten Zwecken zu erfolgen hat, also insbesondere zur Gefahrprävention sowie Strafverhütung und -verfolgung.[32] Ein öffentliches Interesse wird sich in der Regel schon aus der gesetzlichen Aufgabenzuweisung der handelnden verantwortlichen Stelle ableiten lassen. Ein öffentliches Interesse an einem (auch) wissenschaftlichen Arbeiten der in § 35 genannten Behörden ist in der Regel unproblematisch zu bejahen.[33] Dies zeigt etwa das Beispiel der kriminologischen und kriminaltechnischen Forschung durch das BKA und LKA und den entsprechenden gesetzlichen Aufgabenzuweisungen. Durch dieses Vorrausetzung wird allerdings auch festgelegt, dass die verantwortliche Stelle sich **aktiv rechtfertigen** muss, um die Daten in einer der besonderen Formen verarbeiten zu können.[34] Insbesondere muss sie belegen können, warum gerade die zu verarbeitenden Daten dem wissenschaftlichen oder statistischem Zweck dienen. Eine **Interessenabwägung** des öffentlichen Interesses mit dem Interesse der betroffenen Personen im Einzelfall setzt § 40 allerdings gerade nicht voraus.[35]

22 Einschränkende Wirkung kann diese Vorrausetzung aber hinsichtlich von **Übermittlungen** durch die in § 35 genannten Stellen an andere Stellen haben. Eine

29 Zu Verwendung bei der Darknetaufklärung *Johannes* in Friedewald/Roßnagel/Hansen Fortentwicklung des Datenschutzes S. 153 ff.
30 Ausführlich *Richter* in Roßnagel Das neue DSR § 7 Rn. 147 ff.
31 Plath/*Grages* BDSG § 50 Rn. 1.
32 BeckOK DatenschutzR/*Schlösser-Rost* BDSG § 50 Rn. 8; Gola/Heckmann/*Krohm* BDSG § 50 Rn. 7.
33 Auernhammer/*Greve* BDSG § 50 Rn. 4; BeckOK DatenschutzR/*Schlösser-Rost* BDSG § 50 Rn. 8; Gola/Heckmann/*Krohm* BDSG § 50 Rn. 7; Kühling/Buchner BDSG § 50 Rn. 6.
34 Paal/Pauly/*Frenzel* BDSG § 50 Rn. 2.
35 AA Auernhammer/*Greve* BDSG § 50 Rn. 7.

Übermittlung an nicht-öffentliche Stellen oder öffentliche Stellen nicht im Anwendungsbereich von § 35 muss im öffentlichen Interesse der in § 35 genannten Zwecke liegen. Forschung oder Statistik, bei der die in § 35 genannten Zwecke nur eine untergeordnete oder zufällige Rolle spielen, liegen nicht im öffentlichen Interesse im Sinne von § 35.

V. Garantien (S. 1 und 2)

Die Verarbeitung nach § 40 ist nur rechtmäßig, wenn die verantwortliche Stelle geeignete **Garantien für die Rechtsgüter der betroffenen Personen** trifft. Diese Bedingung gibt Art. 4 Abs. 3 JI-RL vor. Sie entspricht vom Sinn und Zweck der Vorgabe des Art. 10 JI-RL für die Verarbeitung besonderer Kategorien personenbezogener Daten. Die Bedingung steht also im Zusammenhang mit den wortähnlichen Vorgaben nach § 45 Abs. 2. Sie steht auch im Zusammenhang mit den erforderlichen technischen und organisatorischen Maßnahmen nach § 58 Abs. 1. 23

Der Verantwortliche muss anhand der Art und Schwere des Eingriffs in die Rechtsgüter der betroffenen Personen somit entscheiden, welche **technischen und organisatorischen Maßnahmen** er für die Absicherung der Verarbeitungen erforderlich sind. Die Maßnahmen sollen für einen **Interessensausgleich** zwischen den Verarbeitungsinteressen und dem Grundrechts- und Interessenschutz der betroffenen Personen sorgen.[36] 24

Die Garantien werden in § 50 S. 2 beispielhaft konkretisiert.[37] Die Beispiele stehen schon dem Wortlaut nach nicht in einem **Stufenverhältnis.** Ein solches ergibt sich auch nicht aus praktischen Erwägungen. Die genannten Garantien können und sollten auch **gleichzeitig und neben weiteren technischen und organisatorischen Maßnahmen** eingesetzt werden. § 58 kommt daneben zur Anwendung und muss auch bei Verarbeitungen zu den nach § 40 privilegierten Zwecken beachtet werden. 25

Genannt wird die **Anonymisierung** der personenbezogenen Daten. Die Anonymisierung wird in § 36 Nr. 6 legaldefiniert. Die Begriffsdefinition ist gleich der in § 4 (→ § 4 Rn. 10 ff.).[38] Wissenschaftliche und statistische Zwecke lassen sich oft mit Daten erreichen, die keinen Personenbezug mehr haben. Die Anonymisierung ist sogar Ziel der statistischen Aggregation. Soweit Daten durch Anonymisierung die Merkmale entfernt wurden, die der verantwortlichen Stelle die Identifizierung der betroffenen Person erlaubt, können diese also auch zu den in § 40 genannten Zwecken verwendet werden. Strenggenommen fallen solche Daten ohne Personenbezug sogar aus dem Anwendungsbereich des DSG NRW heraus. Eine Anonymisierung durchzuführen ist aber sowohl organisatorisch als auch technisch herausfordernd.[39] Gerade aufgrund der Möglichkeiten und Befugnisse der Polizei- und Strafverfolgungsbehörden dürfte eine **Re-Identifizierung** mit verhältnismäßigen Mitteln oft möglich bleiben.[40] Dies gilt jedenfalls für die verarbeitende Behörde selbst. 26

Als Garantie ist daher die **Pseudonymisierung** nach § 36 Nr. 5 von größerer praktischer Bedeutung, wobei die Anonymisierung aber als Ideal der Verwirk- 27

36 Gola/Heckmann/*Krohm* BDSG § 50 Rn. 9.
37 Ähnlich Art. 89 Abs. 1 DS-GVO.
38 Zu dieser *Schwartmann/Jacquemain* RDV 2019, 220.
39 Vgl. *Ohm* UCLA Law Review 2010, 1701; *Tene/Zanfir-Fortuna* PinG 2017, 129.
40 EuGH Urt. v. 19.10.2016 – C-582/14, ECLI:EU:C:2016:779 – Breyer/Deutschland = NJW 2016, 3579.

lichung der Garantien auf Datenminimierung und Speicherbegrenzung angestrebt werden sollte. Der Pseudonymisierung kommt über die Garantien der räumlich und organisatorisch von den sonstigen Fachaufgaben getrennten Datenverarbeitung nochmal besondere Wirkkraft zu. Durch diesen soll sichergestellt werden, dass unzuständige Behördenmitarbeiter keinen Zugriff auf die Daten haben. Daten, die für die gesamte Organisationseinheit, also die verantwortliche Stelle noch pseudonym sind, können für die räumlich und organisatorisch abgetrennte Forschungsstelle und deren Mitarbeiter anonym sein.[41] Dies schütz vor Missbrauch und hat auch Bedeutung für Übermittlungen an andere Stellen. Daten, die zB für das LKA NRW pseudonym sind, können für eine externe Forschungseinrichtung oder Entwicklungsunternehmen, die mit dem LKA in einem Forschungsprojekt zusammenarbeitet, anonym sein, da jene eben nicht über das nötige Zusatzwissen und die rechtlichen und tatsächlichen Möglichkeiten einer Polizeibehörde zur **Re-Identifizierung** verfügt.

28 Als weitere geeignete Garantie nennt § 50 S. 2 allgemein **Vorkehrungen gegen die Möglichkeit der unbefugten Kenntnisnahme der personenbezogenen Daten durch Dritte.** Dafür ist in der Regel ein ausdifferenziertes technisches und organisatorisches **Rollen- und Berechtigungskonzept** erforderlich. Dies gilt auch hinsichtlich der Garantie und der räumlich und organisatorisch von den sonstigen Fachaufgaben getrennte Datenverarbeitung. Eine **räumliche und organisatorische Trennung** erfordert, dass die Verarbeitung zu wissenschaftlichen Zwecken tatsächlich in anderen Räumen erfolgt als die sonstige Verarbeitung zu Zwecken nach § 35. Dies schlägt sich nicht notwendigerweise auf die Auslagerung von DV-Prozessen auf von Behörden genutzten gemeinsamen Servern oder behördlichen Clouddiensten durch, solange dort eine logische und ausreichend vor Missbrauch gesicherte Trennung der Verarbeitungen zu Forschungszwecken und statistischen Zwecken von den Verarbeitungen zu sonstigen Zwecken erfolgt.

29 **Technische Maßnahmen**, die die genannten Garantien verwirklichen und selbst geeignete Garantien sein können, sind beispielsweise die Verschlüsselung und Separierung von Datenträgern. Die praktische Ausgestaltung ist einzelfallabhängig. Bei **analogen Daten** ist eine Zugangskontrolle durch die Aufbewahrung in verschlossenen Räumen/Behältnissen angezeigt.[42] Zum angemessenen Schutz der personenbezogenen Daten ist der Begriff des Dritten weit auszulegen, so dass zB auch alle Mitarbeiter der verantwortlichen Stelle erfasst sind, die nicht mit der wissenschaftlichen oder statistischen Verarbeitung betraut sind. Dies folgt in Zusammenschau mit dem Gebot der räumlichen und organisatorischen Trennung.

30 Bei der Verarbeitung **besonderer Kategorien personenbezogener Daten** ist § 45 auch bei Anwendung von § 40 zu beachten. Über § 45 Abs. 2 S. 2 wird § 15 dann direkt anwendbar. Bei der Verarbeitung von sonstigen personenbezogenen Daten, kann er als **Orientierung für weitere erforderliche Maßnahmen** herangezogen werden. Bei Forschungsverbünden ist zB in der Regel der Abschluss von Geheimhaltungsvereinbarungen (NDA) im Sinne von § 15 Satz 2 Nr. 9 zwischen den Beteiligten eine der wirksamen und erforderlichen Maßnahmen im Sinne von § 40.

41 *Roßnagel* ZD 2018, 245.
42 BeckOK DatenschutzR/*Schlösser-Rost* BDSG § 50 Rn. 11.

C. Bedeutung der Vorschrift für die behördliche Praxis

§ 40 ist Transformation der JI-RL in das nationale Recht. § 40 eröffnet die Möglichkeit der Forschung und statistischen Auswertung zu Zwecken nach § 35 mit zu anderen Zwecken erhobenen Daten, aber auch die Erhebung zu solchen Zwecken. Grundsätzlich wird dadurch auch die Forschungs- und Entwicklungszusammenarbeit mit anderen öffentlichen und nicht-öffentlichen Stellen ermöglicht. Eine solche Zusammenarbeit und Weitergabe von Daten wird oft durch innerbehördliche Bedenken erschwert.[43] Unter Einsatz der in Abs. 2 angedachten Garantien kann eine Zusammenarbeit jedoch im öffentlichen Interesse unter Achtung der Rechte und Freiheiten der betroffenen Personen gerechtfertigt werden. 31

§ 41 Datengeheimnis

Denjenigen Personen, die bei öffentlichen Stellen oder ihren Auftragnehmern dienstlichen Zugang zu personenbezogenen Daten haben, ist es auch nach Beendigung ihrer Tätigkeit untersagt, solche Daten unbefugt zu einem anderen als dem zur jeweiligen rechtmäßigen Aufgabenerfüllung gehörenden Zweck zu verarbeiten oder zu offenbaren.

Verwandte Norm BDSG:

§ 53 Datengeheimnis

[1]Mit Datenverarbeitung befasste Personen dürfen personenbezogene Daten nicht unbefugt verarbeiten (Datengeheimnis). [2]Sie sind bei der Aufnahme ihrer Tätigkeit auf das Datengeheimnis zu verpflichten. [3]Das Datengeheimnis besteht auch nach der Beendigung ihrer Tätigkeit fort.

Kurzübersicht zum Verhältnis der entscheidenden Normen			
Norm des DSG NRW	Entsprechende Norm der JI-RL	Entsprechende Norm des BDSG	
§ 41 DSG NRW		§ 53 BDSG	

Literatur:

Ehmann, Abschied von der Verpflichtung auf das Datengeheimnis?, ZD 2017, 453; *Franck*, Altverhältnisse unter DS-GVO und neuem BDSG, ZD 2017, 509.

A. Grundlagen

I. Gesamtverständnis, Zweck der Norm und Verhältnis zu anderen Normen

Die Regelung des § 41 hat keinen direkten Bezugspunkt in der Richtlinie (EU) 2016/680 zum Schutz natürlicher Personen bei der Verarbeitung personenbezo- 1

43 „Arkantradition“ nach Paal/Pauly/*Frenzel* BDSG § 50 Rn. 6.

gener Daten durch die zuständigen Behörden zum Zwecke der Verhütung, Ermittlung, Aufdeckung oder Verfolgung von Straftaten oder der Strafvollstreckung, sowie zum freien Datenverkehr und zur Aufhebung des Rahmenbeschlusses 2008/977/JI[1] (im Folgenden JI-RL), sondern knüpft an die bisherige Regelung in § 6 DSG NRW aF an und setzt diese im neuen DSG NRW fort.[2]

2 Nach § 41 dürfen mit der Datenverarbeitung befasste Personen personenbezogene Daten nicht unbefugt verarbeiten. Statuiert wird damit das Datengeheimnis. Die **Verpflichtung** besteht auch nach Beendigung Tätigkeit weiter.

3 Es gib keine direkte Entsprechung der Regelung in der JI-RL. Die Regelung konkretisiert die Grundsätze aus Art. 4 Abs. 1 lit. a und lit. f JI-RL.[3] § 41 konkretisiert damit zum einen das Gebot der Rechtmäßigkeit nach § 37 Nr. 1 und der Vertraulichkeit nach § 37 Nr. 6 und setzt zum anderen den Grundsatz der Verantwortlichkeit nach Art. 4 Abs. 4 JI-RL um. Der Gesetzgeber konnte die vorliegende Regelung auch ohne Entsprechung in der JI-RL treffen, da die Regelung nicht die Umsetzung der Richtlinie gefährdet. Sie ist mit den Zielen der Richtlinie vereinbar und eine strengere **Garantie** im Sinne von Art. 1 Abs. 3 JI-RL.

4 § 53 BDSG ist eine inhaltlich entsprechende Regelung zum Datengeheimnis. Sie sieht mit Satz 2 ausdrücklich vor, dass die **mit der Verarbeitung befassten Personen** auch auf das Datengeheimnis zu verpflichten sind. § 41 enthält keine solche ausdrückliche Pflicht zur Verpflichtung auf das Datengeheimnis.

5 Die DS-GVO kennt keine dem § 41 oder § 53 BDSG entsprechende Regelung. Mitarbeiter vertraglich auf ein Datengeheimnis zu verpflichten, kann eine erforderliche organisatorische Maßnahme der Datensicherheit iSv Art. 32 DS-GVO sein.[4]

II. Bisherige Rechtslage

6 Die Regelung des § 41 geht ausweislich der Gesetzesbegründung auf § 6 DSG NRW aF zurück, ohne dass der Gesetzgeber die Notwendigkeit der Regelung weiter begründete.[5] Der Wortlaut der Vorschriften ist nahezu identisch.

B. Kommentierung

7 Nach § 41 dürfen die Personen die bei öffentlichen Stellen oder ihren Auftragnehmern dienstlichen Zugang zu personenbezogenen Daten haben, diese Daten nicht unbefugt verarbeiten oder offenbaren. Der Begriff der Verarbeitung ist in § 36 Nr. 2 legaldefiniert.

8 § 41 richtet sich an alle beschäftigten Personen, die dienstlich Zugang zu personenbezogenen Daten haben. Der **Adressatenkreis** ist damit eingeschränkt auf Arbeitnehmer oder Verantwortliche, die dienstlich Zugang haben. Der Begriff „dienstlichen Zugang" setzt eine rechtliche Legitimation voraus.

---

1 Rahmenbeschluss 2008/977/JI des Rates vom 27.11.2008 über den Schutz personenbezogener Daten, die im Rahmen der polizeilichen und justiziellen Zusammenarbeit in Strafsachen verarbeitet werden, EU ABl. L 350 vom 30.12.2018, 60.
2 LT-Drs. 17/1981, 160.
3 Sydow/*Johannes/Weinhold* BDSG § 51 Rn. 8.
4 Vgl. *Ehmann* ZD 2017, 453 ff.; BeckOK DatenschutzR/*Schmidt-Wudy* BDSG § 53 Rn. 6.
5 LT-Drs. 17/1981, 160.

Unbefugt ist eine Verarbeitung, wenn sie gegen gesetzliche Ge- oder Verbote oder vertragliche Vereinbarungen verstößt, ebenso wenn sie gegen ausdrückliche Dienst- oder Arbeitsanweisungen verstößt.[6] 9

Die Verpflichtung auf das Datengeheimnis erstreckt sich auch auf die Zeit nach dem Ende der Tätigkeit, vergleichbar mit der Regelung des § 53 S. 3 BDSG. Die Regelung sichert den Schutz personenbezogener Daten über das Ende einer Tätigkeit und Beschäftigung hinaus. Entsprechende Vorgaben kennen die Bundes- und Landesbeamtengesetze. § 41 gilt für jede Art von Beschäftigungs- oder Angestelltenverhältnis und wirkt gegenüber allen Beschäftigten und ehemaligen Beschäftigen direkt. Zur Wirksamkeit bedarf es grundsätzlich keiner gesonderten Verpflichtung oder arbeitsvertraglichen Regelung. Der Dienstherr sollte seine Beschäftigten aber in genügender Weise auf diese nachwirkende Pflicht hinweisen. Eine solche Hinweispflicht ist idR eine notwendige organisatorische Maßnahme iSv § 58. 10

C. Bedeutung der Vorschrift für die behördliche Praxis

§ 41 sichert die Rechtmäßigkeit der Verarbeitung und schützt die betroffenen Personen vor rechtswidrigen Verarbeitungen. Sie begründet **Handlungspflichten** der Verantwortlichen und Auftragsverarbeiter. Bei Verletzung der Pflichten nach § 41 können Schadensersatzansprüche nach § 68 begründet sein. Die Norm etabliert damit ein über das der JI-RL hinausgehende Schutzniveau. Bei Datenverarbeitungen zu Zwecken der StPO gilt nach § 500 StPO der dritte Teil des BDSG entsprechend. Damit hätte § 53 BDSG Anwendungsvorrang vor § 41. Eine Verpflichtung auf das Datengeheimnis nach einer der Vorschriften genügt aber zur Erfüllung der Verpflichtung nach der anderen Vorschrift, denn Dienstgeheimnis bleibt Dienstgeheimnis. 11

§ 42 Unterscheidung zwischen verschiedenen Kategorien betroffener Personen

[1]Der Verantwortliche hat bei der Verarbeitung personenbezogener Daten so weit wie möglich zwischen den verschiedenen Kategorien betroffener Personen zu unterscheiden. [2]Dies betrifft insbesondere folgende Kategorien:

1. Personen, gegen die ein begründeter Verdacht besteht, dass sie eine Straftat begangen haben,
2. Personen, gegen die ein begründeter Verdacht besteht, dass sie in naher Zukunft eine Straftat begehen werden,
3. verurteilte Straftäter,
4. Opfer einer Straftat oder Personen, bei denen bestimmte Tatsachen darauf hindeuten, dass sie Opfer einer Straftat sein könnten, und
5. andere Personen wie insbesondere Zeugen, Hinweisgeber oder Personen, die mit den in den Nummern 1 bis 4 genannten Personen in Kontakt oder Verbindung stehen.

6 Sydow/*Johannes/Weinhold* BDSG § 51 Rn. 11.

Verwandte Norm JI-RL:

Artikel 6 Unterscheidung verschiedener Kategorien betroffener Personen

Die Mitgliedstaaten sehen vor, dass der Verantwortliche gegebenenfalls und so weit wie möglich zwischen den personenbezogenen Daten verschiedener Kategorien betroffener Personen klar unterscheidet, darunter:

a) Personen, gegen die ein begründeter Verdacht besteht, dass sie eine Straftat begangen haben oder in naher Zukunft begehen werden,
b) verurteilte Straftäter,
c) Opfer einer Straftat oder Personen, bei denen bestimmte Fakten darauf hindeuten, dass sie Opfer einer Straftat sein könnten, und
d) andere Parteien im Zusammenhang mit einer Straftat, wie Personen, die bei Ermittlungen in Verbindung mit der betreffenden Straftat oder beim anschließenden Strafverfahren als Zeugen in Betracht kommen, Personen, die Hinweise zur Straftat geben können, oder Personen, die mit den unter den Buchstaben a und b genannten Personen in Kontakt oder in Verbindung stehen.

Kurzübersicht zum Verhältnis der entscheidenden Normen			
Norm des DSG NRW	Entsprechende Norm der JI-RL	Entsprechende Norm des BDSG	
§ 42 DSG NRW	Art. 6 JI-RL	§ 72 BDSG	

Literatur:

Bäcker/Hornung, EU-Richtlinie für die Datenverarbeitung bei Polizei und Justiz in Europa – Einfluss des Kommissionsentwurfs auf das nationale Strafprozess- und Polizeirecht, ZD 2012,147; *Kugelmann*, Datenschutz bei Polizei und Justiz, DuD 2012, 581; *Weinhold*, RL zum Datenschutz für Polizei und Justiz – Überblick und Umsetzung, ZD-Aktuell 2017, 05451.

A. Grundlagen

1 Nach § 42 müssen Verantwortliche bei der Verarbeitung, insbesondere der Speicherung, zwischen den personenbezogenen Daten verschiedener **Kategorien von betroffenen Personen** – Verdächtige, verurteilte Straftäter, Opfer, Zeugen und andere Parteien – unterscheiden können.[1] Die von Behörden im Anwendungsbereich von § 35 geführten Dateien und Datenbanken in Fall- und Vorgangsbearbeitungssystemen müssen es ermöglichen, diese Vorgaben umzusetzen.[2] Die Kategorisierungspflicht besteht auch bei Verarbeitungen im Rahmen von Ordnungswidrigkeitenverfahren. § 42 ist wortgleich zu § 72 BDSG.

I. Gesamtverständnis, Zweck der Norm und Verhältnis zu anderen Normen

2 Normiert wird eine Pflicht, verarbeitete personenbezogene Daten nach Möglichkeit in verschiedenen Kategorien betroffener Personen zu unterscheiden und

1 Art. 6 Abs. 1 JI-RL; Erwägungsgrund 31 JI-RL.
2 Zu polizeilichen Datenbanken BT-Drs. 17/7307; BT-Drs. 16/13653.

kennzeichnen zu können.[3] Die Unterscheidung betroffener Personen ist auch Maßnahme zum Ehrschutz: Opfer und andere sollen nicht mit Tätern verwechselt werden können! Verdächtige nicht mit Verurteilten! Dies ist aber Sekundärzweck. Primärzweck der Unterscheidungspflicht ist, unionsweit einheitliche und **verbindliche Anknüpfungspunkt für technische und organisatorische Sicherheitsmaßnahmen** zu schaffen. Dies betrifft das Rollen- und Rechtemanagement genauso wie die Verwirklichung von Löschfristen und insbesondere die unionsweite Übermittlung von Daten an andere Stellen. Die konkreten Rechtsfolgen der vorgesehenen Unterscheidung bei der Verarbeitung, etwa der Unterscheidung entsprechende Aussonderungsprüffristen, Rechte- und Rollenkonzepte oder besondere Maßnahmen der Datensicherheit, sollen dem bereichsspezifischen Fachrecht überlassen sein.[4] Die Anforderungen werden zum Teil bereits in **Metadatenmodellen** zum Datenaustausch für Fall- und Vorgangsbearbeitungssystemen wie **X-Polizei** umgesetzt.

§ 42 dient der Umsetzung von Art. 6 der Richtlinie (EU) 2016/680 zum Schutz natürlicher Personen bei der Verarbeitung personenbezogener Daten durch die zuständigen Behörden zum Zwecke der Verhütung, Ermittlung, Aufdeckung oder Verfolgung von Straftaten oder der Strafvollstreckung, sowie zum freien Datenverkehr und zur Aufhebung des Rahmenbeschlusses 2008/977/JI[5] (im Folgenden JI-RL). Die Umsetzung erfolgt nahezu wortgleich. Art. 6 JI-RL fordert eine „klare" Unterscheidung der verarbeiteten personenbezogenen Daten nach Kategorien. Dies ist bei richtlinienkonformer Auslegung des Begriffs „unterscheidet" zu beachten.[6] Die DS-GVO enthält keine Art. 6 JI-RL entsprechende Vorgaben.[7] 3

Die Pflicht zur Unterscheidung nach betroffenen Personen konkretisiert den **Grundsatz der sachlichen Richtigkeit** gemäß § 37 Nr. 4 und Art. 4 Abs. 1 lit. d JI-RL und den **Grundsatz der Verarbeitung nach Treu und Glauben** gem. § 37 Nr. 1 und Art. 4 Abs. 1 lit. a JI-RL. Sie steht im engen Sachzusammenhang mit der Unterscheidungspflicht nach § 43 und der Kennzeichnungspflicht nach § 44 Abs. 1 Satz 3. Die Kategorisierung kann als Anknüpfung für Maßnahmen der Datensicherheit nach § 58 dienen, zB hinsichtlich der Zugriffs- und Bearbeitungsberechtigung. 4

Eine dem § 42 ähnliche Regelung enthielt Art. 14 Abs. 1 UAbs. 1 S. 2 Europol-Beschluss 2009/371/JI. Die Unterscheidungspflicht nach § 42 ist in dieser allgemeinen Form ein Novum.[8] Jedoch unterschieden und unterscheiden diverse Eingriffsnormen zwischen verschiedenen Kategorien betroffener Personen.[9] So ist zB eine Wohnraumüberwachung auf Basis von § 100 c Abs. 3 Satz 1 StPO nur gegen den Beschuldigten zu richten. Die allgemeine Unterscheidungspflicht konkretisiert insbesondere Ermächtigungstatbestände, die die Erhebung personenbezogener Daten bestimmter Personengruppen erlaubt. Zum Beispiel erlaubt § 11 PolG NRW der Polizei die Erhebung von Personaldaten, insbesonde- 5

3 *Johannes/Weinhold* Das neue DSR bei Polizei und Justiz § 1 Rn. 311 ff.
4 So LT-Drs. 17/1981, 160; ebenso unverbindlich BT-Drs. 18/11325, 118 zu § 72 BDSG.
5 Rahmenbeschluss 2008/977/JI des Rates vom 27.11.2008 über den Schutz personenbezogener Daten, die im Rahmen der polizeilichen und justiziellen Zusammenarbeit in Strafsachen verarbeitet werden, EU ABl. L 350 vom 30.12.2018, 60.
6 Sydow/*Johannes/Weinhold* BDSG § 72 Rn. 3.
7 *Bäcker/Hornung* ZD 2012, 148.
8 *Weinhold* ZD-Aktuell 2017, 05451.
9 S. zB § 8 BKAG und §§ 1 ff. BKADV.

re Kontaktdaten, zur Vorbereitung für die Hilfeleistung und das Handeln in Gefahrenfällen. Mit § 42 wird ausdrücklich die Pflicht statuiert, diese Personendaten von anderen Kategorien unterscheiden zu können.

6 In ihrem Entwurf zu Art. 4 Abs. 3 Rahmenbeschluss 2008/977/JI hatte die Kommission bereits eine ähnliche Regelung vorgeschlagen.[10] Art. 6 JI-RL war im Entwurf der Kommission enthalten, wurde dort aber noch als Art. 5 geführt.[11] Er enthielt mit lit. e eine Zusätzliche Kategorie von betroffenen Personen, nämlich solchen, die unter keine der sonst genannten Kategorien fallen. Die Stellungnahme des Parlaments enthielt Änderungsvorschläge und in einem Abs. 2 die Konkretisierungen, unter welchen Umständen Daten von betroffenen Personen, die unter keine der genannten Kategorien fallen, verarbeitet werden dürfen. Die Stellungnahme des Rats sah die Streichung des gesamten Artikels vor. Im Trilog durchgesetzt hat sich insgesamt eher der Formulierungsvorschlag der Kommission, wobei lit. e gestrichen wurde. Dies ist als Kompromiss zwischen Positionen des Parlaments und der des Rates zu verstehen. Dies ist allerdings nicht dahin gehend zu verstehen, dass eine Verarbeitung von Daten von betroffenen Personen, die keiner der in Art. 6 JI-RL genannten Kategorien zugeordnet werden kann, auch nicht in den Anwendungsbereich der JI-RL oder von § 35 fallen können. Die in Art. 6 JI-RL genannten Kategorien sind nur Beispiele („darunter"). Ebenso sind die in § 42 genannten Kategorien nur Beispiele („insbesondere"). Die Verarbeitung von Daten anderer Kategorien kann nach der DS-GVO zu bewerten sein, sie kann aber auch im Anwendungsbereich der JI-RL liegen.[12]

II. Bisherige Rechtslage

7 Das DSG NRW aF enthielt keine ausdrücklich normierte Unterscheidungspflicht. Zur Einhaltung der allgemeinen Rechtmäßigkeitsvorgaben zu Zweckbindung, Löschung, Datensicherheit und Weitergabe, war eine Unterscheidung von Datenkategorien ohnehin notwendig.

B. Kommentierung

8 § 42 normiert Anforderungen an die Strukturierung polizeibehördlicher Datensammlungen.[13] Die Norm hat nicht nur deklaratorische Wirkung.[14] Aus ihr sind insbesondere technische Ziele und Gestaltungsvorgaben für die Funktion und den Aufbau von Datenbanken und Verarbeitungssystemen von Behörden zur Verarbeitung von personenbezogenen Daten zu den in § 35 genannten Zwecken abzuleiten. Die Norm soll nicht ermöglichen, dass die Rechte und Interessen der genannten Personengruppen unterschiedlich stark geschützt werden. Deren Rechte sind grundsätzlich alle gleich schutzwürdig. Um Abwägungen zu ermöglichen, bedarf es aber der Kategorisierung. Die Unterscheidung soll die Grundsätze der Datenverarbeitung nach § 37 konkretisieren und verwirklichen

---

10 KOM(2005) 475 endg., 18.

11 Vgl. Synopse in Dokument des Rates 13523/15 ADD 1, 141.

12 ZB auch die Daten von Vermissten, Verantwortlichen oder Störern, die zur Aufgabenerfüllung der Behörden im Sinne § 35 benötigt werden, wobei diese Personen aber nicht unbedingt im Zusammenhang der Begehung oder Aufklärung von Straftaten stehen.

13 Paal/Pauly/*Paal* BDSG § 72 Rn. 1.

14 So zur wortgleichen Regelung im BDSG aber Kühling/Buchner/*Schwichtenberg* BDSG § 73 Rn. 5.

helfen, insbesondere die der Speicherbegrenzung, Datenrichtigkeit und Vertraulichkeit.[15]

I. Allgemeines Unterscheidungsgebot (Satz 1)

Nach Satz 1 müssen Verantwortliche bei der Verarbeitung zwischen den personenbezogenen Daten verschiedener **Kategorien von betroffenen Personen** unterscheiden können. Damit wird ein allgemeines Unterscheidungsgebot normiert, dass durch die in Satz 2 genannten Kategorien als Beispielgruppen („insbesondere“) ergänzt wird.[16] 9

Adressat der Regelung sind die verantwortlichen zuständigen Behörden im Sinne von § 35 und § 36 Nr. 8 a. Die Pflicht ist sowohl organisatorisch als auch technisch umzusetzen. Indirekt trifft die Pflicht daher auch die **Hersteller** von Vorgangs-, Fall- und anderen Verarbeitungssystemen, die von den Behörden im Anwendungsbereich von § 35 zur Anwendung kommen.[17] Die Einhaltung der Unterscheidungspflicht ist Bedingung für die Rechtmäßigkeit der Datenverarbeitung in diesen Systemen. 10

Die Kategorisierung ist auch sinnvoll, da – insbesondere im Fachrecht – an die jeweilige Zuordnung **unterschiedliche Rechtsfolgen** geknüpft werden. Dies betrifft sowohl die Datenerhebung als auch die Übermittlung und Speicherdauer.[18] Eine entsprechend unterschiedliche Behandlung von Datenkategorien folgt auch aus dem Grundsatz der Verhältnismäßigkeit in Verwirklichung der Grundsätze nach § 37. Auch hinsichtlich der Erteilung von Zugriffsrechten kann an die Kategorisierung angeknüpft werden.[19] Jene ist also auch als Mittel der Datensicherheit zu verstehen. 11

Neben den in Satz 2 genannten Kategorien obliegt es den Verantwortlichen, weitere oder entsprechende Kategorisierungen nach Bedarf zu bilden.[20] Dies kann sich insbesondere aus den Vorgaben im Fachrecht ergeben. Auch **Unterkategorien** sind möglich und deren Etablierung nach den Bedürfnissen der Praxis geboten. Die Unterscheidungspflicht gilt auch hinsichtlich der zu Ordnungswidrigkeitenverfahren verarbeiteten Daten. Die in Satz 2 genannten Kategorien sind nur als Mindestvorgaben zu verstehen.[21] Unterschieden werden könnte zB ua auch noch nach Ordnungswidrigkeit und Straftat, nach Verbrechen und Vergehen, nach Versuch und Vollendung, nach Mit- und Einzeltätern, nach gewerbs- oder bandenmäßiger Begehung, sowie nach Alter oder nach Berufen der Personen.[22] 12

II. Regelbeispiele für Personenkategorien (Satz 2)

Satz 1 enthält ein allgemeines Unterscheidungsgebot. Satz 2 ergänzt dieses durch fünf Regelbeispiele, nach denen „insbesondere“ unterschieden werden soll. Die Beispiele sind teilweise wörtlich Art. 6 lit. a bis d JI-RL entnommen. 13

15 Sydow/*Johannes/Weinhold* BDSG § 72 Rn. 8.
16 Sydow/*Johannes/Weinhold* BDSG § 72 Rn. 9.
17 Übersicht über die bestehenden Dateien BT-Drs. 17/7307, 5 ff.
18 Plath/*Roggenkamp* BDSG § 72 Rn. 3.
19 BeckOK DatenschutzR/*Golla* BDSG § 72 Rn. 5.
20 Vgl. für entsprechende Kategorien § 18 Abs. 1 BKAG.
21 Plath/*Roggenkamp* BDSG § 72 Rn. 4.
22 Sydow/*Johannes/Weinhold* BDSG § 72 Rn. 12.

Lediglich lit. a wurde in Satz 2 Nr. 1 und Nr. 2 aufgeteilt und lit. d in Satz 2 Nr. 5 sprachlich gestrafft übernommen.[23]

14 Nr. 1 meint **Verdächtige einer Straftat**, gegen die ein begründeter Verdacht besteht. Maßstab ist § 152 Abs. 2 StPO.[24] Es müssen bestimmte Tatsachen die Begehung einer konkreten Tat als wahrscheinlich erscheinen lassen. Gemeint sind insbesondere Beschuldigte iSd Strafprozessordnung. Das ist jeder, der der Begehung einer Straftat als hinreichend verdächtig angesehen wird, auch wenn dies nicht über das Versuchsstadium hinausgegangen ist. Differenziert werden könnte weiter nach Beschuldigten, Angeschuldigten und Angeklagten.[25]

15 Nr. 2 nennt Personen, gegen die der begründete Verdacht besteht, dass sie eine Straftat **in naher Zukunft** begehen. Dies umfasst insbesondere die vorbeugende und vorsorgende Strafvereitelung, also die Gefahrenprävention. Gemeint sein können also insbesondere verantwortliche Störer im Sinne des Polizeirechts, bei denen die Gefahr einer Straftatbegehung bejaht wurde. Die Formulierung „in naher“ Zukunft ist Art. 6 lit. a JI-RL entnommen. Sie schränkt den Anwendungsbereich der Kategorie dahin gehend ein, dass die Gefahr der Straftatbegehung in einer absehbaren Zeit zu befürchten ist. Weder muss die Straftatbegehung bereits begonnen haben, noch deren Begehung unmittelbar oder in allernächster Zeit mit einer an Sicherheit grenzenden Wahrscheinlichkeit bevorstehen.[26]

16 Nr. 3 nennt **verurteilte Straftäter** als Kategorie. Deren Daten werden insbesondere zu Zwecken der Strafvollstreckung verarbeitet. Die Verarbeitung von Daten verurteilter Straftäter kann auch unabhängig von der Möglichkeit der Begehung zukünftiger Straftaten für die Strafverfolgung relevant sein, um aus vergangenen Fällen kriminalistische Erkenntnisse zu gewinnen.[27]

17 Nr. 4 nennt **Opfer und mutmaßliche Opfer** einer Straftat als Kategorie. Die Formulierung entstammt Art. 6 lit. c JI-RL. Lediglich „Fakten“ wurde durch „Tatsachen“ ersetzt, was aber bedeutungsgleich ist. Besondere Verarbeitungsregeln, insbesondere solche zum Zugriff und zur Offenlegung, können die Interessen der betroffenen Personen schützen.[28]

18 Gemäß Nr. 5 sind auch **andere Personen**, wie Zeugen, Hinweisgeber und Personen, die mit Personen der Kategorien Nr. 1 bis 4 in Kontakt oder Verbindung stehen, zu kategorisieren. Nr. 5 geht im Wortlaut insofern über Art. 6 lit. d JI-RL hinaus, als sie auch Personen, die mit den Opfern von Straftaten in Verbindung stehen, als eigene Kategorie erfasst.[29] Dies geht aber unproblematisch im Regelungsauftrag der JI-RL auf, da diese auch andere „Parteien im Zusammenhang mit einer Straftat, wie Personen, die bei Ermittlungen in Verbindung mit der betreffenden Straftaten […] kommen“, erfasst. Damit sind alle Personen erfasst, deren Daten im Zuge der Strafermittlungen von den zuständigen Behörden verarbeitet werden. Art. 6 lit. d JI-RL ist als Auffangkategorie zu verstehen. Nr. 5 ist entsprechend auszulegen. Die Formulierung von Nr. 5 („andere Personen wie insbesondere …“) lässt dies auch zu.

23 Sydow/*Johannes/Weinhold* BDSG § 72 Rn. 14.
24 BeckOK DatenschutzR/*Golla* BDSG § 72 Rn. 8.
25 Plath/*Roggenkamp* BDSG § 72 Rn. 6.
26 Sydow/*Johannes/Weinhold* BDSG § 72 Rn. 16.
27 BeckOK DatenschutzR/*Golla* BDSG § 72 Rn. 11.
28 *Kugelmann* DuD 2012, 582.
29 BeckOK DatenschutzR/*Golla* BDSG § 72 Rn. 13.

Das Fachrecht kann explizit oder implizit weitere Personenkategorien vorsehen, vgl. zB § 11 PolG NRW. 19

C. Bedeutung der Vorschrift für die behördliche Praxis

§ 42 setzt die Vorgaben von Art. 6 JI-RL grundsätzlich um. Die Regelungsinhalte sind als Bausteine eines unionsweiten **Sicherheits- und Übermittlungskonzept polizeilicher IT-Sicherheitsarchitektur** zu verstehen. Die in Satz 2 genannten Kategorien werden im Fachrecht – oft noch nur indirekt – bedarfsgerecht erweitert und untergliedert. Zukünftig könnten auch Ermächtigungsnormen auf diese Kategorien Bezug nehmen. 20

Wird eine betroffene Person einer falschen Kategorie zugeordnet, hat sie ein Recht auf Berichtigung nach § 50 und der Verantwortliche eine entspr. Berichtigungspflicht nach § 54. Entsteht der betroffenen Person aus der falschen Zuordnung ein materieller oder immaterieller Schaden, kann sie nach § 68 Schadensersatz von der Träger der verantwortlichen Stelle verlangen. 21

§ 43 Unterscheidung zwischen Tatsachen und persönlichen Einschätzungen

[1]Der Verantwortliche hat bei der Verarbeitung so weit wie möglich danach zu unterscheiden, ob personenbezogene Daten auf Tatsachen oder auf persönlichen Einschätzungen beruhen. [2]Zu diesem Zweck soll er, soweit dies im Rahmen der jeweiligen Verarbeitung möglich und angemessen ist, Beurteilungen, die auf persönlichen Einschätzungen beruhen, als solche kenntlich machen. [3]Es muss außerdem feststellbar sein, welche Stelle die Unterlagen führt, die der auf einer persönlichen Einschätzung beruhenden Beurteilung zugrunde liegen.

Verwandte Norm JI-RL:

Artikel 7 Unterscheidung zwischen personenbezogenen Daten und Überprüfung der Qualität der personenbezogenen Daten

(1) Die Mitgliedstaaten sehen vor, dass bei personenbezogenen Daten so weit wie möglich zwischen faktenbasierten Daten und auf persönlichen Einschätzungen beruhenden Daten unterschieden wird.

(2) [... auf Abdruck hier verzichtet ...]

(3) [... auf Abdruck hier verzichtet ...]

Kurzübersicht zum Verhältnis der entscheidenden Normen			
Norm des DSG NRW	Entsprechende Norm der JI-RL	Entsprechende Norm des BDSG	
§ 43 DSG NRW	Art. 7 Abs. 1 JI-RL	§ 73 BDSG	

Literatur:

Bäcker, Die Datenschutzrichtlinie für Polizei und Strafjustiz und das deutsche Eingriffsrecht, in: Hill/Kugelmann/Martini (Hrsg.), Perspektiven der digitalen Lebenswelt, 2017, S. 63; *de Hert/Papakonstantinou*, The new police and criminal justice data protection directive, New Journal of European Criminal Law 2017, 7; *Kugelmann*, Datenschutz bei Polizei und Justiz – Der Richtlinienvorschlag der Kommission, DuD 2012, 581.

A. Grundlagen

I. Gesamtverständnis, Zweck der Norm und Verhältnis zu anderen Normen

1 § 43 normiert die Pflicht des Verantwortlichen, bei personenbezogenen Daten so weit wie möglich zwischen faktenbasierten Daten und auf persönlichen Einschätzungen beruhenden Daten unterscheiden zu müssen.

2 § 43 soll Art. 7 Abs. 1 der Richtlinie (EU) 2016/680 zum Schutz natürlicher Personen bei der Verarbeitung personenbezogener Daten durch die zuständigen Behörden zum Zwecke der Verhütung, Ermittlung, Aufdeckung oder Verfolgung von Straftaten oder der Strafvollstreckung, sowie zum freien Datenverkehr und zur Aufhebung des Rahmenbeschlusses 2008/977/JI[1] (im Folgenden JI-RL) umsetzen. Erwägungsgrund 30 JI-RL stellt klar, dass sich jener nicht auf die Richtigkeit subjektiver Aussagen bezieht, sondern lediglich auf die Tatsache, dass eine bestimmte Aussage gemacht worden ist. § 43 ist wortgleich zu § 73 BDSG.

3 Die DS-GVO kennt keine dem Art. 7 Abs. 1 JI-RL entsprechende Unterscheidungspflicht.

4 Die Pflicht dient dem Schutz betroffener Personen. Sie soll **Transparenz**[2] und **Richtigkeit** gespeicherter Daten fördern und bildet so eine Grundlage für den sicheren Austausch von polizeilichen Informationen unter den Behörden der Mitgliedstaaten. Dies gilt gerade im Hinblick auf die Übermittlung von Daten und deren Verwendung in anderen oder weitergehenden Ermittlungsverfahren.[3]

5 Die Pflicht zur Unterscheidung konkretisiert den Grundsatzsatz der sachlichen Richtigkeit gemäß §§ 37 Nr. 4 und Art. Art. 4 Abs. 1 lit. d JI-RL.[4] Die Pflicht gibt Anlass zur Qualitätssicherung und Dokumentation.[5] Sie steht im engen Sachzusammenhang mit der Kategorisierungspflicht nach § 42. Sie ist eine Maßnahme der **Qualitätssicherung.**[6] Sinn und Zweck der Vorschrift ist ua, dass im Zuge von in Ermittlungsverfahren aufgestellte Arbeitshypothesen zu verdächtigen und beteiligten Personen nicht von anderen Ermittlungsbeamten oder Behörden mit Tatsachen verwechselt werden.

II. Bisherige Rechtslage

6 Eine entsprechend normierte ausdrückliche Pflicht zur Differenzierung gab es nach der bisherigen Rechtslage nicht. Dies ist ein Novum im deutschen Recht.[7]

1 Rahmenbeschluss 2008/977/JI des Rates vom 27.11.2008 über den Schutz personenbezogener Daten, die im Rahmen der polizeilichen und justiziellen Zusammenarbeit in Strafsachen verarbeitet werden, EU ABl. L 350 vom 30.12.2018, 60.
2 *Kugelmann* DuD 2012, 582.
3 Vgl. Sachzusammenhang mit Art. 7 Abs. 2 und 3 RL (EU) 2016/680 und §§ 42, 44.
4 BeckOK DatenschutzR/*Golla* BDSG § 73 Rn. 3.
5 Kühling/Buchner/*Schwichtenberg* BDSG § 73 Rn. 2.
6 *De Hert/Papakonstantinou*, New Journal of European Criminal Law 2017, 11.
7 *Weinhold* ZD-Aktuell 2017, 05451.

Eine solche Unterscheidung wurde der Sache nach natürlich bereits oft vorgenommen.[8]

B. Kommentierung

I. Unterscheidung (Satz 1)

Zunächst ist dem Verarbeiter nach § 73 Satz 1 die Pflicht auferlegt, bereits bei der Verarbeitung so weit wie möglich danach zu unterscheiden, ob personenbezogene Daten auf Tatsachen oder auf persönlichen Einschätzungen beruhen. Auch **Beurteilungen und (subjektive) Einschätzungen** können selbst personenbezogene Daten sein.[9] 7

Eine Unterscheidung kann zwischen rein **deskriptiven Angaben** einerseits und **Bewertungen oder Prognosen** andererseits vorgenommen werden.[10] Tatsachen sind zB die Aussagen von Zeugen nur in dem Sinne, dass die Aussage mit entsprechendem Inhalt gemacht wurde. Dies sagt noch nichts über die Richtigkeit des Inhalts der Aussage aus. Einschätzungen sind zB die **Bewertungen** von Polizeibeamten, zur **Glaubhaftigkeit der Aussagen** oder Glaubwürdigkeit der Zeugen. Wird eine betroffene Person als Verantwortlicher im Sinne von § 4 PolG NRW oder als Beschuldigte im Sinne der StPO eingestuft,[11] sind dies für sich genommen Tatsachen. Die Entscheidung, jemanden als Verantwortlichen zu behandeln oder als Beschuldigten im Sinne der StPO gelten zulassen, beruht in der Regel aber auf persönlichen Einschätzungen der Beamten. Solche Einschätzungen sind auch **Prognoseentscheidungen**, ob jemand wahrscheinlich eine Straftat begehen wird oder ein „potentiell gewaltbereiter Störer“ ist.[12] 8

Dies gilt auch für automatisierte Einschätzungen durch Entscheidungsunterstützungs- und Bewertungssysteme, da in diese die persönlichen Einschätzungen der Systementwickler eingeflossen sind.[13] Die beim Predictive Policing zum Einsatz kommenden Systeme sind lediglich mit einem Anschein von Objektivität ausgestattet.[14] 9

Der Übergang zwischen Tatsachen und persönlichen Einschätzungen kann fließend sein. Im Grenzbereich ist die Unterscheidung schwierig. Der Verantwortliche muss sich stets um die **Klärung der Datenarten bemühen**, zB durch entsprechende technische und organisatorische Maßnahmen, die eine solche Unterscheidung zulassen. Die Unterscheidung muss allerdings nur getroffen werden, soweit dies möglich ist. Das kann zB bei älteren Datenbeständen nicht feststellbar oder nachvollziehbar sein.[15] 10

Problematisch sind Fälle, in denen objektive Tatsachen, beispielsweise im Rahmen einer **Gefahrenprognose**, (zwingend) subjektiv zu bewerten sind.[16] Deswegen sollten nur rein deskriptive Angaben als Tatsachen bewertet werden. Aus Gründen der Praktikabilität führt daher bereits das Vorliegen irgendwelcher subjektiver Aspekte zur Kategorisierung als persönliche Einschätzung. Dies ist 11

8 Plath/*Roggenkamp* BDSG § 73 Rn. 2.
9 Sydow/*Johannes/Weinhold* BDSG § 73 Rn. 8.
10 *Bäcker* in Hill/Kugelmann/Martini Perspektiven digitaler Lebenswelt S. 75.
11 Nach § 152 Abs. 2 StPO müssen konkrete tatsächliche Anhaltspunkte vorliegen, die nach kriminalistischem Erfahrungswissen die Beteiligung des Betroffenen an einer verfolgbaren Straftat als möglich erscheinen lassen.
12 Einstufung in den Gewalttäter-Verbunddateien des BKA, BT-Drs. 17/7307, 2.
13 Ebenso BeckOK DatenschutzR/*Golla* BDSG § 73 Rn. 7.
14 BeckOK DatenschutzR/*Golla* BDSG § 73 Rn. 8.
15 BeckOK DatenschutzR/*Golla* BDSG § 73 Rn. 5.
16 Gola/Heckmann/*Scheurer* BDSG § 73 Rn. 8.

mit Blick auf den Schutzzweck der Norm erforderlich, damit persönliche Einschätzungen „nicht vorschnell unter dem Deckmantel objektiver Tatsachen verschwinden“.[17]

12 Die Pflicht zur Unterscheidung gilt nicht absolut, sondern besteht nur „so weit wie möglich“. Der Verantwortliche muss bis zur Grenze seines Könnens alle Maßnahmen zur Ermittlung der Datenart ergreifen. Erwägungen hinsichtlich der Verhältnismäßigkeit des Aufwands, einschließlich der Kosten, sind nicht statthaft, da Satz 1 anders als Satz 2, lediglich auf das Kriterium der Möglichkeit, nicht aber auf die Angemessenheit abstellt.[18] Im Zweifel sind Daten eher als „persönliche Einschätzung“ und nicht als Tatsachen zu kategorisieren und entsprechend zu kennzeichnen oder markieren.

II. Kennzeichnung (Satz 2)

13 Die Unterscheidungspflicht wird in Satz 2 dahin gehend konkretisiert, Beurteilungen, die auf persönlichen **Einschätzungen** beruhen, nach Möglichkeit als solche **zu kennzeichnen**. Die Unterscheidung war und ist in der Praxis üblich.[19] Gerade die Ermittlungsarbeit der Polizei lebt von ihr. Entsprechende Informationen konnten allerdings zumeist nur aus dem Kontext der gespeicherten Daten oder deren Inhalt abgeleitet werden. Die explizite Kennzeichnung und Unterscheidung von Daten in solche, die auf Tatsachen beruhen, und solchen, die auf persönlichen Einschätzungen beruhen, ist insbesondere hinsichtlich **Qualitätskontrolle** der Speicherung von Daten in (automatisierten) Verarbeitungssystemen wichtig.[20] Die Unterscheidung sollte dann als Metadatum zu einem Datensatz gespeichert werden, so dass sie auch maschinenauswertbar sind. Dadurch können Personen, die den Hintergrund der Datenentstehung nicht kennen, diesen besser und angemessen würdigen und Fehler bei der Übermittlung an andere Verarbeitungssysteme vermieden werden.[21]

14 Die Kennzeichnung muss nur vorgenommen werden, soweit sie möglich und angemessen ist. Die nachträgliche Kennzeichnung von alten Datenbeständen in Akten oder alten DV-System könnte einen unverhältnismäßigen und damit unangemessenen Aufwand bedeuten. Dies ist eine Frage des Einzelfalls.

15 Die Kennzeichnung schließt nach dem Sinn und Zweck der Vorschrift ein, kenntlich zu machen, welche Person die Einschätzung getroffen hat. Dies folgt auch in der Zusammenschau mit der Pflicht nach Satz 3.[22]

16 Daraus, dass ein Datum nicht als „persönliche Einschätzung“ gekennzeichnet wurde, darf nicht der Schluss gezogen werden, dass es sich bei dem Datum um eine Tatsache handelt. Weder die verarbeitenden Behörden noch Empfänger der von diesen übermittelenden Daten und erst recht nicht Gerichte können dies verallgemeinert schlussfolgern. Dagegen spricht schon der Sinn und Zweck der Unterscheidungs- und Kennzeichenpflicht. Diese soll betroffene Personen davor schützen, dass persönliche Einschätzungen ungerechtfertigt als Tatsachen gelten.[23]

---

17 So Gola/Heckmann/*Scheurer* BDSG § 73 Rn. 8.
18 AA Auernhammer/*Herbst* BDSG § 73 Rn. 7.
19 Plath/*v. d. Bussche* BDSG § 73 Rn. 2.
20 Kühling/Buchner/*Schwichtenberg* BDSG § 73 Rn. 3.
21 Sydow/*Johannes/Weinhold* BDSG § 73 Rn. 11.
22 Sydow/*Johannes/Weinhold* BDSG § 73 Rn. 12.
23 *Bäcker* in Hill/Kugelmann/Martini Perspektiven digitaler Lebenswelt S. 75 f.

III. Beurteilende Stelle (Satz 3)

Nach Satz 3 muss feststellbar sein, welche Stelle die Unterlagen führt, die der auf einer persönlichen Einschätzung beruhenden Beurteilung zugrunde liegen. Die Organisationseinheit der zuständigen Behörde, aus der heraus eine Beurteilung getroffen wurde oder deren Beurteilung übernommen wurde, muss kenntlich gemacht werden.[24] 17

C. Bedeutung der Vorschrift für die behördliche Praxis

Aus dem Unterscheidungsgebot resultieren noch keine konkreten Rechtsfolgen.[25] Diese sollen erst aus weiteren Regelungen des Fachrechts folgen.[26] Eine fehlerhafte Kategorisierung kann jedoch Berichtigungspflichten des Verantwortlichen nach § 54 sowie Berichtigungsansprüche nach § 50 und Schadensersatzsprüche nach § 68 der betroffenen Person auslösen. 18

Die mit § 43 normierte Unterscheidungs- und Kennzeichnungspflicht ist Baustein im Bemühen, polizeiliche Verarbeitungssysteme transparent und richtig zu gestalten. Dies ist als Mittel der Qualitätssicherung und -kontrolle zu verstehen. Dies dient letztlich dem Schutz der betroffenen Personen. Gerade weil an die Vorschrift und die Nichteinhaltung von deren Vorgaben keine expliziten Rechtsfolgen geknüpft wurden, ist zu hoffen, dass ihr Regelungsauftrag im Eigeninteresse der datenhaltenden und -austauschenden Behörden und durch die Kontrolle der Aufsichtsbehörden erfüllt wird.[27] Vorgangs- und Fallbearbeitungssysteme sind so zu gestalten, dass sie eine verkehrsfähige Kennzeichnung der personenbezogenen Daten(sätze) erlauben. Die Unterscheidung sollte auf die zulässige Nutzung kriminalbehördlicher Datensammlungen Auswirkungen haben. So können an die Nutzung einer Datensammlung desto höhere Anforderungen gestellt werden, je weitreichender das Fachrecht die Speicherung von personenbezogenen Daten bloß Verdächtiger oder gar bloßer Kontaktpersonen ermöglicht.[28] 19

§ 44 Verfahren bei Übermittlungen

(1) [1]Der Verantwortliche hat angemessene Maßnahmen zu ergreifen, um zu gewährleisten, dass personenbezogene Daten, die unrichtig, unvollständig oder nicht mehr aktuell sind, nicht übermittelt oder sonst zur Verfügung gestellt werden. [2]Zu diesem Zweck hat er, soweit dies mit angemessenem Aufwand möglich ist, die Qualität der Daten vor ihrer Übermittlung oder Bereitstellung zu überprüfen. [3]Bei jeder Übermittlung personenbezogener Daten hat er zudem, soweit dies möglich und angemessen ist, Informationen beizufügen, die es dem Empfänger gestatten, die Richtigkeit, die Vollständigkeit und die Zuverlässigkeit der Daten sowie deren Aktualität zu beurteilen.

(2) [1]Gelten für die Verarbeitung von personenbezogenen Daten besondere Bedingungen, so hat bei Datenübermittlungen die übermittelnde Stelle den Empfänger auf diese Bedingungen und die Pflicht zu ihrer Beachtung hinzuweisen.

24 BeckOK DatenschutzR/*Golla* BDSG § 73 vor Rn. 1.
25 *Weinhold* ZD-Aktuell 2017, 5451.
26 LT-Drs. 17/1981, 160.
27 Sydow/*Johannes/Weinhold* BDSG § 73 Rn. 14.
28 *Bäcker* in Hill/Kugelmann/Martini Perspektiven digitaler Lebenswelt S. 75.

[2]Die Hinweispflicht kann durch eine entsprechende Markierung der Daten erfüllt werden.

(3) Die übermittelnde Stelle darf auf Empfänger in anderen Mitgliedstaaten der Europäischen Union und auf Einrichtungen und sonstige Stellen, die nach den Kapiteln 4 und 5 des Titels V des Dritten Teils des Vertrags über die Arbeitsweise der Europäischen Union 2012/C 326/01 (ABl. C 326 vom 26.10.2012, S. 1) errichtet wurden, keine Bedingungen anwenden, die nicht auch für entsprechende innerstaatliche Datenübermittlungen gelten.

Verwandte Norm JI-RL:

Artikel 7 Unterscheidung zwischen personenbezogenen Daten und Überprüfung der Qualität der personenbezogenen Daten

(1) [... auf Abdruck verzichtet ...]

(2) [1]Die Mitgliedstaaten sehen vor, dass die zuständigen Behörden alle angemessenen Maßnahmen ergreifen, um zu gewährleisten, dass personenbezogene Daten, die unrichtig, unvollständig oder nicht mehr aktuell sind, nicht übermittelt oder bereitgestellt werden. [2]Zu diesem Zweck überprüft jede zuständige Behörde, soweit durchführbar, die Qualität der personenbezogenen Daten vor ihrer Übermittlung oder Bereitstellung. [3]Bei jeder Übermittlung personenbezogener Daten werden nach Möglichkeit die erforderlichen Informationen beigefügt, die es der empfangenden zuständigen Behörde gestatten, die Richtigkeit, die Vollständigkeit und die Zuverlässigkeit der personenbezogenen Daten sowie deren Aktualitätsgrad zu beurteilen.

(3) [1]Wird festgestellt, dass unrichtige personenbezogene Daten übermittelt worden sind oder die personenbezogenen Daten unrechtmäßig übermittelt worden sind, so ist dies dem Empfänger unverzüglich mitzuteilen. [2]In diesem Fall ist gemäß Artikel 16 eine Berichtigung oder Löschung oder die Einschränkung der Verarbeitung der personenbezogenen Daten vorzunehmen.

Artikel 9 Besondere Verarbeitungsbedingungen

(1) [1]Personenbezogene Daten, die von zuständigen Behörden für die in Artikel 1 Absatz 1 genannten Zwecke erhoben werden, dürfen nicht für andere als die in Artikel 1 Absatz 1 genannten Zwecke verarbeitet werden, es sei denn, eine derartige Verarbeitung ist nach dem Unionsrecht oder dem Recht der Mitgliedstaaten zulässig. [2]Wenn personenbezogene Daten für solche andere Zwecke verarbeitet werden, gilt die Verordnung (EU) 2016/679, es sei denn, die Verarbeitung erfolgt im Rahmen einer Tätigkeit, die nicht in den Anwendungsbereich des Unionsrechts fällt.

(2) [... auf Abdruck verzichtet ...]

(3) Die Mitgliedstaaten sehen vor, dass immer dann, wenn nach dem Unionsrecht oder dem Recht der Mitgliedstaaten, dem die übermittelnde zuständige Behörde unterliegt, für die Verarbeitung besondere Bedingungen gelten, die übermittelnde zuständige Behörde den Empfänger der Daten darauf hinweist, dass diese Bedingungen gelten und einzuhalten sind.

(4) Die Mitgliedstaaten sehen vor, dass die übermittelnde zuständige Behörde auf Empfänger in anderen Mitgliedstaaten oder nach Titel V Kapitel 4 und 5 AEUV errichtete Einrichtungen und sonstige Stellen keine Bedingungen nach Absatz 3 anwendet, die nicht auch für entsprechende Datenübermittlungen innerhalb ihres eigenen Mitgliedstaats gelten.

Kurzübersicht zum Verhältnis der entscheidenden Normen			
Norm des DSG NRW	Entsprechende Norm der JI-RL	Entsprechende Norm des BDSG	
§ 44 DSG NRW	Art. 7, Art. 9 JI-RL	§ 74 BDSG	

Literatur:

Bäcker, Die Datenschutzrichtlinie für Polizei und Strafjustiz und das deutsche Eingriffsrecht, in: Hill/Kugelmann/Martini (Hrsg.), Perspektiven der digitalen Lebenswelt, 2017, S. 63 ff; *de Hert/Papakonstantinou*, The new police and criminal justice data protection directive, New Journal of European Criminal Law 2017, 7; *Greve*, Das neue Datenschutzrecht, NVwZ 2017, 737.

A. Grundlagen

I. Gesamtverständnis, Zweck der Norm und Verhältnis zu anderen Normen

1. Gesamtverständnis und Zweck

In § 44 werden unterschiedliche Pflichten zusammengefasst, die der Verantwortliche hinsichtlich der Übermittlungen von Daten zu beachten hat. Es sind Maßnahmen der Qualitätssicherung[1] vor der (Abs. 1 Satz 1 und 2) und bei der (Abs. 1 Satz 3, Abs. 2) Übermittlung. Zusätzlich ist in Abs. 3 ein Diskriminierungsverbot hinsichtlich der Übermittlung in Mitgliedstaaten bestimmt.[2] 1

Die Vorschrift soll die **Richtigkeit**, die **Vollständigkeit**, den **Aktualitätsgrad** sowie die **Zuverlässigkeit** der übermittelten oder bereitgestellten personenbezogenen Daten sicherstellen.[3] Die Hinweis- und Informationspflichten sollen dies weiter absichern. Die Pflichten in Abs. 1 und 2 dienen insgesamt dem Schutz betroffener Personen.[4] Die Übermittlung der Daten soll nicht dazu führen, dass Verarbeitungsbeschränkungen beim Empfänger übersehen oder Qualitätsdefizite der Daten dort unbekannt sind. Dies könnte sich sonst zum Nachteil der betroffenen Personen auswirken.[5] 2

Das als **Gleichbehandlungsgebot** ausgestaltete Diskriminierungsverbot in Abs. 3 zielt auf den verbesserten Datenaustausch zwischen den Behörden der Mitgliedstaaten im Anwendungsbereich von § 45 und der Richtlinie (EU) 2016/680 zum Schutz natürlicher Personen bei der Verarbeitung personenbezogener Da- 3

1 *Greve* NVwZ 2017, 742.
2 *Johannes/Weinhold* Das neue DSR bei Polizei und Justiz § 1 Rn. 343 ff.
3 Erwägungsgrund 32 JI-RL.
4 Paal/Pauly/*Paal* BDSG § 74 Rn. 2.
5 BeckOK DatenschutzR/*Burghardt/Reinbacher* BDSG § 74 Rn. 1.

ten durch die zuständigen Behörden zum Zwecke der Verhütung, Ermittlung, Aufdeckung oder Verfolgung von Straftaten oder der Strafvollstreckung, sowie zum freien Datenverkehr und zur Aufhebung des Rahmenbeschlusses 2008/977/JI[6] (im Folgenden JI-RL) ab.[7] Mit der Richtlinie soll der Informationsfluss zwischen den an der Verarbeitung personenbezogener Daten im Zusammenhang mit der Strafverfolgung beteiligten Stellen innerhalb derselben oder sogar zwischen verschiedenen Mitgliedstaaten nämlich nicht eingeschränkt werden. Im Gegenteil: Mit der Einführung eines umfassenden Datenschutzrechtsrahmens für die Durchführung einer solchen Verarbeitung und eines solchen Austauschs zielt die JI-RL auf die Institutionalisierung und Straffung solcher Datenflüsse ab.[8]

2. Verhältnis zu anderen Normen

4 Abs. 1 setzt Art. 7 Abs. 2 JI-RL um. Abs. 1 ist nahezu wortgleich zu § 74 Abs. 1 BDSG. Im Gegensatz zu jener Vorschrift wurde die in der JI-Richtline enthaltene Vorgabe zur Vermeidung der Übermittlung „unvollständiger“ Daten jedoch übernommen.[9] Art. 7 Abs. 1 JI-RL wird durch § 43 umgesetzt. Art. 7 Abs. 3 JI-RL wird in § 54 Abs. 3 umgesetzt.

5 Abs. 2 Satz 1 setzt Art. 9 Abs. 3 JI-RL um. Dabei wird der Wortlaut verkürzt, aber der Sinngehalt der Richtlinienvorgabe erhalten. Abs. 2 Satz 2 ist eine Konkretisierung dieser Vorgabe durch den Gesetzgeber.[10] Abs. 2 Satz 1 ist wortgleich zu § 74 Abs. 2 Satz 1 BDSG. Abs. 2 Satz 2 ist, bei leicht unterschiedlicher Satzstellung, bedeutungsgleich zu § 74 Abs. 2 Satz 2 BDSG. Warum der Landesgesetzgeber hier beim „Abpinnen“ vom BDSG abweicht, ist unklar. Denn ob die Hinweispflicht dadurch erfüllt wird, dass die Daten entsprechend „markiert werden“ (Bundesrecht) oder durch eine entsprechende „Markierung der Daten“ (Landesrecht), macht für die zweckentsprechende Umsetzung im DV-System der Verarbeiter keinen Unterschied.

6 Abs. 3 dient der nahezu wortgleichen Umsetzung von Art. 9 Abs. 4 JI-RL. Der Landesgesetzgeber ergänzt die Angaben hinsichtlich der Verweisung auf den AUEV um die genauen Ordnungsnummern und Fundstellen. Er ist damit genauer als der Bundesgesetzgeber im ansonsten wortgleichen § 74 Abs. 3 BDSG.

7 Sowohl Art. 7 und Art. 8 als auch Art. 9 JI-RL enthalten Vorgaben, wie Übermittlungen von Daten im Anwendungsbereich der Richtlinie durch die Mitgliedstaaten zu regeln sind. Übermittlungen an inländische Behörden sind in der JI-RL nicht geregelt. Übermittlung sind Verarbeitungen und müssen auf eine Rechtsgrundlage gestützt werden können. Jede Ermächtigungsgrundlage im Anwendungsbereich der JI-RL muss den Anforderungen von Art. 8 JI-RL genügen. Bei Zweckänderung muss weiter differenziert werden. Die Weiterverarbeitung im Anwendungsbereich der JI-RL ist an Art. 4 Abs. 2 JI-RL zu messen. Art. 9 Abs. 1 JI-RL konzipiert die Datenübermittlung aus dem Anwendungsbe-

6 Rahmenbeschluss 2008/977/JI des Rates vom 27.11.2008 über den Schutz personenbezogener Daten, die im Rahmen der polizeilichen und justiziellen Zusammenarbeit in Strafsachen verarbeitet werden, EU ABl. L 350 vom 30.12.2018, 60.

7 Sydow/*Johannes/Weinhold* BDSG § 74 Rn. 3.

8 *De Hert/Papakonstantinou*, New Journal of European Criminal Law 2017, 11.

9 Zur Problematik des Wegfalls des Merkmals „unvollständig“ im Bundesrecht Sydow/*Johannes/Weinhold* BDSG § 74 Rn. 23.

10 Paal/Pauly/*Paal* BDSG § 74 Rn. 9.

reich der Richtlinie heraus als zweiteiligen Vorgang, dessen erster Teil noch unter die Richtlinie fällt.[11]

Die DS-GVO sieht hinsichtlich der Übermittlung von Daten keine dem § 44 entsprechende dezidierte Regelung vor.[12] Die Vorschriften der JI-RL sollen nach Erwägungsgrund 34 auf solche Empfänger Anwendung finden, denen personenbezogene Daten zu Zwecken der Richtlinie übermittelt werden und die nicht der Richtlinie unterliegen. Die Richtlinie versteht unter einem solchen Empfänger jede natürliche oder juristische Person, Behörde, Einrichtung oder jede andere Stelle, gegenüber der personenbezogene Daten von der zuständigen Behörde rechtmäßig offengelegt werden. Wenn personenbezogene Daten durch einen Empfänger verarbeitet werden, der keine zuständige Behörde im Sinne der Richtlinie ist oder danach handelt, soll nach Erwägungsgrund 34, wenn ihm Daten von einer zuständigen Behörde offengelegt werden, die DS-GVO gelten. 8

Die Übermittlung von personenbezogenen Daten ist eine Verarbeitung iSv § 36 Nr. 2. Sie ist ein **Unterfall der Offenlegung.**[13] Nach allgemeinen Verständnis ist die Übermittlung die Bekanntgabe von personenbezogenen Daten an Dritte. Gegenstand der Übermittlung sind gespeicherte oder durch Datenverarbeitung gewonnene Daten (→ § 36 Rn. 33 ff.). 9

Der **Begriff des Empfängers** wird in § 36 Nr. 11 in Umsetzung von Art. 3 Nr. 10 JI-RL definiert als eine natürliche oder juristische Person, Behörde, Einrichtung oder andere Stelle, der personenbezogene Daten offengelegt werden, unabhängig davon, ob es sich bei ihr um einen Dritten handelt oder nicht (→ § 36 Rn. 90 ff.). 10

Ermächtigungen zur Übermittlung finden sich im Fachrecht. ZB bestimmen §§ 26 bis 31 PolG NRW allgemeine und spezielle Vorrausetzungen für die Datenübermittlung durch, an und zwischen Polizeibehörden. Sie ermächtigen Polizeibehörden auch zum Datenaustausch zwischen Behörden unterschiedlicher Bundesländer und zwischen den Behörden des Bundes und der Länder. Eine Übermittlung muss nach § 27 Abs. 1 PolG NRW stets zur Erfüllung von polizeilichen Aufgaben der übermittelnden Stelle oder des Empfängers erforderlich sein. Während das Fachrecht in der Regel die Zulässigkeit von Übermittlungen regelt, macht § 44 Vorgaben zur Ausgestaltung der Übermittlungen. 11

Die Übermittlung von personenbezogenen Daten durch Polizei- und Strafverfolgungsbehörden an Behörden der Mitgliedstaaten richtet sich ebenfalls nach den bestehenden Regelungen des Bundes[14] und der Länder.[15] In NRW richtet sich die Zulässigkeit nach §§ 28, 29 PolG NRW. All diese Vorschriften sind geprägt durch bestehende Unionsrechtsakte, die teilweise mit Erleichterungen bei den zu erfüllenden Voraussetzungen einer Übermittlung einhergehen.[16] Dies verdeutlicht auch die Klarstellung in § 28 Abs. 2 PolG NRW. Mit Ausnahmen des Rahmenbeschlusses 2009/977/JI bleiben die **übrigen unionsrechtlichen Regelungen** im Bereich der justiziellen Zusammenarbeit bestehen. Dazu gehört der 12

11 *Bäcker* Perspektiven der digitalen Lebenswelt S. 77.
12 Sydow/*Johannes/Weinhold* BDSG § 74 Rn. 7.
13 Die anderen Untermodalitäten sind die Verbreitung und die Bereitstellung in anderer Form.
14 ZB §§ 32 Abs. 3, 32 a BPolG.
15 ZB §§ 22 Abs. 2 Satz 2 HSOG, 44 Abs. 3 ASOG Bln, Art. 40 Abs. 5 PAG Bay.
16 ZB § 32 a Abs. 3 BPolG, wonach Übermittlung auch ohne Ersuchen an Polizeibehörden der Mitgliedstaaten zulässig ist, wenn eine Straftat im Sinne des Art. 2 Abs. 2 des Rahmenbeschlusses 2002/584/JI besteht.

Rahmenbeschluss 2006/960/JI, der nach Artikel 1 den raschen und wirksamen Austausch bestehender Informationen und Erkenntnisse von Strafverfolgungsbehörden regelt, um strafrechtliche Ermittlungen oder polizeiliche Erkenntnisgewinnungsverfahren durchführen zu können, und der Rahmenbeschluss 2002/584/JI über den europäischen Haftbefehl und die Übergabeverfahren zwischen den Mitgliedstaaten.[17]

13 Die Verpflichtungen nach Abs. 1 und Abs. 2 gelten auch für Übermittlungen an **Drittstaaten und internationale Organisationen** nach §§ 62 bis 65. Dies folgt schon aus der Systematik.[18] § 44 Abs. 1 und 2 enthalten allgemeine, hinsichtlich der Übermittlungen einzuhaltende Pflichten. §§ 62 bis 65 enthalten spezielle Vorgaben und Ermächtigungen zur Übermittlung an Drittstaaten und internationale Organisationen und weitere konkretisierende Pflichten.

14 Die Pflichten nach Abs. 1 stehen im Zusammenhang mit den Rechten der betroffenen Personen nach § 54 Abs. 1 und die Hinweispflichten nach § 58 Abs. 3. Eine Verletzung von § 44 kann eine Schadensersatz- oder Entschädigungspflicht nach § 68 nach sich ziehen.[19]

II. Bisherige Rechtslage

15 Das BDSG aF kannte keine solchen Regelungen ausdrücklich oder in dieser Zusammenstellung.[20] Das DSG NRW aF sah mit §§ 14 bis 17 DSG NRW bereits vor der Neuregelung aufeinander abgestufte Regelungen zur Zulässigkeit und Durchführung von Übermittlungen vor.

B. Kommentierung

I. Qualitätssicherung (Abs. 1 Satz 1 und 2)

16 Durch Abs. 1 wird das Gebot der Richtigkeit und Aktualität nach § 37 Nr. 4 konkretisiert. In der Regel unrechtmäßig ist die Übermittlung **unrichtiger** oder nicht mehr aktueller personenbezogener Daten.[21] Nach Abs. 1 muss der Verantwortliche Maßnahmen ergreifen, um zu verhindern, dass unrichtige oder nicht mehr aktuelle Daten nicht übermittelt oder sonst zur Verfügung gestellt werden. Der Verantwortliche hat die Pflicht die Qualität der Daten vor ihrer Übermittlung oder Bereitstellung, soweit dies mit angemessenem Aufwand möglich ist, zu überprüfen.

17 **Unrichtig** sind personenbezogene Daten, wenn sie nicht mit der wirklichen Tatsachenlage übereinstimmen. Maßgeblich für die Frage der Richtigkeit der Daten ist der Zeitpunkt, in dem eine Übermittlung erfolgen soll. Ob die Daten zu einem früheren Zeitpunkt richtig waren, ist insoweit ohne Belang. Ohne Belang ist auch, ob den Verantwortlichen ein Verschulden hinsichtlich der Unrichtigkeit trifft. Das Tatbestandmerkmal „unrichtig" ist jedoch genauso wie in § 43 im Hinblick auf den Kontext und den Bezug der personenbezogenen Daten einzuschränken. So sind zum Beispiel (Zeugen-)**Aussagen**, die personenbezogene Daten enthalten, nicht ohne Weiteres nachprüfbar. Der Grundsatz der sachlichen Richtigkeit bezieht sich dann nicht auf die Richtigkeit einer Aussage, son-

---

17 Sydow/*Johannes/Weinhold* BDSG § 74 Rn. 12.
18 Für die Hinweispflicht nach Abs. 2 wird dies in Erwägungsgrund 36 JI-RL klargestellt.
19 Gola/Heckmann/*Marnau* BDSG § 74 Rn. 24.
20 Plath/*v. d. Busche* BDSG § 74 Rn. 3.
21 So auch BeckOK DatenschutzR/*Burghardt/Reinbacher* BDSG § 74 Rn. 12.

dern lediglich auf die Tatsache, dass eine bestimmte Aussage getätigt worden ist.[22]

18 Außerdem ist zu beachten, dass sich die Frage nach der Aktualität und der damit verbundenen Vorgabe, keine **„nicht mehr aktuellen"** Daten zu übermitteln oder bereitzustellen, stets nur im konkreten Ermittlungszusammenhang und unter Beachtung des konkreten Verarbeitungszwecks beantworten lässt. In bestimmten Ermittlungszusammenhängen kann auch die Übermittlung nicht (mehr) aktueller Daten, zB alte Meldeadressen, alte Geburtsnamen etc, bedeutsam und für die Aufgabenerfüllung erforderlich sein.[23]

19 Abs. 1 Satz 1 bezieht sich auf das Übermitteln oder sonst **zur Verfügung stellen** von Daten. Abs. 1 Satz 2 auf die **Übermittlung** oder die **Bereitstellung.** Die Terminologie ist uneinheitlich, meint aber das Gleiche.[24] In der weiten Definition der „Verarbeitung" personenbezogener Daten in § 36 Nr. 2 wird die „Offenlegung durch Übermittlung" mitumfasst. Die Tätigkeit der Übermittlung ist die Bekanntgabe durch Weitergabe, Einsicht oder Abruf. Beteiligt ist als Übermittler der Verantwortliche und als Adressat ein Empfänger, idR ein Dritter. Gegenstand der Übermittlung sind gespeicherte oder durch Datenverarbeitung gewonnene Daten.

1. Angemessene Maßnahmen (Satz 1)

20 Der Verantwortliche hat nach Abs. 1 Satz 1 angemessene **Maßnahmen** zu zur Qualitätssicherung zu ergreifen. Maßnahmen iSv Abs. 1 können sowohl organisatorischer als auch technischer Art sein. Denkbar sind zB Verfahrens- und Handlungsanweisungen, die eine Überprüfung der zu übermittelnden Daten vor deren Übermittlung auf Aktualität vorschreiben oder automatisierte Abgleichroutinen in Fall- und Vorgangsbearbeitungssystem, hinsichtlich Stammdatensätzen und aktueller Neueintragungen.

21 Maßnahmen sind angemessen, wenn sie unter Berücksichtigung des Inhalts und der Bedeutung der jeweiligen Daten, des Aufwands und der damit verbundenen Kosten objektiv vernünftig erscheinen.[25]

22 Unbeachtlich bei der Umsetzung ist, dass die JI-Richtlinie zusätzlich das Treffen „aller" angemessenen Maßnahmen fordert. Durch den Wegfall des Merkmals „aller" ist weder im Bundesrecht noch im Landesrecht der **Umfang** der zu treffenden Maßnahmen reduziert.[26] Dieser Umfang steht nach dem Unionsrecht und dem Sinn und Zweck der Vorschrift primär unter dem Vorbehalt der Effektivität im Verhältnis zur Angemessenheit. Es sind alle Maßnahmen zu treffen, die benötigt werden, um die in Satz 1 genannten Ziele zu gewährleisten. Weitergehende Maßnahmen müssen nicht getroffen werden. Die getroffenen Maßnahmen dürfen dieses Niveau jedoch nicht unterschreiten. In der Praxis wird zumeist ein **„Paket" aus verschiedenartigen, angemessenen Maßnahmen** geschnürt werden müssen, um einen ausreichenden Qualitätsgrad zu erreichen.

2. Qualitätskontrolle (Satz 2)

23 Abs. 1 Satz 2 konkretisiert Abs. 1 Satz 1 und nennt als Maßnahme die Qualität der Daten vor ihrer Übermittlung oder Bereitstellung zu überprüfen. Daraus

22 Erwägungsgrund 30 JI-RL.
23 LT-Drs. 17/1981, 160.
24 So auch BeckOK DatenschutzR/*Burghardt/Reinbacher* BDSG § 74 Rn. 25.
25 BeckOK DatenschutzR/*Burghardt/Reinbacher* BDSG § 74 Rn. 26.
26 AA Gola/Heckmann/*Marnau* BDSG § 74 Rn. 14.

folgt eine **kontinuierliche und anlasslose Pflicht**, alle Kategorien von personenbezogenen Daten zu aktualisieren und qualitativ bewerten zu können. **Qualität** bedeutet Richtigkeit und Aktualität, aber auch Vollständigkeit. Diese Überprüfung ist vorzunehmen, soweit dies mit angemessenem Aufwand möglich ist. Damit wird die Pflicht unter einen Vorbehalt gestellt, der auch die Berücksichtigung von Kosten und personellen Kapazitäten der betreffenden Behörde erlaubt. Insoweit besteht ein Gleichklang mit der Formulierung in Satz 1.

24 Die Richtlinienkonformität dieser Umsetzung im Bundesrecht wird angezweifelt.[27] Nach Art. 7 Abs. 2 Satz 2 JI-RL kommt es nur auf die Durchführbarkeit der Überprüfung an, nicht aber auf die Angemessenheit der Maßnahme. Die vom Bundes- und Landesgesetzeber gewählte Formulierung ist jedoch richtlinienkonform,[28] denn Abs. 1 Satz 2 muss als ein Regelbeispiel für eine angemessen Maßnahme iSv Abs. 1 Satz 1 gesehen werden.[29] Eine Überprüfung ist in der Regel (technisch) durchführbar. Sie muss im **Hinblick auf den Personal- und Kosteneinsatz aber auch angemessen** sein. Kann aufgrund der Daten(art) im Einzelfall ohnehin nicht überprüft werden, stellt sich die Frage nach der Angemessenheit gar nicht. Auch in Art. 7 Abs. 2 JI-RL stehen „durchführbare" Überprüfungen iSv Satz 2 unter dem Vorbehalt, dass es „angemessene Maßnahmen" iSv Satz 1 sind. Mit § 44 Abs. 1 Satz 2 konkretisiert der Gesetzgeber also lediglich die Richtlinienvorgaben.[30]

II. Informationspflichten (Abs. 1 Satz 3)

25 Nach Abs. 1 Satz 3 muss der Verantwortliche bei jeder Übermittlung personenbezogener Daten diejenigen Informationen beifügen, die es dem Empfänger gestatten, die Qualität der Daten zu **beurteilen**. Dem Empfänger soll durch die Bereitstellung von Informationen ermöglicht werden, die Richtigkeit, Aktualität, Vollständigkeit und Zuverlässigkeit der Daten seinerseits überprüfen zu können.[31]

26 Die **Informationspflicht** besteht nur, *„soweit dies möglich und angemessen ist"*. Der Angemessenheitsvorbehalt findet sich nicht in Art. 7 Abs. 2 Satz 3 JI-RL, welcher nur die Einschränkung „nach Möglichkeit" vorsieht.[32] Die Einschränkung ist richtlinienkonform sehr eng auszulegen. Sie lässt sich noch über den generellen Angemessenheitsvorbehalt aller Maßnahmen nach Art. 7 Abs. 2 Satz 1 JI-RL rechtfertigen (→ Rn. 19 f.). Der Vorbehalt hinsichtlich der Informationspflichten sollte als **Klarstellung hinsichtlich der Praktikabilität** im Einzelfall verstanden werden. Der Verzicht auf die Beifügung von Informationen ist idR nur dann angemessen, wenn dies unmöglich ist. Das kann in der Art und Weise der Übermittlung begründet sein, zB bei der telefonischen Mitteilung von Daten. Zweckentsprechende Informationen sind ggf. an den Empfänger nachzureichen.[33]

---

27 BeckOK DatenschutzR/*Burghardt/Reinbacher* BDSG § 74 Rn. 28; Gola/Heckmann/*Marnau* BDSG § 74 Rn. 2 und 18; Paal/Pauly/*Paal* BDSG § 74 Rn. 6.
28 Im Ergebnis so auch Plath/*v. d. Busche* BDSG § 74 Rn. 7.
29 Die Überprüfung ist „Zu diesem Zweck …" durchzuführen.
30 Entsprechend für das Bundesrecht Sydow/*Johannes/Weinhold* BDSG § 74 Rn. 21.
31 Erwägungsgrund 30 JI-RL.
32 Bedenken hinsichtlich Vereinbarkeit von § 74 Abs. 1 Satz 3 BDSG mit der JI-RL äußern BeckOK DatenschutzR/*Burghardt/Reinbacher* BDSG § 74 Rn. 30; Gola/Heckmann/*Marnau* BDSG § 74 Rn. 20.
33 Sydow/*Johannes/Weinhold* BDSG § 74 Rn. 27.

III. Hinweispflicht (Abs. 2)

27 Soweit für die Verarbeitung besondere Bedingungen gelten, muss der Verantwortliche den Empfänger nach § 44 Abs. 2 auf diese Bedingungen und die Pflicht, diese zu beachten, hinweisen. Dazu gehören beispielsweise Hinweise auf die Verbote, personenbezogene Daten an andere Stellen weiter zu übermitteln, oder sie für andere Zwecke, als die Zwecke, zu denen sie an den Empfänger übermittelt wurden, zu verwenden, oder die betroffene Person im Falle der Einschränkung des Rechts auf Unterrichtung ohne vorheriger Genehmigung der übermittelnden zuständigen Behörde zu informieren.[34] Solche Bedingungen können insbesondere im **Fachrecht** für besondere Daten, Daten besonderer Kategorien oder aus besonderen Quellen festgelegt worden sein. Insbesondere bei Daten, die aus eingriffsintensiven Ermittlungsmaßnahmen stammen, ist es damit Sache des mitgliedstaatlichen Rechts, solche Bedingungen festzulegen.[35] Als Beispiele nennt die Gesetzesbegründung **Zweckbindungsregelungen** bei der Weiterverarbeitung durch den Empfänger, das Verbot der Weiterübermittlung ohne Genehmigung oder Konsultationserfordernisse vor der Beauskunftung betroffener Personen durch den Empfänger.[36]

28 In Satz 2 konkretisiert der Landesgesetzgeber die Vorgaben für die Erfüllung der Hinweispflicht und stellt klar, dass eine Markierung der Daten als Hinweis genügen kann.

IV. Diskriminierungsverbot (Abs. 3)

29 Abs. 3 schreibt vor, dass die übermittelnden Stellen, Empfänger innerhalb der EU hinsichtlich der Übermittlung von Daten im Bereich der Verhütung, Ermittlung, Aufdeckung, Verfolgung oder Ahndung von Straftaten und Ordnungswidrigkeiten gleich zu behandeln hat. Dieses **Gleichbehandlungsgebot** zielt auf den verbesserten Datenaustausch zwischen den Behörden der Mitgliedstaaten im Anwendungsbereich von § 35 und der JI-RL ab. „Innerstaatlich" bezieht sich auf die Übermittlung von Daten des deutschen Verantwortlichen an Empfänger in Deutschland.[37] Das Ziel der JI-RL ist, die Verarbeitung personenbezogener Daten im Rahmen der Polizei- und Strafjustiz in der gesamten EU durch Regulierung zu ermöglichen und nicht zu verbieten.[38]

C. Bedeutung der Vorschrift für die behördliche Praxis

30 Die **Zusammenfassung** verschiedener in der JI-RL verstreuten Pflichten des Verarbeiters hinsichtlich der Vorsorge bei Übermittlungen in § 44 ist gelungen. Die uneinheitliche Begriffsbildung in Abs. 1 ist unschön. Die Abweichungen von den Formulierungsvorgaben in Abs. 1 und Abs. 2 sind richtlinienkonform auslegbar, dann jedoch nur eng.

31 Bei Datenverarbeitungen auf Grundlage der StPO ist nach § 500 StPO der § 74 BDSG entsprechend anzuwenden und hat Anwendungsvorrang vor § 44.

---

34 Erwägungsgrund 36 JI-RL.
35 *Bäcker* Perspektiven der digitalen Lebenswelt S. 78.
36 LT-Drs. 17/1981, 161.
37 Plath/*v. d. Busche* BDSG § 74 Rn. 11.
38 *De Hert/Papakonstantinou*, New Journal of European Criminal Law 2017, 11.

§ 45 Verarbeitung besonderer Kategorien personenbezogener Daten

(1) Die Verarbeitung besonderer Kategorien personenbezogener Daten ist nur zulässig, wenn sie zur Aufgabenerfüllung unbedingt erforderlich ist.

(2) [1]Werden besondere Kategorien personenbezogener Daten verarbeitet, sind geeignete Garantien für die Rechtsgüter der betroffenen Personen vorzusehen. [2]Geeignete Garantien können insbesondere solche des § 15 sein.

Verwandte Norm JI-RL:

Artikel 10 Verarbeitung besonderer Kategorien personenbezogener Daten

Die Verarbeitung personenbezogener Daten, aus denen die rassische oder ethnische Herkunft, politische Meinungen, religiöse oder weltanschauliche Überzeugungen oder die Gewerkschaftszugehörigkeit hervorgehen, sowie die Verarbeitung von genetischen Daten, biometrischen Daten zur eindeutigen Identifizierung einer natürlichen Person, Gesundheitsdaten oder Daten zum Sexualleben oder der sexuellen Orientierung ist nur dann erlaubt, wenn sie unbedingt erforderlich ist und vorbehaltlich geeigneter Garantien für die Rechte und Freiheiten der betroffenen Person erfolgt und

a) wenn sie nach dem Unionsrecht oder dem Recht der Mitgliedstaaten zulässig ist
b) der Wahrung lebenswichtiger Interessen der betroffenen oder einer anderen natürlichen Person dient oder
c) wenn sie sich auf Daten bezieht, die die betroffene Person offensichtlich öffentlich gemacht hat.

Kurzübersicht zum Verhältnis der entscheidenden Normen			
Norm des DSG NRW	Entsprechende Norm der JI-RL	Entsprechende Norm des BDSG	
§ 45 DSG NRW	Art. 10 JI-RL	§ 48 BDSG	

Literatur:

Wendt, Kai, Rechtsgrundlage zur automatisierten Gesichtserkennung in Strafverfahren, ZD-Aktuell 2018, 06364.

A. Grundlagen

I. Gesamtverständnis, Zweck der Norm und Verhältnis zu anderen Normen

1 § 45 ist im 2. Kapitel des 3. Teils angesiedelt und trifft wie alle anderen Normen dieses Kapitels Aussagen über die Grundsätze für die Verarbeitung perso-

nenbezogener Daten. Damit erfolgt die **Umsetzung des Art. 10 JI-RL**. Auf **Bundesebene** sieht **§ 48 BDSG** entsprechende Regelungen vor.

Die verwandte Norm der **DS-GVO** findet sich dort in **Art. 9**, auf welchen in Teil 2 des DSG NRW verschiedentlich Bezug genommen wird. 2

In der **alten Fassung des DSG NRW** fanden sich Regelungen hinsichtlich der Verarbeitung besonderer Kategorien personenbezogener Daten – ohne jedoch diese Bezeichnung zu verwenden – lediglich innerhalb des § 4, welcher die Generalklausel für die Zulässigkeit der Datenverarbeitung darstellte. Dort erfolgte eine Aufzählung der Datenkategorien, für welche über das gewöhnliche Maß hinausgehende Zulässigkeitsvoraussetzungen im Hinblick auf die Verarbeitung bestanden. Ein Vergleich des § 4 Abs. 3 DSG NRW aF mit § 36 Nr. 18, welcher im Hinblick auf die JI-RL den Begriff der „besonderen Kategorien personenbezogener Daten" definiert, zeigt, dass der **Katalog um genetische Daten, biometrische Daten und Daten zur sexuellen Orientierung erweitert** wurde. 3

Im Zusammenhang mit dem inhaltsgleichen § 48 BDSG wird aufgrund dessen **generalklauselartiger Natur** angezweifelt, ob er geeignet ist, als eigenständige Ermächtigungsgrundlage für die Verarbeitung besonderer Kategorien personenbezogener Daten zu fungieren.[1] Dies liegt darin begründet, dass sich die Norm in einer Nachbildung des Art. 10 JI-RL mit seinen abstrakten Verarbeitungsvoraussetzungen[2] erschöpft und nicht, wie in **Erwägungsgrund 37 JI-RL** gefordert, „in durch Rechtsvorschrift geregelten Fällen erlaubt ist". Aus dieser Formulierung geht hervor, dass es **Aufgabe des nationalen Gesetzgebers** ist, **explizite Ermächtigungsgrundlagen zu schaffen**.[3] 4

Diese in Bezug auf die Bundesnorm angestellten Überlegungen lassen sich auch **auf die landesrechtliche Regelung übertragen**, welche der Landesgesetzgeber als eigene Rechtsgrundlage für die Verarbeitung besonderer Kategorien personenbezogener Daten verstanden wissen wollte.[4] Im Sinne einer **richtlinienkonformen Auslegung** der Vorschrift bedeutet dies, dass eine Verarbeitung besonderer Kategorien personenbezogener Daten zu den in § 35 genannten Zwecken lediglich dann erfolgen darf, wenn eine dieses Vorgehen legitimierende **spezialgesetzliche Grundlage** existiert.[5] Dies gebieten die **verfassungsrechtlichen Grundsätze der Normenklarheit und Bestimmtheit**, aus welchen sich ergibt, dass eingriffsintensive Maßnahmen wie solche des § 45 unter Beachtung der damit einhergehenden Risiken normativ verankert werden müssen.[6] 5

Dabei ist es essentiell, dass **für die betroffene Person eindeutig erkennbar** wird, welche ihrer sensitiven Daten, zu welchen Zwecken, für welche Dauer, von welcher verantwortlichen Stelle verarbeitet werden.[7] 6

1 *Johannes/Weinhold* Das neue DSR bei Polizei und Justiz § 1 Rn. 148; *Braun* in Gola/Heckmann BDSG § 48 Rn. 6; *Schwichtenberg* in Kühling/Buchner BDSG § 48 Rn. 7.
2 *Johannes/Weinhold Das neue DSR bei Polizei und Justiz* § 1 Rn. 148.
3 *Johannes/Weinhold* Das neue DSR bei Polizei und Justiz § 1 Rn. 148.
4 LT-Drs. 17/1981, 161.
5 Die Landesbeauftragte für Datenschutz und Informationsfreiheit vertrat in ihrer Stellungnahme zum Gesetzesentwurf sogar die Auffassung, dass die Regelung materiellrechtlicher Vorgaben für die Verarbeitung besonderer Kategorien personenbezogener Daten im Anwendungsbereich der JI-RL ausschließlich in den bereichsspezifischen Normen erfolgen solle. Siehe dazu Landtag-Stellungnahme 17/508, 37; ebenso *Johannes/Weinhold* Das neue DSR bei Polizei und Justiz § 1 Rn. 149 in Bezug auf § 48 BDSG.
6 *Johannes/Weinhold* Das neue DSR bei Polizei und Justiz § 1 Rn. 149.
7 So auch LDI NRW, Stellungnahme 17/508, S. 38. Der HmbBfDI ist im Zusammenhang mit der automatischen Gesichtserkennungssoftware, die zur Identifizierung

7 **Beispiele** für solche bereichsspezifischen Regelungen sind etwa **§ 14 a PolG NRW** oder **§ 81 e StPO** hinsichtlich molekulargenetischer Untersuchungen. Lediglich für den Fall, dass die einschlägigen Fachgesetze keine Vorgaben bezüglich der Verarbeitung besonderer Kategorien personenbezogener Daten enthalten, ist der Rückgriff auf § 45 denkbar.[8] Sobald jedoch in Bezug auf bestimmte sensitive Daten in fachspezifischen Gesetzen eine Regelung hinsichtlich einer expliziten Form der Datenverarbeitung getroffen wurde, ist diese als abschließend anzusehen.[9]

8 **Sinn und Zweck der Norm** ist es, die betroffenen Personen vor Diskriminierung zu schützen,[10] da es sich bei den in Rede stehenden Daten um solche handelt, die „typischerweise mit einer erhöhten Schutzbedürftigkeit der Betroffenen verbunden sind und diesem Schutzbedürfnis durch verschärfte datenschutzrechtliche Regelungen Rechnung getragen werden muss."[11]

II. Bisherige Rechtslage

9 In der alten Fassung des DSG NRW waren Regelungen zum Umgang mit besonderen Kategorien personenbezogener Daten lediglich in § 4 – dort Abs. 3 – inkorporiert. Dieser war im ersten Teil des Gesetzes verortet, welcher jedoch ausweislich des § 2 Abs. 1 S. 1 DSG NRW aF nur dann für den Landtag und für die Gerichte sowie für die Behörden der Staatsanwaltschaft gelten sollte, soweit sie Verwaltungsaufgaben wahrnahmen.

B. Kommentierung

I. Verarbeitung besonderer Kategorien personenbezogener Daten (Abs. 1)

10 Anders als Art. 9 DS-GVO ist § 45 **nicht als Verbot mit Erlaubnisvorbehalt ausgestaltet**, sondern regelt positiv, wann eine Verarbeitung besonderer Kategorien personenbezogener Daten zulässig ist.

1. Adressat

11 Adressaten der Vorschrift sind die in § 35 Abs. 1 genannten Stellen, soweit sie im Rahmen ihrer Aufgabenwahrnehmung zur Verhütung, Ermittlung, Aufdeckung, Verfolgung und Ahnung von Straftaten oder Ordnungswidrigkeiten und der Strafvollstreckung tätig werden (→ § 35 Rn. 3 ff.).

2. Begriff der besonderen Kategorien personenbezogener Daten

12 Was unter besonderen Kategorien personenbezogener Daten zu verstehen ist, regelt der die JI-RL umsetzende Teil 3 in den Begriffsbestimmungen des **§ 36 Nr. 18** (→ § 36 Rn. 118 f.). Diese Aufzählung ist **abschließend** zu verstehen.

---

von unbekannten Personen dienen soll, der Ansicht, dass §§ 161, 163 StPO iVm § 48 BDSG keine taugliche Rechtsgrundlage sei. Zu den Hintergründen *Wendt* ZD-Aktuell 2018, 06364.

8 *Albers* in BeckOK DatenschutzR BDSG § 48 Rn. 12; *Braun* in Gola/Heckmann BDSG § 48 Rn. 3 ist bezüglich der entsprechenden Bundesvorschrift der Ansicht, dass auch für diese Fälle die „unspezifische Generalklausel" für besonders eingriffsintensive Verarbeitungsformen zu unbestimmt gefasst sei und allenfalls weniger eingriffsintensive Nutzungsformen durch die Norm legitimiert werden könnten.

9 Ebenso *Braun* in Gola/Heckmann BDSG § 48 Rn. 3.

10 *Albers* in BeckOK DatenschutzR BDSG § 48 Rn. 11.

11 *Albers* in BeckOK DatenschutzR BDSG § 48 Rn. 14.

3. Aufgabenerfüllung

Aufgabenerfüllung iSd § 46 Abs. 1 meint die Wahrnehmung der in § 35 zugewiesenen Aufgaben (→ § 35 Rn. 3 ff.), in der Ausformung, die sie in den jeweils einschlägigen fachspezifischen Vorschriften erfahren haben. Die Aufgabenerfüllung bedingt auch den Zweck der Datenverarbeitung und stellt den Bezugspunkt für die Erforderlichkeit dar.[12] 13

4. Zulässigkeitsvoraussetzungen

a) „Unbedingte Erforderlichkeit“

Im Gegensatz zu übrigen datenschutzrechtlichen Vorschriften spricht § 45 nicht 14
nur von einer „Erforderlichkeit“ sondern sogar von einer **„unbedingten Erforderlichkeit“**. Dies ist eine Steigerung des gewöhnlichen Erforderlichkeitskriteriums.

Bereits hinsichtlich des genauen Begriffsverständnisses der **„einfachen“ Erfor-** 15
derlichkeit im datenschutzrechtlichen Sinne herrscht **Uneinigkeit**. Allgemein stellt sie die Verknüpfung zwischen den Datenverarbeitungsvorgängen der verantwortlichen Stelle und deren Aufgabenwahrnehmung dar, welche wiederum relevant für die Zweckbestimmung ist. Im Ergebnis wird sich die Definition der Erforderlichkeit im Spektrum **zwischen** einer **bloßen Zweckdienlichkeit** und einer **Unverzichtbarkeit** der Datenverarbeitung für die Zweckerreichung im Sinne einer conditio-sine-qua-non[13] einordnen lassen,[14] wobei es auch hier darauf ankommt, wie der zu erreichende Zweck definiert wird.

Diese Diskussion wird in der Praxis wenig relevant sein, da sich die unter Zu- 16
grundelegung der verschiedenen Ansichten erzielten Ergebnisse nur in Nuancen unterscheiden werden. Ungeachtet des genauen Begriffsverständnisses der Erforderlichkeit wird nämlich ein **Abwägungsprozess** stattfinden müssen, der sich an eine Verhältnismäßigkeitsprüfung anlehnt (→ Rn. 23). Dabei muss das jeweils von der Datenverarbeitung betroffene **Schutzgut identifiziert werden**. Die Prüfung der Zulässigkeit der Datenverarbeitung muss eine Antwort auf die Frage liefern, ob diese im Hinblick auf das in Rede stehende Schutzgut verhältnismäßig ist.[15]

Fest steht jedoch, dass – da die Vorschrift der Umsetzung des Art. 10 JI- 17
RL dient – für die Auslegung des Begriffs der Erforderlichkeit nicht das aus dem nationalen Verwaltungsrecht bekannte Verständnis des milderen, gleich geeigneten Mittels zugrunde zu legen ist.[16] Vielmehr ist eine **autonome europarechtliche Auslegung** geboten.[17]

Vor dem Hintergrund, dass der Gesetzgeber in Anlehnung an Art. 10 JI-RL in 18
seiner Formulierung den Zusatz „unbedingt“ wählt, zeigt er, dass er durchaus davon ausgeht, dass auch innerhalb der Beurteilung der Erforderlichkeit einer Datenverarbeitung Abstufungen möglich sind und es **sich nicht um einen starren**, nicht steigerbaren **Begriff handelt**.

---

12 *Albers* in BeckOK DatenschutzR BDSG § 48 Rn. 18.
13 So wohl EuGH BeckRS 2017, 108615 Rn. 30; *Albers* in BeckOK DatenschutzR BDSG § 48 Rn. 22.
14 *Schwichtenberg* in Kühling/Buchner BDSG § 48 Rn. 3; *Albers* in BeckOK DatenschutzR BDSG § 48 Rn. 22 mwN; *Braun* in Gola/Heckmann BDSG § 48 Rn. 10.
15 *Albers* in BeckOK DatenschutzR BDSG § 48 Rn. 21.
16 So jedoch *Johannes/Weinhold* Das neue DSR bei Polizei und Justiz § 1 Rn. 146.
17 EuGH NVwZ 2009, 379 Rn. 52; *Braun* in Gola/Heckmann BDSG § 48 Rn. 10; *Albers* in BeckOK DatenschutzR BDSG § 48 Rn. 20.

19 Bei der Wahl des Wortlautes scheint es sich auch nicht um eine unreflektierte Übernahme aus Art. 10 JI-RL zu handeln. Dies zeigt der **Vergleich mit dem PolG NRW**, welches an manchen Stellen ebenfalls das Vorliegen einer „unbedingten" Erforderlichkeit fordert (§§ 14 Abs. 1 Nr. 1 und 2, 14 a Abs. 1 S. 1 und 22 a Abs. 1).

20 Die Bestimmung des Begriffs der unbedingten Erforderlichkeit bleibt allerdings weiterhin schwierig. Ausweislich der Gesetzesbegründung geht der Landesgesetzgeber von einer solchen aus, wenn die Aufgabenerfüllung insbesondere der Wahrung lebenswichtiger Interessen der betroffenen oder einer anderen natürlichen Person dient oder wenn sie sich auf Daten bezieht, welche die betroffene Person offensichtlich öffentlich zugänglich gemacht hat.[18]

21 Damit greift er die unter Art. 10 lit. a bis c JI-RL genannten Voraussetzungen auf, welche keinen Eingang in den Wortlaut des § 45 gefunden haben. Wie Art. 10 JI-RL zu entnehmen ist, fordert dieser jedoch das **kumulative Vorliegen** einer **unbedingten Erforderlichkeit** und den **og Voraussetzungen**. Dies bedeutet wiederum, dass die vom Landesgesetzgeber in der Gesetzesbegründung gewählte Formulierung zirkelschlüssig ist und **keine taugliche Auslegungshilfe** darstellt.

22 **Hilfreich** ist insoweit das Abstellen auf den **Sinn und Zweck der Norm** (→ Rn. 8). In den Vergleich kann der Regelungsgegenstand der og Vorschriften des PolG mit einbezogen werden. Diese befassen sich mit erkennungsdienstlichen Maßnahmen zu molekulargenetischen Untersuchungen zur Identitätsfeststellung sowie mit der Verarbeitung besonderer Kategorien personenbezogener Daten. Hieran wird deutlich, dass der Landesgesetzgeber mit der Verwendung des Begriffs der „unbedingten" Erforderlichkeit den Rechtsanwender darauf aufmerksam machen wollte, dass er sich im Bereich der **Verarbeitung besonders schutzwürdiger Daten** bewegt, welche in einem **erhöhten Maße den grundrechtsrelevanten Bereich tangieren.**[19]

23 Die Abwägung der widerstreitenden Interessen im Rahmen der durchzuführenden Verhältnismäßigkeitsprüfung hat sodann dergestalt zu erfolgen, dass die verantwortliche Stelle sich auch die **weitreichenden Folgen vergegenwärtigt**, die die beabsichtigte Datenverarbeitung für die betroffene Person haben könnte. Ergibt diese Abwägung dann, dass dies in Kauf zu nehmen ist, da die sich ohne die Datenverarbeitung ergebenden Gefahren für die öffentliche Sicherheit und Ordnung schwerer wiegen, kann von einer unbedingten Erforderlichkeit ausgegangen werden.

24 Der besonderen **Sensitivität** der zu verarbeitenden Daten kann zB dadurch Rechnung getragen werden, dass bereits der **Zweck**, der schon vor einer Datenerhebung festgelegt sein muss und an dem sich die weitere Verarbeitung der in Rede stehenden personenbezogenen Daten zu orientieren hat, im Bereich der Verarbeitung besonderen Kategorien personenbezogener Daten zu den in § 35 genannten Zwecken **von vornherein enger gefasst** wird. Dies ist insbesondere in Bereichen erforderlich, in denen noch keine den Anforderungen genügenden fachspezifischen Regelungen existieren, die den Zweck bereits vorgeben (→ Rn. 4 ff.).

18 LT-Drs. 17/1981, 161.
19 Erwägungsgrund 37 S. 1 JI-RL.

b) Geeignete Garantien

Im Gegensatz zu Art. 10 JI-RL erhebt § 45 das Vorhandensein geeigneter Garantien für die Rechte und Freiheiten der betroffenen Person nicht zum Zulässigkeitserfordernis, sondern weist in Abs. 2 lediglich darauf hin, dass für den Fall, dass besondere Kategorien personenbezogener Daten verarbeitet werden, geeignete Garantien vorzusehen sind. Im Sinne einer richtlinienkonformen Auslegung ist die Norm allerdings so zu verstehen, dass eine Verarbeitung dieser sensitiven Daten nur erfolgen darf, wenn solche Garantien bereits vorhanden sind.[20] 25

c) Zusätzliche Voraussetzungen

Der Landesgesetzgeber hat davon abgesehen, die weiteren in Art. 10 JI-RL genannten Voraussetzungen in den Wortlaut der Vorschrift aufzunehmen. Dieser will die Verarbeitung besonderer Kategorien nur dann erlaubt wissen, wenn sie **nach dem Unionsrecht oder dem Recht der Mitgliedsstaaten zulässig** ist, der **Wahrung lebenswichtiger Interessen der betroffenen oder einer anderen Person** dient oder wenn sie sich auf **Daten** bezieht, **die die betroffene Person offensichtlich öffentlich gemacht hat.** 26

Da in jedem Fall aufgrund des mit der Verarbeitung besonderer Kategorien personenbezogener Daten verbundenen intensiven Eingriffs in die Rechte und Freiheiten der betroffenen Person die Schaffung fachspezifischer Erlaubnistatbestände angezeigt ist (→ Rn. 4 ff.), führt dieses Manko noch nicht zur Annahme der Unionsrechtswidrigkeit der Norm. Ist ein **Rückgriff auf die Generalklausel** des § 45 in Ermangelung von Spezialvorschriften dennoch einmal notwendig, sind die in der Richtlinie genannten **Voraussetzungen** aber in die Norm **hineinzulesen.** Dies war wohl auch der Wille des Gesetzgebers, da sich aus der Gesetzesbegründung ergibt, dass das Vorliegen dieser Voraussetzungen als Kriterium für die unbedingte Erforderlichkeit der Datenverarbeitung für die Aufgabenerfüllung angesehen werden soll[21] (zur Ungeeignetheit dieses Definitionsansatezs → Rn. 21). 27

Eine Vorschrift im Sinne des Art. 10 lit. a JI-RL stellt beispielsweise § 46 dar. 28

II. Geeignete Garantien (Abs. 2)

Abs. 2 sieht vor, dass wenn besondere Kategorien personenbezogener Daten verarbeitet werden, geeignete Garantien für die Rechtsgüter der betroffenen Personen vorzusehen sind. 29

Die in Art. 10 JI-RL im Zusammenhang mit der Zulässigkeit der Verarbeitung besonderer Kategorien personenbezogener Daten genannten geeigneten Garantien verortet der Landesgesetzgeber in Abs. 2. Dazu zählt ausweislich des Erwägungsgrundes 37 JI-RL beispielsweise, dass diese Daten nur in Verbindung mit anderen Daten über die betroffene Person erhoben werden dürfen, die erhobenen Daten hinreichend gesichert werden müssen, der Zugang der Mitarbeiter der zuständigen Behörde zu den Daten strenger geregelt und die Übermittlung dieser Daten verboten wird. 30

Dies zeigt, dass es sich bei geeigneten Garantien **nicht nur** um **technisch-organisatorische Maßnahmen** handelt. § 45 Abs. 2 verweist insofern auf § 15. Die Formulierung „insbesondere“ in dieser Verweisung bringt dabei zum Ausdruck, 31

20 Zutreffend insoweit *Schwichtenberg* in Kühling/Buchner BDSG § 48 Rn. 5.
21 LT-Drs. 17/1981, 161.

dass die dort genannten Maßnahmen nicht abschließend zu verstehen sind. Es ist **kontextabhängig** zu entscheiden, welche Maßnahmen zum Schutz der Rechte und Freiheiten der betroffenen Person geeignet sind. In Anbetracht der Sensitivität der Daten sowie der besonders schweren Nachteile, die der betroffenen Person entstehen könnten, wenn diese Daten Unbefugten zur Kenntnis gelangen, ist zu empfehlen, immer diejenige Garantie oder diejenigen Garantien zu wählen, welche erwartungsgemäß am schutzbringendsten sind.

C. Bedeutung der Vorschrift für die behördliche Praxis

32 Aufgrund der Tatsache, dass bereits in vielen Bereichen fachspezifische Regelungen über die Verarbeitung besonderer Kategorien personenbezogener Daten existieren und der Rückgriff auf die Generalklausel des § 45 nur in Ausnahmefällen erfolgen sollte, wird der Vorschrift per se eine geringere Relevanz für die Praxis zukommen.

33 Die Grundsätze, die in § 45 zum Ausdruck kommen, sind jedoch auf etwaige Spezialnormen übertragbar. Dies bedeutet vor allem, dass die jeweilige verantwortliche Stelle, die innerhalb der Grenzen ihrer Befugnisse und Aufgabenwahrnehmungen besondere Kategorien personenbezogener Daten verarbeitet, einen **erhöhten Begründungsaufwand** leisten muss, wenn der Zweck der Verarbeitung in der Spezialnorm nicht bereits derart eng umrissen ist, dass der verantwortlichen Stelle hinsichtlich der Erforderlichkeit der Verarbeitung ein Beurteilungsspielraum verbleibt.

34 In diesen Fällen empfiehlt es sich, eine **Dokumentation der angestellten Überlegungen** vorzunehmen, die darlegen, zu welchem Zwecke die Verarbeitung besonderer Kategorien personenbezogener Daten stattgefunden hat und aus denen hervorgeht, warum diese „unbedingt erforderlich" war.

35 Dies ist allein deswegen notwendig, da die oder der Landesbeauftragte für Datenschutz und Informationsfreiheit gem. § 60 Abs. 2 S. 2 für den Fall, dass sie oder er für die betroffene Person ihre Rechte im Sinne des Teil 3 Kapitel 3 ausübt (→ § 60 Rn. 8 ff.), die Rechtmäßigkeit der in Rede stehenden **Datenverarbeitung zu überprüfen** hat. Insofern ist die **verantwortliche Stelle nachweispflichtig.**

36 Zwar hat sich der Landesgesetzgeber in § 69 iVm § 33 Abs. 4 dazu entschieden, von der Möglichkeit der Verhängung von Geldbußen gegen öffentliche Stellen abzusehen (→ § 69 Rn. 4 ff.). Dies ändert aber nichts daran, dass der Träger der verantwortlichen Stelle der betroffenen Person zum **Schadensersatz** verpflichtet ist, wenn dieser durch eine unzulässige oder unrichtige Verarbeitung ihrer personenbezogenen Daten ein Schaden zugefügt wird.

§ 46 Automatisierte Einzelentscheidungen

(1) Entscheidungen, die für die betroffene Person mit einer nachteiligen Rechtsfolge verbunden sind oder sie erheblich beeinträchtigen, dürfen nicht ausschließlich auf eine automatische Verarbeitung, einschließlich Profiling, gestützt werden, es sei denn eine Rechtsvorschrift lässt dies ausdrücklich zu.

(2) Unbeschadet der allgemeinen Anforderungen an die Verarbeitung besonderer Kategorien personenbezogener Daten dürfen diese bei Entscheidungen nach Absatz 1 nur verarbeitet werden, wenn geeignete Maßnahmen zum Schutz der

Rechte und Freiheiten sowie der berechtigten Interessen der betroffenen Person getroffen wurden.

(3) Profiling, das zur Folge hat, dass betroffene Personen auf der Grundlage von besonderen Kategorien personenbezogener Daten diskriminiert werden, ist verboten.

Verwandte Norm JI-RL:

Artikel 11 Automatisierte Entscheidungsfindung im Einzelfall

(1) Die Mitgliedstaaten sehen vor, dass eine ausschließlich auf einer automatischen Verarbeitung beruhende Entscheidung – einschließlich Profiling –, die eine nachteilige Rechtsfolge für die betroffene Person hat oder sie erheblich beeinträchtigt, verboten ist, es sei denn, sie ist nach dem Unionsrecht oder dem Recht der Mitgliedstaaten, dem der Verantwortliche unterliegt und das geeignete Garantien für die Rechte und Freiheiten der betroffenen Person bietet, zumindest aber das Recht auf persönliches Eingreifen seitens des Verantwortlichen, erlaubt.

(2) Entscheidungen nach Absatz 1 dieses Artikels dürfen nicht auf besonderen Kategorien personenbezogener Daten nach Artikel 10 beruhen, sofern nicht geeignete Maßnahmen zum Schutz der Rechte und Freiheiten sowie der berechtigten Interessen der betroffenen Person getroffen wurden.

(3) Profiling, das zur Folge hat, dass natürliche Personen auf Grundlage von besonderen Datenkategorien nach Artikel 10 diskriminiert werden, ist nach dem Unionsrecht verboten.

Kurzübersicht zum Verhältnis der entscheidenden Normen			
Norm des DSG NRW	Entsprechende Norm der JI-RL	Entsprechende Norm des BDSG	
§ 46 DSG NRW	Art. 11 JI-RL	§ 54 BDSG	

Literatur:

Bäcker, Die Datenschutzrichtlinie für Polizei und Strafjustiz und das deutsche Eingriffsrecht, in: Hill/Kugelmann/Martini (Hrsg.), Perspektiven der digitalen Lebenswelt, 2017, S. 63; *Golla*, Datenschutzrechtliche Schattengewächse in den Ländern – Herausforderungen bei der Umsetzung der JI-Richtlinie für die Polizei, KriPoZ 2019, 238; *Kugelmann, Dieter*, Fragen des Grundrechtsschutzes bei polizeilichen Maßnahmen vor dem Hintergrund von Big Data – Innerstaatliche und Europäische Entwicklungen, in: Zöller/Esser (Hrsg.), Justizielle Medienarbeit im Strafverfahren, 2019, S. 205; *Weinhold, Robert/Johannes, Paul C.*, Europäischer Datenschutz in Strafverfolgung und Gefahrenabwehr – Die neue Datenschutz-Richtlinie im Bereich Polizei und Justiz sowie deren Konsequenzen für deutsche Gesetzgebung und Praxis, DVBl 2016, 1501.

A. Grundlagen

I. Gesamtverständnis, Zweck der Norm und Verhältnis zu anderen Normen

1 § 46 ist in Teil 3 Kapitel 2 angesiedelt und ist damit ausweislich dessen Überschrift den Regelungen über die Grundsätze der Datenverarbeitung im Bereich der Aufgabenwahrnehmung im Sinne des § 35 zuzuordnen. Die Vorschrift dient der Umsetzung des **Art. 11 JI-RL** übernimmt jedoch nicht dessen Bezeichnung („Automatisierte Entscheidungsfindung im Einzelfall"), sondern behält die bereits im Rahmenbeschluss 2008/977/JI verwendete Überschrift „Automatisierte Einzelentscheidungen" bei.

2 Auf Bundesebene erfolgt die Umsetzung des Art. 11 JI-RL in § 54 BDSG, die entsprechende Vorschrift der DS-GVO findet sich in Art. 22.

3 § 46 dient der Regelung des Einsatzes von automatisierten Einzelentscheidungen durch die in § 35 genannten Behörden im Rahmen ihrer dort genannten Aufgaben. Die Vorschrift bezweckt in einem besonderen Maße den Schutz der Rechte und Freiheiten der betroffenen Person. Einerseits handelt es sich um die Folgen der Datenverarbeitung im **besonders grundrechtssensiblen Bereich** der Strafverfolgung und Gefahrenabwehr, die ohnehin dazu geeignet sind, erheblich in Rechte und Freiheiten der betroffenen Person einzugreifen. Andererseits bergen automatisierte Entscheidungen das **Risiko von Fehlanalysen und -einschätzungen**, wenn sie ohne menschliches Korrektiv durchgeführt werden. In § 46 treffen diese Risikofaktoren zusammen.

4 § 46 stellt jedoch **keine eigene Ermächtigungsgrundlage** für die Vornahme von Datenverarbeitungsvorgängen dar, sondern trifft Aussagen über die Zulässigkeit der Nutzung bestimmter aus solchen anderweitig legitimierten Datenverarbeitungen gewonnener Erkenntnisse.[1]

II. Bisherige Rechtslage

5 In dem durch die JI-RL aufgehobenen Rahmenbeschluss 2008/977/JI des Rates fanden sich Regelungen über die automatisierte Entscheidungsfindung in Art. 7. In der alten Fassung des DSG NRW wurde die Entscheidungsfindung aufgrund automatisierter Verarbeitung lediglich in Abs. 4 der Generalklausel über die Zulässigkeit der Datenverarbeitung (§ 4 DSG NRW aF) mitbehandelt, ohne dabei die besonderen Kategorien personenbezogener Daten (→ § 36 Rn. 118 f.) in diesem Kontext zu erwähnen.

B. Kommentierung

I. Zulässigkeit automatisierter Einzelentscheidungen (Abs. 1)

6 Abs. 1 dient der **Umsetzung des Art. 11 Abs. 1 JI-RL**. Danach sind automatisierte Entscheidungsfindungen, die eine nachteilige Folge für die betroffene Person haben oder diese erheblich beeinträchtigen, grundsätzlich unzulässig. Ausnahmen von diesem Grundsatz können bestehen, wenn eine Ermächtigungsgrundlage existiert, die geeignete Garantien für die Rechte und Freiheiten der betroffenen Person bietet, mindestens jedoch das Recht der betroffenen Person auf persönliches Eingreifen seitens des Verantwortlichen vorsieht.

---

1 So auch in Bezug auf die entsprechende Norm des § 54 BDSG *Schwichtenberg* in Kühling/Buchner BDSG § 54 Rn. 1; *Paschke* in Gola/Heckmann BDSG § 54 Rn. 1.

Das Vorhandensein geeigneter Garantien sowie das Recht der betroffenen Person haben keinen Eingang in den Gesetzestext gefunden, weshalb die Umsetzungsbemühungen des § 46 Abs. 1 **als insuffizient erachtet** werden.[2] 7

Der den Art. 11 Abs. 1 JI-RL auf Bundesebene umsetzende § 54 Abs. 1 BDSG verzichtet ebenfalls auf diese Klarstellung und lässt wie § 45 das Vorhandensein einer die automatisierte Entscheidungsfindung ausnahmsweise erlaubende „Rechtsvorschrift" genügen. Diesbezüglich wird vertreten, dass dies ausreichend sei, da geeignete Garantien und das Recht der betroffenen Person auf Eingreifen ohnehin in dieser Rechtsvorschrift erfüllt sein müssten, weshalb es einer gesonderten Erwähnung dieser Voraussetzungen in § 54 nicht bedürfe.[3] 8

Dem ist im Ergebnis auch im Hinblick auf § 46 zuzustimmen. Da es sich, wie bereits oben (→ Rn. 4) gezeigt, nicht um eine eigene Ermächtigungsgrundlage handelt, ist ein **Verweis auf die Notwendigkeit des Vorhandenseins einer Rechtsgrundlage ausreichend.** Die Umsetzung der weitergehenden Anforderungen des Vorsehens geeigneter Garantien, mindestens jedoch das Recht der betroffenen Person auf Eingreifen des Verantwortlichen, kann sodann in den fachspezifischen Gesetzen erfolgen.[4] Diese müssen aufgrund des Bestimmtheitsgrundsatzes ohnehin detaillierte Regelungen hinsichtlich der Art der verarbeiteten Daten, des Zwecks und der Speicherdauer enthalten. Ein **Rückgriff auf polizeiliche Generalklauseln verbietet sich** daher.[5] 9

Weiterhin ist es nicht zwingend, dass die Umsetzung der JI-RL im Wesentlichen in den allgemeinen Datenschutzgesetzen erfolgt. Auch eine Umsetzung über spezielle Fachgesetze kommt insoweit in Betracht.[6] Aufgrund der oben dargestellten besonderen Bedeutung solcher Rechtsvorschriften für die Grundrechte und Grundfreiheiten der betroffenen Personen, ist hierfür allerdings ein **Parlamentsgesetz erforderlich**, um den **Anforderungen der Wesentlichkeitslehre zu genügen.**[7] 10

Entscheidungen, die ausschließlich auf automatische Verarbeitungsvorgänge gestützt werden sind nicht per se unzulässig. Sie dürfen lediglich dann nicht stattfinden, wenn sie für die betroffene Person mit einer nachteiligen Rechtsfolge verbunden sind oder sie erheblich beeinträchtigen. 11

Die Gesetzesbegründung zum DSG NRW schweigt zu der Frage, was unter einer nachteiligen Rechtsfolge zu verstehen ist. Der Bundesgesetzgeber stellt in seiner Gesetzesbegründung zum inhaltsgleichen § 54 Abs. 1 BDSG klar, dass es sich hierbei nur um **Rechtsakte mit Außenwirkung** gegenüber der betroffenen Person – regelmäßig also einen Verwaltungsakt – handelt. Interne Zwischenfeststellungen oder -auswertungen, die Ausfluss automatisierter Prozesse sind, sollen nicht darunter fallen.[8] Dieser Gedanke lässt sich auf die landesrechtliche Norm übertragen. 12

---

2 Stellungnahme der Landesbeauftragten für Datenschutz und Informationsfreiheit Nordrhein-Westfalen vom 12.4.2018, Landtag-Stellungnahme 17/508, S. 38.

3 *Johannes/Weinhold* Das neue DSR bei Polizei und Justiz § 1 Rn. 166; *Mundil* in BeckOK DatenschutzR BDSG Vor § 54 ist sogar der Ansicht, es hätte des einfachgesetzlichen Gesetzesvorbehalts mit Blick auf den verfassungsrechtlichen Grundsatz des Vorbehalts des Gesetzes nicht bedurft.

4 Dies nimmt auch *Paschke* in Gola/Heckmann BDSG § 54 Rn. 3 an.

5 In Bezug auf § 54 *Frenzel* in Paal/Pauly BDSG § 54 Rn. 1.

6 Zu den Möglichkeiten einer Umsetzung der JI-RL *Golla* KriPoZ 4/2019, 238 (239).

7 *Mundil* in BeckOK DatenschutzR BDSG § 54 Rn. 2; *Frenzel* in Paal/Pauly BDSG § 54 Rn. 5.

8 BT-Drs. 18/11325, 112.

13 *Johannes/Weinhold* sind der Ansicht, dass diese Auslegung nicht mit dem Wortlaut des Art. 11 Abs. 1 JI-RL vereinbar sei, der – wie auch der Wortlaut des § 46 Abs. 1 – neben nachteiligen Rechtsfolgen auch auf erhebliche Beeinträchtigungen abstellt, und daher unionsrechtswidrig sei.[9]

14 Im Ergebnis ist es zwar zutreffend, dass auch Zwischenfeststellungen und -auswertungen von der Norm erfasst sind. Diese fallen allerdings unter den Begriff der **erheblichen Beeinträchtigung**, welcher als eigenständiges Tatbestandsmerkmal des § 46 Abs. 1 zu verstehen ist. Es steht zu dem Merkmal der nachteiligen Rechtsfolge in einem Alternativverhältnis, weshalb beide Tatbestandsmerkmale nicht vermischt werden dürfen. Insofern scheint zumindest die Gesetzesbegründung des Bundesgesetzgebers unvollständig zu sein.

15 Diese Zwischenfeststellungen und -auswertungen müssen dann allerdings von einem derartigen Gewicht sein, dass sie dazu in der Lage sind, die betroffene Person erheblich zu beeinträchtigen. Diese Voraussetzungen werden aber eher selten gegeben sein.[10]

16 Entscheidungen, welche **lediglich Vorteile für die betroffene Person** mit sich bringen, dürfen auf eine ausschließlich automatische Verarbeitung gestützt werden (wie etwa ein bewilligender Bescheid).

17 Was unter einer Verarbeitung zu verstehen ist, gibt § 36 Nr. 2 vor (→ § 36 Rn. 33 ff.). Eine **ausschließlich auf automatischer Verarbeitung beruhende Entscheidung** liegt dann vor, wenn sie **ohne menschliches Korrektiv**, also ohne eine Kontrolle der Entscheidung nach dem Datenverarbeitungvorgang, ergeht.[11]

18 Ergeht die Entscheidung also aufgrund der Überlegungen einer natürlichen Person, welche diese auf der Grundlage automatisierter Datenverarbeitungen trifft, handelt es sich dabei nicht um einen Fall des § 46.

19 Der Begriff des **Profiling** ist in § 36 Nr. 4 definiert (→ § 36 Rn. 65 ff.). Danach fällt darunter jede Art der automatisierten Verarbeitung personenbezogener Daten, bei der diese Daten verwendet werden, um bestimmte persönliche Aspekte der Arbeitsleistung, der wirtschaftlichen Lage, der Gesundheit, der persönlichen Vorlieben, der Interessen, der Zuverlässigkeit, des Verhaltens, der Aufenthaltsorte oder der Ortswechsel dieser natürlichen Person zu analysieren und vorherzusagen.

20 Im Anwendungsbereich des § 35 wird es für die Verantwortlichen insbesondere interessant sein, Vorhersagen im Bezug auf zukünftige Verhaltensweisen und Aufenhaltsorte der betroffenen Person zu erhalten.

21 Der Wortlaut des § 46 Abs. 1 stellt klar, dass es sich bei Profiling um eine Art der automatischen Verarbeitung handelt. Ein grundsätzliches Verbot des Profiling statuiert § 46 nur in Abs. 3 (→ Rn. 28 ff.).

22 Schließlich lässt § 46 Abs. 1 **Ausnahmen vom Verbot der automatisierten Einzelentscheidungen** zu, für den Fall, dass eine Rechtsvorschrift existiert, die dies ausdrücklich zulässt. Zu den Anforderungen an eine solche Rechtsvorschrift vgl. die Ausführungen unter → Rn. 25 ff.

9 *Johannes/Weinhold* Das neue DSR bei Polizei und Justiz § 1 Rn. 165.

10 *Bäcker* in: Hill/Kugelmann/Martini, Perspektiven der digitalen Lebenswelt, S. 76; *Schwichtenberg* in Kühling/Buchner BDSG § 54 Rn. 5.

11 *Paschke* in Gola/Heckmann BDSG § 54 Rn. 6; *Schwichtenberg* in Kühling/Buchner BDSG § 54 Rn. 4.

II. Besondere Kategorien personenbezogener Daten (Abs. 2)

23 Abs. 2 stellt **besondere Anforderungen** für automatisierte Einzelentscheidungen im Sinne des Abs. 1 auf, wenn diese im Zusammenhang mit der Verarbeitung besonderer Kategorien personenbezogener Daten ergehen. Dies soll nämlich nur dann möglich sein, wenn **geeignete Maßnahmen** zum Schutz der Rechte und Freiheiten sowie der berechtigten Interessen der betroffenen Person getroffen wurden. Die Gesetzesbegründung spricht insoweit von einer „Sonderregelung für besondere Kategorien personenbezogener Daten iSd § 36 Nummer 18".[12] Damit greift die Norm die Vorgaben des Art. 11 Abs. 2 JI-RL auf.

24 Wie bereits oben dargestellt (→ Rn. 7 ff.), hat sich der Gesetzgeber innerhalb des Abs. 1 dazu entschlossen, die Anforderungen an die eine automatisierte Einzelentscheidung erlaubende Rechtsvorschrift, nämlich das Vorsehen geeigneter Garantieren für die Rechte und Freiheiten der betoffenen Person, zumindest aber das Recht auf persönliches Eingreifen seitens des Verantwortlichen, nicht ausdrücklich zu nennen. Gleichwohl haben etwaige fachspezifische Erlaubnisnormen diesen Voraussetzungen gerecht zu werden.

25 Aus diesem Grunde hat Abs. 2 zunächst eine **klarstellende Funktion**, da für die Entscheidungen nach Abs. 1 ohnehin bereits eine Rechtsgrundlage existieren muss, die ausreichenden Schutz für og Rechtsgüter bietet. Darüber hinausgehend scheint Abs. 2 aber zu fordern, dass nicht nur eine derartige Rechtsnorm vorhanden ist, sondern auch innerhalb der Verarbeitungsvorgänge aufgrund einer solchen Norm geeignete Maßnahmen zum Schutz der Rechte und Freiheiten sowie der berechtigten Interessen der betroffenen Person getroffen werden. Dies können insbesondere technisch-organisatorische Maßnahmen sein, wie beispielsweise strengere Rollen- und Berechtigungskonzepte. Insofern ist auf § 45 Abs. 2 zu verweisen, welcher wiederum Bezug auf § 15 nimmt (vgl. dazu → § 45 Rn. 29 ff.).

26 Durch den Verweis „unbeschadet der allgemeinen Anforderungen an die Verarbeitung besonderer Kategorien personenbezogener Daten" erlangt § 45 im Rahmen des § 46 Abs. 2 besondere Bedeutung. Dies bedeutet, dass eine Verarbeitung besonders sensitiver Daten zur Entscheidungsfindung im Sinne des Abs. 1 nur stattfinden darf, wenn dies zur Aufgabenerfüllung **unbedingt erforderlich** ist (→ § 45 Rn. 14 ff.).

27 Diese Wertung ergibt sich auch aus der Stellungnahme der Landesbeauftragten für Datenschutz und Informationsfreiheit NRW zum Entwurf des DSG NRW. In Bezug auf § 46 Abs. 2 wird dort ausgeführt, dass der Entwurf die Forderung geeigneter Garantien für automatisierte Entscheidungen auf Grundlage besonderer Kategorien personenbezogener Daten nach Art. 11 Abs. 2 JI-RL zwar berücksichtige. In diesem Bereich seien die Risiken automatischer Entscheidungen aufgrund der besonderen Sensibilität der Daten jedoch besonders signifikant, weswegen zu empfehlen wäre, auf automatisierte Entscheidungen (Anm.: im Zusammenhang mit besonderen Kategorien personenbezogener Daten) vollständig zu verzichten. Sollte ein solches Vorgehen dennoch in Betracht gezogen werden, seien hierfür konkrete bereichsspezifische Regelungen zu schaffen, wobei die Vorgaben der JI-RL, insbesondere die Schaffung geeigneter Garantien sowie das jederzeitige Recht der betroffenen Person, das persönliche Eingreifen des Verantwortlichen zu fordern, in jedem Fall zu berücksichtigen seien.[13]

12 LT-Drs. 14/1981, 161.
13 Landtag-Stellungnahme 17/508, 38.

III. Verbot von Profiling im Falle von Diskriminierung (Abs. 3)

28 Abs. 3 verbietet Profiling, das zur Folge hat, dass betroffene Personen **auf der Grundlage von besonderen Kategorien personenbezogener Daten diskriminiert** werden. Damit wird Art. 11 Abs. 3 JI-RL umgesetzt. Dieses Verbot **gilt absolut** und setzt nicht voraus, dass aufgrund des Profilings eine automatisierte Entscheidung getroffen wird. Es reicht vielmehr aus, dass im Sinne der Definition (→ § 36 Rn. 65 ff.) durch eine automatisierte Verarbeitung Eigenschaften oder Verhaltensweisen der betroffenen Person vorhergesagt werden.[14]

29 Beispielhaft kann hier die Identifikation potenzieller „Gefährder" durch die IT-gestützte Auswertung polizeilicher Datenbanken anhand der ethischen Herkunft oder der Religionszugehörigkeit genannt werden. Eine solche würde sich selbst dann verbieten, wenn statistische Korrelationen zwischen bestimmten sensitiven Persönlichkeitsmerkmalen und einer solchen „Gefährdereigenschaft" bestehen sollten.[15]

30 Die Vorschrift des Abs. 3 ist daher ein wichtiges Instrument, um **Stigmatisierungen** betroffener Personen **entgegenzuwirken.**[16]

C. Bedeutung der Vorschrift für die behördliche Praxis

31 Die Vorschrift dürfte derzeit **noch keine herausgehobene Bedeutung** in der behördlichen Praxis der in § 35 genannten Stellen haben. Eine Änderung ist dann zu erwarten, sobald diese Stellen in erhöhtem Maße auf informationstechnische Analysen zurückgreifen, „um Verdachtsmomente zu generieren".[17]

32 Als mögliches Anwendungsszenario wird in diesem Kontext das sog. **„predictive policing"** genannt. Damit ist die „Vorhersage kriminellen Verhaltens auf der Grundlage spezieller Datenanalysemethoden"[18] gemeint. In Deutschland kommt beispielsweise die Big-Data-Anwendung „Precobs" zum Einsatz, welche in Echtzeit Prognosen auf Grundlage eines Algorithmus hinsichtlich der Wahrscheinlichkeit von Wohnungseinbruchdiebstählen an einem bestimmten Ort zu einer bestimmten Zeit trifft.[19]

33 Dies fällt jedoch **nicht in die Kategorie der automatisierten Einzelentscheidungen,** da die Software aus Angaben zum Tatort, zur Tatzeit und zu besonderen Tatumständen bereits zurückliegender Einbrüche eine og Wahrscheinlichkeit berechnet, die lediglich abstrakt dargestellt wird. Es erfolgt keine Aussage darüber, welche konkreten Personen möglicherweise an einem zukünftigen Wohnungseinbruchsdiebstahl beteiligt sein werden. Des Weiteren trifft nicht die Software selbst, sondern eine Polizeibeamtin oder ein Polizeibeamter eine Entscheidung darüber, ob und wenn ja welche Maßnahmen ergriffen werden, um dem erhöhten Risiko der Tatbegehung zu begegnen.[20]

---

14 *Bäcker* in: Hill/Kugelmann/Martini, Perspektiven der digitalen Lebenswelt, S. 76.
15 *Bäcker* in Hill/Kugelmann/Martini, Perspektiven der digitalen Lebenswelt, S. 77.
16 *Paschke* in Gola/Heckmann BDSG § 54 Rn. 12.
17 *Bäcker* in Hill/Kugelmann/Martini, Perspektiven der digitalen Lebenswelt, S. 76.
18 *Kugelmann* in Zöller/Esser, Justizielle Medienarbeit im Strafverfahren, S. 211.
19 *Kugelmann* in Zöller/Esser, Justizielle Medienarbeit im Strafverfahren, S. 211.
20 BayLfD, 27. TB 2015/2016, 52; *Schwichtenberg* in Kühling/Buchner BDSG 54 Rn. 3, der die Software „Precorbs" zurecht nur als einen ersten „Schritt in Richtung Bedeutungszuwachs automatisierter Einzelentscheidungen zum Zwecke der Kriminalitätsbekämpfung" bezeichnet.

Ein weiterer Bereich, in dem § 46 Bedeutung erlangen könnte, ist der Einsatz von Software zur biometrischen Gesichtserkennung zu Zwecken der Gefahrenabwehr.[21] 34

Kapitel 3 Rechte der betroffenen Personen

§ 47 Allgemeine Informationen zu Datenverarbeitungen

Der Verantwortliche hat in allgemeiner Form und für jedermann zugänglich Informationen zur Verfügung zu stellen über

1. die Zwecke der von ihm vorgenommenen Verarbeitungen,
2. die im Hinblick auf die Verarbeitung der personenbezogenen Daten bestehenden Rechte der betroffenen Personen auf Auskunft, Berichtigung, Löschung und Einschränkung der Verarbeitung,
3. die Kontaktdaten des Verantwortlichen und die Kontaktdaten des behördlichen Datenschutzbeauftragten,
4. das Recht nach § 60, die Landesbeauftragte oder den Landesbeauftragten für Datenschutz und Informationsfreiheit anzurufen, und
5. die Erreichbarkeit der oder des Landesbeauftragten für Datenschutz und Informationsfreiheit.

Verwandte Norm JI-RL:

Artikel 13 Der betroffenen Person zur Verfügung zu stellende oder zu erteilende Informationen

(1) Die Mitgliedstaaten sehen vor, dass der Verantwortliche der betroffenen Person zumindest die folgenden Informationen zur Verfügung stellt:

a) den Namen und die Kontaktdaten des Verantwortlichen,
b) gegebenenfalls die Kontaktdaten des Datenschutzbeauftragten,
c) die Zwecke, für die die personenbezogenen Daten verarbeitet werden,
d) das Bestehen eines Beschwerderechts bei der Aufsichtsbehörde sowie deren Kontaktdaten,
e) das Bestehen eines Rechts auf Auskunft und Berichtigung oder Löschung personenbezogener Daten und Einschränkung der Verarbeitung der personenbezogenen Daten der betroffenen Person durch den Verantwortlichen.

(...)

Kurzübersicht zum Verhältnis der entscheidenden Normen			
Norm des DSG NRW	Entsprechende Norm der JI-RL	Entsprechende Norm des BDSG	
§ 47 DSG NRW	Art. 13 Abs. 1 JI-RL	§ 55 BDSG	

Literatur:

Artikel-29-Datenschutzgruppe, WP 260 – Guidelines on transparency under Regulation 2016/679 vom 28.11.2017; *Artikel-29-Datenschutzgruppe*, WP 258 – Opinion on some key issues of the Law Enforcement Directive (EU 2016/680) vom 29.11.2017;

21 Vgl. dazu die Antwort der Bundesregierung auf die Kleine Anfrage dreier Abgeordneter und der Fraktion der AfD vom 19.7.2019, in der die Testphasen eines Teilprojekts thematisiert wurden, in dem biometrische Gesichtserkennung als Unterstützungsinstrument polizeilicher Fahndungen am Bahnhof Berlin Südkreuz getestet wurde, in BT-Drs. 19/11771.

Johannes, Die Gegenüberstellung – Allgemeine Grundsätze der Datenverarbeitung nach neuem BDSG, DS-GVO und JI-Richtlinie, ZD-Aktuell 2017, 05757; *Kamps/Schneider*, Transparenz als Herausforderung: Die Informations- und Meldepflichten der DSGVO aus Unternehmenssicht, K&R-Beilage 1/2017, 24; *Lorenz*, Datenschutzrechtliche Informationspflichten, VuR 2019, 213; *Walter*, Die datenschutzrechtlichen Transparenzpflichten nach der Europäischen Datenschutz-Grundverordnung, DSRITB 2016, S. 367.

A. Grundlagen

I. Gesamtverständnis, Zweck der Norm und Verhältnis zu anderen Normen

1 § 47 ist in Teil 3, Kapitel 3 – „Rechte der betroffenen Personen“ verortet und dient der Umsetzung von Art. 13 Abs. 1 JI-RL. Die Vorschrift findet ihre Entsprechung in § 55 BDSG auf Bundesebene sowie in § 37 JVollzDSG NRW auf Landesebene für den Bereich des Justizvollzugs.

2 § 47 begründet **aktive Informationspflichten** bei der Datenverarbeitung, denen in allgemeiner Form nachgekommen werden kann. Ausweislich der Gesetzesbegründung sollen sich betroffene Personen unabhängig von der Datenverarbeitung in leicht zugänglicher Form einen Überblick über die Zwecke der beim Verantwortlichen durchgeführten Verarbeitungen verschaffen können und einen Überblick über die ihnen zustehenden Betroffenenrechte bekommen.[1]

3 Da es für die Anwendung des § 47 nicht auf die konkrete Betroffeneneigenschaft ankommt, handelt es sich um ein uneigentliches Betroffenenrecht.[2] Die Vorschrift fungiert als allgemeine **Bürgerinformation und -sensibilisierung**, da sämtliche Bürgerinnen und Bürger potenziell von einer Datenverarbeitung durch Polizei, Ordnungsbehörden und Justiz betroffen sein könnten, die Benachrichtigung insbesondere drittbetroffener Personen jedoch häufig ausbleibt.[3] § 47 Nr. 2, 4 und 5 übernehmen die unterrichtende Funktion einer Rechtsbehelfsbelehrung ähnlich § 58 Abs. 1 VwGO, freilich ohne dieselben verfahrensrechtlichen Folgen zu zeitigen.[4]

4 Anders als in Art. 5 Abs. 1 lit. a DS-GVO niedergelegt, kennen weder Art. 4 JI-RL noch § 37 einen allgemeinen **Transparenzgrundsatz**[5] in Bezug auf die Verarbeitung personenbezogener Daten.[6] Der in § 58 Abs. 3 Nr. 5 niedergelegte

1 LT-Drs. 17/1981, 162.
2 Zum Begriff des „uneigentlichen Betroffenenrechts“ *Franck* RDV 2015, 137 (141).
3 *Paschke* in Gola/Heckmann BDSG § 55 Rn. 2 f.
4 *Johannes/Weinhold* Das neue DSB bei Polizei und Justiz § 1 Rn. 177 und *Eßer* in Auernhammer DS-GVO/BDSG § 55 Rn. 19 sehen eher eine Parallele zu Informations- und Impressumspflichten im Telemedien- bzw. Fernabsatzrecht.
5 Übersicht über die Grundsätze bei *Johannes* ZD-Aktuell 2017, 05757.
6 Siehe aber Erwägungsgrund 26 Satz 1 JI-RL („in einer für die betroffenen natürlichen Personen nachvollziehbaren Weise“) sowie Sätze 5 und 6.

Transparenzaspekt richtet sich vornehmlich auf die Dokumentation und Nachvollziehbarkeit in technischer Hinsicht und wurde vom Landesgesetzgeber deshalb bei den technisch-organisatorischen Maßnahmen verortet.

Die in der JI-RL und dem DSG NRW festgehaltenen Transparenzregeln werden 5
insoweit als Ausformung von Treu und Glauben (Art. 8 Abs. 2 Satz 1 GRCh, Art. 4 As. 1 lit. a JI-RL, § 37 Nr. 1) angesehen werden müssen.[7] Daneben tritt ggf. der Anspruch auf ein faires Verfahren gem. Art. 47 GRCh bzw. Art. 6 MRK, welcher ebenfalls mit bestimmten Transparenzpflichten einhergeht.[8]

II. Bisherige Rechtslage

§ 5 Nr. 3 iVm den §§ 12 Abs. 2, 13 Abs. 2 Satz 2, 16 Abs. 1 Satz 2 und 3 DSG 6
NRW aF statuierte vereinzelte Unterrichtungspflichten gegenüber betroffenen Personen, nicht jedoch eine allgemeine Bürgerinformationspflicht.

B. Kommentierung

I. Adressat

§ 47 verpflichtet den Verantwortlichen im Sinne von § 36 Nr. 9, nicht hingegen 7
Auftragsverarbeiter im Sinne von § 36 Nr. 10.[9] Gemeinsam Verantwortliche im Sinne von § 67 Nr. 2 iVm Art. 26 DS-GVO sind grundsätzlich jeweils für sich alleine angesprochen, es sei denn, eine Vereinbarung gem. § 67 Nr. 2 iVm Art. 26 Abs. 2 Satz 2 DS-GVO regelt die konkrete Aufgabenverteilung hinsichtlich bestehender Informationspflichten.

II. Form und Entgelt

Eine bestimmte **Form** ist in § 47 nicht vorgeschrieben. Die Information ist inso- 8
weit in allgemeiner Form und für jedermann zugänglich zur Verfügung zu stellen. In Ansehung von Art. 12 Abs. 1 Satz 2 JI-RL erfolgt die Übermittlung der Informationen in einer beliebigen geeigneten Form, wozu auch die elektronische Übermittlung zählt. Allgemein ist die Form, wenn die Information ohne Ansehung einer konkreten Datenverarbeitung erfolgt.[10] Die Information ist darüber hinaus für jedermann zugänglich, wenn sie einem unbestimmten Personenkreis ohne nennenswerte Zugangshindernisse zur Verfügung gestellt wird. Dies könnte laut Erwägungsgrund 42 Satz 2 JI-RL zB auf der **Website** der zuständigen Behörde erfolgen. Auch die Veröffentlichung in amtlichen Mitteilungen ist denkbar, wenn diese in ein frei zugängliches Online-Archiv eingespeist und entsprechende Deep-Links angegeben werden.[11] Nach dem Willen der Artikel-29-Datenschutzgruppe sollen Verantwortliche alle verfügbaren Mittel ggf. in Kombination nutzen, um eine **möglichst effektive Informationsverbreitung** zu gewährleisten.[12]

---

7 So auch *Johannes/Weinhold* Das neue DSB bei Polizei und Justiz § 1 Rn. 128.

8 Vgl. Erwägungsgrund 26 Satz 4 JI-RL; ferner *Wysk* VerwArch 109 (2018), 141 (158).

9 Die gesetzliche Unterstützungspflicht des Auftragsverarbeiters nach § 52 Abs. 1 Satz 1 iVm Art. 28 Abs. 3 Satz 2 lit. e DS-GVO bezieht sich ausschließlich auf antragsabhängige Betroffenenrechte. Vertraglich kann freilich anderes geregelt werden.

10 *Paschke* in Gola/Heckmann BDSG § 55 Rn. 8.

11 Zur Veröffentlichungspflicht in gedruckten amtlichen Mitteilungen nach § 12 BDSG 1977 (BGBl. I 1977, S. 201) vgl. *Johannes/Weinhold* in Sydow BDSG § 55 Rn. 7.

12 Artikel-29-Datenschutzgruppe, WP 258 vom 29.11.2017, S. 17.

9 Der Verantwortliche hat gem. § 51 Abs. 1 Satz 1 mit den betroffenen Personen unter Verwendung einer klaren und einfachen Sprache in präziser, verständlicher und leicht zugänglicher Form zu kommunizieren. Eine öffentliche Bekanntmachung per **Aushang** genügte bspw. nicht dem Erfordernis des leichten Zugangs.[13] Die Erteilung von Informationen nach § 47 erfolgt darüber hinaus gem. § 51 Abs. 3 Satz 1 stets **unentgeltlich.**

III. Transparenzinhalte

1. Zwecke (Nr. 1)

10 Die Zweckbindung der Datenverarbeitung ergibt sich unmittelbar aus Art. 8 Abs. 2 Satz 1 GRCh. Es erfolgt zunächst eine Information über die Zwecke der vom Verantwortlichen vorgenommenen Verarbeitungen. Der Unionsgesetzgeber geht in Art. 8 Abs. 2 JI-RL davon aus, dass die Zwecke der Verarbeitung im Recht des jeweiligen Mitgliedsstaats festgehalten sind. Dies sind zunächst jene des § 35 Abs. 1, also Verhütung, Ermittlung, Aufdeckung, Verfolgung und Ahndung von Straftaten (inkl. Schutz vor sowie die Abwehr von Gefahren für die öffentliche Sicherheit oder Ordnung) oder Ordnungswidrigkeiten und der Strafvollstreckung. Es können weitere Zwecke hinzutreten, wie etwa die Bearbeitung von Anliegen, zB die Beantwortung von Fragen oder die Prüfung von Beschwerden, sowie die Notwendigkeit, eventuelle weitere Kommunikation in derselben Angelegenheit einem bereits bestehenden Vorgang zuordnen zu können. Auch die Verarbeitung zwecks Einspeisung der Daten in behördenübergreifende Datenbanken fällt ins Auge.

11 Es sind alle Zwecke anzugeben, die der Verantwortliche im Zeitpunkt der Erhebung verfolgt. Hierdurch wird dem Verantwortlichen ein gewisses Maß an **Selbstbeschränkung** auferlegt. Die Vorschrift darf nicht dazu missbraucht werden, alle erdenklichen Zwecke „auf Vorrat" mitzuteilen.[14]

2. Betroffenenrechte (Nr. 2)

12 Zu informieren ist weiterhin über die im Hinblick auf die Verarbeitung der personenbezogenen Daten bestehenden Rechte. Die Auskunft ist in § 49 geregelt, Berichtigung, Löschung und Einschränkung der Verarbeitung finden sich in § 50. Im Anwendungsbereich der JI-RL gibt es kein Recht auf **Widerspruch**[15] oder **Datenportabilität.**[16]

13 Gem. § 51 Abs. 1 Satz 1 wird eine bloße Nennung der bestehenden Rechte nicht genügen,[17] vielmehr bedarf es einer prägnanten und verständlichen **Erläuterung,** worum es sich jeweils handelt, dh welche Zielrichtung die betroffene Person verfolgen kann. Auch sollte kursorisch dargestellt werden, auf welche Weise die betroffene Person ihre Rechte geltend machen kann.[18]

---

13 AA *Paschke* in Gola/Heckmann BDSG § 55 Rn. 6.
14 *Franck* in Gola DS-GVO Art. 13 Rn. 12.
15 Vgl. § 14 iVm Art. 21 Abs. 1 DS-GVO. Erwägungsgrund 40 Satz 1 JI-RL nennt das Widerspruchsrecht, im verfügenden Teil ist es hingegen nicht geregelt, was auf ein Redaktionsversehen hindeutet, so auch *Hornung/Schindler/Schneider* ZJS 2018, 566 (568) Fn. 22.
16 Vgl. Art. 20 DS-GVO.
17 AA *Schwichtenberg* in Kühling/Buchner DS-GVO/BDSG § 55 Rn. 5 zur Parallelvorschrift.
18 *Paschke* in Gola/Heckmann BDSG § 55 Rn. 10 zur Parallelvorschrift.

Die Information über etwaige Betroffenenrechte wirkt nicht konstitutiv. Wird etwa auf einen Löschanspruch hingewiesen, dessen Tatbestandsvoraussetzungen nicht vorliegen, ist dies unschädlich. Der Verantwortliche hat sich hierdurch nicht gebunden.[19] Umgekehrt ist die Information nicht auf diejenigen Betroffenenrechte zu beschränken, die nach Auffassung des Verantwortlichen im konkreten Fall bestehen.[20] Die Entscheidung hierüber obliegt nicht dem Verantwortlichen. Ein Verantwortlicher, der naturgemäß von der Rechtmäßigkeit und Richtigkeit seiner Verarbeitung ausgeht, würde insoweit niemals über Löschung oder Berichtigung informieren. 14

3. Kontaktdaten (Nr. 3)

§ 47 Nr. 3 sieht eine Information über die die Kontaktdaten des Verantwortlichen sowie die Kontaktdaten des behördlichen Datenschutzbeauftragten (§ 67 Nr. 6 iVm § 31) vor. Im ursprünglichen Entwurf waren zudem noch die **Namen** des Verantwortlichen sowie der oder des Datenschutzbeauftragten gefordert.[21] Durch einen Änderungsantrag von CDU/FDP im Landtag im Hinblick auf Art. 13 Abs. 1 lit. b JI-RL entfiel jedoch nicht nur zulässigerweise der Name des oder der Datenschutzbeauftragten, sondern entgegen Art. 13 Abs. 1 lit. a JI-RL zugleich der Name des Verantwortlichen.[22] 15

Die Regelung ist daher richtlinienkonform dahingehend auszulegen, dass die Kontaktdaten des Verantwortlichen ausnahmsweise zugleich seinen Namen umfassen. Betroffenenrechte könnten überhaupt nicht sinnvoll geltend gemacht werden, wenn unklar bleibt, wer verantwortlich für die Datenverarbeitung ist. Dies stellte insbesondere bei mehreren Behörden am selben Dienstsitz (=identische Kontaktdaten) ein Problem dar. 16

Der Name des Verantwortlichen ist der **Name der Behörde**, nicht derjenige des Verwaltungsträgers. Der Name des oder der Datenschutzbeauftragten kann fakultativ genannt werden, wenn er oder sie dem zustimmen. 17

Kontaktdaten sind ua Postadresse, Telefon- und Faxnummer, E-Mail-Adresse, Online-Kontaktformular, Social-Media-Präsenz etc. Zu den Kontaktdaten gehören ggf. auch Büroöffnungszeiten oder öffentliche Schlüssel für kryptographisch gesicherte Kommunikation. Weder werden die möglichen Kommunikationswege in Art. 13 Abs. 1 lit. a und b JI-RL beschränkt, noch gibt es eine dem § 5 Abs. 1 Nr. 2 TMG vergleichbare Vorgabe einer „schnellen elektronischen Kontaktaufnahme und unmittelbaren Kommunikation". Im Sinne einer konsequenten Durchsetzung der Betroffenenrechte sollte jedoch **mehr als nur die reine Postanschrift** angegeben werden.[23] 18

4. Anrufungsrecht (Nr. 4)

Jede betroffene Person hat außerdem gem. § 60 das Recht, die Landesbeauftragte oder den Landesbeauftragten für Datenschutz und Informationsfreiheit (LDI NRW) anzurufen. 19

---

19 *Franck* in Gola DS-GVO Art. 13 Rn. 21.
20 AA *Schmidt-Wudy* in BeckOK DatenschutzR DS-GVO/BDSG Art. 13 Rn. 69.
21 LT-Drs. 17/1981, 52; vgl. auch § 55 Nr. 3 BDSG.
22 LT-Drs. 17/2629, 6, vermutlich ein echtes Redaktionsversehen.
23 *Eßer* in Auernhammer DS-GVO/BDSG § 55 Rn. 15 f. plädiert für ladungsfähige Anschrift, E-Mail-Adresse und Telefonnummer.

5. Erreichbarkeit der oder des LDI NRW (Nr. 5)

20 Die Erreichbarkeit der oder des Landesbeauftragten für Datenschutz und Informationsfreiheit meint den physischen **Ort** sowie die seitens der Aufsichtsbehörde angebotenen **Kommunikationsmöglichkeiten**. Zu fordern sind zumindest die postalische Anschrift, die Telefonnummer und die E-Mail-Adresse der Poststelle.[24] Die **Büroöffnungszeiten** müssen nicht notwendigerweise angegeben werden, insbesondere sind diese im Falle späterer Änderung nur schwer nachzuhalten. Aus demselben Grund müssen die jeweiligen **Telefondurchwahlen**[25] des zuständigen Referats der oder des LDI NRW ebenfalls nicht angegeben werden.

21 Die Bereitstellung der Informationen des § 47 auf einer Internetseite verführt ggf. dazu, lediglich einen **Link auf die Website der Aufsichtsbehörde** zu setzen. Dies genügt nach dem klaren Wortlaut nicht, da insoweit nicht der Verantwortliche die Informationen zur Verfügung stellt, sondern die Aufsichtsbehörde selbst. Diese ist gerade nicht Adressatin von § 47.

22 Die aktuellen und vollständigen Kontaktdaten der LDI NRW lauten:

Besucher- und Lieferanschrift
Landesbeauftragte für Datenschutz und Informationsfreiheit
Nordrhein-Westfalen
Kavalleriestraße 2–4
40213 Düsseldorf

Postanschrift
Landesbeauftragte für Datenschutz und Informationsfreiheit
Nordrhein-Westfalen
Postfach 20 04 44
40102 Düsseldorf

Telefon: +49 (0)211/38424–0
Fax: +49 (0)211/38424–10
Web: https://www.ldi.nrw.de
eMail: poststelle@ldi.nrw.de
PGP-Schlüssel: https://www.ldi.nrw.de/metanavi_Kontakt/key_ldi.asc
Beschwerdeformular: https://www.ldi.nrw.de/mainmenu_Aktuelles/Formulare-und-Meldungen/Inhalt2/Beschwerde/Beschwerdeformular1.pdf

C. Bedeutung der Vorschrift für die behördliche Praxis

23 § 47 wird voraussichtlich eine eher untergeordnete Bedeutung für die Praxis haben. Aus Behördensicht sind die vorgeschriebenen Informationen lediglich einmal redaktionell zusammenzustellen und auf der Website abzulegen („fire & forget"). Die geforderten Transparenzinhalte unterliegen keiner kurzfristigen Änderung und müssen daher nicht stetig aktualisiert werden.

24 Aus Sicht der betroffenen Personen sind die Informationen des § 47 wiederum derart basal, dass der oder die Einzelne kaum jemals daraus ableiten können wird, ob nun tatsächlich Daten verarbeitet werden und zu welchen Zwecken.[26]

---

24 *Eßer* in Auernhammer DS-GVO/BDSG § 55 Rn. 18; *Raum* in Auernhammer DS-GVO/BDSG § 57 Rn. 15; *Johannes/Weinhold* in Sydow BDSG § 55 Rn. 14.

25 LDI NRW, Organigramm, Stand 29.1.2019, online unter https://www.ldi.nrw.de/mainmenu_Ueberuns/Inhalt/Ueberuns/organigramm.pdf.

26 *Eßer* in Auernhammer DS-GVO/BDSG § 55 Rn. 6; *Schantz/Wolff* Das neue DSR Rn. 1179; *Paal* in Paal/Pauly DS-GVO/BDSG § 55 Rn. 4.

Die Artikel-29-Datenschutzgruppe führt beispielhaft eine Datenschutzerklärung für Aufnahmen von Bodycams an.[27]

25 Ein Verstoß gegen § 47 bleibt weitestgehend folgenlos. Öffentliche Stellen sind gem. § 69 iVm § 33 Abs. 4 generell vom **Bußgeld** ausgenommen. Bußgelder für Einzelpersonen wegen Verstoßes gegen § 47 sind in § 33 Abs. 1 nicht vorgesehen. **Schadensersatz** gem. § 68 Abs. 1 ist nur wegen unzulässiger oder unrichtiger Verarbeitung vorgesehen.[28]

26 Unterbleibt die Information in allgemeiner und für jedermann zugänglicher Form, kann ein **Informationsfreiheitsanspruch** gem. § 4 Abs. 1 IFG NRW geltend gemacht und nötigenfalls gerichtlich durchgesetzt werden. Ist das Begehren stattdessen auf Informationen zu konkreten Datenverarbeitungen gerichtet, kann dieses unmittelbar auf den **Auskunftsanspruch** gem. § 49 Abs. 1 gestützt werden (zum Konkurrenzverhältnis von Informationszugang und Auskunft → § 49 Rn. 47 ff.).

§ 48 Benachrichtigung betroffener Personen

(1) Ist die Benachrichtigung betroffener Personen über die Verarbeitung sie betreffender personenbezogener Daten in speziellen Rechtsvorschriften, insbesondere bei verdeckten Maßnahmen, vorgesehen oder angeordnet, so hat diese Benachrichtigung zumindest die folgenden Angaben zu enthalten:

1. die in § 47 genannten Angaben,
2. die Rechtsgrundlage der Verarbeitung,
3. die für die Daten geltende Speicherdauer oder, falls dies nicht möglich ist, die Kriterien für die Festlegung dieser Dauer,
4. gegebenenfalls die Kategorien von Empfängern der personenbezogenen Daten sowie
5. erforderlichenfalls weitere Informationen, insbesondere, wenn die personenbezogenen Daten ohne Wissen der betroffenen Person erhoben wurden.

(2) In den Fällen des Absatzes 1 kann der Verantwortliche die Benachrichtigung soweit und solange aufschieben, einschränken oder unterlassen, wie es

1. die Erfüllung der in § 35 genannten Aufgaben,
2. die öffentliche Sicherheit oder Ordnung,
3. Rechtsgüter Dritter,
4. die Vermeidung von Nachteilen für das Wohl des Bundes oder des Landes sowie
5. die Gewährleistung, dass behördliche oder gerichtliche Untersuchungen, Ermittlungen oder Verfahren nicht behindert werden,

erfordern, wenn das Interesse des Verantwortlichen an der Nichterteilung der Information das Informationsinteresse der betroffenen Person überwiegt.

(3) Bezieht sich die Benachrichtigung auf die Übermittlung personenbezogener Daten an Verfassungsschutzbehörden, den Bundesnachrichtendienst, den Militärischen Abschirmdienst oder, soweit die Sicherheit des Bundes berührt ist, andere Behörden des Bundesministeriums der Verteidigung, ist sie nur mit Zustimmung dieser Stellen zulässig.

27 Artikel-29-Datenschutzgruppe, WP 258 vom 29.11.2017, S. 17; hierzu auch LDI NRW, 23. TB 2017, S. 30 f. Zur Datenschutz- und Transparenzproblematik von Bodycams auch *Kipker* DuD 2017, 165 ff.; *Lachenmann* NVwZ 2017, 1424 ff.

28 Die Vorschrift bleibt insoweit deutlich hinter Art. 56 JI-RL zurück.

(4) Im Fall des Absatzes 2 gilt § 49 Absatz 8 entsprechend.

Verwandte Norm JI-RL:

Artikel 13 Der betroffenen Person zur Verfügung zu stellende oder zu erteilende Informationen

(...)

(2) Zusätzlich zu den in Absatz 1 genannten Informationen sehen die Mitgliedstaaten durch Rechtsvorschriften vor, dass der Verantwortliche der betroffenen Person in besonderen Fällen die folgenden zusätzlichen Informationen erteilt, um die Ausübung der Rechte der betroffenen Person zu ermöglichen:

a) die Rechtsgrundlage der Verarbeitung,
b) die Dauer, für die die personenbezogenen Daten gespeichert werden oder, falls dies nicht möglich ist, die Kriterien für die Festlegung dieser Dauer,
c) gegebenenfalls die Kategorien von Empfängern der personenbezogenen Daten, auch der Empfänger in Drittländern oder in internationalen Organisationen,
d) erforderlichenfalls weitere Informationen, insbesondere wenn die personenbezogenen Daten ohne Wissen der betroffenen Person erhoben werden.

(3) Die Mitgliedstaaten können Gesetzgebungsmaßnahmen erlassen, nach denen die Unterrichtung der betroffenen Person gemäß Absatz 2 soweit und so lange aufgeschoben, eingeschränkt oder unterlassen werden kann, wie diese Maßnahme in einer demokratischen Gesellschaft erforderlich und verhältnismäßig ist und sofern den Grundrechten und den berechtigten Interessen der betroffenen natürlichen Person Rechnung getragen wird:

a) zur Gewährleistung, dass behördliche oder gerichtliche Untersuchungen, Ermittlungen oder Verfahren nicht behindert werden,
b) zur Gewährleistung, dass die Verhütung, Aufdeckung, Ermittlung oder Verfolgung von Straftaten oder die Strafvollstreckung nicht beeinträchtigt werden,
c) zum Schutz der öffentlichen Sicherheit,
d) zum Schutz der nationalen Sicherheit,
e) zum Schutz der Rechte und Freiheiten anderer.

(...)

Kurzübersicht zum Verhältnis der entscheidenden Normen			
Norm des DSG NRW	Entsprechende Norm der JI-RL	Entsprechende Norm des BDSG	
§ 48 DSG NRW	Art. 13 Abs. 2–3 JI-RL	§ 56 BDSG	

Literatur:
Siehe § 47.

A. Grundlagen

I. Gesamtverständnis, Zweck der Norm und Verhältnis zu anderen Normen

§ 48 ist in Teil 3, Kapitel 3 – „Rechte der betroffenen Personen" verortet und dient der Umsetzung von Art. 13 Abs. 2 und 3 JI-RL. Die Vorschrift findet ihre Entsprechung in § 56 BDSG auf Bundesebene sowie in § 38 JVollzDSG NRW auf Landesebene für den Bereich des Justizvollzugs. Die Auskunft nach § 49 Abs. 1 ist das antragsgebundene Pendant zur initiativen Benachrichtigung (Kongruenzen → § 49 Rn. 3). 1

Ausweislich der Gesetzesbegründung betrifft § 48 jene Fälle, in denen in bereichsspezifischen Regelungen eine **aktive Benachrichtigung** betroffener Personen vorgesehen ist. Eine Festlegung dieser in Art. 13 Abs. 2 JI-RL bezeichneten „besonderen Fälle" sei nicht verallgemeinernd auf Ebene des allgemeinen Datenschutzrechts möglich und müsse somit im bereichsspezifischen Recht geleistet werden.[1] § 48 regelt deshalb lediglich die Pflichtinhalte einer Benachrichtigung (Abs. 1 Nr. 1–5), peremptorische und dilatorische Hinderungsgründe (Abs. 2 und 3) sowie eine Dokumentationspflicht (Abs. 4). 2

Die Benachrichtigung wird zu Recht als **grundlegendes Betroffenenrecht** gewertet, da die betroffenen Personen nur durch sie in die Lage versetzt werden, weitere Rechte geltend zu machen und eine strukturelle Unkenntnis über hoheitliche Datenverarbeitungen mit einem rechtsstaatlichen Gemeinwesen unvereinbar ist.[2] Das Gebot der Transparenz zwingt den Verantwortlichen zur Einhaltung der Grundsätze der **Rechtmäßigkeit· fairer Verarbeitung und Accountability.**[3] 3

Eine aktive Benachrichtigungspflicht auch ohne fachgesetzliche Anordnung – ggf. allein auf Grundlage des Gebotes von Treu und Glauben – wirkt im Sinne einer effektiven Durchsetzung der Betroffenenrechte zunächst charmant. Der Wortlaut der Vorschrift ist jedoch eindeutig. Etwaige Fehler bei der Erhebung oder Verarbeitung der Daten fallen daher bestenfalls im nachfolgenden Verfahren auf und sind dementsprechend dort zu rügen.[4] Der Gesetzgeber ist aufgefordert, angemessene Transparenzregeln in den einschlägigen Fachgesetzen niederzulegen. 4

Die Benachrichtigung betroffener Personen bei Verletzungen des Schutzes personenbezogener Daten gem. § 67 Nr. 5 iVm Art. 34 Abs. 1 DS-GVO ist keine „Benachrichtigung" im Sinne von § 48 Abs. 1. Durch sie wird nicht über die 5

1 LT-Drs. 17/1981, 162.
2 *Bäcker/Hornung* ZD 2012, 147 (150); ferner *Schwichtenberg* DuD 2016, 605 (608); Artikel-29-Datenschutzgruppe, WP 258 vom 29.11.2017, S. 16; LDI NRW, 22. TB 2015, S. 80 f.
3 Artikel-29-Datenschutzgruppe, WP 258 vom 29.11.2017, S. 17.
4 *Heckmann/Paschke* in Gola/Heckmann BDSG § 56 Rn. 7.

Datenverarbeitung als solche informiert. Der Inhalt der Benachrichtigung bei Datenpannen bestimmt sich daher allein nach § 67 Nr. 5 iVm Art. 34 Abs. 2 DS-GVO.[5]

II. Bisherige Rechtslage

6 § 5 Nr. 3 iVm den §§ 12 Abs. 2, 13 Abs. 2 Satz 2, 16 Abs. 1 Satz 2 und 3 DSG NRW aF statuierte vereinzelte Unterrichtungspflichten gegenüber betroffenen Personen.

B. Kommentierung

I. Adressat

7 § 48 verpflichtet den Verantwortlichen im Sinne von § 36 Nr. 9, nicht hingegen Auftragsverarbeiter im Sinne von § 36 Nr. 10.[6] Gemeinsam Verantwortliche im Sinne von § 67 Nr. 2 iVm Art. 26 DS-GVO sind grundsätzlich jeweils für sich alleine angesprochen, es sei denn, eine Vereinbarung gem. § 67 Nr. 2 iVm Art. 26 Abs. 2 Satz 2 DS-GVO regelt die konkrete Aufgabenverteilung hinsichtlich bestehender Informationspflichten.

II. Form und Entgelt

8 Eine bestimmte **Form** ist in § 48 nicht vorgeschrieben. Insoweit gelten die allgemeinen Regeln des § 51 Abs. 1 Satz 1. Sofern etwa Funkstreifenwagen der Polizei Videosysteme zur Eigensicherung einsetzten, erfolgte bereits nach alter Rechtslage ein **mündlicher Hinweis** bei Beginn jeder Fahrzeugkontrolle.[7]

9 **Fristen** für Benachrichtigungen regelt ggf. das jeweilige Fachrecht. Die unverzügliche Bearbeitung ist gem. Art. 12 Abs. 3 JI-RL und § 51 Abs. 2 ausdrücklich nur für antragsgebundene Betroffenenrechte geregelt. Nichtsdestotrotz lässt sich aus Art. 12 Abs. 1 Satz 1 JI-RL iVm § 10 Satz 2 VwVfG NRW das Erfordernis einer möglichst zügigen Abwicklung lesen.

10 Die **Unentgeltlichkeit** der Benachrichtigung nach § 48 ist in § 51 Abs. 3 Satz 1 infolge eines Redaktionsversehens (→ § 51 Rn. 18) nicht ausdrücklich geregelt.[8] Lediglich die in § 48 Abs. 1 Nr. 1 enthaltenen Informationen des § 47 sind dem Wortlaut nach von § 51 Abs. 3 Satz 1 umfasst. Art. 12 Abs. 4 Satz 1 gibt den Mitgliedsstaaten jedoch auf, sämtliche Benachrichtigungen nach Art. 13 JI-RL unentgeltlich zu gewähren.[9] § 51 Abs. 3 Satz 1 ist deswegen richtlinienkonform dahin gehend auszulegen, dass sich die Unentgeltlichkeit der Benachrichtigung nach § 48 Abs. 1 Nr. 1 auch auf die übrigen Transparenzinhalte des § 48 Nr. 2–5 erstreckt.

III. Grundsatz der Benachrichtigung (Abs. 1)

11 Der dem gesamten Europäischen Datenschutzrecht und somit auch der JI-RL zugrundeliegende **Transparenzgedanke** (→ § 47 Rn. 4 f.) hat zur Folge, dass

---

5 AA *Johannes/Weinhold* Das neue DSR bei Polizei und Justiz § 1 Rn. 183.
6 Die Unterstützungspflicht des Auftragsverarbeiters nach § 52 Abs. 1 Satz 1 iVm Art. 28 Abs. 3 Satz 2 lit. e DS-GVO bezieht sich ausschließlich auf antragsabhängige Betroffenenrechte.
7 LDI NRW, 17. TB 2005, S. 79.
8 Dort heißt es irrtümlich „Benachrichtigungen nach § 50“.
9 Richtlinienkonform zB in § 59 Abs. 3 Satz 1 iVm § 56 BDSG. Vgl. auch Art. 12 Abs. 5 Satz 1 DS-GVO.

die Benachrichtigung betroffener Personen über die Verarbeitung sie betreffender personenbezogener Daten in speziellen Rechtsvorschriften vorgesehen oder angeordnet wird. Dies gilt insbesondere bei verdeckten Maßnahmen. In den jeweiligen Fachrechten finden sich entsprechende Benachrichtigungspflichten, zB in § 33 PolG NRW (verdeckte Ermittlungsmaßnahmen), § 100j Abs. 4 StPO (Bestandsdatenauskunft), § 101 Abs. 4 StPO (verdeckte Maßnahmen), § 101 a Abs. 6 (Erhebung von Verkehrsdaten). Das Transparenzregime wird jedoch nicht stringent durchgehalten.[10] Zum Teil können sich erhebliche Schwierigkeiten ergeben, die Benachrichtigung vorzunehmen, etwa beim polizeilichen Drohneneinsatz.[11]

Für § 48 Abs. 1 spielt es keine Rolle, ob die Daten im Rahmen der **Direkterhebung** oder außerhalb derselben erhoben wurden. Der NRW-Gesetzgeber spart sich damit eine Auseinandersetzung mit der Frage, ob verdeckte Maßnahmen noch als Direkterhebung angesehen werden können.[12] 12

Eine erneute Benachrichtigung bei nachträglicher **Zweckänderung**[13] bzw. bei **inhaltlicher Änderung** der Transparenzinhalte[14] kennt § 48 Abs. 1 nicht expressis verbis. Insoweit muss § 48 Abs. 1 Nr. 5 als Auffangtatbestand eingreifen.[15] Anderenfalls könnte die Transparenz- und Warnwirkung unterlaufen werden, indem der Verantwortliche bestimmte kritische Aspekte seiner Datenverarbeitung erst nach erfolgter Benachrichtigung „scharfschaltet“.[16] 13

IV. Transparenzinhalte

1. Basisinformation (Abs. 1 Nr. 1)

§ 48 Abs. 1 Nr. 1 fordert zunächst die in der allgemeinen **Bürgerinformation** nach § 47 enthaltenen Angaben (→ § 47 Rn. 10 ff.). Es darf nicht davon ausgegangen werden, dass die betroffenen Personen die dort festgeschriebenen Inhalte bereits kennen.[17] 14

2. Rechtsgrundlage (Abs. 1 Nr. 2)

Im Zusammenhang mit einem konkreten Verarbeitungsvorgang muss die **genaue Rechtsgrundlage** der Verarbeitung mitgeteilt werden. Ein pauschaler Verweis auf komplette Gesetze oder gar ganze Rechtsgebiete genügt nicht.[18] 15

§ 37 Nr. 1 transponiert das datenschutzrechtliche Verbot mit Erlaubnisvorbehalt des Art. 8 Abs. 2 Satz 1 GRCh bzw. Art. 4 Abs. 1 lit. a JI-RL in nationales Recht. Der Verantwortliche muss die Datenverarbeitung folglich zu jedem Zeitpunkt und in jeder Phase auf gesetzlicher Grundlage rechtfertigen können. 16

10 Kritisch hierzu schon LDI NRW, 22. TB 2015, S. 80 f.
11 Zu datenschutzrechtlichen Pflichten beim Drohneneinsatz nach PolG NRW *Müller-ter Jung/Rexin* CR 2019, 643 (651 f.).
12 Hierzu *Franck* in Gola DS-GVO Art. 13 Rn. 4 sowie Art. 14 Rn. 2.
13 Vgl. Art. 13 Abs. 3 bzw. Art. 14 Abs. 4 DS-GVO.
14 Vgl. *Franck* in Gola DS-GVO Art. 13 Rn. 35 zu Art. 13 Abs. 3 DS-GVO analog.
15 So auch *Kahler*, Massenzugriff der Staatsanwaltschaft auf Kundendaten von Banken zur Ermittlung von Internetstraftaten, 2017, S. 151.
16 Zur Verwendung der Ergebnisse einer Bürgerbefragung im Qualitätsmanagement zur späteren Einleitung von Ermittlungsverfahren gegen Polizeibeamte siehe LDI NRW, 16. TB 2003, S. 106 f.
17 *Eßer* in Auernhammer DS-GVO/BDSG § 56 Rn. 9.
18 *Eßer* in Auernhammer DS-GVO/BDSG § 56 Rn. 10. Zur Problematik der Einwilligung im Anwendungsbereich der JI-RL vgl. *El-Ghazi* ZIS 2019, 110 (112 ff.); ferner LDI NRW, 18. TB 2007, S. 93 ff.

Zwar hat NRW die allgemeine **Rechenschaftspflicht**[19] des Art. 4 Abs. 4 JI-RL nicht ausdrücklich in den Grundsatzkanon des § 37 übernommen. Sie ergibt sich aber ohne Weiteres aus dem Gesetzmäßigkeitsprinzip des Art. 20 Abs. 3 GG.[20] Aus diesem Grund wird das Verzeichnis von Verarbeitungstätigkeiten in § 53 Satz 2 ausdrücklich um die Rechtsgrundlage der Verarbeitung einschließlich vorgenommener Übermittlungen sowie der Verwendung von Profiling angereichert. Die Angabe der Rechtsgrundlage dient der **Disziplinierung** des Verantwortlichen, da es einige Überwindung kosten sollte, keine oder eine offenkundig falsche Rechtsgrundlage zu nennen.[21]

17 Zum Teil wird dafür plädiert, die Rechtsgrundlage nicht nur zu nennen, sondern auch eine **Erläuterung** bezogen auf den konkreten Fall beizufügen.[22] Eine solche Verpflichtung ist jedoch weder der JI-RL noch dem DSG zu entnehmen.

3. Speicherdauer (Abs. 1 Nr. 3)

18 Außerdem muss die für die Daten geltende **Speicherdauer** angegeben werden. Falls dies nicht möglich ist, müssen zumindest die **Kriterien für die Festlegung dieser Dauer** aufgeführt werden. Ein pauschaler Verweis auf die Zweckerreichung ist kein sinnvolles Kriterium, anhand dessen des den betroffenen Personen möglich wäre, die Speicherdauer zumindest grob einschätzen zu können.[23]

19 Außerhalb der Direkterhebung, insbes. bei verdeckten Maßnahmen und bei aufgeschobener Benachrichtigung ist der **Beginn der Speicherung** anzugeben, da ansonsten keine Bestimmung der voraussichtlichen Speicherdauer möglich ist.[24]

20 Die Grundsätze der Datenminimierung (§ 37 Nr. 3; Art. 4 Abs. 1 lit. c JI-RL) sowie der Speicherbegrenzung (§ 37 Nr. 5; Art. 4 Abs. 1 lit. e JI-RL) verlangen nach einem tauglichen **Löschkonzept**. § 54 Abs. 4 konkretisiert diese Anforderungen an das Datenschutz-Management (→ § 54 Rn. 12 ff.).

4. Empfängerkategorien (Abs. 1 Nr. 4)

21 Um weitergehende Betroffenenrechte auch anderen Verantwortlichen gegenüber geltend machen zu können, müssen **Weitergaben** von personenbezogenen Daten klar als solche gekennzeichnet werden. § 48 Abs. 1 Nr. 4 verpflichtet den Verantwortlichen daher, die Kategorien von Empfängern der personenbezogenen Daten im Rahmen der Benachrichtigung offenzulegen.

22 Der Wortlaut („gegebenenfalls") suggeriert fälschlicherweise, die Angabe stünde im Belieben des Verantwortlichen. Die Formulierung berücksichtigt jedoch lediglich den Fall, dass überhaupt keine Daten weitergegeben werden.

23 Empfänger ist gem. § 36 Nr. 11 Hs. 1 jede natürliche oder juristische Person, Behörde, Einrichtung oder andere Stelle, der personenbezogene Daten offengelegt werden, unabhängig davon, ob es sich bei ihr um einen Dritten handelt.

19 Vgl. Art. 5 Abs. 2 DS-GVO und die dazu ergangene Literatur: *Gardyan-Eisenlohr/Knöpfle* DuD 2017, 69 ff.; *Jung* ZD 2018, 208 ff.; *Veil* ZD 2018, 9 ff.
20 So auch *Johannes* ZD-Aktuell 2017, 05757 zu § 47 BDSG.
21 Ähnlich *Kahler*, Massenzugriff der Staatsanwaltschaft auf Kundendaten von Banken zur Ermittlung von Internetstraftaten, 2017, S. 148. Zur rechtswidrigen Erstellung von Lichtbildaufnahmen in Gefangenensammelstellen auf „Grundlage" von § 8 PolG NRW siehe LDI NRW, 20. TB 2011, S. 117 f.
22 *Schwichtenberg* in Kühling/Buchner DS-GVO/BDSG § 56 Rn. 3; *Otto* in Sydow BDSG § 46 Rn. 11.
23 *Eßer* in Auernhammer DS-GVO/BDSG § 56 Rn. 12.
24 *Franck* in Gola DS-GVO Art. 15 Rn. 10; *Eßer* in Auernhammer DS-GVO/BDSG § 56 Rn. 11; Otto in Sydow BDSG § 56 Rn. 12.

Der alte Streit um die Offenlegung von Datenflüssen an **Auftragsverarbeiter**[25] ist somit gegenstandslos geworden. Zu beachten ist freilich, dass Behörden, die im Rahmen eines bestimmten Untersuchungsauftrags nach dem Unionsrecht oder mitgliedsstaatlichen Rechtsvorschriften personenbezogene Daten erhalten, gem. Art. 3 Nr. 10 Satz 2 Hs. 1 JI-RL und § 36 Nr. 11 Hs. 2 nicht als Empfänger gelten. Damit wird dieser Transparenzinhalt für die betroffenen Personen weitgehend entwertet.

Die **Kategorisierung** muss zumindest so feingranular erfolgen, dass die betroffene Person eine Vorstellung hat, wer sich dahinter verbirgt und abschätzen kann, ob eine weitere Rechtsverfolgung angezeigt ist.[26] Die bloße Angabe „an andere Behörden" genügt hierfür nicht. 24

Sind Empfänger in **Drittländern** oder in internationalen Organisationen berührt, ist auch dies in Ansehung von Art. 13 Abs. 2 lit. c JI-RL bei der Kategorisierung deutlich zu kennzeichnen. 25

Anders als etwa Art. 13 Abs. 1 lit. e bzw. Art. 14 Abs. 1 lit. e DS-GVO umfasst § 48 Abs. 1 Nr. 4 keine Information über **konkrete Empfänger**. Diese kann die betroffene Person mittels ihres Auskunftsanspruchs gem. § 49 Abs. 1 Nr. 4 in Erfahrung bringen (→ § 49 Rn. 23 ff.). Insoweit tut die Behörde ggf. gut daran, die konkreten Empfänger überobligatorisch bereits im Rahmen der initialen Benachrichtigung zu nennen. Unter Umständen ist die Nennung der konkreten Empfänger im Einzelfall auch nach § 48 Abs. 1 Nr. 5 erforderlich (→ Rn. 27). 26

5. Weitere Informationen (Abs. 1 Nr. 5)

Da sich das **Transparenzgebot** im Anwendungsbereich der JI-RL unmittelbar aus dem Gebot von Treu und Glauben ergibt (→ § 47 Rn. 4 f.), können konkrete Umstände der Verarbeitung weitere Transparenzinhalte erforderlich machen. Die einschlägigen Fälle sind in ihrer Gesamtheit nicht vorherzusehen, weshalb sich der der NRW-Gesetzgeber zur Verwendung einer **Generalklausel** veranlasst sah. Nach § 48 Abs. 1 Nr. 5 sind daher erforderlichenfalls weitere Informationen mitzuteilen, insbesondere, wenn die personenbezogenen Daten ohne Wissen der betroffenen Person erhoben wurden. 27

Als weitere Informationen kommen bspw. die verarbeiteten **Datenkategorien**,[27] die **Quelle** der Daten,[28] die konkreten **Empfänger**[29] (→ Rn. 26), **Drittlandsbezüge** (§§ 62 ff.),[30] die Verwendung von **Profilingmechanismen**,[31] **Rechtsschutzmöglichkeiten**,[32] das Vorhandensein oder Nichtvorhandensein bestimmter **technisch-organisatorischer Maßnahmen**[33] oder der **Einsatz von Auftragsverarbeitern** in Betracht. Auch die Information, ob die betroffene Person verpflichtet 28

---

25 Hierzu noch *Gola/Schomerus*, BDSG, 12. Aufl. 2015, § 4 Rn. 33.
26 *Heckmann/Paschke* in Gola/Heckmann BDSG § 56 Rn. 13.
27 Vgl. Art. 14 Abs. 1 lit. d DS-GVO.
28 So auch *Heckmann/Paschke* in Gola/Heckmann BDSG § 56 Rn. 14. Vgl. ferner Art. 14 Abs. 2 lit. f DS-GVO.
29 Vgl. Art. 13 Abs. 1 lit. e bzw. Art. 14 Abs. 1 lit. e DS-GVO.
30 Vgl. Art. 13 Abs. 1 lit. f bzw. Art. 14 Abs. 1 lit. f DS-GVO.
31 Vgl. Art. 13 Abs. 2 lit. f bzw. Art. 14 Abs. 2 lit. g DS-GVO.
32 *Heckmann/Paschke* in Gola/Heckmann BDSG § 56 Rn. 14 sowie *Schwichtenberg* in Kühling/Buchner DS-GVO/BDSG § 56 Rn. 3.
33 Vormals § 18 Abs. 1 Satz 1 Nr. 4 DSG NRW aF. § 3 Abs. 3 gilt hier nicht: Zum einen nimmt die Vorschrift nur die technisch-organisatorischen Maßnahmen gem. Art. 32 DS-GVO vom IFG-Anspruch aus, nicht aber diejenigen gem. § 58. Zum anderen schweigt das Gesetz zur datenschutzrechtlichen Benachrichtigung, um die es hier geht.

ist, die personenbezogenen Daten bereitzustellen, und welche möglichen Folgen die **Nichtbereitstellung** hätte,[34] fällt hierunter, wenn nicht das Fachrecht sowieso entsprechende Belehrungspflichten vorsieht.[35] § 48 Abs. 1 Nr. 5 deckt auch die erneute Benachrichtigung bei nachträglicher **Zweckänderung** bzw. bei **inhaltlicher Änderung** der Transparenzinhalte ab (→ Rn. 13).

III. Ausnahmen

29 Der Verantwortliche kann sich (Entschließungs- und Auswahlermessen) je nach Sachlage auf ein mehrstufiges System von Ausnahmen berufen. Er kann die Benachrichtigung zeitlich **aufschieben**, inhaltlich **einschränken** oder ganz **unterlassen**. Es gibt im Anwendungsbereich der JI-RL keine grundsätzliche Ausnahme für die Situation, dass die betroffene Person bereits über die Information verfügt.[36] Dies mag auch dem Umstand geschuldet sein, dass die Datenverarbeitung zu den in der JI-RL geregelten Zwecken in der Laiensphäre generell als Mysterium gilt.

30 Sämtliche Ausnahmen des § 48 Abs. 2 und 3 beruhen dabei auf dem Gedanken, dass die Benachrichtigung nicht zur Beeinträchtigung der ordnungsgemäßen Erfüllung von hoheitlichen Aufgaben führen soll. Die geschützten **Behördeninteressen** müssen dabei in ein angemessenes Verhältnis zur Bedeutung der Benachrichtigung für die betroffene Person gebracht werden.[37] So hat der Verantwortliche in jedem **Einzelfall** zu prüfen, ob die Benachrichtigung etwa nur teilweise eingeschränkt oder mglw. zu einem späteren Zeitpunkt erteilt werden kann. Die Ausnahmetatbestände sind stets **restriktiv** auszulegen.[38] Da § 48 Abs. 1 keine eigenständigen Benachrichtigungspflichten begründet, sondern lediglich auf das einschlägige Fachrecht verweist, sollten entsprechende Ausnahmen ebenfalls dort niedergelegt werden.[39]

31 Der Wortlaut („oder“) suggeriert, dass sich der Verantwortliche zwingend festlegen müsse, ob er entweder aufschiebt, einschränkt oder unterlässt. Eine **Kombination** ist jedoch ebenfalls denkbar.[40] Vorstellbar ist, dass die eingeschränkte Benachrichtigung aufgeschoben[41] oder mehrfach hintereinander aus unterschiedlichen Gründen aufgeschoben wird.

1. Aufgabenerfüllung (Abs. 2 Nr. 1)

32 § 48 Abs. 2 Nr. 1 schützt die Erfüllung der in § 35 genannten Aufgaben, namentlich die Verhütung, Ermittlung, Aufdeckung, Verfolgung und Ahndung von Straftaten oder Ordnungswidrigkeiten und der Strafvollstreckung. Die Vorschrift dient der Umsetzung von Art. 13 Abs. 3 lit. b JI-RL.

33 Der Ausnahmetatbestand in § 48 Abs. 2 Nr. 1 gilt, soweit die Aufgabenerfüllung dies erfordert. Art. 13 Abs. 3 lit. b JI-RL soll vor der **Beeinträchtigung** des

34 Vgl. Art. 13 Abs. 2 lit. e DS-GVO. Zur Freiwilligkeit der Atemalkoholprobe *El-Ghazi* ZIS 2019, 110 (116 f.).
35 ZB Freiwilligkeit der Auskunftserteilung gem. § 9 Abs. 6 PolG NRW.
36 Vgl. Art. 13 Abs. 4, Art. 14 Abs. 5 lit. a DS-GVO.
37 LT-Drs. 17/1981, 162.
38 Artikel-29-Datenschutzgruppe, WP 258 vom 29.11.2017, S. 18; *Eßer* in Auernhammer DS-GVO/BDSG § 56 Rn. 16.
39 Hierzu *Bäcker*, Die Datenschutzrichtlinie für Polizei und Strafjustiz und das deutsche Eingriffsrecht, in Hill/Kugelmann/Martini, Perspektiven der digitalen Lebenswelt, 2017, S. 63 (81).
40 *Otto* in Sydow BDSG § 56 Rn. 26
41 *Heckmann/Paschke* in Gola/Heckmann BDSG § 56 Rn. 16.

Aufgabenerfolges schützen. Nicht jede **Erschwerung** der Aufgabenerfüllung stellt zugleich eine Beeinträchtigung des Erfolges dar. Eine solche ist nur dann gegeben, wenn sie gänzlich verhindert oder erheblich erschwert würde.[42]

Art. 13 Abs. 3 JI-RL fordert zwingend eine **Abwägung**, inwieweit das Vorenthalten der Benachrichtigung in einer demokratischen Gesellschaft erforderlich und verhältnismäßig ist und ob den Grundrechten und den berechtigten Interessen der betroffenen natürlichen Person Rechnung getragen wird. Nach der Vorstellung des Unionsgesetzgebers sollte diese Abwägung bereits im Gesetz niedergelegt sein. § 48 Abs. 2 wird dem nur unvollkommen gerecht. Der NRW-Gesetzgeber schreibt lediglich eine einfache **Interessenabwägung** vor, bei dem das Interesse an der Nichterteilung das Informationsinteresse der betroffenen Person überwiegt. Im Wege der richtlinienkonformen Auslegung muss stattdessen eine **komplexe Verhältnismäßigkeitsprüfung** unter Berücksichtigung sämtlicher Rechtsgüter und Interessen und insbesondere weiterer betroffener Grundrechte der betroffenen Person angestellt werden. 34

2. Öffentliche Sicherheit oder Ordnung (Abs. 2 Nr. 2)

§ 48 Abs. 2 Nr. 2 soll die öffentliche Sicherheit oder Ordnung schützen. Die **öffentliche Sicherheit** (Alt. 1) umfasst die Unverletzlichkeit der Rechtsordnung, der subjektiven Rechte und Rechtsgüter des Einzelnen sowie den Bestand des Staates, seiner Einrichtungen und Veranstaltungen.[43] 35

Die **öffentliche Ordnung** (Alt. 2) umfasst die Gesamtheit aller ungeschriebenen Regeln für das Verhalten des Einzelnen in der Öffentlichkeit, deren Beachtung nach den jeweils herrschenden Anschauungen als unerlässliche Voraussetzung eines geordneten staatsbürgerlichen Gemeinschaftslebens betrachtet wird. 36

Die Vorschrift dient ausweislich der Gesetzesbegründung der Umsetzung von Art. 13 Abs. 3 lit. c JI-RL.[44] Der NRW-Gesetzgeber hat jedoch den Wortlaut der Richtlinie insoweit überspannt, als der Unionsgesetzgeber lediglich die öffentliche Sicherheit, nicht jedoch die öffentliche Ordnung berücksichtigt sehen wollte.[45] Um eine **richtlinienkonforme Anwendung** der Vorschrift dennoch sicherzustellen, bedarf es im Rahmen der nötigen Interessenabwägung (→ Rn. 34) eines nochmals verschärften Prüfungsmaßstabes. § 48 Abs. 2 Nr. 2 Alt. 2 wird deshalb in der Praxis kaum jemals eine nennenswerte Rolle spielen. 37

3. Rechtsgüter Dritter (Abs. 2 Nr. 3)

§ 48 Abs. 2 Nr. 3 schützt Rechtsgüter Dritter vor einer Beeinträchtigung durch die Benachrichtigung. Dies meint insbesondere **Persönlichkeitsrechte** von etwaigen Hinweisgebern oder Zeugen. Je nach Sachlage können diese durch Anonymisierung oder Pseudonymisierung entsprechend geschützt werden. Dies stellt in jedem Falle das mildere Mittel zum Unterlassen der Benachrichtigung dar.[46] 38

---

42 § 56 Abs. 2 BDSG stellt richtigerweise auf die Gefährdung der Aufgabenerfüllung ab.
43 Vgl. PrOVG Urt. v. 14.6.1882 – Rep. II B. 23/82 – „Kreuzbergurteil", PrOVGE 9, 353 zu § 10 II 17 ALR.
44 LT-Drs. 17/1981, 162.
45 Korrekt insoweit § 56 Abs. 2 Nr. 2 BDSG.
46 So auch *Heckmann/Paschke* in Gola/Heckmann BDSG § 56 Rn. 19.

39 Die Vorschrift dient der Umsetzung von Art. 13 Abs. 3 lit. e JI-RL.[47] Der Begriff der Rechtsgüter ist richtlinienkonform im Sinne sämtlicher **Rechte und Freiheiten** auszulegen. Gefordert ist auch hier eine Interessenabwägung (→ Rn. 34).

4. Wohl des Bundes oder des Landes (Abs. 2 Nr. 4)

40 Die Vermeidung von Nachteilen für das **Wohl des Bundes oder des Landes NRW** in § 28 Abs. 2 Nr. 4 dient der Umsetzung von Art. 13 Abs. 3 lit. d JI-RL und ist somit im Sinne des Schutzes der nationalen Sicherheit zu interpretieren. Gefordert ist wiederum eine Interessenabwägung (→ Rn. 34). Bemerkenswert ist, dass das Wohl aller übrigen Bundesländer dem Wortlaut nach unberücksichtigt bleibt.

41 Die Abwehr von Nachteilen für das Wohl des Bundes oder eines Landes ist § 29 Abs. 2 VwVfG bzw. § 99 Abs. 1 S. 2 VwGO entlehnt. Ein **Nachteil** in diesem Sinne ist nach der Rechtsprechung des BVerwG ua dann gegeben, wenn und soweit die Bekanntgabe die künftige Erfüllung der Aufgaben der Sicherheitsbehörden einschließlich deren Zusammenarbeit mit anderen Behörden erschweren oder Leben, Gesundheit oder Freiheit von Personen gefährden würde.[48] Der Schutzgegenstand ist insoweit gegenüber der Aufgabenerfüllung (§ 48 Abs. 2 Nr. 1) und dem Individualrechtsschutz (§ 48 Abs. 2 Nr. 3) völlig konturlos.[49]

5. Gefährdung des Ermittlungserfolges (Abs. 2 Nr. 5)

42 Die Gewährleistung des § 48 Abs. 2 Nr. 5, dass behördliche oder gerichtliche Untersuchungen, Ermittlungen oder Verfahren nicht behindert werden dürfen, dient der Umsetzung von Art. 13 Abs. 3 lit. a JI-RL. Gefordert ist auch hier eine Interessenabwägung (→ Rn. 34).

6. Zustimmungsvorbehalt der Sicherheitsbehörden (Abs. 3)

43 Die Kategorien von Empfängern sind grds. gem. § 48 Abs. 1 Nr. 4 zu nennen. Wurden aber personenbezogene Daten an Verfassungsschutzbehörden, den BND, den MAD oder, soweit die Sicherheit des Bundes berührt ist, an andere Behörden des BMVg übermittelt, ist die Benachrichtigung hierüber nur mit Zustimmung der jeweiligen Stelle zulässig. Der Wortlaut der Vorschrift ist ungenau: Die Übermittlung an nur eine der genannten Stellen begründet selbstverständlich kein Zustimmungserfordernis seitens der übrigen Stellen.

44 Die Zustimmung kann nicht nach **Gutdünken** verweigert werden, vielmehr müssen stichhaltige Gründe vorliegen, welche die jeweilige Behörde gegebenenfalls selbst zur Verweigerung der Information berechtigen würden.[50]

45 Ein bestimmtes **Verfahren** für die Einholung der Zustimmung ist nicht festgelegt. Es gilt § 10 Satz 2 VwVfG NRW, wobei im Interesse der betroffenen Person auf eine zügige Bearbeitung hingewirkt werden sollte.

46 Art. 13 JI-RL kennt einen Zustimmungsvorbehalt nicht ausdrücklich. Er wurde vom NRW-Gesetzgeber in Anlehnung an § 12 Abs. 3 geschaffen.[51] Die Lösung übersieht freilich, dass § 12 Abs. 3 auf Grundlage des (hier nicht anwendbaren)

---

47 LT-Drs. 17/1981, 162.
48 BVerwG NVwZ 2010, 706; BVerwG NVwZ 2010, 844.
49 So bereits *Franck* in Gola/Heckmann BDSG § 32 Rn. 25.
50 *Franck* in Gola/Heckmann BDSG § 33 Rn. 22 zu § 33 Abs. 3 BDSG; *Werkmeister* in Gola/Heckmann BDSG § 57 Rn. 22; *Otto* in Sydow BDSG § 56 Rn. 28.
51 LT-Drs. 17/1981, 163.

Art. 23 Abs. 1 DS-GVO erlassen wurde, weshalb wenigstens zugleich kompensierende Maßnahmen zum Schutz berechtigter Interessen der betroffenen Personen iSv Art. 23 Abs. 2 DS-GVO erforderlich gewesen wären. Um dennoch zu einer **richtlinienkonformen Anwendung** zu gelangen, kann die Ausnahme des § 48 Abs. 3 daher nicht weiter reichen, als es bereits die übrigen Tatbestände des Art. 13 Abs. 3 lit. a-e JI-RL sowieso tun.

Problematisch ist außerdem, dass die genannten Sicherheitsbehörden nicht dem Anwendungsbereich des DSG NRW unterfallen.[52] Es gibt daher keinen Mechanismus, die Empfänger der Daten zu der **geschuldeten Zustimmung** zu bewegen. In Ansehung von Art. 17 Abs. 1 JI-RL wäre zumindest eine Rechteausübung durch die zuständige Datenschutzaufsichtsbehörde angezeigt. 47

IV. Dokumentation (Abs. 4)

Es gilt dieselbe Dokumentationspflicht wie bei der Auskunftserteilung gem. § 49 Abs. 8 (→ § 49 Rn. 44 ff.). 48

C. Bedeutung der Vorschrift für die behördliche Praxis

Die Vorschrift fordert dem Verantwortlichen die Implementierung eines effektiven **Datenschutz-Managementsystems** ab. Zunächst muss sichergestellt sein, dass sämtliche Vorschriften des Fachrechts identifiziert sind, die eine Benachrichtigung im Sinne von § 48 Abs. 1 vorsehen. Sodann müssen die erforderlichen Informationen je nach Sachlage zusammengestellt werden. Hier kann zunächst unmittelbar auf die Dokumentation im **Verzeichnis von Verarbeitungstätigkeiten** gem. § 53 zurückgegriffen werden. Der Verantwortliche muss jedoch auch in der Lage sein, die weitergehenden Informationsbedürfnisse des § 48 Abs. 1 Nr. 5 zu erkennen und zu bedienen. **Ausnahmetatbestände** des § 48 Abs. 2 und 3 sind zeitnah zu prüfen, eine fehlerfreie Ermessensentscheidung sicherzustellen und ggf. die Benachrichtigung entsprechend zuzuschneiden. Zuletzt sind gem. § 48 Abs. 4 iVm § 49 Abs. 8 die sachlichen oder rechtlichen Gründe für die getroffene Entscheidung zu **dokumentieren.** 49

Ein Verstoß gegen § 48 bleibt weitestgehend folgenlos. Öffentliche Stellen sind gem. § 69 iVm § 33 Abs. 4 generell vom **Bußgeld** ausgenommen. Bußgelder für Einzelpersonen wegen Verstoßes gegen § 48 sind in § 69 iVm § 33 Abs. 1 grds. nicht vorgesehen. Lediglich dann, wenn durch gezielte Fehlinformation und der damit einhergehenden Vortäuschung falscher Tatsachen die Weitergabe der Daten veranlasst wird, ist an die Verhängung eines Bußgelds gem. § 69 iVm 33 Abs. 1 Satz 1 Nr. 2 zu denken. 50

Schadensersatz gem. § 68 Abs. 1 ist nur wegen unzulässiger oder unrichtiger Verarbeitung vorgesehen.[53] Bleibt die Benachrichtigung aus, obwohl die betroffene Person um die Verarbeitung weiß, kann sie ihren Auskunftsanspruch gem. § 49 Abs. 1 geltend machen. 51

52 Ähnlich *Johannes/Weinhold* Das neue DSR bei Polizei und Justiz § 1 Rn. 187 zu § 56 Abs. 3 BDSG.
53 Die Vorschrift bleibt insoweit deutlich hinter Art. 56 JI-RL zurück.

§ 49 Auskunftsrecht

(1) [1]Der Verantwortliche hat betroffenen Personen auf Antrag Auskunft darüber zu erteilen, ob er sie betreffende Daten verarbeitet. [2]Betroffene Personen haben darüber hinaus das Recht, Informationen zu erhalten über

1. die personenbezogenen Daten, die Gegenstand der Verarbeitung sind, und die Kategorie, zu der sie gehören,
2. die verfügbaren Informationen über die Herkunft der Daten,
3. die Zwecke der Verarbeitung und deren Rechtsgrundlage,
4. die Empfänger oder die Kategorien von Empfängern, gegenüber denen die Daten offengelegt worden sind, insbesondere bei Empfängern in Drittstaaten oder bei internationalen Organisationen,
5. die für die Daten geltende Speicherdauer oder, falls dies nicht möglich ist, die Kriterien für die Festlegung dieser Dauer,
6. das Bestehen eines Rechts auf Berichtigung, Löschung oder Einschränkung der Verarbeitung der Daten durch den Verantwortlichen,
7. das Recht nach § 60, die Landesbeauftrage oder den Landesbeauftragten für Datenschutz und Informationsfreiheit anzurufen, sowie
8. Angaben zur Erreichbarkeit der oder des Landesbeauftragten für Datenschutz und Informationsfreiheit.

(2) Die betroffene Person kann keine Auskunft über die Verarbeitung sie betreffender personenbezogener Daten nach Absatz 1 verlangen, soweit die Daten ausschließlich zu Zwecken der Datensicherung oder der Datenschutzkontrolle gespeichert sind und eine Verarbeitung zu anderen Zwecken durch geeignete technische und organisatorische Maßnahmen ausgeschlossen ist.

(3) Soweit der Verantwortliche große Mengen von Informationen über die betroffene Person verarbeitet, kann er bei einem Auskunftsersuchen verlangen, dass die betroffene Person präzisiert, auf welche Information oder welche Verarbeitungsvorgänge sich ihr Auskunftsersuchen bezieht.

(4) Der Verantwortliche kann unter den Voraussetzungen des § 48 Absatz 2 von der Auskunft nach Absatz 1 Satz 1 absehen oder die Auskunftserteilung nach Absatz 1 Satz 2 ganz oder teilweise einschränken.

(5) Bezieht sich die Auskunftserteilung auf die Übermittlung personenbezogener Daten an Verfassungsschutzbehörden, den Bundesnachrichtendienst, den Militärischen Abschirmdienst oder, soweit die Sicherheit des Bundes berührt ist, andere Behörden des Bundesministeriums der Verteidigung, ist sie nur mit Zustimmung dieser Stellen zulässig.

(6) [1]Der Verantwortliche hat die betroffene Person über das Absehen von oder die Einschränkung einer Auskunft unverzüglich schriftlich zu unterrichten. [2]Dies gilt nicht, wenn bereits die Erteilung dieser Information eine Gefährdung im Sinne des § 48 Absatz 2 mit sich bringt. [3]Die Unterrichtung nach Satz 1 ist zu begründen, es sei denn, dass die Mitteilung der Gründe den mit dem Absehen von oder der Einschränkung der Auskunft verfolgten Zweck gefährdet.

(7) [1]Wird die betroffene Person nach Absatz 6 über das Absehen von oder die Einschränkung der Auskunft unterrichtet, kann sie ihr Auskunftsrecht auch über die Landesbeauftragte oder den Landesbeauftragten für Datenschutz und Informationsfreiheit ausüben. [2]Der Verantwortliche hat die betroffene Person darüber zu unterrichten, dass sie gemäß § 60 die Landesbeauftragte oder den Landesbeauftragten für Datenschutz und Informationsfreiheit anrufen, ihr Auskunftsrecht über sie oder ihn ausüben oder gerichtlichen Rechtsschutz suchen

kann. [3]Macht die betroffene Person von ihrem Recht nach Satz 1 Gebrauch, ist die Auskunft auf ihr Verlangen der oder dem Landesbeauftragten für Datenschutz und Informationsfreiheit zu erteilen, soweit nicht die zuständige oberste Landesbehörde im Einzelfall feststellt, dass dadurch die Sicherheit des Bundes oder eines Landes gefährdet würde. [4]Die oder der Landesbeauftragte für Datenschutz und Informationsfreiheit hat die betroffene Person darüber zu unterrichten, dass alle erforderlichen Prüfungen erfolgt sind oder eine Überprüfung durch ihn stattgefunden hat. [5]Diese Mitteilung kann die Information enthalten, ob datenschutzrechtliche Verstöße festgestellt wurden. [6]Die Mitteilung der oder des Landesbeauftragten für Datenschutz und Informationsfreiheit an die betroffene Person darf keine Rückschlüsse auf den Erkenntnisstand des Verantwortlichen zulassen, sofern dieser keiner weitergehenden Auskunft zustimmt. [7]Der Verantwortliche darf die Zustimmung nur insoweit und solange verweigern, wie er nach Absatz 4 von einer Auskunft absehen oder sie einschränken könnte. [8]Die oder der Landesbeauftragte für Datenschutz und Informationsfreiheit hat die betroffene Person ebenfalls über ihr Recht auf gerichtlichen Rechtsschutz zu unterrichten.

(8) Der Verantwortliche hat die sachlichen oder rechtlichen Gründe für die Entscheidung zu dokumentieren.

Verwandte Normen JI-RL:

Artikel 14 Auskunftsrecht der betroffenen Person

Vorbehaltlich des Artikels 15 sehen die Mitgliedstaaten vor, dass die betroffene Person das Recht hat, von dem Verantwortlichen eine Bestätigung darüber zu erhalten, ob sie betreffende personenbezogene Daten verarbeitet werden; ist dies der Fall, so hat sie das Recht, Auskunft über personenbezogene Daten und zu folgenden Informationen zu erhalten:

a) die Zwecke der Verarbeitung und deren Rechtsgrundlage,
b) die Kategorien personenbezogener Daten, die verarbeitet werden,
c) die Empfänger oder Kategorien von Empfängern, gegenüber denen die personenbezogenen Daten offengelegt worden sind, insbesondere bei Empfängern in Drittländern oder bei internationalen Organisationen,
d) falls möglich die geplante Dauer, für die die personenbezogenen Daten gespeichert werden oder, falls dies nicht möglich ist, die Kriterien für die Festlegung dieser Dauer,
e) das Bestehen eines Rechts auf Berichtigung oder Löschung personenbezogener Daten oder Einschränkung der Verarbeitung personenbezogener Daten der betroffenen Person durch den Verantwortlichen,
f) das Bestehen eines Beschwerderechts bei der Aufsichtsbehörde sowie deren Kontaktdaten,
g) Mitteilung zu den personenbezogenen Daten, die Gegenstand der Verarbeitung sind, sowie alle verfügbaren Informationen über die Herkunft der Daten.

Artikel 15 Einschränkung des Auskunftsrechts

(1) Die Mitgliedstaaten können Gesetzgebungsmaßnahmen erlassen, die zu nachstehenden Zwecken das Recht der betroffenen Person auf Auskunft teilweise oder vollständig einschränken, soweit und so lange wie diese teilweise oder vollständige Einschränkung in einer demokratischen Gesellschaft erforderlich und verhältnismäßig ist und den Grundrechten und den berechtigten Interessen der betroffenen natürlichen Person Rechnung getragen wird:

a) Gewährleistung, dass behördliche oder gerichtliche Untersuchungen, Ermittlungen oder Verfahren nicht behindert werden,
b) Gewährleistung, dass die Verhütung, Aufdeckung, Ermittlung oder Verfolgung von Straftaten oder die Strafvollstreckung nicht beeinträchtigt werden,
c) Schutz der öffentlichen Sicherheit,
d) Schutz der nationalen Sicherheit,
e) Schutz der Rechte und Freiheiten anderer.

(2) Die Mitgliedstaaten können Gesetzgebungsmaßnahmen zur Festlegung der Verarbeitungskategorien erlassen, für die Absatz 1 Buchstaben a bis e vollständig oder teilweise zur Anwendung kommen.

(3) [1]Für die in den Absätzen 1 und 2 genannten Fälle sehen die Mitgliedstaaten vor, dass der Verantwortliche die betroffene Person unverzüglich schriftlich über die Verweigerung oder die Einschränkung der Auskunft und die Gründe hierfür unterrichtet. [2]Dies gilt nicht, wenn die Erteilung dieser Informationen einem der in Absatz 1 genannten Zwecke zuwiderliefe. [3]Die Mitgliedstaaten sehen vor, dass der Verantwortliche die betroffene Person über die Möglichkeit unterrichtet, bei der Aufsichtsbehörde Beschwerde einzulegen oder einen gerichtlichen Rechtsbehelf einzulegen.

(4) [1]Die Mitgliedstaaten sehen vor, dass der Verantwortliche die sachlichen oder rechtlichen Gründe für die Entscheidung dokumentiert. [2]Diese Angaben sind der Aufsichtsbehörde zur Verfügung zu stellen.

Kurzübersicht zum Verhältnis der entscheidenden Normen			
Norm des DSG NRW	Entsprechende Norm der JI-RL	Entsprechende Norm des BDSG	
§ 49 DSG NRW	Art. 15 und 16 JI-RL	§ 57 BDSG	

Literatur:

Artikel-29-Datenschutzgruppe, WP 258 – Opinion on some key issues of the Law Enforcement Directive (EU 2016/680) vom 29.11.2017; *Buchmann/Eichhorn*, Auskunftsersuchen nach Art. 15 DSGVO, DuD 2019, 65; *Dausend*, Der Auskunftsanspruch in der Unternehmenspraxis, ZD 2019, 103; *Engeler/Quiel*, Recht auf Kopie und Auskunftsanspruch im Datenschutzrecht, NJW 2019, 2201; *Grimme*, So gehen Sie richtig mit Auskunftsersuchen um, DatenschutzPraxis 11/2018, 1; *Härting*, Was ist eigentlich eine „Kopie"?, CR 2019, 219; *Kremer*, Das Auskunftsrecht der betroffenen Person in der DSGVO, CR 2018, 560; *Köhnlechner*, Auskunftsrecht des Betroffenen nach der Datenschutzgrundverordnung (DSGVO), DSRITB 2018, 173; *Lapp*, Informations- und Auskunftspflichten von Anwaltskanzleien, NJW 2019, 345; *Petrlic*, Identitätsprüfung bei elektronischen Auskunftsersuchen nach Art. 15 DSGVO, DuD 2019, 71; *Piltz*, Umsetzung des Auskunftsrechts bei der Videoüberwachung, DSB 2019, 104; *Schulte/Welge*, Der datenschutzrechtliche Kopieanspruch im Arbeitsrecht, NZA 2019, 1110; *Weichert*, Der Datenschutzanspruch auf Negativauskunft, NVwZ 2007, 1004; *Wybitul/Brams*, Welche Reichweite hat das Recht auf Auskunft und auf eine Kopie nach Art. 15 I DS-GVO?, NZA 2019, 672; *Wybitul/Ganz*, Erstes Urteil zur Reichweite des Rechts auf Kopie, DSB 2019, 113; *Zikesch/Sörup*, Der Auskunftsanspruch nach Art. 15 DS-GVO, ZD 2019, 239.

A. Grundlagen

I. Gesamtverständnis, Zweck der Norm und Verhältnis zu anderen Normen

§ 49 ist in Teil 3, Kapitel 3 – „Rechte der betroffenen Personen“ verortet und dient der Umsetzung von Art. 14 und 15 JI-RL. Die Vorschrift findet ihre Entsprechung in § 57 BDSG auf Bundesebene sowie in § 39 JVollzDSG NRW auf Landesebene für den Bereich des Justizvollzugs. 1

Das Auskunftsrecht gehört wie die Benachrichtigung gem. § 48 zu den basalen Betroffenenrechten und stellt faktisch (nicht rechtlich)[1] eine unverzichtbare Voraussetzung für die Geltendmachung weiterer datenschutzrechtlicher Ansprüche dar.[2] Das Recht auf Auskunft ergibt sich insoweit bereits unmittelbar aus Art. 8 Abs. 2 Satz 2 Alt. 1 GRCh. § 49 gewährt einen Anspruch auf umfassende Information hinsichtlich der personenbezogenen Daten der betroffenen Person sowie spezifischer Umstände der Datenverarbeitung. 2

Die formalen Informationsgehalte der §§ 48 und 49 (sog. „Metadaten“)[3] sind weitgehend deckungsgleich. Die Auskunft gewährt zudem materiell Einblick in die verarbeiteten Daten beim Verantwortlichen. 3

Kongruenzen	Benachrichtigung	Auskunft
Negativauskunft	nein	§ 49 Abs. 1 Satz 1
personenbezogene Daten	grds. nein, ggf. § 48 Abs. 1 Nr. 5	§ 49 Abs. 1 Satz 2 Nr. 1 Alt. 1
Kategorien der Daten	grds. nein, ggf. § 48 Abs. 1 Nr. 5	§ 49 Abs. 1 Satz 2 Nr. 1 Alt. 2

1 So schon *Ehmann/Helfrich*, EG-Datenschutzrichtlinie, 1999, Art. 12 Rn. 7; ferner *Franck* in Gola DS-GVO Art. 15 Rn. 1.
2 So auch LT-Drs. 17/1981, 163.
3 Begrifflichkeit nach *Ehmann* in Ehmann/Selmayr DS-GVO Art. 15 Rn. 17.

Kongruenzen	Benachrichtigung	Auskunft
Herkunft der Daten	grds. nein, ggf. § 48 Abs. 1 Nr. 5	§ 49 Abs. 1 Satz 2 Nr. 2
Zwecke	§ 48 Abs. 1 Nr. 1 iVm § 47 Nr. 1	§ 49 Abs. 1 Satz 2 Nr. 3 Alt. 1
Rechtsgrundlagen	§ 48 Abs. 1 Nr. 2	§ 49 Abs. 1 Satz 2 Nr. 3 Alt. 2
Empfänger	grds. nein, ggf. § 48 Abs. 1 Nr. 5	§ 49 Abs. 1 Satz 2 Nr. 4 Alt. 1
Kategorien von Empfängern	§ 48 Abs. 1 Nr. 4	§ 49 Abs. 1 Satz 2 Nr. 4 Alt. 2
Speicherdauer oder Kriterien zur Bestimmung der Speicherdauer	§ 48 Abs. 1 Nr. 3	§ 49 Abs. 1 Satz 2 Nr. 5
Betroffenenrechte	§ 48 Abs. 1 Nr. 1 iVm § 47 Nr. 2	§ 49 Abs. 1 Satz 2 Nr. 6
Anrufung LDI NRW	§ 48 Abs. 1 Nr. 1 iVm § 47 Nr. 4	§ 49 Abs. 1 Satz 2 Nr. 7
Kontaktdaten des Verantwortlichen	§ 48 Abs. 1 Nr. 1 iVm § 47 Nr. 3 Alt. 1	nein
Kontaktdaten des Datenschutzbeauftragten	§ 48 Abs. 1 Nr. 1 iVm § 47 Nr. 3 Alt. 2	nein
Kontaktdaten LDI NRW	§ 48 Abs. 1 Nr. 1 iVm § 47 Nr. 5	§ 49 Abs. 1 Satz 2 Nr. 8

II. Bisherige Rechtslage

4 Der Auskunftsanspruch war landesrechtlich bislang in § 18 DSG NRW aF geregelt. Er umfasste die verarbeiteten Daten als solche, den Zweck und die Rechtsgrundlage der Verarbeitung, die Herkunft der Daten, die Empfänger von Übermittlungen sowie die allgemeinen technischen Bedingungen der automatisierten Verarbeitung. Bereits nach alter Rechtslage bestanden weitreichende Ausnahmetatbestände.

B. Kommentierung

I. Adressat

5 § 49 verpflichtet den Verantwortlichen im Sinne von § 36 Nr. 9. Auftragsverarbeiter im Sinne von § 36 Nr. 10 werden nötigenfalls gem. § 52 Abs. 1 Satz 1 iVm Art. 28 Abs. 3 Satz 2 lit. e DS-GVO zur Unterstützung des Verantwortlichen herangezogen. Gemeinsam Verantwortliche im Sinne von § 67 Nr. 2 iVm Art. 26 DS-GVO sind grundsätzlich jeweils für sich alleine angesprochen, es sei denn, eine Vereinbarung gem. § 67 Nr. 2 iVm Art. 26 Abs. 2 Satz 2 DS-GVO regelt die konkrete Aufgabenverteilung hinsichtlich ausgeübter Betroffenenrechte.

II. Form und Entgelt

6 Eine bestimmte **Form** für die Beauskunftung ist in § 49 nicht vorgesehen. Insoweit gelten zunächst die allgemeinen Regeln des § 51 Abs. 1 Satz 1.

7 Insbesondere wird im DSG NRW nicht auf den Begriff der **Kopie**[4] rekurriert, wie etwa in Art. 15 Abs. 3 DS-GVO.[5] Ausweislich der Gesetzesbegründung des Landesgesetzgebers müssen die Angaben nicht in einer Form gemacht werden, die Aufschluss über die Art und Weise der Speicherung oder Sichtbarkeit der Daten beim Verantwortlichen im Sinne einer Kopie zulässt.[6] Hieran wird berechtigte Kritik geübt.[7]

8 Die Auskunft hat in verständlicher Form zu erfolgen und die Nachprüfbarkeit durch die betroffene Person zu gewährleisten.[8] Die Kopie im Sinne von Art. 15 Abs. 3 DS-GVO erfüllt diese Anforderungen am besten, sie wird daher in Erwägungsgrund 43 Satz 5 JI-RL vorausgesetzt. Auch die Artikel-29-Datenschutzgruppe geht ohne Weiteres von einem Anspruch auf Kopie im Anwendungsbereich der JI-RL aus.[9]

9 Die **Bearbeitungsfrist** sollte kurz gehalten werden. Die Antragsbearbeitung hat gem. § 51 Abs. 2 unverzüglich (= „ohne schuldhaftes Zögern", → § 51 Rn. 15) zu erfolgen. Die betroffene Person ist insoweit schriftlich darüber in Kenntnis zu setzen, wie verfahren wurde. Dies meint jedoch nicht notwendigerweise auch eine unverzügliche Auskunftserteilung. Diese kann je nach Komplexität der Anfrage und Verteilungsgrad der Daten auf verschiedene Fachanwendungen durchaus längere Zeit in Anspruch nehmen. Nichtsdestotrotz lässt sich aus Art. 12 Abs. 1 Satz 1, Abs. 2 JI-RL iVm § 10 Satz 2 VwVfG NRW das Erfordernis einer möglichst zügigen Abwicklung lesen. Die Artikel-29-Datenschutzgruppe plädiert für eine Antragsbearbeitung innerhalb eines Monats.[10]

10 Die Erteilung der Auskunft erfolgt gem. § 53 Abs. 3 Satz 1 **unentgeltlich**, es sei denn, es handelt sich um einen offenkundig unbegründeten oder exzessiven Antrag und der Verantwortliche entscheidet sich aktiv für eine Gebührenerhebung (→ § 51 Rn. 21 ff.).

III. Antrag

11 Anders als die Bürgerinformation nach § 47 und die Benachrichtigung nach § 48 setzt die Auskunft einen Antrag durch die betroffene Person voraus. Der Antrag ist nicht formgebunden und muss **nicht begründet** werden.

12 Antragsberechtigt ist **jede natürliche betroffene Person im In- oder Ausland**. Für den Fall der Negativauskunft nach § 49 Abs. 1 Hs. 1 ist die datenschutzrechtliche Betroffenheit des Antragstellers ausnahmsweise nicht erforderlich. **Bevollmächtigte** – insbesondere Rechtsanwälte – können den Antrag stellen und bei entsprechender Reichweite der Vollmachtserteilung die Informationen oder Unterrichtungen selbst entgegennehmen.

---

4 Hierzu *Franck* in Gola DS-GVO Art. 15 Rn. 27 f.; *Härting* CR 2019, 219 ff.; *Zikesch/Sörup* ZD 2019, 239 ff.; *Engeler/Quiel* NJW 2019, 2201 ff.; *Schulte/Welge* NZA 2019, 1110 ff.; *Wybitul/Brams* NZA 2019, 672; *Wybitul/Ganz* DSB 2019, 113.

5 Kritisch daher *Weinhold/Johannes* DVBl 2016, 1501 (1505).

6 LT-Drs. 17/1981, 163. Möglicherweise liegt dem eine Begriffsverwirrung seitens des NRW-Gesetzgebers zugrunde („Datenkopie" ≠ „Photokopie").

7 *Schild* in BeckOK DatenschutzR DS-GVO/BDSG § 57 Rn. 10.

8 Vgl. Erwägungsgrund 43 Satz 4 JI-RL.

9 Artikel-29-Datenschutzgruppe, WP 258 vom 29.11.2017, S. 20.

10 Artikel-29-Datenschutzgruppe, WP 258 vom 29.11.2017, S. 19.

13 Hat der Verantwortliche begründete Zweifel an der Identität eines Antragstellers, kann er von ihm gem. § 51 Abs. 4 zusätzliche Informationen anfordern, die zur Bestätigung seiner Identität erforderlich sind (→ § 51 Rn. 27 ff.). Daten, die unter einem Pseudonym gespeichert sind, können unter diesem Pseudonym abgefragt werden, solange die **Identitätsprüfung** sichergestellt bleibt (zB Künstler-, Ordens-, Deck- oder Spitznamen).

14 Der Antrag kann jederzeit ohne Weiteres zurückgenommen werden, da der Anspruch mit jeder Antragsstellung neu entsteht. Es widerspricht in Ansehung von Erwägungsgrund 43 Satz 1 JI-RL grundsätzlich nicht § 49, den Antrag auf regelmäßiges Update (zB „alle zwölf Monate") hin zu formulieren (Exzessverbot beachten, → Rn. 24 f.).

15 Gem. § 49 Abs. 3 darf der Verantwortliche von der betroffenen Person verlangen, ihr Auskunftsersuchen zu **präzisieren**. Sie sollte dementsprechend mitteilen, auf welche Information oder welche Verarbeitungsvorgänge sich ihr Auskunftsersuchen bezieht. Dies gilt, soweit der Verantwortliche große Mengen von Informationen über die betroffene Person verarbeitet, nicht bloß große Mengen insgesamt. Damit wird ein Ausgleich geschaffen zwischen dem Aufwand, den ein Auskunftsbegehren beim Verantwortlichen verursacht und dem wahren Informationsinteresse der betroffenen Person, das sich möglicherweise nur auf einen Teilaspekt der Datenverarbeitung bezieht. Die betroffene Person ist selbstverständlich nicht gehindert, im Rahmen der Präzisierung dennoch schlicht „alles" zu verlangen.[11] Anders als in § 12 Abs. 1 Satz 2[12] setzt das Auskunftsrecht im Anwendungsbereich der JI-RL nicht voraus, dass die betreffende Person Angaben macht, die das Auffinden der Daten mit angemessenem Aufwand ermöglicht.

IV. Grundsatz der Beauskunftung und Negativauskunft (Abs. 1 Satz 1)

16 Das Wissen um die Verarbeitung steht am Anfang sämtlicher antragsabhängiger Betroffenenrechte. Wegen seiner weichenstellenden Bedeutung ist der Auskunftsanspruch in Art. 8 Abs. 2 Satz 2 Alt 1 GRCh niedergelegt. Die Art. 14 und 15 JI-RL konkretisieren den allgemeinen Grundsatz. Der Anspruch nach § 49 reicht gewissermaßen vom „**Ob**" der Datenverarbeitung (§ 49 Abs. 1 S. 1) über das „**Wie**" (§ 49 Abs. 1 Satz 2 Nr. 2–8) bis zum „**Was**" (§ 49 Abs. 1 Satz 2 Nr. 1).

17 Die Bestätigung, ob Daten der betroffenen Person verarbeitet werden oder nicht, wurde schon durch Art. 12 lit. a Spiegelstrich 1 Var. 1 DS-RL gewährt. Art. 14 Hs. 1 JI-RL führt diesen Ansatz fort. Die Positivauskunft leitet unmittelbar über zu den übrigen Informationsgehalten des § 49 Abs. 1. Die **Negativauskunft**[13] dient nicht nur der bloßen Beruhigung des Antragstellers, sondern auch der unmittelbaren Kontrolle von vorangegangenen Löschbegehren.

V. Transparenzinhalte

1. Personenbezogene Daten und deren Kategorien (Abs. 1 Satz 2 Nr. 1)

18 Die materielle Auskunft hinsichtlich der verarbeiteten Daten stellt den Wesenskern des § 49 und dessen hervorgehobene Stellung unter den Transparenzrechten dar. Wie weit der Auskunftsanspruch reicht, ergibt sich maßgeblich aus der Definition des § 36 Nr. 1. Der Anspruch gilt selbstverständlich für Videoauf-

---

11 *Franck* in Gola DS-GVO Art. 15 Rn. 40.
12 Vgl. auch § 57 Abs. 3 BDSG.
13 Hierzu schon *Weichert* NVwZ 2007, 1004 ff. Die Artikel-29-Datenschutzgruppe, WP 258 vom 29.11.2017, S. 19 sah sich bemüßigt, die Existenz dieses Anspruchs noch einmal ausdrücklich zu bestätigen.

zeichnungen, solange die Rechte weiterer aufgenommener Personen nicht verletzt werden.[14] **Entwurfsschriften** rechtlicher Stellungnahmen seien hingegen nach Auffassung des EuGH nicht zu beauskunften, da die rechtliche Analyse nicht der Löschung oder Berichtigung auf Betreiben der betroffenen Person offenstehe.[15] Der Auskunftsanspruch gem. § 49 Abs. 1 Satz 2 Nr. 1 Alt. 1 (und ggf. Nr. 4) ist zudem nötigenfalls um die Angaben in den **Protokolldateien** gem. § 55 Abs. 1 und 2 zu erweitern (→ § 55 Rn. 17 ff.).[16]

Die betroffene Person kann außerdem eine **Kategorisierung** der Daten verlangen. Hierzu gehört zunächst eine vorangestellte Übersicht, welche Datenkategorien in der Auskunft enthalten sind. Nach dem erklärten Willen des NRW-Gesetzgebers soll sich der Verantwortliche vom Ziel leiten lassen, bei der betroffenen Person ein **Bewusstsein über Umfang und Art der verarbeiteten Daten** zu erzeugen.[17] Gerade bei umfangreichen Auskünften können brisante Informationen leicht untergehen (kein „Burying"). Darüber hinaus ist eine konkrete Kontextualisierung notwendig: So sind nicht nur die Daten als solche, sondern auch etwaige Feldbezeichner zu berücksichtigen, die den Daten Bedeutung verleihen (zB wäre eine Liste mit bloßen Datumsangaben ohne Listenbezeichner wertlos). 19

2. Herkunft der Daten (Abs. 1 Satz 2 Nr. 2)

Die Vorschrift setzt Art. 14 Hs. 2 lit. g JI-RL um. Außerhalb der Direkterhebung bekommt die Frage nach der Herkunft der Daten besondere Bedeutung. Die Pflichtangabe bezieht sich auf die konkrete **Quelle**, die der Verantwortliche genutzt hat, nicht hingegen die Quelle der ersten Datenerhebung. 20

Der Anspruch ist dem Wortlaut nach beschränkt auf „die verfügbaren Informationen" über die Herkunft. Dem lässt sich die gesetzgeberische Intention entnehmen, nur die unmittelbar beim Verantwortlichen vorhandenen Informationen beauskunften zu müssen. Der Wortlaut der JI-RL geht jedoch weiter. Dort werden „alle verfügbaren Informationen" erfasst. Insoweit besteht in den Grenzen des § 51 Abs. 3 Satz 2 eine **Nachforschungspflicht**. 21

3. Zwecke und Rechtsgrundlage (Abs. 1 Satz 2 Nr. 3)

Die Vorschrift setzt Art. 14 Hs. 2 lit. a JI-RL um und kombiniert die Angaben aus § 47 Nr. 1 (→ § 47 Rn. 10 f.) und § 48 Abs. 1 Nr. 2 (→ § 48 Rn. 15 ff.). 22

4. Empfänger oder die Kategorien von Empfängern (Abs. 1 Satz 2 Nr. 4)

Die Vorschrift setzt Art. 14 Hs. 2 lit. c JI-RL um. Die Empfängerkategorien finden sich bereits in § 48 Abs. 1 Nr. 4 (→ § 48 Rn. 21 ff.). Im Rahmen der Auskunft treten die konkreten Empfänger hinzu. Auch hier ist der eingeschränkte Empfängerbegriff des § 36 Nr. 11 Hs. 2[18] zu beachten. Anders als in Art. 15 Abs. 1 Hs. 2 lit. c DS-GVO bzw. § 53 Satz 2 iVm Art. 30 Abs. 1 Satz 2 lit. d DS-GVO sind nur **Empfänger vergangener Weitergaben** vom Auskunftsan- 23

14 Hierzu *Piltz* DSB 2019, 104; zur Einsichtnahme in die Aufzeichnungen von Bodycams der Polizei LDI NRW, 23. TB 2017, S. 31. Vgl. auch *Franck* in Gola DS-GVO Art. 15 Rn. 23.

15 In dieser Pauschalität zweifelhaft EuGH Urt. v. 17.7.2014 – C-141/12, C-372/12. Ob Löschung und Berichtigung dort greifen oder nicht, ist tatbestandlich nach den jeweiligen Vorschriften zu prüfen.

16 AA *Schwichtenberg* in Kühling/Buchner DS-GVO/BDSG § 76 Rn. 5/7.

17 LT-Drs. 17/1981, 163.

18 Vgl. ebenso Art. 3 Nr. 10 Satz 2 Hs. 1 JI-RL.

spruch erfasst, nicht diejenigen, denen die Daten in der Zukunft noch offengelegt werden.

24 Anders als in § 47 Nr. 3 werden die **Kontaktdaten** der Empfänger nicht ausdrücklich genannt. Vor dem Hintergrund, dass die Empfängerangabe die Verfolgung weitergehender Betroffenenrechte ermöglicht, sollten allerdings Mindestangaben zu deren Erreichbarkeit angegeben werden.

25 Betroffene Personen haben ein **Wahlrecht** („oder“) zwischen Empfängern oder Empfängerkategorien. Die kumulative Information kann sinnvoll sein, wenn der Antragsteller mit dem bloßen Empfängerbezeichnungen voraussichtlich nichts anfangen kann.

26 Für die Beauskunftung der Empfänger kommt es nicht darauf an, ob die Offenlegung rechtmäßig erfolgte. Auch entsprechende **Schutzverletzungen** sind insoweit mitzuteilen. Dies gilt insbesondere, wenn die Datenpanne mangels Risikos für die Rechte und Freiheiten betroffener Personen gem. § 59 Satz 1 iVm Art. 33 Abs. 5 DS-GVO lediglich dokumentiert und nicht an die Aufsicht gemeldet wurde.[19]

5. Speicherdauer (Abs. 1 Satz 2 Nr. 5)

27 Die Vorschrift setzt Art. 14 Hs. 2 lit. d JI-RL um. Sie entspricht der Benachrichtigungspflicht in § 48 Abs. 1 Nr. 3 (→ § 48 Rn. 18 ff.). Auch bei der Auskunft ist der **Beginn der Speicherung** anzugeben, da der betroffenen Person ansonsten keine Bestimmung der voraussichtlichen Speicherdauer möglich ist.[20]

6. Betroffenenrechte (Abs. 1 Satz 2 Nr. 6)

28 Die Vorschrift setzt Art. 14 Hs. 2 lit. e JI-RL um. Sie entspricht im Wesentlichen § 47 Nr. 2 (→ § 47 Rn. 12 ff.). Lediglich der Hinweis auf das Auskunftsrecht entfällt, da dieser selbstreferentiell und überflüssig wäre.

7. Anrufung der Datenschutzaufsicht (Abs. 1 Satz 2 Nr. 7)

29 Die Vorschrift setzt Art. 14 Hs. 2 lit. f Alt. 1 JI-RL um. Sie entspricht § 47 Nr. 4 (→ § 47 Rn. 19).

8. Erreichbarkeit der Datenschutzaufsicht (Abs. 1 Satz 2 Nr. 8)

30 Die Vorschrift setzt Art. 14 Hs. 2 lit. f Alt. 2 JI-RL um. Sie entspricht § 47 Nr. 5 (→ § 47 Rn. 20 ff.).

VI. Ausnahmen (Abs. 2, 4 und 5)

1. Datensicherung und Datenschutzkontrolle (Abs. 2)

31 Nach dem Willen des NRW-Gesetzgebers kann keine Auskunft verlangt werden, soweit die Daten ausschließlich zu Zwecken der Datensicherung oder der Datenschutzkontrolle gespeichert sind und eine Verarbeitung zu anderen Zwecken durch geeignete technische und organisatorische Maßnahmen ausgeschlossen ist. Die Regelung entspricht § 12 Abs. 2 Satz 2.[21] Beide Tatbestandsalternativen sollen der technischen Absicherung der Funktionsfähigkeit der jeweiligen Behörde dienen, was für die betroffene Person keine wesentliche Beein-

19 *Franck* in Gola DS-GVO Art. 15 Rn. 11.
20 *Franck* in Gola DS-GVO Art. 14 Rn. 10.
21 LT-Drs. 17/1981, 140.

trächtigung darstelle und somit auch keine Auskunftspflicht bedeute. Den Interessen der betroffenen Person werde bereits ausreichend dadurch Rechnung getragen, dass die öffentliche Stelle zweckfremden Verarbeitungen auf technisch-organisatorischem Weg begegne. Gleiches gelte für Sicherheitskopien bei Auftragsverarbeitern.[22] Hinsichtlich der Datenschutzkontrolle herrscht auf Seiten des Gesetzgebers offenbar leichte Begriffsverwirrung, da neben der Eigenkontrolle durch den Verantwortlichen und die Fremdkontrolle durch die Datenschutzaufsicht gerade die Selbstkontrolle durch die Betroffenen als Dritte Säule konzipiert ist. Den Kontrollaspekt nun gegen die Wahrnehmung von Betroffenenrechten ins Feld zu führen, wirkt nachgerade inkonsistent.[23]

Die Ausnahme ist trotz des missverständlichen Wortlauts rechtstechnisch gesehen als **Einwendung** ausgestaltet. Der Verantwortliche ist nicht gezwungen, sich hierauf zu berufen.[24] 32

Gestützt wird die Ausnahme grob auf Art. 23 Abs. 1 DS-GVO,[25] der hier nicht anwendbar ist. Im einschlägigen Art. 15 JI-RL passt hingegen kein Ausnahmetatbestand so richtig. Insbesondere statuiert Art. 15 Abs. 2 JI-RL kein Ausnahmenerfindungsrecht der Mitgliedsstaaten. Darüber hinaus fällt es schwer zu glauben, dass diese vollständige Einschränkung „in einer demokratischen Gesellschaft erforderlich und verhältnismäßig ist", wie es der Unionsgesetzgeber verlangt. Nach Erwägungsgrund 46 muss jede Einschränkung der Betroffenenrechte mit der GRCh und der MRK in ihrer Auslegung durch den EuGH bzw. den EGMR vereinbar sein und insbesondere den Wesensgehalt dieser Rechte und Freiheiten achten. Eine **Interessenabwägung** findet in § 49 Abs. 2 gleichwohl nicht statt. Nicht einmal der **unverhältnismäßige Aufwand** der Auskunfterteilung nach Vorbild von § 57 Abs. 2 BDSG wird vorausgesetzt. § 49 Abs. 2 ist insoweit klar als **unionsrechtswidrig und unanwendbar** zu betrachten.[26] 33

2. Verweis auf § 48 Abs. 2 (Abs. 4)

Die Vorschrift dient der Umsetzung von Art. 15 Abs. 1 lit. a-e JI-RL. Sie greift auf die Ausnahmetatbestände des § 48 Abs. 2 zurück (→ § 48 Rn. 29 ff.). Auch im Rahmen der Auskunft hat nach diesen Vorschriften eine umfassende **Interessenabwägung** (→ § 48 Rn. 34) stattzufinden. 34

Der NRW-Gesetzgeber räumt dem Verantwortlichen die Möglichkeit ein, von der Positivauskunft (→ Rn. 17) **abzusehen** (Var. 1)[27] bzw. die detaillierte Auskunft **ganz oder teilweise einzuschränken** (Var. 2 und 3). Unklar ist, warum begrifflich überhaupt zwischen Var. 1 – „absehen" – und Var. 3 – „ganz einschränken" – unterschieden wird.[28] Möglicherweise fußt die Distinktion auf der Überlegung, dass ein Ausbleiben der Negativauskunft faktisch stets zugleich 35

22 LT-Drs. 17/1981, 140.

23 So auch *Specht-Riemenschneider/Bienemann* in Sydow BDSG § 57 Rn 17.

24 So auch *Raum* in Auernhammer DS-GVO/BDSG § 57 Rn. 16.

25 LT-Drs. 17/1981, 140.

26 Ebenso *Bäcker*, Die Datenschutzrichtlinie für Polizei und Strafjustiz und das deutsche Eingriffsrecht, in Hill/Kugelmann/Martini, Perspektiven der digitalen Lebenswelt, 2017, S. 63 (82); *Johannes/Weinhold* Das neue DSR bei Polizei und Justiz § 1 Rn. 193; *Paal* in Paal/Pauly DS-GVO/BDSG § 57 Rn. 7; *Schild* in BeckOK DatenschutzR DS-GVO/BDSG § 57 Rn. 13; *Schwichtenberg* in Kühling/Buchner DS-GVO/BDSG § 57 Rn. 6; *Specht-Riemenschneider/Bienemann* in Sydow BDSG § 56 Rn. 16 f. jeweils zu Art. 57 Abs. 2 BDSG.

27 Es erscheint kein Fall vorstellbar, in dem von einer Negativauskunft abgesehen und eine Positivauskunft vorgegaukelt werden sollte.

28 Der Querverweis in LT-Drs. 17/1981, 163 führt ins Nichts.

eine Positivauskunft darstellt (sog. „canary"). Hätte hier jedoch zugunsten des Verantwortlichen ein **Recht zur Lüge** (Negativauskunft trotz laufender Datenverarbeitung) statuiert werden sollen, hätte dies klarer zum Ausdruck gebracht werden müssen.[29] Insofern gibt es keinen sinnvollen Anwendungsfall für Var. 1.

3. Zustimmungsvorbehalt (Abs. 5)

36 Die Vorschrift greift bei Weitergabe von personenbezogenen Daten an Verfassungsschutzbehörden, den BND, den MAD oder, soweit die Sicherheit des Bundes berührt ist, an andere Behörden des BMVg. Sie entspricht § 48 Abs. 3 mit den identischen Schwierigkeiten (→ § 48 Rn. 43 ff.).

4. Exzess (§ 51 Abs. 3 Satz 2)

37 Bei offenkundig unbegründeten oder exzessiven Anträgen kann der Verantwortliche **Gebühren** verlangen oder sich schlicht **weigern**, aufgrund des Antrags tätig zu werden (→ § 51 Rn. 24 ff.). Der offenkundig unbegründete oder exzessive Charakter der Anfrage muss belegbar sein.

VII. Verfahren bei Absehen oder Einschränkung der Auskunft

1. Unterrichtung (Abs. 6)

38 Grundsätzlich hat der Verantwortliche die betroffene Person darüber zu unterrichten, ob von der Auskunft abgesehen wird oder eine Einschränkung vorgenommen wird. Dies gilt nicht, wenn schon die Erteilung dieser Information eine Gefährdung im Sinne des § 48 Abs. 2 bedeutet (→ § 48 Rn. 29 ff.).

39 Wird unterrichtet, hat dies **schriftlich** zu erfolgen. Die Unterrichtung ist auch zu **begründen**, es sei denn, die Begründung machte das Absehen von der Auskunft oder deren Einschränkung wiederum hinfällig. Dies ist freilich zu kurz gedacht. Spätestens im gerichtlichen Verfahren ist eine Begründung vorzulegen. Diese unterliegt der vollen **gerichtlichen Kontrolle.**[30]

2. Geltendmachung über LDI NRW (Abs. 7).

40 Sofern eine Unterrichtung stattfindet, ist die betroffene Person darüber zu unterrichten, dass sie sich bei der LDI NRW beschweren (§ 49 Abs. 7 Satz 2 Var. 1), bzw. ihr Auskunftsrecht über die Aufsichtsbehörde ausüben kann (sog. „**Ersatzauskunft**",[31] § 49 Abs. 7 Satz 2 Var. 2). Alternativ kann unmittelbar gerichtlich vorgegangen werden (§ 49 Abs. 7 Satz 2 Var. 3). Art. 15 Abs. 3 Satz 3 JI-RL normiert die Beschwerdemöglichkeit und den gerichtlichen Rechtsschutz. Die Auskunftserteilung gegenüber der Aufsichtsbehörde ist demgegenüber in Art. 17 Abs. 1 JI-RL geregelt. Die Artikel-29-Datenschutzgruppe betont, dass es sich bei der Geltendmachung von Betroffenenrechten über die Aufsichtsbehörde um ein vollkommen eigenständiges, vom Beschwerderecht losgelöstes Recht handelt.[32]

---

29 So auch *Schild* in BeckOK DatenschutzR DS-GVO/BDSG § 57 Rn. 25, der ausschließlich von der Möglichkeit des Unbeantwortetlassens ausgeht.

30 VG Wiesbaden Urt. v. 15.2.2016 – Az. 6 K 1328/14.WI (BeckRS 2016, 4331) zu § 19 BDSG aF; ebenso *Schild* in BeckOK DatenschutzR DS-GVO/BDSG § 57 Rn. 27.

31 Nach *Kahler*, Massenzugriff der Staatsanwaltschaft auf Kundendaten von Banken zur Ermittlung von Internetstraftaten, 2017, S. 150.

32 Artikel-29-Datenschutzgruppe, WP 258 vom 29.11.2017, S. 17.

Die Auskunftserteilung gegenüber der LDI NRW soll ausgeschlossen sein, wenn die zuständige oberste Landesbehörde im Einzelfall feststellt, dass dadurch die Sicherheit des Bundes oder eines Landes[33] gefährdet würde. Der NRW-Gesetzgeber legt nicht offen, inwiefern diese Ausnahme von der JI-RL gedeckt sein soll. Sicherlich ließe sich vertreten, dass der abgeleitete Auskunftsanspruch der Aufsichtsbehörde nicht weiter reichen könne als derjenige der betroffenen Person selbst („nemo plus iuris transferre potest quam ipse habet"). Nach hiesiger Auffassung sind die Ausnahmetatbestände jedoch stets im Hinblick auf den konkreten Auskunftsempfänger zu prüfen. Art. 17 Abs. 1 JI-RL kennt eine solche Ausnahme nicht. Vielmehr ist der Aufsichtsbehörde gem. Art. 47 Abs. 1 Satz 2 JI-RL die Befugnis einzuräumen, Zugang zu allen personenbezogenen Daten zu erhalten, die verarbeitet werden, und zu allen Informationen, die zur Erfüllung ihrer Aufgaben notwendig sind. Innerhalb der Aufsichtsbehörde ist zudem stets Personal mit gültiger **Sicherheitsüberprüfung** beschäftigt, denen die Bearbeitung des Vorgangs zugewiesen werden kann. Insoweit ist **keine Fallgestaltung ersichtlich,** in der die Sicherheit des Bundes oder eines Landes überhaupt gefährdet werden könnte.[34] 41

Die LDI NRW hat die betroffene Person sodann darüber zu unterrichten, dass alle erforderlichen Prüfungen erfolgt sind oder eine Überprüfung stattgefunden hat. Diese Mitteilung umfasst die Information, ob datenschutzrechtliche Verstöße festgestellt wurden, insbesondere ob die Auskunftsverweigerung oder teilweise Einschränkung der Auskunft rechtmäßig war.[35] Sie darf allerdings keine Rückschlüsse auf den Erkenntnisstand des Verantwortlichen zulassen, sofern dieser keiner weitergehenden Auskunft zustimmt. Der Verantwortliche darf diese Zustimmung nur in den Grenzen des § 49 Abs. 4 verweigern. Die letztgültige Entscheidung, ob sich der Verantwortliche auf § 49 Abs. 4 berufen kann, obliegt jedoch nicht der Datenschutzaufsicht. Anderenfalls würde § 60 Abs. 3 auf Art. 58 Abs. 2 lit. c DS-GVO verweisen. 42

Die Mitteilung enthält wiederum einen Hinweis auf gerichtlichen Rechtsschutz. Unklar bleibt, ob sich der Rechtsschutz gegen den Verantwortlichen oder die Aufsichtsbehörde richtet. Falls aus Sicht der betroffenen Person notwendige Aufsichtsmaßnahmen unterlassen worden sind, wäre durchaus Raum für letzteres (vgl. § 60 Abs. 2 Satz 2 und 3). 43

VIII. Dokumentationspflicht (Abs. 8)

Jeder Auskunft oder Verweigerung der Auskunft geht ein behördlicher Entscheidungsprozess voraus, der die tatbestandliche Prüfung der Anspruchsvoraussetzungen sowie der gesetzlichen Ausnahmen einschließt. Der Verantwortliche hat die **sachlichen oder rechtlichen Gründe** für seine Entscheidung zu dokumentieren.[36] Dies folgt aus dem Grundsatz der Rechenschaftspflicht gem. Art. 4 Abs. 4 JI-RL (→ § 48 Rn. 16). Insoweit verdeutlicht Art. 15 Abs. 4 JI-RL, dass diese Dokumentation der Aufsichtsbehörde zur Verfügung zu stellen ist. Der 44

33 Anders als in § 48 Abs. 2 Nr. 4 ist hier nicht lediglich NRW erfasst.
34 So auch *Aden*, Vorgänge 221/222 (2018), 93 (100).
35 § 49 Abs. 7 Satz 5 geht insoweit zur Stärkung der Betroffenenrechte über Art. 17 Abs. 1 JI-RL hinaus, LT-Drs. 17/1981, 164.
36 *Schwichtenberg* in Kühling/Buchner DS-GVO/BDSG § 57 Rn. 13 will nur die Gründe für eine ablehnende Entscheidung dokumentiert wissen. Dies greift jedenfalls dann zu kurz, wenn durch die Auskunft Rechte Dritter berührt werden. § 32 Abs. 2 Satz 2 BDSG ist ua wegen seiner Beschränkung auf Versagungsgründe als unionsrechtswidrig zu betrachten, *Franck* in Gola/Heckmann BDSG § 32 Rn. 39.

NRW-Gesetzgeber hat diesen Passus zwar nicht in § 49 Abs. 8 aufgenommen, die Vorlagepflicht ergibt sich gleichwohl aus § 60 Abs. 3 iVm Art. 57 Abs. 1 lit. a DS-GVO iVm Art. 47 Abs. 1 Satz 2 JI-RL.

45 Die Artikel-29-Datenschutz-Gruppe schlägt vor, die Dokumentation entweder von der oder dem Datenschutzbeauftragten oder aber von der Datenschutzaufsichtsbehörde führen zu lassen.[37] Für letzteres fehlt nach hiesiger Ansicht freilich die aufsichtsbehördliche Befugnis.

46 Unklar bleibt die **Aufbewahrungsdauer** der Dokumentation. Weder die JI-RL noch das DSG NRW äußern sich dazu, wie lange die Dokumentation vorzuhalten ist. Die Dokumentationspflichten dürfen jedenfalls nicht zu unbeschränkten sekundären Datenpools führen.

IX. Konkurrenzverhältnis zum IFG-Anspruch

47 Betroffene Personen stützen ihre Auskunftsbegehren gegenüber Behörden in der Praxis häufig parallel auf § 4 Abs. 1 IFG NRW. Gem. § 4 Abs. 2 IFG NRW gehen jedoch Regelungen in anderen Rechtsvorschriften über den Zugang zu amtlichen Informationen grundsätzlich vor. Fraglich ist daher, inwieweit der Auskunftsanspruch nach § 49 den IFG-Anspruch wegen des **Subsidiaritätsgrundsatzes** zu sperren vermag.

48 Nach zutreffender hM stehen die beiden Ansprüche eigenständig nebeneinander.[38] Unabhängig von der Darreichungsform der Information haben die Ansprüche materiellrechtlich unterschiedliche Stoßrichtungen. Die Auskunftsansprüche und Akteneinsichtsrechte Betroffener stellen Ausprägungen des Rechts auf Schutz personenbezogener Daten gem. Art. 8 Abs. 2 Satz 2 GRCh dar. IFG-Ansprüche dienen hingegen gem. § 1 IFG NRW dazu, freien Zugang zu den bei öffentlichen Stellen vorhandenen Informationen zu gewährleisten. Insofern besteht **kein konfligierendes Konkurrenzverhältnis**, welches eine Sperrwirkung nach § 1 Abs. 3 IFG auslösen könnte.[39]

49 Von Bedeutung ist die Subsidiaritätsklausel bspw. bei der Herausgabe rechtlicher Bewertungen. Entwurfsschriften rechtlicher Stellungnahmen seien nach Auffassung des EuGH nicht zu beauskunften, da die rechtliche Analyse nicht der Löschung oder Berichtigung auf Betreiben der betroffenen Person offenstehe.[40] Demgegenüber ist der IFG-Anspruch gem. § 3 Satz 1 IFG NRW schlicht auf alle in Schrift-, Bild-, Ton- oder Datenverarbeitungsform oder auf sonstigen Informationsträgern vorhandenen Informationen gerichtet, die im dienstlichen Zusammenhang erlangt wurden. Pikanterweise nimmt § 3 Abs. 3 die **technisch-organisatorischen Maßnahmen** gem. Art. 32 DS-GVO vom IFG-Anspruch aus, nicht aber diejenigen nach § 58. Insoweit müssen die Ausnahmetatbestände des IFG NRW diesbezüglich stets konkret geprüft werden.

50 Scheitern muss freilich der Versuch, Ausnahmetatbestände aus dem IFG NRW auf den Auskunftsanspruch nach § 49 anzuwenden.[41]

---

37 Artikel-29-Datenschutzgruppe, WP 258 vom 29.11.2017, S. 24.

38 Vgl. auch Erwägungsgrund 16 JI-RL.

39 So auch *Schoch*, IFG, 2. Aufl. 2016, § 1 Rn. 373; *Debus* in Gersdorf/Paal, BeckOK Informations- und Medienrecht, 23. Ed. 2019, § 1 IFG Rn. 217 f.; Brink in *Brink/Polenz/Blatt*, IFG, 2017, § 1 Rn. 140. Irrig insoweit KG Beschl. v. 5.9.2007 – 2/5 Ws 700/06 Vollz (https://dejure.org/2007,8739) sowie OVG Münster Beschl. v. 7.9.2011 – 8 E 879/11 (https://dejure.org/2011,15890) jeweils zum Akteneinsichtsrecht nach § 185 StVollzG iVm § 19 BDSG aF.

40 EuGH Urt. v. 17.7.2014 – C-141/12, C-372/12.

41 So bereits LDI NRW, 18. TB 2007, S. 96 zu § 18 DSG NRW aF.

C. Bedeutung der Vorschrift für die behördliche Praxis

Der Verantwortliche ist gehalten, ein funktionierendes **Datenschutz-Managementsystem** zu implementieren, welches die Bearbeitung von Betroffenenrechten ermöglicht. Dieses System muss sicherstellen, dass Anträge entgegengenommen, zuständigkeitshalber weitergeleitet und zügig bearbeitet werden. Dabei muss die **Identität** des Antragstellers gesichert sein. Die personenbezogenen Datenbestände müssen vollständig ermittelt und redaktionell zusammengestellt werden. Die dazugehörigen **Metadaten** müssen ebenso wie bei § 48 Abs. 1 vorhanden sein und zutreffen. 51

Aus Behördensicht müssen sodann die **Ausnahmetatbestände** inklusive der notwendigen Interessenabwägungen korrekt geprüft werden. Der zugrundeliegende Entscheidungsprozess ist sauber zu **dokumentieren**, um der Aufsichtsbehörde die Nachprüfung zu ermöglichen. 52

Ein Verstoß gegen § 49 bleibt freilich weitestgehend folgenlos. Öffentliche Stellen sind gem. § 69 iVm § 33 Abs. 4 generell vom **Bußgeld** ausgenommen. Bußgelder für Einzelpersonen wegen Verstoßes gegen § 49 sind in § 69 iVm § 33 Abs. 1 nicht vorgesehen. **Schadensersatz** gem. § 68 Abs. 1 wird nur wegen unzulässiger oder unrichtiger Verarbeitung gewährt.[42] Bleibt der Verantwortliche untätig oder schränkt er die Auskunft pflichtwidrig ein, kann behördlicher und gerichtlicher Rechtsschutz in Anspruch genommen werden. 53

§ 50 Rechte auf Berichtigung und Löschung sowie Einschränkung der Verarbeitung

(1) [1]Die betroffene Person hat das Recht, von dem Verantwortlichen unverzüglich die Berichtigung sie betreffender unrichtiger Daten zu verlangen. [2]Insbesondere im Fall von Aussagen oder Beurteilungen betrifft die Frage der Richtigkeit nicht den Inhalt der Aussage oder Beurteilung. [3]Wenn die Richtigkeit oder Unrichtigkeit der Daten nicht festgestellt werden kann, tritt an die Stelle der Berichtigung eine Einschränkung der Verarbeitung. [4]In diesem Fall hat der Verantwortliche die betroffene Person zu unterrichten, bevor er die Einschränkung wieder aufhebt. [5]Die betroffene Person kann zudem die Vervollständigung unvollständiger personenbezogener Daten verlangen, wenn dies unter Berücksichtigung der Verarbeitungszwecke angemessen ist.

(2) Die betroffene Person hat das Recht, von dem Verantwortlichen unverzüglich die Löschung sie betreffender Daten zu verlangen, wenn deren Verarbeitung unzulässig ist, deren Kenntnis für die Aufgabenerfüllung nicht mehr erforderlich ist oder die Daten zur Erfüllung einer rechtlichen Verpflichtung gelöscht werden müssen.

(3) [1]Anstatt die personenbezogenen Daten zu löschen, kann der Verantwortliche deren Verarbeitung einschränken, wenn

1. **Grund zu der Annahme besteht, dass eine Löschung schutzwürdige Interessen einer betroffenen dritten Person beeinträchtigen würde,**
2. **die Daten zu Beweiszwecken in Verfahren, die Zwecken des § 35 dienen, weiter aufbewahrt werden müssen oder**
3. **eine Löschung wegen der besonderen Art der Speicherung nicht oder nur mit unverhältnismäßigem Aufwand möglich ist.**

42 Die Vorschrift bleibt insoweit deutlich hinter Art. 56 JI-RL zurück.

[2]In ihrer Verarbeitung nach Satz 1 eingeschränkte Daten dürfen nur zu dem Zweck verarbeitet werden, der ihrer Löschung entgegenstand.

(4) Bei automatisierten Dateisystemen ist technisch sicherzustellen, dass eine Einschränkung der Verarbeitung eindeutig erkennbar ist und eine Verarbeitung für andere Zwecke nicht ohne weitere Prüfung möglich ist.

(5) [1]Hat der Verantwortliche eine Berichtigung vorgenommen, hat er einer Stelle, die ihm die personenbezogenen Daten zuvor übermittelt hat, die Berichtigung mitzuteilen. [2]In Fällen der Berichtigung, Löschung oder Einschränkung der Verarbeitung nach den Absätzen 1 bis 3 hat der Verantwortliche Empfängern, denen die Daten übermittelt wurden, diese Maßnahmen mitzuteilen. [3]Der Empfänger hat die Daten zu berichtigen, zu löschen oder ihre Verarbeitung einzuschränken.

(6) [1]Der Verantwortliche hat die betroffene Person über ein Absehen von der Berichtigung oder Löschung personenbezogener Daten oder über die an deren Stelle tretende Einschränkung der Verarbeitung schriftlich zu unterrichten. [2]Dies gilt nicht, wenn bereits die Erteilung dieser Information eine Gefährdung im Sinne des § 48 Absatz 2 mit sich bringen würde. [3]Die Unterrichtung nach Satz 1 ist zu begründen, es sei denn, dass die Mitteilung der Gründe den mit dem Absehen von der Unterrichtung verfolgten Zweck gefährdet.

(7) § 49 Absatz 7 und 8 finden entsprechende Anwendung.

Verwandte Norm JI-RL:

Artikel 16 Recht auf Berichtigung oder Löschung personenbezogener Daten und Einschränkung der Verarbeitung

(1) [1]Die Mitgliedstaaten sehen vor, dass die betroffene Person das Recht hat, von dem Verantwortlichen unverzüglich die Berichtigung sie betreffender unrichtiger Daten zu verlangen. [2]Unter Berücksichtigung der Zwecke der Verarbeitung sehen die Mitgliedstaaten vor, dass die betroffene Person das Recht hat, die Vervollständigung unvollständiger personenbezogener Daten – auch mittels einer ergänzenden Erklärung – zu verlangen.

(2) Die Mitgliedstaaten verlangen vom Verantwortlichen, personenbezogene Daten unverzüglich zu löschen, und sehen vor, dass die betroffene Person das Recht hat, von dem Verantwortlichen die Löschung von sie betreffenden personenbezogenen Daten unverzüglich zu verlangen, wenn die Verarbeitung gegen die nach den Artikeln 4, 8 und 10 erlassenen Vorschriften verstößt oder wenn die personenbezogenen Daten zur Erfüllung einer rechtlichen Verpflichtung gelöscht werden müssen, der der Verantwortliche unterliegt.

(3) [1]Anstatt die personenbezogenen Daten zu löschen, kann der Verantwortliche deren Verarbeitung einschränken, wenn

a) die betroffene Person die Richtigkeit der personenbezogenen Daten bestreitet und die Richtigkeit oder Unrichtigkeit nicht festgestellt werden kann, oder
b) die personenbezogenen Daten für Beweiszwecke weiter aufbewahrt werden müssen.

[2]Unterliegt die Verarbeitung einer Beschränkung gemäß Unterabsatz 1 Buchstabe a, unterrichtet der Verantwortliche die betroffene Person, bevor er die Beschränkung aufhebt.

(4) [1]Die Mitgliedstaaten sehen vor, dass der Verantwortliche die betroffene Person schriftlich über eine Verweigerung der Berichtigung oder Löschung personenbezogener Daten oder Einschränkung der Verarbeitung und über die Gründe für die Verweigerung unterrichtet. [2]Die Mitgliedstaaten können Gesetzgebungsmaßnahmen er-

lassen, die zu nachstehenden Zwecken die Pflicht, diese Informationen zur Verfügung zu stellen, teilweise oder vollständig einschränken, soweit diese Einschränkung in einer demokratischen Gesellschaft erforderlich und verhältnismäßig ist und den Grundrechten und den berechtigten Interessen der betroffenen natürlichen Person Rechnung getragen wird:

a) Gewährleistung, dass behördliche oder gerichtliche Untersuchungen, Ermittlungen oder Verfahren nicht behindert werden,
b) Gewährleistung, dass die Verhütung, Aufdeckung, Ermittlungen oder Verfolgung von Straftaten oder die Strafvollstreckung nicht beeinträchtigt werden,
c) Schutz der öffentlichen Sicherheit,
d) Schutz der nationalen Sicherheit,
e) Schutz der Rechte und Freiheiten anderer.

[3]Die Mitgliedstaaten sehen vor, dass der Verantwortliche die betroffene Person über die Möglichkeit unterrichtet, bei der Aufsichtsbehörde Beschwerde einzulegen oder einen gerichtlichen Rechtsbehelf einzulegen.

(5) Die Mitgliedstaaten sehen vor, dass der Verantwortliche die Berichtigung von unrichtigen personenbezogenen Daten der zuständigen Behörde, von der die unrichtigen Daten stammen, mitteilt.

(6) Die Mitgliedstaaten sehen vor, dass in Fällen der Berichtigung, Löschung oder Einschränkung der Verarbeitung nach den Absätzen 1, 2 und 3 der Verantwortliche die Empfänger in Kenntnis setzt und dass die Empfänger die ihrer Verantwortung unterliegenden personenbezogenen Daten berichtigen, löschen oder deren Verarbeitung einschränken.

Kurzübersicht zum Verhältnis der entscheidenden Normen			
Norm des DSG NRW	Entsprechende Norm der JI-RL	Entsprechende Norm des BDSG	
§ 50 DSG NRW	Art. 16 JI-RL	§ 58 BDSG	

Literatur:

Allgemein: *Artikel-29-Datenschutzgruppe*, WP 258 – Opinion on some key issues of the Law Enforcement Directive (EU 2016/680) vom 29.11.2017; *Franck*, System der Betroffenenrechte nach der Datenschutz-Grundverordnung (DS-GVO), RDV 2016, 111; *Piltz*, Die Datenschutz-Grundverordnung – Teil 2: Rechte der Betroffenen und korrespondierende Pflichten des Verantwortlichen, K&R 2016, 629.

Berichtigung: *Hoeren*, Big Data und Datenqualität – ein Blick auf die DS-GVO, ZD 2016, 459.

Löschung: *Basar/Hiéramente*, Datensparsamkeit in der stopp – Die Möglichkeit der Löschung, HRRS 2018, 336; *Benner-Tischler*, Löschfristen in technischen Systemen zur Mitarbeiterüberwachung und ihre Auswirkung auf die Beweisverwertung, ZD-Aktuell 2019, 06446; *Bleidiesel*, Löschkonzepte in der Praxis – Herausforderungen und Herangehensweisen im Projekt, DSB 2019, 99; *Durmus/Selzer/Pordesch*, Das Löschen nach der DSGVO. Eine Diskussion der datenschutzkonformen Umsetzung bei E-Mails, DuD 2019, 786; *Hennemann*, Das Recht auf Löschung gemäß Art. 17 Datenschutz-Grundverordnung, PinG 2016, 176; *Hole*, Datenminimierung und Löschkonzepte nach DSGVO, DSB 2019, 124; *Hunzinger*, Löschkonzepte nach der DSGVO am Beispiel von ERP-Systemen, CR 2019, 357; *Katko/Knöpfle/Kirschner*, Archivierung und Löschung von Daten – Unterschätzte Pflichten in der Praxis und ihre Umsetzung, ZD 2014, 238; *Keppeler/Berning*, Technische und rechtliche Probleme bei der Umsetzung der DS-GVO-Löschpflichten, ZD 2017, 314; *Klickermann*, Die Privilegierung des Löschungsrechts, MMR 2018, 209; *Kodde*, Die „Pflicht zu Vergessen" – „Recht auf Vergessenwerden" und Löschung in BDSG und DS-GVO, ZD 2013, 115; *Kühling/Klar*, Löschpflichten vs. Datenaufbewahrung – Vorschläge zur Auflösung eines Zielkonflikts bei möglichen Rechtsstreitigkeiten, ZD 2014, 506; *Leeb/Lorenz*, Datenschutzkonforme Dokumentenentsorgung, ZD 2018, 573; *Leyke*, Der Verantwortliche im Spannungsfeld zwischen Lösch- und Rechenschaftspflichten, DSB 2019, 136; *Worms*, Die Pflicht zur Löschung von Daten in der Anwaltskanzlei, NJW 2018, 3218.

A. Grundlagen

I. Gesamtverständnis, Zweck der Norm und Verhältnis zu anderen Normen

1 § 50 ist in Teil 3, Kapitel 3 – „Rechte der betroffenen Personen“ verortet und dient der Umsetzung von Art. 16 JI-RL. Die Vorschrift findet ihre Entsprechung in § 58 BDSG auf Bundesebene sowie in den §§ 42–44 JVollzDSG NRW auf Landesebene für den Bereich des Justizvollzugs.

2 In § 50 sind die antragsabhängigen Rechte auf Berichtigung und Löschung niedergelegt. Die Einschränkung der Verarbeitung ist als wesensgleiches Minus zur Löschung konzipiert. Originäre Berichtigungs-, Lösch- und Einschränkungspflichten, dh solche ohne vorhergehenden Antrag durch die betroffene Person, sind stattdessen eigenständig in § 54 angeordnet.

II. Bisherige Rechtslage

3 Das Recht auf Berichtigung fand sich zuvor in § 19 Abs. 1 DSG NRW aF. Die Sperrung als Vorläufer der Einschränkung der Verarbeitung war in § 19 Abs. 2 DSG NRW aF geregelt. Die Löschung war in § 19 Abs. 3 und 4 DSG NRW aF vorgesehen. Unterrichtungspflichten gegenüber der betroffenen Person und Übermittlungsempfängern ergaben sich aus § 19 Abs. 5 DSG NRW aF.

B. Kommentierung

I. Adressat

§ 50 verpflichtet den Verantwortlichen im Sinne von § 36 Nr. 9. Auftragsverarbeiter im Sinne von § 36 Nr. 10 werden nötigenfalls gem. § 52 Abs. 1 Satz 1 iVm Art. 28 Abs. 3 Satz 2 lit. e DS-GVO zur Unterstützung des Verantwortlichen herangezogen. Gemeinsam Verantwortliche im Sinne von § 67 Nr. 2 iVm Art. 26 DS-GVO sind grundsätzlich jeweils für sich alleine angesprochen, eine Vereinbarung gem. § 67 Nr. 2 iVm Art. 26 Abs. 2 Satz 2 DS-GVO vermag hieran nur dann etwas zu ändern, wenn die jeweilige Datenhaltung tatsächlich nur einem der gemeinsam Verantwortlichen obliegt. 4

II. Antrag und Entgelt

Die Rechte des § 50 auf Berichtigung und Löschung sind **antragsabhängig**. Der Antrag ist nicht formgebunden. Er muss wegen § 54 grds. nicht begründet werden. Bei Meinungsverschiedenheiten über die tatbestandlichen Voraussetzungen kann sich jedoch eine **faktische Begründungspflicht** ergeben.[1] Wenn die Richtigkeit oder Unrichtigkeit der Daten gem. § 50 Abs. 1 Satz 3 in Rede steht, trifft die betroffene Person die Beweislast, falls diese entgegen der Überzeugung des Verantwortlichen an ihrem Begehren festhält. Dies diene dem Schutz der polizeifachlichen Arbeit und der Vermeidung unverhältnismäßigen Prüfaufwands.[2] Die sich hieraus ergebende Beweislastumkehr zulasten der betroffenen Person steht zwar im Widerspruch zur allgemeinen Rechenschaftspflicht des Art. 4 Abs. 4 JI-RL, sie lässt sich jedoch unmittelbar dem Art. 16 Abs. 3 lit. a JI-RL entnehmen.[3] 5

Antragsberechtigt ist **jede natürliche betroffene Person im In- oder Ausland**. Auch **Bevollmächtigte** – insbesondere Rechtsanwälte – können den Antrag stellen und bei entsprechender Reichweite der Vollmachtserteilung ggf. die nachfolgenden Unterrichtungen entgegennehmen. 6

Der Antrag ist ggf. **auslegungsbedürftig**. Wenn etwa ein im Anwendungsbereich der JI-RL als solcher nicht vorgesehener „Widerspruch" (→ § 47 Rn. 12) gegen die Verarbeitung eingelegt wird, kann dies aus Sicht der betroffenen Person und des objektiven Empfängerhorizonts durchaus die Geltendmachung eines oder mehrerer in § 50 niedergelegten Rechte bedeuten. 7

Die Antragsbearbeitung erfolgt gem. § 51 Abs. 3 Satz 1 **unentgeltlich**, es sei denn, es handelt sich um einen offenkundig unbegründeten oder exzessiven Antrag und der Verantwortliche entscheidet sich aktiv für eine Gebührenerhebung (→ § 51 Rn. 21 ff.). 8

III. Berichtigung (Abs. 1)

1. Gegenstand

Bei der Berichtigung werden die in den Daten verkörperten Informationen mit der Wirklichkeit abgeglichen. Der Berichtigungsanspruch ergibt sich bereits unmittelbar aus Art. 8 Abs. 2 Satz 2 Alt. 2 GRCh. Gem. Art. 4 Abs. 1 lit. d JI-RL bzw. § 37 Nr. 4 stellt der Verantwortliche sicher, dass personenbezogene 9

1 *Raum* in Auernhammer DS-GVO/BDSG § 58 Rn. 19.
2 LT-Drs. 17/1981, 165.
3 Zwar sieht Art. 16 Abs. 3 lit. a JI-RL die Einschränkung der Verarbeitung anstelle der Löschung vor und nicht anstelle der Berichtigung, mit jeder Berichtigung ist jedoch idR zugleich die Löschung der unrichtigen Daten verbunden.

Daten sachlich richtig und erforderlichenfalls auf dem neuesten Stand sind. § 50 Abs. 1 Satz 1 regelt die **Berichtigung** unrichtiger Daten, § 50 Abs. 1 Satz 5 die **Vervollständigung** unvollständiger personenbezogener Daten. Der Empfänger von Daten, die beim Verantwortlichen berichtigt wurden, hat gem. § 50 Abs. 5 Satz 3 zu prüfen, ob diese bei ihm ebenfalls zu berichtigen sind (was lediglich dann nicht der Fall sein dürfte, wenn der Empfänger die Richtigkeit nachweisen kann).

10 Die **Bearbeitungsfrist** ist kurz zu halten. Die Berichtigung hat unverzüglich, dh ohne schuldhaftes Zögern (vgl. § 121 Abs. 1 BGB) zu erfolgen (Unverzüglichkeit, → § 51 Rn. 15). Die Vervollständigung als Unterfall der Berichtigung unterliegt demselben Zeitrahmen. Die Verarbeitung unrichtiger Daten kann erhebliche Nachteile für die betroffenen Personen nach sich ziehen. Die Artikel-29-Datenschutzgruppe plädiert daher für eine dringliche Antragsbearbeitung innerhalb eines Monats.[4]

11 Mit der Berichtigung geht in aller Regel die Löschung der unrichtigen Daten durch Überschreiben einher.[5] Die Vervollständigung stellt sich typischerweise als Neuerhebung dar.

2. Ausnahmen

a) Aussagen und Beurteilungen (Abs. 1 Satz 2)

12 Aussagen und Beurteilungen sind gem. § 50 Abs. 1 Satz 2 von vornherein aus dem Anwendungsbereich der Berichtigung **ausgenommen**. Erwägungsgrund 30 Satz 2 Ji-RL führt aus, dass Aussagen auf der subjektiven Wahrnehmung von natürlichen Personen basieren und daher nicht immer nachprüfbar seien.

13 Berichtigungsfähig ist insoweit nur die Tatsache, ob überhaupt eine Aussage oder Beurteilung getroffen wurde. Der fragliche Inhalt unterliegt stattdessen der **Beweiswürdigung**. Der NRW-Gesetzgeber stützt diesen Passus auf Erwägungsgrund 47 Satz 2 JI-RL,[6] was schon allein deswegen problematisch ist, weil dort ausschließlich Zeugenaussagen, aber keine Beurteilungen erwähnt werden.[7] Darüber hinaus mögen Erwägungsgründe zwar einen integralen Bestandteil von Unionsrechtsakten darstellen, sie sind jedoch nicht unmittelbar Inhalt und Gegenstand der betreffenden Regelung. Sie haben insbesondere keine unmittelbare normative Wirkung derart, dass sie Rechte und Pflichten zu begründen vermögen.[8] Erwägungsgründe enthalten also weder Tatbestand noch Rechtsfolge.[9] Um dennoch zu einer **richtlinienkonformen Anwendung** zu gelangen, wird von vornherein davon ausgegangen werden müssen, dass Aussagen und Beurteilungen niemals als wahr und zutreffend verarbeitet werden, sondern stets nur dem

4 Artikel-29-Datenschutzgruppe, WP 258 vom 29.11.2017, S. 21.

5 Sog. „Radierverbote“ im Anwendungsbereich der JI-RL ergeben sich bspw. aus § 50 Abs. 2 Satz 3 und Abs. 3. Zum verfassungsmäßigen Grundsatz der Aktenvollständigkeit siehe *Herbst* in Kühling/Buchner DS-GVO/BDSG Art. 16 Rn. 19.

6 LT-Drs. 17/1981, 164.

7 Kritisch auch *Worms* in BeckOK DatenschutzR DS-GVO/BDSG § 58 Rn. 29.

8 Ausführlich VGH Mannheim Beschl. v. 11.6.2013 – A 11 S 1158/13, BeckRS 2013, 52670.

9 Vgl. Europäische Union, Gemeinsamer Leitfaden des Europäischen Parlaments, des Rates und der Kommission für Personen, die an der Abfassung von Rechtstexten der Europäischen Union mitwirken, Luxemburg, 2. Aufl. 2015, Ziffer 10.1.

behördlichen Entscheidungsfindungsprozess dienen.[10] Das Datum „A hat über B ausgesagt, dass …“ bzw. „C ist hinsichtlich B zu dem Ergebnis gekommen, dass …“ ist insoweit nicht unrichtig.[11] Diese Informationen sind im Nachgang ggf. auch zur Verfolgung und Ahndung von Falschaussagen erforderlich.

b) Non liquet (Abs. 1 Satz 3)

Wenn die Richtigkeit oder Unrichtigkeit der Daten nicht festgestellt werden kann (non liquet), tritt an die Stelle der Berichtigung gem. § 50 Abs. 1 Satz 3 eine **Einschränkung** der Verarbeitung (→ Rn. 26 ff.). Die Vorschrift setzt Art. 16 Abs. 3 lit. a JI-RL um. 14

c) Offensichtlich unbegründete oder exzessive Anträge (§ 51 Abs. 3 Satz 2)

Hierzu → § 51 Rn. 21 ff. 15

IV. Löschung (Abs. 2)

1. Gegenstand

Die Grundsätze der **Datenminimierung** (Art. 4 Abs. 1 lit. c JI-RL bzw. § 37 Nr. 3) und der **Speicherbegrenzung** (Art. 4 Abs. 1 lit. e JI-RL bzw. § 37 Nr. 5) verlangen nach einem Mechanismus, überflüssige Daten loszuwerden. Der Begriff der Löschung wird allerdings weder in der JI-RL noch im DSG NRW definiert. Art. 3 Nr. 2 JI-RL und § 36 Nr. 2 stellen lediglich Löschung und Vernichtung thematisch nebeneinander. § 3 Abs. 2 Satz 2 Nr. 6 DSG NRW aF definierte die Löschung dereinst als „das Unkenntlichmachen gespeicherter Daten, ungeachtet der dabei angewendeten Verfahren.“ 16

Entscheidend ist nach wie vor das Ergebnis des Löschvorgangs: Gefordert ist die faktische **Unmöglichkeit**, die zuvor in den Daten verkörperte Information wahrzunehmen. Nach erfolgter Löschung darf es niemandem mehr ohne unverhältnismäßigen Aufwand möglich sein, die betreffende Information wiederherzustellen.[12] 17

Die betroffene Person kann gem. § 50 Abs. 2 die Löschung sie betreffender Daten verlangen, wenn deren Verarbeitung unzulässig ist (Var. 1),[13] deren Kenntnis für die Aufgabenerfüllung nicht mehr erforderlich ist (Var. 2)[14] oder die Daten zur Erfüllung einer rechtlichen Verpflichtung gelöscht werden müssen (Var. 3). Polizeiliche Aufbewahrungs- und Löschfristen finden sich zB in § 22 PolG NRW. Der Empfänger von Daten, die beim Verantwortlichen gelöscht wurden, hat gem. § 50 Abs. 5 Satz 3 zu prüfen, ob diese bei ihm ebenfalls zu löschen sind. 18

Die **Bearbeitungsfrist** ist auch bei der Löschung knapp anzusetzen. Die Löschung hat unverzüglich, dh „ohne schuldhaftes Zögern“ (→ § 51 Rn. 15) zu 19

---

10 Ähnlich *Worms* in BeckOK DatenschutzR DS-GVO/BDSG § 58 Rn. 30; *Nolte/Werkmeister* in Gola/Heckmann BDSG § 58 Rn. 5; *Schwichtenberg* in Kühling/Buchner DS-GVO/BDSG § 58 Rn. 4.

11 Vorausgesetzt natürlich, es werden seitens der Behörden keine Zeugenaussagen erdichtet, vgl. https://www.tagesschau.de/investigativ/ndr/g20-elbchaussee-103.html.

12 *Herbst* in Kühling/Buchner DS-GVO/BDSG Art. 17 Rn. 37.

13 Gem. Art. 16 Abs. 2 JI-RL meint dies zumindest jeden Verstoß gegen Art. 4, 8 und 10 JI-RL.

14 Diese Feststellung kann sich schwierig gestalten, wenn Daten zu präventiven Zwecken verarbeitet werden, sie ist jedoch eindeutig zu treffen, Artikel-29-Datenschutzgruppe, WP 258 vom 29.11.2017, S. 4.

erfolgen. Die Artikel-29-Datenschutzgruppe plädiert für eine Antragsbearbeitung innerhalb eines Monats.[15]

2. Ausnahmen

20 In Ansehung der Anspruchsvoraussetzungen in § 50 Abs. 2 Var. 1–3 kann der Verantwortliche bei einem der Sache nach berechtigten Löschbegehren niemals untätig bleiben (zu exzessiven Anträgen → § 51 Rn. 24 ff.). Es können sich jedoch Fallgestaltungen ergeben, in denen die Daten nicht vollständig gelöscht werden, sondern lediglich deren **Verarbeitung eingeschränkt** wird (→ Rn. 26 ff.). Die Voraussetzungen für die weitere Speicherung sind dann allerdings in engen zeitlichen Abständen regelmäßig zu prüfen.[16]

a) Schutzwürdige Belange (Abs. 3 Satz 1 Nr. 1)

21 Gem. § 50 Abs. 3 Satz 1 Nr. 1 ist die Einschränkung geboten, wenn Grund zu der Annahme besteht, dass eine Löschung schutzwürdige Interessen einer betroffenen **dritten Person** beeinträchtigen würde.[17] Schutzwürdige Interessen der antragsstellenden betroffenen Person bleiben außen vor, weil diese grds. selbst über ihre datenschutzrechtlichen Belange entscheiden darf.[18] Das DSG NRW steht hier im Widerspruch zu Erwägungsgrund 47 Satz 4 JI-RL. Vollkommen irrationale und selbstschädigende Löschverlangen können immerhin über § 50 Abs. 3 Satz 1 Nr. 2 aufgefangen werden.

b) Weitergehende Beweiszwecke (Abs. 3 Satz 1 Nr. 2)

22 § 50 Abs. 3 Satz 1 Nr. 2 sieht die Einschränkung vor, wenn die Daten zu Beweiszwecken in Verfahren, die Zwecken des § 35 dienen, weiter aufbewahrt werden müssen.

c) Unverhältnismäßiger Aufwand (Abs. 3 Satz 1 Nr. 3)

23 § 50 Abs. 3 Satz 1 Nr. 3 soll die Konstellation berücksichtigen, dass eine Löschung wegen der besonderen Art der Speicherung nicht oder nur mit unverhältnismäßigem Aufwand möglich ist. Nach dem ausdrücklichen Willen des NRW-Gesetzgebers sei diese Regelung **restriktiv** auszulegen.[19]

24 Art. 16 JI-RL kennt diesen Tatbestand nicht. Im Gegenteil ist der Betrieb einer datenverarbeitenden Infrastruktur ohne Möglichkeit zur Löschung schon gem. § 67 Nr. 1 iVm Art. 25 Abs. 1 DS-GVO überhaupt nicht gestattet. § 50 Abs. 3 Satz 1 Nr. 3 ist insofern **unionsrechtswidrig und unanwendbar.**[20]

d) Offensichtlich unbegründete oder exzessive Anträge (§ 51 Abs. 3 Satz 2)

25 Hierzu → § 51 Rn. 21 ff.

---

15 Artikel-29-Datenschutzgruppe, WP 258 vom 29.11.2017, S. 21.
16 *Raum* in Auernhammer DS-GVO/BDSG § 58 Rn. 21.
17 Beispiele bei *Raum* in Auernhammer DS-GVO/BDSG § 58 Rn. 15.
18 *Worms* in BeckOK DatenschutzR DS-GVO/BDSG § 58 Rn. 46.
19 LT-Drs. 17/1981, 165.
20 Ebenso *Johannes/Weinhold* Das neue DSR bei Polizei und Justiz § 1 Rn. 197; *Schwichtenberg* in Kühling/Buchner DS-GVO/BDSG § 58 Rn. 7; *Otto* in Sydow BDSG § 58 Rn. 27. Zweifelnd immerhin *Paal* in Paal/Pauly DS-GVO/BDSG § 58 Rn. 11; *Worms* in BeckOK DatenschutzR DS-GVO/BDSG § 58 Rn. 48; *Nolte/Werkmeister* in Gola/Heckmann BDSG § 58 Rn. 17; *Burghardt/Reinbacher* in BeckOK DatenschutzR DS-GVO/BDSG § 75 Rn. 5. Für eine restriktive Auslegung stattdessen *Raum* in Auernhammer DS-GVO/BDSG § 58 Rn. 17.

V. Einschränkung der Verarbeitung (Abs. 3 und 4)

26 Die Einschränkung der Verarbeitung kann als wesensgleiches Minus zur Löschung aufgefasst werden. § 36 Nr. 3 enthält eine eher tautologische Definition, demnach ist die Einschränkung der Verarbeitung die „Markierung gespeicherter personenbezogener Daten mit dem Ziel, ihre künftige Verarbeitung einzuschränken.“ Einzelne technische Modalitäten finden sich in Erwägungsgrund 47 Satz 6 ff. JI-RL und Erwägungsgrund 67 DS-GVO illustriert.

27 Die Einschränkung ist zunächst als Ausnahme zur Löschung ausgeformt. Nichts hindert jedoch betroffene Personen daran, statt einem nicht erfolgversprechenden Löschbegehren unmittelbar die Einschränkung als **eigenständigen Anspruch** zu verlangen.[21] Dies ergibt sich bereits aus § 47 Nr. 2 Var. 4. Der NRW-Gesetzgeber hat dies in der Systematik übersehen.

28 § 50 Abs. 3 Satz 2 verbietet die Verarbeitung eingeschränkter Daten zu sämtlichen Zwecken außer spezifisch demjenigen, der der Löschung entgegensteht. Bei **automatisierten Dateisystemen** (Definition: § 36 Nr. 7) ist gem. § 50 Abs. 4 technisch sicherzustellen, dass eine Einschränkung der Verarbeitung eindeutig erkennbar ist und eine Verarbeitung für andere Zwecke nicht ohne weitere Prüfung möglich ist. Der Empfänger von Daten, die beim Verantwortlichen eingeschränkt wurden, hat gem. § 50 Abs. 5 Satz 3 zu prüfen, ob diese bei ihm ebenfalls einzuschränken sind.

VI. Mitteilungs- und Unterrichtungspflichten (Abs. 5 und 6)

29 An die Erledigung der in § 50 Abs. 1–3 niedergelegten Betroffenenrechte schließen sich diverse Mitteilungs- und Unterrichtungspflichten an. Sie sind so schnell wie möglich zu erfüllen.[22] Insbesondere bei grenzüberschreitendem Informationsaustausch gilt es zu vermeiden, dass nur eine der beteiligten Behörden die personenbezogenen Daten löscht oder berichtigt.[23] Bei einer Weitergabe an Private droht ggf. der komplette **Kontrollverlust** über die Daten.[24]

1. Pflichten gegenüber der übermittelnden Stelle

30 Hat der Verantwortliche eine Berichtigung vorgenommen, hat er gem. § 50 Abs. 5 Satz 1 denjenigen Stellen, die ihm die personenbezogenen Daten zuvor übermittelt haben, die Berichtigung mitzuteilen. Die Vorschrift soll die Streuung unrichtiger personenbezogener Daten verhindern, da der betroffenen Person insoweit nicht zugemutet werden kann, den Weg der unrichtigen Daten im Einzelnen nachzuverfolgen. Die übermittelnde Stelle unterliegt sodann eigenständigen Berichtigungspflichten nach § 54.

31 Freilich berichtigen und löschen die übermittelnden bzw. empfangenden Stellen nicht einfach auf Zuruf. Fraglich ist daher – vor allem bei der Berichtigung –, ob mit der Mitteilungs- und Unterrichtungspflicht auch eine Befugnis verknüpft ist, die von den betroffenen Personen beigebrachten **Nachweise und Beweismittel** weiterzugeben. Hiervon ist in Ansehung von § 3 Abs. 1 Alt. 1 und § 44 Abs. 1 Satz 3 auszugehen.

---

21 Vgl. Erwägungsgrund 47 Satz 3 JI-RL; so auch Artikel-29-Datenschutzgruppe, WP 258 vom 29.11.2017, S. 22. AA *Otto* in Sydow BDSG § 58 Rn. 24.
22 Artikel-29-Datenschutzgruppe, WP 258 vom 29.11.2017, S. 23 f.
23 *Aden*, Vorgänge 221/222 (2018), 93 (97).
24 Zur Öffentlichkeitsfahndung mithilfe sozialer Netzwerke LDI NRW, 21. TB 2013, S. 85 ff.

2. Pflichten gegenüber der empfangenden Stelle

32 In sämtlichen Fällen der Berichtigung, Löschung oder Einschränkung der Verarbeitung hat der Verantwortliche gem. § 50 Abs. 5 Satz 2 denjenigen Empfängern, denen die Daten übermittelt wurden, die getroffene Maßnahme mitzuteilen. Auch diese Vorschrift soll die Streuung unrichtiger oder unrechtmäßig verarbeiteter personenbezogener Daten verhindern. Empfänger trifft insofern eine **Prüfpflicht** gem. § 50 Abs. 5 Satz 3, § 54.

33 Problematisch ist, dass Behörden, die im Rahmen eines bestimmten Untersuchungsauftrags nach dem Unionsrecht oder anderen Rechtsvorschriften personenbezogene Daten erhalten, gem. § 36 Nr. 11 Hs. 2[25] gerade nicht als Empfänger gelten. Einem Großteil der beteiligten Behörden wird demnach die **Mitteilung vorenthalten**, obwohl auch bei jenen kein Interesse an der Verarbeitung unrichtiger oder zu löschender Daten bestehen kann bzw. darf. Im Interesse eines umfassenden Schutzes der betroffenen Person und vor dem Hintergrund allgemeiner rechtsstaatlicher Erwägungen sollten dennoch sämtliche empfangenden Stellen die Mitteilung nach § 50 Abs. 5 Satz 2 bekommen.

3. Pflichten gegenüber der betroffenen Person.

a) Aufhebung der Einschränkung der Verarbeitung

34 Erfolgt zunächst eine Einschränkung der Verarbeitung, weil Richtigkeit oder Unrichtigkeit der Daten nicht erweislich sind, ist die betroffene Person gem. § 50 Abs. 1 Satz 4 zu **unterrichten**, bevor die Einschränkung wieder aufgehoben wird. Dies gibt der betroffenen Person Gelegenheit, noch einmal die Unrichtigkeit der gespeicherten Daten in geeigneter Form nachzuweisen und ggf. aufsichtsbehördlichen oder gerichtlichen Rechtsschutz in Anspruch zu nehmen.

b) Absehen von Berichtigung oder Löschung

35 Der Verantwortliche hat die betroffene Person zudem gem. § 50 Abs. 6 Satz 1 über ein Absehen von der Berichtigung oder Löschung oder über die an deren Stelle tretende Einschränkung der Verarbeitung schriftlich zu **unterrichten**. Dies soll gem. § 50 Abs. 6 Satz 2 nicht gelten, wenn bereits die Erteilung dieser Information eine Gefährdung im Sinne des § 48 Abs. 2 (→ § 48 Rn. 29 ff.) mit sich bringen würde. Der Verweis auf die Ausnahmen des § 48 Abs. 2 kann sich trotz des missverständlichen Wortlauts denknotwendigerweise nur auf die unterbliebene Löschung und darauffolgende Einschränkung beziehen. Denn der Staat kann und darf kein Interesse an der Verarbeitung unrichtiger oder endgültig zu löschender Daten haben.[26] Ein derartiges Interesse ist dementsprechend auch nicht aus Gründen des § 48 Abs. 2 geheim zu halten. Die Entgegennahme eines Berichtigungs- oder Löschungsantrages und Vorgaukeln der Erledigung aus behördentaktischen Gründen („**Recht zur Lüge**") ist auch nach § 50 Abs. 6 Satz 2 nicht gestattet.

36 Wird seitens der betroffenen Person von vornherein nur die Einschränkung der Verarbeitung verlangt (→ Rn. 27), greift die Unterrichtungspflicht im Falle der Ablehnung gem. § 50 Abs. 6 Satz 1 dem Wortlaut nach nicht. Das gleiche Problem tritt auf, wenn die Einschränkung außerhalb der Fallgestaltungen des § 50 Abs. 1 Satz 4 wieder aufgehoben wird, etwa, weil die zugrundeliegende Löschverpflichtung irrig bejaht wurde. In beiden Situationen ist die betroffene Person

25 Vgl. ebenso Art. 3 Nr. 10 Satz 2 Hs. 1 JI-RL.
26 AA offenbar *Schwichtenberg* in Kühling/Buchner DS-GVO/BDSG § 58 Rn. 11.

im Wege der **Gesamtanalogie** von § 50 Abs. 1 Satz 4, § 50 Abs. 6 Satz 1, § 28 Abs. 1 VwVfG NRW und Art. 19 Abs. 4 GG dennoch zu unterrichten.

Die schriftliche Unterrichtung ist gem. § 50 Abs. 6 Satz 3 zu begründen. Der NRW-Gesetzgeber verrennt sich schlechterdings, wenn er anordnet, dass die Unterrichtung nicht zu begründen sei, wenn die Mitteilung der Gründe den mit dem Absehen von der Unterrichtung verfolgten Zweck gefährde. In einer solchen Konstellation gäbe es schon gar keine Unterrichtung, die begründet werden könnte. 37

VII. Geltendmachung über LDI NRW (Abs. 7 Alt. 1)

Es wird auf § 49 Abs. 7 im Zusammenhang mit dem Auskunftsrecht (→ § 49 Rn. 40 ff.) verwiesen. Da aber die Interessenlagen bei der Auskunft gegenüber Berichtigung, Löschung und Einschränkung nicht vollends kongruent sind, ist die Vorschrift lediglich **entsprechend anwendbar**. 38

Wird die betroffene Person also über das Absehen von der Berichtigung, Löschung oder Einschränkung der Verarbeitung unterrichtet, kann sie ihre dahin gehenden Rechte auch über die LDI NRW ausüben. Der Verantwortliche hat die betroffene Person darüber zu unterrichten, dass sie gemäß § 60 die LDI NRW anrufen, ihre Rechte über die LDI NRW ausüben oder gerichtlichen Rechtsschutz suchen kann. 39

Die LDI NRW hat die betroffene Person im Gegenzug zu unterrichten, ob alle erforderlichen Prüfungen erfolgt sind oder eine Überprüfung stattgefunden hat. Diese Mitteilung kann die Information enthalten, ob datenschutzrechtliche Verstöße festgestellt wurden. Zuletzt hat die LDI NRW die betroffene Person ebenfalls noch einmal über ihr Recht auf gerichtlichen Rechtsschutz zu unterrichten. 40

§ 49 Abs. 7 Satz 3 (Auskunft gegenüber LDI NRW) hat über die Verweisung in § 50 Abs. 7 Alt 1 **keinen entsprechenden Anwendungsbereich**, da Berichtigung, Löschung und Einschränkung der Verarbeitung gerade nicht gegenüber der LDI NRW erfolgen, sondern unmittelbar beim Verantwortlichen selbst stattfinden. 41

§ 50 Abs. 7 Alt 1 iVm § 49 Abs. 7 Satz 6 und 7 (keine Rückschlüsse auf den Erkenntnisstand des Verantwortlichen) hat **keinen unmittelbaren Anwendungsbereich.** Die Verweiskette ist im Hinblick auf eine ausgebliebene Löschung und geheimzuhaltende Einschränkung der Verarbeitung zu lesen. 42

VIII. Dokumentation (Abs. 7 Alt. 2)

Es gilt dieselbe Dokumentationspflicht wie bei der Auskunftserteilung gem. § 49 Abs. 8 (→ § 49 Rn. 44 ff.). 43

C. Bedeutung der Vorschrift für die behördliche Praxis

Der Verantwortliche ist gehalten, ein funktionierendes **Datenschutz-Managementsystem** zu implementieren, welches die Bearbeitung von Betroffenenrechten ermöglicht. Dieses System muss sicherstellen, dass Anträge entgegengenommen, zuständigkeitshalber weitergeleitet und zügig bearbeitet werden. Das Begehren der betroffenen Person muss zutreffend ermittelt werden (**Auslegung**). In technischer Hinsicht muss der Verantwortliche in der Lage sein, Daten rechtskonform und unwiederbringlich zu löschen. 44

Aus Behördensicht müssen die Tatbestandsvoraussetzungen für das jeweilige Betroffenenrecht sowie die **Ausnahmen** korrekt geprüft werden. Der zugrunde- 45 liegende Entscheidungsprozess ist sauber zu **dokumentieren**, um der Aufsichtsbehörde die Nachprüfung zu ermöglichen.

46 Ein Verstoß gegen § 50 bleibt haftungsrechtlich keineswegs folgenlos. Öffentliche Stellen sind zwar gem. § 69 iVm § 33 Abs. 4 generell vom **Bußgeld** ausgenommen. Bußgelder für Einzelpersonen wegen Verstoßes gegen § 50 sind dafür in § 69 iVm in § 33 Abs. 1 Satz 1 Nr. 1 wegen unzulässiger Speicherung oder unzulässiger Löschung vorgesehen. Parallel hierzu ergibt sich uU eine **Strafbarkeit** aus § 69 iVm § 34 Abs. 1 iVm § 33 Abs. 1 Satz 1 Nr. 1. Darüber hinaus sind **Schadensersatzforderungen** gem. § 68 Abs. 1 wegen unzulässiger oder unrichtiger Verarbeitung denkbar.

47 Bleibt der Verantwortliche untätig oder bleibt er hinter dem Betroffenenbegehren pflichtwidrig zurück, kann behördlicher und gerichtlicher Rechtsschutz in Anspruch genommen werden. Bei mangelhafter Berichtigung, Löschung oder Einschränkung kann die Aufsichtsbehörde gem. § 60 Abs. 3 iVm Art. 58 Abs. 2 lit. d DS-GVO **anordnen**, Verarbeitungsvorgänge gegebenenfalls auf bestimmte Weise und innerhalb eines bestimmten Zeitraums in Einklang mit dem DSG NRW zu bringen, oder gem. § 60 Abs. 3 iVm Art. 58 Abs. 2 lit. f DS-GVO eine **vorübergehende oder endgültige Beschränkung der Verarbeitung** verhängen. Dass § 60 Abs. 3 nicht auf Art. 58 Abs. 2 lit. g DS-GVO verweist, der die Anordnung von Berichtigung, Löschung und Einschränkung regelt, ist unschädlich. Diese Befugnisse stellen lediglich Unterfälle von Art. 58 Abs. 2 lit. d und f. DS-GVO dar. Art. 47 Abs. 2 lit. b JI-RL sieht insoweit die aufsichtsbehördliche Anordnung von Berichtigung, Löschung und Einschränkung expressis verbis vor. § 60 Abs. 3 ist deshalb entsprechend auszulegen.

§ 51 Verfahren

(1) [1]Der Verantwortliche hat mit den betroffenen Personen unter Verwendung einer klaren und einfachen Sprache in präziser, verständlicher und leicht zugänglicher Form zu kommunizieren. [2]Unbeschadet besonderer Formvorschriften soll er bei der Beantwortung von Anträgen grundsätzlich die für den Antrag gewählte Form verwenden.

(2) Bei Anträgen hat der Verantwortliche die betroffene Person unverzüglich, unbeschadet des § 49 Absatz 6 und des § 50 Absatz 6, schriftlich darüber in Kenntnis zu setzen, wie verfahren wurde.

(3) [1]Die Erteilung von Informationen nach § 47, die Benachrichtigungen nach § 50 und den Vorschriften über die Benachrichtigung betroffener Personen bei Verletzungen des Schutzes personenbezogener Daten und die Bearbeitung von Anträgen nach den §§ 49 und 50 erfolgen unentgeltlich. [2]Bei offenkundig unbegründeten oder exzessiven Anträgen nach den §§ 49 und 50 kann der Verantwortliche entweder eine angemessene Gebühr auf der Grundlage der Verwaltungskosten verlangen oder sich weigern, aufgrund des Antrags tätig zu werden. [3]In diesem Fall muss der Verantwortliche den offenkundig unbegründeten oder exzessiven Charakter des Antrags belegen können.

(4) Hat der Verantwortliche begründete Zweifel an der Identität einer betroffenen Person, die einen Antrag nach den §§ 49 oder 50 gestellt hat, kann er von ihr zusätzliche Informationen anfordern, die zur Bestätigung ihrer Identität erforderlich sind.

Verwandte Norm JI-RL:

Artikel 12 Mitteilungen und Modalitäten für die Ausübung der Rechte der betroffenen Person

(1) [1]Die Mitgliedstaaten sehen vor, dass der Verantwortliche alle angemessenen Maßnahmen trifft, um der betroffenen Person alle Informationen gemäß Artikel 13 sowie alle Mitteilungen gemäß den Artikeln 11, 14 bis 18 und 31, die sich auf die Verarbeitung beziehen, in präziser, verständlicher und leicht zugänglicher Form in einer klaren und einfachen Sprache zu übermitteln. [2]Die Übermittlung der Informationen erfolgt in einer beliebigen geeigneten Form, wozu auch die elektronische Übermittlung zählt. [3]Grundsätzlich übermittelt der Verantwortliche die Informationen in derselben Form, in der er den Antrag erhalten hat.

(2) Die Mitgliedstaaten sehen vor, dass der Verantwortliche die Ausübung der den betroffenen Personen gemäß den Artikeln 11 und 14 bis 18 zustehenden Rechte erleichtert.

(3) Die Mitgliedstaaten sehen vor, dass der Verantwortliche die betroffene Person unverzüglich schriftlich darüber in Kenntnis setzt, wie mit ihrem Antrag verfahren wurde.

(4) [1]Die Mitgliedstaaten sehen vor, dass die Informationen gemäß Artikel 13 und alle gemachten Mitteilungen und getroffenen Maßnahmen gemäß den Artikeln 11, 14 bis 18 und 31 unentgeltlich zur Verfügung gestellt werden. [2]Bei offenkundig unbegründeten oder – insbesondere im Fall von häufiger Wiederholung – exzessiven Anträgen einer betroffenen Person kann der Verantwortliche entweder

a) eine angemessene Gebühr verlangen, bei dem die Verwaltungskosten für die Unterrichtung oder die Mitteilung oder die Durchführung der beantragten Maßnahme berücksichtigt werden, oder
b) er kann sich weigern, aufgrund des Antrags tätig zu werden.

[3]Der Verantwortliche hat den Nachweis für den offenkundig unbegründeten oder exzessiven Charakter des Antrags zu erbringen.

(5) Hat der Verantwortliche begründete Zweifel an der Identität der natürlichen Person, die den Antrag gemäß den Artikeln 14 oder 16 stellt, so kann er zusätzliche Informationen anfordern, die zur Bestätigung der Identität der betroffenen Person erforderlich sind.

Kurzübersicht zum Verhältnis der entscheidenden Normen			
Norm des DSG NRW	Entsprechende Norm der JI-RL	Entsprechende Norm des BDSG	
§ 51 DSG NRW	Art. 12 JI-RL	§ 59 BDSG	

Literatur:

BayLfD, Aktuelle Kurzinformation 22 – Identifizierung bei der Geltendmachung von Betroffenenrechten, 2019; *Petrlic*, Identitätsprüfung bei elektronischen Auskunftsersuchen nach Art. 15 DSGVO, DuD 2019, 71.

A. Grundlagen

I. Gesamtverständnis, Zweck der Norm und Verhältnis zu anderen Normen

1 § 51 ist in Teil 3, Kapitel 3 – „Rechte der betroffenen Personen" verortet und dient der Umsetzung von Art. 12 JI-RL. Die Vorschrift findet ihre Entsprechung in § 59 BDSG auf Bundesebene sowie in § 5 JVollzDSG NRW auf Landesebene für den Bereich des Justizvollzugs.

2 Die Vorschrift regelt Modalitäten der Kommunikation mit betroffenen Personen – dabei im Wesentlichen den **Stil**, zT auch die **Form** (Abs. 1). Antragsgebundene Betroffenenrechte verlangen eine unverzügliche **Statusmeldung** (Abs. 2). Sie werden grundsätzlich unentgeltlich bedient, es sei denn, die Geltendmachung erfolgt in exzessiver Weise (Abs. 3). Bei begründeten Zweifeln an der **Identität** dürfen zusätzliche Informationen eingeholt werden (Abs. 4).

3 Art. 12 Abs. 2 JI-RL verlangt von den Mitgliedsstaaten spezifische Regelungen, nach denen der Verantwortliche die Ausübung der Betroffenenrechte erleichtert. Der NRW-Gesetzgeber hat diese Anforderung pflichtwidrig nicht umgesetzt.[1] Um dennoch zu einer **richtlinienkonformen Anwendung** zu gelangen, ist § 10 Satz 2 VwVfG NRW mit der entsprechenden Wertung aufzuladen.[2]

II. Bisherige Rechtslage

4 Die Inhalte des § 51 fanden sich in dieser konzentrierten Form bislang nicht im DSG NRW aF. Die Gebührenfreiheit war im Rahmen des Auskunftsrechts in § 18 Abs. 2 Satz 2 DSG NRW aF geregelt. Eine unverzügliche Statusmeldung war bei Berichtigung, Löschung oder Sperrung in § 19 Abs. 5 DSG NRW aF vorgesehen.

B. Kommentierung

I. Adressat

5 § 51 verpflichtet den Verantwortlichen im Sinne von § 36 Nr. 9. Auftragsverarbeiter im Sinne von § 36 Nr. 10 werden nötigenfalls gem. § 52 Abs. 1 Satz 1 iVm Art. 28 Abs. 3 Satz 2 lit. e DS-GVO zur Unterstützung des Verantwortlichen herangezogen, etwa bei der Überprüfung der Identität nach § 51 Abs. 4. Gemeinsam Verantwortliche im Sinne von § 67 Nr. 2 iVm Art. 26 DS-GVO sind jeweils individuell angesprochen, eine Vereinbarung gem. § 67 Nr. 2 iVm Art. 26 Abs. 2 Satz 2 DS-GVO vermag keinen der Verantwortlichen von den Gewährleistungen des § 51 zu entbinden.

1 *Worms* in BeckOK DatenschutzR DS-GVO/BDSG § 59 Rn. 1 a; *Schwichtenberg* in Kühling/Buchner DS-GVO/BDSG § 59 Rn. 7.
2 Ähnlich *Heckmann/Scheurer* in Gola/Heckmann BDSG § 59 Rn. 3; *Johannes/Weinhold* Das neue DSR bei Polizei und Justiz § 1 Rn. 208.

II. Modalitäten der Information (Abs. 1)

Der Verantwortliche hat mit den betroffenen Personen gem. § 51 Abs. 1 Satz 1 unter Verwendung einer klaren und einfachen Sprache in präziser, verständlicher und leicht zugänglicher Form zu kommunizieren. Gemeint ist **jegliche Kommunikation** im Anwendungsbereich des § 33, nicht nur diejenige in Reaktion auf Anträge oder in Erfüllung von Informationspflichten. § 51 Abs. 1 Satz 1 geht insoweit über den unmittelbaren Anwendungsbereich des Art. 12 Abs. 1 JI-RL hinaus. 6

1. Klare und einfache Sprache

Die Forderung nach Klarheit der Sprache umfasst sowohl Präzision (→ Rn. 8) als auch Verständlichkeit (→ Rn. 9). Bei der **„einfachen Sprache"** handelt es sich um ein feststehendes Konzept. Es richtet sich bspw. an Menschen mit schwächer ausgebildeten Lesefähigkeiten, sei es wegen des Alters, niedrigerem Bildungsstand oder schlicht, weil Deutsch als Fremdsprache erlernt wurde. Texten in einfacher Sprache liegt kein allgemeinverbindliches Regelwerk zugrunde. Sie vermeiden jedoch Fremdwörter oder erklären diese; Sätze umfassen meist nicht mehr als 15 Wörter und enthalten jeweils höchstens ein Komma. Der Komplexitätsgrad nimmt mit der sog. **„leichten Sprache"** noch einmal ab.[3] Verschiedene deutsche Behördenwebsites bieten ihre Inhalte alternativ in leichter bzw. einfacher Sprache an. Die Landesbehörden sind hierzu als Träger öffentlicher Gewalt bereits durch § 8 Abs. 2 und § 9 Abs. 2 BGG NRW angehalten. Die genaue Festlegung der **intendierten Adressaten** ist hierbei notwendige Prämisse für die sprachliche Gestaltung.[4] Die Regeln der einfachen Sprache müssen allerdings nicht pauschal für alle Empfänger angewendet werden, da hierunter allzu oft die Präzision (→ Rn. 8) leidet. Vielmehr darf in Ansehung von Erwägungsgrund 39 Satz 2 JI-RL auf den (zu erwartenden) **Empfängerhorizont** abgestellt werden. 7

2. Präzision

Präzise ist eine Information, wenn sie einen hinreichenden Grad an Genauigkeit und Abgrenzungsschärfe (**Eindeutigkeit**) besitzt. Eine europarechtliche Definition der „präzisen Information" findet sich zwar in Art. 7 Abs. 2 VO 596/2014/EU, diese taugt für hiesige Zwecke jedoch nicht. 8

3. Verständlichkeit

Die Forderung nach Verständlichkeit gleicht derjenigen der BGB-Informationspflichten in Art. 246 b § 1 EGBGB.[5] Im Inland ist das Deutsche die **Verkehrssprache**. Allerdings ist auf den intendierten Empfängerkreis abzustellen. Die Information kann daher auch in weiteren Sprachen vorgehalten werden, wenn davon auszugehen ist, dass dies für den Adressatenkreis einen Mehrwert bietet. Ansässige **Sprachminderheiten** sind nicht zwingend zu berücksichtigen, es sei denn, der Kontakt zwischen Verantwortlichem und betroffenen Personen wird 9

---

3 Zum Ganzen *Bock* in Jekat/Jüngst/Schubert/Villinger, Sprache barrierefrei gestalten, 2014, S. 17, 20 ff.

4 *Bock* in Jekat/Jüngst/Schubert/Villinger, Sprache barrierefrei gestalten, 2014, S. 17, 22; *Robrecht*, EU-Datenschutz-Grundverordnung, Transparenzgewinn oder Information-Overkill, 2015, S. 13 f.

5 Hierzu *Schmidt-Räntsch* in Bamberger/Roth, BeckOK BGB, 39. Ed. 2014, EGBGB Art. 246 b Rn. 49 ff.

per se in einer anderen als der Verkehrssprache abgewickelt. Der Sprache der Antragsstellung bei antragsbasierten Betroffenenrechten kommt richtunggebende Bedeutung zu.

10 Ungelöst ist der inhärente **Zielkonflikt** zwischen Präzision vs. Einfachheit. Bisweilen wird daher von einem entsprechend großen Gestaltungsspielraum des Verantwortlichen und hohen Anforderungen an die Feststellung eines Verstoßes ausgegangen.[6]

4. Leichte Zugänglichkeit

11 Die leichte Zugänglichkeit betrifft die **äußere Darreichungsform** und ist eng mit der Verständlichkeit verzahnt. Texte sollten nicht zu klein oder zu blass wiedergegeben werden. Bei längeren Texten ist eine sinnvolle Ordnung und Untergliederung mittels prägnanter Überschriften vorauszusetzen. Auf Websites[7] sollten Erklärungen für die Allgemeinheit gut sichtbar verlinkt und nicht versteckt werden. Wird bspw. in Briefen oder Druckwerken auf Websites verwiesen, sollten kurze URLs und zusätzlich ggf. QR-Codes verwendet werden. Die Informationen sollten von allen gängigen Browsern problemlos wiedergegeben werden können. Sie dürfen nicht passwortgeschützt verborgen werden. Auf die **Barrierefreiheit** von Informationsverarbeitungssystemen iSv § 10 BGG NRW (etwa die Lesbarkeit von Websites und elektronischen Dokumenten mithilfe von Screenreadern für Sehbehinderte) ist zu achten.

5. Form

12 Unbeschadet besonderer Formvorschriften soll der Verantwortliche gem. § 51 Abs. 1 Satz 2 bei der Beantwortung von Anträgen grundsätzlich die für den Antrag gewählte Form verwenden. Schriftform ist diejenige nach § 126 BGB, in Betracht kommen ferner die elektronische Form gem. § 126 a BGB (qualifizierte elektronische Signatur nach dem SigG), die Textform gem. § 126 b BGB oder jede andere vereinbarte Form nach § 127 BGB (zB De-Mail oder PGP-signiert).

13 Genügt der Rückkanal in der für den Antrag gewählten Form nicht den Anforderungen an die Sicherheit der Verarbeitung (zB unverschlüsselte Mail), muss die betroffene Person entweder ausdrücklich in den Verzicht auf technisch-organisatorische Maßnahmen einwilligen,[8] oder der Verantwortliche muss stattdessen einen sicheren Kommunikationsweg wählen.[9]

III. Statusmeldung (Abs. 2)

14 Bei Anträgen hat der Verantwortliche die betroffene Person unverzüglich, unbeschadet des § 49 Absatz 6 und des § 50 Absatz 6, schriftlich darüber in Kenntnis zu setzen, wie verfahren wurde.

15 **Unverzüglichkeit** ist ein indirekter Verweis auf § 121 Abs. 1 S. 1 BGB. Unverzüglich ist demnach eine Handlung, die „ohne schuldhaftes Zögern“ erfolgt. Dies strafft einerseits den Erledigungsprozess beim Verantwortlichen, bedeutet

---

6 *Kamps/Schneider* K&R-Beilage 1/2017, 24 (25) sowie *Bäcker* in Kühling/Buchner DS-GVO/BDSG Art. 12 Rn. 12 mit einer Verletzungsschwelle erst bei grob ungenauen oder unverständlichen Informationen.

7 Vgl. Erwägungsgrund 39 Satz 1 JI-RL.

8 Hierzu *Franck* CR 2016, 238 (239 f.) zur Einwilligung nach DS-GVO. Zuvor bereits VG Berlin Urt. v. 24.5.2011 – 1 K 133.10, https://dejure.org/2011,29976 sowie *Lotz/Wendler* CR 2016, 31 ff. zu § 4 a BDSG aF.

9 So auch *Raum* in Auernhammer DS-GVO/BDSG § 59 Rn. 6.

jedoch andererseits, dass die Bearbeitung keineswegs „sofort" zu erfolgen hat. Stattdessen ist ein nach den Umständen des Einzelfalles zu bemessendes beschleunigtes Verhalten an den Tag zu legen.[10] Eine europarechtlich fundierte Definition fehlt. Die englische Fassung („without undue delay", Art. 12 Abs. 3 JI-RL) weist derweil deutliche Verwandtschaft mit der deutschen Lesart auf.

16 § 51 Abs. 2 bezieht sich ausschließlich auf die Statusmeldung über die auf Antrag ergriffenen Maßnahmen. Die Norm hat somit nur mittelbar Auswirkungen auf die **Erledigungsfrist** für die Erfüllung des jeweiligen Anspruches selbst. Zwar wird eine zeitige Statusmeldung dem Verantwortlichen auch eine gewisse Selbstverpflichtung zum Handeln auferlegen. Art. 12 Abs. 2 JI-RL ermuntert zudem zur schleunigen Bearbeitung. Echte Erledigungsfristen finden sich dagegen in § 50 Abs. 1 Satz 1 für die Berichtigung oder § 50 Abs. 2 für die Löschung. Je nach Sachlage fällt die Formulierung einer Statusmeldung leichter als die tatsächliche Erfüllung des Betroffenenbegehrens. Was für die Statusmeldung unverzüglich ist, muss es für die Erledigung nicht sein.

17 Die Bezugnahme auf § 49 Absatz 6 und des § 50 Absatz 6 soll Geheimschutzinteressen berücksichtigen. Die allgemeine Statusmeldung erfolgt insoweit unbeschadet der dortigen Spezialregelungen. Unklar ist, welchen Anwendungsbereich die allgemeine Statusmeldung dann noch hat. Art. 12 Abs. 3 JI-RL kennt diese Einschränkung nicht.

IV. Entgelt und Exzess

1. Grundsatz der Unentgeltlichkeit (Abs. 3 Satz 1)

18 Der NRW-Gesetzgeber ordnet weitestgehend Unentgeltlichkeit für Maßnahmen des Teil 3, Kapitel 4 an. Hierzu gehört zunächst die Erteilung allgemeiner Bürgerinformationen nach § 47. Mit den tatbestandlichen „Benachrichtigungen nach § 50" sind sehr wahrscheinlich Benachrichtigungen nach § 48 gemeint, da § 50 gar keine Benachrichtigungen, sondern nur Unterrichtungen kennt (zur richtlinienkonformen Auslegung → § 48 Rn. 10).

19 Die Benachrichtigung betroffener Personen bei Verletzungen des Schutzes personenbezogener Daten folgt aus § 67 Nr. 5 iVm Art. 34 DS-GVO iVm § 13. Der Anordnung in § 51 Abs. 3 Satz 1 hätte es strenggenommen nicht bedurft. Da die DS-GVO-Vorschrift entsprechende Anwendung findet, ist Art. 12 Abs. 5 Satz 1 DS-GVO unmittelbar zu ihrer Auslegung heranzuziehen.

20 Die Bearbeitung von Anträgen auf Auskunft, Berichtigung, Löschung und Einschränkung der Verarbeitung nach den §§ 49 und 50 erfolgen ebenfalls grundsätzlich unentgeltlich. Dies meint nicht nur die unmittelbare Behördenhandlung, sondern auch notwendige **Rechtsverfolgungskosten** der betroffenen Person, wie die Beauftragung eines Rechtsanwalts nach initialer Weigerung durch die Behörde.[11]

2. Offenkundig unbegründete oder exzessiven Anträge (Abs. 3 Satz 2 und 3)

21 Bei offenkundig unbegründeten oder exzessiven Anträgen nach den §§ 49 und 50 kann der Verantwortliche entweder eine **angemessene Gebühr** auf der Grundlage der Verwaltungskosten verlangen oder sich **weigern**, aufgrund des

10 RG Urt. v. 22.2.1929 – II 357/28, RGZ 124, 115 (118).
11 *Franck* in Gola DS-GVO Art. 12 Rn. 35; aA *Heckmann/Paschke* in Ehmann/Selmayr DS-GVO Art. 12 Rn. 42.

Antrags tätig zu werden. In diesem Fall muss der Verantwortliche den offenkundig unbegründeten oder exzessiven Charakter des Antrags belegen können.

22 Die Behörde kann nicht nach freiem Ermessen entscheiden, in welcher Weise sie ihr Wahlrecht ausübt. Die Erhebung der Gebühr wird in aller Regel das **mildere Mittel** darstellen, weshalb in Ansehung des Verhältnismäßigkeitsgrundsatzes zunächst diese Möglichkeit angeboten werden sollte.[12]

23 Ob ein Antrag unbegründet ist, ist eine Frage des Tatbestands. Ob die **Unbegründetheit** aber offenkundig ist, ergibt sich weder aus der JI-RL noch aus dem DSG NRW eindeutig. Erwägungsgrund 40 Satz 3 JI-RL illustriert ein Beispiel in welchem die betroffene Person ihr Recht auf Unterrichtung missbraucht, beispielsweise indem sie in ihrem Antrag falsche oder irreführende Angaben macht. Ein Antrag auf Auskunft kann wegen der obligatorischen Negativauskunft gem. § 49 Abs. 1 Satz 1 denknotwendigerweise niemals vollständig unbegründet sein.

24 Der **Exzess** ist bereits ausweislich des Wortlauts von Art. 12 Abs. 4 Satz 1 JI-RL ua im Falle häufiger Wiederholung gegeben. Dies mag bei hintereinander folgenden Auskunftsbegehren angehen.[13] Inwieweit ein in der Sache berechtigtes Berichtigungs- oder Löschbegehren aber als exzessiv beurteilt werden darf, erschließt sich insbesondere vor dem Hintergrund von § 37 Nr. 3–5 bzw. Art. 4 Abs. 1 lit. c–e JI-RL nicht.[14] Anderenfalls könnten Verantwortliche aus einer rechtswidrigen Verarbeitung gar Gewinn schlagen, Betroffene hingegen könnten abgeschreckt werden, immer und immer wieder die Herstellung datenschutzkonformer Zustände zu verlangen.

25 Wie oft „zu häufig“ ist, ergibt sich nicht aus dem Gesetz. Zu berücksichtigen ist, wie schnell der in Rede stehende Datenbestand revolviert. Die pauschale Festlegung auf eine Auskunft pro Kalenderjahr in § 34 Abs. 8 S. 2 BDSG aF regelte zwar die Entgeltlichkeit, aber nicht die Versagung der Auskunft, diese Zeitspanne ist daher hier nicht entsprechend fruchtbar zu machen. Bislang wurden Anfragen im Wochenrhythmus grundsätzlich als exzessiv aufgefasst.[15] **Eine Anfrage pro Quartal** dürfte insbesondere im Hinblick auf § 75 VwGO zulässig sein.[16]

26 Der EuGH entschied im Zusammenhang mit Art. 12 lit. a RL 95/46/EG, dass das Entgelt für die Auskunftserteilung nicht die tatsächlichen Kosten der Mitteilung dieser Daten übersteigen darf.[17] Die Bemessung etwaiger Entgelte hat die **Verwaltungskosten** für die Unterrichtung, Mitteilung oder die Durchführung der beantragten Maßnahme zu berücksichtigen. Der Entgeltanspruch ist auf die direkt zurechenbaren Kosten beschränkt, umfasst also nicht den Gemeinkostenanteil (zB allgemeine Personalkosten, Kosten für den Betrieb oder die Anschaffung von Anlagen). Ersatzfähig sind hingegen Material- und Portokosten bzw. Personal- und Maschinenkosten für den konkreten Antragslauf.[18] Eine gewisse Pauschalierung wird bei der Bemessung unumgänglich sein.

---

12 *Worms* in BeckOK DatenschutzR DS-GVO/BDSG § 59 Rn. 8; *Heckmann/Scheurer* in Gola/Heckmann BDSG § 59 Rn. 16.

13 Vgl. Erwägungsgrund 40 Satz 3 JI-RL, beachte jedoch Erwägungsgrund 43 Satz 1 JI-RL.

14 So bereits *Franck* in Gola DS-GVO Art. 12 Rn. 35 zu Art. 12 Abs. 5 DS-GVO.

15 *Dix* in Simitis, BDSG, 8. Aufl. 2014, § 34 Rn. 21.

16 So auch *Franck* in Gola DS-GVO Art. 12 Rn. Art. 15 Rn. 35 in Anlehnung an unionsrechtliche Fristen.

17 EuGH Urt. v. 12.12.2013 – C-486/12, BeckRS 2013, 82340.

18 *Franck* in Gola DS-GVO Art. 15 Rn. 39.

V. Identitätsprüfung (Abs. 4)

Bestehen Zweifel an der Identität des Antragsstellers, kann der Verantwortliche **zusätzliche Informationen** anfordern, soweit diese zur Bestätigung der Identität der betroffenen Person erforderlich sind.[19] Der Sache nach bezieht sich die Vorschrift nicht ausschließlich auf die Erhebung neuer Informationen, sondern auch auf geeignete Nachweismöglichkeiten hinsichtlich bereits vorliegender Daten. Die zusätzlichen Informationen werden bei der betroffenen Person erhoben (**Direkterhebung**), nicht bei Dritten. Der BayLfD hat eine Handreichung zur Identitätsprüfung bei Betroffenenrechten im öffentlichen Bereich veröffentlicht.[20] 27

Die zusätzlich erhobenen Daten unterliegen in Ansehung von Erwägungsgrund 41 JI-RL und entgegen § 39 Satz 1 einer strengen **Zweckbindung**. Sie dürfen nicht länger als unbedingt nötig gespeichert bleiben. 28

Ungeschriebenes Tatbestandsmerkmal für eine Identitätsprüfung ist, dass diese für die beantragte Maßnahme **erforderlich** sein muss.[21] Die Auskunftserteilung per Post an die bereits bekannte Adresse wird in aller Regel ohne Prüfung der Identität erfolgen können. Hinweise auf Berichtigungs- und Löschverpflichtungen können sowohl von nicht-identifizierten Betroffenen als auch von beliebigen Dritten stammen, da per se § 54 greift. 29

Die Erforderlichkeit von **Personalausweiskopien** bedarf einer gesonderten Prüfung. Ggf. genügt bereits die Vorlage des Ausweises und ein entsprechender Vermerk (zB „Personalausweis hat vorgelegen"). Verfügt die Behörde über mehrere Standorte, sollte der betroffenen Person angeboten werden, die ihr am nächsten gelegene Dienststelle aufzusuchen. Auf die Anforderung von Ausweiskopien soll verzichtet werden, wenn zB ein Auskunftsverlangen in unmittelbarem zeitlichen Zusammenhang (bis zu vier Wochen) mit einer Benachrichtigung steht, oder bei reinen Negativauskünften.[22] 30

Ablichtungen (auch Scans) von Personalausweisen richten sich nach dem jüngst novellierten § 20 Abs. 2 PersonalAuswG. Die Ablichtung muss dabei eindeutig und dauerhaft als Kopie erkennbar sein und darf nicht an Dritte weitergegeben werden. Unklar ist, inwieweit neben der im PersonalAuswG geregelten **Einwilligung** auch andere datenschutzrechtliche Erlaubnistatbestände für die Verarbeitung von Ausweisdaten herangezogen werden können.[23] 31

C. Bedeutung der Vorschrift für die behördliche Praxis

§ 51 stellt gewissermaßen den allgemeinen Teil der Regelungen über die Kommunikation mit betroffenen Personen dar. Die Vorschrift hat individualschützenden Charakter, weshalb von den hier aufgestellten Grundsätzen bestenfalls zugunsten der betroffenen Personen abgewichen werden darf.[24] 32

Ein Verstoß gegen § 51 bleibt allerdings weitestgehend folgenlos. Öffentliche Stellen sind gem. § 69 iVm § 33 Abs. 4 generell vom **Bußgeld** ausgenommen. 33

---

19 Mögliche Wege der Identifizierung zeigt *Petrlic* DuD 2019, 71 (72 ff.) auf.

20 BayLfD, Aktuelle Kurzinformation 22 – Identifizierung bei der Geltendmachung von Betroffenenrechten, 2019, online unter https://www.datenschutz-bayern.de/datenschutzreform2018/aki22.pdf.

21 Für einen Prüfung nur in begründeten Einzelfällen *Raum* in Auernhammer DS-GVO/BDSG § 59 Rn. 9.

22 BayLDA, TB 2013/2014 (2015), S. 77.

23 *Kröger* DSB 2017, 233 (234).

24 *Worms* in BeckOK DatenschutzR DS-GVO/BDSG § 59 Rn. 4.

Bußgelder für Einzelpersonen wegen Verstoßes gegen § 51 sind in § 69 iVm in § 33 nicht vorgesehen. Bleibt der Verantwortliche hinter den Anforderungen an die Kommunikationsmodalitäten zurück, kann die betroffene Person ggf. zusätzliche Erklärungen verlangen.

Kapitel 4 Pflichten der Verantwortlichen und Auftragsverarbeiter

§ 52 Verarbeitung personenbezogener Daten im Auftrag

(1) [1]Bei der Verarbeitung personenbezogener Daten im Auftrag finden Artikel 28 Absatz 1 bis 4, 9 und 10, sowie Artikel 29 der Verordnung (EU) 2016/679 entsprechende Anwendung. [2]Werden personenbezogene Daten im Auftrag eines Verantwortlichen durch andere Personen oder Stellen verarbeitet, hat der Verantwortliche für die Einhaltung der Vorschriften dieses Gesetzes und anderer Vorschriften über den Datenschutz zu sorgen. [3]Die Rechte der betroffenen Personen auf Auskunft, Berichtigung, Löschung, Einschränkung der Verarbeitung und Schadensersatz sind in diesem Fall gegenüber dem Verantwortlichen geltend zu machen.

(2) [1]Artikel 28 Absatz 1 bis 4, 9 und 10, sowie Artikel 29 der Verordnung (EU) 2016/679 sind auch dann entsprechend anzuwenden, wenn die Prüfung oder Wartung von automatisierten Verfahren oder Datenverarbeitungsanlagen durch andere Personen oder Stellen im Auftrag vorgenommen wird. [2]Diese Personen müssen die notwendige fachliche Qualifikation und Zuverlässigkeit aufweisen. [3]Der Auftraggeber hat vor Beginn der Arbeiten sicherzustellen, dass der Auftragnehmer personenbezogene Daten nur zur Kenntnis nehmen kann, soweit dies unvermeidlich ist. [4]Dies gilt auch für die Kenntnisnahme von Daten, die Berufs- oder besonderen Amtsgeheimnissen unterliegen. [5]Der Auftragnehmer hat dem Auftraggeber zuzuordnende personenbezogene Daten unverzüglich nach Erledigung des Auftrags zu löschen. [6]Die Dokumentation der Maßnahme ist zum Zweck der Datenschutzkontrolle drei Jahre aufzubewahren.

Verwandte Normen JI-RL:

Artikel 22 Auftragsverarbeiter

(1) Die Mitgliedstaaten sehen vor, dass in dem Fall, dass eine Verarbeitung im Auftrag eines Verantwortlichen erfolgt, dieser nur mit Auftragsverarbeitern arbeitet, die hinreichende Garantien dafür bieten, dass geeignete technische und organisatorische Maßnahmen so durchgeführt werden, dass die Verarbeitung im Einklang mit den Anforderungen dieser Richtlinie erfolgt und den Schutz der Rechte der betroffenen Person gewährleistet.

(2) [1]Die Mitgliedstaaten sehen vor, dass der Auftragsverarbeiter keinen weiteren Auftragsverarbeiter ohne vorherige gesonderte oder allgemeine schriftliche Genehmigung des Verantwortlichen in Anspruch nimmt. [2]Im Fall einer allgemeinen schriftlichen Genehmigung unterrichtet der Auftragsverarbeiter den Verantwortlichen über jede beabsichtigte Änderung in Bezug auf die Hinzuziehung oder die Ersetzung anderer Auftragsverarbeiter, wodurch der Verantwortliche die Möglichkeit erhält, gegen derartige Änderungen Einspruch zu erheben.

(3) [1]Die Mitgliedstaaten sehen vor, dass die Verarbeitung durch einen Auftragsverarbeiter auf der Grundlage eines Vertrags oder eines anderen Rechtsinstruments nach dem Unionsrecht oder dem Recht der Mitgliedstaaten erfolgt, der bzw. das den Auftragsverarbeiter an den Verantwortlichen bindet und der den Gegenstand und Dauer

der Verarbeitung, Art und Zweck der Verarbeitung, die Art der personenbezogenen Daten, die Kategorien betroffener Personen und die Pflichten und Rechte des Verantwortlichen festlegt. [2]Der Vertrag oder das andere Rechtsinstrument sieht insbesondere vor, dass der Auftragsverarbeiter

a) nur auf Weisung des Verantwortlichen handelt,
b) gewährleistet, dass sich die zur Verarbeitung der personenbezogenen Daten befugten Personen zur Vertraulichkeit verpflichtet haben oder einer angemessenen gesetzlichen Verschwiegenheitspflicht unterliegen,
c) den Verantwortlichen mit geeigneten Mitteln dabei unterstützt, die Einhaltung der Bestimmungen über die Rechte der betroffenen Person zu gewährleisten,
d) alle personenbezogenen Daten nach Abschluss der Erbringung der Verarbeitungsleistungen – nach Wahl des Verantwortlichen – zurückgibt bzw. löscht und bestehende Kopien vernichtet, sofern nicht nach dem Unionsrecht oder dem Recht der Mitgliedstaaten eine Verpflichtung zur Speicherung der personenbezogenen Daten besteht,
e) dem Verantwortlichen alle erforderlichen Informationen zum Nachweis der Einhaltung der in diesem Artikel niedergelegten Pflichten zur Verfügung stellt,
f) die in den Absätzen 2 und 3 aufgeführten Bedingungen für die Inanspruchnahme der Dienste eines weiteren Auftragsverarbeiters einhält.

(4) Der Vertrag oder das andere Rechtsinstrument im Sinne von Absatz 3 ist schriftlich abzufassen, was auch in einem elektronischen Format erfolgen kann.

(5) Ein Auftragsverarbeiter, der unter Verstoß gegen diese Richtlinie die Zwecke und Mittel der Verarbeitung bestimmt, gilt in Bezug auf diese Verarbeitung als Verantwortlicher.

Artikel 23 Verarbeitung unter der Aufsicht des Verantwortlichen oder des Auftragsverarbeiters

Die Mitgliedstaaten sehen vor, dass der Auftragsverarbeiter und jede dem Verantwortlichen oder dem Auftragsverarbeiter unterstellte Person, die Zugang zu personenbezogenen Daten hat, diese Daten ausschließlich auf Weisung des Verantwortlichen verarbeiten, es sei denn, dass sie nach dem Unionsrecht oder dem Recht der Mitgliedstaaten zur Verarbeitung verpflichtet sind.

Verweisnormen DS-GVO:

Art. 28 Auftragsverarbeiter

(1) Erfolgt eine Verarbeitung im Auftrag eines Verantwortlichen, so arbeitet dieser nur mit Auftragsverarbeitern, die hinreichend Garantien dafür bieten, dass geeignete technische und organisatorische Maßnahmen so durchgeführt werden, dass die Verarbeitung im Einklang mit den Anforderungen dieser Verordnung erfolgt und den Schutz der Rechte der betroffenen Person gewährleistet.

(2) [1]Der Auftragsverarbeiter nimmt keinen weiteren Auftragsverarbeiter ohne vorherige gesonderte oder allgemeine schriftliche Genehmigung des Verantwortlichen in Anspruch. [2]Im Fall einer allgemeinen schriftlichen Genehmigung informiert der Auftragsverarbeiter den Verantwortlichen immer über jede beabsichtigte Änderung in Bezug auf die Hinzuziehung oder die Ersetzung anderer Auftragsverarbeiter, wodurch der Verantwortliche die Möglichkeit erhält, gegen derartige Änderungen Einspruch zu erheben.

(3) [1]Die Verarbeitung durch einen Auftragsverarbeiter erfolgt auf der Grundlage eines Vertrags oder eines anderen Rechtsinstruments nach dem Unionsrecht oder dem Recht der Mitgliedstaaten, der bzw. das den Auftragsverarbeiter in Bezug auf den Verantwortlichen bindet und in dem Gegenstand und Dauer der Verarbeitung, Art und Zweck der Verarbeitung, die Art der personenbezogenen Daten, die Kategorien betroffener Personen und die Pflichten und Rechte des Verantwortlichen festgelegt

sind. [2]Dieser Vertrag bzw. dieses andere Rechtsinstrument sieht insbesondere vor, dass der Auftragsverarbeiter

a) die personenbezogenen Daten nur auf dokumentierte Weisung des Verantwortlichen – auch in Bezug auf die Übermittlung personenbezogener Daten an ein Drittland oder eine internationale Organisation – verarbeitet, sofern er nicht durch das Recht der Union oder der Mitgliedstaaten, dem der Auftragsverarbeiter unterliegt, hierzu verpflichtet ist; in einem solchen Fall teilt der Auftragsverarbeiter dem Verantwortlichen diese rechtlichen Anforderungen vor der Verarbeitung mit, sofern das betreffende Recht eine solche Mitteilung nicht wegen eines wichtigen öffentlichen Interesses verbietet;
b) gewährleistet, dass sich die zur Verarbeitung der personenbezogenen Daten befugten Personen zur Vertraulichkeit verpflichtet haben oder einer angemessenen gesetzlichen Verschwiegenheitspflicht unterliegen;
c) alle gemäß Artikel 32 erforderlichen Maßnahmen ergreift;
d) die in den Absätzen 2 und 4 genannten Bedingungen für die Inanspruchnahme der Dienste eines weiteren Auftragsverarbeiters einhält;
e) angesichts der Art der Verarbeitung den Verantwortlichen nach Möglichkeit mit geeigneten technischen und organisatorischen Maßnahmen dabei unterstützt, seiner Pflicht zur Beantwortung von Anträgen auf Wahrnehmung der in Kapitel III genannten Rechte der betroffenen Person nachzukommen;
f) unter Berücksichtigung der Art der Verarbeitung und der ihm zur Verfügung stehenden Informationen den Verantwortlichen bei der Einhaltung der in den Artikeln 32 bis 36 genannten Pflichten unterstützt;
g) nach Abschluss der Erbringung der Verarbeitungsleistungen alle personenbezogenen Daten nach Wahl des Verantwortlichen entweder löscht oder zurückgibt und die vorhandenen Kopien löscht, sofern nicht nach dem Unionsrecht oder dem Recht der Mitgliedstaaten eine Verpflichtung zur Speicherung der personenbezogenen Daten besteht;
h) dem Verantwortlichen alle erforderlichen Informationen zum Nachweis der Einhaltung der in diesem Artikel niedergelegten Pflichten zur Verfügung stellt und Überprüfungen – einschließlich Inspektionen –, die vom Verantwortlichen oder einem anderen von diesem beauftragten Prüfer durchgeführt werden, ermöglicht und dazu beiträgt.

Mit Blick auf Unterabsatz 1 Buchstabe h informiert der Auftragsverarbeiter den Verantwortlichen unverzüglich, falls er der Auffassung ist, dass eine Weisung gegen diese Verordnung oder gegen andere Datenschutzbestimmungen der Union oder der Mitgliedstaaten verstößt.

(4) [1]Nimmt der Auftragsverarbeiter die Dienste eines weiteren Auftragsverarbeiters in Anspruch, um bestimmte Verarbeitungstätigkeiten im Namen des Verantwortlichen auszuführen, so werden diesem weiteren Auftragsverarbeiter im Wege eines Vertrags oder eines anderen Rechtsinstruments nach dem Unionsrecht oder dem Recht des betreffenden Mitgliedstaats dieselben Datenschutzpflichten auferlegt, die in dem Vertrag oder anderen Rechtsinstrument zwischen dem Verantwortlichen und dem Auftragsverarbeiter gemäß Absatz 3 festgelegt sind, wobei insbesondere hinreichende Garantien dafür geboten werden muss, dass die geeigneten technischen und organisatorischen Maßnahmen so durchgeführt werden, dass die Verarbeitung entsprechend den Anforderungen dieser Verordnung erfolgt. [2]Kommt der weitere Auftragsverarbeiter seinen Datenschutzpflichten nicht nach, so haftet der erste Auftragsverarbeiter gegenüber dem Verantwortlichen für die Einhaltung der Pflichten jenes anderen Auftragsverarbeiters.

(...)

(9) Der Vertrag oder das andere Rechtsinstrument im Sinne der Absätze 3 und 4 ist schriftlich abzufassen, was auch in einem elektronischen Format erfolgen kann.

(10) Unbeschadet der Artikel 82, 83 und 84 gilt ein Auftragsverarbeiter, der unter Verstoß gegen diese Verordnung die Zwecke und Mittel der Verarbeitung bestimmt, in Bezug auf diese Verarbeitung als Verantwortlicher.

Art. 29 Verarbeitung unter der Aufsicht des Verantwortlichen oder des Auftragsverarbeiters

Der Auftragsverarbeiter und jede dem Verantwortlichen oder dem Auftragsverarbeiter unterstellte Person, die Zugang zu personenbezogenen Daten hat, dürfen diese Daten ausschließlich auf Weisung des Verantwortlichen verarbeiten, es sei denn, dass sie nach dem Unionsrecht oder dem Recht der Mitgliedstaaten zur Verarbeitung verpflichtet sind.

Kurzübersicht zum Verhältnis der entscheidenden Normen			
Norm des DSG NRW	Entsprechende Norm der JI-RL	Entsprechende Norm des BDSG	
§ 52 DSG NRW	Art. 22 und 23 JI-RL	§§ 62 und 52 BDSG	

Literatur:

Eckhardt, DS-GVO: Anforderungen an die Auftragsverarbeitung als Instrument zur Einbindung Externer, CCZ 2017, 111; *Fromageau/Bäuerle/Werkmeister*, Auftragsverarbeitung in der Praxis – Neue herausforderungen durch die DSGVO, PinG 2018, 216; *Gürtler*, Praxisfragen der Auftragsverarbeitung, ZD 2019, 51; *Hartung/Büttgen*, Die Auftragsverarbeitung nach der DS-GVO, DuD 2017, 549; *Hartung/Steinweg*, Vereinbarungen mit Dienstleistern nach dem neuen § 203 StGB und der DSGVO, PinG 2018, 21; *von Holleben/Knaut*, Die Zukunft der Auftragsverarbeitung – Privilegierung, Haftung, Sanktionen und Datenübermittlung mit Auslandsbezug unter der DSGVO, CR 2019, 299; *Jahn*, Die Auftragsverarbeitung in der Vertragsgestaltung, DSB 2019, 131; *Krohm/Müller-Peltzer*, (Fehlende) Privilegierung der Auftragsverarbeitung unter der Datenschutz-Grundverordnung?, RDV 2016, 307; *Monreal*, Die Geheimnisse der Auftragsverarbeitung, PinG 2017, 216; *Müthlein*, ADV 5.0 – Neugestaltung der Auftragsdatenverarbeitung in Deutschland, RDV 2016, 74; *Petri*, Auftragsdatenverarbeitung – heute und morgen, ZD 2015, 305; *Sander*, Technische und organisatorische Maßnahmen im Rahmen der Auftragsverarbeitung gemäß Art. 28 DSGVO, PinG 2017, 250; *Schäfer/Fox*, Zertifizierte Auftragsdatenverarbeitung, DuD 2016, 744; *Schmidt/Freund*, Perspektiven der Auftragsverarbeitung, ZD 2017, 14; *Schmitz/von Dall'Armi*, Auftragsdatenverarbeitung in der DS-GVO – das Ende der Privilegierung?, ZD 2016, 427; *Seiter*, Auftragsverarbeitung nach der Datenschutzgrundverordnung, DuD 2019, 127; *Selzer*, Die Zukunft von Auftragsverarbeitungskontrollen, DuD 2017, 242 ff.; *Tausch/Tausch*, Datenschutz-Grundverordnung: So bekommen Sie die Auftragsverarbeitung in den Griff, BC 2018, 219.

A. Grundlagen

I. Gesamtverständnis, Zweck der Norm und Verhältnis zu anderen Normen

1 § 52 führt in Teil 3, Kapitel 4 – „Pflichten der Verantwortlichen" und Auftragsverarbeiter ein und dient der Umsetzung von Art. 22 und 23 JI-RL. Die Vorschrift findet ihr Gegenstück in § 62 BDSG auf Bundesebene. § 29 Abs. 2 JVollz-DSG NRW verweist für den Bereich des Justizvollzugs auf die hiesige Vorschrift.

2 Der NRW-Gesetzgeber hat bei der Richtlinienumsetzung darauf verzichtet, das Rad im Hinblick auf die Auftragsverarbeitung vollständig neu zu erfinden.[1] Stattdessen wurde auf die inhaltsgleichen Vorschriften in der DS-GVO verwiesen. Der Verweis erfolgt partiell, da die Regelungsdichte in Art. 22 JI-RL nicht ganz so hoch ist wie in Art. 28 DS-GVO. Die Absätze zu Verhaltensregeln und Zertifizierung sowie Standardvertragsklauseln gehen im Anwendungsbereich der JI-RL ins Leere.[2]

3 Die Auftragsverarbeitung gehört zur Gruppe der **mehrpoligen Datenverarbeitungsverhältnisse**. Sie ist jedoch streng von der gemeinsamen Verantwortlichkeit gem. § 67 Nr. 2 iVm Art. 26 DS-GVO oder sog. „Funktionsübertragungen" nach alter Rechtslage zu unterscheiden.

II. Bisherige Rechtslage

4 Bislang regelte § 11 DSG NRW aF die Verarbeitung personenbezogener Daten im Auftrag öffentlicher Stellen. Anders als in § 11 Abs. 2 Satz 2 Nr. 1–10 BDSG

1 Anders in § 62 BDSG.
2 LT-Drs. 17/1981, 166.

aF waren die Pflichtinhalte des schriftformbedürftigen Auftrages nicht normiert. Lediglich die Weisungsgebundenheit fand in § 11 Abs. 1 Satz 3 DSG NRW aF explizit Erwähnung. Der Auftragnehmer war zudem gem. § 11 Abs. 1 Satz 4 DSG NRW aF sorgfältig unter besonderer Berücksichtigung seiner Eignung für die Gewährleistung technisch-organisatorischer Maßnahmen auszuwählen.

Auftragnehmer außerhalb des Geltungsbereiches des DSG mussten sich gem. § 11 Abs. 3 DSG NRW aF den landesrechtlichen Datenschutzvorschriften und der Kontrolle durch die Landesdatenschutzbehörde unterwerfen. Eine Auftragsdatenverarbeitung außerhalb der Grenzen von NRW war der Aufsichtsbehörde mitzuteilen, obschon hiermit kein Genehmigungsvorbehalt einherging. 5

Dienstleister mit dem Schwerpunkt Wartung und Systembetreuung unterlagen gem. § 11 Abs. 4 DSG NRW aF ebenfalls den Vorschriften zur Auftragsdatenverarbeitung.[3] Die dort getroffenen Sonderregelungen finden sich im jetzigen § 52 Abs. 2 (→ Rn. 62 ff.) nahezu identisch wieder. 6

B. Kommentierung

I. Adressat

§ 52 verpflichtet einerseits den Verantwortlichen im Sinne von § 36 Nr. 9, andererseits aber auch den Auftragsverarbeiter im Sinne von § 36 Nr. 10. Beide haben dafür zu sorgen, dass ein entsprechender Auftrag mit den gesetzlichen Pflichtinhalten erteilt wird. Gemeinsam Verantwortliche im Sinne von § 67 Nr. 2 iVm Art. 26 DS-GVO können zusammen einen Dienstleister beauftragen. 7

II. Begriff des Auftragsverarbeiters

Entsprechend der eher tautologischen Definition des § 36 Nr. 10 ist „Auftragsverarbeiter" eine natürliche oder juristische Person, Behörde, Einrichtung oder andere Stelle, die personenbezogene Daten im Auftrag des Verantwortlichen verarbeitet. Die Definition ist wortgleich zu derjenigen in Art. 3 Nr. 9 JI-RL bzw. derjenigen in Art. 4 Nr. 8 DS-GVO. Der Aufgabenzuschnitt in Abhängigkeit vom spezifischen Auftrag stellt klar, dass der Auftragnehmer **keine eigenen Zwecke** mit den Daten verfolgt.[4] Es gibt weder in der JI-RL noch im DSG NRW die Vorgabe, dass zuvörderst andere **Behörden als Auftragnehmer** fungieren sollen.[5] 8

Die Auftragsverarbeitung ist eine Form der mehrpoligen Datenverarbeitung.[6] Typischerweise werden Auftragsverarbeiter eingesetzt, weil sie eine Verarbeitungstätigkeit besser, schneller, günstiger oder sicherer ausführen können als der Verantwortliche selbst. Die Grenze zwischen Auftragsverarbeitung und anderen Outsourcing-Lösungen (früher sog. „Funktionsübertragung")[7] verläuft jedoch mitunter fließend. Ausgehend von der strikten **Weisungsabhängigkeit** 9

3 Vgl. § 11 Abs. 5 BDSG aF.

4 Ähnlich *Spoerr* in BeckOK DatenschutzR DS-GVO/BDSG § 62 Rn. 9.

5 Anders etwa im (noch nicht novellierten) § 7 Abs. 4 GDSG NRW oder auch § 80 Abs. 3 SGB X.

6 Sie ist insoweit abzugrenzen von der gemeinsamen Verantwortlichkeit, beide Konzepte schließen sich gegenseitig aus.

7 Der Begriff der Funktionsübertragung wurde vom Bundes- oder Landesgesetzgeber nie verwendet. Er ist in den anderen EU-Mitgliedsstaaten unbekannt und sollte deshalb nicht mehr benutzt werden.

(→ Rn. 33 ff.) können mehrere hiermit in Verbindung stehende Indizien herangezogen werden.

Indizien	eher Auftragsverarbeitung	eher keine Auftragsverarbeitung
Weisungsabhängigkeit	x	
Datenverarbeitung als solche ist nicht Hauptleistung des Dienstleisters, sondern nur reflexartige Nebenerscheinung für die Erbringung einer anderen Leistung		x
eigenes inhaltliches oder wirtschaftliches Interesse des Auftragnehmers an den Daten oder dem Ergebnis der Datenverarbeitung		x
eigenes rechtliches Verhältnis des Auftragnehmers zur betroffenen Person		x
Haftung des Auftragnehmers für Richtigkeit oder Rechtmäßigkeit der Datenverarbeitung		x

10 Der Einsatz von Beschäftigten in **Teleheimarbeit** ist keine Auftragsverarbeitung. Die Beschäftigten gehören unmittelbar zum Verantwortlichen, so dass es schon am zweiten Pol der mehrpoligen Datenverarbeitung (→ Rn. 3) fehlt.

11 Die Tätigkeit von **behördlichen Sachverständigen** ist mangels vollständiger Weisungsgebundenheit und wegen der uU bestehenden deliktischen Eigenhaftung aus § 839 BGB bzw. § 839 a BGB analog[8] keine Auftragsverarbeitung.

12 Das **Outsourcen von Geschwindigkeitsmessungen** an private Unternehmen und die inhaltliche Auswertung von Ergebnissen gegen eine Gewinnbeteiligung ist keine Auftragsverarbeitung. Ein solches Vorgehen ist mangels anderweitiger Verarbeitungsbefugnis rechtlich ausgeschlossen.[9]

13 Die Anmietung von Datenverarbeitungsanlagen oder Server-Stellplätzen im Rechenzentrum (sog. „**Server-Housing**") bei alleinigem Betrieb durch den Verantwortlichen und ohne Zugriff des Vermieters auf die personenbezogenen Daten ist keine Auftragsverarbeitung.[10]

III. Verweis auf die DS-GVO (Abs. 1 Satz 1)

1. Entsprechende Anwendung

14 Der NRW-Gesetzgeber erklärt Art. 28 Abs. 1–4, 9 und 10 DS-GVO sowie Art. 29 DS-GVO für entsprechend anwendbar. „Entsprechend" zunächst deshalb, weil sich DS-GVO und JI-RL in ihren Anwendungsbereichen jeweils kategorisch ausschließen. „Entsprechend" aber auch, weil durch die Verweisung **Brüche** entstehen. Unklar bleibt nämlich insoweit, welche umliegenden europäischen Vorschriften bei der Anwendung im Bereich der JI-RL mitgedacht wer-

8 *Wagner* in Säcker/Rixecker/Oetker/Limperg, MüKoBGB, Bd. 6, 7. Aufl. 2017, § 839 a Rn. 15 f.

9 Vgl. AG Kassel Urt. v. 14.4.2015 – 385 OWi - 9863 Js 1377/15, https://dejure.org/2015,8357; AG Parchim Urt. v. 1.4.2015 – Az. 5 OWi 2215/14, https://dejure.org/2015,8358.

10 *Spoerr* in BeckOK DatenschutzR DS-GVO/BDSG § 62 Rn. 16.

den müssen, um der Intention von Unions- und NRW-Gesetzgeber gerecht zu werden. Einerseits verweist Art. 28 DS-GVO auf weitere Vorschriften der DS-GVO, andererseits werden bestimmte Vorschriften – wie im Falle des Art. 4 Nr. 10 DS-GVO (→ Rn. 68 f.) – als Prämisse vorausgesetzt. Die Auslegung hat insoweit möglichst eng anhand der **Vorgaben der JI-RL** zu erfolgen.

2. Dienstleisterauswahl (Art. 28 Abs. 1 DS-GVO)

Die Auftragsvergabe ist nur an solche Dienstleister gestattet, die hinreichend **Garantien** dafür bieten, dass geeignete technische und organisatorische Maßnahmen so durchgeführt werden, dass die Verarbeitung im Einklang mit den Anforderungen des DSG NRW erfolgt und den Schutz der Rechte der betroffenen Person gewährleistet. Durch den Verweis wird Art. 22 Abs. 1 JI-RL umgesetzt. Die in Bezug genommenen technischen und organisatorischen Maßnahmen sind im Anwendungsbereich der JI-RL diejenigen des § 58. 15

Erwägungsgrund 81 Satz 1 DS-GVO[11] macht insbesondere **Fachwissen, Zuverlässigkeit, Ressourcen** und die **Sicherheit** der Verarbeitung zum Beurteilungsmaßstab. Das Vorgehen bei der Auswahlprüfung wird vom Gesetz nicht spezifiziert. Hier sind vielfältige Maßnahmen möglich, von der Erhebung der Verarbeitungsmodalitäten durch Fragebögen über Vorlage aktueller Zertifizierungen[12] und Testate bis hin zu Vor-Ort-Kontrollen. Die **unterlassene Auswahlprüfung** macht die Auftragsvergabe nicht nichtig,[13] sie kann jedoch uU zu aufsichtsbehördlichem Einschreiten führen, bspw. der Anordnung eines Dienstleisterwechsels oder die vorübergehende oder endgültige Untersagung der Verarbeitung (→ Rn. 72). Ggf. kommt auch die Verhängung eines Bußgeldes in Betracht (→ Rn. 73). 16

Soll ein Auftragsverarbeiter zum Einsatz kommen, ist dies uU im Rahmen einer **Datenschutz-Folgenabschätzung** gem. § 56 Abs. 1 zu bewerten, da jede Weitergabe das mit der Verarbeitung verbundene Risiko erhöhen kann.[14] 17

Es existiert keine Festlegung des Landes NRW, dass Aufträge nur **innerhalb der eigenen Grenzen oder der Grenzen der Bundesrepublik** vergeben werden dürften.[15] Die Tatsache, dass bspw. der Landesbetrieb IT.NRW[16] als zentraler Dienstleister für die Landesverwaltung gem. § 14 a LOG NRW unterhalten wird, führt nicht dazu, dass ausschließlich dieser als Auftragsverarbeiter in Frage kommt. Umgekehrt muss auch ein Landesbetrieb den jeweiligen Anforderungen des konkreten Auftrages gerecht werden und darf nicht pauschal beauftragt werden. 18

11 Die Erwägungsgründe der JI-RL schweigen hierzu.

12 Eine Zertifizierung nach Vorbild von Art. 28 Abs. 5 DS-GVO ist im Anwendungsbereich der JI-RL nicht vorgesehen. Sie kann aber ein Indiz für die Dienstleisterauswahl sein, insbesondere wenn der Auftragnehmer gleichermaßen öffentliche wie nicht-öffentliche Auftraggeber bedient.

13 LG Frankfurt aM Urt. v. 19.1.2017 – 2-03 O 65/16, https://dejure.org/2017,41906 zu § 11 BDSG aF.

14 *Ingold* in Sydow DS-GVO Art. 28 Rn. 34.

15 Anders auf Bundesebene, vgl. Rat der IT-Beauftragten, Kriterien für die Nutzung von Cloud-Diensten der IT-Wirtschaft durch die Bundesverwaltung, Beschluss Nr. 2015/5 vom 29.7.2015, S. 2. Jener Beschluss dürfte freilich gegen die Grundfreiheiten der Europäischen Verträge verstoßen und unbeachtlich sein.

16 Landesbetrieb Information und Technik Nordrhein-Westfalen im im Geschäftsbereich des Ministeriums für Wirtschaft, Innovation, Digitalisierung und Energie, siehe https://www.it.nrw.

3. Subunternehmen (Art. 28 Abs. 2 und 4 DS-GVO)

19 Durch den Verweis wird Art. 22 Abs. 2, Abs. 3 Satz 2 lit. f JI-RL umgesetzt. Der Einsatz weiterer Auftragsverarbeiter in einer **Auftragskette** unterliegt dem Vorbehalt der Genehmigung. Typischerweise wird die Genehmigung konkret in Ansehung des zu beauftragenden Unterauftragnehmers erteilt (Art. 28 Abs. 2 Satz 1 Alt. 1 DS-GVO). Sie kann jedoch auch in allgemeiner Form erfolgen (Art. 28 Abs. 2 Satz 1 Alt. 2 DS-GVO), die Auswahlentscheidung wird insoweit an den Hauptauftragnehmer **delegiert**. Im zweitgenannten Fall informiert der Hauptauftragnehmer den Verantwortlichen über jede beabsichtigte Änderung hinsichtlich der Hinzuziehung oder der späteren Ersetzung der Subauftragnehmer (Art. 28 Abs. 2 Satz 2 DS-GVO). Auf diese Weise wird die letztgültige Kontrolle über die geplante Änderung beim Verantwortlichen belassen. Es bietet sich an, eine **Frist** für den Widerspruch durch den Verantwortlichen vertraglich festzulegen.[17] Der Verantwortliche kann sich dieses Rechts nicht auf vertraglichem Wege begeben, da er ansonsten nicht länger die Mittel der Verarbeitung bestimmte.

20 Die gesonderte oder allgemeine Genehmigung muss schriftlich erteilt werden. ZT wird vertreten, die Schriftform des Art. 28 Abs. 2 DS-GVO sei identisch mit der Schriftform des § 126 a BGB,[18] immerhin fehle der aus Art. 28 Abs. 9, Art. 30 Abs. 3 und Art. 12 Abs. 1 Satz 2 DS-GVO bekannte Zusatz, es genüge auch die elektronische (Text-)Form. Die Auffassung überliest schlicht Art. 28 Abs. 3 Satz 2 lit. d DS-GVO, wonach die Bedingungen für den Subunternehmereinsatz unmittelbar in den Anwendungsbereich der Formvorschrift des Art. 28 Abs. 9 DS-GVO einbezogen werden.[19] Die JI-RL bedient sich derselben Verweistechnik: Der Auftrag an den Subunternehmer ist in Art. 22 Abs. 3 lit. f JI-RL geregelt, wodurch die **elektronische** (**Text-**)**Form** des Art. 22 Abs. 4 automatisch für die Genehmigung nach Art. 22 Abs. 2 JI-RL gilt.

21 Art. 28 Abs. 4 DS-GVO begründet die Auftragskette. Jedem weiteren Auftragnehmer sind dieselben Pflichten aufzuerlegen, die bereits dem Hauptauftragnehmer obliegen. Dies geschieht jeweils über einen Vertrag oder sonstiges Rechtsinstrument mit den Pflichtinhalten des Art. 28 Abs. 3 DS-GVO.

22 **Verstöße** des Unterauftragnehmers gehen gem. Art. 28 Abs. 4 Satz 2 DS-GVO zulasten des Hauptauftragnehmers, dies freilich nur im Innenverhältnis Auftraggeber – Hauptauftragnehmer, nicht gegenüber betroffenen Personen. Die Genehmigung nach Art. 12 Abs. 2 Satz 1 DS-GVO bedeutet also keine Haftungsfreizeichnung für den Hauptauftragnehmer. Unklar ist, ob zugleich ein **Durchgriff** des Auftraggebers auf den Subauftragnehmer gesperrt werden soll.[20] Der Auftraggeber trüge somit das Insolvenzrisiko des Hauptauftragnehmers.

4. Vertrag oder sonstiges Rechtsinstrument (Art. 28 Abs. 3 Satz 1 DS-GVO)

23 JI-RL und DS-GVO verhalten sich weitestgehend agnostisch, mit welchem Instrument der Auftraggeber den Auftragnehmer an sich bindet. Typischerweise wird die **Vertragsform** gewählt. Im Anwendungsbereich der JI-RL sind dabei ggf. die Besonderheiten des öffentlich-rechtlichen Vertrags gem. §§ 54 ff.

---

17 *Paschke/Scheurer* in Gola/Heckmann BDSG § 62 Rn. 17.
18 *Spoerr* in BeckOK DatenschutzR DS-GVO/BDSG Art. 28 Rn. 39.
19 So auch *Hartung* in Kühling/Buchner DS-GVO/BDSG Art. 28 Rn. 97. Im Ergebnis ebenso *Ingold* in Sydow DS-GVO Art. 28 Rn. 47.
20 In diesem Sinne *Spoerr* in BeckOK DatenschutzR DS-GVO/BDSG Art. 28 Rn. 44.

VwVfG NRW zu berücksichtigen. Der Begriff des Auftrages im Datenschutzrecht ist nicht zu verwechseln mit demjenigen des § 662 BGB,[21] insbesondere erfolgt die Auftragsverarbeitung in der Regel nicht unentgeltlich.

Von akademischem Interesse ist, welches Rechtsinstrument zu wählen ist, wenn zwei **Stellen desselben Rechtsträgers** eine Verarbeitung im Auftrag vereinbaren, zB wenn ein rechtlich unselbständiger Landesbetrieb nach § 14 a LOG NRW beauftragt wird. Der Vertrag wird insoweit von Teilen der Literatur abgelehnt.[22] Die Praxis geht über diese Frage hinweg und schließt gleichwohl Verträge. 24

Andere Rechtsinstrumente nach dem Unionsrecht oder dem Recht der Mitgliedstaaten sind zulässig. Art. 28 Abs. 3 Satz 1 DS-GVO begründet dabei kein „Instrumentenerfindungsrecht". Stattdessen ist auf **etablierte Rechtsinstrumente** zurückzugreifen. Im Behördenkontext ist der **Verwaltungsakt** iSv § 35 VwVfG NRW denkbar. Durch **Gesetz** oder durch **Rechtsverordnung** normierte Auftragsverarbeitungen sind vorstellbar, obschon derzeit im Anwendungsbereich der JI-RL keine derartigen Vorschriften ersichtlich sind.[23] Es würde sich zudem die berechtigte Frage nach der ordnungsgemäßen Dienstleisterauswahl stellen (→ Rn. 15 ff.). 25

Verwaltungsvorschriften sind dagegen keine Rechtsinstrumente im Sinne von Art. 28 Abs. 3 Satz 1 DS-GVO. Zwar erläutert Erwägungsgrund 41 DS-GVO, dass nicht immer und notwendigerweise ein von einem Parlament angenommener Gesetzgebungsakt vorausgesetzt wird. Verwaltungsvorschriften binden jedoch lediglich nachgeordnete Behörden. Ein Eingriff in die Rechte betroffener Personen kann hierdurch nicht gerechtfertigt werden. 26

Der Auftrag gem. Art. 28 Abs. 3 DS-GVO bedarf zunächst einiger formaler Festlegungen hinsichtlich Gegenstand und Dauer der Verarbeitung, Art und Zweck der Verarbeitung, der Art der personenbezogenen Daten, der Kategorien betroffener Personen sowie der Pflichten und Rechte des Verantwortlichen. Die Beschreibung des Auftragsinhaltes muss so kleinteilig vorgenommen werden, um seitens Auftraggeber und Auftragnehmer bzw. seitens der Datenschutzaufsicht überhaupt prüfen zu können, ob der Auftrag das notwendige Datenschutzniveau erreicht.[24] 27

Gegenstand und Dauer der Verarbeitung gehören zu den basalen Pflichtinhalten des Auftrages und stellen zugleich die Essentialien eines öffentlich-rechtlichen Vertrages nach den §§ 54 ff. VwVfG NRW dar, sofern nicht rein privatrechtlich gehandelt wird. Verträge auf unbestimmte Zeit sind denkbar, sofern eine Beendigung durch ordentliche Kündigung möglich bleibt.[25] Der Auftragsbeginn muss eindeutig feststehen. 28

Art und Zweck der Verarbeitung sind ebenfalls genau anzugeben. Bleibt dem Auftragnehmer irgendein Interpretationsspielraum, wird er gem. Art. 28 Abs. 10 DS-GVO selbst zum Verantwortlichen. Mögliche Arten der Verarbeitung sind begrifflich in § 36 Nr. 2 aufgeführt, namentlich sind dies das Erheben, 29

21 VG Bayreuth Beschl. v. 8.5.2018 – B 1 S 18.105, https://dejure.org/2018,13905.
22 *Spoerr* in BeckOK DatenschutzR DS-GVO/BDSG § 62 Rn. 37; *Paschke/Scheurer* in Gola/Heckmann BDSG § 62 Rn. 50.
23 Vgl. stattdessen § 1 Abs. 1 AZRG oder § 16 Abs. 2 iVm § 26 d Abs. 3 BAPostG, welche freilich jeweils nicht den inhaltlichen Anforderungen aus Art. 28 Abs. 3 DS-GVO gerecht werden.
24 *Hartung* in Kühling/Buchner DS-GVO/BDSG Art. 28 Rn. 65.
25 *Spoerr* in BeckOK DatenschutzR DS-GVO/BDSG Art. 28 Rn. 52.

das Erfassen, die Organisation, das Ordnen, die Speicherung, die Anpassung oder Veränderung, das Auslesen, das Abfragen, die Verwendung, die Offenlegung durch Übermittlung, Verbreitung oder eine andere Form der Bereitstellung, den Abgleich oder die Verknüpfung, die Einschränkung, das Löschen oder die Vernichtung. Der Katalog ist freilich nicht abschließend. Die Verarbeitungszwecke entsprechen denjenigen in § 47 Nr. 1 (→ § 47 Rn. 10 f.), § 49 Abs. 1 Nr. 3 oder § 53 Satz 2 iVm Art. 30 Abs. 1 lit. b DS-GVO.

30 Die **Art der personenbezogenen** Daten zielt auf die auf die Kategorisierung im Sinne von § 49 Abs. 1 Nr. 1 Alt. 2 bzw. § 53 Satz 2 iVm Art. 30 Abs. 1 lit. c Alt. 1 DS-GVO. ab. Hier ist insbesondere zu prüfen, ob besondere Kategorien personenbezogener Daten iSv § 45 vorliegen.

31 Die (**Mindest-)Kategorien betroffener Personen** sind zunächst durch § 42 vorgegeben.[26] Sie können jedoch auch trennschärfer im Sinne von § 53 Satz 2 iVm Art. 30 Abs. 1 lit. c Alt. 2 DS-GVO aufgeführt werden.

32 **Pflichten und Rechte des Verantwortlichen** beziehen sich insbesondere auf Kontroll- und Prüfrechte, die die datenschutzkonforme Verarbeitung sicherstellen. Sie ergeben sich weitestgehend bereits aus den Pflichtinhalten nach Art. 28 Abs. 3 Satz 2 lit. a–h DS-GVO. Weitere Details können im Auftrag geregelt werden. Streit besteht insbesondere hinsichtlich der Frage, ob der durch Kontrollen entstehende Aufwand dem Auftraggeber **gesondert in Rechnung** gestellt werden darf.[27] Nach hiesiger Ansicht ist dies zulässig. Weder die JI-RL noch die DS-GVO regeln Entgeltfragen der Auftragsverarbeitung. Entstehende Kosten dürfen den Verantwortlichen nicht von der Durchführung notwendiger Kontrollen abhalten. Es besteht keine Verpflichtung, die Kosten bereits pauschal einzupreisen.

a) Weisungsgebundenheit (Art. 28 Abs. 3 Satz 2 lit. a DS-GVO, Art. 29 DS-GVO)

33 Der Verweis auf die DS-GVO-Regelung setzt Art. 22 Abs. 3 Satz 2 lit. a sowie Art. 23 JI-RL um. Die **Weisungsgebundenheit** des Dienstleisters ist das essentielle Wesensmerkmal der Auftragsverarbeitung. Die erteilten Weisungen sind zu dokumentieren. Insoweit bietet es sich an, im Vorfeld festzulegen, welche Personen oder Personengruppen weisungsbefugt sind. Aufgrund der konkreten Weisungsabhängigkeit sind Auftragsverarbeiter regelmäßig als Verwaltungshelfer, nicht hingegen als Beliehene zu qualifizieren. Beliehene werden zwar ebenfalls kraft „Auftrages" tätig, sie handeln jedoch verwaltungsrechtlich betrachtet in eigener Zuständigkeit und Verantwortung.[28]

34 Die **Bestimmung des Verarbeitungsortes** („auch in Bezug auf die Übermittlung personenbezogener Daten an ein Drittland oder eine internationale Organisation") wird als Unterfall des Weisungsrechts gesondert genannt. Der Vorschrift hätte es nicht bedurft. Sie dient jedoch der Klarstellung, sofern der Dienstleister über mehrere Dependancen auch außerhalb der EU verfügt.

35 Sowohl Art. 28 Abs. 3 lit. a DS-GVO als auch Art. 29 DS-GVO berücksichtigen den Fall, dass das Recht der Union oder der Mitgliedstaaten den Auftragnehmer verpflichten, ohne oder entgegen der Weisung zu handeln. Der Auftrags-

---

26 Vgl. auch Erwägungsgrund 31 JI-RL.
27 Ablehnend BayLfD, Aktuelle Kurz-Information (AKI) Nr. 6, https://www.datenschutz-bayern.de/datenschutzreform2018/aki06.html.
28 Zur Unterscheidung Maurer/Waldhoff, Allgemeines Verwaltungsrecht, 19. Aufl. 2017, § 23 Rn. 63 ff.

verarbeiter teilt dem Verantwortlichen diese rechtlichen Anforderungen vor der Verarbeitung mit.

Die Mitteilung entfällt gem. Art. 28 Abs. 3 lit. a DS-GVO, sofern das betreffende Recht eine solche Mitteilung wegen eines wichtigen öffentlichen Interesses verbietet. Diese Ausnahme ist in Art. 22 oder 23 JI-RL nicht enthalten. Sie ist daher im Rahmen der „entsprechenden Anwendung" (→ Rn. 14) wegzudenken. Im Anwendungsbereich der JI-RL kann es **keine Verarbeitung hinter dem Rücken der verantwortlichen Behörde** geben. 36

b) Verpflichtung auf die Vertraulichkeit (Art. 28 Abs. 3 Satz 2 lit. b DS-GVO)

Der Verweis auf die DS-GVO-Regelung setzt Art. 22 Abs. 3 Satz 2 lit. b JI-RL um. Die Verpflichtung auf das Datengeheimnis (vgl. § 5 BDSG aF, § 6 DSG NRW aF) lebt als Verpflichtung auf die Vertraulichkeit fort.[29] Die Verpflichtung soll bei behördlichen Auftraggebern nach § 1 Abs. 1 Nr. 1 VerpflG vorgenommen werden. 37

Alternativ kann nach dem Willen des Unionsgesetzgebers eine angemessene gesetzliche Verschwiegenheitspflicht genügen. Die generelle **Amtsverschwiegenheit** nach § 203 Abs. 2 StGB[30] genügt allerdings hierfür nicht, da sich dessen Anwendungsbereich nur teilweise mit demjenigen des Datenschutzrechts deckt. 38

c) Sicherheit der Verarbeitung (Art. 28 Abs. 3 Satz 2 lit. c DS-GVO)

Der Auftragnehmer muss sämtliche erforderlichen und seinem Einflussbereich unterliegenden technischen und organisatorischen Maßnahmen ergreifen. Die in Bezug genommenen Maßnahmen sind im Anwendungsbereich der JI-RL und wegen der „entsprechenden Anwendung" der DS-GVO (→ Rn. 14) diejenigen des § 58, nicht diejenigen des Art. 32 DS-GVO. 39

Der Verweis auf die DS-GVO-Regelung geht über die in Art. 22 JI-RL geforderten Pflichtinhalte hinaus. Die begründeten Pflichten sind jedoch unmittelbar Ausfluss der Dienstleisterauswahl (→ Rn. 15 ff.) und der Weisungsgebundenheit (→ Rn. 33 ff.), eines Rückgriffs auf Art. 1 Abs. 3 JI-RL zur Rechtfertigung bedarf es daher nicht. 40

d) Subunternehmer (Art. 28 Abs. 3 Satz 2 lit. d DS-GVO)

Der Einsatz weiterer Auftragnehmer unterliegt strengen Regeln (→ Rn. 19 ff.). Der Verweis auf die DS-GVO-Regelung setzt Art. 22 Abs. 3 Satz 2 lit. f JI-RL um. 41

e) Unterstützung bei Anträgen betroffener Personen (Art. 28 Abs. 3 Satz 2 lit. e DS-GVO)

Der Auftragnehmer unterstützt den Verantwortlichen bei der Beantwortung antragsgebundener Betroffenenrechte. Im Anwendungsbereich der JI-RL beschränken sich die so bezeichneten Rechte auf die **Auskunft** (§ 49), die **Berichtigung** (§ 50 Abs. 1), die **Löschung** (§ 50 Abs. 2), die **Einschränkung** der Verarbeitung (§ 50 Abs. 3), den **Widerruf** der Einwilligung (§ 38 Abs. 3) sowie den **Schadensersatz** (§ 68).[31] Die weiteren Rechte des Kap. III DS-GVO, die durch 42

29 Eine Musterverpflichtungserklärung findet sich bspw. bei DSK, Kurzpapier Nr. 19 vom 29.5.2018. Das Muster muss ggf. für die Verwendung im Anwendungsbereich der JI-RL noch angepasst werden.

30 Vgl. den Amtsträgerbegriff in § 11 Abs. 1 Nr. 2 StGB.

31 Zum System der Betroffenenrechte nach DS-GVO vgl. *Franck* RDV 2016, 111 ff.

den Verweis in Art. 28 Abs. 3 lit. e DS-GVO nominell mit einbezogen werden (zB Datenportabilität, Widerspruch)[32] existieren in dieser Form nicht in der JI-RL bzw. dem DSG NRW.

43 Der Verweis auf die DS-GVO-Regelung setzt Art. 22 Abs. 3 Satz 2 lit. c JI-RL allerdings nur unvollständig um, da dort zugleich die nicht antragsbezogenen Rechte wie die **Benachrichtigung** von der Verarbeitung (§§ 47 und 48), der **Schutz vor automatisierter Einzelscheidung** (§ 46 Abs. 1) sowie die **Benachrichtigung von einer Verletzung des Schutzes** personenbezogener Daten (§ 67 Nr. 5 iVm Art. 34 DS-GVO) angesprochen sind. Diese nicht antragsbezogenen Rechte sind daher im Wege unionsrechtskonformer Auslegung („entsprechende Anwendung", → Rn. 14) hier stets hinzuzudenken.

44 Die Unterstützungsleistung erfolgt spezifisch angesichts der Art der Verarbeitung und lediglich „nach Möglichkeit".[33] Wird dem Auftragsverarbeiter die vollständige Abwicklung der Betroffenenrechte überantwortet, muss eine klare Weisungslage diesbezüglich bestehen.

f) Unterstützung bei Datenschutz-Folgenabschätzung und vorheriger Konsultation (Art. 28 Abs. 3 Satz 2 lit. f DS-GVO)

45 Ebenfalls unter Berücksichtigung der Art der Verarbeitung und der ihm zur Verfügung stehenden Informationen unterstützt der Auftragnehmer den Verantwortlichen bei der Durchführung der Datenschutz-Folgenabschätzung (§ 56) bzw. der vorherigen Konsultation (§ 57). Der Verweis auf die DS-GVO setzt zT Art. 22 Abs. 3 Satz 2 lit. e JI-RL um. Soweit die Vorschrift über die JI-RL hinausgeht, ist dies wegen. Art. 1 Abs. 3 JI-RL gestattet.

g) Löschung oder Rückgabe von Datenträgern (Art. 28 Abs. 3 Satz 2 lit. g DS-GVO)

46 Nach Beendigung des Auftrages oder Teilleistungen hiervon sind alle personenbezogenen Daten entweder vollständig zu löschen oder zurückzugeben und darüber hinaus bestehende Kopien zu löschen. Der Verweis auf die DS-GVO-Regelung setzt Art. 22 Abs. 3 Satz 2 lit. d JI-RL um. Das **Wahlrecht** liegt beim Verantwortlichen. Hiervon kann nicht vertraglich abgewichen werden.

47 Grundsätzlich sollen nach Beendigung der Leistungsbeziehung keine Daten mehr beim Auftragnehmer verbleiben. Von der Löschung wird jedoch abgesehen, wenn nach dem Unionsrecht oder dem Recht der Mitgliedstaaten eine Verpflichtung zur Speicherung der personenbezogenen Daten für den Auftragnehmer besteht. Dies meint allerdings nicht etwa handels- oder steuerliche Aufbewahrungspflichten, da diese die Inhaltsdaten der Verarbeitung nicht erfassen.

h) Informationsbereitstellung und Überprüfungen (Art. 28 Abs. 3 Satz 2 lit. h DS-GVO)

48 Der Verweis auf die DS-GVO-Regelung setzt Art. 22 Abs. 3 Satz 2 lit. e JI-RL um. Es erfolgt zudem eine Konkretisierung hinsichtlich **Überprüfungen und Inspektionen**. Die Norm ist in der JI-RL nicht ausdrücklich vorgesehen, jedoch wegen. Art. 1 Abs. 3 JI-RL gestattet.

---

32 Erwägungsgrund 40 Satz 1 JI-RL meint möglicherweise ein allgemeines Widerspruchsrecht im Sinne von Art. 17 GG, das eine Berichtigung, Löschung oder Einschränkung zur Folge hat.

33 Anders in § 62 Abs. 5 Satz 2 Nr. 3 BDSG.

Der Auftragnehmer stellt dem Verantwortlichen alle erforderlichen Informationen zur Verfügung, die dieser zum Nachweis der ordnungsgemäßen Beauftragung benötigt. Dies umfasst nicht nur die Übergabe von Dokumentation, sondern insbesondere auch die Ermöglichung und Mitwirkung bei Überprüfungen und Inspektionen durch den Verantwortlichen oder einem von diesem beauftragten Prüfer (zu den Kosten der Prüfung → Rn. 32). Die Prüfrechte sollten auch auf etwaige Unterauftragnehmer durchschlagen. 49

5. Remonstrationspflicht (Art. 28 Abs. 3 UAbs. 2 DS-GVO)

Der Auftragsverarbeiter informiert den Verantwortlichen unverzüglich („ohne schuldhaftes Zögern", → § 51 Rn. 15), falls er der Auffassung ist, dass eine Weisung gegen das DSG NRW oder gegen andere Datenschutzbestimmungen der Union bzw. der Mitgliedstaaten verstößt. Die Remonstrationspflicht ist vom Unionsgesetzgeber ausdrücklich im Hinblick auf Art. 28 Abs. 3 lit. h DS-GVO formuliert worden. 50

Der Auftragnehmer muss zu der Auffassung gelangen, dass die in Rede stehende Weisung **rechtswidrig** ist. Dem Wortlaut nach genügen bloße Zweifel nicht. Dies lässt augenscheinlich den Schluss zu, dass bei festgestellter Rechtswidrigkeit ein (**Leistungsver-)Weigerungsrecht** des Auftragnehmers bestehen könnte.[34] Die Rechtsfolgen einer festgestellten Rechtswidrigkeit sind jedoch in der DS-GVO nicht geregelt. 51

Eine **Haftungsfreizeichnung** für die Befolgung rechtswidriger Weisungen existiert in §§ 68 f. nach erfolgter Remonstration ebenso wenig.[35] Da es unterdessen überhaupt keine Parallelvorschrift zu Art. 28 Abs. 3 UAbs. 2 DS-GVO in Art. 22 JI-RL gibt, sind weder das Weigerungsrecht noch die Haftungsfreizeichnung herbeizuinterpretieren. Die rechtswidrige Weisung ist spätestens nach ergebnisloser Remonstration zu **befolgen**.[36] 52

6. Form (Art. 28 Abs. 9 DS-GVO)

Der Verweis setzt Art. 22 Abs. 4 JI-RL um. Das strenge **Schriftformerfordernis** des § 11 Abs. 1 Satz 5 DSG NRW aF (vgl. § 11 Abs. 2 Satz 2 BDSG aF) ist nach europäischem Datenschutzrecht entfallen. Damit hat sich auch der Streit erledigt, ob es sich beim Formverstoß um einen Nichtigkeitsgrund iSv § 125 Satz 1 BGB handelte.[37] Die schriftliche Abfassung in einem elektronischen Format meint keineswegs die elektronische Form durch qualifizierte elektronische Signatur iSv § 126 a BGB.[38] Rechtlich betrachtet genügt schon eine einfache E- 53

34 In diesem Sinne *Hartung* in Kühling/Buchner DS-GVO/BDSG Art. 28 Rn. 79; vgl. auch *Bertermann* in Ehmann/Selmayr DS-GVO Art. 28 Rn. 30, der zumindest eine Bestätigung durch den Verantwortlichen abwarten möchte.

35 AA *Spoerr* in BeckOK DatenschutzR DS-GVO/BDSG Art. 28 Rn. 89 für den Schadensersatz nach Art. 82 Abs. 2 Satz 2 DS-GVO, der jedoch im Anwendungsbereich der JI-RL nicht greift.

36 Ebenso *Ingold* in Sydow DS-GVO Art. 28 Rn. 69 zur Rechtslage im Anwendungsbereich der DS-GVO.

37 Anders *Hartung* in Kühling/Buchner DS-GVO/BDSG Art. 28 Rn. 61, der von einer Unwirksamkeit des Auftrages ausgeht, sollten gesetzliche Pflichtinhalte fehlen.

38 *Bertermann* in Ehmann/Selmayr DS-GVO Art. 28 Rn. 12; Hartung in Kühling/Buchner DS-GVO/BDSG Art. 28 Rn. 95 f.; aA indes *Paschke/Scheurer* in Gola/Heckmann BDSG § 62 Rn. 38.

Mail.[39] Im Interesse der Rechenschaftspflicht und der Dokumentation sollten die Verträge jedoch dauerhaft reproduzierbar gespeichert werden.

54 Es ist möglich, den Auftrag auf mehrere Dokumente zu verteilen (zB Rahmenvertrag, SLAs, technisch-organisatorische Maßnahmen, sonstige Vereinbarungen), solange die Dokumente eindeutig referenziert und en bloc greifbar sind.[40]

7. Maligner Auftragsverarbeiter (Art. 28 Abs. 10 DS-GVO)

55 Der Verweis setzt Art. 22 Abs. 5 JI-RL um. Dementsprechend gilt ein Auftragsverarbeiter, der unter Verstoß gegen das DSG NRW die Zwecke und Mittel der Verarbeitung selbst bestimmt (vgl. § 36 Nr. 9), als Verantwortlicher. Der Dienstleister schwingt sich insoweit eigenmächtig zum Verantwortlichen auf. Dies kann der Fall sein, wenn die Auftragsdaten mit eigenen Daten vermengt oder einer eigenen Zweckbestimmung zugeführt werden. Auch die Weitergabe an die Presse oder die betroffenen Personen selbst, die absprachewidrige Einschaltung von Subunternehmern oder der Wechsel von etablierten Verfahren kann hierunter fallen.

56 Art. 28 Abs. 10 DS-GVO ist zunächst rein deklaratorischer Natur, da stets Verantwortlicher ist, wer Zwecke und Mittel der Verarbeitung bestimmt. Die Norm führt dennoch zu einer gewissen **Abschreckung**, wenn dem malignen Auftragsverarbeiter die gesamte Bandbreite seiner nunmehr bestehenden datenschutzrechtlichen Pflichten vor Augen geführt wird.

57 Fälle des Art. 28 Abs. 10 DS-GVO können ggf. als **Verletzungen des Schutzes personenbezogener Daten** meldepflichtig gem. § 59 iVm Art. 33 DS-GVO sowie benachrichtigungspflichtig nach § 67 Nr. 5 iVm Art. 34 DS-GVO sein.

58 Die DS-GVO-Vorschrift lässt die **Haftungsregeln** in den Art. 82–84 DS-GVO unbeschadet. Diese gelten allerdings im Anwendungsbereich der JI-RL per se nicht. Da Schadensersatz gem. § 68 nach den jeweiligen Verursachungsbeiträgen und ohne Ansehung des Auftragsverhältnisses entsteht und auch die Straf- und Bußgeldvorschriften in § 69 iVm §§ 33 f. tatbestandlich nicht an die Auftragnehmerstellung anknüpfen, ist der DS-GVO-Passus im Rahmen der Verweisung irrelevant, solange das DSG NRW anwendbar bleibt. Schwingt sich jedoch der Auftragsverarbeiter zum Verantwortlichen auf, indem er eigenmächtig selbstbestimmte Zwecke verfolgt, handelt er möglicherweise als nicht-öffentliche Stelle und das Haftungsregime der DS-GVO greift unmittelbar.

IV. Landesrechtliche Besonderheiten

1. Compliance (Abs. 1 Satz 2)

59 Sofern der Verantwortliche auf Auftragsverarbeiter zurückgreift, hat er für die Einhaltung der einschlägigen Vorschriften über den Datenschutz zu sorgen. Der Passus ist rein deklaratorischer Natur. Es gibt durch den Einsatz von Dienstleistern keine Verschiebung der Verantwortlichkeit, auch nicht in Teilen.[41] Dies folgt bereits aus einer Zusammenschau der Definitionen in § 36 Nr. 9 und 10 sowie sämtlicher Vorschriften, die spezifisch den Verantwortlichen adressieren.

---

39 AA *Johannes/Weinhold* Das neue DSR bei Polizei und Justiz § 1 Rn. 228 f.; *Spoerr* in BeckOK DatenschutzR DS-GVO/BDSG Art. 28 Rn. 103, die eine gesicherte Beweis- und Authentizitätsfunktion verlangen, die jedoch in ihren Anforderungen unter der Schwelle der qualifizierten elektronischen Signatur liegen soll.

40 *Hartung* in Kühling/Buchner DS-GVO/BDSG Art. 28 Rn. 65.

41 LT-Drs. 17/1981, 166.

2. Betroffenenrechte (Abs. 1 Satz 3)

Die Rechte der betroffenen Personen auf Auskunft, Berichtigung, Löschung, Einschränkung der Verarbeitung und Schadensersatz sind **gegenüber dem Verantwortlichen** geltend zu machen, denn nur dieser wird durch die §§ 49 (Auskunft) und 50 (Berichtigung, Löschung, Einschränkung der Verarbeitung) unmittelbar verpflichtet. Schadensersatzforderungen bestehen gem. § 68 Abs. 1 Satz 1 zunächst gegenüber dem Träger der verantwortlichen Stelle. 60

Der Auftragsverarbeiter wirkt nötigenfalls gem. § 52 Abs. 1 Satz 1 iVm Art. 28 Abs. 3 Satz 2 lit. e DS-GVO unterstützend bei der Verwirklichung der Betroffenenrechte mit. Dies kann die bloße **Entgegennahme und Weiterleitung** von Betroffenenbegehren, die operative Ausführung oder – bei hinreichend klarer Weisungslage – auch die **komplette Antragsbearbeitung** umfassen. 61

3. Prüfung oder Wartung (Abs. 2)

Nach alter Rechtslage wurden Dienstleister mit dem Schwerpunkt Wartung und Systembetreuung gem. § 11 Abs. 4 DSG NRW aF ausdrücklich in den Anwendungsbereich der Auftragsdatenverarbeitung mit einbezogen. Die Vorschrift findet sich nahezu wortgleich in § 52 Abs. 2. Wo das alte DSG noch von „Wartung und Systembetreuung von Einrichtungen zur automatisierten Datenverarbeitung“ sprach, heißt es nunmehr „Prüfung oder Wartung von automatisierten Verfahren oder Datenverarbeitungsanlagen“. Inhaltlich ändert sich hierdurch nichts. 62

Laut Gesetzesbegründung werde die Prüfung und Wartung in der JI-RL nicht geregelt. Die landesrechtliche Vorschrift schließe daher eine Regelungslücke und beuge andernfalls zu erwartenden Rechtsunsicherheiten im Vollzug vor. Die neue Regelung sei dem alten Normtext entnommen, um ein Absinken des Datenschutzniveaus zu verhindern.[42] Richtig ist, dass Prüfung und Wartung wie ehedem in der RL 95/46/EG nicht ausdrücklich vom Unionsgesetzgeber benannt werden. Auch damals hat sich der Bundesgesetzgeber bemüßigt gesehen, eine Klarstellung in § 11 Abs. 5 BDSG aF niederzulegen. Die Erstreckung der Auftragsverarbeitung auf Fälle von Prüfung und Wartung ist freilich hinsichtlich Art. 28 DS-GVO weitestgehend **Konsens.**[43] 63

Prüfungs- und Wartungstätigkeiten können **natürlichen oder juristischen Personen** übertragen werden. § 52 Abs. 2 Satz 2 stellt klar, dass diese die notwendige fachliche Qualifikation und Zuverlässigkeit aufweisen müssen. Die Annahme, nur natürliche Personen könnten die notwendige Fachkunde und Zuverlässigkeit mitbringen, verkennt schlichtweg, dass auch in anderen Rechtsgebieten trotz vergleichbarer Anforderungen juristische Personen als Verpflichtete in Betracht kommen.[44] Die Fachkenntnisse der Leitung und der Beschäftigten können dabei der juristischen Person **zugerechnet** werden. 64

Der Auftraggeber hat gem. § 52 Abs. 3 Satz 3 und 4 vor Beginn der Arbeiten sicherzustellen, dass der Auftragnehmer personenbezogene Daten (inkl. derer, 65

42 LT-Drs. 17/1981, 166.

43 *Bertermann* in Ehmann/Selmayr DS-GVO Art. 28 Rn. 10; *Hartung* in Kühling/Buchner DS-GVO/BDSG Art. 28 Rn. 54; *Schmidt/Freund* ZD 2017, 14 (17); *Seiter* DuD 2019, 127 (130 f.); *Müthlein* RDV 2016, 74 (83); aA *Ingold* in Sydow DS-GVO Art. 28 Rn. 20.

44 So zB bei der Zuverlässigkeitsprüfung im Gewerbe- oder Gaststättenrecht oder auch externen Datenschutzbeauftragten, vgl. *Franck/Reif* ZD 2015, 405 (407).

die Berufs- und Amtsgeheimnissen unterliegen) nur zur Kenntnis nehmen kann, soweit dies unvermeidlich ist.

66 § 52 Abs. 3 Satz 5 regelt die obligatorische **Löschung** von personenbezogenen Daten beim Dienstleister nach Erledigung des Auftrages. Der Regelung hätte es angesichts § 52 Abs. 1 Satz 1 iVm Art. 28 Abs. 3 Satz 2 lit. g DS-GVO nicht bedurft. Die schlussendliche Erledigung des Auftrages kann sich bei regelmäßiger Pflege von Datenverarbeitungssystemen im Rahmen von **Dauerschuldverhältnissen** durchaus in die Länge ziehen. Hier ist regelmäßig zu prüfen, ob angefallene personenbezogene Daten für die weiteren Arbeiten wirklich noch erforderlich sind.

67 § 52 Abs. 3 Satz 6 ordnet die **Dokumentation** der Prüfungs- oder Wartungsmaßnahme für den Zeitraum von drei Jahren an. Da § 52 Abs. 3 Satz 6 nicht in der JI-RL vorgesehen ist, richtet sich die Fristberechnung nach § 31 VwVfG NRW, nicht nach der VO 1182/71/EWG (hierzu → § 57 Rn. 22).

V. Fehlende Privilegierung

68 Bei der Auftragsverarbeitung **rein nach DS-GVO** wird ein Dienstleister organisatorisch derart eng an den Verantwortlichen gebunden, dass er rechtlich als **Teil des Verantwortlichen** gilt. Die Weitergabe von Daten muss unter der DS-GVO insofern nicht gesondert gerechtfertigt werden. Der Unionsgesetzgeber bedient sich dabei eines juristischen Tricks: Der Auftragsverarbeiter ist gem. Art. 4 Nr. 10 DS-GVO[45] nicht als „Dritter" anzusehen. Hierdurch ist die Weitergabe von Daten an den Auftragsverarbeiter in gewissem Sinne privilegiert.[46]

69 Die entscheidende Definition des „Dritten" fehlt jedoch sowohl in Art. 3 JI-RL als auch in § 36.[47] Hierbei dürfte es sich um beredtes Schweigen des Unionsgesetzgebers handeln. Im Anwendungsbereich der JI-RL ist gerade **keine Privilegierung gewollt.**[48] Es ist auch keineswegs so, dass die behördliche Generalklausel in § 3 Abs. 1 in Bausch und Bogen jegliche Datenweitergaben an Dienstleister gestatten würde, wie dies in der Literatur zT vertreten wird.[49] Dies zeigt sich schon an der Erforderlichkeitsprüfung des § 3 Abs. 1 Alt. 1, welche darüber hinaus entsprechend dem Grundsatz der Verhältnismäßigkeit in § 3 Abs. 1 Alt. 2 hineingelesen werden muss. Immerhin: Es handelt sich im Anwendungsbereich der JI-RL um Daten, die nach Vorstellung des NRW-Gesetzgebers gem. § 49 Abs. 7 Satz 3 zT nicht einmal der LDI NRW zur Kenntnis gelangen

45 Gleichsam vormals Art. 2 lit. f RL 95/46/EG.

46 Für die Fortgeltung der Privilegierung auch *Schmitz/Dall'Armi* ZD 2016, 427 (429); *Schmidt/Freund* ZD 2017, 14 (16); *Seiter* DuD 2019, 127 (130); *Eckhardt* CCZ 2017, 111 (113); *Hartung/Büttgen* DuD 2017, 549 (552 f.); *von Holleben/Knaut* CR 2019, 299 (301); *Fromageau/Bäuerle/Werkmeister* PinG 2018, 216 (218). Differenzierend *Krohm/Müller-Peltzer* RDV 2016, 307 (308 ff.) Ablehnend *Piltz* K&R 2016, 709 (712).

47 Anders noch in § 3 Abs. 4 Satz 3 DSG NRW aF.

48 AA *Paschke/Scheurer* in Gola/Heckmann BDSG § 62 Rn. 2; *Schwichtenberg* in Kühling/Buchner DS-GVO/BDSG § 62 Rn. 2; *Thomale* in Auernhammer DS-GVO/BDSG § 62 Rn. 11; *Weinhold* in Sydow BDSG § 62 Rn. 13 jeweils zur Parallelvorschrift im BDSG. Der Bundesgesetzgeber hat – anders als der Landesgesetzgeber – immerhin seine dahin gehende Intention amtlich dokumentiert, BT-Drs. 18/11325, 115, wobei dies eine klare Überschreitung des von der JI-RL gesteckten Rahmens darstellen dürfte.

49 *Spoerr* in BeckOK DatenschutzR DS-GVO/BDSG § 62 Rn. 19; *Johannes/Weinhold* Das neue DSR bei Polizei und Justiz § 1 Rn. 220.

dürfen (→ § 49 Rn. 41). Beim Einsatz von Dienstleistern ist in der Tat besondere Zurückhaltung geboten.

70 Die Auftragsverarbeitung muss daher im Anwendungsbereich der JI-RL stets gesondert gerechtfertigt werden. Dies kann nur gelingen, wenn **zwingende Gründe für den Dienstleistereinsatz** sprechen, wenn also anderenfalls gravierende Störungen im Betriebsablauf drohen.[50] Die Aufgabenerfüllung oder die rechtmäßige Datenverarbeitung muss dementsprechend ohne Hinzutreten des Auftragsverarbeiters unmöglich gemacht oder schwerwiegend gefährdet werden. Für den Bereich der Aktenvernichtung bietet zB ein zertifizierter Dienstleister im industriellen Maßstab ein unwidersprochen höheres Datenschutzniveau, als es eine typische Behörde mit Bordmitteln in aller Regel könnte. Die Einrichtung und Wartung von essentiellen IT-Systemen durch externe Fachleute darf ebenfalls als erforderlich betrachtet werden. Ob aber ein privater Cloud-Anbieter herangezogen werden darf, um großen Mengen polizeilichen Videomaterials zu speichern, weil behördenseitig schlicht die Kapazitäten hierfür fehlen, darf bezweifelt werden.[51]

C. Bedeutung der Vorschrift für die behördliche Praxis

71 Die Auftragsverarbeitung hat im Anwendungsbereich der JI-RL einen völlig anderen Charakter als bei Geltung der DS-GVO. Während unter der Verordnung eine weitgehende Erleichterung durch die Nutzung von Auftragsverarbeitern eintritt, handelt es sich bei der hiesigen Vorschrift um eine **zusätzliche und erschwerende Anforderung** an die Datenverarbeitung. Die Weitergabe der Daten an den Auftragsverarbeiter muss mangels Privilegierung (→ Rn. 68 ff.) gesetzlich gerechtfertigt werden und einer objektiven Erforderlichkeitsprüfung standhalten. Danach ist eine strenge Auswahlentscheidung zu treffen (→ Rn. 15 ff.) und ein Auftrag mit den gesetzlichen Pflichtinhalten in der notwendigen Detailliertheit zu erteilen (→ Rn. 27 ff.).

72 Ein Verstoß gegen § 52 kann uU dazu führen, dass die Aufsichtsbehörde gem. § 60 Abs. 3 iVm Art. 58 Abs. 2 lit. d DS-GVO den Wechsel des Dienstleisters anordnet oder gem. § 60 Abs. 3 iVm Art. 58 Abs. 2 lit. f DS-GVO die konkrete Verarbeitung **vorübergehend oder endgültig untersagt.**

73 Öffentliche Stellen sind gem. § 69 iVm § 33 Abs. 4 generell vom **Bußgeld** ausgenommen. Bußgelder für Einzelpersonen wegen Verstoßes gegen § 52 sind gem. § 69 iVm § 33 Abs. 1 grds. denkbar. In Betracht kommt etwa die rechtswidrige Weitergabe an den ungeeigneten Auftragnehmer gem. § 69 iVm § 33 Abs. 1 Satz 1 Nr. 1 Var. 6 oder ein Aufschwingen des Auftragnehmers gem. § 52 iVm Art. 28 Abs. 10 DS-GVO, wenn hierdurch einer der Tatbestände des § 69 iVm § 33 Abs. 1 Satz 1 oder 2 erfüllt wird. Im zweitgenannten Fall könnte uU auch unmittelbar Art. 83 DS-GVO eingreifen (→ Rn. 58)

74 Es gibt derzeit noch kein konkret auf den Anwendungsbereich der JI-RL zugeschnittenes **Vertragsmuster** einer Auftragsverarbeitung. Der BayLfD hat für den öffentlichen Sektor eine Orientierungshilfe herausgegeben, in welcher Besonderheiten für Polizei und Justiz besonders berücksichtigt werden.[52] Muster für all-

50 Zur funktionalen Privatisierung bei Einschaltung nicht-öffentlicher Stellen siehe *Spoerr* in BeckOK DatenschutzR DS-GVO/BDSG § 62 Rn. 20 ff.

51 Vgl. https://heise.de/-4338226 für die Speicherung von Bodycam-Aufnahmen der Bundespolizei bei Amazon.

52 BayLfD, Auftragsverarbeitung – Orientierungshilfe, Version 2.0, Stand 1.4.2019, https://www.datenschutz-bayern.de/technik/orient/oh_auftragsverarbeitung.pdf.

gemeine Auftragsverarbeitungsverträge finden sich beim BfDI[53] und beim BayLDA.[54]

§ 53 Verzeichnis von Verarbeitungstätigkeiten

[1]Der Verantwortliche und der Auftragsverarbeiter sowie gegebenenfalls deren Vertreter haben ein Verzeichnis ihrer Verarbeitungstätigkeiten zu führen. [2]Artikel 30 Absatz 1 bis 4 der Verordnung (EU) 2016/679 gilt entsprechend mit der Maßgabe, dass in die Verzeichnisse nach Artikel 30 Absatz 1 der Verordnung (EU) 2016/679 ergänzend Angaben über die Rechtsgrundlage der Verarbeitung, einschließlich der Übermittlungen, für die die personenbezogenen Daten bestimmt sind, sowie gegebenenfalls die Verwendung von Profiling aufzunehmen sind.

Verwandte Norm JI-RL:

Artikel 24 Verzeichnis von Verarbeitungstätigkeiten

(1) [1]Die Mitgliedstaaten sehen vor, dass jeder Verantwortliche ein Verzeichnis aller Kategorien von Tätigkeiten der Verarbeitung, die seiner Zuständigkeit unterliegen, führt. [2]Dieses Verzeichnis enthält alle der folgenden Angaben:

a) den Namen und die Kontaktdaten des Verantwortlichen, gegebenenfalls des gemeinsam mit ihm Verantwortlichen und eines etwaigen Datenschutzbeauftragten,
b) die Zwecke der Verarbeitung,
c) die Kategorien von Empfängern, gegenüber denen die personenbezogenen Daten offengelegt worden sind oder noch offengelegt werden, einschließlich Empfängern in Drittländern oder internationalen Organisationen,
d) eine Beschreibung der Kategorien betroffener Personen und der Kategorien personenbezogener Daten,
e) gegebenenfalls die Verwendung von Profiling,
f) gegebenenfalls die Kategorien von Übermittlungen personenbezogener Daten an ein Drittland oder an eine internationale Organisation,
g) Angaben über die Rechtsgrundlage der Verarbeitung, einschließlich der Übermittlungen, für die die personenbezogenen Daten bestimmt sind,
h) wenn möglich, die vorgesehenen Fristen für die Löschung der verschiedenen Kategorien personenbezogener Daten,
i) wenn möglich, eine allgemeine Beschreibung der technischen und organisatorischen Maßnahmen gemäß Artikel 29 Absatz 1.

(2) Die Mitgliedstaaten sehen vor, dass jeder Auftragsverarbeiter ein Verzeichnis zu allen Kategorien von im Auftrag eines Verantwortlichen durchgeführten Tätigkeiten der Verarbeitung führt, die Folgendes enthält:

a) Name und Kontaktdaten des Auftragsverarbeiters oder der Auftragsverarbeiter, jedes Verantwortlichen, in dessen Auftrag der Auftragsverarbeiter tätig ist, sowie eines etwaigen Datenschutzbeauftragten,
b) die Kategorien von Verarbeitungen, die im Auftrag jedes Verantwortlichen durchgeführt werden,

53 BfDI/BMI, Vereinbarung zur Auftragsverarbeitung, https://www.bfdi.bund.de/SharedDocs/Downloads/DE/Datenschutz/Muster_Auftragsverarbeitung.pdf?__blob=publicationFile&v.=3.

54 BayLDA, Formulierungshilfe für einen Auftragsverarbeitungsvertrag nach Art. 28 Abs. 3 DS-GVO, https://www.lda.bayern.de/media/muster_adv.pdf.

c) gegebenenfalls Übermittlungen von personenbezogenen Daten an ein Drittland oder an eine internationale Organisation, wenn vom Verantwortlichen entsprechend angewiesen, einschließlich der Identifizierung des Drittlandes oder der internationalen Organisation,
d) wenn möglich, eine allgemeine Beschreibung der technischen und organisatorischen Maßnahmen gemäß Artikel 29 Absatz 1.

(3) Das in den Absätzen 1 und 2 genannte Verzeichnis ist schriftlich zu führen, was auch in einem elektronischen Format erfolgen kann.

Der Verantwortliche und der Auftragsverarbeiter stellen der Aufsichtsbehörde das Verzeichnis auf Anfrage zur Verfügung.

Verweisnorm DS-GVO:

Art. 30 Verzeichnis von Verarbeitungstätigkeiten

(1) [1]Jeder Verantwortliche und gegebenenfalls sein Vertreter führen ein Verzeichnis aller Verarbeitungstätigkeiten, die ihrer Zuständigkeit unterliegen. [2]Dieses Verzeichnis enthält sämtliche folgenden Angaben:
a) den Namen und die Kontaktdaten des Verantwortlichen und gegebenenfalls des gemeinsam mit ihm Verantwortlichen, des Vertreters des Verantwortlichen sowie eines etwaigen Datenschutzbeauftragten;
b) die Zwecke der Verarbeitung;
c) eine Beschreibung der Kategorien betroffener Personen und der Kategorien personenbezogener Daten;
d) die Kategorien von Empfängern, gegenüber denen die personenbezogenen Daten offengelegt worden sind oder noch offengelegt werden, einschließlich Empfänger in Drittländern oder internationalen Organisationen;
e) gegebenenfalls Übermittlungen von personenbezogenen Daten an ein Drittland oder an eine internationale Organisation, einschließlich der Angabe des betreffenden Drittlands oder der betreffenden internationalen Organisation, sowie bei den in Artikel 49 Absatz 1 Unterabsatz 2 genannten Datenübermittlungen die Dokumentierung geeigneter Garantien;
f) wenn möglich, die vorgesehenen Fristen für die Löschung der verschiedenen Datenkategorien;
g) wenn möglich, eine allgemeine Beschreibung der technischen und organisatorischen Maßnahmen gemäß Artikel 32 Absatz 1.

(2) Jeder Auftragsverarbeiter und gegebenenfalls sein Vertreter führen ein Verzeichnis zu allen Kategorien von im Auftrag eines Verantwortlichen durchgeführten Tätigkeiten der Verarbeitung, die Folgendes enthält:
a) den Namen und die Kontaktdaten des Auftragsverarbeiters oder der Auftragsverarbeiter und jedes Verantwortlichen, in dessen Auftrag der Auftragsverarbeiter tätig ist, sowie gegebenenfalls des Vertreters des Verantwortlichen oder des Auftragsverarbeiters und eines etwaigen Datenschutzbeauftragten;
b) die Kategorien von Verarbeitungen, die im Auftrag jedes Verantwortlichen durchgeführt werden;
c) gegebenenfalls Übermittlungen von personenbezogenen Daten an ein Drittland oder an eine internationale Organisation, einschließlich der Angabe des betreffenden Drittlands oder der betreffenden internationalen Organisation, sowie bei den in Artikel 49 Absatz 1 Unterabsatz 2 genannten Datenübermittlungen die Dokumentierung geeigneter Garantien;
d) wenn möglich, eine allgemeine Beschreibung der technischen und organisatorischen Maßnahmen gemäß Artikel 32 Absatz 1.

(3) Das in den Absätzen 1 und 2 genannte Verzeichnis ist schriftlich zu führen, was auch in einem elektronischen Format erfolgen kann.

(4) Der Verantwortliche oder der Auftragsverarbeiter sowie gegebenenfalls der Vertreter des Verantwortlichen oder des Auftragsverarbeiters stellen der Aufsichtsbehörde das Verzeichnis auf Anfrage zur Verfügung.

(...)

Kurzübersicht zum Verhältnis der entscheidenden Normen			
Norm des DSG NRW	Entsprechende Norm der JI-RL	Entsprechende Norm des BDSG	
§ 53 DSG NRW	Art. 24 JI-RL	§ 70 BDSG	

Literatur:

DSK, Kurzpapier Nr. 1 – Verzeichnis von Verarbeitungstätigkeiten vom 17.12.2018; *DSK*, Hinweise zum Verzeichnis von Verarbeitungstätigkeiten, Art. 30 DS-GVO, Stand Februar 2018; *Duda*, Das Verfahrensverzeichnis und die DSGVO, PinG 2016, 248; *Franck*, Die Sprache der datenschutzrechtlichen Dokumentation – Unternehmens – vs. Amtssprache, RDV 2018, 157; *Gossen/Schramm*, Das Verarbeitungsverzeichnis der DS-GVO, ZD 2017, 7; *Hansen-Oest*, Datenschutzrechtliche Dokumentationspflichten nach dem BDSG und der Datenschutz-grundverordnung, PinG 2016, 79; *Johannes*, Gegenüberstellung – Verfahrensverzeichnisse für Polizei- und Strafverfolgungsbehörden nach BDSG, DS-GVO und JI-Richtlinie, ZD-Aktuell 2018, 06100; *Lepperhoff*, Dokumentationspflichten in der DS-GVO, RDV 2016, 197; *Licht*, Das Verarbeitungsverzeichnis nach der DSGVO, ITRB 2017, 65; *Piltz*, Was ist eine „Verarbeitungstätigkeit" im Sinne der DSGVO?, DSB 2019, 82; *Veil*, Accountability – Wie weit reicht die Rechenschaftspflicht der DS-GVO?, ZD 2018, 9.

A. Grundlagen

I. Gesamtverständnis, Zweck der Norm und Verhältnis zu anderen Normen

§ 53 ist in Teil 3, Kapitel 4 – „Pflichten der Verantwortlichen und Auftragsverarbeiter" verortet und dient der Umsetzung von Art. 24 JI-RL. Die Vorschrift findet ihr Gegenstück in § 70 BDSG auf Bundesebene. § 29 Abs. 2 JVollzDSG NRW verweist für den Bereich des Justizvollzugs auf die hiesige Vorschrift. Das Verzeichnis von Verarbeitungstätigkeiten ist auf allgemeine Feststellungen ausgelegt, einzelvorgangsbezogene Dokumentationspflichten sind demgegenüber in den Protokolldateien gem. § 55 Abs. 1 festzuhalten. 1

Der NRW-Gesetzgeber verzichtet auf eine eigenhändige Richtlinienumsetzung.[1] 2
Stattdessen wird auf die parallelen Vorschriften in Art. 30 DS-GVO verwiesen. Jener Verweis erfolgt partiell, da der Ausnahmetatbestand des Art. 30 Abs. 5 DS-GVO in Art. 24 JI-RL kein Gegenstück findet.

Anders als Art. 30 Abs. 5 DS-GVO kennen die JI-RL und das DSG NRW keine **Bagatelluntergrenze** für die Dokumentation. Die Dokumentationspflicht gilt unmittelbar und ausnahmslos für sämtliche Behörden im Interesse einer weitreichenden Accountability gem. Art. 4 Abs. 4 JI-RL. 3

II. Bisherige Rechtslage

Das Verfahrensverzeichnis nach alter Lesart war bislang in § 8 DSG NRW aF geregelt. Verzeichnet waren Name und Anschrift der datenverarbeitenden Stelle; die Zweckbestimmung und die Rechtsgrundlage der Datenverarbeitung; die Art der gespeicherten Daten; der Kreis der Betroffenen; die Art regelmäßig zu übermittelnder Daten, deren Empfänger sowie die Art und Herkunft regelmäßig empfangener Daten; die zugriffsberechtigten Personen oder Personengruppen; die technischen und organisatorischen Maßnahmen; die Technik des Verfahrens, einschließlich der eingesetzten Hard- und Software; Fristen für die Sperrung und Löschung; eine beabsichtigte Datenübermittlung an Drittstaaten sowie die begründeten Ergebnisse der Vorabkontrollen. 4

Das Verzeichnis diente gem. § 8 Abs. 1 DSG NRW aF im Wesentlichen dem Datenschutzbeauftragten als Arbeitsmittel. Dennoch bestand grds. ein Jedermann-Einsichtsrecht gem. § 8 Abs. 1 Hs. 1 DSG NRW aF mit gesetzlich normierten Ausnahmetatbeständen. Die Datenschutzaufsicht besaß demgegenüber gem. § 8 Abs. 2 Satz 4 DSG NRW aF ein unbeschränktes Einsichtsrecht in die Verfahrensdokumentation. 5

1 Anders der Bundesgesetzgeber in § 70 BDSG.

B. Kommentierung

I. Adressaten (Satz 1)

1. Verantwortliche und Auftragsverarbeiter

6 Gem. § 53 Satz 1 haben der Verantwortliche (§ 36 Nr. 9) und der Auftragsverarbeiter (§ 36 Nr. 10) ein Verzeichnis ihrer Verarbeitungstätigkeiten zu führen. Die Vorschrift setzt Art. 24 Abs. 1 Satz 1 und Abs. 2 JI-RL um. Die inhaltsgleichen Regelungen in § 53 Satz 2 iVm Art. 30 Abs. 1 Satz 1 und Abs. 2 DS-GVO werden vom spezielleren (da unmittelbar auf Umsetzung der JI-RL gerichteten) § 53 Satz 1 verdrängt.

2. Vertreter in der Union?

7 Die Berücksichtigung des Vertreters in der EU iSv Art. 27 DS-GVO[2] ist offenkundig ein **Versehen**, da der NRW-Gesetzgeber irrig von der Identität der Verzeichnisse nach JI-RL und DS-GVO ausging.[3] Die JI-RL kennt den Vertreter überhaupt nicht. Verantwortliche der JI-RL sind zudem öffentliche Stellen, die selbst bei analoger Anwendung der DS-GVO gem. Art. 27 Abs. 2 lit. b DS-GVO keinen Vertreter zu bestellen hätten. Das gleiche gilt für deren Auftragsverarbeiter, die als Verwaltungshelfer zu qualifizieren sind (→ § 52 Rn. 33). Darüber hinaus ist fraglich, inwieweit Stellen außerhalb der Union dem **räumlichen Anwendungsbereich** des DSG NRW unterfallen.

8 Denkbar ist lediglich, dass ein Auftragsverarbeiter mit Sitz außerhalb der Union sowohl für Behörden im Anwendungsbereich der JI-RL tätig ist als auch von anderen Auftraggebern nach der DS-GVO beauftragt wird. Ein solcher Auftragnehmer hätte durchaus einen Vertreter iSv Art. 27 DS-GVO zu benennen. Theoretisch wäre es möglich, diesen Vertreter unter Berücksichtigung von Art. 1 Abs. 3 JI-RL zu verpflichten, ebenfalls ein Verzeichnis von Verarbeitungstätigkeiten zu führen. Allerdings benötigte der Landesgesetzgeber zugleich eine Öffnungsklausel in der DS-GVO, um entgegen Art. 27 Abs. 2 lit. b DS-GVO eine derartige Pflicht zu begründen. § 53 Satz 1 Var. 3 ist folglich **gegenstandslos**.

3. Dokumentation durch Datenschutzbeauftragte?

9 In der Praxis wird häufig den Datenschutzbeauftragten die Führung von Verarbeitungsverzeichnissen übertragen. Dies gehört nicht zu deren angestammten Aufgaben nach § 67 Nr. 6 iVm Art. 39 Abs. 1 DS-GVO, sondern fällt in den Bereich des administrativen Datenschutzes.[4] Die Übertragung der Aufgabe begründet zwar keinen **Interessenkonflikt** iSv § 67 Nr. 6 iVm Art. 38 Abs. 6 Satz 2 DS-GVO,[5] dennoch ist dieses Vorgehen nicht ratsam. Der Impuls zur Dokumentation oder Aktualisierung des Verzeichnisses muss stets aus dem jeweiligen Fachbereich kommen und auf den dort vorhandenen Informationen und Kenntnissen aufsetzen. Wird das Verzeichnis von Verarbeitungstätigkeiten bei dem oder der Datenschutzbeauftragten angesiedelt, kann dies strenggenommen

2 Hierzu *Franck* RDV 2018, 303 ff.
3 LT-Drs. 17/1981, 166. Eine detaillierte Gegenüberstellung von Art. 30 DS-GVO und Art. 24 JI-RL findet sich bei *Johannes* ZD-Aktuell 2018, 06100.
4 „Administrativer Datenschutz" nach BMVg VMBl 2008, Nr. 5, S. 127 f.
5 AA *Hartung* in Kühling/Buchner DS-GVO/BDSG Art. 30 Rn. 13.

nicht mehr als eine **zentrale Ablage** zur Vermeidung von Aktendoppeln darstellen.[6]

II. Begriff der Verarbeitungstätigkeit

Die Pflicht zur Dokumentation knüpfte bislang an den Einsatz eines sog. „Verfahrens“ zur automatisierten Verarbeitung personenbezogener Daten an, wobei der Verfahrensbegriff als solcher weder im DSG NRW noch in der RL 95/46/EG definiert war. In Anlehnung an Art. 18 Abs. 1 aE RL 95/46/EG („Mehrzahl von Verarbeitungen zur Realisierung einer oder mehrerer verbundener Zweckbestimmungen“) wurde als Verfahren ein **Bündel von Verarbeitungsschritten mit hinreichendem Komplexitätsgrad** verstanden.[7] Gefordert war dementsprechend eine redaktionelle Straffung der Dokumentation, da nicht jede noch so triviale Verarbeitung dokumentiert werden sollte. 10

Der neu eingeführte Begriff der Verarbeitungstätigkeit wird in der JI-RL oder dem DSG NRW wiederum nicht definiert. Nur die Verarbeitung als solche findet ihren Niederschlag in Art. 3 Nr. 2 JI-RL bzw. § 36 Nr. 2. Eine Orientierung hieran wäre jedoch zu kleinteilig und würde bei komplexen Verästelungen völlig ausufern.[8] Zudem ist eine gewisse zeitliche Kontinuität notwendig. Nur punktuell durchgeführte Einmalverarbeitungen, die nicht anderweitig einer Dokumentationspflicht unterliegen (zB Einwilligung, Pflicht zur Datenschutz-Folgenabschätzung[9] oder Einsatz von Auftragsverarbeitern) machen die Dokumentation unübersichtlich und erschweren deren Verwendung.[10] 11

Die DSK versteht als Verarbeitungstätigkeit im Allgemeinen einen **Geschäftsprozess auf geeignetem Abstraktionsniveau** und nimmt insbesondere eine Differenzierung nach der konkreten Zweckbestimmung vor.[11] Mit der Kongruenz zum Geschäftsprozess besitzt die Verarbeitungstätigkeit einen sehr viel gröberen Detaillierungsgrad als die einzelne Verarbeitung iSv Art. 3 Nr. 2 JI-RL.[12] Je nach Größe des Verantwortlichen kann dementsprechend die Granularität der Geschäftsprozesse variieren.[13] Der Verantwortliche hat allerdings gem. § 58 Abs. 3 Nr. 5 ua zu gewährleisten, dass die Verfahrensweisen in zumutbarer Zeit nachvollzogen werden können. 12

---

6 So auch *Licht* ITRB 2017, 65 (66).
7 *Hartung* in Kühling/Buchner DS-GVO/BDSG Art. 30 Rn. 14; *Licht* ITRB 2017, 65 (68).
8 *Spoerr* in BeckOK DatenschutzR DS-GVO/BDSG Art. 30 Rn. 6; *Bertermann* in Ehmann/Selmayr DS-GVO Art. 30 Rn. 7 f.; *Hartung* in Kühling/Buchner DS-GVO/BDSG Art. 30 Rn. 14; *Petri* in Simitis/Hornung/Spiecker gen. Döhmann DS-GVO Art. 30 Rn. 16.
9 Man beachte 58 Satz 2 JI-RL.
10 Ähnlich *Petri* in Simitis/Hornung/Spiecker gen. Döhmann DS-GVO Art. 30 Rn. 16.
11 DSK, Hinweise zumVerzeichnis von Verarbeitungstätigkeiten, Art. 30 DS-GVO, Stand Februar 2018, S. 1, online unter https://www.datenschutzkonferenz-online.de/media/ah/201802_ah_verzeichnis_verarbeitungstaetigkeiten.pdf.
12 Hierzu auch *Piltz* DB 2019, 82 f.; ferner *Johannes* ZD-Aktuell 2018, 06100, der nicht auf einzelne Datenverarbeitungen, sondern nur auf sinnvoll abgrenzbare Tätigkeitskategorien abstellen will.
13 LfDI BW, 34. TB 2018 (= LT-Drs. 16/5000), S. 11 f.

III. Verweis auf die DS-GVO (Satz 2)

1. Entsprechende Anwendung

13 Der NRW-Gesetzgeber erklärt Art. 30 Abs. 1–4 DS-GVO für „entsprechend" anwendbar. Es stellen sich dieselben Anschlussfragen wie schon bei § 52 und dem dortigen Verweis auf die DS-GVO-Vorschriften (→ § 52 Rn. 14).

2. Dokumentation beim Verantwortlichen (Art. 30 Abs. 1 DS-GVO)

14 Die Festlegung des Adressaten in Art. 30 Abs. 1 Satz 1 DS-GVO wird von § 53 Satz 1 verdrängt und hat somit keinen Anwendungsbereich (→ Rn. 6). Die Pflichtangaben des Verzeichnisses ergeben sich aus § 53 Satz 2 iVm Art. 30 Abs. 1 Satz 2 lit. a–g DS-GVO.

a) Namen und Kontaktdaten (Art. 30 Abs. 1 Satz 2 lit. a DS-GVO)

15 Der Verweis auf die DS-GVO setzt Art. 24 Abs. 1 Satz 2 lit. a JI-RL um. Zu dokumentieren sind der Name und die Kontaktdaten des Verantwortlichen, gegebenenfalls des gemeinsam mit ihm Verantwortlichen (§ 67 Nr. 2 iVm Art. 26 DS-GVO) sowie des oder der Datenschutzbeauftragten. Die Angaben decken sich weitestgehend mit denjenigen nach § 47 Nr. 3 (→ § 47 Rn. 15 ff.). Der in der DS-GVO-Vorschrift genannte Vertreter des Verantwortlichen existiert im Anwendungsbereich der JI-RL nicht (→ Rn. 7 f.).

b) Zwecke der Verarbeitung (Art. 30 Abs. 1 Satz 2 lit. b DS-GVO)

16 Der Verweis auf die DS-GVO setzt Art. 24 Abs. 1 Satz 2 lit. b JI-RL um. Die Inhalte decken sich mit denjenigen des § 47 Nr. 1 (→ § 47 Rn. 10 f.).

c) Kategorien von Personen und Daten (Art. 30 Abs. 1 Satz 2 lit. c DS-GVO)

17 Der Verweis auf die DS-GVO setzt Art. 24 Abs. 1 Satz 2 lit. d JI-RL um. Gefordert ist eine Beschreibung der Kategorien betroffener Personen und der Kategorien personenbezogener Daten. Die Kategorien personenbezogener Daten geben unmittelbar Aufschluss über das mit der Verarbeitung zusammenhängende **Risiko.** Hier ist insbesondere zu prüfen, ob besondere Kategorien personenbezogener Daten iSv § 45 vorliegen. Die (Mindest-)Kategorien betroffener Personen sind zunächst durch § 42 vorgegeben.[14] Sie sollten jedoch im Einzelfall trennschärfer aufgeführt werden.

d) Kategorien von Empfängern (Art. 30 Abs. 1 Satz 2 lit. d DS-GVO)

18 Der Verweis auf die DS-GVO setzt Art. 24 Abs. 1 Satz 2 lit. c JI-RL um. Zu dokumentieren sind die Kategorien von Empfängern (Empfängerbegriff des § 36 Nr. 11), gegenüber denen die personenbezogenen Daten offengelegt worden sind oder noch offengelegt werden. Erfasst sind insbesondere Empfänger in Drittländern oder internationalen Organisationen. Die Angaben decken sich weitestgehend mit denjenigen in § 49 Abs. 1 Satz 2 Nr. 4 (→ § 49 Rn. 23 ff.). Anders als bei der Auskunft treten jedoch zusätzlich die geplantermaßen **zukünftigen Empfänger** hinzu.

e) Drittlandsbezug (Art. 30 Abs. 1 Satz 2 lit. e DS-GVO)

19 Der Verweis auf die DS-GVO setzt Art. 24 Abs. 1 Satz 2 lit. f JI-RL um. Zu dokumentieren sind demnach Übermittlungen von personenbezogenen Daten an

---

14 Vgl. auch Erwägungsgrund 31 JI-RL.

ein Drittland oder an eine internationale Organisation, einschließlich der Angabe des betreffenden Drittlands oder der betreffenden internationalen Organisation. Geeigneten Garantien sind hier diejenigen des § 63.

Vom NRW-Gesetzgeber unberücksichtigt fordert Art. 24 Abs. 1 Satz 2 lit. f JI-RL nicht nur die bloße Angabe, sondern zugleich eine Kategorisierung dieser Übermittlungen. Diese ist im Wege der „entsprechenden Anwendung“ von Art. 30 Abs. 1 Satz 2 lit. e DS-GVO ebenfalls vorzunehmen. 20

f) Löschfristen (Art. 30 Abs. 1 Satz 2 lit. f DS-GVO)

Der Verweis auf die DS-GVO setzt Art. 24 Abs. 1 Satz 2 lit. h JI-RL um. Zu dokumentieren sind die vorgesehenen Fristen für die Löschung der verschiedenen Datenkategorien. Die einschränkende Formulierung **„wenn möglich“** ist dahin gehend zu verstehen, dass die Zweckerreichung möglicherweise nicht vorab fix datiert werden kann. Insoweit sind zumindest Kriterien für die Festlegung dieser Dauer anzugeben.[15] 21

Die Grundsätze der Datenminimierung (§ 37 Nr. 3; Art. 4 Abs. 1 lit. c JI-RL) sowie der Speicherbegrenzung (§ 37 Nr. 5; Art. 4 Abs. 1 lit. e JI-RL) verlangen nach einem tauglichen **Löschkonzept**. § 54 Abs. 4 konkretisiert ebenjene Anforderungen an das Datenschutz-Management (→ § 54 Rn. 12 ff.). 22

g) Technisch-organisatorische Maßnahmen (Art. 30 Abs. 1 Satz 2 lit. g DS-GVO)

Der Verweis auf die DS-GVO setzt Art. 24 Abs. 1 Satz 2 lit. i JI-RL um. Zu dokumentieren ist – wiederum mit der Einschränkung „wenn möglich“ – eine allgemeine Beschreibung der technischen und organisatorischen Maßnahmen gemäß § 58. 23

3. Dokumentation beim Auftragsverarbeiter (Art. 30 Abs. 2 DS-GVO)

Auftragsverarbeiter trifft eine eigenständige Pflicht zur Dokumentation. Sie führen ein Verzeichnis zu allen Kategorien von im Auftrag eines Verantwortlichen durchgeführten Tätigkeiten. Die Dokumentation sollte **nicht en bloc** erfolgen, sondern nach Auftraggebern gegliedert sein, da sie ggf. den jeweiligen Verantwortlichen und der Aufsichtsbehörde zur Verfügung gestellt wird. 24

a) Namen und Kontaktdaten (Art. 30 Abs. 2 lit. a DS-GVO)

Der Verweis auf die DS-GVO setzt Art. 24 Abs. 2 lit. a JI-RL um. Dokumentiert werden Namen und Kontaktdaten des Auftragsverarbeiters und jedes Verantwortlichen, in dessen Auftrag der Auftragsverarbeiter tätig ist, sowie eines etwaigen Datenschutzbeauftragten. 25

b) Kategorien von Verarbeitungen (Art. 30 Abs. 2 lit. b DS-GVO)

Der Verweis auf die DS-GVO setzt Art. 24 Abs. 2 lit. b JI-RL um. Dokumentiert werden Kategorien von Verarbeitungen, die im Auftrag jedes Verantwortlichen durchgeführt werden. Hierbei wird auf den **kleinteiligen Verarbeitungsbegriff** des § 36 Nr. 2 abgestellt, nicht auf die abstraktere Verarbeitungstätigkeit (→ Rn. 11 f.). 26

15 Vgl. Art. 13 Abs. 2 lit. b JI-RL bzw. Art. 13 Abs. 2 lit. a DS-GVO.

c) Drittlandbezug (Art. 30 Abs. 2 lit. c DS-GVO)

27 Der Verweis auf die DS-GVO setzt Art. 24 Abs. 2 lit. c JI-RL um. Sofern einschlägig, werden Übermittlungen an ein Drittland oder an eine internationale Organisation dokumentiert. Dies schließt die Angabe des betreffenden Drittlands oder der betreffenden internationalen Organisation ein, sowie geeigneter Garantien gem. § 63. Anders als beim Verzeichnis des Verantwortlichen gem. § 53 Satz 2 iVm Art. 30 Abs. 1 Satz 2 lit. e DS-GVO ist hier **keine Kategorisierung der Übermittlungen** (→ Rn. 20) gefordert. Sie kann gleichwohl helfen, den Überblick zu bewahren.

d) Technisch-organisatorische Maßnahmen (Art. 30 Abs. 2 lit. d DS-GVO)

28 Der Verweis auf die DS-GVO setzt Art. 24 Abs. 2 lit. d JI-RL um. Zu dokumentieren ist eine allgemeine Beschreibung der technischen und organisatorischen Maßnahmen gemäß § 58. Hierbei handelt es sich nicht um eine sinnlose Doppelung zu § 53 Satz 2 iVm Art. 30 Abs. 1 Satz 2 lit. g DS-GVO, da der Auftragsverarbeiter im Zweifel den besseren Überblick über die eingesetzten Maßnahmen und ihre Wirksamkeit hat.[16]

4. Form (Art. 30 Abs. 3 DS-GVO)

29 Sowohl das Verzeichnis des Verantwortlichen als auch dasjenige des Auftragsverarbeiters ist schriftlich zu führen. Das meint freilich nicht die Schriftform iSv § 126 BGB sondern die **Textform** des § 126 b BGB.[17] So kann die Dokumentation ausdrücklich in einem elektronischen Format erfolgen. Durch den Verweis auf die DS-GVO-Vorschrift wird der gleichlautende Art. 24 Abs. 3 Satz 1 JI-RL umgesetzt.

30 ZT wird diskutiert, ob das Verzeichnis stets, nur in regelmäßigen Zeitabständen oder gar überhaupt nicht mehr (!) zu aktualisieren sei.[18] Wegen der umfassenden Rechenschaftspflicht und der jederzeitigen Einsichtnahmemöglichkeit durch die Aufsicht ist nach hiesiger Auffassung eine fortlaufende anlassbezogene **Aktualisierung** erforderlich.[19] Die Notwendigkeit einer Aktualisierung zu erkennen, ist Aufgabe des Datenschutz-Managements.

5. Zugriff durch die Datenschutzaufsicht (Art. 30 Abs. 4 DS-GVO)

31 Der Verantwortliche oder der Auftragsverarbeiter stellen der Aufsichtsbehörde das Verzeichnis **auf Anfrage** zur Verfügung. Hierdurch wird Art. 24 Abs. 3 UAbs. 2 JI-RL umgesetzt. Die Vorschrift ist das Pendant zu den Befugnissen der Aufsichtsbehörde nach § 60 Abs. 3 iVm Art. 58 Abs. 1 lit. e DS-GVO. Der in Art. 30 Abs. 4 DS-GVO enthaltene Passus zum Vertreter in der Union geht wiederum ins Leere (→ Rn. 7 f.). Das Zugriffsrecht wird ferner gem. § 55 Abs. 3 auf die **Protokolldateien** erstreckt (→ § 55 Rn. 23). Der Verantwortliche hat überdies gem. § 58 Abs. 3 Nr. 5 zu gewährleisten, dass die Verfahrensweisen bei

16 *Hartung* in Kühling/Buchner DS-GVO/BDSG Art. 30 Rn. 30.
17 *Hartung* in Kühling/Buchner DS-GVO/BDSG Art. 30 Rn. 32; so auch *Johannes/Weinhold* Das neue DSR bei Polizei und Justiz § 1 Rn. 305, die jedoch fakultativ die Nutzung von Signaturen, Zeitstempeln oder Siegeln vorschlagen, um die Integrität der Dokumentation zu schützen.
18 *Hartung* in Kühling/Buchner DS-GVO/BDSG Art. 30 Rn. 31; *Spoerr* in BeckOK DatenschutzR DS-GVO/BDSG Art. 30 Rn. 10 a.
19 So auch *Martini* in Paal/Pauly DS-GVO/BDSG Art. 30 Rn. 5 b; *Petri* in Simitis/Hornung/Spiecker gen. Döhmann DS-GVO Art. 30 Rn. 15; *Marnau* in Gola/Heckmann BDSG § 70 Rn. 23.

der Verarbeitung personenbezogener Daten **vollständig, aktuell** und in einer Weise dokumentiert sind, dass sie in **zumutbarer Zeit nachvollzogen** werden können.

IV. Landesrechtliche Besonderheiten

Nicht sämtliche Inhalte nach Art. 24 Abs. 1 Satz 2 JI-RL sind bereits in Art. 30 Abs. 1 DS-GVO abgebildet. Es fehlen die Angabe der Rechtsgrundlage nach Art. 24 Abs. 1 Satz 2 lit. e JI-RL sowie die Verwendung von Profiling und nach Art. 24 Abs. 1 Satz 2 lit. g JI-RL. Beides hat der Landesgesetzgeber in § 53 Satz 2 nachgezogen. 32

Die Angabe der **Rechtsgrundlage** entspricht derjenigen in § 48 Abs. 1 Nr. 2 (→ § 48 Rn. 15 ff.). Die Verwendung von Profiling ist mglw. ebenfalls in die unbenannten Transparenzinhalte des § 48 Abs. 1 Nr. 5 aufzunehmen (→ § 48 Rn. 27 f.). 33

Profiling ist begrifflich in § 36 Nr. 4 festgelegt als jede Art der automatisierten Verarbeitung personenbezogener Daten, bei der diese Daten verwendet werden, um bestimmte persönliche Aspekte, die sich auf eine natürliche Person beziehen, zu bewerten, insbesondere um Aspekte der Arbeitsleistung, der wirtschaftlichen Lage, der Gesundheit, der persönlichen Vorlieben, der Interessen, der Zuverlässigkeit, des Verhaltens, der Aufenthaltsorte oder der Ortswechsel dieser natürlichen Person zu analysieren oder vorherzusagen.[20] 34

C. Bedeutung der Vorschrift für die behördliche Praxis

Die konsequente Dokumentation ist Ausfluss des **Accountability-Gedankens** gem. Art. 4 Abs. 4 JI-RL und bedeutet durchaus einen signifikanten Mehraufwand. Die betreffenden Geschäftsprozesse (→ Rn. 11 f.) müssen behördenintern zuverlässig und vollständig ermittelt werden. Hieran schließt sich eine rechtliche Analyse an, deren Ergebnis sich dann in den dokumentierten Einzelinformationen widerspiegelt. 35

Das Verzeichnis stellt eine unverzichtbare Voraussetzung für die Erfüllung zahlreicher datenschutzrechtlicher Pflichten dar. Sowohl die **Rechtmäßigkeitskontrolle** (§ 37 Nr. 1) als auch die **Datenschutz-Folgenabschätzung** (§ 56), das **Auftragsmanagement** (§ 52), die Einhaltung von **Transparenzpflichten** (§§ 47 ff.) und die Bewertung von **technisch-organisatorischen Maßnahmen** (§ 58) sind auf eine vollständige und zutreffende Dokumentation angewiesen.[21] Im eigenen Interesse sollten Verantwortliche und Auftragsverarbeiter daher die sorgsame Pflege des Verzeichnisses prioritär in Angriff nehmen. 36

Muster für Verarbeitungsverzeichnisse im Anwendungsbereich der JI-RL sind bislang nicht veröffentlicht worden. Die DSK hat allerdings allgemeine Musterverzeichnisse sowohl für den Verantwortlichen als auch den Auftragsverarbeiter bereitgestellt,[22] die leicht an die landesrechtlichen Besonderheiten anzupas- 37

20 Vgl. Ansätze des Predictive Policing in NRW, https://heise.de/-2468412.
21 *Gossen/Schramm* ZD 2017, 7 (10 ff.); *Licht* ITRB 2017, 65 (69 f.).
22 DSK, Verzeichnis von Verarbeitungstätigkeiten – Verantwortlicher gem. Art. 30 Abs. 1 DS-GVO, Stand Februar 2018, online unter https://www.datenschutzkonferenz-online.de/media/ah/201802_ah_muster_verantwortliche.pdf; DSK, Übersicht von Verarbeitungstätigkeiten – Auftragsverarbeiter gem. Art. 30 Abs. 2 DS-GVO, Stand Februar 2018, online unter https://www.datenschutzkonferenz-online.de/media/ah/201802_ah_muster_auftragsverarbeiter.pdf.

sen sind. Der LfDI M-V stellt für das Standard-Datenschutzmodell (SDM) der DSK (→ § 58 Rn. 17) einen Baustein zum Thema „Dokumentation“ bereit.[23]

38 Es gibt keinen originären datenschutzrechtlichen Anspruch auf **Einsicht** in oder **Auskunft** über das Verzeichnis von Verarbeitungstätigkeiten. Dieser besteht jedoch ggf. nach § 4 Abs. 1 IFG NRW, wenn nicht im Einzelfall die dort kodifizierten Ausnahmen greifen.[24]

39 Verstöße gegen § 53 bleiben haftungsrechtlich folgenlos. Öffentliche Stellen sind gem. § 69 iVm § 33 Abs. 4 generell vom **Bußgeld** ausgenommen. Bußgelder für Einzelpersonen wegen Verstoßes gegen § 53 dürften gem. § 69 iVm § 33 Abs. 1 Satz 1 Nr. 1 ausgeschlossen sein, da insofern die materiell rechtswidrige Verarbeitung in den Fokus genommen wird. Die fehlende Dokumentation ist lediglich ein formeller Rechtsverstoß. Das gleiche gilt für einen etwaigen **Schadensersatzanspruch** gem. § 68 Abs. 1 Satz 1.

40 Ein Verstoß gegen § 53 kann allerdings uU dazu führen, dass die ordnungsgemäße Verarbeitung nach den Grundsätzen des § 37 Nr. 1–6 nicht nachgewiesen werden kann und die Aufsichtsbehörde dementsprechend gem. § 60 Abs. 3 iVm Art. 58 Abs. 2 lit. f DS-GVO die konkrete **Verarbeitung zumindest vorübergehend untersagt.**

§ 54 Berichtigung und Löschung personenbezogener Daten sowie Einschränkung der Verarbeitung

(1) Der Verantwortliche hat personenbezogene Daten zu berichtigen, wenn sie unrichtig sind.

(2) Der Verantwortliche hat personenbezogene Daten unverzüglich zu löschen, wenn ihre Verarbeitung unzulässig ist, sie zur Erfüllung einer rechtlichen Verpflichtung gelöscht werden müssen oder ihre Kenntnis für seine Aufgabenerfüllung nicht mehr erforderlich ist.

(3) [1]§ 50 Absatz 3 bis 5 ist entsprechend anzuwenden. [2]Sind unrichtige personenbezogene Daten oder personenbezogene Daten unrechtmäßig übermittelt worden, ist dies dem Empfänger mitzuteilen.

(4) Unbeschadet in Rechtsvorschriften festgesetzter Höchstspeicher- oder Löschungsfristen hat der Verantwortliche für die Löschung von personenbezogenen Daten oder eine regelmäßige Überprüfung der Notwendigkeit ihrer Speicherung angemessene Fristen vorzusehen und durch verfahrensrechtliche Vorkehrungen sicherzustellen, dass diese Fristen eingehalten werden.

Verwandte Normen JI-RL:

Artikel 5 Fristen für die Speicherung und Überprüfung

[1]Die Mitgliedstaaten sehen vor, dass für die Löschung von personenbezogenen Daten oder eine regelmäßige Überprüfung der Notwendigkeit ihrer Speicherung angemessene Fristen vorzusehen sind. [2]Durch verfahrensrechtliche Vorkehrungen ist sicherzustellen, dass diese Fristen eingehalten werden.

23 DSK, Das Standard-Datenschutzmodell, Version 2.0, 2019; LfDI M-V, Baustein 42 „Dokumentation“, Version 1.0, 2018 online unter https://www.datenschutz-mv.de/datenschutz/datenschutzmodell/.

24 Kritisch *Meinhold* LKV 2018, 341 (345).

Artikel 16 Recht auf Berichtigung oder Löschung personenbezogener Daten und Einschränkung der Verarbeitung

(1) [1]Die Mitgliedstaaten sehen vor, dass die betroffene Person das Recht hat, von dem Verantwortlichen unverzüglich die Berichtigung sie betreffender unrichtiger Daten zu verlangen. [2]Unter Berücksichtigung der Zwecke der Verarbeitung sehen die Mitgliedstaaten vor, dass die betroffene Person das Recht hat, die Vervollständigung unvollständiger personenbezogener Daten – auch mittels einer ergänzenden Erklärung – zu verlangen.

(2) Die Mitgliedstaaten verlangen vom Verantwortlichen, personenbezogene Daten unverzüglich zu löschen, und sehen vor, dass die betroffene Person das Recht hat, von dem Verantwortlichen die Löschung von sie betreffenden personenbezogenen Daten unverzüglich zu verlangen, wenn die Verarbeitung gegen die nach den Artikeln 4, 8 und 10 erlassenen Vorschriften verstößt oder wenn die personenbezogenen Daten zur Erfüllung einer rechtlichen Verpflichtung gelöscht werden müssen, der der Verantwortliche unterliegt.

(3) [1]Anstatt die personenbezogenen Daten zu löschen, kann der Verantwortliche deren Verarbeitung einschränken, wenn

a) die betroffene Person die Richtigkeit der personenbezogenen Daten bestreitet und die Richtigkeit oder Unrichtigkeit nicht festgestellt werden kann, oder
b) die personenbezogenen Daten für Beweiszwecke weiter aufbewahrt werden müssen.

[2]Unterliegt die Verarbeitung einer Beschränkung gemäß Unterabsatz 1 Buchstabe a, unterrichtet der Verantwortliche die betroffene Person, bevor er die Beschränkung aufhebt.

(4) [1]Die Mitgliedstaaten sehen vor, dass der Verantwortliche die betroffene Person schriftlich über eine Verweigerung der Berichtigung oder Löschung personenbezogener Daten oder Einschränkung der Verarbeitung und über die Gründe für die Verweigerung unterrichtet. [2]Die Mitgliedstaaten können Gesetzgebungsmaßnahmen erlassen, die zu nachstehenden Zwecken die Pflicht, diese Informationen zur Verfügung zu stellen, teilweise oder vollständig einschränken, soweit diese Einschränkung in einer demokratischen Gesellschaft erforderlich und verhältnismäßig ist und den Grundrechten und den berechtigten Interessen der betroffenen natürlichen Person Rechnung getragen wird:

a) Gewährleistung, dass behördliche oder gerichtliche Untersuchungen, Ermittlungen oder Verfahren nicht behindert werden,
b) Gewährleistung, dass die Verhütung, Aufdeckung, Ermittlungen oder Verfolgung von Straftaten oder die Strafvollstreckung nicht beeinträchtigt werden,
c) Schutz der öffentlichen Sicherheit,
d) Schutz der nationalen Sicherheit,
e) Schutz der Rechte und Freiheiten anderer.

[3]Die Mitgliedstaaten sehen vor, dass der Verantwortliche die betroffene Person über die Möglichkeit unterrichtet, bei der Aufsichtsbehörde Beschwerde einzulegen oder einen gerichtlichen Rechtsbehelf einzulegen.

(5) Die Mitgliedstaaten sehen vor, dass der Verantwortliche die Berichtigung von unrichtigen personenbezogenen Daten der zuständigen Behörde, von der die unrichtigen Daten stammen, mitteilt.

(6) Die Mitgliedstaaten sehen vor, dass in Fällen der Berichtigung, Löschung oder Einschränkung der Verarbeitung nach den Absätzen 1, 2 und 3 der Verantwortliche die Empfänger in Kenntnis setzt und dass die Empfänger die ihrer Verantwortung unterliegenden personenbezogenen Daten berichtigen, löschen oder deren Verarbeitung einschränken.

Kurzübersicht zum Verhältnis der entscheidenden Normen			
Norm des DSG NRW	Entsprechende Norm der JI-RL	Entsprechende Norm des BDSG	
§ 54 DSG NRW	Artt. 5 und 16 JI-RL	§ 75 BDSG	

Literatur:
Siehe § 50.

A. Grundlagen

I. Gesamtverständnis, Zweck der Norm und Verhältnis zu anderen Normen

1 § 54 ist in Teil 3, Kapitel 4 – „Pflichten der Verantwortlichen und Auftragsverarbeiter" verortet und dient der Umsetzung von Art. 16 JI-RL. Die Vorschrift findet ihre Entsprechung in § 75 BDSG auf Bundesebene. Die §§ 42–44 JVollzDSG NRW regeln die Berichtigung, Löschung und Einschränkung der Verarbeitung für den Bereich des Justizvollzugs.

2 In § 54 sind die **antragsunabhängigen Pflichten** auf Berichtigung, Löschung und Einschränkung der Verarbeitung niedergelegt. Die entsprechenden antragsabhängigen Betroffenenrechte sind demgegenüber in § 50 normiert. Die Einschränkung der Verarbeitung ist als **wesensgleiches Minus** zur Löschung konzipiert und wird im Wege der Verweisung auf § 50 Abs. 3 und 4 inkorporiert.

3 Die redaktionelle Trennung in Initiativpflichten und antragsabhängige Betroffenenrechte ist nicht zwingend (vgl. §§ 42–44 JVollzDSG NRW). Sie ist insbesondere Art. 16 JI-RL uneigen, dient jedoch möglicherweise der Klarstellung.

II. Bisherige Rechtslage

4 § 19 Abs. 1 DSG NRW aF legte vormals die hier angesprochenen Pflichten fest (→ § 50 Rn. 3.)

B. Kommentierung

I. Adressat

5 § 54 verpflichtet den Verantwortlichen im Sinne von § 36 Nr. 9 (zu Auftragsverarbeitern und gemeinsam Verantwortlichen → § 50 Rn. 4).

II. Verfahren

6 Da § 54 auf den JI-RL-Vorschriften zu Betroffenenrechten fußt, greift auch hier grds. das Verfahren nach § 51. Von den Einzelregelungen des § 51 sind bei Initiativpflichten des Verantwortlichen jedoch lediglich § 51 Abs. 1 Satz 1 (**Kommunikation unter Verwendung einer klaren und einfachen Sprache in präziser, verständlicher und leicht zugänglicher Form,** → § 51 Rn. 7 ff.) sowie § 51

Abs. 3 Satz 1 (**Unentgeltlichkeit von Benachrichtigungen**, → § 51 Rn. 10 ff.) einschlägig. Die übrigen Regelungen des § 51 beziehen sich hingegen allein auf Anträge der betroffenen Person.

III. Berichtigungspflicht (Abs. 1)

Die Initiativpflicht zur Berichtigung unrichtiger Daten ist knapper gehalten als in § 50 Abs. 1. Auf die dortigen Detailregelungen zu Aussagen und Beurteilungen (→ § 50 Rn. 12 f.), die Nichterweislichkeit der Richtigkeit (→ § 50 Rn. 14) oder die Vervollständigung unvollständiger Daten (→ § 50 Rn. 9 ff.) wird **nicht verwiesen.** 7

Einer spezialgesetzlichen Initiativpflicht zur Vervollständigung bedarf es in der Regel auch nicht.[1] Erkennt der Verantwortliche, dass ihm Daten für seine Aufgabenerfüllung fehlen, wird er diese im Rahmen seiner gesetzlichen Befugnisse nacherheben. Der Grundsatz der Richtigkeit und Aktualität der Daten gem. § 37 Nr. 4 schwebt per se über der gesamten Datenverarbeitung.[2] 8

IV. Löschpflicht (Abs. 2)

Der Verantwortliche hat personenbezogene Daten in den aufgezählten Fällen unverzüglich („ohne schuldhaftes Zögern“, → § 51 Rn. 15) zu löschen. Dies gilt, wenn die Verarbeitung insgesamt **unzulässig** ist, die Daten zur **Erfüllung einer rechtlichen Verpflichtung** gelöscht werden müssen oder ihre Kenntnis für die Aufgabenerfüllung **nicht mehr erforderlich** ist. Die Vorschrift findet sich spiegelbildlich in § 50 Abs. 2 wieder. Polizeiliche Aufbewahrungs- und Löschfristen finden sich zB in § 22 PolG NRW. 9

V. Einschränkung der Verarbeitung (Abs. 3)

Durch den unmittelbaren Verweis auf § 50 Abs. 3 und 4 greifen die dortigen Regeln bezüglich der Einschränkung (→ § 50 Rn. 26 ff.). 10

VI. Mitteilungspflichten (Abs. 3)

Durch den unmittelbaren Verweis auf § 50 Abs. 5 treffen den Verantwortlichen im Falle der Berichtigung, Löschung und Einschränkung der Verarbeitung Mitteilungspflichten gegenüber übermittelnden Stellen und Empfängern (→ § 50 Rn. 29 ff.). 11

VII. Löschkonzept (Abs. 4)

Die eigentliche Besonderheit des § 54 liegt in dessen Abs. 4. Die Vorschrift dient der Umsetzung von Art. 5 JI-RL. Demnach hat der Verantwortliche sowohl für die Löschung von personenbezogenen Daten als auch für eine **regelmäßige Überprüfung** der Notwendigkeit ihrer Speicherung angemessene Fristen vorzusehen. Zudem ist durch verfahrensrechtliche Vorkehrungen sicherzustellen, dass diese Fristen eingehalten werden. 12

Dem widerspricht es von vornherein, wenn bspw. in einer Falldatei eine Bereinigung des Datenbestandes generell nicht stattfindet, sondern lediglich bei Zu- 13

1 AA offenbar *Burghardt/Reinbacher* in BeckOK DatenschutzR DS-GVO/BDSG § 75 Rn. 2.

2 *Nolte/Werkmeister* in Gola/Heckmann BDSG § 75 Rn. 4 und *Herbst* in Auernhammer DS-GVO/BDSG § 75 Rn. 2 sehen die Vervollständigung per se als Unterfall der Berichtigung an.

fallsfunden oder bei Auskunfts- und Löschungsbegehren betroffener Personen unternommen wird.[3]

14 Der NRW-Gesetzgeber verlangt vom Verantwortlichen, dass er sich nicht allein auf Höchstspeicher- oder Löschfristen verlässt, die in Rechtsvorschriften festgesetzt sind. Denn Höchstfristen sind genau das: Fristen für die maximal vorstellbare rechtlich zulässige Aufbewahrung von Daten. Diese dürfen nicht als Pauschallösung missverstanden werden. Der Passus findet sich zwar nicht in Art. 5 JI-RL, er ist jedoch sinnvoll und in Ansehung von Art. 1 Abs. 3 JI-RL ohne Weiteres zulässig.

15 Einen möglichen Weg, wie ein **Löschkonzept**[4] entwickelt werden kann, gibt die **DIN 66398** vor.[5] Hierzu gehören

- die Bestimmung der Datenarten, die es in den Datenbeständen gibt,
- die Zusammenfassung der Datenarten in Löschklassen,
- die Definition von Löschregeln für die Datenarten,
- die Definition von konkreten Umsetzungsregeln,
- die Definition der jeweils Verantwortlichen für die Umsetzung und
- die Dokumentation der ergriffenen und zu ergreifenden Schritte und Pflege der Dokumentation.

16 Die Artikel-29-Datenschutzgruppe präferiert einen **kombinierten Ansatz**, bei dem zunächst Maximalfristen für die Aufbewahrung vorgegeben werden und währenddessen regelmäßig überprüft wird, ob die Daten noch für die Aufgabenerfüllung notwendig sind.[6] Bei der Bestimmung von Höchstspeicherdauern sollte auch die Unterscheidung nach Kategorien betroffener Personen gem. § 42 Berücksichtigung finden.[7]

17 Der LfDI M-V stellt für das Standard-Datenschutzmodell (SDM) der DSK (→ § 58 Rn. 17) einen Baustein zum Thema „Löschen und Vernichten“ bereit.[8]

C. Bedeutung der Vorschrift für die behördliche Praxis

18 Die Implementierung eines effektiven **Löschkonzepts** ist das Kernstück des § 54. Sie steht in unmittelbarem Zusammenhang mit der Dokumentation der einzelnen Verarbeitungstätigkeiten gem. § 53 Satz 1 iVm Art. 30 Abs. 1 DS-GVO. Beides sind tragende Säulen für ein funktionierendes **Datenschutz-Management-Systems.**

19 Bei mangelhafter Berichtigung, Löschung oder Einschränkung kann die Aufsichtsbehörde gem. § 60 Abs. 3 iVm Art. 58 Abs. 2 lit. d DS-GVO anordnen, Verarbeitungsvorgänge gegebenenfalls auf bestimmte Weise und innerhalb eines bestimmten Zeitraums in Einklang mit dem DSG NRW zu bringen, oder gem. § 60 Abs. 3 iVm Art. 58 Abs. 2 lit. f DS-GVO eine vorübergehende oder endgültige Beschränkung der Verarbeitung verhängen. Dass § 60 Abs. 3 nicht auf Art. 58 Abs. 2 lit. g DS-GVO verweist, der die Anordnung von Berichtigung, Löschung und Einschränkung regelt, ist unschädlich. Diese Befugnisse stellen lediglich Unterfälle von Art. 58 Abs. 2 lit. d und f. DS-GVO dar. Art. 47 Abs. 2

---

3 Zur Falldatei Rauschgift LDI NRW, 23. TB 2017, S. 35 f./184 f.
4 Grundlegend *Hunzinger* CR 2019, 357 ff.
5 Zur DIN 66398 siehe *Hammer* DuD 2016, 528 ff.
6 Artikel-29-Datenschutzgruppe, WP 258 vom 29.11.2017, S. 3.
7 Artikel-29-Datenschutzgruppe, WP 258 vom 29.11.2017, S. 5.
8 DSK, Das Standard-Datenschutzmodell, Version 1.1, 2018; LfDI M-V, Baustein 60 „Löschen und Vernichten“, Version 1.0, 2018 online unter https://www.datenschutz-mv.de/datenschutz/datenschutzmodell/.

lit. b JI-RL sieht insoweit die aufsichtsbehördliche Anordnung von Berichtigung, Löschung und Einschränkung expressis verbis vor.

Ein Verstoß gegen § 54 besitzt auch haftungsrechtliche Relevanz. Öffentliche 20
Stellen sind zwar gem. § 69 iVm § 33 Abs. 4 generell vom **Bußgeld** ausgenommen. Bußgelder für Einzelpersonen wegen Verstoßes gegen § 54 sind dafür in § 69 iVm in § 33 Abs. 1 Satz 1 Nr. 1 wegen unzulässiger Speicherung oder unzulässiger Löschung vorgesehen. Parallel hierzu ergibt sich uU eine **Strafbarkeit** aus § 69 iVm § 34 Abs. 1 iVm § 33 Abs. 1 Satz 1 Nr. 1. Darüber hinaus sind **Schadensersatzforderungen** gem. § 68 Abs. 1 wegen unzulässiger oder unrichtiger Verarbeitung denkbar.

§ 55 Protokollierung

(1) In automatisierten Verarbeitungssystemen haben Verantwortliche und Auftragsverarbeiter mindestens die folgenden Verarbeitungsvorgänge zu protokollieren:

1. Erhebung,
2. Veränderung,
3. Abfrage,
4. Offenlegung einschließlich Übermittlung,
5. Kombination und
6. Löschung.

(2) Die Protokolle über Abfragen und Offenlegungen müssen es ermöglichen, die Begründung, das Datum und die Uhrzeit dieser Vorgänge und so weit wie möglich die Identität der Person, die die personenbezogenen Daten abgefragt oder offengelegt hat, und die Identität des Empfängers der Daten festzustellen.

(3) Die Protokolle dürfen ausschließlich für die Überprüfung der Rechtmäßigkeit der Datenverarbeitung durch die behördliche Datenschutzbeauftragte oder den behördlichen Datenschutzbeauftragten, die Landesbeauftragte für Datenschutz und Informationsfreiheit oder den Landesbeauftragten für Datenschutz und Informationsfreiheit und die betroffene Person sowie für die Eigenüberwachung, für die Gewährleistung der Integrität und Sicherheit der personenbezogenen Daten und für Strafverfahren verwendet werden.

(4) Die Protokolldaten sind am Ende des auf deren Generierung folgenden Jahres zu löschen.

(5) Der Verantwortliche und der Auftragsverarbeiter haben die Protokolle der oder dem Landesbeauftragten für Datenschutz und Informationsfreiheit auf Anforderung zur Verfügung zu stellen.

Verwandte Norm JI-RL:

Artikel 25 Protokollierung

(1) [1]Die Mitgliedstaaten sehen vor, dass in automatisierten Verarbeitungssystemen zumindest die folgenden Verarbeitungsvorgänge protokolliert werden: Erhebung, Veränderung, Abfrage, Offenlegung einschließlich Übermittlung, Kombination und Löschung. [2]Die Protokolle über Abfragen und Offenlegungen müssen es ermöglichen, die Begründung, das Datum und die Uhrzeit dieser Vorgänge und so weit wie möglich die Identifizierung der Person, die die personenbezogenen Daten abgefragt oder offengelegt hat, und die Identität des Empfängers solcher personenbezogenen Daten festzustellen.

(2) Die Protokolle werden ausschließlich zur Überprüfung der Rechtmäßigkeit der Datenverarbeitung, der Eigenüberwachung, der Sicherstellung der Integrität und Sicherheit der personenbezogenen Daten sowie für Strafverfahren verwendet.

(3) Der Verantwortliche sowie der Auftragsverarbeiter stellen die Protokolle der Aufsichtsbehörde auf Anforderung zur Verfügung.

Kurzübersicht zum Verhältnis der entscheidenden Normen			
Norm des DSG NRW	Entsprechende Norm der JI-RL	Entsprechende Norm des BDSG	
§ 55 DSG NRW	Art. 25 JI-RL	§ 76 BDSG	

Literatur:

Arbeitskreis „Technische und organisatorische Datenschutzfragen“ der Konferenz der Datenschutzbeauftragten des Bundes und der Länder, Orientierungshilfe „Protokollierung“ vom 2.11.2009; *Artikel-29-Datenschutzgruppe*, WP 258 – Opinion on some key issues of the Law Enforcement Directive (EU 2016/680) vom 29.11.2017; *Bizer*, Das Recht der Protokollierung, DuD 2006, 270; *Piltz*, Die neuen Protokollierungspflichten nach der Richtlinie 2016/680/EU für öffentliche Stellen, NVwZ 2018, 696.

A. Grundlagen

I. Gesamtverständnis, Zweck der Norm und Verhältnis zu anderen Normen

1 § 55 ist in Teil 3, Kapitel 4 – „Pflichten der Verantwortlichen und Auftragsverarbeiter“ verortet und dient der Umsetzung von Art. 25 JI-RL. Der Landesgesetzgeber hat sich für eine Umsetzung der Protokollierungspflichten innerhalb der Frist des Art. 63 Abs. 1 JI-RL entschieden und auf die Aufschubmöglichkeit gem. Art. 63 Abs. 2 und 3 JI-RL verzichtet. Die Vorschrift findet ihre Entsprechung in § 76 BDSG auf Bundesebene sowie § 35 JVollzDSG NRW für den Bereich des Justizvollzugs. § 1 Abs. 2 Satz 2 VollzugsdatenVO NRW konkretisiert das Protokollierungserfordernis für Abrufe im Bereich des Justizvollzuges.

2 Die Protokollierung steht in engem thematischen Zusammenhang mit dem Verzeichnis von Verarbeitungstätigkeiten gem. § 53, wobei das Verzeichnis allgemeine Festlegungen abdeckt, das Protokoll hingegen einzelvorgangsbezogene Rechenschaftspflichten. Die Artikel-29-Datenschutzgruppe weist den Protokollen entscheidende Bedeutung für die **Überwachung** des Datenschutzes und insbesondere für die **Aufdeckung von Datenmissbrauch** zu.[1]

3 Die Protokollierungspflicht greift allein bei **Verwendung automatisierter Verarbeitungssysteme.** Sie gilt nicht für die nicht-automatisierte Verarbeitung perso-

1 Artikel-29-Datenschutzgruppe, WP 258 vom 29.11.2017, S. 26.

nenbezogener Daten, die in einem Dateisystem gespeichert sind oder gespeichert werden sollen im Sinne von Art. 2 Abs. 2 JI-RL.

§ 55 ist zugleich eine Rechtsvorschrift im Sinne von § 18 Abs. 1 Satz 1, die die Verarbeitung von **Beschäftigtendaten** innerhalb der Behörde gestattet. 4

II. Bisherige Rechtslage

Eine ausdifferenzierte Protokollierungspflicht wie die vorliegende war im bisherigen DSG NRW nicht enthalten. Nach § 10 Abs. 2 Nr. 5 DSG NRW aF war die Revisionsfähigkeit der Verarbeitung sicherzustellen, dh es waren Maßnahmen zu treffen, durch die festgestellt werden konnte, wer wann welche personenbezogenen Daten in welcher Weise verarbeitet hat; Ähnliches galt gem. § 10 Abs. 2 Nr. 4 DSG NRW aF für die Authentizität der Daten. § 4 Satz 6 Nr. 4 DSG NRW aF enthielt zudem eine Protokollierungspflicht hinsichtlich abgegebener Einwilligungserklärungen. 5

B. Kommentierung

I. Adressat (Abs. 1)

Gem. § 55 Abs. 1 haben sowohl Verantwortliche (§ 35 Nr. 9) als auch Auftragsverarbeiter[2] (§ 35 Nr. 10) für die Protokollierung bestimmter Verarbeitungsvorgänge zu sorgen. Gemeinsam Verantwortliche iSv § 67 Nr. 2 iVm Art. 26 DS-GVO können bei gemeinsamer Datenhaltung die Protokollierungspflichten einvernehmlich regeln. 6

II. Protokollinhalt

Weder die JI-RL noch das DSG NRW definieren, was ein Protokoll genau ist. Erwägungsgrund 96 Satz 4 JI-RL stellt Protokolle aber gemeinsam mit anderen Verzeichnissen in die Reihe der wirksamen Methoden zum **Nachweis der Rechtmäßigkeit** der Datenverarbeitung, zur Ermöglichung der **Eigenüberwachung** und zur **Sicherstellung der Integrität und Sicherheit** der Daten. 7

1. Verarbeitungsvorgänge (Abs. 1)

Von den in § 35 Nr. 2 genannten Verarbeitungsvorgängen sind in Umsetzung von Art. 25 Abs. 1 JI-RL zumindest die **Erhebung**, die **Veränderung**, die **Abfrage**, die **Offenlegung** einschließlich Übermittlung, die **Kombination** (= „Verknüpfung", → Rn. 10) und die **Löschung** zu protokollieren. Die Vernichtung als Unterfall der Löschung ist in § 55 Abs. 1 Nr. 6 mit enthalten.[3] 8

Die Aufzählung ist hinsichtlich der obligatorisch im Protokoll enthaltenen Vorgänge abschließend. Fakultativ können aber das **Erfassen**, die **Organisation**, das **Ordnen**, die **Speicherung**, die **Anpassung**, das **Auslesen**, die **Verwendung**, die **Verbreitung** oder eine andere Form der Bereitstellung, der **Abgleich** und die **Einschränkung** ebenfalls protokolliert werden, wenn dies für die in § 55 Abs. 3 genannten Zwecke förderlich ist (zum Erfordernis einer Dienstvereinbarung, → Rn. 14). 9

§ 55 Abs. 1 Nr. 5 nennt in Umsetzung von Art. 25 Abs. 1 JI-RL die „**Kombination**", wohingegen § 35 Nr. 2 in Umsetzung von Art. 3 Nr. 2 JI-RL auf die „**Ver-** 10

---

2 Näher zur Verpflichtung des Auftragnehmers *Piltz* NVwZ 2018, 696 (698).

3 AA *Burghardt/Reinbacher* in BeckOK DatenschutzR DS-GVO/BDSG § 76 Rn. 9, der Löschung und Vernichtung als selbstständig nebeneinanderstehende Verarbeitungsvorgänge begreift.

knüpfung" abstellt. Die Verarbeitungsvorgänge sind inhaltlich identisch und im Deutschen schlicht missverständlich übersetzt.[4] Die englische Sprachfassung der JI-RL verwendet jeweils den Begriff „combination", die französische „l'interconnexion".

2. Protokolldaten (Abs. 2)

11 Die Protokolle über Abfragen und Offenlegungen müssen Feststellungen ermöglichen über

- die Begründung;
- das Datum;
- die Uhrzeit;
- so weit wie möglich die Identität der Person, die die personenbezogenen Daten abgefragt oder offengelegt hat;
- die Identität des Empfängers der Daten.

12 Die Identität der verarbeitenden Person und die **Begründung für die Verarbeitung** stehen nach Erwägungsgrund 57 Satz 2 JI-RL in unmittelbarem Zusammenhang. Wie die Begründung konkret dokumentiert wird, ergibt sich allerdings weder aus der JI-RL noch dem DSG NRW. Die Artikel-29-Datenschutzgruppe schlägt vor, dass im Rahmen jeder Datenabfrage eine **Erklärung** abgefragt werden soll, bevor der Zugriff auf die Daten gewährt wird.[5]

13 Daten zur Identifizierung der verarbeitenden Personen sind dem Wortlaut der DSG-Vorschrift nach **„so weit wie möglich"** zu erfassen. Hierdurch entsteht evtl. der Eindruck, es dürfe unter bestimmten Umständen von der Identifizierung abgesehen werden.[6] Art. 25 Abs. 1 JI-RL fordert wortgleich eine Identifizierung „so weit wie möglich" und nicht etwa „soweit möglich" (englische Sprachfassung: „as far as possible", nicht „where possible", wie zB in Art. 24 Abs. 1 lit. h und i JI-RL). Daraus folgt, dass eine irgendwie geartete **Identifizierung stets möglich** sein muss,[7] aber uU die Verwendung von Pseudonymen wie User-IDs oder Kürzeln zulässig bleibt, wenn dies technisch vorgesehen ist. Die Identifizierung „so weit wie möglich" enthält kein fakultatives Element, sondern fordert vielmehr, dass die Protokolldaten aus sich heraus verständlich sein sollen, nach Möglichkeit ohne Hinzunahme weiterer Informationen.

14 Sollen weitere Datentransaktionen aufgezeichnet werden, die in § 55 Abs. 1 und 2 nicht ausdrücklich genannt sind, bedarf es wegen der Verquickungen mit § 18 Abs. 1 Satz 1 ggf. einer **Dienstvereinbarung** iSv § 70 iVm § 72 Abs. 3 Nr. 2 PersVG NRW.

III. Zweckbindung und Auswertung (Abs. 3)

15 Die Protokolldaten dienen in Umsetzung von Art. 25 Abs. 2 JI-RL der **Überprüfung der Rechtmäßigkeit**, der **Eigenüberwachung**, der **Gewährleistung der Integrität und Sicherheit** der personenbezogenen Daten und der **Durchführung von Strafverfahren**. Der Bereich der Eigenüberwachung umfasst laut Erwägungs-

---

4 *Piltz* NVwZ 2018, 696 (699); aA ohne Begründung *Burghardt/Reinbacher* in BeckOK DatenschutzR DS-GVO/BDSG § 76 Rn. 9.

5 Artikel-29-Datenschutzgruppe, WP 258 vom 29.11.2017, S. 27.

6 Irrig insoweit *Ehmann* in Gola/Heckmann BDSG § 76 Rn. 8, *Burghardt/Reinbacher* in BeckOK DatenschutzR DS-GVO/BDSG § 76 Rn. 14; *Piltz* NVwZ 2018, 696 (699); *Kahler*, Massenzugriff der Staatsanwaltschaft auf Kundendaten von Banken zur Ermittlung von Internetstraftaten, 2017, S. 156.

7 Vgl. Erwägungsgrund 57 Satz 2 JI-RL.

grund 57 Satz 4 JI-RL auch interne Disziplinarverfahren der zuständigen Behörden.

16 Um eine präventive – weil abschreckende – Wirkung zu entfalten, sollten **automatisierte Log-Audits** vorgesehen werden.[8] In jedem Falle sind strukturierte Auswertungen erforderlich. Der LfDI Rlp legte bei einer Auditierung des polizeilichen Informationssystems POLIS[9] seinerzeit die folgenden Prüfansätze zugrunde:

- Nutzerinnen und Nutzer bzw. Arbeitsplätze mit auffällig hohen Abfragezahlen;
- die Auswertung des jeweiligen Abfragegrundes;
- Abfragen nur mit Namen, jedoch ohne Geburtsdatum;
- Abfragen auf im Licht der Öffentlichkeit stehende Personen;
- Abfragen mit Platzhalterzeichen;
- Abfragen nur mit Vornamen, jedoch ohne Familienname;
- „Verwandtenabfragen";
- „Kollegenabfragen";
- Abfragehäufungen außerhalb der üblichen Bürozeiten.

17 Die Protokolle dürfen für die Rechtmäßigkeitsprüfung den behördlichen Datenschutzbeauftragten, der Datenschutzaufsicht (→ Rn. 23) und den betroffenen Personen **zugänglich gemacht werden.**

18 Der **Auskunftsanspruch**[10] gem. § 49 Abs. 1 Satz 2 Nr. 1 Alt. 1 und Nr. 4 ist insoweit um die Angaben in den Protokolldateien zu ergänzen.[11] ZT wird vertreten, die Protokollauskunft an den Betroffenen den Einschränkungen aus § 49 Abs. 4 iVm § 48 Abs. 2 (→ § 48 Rn. 29 ff.) zu unterwerfen.[12] Ein **Informationsanspruch** besteht ggf. auch nach § 4 Abs. 1 IFG NRW.

19 Die **Weitergabe der Protokolle an betroffene Personen** hätte ohne gesetzliche Klarstellung uU ein Problem bedeuten können, da insbesondere gem. Abs. 2 die Identität der Person, die die personenbezogenen Daten abgefragt oder offengelegt hat, und die Identität des Empfängers der Daten festgehalten werden. Der NRW-Gesetzgeber sorgt jedoch unter Berücksichtigung von Art. 1 Abs. 3 JI-RL für ein höheres Schutzniveau zugunsten der betroffenen Personen außerhalb der Behörde. Die Rechtslage ähnelt nun derjenigen in § 9 Abs. 3 lit. a IFG NRW, wonach in einem Vorgang enthaltene personenbezogene Daten der beteiligten Amtsträger einen Anspruch auf Informationszugang nicht zu hindern vermögen. Durch diese Regelung ist ein weitergehender **Disziplinierungseffekt** im Umgang mit personenbezogenen Daten zu erwarten.[13] Die berichtete Praxis, dass etwa sämtliche Beamte einer Polizeidienststelle tageweise die Zugangsdaten eines einzelnen Beamten für den Zugriff auf Datenbanken nutzen,[14] ist per se unzulässig.

8 Artikel-29-Datenschutzgruppe, WP 258 vom 29.11.2017, S. 26.
9 LfDI Rlp, 23. TB 2010/2011, S. 74.
10 Ein öffentlich-rechtlicher Urkundseinsichtsanspruch gem. § 810 BGB (ggf. analog) wäre denkbar, da die Protokollierung nach dem ausdrücklichen Willen des Unions- und Landesgesetzgebers auch im Interesse der betroffenen Person vorgenommen wird.
11 AA *Schwichtenberg* in Kühling/Buchner DS-GVO/BDSG § 76 Rn. 5/7.
12 *Kramer/Meints* in Auernhammer DS-GVO/BDSG § 76 Rn. 14.
13 *Burghardt/Reinbacher* in BeckOK DatenschutzR DS-GVO/BDSG § 76 Rn. 1. Zur disziplinierenden Wirkung auch Artikel-29-Datenschutzgruppe, WP 258 vom 29.11.2017, S. 26 f.
14 *Burghardt/Reinbacher* in BeckOK DatenschutzR DS-GVO/BDSG § 76 Rn. 15.

20 Die Verwendung von protokollierten Informationen in **Strafverfahren** wird zT als systemwidrig angesehen, da es sich hierbei nicht im Kern um eine datenschutzrechtliche Vorschrift handele. Sie sei daher teleologisch auf die strafrechtliche Verfolgung von Datenschutzverstößen zu reduzieren.[15] Dies deckt sich jedenfalls mit dem Befund zu behördeninternen Disziplinarverfahren in Erwägungsgrund 57 Satz 4 JI-RL.

IV. Löschfrist (Abs. 4)

21 Die Protokolldateien sind nach dem Willen des NRW-Gesetzgebers grundsätzlich baldmöglichst zu löschen, wenn diese nicht länger erforderlich sind.[16] Allerdings ist eine ausreichend lange Aufbewahrung zu gewährleisten, um es den Betroffenen zu ermöglichen, die Verarbeitung ihrer Daten nachzuvollziehen. § 55 Abs. 4 sieht daher eine **Löschung am Ende des auf deren Generierung folgenden Jahres** vor.[17] Im Justizvollzug wurden abweichend gem. § 35 Abs. 4 Satz 1 JVollzDSG NRW zwei Jahre nach der Generierung der Protokolle veranschlagt.

22 Eine bestimmte Löschfrist ist in Art. 25 JI-RL nicht angegeben, der NRW-Gesetzgeber sorgt insoweit für die notwendige Konkretisierung der Richtlinienvorgaben. Ob hier allerdings eine geeignete Fristenregelung gefunden wurde, bleibt abzuwarten. Immerhin kann es zu einer deutlichen **Divergenz** zwischen der Speicherdauer der personenbezogenen Daten und der Speicherdauer der entsprechenden Protokolldaten kommen.[18]

V. Zugriff durch die Datenschutzaufsicht (Abs. 5)

23 Die Regelung des Zugriffs durch die Aufsichtsbehörde findet sich in Art. 25 Abs. 3 JI-RL. Sie ist das Pendant zu deren Befugnisnorm in § 60 Abs. 3 iVm Art. 58 Abs. 1 lit. e DS-GVO. Kongruenzen ergeben sich zum Zugriff auf das Verzeichnis von Verarbeitungstätigkeiten gem. § 53 Satz 1 iVm Art. 30 Abs. 4 DS-GVO (→ § 53 Rn. 31).

C. Bedeutung der Vorschrift für die behördliche Praxis

24 Die konsequente Dokumentation ist Ausfluss des **Accountability-Gedankens** gem. Art. 4 Abs. 4 JI-RL. Die Protokollierung in der nun vorgeschriebenen Breite und Tiefe stellt eine Neuerung für die Adressaten dar. Zwar kann ggf. auf Vorhandenem aufgebaut werden (→ Rn. 5), dennoch sind umfassende Anpassungen der eingesetzten Software (und ggf. Hardware) erforderlich, um § 55 Abs. 1 und 2 gerecht zu werden.

25 Das IT-Grundschutzkompendium des BSI (→ § 58 Rn. 14) gibt eine Handreichung für den Einsatz von Protokollierung bei IT-Systemen.[19] Daneben stellt der BfDI auf seiner Website die Orientierungshilfe „Protokollierung“ bereit.[20]

---

15 *Burghardt/Reinbacher* in BeckOK DatenschutzR DS-GVO/BDSG § 76 Rn. 18; Artikel-29-Datenschutzgruppe, WP 258 vom 29.11.2017, S. 27; aA *Kramer/Meints* in Auernhammer DS-GVO/BDSG § 76 Rn. 16.
16 LT-Drs. 17/1981, 167.
17 So auch in § 76 Abs. 4 BDSG.
18 Kritisch daher *Burghardt/Reinbacher* in BeckOK DatenschutzR DS-GVO/BDSG § 76 Rn. 19. Weitere Fristenmodelle bei *Piltz* NVwZ 2018, 696 (701 f.).
19 BSI, IT-Grundschutz-Kompendium, 2. Ed. 2019, Abschnitt OPS1.1.5.
20 Arbeitskreis „Technische und organisatorische Datenschutzfragen“ der Konferenz der Datenschutzbeauftragten des Bundes und der Länder, Orientierungshilfe „Proto-

Auch für das Standard-Datenschutzmodell (SDM) der DSK (→ § 58 Rn. 17) gibt es einen Baustein, der sich der Protokollierung widmet.[21]

26 Verstöße gegen § 55 bleiben haftungsrechtlich weitestgehend folgenlos. Öffentliche Stellen sind gem. § 69 iVm § 33 Abs. 4 generell vom **Bußgeld** ausgenommen. Bußgelder für Einzelpersonen wegen Verstoßes gegen § 55 dürften gem. § 69 iVm § 33 Abs. 1 Satz 1 Nr. 1 ausgeschlossen sein, da insofern die materiell rechtswidrige Verarbeitung in den Fokus genommen wird. Die fehlende Protokollierung ist jedoch lediglich ein formeller Rechtsverstoß. Das gleiche gilt für den **Schadensersatzanspruch** gem. § 68 Abs. 1 Satz 1.

27 Ein Verstoß gegen § 55 kann allerdings uU dazu führen, dass die ordnungsgemäße Verarbeitung nach den Grundsätzen des § 37 Nr. 1–6 nicht nachgewiesen werden kann und die Aufsichtsbehörde dementsprechend gem. § 60 Abs. 3 iVm Art. 58 Abs. 2 lit. f DS-GVO die konkrete **Verarbeitung zumindest vorübergehend untersagt**, bis notwendige Protokollierungsmaßnahmen umgesetzt sind.

§ 56 Datenschutz-Folgenabschätzung

(1) Hat eine Form der Verarbeitung, insbesondere bei Verwendung neuer Technologien, aufgrund der Art, des Umfangs, der Umstände und der Zwecke der Verarbeitung voraussichtlich eine hohes Risiko für die Rechte und Freiheiten betroffener Personen zur Folge, hat der Verantwortliche vorab eine Abschätzung der Folgen der vorgesehenen Verarbeitungsvorgänge für den Schutz personenbezogener Daten durchzuführen.

(2) Für die Untersuchung mehrerer ähnlicher Verarbeitungsvorgänge mit ähnlich hohen Risiken kann eine gemeinsame Datenschutz-Folgenabschätzung vorgenommen werden.

(3) Der Verantwortliche hat die Datenschutzbeauftragte oder den Datenschutzbeauftragten an der Durchführung der Folgenabschätzung zu beteiligen.

(4) Die Folgenabschätzung hat den berechtigten Interessen der von der Verarbeitung betroffenen Personen Rechnung zu tragen und zumindest die in Artikel 35 Absatz 7 der Verordnung (EU) 2016/679 genannten Anforderungen zu beachten.

(5) Erforderlichenfalls führt der Verantwortliche eine Überprüfung durch, um zu bewerten, ob die Verarbeitung gemäß der Datenschutz-Folgenabschätzung durchgeführt wird; dies gilt zumindest, wenn hinsichtlich des mit den Verarbeitungsvorgängen verbundenen Risikos Änderungen eingetreten sind.

Verwandte Norm JI-RL:

Artikel 27 Datenschutz-Folgenabschätzung

(1) Hat eine Form der Verarbeitung, insbesondere bei Verwendung neuer Technologien, aufgrund der Art, des Umfangs, der Umstände und der Zwecke der Verarbeitung voraussichtlich ein hohes Risiko für die Rechte und Freiheiten natürlicher Personen zur Folge, so sehen die Mitgliedstaaten vor, dass der Verantwortliche vorab

kollierung" vom 2.11.2009, online unter https://www.bfdi.bund.de/DE/Infothek/Orientierungshilfen/Artikel/OH_Protokollierung.pdf?__blob=publicationFile&v.=4.

21 DSK, Das Standard-Datenschutzmodell, Version 2.0, 2019; LfDI M-V, Baustein 43 „Protokollierung", Version 1.0, 2018, online unter https://www.datenschutz-mv.de/datenschutz/datenschutzmodell/.

eine Abschätzung der Folgen der vorgesehenen Verarbeitungsvorgänge für den Schutz personenbezogener Daten durchführt.

(2) Die Folgenabschätzung gemäß Absatz 1 trägt den Rechten und den berechtigten Interessen der von der Datenverarbeitung betroffenen Personen und sonstiger Betroffener Rechnung und enthält zumindest eine allgemeine Beschreibung der geplanten Verarbeitungsvorgänge und eine Bewertung der in Bezug auf die Rechte und Freiheiten der betroffenen Personen bestehenden Risiken sowie der geplanten Abhilfemaßnahmen, Garantien, Sicherheitsvorkehrungen und Verfahren, durch die der Schutz personenbezogener Daten sichergestellt und der Nachweis dafür erbracht wird, dass diese Richtlinie eingehalten wird.

Verwiesene Norm:

Art. 35 Datenschutz-Folgenabschätzung

(...)

(7) Die Folgenabschätzung enthält zumindest Folgendes:

a) eine systematische Beschreibung der geplanten Verarbeitungsvorgänge und der Zwecke der Verarbeitung, gegebenenfalls einschließlich der von dem Verantwortlichen verfolgten berechtigten Interessen;
b) eine Bewertung der Notwendigkeit und Verhältnismäßigkeit der Verarbeitungsvorgänge in Bezug auf den Zweck;
c) eine Bewertung der Risiken für die Rechte und Freiheiten der betroffenen Personen gemäß Absatz 1 und
d) die zur Bewältigung der Risiken geplanten Abhilfemaßnahmen, einschließlich Garantien, Sicherheitsvorkehrungen und Verfahren, durch die der Schutz personenbezogener Daten sichergestellt und der Nachweis dafür erbracht wird, dass diese Verordnung eingehalten wird, wobei den Rechten und berechtigten Interessen der betroffenen Personen und sonstiger Betroffener Rechnung getragen wird.

(...)

Kurzübersicht zum Verhältnis der entscheidenden Normen			
Norm des DSG NRW	Entsprechende Norm der JI-RL	Entsprechende Norm des BDSG	
§ 56 DSG NRW	Art. 27 JI-RL	§ 67 BDSG	

Literatur:

Artikel-29-Datenschutzgruppe, WP 248 – Guidelines on Data Protection Impact Assessment (DPIA) and determining whether processing is "likely to result in a high risk" for the purposes of Regulation 2016/679, 2017; *Bieker*, Die Risikoanalyse nach dem neuen EU-Datenschutzrecht und dem Standard-Datenschutzmodell, DuD 2018, 27; *Bieker/Hansen/Friedewald*, Die grundrechtskonforme Ausgestaltung der Datenschutz-Folgenabschätzung nach der neuen europäischen Datenschutz-Grundverordnung, RDV 2016, 188; *Bitkom*, Risk Assessment & Datenschutz-Folgenabschätzung, 2017; *Bock/Gonscherowski/Schleban*, Das PIA-Tool der CNIL im aufsichtsbehördlichen Praxistest, PinG 2019, 138; *DSK*, Kurzpapier Nr. 5 – Datenschutz-Folgenabschätzung nach Art. 35 DS-GVO, 2017; *DSK*, Kurzpapier Nr. 18 – Risiko für die Rechte und Freiheiten natürlicher Personen, 2018; *Els*, Die Datenschutz-Folgenabschätzung in der öffentlichen Verwaltung – Teile 1 und 2, DöD 2019, 201 und 237; *forum privatheit*, White Paper Datenschutz-Folgenabschätzung, 2016; *Franck*, Nachträgliche Datenschutz-Folgenabschätzung, PinG 2018, 41; *Friedewald/Schiering/Martin*, Datenschutz-Folgenabschätzung in der Praxis Herausforderungen bei der Implementierung eines innovativen Instruments der DSGVO, DuD 2019, 473; *Hansen*, Datenschutz-Folgenabschätzung – gerüstet für Datenschutzvorsorge?, DuD 2016, 587; *Johannes*, Unterschiede in der Datenschutz-Folgenabschätzung für Polizei und Strafverfolgungsbehörden nach europäischem und deutschem Recht, ZD-Aktuell 2017, 05852; *Kaufmann*, Meldepflichten und

Datenschutz-Folgenabschätzung, ZD 2012, 358; *Krings/Ohrtmann*, Datenschutz-Folgenabschätzung in der Praxis, DSB 2019, 193; *Phan*, Die Datenschutz-Folgenabschätzung nach der Datenschutz-Grundverordnung, PinG 2016, 243; *Quiel*, Die Datenschutz-Folgenabschätzung und ihre Durchführung in der Praxis am Beispiel von Werbebildschirmen mit Gesichtserkennungssensorik, PinG 2018, 30; *Rath/Feuerherdt*, Datenschutz-Folgenabschätzung als Standard im Konzern: Hinweise zur Anwendung des Kriteriums „hohes Risiko" einer Datenverarbeitung und Vorschläge zur Verknüpfung mit dem Standard-Datenschutzmodell sowie den ISO-Standards 29100 und 29134, CR 2017, 500; *Roßnagel/Geminn/Johannes*, Datenschutz-Folgenabschätzung im Zuge der Gesetzgebung – Das Verfahren nach Art. 35 Abs. 10 DS-GVO, ZD 2019, 435; *Sachs*, Methoden der Datenschutz-Folgenabschätzung, DatenschutzPraxis 9/2018, 6; *Schmitz/von Dall'Armi*, Datenschutz-Folgenabschätzung – verstehen und anwenden, ZD 2017, 57; *Schulz*, Datenschutz-Folgenabschätzung, PinG 2018, 97; *Syckor/Strufe/Lauber-Rönsberg*, Die Datenschutz-Folgenabschätzung: Ausnahme oder Regelfall?, ZD 2019, 390; *Trautwein/Kurpierz*, Datenschutz-Folgenabschätzung und die neu veröffentlichte ISO/IEC 29134:2017, PinG 2018, 26; *Volkmer/Kaiser*, Das Verzeichnis von Verarbeitungstätigkeiten und die Datenschutz-Folgenabschätzung in der Praxis, PinG 2017, 153; *Wichtermann*, Die Datenschutz-Folgenabschätzung in der DS-GVO, DuD 2016, 797; *Widmer*, Datenschutz-Folgenabschätzung, digma 2017, 224; *Wybitul/Ströbel*, Checklisten zur DSGVO – Teil 1: Datenschutz-Folgenabschätzung in der Praxis, BB 2016, 2307.

A. Grundlagen

I. Gesamtverständnis, Zweck der Norm und Verhältnis zu anderen Normen

§ 56 ist in Teil 3, Kapitel 4 – „Pflichten der Verantwortlichen und Auftragsverarbeiter" verortet und dient der Umsetzung von Art. 27 JI-RL. Nach dem Willen des NRW-Gesetzgebers sollte in weiten Punkten eine Angleichung an die Regelungen der DS-GVO zur Datenschutz-Folgenabschätzung angestrebt werden,[1] § 56 Abs. 4 verweist insoweit unmittelbar auf Art. 35 Abs. 7 DS-GVO. 1

Die Datenschutz-Folgenabschätzung dient wesentlich der Verwirklichung der Grundätze von Datenschutz durch Technikgestaltung (**„Privacy by Design"**) und durch datenschutzfreundliche Voreinstellungen (**„Privacy by Default"**) gem. § 67 Nr. 1 iVm Art. 25 Abs. 1 und 2 DS-GVO.[2] 2

1 LT-Drs. 17/1981, 168; zu den Unterschieden zwischen JI-RL und DS-GVO bei der Datenschutz-Folgenabschätzung *Johannes* ZD-Aktuell 2017, 05852.
2 Zu Privacy by Design und Privacy by Default unter der JI-RL siehe *Johannes* ZD-Aktuell 2018, 06291.

3 Die landesrechtliche Vorschrift findet ihre Entsprechung in § 67 BDSG auf Bundesebene. Das JVollzDSG NRW enthält keine unmittelbar auf die Durchführung der Datenschutz-Folgenabschätzung bezogene Vorschrift für den Bereich des Justizvollzugs. In § 34 Abs. 4 JVollzDSG NRW ist lediglich die Erstellung eines Sicherheitskonzeptes angeordnet, welches seinerseits eine Abschätzung der Eintrittswahrscheinlichkeit und der Schwere der mit der Verarbeitung verbundenen Risiken für das Recht auf informationelle Selbstbestimmung mit sich bringt. § 56 bleibt jedoch ausdrücklich unberührt. Insoweit greift der allgemeine Verweis in § 45 Abs. 1 Satz 2 JVollzDSG NRW, § 56 gilt für den Bereich des Justizvollzuges unmittelbar.

4 Die Konkretisierungen und Einschränkungen des § 24 hinsichtlich der Datenschutz-Folgenabschätzung im Anwendungsbereich der DS-GVO finden über § 67 keine entsprechende Anwendung, da § 54 eine eigenständige Regelung darstellt.

II. Bisherige Rechtslage

5 Der Prototyp der heutigen Datenschutz-Folgenabschätzung war die sog. **Vorabkontrolle.** Diese war in § 10 Abs. 3 Satz 1 DSG NRW aF vorgeschrieben und gem. § 32 a Abs. 1 Satz 7 DSG NRW aF vom behördlichen Datenschutzbeauftragten durchzuführen. Das Ergebnis war zu dokumentieren und wurde gem. § 8 Abs. 1 Nr. 11 iVm § 10 Abs. 3 Satz 3 DSG NRW aF ins Verfahrensverzeichnis aufgenommen. Verfahren (zum überkommenen Verfahrensbegriff → § 53 Rn. 10) durften gem. § 10 Abs. 3 Satz 2 DSG NRW aF nur dann eingesetzt werden, wenn keine Gefahren für die informationelle Selbstbestimmung Betroffener bestanden oder durch technisch-organisatorische Maßnahmen nach § 10 Abs. 1 und 21 DSG NRW aF verhindert werden konnten.

B. Kommentierung

I. Adressat

6 Die Verpflichtung zur Datenschutz-Folgenabschätzung trifft den Verantwortlichen (§ 36 Nr. 9). Auftragsverarbeiter (§ 36 Nr. 10) sind ggf. gem. § 52 Abs. 1 Satz 1 iVm Art. 28 Abs. 3 lit. f DS-GVO zur Unterstützung verpflichtet (→ § 52 Rn. 45).

7 Anders als dereinst bei der Vorabkontrolle (→ Rn. 5) führt der oder die **Datenschutzbeauftragte** die Datenschutz-Folgenabschätzung nicht selbst durch, sondern nimmt gem. § 56 Abs. 3 sowie § 67 Nr. 6 iVm Art. 39 Abs. 1 lit. c DS-GVO eine rein beratende Position ein. Je nach bestehender Sensibilisierung und Fachkunde innerhalb der Behörde wird die Beratungsleistung durchaus recht weit gehen. Allerdings ist es der oder dem Datenschutzbeauftragten rechtlich untersagt, die komplette Datenschutz-Folgenabschätzung selbst durchzuführen, da sie oder er hierdurch Zwecke und Mittel der Verarbeitung iSv § 36 Nr. 9 bestimmen würde und ein Interessenkonflikt drohte (§ 67 Nr. 6 iVm Art. 38 Abs. 6 Satz 2 DS-GVO).

8 Die Durchführung der Datenschutz-Folgenabschätzung kann ggf. auf einen externen Dritten übertragen werden (zB im Rahmen von Audits oder Zertifizierungen).[3] Der Verantwortliche macht sich die Prüfergebnisse insoweit zu eigen.

3 *Nolte/Werkmeister* in Gola/Heckmann BDSG § 67 Rn. 6.

II. Verpflichtung zur Datenschutz-Folgenabschätzung (Abs. 1)

1. Risiko

a) Risikofaktoren

Der Verantwortliche ist zur Durchführung einer Datenschutz-Folgenabschätzung stets verpflichtet, wenn die geplanten Verarbeitungsvorgänge voraussichtlich ein hohes Risiko für die Rechte und Freiheiten betroffener Personen zur Folge hat. Bei der Beurteilung fließen die **Art**, der **Umfang**, die **Umstände** und die **Zwecke** der Verarbeitung ein. Insbesondere bei Verwendung neuer Technologien ist auf eventuelle Risiken zu achten. 9

Augenscheinlich wirkt zunächst jede Verarbeitung zum Zwecke der Verhütung, Ermittlung, Aufdeckung oder Verfolgung von Straftaten, der Strafvollstreckung oder der Gefahrenabwehr riskant. Der Unionsgesetzgeber hat jedoch auf eine generelle Verpflichtung verzichtet und setzt eine konkrete Risikoeinschätzung voraus.[4] 10

Das **Risiko** ist ein unbestimmter Rechtsbegriff, der der Ausfüllung bedarf. Mögliche Risiken für die Rechte und Freiheiten der natürlichen Personen sind in Erwägungsgrund 51 JI-RL skizziert. Gemeint ist das Risiko physischer, materieller oder immaterieller Schäden, wobei jeder erhebliche wirtschaftliche oder gesellschaftliche Nachteil zählt. Der Unionsgesetzgeber will insbesondere berücksichtigt wissen: 11

- Diskriminierung;
- Identitätsdiebstahl oder -betrug;
- finanziellen Verlust;
- Rufschädigung;
- Verlust der Vertraulichkeit von dem Berufsgeheimnis unterliegenden Daten;
- unbefugte Umkehr der Pseudonymisierung;
- ob die betroffenen Personen um ihre Rechte und Freiheiten gebracht oder daran gehindert werden, die sie betreffenden personenbezogenen Daten zu kontrollieren;
- ob personenbezogene Daten, aus denen die rassische oder ethnische Herkunft, politische Meinungen, die Religion oder weltanschauliche Überzeugungen oder die Zugehörigkeit zu einer Gewerkschaft hervorgehen, wenn genetische Daten oder biometrische Daten[5] zur eindeutigen Identifizierung einer Person oder Daten über die Gesundheit oder Daten über das Sexualleben und sexuelle Orientierung oder über strafrechtliche Verurteilungen und Straftaten oder damit zusammenhängende Sicherungsmaßregeln verarbeitet werden;
- ob persönliche Aspekte bewertet werden, insbesondere wenn Aspekte, die die Arbeitsleistung, wirtschaftliche Lage, Gesundheit, persönliche Vorlieben oder Interessen, die Zuverlässigkeit oder das Verhalten, den Aufenthaltsort oder Ortswechsel betreffen, analysiert und prognostiziert werden, um ein persönliches Profil zu erstellen oder zu nutzen;

---

4 Kritisch insoweit *Schwichtenberg* in Kühling/Buchner DS-GVO/BDSG § 67 Rn. 3; *Johannes* ZD-Aktuell 2017, 05852; *Johannes/Weinhold* Das neue DSR bei Polizei und Justiz § 1 Rn. 283.

5 Zum Einsatz von Biometrie bei der automatisierten Gesichtserkennung durch die Polizei *Petri* GSZ 2018, 144 ff.; *Drahanský/Goldmann/Spurný* DuD 2017, 415 ff.

- ob personenbezogene Daten schutzbedürftiger natürlicher Personen, insbesondere Daten von Kindern, verarbeitet werden oder
- ob die Verarbeitung eine große Menge personenbezogener Daten und eine große Anzahl von Personen betrifft.

12 Diese Aufzählung ist freilich nicht abschließend. Nach der Definition der DSK sei ein Risiko „das Bestehen der Möglichkeit des Eintritts eines Ereignisses, das selbst einen Schaden (einschließlich ungerechtfertigter Beeinträchtigung von Rechten und Freiheiten natürlicher Personen) darstellt oder zu einem weiteren Schaden für eine oder mehrere natürliche Personen führen kann.“[6]

13 Der NRW-Gesetzgeber stellt dem Wortlaut nach auf die **Risiken für betroffene Personen** ab (§ 56 Abs. 1), der Unionsgesetzgeber hingegen auf die **Risiken für sämtliche natürlichen Personen** (Art. 27 Abs. 1 JI-RL). Gemeint sind also all jene Menschen, die nicht, nicht unmittelbar oder noch nicht von der Verarbeitung betroffen sind, was insbesondere bei zu befürchtender Diskriminierung eine Rolle spielen kann.[7] Der NRW-Gesetzgeber bleibt insoweit hinter den Vorgaben der JI-RL zurück. § 56 Abs. 1 ist europarechtskonform dahin gehend auszulegen, dass sämtliche natürlichen Personen in den Schutzbereich der Datenschutz-Folgenabschätzung einbezogen werden.

b) Hohes Risiko

14 Eintrittswahrscheinlichkeit und Schwere des Risikos sollten laut Erwägungsgrund 52 JI-RL nach der Art, dem Umfang, den Umständen und den Zwecken der Verarbeitung bestimmt werden. Das Risiko sollte anhand einer objektiven Bewertung beurteilt werden, bei der festgestellt wird, ob die Datenverarbeitung ein hohes Risiko birgt. Nicht jedes irgendwie geartete Risiko verpflichtet zur Datenschutz-Folgenabschätzung: Ein hohes Risiko in diesem Sinne ist ein **besonderes Risiko der Beeinträchtigung der Rechte und Freiheiten** der betroffenen Personen. Die DSK hat eine entsprechende **Risikomatrix** ausgearbeitet.[8]

c) Neue Technologien

15 Anknüpfungspunkt kann ua die Verwendung sog. „neuer Technologien“ sein. Der Begriff ist weder im europäischen noch im nationalen Recht definiert.[9] Dies ist jedoch auch nicht notwendig. Entscheidend ist nicht die **Neuartigkeit**, sondern ob die mit der Verwendung einhergehenden **Risiken komplett erfasst** sind, so dass Maßnahmen zu deren Einhegung ergriffen werden können. Insofern ist es auch irrelevant, ob die eingesetzten Technologien für die Allgemeinheit oder nur für den Verantwortlichen neu sind.[10]

6 DSK, Kurzpapier 18 – Risiko für die Rechte und Freiheiten natürlicher Personen, 2018, S. 1.

7 *Hansen* in BeckOK DatenschutzR DS-GVO/BDSG § 67 Rn. 8.

8 DSK, Kurzpapier Nr. 18 – Risiko für die Rechte und Freiheiten natürlicher Personen, 2018, S. 5; ähnlich forum privatheit, White Paper Datenschutz-Folgenabschätzung, 2016, S. 31 oder auch Bitkom, Risk Assessment & Datenschutz-Folgenabschätzung, 2017, S. 32.

9 Versuch einer kasuistischen Definition bei *Schmitz/Dall'Armi* ZD 2017, 57 (58); *Nolte/Werkmeister* in Gola/Heckmann BDSG § 67 Rn. 7.

10 So auch *Els* DöD 2019, 201 (207 f.). Zum datenschutzkonformen Einsatz von dienstlichen Smartphones bei der Erfassung von Verkehrsordnungswidrigkeiten bspw. LDI NRW, 21. TB 2013; zum Einsatz von polizeilichen Videofahrrädern LDI NRW, 20. TB 2011, S. 115 ff.; zum Einsatz von polizeilichen Video-Drohnen in NRW *Müller-ter Jung/Rexin* CR 2019, 643 (651 ff.).

d) Blacklists/Whitelists

Gem. § 57 Abs. 1 Satz 2 kann die LDI NRW eine Liste der Verarbeitungsvorgänge erstellen, die der Pflicht zur Konsultation und somit inzident der Pflicht zur Datenschutz-Folgenabschätzung unterliegen (sog. „**Blacklist**"). 16

Anders als nach Art. 35 Abs. 5 DS-GVO erstellt die Aufsichtsbehörde im Anwendungsbereich der JI-RL jedoch keine Listen von Verarbeitungsvorgängen, für die nie eine Datenschutz-Folgenabschätzung durchzuführen ist (sog. „**Whitelist**"). 17

Die von der LDI NRW veröffentlichte Blacklist für den öffentlichen Sektor bezieht sich allein auf Verarbeitungen nach der DS-GVO.[11] Ein Teil der Literatur und die LDI NRW gehen davon aus, dass polizeiliche Videoüberwachung stets einer Datenschutz-Folgenabschätzung unterliege.[12] Die Artikel-29-Datenschutzgruppe vertritt dies zudem für automatisierte Einzelentscheidungen iSv § 46.[13] 18

2. Zeitpunkt („nachträgliche Datenschutz-Folgenabschätzung")

Gem. § 56 Abs. 1 hat die Datenschutz-Folgenabschätzung „**vorab**" zu erfolgen, also vor Inlaufsetzen der risikobehafteten Verarbeitungsvorgänge. Generell hat der Verantwortliche jedoch gem. § 56 Abs. 5 **turnusmäßig bzw. anlassbezogen** zu überprüfen, ob hinsichtlich des Risikos Veränderungen eingetreten sind (→ Rn. 29 ff.). Von daher ist es uU geboten, § 56 auch auf bereits laufende Verarbeitungsvorgänge anzuwenden. Werden Altverfahren unverändert unter dem novellierten DSG NRW fortgeführt, ergibt sich hieraus allerdings nicht unmittelbar eine Pflicht zur Datenschutz-Folgenabschätzung.[14] 19

Sofern eine pflichtwidrig unterlassene Datenschutz-Folgenabschätzung nachträglich durchgeführt wird, kann sie ihre präventive Wirkung nicht mehr entfalten. Sie kann jedoch ggf. der **Schadensminderung** dienen.[15] 20

III. Ähnliche Verarbeitungsvorgänge (Abs. 2)

Für die Untersuchung mehrerer ähnlicher Verarbeitungsvorgänge mit ähnlich hohen Risiken kann eine **gemeinsame Datenschutz-Folgenabschätzung** vorgenommen werden. Dieser Ansatz ist pragmatisch. Es bedarf allerdings der objektiven Feststellung, dass sowohl die Verarbeitungsvorgänge, als auch die damit verbundenen Risiken hinreichend ähnlich sind.[16] Dies ist zu **dokumentieren**, um späteren Zweifeln begegnen zu können. 21

---

11 LDI NRW, Liste von Verarbeitungsvorgängen nach Art. 35 Abs. 4 DS-GVO für die gemäß Art. 35 Abs. 1 DS-GVO eine Datenschutz-Folgenabschätzung von Verantwortlichen im öffentlichen Bereich durchzuführen ist, Version 0.2, Stand 3.8.2018, online unter https://www.ldi.nrw.de/mainmenu_Aktuelles/submenu_EU-Datenschutzreform/Inhalt/EU-Datenschutzreform/Liste-Art-35-4-NRW-OeB_v2.pdf.

12 *Wysk* VerwArch 109 (2018), 141, 159; so schon LDI NRW, Videoüberwachung durch öffentliche Stellen des Landes Nordrhein-Westfalen – Allheilmittel oder Teufelszeug?, 2016, S. 6 zur Vorabkontrolle nach § 10 Abs. 3 Satz 1 DSG NRW aF.

13 Artikel-29-Datenschutzgruppe, WP 258 vom 29.11.2017, S. 14.

14 *Johannes/Weinhold* Das neue DSR bei Polizei und Justiz § 1 Rn. 287; *Raum* in Auernhammer DS-GVO/BDSG § 67 Rn. 7; ferner *Franck* PinG 2018, 41 (42) zu Art. 35 DS-GVO.

15 *Franck* PinG 2018, 41 (42) zu Art. 35 DS-GVO.

16 *Hansen* in BeckOK DatenschutzR DS-GVO/BDSG § 67 Rn. 10. ZT wird ein innerer inhaltlicher Zusammenhang gefordert, *Nolte/Werkmeister* in Gola/Heckmann BDSG § 67 Rn. 16.

22 Trotz hinreichender Ähnlichkeit ist der Verantwortliche nicht verpflichtet, mehrere Verarbeitungsvorgänge gemeinsam abzuhandeln.[17] Ein kurzfristiger Synergieeffekt kann uU zu erhöhtem **Abstimmungsaufwand** zwischen Fachbereichen bzw. Organisationseinheiten führen, wenn es um die turnusmäßige oder anlassbezogene Überprüfung der Ergebnisse geht (→ Rn. 29 ff.).

IV. Beteiligung der oder des Datenschutzbeauftragten (Abs. 3)

23 Sämtliche Behörden im Anwendungsbereich der JI-RL haben gem. § 67 Nr. 6 iVm Art. 37 Abs. 1 lit. a DS-GVO einen oder eine Datenschutzbeauftragte zu benennen. Der Verantwortliche hat die Datenschutzbeauftragte oder den Datenschutzbeauftragten an der Durchführung der Folgenabschätzung zu beteiligen. Dieser Passus ist in Art. 27 JI-RL nicht enthalten, er entspricht vielmehr Art. 35 Abs. 2 DS-GVO.[18] Die Beteiligung der oder des Datenschutzbeauftragten auf Anfrage ist unterdessen bereits in Art. 34 lit. c JI-RL (vgl. § 67 Nr. 6 iVm Art. 35 Abs. 2 DS-GVO) angelegt, die **Verpflichtung zur Beteiligung** ist dem Gesetzgeber gem. Art. 1 Abs. 3 JI-RL gestattet.

24 Der oder die Datenschutzbeauftragte führt die Datenschutz-Folgenabschätzung nicht in eigener Verantwortung selbst durch (→ Rn. 7).

V. Inhalt der Datenschutz-Folgenabschätzung (Abs. 4)

25 Datenschutz-Folgenabschätzungen sollten nach Erwägungsgrund 58 Satz 2 JI-RL auf maßgebliche Systeme und Verfahren im Rahmen von Verarbeitungsvorgängen abstellen, nicht jedoch auf Einzelfälle.

26 Die Folgenabschätzung nach § 56 hat den berechtigten Interessen der von der Verarbeitung betroffenen Personen Rechnung zu tragen und zumindest die in Art. 35 Abs. 7 DS-GVO genannten Anforderungen zu beachten. Durch den Verweis geht der Landesgesetzgeber über die Vorgaben der JI-RL hinaus. Dies ist gem. Art. 1 Abs. 3 JI-RL ausdrücklich gestattet. Wo die JI-RL zB lediglich eine „allgemeine" Beschreibung fordert, setzt die DS-GVO eine „systematische" Beschreibung voraus. Die Dokumentation der berechtigten Interessen des Verantwortlichen geht freilich ins Leere, da die Interessenabwägung im Anwendungsbereich der JI-RL keinen Erlaubnistatbestand für die Verarbeitung darstellt.

27

§ 56 Abs. 4 iVm Art. 35 Abs. 7 DS-GVO	**Art. 27 Abs. 2 JI-RL**
systematische Beschreibung der geplanten Verarbeitungsvorgänge	allgemeine Beschreibung der geplanten Verarbeitungsvorgänge
systematische Beschreibung der Zwecke der Verarbeitung	-
verfolgte berechtigten Interessen	-
Bewertung der Notwendigkeit und Verhältnismäßigkeit der Verarbeitungsvorgänge in Bezug auf den Zweck	-

17 *Nolte/Werkmeister* in Gola/Heckmann BDSG § 67 Rn. 17.
18 Siehe LT-Drs. 17/1981, 168. Der NRW-Gesetzgeber spricht hier missverständlich von einer „Umsetzung" des Art. 35 Abs. 2 DS-GVO. Die DS-GVO ist jedoch weder anwendbar noch in nationales Recht umzusetzen.

§ 56 Abs. 4 iVm Art. 35 Abs. 7 DS-GVO	Art. 27 Abs. 2 JI-RL
eine Bewertung der Risiken für die Rechte und Freiheiten der betroffenen Personen	Bewertung der in Bezug auf die Rechte und Freiheiten der betroffenen Personen bestehenden Risiken
geplante Abhilfemaßnahmen, einschließlich Garantien, Sicherheitsvorkehrungen und Verfahren, durch die der Schutz personenbezogener Daten sichergestellt und der Nachweis dafür erbracht wird, dass diese Verordnung eingehalten wird, wobei den Rechten und berechtigten Interessen der betroffenen Personen und sonstiger Betroffener Rechnung getragen wird	geplante Abhilfemaßnahmen, Garantien, Sicherheitsvorkehrungen und Verfahren, durch die der Schutz personenbezogener Daten sichergestellt und der Nachweis dafür erbracht wird, dass diese Richtlinie eingehalten wird

28 Zur konkreten **Durchführung** der Datenschutz-Folgenabschätzung kann auf die umfangreiche einschlägige Literatur zu Art. 35 DS-GVO verwiesen werden (vor → Rn. 1). Der Standard ISO/IEC 29134:2017 – „Guidelines for privacy impact assessment" hilft bei der Planung und Durchführung, da hierin die Vorbereitung, Durchführung und Nachbereitung (insbes. Bericht) im Einzelnen definiert werden.[19]

VI. Evaluation (Abs. 5)

29 Gemäß § 56 Abs. 5 ist erforderlichenfalls eine **Überprüfung** vorzunehmen, um zu bewerten, ob die Verarbeitung (noch) gemäß der einstigen Datenschutz-Folgenabschätzung durchgeführt wird. Dies gilt zumindest, wenn hinsichtlich des Risikos Änderungen eingetreten sind. Hieraus ergibt sich eine kontinuierliche Kontrollpflicht, ob die ursprünglichen Prämissen, die bei Beginn der Verarbeitung zu Grunde gelegt wurden, weiterhin zutreffen.

30 § 56 Abs. 5 Hs. 2 DSGVO regelt die **anlassbezogene Kontrolle**, wenn eine Risikoänderung offenkundig ist. Dies kann bspw. der Fall sein, wenn sich Hinweise oder Beschwerden ergeben, die in der Datenschutz-Folgenabschätzung festgelegten Abhilfemaßnahmen würden nicht eingehalten, oder aber, wenn sich die rechtlichen bzw. tatsächlichen Rahmenbedingungen der Verarbeitung verändert haben. Der rechtliche Rahmen wird vorgegeben durch Gesetzgebung, Gerichtsentscheidungen und Verwaltungspraxis (insbesondere Tätigkeitsberichte der Aufsichtsbehörden). Die tatsächlichen Gegebenheiten umfassen den allgemeinen technischen Fortschritt, das Hinzukommen von Schnittstellen und Algorithmen, das Aufdecken von Sicherheitslücken etc.

31 § 56 Abs. 5 Hs. 1 DSGVO betrifft demgegenüber die **turnusmäßige, dh anlassunabhängige Überprüfung**. Hier ist zunächst eine summarische Kontrolle gefordert, ob sich überhaupt risikorelevante Änderungen ergeben haben (könnten). Wann eine erneute vollständige Datenschutz-Folgenabschätzung erforderlich wird, ist im Gesetz nicht deutlich gemacht. Ausschlaggebendes Kriterium sollte jedoch stets die tatsächliche Risikoeinschätzung und nicht lediglich die zeitliche Komponente sein.

19 Hierzu *Trautwein/Kurpierz* PinG 2018, 26 ff.

VII. Form

32 Das Ergebnis der Datenschutz-Folgenabschätzung muss dokumentiert werden. JI-RL und DSG NRW machen unterdessen keine Vorgaben zur Form. Der Verantwortliche muss dennoch zumindest in der Lage sein, die Dokumentation gem. § 57 Abs. 2 Nr. 1 der Datenschutzaufsichtsbehörde vorzulegen. Insoweit ist zumindest ein **reproduzierbares Format** und keine proprietäre Software-Suite ohne Exportfunktion erforderlich.[20]

C. Bedeutung der Vorschrift für die behördliche Praxis

33 Die Durchführung der Datenschutz-Folgenabschätzung und die regelmäßige Kontrolle der risikobehafteten Verarbeitungsvorgänge sind tragende Säulen eines effektiven **Datenschutz-Managements.** Risiken müssen zutreffend erkannt und bewertet werden. Dem Verantwortlichen wird eine gewisse Kreativität und Weitsicht abverlangt, was die Maßnahmen zur Risikominimierung angeht.

34 Verstöße gegen § 56 bleiben haftungsrechtlich folgenlos. Öffentliche Stellen sind gem. § 69 iVm § 33 Abs. 4 generell vom **Bußgeld** ausgenommen. Bußgelder für Einzelpersonen wegen Verstoßes gegen § 56 dürften gem. § 69 iVm § 33 Abs. 1 Satz 1 Nr. 1 ausgeschlossen sein, da insofern die materiell rechtswidrige Verarbeitung in den Fokus genommen wird.

35 Ein Verstoß gegen § 56 kann allerdings uU dazu führen, dass die ordnungsgemäße Verarbeitung nach den Grundsätzen des § 37 Nr. 1–6 nicht nachgewiesen werden kann und die Aufsichtsbehörde dementsprechend gem. § 60 Abs. 3 iVm Art. 58 Abs. 2 lit. f DS-GVO die konkrete **Verarbeitung zumindest vorübergehend untersagt.**

§ 57 Konsultation der oder des Landesbeauftragten für Datenschutz und Informationsfreiheit

(1) [1]Der Verantwortliche hat vor der Inbetriebnahme von neu anzulegenden Dateisystemen die Landesbeauftragte oder den Landesbeauftragten für Datenschutz und Informationsfreiheit zu konsultieren, wenn

1. aus einer Datenschutz-Folgenabschätzung nach § 56 hervorgeht, dass die Verarbeitung ein hohes Risiko für die Rechtsgüter der betroffenen Personen zur Folge hat, wenn der Verantwortliche oder Auftragsverarbeiter keine Abhilfemaßnahmen zur Eindämmung des Risikos trifft, oder

2. die Form der Verarbeitung, insbesondere bei der Verwendung neuer Technologien, Mechanismen oder Verfahren, ein hohes Risiko für die Rechtsgüter der betroffenen Personen zur Folge hat.

[2]Die oder der Landesbeauftragte für Datenschutz und Informationsfreiheit kann eine Liste der Verarbeitungsvorgänge erstellen, die der Pflicht zur Anhörung nach Satz 1 unterliegen.

(2) [1]Der oder dem Landesbeauftragten für Datenschutz und Informationsfreiheit sind im Fall des Absatzes 1 vorzulegen:

20 Für die elektronische Dokumentation in Textform *Nolte/Werkmeister* in Gola/Heckmann BDSG § 67 Rn. 20.

1. die nach § 56 durchgeführte Datenschutz-Folgenabschätzung,
2. gegebenenfalls Angaben zu den jeweiligen Zuständigkeiten des Verantwortlichen, der gemeinsam Verantwortlichen und der an der Verarbeitung beteiligten Auftragsverarbeiter,
3. Angaben zu den Zwecken und Mitteln der beabsichtigten Verarbeitung,
4. Angaben zu den zum Schutz der Rechtsgüter der betroffenen Personen vorgesehenen Maßnahmen und Garantien und
5. Name und Kontaktdaten der oder des Datenschutzbeauftragten.

[2]Auf Anforderung sind ihr oder ihm zudem alle sonstigen Informationen zu übermitteln, die sie oder er benötigt, um die Rechtmäßigkeit der Verarbeitung sowie insbesondere die in Bezug auf den Schutz der personenbezogenen Daten der betroffenen Personen bestehenden Gefahren und die diesbezüglichen Garantien bewerten zu können.

(3) [1]Falls die oder der Landesbeauftragte für Datenschutz und Informationsfreiheit der Auffassung ist, dass die geplante Verarbeitung gegen gesetzliche Vorgaben verstößt, insbesondere weil der Verantwortliche das Risiko nicht ausreichend ermittelt oder keine ausreichenden Abhilfemaßnahmen getroffen hat, kann sie oder er dem Verantwortlichen und gegebenenfalls dem Auftragsverarbeiter innerhalb eines Zeitraums von sechs Wochen nach Einleitung der Anhörung schriftliche Empfehlungen unterbreiten, welche Maßnahmen noch ergriffen werden sollten. [2]Die oder der Landesbeauftragte für Datenschutz und Informationsfreiheit kann diese Frist um einen Monat verlängern, wenn die geplante Verarbeitung besonders komplex ist. [3]Sie oder er hat in diesem Fall innerhalb eines Monats nach Einleitung der Anhörung den Verantwortlichen und gegebenenfalls den Auftragsverarbeiter über die Fristverlängerung zu informieren. [4]Die Frist nach Satz 1 beginnt erst, sobald die in Absatz 2 Satz 1 benannten, vorzulegenden Pflichtunterlagen vollständig eingereicht wurden. [5]Auch wird die Frist solange gehemmt, bis der Verantwortliche alle Unterlagen, die nach Absatz 2 Satz 2 angefordert wurden, eingereicht hat.

(4) [1]Hat die beabsichtigte Verarbeitung erhebliche Bedeutung für die Aufgabenerfüllung des Verantwortlichen und ist sie daher besonders dringlich, kann er mit der Verarbeitung nach Beginn der Anhörung, aber vor Ablauf der in Absatz 3 Satz 1 genannten Frist, beginnen. [2]In diesem Fall sind die Empfehlungen der oder des Landesbeauftragten für Datenschutz und Informationsfreiheit im Nachhinein zu berücksichtigen. [3]Art und Weise der Verarbeitung sind gegebenenfalls anzupassen.

(5) Die oder der Landesbeauftragte für Datenschutz und Informationsfreiheit ist bei der Ausarbeitung eines Vorschlags einer zu erlassenden Gesetzgebungsmaßnahme oder von auf solchen Gesetzgebungsmaßnahmen beruhenden Regelungsmaßnahmen, die die Verarbeitung im Anwendungsbereich des § 35 betreffen, zu konsultieren.

Verwandte Norm JI-RL:

Artikel 28 Vorherige Konsultation der Aufsichtsbehörde

(1) Die Mitgliedstaaten sehen vor, dass der Verantwortliche oder der Auftragsverarbeiter vor der Verarbeitung personenbezogener Daten in neu anzulegenden Dateisystemen die Aufsichtsbehörde konsultiert, wenn

a) aus einer Datenschutz-Folgenabschätzung gemäß Artikel 27 hervorgeht, dass die Verarbeitung ein hohes Risiko zur Folge hätte, sofern der Verantwortliche keine Maßnahmen zur Eindämmung des Risikos trifft, oder

b) die Form der Verarbeitung, insbesondere bei Verwendung neuer Technologien, Mechanismen oder Verfahren, ein hohes Risiko für die Rechte und Freiheiten der betroffenen Personen zur Folge hat.

(2) Die Mitgliedstaaten sehen vor, dass bei der Ausarbeitung eines Vorschlags für von einem nationalen Parlament zu erlassende Gesetzgebungsmaßnahmen oder von auf solchen Gesetzgebungsmaßnahmen basierenden Regelungsmaßnahmen, die die Verarbeitung betreffen, die Aufsichtsbehörde konsultiert wird.

(3) Die Mitgliedstaaten sehen vor, dass die Aufsichtsbehörde eine Liste der Verarbeitungsvorgänge erstellen kann, die der Pflicht zur vorherigen Konsultation nach Absatz 1 unterliegen.

(4) Die Mitgliedstaaten sehen vor, dass der Verantwortliche der Aufsichtsbehörde die Datenschutz-Folgenabschätzung gemäß Artikel 27 vorlegt und ihr auf Anfrage alle sonstigen Informationen übermittelt, die sie benötigt, um die Ordnungsgemäßheit der Verarbeitung sowie insbesondere die in Bezug auf den Schutz der personenbezogenen Daten der betroffenen Person bestehenden Gefahren und die diesbezüglichen Garantien bewerten zu können.

(5) [1]Die Mitgliedstaaten sehen vor, dass die Aufsichtsbehörde, wenn sie der Auffassung ist, dass die geplante Verarbeitung gemäß Absatz 1 dieses Artikels gegen die nach dieser Richtlinie erlassenen Vorschriften verstoßen würde, insbesondere weil der Verantwortliche das Risiko nicht ausreichend ermittelt oder nicht ausreichend eingedämmt hat, dem Verantwortlichen und gegebenenfalls dem Auftragsverarbeiter innerhalb eines Zeitraums von bis zu sechs Wochen nach Erhalt des Ersuchens um Konsultation entsprechende schriftliche Empfehlungen unterbreitet und ihre in Artikel 47 genannten Befugnisse ausüben kann. [2]Diese Frist kann unter Berücksichtigung der Komplexität der geplanten Verarbeitung um einen weiteren Monat verlängert werden. [3]Die Aufsichtsbehörde unterrichtet den Verantwortliche oder gegebenenfalls den Auftragsverarbeiter über eine solche Fristverlängerung innerhalb eines Monats nach Eingang des Antrags auf Konsultation zusammen mit den Gründen für die Verzögerung.

Kurzübersicht zum Verhältnis der entscheidenden Normen			
Norm des DSG NRW	Entsprechende Norm der JI-RL	Entsprechende Norm des BDSG	
§ 57 DSG NRW	Art. 28 JI-RL	§ 69 BDSG	

A. Grundlagen

I. Gesamtverständnis, Zweck der Norm und Verhältnis zu anderen Normen

1 § 57 ist in Teil 3, Kapitel 4 – „Pflichten der Verantwortlichen und Auftragsverarbeiter" verortet und dient der Umsetzung von Art. 28 JI-RL. Die landesrechtliche Vorschrift findet ihre Entsprechung in § 69 BDSG auf Bundesebene. Für den Bereich des Justizvollzuges verweist § 36 JVollzDSG NRW unmittelbar auf § 57. Die Konsultation nach § 57 ist angelehnt an die vorherige Konsultation gem. Art. 36 DS-GVO, jedoch mit dieser **nicht identisch.**

2 Das Anhörungsverfahren ist **kein Genehmigungsverfahren.**[1] Sofern aber eine Pflicht zur Konsultation besteht, darf mit der geplanten Verarbeitung grds. erst nach Ablauf der Konsultationsfrist begonnen werden (→ Rn. 20 ff.). Die Aufsichtsbehörde bekommt hierdurch die Möglichkeit, präventiv in die Planung einzugreifen und Maßnahmen zur Risikominimierung zu empfehlen bzw. durchzusetzen.

II. Bisherige Rechtslage

3 Gem. § 22 Abs. 3 Satz 1 DSG NRW aF war die Aufsichtsbehörde frühzeitig über Planungen zur Entwicklung, zum Aufbau oder zur wesentlichen Veränderung automatisierter Datenverarbeitungs- und Informationssysteme zu unterrichten, sofern in dem jeweiligen System personenbezogene Daten verarbeitet werden sollen.

4 Dasselbe galt gem. § 22 Abs. 3 Satz 2 DSG NRW aF bei Entwürfen für Rechts- oder Verwaltungsvorschriften des Landes, wenn sie eine Verarbeitung personenbezogener Daten vorsahen.

B. Kommentierung

I. Adressat

5 Die Verpflichtung zur Konsultation trifft den Verantwortlichen (§ 36 Nr. 9). Auftragsverarbeiter (§ 36 Nr. 10) sind ggf. gem. § 52 Abs. 1 Satz 1 iVm Art. 28 Abs. 3 lit. f DS-GVO zur Unterstützung verpflichtet (→ § 52 Rn. 45).

II. Konsultationspflicht (Abs. 1)

1. Inbetriebnahme von neu anzulegenden Dateisystemen (Satz 1)

6 Anknüpfungspunkt für die Konsultationspflicht ist nicht schlechthin jede Form der Verarbeitung, sondern ausschließlich die Inbetriebnahme von neu anzulegenden Dateisystemen. **„Dateisystem"** in diesem Sinne ist gem. § 36 Nr. 7 jede strukturierte Sammlung personenbezogener Daten, die nach bestimmten Kriterien zugänglich sind, unabhängig davon, ob diese Sammlung zentral, dezentral oder nach funktionalen oder geografischen Gesichtspunkten geordnet geführt wird. Neu angelegt wird ein Dateisystem jedenfalls dann, wenn hierfür **Daten mit einer bestimmten Zweckrichtung neu erhoben** werden. Ein Neuanlegen kann aber auch gegeben sein, wenn **vorhandene Daten unter einer neuen Zweckbestimmung zusammengeführt oder angereichert** werden.

---

1 *Johannes/Weinhold* Das neue DSR bei Polizei und Justiz § 1 Rn. 298.

7 Die Regeln zur vorherigen Konsultation gelten in Ansehung von Erwägungsgrund 96 Satz 3 JI-RL nicht für Verarbeitungen, die bereits zum Zeitpunkt der Umsetzung der Richtlinie begonnen wurden (siehe auch → § 56 Rn. 19 f.).

a) Datenschutz-Folgenabschätzung (Nr. 1)

8 Ergibt die Datenschutz-Folgenabschätzung nach § 56, dass die Verarbeitung grds. ein hohes Risiko (→ § 56 Rn. 14) für die Rechtsgüter der betroffenen Personen zur Folge hat, schreibt § 57 Abs. 1 Satz 1 Nr. 1 die Konsultation vor. Dabei ist **unbeachtlich, ob bereits Abhilfemaßnahmen geplant oder implementiert** sind. Die Abhilfemaßnahmen sind vielmehr gem. § 57 Abs. 2 Satz 1 Nr. 4 vorzulegen.

9 Der NRW-Gesetzgeber stellt in § 57Abs. 1 Satz 1 Nr. 1 auf die **„Rechtsgüter der betroffenen Personen“** ab. Die Datenschutz-Folgenabschätzung gem. § 56 Abs. 1 ist hingegen auf die **„Rechte und Freiheiten betroffener Personen“** bezogen. Eine begriffliche Abgrenzung ist insoweit nicht erforderlich. Art. 28 Abs. 1 lit. a JI-RL nimmt den Risikobegriff des Art. 27 Abs. 1 JI-RL auf, der wiederum die „Rechte und Freiheiten betroffener Personen“ in den Blick nimmt. Art. 28 Abs. 1 lit. b JI-RL verwendet ebenfalls die Formulierung „Rechte und Freiheiten“. Bei richtlinienkonformer Auslegung sind daher die „Rechtsgüter“ des § 57Abs. 1 Satz 1 Nr. 1 und die „Rechte und Freiheiten“ des § 56 Abs. 1 inhaltlich identisch.

b) Form der Verarbeitung (Nr. 2)

10 Die Konsultationspflicht kann sich weiterhin daraus ergeben, dass gem. § 57 Abs. 1 Satz 1 Nr. 2 die Form der Verarbeitung ein hohes Risiko für die Rechtsgüter (lies: „Rechte und Freiheiten“, → Rn. 9) der betroffenen Personen zur Folge hat. Zu berücksichtigen ist dabei insbesondere die Verwendung neuer Technologien (→ § 56 Rn. 15), Mechanismen oder Verfahren. Eine Datenschutz-Folgenabschätzung wird von § 57 Abs. 1 Satz 1 Nr. 2 tatbestandlich nicht vorausgesetzt.[2] Unklar bleibt freilich, wie der Verantwortliche ohne eine zumindest kursorische Datenschutz-Folgenabschätzung zu seiner Risikoeinschätzung gelangen soll.[3]

11 Denkbar wäre, dass für die Mitgliedsstaaten ein **Wahlrecht** („oder“) bestehen soll, ob sie Art. 28 Abs. 1 lit. a oder lit. b JI-RL in nationales Recht umsetzen. Erwägungsgrund 59 JI-RL schweigt hierzu.

12 Denkbar ist auch, dass § 57 Abs. 1 Satz 1 Nr. 2 allein diejenigen Fälle erfassen soll, in denen zwar noch keine Datenschutz-Folgenabschätzung durchgeführt wurde, der geplanten Verarbeitung das hohe Risiko aber bereits den äußeren Umständen nach **auf die Stirn geschrieben** steht. Die Aufsichtsbehörde hätte dann Gelegenheit, bereits bei der Durchführung der Datenschutz-Folgenabschätzung Hilfestellung zu bieten. Diese Auslegung blendet jedoch aus, dass im Rahmen der Konsultation gem. § 57 Abs. 2 Satz 1 Nr. 1 per se eine bereits durchgeführte Datenschutz-Folgenabschätzung vorzulegen ist.

13 Vorzugswürdig ist stattdessen die Deutung, dass sich der Verantwortliche bei erkennbar risikobehafteten Verarbeitungen nicht aus der Konsultationspflicht stehlen können soll, indem er **pflichtwidrig die Datenschutz-Folgenabschätzung**

---

2 *Johannes/Weinhold* Das neue DSR bei Polizei und Justiz § 1 Rn. 293.
3 An einem Anwendungsfall der Parallelnorm im BDSG zweifelnd *Thiel* in Gola/Heckmann BDSG § 69 Rn. 3; *Gräber/Nolden* in Paal/Pauly DS-GVO/BDSG § 69 Rn. 5.

unterlässt. Für diese Auslegung spricht, dass der Verantwortliche gem. § 57 Abs. 4 in der Regel erst nach dem Ende der Konsultationsfrist mit der geplanten Verarbeitung beginnen darf (→ Rn. 20).

2. Blacklist (Satz 2)

Gem. § 57 Abs. 1 Satz 2 kann die LDI NRW eine Liste der Verarbeitungsvorgänge erstellen, die stets der Pflicht zur Konsultation unterliegen (sog. „Blacklist"). Die Vorschrift setzt Art. 28 Abs. 3 JI-RL um. Die Aufsichtsbehörde ist dabei nicht allein auf Fälle der Inbetriebnahme von Dateisystemen beschränkt, sondern kann alle erdenklichen Verarbeitungsvorgänge adressieren. Derzeit existiert eine solche Liste noch nicht (→ § 56 Rn. 18). 14

III. Inhalt der Konsultation (Abs. 2)

Die Pflichtinhalte der Konsultation sind in § 57 Abs. 2 Satz 1 Nr. 1–5 geregelt. 15
Gefordert sind:

- die nach § 56 durchgeführte und dokumentierte (→ § 56 Rn. 32) Datenschutz-Folgenabschätzung;
- gegebenenfalls Angaben zu den jeweiligen Zuständigkeiten des Verantwortlichen, der gemeinsam Verantwortlichen (§ 67 Nr. 2 iVm Art. 26 DS-GVO) und der an der Verarbeitung beteiligten Auftragsverarbeiter (§ 36 Nr. 10);
- Angaben zu den Zwecken (→ § 47 Rn. 10 f.) und Mitteln der beabsichtigten Verarbeitung,
- Angaben zu den zum Schutz der Rechtsgüter (lies: „Rechte und Freiheiten", → Rn. 9) der betroffenen Personen vorgesehenen Maßnahmen und Garantien und
- Name und Kontaktdaten der oder des Datenschutzbeauftragten.

Darüber hinaus kann die LDI NRW gem. § 57 Abs. 2 Satz 2 **alle sonstigen Informationen** anfordern, die sie benötigt, um die Rechtmäßigkeit der Verarbeitung sowie insbesondere die in Bezug auf den Schutz der personenbezogenen Daten der betroffenen Personen bestehenden Gefahren und die diesbezüglichen Garantien bewerten zu können. Diese eigenständige Befugnis ist in Art. 28 Abs. 4 JI-RL vorgesehen, sie deckt sich inhaltlich mit derjenigen in § 60 Abs. 3 iVm Art. 58 Abs. 1 lit. e DS-GVO. 16

IV. Zweck der Konsultation, (Abs. 3 Satz 1)

Gelangt die LDI NRW zu der Auffassung, dass die geplante Verarbeitung gegen gesetzliche Vorgaben verstößt, kann sie dem Verantwortlichen und gegebenenfalls dem Auftragsverarbeiter **schriftliche Empfehlungen** unterbreiten, welche Maßnahmen noch ergriffen werden sollten. Die LDI NRW besitzt einen (gerichtlich überprüfbaren) **Beurteilungsspielraum**, ob der Verantwortliche das Risiko nicht ausreichend ermittelt oder keine ausreichenden Abhilfemaßnahmen getroffen hat. 17

Der NRW-Gesetzgeber formuliert eine Soll-Vorschrift und lässt zunächst offen, inwieweit der Verantwortliche oder ggf. der Auftragsverarbeiter den Empfehlungen Folge zu leisten haben. Die Gesetzesbegründung offenbart, dass der Verantwortliche die Empfehlungen lediglich nach pflichtgemäßem Ermessen zu prüfen habe.[4] Der Unionsgesetzgeber hat unterdessen in Art. 28 Abs. 5 Satz 1 JI-RL vorgesehen, dass die Empfehlungen unterbreitet werden und sodann un- 18

4 LT-Drs. 17/1981, 168.

mittelbar von den aufsichtsbehördlichen Befugnissen des Art. 47 JI-RL Gebrauch gemacht werden kann.

19 Insoweit hat es die LDI NRW selbst in der Hand, ob die **Empfehlungen unmittelbar umzusetzen** sind oder nur **Vorschläge** darstellen sollen. Diese flexible Herangehensweise ist sinnvoll, falls verschiedene gleichwertige Maßnahmen zur Risikominimierung zur Verfügung stehen und dem Verantwortlichen die Wahl überlassen werden kann, welche konkreten Maßnahmen er ergreift.

V. Frist, Hemmung der Verarbeitung (Abs. 3 Satz 1–5)

20 In der sechswöchigen Frist des § 57 Abs. 3 Satz 1 darf grds. nicht mit der geplanten Verarbeitung begonnen werden. Die Vorschrift setzt Art. 28 Abs. 5 JI-RL um[5] und schöpft den vom Unionsgesetzgeber vorgesehenen **Maximalzeitraum** aus. Sofern sich die LDI NRW innerhalb der Frist nicht mit Vorschlägen zur Risikominimierung zurückmeldet und nicht gem. § 57 Abs. 3 Satz 2 die Frist um einen Monat verlängert, darf der Verantwortliche das fragliche Dateisystem trotz des damit verbundenen Risikos in Betrieb nehmen. Die Fristenregelung drängt die Aufsichtsbehörde zwar zum Tätigwerden, eine **Fristüberschreitung präkludiert allerdings keineswegs** die spätere Wahrnehmung von Befugnissen nach § 60.[6]

21 Die Frist kann seitens der Behörde nur einmal verlängert werden. Sie beginnt mit Einleitung der Anhörung. Der Antrag des Verantwortlichen auf Konsultation muss hierfür gem. § 57 Abs. 3 Satz 4 vollständig vorliegen, dh es müssen sämtliche in § 57 Abs. 2 Satz 1 Nr. 1–5 genannten Pflichtinformationen enthalten sein. Die Frist wird zudem gem. § 57 Abs. 3 Satz 5 gehemmt, wenn die Aufsichtsbehörde weitere Informationen gem. § 57 Abs. 2 Satz 2 erfragt. Weder § 57 Abs. 3 Satz 4 noch Satz 5 sind unmittelbar vom Wortlaut des Art. 28 Abs. 5 JI-RL gedeckt. Im Interesse der betroffenen Personen sind die Regelungen jedoch gem. Art. 1 Abs. 3 JI-RL zulässig.

22 Die **Fristberechnung** richtet sich nicht etwa nach § 31 VwVfG NRW, sondern nach der **VO 1182/71/EWG.**[7] Die Verordnung zur Festlegung der Regeln für die Fristen, Daten und Termine genießt Anwendungsvorrang und gilt für sämtliche Rechtsakte, die der Rat und die Kommission aufgrund des Vertrages zur Gründung der Europäischen Wirtschaftsgemeinschaft erlassen haben. Hierzu gehört auch die JI-RL.

VI. Eilfall (Abs. 4)

23 Möglicherweise kann der Verantwortliche nicht so lange abwarten, bis sich die LDI NRW mit dem Antrag auf Konsultation befasst hat. Sofern die Verarbeitung **erhebliche Bedeutung für die Aufgabenerfüllung** des Verantwortlichen hat und sie daher besonders dringlich ist, sieht § 57 Abs. 4 Satz 1 eine Eilfallregelung vor. Demnach kann mit der Verarbeitung begonnen werden, wenn der Antrag auf Konsultation gestellt wurde, aber die sechswöchige Frist noch nicht abgelaufen ist. Dann sind die Empfehlungen der oder des Landesbeauftragten für Datenschutz und Informationsfreiheit im Nachhinein zu berücksichtigen. Art und Weise der Verarbeitung sind gegebenenfalls anzupassen. Die Regelung trägt

5 Differenzierter *Johannes/Weinhold* in Sydow BDSG § 69 Rn. 23 f.
6 *Meltzian* in BeckOK DatenschutzR DS-GVO/BDSG § 69 Rn. 7.
7 Hierzu *Piltz/Pradel* ZD 2019, 152 ff.

ausweislich der Gesetzesbegründung operativen und (polizei-) fachlichen Erfordernissen Rechnung.[8]

Dem Wortlaut nach ist die Dringlichkeit nur während der Sechswochenfrist beachtlich. Es sind jedoch Konstellationen vorstellbar, in denen die Dringlichkeit in der einmonatigen Nachfrist des § 57 Abs. 3 Satz 2 vom Verantwortlichen festgestellt wird. Da die Konsultation teleologisch nicht die Aufgabenerfüllung des Verantwortlichen gefährden soll, ist § 57 Abs. 4 Satz 1 auch dann anzuwenden, wenn die besondere Dringlichkeit erst nachträglich offenbar wird.[9] 24

§ 57 Abs. 4 Satz 1 findet keine Stütze in der JI-RL. An der **Richtlinienkonformität** bestehen daher erhebliche Zweifel.[10] ZT wird befürchtet, die Regelung könnte der Aushöhlung der aufsichtsbehördlichen Befugnisse zulasten der Rechte und Freiheiten betroffener Personen Vorschub leisten.[11] 25

VII. Konsultation bei Gesetzgebungsmaßnahmen (Abs. 5)

Die LDI NRW ist zudem gem. § 57 Abs. 5 bei der Ausarbeitung von Vorschlägen zu Gesetzgebungsmaßnahmen im Anwendungsbereich des § 35 zu konsultieren. Dies gilt auch für untergesetzliche Regelungsmaßnahmen, die auf solchen Gesetzgebungsmaßnahmen beruhen (zB Rechtsverordnungen). Die Vorschrift setzt Art. 28 Abs. 2 JI-RL um. 26

C. Bedeutung der Vorschrift für die behördliche Praxis

Notwendige tatbestandliche Voraussetzung für die Konsultation ist stets eine **Datenschutz-Folgenabschätzung** (→ Rn. 8 ff.). Den Empfehlungen der LDI NRW im Rahmen der Konsultation ist regelmäßig Folge zu leisten (→ Rn. 18). 27

Verstöße gegen § 57 bleiben haftungsrechtlich folgenlos. Öffentliche Stellen sind gem. § 69 iVm § 33 Abs. 4 generell vom **Bußgeld** ausgenommen. Bußgelder für Einzelpersonen wegen Verstoßes gegen § 56 dürften gem. § 69 iVm § 33 Abs. 1 Satz 1 Nr. 1 ausgeschlossen sein, da insofern die materiell rechtswidrige Verarbeitung in den Fokus genommen wird. 28

Ein Verstoß gegen § 56 kann allerdings uU dazu führen, dass die ordnungsgemäße Verarbeitung nach den Grundsätzen des § 37 Nr. 1–6 nicht nachgewiesen werden kann und die Aufsichtsbehörde dementsprechend gem. § 60 Abs. 3 iVm Art. 58 Abs. 2 lit. f DS-GVO die konkrete **Verarbeitung zumindest vorübergehend untersagt.** 29

§ 58 Anforderungen an die Sicherheit der Verarbeitung

(1) [1]Der Verantwortliche und der Auftragsverarbeiter haben unter Berücksichtigung des Stands der Technik, der Implementierungskosten, der Art, des Umfangs, der Umstände und der Zwecke der Verarbeitung sowie der Eintrittswahrscheinlichkeit und der Schwere der mit der Verarbeitung verbundenen Gefahren für die Rechtsgüter der betroffenen Personen die erforderlichen technischen und

8 LT-Drs. 17/1981, 168.
9 *Meltzian* in BeckOK DatenschutzR DS-GVO/BDSG § 69 Rn. 8.
10 Eingehend *Johannes/Weinhold* Das neue DSR bei Polizei und Justiz § 1 Rn. 297/299 f. Für eine restriktive Auslegung plädierend *Thiel* in Gola/Heckmann BDSG § 69 Rn. 8; *Schwichtenberg* in Kühling/Buchner DS-GVO/BDSG § 69 Rn. 7; *Gräber/Nolden* in Paal/Pauly DS-GVO/BDSG § 69 Rn. 10.
11 *Raum* in Auernhammer DS-GVO/BDSG § 69 Rn. 14.

organisatorischen Maßnahmen zu treffen, um bei der Verarbeitung personenbezogener Daten ein dem Risiko angemessenes Schutzniveau zu gewährleisten, insbesondere im Hinblick auf die Verarbeitung besonderer Kategorien personenbezogener Daten. [2]Der Verantwortliche hat hierbei die einschlägigen Technischen Richtlinien und Empfehlungen des Bundesamtes für Sicherheit in der Informationstechnik zu berücksichtigen.

(2) [1]Die in Absatz 1 genannten Maßnahmen können unter anderem die Pseudonymisierung und Verschlüsselung personenbezogener Daten umfassen, soweit ihr Aufwand in einem angemessenen Verhältnis zu dem angestrebten Schutzzweck steht. [2]Die Maßnahmen nach Absatz 1 sollen dazu führen, dass

1. die Vertraulichkeit, Integrität, Verfügbarkeit und Belastbarkeit der Systeme und Dienste im Zusammenhang mit der Verarbeitung auf Dauer sichergestellt werden und
2. die Verfügbarkeit der personenbezogenen Daten und der Zugang zu ihnen bei einem physischen oder technischen Zwischenfall rasch wiederhergestellt werden können.

(3) Im Fall einer Verarbeitung personenbezogener Daten haben der Verantwortliche und der Auftragsverarbeiter auf Grundlage einer Risikobewertung Maßnahmen zu ergreifen, die geeignet sind zu gewährleisten, dass

1. nur Befugte personenbezogene Daten zur Kenntnis nehmen können (Vertraulichkeit),
2. personenbezogene Daten während der Verarbeitung unversehrt, vollständig und aktuell bleiben (Integrität),
3. personenbezogene Daten zeitgerecht zur Verfügung stehen und ordnungsgemäß verarbeitet werden können (Verfügbarkeit),
4. jederzeit personenbezogene Daten ihrem Ursprung zugeordnet werden können (Authentizität) und
5. die Verfahrensweisen bei der Verarbeitung personenbezogener Daten vollständig, aktuell und in einer Weise dokumentiert sind, dass sie in zumutbarer Zeit nachvollzogen werden können (Transparenz).

(4) [1]Zur Umsetzung von Absatz 2 sind insbesondere

1. Unbefugten den Zugang zu Datenverarbeitungsanlagen, mit denen personenbezogene Daten verarbeitet werden, zu verwehren (Zugangskontrolle),
2. zu verhindern, dass Datenträger unbefugt gelesen, kopiert, verändert oder entfernt werden können (Datenträgerkontrolle),
3. die unbefugte Eingabe sowie die unbefugte Kenntnisnahme, Veränderung oder Löschung gespeicherter personenbezogener Daten zu verhindern (Speicherkontrolle),
4. zu verhindern, dass automatisierte Datenverarbeitungssysteme mit Hilfe von Einrichtungen zur Datenübertragung von Unbefugten genutzt werden können (Benutzerkontrolle),
5. zu gewährleisten, dass die zur Benutzung eines automatisierten Datenverarbeitungssystems Berechtigten ausschließlich auf die ihrer Zugriffsberechtigung unterliegenden Daten zugreifen können (Zugriffskontrolle),
6. zu gewährleisten, dass überprüft und festgestellt werden kann, an welche Stellen personenbezogene Daten mit Hilfe von Einrichtungen zur Datenübertragung übermittelt oder zur Verfügung gestellt wurden oder werden können (Übertragungskontrolle),
7. zu gewährleisten, dass nachträglich überprüft und festgestellt werden kann, welche personenbezogenen Daten zu welcher Zeit von wem in auto-

matisierte Datenverarbeitungssysteme eingegeben worden sind (Eingabekontrolle),
8. zu gewährleisten, dass personenbezogene Daten, die im Auftrag verarbeitet werden, nur entsprechend den Weisungen des Verantwortlichen verarbeitet werden können (Auftragskontrolle),
9. zu verhindern, dass bei der Übermittlung personenbezogener Daten sowie beim Transport von Datenträgern die Daten unbefugt gelesen, kopiert, verändert oder gelöscht werden können (Transportkontrolle),
10. die innerbehördliche oder innerbetriebliche Organisation so zu gestalten, dass sie den besonderen Anforderungen des Datenschutzes gerecht wird (Organisationskontrolle),
11. zu gewährleisten, dass personenbezogene Daten gegen Zerstörung oder Verlust geschützt sind (Verfügbarkeitskontrolle),
12. zu gewährleisten, dass eingesetzte Systeme im Störungsfall wiederhergestellt werden können (Wiederherstellung),
13. zu gewährleisten, dass alle Funktionen des Systems zur Verfügung stehen und auftretende Fehlfunktionen gemeldet werden (Zuverlässigkeit),
14. zu gewährleisten, dass gespeicherte personenbezogene Daten nicht durch Fehlfunktionen des Systems beschädigt werden können (Datenintegrität) und
15. zu gewährleisten, dass zu unterschiedlichen Zwecken erhobene personenbezogene Daten getrennt verarbeitet werden können (Trennbarkeit).

[2]Ein Zweck nach Satz 1 Nummer 2 bis 5 kann insbesondere durch die Verwendung von dem Stand der Technik entsprechenden Verschlüsselungsverfahren erreicht werden.

Verwandte Norm JI-RL:

Artikel 29 Sicherheit der Verarbeitung

(1) Die Mitgliedstaaten sehen vor, dass der Verantwortliche und der Auftragsverarbeiter unter Berücksichtigung des Stands der Technik, der Implementierungskosten und der Art, des Umfangs, der Umstände und der Zwecke der Verarbeitung sowie der unterschiedlichen Eintrittswahrscheinlichkeit und Schwere des Risikos für die Rechte und Freiheiten natürlicher Personen geeignete technische und organisatorische Maßnahmen treffen, um ein dem Risiko angemessenes Schutzniveau zu gewährleisten, insbesondere im Hinblick auf die Verarbeitung besonderer Kategorien personenbezogener Daten im Sinne von Artikel 10.

(2) Die Mitgliedstaaten sehen im Hinblick auf die automatisierte Verarbeitung vor, dass der Verantwortliche oder der Auftragsverarbeiter nach einer Risikobewertung Maßnahmen ergreift, die Folgendes bezwecken:

a) Verwehrung des Zugangs zu Verarbeitungsanlagen, mit denen die Verarbeitung durchgeführt wird, für Unbefugte (Zugangskontrolle),
b) Verhinderung des unbefugten Lesens, Kopierens, Veränderns oder Entfernens von Datenträgern (Datenträgerkontrolle),
c) Verhinderung der unbefugten Eingabe von personenbezogenen Daten sowie der unbefugten Kenntnisnahme, Veränderung und Löschung von gespeicherten personenbezogenen Daten (Speicherkontrolle),
d) Verhinderung der Nutzung automatisierter Verarbeitungssysteme mit Hilfe von Einrichtungen zur Datenübertragung durch Unbefugte (Benutzerkontrolle),
e) Gewährleistung, dass die zur Benutzung eines automatisierten Verarbeitungssystems Berechtigten ausschließlich zu den ihrer Zugangsberechtigung unterliegenden personenbezogenen Daten Zugang haben (Zugangskontrolle),

f) Gewährleistung, dass überprüft und festgestellt werden kann, an welche Stellen personenbezogene Daten mit Hilfe von Einrichtungen zur Datenübertragung übermittelt oder zur Verfügung gestellt wurden oder werden können (Übertragungskontrolle),
g) Gewährleistung, dass nachträglich überprüft und festgestellt werden kann, welche personenbezogenen Daten zu welcher Zeit und von wem in automatisierte Verarbeitungssysteme eingegeben worden sind (Eingabekontrolle),
h) Verhinderung, dass bei der Übermittlung personenbezogener Daten sowie beim Transport von Datenträgern die Daten unbefugt gelesen, kopiert, verändert oder gelöscht werden können (Transportkontrolle),
i) Gewährleistung, dass eingesetzte Systeme im Störungsfall wiederhergestellt werden können (Wiederherstellung),
j) Gewährleistung, dass alle Funktionen des Systems zur Verfügung stehen, auftretende Fehlfunktionen gemeldet werden (Zuverlässigkeit) und gespeicherte personenbezogene Daten nicht durch Fehlfunktionen des Systems beschädigt werden können (Datenintegrität).

Kurzübersicht zum Verhältnis der entscheidenden Normen			
Norm des DSG NRW	Entsprechende Norm der JI-RL	Entsprechende Norm des BDSG	
§ 58 DSG NRW	Art. 29 JI-RL	§ 64 BDSG	

Literatur:

Baumgartner/Gausling, Datenschutz durch Technikgestaltung und datenschutzfreundliche Voreinstellungen, ZD 2017, 308; *BSI*, IT-Grundschutz-Kompendium, 2. Ed. 2019; BSI, Ein Praxis-Leitfaden für IS-Penetrationstests, 2016; *Bartels/Backer*, Die Berücksichtigung des Stands der Technik in der DSGVO, DuD 2018, 214; *Bieker/Hansen*, Normen des technischen Datenschutzes nach der europäischen Datenschutzreform, DuD 2017, 285; *Bieker/Hansen*, Datenschutz „by Design" und „by Default" nach der neuen europäischen Datenschutzgrundverordnung, RDV 2017, 165; *Borell/Schindler*, Polizei und Datenschutz. Vorgaben der neuen JI-RL für technische und organisatorische Maßnahmen zur Gewährleistung datenschutzkonformer polizeilicher Datenverarbeitung, DuD 2019, 767; *Deutsch/Eggendorfer*, Penetrationstests bei Auftragsverarbeitung, K&R 2018, 223; *DSK*, Das Standard-Datenschutzmodell – Eine Methode zur Datenschutzberatung und -prüfung auf der Basis einheitlicher Gewährleistungsziele, Version 2.0, 2019; *Franck*, Datensicherheit als datenschutzrechtliche Anforderung – Keine Abdingbarkeit technisch-organisatorischer Maßnahmen nach künftiger DSGVO?, CR 2016, 238; *Els*, Anmerkungen zu Technischen-Organisatorischen Maßnahmen im neuen Datenschutzrecht, Teil 1, DöD 2019, 31; *Els*, Anmerkungen zu Technischen-Organisatorischen Maßnahmen im neuen Datenschutzrecht, Teil 2, DöD 2019, 57; *Gonscherowski/Hansen/Rost*, Resilienz – eine neue Anforderung aus der Datenschutz-Grundverordnung, DuD 2018, 442; *Hansen/Walczak*, Pseudonymisierung à la DS-GVO und verwandte Methoden, RDV 2019, 53; *Hölzl*, Anonymisierungstechniken und das Datenschutzrecht, DuD 2018, 502; *Jandt*, Datenschutz durch Technik in der DS-GVO, DuD 2017, 562; *Jensen*, Zur Messbarkeit von Schutzzielen, DuD 2018, 23; *Johannes*, Sicherheit der Datenverarbeitung nach § 64 BDSG im Vergleich zur JI-Richtlinie und DS-GVO, ZD-Aktuell 2019, 06875; *Keppeler*, Datenschutzrechtliche und strafrechtliche Implikationen der SSL-Decryption, K&R 2017, 453; *Knopp*, Stand der Technik, DuD 2017, 663; *Krügel*, Der Einsatz von Angriffserkennungssystemen im Unternehmen, MMR 2017, 795; *Lauffher*, Sieben „Goldene Regeln" für sichere IT-Systeme, DuD 2016, 111; *Lorenz*, Datensicherheit von E-Mails, DuD 2017, 757; *Lotz/Wendler*, Datensicherheit als datenschutzrechtliche Anforderung: Zur Frage der Abdingbarkeit des § 9 BDSG, CR 2016, 31; *Michaelis*, Der „Stand der Technik" im Kontext regulatorischer Anforderungen, DuD 2016, 458; *Petrlic*, Wunderwaffe Verschlüsselung?, DuD 2017, 306; *Petrlic/Sorge*, Datenschutz – Einführung in technischen Datenschutz, Datenschutzrecht und angewandte Kryptographie, 2017; *Piltz*, Die Datenschutz-Grundverordnung – Teil 3: Rechte und Pflichten des Verantwortlichen und Auftragsverarbeiters, K&R 2016, 710; *Pohle*, Zur Zeitdimension der Schutzziele, DuD 2018, 19; *Robrahn/Bock*, Schutzziele als Optimierungsgebote, DuD 2018, 7; *Roßnagel*, Pseudonymisierung personenbezogener Daten, ZD 2018, 243; *Rost*, Die Ordnung der Schutzziele, DuD 2018, 13; *Sander*, Technische und organisatorische Maßnahmen im Rahmen der Auftragsverarbeitung gemäß Art. 28DSGVO, PinG 2017, 250; *Schlehahn*, Die Methodik des Standard-Datenschutzmodells im Bereich der öffentlichen Sicherheit und Justiz, DuD 2018, 32; *Schrahe/Städter*, Integration von Informationssicherheits- und Datenschutzmanagement, DuD 2019, 265; *Schwartmann/Weiß*, Whitepaper zur Pseudonymisierung der Fokusgruppe Datenschutz 2017; *Weidenhammer/Gundlach*, Wer kennt den „Stand der Technik"?, DuD 2018, 106; *Wennemann*, TOM und die Datenschutz-Grundverordnung, DuD 2018, 174.

A. Grundlagen

I. Gesamtverständnis, Zweck der Norm und Verhältnis zu anderen Normen

§ 58 ist in Teil 3, Kapitel 4 – Pflichten der Verantwortlichen und Auftragsverar- 1
beiter verortet und dient der Umsetzung von Art. 29 JI-RL. Die Vorschrift findet ihre Entsprechung in § 64 BDSG auf Bundesebene sowie § 34 JVollzDSG NRW für den Bereich des Justizvollzugs.

Die Vorschrift ist sedes materiae des **technischen Datenschutzes**. Sie hat unmit- 2
telbare Bezüge zu den Grundsätzen **Privacy by Design** bzw. **Privacy by Default** (§ 67 Nr. 1 iVm Art. 25 DS-GVO), zur **Datenschutz-Folgenabschätzung** (§ 56)

und der Behandlung von **Schutzverletzungen** (§ 59, § 67 Nr. 4 iVm Art. 34 DS-GVO). Die grobe Zielrichtung wird schon bei den allgemeinen Grundsätzen für die Verarbeitung personenbezogener Daten in § 37 Nr. 6 vorgegeben.

II. Bisherige Rechtslage

3 Technisch-organisatorische Maßnahmen waren bislang in § 10 DSG NRW aF geregelt. Nach alter Rechtslage waren bereits die Schutzziele Vertraulichkeit, Integrität, Verfügbarkeit, Authentizität, Revisionsfähigkeit und Transparenz vom NRW-Gesetzgeber berücksichtigt worden. Die konkret zu treffenden technischen und organisatorischen Maßnahmen waren gem. § 10 Abs. 3 Satz 1 DSG NRW aF auf der Grundlage eines zu dokumentierenden Sicherheitskonzepts zu ermitteln, zu dessen Bestandteilen auch die Vorabkontrolle (→ § 56 Rn. 5) gehörte. Die Wirksamkeit der Maßnahmen war gem. § 10 Abs. 3 Satz 4 DSG NRW aF unter Berücksichtigung der sich verändernden Rahmenbedingungen und Entwicklungen der Technik zu überprüfen.

B. Kommentierung

I. Adressat

4 Die Verpflichtung zum Einsatz technischer und organisatorischer Maßnahmen trifft den Verantwortlichen (§ 36 Nr. 9) und den Auftragsverarbeiter (§ 36 Nr. 10) gleichermaßen. Letzterer ist ferner gem. § 52 Abs. 1 Satz 1 iVm Art. 28 Abs. 3 lit. c und f. DS-GVO zur Ergreifung eigener Maßnahmen sowie Unterstützung des Verantwortlichen bei der Umsetzung von dessen Maßnahmen verpflichtet (→ § 52 Rn. 39 f.).

5 Das jeweilige Schutzniveau ist auch im Rahmen etwaiger **Teleheimarbeit** bzw. des mobilen Arbeitens zu gewährleisten.[1] Die einzelnen Beschäftigten sind insoweit nur mittelbar angesprochen, sie müssen die Vorgaben des Verantwortlichen oder Auftragsverarbeiters umsetzen.

II. Risiko, Angemessenheit und Erforderlichkeit (Abs. 1 Satz 1)

6 Unions- wie Landesgesetzgeber sehen sich der Schwierigkeit gegenüber, die vielfältigen technischen und organisatorischen Sicherungsmöglichkeiten, die bei der Verarbeitung personenbezogener Daten zum Einsatz kommen können, in ein abstrakt-generelles Regelungsgefüge zu übertragen, und dabei dennoch möglichst **technikneutral** zu formulieren. Das Ergebnis ist ein Normengebilde, welches sich im Wesentlichen aus **unbestimmten Rechtsbegriffen** zusammensetzt. Verantwortlichen und Auftragsverarbeitern wird hierdurch ein enormer **Gestaltungsspielraum** eröffnet.[2] Dieser ist freilich justiziabel.

7 § 58 Abs. 1 Satz 1 stellt die Grundregel auf, dass sowohl der Verantwortliche als auch der Auftragsverarbeiter ein **dem Risiko angemessenes Schutzniveau** zu gewährleisten haben. Erwägungsgrund 51 JI-RL gibt Aufschluss über die vielfältigen potenziellen Risiken, die dem Unionsgesetzgeber vor Augen standen (→ § 56 Rn. 11 ff.). Erwägungsgrund 52 Satz 1 JI-RL sieht vor, dass das Risiko anhand einer **objektiven Bewertung** beurteilt wird.

8 Um das angemessene Schutzniveau zu erreichen, sind bestimmte Maßnahmen zu ergreifen. Der Landesgesetzgeber rechnet insoweit mit zwei Unbekannten:

---

1 Hierzu BfDI, Telearbeit und mobiles Arbeiten, 2019; Els DöD 2019, 57 (57 f.).
2 *Johannes/Weinhold* Das neue DSR bei Polizei und Justiz § 1 Rn. 142.

Angemessenheit (des Schutzniveaus) und **Erforderlichkeit**[3] (der Maßnahmen). Das Schutzniveau ist daher stets nur relativ zu bestimmen und das Ergebnis einer **Abwägung.**[4] Die Erforderlichkeit bestimmt sich unter Berücksichtigung

- des Stands der Technik;
- der Implementierungskosten;
- der Art, des Umfangs, der Umstände und der Zwecke der Verarbeitung sowie
- der Eintrittswahrscheinlichkeit und der Schwere der mit der Verarbeitung verbundenen Gefahren für die Rechtsgüter (lies: „Rechte und Freiheiten", → § 57 Rn. 9) der betroffenen Personen.

Der **Stand der Technik** rekurriert auf allgemein anerkannte, technisch mögliche und auf gesicherten, wissenschaftlichen und technischen Erkenntnissen beruhende Verfahren.[5] Nicht gemeint sind bleeding-edge-Verfahrensweisen (etwa „Stand der Forschung").[6] 9

Insbesondere Erwägungsgrund 53 Satz 2 JI-RL weist mit Blick auf die Implementierungskosten darauf hin, dass die Umsetzung der Maßnahmen nicht ausschließlich von **wirtschaftlichen Erwägungen** abhängig gemacht werden sollte. 10

III. Technische Richtlinien und Empfehlungen des BSI (Abs. 1 Satz 2)

Der Verantwortliche hat gem. § 58 Abs. 1 Satz 2 die einschlägigen Technischen Richtlinien und Empfehlungen des BSI zu berücksichtigen. Die Veröffentlichungen des BSI stellen insoweit Orientierungshilfen dar. Der Passus bedeutet nicht, dass sämtliche Vorgaben des BSI zwingend erfüllt werden müssten[7] („berücksichtigen", → § 57 Rn. 18). 11

Zu Recht wird darauf hingewiesen, dass Datenschutz und IT-Sicherheit durchaus divergierende Stoßrichtungen verfolgen. Das Datenschutzrecht schützt die betroffene Person, die IT-Sicherheit berücksichtigt darüber hinaus eigenständige Risiken für die datenverarbeitende Stelle.[8] 12

1. Empfehlungen des BSI

Die Technischen Richtlinien (**BSI-TR**)[9] dienen dazu, angemessene IT-Sicherheitsstandards zu ausgewählten Themen festzuschreiben, sei es die sichere E-Mail, das ersetzende Scannen, Biometrie u.v.m. Sie richten sich in der Regel an alle, die mit dem Aufbau oder der Absicherung von IT-Systemen zu tun haben. 13

Zu den Empfehlungen im Sinne des § 58 Abs. 1 Satz 2 gehört zudem ganz wesentlich das **IT-Grundschutzkompendium,**[10] welches seit 2019 in zweiter Edition vorliegt. Das IT-Grundschutz-Kompendium hat 2018 die sog. IT-Grund- 14

3 Art. 29 Abs. 1 JI-RL verlangt lediglich die „Geeignetheit" der Maßnahmen.
4 *Bock* in BeckOK DatenschutzR DS-GVO/BDSG § 64 Rn. 33.
5 Eingehend *Bartels/Backer* DuD 2018, 214 ff.; *Knopp* DuD 2017, 663 ff.; *Michaelis* DuD 2016, 458 ff.; *Weidenhammer/Gundlach* DuD 2018, 106 ff.
6 *Bock* in BeckOK DatenschutzR DS-GVO/BDSG § 64 Rn. 34.
7 So auch *Schwichtenberg* in Kühling/Buchner DS-GVO/BDSG § 64 Rn. 3; *Bartels/Backer* DuD 2018, 214 (216); aA *Kramer/Meints* in Auernhammer DS-GVO/BDSG § 64 Rn. 12, die von einer Verpflichtung ausgehen.
8 *Bock* in BeckOK DatenschutzR DS-GVO/BDSG § 64 Rn. 5.
9 Online unter https://www.bsi.bund.de/DE/Publikationen/TechnischeRichtlinien/technischerichtlinien_node.html.
10 Online unter https://www.bsi.bund.de/DE/Themen/ITGrundschutz/itgrundschutz_node.html.

schutzkataloge[11] abgelöst. Das Kompendium enthält zahlreiche Bausteine mit zT detaillierten Umsetzungshinweisen. Es wird ständig fortentwickelt.

15 Die **BSI-Standards** sind elementar für die IT-Grundschutz-Methodik.[12] BSI-Standard 200–1 definiert allgemeine Anforderungen an ein Managementsystem für Informationssicherheit (ISMS). BSI-Standard 200–2 bildet die Basis zum Aufbau des ISMS. Der BSI-Standard 200–3 enthält die risikobezogenen Arbeitsschritte bei der Umsetzung des IT-Grundschutzes.

16 Besondere Bedeutung in der IT-Sicherheit besitzen **Penetrationstests** (sog. „pentests"), bei denen der Angriff auf die eigenen Systeme intern simuliert oder bei spezialisierten Dienstleistern beauftragt wird.[13] Das BSI hat auch hierzu einen Praxis-Leitfaden erstellt.[14]

2. Standard-Datenschutz-Modell

17 Das sog. „Standard-Datenschutzmodell" (SDM) der DSK ist eine Methode, mit der für den Bereich des sog. „administrativen Datenschutzes"[15] sichergestellt ist, dass eine einheitliche Datenschutz-Beratungs- und Prüfpraxis insbesondere in Bezug auf die technisch-organisatorischen Maßnahmen erreicht werden kann.[16] Das Modell ist vordergründig mit Blick auf die DS-GVO entwickelt worden, es kann jedoch auch im Anwendungsbereich der JI-RL zum Tragen kommen.[17] Das SDM ist **in das IT-Grundschutzkompendium des BSI einbezogen** worden.[18] § 58 Abs. 1 Satz 2 erstreckt sich insoweit zugleich unmittelbar auf die Inhalte des SDM.

3. Empfehlungen für Auftragsverarbeiter?

18 Unklar bleibt, weshalb allein der Verantwortliche in § 58 Abs. 1 Satz 2 angesprochen ist, nicht jedoch der Auftragsverarbeiter wie zuvor in Satz 1. Sofern es sich um ein **Redaktionsversehen** des Gesetzgebers handeln sollte,[19] ist dieses jedoch unschädlich. Der Verantwortliche gibt per se die technischen und organisatorischen Maßnahmen durch den Auftrag und seine Weisungen vor.

---

11 Eine Gegenüberstellung der Maßnahmen in § 64 BDSG und den IT-Grundschutzkatalogen findet sich bei *Kramer/Meints* in Auernhammer DS-GVO/BDSG § 64 Rn. 15 ff.

12 Online unter https://www.bsi.bund.de/DE/Themen/ITGrundschutz/ITGrundschutzStandards/ITGrundschutzStandards_node.html.

13 *Deutsch/Eggendorfer*, Penetrationstests bei Auftragsverarbeitung K&R 2018, 223.

14 BSI, Ein Praxis-Leitfaden für IS-Penetrationstests, 2016.

15 „Administrativer Datenschutz" nach BMVg VMBl. 2008, Nr. 5, S. 127 f.

16 DSK, Das Standard-Datenschutzmodell, Version 2.0, 2019, online unter https://www.datenschutzzentrum.de/sdm/.

17 *Schlehahn* DuD 2018, 32 (36).

18 Siehe BSI, IT-Grundschutzkompendium, 2. Ed. 2019, Abschnitt CON.2. Näher zum Zusammenwirken von SDM und BSI-Grunschutz DSK, Das Standard-Datenschutzmodell, Version 2.0, 2019, S. 57.

19 So *Schwichtenberg* in Kühling/Buchner DS-GVO/BDSG § 64 Rn. 4.

IV. Schutzziele (Abs. 2 Satz 2, Abs. 3)

19 Das DSG NRW formuliert insgesamt **sechs Schutzziele**, an denen die Maßnahmen der IT-Sicherheit auszurichten sind.[20] Diese sechs Ziele sind weitgehend, aber nicht völlig deckungsgleich mit den Gewährleistungszielen des SDM.[21]

20 Indem sich der Landesgesetzgeber in § 58 Abs. 1 Satz 2 das IT-Grundschutzkompendium des BSI zu eigen macht, erfolgt hierdurch auch ein unmittelbarer Verweis auf die dort und im SDM enthaltenen **Definitionen**, soweit nicht das DSG NRW eigene Definitionen festlegt.

1. Vertraulichkeit

21 Das BSI definiert die Vertraulichkeit als „Schutz vor unbefugter Preisgabe von Informationen. Vertrauliche Daten und Informationen dürfen ausschließlich Befugten in der zulässigen Weise zugänglich sein."[22] Das Schutzziel ist in § 52 Abs. 2 Satz 2 Nr. 1 Var. 1, Abs. 3 Nr. 1 angesprochen. Wer befugt ist, unterliegt nicht allein nach der Gestaltungshoheit des Verantwortlichen, sondern ist **normativ** (dh spezifisch datenschutzrechtlich) zu beurteilen.[23] Das SDM führt aus, dass Unbefugte auch Beschäftigte von technischen Dienstleistern sein können, die zur Erbringung der Dienstleistung keinen Zugriff auf die personenbezogenen Daten benötigen, oder Personen in Organisationseinheiten, die keinerlei inhaltlichen Bezug zu einer Verarbeitungstätigkeit oder zu den jeweiligen betroffenen Personen haben.[24]

2. Integrität

22 Integrität bezeichnet „die Sicherstellung der Korrektheit (Unversehrtheit) von Daten und der korrekten Funktionsweise von Systemen. Wenn der Begriff Integrität auf ‚Daten' angewendet wird, drückt er aus, dass die Daten vollständig und unverändert sind."[25] Der NRW-Gesetzgeber macht dieses Schutzziel in § 52 Abs. 2 Satz 2 Nr. 1 Var. 2, Abs. 3 Nr. 2 verbindlich. Nach dem SDM müssen Abweichungen **ausgeschlossen oder zumindest nachträglich feststellbar** sein.[26]

3. Verfügbarkeit und Wiederherstellbarkeit

23 Entsprechend der BSI-Definition ist die Verfügbarkeit „von Dienstleistungen, Funktionen eines IT-Systems, IT-Anwendungen oder IT-Netzen oder auch von Informationen […] vorhanden, wenn diese von den Anwendern stets wie vorgesehen genutzt werden können."[27] Dazu müssen die Daten nach den Vorgaben des SDM **auffindbar** sein, **im Zugriff der Berechtigten** liegen und die **vorgesehenen Methoden** zu deren Verarbeitung müssen auf sie angewendet werden kön-

---

20 Zur Metrik und der Abwägung zwischen gegenläufigen Schutzzielen *Jensen* DuD 2018, 23 ff.

21 DSK, Das Standard-Datenschutzmodell, Version 2.0, 2019, S. 25 f. behandelt Datenminimierung, Verfügbarkeit, Integrität, Vertraulichkeit, Nichtverkettung, Transparenz und Intervenierbarkeit; hierzu insbesondere im Anwendungsbereich der JI-RL *Schlehahn* DuD 2018, 32 (34 ff.) mit einer Zuordnung der JI-RL-Artikel zu den jeweiligen Schutzzielen.

22 BSI, IT-Grundschutz-Kompendium, 2. Ed. 2019, Glossar S. 12.

23 So auch *Bock* in BeckOK DatenschutzR DS-GVO/BDSG § 64 Rn. 7.

24 DSK, Das Standard-Datenschutzmodell, Version 2.0, 2019, S. 26.

25 BSI, IT-Grundschutz-Kompendium, 2. Ed. 2019, Glossar S. 5.

26 DSK, Das Standard-Datenschutzmodell, Version 2.0, 2019, S. 17.

27 BSI, IT-Grundschutz-Kompendium, 2. Ed. 2019, Glossar S. 12.

nen.[28] Der NRW-Gesetzgeber berücksichtigt einerseits die allgemeine **Verfügbarkeit** in § 52 Abs. 2 Satz 2 Nr. 1 Var. 3, Abs. 3 Nr. 3 und konkretisiert sodann noch einmal die rasche **Wiederherstellbarkeit** nach einem physischen oder technischen Zwischenfall in § 52 Abs. 2 Satz 2 Nr. 2.

4. Belastbarkeit

24 Die Belastbarkeit (oder auch „**Resilienz**") ist in § 52 Abs. 2 Satz 2 Nr. 1 Var. 4 angesprochen, wird jedoch nicht gesondert mit Leben gefüllt. Es handelt sich nicht um ein fest umrissenes Schutzziel, sondern um eine Anforderung eigener Art, die auf die übrigen Schutzziele ausstrahlt.[29] Als Resilienz ist die Fähigkeit zu verstehen, „tatsächliche oder potenziell widrige Ereignisse abzuwehren, sich darauf vorzubereiten, sie einzukalkulieren, sie zu verkraften, sich davon zu erholen und sich ihnen immer erfolgreicher anzupassen."[30] Zum resilienten Design gehört auch, dass zur Erreichung eines Schutzzieles auf **mehrere verschiedene Maßnahmen** gesetzt wird („multiple lines of defense").[31]

5. Authentizität

25 Authentizität im Sinne von § 58 Abs. 3 Nr. 4 bedeutet, dass personenbezogene Daten jederzeit ihrem Ursprung zugeordnet werden können. Die Definition des BSI ist erhellender, demnach ist bei authentischen Informationen „sichergestellt, dass sie von der angegebenen Quelle erstellt wurden. Der Begriff wird nicht nur verwendet, wenn die Identität von Personen geprüft wird, sondern auch bei IT-Komponenten oder Anwendungen."[32]

6. Transparenz

26 Gem. § 58 Abs. 3 Nr. 5 sind die Verfahrensweisen bei der Verarbeitung personenbezogener Daten vollständig, aktuell und in einer Weise zu dokumentieren, dass sie in zumutbarer Zeit nachvollzogen werden können.

IV. Maßnahmen (Abs. 2 Satz 1, Abs. 4)

27 Von den Schutzzielen ausgehend lassen sich Maßnahmen ableiten. Diese Maßnahmen sind in sämtlichen Verarbeitungsphasen[33] des § 36 Nr. 2 zu implementieren, solange dies **risikoadäquat** ist. Ein und dieselbe Maßnahme kann dabei mehreren Schutzzielen dienen, die eineindeutige Zuordnung von Maßnahmen zu den gesetzlichen Schutzzielen ist weder nötig noch möglich.

28 Ausweislich der Gesetzesbegründung sollen die in § 58 Abs. 4 aufgezählten Maßnahmen lediglich für die **automatisierte Datenverarbeitung**, nicht aber für nicht-automatisierte Dateisysteme (Art. 2 Abs. 2 JI-RL) greifen.[34] Dies ergibt sich keineswegs aus dem Wortlaut der Vorschrift und ist daher gegenstandslos.

28 DSK, Das Standard-Datenschutzmodell, Version 2.0, 2019, S. 25.
29 Eingehend *Gonscherowski/Hansen/Rost* DuD 2018, 442 (446).
30 *Thoma*, Resilience-by-Design – Strategie für die technologischen Zukunftsthemen, 2014, S. 17, dem folgend *Gonscherowski/Hansen/Rost* DuD 2018, 442 (443). Einschränkend *Bock* in BeckOK DatenschutzR DS-GVO/BDSG § 64 Rn. 45, die lediglich eine Verteidigungslinie gegen Angriffe erkennt.
31 *Gonscherowski/Hansen/Rost* DuD 2018, 442 (444).
32 BSI, IT-Grundschutz-Kompendium, 2. Ed. 2019, Glossar S. 1.
33 Zur phasenorientierten Konkretisierung von Schutzzielen siehe *Pohle* DuD 2018, 19 ff.
34 LT-Drs. 17/1981, 169.

Die Einschränkung entstammt vielmehr § 64 Abs. 3 BDSG und wurde nie in das DSG NRW übernommen.

1. Zugangskontrolle (Abs. 4 Satz 1 Nr. 1)

Unbefugten ist der Zugang zu Datenverarbeitungsanlagen, mit denen personenbezogene Daten verarbeitet werden, zu verwehren. Die Regelung setzt Art. 29 Abs. 2 lit. a JI-RL um und umfasst sowohl den **räumlichen Zugang** („Zutritt“)[35] als auch die allgemeine **Benutzung von Systemen**. 29

Mögliche Einzelmaßnahmen auf **Zutrittsebene** sind Schleusen, Festlegung von Sicherheitsbereichen, einbruchssichere Türen und Fenster, Zäune, Stacheldraht, mechanische Schlösser, Magnet- oder Chipkarten, elektrische Türöffner, biometrische Türöffnungssysteme, Sicherheitsdienst bzw. Pförtner, Alarmanlagen, Videoanlagen, Begleitung behördenfremder Personen. 30

Der **Systemzugang** im eigentlichen Sinne kann zB gehindert werden durch (sichere) Kennwörter, automatische Sperrmechanismen (Untätigkeit im System/wiederholte Fehlversuche), Zwei-Faktor-Authentifizierung, Verschlüsselung von Datenträgern, abschließbare Rechnergehäuse oder Datenträgerarchive. 31

2. Datenträgerkontrolle (Abs. 4 Satz 1 Nr. 2)

Es gilt zu verhindern, dass Datenträger unbefugt gelesen, kopiert, verändert oder entfernt werden können. Die Regelung setzt Art. 29 Abs. 2 lit. b JI-RL um. Gemeint sind **externe (portable) und interne Datenträger** jeglicher Art.[36] Wer befugtermaßen Daten lesen darf, darf diese nicht notwendigerweise auch verändern oder löschen. Besondere Problemstellungen generieren zB Multifunktionskopierer mit eingebauten Festplatten, von denen dem Verwender gar nichts bekannt ist. 32

Mögliche Maßnahmen auf dieser Ebene sind zB effektive Rollen- und Berechtigungskonzepte, Protokollierung, Firewalls, Virenschutz, Penetrationstests, das Verbot privater elektronischer Geräte, Deep-Packet-Inspection (SSL-Decryption),[37] (ggf. stichprobenweise) Taschenkontrolle, vertrauliche Meldung von Datenschutzverstößen (§ 66). 33

3. Speicherkontrolle (Abs. 4 Satz 1 Nr. 3)

Die unbefugte Eingabe sowie die unbefugte Kenntnisnahme, Veränderung oder Löschung gespeicherter personenbezogener Daten ist zu verhindern. Die Regelung setzt Art. 29 Abs. 2 lit. c JI-RL um. Die Speicherkontrolle ergänzt die Datenträgerkontrolle um **Cloud-Szenarien** bzw. **dezentrale Speicherlösungen**. 34

Hierfür bedarf es zB effektiver Rollen- und Berechtigungskonzepte bzw. bedarfsgerechter Zugriffsrechte, der Protokollierung von Zugriffen, Penetrationstests, Firewalls, Virenschutzes, Sichtschutzfolien bei mobilen Geräten, Etagendruckern mit PIN-Eingabe, rechtskonformer Datenträgervernichtung („silberne Tonne“; zertifizierte Dienstleister), vertrauliche Meldung von Datenschutzverstößen (§ 66). 35

35 In der amtlichen deutschen Fassung wurde der Begriff Zugangskontrolle doppelt vergeben, einerseits für Art. 29 Abs. 2 lit. a JI-.RL (equipment access control), andererseits für Art. 29 Abs. 2 lit. e JI-RL (data access control).
36 So auch *Bock* in BeckOK DatenschutzR DS-GVO/BDSG § 64 Rn. 64.
37 *Keppeler* K&R 2017, 453 ff.

4. Benutzerkontrolle (Abs. 4 Satz 1 Nr. 4)

36 Außerdem ist zu verhindern, dass automatisierte Datenverarbeitungssysteme mithilfe von **Einrichtungen zur Datenübertragung** von Unbefugten genutzt werden können. Die Vorschrift setzt Art. 29 Abs. 2 lit. d JI-RL um.

37 Mögliche Maßnahmen umfassen zB das Sperren von Hardware-Schnittstellen, Firewalls, DMZ/NAT/VLAN, Virenschutz, air gap, Verbot privater elektronischer Geräte, vertrauliche Meldung von Datenschutzverstößen (§ 66).

5. Zugriffskontrolle (Abs. 4 Satz 1 Nr. 5)

38 Es ist zu gewährleisten, dass die zur Benutzung eines automatisierten Datenverarbeitungssystems Berechtigten ausschließlich auf die ihrer Zugriffsberechtigung unterliegenden Daten zugreifen können. Die Vorschrift setzt Art. 29 Abs. 2 lit. e JI-RL um.[38] § 1 Abs. 2 VollzugsdatenVO NRW konkretisiert diese Vorgabe für Datenabrufe im Bereich des Justizvollzuges.

39 Hierfür bedarf es zunächst effektiver **Rollen- und Berechtigungskonzepte** und bedarfsgerechter Zugriffsrechte. Dabei ist zu beachten, dass die Zugriffsrechte nicht notwendigerweise mit der hierarchischen Stellung in der Behörde anwachsen, sondern ausschließlich aufgabenbezogen vergeben werden.[39]

40 Weitere Maßnahmen sind bspw. die Protokollierung von Zugriffen, (sicherer) Kennwörter, PINs, automatische Sperrmechanismen (Untätigkeit in der Fachanwendung/wiederholte Fehlversuche), Zwei-Faktor-Authentifizierung, Verschlüsselung von Datenträgern, Sichtschutzfolien bei mobilen Geräten, sachgerechte Aufstellung von Monitoren, Verpflichtung auf das Datengeheimnis (§ 41), vertrauliche Meldung von Datenschutzverstößen (§ 66).

6. Übertragungskontrolle (Abs. 4 Satz 1 Nr. 6)

41 Es ist zu gewährleisten, dass überprüft und festgestellt werden kann, an welche Stellen personenbezogene Daten mithilfe von Einrichtungen zur Datenübertragung übermittelt oder zur Verfügung gestellt wurden oder werden können. Die Regelung setzt Art. 29 Abs. 2 lit. f JI-RL um.

42 Entsprechende Maßnahmen können zB Protokollierungen auf Dateiebene oder Netzwerkebene, Deep-Packet-Inspection (SSL-Decryption)[40] sein.

7. Eingabekontrolle (Abs. 4 Satz 1 Nr. 7)

43 Der Verantwortliche und der Auftragsverarbeiter haben zu gewährleisten, dass nachträglich überprüft und festgestellt werden kann, welche personenbezogenen Daten zu welcher Zeit von wem in automatisierte Datenverarbeitungssysteme eingegeben worden sind. Die Regelung setzt Art. 29 Abs. 2 lit. g JI-RL um.

44 Etwaige Maßnahmen umfassen zB die Protokollierung, Dokumentenmanagement, Ein- und Ausgangsbücher, kryptographische Signierung.

---

38 In der amtlichen deutschen Fassung wurde der Begriff Zugangskontrolle doppelt vergeben, einerseits für Art. 29 Abs. 2 lit. a JI-.RL (equipment access control), andererseits für Art. 29 Abs. 2 lit. e JI-RL (data access control).

39 *Bock* in BeckOK DatenschutzR DS-GVO/BDSG § 64 Rn. 67.

40 *Keppeler* K&R 2017, 453 ff.

8. Auftragskontrolle (Abs. 4 Satz 1 Nr. 8)

Es ist zu gewährleisten, dass personenbezogene Daten, die im Auftrag verarbeitet werden, nur entsprechend den **Weisungen** des Verantwortlichen verarbeitet werden können. Da Adressat der Vorschrift nicht nur der Verantwortliche, sondern auch der Auftragsverarbeiter selbst ist, fordert § 58 Abs. 4 Satz 1 Nr. 8 diesem insoweit ein effektives Vertragsmanagement für etwaige **Subdienstleister** ab. 45

Eine **Zertifizierung** nach Vorbild von Art. 28 Abs. 5 DS-GVO ist im Anwendungsbereich der JI-RL nicht vorgesehen. Sie kann aber ein Indiz für die Dienstleisterauswahl sein, insbesondere wenn der Auftragnehmer gleichermaßen öffentliche wie nicht-öffentliche Auftraggeber bedient. 46

Entsprechende Maßnahmen sind zB die eindeutige Vertragsgestaltung, ein formalisiertes Auftragsmanagement, die strenge Auswahl des Dienstleisters, die Vorabüberzeugung, Vor-Ort-Kontrollen, Nachkontrollen, klare Weisungsstruktur (Berechtigte), Verpflichtung auf das Datengeheimnis (§ 41), vertrauliche Meldung von Datenschutzverstößen (§ 66). 47

9. Transportkontrolle (Abs. 4 Satz 1 Nr. 9)

Darüber hinaus ist zu verhindern, dass bei der Übermittlung personenbezogener Daten sowie beim Transport von Datenträgern die Daten unbefugt gelesen, kopiert, verändert oder gelöscht werden können. Die Vorschrift setzt Art. 29 Abs. 2 lit. h JI-RL um. Bei der Übermittlung geht es vornehmlich um die Abwehr von **man-in-the-middle-Angriffen**. 48

Als Maßnahmen kommen zB die Verschlüsselung,[41] Virtual Private Networks (VPN), air gap, elektronische Signatur, Penetrationstests, Direktübergabe von Datenträgern, Versand von Datenträgern per Kurier in Betracht. 49

10. Organisationskontrolle (Abs. 4 Satz 1 Nr. 10)

Nach dem Willen des NRW-Gesetzgebers ist die **innerbehördliche oder innerbetriebliche Organisation** so zu gestalten, dass sie den besonderen Anforderungen des Datenschutzes gerecht wird. Die Regelung findet kein unmittelbares Vorbild in Art. 29 JI-RL, sondern ist eher eine Art Programmsatz nach Maßgabe des Art. 4 Abs. 1 lit. f JI-RL. Die Vorschrift ergänzt § 2 Abs. 3 Satz 1. Die **innerbetriebliche Organisation** wurde vermutlich zusätzlich berücksichtigt, um eventuelle Auftragsverarbeiter aus der Privatwirtschaft anzusprechen. 50

Unausgesprochen lässt sich ein direkter Bezug der Organisationskontrolle zum **Verfahren zur regelmäßigen Überprüfung, Bewertung und Evaluierung** der Wirksamkeit der technischen und organisatorischen Maßnahmen gem. Art. 32 Abs. 1 lit. d DS-GVO herstellen. Auch ohne konkrete Anordnung im Gesetz ist ein derartiges Verfahren unabdingbar, um mit wechselnden Bedrohungslagen und der technischen Entwicklung Schritt zu halten.[42] 51

Maßnahmen auf dieser Ebene können zB sein: Benennung und angemessene Ausstattung des oder der Datenschutzbeauftragten, Benennung und angemessene Ausstattung des oder der IT-Sicherheitsbeauftragten, Aufbau eines adminis- 52

41 Zur Verschlüsselung von Mails und mailähnlichen Diensten siehe *Lorenz* DuD 2017, 757 ff.
42 Im Ergebnis ebenso *Schwichtenberg* in Kühling/Buchner DS-GVO/BDSG § 64 Rn. 5.

trativen Datenschutzes,[43] interne Sicherheitsrichtlinien, interne Kontrollen, Protokollierung, Schulungen, Datenschutz-Folgenabschätzungen, regelmäßige Erneuerung der Risikobewertungen, Verpflichtung auf das Datengeheimnis (§ 41), vertrauliche Meldung von Datenschutzverstößen (§ 66).

11. Verfügbarkeitskontrolle (Abs. 4 Satz 1 Nr. 11)

53 Die Adressaten der Vorschrift haben zu gewährleisten, dass personenbezogene Daten gegen Zerstörung oder Verlust geschützt sind. Auch dieser Passus findet kein unmittelbares Vorbild in Art. 29 JI-RL, er ist von Art. 4 Abs. 1 lit. f JI-RL abgedeckt.

54 Maßnahmen umfassen zB redundante Datenverarbeitungs- und Kommunikationssysteme, eine effektive Backup-Strategie (on-line/offline; on-site/off-site), unterbrechungsfreie Stromversorgung (USV), Virenschutz, Load-Balancing, Validierung von Eingaben, Ersatzbetrieb bei Wartungsarbeiten, Firewall, effektives Melde- und Berichtswesen, Notfallpläne (sog. „business continuity"), Brandschutz, Hochwasserschutz, Penetrationstests, Notfallübungen.

12. Wiederherstellung (Abs. 4 Satz 1 Nr. 12)

55 Es ist zu gewährleisten, dass eingesetzte Systeme im Störungsfall wiederhergestellt werden können (sog. **„disaster recovery"**). Die Regelung setzt Art. 29 Abs. 2 lit. i JI-RL in nationales Recht um.

56 Gefordert sind zB redundante Datenverarbeitungs- und Kommunikationssysteme, eine effektive Backup-Strategie (on-line/offline; on-site/off-site), unterbrechungsfreie Stromversorgung (USV), Penetrationstests, Notfallübungen, Wiederanfahrpläne.

13. Zuverlässigkeit (Abs. 4 Satz 1 Nr. 13)

57 Die Adressaten der Vorschrift haben zu gewährleisten, dass alle Funktionen des Systems zur Verfügung stehen und auftretende Fehlfunktionen gemeldet werden. Der NRW-Gesetzgeber konkretisiert durch die Regelung Art. 4 Abs. 1 lit. f JI-RL.

58 Hierzu bedarf es zB eines effektiven Melde- und Berichtswesens, der Protokollierung und ggf. der automatisierten Auswertung („reporting").

14. Datenintegrität (Abs. 4 Satz 1 Nr. 14)

59 Es ist zu gewährleisten, dass gespeicherte personenbezogene Daten nicht durch **Fehlfunktionen** des Systems beschädigt werden können. Die Regelung setzt Art. 29 Abs. 2 lit. j JI-RL in nationales Recht um.

60 Mögliche Maßnahmen umfassen bspw. eine effektive Backup-Strategie (on-line/offline; on-site/off-site), redundante Systeme, unterbrechungsfreie Stromversorgung (USV), Penetrationstests, Validierung von Eingaben, vertrauliche Meldung von Datenschutzverstößen (§ 66).

---

43 Begriff nach BMVg VMBl. 2008, Nr. 5, S. 127 f. Zum behördlichen und dem verfahrensbezogenen Datenschutzkonzept *Els* DöD 2019, 57 (61 f.).

15. Trennbarkeit (Abs. 4 Satz 1 Nr. 15)

61 Es ist zu gewährleisten, dass zu unterschiedlichen **Zwecken** erhobene personenbezogene Daten getrennt verarbeitet werden können. Die Vorschrift ergänzt § 2 Abs. 3 Satz 1.

62 Gefordert ist zB die Mandantenfähigkeit der eingesetzten Systeme und Datenbanken, Sandboxing, Virtualisierung. Der LfDI M-V stellt einen SDM-Baustein zur Trennung zur Verfügung.[44]

16. Pseudonymisierung und Verschlüsselung (Abs. 2 Satz 1, Abs. 4 Satz 2)

63 Der Landesgesetzgeber nennt lediglich zwei Maßnahmen konkret und orientiert sich dabei unmittelbar an Art. 32 Abs. 1 lit. a DS-GVO.[45] Die JI-RL führt demgegenüber keine Einzelmaßnahmen auf.

64 Die **Pseudonymisierung** ist in § 36 Nr. 5 definiert als die Verarbeitung personenbezogener Daten in einer Weise, in der die Daten ohne Hinzuziehung zusätzlicher Informationen nicht mehr einer spezifischen betroffenen Person zugeordnet werden können, sofern diese zusätzlichen Informationen gesondert aufbewahrt werden und technischen und organisatorischen Maßnahmen unterliegen, die gewährleisten, dass die Daten keiner betroffenen Person zugewiesen werden.[46] Erwägungsgrund 53 Satz 5 und 6 JI-RL macht Ausführungen zur risikominimierenden Wirkung der (möglichst frühen) Pseudonymisierung.[47] Die sachverwandte **Anonymisierung** wird nicht in der JI-RL, aber in § 4 definiert.[48]

65 **Verschlüsselung** „transformiert einen Klartext in Abhängigkeit von einer Zusatzinformation, die ‚Schlüssel' genannt wird, in einen zugehörigen Geheimtext […], der für diejenigen, die den Schlüssel nicht kennen, nicht entzifferbar sein soll."[49]

66 Pseudonymisierung und Verschlüsselung stehen nach § 58 Abs. 2 Satz 1 unter der Bedingung, dass ihr **Aufwand in einem angemessenen Verhältnis zu dem angestrebten Schutzzweck** steht. Der NRW-Gesetzgeber versteigt sich in seiner Begründung dazu, dass mit dieser Regelung „die Anwendbarkeit der strengeren Vorschriften der DS-GVO" relativiert werde.[50] Die Sinnhaftigkeit dessen erschließt sich nicht. DS-GVO und JI-RL schließen sich per se kategorisch aus. Unklar bleibt auch, weshalb der Landesgesetzgeber sich befugt glaubt, im Anwendungsbereich der JI-RL pauschal ein niedrigeres Schutzniveau als dasjenige der DS-GVO veranschlagen zu dürfen.

C. Bedeutung der Vorschrift für die behördliche Praxis

67 § 58 stellt den Wesenskern der technischen Datensicherheit im Anwendungsbereich der JI-RL dar. Unions- und NRW-Gesetzgeber entwerfen ein komplexes

44 LfDI M-V, Baustein 50 „Trennung", Version 1.0, 2018 online unter https://www.datenschutz-mv.de/datenschutz/datenschutzmodell/.
45 LT-Drs. 17/1981, 169.
46 Näher *Hansen/Walczak* RDV 2019, 53 ff.; *Roßnagel* ZD 2018, 243 ff.; *Schwartmann/Weiß*, Whitepaper zur Pseudonymisierung der Fokusgruppe Datenschutz, 2017.
47 Vgl. auch § 67 Nr. 1 iVm Art. 25 Abs. 1 DS-GVO. Man beachte jedoch, dass umgekehrt die unbefugte Aufhebung der Pseudonymisierung nach Erwägungsgrund 61 Satz 1 JI-RL eine eigenständige Risikokategorie darstellt.
48 Eingehend *Hölzl* DuD 2018, 502 ff.
49 BSI, IT-Grundschutz-Kompendium, 2. Ed. 2019, Glossar S. 12. Zur „Wunderwaffe" Verschlüsselung auch *Petrlic* DuD 2017, 306 ff.
50 LT-Drs. 17/1981, 169.

System aus **Schutzzielen** und entsprechenden **Maßnahmen**. Da die hiesigen Vorgaben wesentlich kleinteiliger und akzentuierter als diejenigen in Art. 32 DS-GVO sind, ist zu erwarten, dass die JI-RL-Sphäre einige Ausstrahlungswirkung auf die DS-GVO-Sphäre haben wird.[51]

68 Die korrekte **Risikoeinschätzung** und die entsprechende Auswahl der angemessenen technischen und organisatorischen Maßnahmen stellt Verantwortliche und Auftragsverarbeiter auch außerhalb einer Datenschutz-Folgenabschätzung gem. § 56 vor besondere Herausforderungen. Den Pflichtigen wird auch hier eine gewisse Weitsicht und Kreativität abverlangt. Das Sicherheitskonzept muss sodann nicht nur festgelegt, sondern auch im Behördenalltag gelebt werden.

69 Die getroffenen Maßnahmen und deren Begründung sind insbesondere im Hinblick auf den Stand der Technik, die Implementierungskosten und das nach Beurteilung durch den Pflichtigen angemessene Schutzniveau zu **dokumentieren**.

70 Verstöße gegen § 58 bleiben haftungsrechtlich freilich weitgehend folgenlos. Öffentliche Stellen sind gem. § 69 iVm § 33 Abs. 4 generell vom **Bußgeld** ausgenommen. Bußgelder für Einzelpersonen wegen Verstoßes gegen § 58 dürften gem. § 69 iVm § 33 Abs. 1 Satz 1 Nr. 1 ausgeschlossen sein, da insofern die materiell rechtswidrige Verarbeitung in den Fokus genommen wird.

71 Ein schuldhafter Verstoß gegen § 58 kann allerdings uU **Schadensersatzforderungen** gem. § 68 Abs. 1 nach sich ziehen. Sofern die ordnungsgemäße Verarbeitung nach § 37 Nr. 6 nicht nachgewiesen werden kann, verfügt die LDI NRW über die Anordnungsbefugnis, gem. § 60 Abs. 3 iVm Art. 58 Abs. 2 lit. f DS-GVO die konkrete **Verarbeitung dauerhaft oder vorübergehend zu untersagen**.

72 Im Falle der **Verletzung des Schutzes personenbezogener Daten** greift die Meldepflicht gegenüber der LDI NRW gem. § 59 Satz 1 iVm Art. 33 DS-GVO und die Benachrichtigung der betroffenen Personen gem. § 67 Nr. 5 iVm Art. 34 DS-GVO.

§ 59 Meldung von Verletzungen des Schutzes personenbezogener Daten an die Aufsichtsbehörde

[1]Das Verfahren zur Meldung von Verletzungen des Schutzes personenbezogener Daten an die Aufsichtsbehörde nach Artikel 33 der Verordnung (EU) 2016/679 findet entsprechende Anwendung. [2]Soweit die Verletzung des Schutzes personenbezogener Daten personenbezogene Daten betrifft, die von dem oder an den Verantwortlichen eines anderen Mitgliedstaats übermittelt wurden, sind die in Artikel 33 Absatz 3 der Verordnung (EU) 2016/679 genannten Informationen dem Verantwortlichen des Mitgliedstaats unverzüglich zu übermitteln. [3]Eine Meldung nach Artikel 33 der Verordnung (EU) 2016/679 darf in einem Strafverfahren gegen die meldepflichtige Person oder einen ihrer in § 54 Absatz 1 der Strafprozessordnung bezeichneten Angehörigen nur mit Zustimmung verwendet werden.

51 So auch *Johannes/Weinhold* in Sydow BDSG § 64 Rn. 85.

Verwandte Norm JI-RL:

Artikel 30 Meldung von Verletzungen des Schutzes personenbezogener Daten an die Aufsichtsbehörde

(1) [1]Die Mitgliedstaaten sehen vor, dass im Falle einer Verletzung des Schutzes personenbezogener Daten der Verantwortliche diese unverzüglich und möglichst binnen 72 Stunden, nachdem ihm die Verletzung bekannt wurde, diese der Aufsichtsbehörde meldet, es sei denn, dass die Verletzung des Schutzes personenbezogener Daten voraussichtlich nicht zu einem Risiko für die Rechte und Freiheiten natürlicher Personen führt. [2]Erfolgt die Meldung an die Aufsichtsbehörde nicht binnen 72 Stunden, so ist ihr eine Begründung für die Verzögerung beizufügen.

(2) Wenn dem Auftragsverarbeiter eine Verletzung des Schutzes personenbezogener Daten bekannt wird, meldet er diese dem Verantwortlichen unverzüglich.

(3) Die Meldung gemäß Absatz 1 enthält zumindest folgende Informationen:

a) eine Beschreibung der Art der Verletzung des Schutzes personenbezogener Daten, soweit möglich mit Angabe der Kategorien und der ungefähren Zahl der betroffenen Personen, der betroffenen Kategorien personenbezogener Daten und der ungefähren Zahl der betroffenen personenbezogenen Datensätze,
b) Name und Kontaktdaten des Datenschutzbeauftragten oder einer sonstigen Anlaufstelle für weitere Informationen,
c) eine Beschreibung der wahrscheinlichen Folgen der Verletzung des Schutzes personenbezogener Daten,
d) eine Beschreibung der von dem Verantwortlichen ergriffenen oder vorgeschlagenen Maßnahmen zur Behandlung der Verletzung des Schutzes personenbezogener Daten und gegebenenfalls der Maßnahmen zur Abmilderung ihrer möglichen nachteiligen Auswirkungen.

(4) Wenn und soweit die Informationen nicht zur gleichen Zeit bereitgestellt werden können, kann der Verantwortliche diese Informationen ohne unangemessene weitere Verzögerung schrittweise zur Verfügung stellen.

(5) [1]Die Mitgliedstaaten sehen vor, dass der Verantwortliche Verletzungen des Schutzes personenbezogener Daten nach Absatz 1 einschließlich aller im Zusammenhang mit der Verletzung des Schutzes personenbezogener Daten stehenden Fakten, von deren Auswirkungen und der ergriffenen Abhilfemaßnahmen dokumentiert. [2]Diese Dokumentation ermöglicht der Aufsichtsbehörde die Überprüfung der Einhaltung der Bestimmungen dieses Artikels.

(6) Die Mitgliedstaaten sehen vor, dass, soweit von der Verletzung des Schutzes personenbezogener Daten personenbezogene Daten betroffen sind, die von dem oder an den Verantwortlichen eines anderen Mitgliedstaats übermittelt wurden, die in Absatz 3 genannten Informationen dem Verantwortlichen jenes Mitgliedstaats unverzüglich übermittelt werden.

Verweisnorm DS-GVO:

Art. 33 Meldung von Verletzungen des Schutzes personenbezogener Daten an die Aufsichtsbehörde

(1) [1]Im Falle einer Verletzung des Schutzes personenbezogener Daten meldet der Verantwortliche unverzüglich und möglichst binnen 72 Stunden, nachdem ihm die Verletzung bekannt wurde, diese der gemäß Artikel 55 zuständigen Aufsichtsbehörde, es sei denn, dass die Verletzung des Schutzes personenbezogener Daten voraussichtlich nicht zu einem Risiko für die Rechte und Freiheiten natürlicher Personen führt. [2]Erfolgt die Meldung an die Aufsichtsbehörde nicht binnen 72 Stunden, so ist ihr eine Begründung für die Verzögerung beizufügen.

(2) Wenn dem Auftragsverarbeiter eine Verletzung des Schutzes personenbezogener Daten bekannt wird, meldet er diese dem Verantwortlichen unverzüglich.

(3) Die Meldung gemäß Absatz 1 enthält zumindest folgende Informationen:

a) eine Beschreibung der Art der Verletzung des Schutzes personenbezogener Daten, soweit möglich mit Angabe der Kategorien und der ungefähren Zahl der betroffenen Personen, der betroffenen Kategorien und der ungefähren Zahl der betroffenen personenbezogenen Datensätze;
b) den Namen und die Kontaktdaten des Datenschutzbeauftragten oder einer sonstigen Anlaufstelle für weitere Informationen;
c) eine Beschreibung der wahrscheinlichen Folgen der Verletzung des Schutzes personenbezogener Daten;
d) eine Beschreibung der von dem Verantwortlichen ergriffenen oder vorgeschlagenen Maßnahmen zur Behebung der Verletzung des Schutzes personenbezogener Daten und gegebenenfalls Maßnahmen zur Abmilderung ihrer möglichen nachteiligen Auswirkungen.

(4) Wenn und soweit die Informationen nicht zur gleichen Zeit bereitgestellt werden können, kann der Verantwortliche diese Informationen ohne unangemessene weitere Verzögerung schrittweise zur Verfügung stellen.

(5) [1]Der Verantwortliche dokumentiert Verletzungen des Schutzes personenbezogener Daten einschließlich aller im Zusammenhang mit der Verletzung des Schutzes personenbezogener Daten stehenden Fakten, von deren Auswirkungen und der ergriffenen Abhilfemaßnahmen. [2]Diese Dokumentation muss der Aufsichtsbehörde die Überprüfung der Einhaltung der Bestimmungen dieses Artikels ermöglichen.

Kurzübersicht zum Verhältnis der entscheidenden Normen			
Norm des DSG NRW	Entsprechende Norm der JI-RL	Entsprechende Norm des BDSG	
§ 59 DSG NRW	Art. 30 JI-RL	§ 65 BDSG	

Literatur:

BayLfD, Meldepflicht und Benachrichtigungspflicht des Verantwortlichen, 2019; *Eckhardt*, Security Breach Notification – Risiken der Meldepflicht, BvD-News 3/2018, 44 ff.; *Els*, Meldung von Datenschutzvorfällen nach Art. 33 DSGVO – Pflichten, Umfang, Organisation, Folgen, DöD 2018, 213; *ENISA* Recommendations for a methodology of the assessment of severity of personal data breaches, Version 1.0, 2013; *Faußner/Leeb*, Die Melde- und Benachrichtigungspflichten nach Art. 33, Art. 34 DSGVO in der betrieblichen Praxis (Teile 1 und 2), DSB 2019, 156 und 196; *Fuhlrott*, Data Incident Management: Rechtlicher Umgang mit „Datenpannen“, NZA 2019, 649; *Hanßen*, Umgang mit Datenpannen: Erfüllung von Melde- und Benachrichtigungspflichten nach der DS-GVO, BvD-News 3/2018, 30 ff.; *HmbBfDI*, Data-Breach-Meldungen nach Art. 33 DS-GVO vom 15.11.2018; *Kasner*, Melde und Benachrichtigungspflichten nach Art. 33, 34 DSGVO, PinG 2019, 111; *Kaufmann*, Meldepflichten und Datenschutz-Folgenabschätzung – Kodifizierung neuer Pflichten in der EU-Datenschutz-Grundverordnung, ZD 2012, 358; *Leibold*, Meldung von Verletzungen des Schutzes personenbezogener Daten an die Aufsichtsbehörde nach Art. 33 DS-GVO – auch bei Verschlüsselung?, ZD-Aktuell 2019, 06650; *Marschall*, Datenpannen – „neue“ Meldepflicht nach der europäischen DS-GVO?, DuD 2015, 183 ff.; *Neufeld*, Notfallmanagement bei Cyberangriffen durch Cyber Incident Response Plan, DSB 2017, 209; *Petri*, Kliniken melden Datenschutzverstöße nach Art. 33 DSGVO – erste Erfahrungen einer Aufsichtsbehörde, DuD 2018, 753; *Piltz/Pradel*, Wie lange dauern 72 Stunden? Umgang mit der EU-weiten Fristenverordnung am Beispiel der DS-GVO, ZD 2019, 152; *Pohl*, Verwendungsverbot für Data Breach Notifications, PinG 2019, 100; *Schneider*, Meldepflichten im IT-Sicherheitsrecht, 2017; *Sowa*, Meldepflichten für Sicherheitsvorfälle: Was gilt – was wird, PinG 2019, 213; *Spittka*, Nur noch 72 Stunden – Data Breach Notification nach der EU-Datenschutz-Grundverordnung, DSRITB 2016, 387; *Strittmatter/Treiterer/Harnos*, Schadensbemessung bei Datenschutzrechtsverstößen am Beispiel von data leakage-Fällen, CR 2019, 789; *Thode*, Die neuen Compliance-Pflichten nach der Datenschutz-Grundverordnung, CR 2016, 714; *Thole/*

Solms/Moll, Cyber Security: How to Deal With (Cross Border) Data Breaches, CRi 2015, 134.

A. Grundlagen

I. Gesamtverständnis, Zweck der Norm und Verhältnis zu anderen Normen

1 § 59 ist in Teil 3, Kapitel 4 – „Pflichten der Verantwortlichen und Auftragsverarbeiter" verortet und dient der Umsetzung von Art. 30 JI-RL. Die Vorschrift findet ihr Gegenstück in § 65 BDSG auf Bundesebene. § 45 Abs. 2 Nr. 1 JVollzDSG NRW verweist für den Bereich des Justizvollzugs auf die hiesige Vorschrift. § 59 Satz 3 stellt insoweit eine Besonderheit dar, als die Selbstbezichtigungsfreiheit über die systematischen Grenzen des Teils 3 hinaus auch für Meldungen in der DS-GVO-Sphäre Geltung beansprucht (→ Rn. 52).

2 Das Pendant zur Meldung an die Aufsichtsbehörde ist die **Benachrichtigung der von einer Verletzung des Schutzes personenbezogener Daten betroffenen Person** gem. § 67 Nr. 5 iVm Art. 34 DS-GVO iVm § 13.

II. Bisherige Rechtslage

3 Die im US-amerikanischen Raum seit längerem existierenden Security Breach Notification Laws[1] bewegten die EU-Komission 2007 zu den Arbeiten an einer

1 Übersicht online unter http://www.ncsl.org/research/telecommunications-and-information-technology/security-breach-notification-laws.aspx.

europäischen Vorschrift, namentlich Art. 4 Abs. 3 der RL 2002/58/EG idF der RL 2009/136/EG. Sicherheitsverletzungen, die zum Verlust oder zur Preisgabe personenbezogener Daten führen, könnten demnach erhebliche wirtschaftliche Schäden und soziale Nachteile nach sich ziehen. Betroffene sollten in die Lage versetzt werden, entsprechende Gegenmaßnahmen zu ergreifen.[2] Der Bundesgesetzgeber übernahm die Ausgangsüberlegungen der Kommission bei der Vorbereitung der BDSG-Novelle II. Zu den damaligen Neuerungen gehörte ua die Benachrichtigungspflicht bei Datenpannen gem. § 42 a BDSG aF Parallelvorschriften entstanden in Berlin, Hamburg, Mecklenburg-Vorpommern, Rheinland-Pfalz und Schleswig-Holstein.[3]

4 Demgegenüber ist die Skandalisierungspflicht für Datenpannen im DSG NRW ein Novum. Der Ansatz der JI-RL wird als **klare Verbesserung zur bisherigen Rechtslage** in Deutschland gewertet.[4]

B. Kommentierung

I. Verweis auf die DS-GVO (Satz 1)

5 Der NRW-Gesetzgeber schuf keine eigenständige Vorschrift,[5] sondern erklärt Art. 33 DS-GVO für **„entsprechend“ anwendbar.** Es stellen sich deswegen dieselben Anschlussfragen wie schon bei § 52 und dem dortigen Verweis auf die DS-GVO-Vorschriften (→ § 52 Rn. 14).

1. Adressat

6 Die Meldepflicht des Art. 33 Abs. 1 Satz 1 DS-GVO trifft den **Verantwortlichen** im Sinne von § 36 Nr. 9. Gemeinsam für die Verarbeitung Verantwortliche können gem. § 67 Nr. 2 iVm Art. 26 Abs. 1 DS-GVO festlegen, wer die Meldung abgibt. Dies freilich nur, solange hierdurch keine Verzögerung droht. Fehlt es an einer entsprechenden Regelung, meldet allein derjenige Verantwortliche, in dessen Sphäre die Schutzverletzung aufgetreten ist.[6]

7 **Auftragsverarbeiter** haben in Art. 33 Abs. 2 DS-GVO eine eigenständige Regelung erfahren, sie melden allein an den Verantwortlichen. Die Meldung gegenüber der Aufsichtsbehörde im Namen des Verantwortlichen kann ihnen jedoch vertraglich auferlegt werden.[7]

8 Den **Empfänger** einer unbefugten Offenlegung oder eines unbefugten Zugangs trifft keine Meldepflicht.

2. Schutzverletzungen

9 § 36 Nr. 12 definiert die Verletzung des Schutzes personenbezogener Daten als eine **Verletzung der Sicherheit,** die zur unbeabsichtigten oder unrechtmäßigen Vernichtung, zum Verlust, zur Veränderung oder zur unbefugten Offenlegung von oder zum unbefugten Zugang zu personenbezogenen Daten geführt hat, die verarbeitet wurden. Die Definition ist nahezu wortgleich mit Art. 3 Nr. 11 JI-RL. Der Begriff der Sicherheit entspricht demjenigen in § 58. Bereits in

2 KOM (2007) 698, S. 12.
3 § 18 a BlnDSG aF, § 18 Abs. 4 Satz 5–8 HmbMDÜV, § 23 DSG M-V aF, § 18 a DSG Rlp aF und § 27 DSG SH aF.
4 *Aden*, Vorgänge 221/222 (2018), 93, 97.
5 Anders in § 65 BDSG.
6 So auch *Sassenberg* in Sydow DS-GVO Art. 33 Rn. 6.
7 Art.-29-Datenschutzgruppe, WP 250 Rev. 1 v. 6.2.2018, 14.

Art. 17 Abs. 1 RL 95/46/EG waren die genannten Sicherheitseinbußen unter dem Aspekt der Sicherheit vereint.

Die **rechtswidrige Verarbeitung** von personenbezogenen Daten – etwa entgegen § 37 Nr. 1 – stellt als solche noch keine Schutzverletzung dar. Die Verwendung des Ausdrucks „Verletzung“ lässt allerdings den Eindruck entstehen, es würden ggf. nur rechtswidrige Vorkommnisse erfasst. Dem ist ausweislich § 36 Nr. 12 nicht so: Die unrechtmäßige Verletzung steht demnach gleichrangig neben der unbeabsichtigten. Auf **Vorsatz oder Fahrlässigkeit** kommt es ebenfalls nicht an. 10

a) Vernichtung, Verlust, Veränderung

Vernichtung meint die Zerstörung des verwendeten Datenträgers, unabhängig davon, ob es sich um magnetische, optische, papierne oder sonstige Speichermethoden handelt. **Verlust** erfasst alle Fälle der Löschung sowie die tatsächliche Nichtauffindbarkeit. **Veränderung** lässt die vorhandenen Datenfelder bzw. Dokumente zwar bestehen, verfälscht jedoch die gespeicherten Informationen. Wird eine Veränderung umgehend festgestellt, die ursprünglichen Daten sind jedoch nicht wiederherstellbar, ist tatbestandlich Verlust eingetreten. 11

Die aufgeführten Tatbestandsvarianten sind keineswegs abschließend zu verstehen. Auch das Vergessen einer Passphrase zu verschlüsselten Daten und die damit einhergehende **Verfügbarkeitseinbuße** stellen insoweit eine Schutzverletzung im Sinne von § 36 Nr. 12 dar.[8] Das Gleiche gilt für den zeitweisen oder dauerhaften Ausfall von Datenverarbeitungssystemen (Stromausfall etc). Insoweit ist ggf. von einem „vorübergehenden Verlust“ auszugehen.[9] Die unbeabsichtigte Beschädigung oder Löschung eines Backup-Datenträgers stellt eine Schutzverletzung dar, nicht jedoch **planmäßiger Austausch und Vernichtung des Backup-Mediums.**[10] Bagatellfälle werden mittels der obligatorischen Risikobewertung korrigiert. 12

Unklar ist, ob auch geplante Maßnahmen wie **Wartungsarbeiten** als Schutzverletzung gewertet werden können, wenn hierdurch ein Risiko für betroffene Personen hervorgerufen wird.[11] Nach hiesiger Ansicht stellen Erhaltungsmaßnahmen gem. § 37 Nr. 6 und § 58 zulässige Fremdgefährdungen dar. Ggf. ist vor der Wartungsmaßnahme ein funktionierender **Notbetrieb** sicherzustellen. Lediglich dann, wenn der Wegfall der Verarbeitungsmöglichkeit planwidrig länger andauert, ist die Grenze zur Schutzverletzung überschritten. 13

b) Unbefugte Offenlegung, unbefugter Zugang

Die **unbefugte Offenlegung** rekurriert auf die Definition der Verarbeitung in § 36 Nr. 2. Es handelt sich um die Weitergabe von personenbezogenen Daten durch Übermittlung, Verbreitung oder eine andere Form der Bereitstellung. Die Übermittlung ist dabei ziel- und ggf. zweckgerichtet, die Verbreitung hingegen an eine unbestimmte Vielzahl von Empfängern gerichtet. Als unbefugte Offenlegung ist auch die versehentliche interne Weitergabe wegen eines fehlerhaften Berechtigungskonzepts anzusehen. 14

Der **unbefugte Zugang** umfasst die unmittelbare Einsichtnahme oder die Abrufmöglichkeit. Dabei kommt es nicht darauf an, ob der Zugang vom Verantwort- 15

8 So auch Art.-29-Datenschutzgruppe WP 250 Rev. 1 v. 6.2.2018, 8.
9 Art.-29-Datenschutzgruppe WP 250 Rev. 1 v. 6.2.2018, 8.
10 So auch *Schneider* Meldepflichten im IT-Sicherheitsrecht S. 253.
11 Ablehnend *Reif* in Gola DS-GVO Art. 33 Rn. 21.

lichen wissentlich und willentlich gewährt oder vom Zugreifenden eigenmächtig geschaffen wird (zB Hacker-Angriff, social engineering).

16 Das **Verlieren** von Datenträgern stellt eine Schutzverletzung im Sinne von § 36 Nr. 12 dar, auch wenn ungeklärt bleibt, ob die Daten jemandem zur Kenntnis gelangt sind.[12] Sofern die Daten dem Stand der Technik entsprechend **verschlüsselt** sind, mag die Benachrichtigungspflicht gem. § 67 Nr. 5 iVm Art. 34 Abs. 3 lit. a DS-GVO entfallen, für die Meldung gegenüber der Aufsicht gilt dies nicht.[13] Der Behörde obliegt nämlich gem. § 67 Nr. 5 iVm Art. 34 Abs. 4 DS-GVO die letzte Entscheidung darüber, ob eine sichere Verschlüsselung gewählt wurde, die das Risiko in den Hintergrund treten lässt.

c) Bekanntwerden

17 Nach Art. 33 Abs. 1 Satz 1 DS-GVO muss die Schutzverletzung dem Verantwortlichen „bekannt geworden" sein. Dies kann insbesondere bei confidentiality breaches schwierig sein. Bei begründetem Verdacht kann den Verantwortlichen insoweit eine **Nachforschungspflicht** treffen. Richtigerweise muss bereits die **hohe Wahrscheinlichkeit einer Kenntnisnahme** durch Dritte genügen. Diese Interpretation entspricht dem Schutzzweck der Norm, Betroffene rechtzeitig vor einem möglichen Datenmissbrauch zu warnen und Behörden ein zutreffendes Lagebild zu vermitteln.[14] Im Falle geschickter Angreifer, die ihre Spuren auf dem datenverarbeitenden System weitgehend verwischen, bliebe eine Meldung ansonsten aus, obwohl eine missbräuchliche Verwendung der gewonnenen Informationen umso wahrscheinlicher sein dürfte.

18 Ein „**Kennenmüssen**", dh die fahrlässige Unkenntnis von der Schutzverletzung, ist sowohl der JI-RL als auch der DS-GVO fremd. Dem Verantwortlichen müssen zumindest hinreichende Anhaltspunkte bekannt geworden sein, um die Pflichten aus § 59 Satz 1 iVm Art. 33 DS-GVO und § 67 Nr. 5 iVm Art. 34 DS-GVO auszulösen. Entzieht sich der Verantwortliche hingegen bewusst der Kenntnis, ist er so zu behandeln, als seien ihm die notwendigen Tatsachen bekanntgeworden.[15]

3. Risiko

a) Interessen und Rechtsgüter

19 Erwägungsgrund 61 JI-RL[16] zeichnet ein sehr genaues Bild, welche Szenarien dem Unionsgesetzgeber vor Augen standen. Schutzverletzungen können ggf. **physische, materielle** oder **immaterielle Schäden** zur Folge haben. Hierzu zählt der Verlust der Kontrolle über die eigenen Daten oder die Einschränkung von Rechten betroffener Personen. Darüber hinaus werden Diskriminierung, Identi-

12 Ebenso *Reif* in Gola DS-GVO Art. 33 Rn. 32.

13 So auch *Dix* in Simitis/Hornung/Spiecker gen. Döhmann DS-GVO Art. 33 Rn. 12. AA kurioserweise Art.-29-Datenschutzgruppe WP 250 Rev. 1 v. 6.2.2018, 19 in Verkennung des mehrfach betätigten ausdrücklichen Willens des Unionsgesetzgebers, vgl. Art. 4 Abs. 3 UAbs. 3 der RL 2002/58/EG idF der RL 2009/136/EG, Art. 4 Abs. 1 und Abs. 2 lit. a VO (EU) 611/2013 sowie Art. 34 Abs. 3 lit. a. AA ferner *Schlösser-Rost* in BeckOK DatenschutzR DS-GVO/BDSG § 65 Rn. 10; *Leibold* ZD-Aktuell 2019, 06650.

14 Der Europäische Datenschutzausschuss teilt dieses Verständnis, Art.-29-Datenschutzgruppe WP 250 Rev. 1 v. 6.2.2018, 11.

15 *Martini* in Paal/Pauly DS-GVO/BDSG Art. 33 Rn. 19; *Schlösser-Rost* in BeckOK DatenschutzR DS-GVO/BDSG § 65 Rn. 7.

16 Vgl. auch Erwägungsgrund 85 DS-GVO.

tätsdiebstahl, Identitätsbetrug, finanzielle Einbußen, unbefugte Aufhebung der Pseudonymisierung, Rufschädigung sowie Verlust der Vertraulichkeit von dem Berufsgeheimnis unterliegenden Daten genannt. Diese Aufzählung ist selbstverständlich nicht abschließend, sondern dient lediglich der Illustration. **Jeder erhebliche wirtschaftliche oder gesellschaftliche Nachteil** für die betroffene oder jede andere natürliche Person ist erfasst.

Ein Risiko besteht grundsätzlich immer dann, wenn ein Schaden noch nicht eingetreten ist und daher noch abwendbar erscheint. Dies bedeutet jedoch nicht, dass die Mitteilungspflicht entfiele, wenn der Nachteil tatsächlich bereits eingetreten ist.[17] Zum einen erscheint eine **Vertiefung des Schadens** uU noch möglich, zum anderen wäre schlichtweg nicht erklärbar, warum die Aufsichtsbehörde über all jene Fälle unterrichtet werden sollte, in denen die Beeinträchtigung von Betroffeneninteressen noch abgewendet werden konnte, die echten Schadensfälle aber durch einen Mantel des Schweigens verdeckt werden dürften. 20

b) Risikobewertung

Die Gefahrenprognose obliegt dem Verantwortlichen. Art. 33 Abs. 1 Satz 1 DS-GVO enthält diesbezüglich eine **Beweislastumkehr** („es sei denn"). Insoweit ist jede Schutzverletzung an die Aufsichtsbehörde zu melden, wenn der Verantwortliche im Rahmen seiner Accountability-Pflichten nicht von sich aus nachweisen kann, dass voraussichtlich kein Risiko für die Rechte und Freiheiten natürlicher Personen besteht. Das Ausbleiben der Meldung stellt daher nach dem Willen des Unionsgesetzgebers die Ausnahme dar. Ist der Verantwortliche objektiv oder subjektiv nicht in der Lage, festzustellen, ob ein Risiko besteht (**non liquet**), ist eine Meldung abzusetzen. Die Beweislastumkehr kann unterdessen nicht zum Anlass genommen werden, pauschal jede Verletzung zu melden, ohne sich überhaupt Gedanken über das Risiko zu machen: Art. 33 Abs. 3 lit. c DS-GVO verlangt insoweit stets eine Beschreibung der wahrscheinlichen Folgen. 21

Die Bedrohungslage ist anhand objektiver Kriterien zu bewerten. Ein allzu strenger Maßstab sollte hierbei nicht angelegt werden. Die Risikobewertung im Rahmen des Art. 33 Abs. 1 Satz 1 soll lediglich **Bagatellfälle** ausschließen.[18] Je größer der potenzielle Schaden ausfallen könnte, desto geringer sollten die Anforderungen an die Eintrittswahrscheinlichkeit veranschlagt werden. Dieses Axiom lässt sich wie folgt darstellen: 22

$$\text{Risiko} = \text{Schadensintensität} \times \text{Eintrittswahrscheinlichkeit}$$
$$\text{Risiko}_{\text{gesamt}} = \text{Risiko}_1 + \text{Risiko}_2 + \ldots + \text{Risiko}_n$$

Die Art.-29-Datenschutzgruppe hat einen Kriterienkatalog zur Risikobewertung mit weiteren Details aufgestellt:[19] 23

- Art der Schutzverletzung,
- Art, Sensibilität und Menge der personenbezogenen Daten,
- leichte Identifizierung von Individuen,
- schwerwiegende Konsequenzen für Individuen,

17 AA *Marschall* RDV 2015, 17 (18) zu § 42 a BDSG aF.
18 So bereits BayLDA 4. TB 2011, S. 96 zu § 42 a BDSG aF.
19 Art.-29-Datenschutzgruppe WP 250 Rev. 1 v. 6.2.2018, 23 ff.

- besondere Eigenschaften der Individuen (Kinder oder sonstig schutzbedürftige Betroffene),
- Zahl der betroffenen Personen,
- besondere Eigenschaften des Verantwortlichen (Rolle und Bedeutung, erhöhte Sensibilität der typischerweise verarbeiteten Daten).

24 Bereits 2013 stellte die ENISA ihre Methodologie zur Bestimmung der Schwere einer Schutzverletzung vor.[20] Der BayLfD liefert eine Orientierungshilfe spezifisch mit Blick auf den öffentlichen Sektor.[21]

25 Das **Alter der Daten** kann eine Rolle bei der Gefahrenprognose spielen.[22] Bei Rechtsunsicherheit kann es sinnvoll sein, vor der offiziellen Meldung die zuständige Aufsichtsbehörde informell um Rat zu fragen.

26 Das **Risiko gesellschaftlicher Nachteile** wird in der Regel nur schwer vorherzusehen sein.[23] Hier kommt es auf die individuellen Beziehungen der betroffenen Person zu ihrem Soziotop an, die idR von der datenverarbeitenden Stelle kaum überblickt werden können. § 59 Satz 1 iVm Art. 33 DS-GVO und § 67 Nr. 5 iVm Art. 34 DS-GVO ermächtigen jedenfalls nicht zur Ausforschung Betroffener, um die Risikoprognose auf eine geeignete Tatsachengrundlage stellen zu können.

4. Inhalt (Art. 33 Abs. 3 DS-GVO)

27 Die Mindestinhalte der Meldung sind in Art. 33 Abs. 3 DS-GVO festgelegt. Optionale Zusätze werden in JI-RL oder DS-GVO nicht erwähnt, können aber ggf. von der Behörde im weiteren Verlauf abgefragt werden (vgl. § 60 Abs. 3 iVm Art. 58 Abs. 1 lit. e DS-GVO).

a) Beschreibung der Schutzverletzung (Art. 33 Abs. 3 lit. a DS-GVO)

28 Die Beschreibung der Art der Verletzung des Schutzes personenbezogener Daten muss zumindest eine der in Art. 33 Abs. 1 Satz 1 DS-GVO genannten Verletzungsmodalitäten (**Vernichtung, Verlust, Veränderung, unbefugte Offenlegung, unbefugter Zugang**) enthalten. Das Vorkommnis kann technisch detailliert geschildert werden, da bei der Meldung gegenüber der Behörde keine Nachahmer drohen. In Anlehnung an Anhang I der VO (EU) Nr. 611/2013 sollten **Datum und Zeitpunkt** der Schutzverletzung und ihrer Feststellung sowie der **physische Ort** und die **betroffenen Datenträger** mitgeteilt werden. Ggf. auch, wer der mutmaßliche **Verursacher** der Schutzverletzung gewesen ist.

29 Darüber hinaus sind **Kategorien und ungefähre Zahl der betroffenen Personen** sowie **Kategorien und ungefähre Zahl der betroffenen personenbezogenen Datensätze** zu nennen, soweit dies möglich ist. Die (Mindest-)Kategorien betroffener Personen sind zunächst durch § 42 vorgegeben. Sie können jedoch auch trennschärfer im Sinne von § 53 Satz 2 iVm Art. 30 Abs. 1 lit. c Alt. 2 DS-GVO aufgeführt werden. Es müssen darüber hinaus alle von der Schutzverletzung betroffenen Datenkategorien benannt werden, nicht nur diejenigen, die das Risiko

20 ENISA Recommendations for a methodology of the assessment of severity of personal data breaches, Version 1.0, Dezember 2013, https://www.enisa.europa.eu/publications/dbn-severity.
21 BayLfD, Meldepflicht und Benachrichtigungspflicht des Verantwortlichen, 2019, S. 21 ff.
22 BlnBDI, TB 2013, S. 171.
23 So bereits *Holländer* RDV 2009, 220 zu § 42 a BDSG aF.

begründen. Die Übermittlung der personenbezogenen Daten als solche ist nicht geschuldet.[24]

b) Datenschutzbeauftragter, Anlaufstelle (Art. 33 Abs. 3 lit. b DS-GVO)

Es ist eine Anlaufstelle zu nennen. Der oder die **Datenschutzbeauftragte** ist bereits gem. § 67 Nr. 6 iVm Art. 39 Abs. 1 lit. d und e DS-GVO als Ansprechpartner/in für die Behörde dediziert. Sofern ihm/ihr auch das Handling von Datenpannen übertragen ist, sind dessen/deren **Name und Kontaktdaten** mitzuteilen. Dass die Information strenggenommen gem. § 67 Nr. 6 iVm Art. 37 Abs. 7 bereits bei der Behörde vorliegt, ist irrelevant. Alternativ kann eine spezialisierte Anlaufstelle (ggf. ein Incident Response Team) genannt werden, auch hier sind Name(n) und Kontaktdaten gefordert. 30

c) Beschreibung der Folgen (Art. 33 Abs. 3 lit. c DS-GVO)

Die Beschreibung der wahrscheinlichen Folgen orientiert sich am Katalog, der in Erwägungsgrund 61 JI-RL bzw. Erwägungsgrund 85 DS-GVO festgehalten ist (→ Rn. 19). Dieser ist freilich nicht abschließend. 31

d) Beschreibung der Maßnahmen (Art. 33 Abs. 3 lit. d DS-GVO)

Die genannten Maßnahmen richten sich zunächst ausschließlich an den Verantwortlichen (engl.: „measures taken or proposed to be taken by the controller"). Sie wirken in der Sphäre des Verantwortlichen oder seines Auftragsverarbeiters und dienen der **Behebung der Schutzverletzung** bzw. der **nachträglichen Abmilderung des Risikos** (vgl. § 67 Nr. 5 iVm Art. 34 Abs. 3 lit. b DS-GVO). Beispiele für Maßnahmen des Verantwortlichen: Systemweites Ändern von Zugangsdaten; Absichern des betroffenen Systems; Ermitteln des (Innen-)täters; Warnen Dritter vor etwaigen betrügerischen Handlungen; Auffordern unberechtigter Empfänger zur Löschung; Nacherheben verlorengegangener Daten. 32

„Ergriffene Maßnahmen" sind bereits durchgeführt worden oder werden zum Zeitpunkt der Meldung durchgeführt. „Vorgeschlagene Maßnahmen" benötigen mehr Vorlauf bzw. Informationen, ggf. auch eine Absprache mit der zuständigen Aufsichtsbehörde oder Dritten. 33

Maßnahmen, die die betroffene Person ergreifen sollte, sind lediglich mittelbar erfasst. Eine Pflicht zum Handeln ergibt sich für betroffene Personen allenfalls aus ihrer **Schadensminderungspflicht** (vgl. § 253 BGB). Es ist jedoch Aufgabe des Verantwortlichen im Sinne von Art. 33 Abs. 3 lit. d DS-GVO, betroffene Personen zum Handeln aufzufordern und ggf. anzuleiten.[25] Beispiele für Maßnahmen der betroffenen Person: Achten auf verdächtige Kontoaktivitäten, Achten auf verdächtiges Streuen von Informationen im Umfeld, Überprüfen der gespeicherten Daten auf Vollständigkeit und Richtigkeit, etc. 34

5. Form

Art. 33 DS-GVO trifft (anders als § 67 Nr. 5 iVm Art. 34 iVm Art. 12 Abs. 1 Satz 2 und 3 DS-GVO) keine Anordnungen hinsichtlich Form oder Übertragungsweg der Meldung. Es existiert daher keine allgemeine Verpflichtung der Aufsichtsbehörden, gesicherte elektronische Mittel zur Verfügung zu stellen sowie Informationen über den Zugang hierzu und deren Benutzung bereitzuhalten. 35

24 *Schneider* Meldepflichten im IT-Sicherheitsrecht S. 258.
25 Art.-29-Datenschutzgruppe WP 250 Rev. 1 v. 6.2.2018, 20.

36 Die LDI NRW bietet ein **PDF-Formular** an, das per Mail (verschlüsselt und unverschlüsselt) sowie per Post versendet werden kann.[26] Es ist dennoch zu vermuten, dass der **Postweg** nach Vorstellung des Unionsgesetzgebers ungeeignet sein dürfte, da insoweit die Frist von 72 Stunden ihre Bedeutung verlöre. Zwar gelten Briefe in Deutschland typischerweise am dritten Tag nach der Aufgabe zur Post als zugegangen (vgl. § 41 Abs. 2 1 VwVfG, § 4 Abs. 2 Satz 2 VwZG), dann sind die 72 Stunden nach Bekanntwerden der Schutzverletzung jedoch de facto bereits abgelaufen. Vorzugswürdig sind daher instantane Kommunikationsmittel wie (gesicherte) Online-Formulare, (verschlüsselte) E-Mail, De-Mail oder Fax. Meldepflichtige müssen sich freilich nicht auf den von der Behörde präferierten Kommunikationskanal verweisen lassen, solange deswegen keine unverhältnismäßige Verzögerung droht.

37 In dringenden Fällen, insbes. wenn der Verantwortliche unmittelbar auf die Unterstützung durch die Aufsichtsbehörde angewiesen ist, sind auch **telefonische Meldungen** denkbar.[27] Diese sind jedoch anschließend gem. Art. 33 Abs. 5 Satz 1 DS-GVO (→ Rn. 44) zu verschriftlichen.[28]

38 Die Möglichkeit zur **schrittweisen Information** in Art. 33 Abs. 4 DS-GVO ist keine Privilegierung, sondern erhöht den zeitlichen Druck.[29] Zwar sind ggf. auch Meldungen nach Ablauf der in Art. 33 Abs. 1 Satz 1 DS-GVO festgelegten 72 Stunden möglich, dies soll jedoch in Ansehung von Art. 33 Abs. 1 Satz 2 sowie Abs. 4 DS-GVO die Ausnahme bleiben. Liegen im konkreten Fall noch nicht alle Mindestinhalte der Meldung vor, soll nicht länger zugewartet werden dürfen. Nach erfolgter Teilmeldung ist der Verantwortliche keineswegs befreit. Er ist vielmehr gehalten, seine Meldung ohne unangemessene weitere Verzögerung zu vervollständigen.[30]

39 Die schrittweise Information kann auch dazu führen, dass eine zunächst angenommene Meldepflicht nachträglich entfällt, zB, wenn ein verloren oder gestohlen geglaubter Backup-Datenträger lediglich falsch abgelegt und wieder aufgefunden wurde.[31]

6. Frist

40 Art. 33 Abs. 1 Satz 1 DS-GVO sieht eine Meldung an die Aufsichtsbehörde unverzüglich und möglichst binnen 72 Stunden vor. Der Begriff der Unverzüglichkeit entspricht demjenigen in § 121 Abs. 1 Satz 1 BGB („ohne schuldhaftes Zögern", → § 51 Rn. 15). Die nach Stunden bemessene Frist berechnet sich im Anwendungsbereich der JI-RL einheitlich nach der **VO 1182/71/EWG**, nicht nach nationalem Recht.[32] Die Meldefrist beginnt mit Bekanntwerden, nicht mit Auftreten der Schutzverletzung. **Bekanntwerden** setzt voraus, dass die Information in die Sphäre des Verantwortlichen gelangt. Bei aktenmäßig festgehaltener

26 Fast alle Aufsichtsbehörden haben inzwischen Online-Meldeportale implementiert, nicht so die LDI NRW, https://www.ldi.nrw.de/mainmenu_Aktuelles/Formulare-und-Meldungen/Inhalt2/Meldeformular---Verletzung-des-Schutzes-personenbezogener-Daten/Meldeformular---Verletzung-des-Schutzes-personenbezogener-Daten.html.
27 AA *Schlösser-Rost* in BeckOK DatenschutzR DS-GVO/BDSG § 65 Rn. 22.
28 *Sassenberg* in Sydow DS-GVO Art. 33 Rn. 25.
29 AA *Schwichtenberg* in Kühling/Buchner DS-GVO/BDSG § 65 Rn. 4.
30 Eine ähnliche Regelung trifft Art. 2 Abs. 3 VO (EU) 2013/611.
31 Art.-29-Datenschutzgruppe WP 250 Rev. 1 v. 6.2.2018, 16.
32 Hierzu *Piltz/Pradel* ZD 2019, 152 ff.; BayLfD, Meldepflicht und Benachrichtigungspflicht des Verantwortlichen, 2019, S. 38; befürwortend auch *Faußner/Leeb*, DSB 2019, 196, 198.

oder anderweitig dokumentierter Offenbarung wird die Schutzverletzung sofort bekannt, auf die Kenntnis der Rechtswidrigkeit oder die **tatsächliche Kenntnis der Behördenleitung** kommt es nicht an.

Werden die 72 Stunden überschritten, ist gem. Art. 33 Abs. 1 Satz 2 eine Begründung zu liefern. Umfangreiche und schwierige Sachverhaltsermittlungen können zur Verzögerung führen.[33] Dass noch nicht sämtliche Pflichtinhalte einer Meldung ermittelt sind, ist hingegen kein genügender Grund für ein Zuwarten, wie sich aus Art. 33 Abs. 4 DS-GVO ergibt. 41

Die stundenmäßige (und nicht etwa werktägige) Angabe bedeutet, dass auch **außerhalb der typischen Bürooffnungszeiten** Vorkehrungen getroffen sein müssen, die die zeitnahe Meldung sicherstellen.[34] Inwiefern hiermit auch eine Pflicht der Aufsichtsbehörden korrespondiert, außerhalb der Geschäftszeiten ansprechbar zu sein, ergibt sich nicht unmittelbar aus der Verordnung. Da die Aufsichtsbehörde jedoch einen umfassenden Beratungsauftrag hat und ihr gem. Art. 34 Abs. 4 DS-GVO die letztgültige Entscheidung obliegt, ob parallel zur Meldung auch eine Benachrichtigung der Betroffenen notwendig ist, dürfte ein entsprechender aufsichtsbehördlicher Notdienst tunlich sein. 42

Technische Hindernisse beim Empfänger – zB Systemdefekte, leeres Faxpapier, überfüllte Mailbox oder der Verlust des private key für verschlüsselte E-Mails – hindern den fristgemäßen Zugang grds. nicht. Lediglich dann, wenn bereits die Abgabe der Meldung als solche unmöglich ist, etwa wegen Komplettausfalls des behördlichen Web-Portals, müssen umgehend anderweitige Zustellversuche unternommen werden. Der Grund für die Verzögerung ist beweiskräftig zu dokumentieren und ggf. mitzuteilen. 43

7. Dokumentation (Art. 33 Abs. 5 DS-GVO)

Der Verantwortliche hat sämtliche Schutzverletzungen zu dokumentieren, dh auch solche, die **unter der Risikoschwelle** des Art. 33 Abs. 1 Satz 1 DS-GVO liegen. Die Forderung steht im engen Zusammenhang mit den Accountability-Pflichten nach Art. 4 Abs. 4 JI-RL. Die Dokumentation dient vor allem dem Verantwortlichen zu Nachweis-, der Aufsichtsbehörde darüber hinaus zu Überprüfungszwecken. Sie umfasst daher alle Fakten zum Vorfall, die Auswirkungen und die ergriffenen Abhilfemaßnahmen. 44

Art. 31 Abs. 6 KommE DS-GVO enthielt noch einen Passus zu **Löschfristen** hinsichtlich der Dokumentation. Das Fehlen vergleichbarer Regelungen in den konsekutiven Entwurfsfassungen sowie Art. 70 Abs. 1 lit. g DS-GVO deutet darauf hin, dass eine Löschung nicht länger vorgesehen ist. Zur Vermeidung dauerhafter Hochrisiko-Datenpools sollten die betroffenen Daten als solche weder gemeldet noch dokumentiert werden. 45

II. Landesrechtliche Besonderheiten

1. Übermittlung von oder an Verantwortliche in anderen Mitgliedsstaaten (Satz 2)

Wurden die von der Schutzverletzung erfassten personenbezogenen Daten von einem oder an einen Verantwortlichen eines anderen Mitgliedstaats übermittelt, sind die in Art. 33 Abs. 3 DS-GVO genannten Informationen auch jenem Ver- 46

33 *Kamps/Schneider* K&R-Beilage 1/2017, 24, 29.
34 Arg. ex Art. 3 Abs. 4 Satz 1 VO 1182/71; vgl. im nationalen Recht § 31 Abs. 6 VwVfG.

antwortlichen unverzüglich zu übermitteln. Der Passus setzt Art. 30 Abs. 6 JI-RL um. § 59 Satz 2 begründet **keine unmittelbaren Melde- oder Handlungspflichten für den Verantwortlichen im Mitgliedsstaat**, diese ergeben sich ggf. aus dem dortigen Recht. Verantwortliche außerhalb der Union sind nicht von der Vorschrift umfasst.

2. Selbstbezichtigungsfreiheit, Nemo-tenetur-Grundsatz (Satz 3)

47 Die Freiheit, sich nicht selbst bezichtigen zu müssen (lat.: „**nemo tenetur se ipsum accusare**"), besitzt Grundrechtsrang und stellt eine notwendige Prämisse des Strafprozesses nach Art. 47 und 48 GRCh dar.[35] Sie ergibt sich darüber hinaus ausdrücklich aus Art. 14 Abs. 3 lit. g IPbpR sowie aus Art. 6 Abs. 1 Satz 1 MRK.[36]

48 Weder in Art. 33 DS-GVO noch im vorangegangenen Art. 4 Abs. 3 RL 2002/58/EG idF von RL 2009/136/EG findet der Nemo-tenetur-Grundsatz ausdrücklich Berücksichtigung. Dies verwundert, da die Meldung an die Aufsichtsbehörde und die Benachrichtigung der betroffenen Personen in erheblicher Weise belastendes Material enthalten kann.[37]

49 Nach Art. 47 und 48 GRCh sind insofern zwei Wege denkbar: Der **unmittelbare Wegfall der Skandalisierungspflicht** gem. Art. 33 DS-GVO oder ein **Verwendungsverbot**. Richtigerweise kommt in § 59 Satz 3 die zweitgenannte Lösung zum Einsatz, um die grundrechtsdefizitäre Regelung der DS-GVO zu kompensieren, gleichzeitig aber den Betroffeneninteressen sachgemäß Rechnung zu tragen.

50 In weiser Voraussicht führt Erwägungsgrund 87 Satz 3 DS-GVO aus, dass die Meldung zwar zu einem Tätigwerden der Aufsichtsbehörde führen kann, aber eben nur im Einklang mit ihren Aufgaben und Befugnissen. Die eingeräumten Befugnisse bewegen sich gem. § 60 Abs. 4 iVm Art. 58 Abs. 4 DS-GVO ausschließlich in dem von der GRCh gesteckten Rechtsrahmen. Auch der Europäische Datenschutzausschuss möchte lediglich das Ausbleiben einer Meldung zum Anlass nehmen, das Fehlen von adäquaten Sicherheitsmechanismen zu ahnden, nicht hingegen den Inhalt einer Meldung an sich.[38]

51 Die Formulierung von § 59 Satz 3 ist dennoch missverständlich geraten. Dem Wortlaut nach werden **allein die meldepflichtige Person und deren Angehörige**[39] geschützt. Es sind jedoch gar nicht die meldepflichtigen Behörden, sondern deren Beschäftigte einer Verfolgung ausgesetzt. Aus diesem Grund ist § 59

35 Hierzu auch *Pohl* PinG 2019, 100 ff.

36 Das deutsche Verfassungsrecht bietet Anknüpfungspunkte in der Menschenwürdegarantie (Art. 1 Abs. 1 GG), der freien Entfaltung der Persönlichkeit (Art. 2 Abs. 1 GG), der Freiheit als solcher (Art. 2 Abs. 2 Satz 2 GG), dem allgemeinen Persönlichkeitsrecht (Art. 1 Abs. 1 iVm Art. 2 Abs. 1 GG), der Gewissensfreiheit (Art. 4 Abs. 1 Var. 2 GG) sowie dem Rechtsstaatsprinzip (Art. 20 Abs. 3 GG).

37 Der in dem Urteil des EuGH 18.10.1989 – 374/87, Slg 1989, 3283 beschrittene Irrweg, den Nemo-tenetur-Grundsatz zum bloßen Geständnisverweigerungsrecht herabzuwürdigen, ist dringend zu verlassen. Die Selbstbezichtigung beginnt schon dann, wenn Auskünfte rein tatsächlicher Art gegeben werden müssen, ebenso *Brink* in BeckOK DatenschutzR DS-GVO/BDSG Art. 33 Rn. 41; *Martini* in Paal/Pauly DS-GVO/BDSG Art. 33 Rn. 27/64. Entsprechende grundrechtliche Bedenken auch bei *Kaufmann* ZD 2012, 358 (360); *Reif* in Gola DS-GVO Art. 33 Rn. 44; *Schlösser-Rost* in BeckOK DatenschutzR DS-GVO/BDSG § 65 Rn. 29.

38 Art.-29-Datenschutzgruppe WP 250 Rev. 1 v. 6.2.2018, 10.

39 Verlobte (auch zwecks eingetragener Lebenspartnerschaft); Ehegatten; Ex-Ehegatten; Lebenspartner; Ex-Lebenspartner; Verwandte, Verschwägerte und Ex-Ver-

Satz 3 dahin gehend grundrechtskonform auszulegen, dass die mitgeteilten Tatsachen in keiner irgendwie gearteten Form für ein straf- oder ordnungswidrigkeitenrechtliches (→ Rn. 52) Verfahren nutzbar gemacht werden dürfen. Mithin handelt es sich um ein vollumfängliches **Verwendungsverbot**, welches zugleich **Fernwirkung** für alle anderen hierdurch aufgefundenen Beweismittel besitzt.[40]

Anders als § 42 Abs. 4, § 43 Abs. 4 BDSG bezieht sich § 59 Satz 3 dem Wortlaut zufolge allein auf die Verwendung in Strafverfahren, nicht jedoch in Bußgeldsachen.[41] Wegen des unmittelbaren Bezuges der Selbstbezichtigungsfreiheit zu Art. 47 und 48 GRCh ist hier allerdings der europäische Straftatbegriff[42] zugrunde zu legen, der auch Ordnungswidrigkeiten einschließt.[43] § 59 Satz 3 gilt zudem für alle Meldungen nach Art. 33 DS-GVO, sowohl für diejenigen in unmittelbarer Anwendung als auch diejenigen in entsprechender Anwendung gem. § 59 Satz 1. Der Landesgesetzgeber durchbricht insoweit die Systematik des Teils 3. Zwar wäre eine Regelung innerhalb der §§ 33 f. klarer gewesen. § 59 Satz 3 bezieht sich dem Wortlaut nach jedoch ausdrücklich auf (alle) Meldungen nach Art. 33 D-GVO, nicht lediglich solche nach § 59 Satz 1 iVm Art. 33 DS-GVO. Es wäre schlechthin auch nicht erklärbar, warum Behörden im Anwendungsbereich der JI-RL eine eigenständige Regelung erfahren sollten, alle anderen hingegen auf Art. 47 und 48 GRCh verwiesen werden sollten. 52

C. Bedeutung der Vorschrift für die behördliche Praxis

I. Incident Response Plan

Die Meldung von Schutzverletzungen muss im **Datenschutz-Management** besonders berücksichtigt werden. Gefordert ist ein wirksamer Incident Response Plan. Bekanntgewordene Schutzverletzungen müssen korrekt identifiziert und umgehend an den zuständigen Fachbereich weitergeleitet werden.[44] Das Hauptaugenmerk sollte nicht allein darauf liegen, die Schutzverletzung einzudämmen, sondern auch frühzeitig in die Risikobewertung (→ Rn. 21 ff.) einzusteigen. Behördenintern braucht es eine Definition von Datenpannen, die Festlegung von Data-Breach-Notification-Verantwortlichen und weiteren Ansprechpartnern, ggf. die Schaffung eines Krisenteams sowie die zweckmäßige Unterrichtung sämtlicher Beschäftigten. 53

Gem. § 66 hat es der Verantwortliche zu ermöglichen, dass ihm vertrauliche Meldungen über in seinem Verantwortungsbereich erfolgende Verstöße gegen Datenschutzvorschriften zugeleitet werden können. In Ansehung der Zielrichtung von Art. 48 JI-RL (Förderung von vertraulichen Meldungen) ist die Vor- 54

schwägerte in gerader Linie; Verwandte in der Seitenlinie bis zum dritten Grad; Verschwägerte und Ex-Verschwägerte bis zum zweiten Grad.

40 Insoweit auch hM zum gleichgelagerten § 97 Abs. 1 Satz 2 InsO, vgl. *Hanloser* CCZ 2010, 29; *Hornung* NJW 2010, 1844.

41 Ein Redaktionsversehen auf Bundesebene vermutend *Johannes/Weinhold* in Sydow BDSG § 65 Rn. 36. Differenzierter *Herbst* in Auernhammer DS-GVO/BDSG § 65 Rn. 16; *Schlösser-Rost* in BeckOK Datenschutzrecht DS-GVO/BDSG § 65 Rn. 29 a.

42 Vgl. Erwägungsgrund 13 JI-RL, näher *Jarass*, GRCh, 3. Aufl. 2016, Art. 49 Rn. 7.

43 *El-Ghazi* ZIS 2019, 110 (111); *Hornung/Schindler/Schneider* ZJS 2018, 566 (571); *Piltz* NVwZ 2018, 696 (697).

44 *Hamann* BB 2017, 1090 (1096).

schrift im Sinne eines **Whistleblower-Schutzes** zu interpretieren (→ § 66 Rn. 2).[45]

55 Der Incident Response Plan umfasst das **Monitoring der IT-Systeme** auf sicherheitsrelevante Zugriffe, die Bestimmung von Art und Umfang der Schutzverletzung, die Beseitigung von Datenlecks und Sicherheitsrisiken, die **Sicherstellung computerforensischer Analyse**, die Festlegung von Kommunikationswegen, die Vorbereitung von Mustern für die Meldung an die LDI NRW[46] und die Benachrichtigung von betroffenen Personen,[47] die Gewährleistung der öffentlichen Bekanntmachung oder ähnlicher Maßnahmen (§ 67 Nr. 5 iVm Art. 34 Abs. 3 lit. c DS-GVO) und schließlich die Sicherstellung der Dokumentation, auch unterhalb der Risikoschwelle.

II. Einbindung der oder des Datenschutzbeauftragten

56 Der oder die Datenschutzbeauftragte ist bereits gem. § 67 Nr. 6 iVm Art. 39 Abs. 1 lit. d und e DS-GVO sowie § 59 Satz 1 iVm Art. 33 Abs. 3 lit. b als Ansprechpartner der Behörde gedacht. Auch in Fällen, in denen ein spezialisiertes Incident Response Team die Führung übernimmt, sollte der Datenschutzbeauftragte stets involviert bleiben. Er spielt während der Meldung und der weiteren Ermittlungen eine wichtige (beratende und prüfende) Rolle.[48]

III. Verstöße

57 Verstöße gegen § 59 bleiben haftungsrechtlich folgenlos. Öffentliche Stellen sind gem. § 69 iVm § 33 Abs. 4 generell vom **Bußgeld** ausgenommen. Bußgelder für Einzelpersonen wegen Verstoßes gegen § 53 sind in § 69 iVm § 33 Abs. 1 nicht vorgesehen.[49]

58 **Schadensersatzforderungen** gem. § 68 Abs. 1 können sich uU daraus ergeben, dass eine Benachrichtigung der betroffenen Person gem. § 67 Nr. 5 iVm Art. 34 DS-GVO ausbleibt, nicht jedoch unmittelbar wegen Unterlassens der Meldung an die Aufsichtsbehörde.[50]

Kapitel 5 Die oder der Landesbeauftragte für Datenschutz und Informationsfreiheit

§ 60 Die oder der Landesbeauftragte für Datenschutz und Informationsfreiheit

(1) [1]Die Aufsicht über die Einhaltung und Überwachung der Vorschriften dieses Teils sowie anderer Vorschriften über den Datenschutz bei der Verarbeitung personenbezogener Daten zu Zwecken des § 35 obliegt der oder dem Landesbeauftragten für Datenschutz und Informationsfreiheit. [2]Artikel 51 bis 55 der

45 LT-Drs. 17/1981, 172. Vgl. kritisch *Hornung/Schindler/Schneider* ZJS 2018, 566 (569) zur Parallelnorm im BDSG.

46 S. https://www.ldi.nrw.de/mainmenu_Aktuelles/Formulare-und-Meldungen/Inhalt2/Meldeformular---Verletzung-des-Schutzes-personenbezogener-Daten/Meldeformular---Verletzung-des-Schutzes-personenbezogener-Daten.html.

47 Vgl. *Koreng* in Koreng/Lachenmann, Formularhandbuch Datenschutzrecht, 2. Aufl. 2018, S. 222 ff.

48 Art.-29-Datenschutzgruppe WP 250 Rev. 1 v. 6.2.2018, 27 f.

49 Dies gilt freilich nicht für das Herbeiführen der Schutzverletzung an sich.

50 So auch *Schlösser-Rost* in BeckOK DatenschutzR DS-GVO/BDSG § 65 Rn. 32.

Verordnung (EU) 2016/679 und die zu ihrer Durchführung erlassenen Vorschriften dieses Gesetzes finden entsprechende Anwendung.

(2) [1]Die oder der Landesbeauftragte für Datenschutz und Informationsfreiheit nimmt die Aufgaben nach Artikel 57 Absatz 1 Buchstaben a bis i, l und t, Absatz 2 bis 4 der Verordnung (EU) 2016/679 entsprechend wahr. [2]Übt sie oder er für die betroffene Person deren Rechte aus, hat sie oder er die Rechtmäßigkeit der Verarbeitung zu überprüfen. [3]Die betroffene Person ist innerhalb einer angemessenen Frist über das Ergebnis dieser Überprüfung oder über die Gründe zu unterrichten, aus denen die Überprüfung nicht vorgenommen wurde.

(3) Im Übrigen stehen der oder dem Landesbeauftragten für Datenschutz und Informationsfreiheit die Befugnisse nach Artikel 58 Absatz 1 Buchstabe e, Absatz 2 Buchstabe a, d und f, Absatz 3 Buchstabe a und b, Absatz 4 und 5 der Verordnung (EU) 2016/679 entsprechend zu.

(4) Artikel 59 der Verordnung (EU) 2016/679 gilt entsprechend mit der Maßgabe, dass der Jahresbericht über die Tätigkeit der Aufsichtsbehörde auch eine Liste der Arten der verhängten Sanktionen enthalten kann.

Verwandte Norm DS-GVO:

Art. 51 Aufsichtsbehörde

(1) Jeder Mitgliedstaat sieht vor, dass eine oder mehrere unabhängige Behörden für die Überwachung der Anwendung dieser Verordnung zuständig sind, damit die Grundrechte und Grundfreiheiten natürlicher Personen bei der Verarbeitung geschützt werden und der freie Verkehr personenbezogener Daten in der Union erleichtert wird (im Folgenden „Aufsichtsbehörde“).

(2) [1]Jede Aufsichtsbehörde leistet einen Beitrag zur einheitlichen Anwendung dieser Verordnung in der gesamten Union. [2]Zu diesem Zweck arbeiten die Aufsichtsbehörden untereinander sowie mit der Kommission gemäß Kapitel VII zusammen.

(3) Gibt es in einem Mitgliedstaat mehr als eine Aufsichtsbehörde, so bestimmt dieser Mitgliedstaat die Aufsichtsbehörde, die diese Behörden im Ausschuss vertritt, und führt ein Verfahren ein, mit dem sichergestellt wird, dass die anderen Behörden die Regeln für das Kohärenzverfahren nach Artikel 63 einhalten.

(4) Jeder Mitgliedstaat teilt der Kommission bis spätestens 25. Mai 2018 die Rechtsvorschriften, die er aufgrund dieses Kapitels erlässt, sowie unverzüglich alle folgenden Änderungen dieser Vorschriften mit.

Art. 52 Unabhängigkeit

(1) Jede Aufsichtsbehörde handelt bei der Erfüllung ihrer Aufgaben und bei der Ausübung ihrer Befugnisse gemäß dieser Verordnung völlig unabhängig.

(2) Das Mitglied oder die Mitglieder jeder Aufsichtsbehörde unterliegen bei der Erfüllung ihrer Aufgaben und der Ausübung ihrer Befugnisse gemäß dieser Verordnung weder direkter noch indirekter Beeinflussung von außen und ersuchen weder um Weisung noch nehmen sie Weisungen entgegen.

(3) Das Mitglied oder die Mitglieder der Aufsichtsbehörde sehen von allen mit den Aufgaben ihres Amtes nicht zu vereinbarenden Handlungen ab und üben während ihrer Amtszeit keine andere mit ihrem Amt nicht zu vereinbarende entgeltliche oder unentgeltliche Tätigkeit aus.

(4) Jeder Mitgliedstaat stellt sicher, dass jede Aufsichtsbehörde mit den personellen, technischen und finanziellen Ressourcen, Räumlichkeiten und Infrastrukturen ausgestattet wird, die sie benötigt, um ihre Aufgaben und Befugnisse auch im Rahmen der Amtshilfe, Zusammenarbeit und Mitwirkung im Ausschuss effektiv wahrnehmen zu können.

(5) Jeder Mitgliedstaat stellt sicher, dass jede Aufsichtsbehörde ihr eigenes Personal auswählt und hat, das ausschließlich der Leitung des Mitglieds oder der Mitglieder der betreffenden Aufsichtsbehörde untersteht.

(6) Jeder Mitgliedstaat stellt sicher, dass jede Aufsichtsbehörde einer Finanzkontrolle unterliegt, die ihre Unabhängigkeit nicht beeinträchtigt und dass sie über eigene, öffentliche, jährliche Haushaltspläne verfügt, die Teil des gesamten Staatshaushalts oder nationalen Haushalts sein können.

Art. 53 Allgemeine Bedingungen für die Mitglieder der Aufsichtsbehörde

(1) Die Mitgliedstaaten sehen vor, dass jedes Mitglied ihrer Aufsichtsbehörden im Wege eines transparenten Verfahrens ernannt wird, und zwar

- vom Parlament,
- von der Regierung,
- vom Staatsoberhaupt oder
- von einer unabhängigen Stelle, die nach dem Recht des Mitgliedstaats mit der Ernennung betraut wird.

(2) Jedes Mitglied muss über die für die Erfüllung seiner Aufgaben und Ausübung seiner Befugnisse erforderliche Qualifikation, Erfahrung und Sachkunde insbesondere im Bereich des Schutzes personenbezogener Daten verfügen.

(3) Das Amt eines Mitglieds endet mit Ablauf der Amtszeit, mit seinem Rücktritt oder verpflichtender Versetzung in den Ruhestand gemäß dem Recht des betroffenen Mitgliedstaats.

(4) Ein Mitglied wird seines Amtes nur enthoben, wenn es eine schwere Verfehlung begangen hat oder die Voraussetzungen für die Wahrnehmung seiner Aufgaben nicht mehr erfüllt.

Art. 54 Errichtung der Aufsichtsbehörde

(1) Jeder Mitgliedstaat sieht durch Rechtsvorschriften Folgendes vor:

a) die Errichtung jeder Aufsichtsbehörde;
b) die erforderlichen Qualifikationen und sonstigen Voraussetzungen für die Ernennung zum Mitglied jeder Aufsichtsbehörde;
c) die Vorschriften und Verfahren für die Ernennung des Mitglieds oder der Mitglieder jeder Aufsichtsbehörde;
d) die Amtszeit des Mitglieds oder der Mitglieder jeder Aufsichtsbehörde von mindestens vier Jahren; dies gilt nicht für die erste Amtszeit nach 24. Mai 2016, die für einen Teil der Mitglieder kürzer sein kann, wenn eine zeitlich versetzte Ernennung zur Wahrung der Unabhängigkeit der Aufsichtsbehörde notwendig ist;
e) die Frage, ob und – wenn ja – wie oft das Mitglied oder die Mitglieder jeder Aufsichtsbehörde wiederernannt werden können;
f) die Bedingungen im Hinblick auf die Pflichten des Mitglieds oder der Mitglieder und der Bediensteten jeder Aufsichtsbehörde, die Verbote von Handlungen, beruflichen Tätigkeiten und Vergütungen während und nach der Amtszeit, die mit diesen Pflichten unvereinbar sind, und die Regeln für die Beendigung des Beschäftigungsverhältnisses.

(2) [1]Das Mitglied oder die Mitglieder und die Bediensteten jeder Aufsichtsbehörde sind gemäß dem Unionsrecht oder dem Recht der Mitgliedstaaten sowohl während ihrer Amts- beziehungsweise Dienstzeit als auch nach deren Beendigung verpflichtet, über alle vertraulichen Informationen, die ihnen bei der Wahrnehmung ihrer Aufgaben oder der Ausübung ihrer Befugnisse bekannt geworden sind, Verschwiegenheit zu wahren. [2]Während dieser Amts- beziehungsweise Dienstzeit gilt diese Verschwiegenheitspflicht insbesondere für die von natürlichen Personen gemeldeten Verstößen gegen diese Verordnung.

Art. 55 Zuständigkeit

(1) Jede Aufsichtsbehörde ist für die Erfüllung der Aufgaben und die Ausübung der Befugnisse, die ihr mit dieser Verordnung übertragen wurden, im Hoheitsgebiet ihres eigenen Mitgliedstaats zuständig.

(2) [1]Erfolgt die Verarbeitung durch Behörden oder private Stellen auf der Grundlage von Artikel 6 Absatz 1 Buchstabe c oder e, so ist die Aufsichtsbehörde des betroffenen Mitgliedstaats zuständig. [2]In diesem Fall findet Artikel 56 keine Anwendung.

(3) Die Aufsichtsbehörden sind nicht zuständig für die Aufsicht über die von Gerichten im Rahmen ihrer justiziellen Tätigkeit vorgenommenen Verarbeitungen.

Art. 57 Aufgaben

(1) Unbeschadet anderer in dieser Verordnung dargelegter Aufgaben muss jede Aufsichtsbehörde in ihrem Hoheitsgebiet

a) die Anwendung dieser Verordnung überwachen und durchsetzen;
b) die Öffentlichkeit für die Risiken, Vorschriften, Garantien und Rechte im Zusammenhang mit der Verarbeitung sensibilisieren und sie darüber aufklären. Besondere Beachtung finden dabei spezifische Maßnahmen für Kinder;
c) im Einklang mit dem Recht des Mitgliedsstaats das nationale Parlament, die Regierung und andere Einrichtungen und Gremien über legislative und administrative Maßnahmen zum Schutz der Rechte und Freiheiten natürlicher Personen in Bezug auf die Verarbeitung beraten;
d) die Verantwortlichen und die Auftragsverarbeiter für die ihnen aus dieser Verordnung entstehenden Pflichten sensibilisieren;
e) auf Anfrage jeder betroffenen Person Informationen über die Ausübung ihrer Rechte aufgrund dieser Verordnung zur Verfügung stellen und gegebenenfalls zu diesem Zweck mit den Aufsichtsbehörden in anderen Mitgliedstaaten zusammenarbeiten;
f) sich mit Beschwerden einer betroffenen Person oder Beschwerden einer Stelle, einer Organisation oder eines Verbandes gemäß Artikel 80 befassen, den Gegenstand der Beschwerde in angemessenem Umfang untersuchen und den Beschwerdeführer innerhalb einer angemessenen Frist über den Fortgang und das Ergebnis der Untersuchung unterrichten, insbesondere, wenn eine weitere Untersuchung oder Koordinierung mit einer anderen Aufsichtsbehörde notwendig ist;
g) mit anderen Aufsichtsbehörden zusammenarbeiten, auch durch Informationsaustausch, und ihnen Amtshilfe leisten, um die einheitliche Anwendung und Durchsetzung dieser Verordnung zu gewährleisten;
h) Untersuchungen über die Anwendung dieser Verordnung durchführen, auch auf der Grundlage von Informationen einer anderen Aufsichtsbehörde oder einer anderen Behörde;
i) maßgebliche Entwicklungen verfolgen, soweit sie sich auf den Schutz personenbezogener Daten auswirken, insbesondere die Entwicklung der Informations- und Kommunikationstechnologie und der Geschäftspraktiken;
j) Standardvertragsklauseln im Sinne des Artikels 28 Absatz 8 und des Artikels 46 Absatz 2 Buchstabe d festlegen;
k) eine Liste der Verarbeitungsarten erstellen und führen, für die gemäß Artikel 35 Absatz 4 eine Datenschutz-Folgenabschätzung durchzuführen ist;
l) Beratung in Bezug auf die in Artikel 36 Absatz 2 genannten Verarbeitungsvorgänge leisten;
m) die Ausarbeitung von Verhaltensregeln gemäß Artikel 40 Absatz 1 fördern und zu diesen Verhaltensregeln, die ausreichende Garantien im Sinne des Artikels 40 Absatz 5 bieten müssen, Stellungnahmen abgeben und sie billigen;
n) die Einführung von Datenschutzzertifizierungsmechanismen und von Datenschutzsiegeln und -prüfzeichen nach Artikel 42 Absatz 1 anregen und Zertifizierungskriterien nach Artikel 42 Absatz 5 billigen;

o) gegebenenfalls die nach Artikel 42 Absatz 7 erteilten Zertifizierungen regelmäßig überprüfen;
p) die Anforderungen an die Akkreditierung einer Stelle für die Überwachung der Einhaltung der Verhaltensregeln gemäß Artikel 41 und einer Zertifizierungsstelle gemäß Artikel 43 abfassen und veröffentlichen;
q) die Akkreditierung einer Stelle für die Überwachung der Einhaltung der Verhaltensregeln gemäß Artikel 41 und einer Zertifizierungsstelle gemäß Artikel 43 vornehmen;
r) Vertragsklauseln und Bestimmungen im Sinne des Artikels 46 Absatz 3 genehmigen;
s) verbindliche interne Vorschriften gemäß Artikel 47 genehmigen;
t) Beiträge zur Tätigkeit des Ausschusses leisten;
u) interne Verzeichnisse über Verstöße gegen diese Verordnung und gemäß Artikel 58 Absatz 2 ergriffene Maßnahmen und
v) jede sonstige Aufgabe im Zusammenhang mit dem Schutz personenbezogener Daten erfüllen.

(2) Jede Aufsichtsbehörde erleichtert das Einreichen von in Absatz 1 Buchstabe f genannten Beschwerden durch Maßnahmen wie etwa die Bereitstellung eines Beschwerdeformulars, das auch elektronisch ausgefüllt werden kann, ohne dass andere Kommunikationsmittel ausgeschlossen werden.

(3) Die Erfüllung der Aufgaben jeder Aufsichtsbehörde ist für die betroffene Person und gegebenenfalls für den Datenschutzbeauftragten unentgeltlich.

(4) [1]Bei offenkundig unbegründeten oder – insbesondere im Fall von häufiger Wiederholung – exzessiven Anfragen kann die Aufsichtsbehörde eine angemessene Gebühr auf der Grundlage der Verwaltungskosten verlangen oder sich weigern, aufgrund der Anfrage tätig zu werden. [2]In diesem Fall trägt die Aufsichtsbehörde die Beweislast für den offenkundig unbegründeten oder exzessiven Charakter der Anfrage.

Art. 58 Befugnisse

(1) Jede Aufsichtsbehörde verfügt über sämtliche folgenden Untersuchungsbefugnisse, die es ihr gestatten,
a) den Verantwortlichen, den Auftragsverarbeiter und gegebenenfalls den Vertreter des Verantwortlichen oder des Auftragsverarbeiters anzuweisen, alle Informationen bereitzustellen, die für die Erfüllung ihrer Aufgaben erforderlich sind,
b) Untersuchungen in Form von Datenschutzüberprüfungen durchzuführen,
c) eine Überprüfung der nach Artikel 42 Absatz 7 erteilten Zertifizierungen durchzuführen,
d) den Verantwortlichen oder den Auftragsverarbeiter auf einen vermeintlichen Verstoß gegen diese Verordnung hinzuweisen,
e) von dem Verantwortlichen und dem Auftragsverarbeiter Zugang zu allen personenbezogenen Daten und Informationen, die zur Erfüllung ihrer Aufgaben notwendig sind, zu erhalten,
f) gemäß dem Verfahrensrecht der Union oder dem Verfahrensrecht des Mitgliedstaats Zugang zu den Räumlichkeiten, einschließlich aller Datenverarbeitungsanlagen und -geräte, des Verantwortlichen und des Auftragsverarbeiters zu erhalten.

(2) Jede Aufsichtsbehörde verfügt über sämtliche folgenden Abhilfebefugnisse, die es ihr gestatten,
a) einen Verantwortlichen oder einen Auftragsverarbeiter zu warnen, dass beabsichtigte Verarbeitungsvorgänge voraussichtlich gegen diese Verordnung verstoßen,
b) einen Verantwortlichen oder einen Auftragsverarbeiter zu verwarnen, wenn er mit Verarbeitungsvorgängen gegen diese Verordnung verstoßen hat,

c) den Verantwortlichen oder den Auftragsverarbeiter anzuweisen, den Anträgen der betroffenen Person auf Ausübung der ihr nach dieser Verordnung zustehenden Rechte zu entsprechen,
d) den Verantwortlichen oder den Auftragsverarbeiter anzuweisen, Verarbeitungsvorgänge gegebenenfalls auf bestimmte Weise und innerhalb eines bestimmten Zeitraums in Einklang mit dieser Verordnung zu bringen,
e) den Verantwortlichen anzuweisen, die von einer Verletzung des Schutzes personenbezogener Daten betroffene Person entsprechend zu benachrichtigen,
f) eine vorübergehende oder endgültige Beschränkung der Verarbeitung, einschließlich eines Verbots, zu verhängen,
g) die Berichtigung oder Löschung von personenbezogenen Daten oder die Einschränkung der Verarbeitung gemäß den Artikeln 16, 17 und 18 und die Unterrichtung der Empfänger, an die diese personenbezogenen Daten gemäß Artikel 17 Absatz 2 und Artikel 19 offengelegt wurden, über solche Maßnahmen anzuordnen,
h) eine Zertifizierung zu widerrufen oder die Zertifizierungsstelle anzuweisen, eine gemäß den Artikel 42 und 43 erteilte Zertifizierung zu widerrufen, oder die Zertifizierungsstelle anzuweisen, keine Zertifizierung zu erteilen, wenn die Voraussetzungen für die Zertifizierung nicht oder nicht mehr erfüllt werden,
i) eine Geldbuße gemäß Artikel 83 zu verhängen, zusätzlich zu oder anstelle von in diesem Absatz genannten Maßnahmen, je nach den Umständen des Einzelfalls,
j) die Aussetzung der Übermittlung von Daten an einen Empfänger in einem Drittland oder an eine internationale Organisation anzuordnen.

(3) Jede Aufsichtsbehörde verfügt über sämtliche folgenden Genehmigungsbefugnisse und beratenden Befugnisse, die es ihr gestatten,

a) gemäß dem Verfahren der vorherigen Konsultation nach Artikel 36 den Verantwortlichen zu beraten,
b) zu allen Fragen, die im Zusammenhang mit dem Schutz personenbezogener Daten stehen, von sich aus oder auf Anfrage Stellungnahmen an das nationale Parlament, die Regierung des Mitgliedstaats oder im Einklang mit dem Recht des Mitgliedstaats an sonstige Einrichtungen und Stellen sowie an die Öffentlichkeit zu richten,
c) die Verarbeitung gemäß Artikel 36 Absatz 5 zu genehmigen, falls im Recht des Mitgliedstaats eine derartige vorherige Genehmigung verlangt wird,
d) eine Stellungnahme abzugeben und Entwürfe von Verhaltensregeln gemäß Artikel 40 Absatz 5 zu billigen,
e) Zertifizierungsstellen gemäß Artikel 43 zu akkreditieren,
f) im Einklang mit Artikel 42 Absatz 5 Zertifizierungen zu erteilen und Kriterien für die Zertifizierung zu billigen,
g) Standarddatenschutzklauseln nach Artikel 28 Absatz 8 und Artikel 46 Absatz 2 Buchstabe d festzulegen,
h) Vertragsklauseln gemäß Artikel 46 Absatz 3 Buchstabe a zu genehmigen,
i) Verwaltungsvereinbarungen gemäß Artikel 46 Absatz 3 Buchstabe b zu genehmigen
j) verbindliche interne Vorschriften gemäß Artikel 47 zu genehmigen.

(4) Die Ausübung der der Aufsichtsbehörde gemäß diesem Artikel übertragenen Befugnisse erfolgt vorbehaltlich geeigneter Garantien einschließlich wirksamer gerichtlicher Rechtsbehelfe und ordnungsgemäßer Verfahren gemäß dem Unionsrecht und dem Recht des Mitgliedstaats im Einklang mit der Charta.

(5) Jeder Mitgliedstaat sieht durch Rechtsvorschriften vor, dass seine Aufsichtsbehörde befugt ist, Verstöße gegen diese Verordnung den Justizbehörden zur Kenntnis zu bringen und gegebenenfalls die Einleitung eines gerichtlichen Verfahrens zu betreiben oder sich sonst daran zu beteiligen, um die Bestimmungen dieser Verordnung durchzusetzen.

(6) [1]Jeder Mitgliedstaat kann durch Rechtsvorschriften vorsehen, dass seine Aufsichtsbehörde neben den in den Absätzen 1, 2 und 3 aufgeführten Befugnissen über zusätzliche Befugnisse verfügt. [2]Die Ausübung dieser Befugnisse darf nicht die effektive Durchführung des Kapitels VII beeinträchtigen.

Art. 59 Tätigkeitsbericht

[1]Jede Aufsichtsbehörde erstellt einen Jahresbericht über ihre Tätigkeit, der eine Liste der Arten der gemeldeten Verstöße und der Arten der getroffenen Maßnahmen nach Artikel 58 Absatz 2 enthalten kann. [2]Diese Berichte werden dem nationalen Parlament, der Regierung und anderen nach dem Recht der Mitgliedstaaten bestimmten Behörden übermittelt. [3]Sie werden der Öffentlichkeit, der Kommission und dem Ausschuss zugänglich gemacht.

Art. 77 Recht auf Beschwerde bei einer Aufsichtsbehörde

(1) Jede betroffene Person hat unbeschadet eines anderweitigen verwaltungsrechtlichen oder gerichtlichen Rechtsbehelfs das Recht auf Beschwerde bei einer Aufsichtsbehörde, insbesondere in dem Mitgliedstaat ihres gewöhnlichen Aufenthaltsorts, ihres Arbeitsplatzes oder des Orts des mutmaßlichen Verstoßes, wenn die betroffene Person der Ansicht ist, dass die Verarbeitung der sie betreffenden personenbezogenen Daten gegen diese Verordnung verstößt.

(2) Die Aufsichtsbehörde, bei der die Beschwerde eingereicht wurde, unterrichtet den Beschwerdeführer über den Stand und die Ergebnisse der Beschwerde einschließlich der Möglichkeit eines gerichtlichen Rechtsbehelfs nach Artikel 78.

Kurzübersicht zum Verhältnis der entscheidenden Normen			
Norm des DSG NRW	Entsprechende Norm der DS-GVO	Entsprechende Norm des BDSG	Öffnungsklausel der DS-GVO
§ 60 DSG NRW	Art. 51–55, 57–59, 77 DS-GVO	§ 16 BDSG	

Literatur:

Bäcker, Die Datenschutzrichtlinie für Polizei und Strafjustiz und das deutsche Eingriffsrecht, in: Hill/Kugelmann/Martini (Hrsg.), Perspektiven der digitalen Lebenswelt, 2017, S. 63 ff.; *v. Lewinski*, Datenschutzaufsicht in Europa im Netzwerk, NVwZ 2017, 1483; *Thomé*, Die Unabhängigkeit der Bundesdatenschutzaufsicht, VuR 2015, 130.

A. Grundlagen

I. Gesamtverständnis, Zweck der Norm und Verhältnis zu anderen Normen

1 § 60 erweitert die Aufgaben und Befugnisse der/des Landesbeauftragten für Datenschutz und Informationsfreiheit, die ihr/ihm nach der DS-GVO zugewiesen

sind, auf die Überwachung datenverarbeitender Vorgänge im Zuge der Umsetzung der Richtlinie (EU) 2016/680 des Europäischen Parlaments und des Rates vom 27.4.2016 zum Schutz natürlicher Personen bei der Verarbeitung personenbezogener Daten durch die zuständigen Behörden zum Zweck der Verhütung, Ermittlung, Aufdeckung oder Verfolgung von Straftaten oder der Strafvollstreckung sowie zum freien Datenverkehr und zur Aufhebung des Rahmenbeschlusses 2008/977/JI des Rates (ABl. L 119 vom 4.5.2016, S. 89), der JI-Richtlinie (JI-RL). Artikel 51 bis 55 der Verordnung (EU) 2016/679 und die zu ihrer Durchführung erlassenen Vorschriften dieses Gesetzes finden entsprechende Anwendung, womit insbesondere die die/den Landesbeauftragten betreffenden Vorschriften des DSG NRW entsprechend anwendbar sind.

II. Bisherige Rechtslage

Die Schaffung der Stelle der/des Landesbeauftragten war in § 20 DSG NRW aF 2
angelegt. Eine parallele Regelung speziell zu § 60 existierte mangels eines Umsetzungsauftrags in eventuellem Richtlinienrecht nicht.

B. Kommentierung

Gemäß Art. 41 JI-RL ist die Schaffung einer oder mehrerer Aufsichtsbehörden 3
für die Überwachung der Anwendung der Richtlinie auf nationaler Ebene vorgegeben. Mit § 60 wird der Regelungsauftrag auf Ebene des Landes NRW erfüllt. Art. 41 Abs. 3 JI-RL räumt den Mitgliedstaaten ausdrücklich das Recht ein, die nach DS-GVO zu bildende Aufsichtsbehörde auch mit der Aufgabe der Überwachung von Verarbeitungen nach der JI-RL zu befassen.

I. Absatz 1 – Übertragung auf die/den Landesbeauftragten

Die Aufgabe der Aufsicht über die Einhaltung und die Aufgabe der Überwa- 4
chung wird auf die/den Landesbeauftragte(n) übertragen. Betroffen ist die Verarbeitung personenbezogener Daten zu Zwecken des § 35 durch

1. die Behörden der Polizei,
2. die Gerichte in Strafsachen und die Staatsanwaltschaften,
3. die Strafvollstreckungs- und Justizvollzugsbehörden,
4. die Behörden des Maßregelvollzugs und
5. die Behörden der Finanzverwaltung

im Rahmen ihrer Aufgabenwahrnehmung zur Verhütung, Ermittlung, Aufdeckung, Verfolgung und Ahndung von Straftaten oder Ordnungswidrigkeiten und der Strafvollstreckung, wobei Aufgaben bei der Verhütung von Straftaten nach § 35 Abs. 1 S. 2 auch solche der Gefahrenabwehr für die öffentliche Sicherheit oder Ordnung sind. Aufgrund von § 500 Abs. 1 Nr. 2 StPO bleibt die Aufgabenzuweisung, allerdings auf Grundlage der Normen des BDSG, zugunsten der/des Landesbeauftragten erhalten.

Die Vorschrift dient in Absatz 1 der Umsetzung von Art. 41 JI-RL. Dieser lau- 5
tet:

Artikel 41 Aufsichtsbehörde

(1) Jeder Mitgliedstaat sieht vor, dass eine oder mehrere unabhängige Behörden für die Überwachung der Anwendung dieser Richtlinie zuständig sind, damit die Grundrechte und Grundfreiheiten natürlicher Personen bei der Verarbeitung geschützt werden und der freie Verkehr personenbezogener Daten in der Union erleichtert wird (im Folgenden „Aufsichtsbehörde").

(2) [1]Jede Aufsichtsbehörde leistet einen Beitrag zur einheitlichen Anwendung dieser Richtlinie in der gesamten Union. [2]Zu diesem Zweck bedarf es der Zusammenarbeit der Aufsichtsbehörden untereinander sowie mit der Kommission gemäß Kapitel VII.

(3) Die Mitgliedstaaten können vorsehen, dass die gemäß der Verordnung (EU) 2016/679 in den Mitgliedstaaten errichtete Aufsichtsbehörde die in dieser Richtlinie genannte Aufsichtsbehörde ist und die Verantwortung für die Aufgaben der nach Absatz 1 zu errichtenden Aufsichtsbehörde übernimmt.

(4) Gibt es in einem Mitgliedstaat mehr als eine Aufsichtsbehörde, so bestimmt dieser Mitgliedstaat die Aufsichtsbehörde, die diese Behörden im in Artikel 51 genannten Ausschuss zu vertreten hat.

6 Aufgrund der Anordnung einer entsprechenden Geltung der Art. 51–55 DS-GVO wird vornehmlich die Unabhängigkeit der/des Landesbeauftragten auch in der Funktion der Aufsicht bezüglich der JI-RL und ihrer nationalen Umsetzung sichergestellt. Unglücklich ist der Verweis auf Art. 55 DS-GVO im Ganzen. Hierdurch wird Art. 55 Abs. 3 DSD-GVO für entsprechend anwendbar erklärt, der die Aufsichtsbehörde für die Aufsicht über die von Gerichten im Rahmen ihrer justiziellen Tätigkeit vorgenommenen Verarbeitungen gerade für unzuständig erklärt.

II. Absatz 2 – Aufgaben nach Art. 57 Abs. 1 DS-GVO entsprechend

7 Bezogen auf die JI-RL und des zu deren Umsetzung erlassenen Landesrechts gilt Art. 57 Abs. 1 lit. a–i, l und t, sowie Abs. 2 bis 4 DSGVO entsprechend. Auf die entsprechenden Aufgabenzuweisungen nach DS-GVO wird insoweit verwiesen.[1]

8 § 60 Abs. 2 S. 2 betrifft den Fall, dass die/der Landesbeauftragte Rechte für eine betroffene Person wahrnimmt. Dieser Fall wird in Art. 46 Abs. 1 lit. g iVm Art. 17 JI-RL vorausgesetzt. Eine entsprechende Aufgabenzuweisung ist in Art. 57 DS-GVO nicht ausdrücklich vorgesehen, so dass der Verweis auf Art. 57 DS-GVO insoweit nicht ausreicht.

9 Art. 46 Abs. 1 lit. g JI-RL lautet:

Artikel 46 Aufgaben

(1) Jeder Mitgliedstaat sieht vor, dass jede Aufsichtsbehörde in seinem Hoheitsgebiet
(…)

g) die Rechtmäßigkeit der Verarbeitung gemäß Artikel 17 überprüft und die betroffene Person innerhalb einer angemessenen Frist über das Ergebnis der Überprüfung gemäß Absatz 3 des genannten Artikels unterrichtet oder ihr die Gründe mitteilt, aus denen die Überprüfung nicht vorgenommen wurde;
(…)

Art. 17 JI-RL lautet:

Artikel 17 Ausübung von Rechten durch die betroffene Person und Prüfung durch die Aufsichtsbehörde

(1) In den in Artikel 13 Absatz 3, Artikel 15 Absatz 3 und Artikel 16 Absatz 4 genannten Fällen erlassen die Mitgliedstaaten Maßnahmen, in denen vorgesehen ist, dass die Rechte der betroffenen Person auch über die zuständige Aufsichtsbehörde ausgeübt werden können.

---

1 Vgl. insoweit auch *Kugelmann/Bachmann* in HK-DS-GVO/BDSG Art. 57 Rn. 21 ff.

(2) Die Mitgliedstaaten sehen vor, dass der Verantwortliche die betroffene Person über die Möglichkeit unterrichtet, ihr Recht auf Befassung der Aufsichtsbehörde gemäß Absatz 1 auszuüben.

(3) [1]Wird das in Absatz 1 genannte Recht ausgeübt, unterrichtet die Aufsichtsbehörde die betroffene Person zumindest darüber, dass alle erforderlichen Prüfungen oder eine Überprüfung durch die Aufsichtsbehörde erfolgt sind. [2]Die Aufsichtsbehörde hat zudem die betroffene Person über ihr Recht auf einen gerichtlichen Rechtsbehelf zu unterrichten.

Aufgrund des Richtliniencharakters bedarf Art. 46 Abs. 1 lit. g JI-RL der Umsetzung in nationales Recht, die in § 60 Abs. 2 S. 2 erfolgt ist. Entsprechend ist die betroffene Person vom Ergebnis der Überprüfung der Rechtmäßigkeit der Datenverarbeitung in Kenntnis zu setzen bzw. über die Gründe für das Unterbleiben der betreffenden Prüfung. 10

III. Absatz 3 – Befugnisse der/des Landesbeauftragten

Art. 47 JI-RL verlangt, dass der Gesetzgeber der aufsichtführenden Stelle hinreichende Aufsichtsbefugnisse zur Verfügung stellt. Art. 47 JI-RL lautet: 11

Artikel 47 Befugnisse

(1) [1]Jeder Mitgliedstaat sieht durch Rechtsvorschriften vor, dass jede Aufsichtsbehörde über wirksame Untersuchungsbefugnisse verfügt. [2]Diese Befugnisse umfassen zumindest die Befugnis, von dem Verantwortlichen und dem Auftragsverarbeiter Zugang zu allen personenbezogenen Daten, die verarbeitet werden, und auf alle Informationen, die zur Erfüllung ihrer Aufgaben notwendig sind, zu erhalten.

(2) Jeder Mitgliedstaat sieht durch Rechtsvorschriften vor, dass jede Aufsichtsbehörde über wirksame Abhilfebefugnisse wie etwa die beispielhaft genannten folgenden verfügt, die es ihr gestatten,

a) einen Verantwortlichen oder einen Auftragsverarbeiter zu warnen, dass beabsichtigte Verarbeitungsvorgänge voraussichtlich gegen die nach dieser Richtlinie erlassenen Vorschriften verstoßen;
b) den Verantwortlichen oder den Auftragsverarbeiter anzuweisen, Verarbeitungsvorgänge, gegebenenfalls auf bestimmte Weise und innerhalb eines bestimmten Zeitraums, mit den nach dieser Richtlinie erlassenen Vorschriften in Einklang zu bringen, insbesondere durch die Anordnung der Berichtigung oder Löschung personenbezogener Daten oder Einschränkung der Verarbeitung gemäß Artikel 16;
c) eine vorübergehende oder endgültige Beschränkung der Verarbeitung, einschließlich eines Verbots, zu verhängen.

(3) Jeder Mitgliedstaat sieht durch Rechtsvorschriften vor, dass jede Aufsichtsbehörde über wirksame Beratungsbefugnisse verfügt, die es ihr gestatten, gemäß dem Verfahren der vorherigen Konsultation nach Artikel 28 den Verantwortlichen zu beraten und zu allen Fragen, die im Zusammenhang mit dem Schutz personenbezogener Daten stehen, von sich aus oder auf Antrag Stellungnahmen an ihr nationales Parlament, ihre Regierung oder im Einklang mit seinem nationalen Recht an sonstige Einrichtungen und Stellen sowie an die Öffentlichkeit zu richten.

(4) Die Ausübung der der Aufsichtsbehörde gemäß diesem Artikel übertragenen Befugnisse erfolgt vorbehaltlich geeigneter Garantien einschließlich wirksamer gerichtlicher Rechtsbehelfe und ordnungsgemäßer Verfahren gemäß dem Unionsrecht und dem Recht des Mitgliedstaats im Einklang mit der Charta.

(5) Jeder Mitgliedstaat sieht durch Rechtsvorschriften vor, dass jede Aufsichtsbehörde befugt ist, Verstöße gegen nach dieser Richtlinie erlassene Vorschriften den Justizbehörden zur Kenntnis zu bringen und gegebenenfalls die Einleitung eines gerichtli-

chen Verfahrens zu betreiben oder sich sonst daran zu beteiligen, um die nach dieser Richtlinie erlassenen Vorschriften durchzusetzen.

12 Absatz 3 greift hierfür auf die Befugnisse nach Art. 58 Abs. 1 lit. e, Abs. 2 lit. a, d und f, Abs. 3 lit. a und b, Abs. 4 und Abs. 5 DS-GVO zurück, die die Norm für entsprechend anwendbar erklärt.

13 Die/der Landesbeauftragte hat damit folgende Befugnisse:[2]

14 Sie/er kann von dem Verantwortlichen oder dem Auftragsdatenverarbeiter Zugang zu allen personenbezogenen Daten und Informationen, die zur Erfüllung ihrer Aufgaben notwendig sind, erhalten (Art. 58 Abs. 1 lit. e DS-GVO).

15 Sie/er kann weiterhin in Ausübung von Abhilfebefugnissen einen Verantwortlichen oder einen Auftragsverarbeiter warnen, dass beabsichtigte Verarbeitungsvorgänge voraussichtlich gegen die Vorschriften der JI-RL bzw. des hierzu ergangenen Landesrechts verstoßen (Art. 58 Abs. 2 lit. a DS-GVO).

16 Sie/er kann den Verantwortlichen oder den Auftragsverarbeiter anweisen, Verarbeitungsvorgänge gegebenenfalls auf bestimmte Weise und innerhalb eines bestimmten Zeitraums in Einklang mit den Vorschriften der JI-RL bzw. des hierzu ergangenen Landesrechts zu bringen (Art. 58 Abs. 2 lit. d DS-GVO).

17 Sie/er kann eine vorübergehende oder endgültige Beschränkung der Verarbeitung, einschließlich eines Verbots, verhängen (Art. 58 Abs. 2 lit. f. DS-GVO).

18 Sie/er kann im Rahmen und Genehmigungs- und Beratungsbefugnissen gemäß dem Verfahren einer vorherigen Konsultation entsprechend Art. 36 DS-GVO den Verantwortlichen beraten (Art. 58 Abs. 3 lit. a DS-GVO).

19 Sie /er kann im Rahmen solcher Beratungsbefugnisse zu allen Fragen, die im Zusammenhang mit dem Schutz personenbezogener Daten stehen, von sich aus oder auf Anfrage Stellungnahmen an das nationale Parlament, die Regierung des Mitgliedstaats oder im Einklang mit dem Recht des Mitgliedstaats an sonstige Einrichtungen und Stellen sowie an die Öffentlichkeit richten (Art. 58 Abs. 3 lit. b DS-GVO).

20 Dem Verantwortlichen stehen gegen die/den Landesbeauftragte(n) die Rechte nach Art. 58 Abs. 4 DS-GVO zu; insbesondere stehen ihm gegen Maßnahmen der/des Landesbeauftragten Verfahrensrechte nach Verwaltungsverfahrensrecht zu; gleichermaßen muss der Rechtsweg offenstehen (Art. 58 Abs. 4 DS-GVO).[3]

21 Die/der Landesbeauftragte wiederum ist befugt, Verstöße gegen datenschutzrechtliche Bestimmungen den Justizbehörden zur Kenntnis zu bringen und gegebenenfalls die Einleitung eines gerichtlichen Verfahrens zu betreiben oder sich sonst daran zu beteiligen, um die Bestimmungen der JI-RL und des hierzu ergangenen Landesrechts durchzusetzen (Art. 58 Abs. 5 DS-GVO).[4]

22 Durch die Anordnung der entsprechenden Anwendbarkeit der Art. 51 bis 55 DS-GVO räumt der nordrhein-westfälische Gesetzgeber der/dem Landesbeauftragten letztlich mehr Rechte ein, als dies nach der insoweit relativ zurückhaltend gefassten JI-RL[5] als Mindeststandard vorgegeben ist.

---

2 Vgl. insoweit auch *Kugelmann/Bachmann* in HK-DS-GVO/BDSG Art. 57 Rn. 21 ff.
3 Vgl. insoweit auch *Kugelmann/Bachmann* in HK-DS-GVO/BDSG Art. 57 Rn. 151 ff.
4 Vgl. insoweit *Kugelmann/Bachmann* in HK-DS-GVO/BDSG Art. 57 Rn. 163 ff.
5 Vgl. insoweit *Bäcker* in Hill/Kugelmann/Martini (Hrsg.), Perspektiven der digitalen Lebenswelt, S. 63 (83 f.).

IV. Absatz 4 – Ausgestaltung des Jahresberichts

Absatz 4 nimmt die Regelung nach Art. 49 S. 1 JI-RL auf, wonach der Jahresbericht der/des Landesbeauftragten eine Liste der Arten der gemeldeten Verstöße und der Arten der verhängten Sanktionen enthalten kann. 23

Art. 49 JI-RL lautet: 24

Artikel 49 Tätigkeitsbericht

[1]Jede Aufsichtsbehörde erstellt einen Jahresbericht über ihre Tätigkeit, der eine Liste der Arten der gemeldeten Verstöße und der Arten der verhängten Sanktionen enthalten kann. [2]Die Berichte werden dem nationalen Parlament, der Regierung und anderen nach dem Recht der Mitgliedstaaten bestimmten Behörden übermittelt. [3]Sie werden der Öffentlichkeit, der Kommission und dem Ausschuss zugänglich gemacht.

Nach der Formulierung des Absatzes 4 ist damit anzunehmen, dass der Jahresbericht der/des Landesbeauftragten gerade keine Liste der gemeldeten Verstöße enthalten soll. Von dieser nach Art. 49 S. 1 JI-RL eingeräumten Möglichkeit hat der Landesgesetzgeber erkennbar keinen Gebrauch gemacht. 25

Im Übrigen ist davon auszugehen, dass der Jahresbericht über die Tätigkeit im Rahmen der Überwachung der JI-RL und des hierzu ergangenen Landesrechts gemeinsam mit der Berichterstattung nach Art. 59 DS-GVO erfolgen kann, aber wie in § 29 angeordnet, von diesem Bericht inhaltlich abzusetzen ist. Der in Art. 49 S. 2 u. 3 JI-RL vorgesehene Umgang mit dem Jahresbericht wird in der landesgesetzlichen Regelung nicht aufgenommen. Insoweit fehlt es aber auch an einem für sich naheliegenden Verweis auf § 29. 26

C. Bedeutung für die behördliche Praxis

Für die behördliche Praxis der nach § 35 betroffenen Behörden ist die Vorschrift von erheblicher Bedeutung, da deren datenverarbeitende Tätigkeit einer engen Aufsicht unterworfen wird, die der Aufsicht im Geltungsbereich der DS-GVO entspricht. 27

§ 61 Recht auf Beschwerde bei einer Aufsichtsbehörde

[1]Artikel 77 der Verordnung (EU) 2016/679 gilt entsprechend. [2]Jeder kann sich gemäß Artikel 77 der Verordnung (EU) 2016/679 an die oder den Landesbeauftragten für Datenschutz und Informationsfreiheit mit dem Vorbringen wenden, bei der Verarbeitung seiner personenbezogenen Daten in seinen Rechten verletzt worden zu sein. [3]Durch die Anrufung der oder des Landesbeauftragten dürfen der betroffenen Person keine Nachteile entstehen. [4]Bei der Ausübung des Beschwerderechts durch Beschäftigte öffentlicher Stellen muss der Dienstweg nicht eingehalten werden. [5]Die oder der Landesbeauftragte für Datenschutz und Informationsfreiheit hat eine bei ihr oder ihm eingelegte Beschwerde über eine Verarbeitung, die in die Zuständigkeit einer anderen Aufsichtsbehörde fällt, unverzüglich an die zuständige Aufsichtsbehörde weiterzuleiten. [6]In diesem Fall hat sie oder er die betroffene Person über die Weiterleitung zu unterrichten und ihr auf ihr Ersuchen weitere Unterstützung zu leisten.

Verwandte Norm DS-GVO:

Art. 77 Recht auf Beschwerde bei einer Aufsichtsbehörde

(1) Jede betroffene Person hat unbeschadet eines anderweitigen verwaltungsrechtlichen oder gerichtlichen Rechtsbehelfs das Recht auf Beschwerde bei einer Aufsichtsbehörde, insbesondere in dem Mitgliedstaat ihres gewöhnlichen Aufenthaltsorts, ihres Arbeitsplatzes oder des Orts des mutmaßlichen Verstoßes, wenn die betroffene Person der Ansicht ist, dass die Verarbeitung der sie betreffenden personenbezogenen Daten gegen diese Verordnung verstößt.

(2) Die Aufsichtsbehörde, bei der die Beschwerde eingereicht wurde, unterrichtet den Beschwerdeführer über den Stand und die Ergebnisse der Beschwerde einschließlich der Möglichkeit eines gerichtlichen Rechtsbehelfs nach Artikel 78.

Kurzübersicht zum Verhältnis der entscheidenden Normen			
Norm des DSG NRW	Entsprechende Norm der DS-GVO	Entsprechende Norm des BDSG	Öffnungsklausel der DS-GVO
§ 61 DSG NRW	Art. 77 DS-GVO	§ 60 BDSG	

Literatur:

Bäcker, Die Datenschutzrichtlinie für Polizei und Strafjustiz und das deutsche Eingriffsrecht, in: Hill/Kugelmann/Martini (Hrsg.), Perspektiven der digitalen Lebenswelt, 2017, S. 63 ff.; *v. Lewinski,* Datenschutzaufsicht in Europa im Netzwerk, NVwZ 2017, 1483.

A. Grundlagen

I. Gesamtverständnis, Zweck der Norm und Verhältnis zu anderen Normen

1 § 61 befasst sich mit dem jeder betroffenen Person zustehenden Recht, sich an die/den Landesbeauftragte(n) mit dem Vorbringen wenden, bei der Verarbeitung personenbezogener Daten nach § 35 in ihren Rechten verletzt worden zu sein. Hierzu wird § 77 DS-GVO für entsprechend anwendbar erklärt.

2 Die bisherige Regelung zu den Befugnissen der/des Landesdatenschutzbeauftragten war in §§ 25 DSG NRW aF enthalten.

B. Kommentierung

3 Mit § 61 wird Art. 52 JI-RL umgesetzt. Satz 1 setzt Art. 52 Abs. 1 und 4 JI-RL um, Satz 2 und 3 setzen Art. 52 Abs. 2 und 3 JI-RL um.

Art. 52 JI-RL lautet: 4

Artikel 52 Recht auf Beschwerde bei einer Aufsichtsbehörde

(1) Die Mitgliedstaaten sehen vor, dass jede betroffene Person unbeschadet eines anderweitigen verwaltungsrechtlichen oder gerichtlichen Rechtsbehelfs das Recht auf Beschwerde bei einer Aufsichtsbehörde hat, wenn sie der Ansicht ist, dass die Verarbeitung der sie betreffenden personenbezogenen Daten gegen die nach dieser Richtlinie erlassenen Vorschriften verstößt.

(2) [1]Die Mitgliedstaaten sehen vor, dass eine Beschwerde, die nicht bei der gemäß Artikel 45 Absatz 1 zuständigen Aufsichtsbehörde eingereicht wird, von der Aufsichtsbehörde, bei der die Beschwerde eingelegt wird, ohne unverzüglich an die zuständige Aufsichtsbehörde übermittelt wird. [2]Die betroffene Person wird über die Übermittlung unterrichtet.

(3) Die Mitgliedstaaten sehen vor, dass die Aufsichtsbehörde, bei der die Beschwerde eingelegt wurde, auf Ersuchen der betroffenen Person weitere Unterstützung leistet.

(4) Die betroffene Person wird von der zuständigen Aufsichtsbehörde über den Stand und das Ergebnis der Beschwerde einschließlich der Möglichkeit eines gerichtlichen Rechtsbehelfs nach Artikel 53 unterrichtet.

I. Satz 1, 2 – Entsprechende Anwendbarkeit des Art. 77 DS-GVO, Inhaber und Anlass des Beschwerderechts

Durch Satz 1 wird Art. 77 DS-GVO für entsprechend anwendbar erklärt. Damit wird das Recht zur Beschwerde gegen mutmaßliche Datenrechtsverstöße, das nach Art. 77 Abs. 1 DS-GVO für ihren Anwendungsbereich unmittelbar gilt und durch § 29 konkretisiert wird, auch auf Datenverarbeitungen nach dem Teil 3 des DSG NRW erstreckt. 5

Das Recht, sich an die/den Landesbeauftragte(n) zu wenden, steht jeder natürlichen Person zu. Voraussetzung ist, dass sich die betroffene Person durch eine Verarbeitung personenbezogener Daten auf Grundlage des § 35 in ihren Rechten verletzt sieht. 6

Ebenso wie § 29 weicht auch § 61 insoweit in der Formulierung von Art. 77 Abs. 1 DS-GVO ab, als dort davon gesprochen wird, dass die betroffene Person der Ansicht ist, dass die Verarbeitung der sie betreffenden personenbezogenen Daten gegen diese Verordnung verstößt (vgl. → § 29 Rn. 5 ff.). Insoweit ist die Formulierung wie in § 29 getragen von dem dem deutschen Verwaltungsrechtsschutz zugrunde liegenden Gedanken der Verletzung subjektiv öffentlicher Rechte. Auch bezüglich des Beschwerderechts nach § 61 reicht ein Verstoß gegen Datenschutzvorschriften, die nicht drittschützend sind, nicht für eine Beschwerde aus. 7

ErwG 85 der JI-RL lässt insoweit erkennen, dass das Beschwerderecht auch bezüglich der Verletzung von Vorschriften, erlassen auf Grundlage der JI-RL, nur bei der Vermutung einer Verletzung eigener Rechte eingreifen soll. 8

Das Beschwerderecht nach § 61 besteht unterschiedslos bezogen auf Datenverarbeitungen seitens öffentlicher wie nicht-öffentlicher Stellen. Jedoch werden die Beschwerden wegen des Verhaltens nicht-öffentlicher Stellen auf die seltenen Fälle der Auftragsdatenverarbeitung beschränkt sein. 9

II. Satz 3 – Nichtentstehen von Nachteilen

10 Durch Satz 2 soll sichergestellt werden, dass die betroffene Person sich nicht durch eventuell drohende Repressalien von der Ausübung des Rechts nach Satz 1 abhalten lässt.

11 Als Nachteil ist jede rechtliche oder tatsächliche Schlechterstellung anzusehen, die kausal auf die Ausübung des Rechts nach Satz 1 zurückzuführen ist. Es kann sich dabei beispielsweise um die schleppende Behandlung von Anträgen oder Anzeigen handeln.

12 Satz 2 muss aber so verstanden werden, dass durch die Ausübung des Rechts nach Satz 1 keine ungerechtfertigten Nacheile entstehen dürfen. So ist beispielsweise eine strafrechtliche Verfolgung möglich, wenn mit der Ausübung des Beschwerderechts der Tatbestand der Beleidigung nach § 185 StGB oder der Verleumdung nach § 187 StGB verwirklicht wird.

13 Auch entfaltet die Ausübung des Beschwerderechts nach Satz 1 in verwaltungsrechtlichen Streitigkeiten keinen Suspensiveffekt. Wenn ein Beschwerdeführer die Rechtswidrigkeit und eines behördlichen Aktes und eine hierauf beruhende Rechtsverletzung aufgrund von Verstößen gegen datenschutzrechtliche Bestimmungen vermutet, entbindet ihn das nicht von der Notwendigkeit der Erhebung eines Widerspruchs oder einer Klage, um etwa im Falle eines belastenden Verwaltungsaktes den Eintritt der Bestandskraft zu verhindern. Es steht dem entscheidenden Gericht dann frei, das Verfahren zur Vermeidung divergierender Entscheidung auszusetzen, bis die/der Landesbeauftragte zu einer Einschätzung bezüglich des Datenschutzverstoßes gelangt ist.

14 Im Falle ungerechtfertigter Nachteile liegt die Beweislast für die kausale Verknüpfung zwischen Beschwerde und Nachteil allerdings bei der betroffenen Person bzw. bei der Person, die auf den Datenschutzverstoß hingewiesen hat.

III. Satz 4 – Nichteinhaltung des Dienstweges

15 Satz 3 legt fest, dass bei Beschwerden nach Satz 1 für Beschäftigte öffentlicher Stellen den Dienstweg nicht einzuhalten ist. Als Dienstweg wird der vorgeschriebene Weg zum Austausch von Informationen unter Einschaltung der vorgesetzten Dienststelle bzw. des Vorgesetzten verstanden. So wäre etwa bei Zweifeln an der Rechtmäßigkeit dienstlicher Anordnungen entsprechende Bedenken gemäß § 36 Abs. 2 BeamtStG auf dem Dienstweg geltend zu machen.

16 Durch die Ausschaltung des Dienstweges soll verhindert werden, dass eine begründete Beschwerde durch Vorgesetzte gestoppt wird.[1]

17 Da die Beschwerdebefugnis nach Satz 1 an die Vermutung einer Verletzung eigener Rechte geknüpft ist, ist in Fällen, in denen ein öffentlicher Bediensteter eine Verletzung datenschutzrechtlicher Vorgaben gegenüber Dritten vermutet, der Dienstweg wiederum einzuhalten.

IV. Satz 5 und 6 – Pflicht zur Weiterleitung der Beschwerde

18 Nach Satz 4 ist die/der Landesbeauftragte verpflichtet, eine bei ihr/ihm eingelegte Beschwerde über eine Verarbeitung, die in die Zuständigkeit einer anderen Aufsichtsbehörde fällt, unverzüglich an die zuständige Aufsichtsbehörde weiterzuleiten. Hier sind vornehmlich die Datenschutzbehörden des Bundes oder der anderen Länder gemeint. Die Verpflichtung ist in Art. 52 Abs. 2 JI-RL angelegt.

1 Vgl. insoweit LT-Drs. 17/1981, 155 zu § 29.

Gemäß Satz 5 ist die betroffene Person, wie in Art. 52 Abs. 2 S. 2 JI-RL verlangt, von der Übermittlung in Kenntnis zu setzen.

Das Gesetz regelt die Pflicht zur weiteren Unterstützung der betroffenen Person, wie sie in Art. 52 JI-RL angelegt ist, offenbar nur im Kontext der Weiterleitung an die zuständige Aufsichtsbehörde, was sich aus der Verbindung der Informationspflicht und der Pflicht zur weiteren Unterstützung in Satz 5 ergibt. Dies kann so aus Art. 52 Abs. 3 JI-RL hergeleitet werden, der die Pflicht zur weiteren Unterstützung durch diejenige Aufsichtsbehörde vorschreibt, „bei der die Beschwerde eingelegt wurde“. Im Kontext des Art. 52 Abs. 2 JI-RL wäre das die unzuständige Aufsichtsbehörde. 19

Laut Gesetzesbegründung umfasst die weitere Unterstützung durch die Aufsichtsbehörde im Sinne des Satzes 5 gemäß ErwG 81 zur JI-RL lediglich die Information der betroffenen Person über den Zwischenstand ggf. erfolgter weiterer Untersuchungen.[2] 20

ErwG 81 lautet: 21

(81) Jede Aufsichtsbehörde sollte sich mit Beschwerden von betroffenen Personen befassen und die Angelegenheit untersuchen oder an die zuständige Aufsichtsbehörde übermitteln. Die auf eine Beschwerde folgende Untersuchung sollte vorbehaltlich einer gerichtlichen Überprüfung so weit gehen, wie dies im Einzelfall angemessen ist. Die Aufsichtsbehörde sollte die betroffene Person innerhalb eines angemessenen Zeitraums über den Stand und die Ergebnisse der Beschwerde unterrichten. Sollten weitere Untersuchungen oder die Abstimmung mit einer anderen Aufsichtsbehörde erforderlich sein, so sollte die betroffene Person über den Zwischenstand informiert werden.

Die Pflicht zur weiteren Unterstützung dürfte insoweit im Wesentlichen leerlaufen; mit Übermittlung der Beschwerde an die zuständige Aufsichtsbehörde geht die Zuständigkeit für die weitere Behandlung der Angelegenheit auf diese über, so dass bei der zuständigen Aufsichtsbehörde dann auch eine eigene Pflicht zur weiteren Unterrichtung der betroffenen Person liegt. Allerdings obliegt nach dem Wortlaut des entsprechend anwendbaren Art. 77 Abs. 2 DS-GVO, dass die Pflicht, den Beschwerdeführer über den Stand und die Ergebnisse der Beschwerde einschließlich der Möglichkeit eines gerichtlichen Rechtsbehelfs zu unterrichten, der Aufsichtsbehörde, bei der die Beschwerde eingereicht wurde. 22

Aufgrund der zuvor beschriebenen Anordnung der entsprechenden Anwendbarkeit des Art. 77 DS-GVO in Satz 1 besteht aber auch bei eigener Zuständigkeit der Aufsichtsbehörde die Pflicht zur Unterrichtung über den Stand der Beschwerde und zum Hinweis auf gerichtliche Rechtsbehelfe durch die Aufsichtsbehörde auf Grundlage des Art. 77 Abs. 2 DS-GVO. 23

V. Hinweise an die/den Landesbeauftragte(n)

Auch in dem Fall, dass mit einem erkannten Datenrechtsverstoß keine Verletzung eigener Rechte verbunden ist, kann sich jeder an die/den Landesbeauftragte(n) wenden. Diese/dieser kann den entsprechenden Hinweisen nachgehen und gegebenenfalls Untersuchungen und Maßnahmen nach § 60 einleiten. In diesem Fall würde dann die obligatorische Unterrichtung über den Fortgang der Angelegenheit nach Art. 77 Abs. 2 DS-GVO unterbleiben können. 24

2 Vgl. insoweit LT-Drs. 17/1981, 170 zu § 61.

25 Auch im Falle eines solchen Hinweises muss die Regelung nach Satz 2, wonach im Falle einer nicht ungerechtfertigten Einschaltung der/des Landesbeauftragten keine Nachteile entstehen dürfen, entsprechende Anwendung finden.

VI. Missbräuchliche Inanspruchnahme des Beschwerderechts

26 § 61 regelt keine Handhabe gegen eine missbräuchliche Inanspruchnahme des Beschwerderechts, also beispielsweise durch wiederholte unberechtigte und querulatorische Eingaben.

27 Hier kann, anders als bei dem Beschwerderecht nach § 29, nicht auf § 57 Abs. 4 DS-GVO zurückgegriffen werden, der für das Beschwerderecht bezüglich der Rechtsvorschriften nach DS-GVO unmittelbare Anwendung findet. Nach Art. 57 Abs. 4 DS-GVO kann die Aufsichtsbehörde bei offenkundig unbegründeten oder – insbesondere im Fall von häufiger Wiederholung – exzessiven Anträgen eine angemessene Gebühr auf der Grundlage der Verwaltungskosten verlangen oder sich weigern, aufgrund des Antrags tätig zu werden. Dabei trägt die Aufsichtsbehörde nach Art. 57 Abs. 4 S. 2 DS-GVO die Beweislast für den offenkundig unbegründeten oder exzessiven Charakter des Antrags.

28 In diesem Sinne kann § 29 auch nicht als Verfahrensregelung angesehen werden, die über § 67 aE für den dritten Teil entsprechende Anwendung findet. Zugleich nimmt § 67 Art. 57 Abs. 4 DS-GVO nicht in Bezug. Dem Gesetzgeber wäre daher anzuraten, in § 61 oder ggf. in § 67 einen Verweis auf § 57 Abs. 4 DS-GVO aufzunehmen.

C. Bedeutung für die behördliche Praxis

29 Für die behördliche Praxis ist insbesondere die Ausschaltung des sonst einzuhaltenden Dienstweges im Falle der Beschwerde seitens Beschäftigter öffentlicher Stellen von Bedeutung. Die Pflicht zur Weiterleitung an die zuständige Aufsichtsbehörde sollte im Übrigen eine Selbstverständlichkeit darstellen.

Kapitel 6 Datenübermittlungen an Drittstaaten und an internationale Organisationen

§ 62 Allgemeine Voraussetzungen

(1) Die Übermittlung personenbezogener Daten an Stellen in Drittstaaten oder an internationale Organisationen ist bei Vorliegen der übrigen für Datenübermittlungen geltenden Voraussetzungen zulässig, wenn

1. die Stelle oder internationale Organisation für die in § 35 genannten Zwecke zuständig ist und
2. die Europäische Kommission gemäß Artikel 36 Absatz 3 der Richtlinie (EU) 2016/680 einen Angemessenheitsbeschluss gefasst hat.

(2) [1]Die Übermittlung personenbezogener Daten hat trotz des Vorliegens eines Angemessenheitsbeschlusses im Sinne des Absatzes 1 Nummer 2 und des zu berücksichtigenden öffentlichen Interesses an der Datenübermittlung zu unterbleiben, wenn im Einzelfall ein datenschutzrechtlich angemessener und die elementaren Menschenrechte wahrender Umgang mit den Daten beim Empfänger nicht hinreichend gesichert ist oder sonst überwiegende schutzwürdige Interessen einer betroffenen Person entgegenstehen. [2]Bei seiner Beurteilung hat der Verantwortliche maßgeblich zu berücksichtigen, ob der Empfänger im Einzelfall einen angemessenen Schutz der übermittelten Daten garantiert.

(3) [1]Wenn personenbezogene Daten, die aus einem anderen Mitgliedstaat der Europäischen Union übermittelt oder zur Verfügung gestellt wurden, nach Absatz 1 übermittelt werden sollen, muss diese Übermittlung zuvor von der zuständigen Stelle des anderen Mitgliedstaats genehmigt werden. [2]Übermittlungen ohne vorherige Genehmigung sind nur dann zulässig, wenn die Übermittlung erforderlich ist, um eine unmittelbare und ernsthafte Gefahr für die öffentliche Sicherheit eines Staates oder für die wesentlichen Interessen eines Mitgliedstaats abzuwehren, und die vorherige Genehmigung nicht rechtzeitig eingeholt werden kann. [3]Im Fall des Satzes 2 ist die Stelle des anderen Mitgliedstaats, die für die Erteilung der Genehmigung zuständig gewesen wäre, unverzüglich über die Übermittlung zu unterrichten.

(4) [1]Der Verantwortliche, der Daten nach Absatz 1 übermittelt, hat durch geeignete Maßnahmen sicherzustellen, dass der Empfänger die übermittelten Daten nur dann an andere Drittstaaten oder andere internationale Organisationen weiterübermittelt, wenn der Verantwortliche diese Übermittlung zuvor genehmigt hat. [2]Bei der Entscheidung über die Erteilung der Genehmigung hat der Verantwortliche alle maßgeblichen Faktoren zu berücksichtigen, insbesondere die Schwere der Straftat, den Zweck der ursprünglichen Übermittlung und das in dem Drittstaat oder der internationalen Organisation, an das oder an die die Daten weiterübermittelt werden sollen, bestehende Schutzniveau für personenbezogene Daten. [3]Eine Genehmigung darf nur dann erfolgen, wenn auch eine direkte Übermittlung an den anderen Drittstaat oder die andere internationale Organisation zulässig wäre. [4]Die Zuständigkeit für die Erteilung der Genehmigung kann auch abweichend geregelt werden.

Verwandte Norm JI-RL:

Artikel 35 Allgemeine Grundsätze für die Übermittlung personenbezogener Daten

(1) Die Mitgliedstaaten sehen vor, dass jedwede von einer zuständigen Behörde vorgenommene Übermittlung von personenbezogenen Daten, die bereits verarbeitet werden oder nach ihrer Übermittlung an ein Drittland oder eine internationale Organisation verarbeitet werden sollen, einschließlich der Weiterübermittlung an ein anderes Drittland oder eine andere internationale Organisation, nur unter Einhaltung der nach Maßgabe anderer Bestimmungen dieser Richtlinie erlassenen nationalen Bestimmungen, zulässig ist, wenn die in diesem Kapitel festgelegten Bedingungen eingehalten werden, nämlich

a) die Übermittlung für die in Artikel 1 Absatz 1 genannten Zwecke erforderlich ist;
b) die personenbezogenen Daten an einen Verantwortlichen in einem Drittland oder einer internationalen Organisation, die eine für die in Artikel 1 Absatz 1 genannten Zwecke zuständige Behörde ist, übermittelt werden;
c) in Fällen, in denen personenbezogene Daten aus einem anderen Mitgliedstaat übermittelt oder zur Verfügung gestellt werden, dieser Mitgliedstaat die Übermittlung zuvor in Einklang mit seinem nationalen Recht genehmigt hat;
d) die Kommission gemäß Artikel 36 einen Angemessenheitsbeschluss gefasst hat oder, wenn kein solcher Beschluss vorliegt, geeignete Garantien im Sinne des Artikels 37 erbracht wurden oder bestehen oder, wenn kein Angemessenheitsbeschluss gemäß Artikel 36 vorliegt und keine geeigneten Garantien im Sinne des Artikels 37 vorhanden sind, Ausnahmen für bestimmte Fälle gemäß Artikel 38 anwendbar sind und
e) im Fall der Weiterübermittlung an ein anderes Drittland oder eine andere internationale Organisation die zuständige Behörde, die die ursprüngliche Übermittlung durchgeführt hat, oder eine andere zuständige Behörde des gleichen Mitgliedstaats die Weiterübermittlung genehmigt nach gebührender Berücksichti-

gung sämtlicher maßgeblicher Faktoren, einschließlich der Schwere der Straftat, des Zwecks der ursprünglichen Übermittlung personenbezogener Daten und des Schutzniveaus für personenbezogene Daten in dem Drittland oder der internationalen Organisation, an das bzw. die personenbezogene Daten weiterübermittelt werden.

(2) [1]Die Mitgliedstaaten sehen vor, dass Übermittlungen ohne vorherige Genehmigung durch einen anderen Mitgliedstaat gemäß Absatz 1 Buchstabe c nur dann zulässig sind, wenn die Übermittlung der personenbezogenen Daten erforderlich ist, um eine unmittelbare und ernsthafte Gefahr für die öffentliche Sicherheit eines Mitgliedstaats oder eines Drittlandes oder für die wesentlichen Interessen eines Mitgliedstaats abzuwehren, und die vorherige Genehmigung nicht rechtzeitig eingeholt werden kann. [2]Die Behörde, die für die Erteilung der vorherigen Genehmigung zuständig ist, wird unverzüglich unterrichtet.

(3) Sämtliche Bestimmungen dieses Kapitels werden angewendet, um sicherzustellen, dass das durch diese Richtlinie gewährleistete Schutzniveau für natürliche Personen nicht untergraben wird.

Kurzübersicht zum Verhältnis der entscheidenden Normen			
Norm des DSG NRW	Entsprechende Norm der JI-RL	Entsprechende Norm des BDSG	
§ 62 DSG NRW	Art. 35 JI-RL	§ 78 BDSG	

Literatur:

Ambrock/Karg, Ausnahmetatbestände der DS-GVO als Rettungsanker des internationalen Datenverkehrs?, ZD 2017, 154; *Bäcker*, Die Datenschutzrichtlinie für Polizei und Strafjustiz und das deutsche Eingriffsrecht, in: Hill/Kugelmann/Martini (Hrsg.), Perspektiven der digitalen Lebenswelt, 2017, S. 63 ff.; *de Hert/Papakonstantinou*, The new police and criminal justice data protection directive, New Journal of European Criminal Law 2017, 7; *Hornung/Schindler/Schneider*, Die Europäisierung des strafverfahrensrechtlichen Datenschutzes, ZIS 2018, 566; *Kröger*, Verwaltungsprozessualer Rechtsbehelf der Aufsichtsbehörden zur Kontrolle des internationalen Datentransfers, NVwZ 2017, 1730.

A. Grundlagen

1 In Kapitel 6 des Teil 3 wird in den §§ 62 bis 65 die **Übermittlung** personenbezogener Daten **an Drittländer oder internationale Organisationen** geregelt. Die Vorschriften setzen Kapitel V der Richtlinie (EU) 2016/680 zum Schutz natürlicher Personen bei der Verarbeitung personenbezogener Daten durch die zuständigen Behörden zum Zwecke der Verhütung, Ermittlung, Aufdeckung oder Verfolgung von Straftaten oder der Strafvollstreckung, sowie zum freien Datenverkehr und zur Aufhebung des Rahmenbeschlusses 2008/977/JI[1] (im Folgenden JI-RL) um. Ziel der Vorschriften ist, die Übermittlung an Drittländer und internationale Organisationen[2] zu ermöglichen, zu erleichtern und gleichzeitig ein hohes Schutzniveau zu gewährleisten.[3]

2 Abzugrenzen von diesem speziellen Regelungskomplex ist die Übermittlung von Daten innerhalb NRWs und Deutschland sowie an andere Stellen in Länder innerhalb der Union.[4] Teil 3 Kapitel 6 DSG NRW und Kapitel V JI-RL regeln diese Übermittlungen nicht.[5] Die Übermittlung zwischen den Mitgliedstaaten richtet sich nach den allgemeinen Verarbeitungsgrundsätzen der Richtlinie oder nach bereits bestehenden Unionsrechtsakten.[6]

3 Mit Art. 8 Abs. 1 der Charta der Grundrechte der EU und Art. 16 Abs. 1 AEUV ist der Schutz personenbezogener Daten auch bei deren Übermittlung an Drittstaaten und internationale Organisationen zu gewährleisten.[7] Europäische Datenschutzvorschriften sind jedoch bei der Verarbeitung in einem Land außerhalb der Europäischen Union oder des Europäischen Wirtschaftsraums, den sogenannten **Drittländern,**[8] nicht anwendbar. Ein hinreichendes Maß an Datenschutz ist dadurch nicht gewährleistet. Damit besteht sowohl das Risiko einer uneingeschränkten Datenverwendung im Empfängerland als auch eines unkontrollierten Rückflusses in den europäischen Raum. Um den grundrechtlichen Schutzauftrag zu erfüllen, diese Risiken der Übermittlung abzumildern und damit das **hohe Datenschutzniveau des Unionsrechts** auch bei der Verarbeitung außerhalb der Union gewährleistet bleibt,[9] sehen sowohl die JI-RL als auch die DS-GVO umfangreiche Regelungen zur Zulässigkeit von Übermittlungen personenbezogener Daten aus der Union an Empfänger in Drittländern oder an **internationale Organisationen** vor. Mit der Einführung eines umfassenden Daten-

1 Rahmenbeschluss 2008/977/JI des Rates vom 27.11.2008 über den Schutz personenbezogener Daten, die im Rahmen der polizeilichen und justiziellen Zusammenarbeit in Strafsachen verarbeitet werden, EU ABl. L 350 vom 30.12.2018, 60.
2 Legaldefiniert in Art. 3 Nr. 16 JI-RL; entspricht Art. 4 Nr. 26 DS-GVO.
3 Erwägungsgrund 4 JI-RL.
4 Dazu ausführlich *Johannes/Weinhold* Das neue DSR bei Polizei und Justiz § 1 Rn. 329 ff.
5 Wenigstens missverständlich daher BeckOK DatenschutzR/*Hilgers* BDSG § 78 Rn. 12.
6 Art. 60 JI-RL lässt bestehende Vorschriften über die Verarbeitung personenbezogener Daten im Verkehr der Mitgliedstaaten untereinander unberührt.
7 Erwägungsgründe 1, 5 JI-RL.
8 Gebräuchlich ist auch der Begriff des „Drittstaats“.
9 Art. 44 Satz 2 und Erwägungsgrund 101 DS-GVO.

schutzrechtsrahmens für die Übermittlung im Zusammenhang mit der Strafverfolgung zielt die JI-RL auf die Institutionalisierung und Straffung solcher Datenflüsse ab.[10]

I. Gesamtverständnis und Zweck der Norm

4 Die Verarbeitung von personenbezogenen Daten zu Zwecken der Strafverfolgung und Gefahrenabwehr ist im besonderen Maße durch das **Spannungsverhältnis** zwischen dem durch die Verarbeitung angestrebten **Rechtsgüterschutz**[11] und der **Eingriffsintensität** der Datenverarbeitung geprägt.[12] Risiken (gerade) noch zu rechtfertigender Überwachungsmaßnahmen werden durch die Möglichkeit der Weitergabe und Weiterverarbeitung von Überwachungsdaten um ein Vielfaches potenziert. Eine Weitergabe solcher Daten aus dem (unionalen) Rechtsschutz hinaus kann nur gerechtfertigt werden, wenn weitere **institutionelle Vorkehrungen zum Schutz** der Rechte der Betroffenen vorgesehen werden.[13]

5 § 62 setzt Art. 35 JI-RL um. Er greift auch Art. 36 JI-RL auf, so dass zwischen Vorgaben zu unterscheiden ist, die für sämtliche Übermittlungen gelten, und Vorgaben, die speziell auf die Übermittlung auf Grundlage eines Angemessenheitsbeschlusses der Kommission Anwendung finden.[14] § 62 regelt zunächst die **allgemeinen Voraussetzungen**, die bei jeder Datenübermittlung an Stellen in Drittstaaten oder an internationale Organisationen vorliegen müssen. Die Regelung enthält jedoch **weitergehend zusätzliche Anforderungen** an die Datenübermittlung aufgrund von verfassungsrechtlichen Vorgaben. Geregelt wird die Datenübermittlung auf der Grundlage eines Angemessenheitsbeschlusses der Kommission (Abs. 1), die Abwägungsentscheidung im Einzelfall (Abs. 2), die Genehmigung einer Datenübermittlung (Abs. 3) sowie die Weiterleitung an andere Drittstaaten (Abs. 4).

6 **Ziel** der Regelungen ist es die Übermittlung an Drittländer und internationale Organisationen zu ermöglichen, zu erleichtern und gleichzeitig ein hohes **Schutzniveau zu gewährleisten.** Daten sollen nur dann an ein Drittland oder eine internationale Organisation übermittelt werden, wenn dies für die Verhütung, Ermittlung, Aufdeckung oder Verfolgung von Straftaten oder für die Strafvollstreckung, einschließlich des Schutzes vor und der Abwehr von Gefahren für die öffentliche Sicherheit, notwendig ist. Das durch die JI-RL unionsweit gewährleistete Schutzniveau für natürliche Personen soll bei der Übermittlung personenbezogener Daten aus der Union an Verantwortliche, Auftragsverarbeiter oder andere Empfänger in Drittländern oder an internationale Organisationen nicht untergraben werden.[15] Das Schutzniveau soll auch erhalten bleiben, wenn aus dem Drittland oder von der internationalen Organisation personenbezogene Daten an Verantwortliche oder Auftragsverarbeiter in demselben oder einem anderen Drittland oder an dieselbe oder eine andere internationale Organisation weiterübermittelt werden.[16]

---

10 *De Hert/Papakonstantinou*, New Journal of European Criminal Law 2017, 11.
11 ZB Schutz von Leib und Leben Rechtstaatsgarantie.
12 Paal/Pauly/*Frenzel* BDSG § 78 Rn. 1 f.
13 Sydow/*Johannes/Weinhold* BDSG § 78 Rn. 4.
14 Kühling/Buchner/*Schwichtenberg* BDSG § 78 Rn. 3.
15 Art. 35 Abs. 3 JI-RL.
16 Erwägungsgrund 64 JI-RL.

II. Verhältnis zu anderen Normen

1. Zur JI-Richtlinie

§ 62 setzt Art. 35 JI-RL um und bildet damit die Eingangs- und Grundnorm des Kapitels. Die Regelung wird sowohl durch die §§ 63 bis 65 ergänzt, als auch durch Art. 36 JI-RL. Dieser ermächtigt die Kommission zum Erlass von **Angemessenheitsbeschlüssen** im Anwendungsbereich der Richtlinie. 7

In Art. 35 JI-RL sind die allgemeinen Grundsätze der Übermittlung personenbezogener Daten an ein Drittland oder eine internationale Organisation festgelegt. Die Übermittlung nach Art. 35 Abs. 1 lit. d iVm Art. 36 JI-RL setzt zwingend einen Beschluss der Kommission voraus, dass das betreffende Drittland, Gebiet oder internationale Organisation ein angemessenes Schutzniveau bietet. Liegt ein **Angemessenheitsbeschluss** im Sinne des Art. 36 Abs. 3 JI-RL nicht vor, kann eine Übermittlung vorbehaltlich geeigneter Garantien nach Art. 37 JI-RL erfolgen. Liegen auch keine geeigneten Garantien vor, darf eine Übermittlung nur bei den in Art. 38 JI-RL genannten Ausnahmen vorgenommen werden. Die Kommission wird in Art. 36 JI-RL ermächtigt sogenannte **Angemessenheitsbeschlüsse** zu erlassen und dadurch eine Grundlage zu schaffen, dass die Übermittlung an ein Drittland oder eine internationale Organisation nach Art. 35 JI-RL vorgenommen werden darf.[17] Art. 36 JI-RL entspricht sowohl im Wortlaut als auch vom Sinngehalt in vielen Teilen Art. 45 DS-GVO.[18] 8

Art. 36 Abs. 1 JI-RL stellt klar, dass ein Angemessenheitsbeschluss bewirkt, dass die **Übermittlung an ein Drittland** oder eine internationale Organisation vorgenommen werden darf. In Art. 36 Abs. 2 JI-RL werden Kriterien in Form von Regelbeispielen aufgeführt, die bei der Prüfung der Angemessenheit des gebotenen Schutzniveaus von der Kommission zu berücksichtigen sind. In Art. 36 Abs. 3 JI-RL werden die Anforderungen an den Angemessenheitsbeschluss als **Durchführungsrechtsakt** festgelegt. Nach Art. 36 Abs. 4 JI-RL hat die Kommission eine Überwachungspflicht. Wenn der Kommission Informationen vorliegen, dass kein angemessenes Schutzniveau mehr gewährleistet ist, widerruft, ändert oder setzt die Kommission den Angemessenheitsbeschluss nach Art. 36 Abs. 5 JI-RL aus. Art. 36 Abs. 6 JI-RL regelt, wie im Verhältnis zum betroffenen Drittland oder zur betroffenen internationalen Organisation in diesem Fall weiter zu verfahren ist. Art. 36 Abs. 7 JI-RL stellt klar, dass eine Aufhebung oder ein Widerruf einer Angemessenheitsentscheidung Übermittlungen auf anderer Rechtsgrundlage unberührt lassen soll. In Art. 36 Abs. 8 JI-RL werden **Veröffentlichungspflichten** geregelt.[19] 9

Die Kommission wird nach Art. 36 Abs. 2 JI-RL ermächtigt, Angemessenheitsbeschlüsse hinsichtlich des Datenschutzniveaus in Drittländern beschließen. Die Kommission kann mit Wirkung für die gesamte Union beschließen, dass bestimmte Drittländer, ein Gebiet oder ein oder mehrere spezifische Sektoren in einem Drittland oder eine internationale Organisation ein angemessenes Datenschutzniveau bieten. Auf diese Weise soll in Bezug auf die Drittländer und internationalen Organisationen, die für fähig gehalten werden, ein solches Schutzniveau zu bieten, in der gesamten Union Rechtssicherheit geschaffen und eine ein- 10

---

17 Sydow/*Johannes/Weinhold* BDSG § 78 Rn. 7.

18 Zu jenem HK-DS-GVO/BDSG/*Hünermann* DS-GVO Art. 45 Rn. 6 ff.; zB enthält die JI-RL keine Art. 45 Abs. 9 DS-GVO entsprechende Regelung und es müssen, anders als nach Art. 45 Abs. 8 DS-GVO, nach Art. 36 Abs. 8 JI-RL nur die festgestellte Angemessenheit veröffentlicht werden.

19 Sydow/*Johannes/Weinhold* BDSG § 78 Rn. 10.

heitliche Rechtsanwendung sichergestellt werden.[20] Die Systematik von Kapitel V der JI-RL sieht den Angemessenheitsbeschluss als wichtigste Rechtfertigung für eine Übermittlung nach Art. 35 ff. Diese Präferenz zeigt sich auch in der Umsetzung in § 62. [21] Allerdings wurden seit Anwendbarkeit von Art. 36 JI-RL bis Mitte 2019 noch keine Angemessenheitsbeschlüsse gefasst. Absichtsbekunden seitens der Kommission solche zu fassen existieren, konkrete Pläne wurden noch nicht veröffentlicht. Da die Datenschutzrichtlinie den sachlichen Anwendungsbereich der JI-RL inhaltlich durch Art. 3 Abs. 2 ausnahm, können Angemessenheitsbeschlüsse, die noch aufgrund von Art. 25 Abs. 6 Abs. RL 95/46/EG erlassen wurden, keine Geltung im Sinne von Art. 36 JI-RL haben. Diese Feststellung wird durch den systematischen Vergleich von DSGVO und JI-RL bestätigt, denn Art. 35 JI-RL enthält keine dem Art. 46 Abs. 9 DSGVO vergleichbare Übergangsregelung.

2. Zur DS-GVO

11 Die DS-GVO sieht für die Übermittlung personenbezogener Daten in ein Land außerhalb der Europäischen Union oder des europäischen Wirtschaftsraums (EWR) besondere Regelungen in Art. 44 bis 49 DS-GVO vor.[22] Aufbau und Wortlaut der Vorschriften der JI-RL und der DS-GVO ähneln sich zwar, sind in wichtigen Details aber sehr unterschiedlich.[23] Sollte der Anwendungsbereich von § 35 nicht eröffnet sein, so ist auf die unmittelbar geltenden Art. 44 ff. DS-GVO abzustellen.[24] Angemessenheitsbeschlüsse der Kommission, die auf Grundlage der DS-GVO gefasst werden, sind keine Angemessenheitsbeschlüsse im Sinne der der JI-RL und von § 35 ff. Sie sind aufgrund des abgegrenzten Anwendungsbereichs von Verordnung und Richtlinie und der im Detail unterschiedlichen materiellrechtlichen Vorrausetzungen für die Beschlüsse auch nicht entsprechend oder gar analog anwendbar. Denkbar ist allenfalls, dass Beschlüsse ausdrücklich Aussagen zu beiden Anwendungsbereichen treffen.[25]

3. Zu anderen Vorschriften

12 Die Regelung wird im DSG NRW durch die §§ 44, 63 bis 65 und Art. 36 JI-RL ergänzt.

13 Auch bei Übermittlungen in Drittstaaten und internationale Organisationen müssen die allgemein für Übermittlungen geltenden Pflichten nach § 50 Abs. 5 Satz 1 und 2, nach § 58 Abs. 4 Nr. 6 und nach § 44 beachtet und eingehalten werden. Ob Mitteilungen über Berichtigungen und Löschungen gemacht werden dürfen, ist gesondert nach den §§ 63 bis 65 am Einzelfall zu bestimmen. Insbesondere hinsichtlich Berichtigungen kann es im Einzelfall aufgrund einer Abwägung nach Abs. 2 geboten sein, keine Mitteilung zu machen, wenn dies die Rechte der betroffenen Personen mehr schont.[26]

14 Spezifischere Regelungen zu internationalen Übermittlungen finden sich auch im Fachrecht. Die Datenübermittlung im Bereich der Europäischen Union und

20 Erwägungsgrund 66 JI-RL.
21 Sydow/*Johannes/Weinhold* BDSG § 78 Rn. 11.
22 S. dazu Orientierungshilfe für den nichtöffentlichen Bereich DSK, Kurzpapier Nr. 4, 2017.
23 *Hornung/Schindler/Schneider* ZIS 2018, 568.
24 *Ambrock/Karg* ZD 2017, 156; zum Anwendungsbereich → § 45 Rn. 1 ff.
25 Im Privacy-Shield gibt es dazu Ansätze, die mangels Benennung der Richtlinie aber nicht für diese wirken.
26 Sydow/*Johannes/Weinhold* BDSG § 78 Rn. 14.

deren Mitgliedstaaten sowie im internationalen Bereich richtet sich bei den Polizeibehörden in NRW nach den §§ 28 bzw. 29 PolG NRW. Die Vorschriften ergänzen einander, vgl. § 29 Abs. 1 Satz 1 PolG NRW.

§ 62 ist wortgleich zu § 78 BDSG. § 21 BDSG sieht einen verwaltungsprozessualen Rechtsbehelf vor, mit dem die nationalen Aufsichtsbehörden eine Überprüfung der Angemessenheitsbeschlüsse der Kommission anstoßen können.[27] Dieser gilt auch für Beschlüsse nach Art. 36 JI-RL. 15

III. Bisherige Rechtslage

Das Konzept der Grundsätze zur Übermittlung von personenbezogenen Daten an Drittländer ist bereits aus der Richtlinie 95/46/EG („DSRL") und aus dem BDSG aF bekannt. Art. 25 RL 95/46/EG beinhalteten grundlegende Vorschriften zur Übermittlung personenbezogener Daten innerhalb und außerhalb der Union und des Europäischen Wirtschaftsraums durch öffentliche und nichtöffentliche Stellen. Die Datenverarbeitung durch Polizei- und Nachrichtendienste wurde von der DSRL nicht unmittelbar berührt. Ihr Anwendungsbereich war beschränkt auf den Geltungsbereich des EG-Vertrages. 16

B. Kommentierung

I. Zentrale Begriffe

1. Datenübermittlung

Ein zentraler Begriff von Kapitel 6 ist der der Datenübermittlung. Dieser wird synonym verwendet mit „Übermittlung" oder „Übermittlung personenbezogener Daten". Diese Begriffe werden weder im DSG NRW, noch im BDSG, noch in der JI-RL oder der DS-GVO näher bestimmt. In der weiten Definition der „Verarbeitung" personenbezogener Daten in § 36 Nr. 2 wird die „Offenlegung durch Übermittlung, Verbreitung oder eine andere Form der Bereitstellung" mitumfasst. Die Legaldefinition in § 36 Nr. 2 stimmt wörtlich mit den Art. 3 Nr. 2 JI-RL und Art. 4 Nr. 2 DS-GVO sowie § 46 Nr. 2 BDSG überein. Der Begriff der Datenverarbeitung stellt einen Obergriff dar, der neben dem Speichern, Verändern, Sperren und Löschen vor allem das Übermitteln personenbezogener Daten umfasst. Übermittlung ist die Mitteilung oder Bekanntgabe von Daten an individuell bestimmte Adressaten, sei es mündlich, schriftlich, elektronisch oder in anderer Weise.[28] Dies ist das Übermitteln durch Bekanntgeben nach altem Recht. 17

2. Drittstaaten und internationale Organisationen

Ein weiteres zentrales Begriffspaar von Kapitel 6 ist das der Drittstaaten und internationale Organisationen. Das DSG NRW verwendet – wie auch das BDGS – durchgängig den Begriff Drittstaat. Dieser wird nicht in den Begriffsbestimmungen in § 36 näher definiert. Die JI-RL und die DS-GVO verwenden nicht den Begriff Drittstaat, sondern zumeist „Drittländer" und teilweise „Gebiet" oder „spezifischer Sektor", bestimmen diese Begriffe aber auch nicht konkret.[29] Auch das PolG NRW verwendet den Begriff Drittländer. 18

27 *Kröger* NVwZ 2017, 1733.
28 Sydow/*Reimer* DS-GVO Art. 4 Rn. 69.
29 Drittländer im Sinne der DS-GVO sind alle Staaten, die nicht der Europäischen Union angehören, Sydow/*Towfigh/Ulrich* DS-GVO Art. 44 Rn. 5.

19 Der Begriff Drittstaat wird aber im BDSG in § 1 geklärt. § 1 Abs. 6 und Abs. 7 BDSG dienen der Klarstellung, welche Staaten den Mitgliedstaaten der EU gleichgestellt sind.[30] In § 1 Abs. 6 und 7 BDSG erfolgt eine unterschiedliche Definition des Drittstaates, je nachdem, ob der Anwendungsbereich der JI-RL oder der der DS-GVO gemeint wird. § 1 Abs. 7 BDSG gilt für die Verarbeitung zu Zwecken der Richtlinie und § 45 BDSG. Nach dessen Satz 1 stehen bei der Verarbeitung von Daten zu Zwecken der JI-RL die assoziierten Staaten im Rahmen des **Schengen-Besitzstandes**[31] den Mitgliedstaaten der EU gleich. Nach Satz 2 gelten andere Staaten insoweit als Drittstaaten. Es weist zunächst nichts darauf hin, dass der Gesetzgeber des DSG NRW, der sich stark am BDSG orientierte, eine andere Bedeutung des Begriffs Drittstaats gewollt hat. Allerdings definiert § 29 Abs. 1 Satz 1 PolG NRW den Begriff Drittländer als solche Staaten, die nicht Mitgliedstaaten der Europäischen Union sind. Dies schließt die assoziierten Staaten als mögliche Empfänger aus und § 29 PolG NRW ist hier einschränkender als § 62.

20 Internationale Organisationen sind in Art. 4 Nr. 26 DS-GVO und Art. 3 Nr. 16 JI-RL unionsrechtlich gleichlautend definiert. Diese Begriffsbestimmung wurde in § 36 Nr. 17 unverändert übernommen. Eine internationale Organisation ist eine völkerrechtliche Organisation und ihre nachgeordneten Stellen, die aufgrund einer Übereinkunft mehrerer Staaten geschlossen wurde. Der Begriff war zuvor weder in der DS-RL, BDSG aF noch im DSG NRW aF enthalten. Unter den Begriff können gemäß Erwägungsgrund 112 DS-GVO auch internationale humanitäre Organisationen fallen. Im Anwendungsbereich von § 35 und der Richtlinie ist aber insbes. die kriminalpolizeiliche Organisation Interpol gemeint.[32]

II. Zulässigkeit der Datenübermittlung (Abs. 1)

21 Abs. 1 regelt die Grundsätze für die Übermittlung oder Weitergabe personenbezogener Daten an Drittländer oder internationale Organisationen im Bereich der polizeilichen oder justiziellen Zusammenarbeit in Strafsachen. Diese können in allgemeine und besondere Vorrausetzungen unterschieden werden.[33] Dies entspricht der Regelungssystematik der DS-GVO.[34] Übermittlungen in Drittländer sind nur zulässig, wenn sowohl die allgemeinen als auch die besonderen Vorrausetzungen vorliegen. Mit Abs. 1 wird Art. 35 Abs. 1 bis lit. a und lit. e Hs. 1 JI-RL umgesetzt.[35]

1. Allgemeine Vorrausetzungen

22 Datenübermittlungen sind nach Abs. 1 nur zulässig „bei Vorliegen der übrigen für Datenübermittlungen geltenden Voraussetzungen". Damit sind zwar auch die in den §§ 63 bis 65 geregelten sonstigen Regelungen zur Datenübermittlung gemeint. Gemeint sind aber insbes. die sich aus den allgemeinen Grundsätzen

30 BT-Drs. 18/11325, 80.

31 Der Schengen-Besitzstand ist durch völkerrechtliche Vereinbarungen auch von Island, Liechtenstein, Norwegen und der Schweiz übernommen worden. Neue EU-Beitrittskandidaten sind verpflichtet, den Schengen-Besitzstand vollständig zu übernehmen. Unabhängig davon, ob neue Mitgliedsstaaten (noch) keine Vollanwender und Nutznießer des Schengen-Besitzstands sind, gelten sie nicht als Drittstaaten.

32 Erwägungsgrund 25 JI-RL.

33 Paal/Pauly/*Frenzel* BDSG § 78 Rn. 4.

34 Sydow/*Towfigh*/*Ulrich* DS-GVO Art. 44 Rn. 7.

35 Sydow/*Johannes*/*Weinhold* BDSG § 78 Rn. 22.

für die Verarbeitung personenbezogener Daten nach § 37 ergebenen Vorrausetzungen.[36] Bei Datenübermittlungen im Sinne von §§ 63 bis 65 handelt es sich nämlich grds. um Verarbeitungen im Sinne von § 36 Nr. 2. Nach § 37 dürfen personenbezogene Daten ua nur für die festgelegten, eindeutigen und rechtmäßigen Zwecke erhoben werden und müssen vor allem auf rechtmäßige Weise verarbeitet werden. Der Wortlaut macht deutlich, dass die §§ 62 bis 65 **„keine Blankettermächtigung"**[37] zur Datenübermittlung beinhalten, sondern lediglich weitere Voraussetzungen konkretisieren, die von den übermittelnden Verarbeitern eingehalten werden müssen. Entsprechend verweist Art. 35 Abs. 1 JI-RL auf die „Einhaltung der nach Maßgabe anderer Bestimmungen dieser Richtlinie erlassenen nationalen Bestimmungen." Dies bedeutet auch, dass Verarbeiter die Übermittlung auf **gesetzliche Ermächtigungsgrundlagen** stützen können müssen. Das können spezialgesetzliche und bereichsspezifische Ermächtigungen betreffend Übermittlungen sein.[38] Ausreichen können im Einzelfall auch zur Datenverarbeitung ermächtigende Generalnormen. Entscheidend kommt es darauf an, dass die Übermittlung in das Drittland oder eine internationale Organisation gemessen an dem Verarbeitungszweck und der Ermächtigungsgrundlage erforderlich und angemessen ist.[39]

2. Zuständigkeit (Nr. 1)

Neben den „übrigen" Vorrausetzungen für die Übermittlung muss der Empfänger der Daten nach Abs. 1 Nr. 1 für die Verhütung, Ermittlung, Aufdeckung, Verfolgung oder Ahndung von Straftaten oder Ordnungswidrigkeiten zuständig sein. Zur Überprüfung, ob diese Vorrausetzung vorliegt, muss die übermittelnde deutsche Stelle in der Lage sein, die Verwaltungsorganisation des Drittstaats zu beurteilen.[40] Die Zuständigkeit der empfangenden Stelle wird sich jedoch in vielen Fällen aus ihrer **Aufgabenbeschreibung** ableiten lassen. Zuständig im Sinne von Abs. 1 Nr. 1 sind idR Polizeien, Strafgerichte, Staatsanwaltschaften. Zuständige internationale Organisationen sind bspw. Interpol und UNPOL. 23

3. Angemessenheitsbeschluss (Nr. 2)

Als weitere Vorrausetzung für die Übermittlung an Drittstaaten oder internationale Organisationen legt Abs. 1 Nr. 2 fest, dass die EU Kommission einen **Angemessenheitsbeschluss** gemäß Art. 36 Abs. 3 JI-RL gefasst hat. Der Angemessenheitsbeschluss muss sich entweder auf das Drittland, ein Gebiet oder ein oder mehrere spezifische Sektoren in diesem Drittland, in dem die empfangende Stelle ihren Sitz hat, oder auf eine internationale Organisation selbst beziehen.[41] Angemessenheitsbeschlüsse der Kommission **erleichtern die Prüfung, ersetzen aber keine eigene Prüfung** und Entscheidung hinsichtlich der sonstigen Übermittlungsvoraussetzungen, wie Abs. 2 verdeutlicht.[42] 24

36 BeckOK DatenschutzR/*Hilgers* BDSG § 78 Rn. 14.
37 Paal/Pauly/*Frenzel* BDSG § 78 Rn. 5.
38 BeckOK DatenschutzR/*Hilgers* BDSG§ 78 Rn. 17; vgl. §§ 26, 29 PolG NRW.
39 Ebenso BeckOK DatenschutzR/*Hilgers* BDSG § 78 Rn. 15. Auch nach Art. 35 Abs. 1 lit. a JI-RL muss die Übermittlung für die Zweckbestimmung der RL erforderlich sein.
40 Paal/Pauly/*Frenzel* BDSG § 78 Rn. 6.
41 Zu bereits von der Kommission erlassene (sektorale) Angemessenheitsentscheidungen, vgl. Nachweise bei Schantz/Wolff/*Schantz* Rn. 776 Fn. 1024–1034.
42 Paal/Pauly/*Frenzel* BDSG § 78 Rn. 8.

III. Unterbleiben der Übermittlung im Einzelfall (Abs. 2)

25 Abs. 2 bestimmt, dass eine Datenübermittlung trotz eines bestehenden Angemessenheitsbeschlusses zu unterbleiben hat, wenn im Einzelfall die Besorgnis besteht, dass ein datenschutzrechtlich angemessener und die elementaren **Menschenrechte wahrender Umgang** mit den übermittelten Daten beim Empfänger nicht hinreichend gesichert ist oder sonst überwiegende schutzwürdige Interessen einer betroffenen Person entgegenstehen.

26 Die Regelung enthält weitergehend zusätzliche Anforderungen an die Datenübermittlung an Stellen in Drittstaaten oder internationale Organisationen aufgrund der verfassungsrechtlichen Vorgaben, die sich unter anderem aus dem **BKA-Urteil**[43] des BVerfG ergeben: „*Der Gesetzgeber hat daher dafür Sorge zu tragen, dass dieser Grundrechtsschutz durch eine Übermittlung der von deutschen Behörden erhobenen Daten ins Ausland und an internationale Organisationen ebenso wenig ausgehöhlt wird wie durch eine Entgegennahme und Verwertung von durch ausländische Behörden menschenrechtswidrig erlangten Daten.*“[44] Danach dürfen datenschutzrechtliche Garantien im Inland in ihrer Substanz nicht durch den Austausch von personenbezogenen Daten zwischen Sicherheitsbehörden unterlaufen werden. Zum anderen ergeben sich Grenzen der Übermittlung dort, wo mit Blick auf die Nutzung von Daten durch den Empfängerstaat Menschenrechtsverletzungen zu besorgen sind.[45] Nach dem BVerfG ist eine Übermittlung demnach zwingend auszuschließen, wenn zu befürchten ist, dass elementare rechtsstaatliche Grundsätze verletzt werden.[46]

27 Nach Abs. 2 Satz 2 hat die übermittelnde Stelle aber maßgeblich zu berücksichtigen, ob der Empfänger im Einzelfall einen angemessenen Schutz der übermittelten Daten **garantiert**. Durch diese Garantien können Umstände, die die Sicherheit eines Angemessenheitsbeschluss erschüttern, kompensiert werden.[47]

28 Bei der Überprüfung im Einzelfall muss auch das öffentliche Interesse an der Übermittlung berücksichtigt werden. Eine Abwägung mit den schutzwürdigen Interessen der betroffenen Personen ist die Folge. Die Datenübermittlung hat zu unterbleiben, wenn der **Grundrechtsschutz** der betroffenen Person die öffentlichen Interessen an der Datenübermittlung überwiegt. Dabei ist auf das Datenschutzniveau des Empfängers abzustellen.[48] Ein **schutzwürdiges Interesse** der betroffenen Person ist die ordnungsgemäße Verarbeitung der ihn betreffenden personenbezogen Daten. Es kommt nicht allein darauf an, dass ihm durch die Übermittlung ein Schaden entsteht oder entstehen könnte, obgleich dies ein starkes Indiz ist. Ob das schutzwürdigen Interesse die zu berücksichtigenden öffentlichen Interessen an der Datenübermittlung überwiegen, ist eine Frage der Umstände des Einzelfalles.[49]

29 Die in Abs. 2 statuierte Einzelfallprüfung ist mit der JI-RL vereinbar.[50] Durch sie wird der Vorrang des Unionsrechts oder die Entscheidungshoheit der Kommission nicht in Frage gestellt. Eine vom Angemessenheitsbeschluss abweichende Würdigung der Lage in dem Drittstaat ist nämlich idR damit zu begründen, dass zwischen Erlass des Angemessenheitsbeschlusses und der Einzelfallent-

---

43 BVerfGE 141, 220 = BVerfG NJW 2016, 1781 (1800 ff.).
44 BVerfGE 141, 220 = BVerfG NJW 2016, 1781 (1806), Rn. 327.
45 Sydow/*Johannes/Weinhold* BDSG § 78 Rn. 28.
46 BVerfGE 141, 220 = BVerfG NJW 2016, 1781 (1806), Rn. 328.
47 Paal/Pauly/*Frenzel* BDSG § 78 Rn. 11.
48 BeckOK DatenschutzR/*Hilgers* BDSG § 78 Rn. 34.
49 Sydow/*Johannes/Weinhold* BDSG § 78 Rn. 30.
50 Sydow/*Johannes/Weinhold* BDSG § 78 Rn. 31.

scheidung **neue Umstände** oder Tatsachen eingetreten sind.[51] Ein Angemessenheitsbeschluss darf nicht als Begründung dafür dienen **rechtsstaatliche Versprechen zu unterlaufen** und das durch die JI-RL gewährleistete Schutzniveau für natürliche Personen zu untergraben. Abs. 2 dient deswegen auch als konkretisierende Umsetzung von Art. 35 Abs. 2 JI-RL.[52] Die Regelung ist auch aufgrund von Art. 1 Abs. 3 JI-RL richtlinienkonform.

Hat eine Übermittlung nach § 62 Abs. 2 zu unterbleiben, kann die Übermittlung auch nicht über § 63 gerechtfertigt werden.[53] 30

IV. Weiterübermittlungen von Daten (Abs. 3)

Abs. 3 setzt der **Weiterübermittlung** von Daten, die aus einem anderen Mitgliedstaat der Europäischen Union zur Verfügung gestellt wurden, durch deutsche Behörden an Drittländer Grenzen. Abs. 3 setzt Art. 35 Abs. 2 JI-RL um. Die Vorschrift basiert auf dem Formulierungsvorschlag aus der allgemeinen Ausrichtung des Rates zum Richtlinien-Entwurf der Kommission.[54] Regelungen, die die Weiterübermittlung von Daten begrenzten, enthielt aber auch die Stellungnahme des EU-Parlaments zum Richtlinien-Entwurf.[55] 31

Die Vorschrift muss in doppelter Hinsicht als institutionelle **Verfahrenssicherung** verstanden werden. Sie soll die unbedachte Weiterverbreitung von personenbezogenen Daten verhindern. Die Behörde darf nach Art. 35 Abs. 1 lit. c JI-RL die Übermittlung nur genehmigen, wenn sie im Einklang mit dem Recht ihres Mitgliedstaates steht. Dadurch soll sichergestellt werden, dass eine Übermittlung im Einklang mit dem Rechtsystem steht, dem die betroffene Person unterliegt.[56] Mit der Vorschrift wird aber auch ein Kernbereich mitgliedstaatlicher Souveränität betreffend die zum Zwecke der Strafverfolgung, -verhütung und Gefahrenabwehr erhobenen Daten anerkannt. Dies folgt möglicherweise einem dinglichen Verständnis von Daten, über die seitens der Mitgliedsstaaten noch voneinander abgrenzbare Herrschaft ausgeübt werden können soll.[57] Grundsätzlich soll damit wohl auch der Anspruch der übermittelnden Behörde als „Herrin über das Verfahren" unterstrichen werden.[58] 32

1. Genehmigungsgrundsatz (Satz 1)

Satz 1 bestimmt den Grundsatz, dass eine Weiterübermittlung von Daten in einen Drittstaat oder eine internationale Organisation nur mit der Genehmigung der zuständigen Stelle des anderen Mitgliedstaates erfolgt. Adressat der Vorschrift sind die **in § 35 genannten Behörden.** 33

Satz 1 **gilt für alle Übermittlungen** an Drittstaaten oder internationale Behörden und nicht nur für solche auf Grundlage von Angemessenheitsbeschlüssen. Dies verdeutlicht sowohl Art. 35 Abs. 1 lit. c JI-RL[59] als auch die Verweise in §§ 63 34

---

51 Paal/Pauly/*Frenzel* BDSG § 78 Rn. 10.
52 Auernhammer/*Gaitzsch* BDSG § 78 Rn. 11.
53 Ebenso Paal/Pauly/*Frenzel* BDSG § 79 Rn. 2; aA BeckOK DatenschutzR/*Hilgers* BDSG § 78 Rn. 38, der der Prüfung nach Abs. 2 aber im Rahmen einer Entscheidung nach § 79 doch wieder besondere Bedeutung beimisst.
54 Art. 33 Abs. 1 lit. d und Abs. 2 JI-RL-E-Rat (Ratsdokument 12555/15).
55 Art. 33 UAbs. 2 JI-RL-E-Parl (Amtsblatt C 378/496).
56 Kühling/Buchner/*Schwichtenberg* BDSG § 78 Rn. 6.
57 Paal/Pauly/*Frenzel* BDSG § 78 Rn. 12.
58 Sydow/*Johannes/Weinhold* BDSG § 78 Rn. 34.
59 So Kühling/Buchner/*Schwichtenberg* BDSG § 78 Rn. 6.

Abs. 1, 64 Abs. 1 und 65 Abs. 1 auf die übrigen Vorrausetzungen für die Datenübermittlung an Drittstaaten nach § 62.

35 Die Vorschrift erfasst solche personenbezogenen Daten, die durch eine Behörde eines Mitgliedstaats der Union an eine Behörde in NRW übermittelt worden oder ihr zur Verfügung gestellt worden sind. Damit übernimmt Abs. 3 Satz 1 wortgleich die Tatbestandsalternativen des Art. 35 Abs. 1 lit. c JI-RL. Übermittlung ist eine vom Begriff der Datenverarbeitung iSv § 36 Nr. 2 erfasste Handlung. Eine Übermittlung kann durch „**Offenlegung**" erfolgen. Sie kann aber durch eine „**andere Form der Bereitstellung**" erfolgen. Eine solche ist in der Regel auch das Zur-Verfügung-Stellen von Daten im Sinne von Satz 1. Die kumulative Nennung von „Übermittlung" und „zur Verfügung stellen" soll verdeutlichen, dass Übermittlungen auch auf nicht elektronischem Wege erfolgen können, zB durch die körperliche Übersendung von Schriftstücken oder Dokumenten.[60] Sie kann auch durch den Abruf aus Datenbanksystemen erfolgen.

36 Mitgliedstaaten der EU im Sinne von Satz 1 sind nur die europäischen Staaten, die Mitglied der EU sind. Anders als § 1 Abs. 6 BDSG wird nicht auf Staaten des Schengen-Besitzstandes abgestellt. Dies folgt der Vorgabe von Art. 35 Abs. 2 JI-RL, der ebenso eindeutig formuliert.[61] Gemessen am Ziel der Vorschrift ist die Beschränkung des Anwendungsbereichs auf Mitgliedsstaaten folgerichtig. Gewahrt werden soll das **Datenschutzniveau der Union** und die verbliebenen autonomen Interessen der Mitgliedstaaten.

37 Zuständige Stelle des Mitgliedstaates, die der Übermittlung zustimmen soll, ist die Stelle, die jener Mitgliedstaat dazu ernannt hat. Dies muss nicht die Stelle sein, die die Daten ursprünglich an die Behörde in NRW übermittelt hat.[62] Es liegt im **Interesse** der Mitgliedstaaten, die Zuständigkeit gegenüber den anderen Mitgliedstaaten transparent zu kommunizieren. Tatsächliche Verzögerungen, die durch die Feststellung der Zuständigkeit oder Verweisungsketten entstehen, können bedingen, dass eine Genehmigung iSv Abs. 3 Satz 3 nicht rechtzeitig eingeholt werden kann.

38 Für die Genehmigung im Sinne von Abs. 3 ist **keine besondere Form** vorgeschrieben. Sie kann schriftlich, elektronisch oder (fern-)mündlich erteilt werden. Zur Protokollierung und Rechenschaft sollte sowohl die Genehmigungsanfrage als auch die Genehmigung selbst in einer kommunikationssicheren und nachprüfbaren Form dokumentiert werden. Dafür bietet sich sowohl die Schriftform als auch die durch qualifizierte elektronische Signaturen oder Siegel gesicherte elektronische Form an. Sowohl Genehmigungsanfragen als auch Genehmigungen können jedoch auch (fern-)mündlich oder per einfacher E-Mail erteilt werden. Ob dies verwaltungsintern als ausreichend und nachweissicher anzusehen ist, wird sich nach der Eilbedürftigkeit des Einzelfalls und dem konkreten **Verhältnis der Zusammenarbeit** zwischen den Behörden bestimmen lassen müssen. Insbesondere (fern-)mündliche aber auch per einfacher E-Mail übermittelte Anfragen oder Genehmigungen sollten gegebenenfalls nachträglich nachvollziehbar und beweissicher dokumentiert werden.

2. Ausnahmen (Satz 2)

39 Nach Satz 2 ist eine Übermittlung ohne vorherige Genehmigung ausnahmsweise zulässig, wenn sie der **Abwehr einer unmittelbaren und ernsthaften Gefahr**

60 BeckOK DatenschutzR/*Hilgers* BDSG § 78 Rn. 41.
61 Klärungsbedarf sieht BeckOK DatenschutzR/*Hilgers* BDSG § 78 Rn. 40.
62 Das kann auch aus Abs. 4 Satz 4 geschlossen werden.

für die öffentliche Sicherheit eines Staates oder für **wesentliche Interessen** eines Mitgliedstaats dient und die vorherige Genehmigung nicht rechtzeitig eingeholt werden kann. Diese Ausnahmeregelung wird durch die Unterrichtungspflicht nach Satz 3 ergänzt. Die Behörde, die für die Erteilung der vorherigen Genehmigung zuständig ist, muss unverzüglich unterrichtet werden.

Satz 2 setzt Art. 35 Abs. 2 S. 1 JI-RL um. Nach Erwägungsgrund 65 ist es im Interesse einer **wirksamen Zusammenarbeit** bei der Verhütung, Ermittlung und Aufdeckung von Straftaten erforderlich, dass im Falle einer Gefahr für die öffentliche Sicherheit eines Mitgliedstaates oder eines Drittlandes oder für die wesentlichen Interessen eines Mitgliedstaates die zuständige Behörde die maßgeblichen personenbezogenen Daten ohne vorherige Genehmigung an das betreffende Drittland oder die betreffende internationale Organisation übermitteln können sollte, wenn die Genehmigung nicht rechtzeitig eingeholt werden kann. Satz 2 nennt zwei **tatbestandalternative Gefahren**, bei deren Vorliegen eine Übermittlung ohne Genehmigung des anderen Mitgliedstaates erfolgen kann. 40

a) Unmittelbare und ernsthafte Gefahr für die öffentliche Sicherheit eines Staats (Alt. 1)

Nach Alt. 1 muss eine unmittelbare und ernsthafte Gefahr für die öffentliche Sicherheit eines Staates bestehen. Die **Begriffe sind im Sinne des Polizeirechts** aber eingedenk des unionalen Ursprungs auszulegen. Traditionell wird unter **öffentliche Sicherheit** der Bestand und die Funktionsfähigkeit des Staates und seiner Einrichtungen, Individualrechte und -rechtsgüter sowie die Gesamtheit der (objektiven) Rechtsordnung und zT kollektive Rechtsgüter (oder: Gemeinschaftsrechtsgüter) verstanden.[63] 41

Eine **Gefahr** liegt nach allgemein anerkanntem Verständnis vor, wenn eine Sachlage oder ein Verhalten bei ungehindertem Ablauf des objektiv zu erwartenden Geschehens mit hinreichender Wahrscheinlichkeit ein geschütztes Rechtsgut der öffentlichen Sicherheit schädigen wird. Die Gefahr im Sinne von Alt. 1 muss aber auch von besonderer Qualität sein. Sie muss sowohl unmittelbar als auch ernsthaft bestehen. 42

Eine **unmittelbare** Gefahr liegt nach allgemeinem polizeirechtlichem Verständnis vor, wenn das schädigende Ereignis begonnen hat, oder wenn diese Entwicklung unmittelbar oder in nächster Zeit mit an Sicherheit grenzender Wahrscheinlichkeit bevorsteht. Abs. 3 S. 2 ist jedoch **restriktiv** auszulegen; nicht jede unmittelbare Gefahr für die Unversehrtheit der Rechtsordnung kommt in Betracht.[64] Sie muss auch „ernsthaft" sein. Weder das Landesrecht NRW noch das Bundesrecht kannten bisher den Begriff der „ernsthaften Gefahr". Teilweise wird angenommen, dass das Adjektiv „ernsthaft" in Abs. 3 Satz 2 lediglich das Adjektiv „unmittelbar" ohne weiteren Sinngehalt ergänzt.[65] Es solle sich also lediglich um eine hinreichend konkrete Gefahr handeln.[66] Angesichts der unionsrechtlichen Vorgabe in Art. 35 Abs. 2 Satz 1 JI-RL und im Rest der Richtlinie,[67] die wiederholt sowohl von unmittelbaren als auch von ernsthaften Gefahren ausgehen, ist im Begriff „ernsthaft" aber ein eigenständiger Bedeutungsgehalt zu suchen.[68] 43

63 Sydow/*Johannes/Weinhold* BDSG § 78 Rn. 46.
64 Paal/Pauly/*Frenzel* BDSG § 78 Rn. 14.
65 So wohl Paal/Pauly/*Frenzel* BDSG § 78 Rn. 14.
66 BeckOK DatenschutzR/*Hilgers* BDSG § 78 Rn. 46.
67 Vgl. Erwägungsgrund 72 und Art. 38 Abs. 1 lit. c JI-RL.
68 Sydow/*Johannes/Weinhold* BDSG § 78 Rn. 49.

44 Das Bundesrecht kennt den Begriff der **erheblichen** Gefahr. Dies ist eine Gefahr für ein bedeutsames Rechtsgut, wie Bestand des Staates, Leben, Gesundheit, Freiheit, wesentliche Vermögenswerte oder andere strafrechtlich geschützte Güter von erheblicher Bedeutung für die Allgemeinheit.[69] Diese Definition entspricht dem allgemeinen polizeirechtlichen Verständnis, der auch dem Begriff erhebliche Gefahr in § 6 Abs. 1 Nr. 1 PolG NRW zugrunde liegt.[70] Die Adjektive „ernsthaft" und „erheblich" können nach allgemeinem Sprachverständnis synonym verwendet werden. Es ist auch wahrscheinlich, dass der Landesgesetzgeber, dem Bundesgesetzgeber folgend, dies gemeint hat. Bei der Umsetzung von Art. 38 Abs. 1 lit. c JI-RL nach § 64 Abs. 1 Nr. 3 setzte der der Gesetzgeber das unionssprachliche „ernsthaft" mit dem deutschen Polizeirecht bekannten Begriff „erheblich" um. Folglich dürfte es sich bei der unveränderten Umsetzung von „ernsthaft" in Abs. 3 Satz 2 um ein Redaktionsversehen handeln. Eine Klärung kann aber durch eine **unionsrechtkonforme Auslegung** herbeigeführt werden.[71] Nach dem EuGH ist zur Auslegung von Unionsrechtsakten ein **einheitliches und autonome Begriffsverständnis** herauszubilden, indem auf Aufbau und Zweck der Norm abgestellt wird.[72]

45 In der englischen Sprachfassung der JI-RL wird für den Begriff „ernsthaft" durchgängig das Adjektiv „serious" verwendet. In der französischen Sprachfassung wird der Begriff „grave" verwendet. Beide Sprachfassungen deuten also daraufhin, dass die schwere der Gefahr besonders sein muss und nicht nur deren Eintrittswahrscheinlichkeit. Folglich ist auch das Adjektiv „ernsthaft" in der deutschen Sprachfassung als „erheblich" im Sinne des allgemeinen polizeirechtlichen Verständnisses auszulegen.[73] Diese Auslegung lässt sich auch ohne Schwierigkeiten mit dem **Sinn und Zweck** der Norm in Einklang bringen. Ausnahmen zum Grundsatz der Genehmigungseinholung sollten restriktiv sein. Nur so lässt sich die Entscheidungshoheit, die den Mitgliedsstaaten nach der JI-Richtlinie in diesen Fragen verblieben ist, erhalten.

46 Zu beachten ist ferner, dass Alt. 1 dem Wortlaut nach die öffentliche Sicherheit eines **Staates** meint und nicht die eines Mitgliedstaates der EU. Die Unterscheidung wird deutlich im Vergleich zu Abs. 3 Satz 2 Alt. 1, die auf den Mitgliedstaat abstellt. Die Alt. 1 ist auch nicht auf Sender und Empfänger einer Übermittlung beschränkt. Darauf deutet weder der Wortlaut hin noch ist eine entsprechende Einschränkung dem Sinn und Zweck der Norm nach angezeigt. Im Gegenteil gebietet es die Natur der Ausnahmeregelung, dass Übermittlungen bei erheblicher Gefahr im Verzug auch zum Schutz der öffentlichen Sicherheit an der Übermittlung nicht beteiligter Staaten vorgenommen werden darf. Es reicht also, dass überhaupt **die öffentliche Sicherheit eines Staates** unmittelbar erheblich gefährdet ist. Gefährdet sein kann daher sowohl die öffentliche Sicherheit des weiterübermittelnden Mitgliedstaats, die des ursprünglich übermittelnden Mitgliedstaats, die jedes anderen Mitgliedstaats, die des empfangenden Drittstaats und die jedes anderen Drittstaats.[74]

---

69 So auch Def. in § 14 Abs. 2 Satz 2 BPolG.

70 Vgl. BeckOK PolR NRW/*Wittreck*, 12. Ed. 1.11.2018, PolG NRW § 6 Rn. 4.

71 Dazu Sydow/*Johannes/Weinhold* BDSG § 78 Rn. 50 f.

72 Vgl. EuGH Urt. v. 7.2.1979 – C-11/76, ECLI:EU:C:1979:28, Rn. 6 – Niederlande/Kommission; Urt. v. 24.10.1996, C-72/95, ECLI:EU:C:1996:404, Rn. 28 – Kraaijeveld; Urt. iS Institute of the Motor Industry (o. Fußn. 19), Rn. 16; Urt. v. 17.9.1997, C-83/96, ECLI:EU:C:1997:414, Rn. 15 – Provincia autonoma di Trento; Urt. iS Kyocera (o. Fußn. 20).

73 Dazu Sydow/*Johannes/Weinhold* BDSG § 78 Rn. 52.

74 Dazu Sydow/*Johannes/Weinhold* BDSG § 78 Rn. 54.

Das Tatbestandmerkmal, dass die Genehmigung **nicht rechtzeitig** eingeholt werden kann, bedeutet im Zusammenhang mit Alt. 1, dass die Gefahr so unvermittelt eintritt oder bevorsteht,[75] dass es unmöglich ist, rechtzeitig eine vorherige Genehmigung einzuholen, bevor sie sich realisiert. 47

b) Unmittelbare und ernsthafte Gefahr für die wesentlichen Interessen eines Mitgliedstaates (Alt. 2)

Nach Abs. 3 Satz 2 Alt. 2 sind **ungenehmigte Übermittlungen** zulässig, um eine unmittelbare und ernsthafte Gefahr für die wesentlichen Interessen eines Mitgliedstaates abzuwenden. Hinsichtlich der Begriffe unmittelbare, ernsthafte Gefahr gilt das oben zu Abs. 3 Satz 2 Alt. 1 gesagte (→ Rn. 41). 48

Im Gegensatz zu Alt. 1 wird in Alt. 2 von „Staat“ auf „Mitgliedstaat“ abgestuft und niederschwelliger nur auf „wesentliche Interessen“ abgestellt. Dies liegt daran, dass die Mitgliedstaaten im EU-Mehrebenensystem es in ihrer **Verbundenheit** miteinander eher hinnehmen sollen, dass im Falle einer nicht rechtzeitigen Genehmigung die von ihnen stammenden Daten weitergegeben werden, so dass dann „wesentliche Interessen“ genügen sollen. Der Begriff **„wesentliche Interessen“** wird weder im DSG NRW noch im BDSG oder in der JI-RL legaldefiniert. Keinesfalls kann er mit dem deutschen, polizeirechtlichen Begriff der öffentlichen Ordnung gleichgesetzt werden. 49

Zur Begriffsklärung kann aber die Rechtsprechung des EuGH zum ordre public herangezogen werden. Dieser aus dem Französischen stammende Ausdruck bedeutet wörtlich **„öffentliche Ordnung“**. Der EuGH versteht in seiner Rechtsprechung zum ordre public-Vorbehalt unter dem Begriff der öffentlichen Ordnung von den Mitgliedstaaten hoheitlich festgelegte Grundregeln, die die wesentlichen Interessen des Staates berühren.[76] Der ordre public ist von jedem Staat und seinen nationalen Gerichten eigenverantwortlich auszulegen. Aufgrund dieses nationalen Charakters lehnt es der EuGH ab, den Inhalt der öffentlichen Ordnung näher zu definieren. Stattdessen beschränkt er sich darauf dessen Grenzen und dessen Funktion zu bestimmen.[77] Das wesentliche Interesse eines Mitgliedstaats im Sinne von Alt. 2 bestimmt in der Regel er selber. 50

Die Anwendbarkeit von Alt. 2 ist entsprechend beschränkt. **Keinesfalls** kann auf die **wesentlichen Interessen** eines Drittstaates abgestellt werden. Dagegen kann die Übermittlung ohne Genehmigung aber auf den Schutz der wesentlichen Interessen **eines anderen Mitgliedstaats** gestützt werden. Abs. 3 Satz 2 Alt. 2 erlaubt deutschen Behörden die Weiterübermittlung ohne Genehmigung zum Schutz wesentlicher Interessen sowohl Deutschlands, des ursprünglich übermittelnden Mitgliedstaats als auch jedes anderen Mitgliedstaats. 51

Das Tatbestandmerkmal, dass die Genehmigung **nicht rechtzeitig** eingeholt werden kann, bedeutet im Zusammenhang mit Alt. 2, dass die wesentlichen Interessen geschädigt werden, bevor eine Genehmigung eingeholt wird. Einer irreparabellen Schädigung bedarf es nicht. 52

3. Unterrichtungspflicht (Satz 3)

Die Ausnahmeregelung nach Abs. 3 Satz 2 wird durch die Unterrichtungspflicht nach Satz 3 ergänzt. Die Behörde, die für die Erteilung der vorherigen Genehmigung zuständig gewesen wäre, muss **unverzüglich unterrichtet** werden. Un- 53

75 Erwägungsgrund 65 JI-RL.
76 EuGH Urt. v. 27.10.1977 – Rs. C-30/77 (Bouchereau), Slg 1977, 1999, Rn. 33.
77 EuGH Urt. v. 14.3.2000 – Rs. C-54/99, Slg 2000, I-1335.

verzüglich meint auch hier ohne schuldhaftes Zögern. Ist der weiterübermittelnden Stelle die zuständige Stelle bekannt, sollte die Unterrichtung bereits zeitgleich mit der Übermittlung an den Drittstaat erfolgen. Dies dient sowohl dem Schutz weiterer betroffener Personen bei laufenden Ermittlungsverfahren als auch dem Interesse des ursprünglich übermittelnden Mitgliedstaats gegen bestimmte Weiterübermittlungen. Die unverzügliche Unterrichtung soll dem Mitgliedstaat insbesondere ermöglichen, weiteren Weiterübermittlungen zu widersprechen.

V. Weiterübermittlungen durch Empfänger (Abs. 4)

54 Abs. 4 dient der Umsetzung von Art. 35 Abs. 1 lit. e JI-RL. **Adressat** der Vorschrift ist die deutsche Behörde, die Daten nach Abs. 1 an Drittstaaten oder internationale Organisationen übermitteln will. Werden Daten an Empfänger in einem Drittstaat oder an eine internationale Organisation weitergeleitet, dürfen diese Empfänger selbst wiederum die Daten nur mit **Genehmigung** der übermittelnden Behörde an einen anderen Drittstaat oder an eine andere internationale Organisation weiterleiten. Die übermittelnde deutsche Behörde hat diese Vorgaben durch **geeignete Maßnahmen** sicherzustellen.

55 Mit Abs. 4 soll gewährleistet werden, dass das durch die JI-RL unionsweit gewährleistete Schutzniveau nicht unterlaufen wird. In jeder Weiterübermittlung durch eine deutsche Behörde an einen Drittstaat iSv Abs. 1 ist auch eine Übermittlung iSv Abs. 1 zu sehen. Der Anwendungsbereich der Norm ist allerdings nicht eröffnet, wenn eine Datenübermittlung von einer deutschen Behörde an einen Mitgliedstaat der EU erfolgt und von dort die Daten an einen Drittstaat oder eine internationale Organisation weitergeleitet werden.[78]

56 Abs. 4 nimmt ausdrücklich Abs. 1 in Bezug und ergänzt diesen. Abs. 4 greift also nur bei Übermittlungen an Drittstaaten oder internationale Organisationen, wenn ein **Angemessenheitsbeschluss** iSv Abs. 1 Nr. 2 und Art. 36 JI-RL vorliegt. Diese Anwendungsbeschränkung erklärt sich daraus, dass die weiteren Vorschriften des Kapitel 6 entweder ähnliche, aber spezifischere Vorgaben zu den für eine Übermittlung notwendigen Garantien machen (§§ 63, 64) oder aufgrund besonderer Eilbedürftigkeit die Absprache über solche Garantien entfallen muss (§ 65).

57 Abs. 4 stellt auf die mögliche Weiterübermittlung von Daten durch Drittstaaten und internationale Organisationen ab. Der Begriff der Weiterübermittlung von personenbezogenen Daten durch einen Drittstaat oder eine internationale Organisation ist weder in der JI-RL noch der DS-GVO oder im BDSG legaldefiniert. Eine **Weiterübermittlung** liegt immer dann vor, wenn die Daten von einem Empfänger in einem Drittstaat oder einer internationalen Organisation an eine Stelle weitergeleitet werden, die nicht mit dem Drittstaat oder der internationalen Organisation identisch ist, an die der Verantwortliche die Daten übermittelt hat.[79] Nach dem Wortlaut von Abs. 4 Satz liegt eine Weiterübermittlung nur vor, wenn der Empfänger von Daten die ihm übermittelten Daten an andere Drittstaaten oder andere internationale Organisationen weiterübermittelt. Dies schränkt den Anwendungsbereich von Art. 4 ein. Insbes. Weiterübermittlungen innerhalb des empfangenden Drittstaats, also von einer Stelle zu einer anderen, sind nicht von der Regelung betroffen.[80] Ein zu befürchtende

78 BeckOK DatenschutzR/*Hilgers* BDSG § 78 Rn. 52.
79 Ausführlich BeckOK DatenschutzR/*Hilgers* BDSG § 78 Rn. 57 ff.
80 BeckOK DatenschutzR/*Hilgers* BDSG § 78 Rn. 60.

Weiterübermittlung von Daten innerhalb des empfangenden Drittstaats an andere Stellen als die, die für Aufgaben iSv § 35 zuständig sind, kann allerdings bei einer Entscheidung nach Abs. 2 berücksichtigt werden.

1. Geeignete Maßnahmen (Satz 1)

58 Nach Abs. 4 Satz 1 hat der Verantwortliche, der personenbezogene Daten übermittelt, für den Fall einer Weiterleitung der Daten durch geeignete Maßnahmen sicherzustellen, dass hierfür zuvor seine **Genehmigung** eingeholt wird. Geeignete Maßnahmen können organisatorischer und rechtlicher Art. Sie können bspw. in **zuverlässigen internationalen zwischenbehördlichen Kommunikationswegen**, der **Sicherstellung von gegenseitiger Erreichbarkeit** und **transparenten Zuständigkeitsreglungen** bestehen. Aus Sicht der ursprünglich übermittelnden deutschen Stelle sollten Übermittlungen Warnhinweise beigefügt werden, die die Weiterübermittlung von Daten ohne Genehmigung untersagen.[81] Insbes. **Garantien** werden in der Regel als eine geeignete Maßnahme betrachtet.[82] Diese sollen beim Empfänger der personenbezogenen Daten ein bestimmtes Verhalten oder einen geeigneten und angemessenen Umgang mit den erhaltenen Daten sicherstellen. Garantien sind zwischenstaatlichen oder zwischenbehördlichen **Abkommen** oder **Verträgen** niederzulegen. Inhalt solcher Abkommen kann insbesondere sein, ob und wie die Daten innerhalb des Drittstaates weitergeben werden.

2. Genehmigung (Satz 2)

59 Durch die Vorgaben des Satz 2 soll sichergestellt werden, dass das europäische Datenschutzniveau auch gewahrt wird, wenn Daten an Drittländer oder an internationale Organisationen gelangen und von dort aus weiterübermittelt werden. Betroffene Personen sollen nicht befürchten müssen, dass das **Datenschutzniveau absinkt,** sobald ihre Daten den europäischen Binnenraum verlassen. Bei der Entscheidung hat der Verantwortliche alle maßgeblichen Faktoren zu berücksichtigen. **Entscheidungsrelevante Maßstäbe** sind insbesondere die Schwere der Straftat, der Zweck der ursprünglichen Übermittlung und das Datenschutzniveau in dem Drittstaat oder der internationalen Organisation. Satz 2 gibt **Orientierungspunkte** für die Entscheidung, ist aber nicht abschließend formuliert. Alle maßgeblichen Faktoren müssen kumulativ geprüft werden. Die Entscheidung über die Genehmigung muss von der deutschen Behörde dokumentiert werden.[83]

60 Die Genehmigungsanfrage wird in der Regel durch die Stelle im Drittstaat gestellt werden, dem die Daten ursprünglich aus Deutschland übermittelt worden sind. Sie kann auch von jeder anderen nach dem Recht des Drittstaats **zuständigen Stelle** gestellt werden. Die Zuständigkeit der antragstellenden Behörde muss ggf. von der Genehmigungsbehörde geprüft werden.

3. Zulässigkeitsäquivalenz (Satz 3)

61 Nach Satz 3 hängt die Genehmigung zur Weitergabe davon ab, dass die Daten auch direkt an den anderen Drittstaat oder die andere internationale Organisation übermittelt werden dürften. Ob diese Voraussetzung vorliegen **muss geprüft werden, bevor** die Einzelfallentscheidung nach Satz 2 getroffen wird.

81 Paal/Pauly/*Frenzel* BDSG § 78 Rn. 19.
82 BeckOK DatenschutzR/*Hilgers* BDSG § 78 Rn. 62.
83 Paal/Pauly/*Frenzel* BDSG § 78 Rn. 21.

4. Zuständigkeitsregelungen (Satz 4)

62 Über die Genehmigung entscheidet grundsätzlich die deutsche Behörde, die die personenbezogenen Daten ursprünglich übermittelt hat. Die Zuständigkeit für die Erteilung der Genehmigung kann nach Satz 4 aber auch **abweichend geregelt** werden. So kann für eine derartige Genehmigung die verwaltungsrechtliche Aufsichtsbehörde oder eine zentral bestimmte Verbindungsstelle zuständig sein. Dies greift insbesondere die Regelungen im BKAG auf.

C. Bedeutung der Vorschrift für die behördliche Praxis

63 Effektive Regelungen für den Datentransfer im Informationszeitalter aufzustellen, ist eine Herausforderung. Durch die Vorschrift wird der internationale Austausch von personenbezogenen Daten zu Zwecken der Strafverfolgung, Strafverhütung und Gefahrenabwehr über die Grenzen der Union hinaus **grundlegend reguliert**. Der Austausch von Daten auch mit Drittstaaten und internationalen Behörden ist zur effektiven Erfüllung rechtstaatlicher Aufgaben im Anwendungsbereich von § 35 oft erforderlich. Er muss aber reglementiert und kontrolliert werden. Die Vorgaben der §§ 62 bis 65 sind restriktiv auszulegen, aber nicht so streng, dass der Datenaustausch an sich tabuisiert wird.[84]

64 Die Vorschriften in Kapitel 6 (§§ 62 bis 65) **ergänzen** die spezielleren Vorschriften zur Übermittlung im internationalen Bereich, insbesondere § 29 PolG NRW. In dessen Abs. 1 wird klargestellt, dass die Vorschriften zusammen zur Anwendung kommen sollen. Eine Übermittlung im internationalen Bereich ist nur zulässig, soweit dies zur Erfüllung polizeilicher Aufgaben oder zur Abwehr einer erheblichen Gefahr durch die empfangende Stelle erforderlich ist.

65 Bei Datenverarbeitungen auf Grundlage der StPO sind nach § 500 StPO die §§ 78 ff. BDSG entsprechend anzuwenden und haben Anwendungsvorrang vor §§ 62 ff.

§ 63 Datenübermittlung bei geeigneten Garantien

(1) Liegt entgegen § 62 Absatz 1 Nummer 2 kein Beschluss nach Artikel 36 Absatz 3 der Richtlinie (EU) 2016/680 vor, ist eine Übermittlung bei Vorliegen der übrigen Voraussetzungen des § 59 auch dann zulässig, wenn

1. in einem rechtsverbindlichen Instrument geeignete Garantien für den Schutz personenbezogener Daten vorgesehen sind oder
2. der Verantwortliche nach Beurteilung aller Umstände, die bei der Übermittlung eine Rolle spielen, zu der Auffassung gelangt ist, dass geeignete Garantien für den Schutz personenbezogener Daten bestehen.

(2) [1]Der Verantwortliche hat Übermittlungen nach Absatz 1 Nummer 2 zu dokumentieren. [2]Die Dokumentation hat den Zeitpunkt der Übermittlung, die Identität des Empfängers, den Grund der Übermittlung und die übermittelten personenbezogenen Daten zu enthalten. [3]Sie ist der oder dem Landesbeauftragten für Datenschutz und Informationsfreiheit auf Anforderung zur Verfügung zu stellen.

(3) [1]Der Verantwortliche hat die Landesbeauftragte für Datenschutz und Informationsfreiheit oder den Landesbeauftragten für Datenschutz und Informationsfreiheit zumindest jährlich über Übermittlungen zu unterrichten, die auf-

84 Paal/Pauly/*Frenzel* BDSG § 78 Rn. 22.

grund einer Beurteilung nach Absatz 1 Nummer 2 erfolgt sind. [2]In der Unterrichtung kann er die Empfänger und die Übermittlungszwecke angemessen kategorisieren.

Verwandte Norm JI-RL:

Artikel 37 Datenübermittlung vorbehaltlich geeigneter Garantien

(1) Liegt kein Beschluss nach Artikel 36 Absatz 3 vor, so sehen die Mitgliedstaaten vor, dass eine Übermittlung personenbezogener Daten an ein Drittland oder eine internationale Organisation erfolgen darf, wenn

a) in einem rechtsverbindlichen Instrument geeignete Garantien für den Schutz personenbezogener Daten vorgesehen sind oder
b) der Verantwortliche alle Umstände beurteilt hat, die bei der Übermittlung personenbezogener Daten eine Rolle spielen, und zu der Auffassung gelangt ist, dass geeignete Garantien zum Schutz personenbezogener Daten bestehen.

(2) Der Verantwortliche unterrichtet die Aufsichtsbehörde über Kategorien von Übermittlungen gemäß Absatz 1 Buchstabe b.

(3) Übermittlungen gemäß Absatz 1 Buchstabe b werden dokumentiert und die Dokumentation einschließlich Datum und Zeitpunkt der Übermittlung, Informationen über die empfangende zuständige Behörde, Begründung der Übermittlung und übermittelte personenbezogenen Daten, der Aufsichtsbehörde auf Anforderung zur Verfügung gestellt.

Kurzübersicht zum Verhältnis der entscheidenden Normen			
Norm des DSG NRW	Entsprechende Norm der JI-RL	Entsprechende Norm des BDSG	
§ 63 DSG NRW	Art. 37 JI-RL	§ 79 BDSG	

Literatur:

Ambrock/Karg, Ausnahmetatbestände der DS-GVO als Rettungsanker des internationalen Datenverkehrs?, ZD 2017, 154; *DSK*, Kurzpapier Nr. 4 – Datenübermittlung in Drittländer, 2017; *Hornung/Schindler/Schneider*, Die Europäisierung des strafverfahrensrechtlichen Datenschutzes, ZIS 2018, 566.

A. Grundlagen

1 In Kapitel 6 des Teil 3 wird in den §§ 62 bis 65 die **Übermittlung** personenbezogener Daten **an Drittländer oder internationale Organisationen** geregelt. Die Vorschriften korrespondieren zu Kapitel V der Richtlinie (EU) 2016/680 zum Schutz natürlicher Personen bei der Verarbeitung personenbezogener Daten durch die zuständigen Behörden zum Zwecke der Verhütung, Ermittlung, Auf-

deckung oder Verfolgung von Straftaten oder der Strafvollstreckung, sowie zum freien Datenverkehr und zur Aufhebung des Rahmenbeschlusses 2008/977/JI[1] (im Folgenden JI-RL) und setzen diese um. Ziel der Regelungen ist es die Übermittlung an Drittländer und internationale Organisationen[2] zu ermöglichen, zu erleichtern und gleichzeitig ein hohes Schutzniveau zu gewährleisten.[3] Auf die zu § 62 beschriebenen Grundlagen wird verwiesen.

I. Gesamtverständnis und Zweck der Norm

2 Mit § 63 wird Art. 37 JI-RL umgesetzt. Die Regelung ist eine Zulässigkeitsalternative zu § 62. Liegt kein Angemessenheitsbeschluss der Kommission nach Art. 36 JI-RL vor, kann sich die Zulässigkeit der Übermittlung nach § 63 ergeben. Dies ist mangels wirksamen Angemessenheitsbeschlüssen bis 2019 noch der Regelfall. Nach § 63 kann das Fehlen eines Angemessenheitsbeschlusses kompensiert werden durch ein rechtsverbindliches Instrument (Nr. 1) oder auf der Grundlage einer Prüfung durch den Verantwortlichen (Nr. 2), um das angemessene Datenschutzniveau zu gewährleisten. Die Regelung ist mit Art. 46 DS-GVO verwandt.

II. Verhältnis zur JI-RL und DS-GVO

1. Zur JI-RL

3 In Art. 35 JI-RL sind die allgemeinen Grundsätze der Übermittlung personenbezogener Daten an ein Drittland oder eine internationale Organisation festgelegt. Die Übermittlung setzt nach Art. 35 Abs. 1 lit. d iVm Art. 36 JI-RL zwingend einen Beschluss der Kommission voraus, dass das betreffende Drittland, Gebiet oder internationale Organisation ein angemessenes Schutzniveau bietet. Liegt kein **Angemessenheitsbeschluss** im Sinne des Art. 36 Abs. 3 JI-RL vor, kann eine Übermittlung vorbehaltlich geeigneter Garantien nach Art. 37 JI-RL erfolgen. Liegen auch keine geeigneten Garantien vor, darf eine Übermittlung nur bei den in Art. 38 JI-RL genannten Ausnahmen vorgenommen werden.

4 Mit § 63 wird Art. 37 JI-RL umgesetzt. § 63 enthält im Vergleich zu Art. 37 JI-RL sprachliche und inhaltliche Abweichungen. Materiellrechtlich bestehen aber keine wesentlichen Abweichungen.

2. Zur DS-GVO

5 Die DS-GVO sieht für die Übermittlung personenbezogener Daten in ein Land außerhalb der Europäischen Union oder des europäischen Wirtschaftsraums (EWR) besondere Regelungen in Art. 44 bis 49 DS-GVO vor.[4] Sollte der Anwendungsbereich von § 35 nicht eröffnet sein, so ist bzgl. solcher Übermittlungen auf die unmittelbar geltenden Art. 44 ff. DS-GVO abzustellen.[5]

1 Rahmenbeschluss 2008/977/JI des Rates vom 27.11.2008 über den Schutz personenbezogener Daten, die im Rahmen der polizeilichen und justiziellen Zusammenarbeit in Strafsachen verarbeitet werden, EU ABl. L 350 vom 30.12.2018, 60.
2 Legaldefiniert in Art. 3 Nr. 16 JI-RL. Entspricht Art. 4 Nr. 26 DS-GVO.
3 Erwägungsgrund 4 JI-RL.
4 S. dazu Orientierungshilfe für den nichtöffentlichen Bereich DSK, Kurzpapier Nr. 4, 2017.
5 *Ambrock/Karg* ZD 2017, 156; zum Anwendungsbereich → § 35 Rn. 1 ff.

Aufbau und Wortlaut der Vorschriften der JI-RL und der DS-GVO ähneln sich zwar, sind im Detail aber sehr unterschiedlich.[6] Die Umsetzung der JI-RL im BDSG und DSG NRW weicht noch mehr von der DS-GVO ab. 6

III. Verhältnis zu anderen Normen

Die Regelung wird durch die §§ 62, 64 und 65 sowie Art. 36 JI-RL ergänzt (→ § 62 Rn. 5 f.). Auch bei Übermittlungen in Drittstaaten und internationale Organisationen müssen die allgemein für Übermittlungen geltenden Pflichten nach § 44, nach § 50 Abs. 5 und nach § 58 Abs. 4 Nr. 6 beachtet und eingehalten werden. Ob Mitteilungen über Berichtigungen und Löschungen gemacht werden dürfen, ist gesondert am Einzelfall zu bestimmen. 7

IV. Bisherige Rechtslage

Art. 26 Abs. 2 RL 95/46/EG enthielt eine Art. 37 JI-RL vergleichbare Regelung, wonach ein Mitgliedstaat eine Datenübermittlung an ein Drittland genehmigen konnte, das kein angemessenes Datenschutzniveau gewährleistete. Die Regelung wurde im Wesentlichen durch § 17 DSG NRW aF in Landesrecht umgesetzt. Die Bestimmung regelte, unter welchen Voraussetzungen eine Datenübermittlung in einen Drittstaat zulässig war, für das sich nicht ohne Weiteres ein angemessenes Datenschutzniveau feststellen ließ.[7] Voraussetzung für die Übermittlung waren „ausreichende Garantien", die vom Drittland oder von der internationalen Organisation gegeben sein mussten. Garantien konnten sich aus „entsprechenden Vertragsklauseln" mit dem Drittstaat ergeben. 8

§ 63 war schon im ursprünglichen Gesetzesentwurf enthalten und wurde im Gesetzgesetzgebungsverfahren nicht verändert.[8] Im Referentenentwurf war § 63 noch als § 60 geführt.[9] 9

Im Entwurf der Kommission zur JI-RL wurde Art. 37 noch als Art. 35 geführt. Sowohl die Stellungnahme des Parlaments als auch die des Rates sahen Änderungen, Streichungen und Ergänzungen vor,[10] wobei sich insgesamt eher die Änderungsvorstellungen des Rates durchgesetzt haben. Im Trilog wurden die Reglungen zur Dokumentation und Unterrichtung in Abs. 2 und Abs. 3 auf Basis von Abs. 2 des Kommissionentwurfs weiter ausdifferenziert.[11] 10

B. Kommentierung

Die Regelung ist eine Zulässigkeitsalternative zu § 63. Das Fehlen eines Angemessenheitsbeschlusses der Kommission soll kompensiert werden können durch ein rechtsverbindliches Instrument (Nr. 1) oder auf der Grundlage einer Prüfung durch den Verantwortlichen (Nr. 2), um das angemessene Datenschutzniveau zu gewährleisten. Zentrales Thema der Vorschrift sind geeignete Garantien für den Schutz personenbezogener Daten, wie auch schon die Überschrift der Regelung zeigt.[12] Die Systematik von Teil 3 Kapitel 6 und der Wortlaut von Abs. 1 zeigen, dass Angemessenheitsbeschlüsse der vorzugswürdigere Rechtfer- 11

6 *Hornung/Schindler/Schneider* ZIS 2018, 568.
7 BeckOK DatenschutzR/*Hilgers* BDSG § 79 Rn. 1.
8 LT-Drs. 17/1981.
9 LT-Drs. 17/409.
10 Vgl. Synopse in Dokument des Rates 13523/15 ADD 1.
11 Sydow/*Johannes/Weinhold* BDSG § 79 Rn. 10.
12 Entsprechend Erwägungsgrund 71 JI-RL.

tigungsgrund für eine Übermittlung an Drittstaaten sein sollen.[13] In der Realität sind bis Ende 2019 noch keine Angemessenheitsbeschlüsse im Anwendungsbereich der JI-RL gefasst worden. Hat eine Übermittlung nach § 62 Abs. 2 zu unterbleiben (→ § 62 Rn. 25), kann die Übermittlung auch nicht über § 63 gerechtfertigt werden.[14]

I. Übermittlung ohne Angemessenheitsbeschluss (Abs. 1)

12 Die Vorschrift enthält **zwei Alternativen**, nach denen Datenübermittlungen auch ohne einen Angemessenheitsbeschluss der Kommission möglich sind. Daneben müssen Abs. 1 aber auch die Voraussetzungen des § 59 erfüllt sein.[15]

13 Bei dem Verweis auf § 59 handelt es sich offensichtlich um ein **Redaktionsversagen.** § 59 enthält keine Vorrausetzungen für Datenverarbeitungen, sondern regelt die Meldepflicht von Verletzungen des Schutzes personenbezogener Daten an die Aufsichtsbehörde. Diese Meldepflicht besteht ohnehin, auch bei Verletzungen bei Übermittlungen in Drittstaaten und an internationalen Organisationen. Der Verweis in Abs. 1 ist also unnötig, aber als Redaktionsversagen erklärbar. Im Referentenentwurf war § 63 noch als § 60 geführt und § 62 als § 59.[16] Das BDSG diente als Vorlage für das DSG NRW, wobei § 78 BDSG Vorlage für § 62 war und § 79 BDSG Vorlage für § 63. In § 79 Abs. 1 BDSG wird auf § 78 BDSG verwiesen. Entsprechend verwies im Referentenentwurf § 60 auf § 59. Es wurde offensichtlich versäumt, diesen Verweis bei der Neunummerierung des Referentenentwurfs zur Einbringung als Gesetzentwurf zu aktualisieren.

14 Dies ergibt sich auch aus der Gesetzesbegründung. Denn durch § 63 sollen die allgemeinen Voraussetzungen für eine Datenübermittlung nach § 63 um besondere Voraussetzungen ergänzt werden.[17] Dies ergibt sich auch aus der Systematik von Kapitel 6 und der Überschrift von § 62 („Allgemeine Vorrausetzungen“). Mit Ausnahme des Vorliegens eines Angemessenheitsbeschlusses sind damit alle Voraussetzungen für eine Übermittlung personenbezogener Daten nach § 62 gemeint. Somit muss zur Rechtfertigung einer Übermittlung nach § 63 auch nach § 62 Abs. 1 Nr. 1 die Stelle in den Drittstaaten oder die internationale Organisation für die in § 35 aufgeführten Zwecke **zuständig** sein. Bei einer Weiterübermittlung von Daten aus einem anderen Mitgliedstaat muss dessen Genehmigung nach § 62 Abs. 3 vorliegen. Auch § 62 Abs. 2 ist anwendbar.[18] Der dort niedergelegte Gesichtspunkt der **Einzelfallgarantie** des Empfängerstaates bei der Prüfung, ob geeignete Garantien vorhanden sind, entfaltet bei der Entscheidung nach § 63 Abs. 1 besondere Bedeutung.

1. Geeignete Garantien

15 Im Fokus von § 63 stehen geeignete **Garantien** für den Schutz personenbezogener Daten. Der Begriff „Garantien“ für den Schutz personenbezogener Daten wird weder im DSG NRW noch im BDSG, in der JI-RL oder in der DS-GVO

---

13 Ebenso zum Bundesrecht Paal/Pauly/*Frenzel* BDSG § 79 Rn. 2.
14 Ebenso Paal/Pauly/*Frenzel* BDSG § 79 Rn. 2; BeckOK DatenschutzR/*Hilgers* BDSG § 79 Rn. 3.
15 Paal/Pauly/*Frenzel* BDSG § 79 Rn. 2.
16 LT-Drs. 17/409.
17 LT-Drs. 18/1981, 171.
18 BT-Drs. 18/11325, 120.

legaldefiniert. Der Begriff ist ausfüllungsbedürftig. Dem Verantwortlichen wird dadurch ein **Beurteilungsspielraum** eingeräumt.[19]

Die Gesetzbegründung zu § 63 nennt keine Beispiele für Garantien. Das DSG NRW konkretisiert den Begriff „geeignete Garantien" aber bei der Verarbeitung besonderer Kategorien personenbezogener Daten beispielhaft in § 15. Geeignete Garantien können sowohl als **Rechtsinstrument**, wie zB Vertragsklauseln, ausgestaltet sein, als auch in **tatsächlichen** organisatorischen oder technischen **Vorkehrungen** zum Schutz personenbezogener Daten bestehen.[20] Die konkrete Ausgestaltung der Maßnahmen, die den Datenschutz garantieren, kann von Einzelfall zu Einzelfall verschieden sein.[21] 16

Nach Erwägungsgrund 71 JI-RL können insbesondere Geheimhaltungspflichten Garantien sein. Auch **Bestimmungen**, dass die zu übermittelnden Daten nicht zu anderen Zwecken verarbeitet werden als zu den Zwecken, zu denen sie übermittelt wurden, können Garantien sein. Garantien können auch solche sein, die sicherstellen, dass die zu übermittelnden Daten nicht verwendet werden, um die Todesstrafe oder eine andere Form der grausamen und unmenschlichen Behandlung zu beantragen, zu verhängen oder zu vollstrecken.[22] 17

Die Regelungsmaterie von § 63 entspricht der von Art. 46 DS-GVO. Nach Art. 46 Abs. 2 und 3 bestehen geeignete Garantien ua in 18

- einem rechtlich bindenden und durchsetzbaren Dokument zwischen den Behörden oder öffentlichen Stellen,
- verbindlichen internen Datenschutzvorschriften,
- Vertragsklauseln, die zwischen dem Verantwortlichen oder dem Auftragsverarbeiter und dem Verantwortlichen, dem Auftragsverarbeiter oder dem Empfänger der personenbezogenen Daten im Drittland oder der internationalen Organisation vereinbart wurden, oder
- Bestimmungen, die in Verwaltungsvereinbarungen zwischen Behörden oder öffentlichen Stellen aufzunehmen sind und durchsetzbare und wirksame Rechte für die betroffenen Personen einschließen.

Außerdem ist zu beachten, dass § 63 keine Ausnahme von den **allgemeinen Voraussetzungen** für eine Datenübermittlung ist und ein angemessenes Datenschutzniveau in dem Drittstaat oder der internationalen Organisation voraussetzt. Gerechtfertigt ist es daher, solche Maßstäbe anzulegen, die bei einem Angemessenheitsbeschluss nach Art. 35 Absatz 2 JI-RL heranzuziehen wären. Der Schutz personenbezogener Daten, der durch geeignete Garantien gewährleistet werden soll, wird daher inhaltlich mit angemessenen Datenschutzniveaus gleichgesetzt.[23] Durch das Drittland sollten deshalb Garantien für ein angemessenes Schutzniveau gewährt werden, welches mit dem Schutzniveau, das innerhalb der EU gewährleistet wird, im Wesentlichen gleichwertig ist. Nach Erwägungsgrund 67 JI-RL zählen zu den dabei insbesondere zu berücksichtigenden Maßstäben eine wirksame unabhängige **Überwachung des Datenschutzes** und Mechanismen für eine Zusammenarbeit mit den Datenschutzbehörden der Mitgliedstaaten. Auch sollten den von der Datenübermittlung betroffenen Personen 19

19 BeckOK DatenschutzR/*Hilgers* BDSG 2018 § 79 Rn. 13.
20 BeckOK DatenschutzR/*Hilgers* BDSG § 79 Rn. 7.
21 Vgl. LT-Drs. 17/1981, 171.
22 Sydow/*Johannes/Weinhold* BDSG § 79 Rn. 16.
23 So BeckOK DatenschutzR/*Hilgers* BDSG § 79 Rn. 9.

wirksame und durchsetzbare Rechte sowie effektive behördliche und gerichtliche Rechtsbehelfe eingeräumt werden.[24]

2. Rechtsverbindliche Instrumente (Nr. 1)

20 Nach Abs. 1 Nr. 1 können geeignete Garantien durch ein verbindliches **Rechtsinstrument** geschaffen werden. Der Begriff ist weder im DSG NRW noch BDSG, in der DS-GVO und der JI-RL legaldefiniert. Es handelt sich bei rechtsverbindlichen Instrumenten um solche mit bindender oder verbindlicher Rechtswirkungen und Verpflichtungen aus einem Vertrag oder anderen Rechtsinstituten.[25]

21 Rechtsverbindliche Instrumente können rechtsverbindliche **bilaterale Abkommen** sein, die von den Mitgliedstaaten geschlossen und in ihre Rechtsordnung übernommen wurden. Diese sollen von ihren betroffenen Personen durchgesetzt werden können und sicherstellen, dass die Datenschutzvorschriften und die Rechte der betroffenen Personen einschließlich ihres Rechts auf wirksame verwaltungsrechtliche und gerichtliche Rechtsbehelfe beachtet werden.[26] Rechtliche Instrumente können auch **rechtlich bindende Dokumente** iSv Art. 46 Abs. 2 lit. a DS-GVO, **(öffentlich-rechtliche) Verträge** zwischen Behörden iSv Art. 46 Abs. 3 lit. a DS-GVO sowie Verwaltungsvereinbarungen zwischen Behörden iSv Art. 46 Abs. 3 lit. b DS-GVO sein.[27]

3. Beurteilung (Nr. 2)

22 Alternativ zur Festlegung der Garantien in rechtsverbindlichen Instrumenten nach Nr. 1 können zur Übermittlungsrechtfertigung ausreichende Garantien in einem **Verfahren** nach Nr. 2 durch die zu übermittelnde Behörde festgestellt werden. Die Tatbestandsalternative der Nr. 2 wird zur Verfahrenssicherung um Dokumentations- und Unterrichtungspflichten in den Abs. 2 und 3 ergänzt.[28]

23 Die Feststellung nach Nr. 2 setzt ein **Beurteilungsverfahren** und eine **Beurteilungsentscheidung** voraus.[29] Beurteilt werden müssen alle relevanten Umstände, die es rechtfertigen, von geeigneten Garantien für den Schutz personenbezogener Daten in dem Drittstaat oder der internationalen Organisation auszugehen oder die dagegensprechen. Der Verantwortliche wird verpflichtet zu beurteilen, ob ohne ein rechtsverbindliches Instrument dennoch geeignete Garantien für den Schutz personenbezogener Daten bestehen. Die Beurteilung ist am **Einzelfall** auszurichten.[30] Der Begriff der „geeigneten Garantien" ist ausfüllungsbedürftig und nicht abschließend bestimmt. Dem Verantwortlichen wird dadurch ein Beurteilungsspielraum eingeräumt.[31]

24 Bei der Beurteilung soll der Verantwortliche zB **Geheimhaltungspflichten** und die **Spezialität der Daten**, ebenso wie **Kooperationsvereinbarungen** zwischen Europol oder Eurojust und Drittländern als „Umstand" im Zusammenhang mit der Datenübermittlung berücksichtigen.[32] Auch der **Verwendungszweck** soll be-

24 Sydow/*Johannes/Weinhold* BDSG § 79 Rn. 18.
25 Sydow/*Johannes/Weinhold* BDSG § 79 Rn. 19.
26 ErwG 71 JI-RL.
27 Sydow/*Johannes/Weinhold* BDSG § 79 Rn. 20.
28 Sydow/*Johannes/Weinhold* BDSG § 79 Rn. 21.
29 Sydow/*Johannes/Weinhold* BDSG § 79 Rn. 22.
30 BeckOK DatenschutzR/*Hilgers* BDSG § 79 Rn. 13.
31 BeckOK DatenschutzR/*Hilgers* BDSG § 79 Rn. 13.
32 Erwägungsgrund 71 JI-RL.

rücksichtigt werden. Garantien sollen gewährleisten, dass die zu übermittelnden Daten nicht zu anderen Zwecken verarbeitet werden als zu den Zwecken, zu denen sie übermittelt wurden.[33] Darüber hinaus sollte der Verantwortliche berücksichtigen, dass die personenbezogenen Daten, zB nach dem Recht des Drittstaats nicht verwendet werden, um die Todesstrafe oder eine andere Form der grausamen und unmenschlichen Behandlung zu beantragen, zu verhängen oder zu vollstrecken.[34]

Nr. 2 ist als **Auffangtatbestand** zu Nr. 1 zu verstehen.[35] Auch nach Erwägungsgrund 71 JI-RL können weitere Garantien verlangt werden.[36] Daraus wird deutlich, dass das Verhältnis zwischen Art. 37 Abs. 1 lit. a und b JI-RL respektive § 79 Abs. 1 Nr. 1 und 2 BDSG und § 63 Abs. 1 Nr. 1 und 2 nicht nur als sich gegenseitig ausschließend, sondern als sich ergänzend zu betrachten ist. (Verbindliche) Rechtsinstrumente die inhaltlich noch nicht den Anforderungen nach Nr. 1 genügen, können bei einer Beurteilungsentscheidung nach Nr. 2 eine Rolle spielen.[37] 25

II. Dokumentation (Abs. 2)

Abs. 2 setzt Art. 37 Abs. 3 JI-RL um. Dem Verantwortlichem wird eine **Dokumentationspflicht** hinsichtlich seiner Entscheidungen nach Abs. 1 Nr. 2 auferlegt. Die Dokumentationspflicht besteht also nur, wenn für die Übermittlung zwar kein Angemessenheitsbeschluss der Kommission vorliegt, der übermittelnde Verantwortliche aber zu der Auffassung gelangt ist, dass im Drittstaat geeignete Garantien für den Schutz personenbezogener Daten bestehen.[38] 26

Die Dokumentation hat den Zeitpunkt der Übermittlung, die Identität des Empfängers, den Grund der Übermittlung und die übermittelten personenbezogenen Daten zu enthalten. Die Dokumentationspflichten gelten dem **gesamten Beurteilungsvorgang** des Verantwortlichen und den von ihm zugrunde gelegten Kriterien und Umständen, die bei der Übermittlung der Daten eine Rolle spielen.[39] Die Dokumentation dient den Grundsätzen der **Transparenz** (§ 37 Nr. 1, Art. 4 Abs. 1 lit. a JI-RL) und der **Rechenschaft- und Nachweispflichten** (Art. 4 Abs. 4 JI-RL). Die Dokumentation ist dem LfDI zur Verfügung zu stellen. Dies geschieht jedoch nur auf dessen Anforderung. Die Dokumentation muss daher verkehrsfähig sein. Sie kann schriftlich erfolgen. Sie kann auch elektronisch erfolgen, sollte dann aber vor nachträglichen Manipulationen geschützt werden.[40] 27

Die Dokumentationspflicht wird für die Polizeibehörden in § 29 Abs. 2 PolG NRW konkretisiert. Bei Übermittlungen nach dieser Vorschrift hat die Polizei einen Nachweis zu führen, aus dem der Anlass, der Inhalt, die empfangende Stelle, der Tag der Übermittlung sowie die Aktenfundstelle hervorgehen. 28

33 Erwägungsgrund 71 JI-RL.
34 Sydow/*Johannes/Weinhold* BDSG § 79 Rn. 23.
35 So BeckOK DatenschutzR/*Hilgers* BDSG § 79 Rn. 12.
36 Erwägungsgrund 71 JI-RL.
37 Sydow/*Johannes/Weinhold* BDSG § 79 Rn. 23.
38 Sydow/*Johannes/Weinhold* BDSG § 79 Rn. 25.
39 BeckOK DatenschutzR/*Hilgers* BDSG § 79 Rn. 17.
40 Sydow/*Johannes/Weinhold* BDSG § 79 Rn. 26.

III. Unterrichtungspflichten (Abs. 3)

29 Abs. 3 setzt Art. 37 Abs. 2 JI-RL um. Der Verantwortliche hat der oder dem Landesbeauftragten nach § 25 als Aufsichtsbehörde zumindest jährlich über Übermittlungen zu unterrichten, die aufgrund einer Beurteilung nach Abs. 1 Nr. 2 erfolgt sind. Die **Berichtspflicht** besteht also nur, wenn für die Übermittlung zwar kein Angemessenheitsbeschluss der Kommission vorliegt, der übermittelnde Verantwortliche aber zu der Auffassung gelangt ist, dass im Drittstaat geeignete Garantien für den Schutz personenbezogener Daten bestehen.[41] In der Unterrichtung kann der Verantwortliche die Empfänger und die Übermittlungszwecke angemessen kategorisieren. Die Berichtspflicht ist in Verbindung mit der Dokumentationspflicht zu sehen. Die Dokumentation ermöglicht erst die Kontrolle. Die Dokumentation muss solche Kategorisierungen ermöglichen.[42]

30 Eine Löschung der Übermittlungsdokumentation nach § 29 Abs. 2 Satz 2 PolG NRW kommt erst in Betracht, nachdem die Unterrichtung stattgefunden hat und der oder die Landesbeauftragte genügend Zeit zur Kontrolle hatte.

C. Bedeutung der Vorschrift für die behördliche Praxis

31 Die Regelung des § 63 ermöglicht es Behörden in NRW, im Anwendungsbereich von § 35 auch ohne Angemessenheitsbeschluss Daten aus der Union heraus zu übermitteln. Die Umsetzung von Art. 37 JI-RL ist konsequent. Das Verfahren nach § 63 ist aufwändiger als das nach § 62, weil die Behörde eine die Übermittlung tragende Entscheidung alleine vorbereiten muss.

32 An der Umsetzung von Art. 37 JI-RL in § 63 kann kritisiert werden, dass die unbestimmten Rechtsbegriffe der unionalen Vorgaben zwar übernommen, aber nicht ausgefüllt werden. Wie wirksame Rechtsbehelfe und durchsetzbare Rechte definiert werden und wer darüber am Ende entscheidet, hätte vom Gesetzgeber deutlicher formuliert werden können, um einerseits **Fehlinterpretationen** vorzubeugen, und andererseits um verbindliche Standards im Sinne eines weitreichenden und umfassenden Datenschutzes zu schaffen.

33 Die Vorschriften in Kapitel 6 (§§ 62 bis 65) ergänzen die spezielleren Vorschriften zur Übermittlung im internationalen Bereich, insbesondere § 29 PolG NRW. In dessen Abs. 1 wird klargestellt, dass die Vorschriften zusammen zur Anwendung kommen sollen. Eine Übermittlung im internationalen Bereich ist nur zulässig, soweit dies zur Erfüllung polizeilicher Aufgaben oder zur Abwehr einer erheblichen Gefahr durch die empfangende Stelle erforderlich ist.

34 Bei Datenverarbeitungen auf Grundlage der StPO ist nach § 500 StPO der § 79 BDSG entsprechend anzuwenden und hat Anwendungsvorrang vor § 63.

§ 64 Datenübermittlung ohne geeignete Garantien

(1) Liegt entgegen § 62 Absatz 1 Nummer 2 kein Beschluss nach Artikel 36 Absatz 3 der Richtlinie (EU) 2016/680 vor und liegen auch keine geeigneten Garantien im Sinne des § 63 Absatz 1 vor, ist eine Übermittlung bei Vorliegen der übrigen Voraussetzungen des § 62 auch dann zulässig, wenn die Übermittlung erforderlich ist

41 Sydow/*Johannes/Weinhold* BDSG § 79 Rn. 27.
42 Sydow/*Johannes/Weinhold* BDSG § 79 Rn. 27.

1. zum Schutz lebenswichtiger Interessen einer natürlichen Person,
2. zur Wahrung berechtigter Interessen der betroffenen Person,
3. zur Abwehr einer gegenwärtigen und erheblichen Gefahr für die öffentliche Sicherheit eines Staates,
4. im Einzelfall für die in § 35 genannten Zwecke oder
5. im Einzelfall zur Geltendmachung, Ausübung oder Verteidigung von Rechtsansprüchen im Zusammenhang mit den in § 35 genannten Zwecken.

(2) Der Verantwortliche hat von einer Übermittlung nach Absatz 1 abzusehen, wenn die Grundrechte der betroffenen Person das öffentliche Interesse an der Übermittlung überwiegen.

(3) Für Übermittlungen nach Absatz 1 gilt § 63 Absatz 2 entsprechend.

Verwandte Norm JI-RL:

Artikel 38 Ausnahmen für bestimmte Fälle

(1) Falls weder ein Angemessenheitsbeschluss nach Artikel 36 vorliegt noch geeignete Garantien nach Artikel 37 bestehen, sehen die Mitgliedstaaten vor, dass eine Übermittlung oder eine Kategorie von Übermittlungen personenbezogener Daten an ein Drittland oder an eine internationale Organisation nur zulässig ist, wenn die Übermittlung aus einem der folgenden Gründe erforderlich ist

a) zum Schutz lebenswichtiger Interessen der betroffenen Person oder einer anderen Person,
b) zur Wahrung berechtigter Interessen der betroffenen Person, wenn dies im Recht des Mitgliedstaats, aus dem die personenbezogenen Daten übermittelt werden, vorgesehen ist,
c) zur Abwehr einer unmittelbaren und ernsthaften Gefahr für die öffentliche Sicherheit eines Mitgliedstaats oder eines Drittlandes,
d) im Einzelfall für die in Artikel 1 Absatz 1 genannten Zwecke, oder
e) im Einzelfall zur Geltendmachung, Ausübung oder Verteidigung von Rechtsansprüchen im Zusammenhang mit den in Artikel 1 Absatz 1 genannten Zwecken.

(2) Personenbezogene Daten dürfen nicht übermittelt werden, wenn die übermittelnde zuständige Behörde feststellt, dass Grundrechte und Grundfreiheiten der betroffenen Person das öffentliche Interesse an der Übermittlung im Sinne des Absatzes 1 Buchstaben d und e überwiegen.

(3) Übermittlungen gemäß Absatz 1 werden dokumentiert und die Dokumentation einschließlich Datum und Zeitpunkt der Übermittlung, Informationen über die empfangende zuständige Behörde, Begründung der Übermittlung und übermittelte personenbezogene Daten, der Aufsichtsbehörde auf Anforderung zur Verfügung gestellt.

Kurzübersicht zum Verhältnis der entscheidenden Normen			
Norm des DSG NRW	Entsprechende Norm der JI-RL	Entsprechende Norm des BDSG	
§ 64 DSG NRW	Art. 38 JI-RL	§ 80 BDSG	

Literatur:

Ambrock/Karg, Ausnahmetatbestände der DS-GVO als Rettungsanker des internationalen Datenverkehrs?, ZD 2017, 154; *Bäcker*, Die Datenschutzrichtlinie für Polizei und Strafjustiz und das deutsche Eingriffsrecht, in: Hill/Kugelmann/Martini (Hrsg.), Perspektiven der digitalen Lebenswelt, 2017, 63 ff; *Bäcker/Hornung*, EU-Richtlinie für die Datenverarbeitung bei Polizei und Justiz in Europa – Einfluss des Kommissionsentwurfs auf das nationale Strafprozess- und Polizeirecht, ZD 2012,147; *DSK*, Kurzpapier Nr. 4 – Datenübermittlung in Drittländer, 2017.

A. Grundlagen

1 In Kapitel 6 des Teil 3 wird in den §§ 62 bis 65 die **Übermittlung** personenbezogener Daten **an Drittländer oder internationale Organisationen** geregelt. Die Vorschriften korrespondieren zu den der §§ 78 bis 81 BDSG und Kapitel V der Richtlinie (EU) 2016/680 zum Schutz natürlicher Personen bei der Verarbeitung personenbezogener Daten durch die zuständigen Behörden zum Zwecke der Verhütung, Ermittlung, Aufdeckung oder Verfolgung von Straftaten oder der Strafvollstreckung, sowie zum freien Datenverkehr und zur Aufhebung des Rahmenbeschlusses 2008/977/JI[1] (im Folgenden JI-RL) und setzen letztere um. Ziel der Regelungen ist es, die Übermittlung an Drittländer und internationale Organisationen[2] zu ermöglichen und gleichzeitig ein noch ausreichendes Schutzniveau zu gewährleisten.[3] Auf die zu § 62 beschriebenen Grundlagen wird verwiesen. § 64 entspricht im Wortlaut im Wesentlichen § 80 BDSG.

I. Gesamtverständnis und Zweck der Norm

2 Mit § 64 wird Art. 38 RL (EU) 2016/680 umgesetzt. Die Regelung ist eine **Zulässigkeitsalternative** zu §§ 62 und 63. Liegt weder ein Angemessenheitsbeschluss der Kommission nach Art. 36 JI-RL noch geeignete Garantien iSv § 63 Abs. 1 vor, kann sich die Zulässigkeit einer Übermittlung aus § 64 ergeben. Voraussetzung dafür ist, dass die Übermittlung für die in § 64 genannten Zwecke erforderlich ist. § 64 ist subsidiär zu § 62 und § 63.[4] Art. 49 DSGVO ist der entsprechende Ausnahmetatbestand in der DSGVO.

---

1 Rahmenbeschluss 2008/977/JI des Rates vom 27.11.2008 über den Schutz personenbezogener Daten, die im Rahmen der polizeilichen und justiziellen Zusammenarbeit in Strafsachen verarbeitet werden, EU ABl. L 350 vom 30.12.2018, 60.
2 Legaldefiniert in Art. 3 Nr. 16 JI-RL; entspricht Art. 4 Nr. 26 DSGVO.
3 Erwägungsgrund 4 JI-RL.
4 Eine „strikt nachgeordnete Befugnis“, so Paal/Pauly/*Frenzel* BDSG § 80 Rn. 1.

II. Verhältnis zur JI-RL und DSGVO

1. Zur JI-RL

§ 64 setzt Art. 38 JI-RL um. Art. 38 JI-RL ist ein **Auffangtatbestand** zu Art. 35 und Art. 37. In Art. 35 JI-RL sind die allgemeinen Grundsätze der Übermittlung personenbezogener Daten an ein Drittland oder eine internationale Organisation festgelegt. Die Übermittlung setzt nach Art. 35 Abs. 1 lit. d iVm Art. 36 JI-RL zwingend einen Beschluss der Kommission voraus, dass das betreffende Drittland, Gebiet oder internationale Organisation ein angemessenes Schutzniveau bietet. Liegt kein **Angemessenheitsbeschluss** im Sinne des Art. 36 Abs. 3 JI-RL vor, kann eine Übermittlung vorbehaltlich geeigneter Garantien nach Art. 37 JI-RL erfolgen. Liegen auch keine geeigneten Garantien vor, darf eine Übermittlung nur bei den in Art. 38 JI-RL genannten Ausnahmen vorgenommen werden. 3

2. Zur DSGVO

Die DSGVO sieht für die Übermittlung personenbezogener Daten in ein Land außerhalb der Europäischen Union oder des europäischen Wirtschaftsraum (EWR) besondere Regelungen in Art. 44 bis 49 DSGVO vor.[5] Aufbau und Wortlaut der Vorschriften der JI-RL und der DSGVO ähneln sich zwar, sind im **Detail aber sehr unterschiedlich.** Die Umsetzung der Richtlinie im BDSG und DSG NRW weicht noch mehr von der DSGVO ab. Sollte der Anwendungsbereich von § 35 nicht eröffnet sein, so ist auf die unmittelbar geltenden Art. 44 ff. DSGVO abzustellen.[6] Eine dem § 64 und Art. 38 JI-RL vergleichbare Regelung trifft Art. 49 DSGVO. 4

III. Verhältnis zu anderen Normen

Die Regelung wird durch die §§ 62, 63 und 65 sowie Art. 36 JI-RL ergänzt (→ § 62 Rn. 5 ff.). Auch bei Übermittlungen in Drittstaaten und internationale Organisationen müssen die allgemein für Übermittlungen geltenden Pflichten nach § 44, nach § 50 Abs. 5 und nach § 58 Abs. 4 Nr. 6 beachtet und eingehalten werden. Ob **Mitteilungen über Berichtigungen und Löschungen** gemacht werden dürfen, ist gesondert am Einzelfall ausgerichtet zu bestimmen. Insbesondere hinsichtlich Berichtigungen kann es nach Abs. 2 geboten sein, keine Mitteilung zu machen, wenn dies die Rechte der betroffenen Personen mehr schont. 5

IV. Bisherige Rechtslage

Nach Art. 26 Abs. 1 lit. b, d, e RL 95/46/EG konnten Daten auch ohne ein angemessenes Datenschutzniveau an den Drittstaat oder die internationale Organisation unter anderem dann übermittelt werden, um einen Vertrag der betroffenen Person zu erfüllen. Auch konnte eine Datenübermittlung zur Wahrung eines wichtigen öffentlichen Interesses ebenso zulässig sein wie für die Wahrung lebenswichtiger Interessen der hiervon betroffenen Person. Die Regelung wurde im Wesentlichen durch § 4 c Abs. 1 BDSG aF in Bundesrecht und durch § 17 DSG NRW aF in Landesrecht umgesetzt. 6

---

5 S. dazu Orientierungshilfe für den nichtöffentlichen Bereich DSK, Kurzpapier Nr. 4, 2017.

6 *Ambrock/Karg* ZD 2017, 156; zum Anwendungsbereich → § 35 Rn. 1 ff.

7 § 64 DSG NRW war schon im ursprünglichen Gesetzesentwurf enthalten und wurde im Gesetzgesetzgebungsverfahren nicht verändert.[7] Im Referentenentwurf war § 64 noch als § 61 geführt.[8]

8 Im Entwurf der Kommission zur JI-RL wurde Art. 38 noch als Art. 36 geführt. Sowohl die Stellungnahme des Parlaments als auch die des Rates sahen Änderungen, Streichungen und Ergänzungen vor,[9] wobei die ursprüngliche Regelungsmaterie nicht grundlegend verändert oder ergänzt wurde. Am Ende haben sich im Trilog eher die Formulierungsvorschläge des Rates durchgesetzt. Die Regelungen zur Dokumentation in Art. 38 Abs. 3 JI-RL wurde erst im Trilog ergänzt.[10]

B. Kommentierung

9 Die Regelung ist eine Zulässigkeitsalternative zu den §§ 62 und 63 für die Übermittlung an Drittstatten und internationale Organisationen. Überschrift, Systematik und Wortlaut der Vorschrift machen deutlich, dass es sich um einen Ausnahmetatbestand zu den §§ 62 und 63 handelt.[11] Liegt weder ein Angemessenheitsbeschluss noch geeignete Garantien vor, darf eine Übermittlung an einen Drittstaat oder eine internationale Organisation **nur in bestimmten erforderlichen Fällen erfolgen.**[12] Die abschließende Aufzählung dieser bestimmten Fälle in Abs. 1 unterstreicht den Ausnahmecharakter dieser Regelung. Diese Erforderlichkeitsprüfung wird ergänzt durch die Notwendigkeit einer auf den Einzelfall bezogenen Verhältnismäßigkeitsprüfung nach Abs. 2. § 64 Abs. 3 legt dem Verantwortlichen dem § 63 Abs. 2 entsprechende Dokumentationspflichten auf.

10 Diese Ausnahmeregelung ist **restriktiv** auszulegen.[13] Mit ihr dürfen keine häufigen, umfassenden und strukturellen Übermittlungen personenbezogener Daten sowie Datenübermittlungen in großem Umfang gerechtfertigt werden.[14] Übermittlungen, die auf § 64 gestützt werden, müssen auf unbedingt notwendige Daten beschränkt sein.[15]

I. Einzelfallprüfung am Zweck (Abs. 1)

11 Nach Abs. 1 ist eine Datenübermittlung auch **ohne einen Angemessenheitsbeschluss** der Kommission nach § 62 oder aufgrund von Garantien nach § 63 möglich, soweit sie in bestimmten Fällen erforderlich ist. Dazu müssen nach Abs. 1 aber stets **auch die übrigen Voraussetzungen** des § 62 erfüllt sein.[16] Denn durch § 64 sollen Übermittlungen zwar in bestimmten Fällen auch ohne Angemessenheitsbeschluss oder Garantien möglich sein, sich grundsätzlich aber in die Regelungssystematik von Teil 3 Kapitel 6 einfügen.

7 LT-Drs. 17/1981.
8 LT-Drs. 17/409.
9 Vgl. Synopse in Dokument des Rates 13523/15 ADD 1.
10 Sydow/*Johannes/Weinhold* BDSG § 80 Rn. 8.
11 Paal/Pauly/*Frenzel* BDSG § 80 Rn. 1.
12 Erwägungsgrund 72 JI-RL.
13 Auernhammer/*Gaitzsch* BDSG § 80 Rn. 6.
14 Erwägungsgrund 72 JI-RL.
15 Sydow/*Johannes/Weinhold* BDSG § 80 Rn. 10.
16 Paal/Pauly/*Frenzel* BDSG § 79 Rn. 2.

Mit Ausnahme des Vorliegens eines Angemessenheitsbeschlusses sind damit alle Voraussetzungen für eine Übermittlung personenbezogener Daten erfasst.[17] Somit muss zur Rechtfertigung einer Übermittlung nach §§ 64 und 63 auch nach § 62 Abs. 1 Nr. 1 die Stelle in den Drittstaaten oder die internationale Organisation für die in § 35 aufgeführten Zwecke zuständig sein. Bei einer Weiterübermittlung von Daten aus einem anderen Mitgliedstaat muss dessen Genehmigung nach § 62 Abs. 3 vorliegen. Auch § 62 Abs. 2 ist anwendbar.[18] Der dort niedergelegte Gesichtspunkt der Einzelfallgarantie des Empfängerstaates bei der Prüfung, ob angemessene Garantien vorhanden sind, entfaltet bei der Entscheidung nach § 64 Abs. 2 besondere Bedeutung. 12

Außerdem muss die Übermittlung zu einem der in Abs. 1 genannte Zwecken **erforderlich** sein. Diese werden als Fünferkatalog präsentiert. Der Katalog ist abschließend. Er ist disparat und bedarf der kritischen Auseinandersetzung.[19] Um den unionrechtlichen Vorgaben des Art. 38 JI-RL zu genügen, sind die in § 64 BDSG genannten Fälle restriktiv auszulegen und anzuwenden.[20] Das gebietet sowohl die Überschrift von Art. 38 JI-RL („Ausnahme für bestimmte Fälle“) als auch Erwägungsgrund 71 („Diese Ausnahmen sind restriktiv auszulegen“).[21] 13

1. Zum Schutz lebenswichtiger Interessen einer natürlichen Person (Nr. 1)

Nr. 1 benennt als konkrete Rechtsgut von Gewicht „lebenswichtige Interessen“ einer natürlichen Person. Zum Schutz dieses Rechtsgut kann auf den Einzelfall bezogen unter Beachtung der Verhältnismäßigkeit eine Übermittlung gerechtfertigt sein. Im Sinne einer **restriktiven Auslegung** muss sich „natürliche Person“ im Einzelfall auf eine oder mehrere bestimmte natürliche Personen beziehen. Unionsrechtlich erweitert wird diese Ausnahme sowohl in Art. 49 Abs. 1 lit. f DSGVO als auch in Art. 39 Abs. 1 lit. a JI-RL ebenfalls zum Zweck des Schutzes lebenswichtiger Interessen von Dritten. Die Vorschrift meint sowohl betroffene Personen im Sinne von § 36 Nr. 1 als auch andere Personen.[22] 14

Der Begriff „**lebenswichtige Interessen**“ wird im DSG NRW nicht definiert und auch nicht an anderer Stelle verwendet. Er entstammt Art. 38 Abs. 1 lit. a JI-RL. Daneben wird er in Art. 10 lit. b JI-RL und den dazu gehörenden Erwägungsgründen 35 und 37 verwendet. In der § 64 entsprechenden Vorschrift in der DSGVO wird der Begriff in Art. 49 Abs. 1 lit. f. ebenfalls verwendet. Darüber hinaus wird er in Art. 6 Abs. 1 Uabs. 1 lit. d DSGVO und Art. 9 Abs. 1 lit. c DSGVO gebraucht. Wie schon nach Art. 26 Abs. 1 lit. e RL 95/46/EG und § 4 c Abs. 1 Nr. 5 BDSG aF ist auch nach Art. 49 Abs. 1 lit. f DSGVO eine Datenübermittlung zum Schutz lebenswichtiger Interessen der Betroffenen möglich. 15

Gemäß Art. 49 Abs. 1 lit. f DSGVO ist eine Übermittlung jedoch nur erforderlich, sofern die betroffene Person nicht in der Lage ist, ihre **Einwilligung** in die 16

17 Ebenso BeckOK DatenschutzR/*Hilgers* BDSG § 80 Rn. 15 ff.; Paal/Pauly/*Frenzel* BDSG § 80 Rn. 2; Kühling/Buchner/*Schwichtenberg* BDSG § 80 Rn. 3.
18 BT-Drs. 18/11325, 120.
19 So Paal/Pauly/*Frenzel* BDSG § 80 Rn. 2.
20 Vgl. Paal/Pauly/*Frenzel* BDSG § 80 Rn. 2; Kühling/Buchner/*Schwichtenberg* BDSG § 80 Rn. 2.
21 Sydow/*Johannes/Weinhold* BDSG § 80 Rn. 11 ff.
22 Vgl. Wortlaut von Art. 38 Abs. 1 lit. a JI-RL.

Übermittlung zu erteilen.[23] Eine Übermittlung wäre zulässig, wenn eine bewusstlose und damit nicht einwilligungsfähige betroffene Person in Lebensgefahr schwebt und die Übermittlung ihrer Patientendaten zu ihrer Rettung erforderlich sind. Eine solche Einschränkung findet sich weder in Art. 38 Abs. 1 lit. a JI-RL noch in § 64 Abs. 1 Nr. 1. Dies mag sich daraus erklären, dass schwerlich Fallkonstellationen im Anwendungsbereich von § 35 DSG NRW oder der JI-RL vorstellbar sind, bei denen es auf die Einwilligung der betroffenen Person zur Wahrung lebenswichtiger Interessen ankommen kann. Dies ginge wohl an dem **gesetzlichen Auftrag** der ausführenden Behörden vorbei.[24] Denkbare Fälle sind zB die personenbezogenen Daten von (mutmaßlich) verschleppten oder entführten Personen oder Informationen zu Mord- oder Anschlagsdrohungen. Da Nr. 1 nicht auf die Interessen betroffener Personen beschränkt ist, können auch Daten von Verdächtigen und (mutmaßlichen) Tätern übermittelt werden.

17 Ein systematischer Vergleich zu Abs. 1 Nr. 2 legt nahe, dass es sich bei „lebenswichtigen Interessen" um **speziellere und gewichtigere Interessen** als „berechtigte Interessen" handeln muss.[25] Der Begriff ist unionrechtlich einheitlich zu bestimmen. Sprachlich geht es um das zentrale lebenswichtige Interesse am Leben selbst. Vom Interesse ist alles umfasst, das für das **unmittelbare Weiterleben** einer natürlichen Person bedeutsam ist.

18 In Zusammenhang mit der Ermächtigungsgrundlage Art. 6 Abs. 1 UAbs. 1 lit. d DSGVO ging der Gesetzgeber bei Datenverarbeitungen zum Schutz „lebenswichtigen Interessen" betroffener Personen von solchen aus, die bei der Behandlung von schweren medizinischen Fällen nötigt oder bei Maßnahmen zum Schutz vor gefährlichen Krankheiten und Infektionen verarbeitet werden müssen. Dabei muss es aber nicht auf „Leben und Tod" ankommen.[26]

2. Zur Wahrung berechtigter Interessen der betroffenen Person (Nr. 2)

19 Nr. 2 stellt auf die Wahrung berechtigter Interessen der betroffenen Person ab. Das ist die Person, deren Daten im Einzelfall auf Grundlage von § 64 übermittelt werden sollen. Der Anwendungsbereich der Vorschrift erstreckt sich nicht auch auf die Interessen anderer Personen. Nr. 2 hat keine direkte Entsprechung in den in Art. 49 DSGVO bestimmten Fällen. Im Gegensatz zu Nr. 2 enthält Art. 38 Abs. lit. b JI-RL den Zusatz, dass die Wahrung berechtigter Interessen der betroffenen Person Rechtfertigung für eine Übermittlung sein kann, aber nur wenn dies im **Recht des Mitgliedstaats,** aus dem die personenbezogenen Daten übermittelt werden, vorgesehen ist. Insoweit wird bei dieser Ausnahmeregelung ein **nationaler Umsetzungsakt** oder eine nationale Ermächtigungsnorm gefordert. Die Implementierung von Art. 38 Abs. 1 lit. b JI-RL ist den Mitgliedstaaten also freigestellt.

20 Der Begriff „**berechtigter Interessen**" entstammt dem Wortlaut von Art. 38 Abs. 1 lit. b JI-RL. Der Begriff durchzieht sowohl das BDSG und DSG NRW als auch die Richtlinie und die DSGVO und ist damit zentraler Begriff im geltenden Datenschutzrecht. Zu beachten ist aber, dass es sich in Nr. 2 nicht um das berechtigte Interesse des Verarbeiters an einer Verarbeitung (hier der Übermitt-

23 Sydow/*Towfigh/Ulrich* DSGVO Art. 49 Rn. 9.
24 Zur RL 95/46/EG BeckOK DatenschutzR/*Hilgers* BDSG § 80 Rn. 16 a.
25 Vgl. entsprechend Sydow/*Reimer* DSGVO Art. 6 Rn. 33.
26 Däubler/Klebe/Wedde/Weichert/*Wedde* BDSG § 28 Rn. 170; *Gola/Klug* DSGVO Art. 49 Rn. 10; Kühling/Buchner/*Schröder* DSGVO Art. 49 Rn. 35; Sydow/*Johannes/Weinhold* BDSG § 80 Rn. 14 ff.

lung) handelt, sondern um das der betroffenen Person, über die Daten übermittelt werden sollen. Eine Datenübermittlung zu diesen Zwecken sollte in ihrem **mutmaßlichen Willen** liegen. Wann von einem derartigen mutmaßlichen Willen auszugehen ist, kann nur im Einzelfall festgestellt werden. Das dürfte in der Regel dann der Fall sein, wenn die Übermittlung die betroffene Person **begünstigt oder begünstigen soll** (zB Daten eines Geschädigten, um Restitution zu ermöglichen). Eine Begünstigung ist aber nur ein Indikator. Eine Übermittlung kann auch im berechtigten Interesse der betroffenen Person liegen, ohne dass sie dadurch begünstigt wird. Teils wird zur Bestimmung des mutmaßlichen Willens, auf die zivilrechtlichen Kriterien für eine **Geschäftsführung ohne Auftrag** abgestellt.[27]

3. Zur Abwehr einer gegenwärtigen und erheblichen Gefahr für die öffentliche Sicherheit eines Staates (Nr. 3)

Nr. 3 benennt als konkretes Rechtsgut von Gewicht die **„öffentliche Sicherheit"**. Eine Übermittlung kann zur Abwehr einer gegenwärtigen und erheblichen Gefahr für die öffentliche Sicherheit eines Staates zulässig sein. Zum Schutz dieses Rechtsgut kann auf den Einzelfall bezogen unter Beachtung der Verhältnismäßigkeit eine Übermittlung gerechtfertigt sein.[28] 21

Die Vorschrift setzt Art. 38 Abs. 1 lit. c JI-RL nahezu wörtlich um. Im Gegensatz zu Nr. 3 sagt dieser „zur Abwehr einer unmittelbaren und ernsthaften Gefahr für die öffentliche Sicherheit eines Mitgliedstaats oder eines Drittlandes". Die Begriffe **„gegenwärtige und erhebliche Gefahr"** aus Nr. 3 haben inhaltlich keine unterschiedliche Bedeutung zu den Begriffen „unmittelbare und ernsthafte Gefahr" aus Art. 38 Abs. 1 lit. c JI-RL.[29] Der Begriff des Staates in Nr. 3 kann sowohl Deutschland als auch jeden anderen Mitgliedstaat bzw. Drittstaat meinen.[30] 22

Nr. 3 findet in Art. 49 Abs. 1 lit. d DSGVO eine Entsprechung. Nach dieser Vorschrift ist eine Datenübermittlung ausnahmsweise zulässig, wenn dies aus „wichtigen Gründen des öffentlichen Interesses notwendig" ist. **Wichtige Gründe des öffentlichen Interesses** wurden im Bereich der **grenzüberschreitenden Kriminalitätsbekämpfung** (wie der Geldwäsche durch internationale Finanzinstitute) oder für einen Datenaustausch von Zoll- und Steuerbehörden angenommen.[31] Im Vordergrund von Nr. 3 steht jedoch ein ordnungs- und polizeirechtlicher Gefahrenbegriff,[32] so dass Nr. 3 erheblich weiter verstanden werden kann. Die öffentliche Sicherheit umfasst nach allgemein anerkannter Definition die Unversehrtheit der objektiven Rechtsordnung, der subjektiven Rechte und Rechtsgüter des Einzelnen und die Funktionsfähigkeit von Einrichtungen und Veranstaltungen des Staates.[33] 23

4. Im Einzelfall für die in § 35 genannten Zwecke (Nr. 4)

Nach Nr. 4 ist eine Datenübermittlung „im Einzelfall für die in § 35 genannten Zwecke" zulässig. Die Vorschrift setzt Art. 38 Abs. 1 lit. d JI-RL wortgleich um. 24

27 So BeckOK DatenschutzR/*Hilgers* BDSG § 80 Rn. 21; Sydow/*Johannes/Weinhold* BDSG § 80 Rn. 19.
28 Sydow/*Johannes/Weinhold* BDSG § 80 Rn. 21.
29 Plath/*v. d. Busche* BDSG § 80 Rn. 6.
30 BeckOK DatenschutzR/*Hilgers* BDSG § 80 Rn. 22.
31 Sydow/*Towfigh/Ulrich* DSGVO Art. 49 Rn. 8.
32 BeckOK DatenschutzR/*Hilgers* BDSG § 80 Rn. 25.
33 Sydow/*Johannes/Weinhold* BDSG § 80 Rn. 21 ff.

Eine Übermittlung muss entweder der Verhütung, der Ermittlung, der Aufdeckung, der Verfolgung oder der Ahndung von Straftaten oder Ordnungswidrigkeiten oder der Strafvollstreckung dienen (§ 35 Satz 1). Auch Übermittlungen, die Zwecken des Schutzes vor und der Abwehr von Gefahren für die öffentliche Sicherheit und Ordnung dienen (§ 35 Satz 2), sind ebenfalls umfasst. Der Ausnahmetatbestand, den so auch die JI-RL selbst vorgibt,[34] läuft der Regelungstechnik der §§ 62 ff. erkennbar zuwider. Er ist potenziell uferlos.[35] Handhabbare Kriterien zu Einschränkung und Abwägung enthält die Richtlinie nicht. Zur Verwirklichung der Datenschutzgrundsätze bedarf er äußerst restriktiver Auslegung.[36]

25 Die Anwendung von Nr. 4 ist schon dessen Wortlaut nach auf bestimmte Einzelfälle beschränkt. Zwar stellt er alle Zweckbestimmungen des § 35 frei für den Fall, dass Daten, für die keine geeigneten Garantien für ein gemessenes Datenschutzniveau vorliegen, an Drittstaaten oder internationale Organisationen übermittelt werden. Allerdings ist er ist **restriktiv** auszulegen. Häufige, umfassende und strukturelle Übermittlungen personenbezogener Daten sowie Datenübermittlungen in großem Umfang können durch Nr. 4 nicht gerechtfertigt werden.[37] Er muss auch entsprechend der Systematik des § 64 Abs. 1 als **Auffangtatbestand** gelesen werden. Nr. 4 darf nur in **Ausnahmefällen** zur Anwendung kommen.[38] Anderes wäre angesichts der Weite der in § 35 genannten Zwecke nicht zu rechtfertigen.[39]

5. Im Einzelfall zur Geltendmachung, Ausübung oder Verteidigung von Rechtsansprüchen (Nr. 5).

26 Nr. 5 sieht als Ausnahme vor, dass im Einzelfall Rechtsansprüche im Zusammenhang mit den Zwecken des § 35 geltend gemacht, ausgeübt oder verteidigt werden sollen. Voraussetzung für die Anwendbarkeit von Nr. 5 ist, dass solche **Ansprüche** auch **geltend gemacht werden** (können). Die Vorschrift setzt Art. 38 Abs. 1 lit. e JI-RL um und entspricht ihm nahezu wörtlich. Die Regelungen entsprechen im Wesentlichen Art. 26 Abs. 2 lit. d Alt. 2 RL 95/46/EG und dessen Umsetzung in § 4c Abs. 1 Nr. 4 Alt. 2 BDSG aF. Eine vergleichbare Regelung enthält Art. 49 Abs. 1 lit. e DSGVO. Die Norm erklärt eine Datenübermittlung für zulässig, die der Begründung, Geltendmachung oder der Verteidigung von Rechtsansprüchen dient. Dabei ist der Anwendungsbereich der Vorschrift nicht auf gerichtliche Verfahren beschränkt, sondern erfasst **auch außergerichtliche Verfahren und Verwaltungsverfahren.**[40] Nr. 5 ist ebenso restriktiv auszulegen wie Nr. 4. Nach Nr. 5 hat die Übermittlung ua im Zusammenhang mit den Zwecken der Kriminalitätsbekämpfung zu stehen. Dies könnte auch der Kostenanspruch einer Behörde infolge eines Einsatzes sein.[41] Ein solcher Zweck läge aber außerhalb des Anwendungsbereichs von § 35 sowie der JI-RL. Er läge im Anwendungsbereich der DSGVO. Die Formulierung von Nr. 5 kann keine

34 *Bäcker/Hornung* ZD 2012, 151.
35 *Bäcker* in: Hill/Kugelmann/Martini (Hrsg.), Perspektiven der digitalen Lebenswelt, 2017, S. 79.
36 Unionsgrundrechtswidrigkeit der Richtlinienvorgabe stellt fest *Bäcker* Perspektiven der digitalen Lebenswelt S. 80.
37 Erwägungsgrund 72 JI-RL; Kühling/Buchner/*Schwichtenberg* BDSG § 80 Rn. 7.
38 BeckOK DatenschutzR/*Hilgers* BDSG § 80 Rn. 29.
39 Sydow/*Johannes/Weinhold* BDSG § 80 Rn. 24 f.
40 Sydow/*Towfigh/Ulrich* DSGVO Art. 49 Rn. 10.
41 Kühling/Buchner/*Schwichtenberg* BDSG § 80 Rn. 8.

Übermittlung zu Zwecken rechtfertigen die außerhalb des Anwendungsbereiches von § 35 liegen.[42]

II. Abwägung (Abs. 2)

Für eine zulässige Übermittlung dürfen nach Abs. 2 die Grundrechte der betroffenen Person nicht das öffentliche Interesse an der Übermittlung überwiegen. Von einer Übermittlung der Daten ohne geeignete Garantien für ein angemessenes Datenschutzniveau in dem Drittstaat oder der internationalen Organisation oder eines Angemessenheitsbeschlusses ist daher abzusehen, wenn die Grundrechte der von der Übermittlung betroffenen Person das öffentliche Interesse **überwiegen**. Eine Abs. 2 vergleichbare Abwägung verlangt auch Art. 49 Abs. 1 Satz 2 DSGVO. Hiernach erfolgt im Einzelfall eine **Abwägung zwischen den „zwingenden berechtigten Interessen des Verantwortlichen" mit den „Interessen oder Rechten und Freiheiten der betroffenen Person"**.[43] 27

Abs. 2 setzt Art. 38 Abs. 2 JI-RL um, wobei der Wortlaut der Umsetzung von der Richtlinie abweicht. Nach der Richtlinie dürfen Daten nicht übermittelt werden, wenn die übermittelnde zuständige Behörde feststellt, dass Grundrechte und Grundfreiheiten der betroffenen Person das öffentliche Interesse an der Übermittlung im Sinne des Absatzes 1 lit. d und e[44] überwiegen. Unbeachtlich ist, dass nach Abs. 2 von der Übermittlung abzusehen ist, wohingegen nach Art. 38 Abs. 2 JI-RL die Daten nicht übermittelt werden dürfen. Der **Bedeutungsgehalt ist derselbe**, auch wenn die Formulierung im BDSG abgeschwächt wirkt.[45] Die Anwendung von Art. 38 Abs. 2 JI-RL ist auf Art. 38 Abs. 1 lit. e und d JI-RL beschränkt. Eine solche Einschränkung sieht Abs. 2 nicht vor. Die deutsche Umsetzung geht damit weiter als die Richtlinienvorgabe. Dies ist nach Art. 1 Abs. 3 JI-RL statthaft, da es sich bei der Ausweitung um eine strengere Garantie zum Schutz der Rechte und Freiheiten der betroffenen Personen handelt.[46] 28

Abs. 2 erfordert vom Verantwortlichen für jede Übermittlung und in Bezug auf jede betroffene Person eine **Verhältnismäßigkeitsprüfung** anzustellen. Erwägungen zu den Rechten der Betroffenen werden in der Regel schon im Rahmen der Erforderlichkeitsprüfung nach Abs. 1 angestellt. Die Vorgabe des Abs. 2 kann auch als **Kontrollüberlegung** verstanden werden.[47] Sie ist aber keine bloße Wiederholung der Entscheidung zu Abs. 1. Im Hinblick auf die Einzelfalltatbestände nach Abs. 1 Nr. 4 und Nr. 5 bedeutet der Vorbehalt der Verhältnismäßigkeit nach Abs. 2, dass eine Übermittlung nur zulässig ist, wenn die Einzelfallprüfung ergibt, dass die Interessen an der Übermittlung diejenigen der betroffenen Personen ausnahmsweise überwiegen.[48] Dies gilt nicht für die Varianten Abs. 1 Nr. 1 bis 3. Dort muss die Abwägung grundsätzlich am Einzelfall ausgerichtet werden und unvoreingenommen geschehen. Keinesfalls darf grundsätzlich angenommen werden, dass die Übermittlung unter Aspekten der Verhältnismäßigkeit in der Regel zulässig ist und nur in wenigen Ausnahmesituationen die Zulässigkeit der Übermittlung wegen eines krassen Missverhältnisses zwischen 29

42 Sydow/*Johannes/Weinhold* BDSG § 80 Rn. 26.
43 Sydow/*Johannes/Weinhold* BDSG § 80 Rn. 27.
44 Diese entsprechen Abs. 1 Nr. 4 und 5.
45 Plath/*v.d.Busche* BDSG § 80 Rn. 6.
46 Sydow/*Johannes/Weinhold* BDSG § 80 Rn. 28.
47 Paal/Pauly/*Frenzel* BDSG § 80 Rn. 6.
48 Kühling/Buchner/*Schwichtenberg* BDSG § 80 Rn. 10.

dem verfolgten Zweck und der mit der Übermittlung einhergehenden Rechtsbeeinträchtigung abzulehnen sei.[49]

III. Dokumentation (Abs. 3)

30 Abs. 3 legt dem Verantwortlichen eine dem § 63 Abs. 2 entsprechende Dokumentationspflichten auf. Der Verantwortliche ist nach § 63 Abs. 2 Satz 2 verpflichtet, wenigstens den Zeitpunkt der Übermittlung, die Identität des Empfängers, den Grund der Übermittlung und die übermittelten personenbezogenen Daten zu dokumentieren. Nach § 63 Abs. 2 Satz 3 ist die Dokumentation dem Landesbeauftragten für den Datenschutz und die Informationsfreiheit auf Anforderung zur Verfügung zu stellen. Zur Gewährleistung von Transparenz ist der Vorgang **vollständig zu dokumentieren**. Ziel ist, dass der Landesbeauftragte anhand der Dokumentation die Rechtmäßigkeit der Übermittlung überprüfen kann.[50] Dazu müssen alle Gesichtspunkte der Rechtfertigung einer Ausnahmesituation dokumentiert werden.[51]

31 Die Dokumentationspflichten werden im Anwendungsbereich des PolG NRW durch § 29 Abs. 2 Satz 1 PolG NRW konkretisiert. Demnach ist ein Nachweis zu führen, aus dem der Anlass, der Inhalt, die empfangende Stelle, der Tag der Übermittlung sowie die Aktenfundstelle hervorgehen.

C. Bedeutung der Vorschrift für die behördliche Praxis

32 § 64 setzt Art. 38 JI-RL überwiegend wortgleich um. Bereits die Vorgaben der Richtlinie stellen den Datenschutz zur Disposition ohne geeignete Kontroll- und Schutzvorkehrungen zu benennen. Durch die **Identität der Entscheidungsträger** in § 64 ist zweifelhaft, ob die Rechte der betroffenen Personen ausreichend geschützt werden. Der deutsche Gesetzgeber hätte hier auf Basis von Art. 1 Abs. 3 JI-RL restriktivere Anwendungs- und Kontrollschranken einführen können. Zu denken wäre zum Beispiel an einen Richtervorbehalt[52] oder die Zustimmung der zuständigen Aufsichtsbehörden.

33 Die Vorschriften in Kapitel 6 (§§ 62 bis 65) ergänzen die spezielleren Vorschriften zur Übermittlung im internationalen Bereich, insbesondere § 29 PolG NRW. In dessen Abs. 1 wird klargestellt, dass die Vorschriften zusammen zur Anwendung kommen sollen. Eine Übermittlung im internationalen Bereich ist nur zulässig, soweit dies zur Erfüllung polizeilicher Aufgaben oder zur Abwehr einer erheblichen Gefahr durch die empfangende Stelle erforderlich ist.

§ 65 Sonstige Datenübermittlung an Empfänger in Drittstaaten

(1) Verantwortliche können bei Vorliegen der übrigen für die Datenübermittlung in Drittstaaten geltenden Voraussetzungen im besonderen Einzelfall personenbezogene Daten unmittelbar an nicht in § 63 Absatz 1 Nummer 1 genannte Stellen in Drittstaaten übermitteln, wenn die Übermittlung für die Erfüllung ihrer Aufgaben unbedingt erforderlich ist und

49 AA Kühling/Buchner/*Schwichtenberg* BDSG § 80 Rn. 10.
50 Erwägungsgrund 71 JI-RL.
51 Paal/Pauly/*Frenzel* BDSG § 80 Rn. 8.
52 Paal/Pauly/*Frenzel* BDSG § 80 Rn. 9.

1. im konkreten Fall keine Grundrechte und Grundfreiheiten der betroffenen Person das öffentliche Interesse an einer Übermittlung überwiegen,
2. die Übermittlung an die in § 62 Absatz 1 Nummer 1 genannten Stellen wirkungslos oder ungeeignet wäre, insbesondere weil sie nicht rechtzeitig durchgeführt werden kann, und
3. der Verantwortliche dem Empfänger die Zwecke der Verarbeitung mitteilt und ihn darauf hinweist, dass die übermittelten Daten nur in dem Umfang verarbeitet werden dürfen, in dem ihre Verarbeitung für diese Zwecke erforderlich ist.

(2) Im Fall des Absatzes 1 hat der Verantwortliche die in § 62 Absatz 1 Nummer 1 genannten Stellen unverzüglich über die Übermittlung zu unterrichten, sofern dies nicht wirkungslos oder ungeeignet ist.

(3) Für Übermittlungen nach Absatz 1 gilt § 63 Absatz 2 und 3 entsprechend.

(4) Bei Übermittlungen nach Absatz 1 hat der Verantwortliche den Empfänger zu verpflichten, die übermittelten personenbezogenen Daten ohne seine Zustimmung nur für den Zweck zu verarbeiten, für den sie übermittelt worden sind.

(5) Regelungen in bi- oder multilateralen internationalen Übereinkünften mit Dritten im Bereich der justiziellen Zusammenarbeit in Strafsachen und der polizeilichen Zusammenarbeit bleiben unberührt.

Verwandte Norm JI-RL:

Artikel 39 Übermittlung personenbezogener Daten an in Drittländern niedergelassene Empfänger

(1) Abweichend von Artikel 35 Absatz 1 Buchstabe b und unbeschadet der in Absatz 2 dieses Artikels genannten internationalen Übereinkünfte kann das Unionsrecht oder das Recht der Mitgliedstaaten vorsehen, dass die in Artikel 3 Nummer 7 Buchstabe a genannten zuständigen Behörden im speziellen Einzelfall nur dann personenbezogene Daten direkt an in Drittländern niedergelassene Empfänger übermitteln dürfen, wenn die übrigen Bestimmungen dieser Richtlinie eingehalten werden und alle der folgende Voraussetzungen gegeben sind:

a) Die Übermittlung ist für die Ausübung einer Aufgabe der übermittelnden zuständigen Behörde gemäß dem Unionsrecht oder dem Recht der Mitgliedstaaten für die in Artikel 1 Absatz 1 genannten Zwecke unbedingt erforderlich,
b) die übermittelnde zuständige Behörde stellt fest, dass im konkreten Fall keine Grundrechte und Grundfreiheiten der betroffenen Person das öffentliche Interesse an einer Übermittlung überwiegen,
c) die übermittelnde zuständige Behörde hält die Übermittlung an eine für die in Artikel 1 Absatz 1 genannten Zwecke zuständige Behörde in dem Drittland für wirkungslos oder ungeeignet, insbesondere weil die Übermittlung nicht rechtzeitig durchgeführt werden kann,
d) die für die in Artikel 1 Absatz 1 genannten Zwecke zuständige Behörde in dem Drittland wird unverzüglich unterrichtet, es sei denn, dies ist wirkungslos oder ungeeignet, und
e) die übermittelnde zuständige Behörde teilt dem Empfänger den festgelegten Zweck oder die festgelegten Zwecke mit, für die die personenbezogenen Daten nur dann durch diesen verarbeitet werden dürfen, wenn eine derartige Verarbeitung erforderlich ist.

(2) Eine internationale Übereinkunft im Sinne des Absatzes 1 ist jede in Kraft befindliche bilaterale oder multilaterale internationale Übereinkunft zwischen Mitgliedstaaten und Drittländern im Bereich der justiziellen Zusammenarbeit in Strafsachen und der polizeilichen Zusammenarbeit.

(3) Die übermittelnde zuständige Behörde unterrichtet die Aufsichtsbehörde über die Übermittlungen gemäß diesem Artikel.

(4) Übermittlungen gemäß Absatz 1 werden dokumentiert.

Kurzübersicht zum Verhältnis der entscheidenden Normen			
Norm des DSG NRW	Entsprechende Norm der JI-RL	Entsprechende Norm des BDSG	
§ 65 DSG NRW	Art. 39 JI-RL	§ 81 BDSG	

Literatur:

Ambrock/Karg, Ausnahmetatbestände der DS-GVO als Rettungsanker des internationalen Datenverkehrs?, ZD 2017, 154; *DSK*, Kurzpapier Nr. 4 – Datenübermittlung in Drittländer, 2017; *Hornung/Schindler/Schneider*, Die Europäisierung des strafverfahrensrechtlichen Datenschutzes, ZIS 2018, 566.

A. Grundlagen

1 In Kapitel 6 des Teil 3 wird in den §§ 62 bis 65 die **Übermittlung** personenbezogener Daten **an Drittländer oder internationale Organisationen** geregelt. Die Vorschriften korrespondieren zu Kapitel V der Richtlinie (EU) 2016/680 zum Schutz natürlicher Personen bei der Verarbeitung personenbezogener Daten durch die zuständigen Behörden zum Zwecke der Verhütung, Ermittlung, Aufdeckung oder Verfolgung von Straftaten oder der Strafvollstreckung, sowie zum freien Datenverkehr und zur Aufhebung des Rahmenbeschlusses 2008/977/JI[1] (im Folgenden JI-RL) und setzen diese um. Ziel der Regelungen ist es die Übermittlung an Drittländer und internationale Organisationen[2] zu ermöglichen und gleichzeitig ein noch ausreichendes Schutzniveau zu gewährleisten.[3] Auf die zu § 62 beschriebenen Grundlagen wird verwiesen.

1 Rahmenbeschluss 2008/977/JI des Rates vom 27.11.2008 über den Schutz personenbezogener Daten, die im Rahmen der polizeilichen und justiziellen Zusammenarbeit in Strafsachen verarbeitet werden, EU ABl. L 350 vom 30.12.2018, 60.
2 Legaldefiniert in Art. 3 Nr. 16 JI-RL. Entspricht Art. 4 Nr. 26 DSGVO.
3 Erwägungsgrund 4 JI-RL.

I. Gesamtverständnis, Zweck der Norm und Verhältnis zu anderen Normen

§ 65 dient der Umsetzung von Art. 39 JI-RL. Die Regelung ist keine Zulässigkeitsalternative zu §§ 44, 62, 63 und 64. Sie ergänzt diese um die Möglichkeit der Übermittlung an **Stellen in Drittstaaten**, die nicht im Sinne von § 62 Abs. 1 Nr. 1 für die in § 35 genannten Zwecke zuständig sind. Damit können sowohl nicht-öffentlichen Stellen gemeint sein als auch öffentliche Stellen, deren Aufgabe nicht die Strafverfolgung, Strafvollstreckung oder Gefahrenabwehr ist. Öffentliche Stellen können zB Meldebehörden, Finanzämter oder Verkehrsüberwachungsbehörden sein. Nicht-öffentliche Stellen können zB Finanzdienstleister und Telekommunikationsunternehmen sein.[4] Solche sollen, beispielsweise unter Bezugnahme auf betroffene Personen wie Verdächtige oder Geschädigte, direkt angesprochen werden können, um für die Zwecke des § 35 Auskünfte zu erhalten.[5] § 65 ist eine Ausnahmevorschrift. Das verdeutlicht Abs. 5.[6] 2

§ 65 und Art. 39 JI-RL haben keine Entsprechung in der DSGVO. Die Norm entspricht im Wortlaut nahezu vollständig § 81 BDSG. Lediglich die Verweise sind angepasst und Abs. 5 ist leicht anders formuliert, damit aber näher am Wortlaut der JI-RL. 3

Die Regelung wird durch die §§ 62 bis 65 sowie Art. 36 JI-RL ergänzt (→ § 62 Rn. 5 ff.). Auch bei Übermittlungen in Drittstaaten und internationale Organisationen müssen die allgemein für Übermittlungen geltenden Pflichten nach § 44, nach § 50 Abs. 5 und nach § 58 Abs. 4 Nr. 6 beachtet und eingehalten werden. Ob Mitteilungen über Berichtigungen und Löschungen gemacht werden dürfen, ist gesondert am **Einzelfall** ausgerichtet zu bestimmen. Insbesondere hinsichtlich Berichtigungen kann es geboten sein, keine Mitteilung zu machen, wenn dies nicht erforderlich ist und die Rechte der betroffenen Personen mehr schont.[7] 4

1. Verhältnis zur JI-RL

§ 65 setzt Art. 39 JI-RL um. Art. 39 JI-RL ist eine Ausnahmevorschrift zu den in Art. 35 bis Art. 38 festgelegten Grundsätzen der Übermittlung an Drittstaaten. In Art. 35 JI-RL sind die allgemeinen Grundsätze der Übermittlung personenbezogener Daten an ein Drittland oder eine internationale Organisation festgelegt. Die Übermittlung setzt nach Art. 35 Abs. 1 lit. d iVm Art. 36 JI-RL zwingend einen Beschluss der Kommission voraus, dass das betreffende Drittland, Gebiet oder internationale Organisation ein angemessenes Schutzniveau bietet. Liegt kein **Angemessenheitsbeschluss** im Sinne des Art. 36 Abs. 3 JI-RL vor, kann eine Übermittlung vorbehaltlich geeigneter Garantien nach Art. 37 JI-RL erfolgen. Liegen auch keine geeigneten Garantien vor, darf eine Übermittlung nur bei den in Art. 38 JI-RL genannten Ausnahmen vorgenommen werden. Eine Übermittlung nach Art. 35, 37 und 38 JI-RL darf aber stets nur an Verantwortliche in einem Drittland oder eine internationale Organisation, die eine für die in Art. 1 Abs. 1 JI-RL genannten Zwecke zuständige Behörde ist, erfolgen. Sollen Daten an andere Stellen oder Personen in Drittstaaten oder an internationale Organisationen übermittelt werden, greift Art. 39 JI- 5

4 Paal/Pauly/*Frenzel* BDSG § 81 Rn. 1.
5 BT-Drs. 18/11325, 120.
6 Vgl. Sydow/*Johannes/Weinhold* BDSG § 81 Rn. 2.
7 Sydow/*Johannes/Weinhold* BDSG § 81 Rn. 5.

RL. Der Regelungsinhalt von Art. 39 JI-RL wird durch Erwägungsgrund 73 JI-RL beschrieben.[8]

2. Zur DSGVO

6 Die DSGVO sieht für die Übermittlung personenbezogener Daten in ein Land außerhalb der Europäischen Union oder des europäischen Wirtschaftsraums (EWR) besondere Regelungen in Art. 44 bis 49 DSGVO vor.[9] Aufbau und Wortlaut der Vorschriften der JI-RL und der DSGVO ähneln sich zwar, sind im Detail aber sehr unterschiedlich. Die Umsetzung der JI-RL im DSG NRW und dem BDSG weicht noch mehr von der DSGVO ab. Sollte der Anwendungsbereich von § 35 nicht eröffnet sein, so ist auf die unmittelbar geltenden Art. 44 ff. DSGVO abzustellen.[10] Die DSGVO hat keine mit § 65 oder Art. 38 JI-RL vergleichbare Vorschrift mit ähnlich spezieller Regelungsmaterie.[11]

II. Bisherige Rechtslage

7 Das Konzept der Grundsätze zur Übermittlung von personenbezogenen Daten an Drittländer ist bereits aus der Datenschutz-Richtlinie und war in den §§ 4 b und 4 c BDSG aF geregelt, die weitgehend Art. 25 und 26 DSRL[12] umgesetzt haben. § 4 b BDSG aF und Art. 25 DSRL beinhalten grundlegende Vorschriften zur Übermittlung personenbezogener Daten innerhalb und außerhalb der Union und des Europäischen Wirtschaftsraums durch öffentliche und nichtöffentliche Stellen. Die Datenverarbeitung durch Polizei- und Nachrichtendienste wurde von der DSRL nicht unmittelbar berührt. Der Anwendungsbereich der DS-RL war beschränkt auf den Geltungsbereich des EG-Vertrages. Im Sinne eines einheitlichen Rechtsrahmens ging der Anwendungsbereich des BDSG aF diesbezüglich über den der DSRL hinaus.[13]

8 § 65 BDSG war bereits im ursprünglichen Gesetzesentwurf enthalten und wurde im Gesetzgesetzgebungsverfahren nicht verändert.[14]

9 Der Entwurf der Kommission zur JI-RL sah keine dem Art. 39 entsprechende Regelung vor. Diese wurde erst mit der Stellungnahme des Rates als Art. 36 a eingeführt.[15] Diese wurden durch die Empfehlungen des Europäischen Datenschutzbeauftragten ergänzt. Der Formulierungsvorschlag des Rates wurde im Zuge des Trilogs nur leicht verändert, aber um Abs. 3 zur Unterrichtung der Aufsichtsbehörde und Abs. 4 zur Dokumentation ergänzt.[16]

8 Sydow/*Johannes/Weinhold* BDSG § 81 Rn. 3 f.
9 S. dazu Orientierungshilfe für den nichtöffentlichen Bereich DSK, Kurzpapier Nr. 4, 2017.
10 *Ambrock/Karg* ZD 2017, 156; zum Anwendungsbereich → § 45 Rn. 1 ff.
11 *Hornung/Schindler/Schneider* ZIS 2018, 568.
12 Richtlinie 95/46/EG des Europäischen Parlaments und des Rates vom 24.10.1995 zum Schutz natürlicher Personen bei der Verarbeitung personenbezogener Daten und zum freien Datenverkehr.
13 BT-Drs. 14/4329, 28 f.
14 LT-Drs. 17/1981.
15 Vgl. Synopse in Dokument des Rates 13523/15 ADD 1.
16 Sydow/*Johannes/Weinhold* BDSG § 81 Rn. 8.

B. Kommentierung

I. Zielbestimmung

§ 65 soll ermöglichen, dass neben den in § 62 Abs. 1 Nr. 1 zuständigen Stellen auch personenbezogene Daten an andere Stellen oder Personen übermittelt werden dürfen. Dies soll vor allem für **Auskunftsersuchen** genutzt werden können.[17] Damit sollen Hoheitsträger im Drittstaat übersprungen werden können. Dies dient dem Zweck der Effektivitätssteigerung der Gefahrenabwehr und Strafverfolgung.[18] Eine solche Übermittlung zwischen zuständigen Behörden und in Drittländern niedergelassenen Empfängern soll nur in speziellen Einzelfällen erfolgen.[19] 10

Die Bestimmung ist keine Ausnahme von geltenden bilateralen oder multilateralen internationalen Übereinkünften auf den Gebieten der justiziellen Zusammenarbeit in Strafsachen und der polizeilichen Zusammenarbeit.[20] Entsprechend ist Abs. 5 formuliert. Die Regelung greift, wenn keine solchen bestehen oder jene keine **konkurrierenden Regelungen** enthalten.[21] 11

Auf den Gebieten der justiziellen Zusammenarbeit in Strafsachen und der polizeilichen Zusammenarbeit müssen von den zuständigen Behörden die zu diesen Zwecken geschlossenen geltenden bilateralen oder multilateralen internationalen Übereinkünfte angewendet werden. Diese Übereinkünfte sind mit dem Ziel geschlossen worden, den zuständigen Behörden ihre rechtlich zugewiesene Aufgabenerfüllung auch durch den Austausch maßgeblicher Informationen zu ermöglichen. In der Regel haben sich Strafverfolgungsbehörden mit einem **Auskunftsersuchen** zuerst an die im betreffenden Drittstaat für die Zwecke dieser Richtlinie **zuständigen Behörden** zu wenden.[22] 12

Jene soll dann die Auskunft im Drittstaat einholen oder zumindest mit der ersuchenden Behörde zusammenarbeiten. Dieser Grundsatz gilt in der Regel kollegialiter auch dann, wenn keine bilaterale oder multilaterale internationale Übereinkunft existiert. In speziellen Einzelfällen können aber die regulären Verfahren, die eine Kontaktaufnahme mit dieser Behörde in dem betreffenden Drittstaat vorschreiben, wirkungslos oder ungeeignet sein. Das kann zB der Fall sein, wenn die Übermittlung nicht rechtzeitig durchgeführt werden konnte. Es kann auch sein, dass die zuständige Behörde im Drittstaat die Rechtsstaatlichkeit oder die internationalen Menschenrechtsbestimmungen nicht achtet, so dass die zuständigen deutschen Behörden beschließen können, die personenbezogenen Daten direkt an in Drittstaaten niedergelassene Empfänger zu übermitteln.[23] Dies kann der Fall sein, wenn es **dringend geboten** ist, personenbezogene Daten zu übermitteln, um das Leben einer Person zu schützen, die Gefahr läuft, Opfer einer Straftat zu werden, oder um die unmittelbar bevorstehende Begehung einer Straftat, einschließlich einer terroristischen Straftat, zu verhindern.[24] 13

17 LT-Drs. 17/1981, 171.
18 Paal/Pauly/*Frenzel* BDSG § 81 Rn. 1.
19 Erwägungsgrund 73 JI-RL.
20 Erwägungsgrund 73 JI-RL.
21 Sydow/*Johannes*/*Weinhold* BDSG § 81 Rn. 10.
22 Auernhammer/*Gaitzsch* BDSG § 81 Rn. 1.
23 Sydow/*Johannes*/*Weinhold* BDSG § 81 Rn. 11.
24 Erwägungsgrund 73 JI-RL.

II. Übermittlung (Abs. 1)

14 § 65 ergänzt die § 62 bis 64. Nach jenen werden die personenbezogenen Daten an die zuständige Behörde oder öffentliche Stelle in dem Drittstaat übermittelt. Datenübermittlungen an nicht zuständige Stellen in Drittstaaten sind „sonstige Datenübermittlungen“ iSv § 65. Der **Kreis der möglichen Empfänger** wird mit § 65 über öffentliche Stellen, die im Rahmen der Zwecke nach § 35 tätig sind, hinaus auf sonstige öffentliche Stellen und Private ausgeweitet.[25]

15 Nach § 65 Abs. 1 Nr. 3 werden Daten an **Empfänger** übermittelt. „Empfänger" ist nach § 36 Nr. 11 eine natürliche oder juristische Person, Behörde, Einrichtung oder andere Stelle, der personenbezogene Daten offengelegt werden, unabhängig davon, ob es sich bei ihr um einen Dritten handelt oder nicht.

16 Nach Abs. 1 dürfen personenbezogene Daten im besonderen Einzelfall unmittelbar an nicht in § 62 Abs. 1 Nr. 1 genannte Stellen in Drittstaaten übermittelt werden. Dazu müssen aber auch die **übrigen** für die Datenübermittlung in Drittstaaten geltenden **Voraussetzungen** vorliegen. Grundvoraussetzung für eine Übermittlung der Daten in Drittstaaten ist, dass ein angemessenes Datenschutzniveau gewährleistet ist. Denn durch § 65 sollen Übermittlungen zwar in besonderen Einzelfällen möglich sein, die Vorschrift soll sich aber grundsätzlich in die Regelungssystematik von Teil 3 Kapitel 6 einfügen.[26]

17 § 65 bildet sowohl eine Ausnahme zu § 62 als auch zu § 63 und § 64. Bei Anwendung von § 65 in Verbindung mit § 62, § 63 oder § 64 müssen also jeweils deren **spezielle Vorrausetzungen** vorliegen, mit Ausnahme der, dass die Übermittlung an eine nach § 35 zuständigen Stelle gerichtet sein muss.

18 Einige Vorrausetzungen müssen bei jeder Übermittlung vorliegen: Bei einer Weiterübermittlung von Daten aus einem anderen Mitgliedstaat muss dessen **Genehmigung** nach § 62 Abs. 3 vorliegen. Auch § 62 Abs. 2 ist anwendbar.[27] Der dort niedergelegte Gesichtspunkt der Einzelfallgarantie des Empfängerstaates bei der Prüfung, ob angemessene Garantien vorhanden sind, ist bei der Entscheidung nach § 65 Abs. 1 Nr. 1 von besonderer Bedeutung.[28]

19 Bei einer Übermittlung auf Basis von § 65 iVm § 62 muss eine **Angemessenheitsbeschluss** der Kommission nach Art. 36 JI-RL für den Drittstaat vorliegen, in dem der Empfänger seinen Sitz hat.[29]

20 Bei einer Übermittlung auf Basis von § 65 iVm § 63 müssen in einem **rechtsverbindlichen Instrument geeignete Garantien** für den Schutz personenbezogener Daten vorgesehen sein oder der Verantwortliche nach Beurteilung aller Umstände, die bei der Übermittlung eine Rolle spielen, zu der Auffassung gelangt sein, dass geeignete Garantien für den Schutz personenbezogener Daten bestehen.[30]

21 Bei einer Übermittlung auf Basis von § 65 iVm § 64 muss diese für eine der in § 64 Abs. 1 genannten Fallgruppen erforderlich sein. Für alle Varianten gilt, dass auch die in § 65 selbst genannten, spezielleren Voraussetzungen vorliegen müssen.

---

25 Sydow/*Johannes/Weinhold* BDSG § 81 Rn. 12.
26 Sydow/*Johannes/Weinhold* BDSG § 81 Rn. 13.
27 BT-Drs. 18/11325, 120.
28 Sydow/*Johannes/Weinhold* BDSG § 81 Rn. 15.
29 Sydow/*Johannes/Weinhold* BDSG § 81 Rn. 16.
30 Sydow/*Johannes/Weinhold* BDSG § 81 Rn. 17.

1. Einzelfall

Eine Übermittlung ist nur in besonderen Einzelfällen zulässig. Der besondere Einzelfall wird durch das Vorliegen der Vorrausetzungen in Abs. 1 Nr. 1 bis 3 indiziert.[31] Ein besonderer Einzelfall liegt nur dann vor, wenn eine **Häufung gleichartiger Fallkonstellationen nicht zu befürchten** ist und sich entsprechende Einzelfälle nicht regelmäßig wiederholen.[32] Die Formulierung unterstreicht den Ausnahmecharakter von § 65. Sie soll auch verhindern, dass die Vorschrift dazu genutzt wird, den in Abs. 5 festgelegten Grundsatz des Vorrangs spezieller Übereinkommen systematisch zu unterlaufen.[33] 22

2. Unbedingt erforderlich

Eine Datenübermittlung auf Basis von § 65 muss für die Aufgabenerfüllung der Behörde und den in § 35 genannten Zwecken **unbedingt erforderlich** sein. Die Formulierung entstammt Art. 39 Abs. 1 lit. a JI-RL. Das Adjektiv „unbedingt" wirkt einschränkend. Es unterstreicht den **Ausnahmecharakter** der Regelung. Ob eine Übermittlung unbedingt erforderlich ist, kann nur im Zusammenhang mit dem Einzelfall geklärt werden. Eine Übermittlung ist unbedingt erforderlich, wenn sie geeignet ist, den erstrebten Zweck zu erreichen (zB eine Gefahr zur verhüten) und es kein anderes Mitteln gibt, um den erstrebten Zweck zu erreichen. Bezogen auf das Beispiel Gefahrverhütung heißt das, dass für die übermittelnde Behörde keine anderen praktikablen Möglichkeiten mehr erkennbar sind. Weitere Beispiele sind schwere Straftaten für Leib und Leben oder drohende terroristische Anschläge, die auf andere Weise nicht effektiv verhindert oder verfolgt werden können.[34] Denkbar sind auch andere Gefahrenlagen, wie die Ankündigung einer der vorgenannten Straftaten im Internet.[35] 23

3. Interessenabwägung (Nr. 1)

Nr. 1 fordert eine Interessenabwägung.[36] Diese muss ergeben, dass die Grundrechte der betroffenen Person das öffentliche Übermittlungsinteresse nicht überwiegen. Nr. 1 setzt Art. 39 Abs. 1 lit. b JI-RL um. Die Umsetzung ist nicht wortgleich. Dort kommt klarer zum Ausdruck, dass die Daten übermittelnde Behörde die Pflicht hat, diesen **Abwägungsvorgang** festzustellen („die zuständige Behörde stellt fest").[37] Bei der Abwägung der rechtlich anzuerkennenden Interessen der betroffenen Personen und des öffentlichen Interesses ist die Schwere der Rechtsgutsgefährdung oder des Tatvorwurfs zu berücksichtigen.[38] Die Beispiele in Erwägungsgrund 73 JI-RL machen deutlich, dass sich das öffentliche Interesse auf den Schutz wichtiger Rechtsgüter, wie die Abwehr für Gefahren für Leib und Leben, handeln muss. Hinsichtlich der Strafverfolgung muss es sich um Straftatbestände von **besonderer Schwere** handeln, wie zB organisierte Kriminalität in Form von Drogen- und Menschenhandel, Geldwäsche oder Schleuserkriminalität.[39] 24

31 Vgl. Erwägungsgrund 73 JI-RL.
32 BeckOK DatenschutzR/*Hilgers* BDSG § 81 Rn. 6.
33 Sydow/*Johannes/Weinhold* BDSG § 81 Rn. 19.
34 Erwägungsgrund 73 JI-RL; BeckOK DatenschutzR/*Hilgers* BDSG § 81 Rn. 8.
35 Paal/Pauly/*Frenzel* BDSG § 81 Rn. 3.
36 Sydow/*Johannes/Weinhold* BDSG § 81 Rn. 20.
37 BeckOK DatenschutzR/*Hilgers* BDSG § 81 Rn. 9.
38 Erwägungsgrund 73 JI-RL; Paal/Pauly/*Frenzel* BDSG § 81 Rn. 4.
39 BeckOK DatenschutzR/*Hilgers* BDSG § 81 Rn. 11.

4. Wirkungslosigkeit oder Ungeeignetheit (Nr. 2)

25 Nach Nr. 2 muss eine Übermittlung an die in § 62 Abs. 1 Nr. 1 genannten Stellen wirkungslos oder ungeeignet sein. Dies ist in **besonderen Einzelfällen** der Fall, in denen reguläre Verfahren auf der Grundlage internationaler Übereinkünfte, die eine Kontaktaufnahme mit der zuständigen Behörde in dem betreffenden Drittstaat regeln, wirkungslos oder ungeeignet sind. Dies bezieht sich auf die reguläre Übermittlung unter Einschaltung einer Behörde des Drittstaates. Rechtshilfeersuchen können viel Zeit in Anspruch nehmen.[40] Der dadurch eintretende Zeitverlust kann Ermittlungen gefährden.[41]

26 Eine Übermittlung wäre **wirkungslos**, wenn sie ins Leere ginge. Das könnte der Fall sein, wenn der Drittstaat kein funktionierendes Behördenwesen (mehr) hat oder grundsätzlich nicht auf Ersuche reagiert.[42]

27 Eine Datenübermittlung an die im Drittland zuständige Behörde oder Stelle ist bereits dann als **ungeeignet** zu betrachten, wenn die Übermittlung nicht rechtzeitig durchgeführt werden konnte.[43] Der Begriff „rechtzeitig" bezieht sich auf die Zweckerfüllung, also zum Beispiel die Strafverfolgung. Eine Unterrichtung wäre auch ungeeignet, wenn Anhaltspunkte bestehen, dass der Drittstaat die Unterrichtung zum Nachteil hiervon betroffener Personen rechtswidrig missbraucht. Dies ist zB dann der Fall, wenn diese Behörde die internationalen Menschenrechtsbestimmungen nicht beachtet. Sie wäre auch ungeeignet, wenn durch sie die Gefahr bestünde, dass die Strafverfolgung vereitelt würde.[44]

5. Hinweispflichten (Nr. 3)

28 Nr. 3 beschreibt die Hinweispflicht des die Daten übermittelnden Verantwortlichen gegenüber dem Empfänger. Dieser muss jenem die Verarbeitungszwecke mitteilen. Außerdem muss er ihn darauf hinweisen, dass die übermittelten Daten nur in dem Umfang verarbeitet werden dürfen, in dem ihre Verarbeitung für diese Zwecke erforderlich ist. Die Hinweispflicht stellt **keine rechtsverbindliche Verpflichtung** dar (Abs. 4). Nr. 3 ist im Wesentlichen Art. 39 Abs. 1 lit. e JI-RL nachempfunden. Auch diese Vorschrift sieht nicht vor, dass der Empfänger der Daten entsprechend verpflichtet wird. Sie enthält auch keine Abs. 4 entsprechende Regelung.[45]

29 Die übermittelnde Behörde wird in der Regel mangels Hoheitsgewalt im Drittstaat keine Möglichkeit haben, eine solche **Zweckbindungspflicht** anzuordnen.[46] Ob eine solche Verpflichtung nach dem Recht des Mitgliedstaates besteht, ist eine Frage des Einzelfalls. Sie dürfte vorliegen, wenn ein Angemessenheitsbeschluss der Kommission nach Art. 36 JI-RL vorliegt und die Übermittlung auf Grundlage von § 62 iVm § 65 erfolgt. Die Zweckbindungspflicht kann auch als eine Garantie festgeschrieben und verbindlich vereinbart worden sein, wenn die Übermittlung auf Grundlage von § 63 iVm § 65 erfolgt.[47]

---

40 Paal/Pauly/*Frenzel* BDSG § 81 Rn. 4.
41 Sydow/*Johannes/Weinhold* BDSG § 81 Rn. 22 ff.
42 Sydow/*Johannes/Weinhold* BDSG § 81 Rn. 23.
43 S. auch Erwägungsgrund 73 JI-RL.
44 Erwägungsgrund 73 JI-RL.
45 Sydow/*Johannes/Weinhold* BDSG § 81 Rn. 25.
46 Plath/*v. d. Busche* BDSG § 81 Rn. 8.
47 Sydow/*Johannes/Weinhold* BDSG § 81 Rn. 26.

III. Unterrichtung (Abs. 2)

30 Abs. 2 setzt Art. 39 Abs. 1 lit. d JI-RL um. Der übermittelnde Verantwortliche hat die Stelle des Drittstaates, in dem der Empfänger sitzt, und die für die in § 35 genannten Zwecke zuständig ist unverzüglich über die Übermittlung zu unterrichten, sofern dies Unterrichtung nicht wirkungslos oder ungeeignet ist.[48]

31 Durch diese Unterrichtungspflicht hinsichtlich des anderen Hoheitsträgers, soll dessen Umgehung **kompensiert** werden.[49] Es ist zB die Stelle zu unterrichten, die eigentlich zuständig gewesen wäre ein Auskunftsersuchen entgegenzunehmen und zu bearbeiten. Die Unterrichtungspflichten sollen es dem Empfängerstaat ermöglichen, eine mögliche Verletzung seiner Souveränität nach nationalem oder Völkerrecht zu untersuchen.[50] Eine Unterrichtung kann auch beiden Seiten helfen, die Verbescheidung von Rechtshilfeersuchen **besser auszuwerten**.[51] Die Unterrichtung der zuständigen Stelle kann gleichzeitig mit der Übermittlung an den Empfänger erfolgen oder ohne schuldhaftes Zögern danach.[52]

32 Grundsätzlich muss hinsichtlich jeder Übermittlung iSv Abs. 1 eine Unterrichtung der zuständigen Stelle im Drittstaat erfolgen. Die **Unterrichtung kann nur in Ausnahmefällen unterlassen werden**, wenn diese selbst wirkungslos oder ungeeignet ist. Dies könnte zum Beispiel dann der Fall sein, wenn die zu unterrichtende Behörde in dem betreffenden Drittstaat die Rechtsstaatlichkeit, insbesondere die internationalen Menschenrechtsbestimmungen, nicht beachtet.[53] Ein korrumpiertes Staatswesen verweist auf diese Möglichkeit.[54] Eine Unterrichtung wäre auch wirkungslos, wenn sie ins Leere ginge. Das könnte der Fall sein, wenn der Drittstaat kein funktionierendes Behördenwesen (mehr) hat.[55] Eine Unterrichtung wäre ungeeignet, wenn Anhaltspunkte bestehen, dass der Drittstaat die Unterrichtung zum **Nachteil** hiervon betroffener Personen rechtswidrig missbraucht.[56] Eine Unterrichtung ist auch ungeeignet, wenn durch sie die Gefahr bestünde, dass die Strafverfolgung oder Gefahrenabwehr vereitelt würde.[57] Auf die Rechtzeitig der Unterrichtung kommt es nicht an, da auch diese nach einer Übermittlung in den Drittstaat erfolgen kann.[58]

IV. Dokumentation und Unterrichtung (Abs. 3)

33 Nach Abs. 3 hat der Verantwortliche die sonstige Übermittlung von Daten an Private oder an nicht zuständige öffentliche Stellen zu dokumentieren und die Aufsichtsbehörde zu unterrichten. Dadurch soll ermöglicht werden, dass das **Übermittlungsgebaren** der verantwortlichen Stelle nachgeprüft werden kann.[59] Diese Pflichten entstehen durch Verweis auf § 63 Abs. 2 und 3. Jene sind entsprechend anzuwenden. Durch die Vorschrift wird Art. 39 Abs. 3 und 4 JI-RL umgesetzt.[60]

---

48 Sydow/*Johannes/Weinhold* BDSG § 81 Rn. 27.
49 Paal/Pauly/*Frenzel* BDSG § 81 Rn. 8.
50 BeckOK DatenschutzR/*Hilgers* BDSG § 81 Rn. 18.
51 Paal/Pauly/*Frenzel* BDSG § 81 Rn. 8.
52 BeckOK DatenschutzR/*Hilgers* BDSG § 81 Rn. 17.
53 Erwägungsgrund 73 JI-RL.
54 Paal/Pauly/*Frenzel* BDSG § 81 Rn. 8.
55 Sog. *failed state*, BeckOK DatenschutzR/*Hilgers* BDSG § 81 Rn. 19.
56 BeckOK DatenschutzR/*Hilgers* BDSG § 81 Rn. 19.
57 Kühling/Buchner/*Schwichtenberg* BDSG § 81 Rn. 2.
58 AA BeckOK DatenschutzR/*Hilgers* BDSG § 81 Rn. 18.
59 Sydow/*Johannes/Weinhold* BDSG § 81 Rn. 30.
60 Sydow/*Johannes/Weinhold* BDSG § 81 Rn. 30.

34 Die **Dokumentation** hat den Zeitpunkt der Übermittlung, die Identität des Empfängers, den Grund der Übermittlung und die übermittelten personenbezogenen Daten zu enthalten. Zu dokumentieren ist der gesamte Beurteilungsvorgang des Verantwortlichen, inklusive der von ihm zugrunde gelegten Kriterien und Umständen, die bei der Übermittlung der Daten eine Rolle spielen. Die Dokumentation muss umfassend sein.[61] Die Dokumentation ist dem oder der Landesbeauftragten auf Aufforderung zur Verfügung zu stellen. Die Dokumentation muss daher wenigstens auf einem verkehrsfähigen Medium abgefasst sein. Textform genügt, die Schriftform ist nicht zwingend. Jedoch sollten auch elektronische Dokumentationen vor Manipulationen geschützt werden. Die Dokumentation kann ihrerseits personenbezogenes Datum sein, das nach den Regeln der § 35 ff. zu verarbeiten und zu schützen ist.[62]

35 Der Verantwortliche hat der oder dem Landesbeauftragten zumindest jährlich über Übermittlungen zu **unterrichten**, die aufgrund § 65 erfolgt sind. In der Unterrichtung kann der Verantwortliche die Empfänger und die Übermittlungszwecke angemessen kategorisieren. Die Berichtspflicht ist in Verbindung mit der Dokumentationspflicht zu sehen. Die Dokumentation ermöglicht erst die Kontrolle.[63] § 29 Abs. 2 PolG NRW konkretisiert die Dokumentationspflicht.

V. Verpflichtung zur Zweckbindung (Abs. 4)

36 Abs. 4 sieht vor, dass der Verantwortliche den Empfänger verpflichtet, die übermittelten Daten nur für den Zweck zu verarbeiten, für den sie übermittelt worden sind. Der Verantwortliche kann einer Verarbeitung zu einem anderen Zweck **zustimmen**. Durch die Vorschrift soll sowohl die Datenhoheit der Verarbeiter bewahrt werden,[64] als auch die Rechte der betroffenen Personen geschützt werden. Art. 39 JI-RL enthält keine Regelung, die Abs. 4 entspricht. Art. 39 Abs. 1 lit. e JI-RL ist die Vorlage für Abs. 1 Nr. 3. § 65 Abs. 4 zur Zweckbindung ist eine deutsche Anpassung der Vorgaben der Richtlinie, die über deren Anforderungen hinausgeht. Da es sich bei der Regelung um Garantien zum Schutz der Rechte und Freiheiten der betroffenen Person handelt, ist dies nach Art. 1 Abs. 3 JI-RL unionsrechtskonform.[65]

37 Die Vorschrift korrespondiert zu Abs. 1 Nr. 3, wonach der Verantwortliche den Empfänger darauf hinweisen muss, dass die übermittelten Daten nur in dem Umfang verarbeitet werden dürfen, in dem ihre Verarbeitung für diese Zwecke erforderlich ist. Abs. 4 ist **keine Wiederholung des Regelungsinhalts** von Abs. 1 Nr. 3.[66] Laut Gesetzesbegründung soll durch Abs. 4 die Zweckbindung „verstärkt" werden.[67] Der Regelungsgehalt geht über den von Abs. 1 Nr. 3 hinaus, weil der Verantwortliche nun nicht nur Hinweise geben muss, sondern den Empfänger **verpflichten** muss, die Zweckbindung der Daten zu achten.

38 Die Vorschrift lässt offen, auf welche Art und Weise der Verarbeiter den Empfänger verpflichten muss. Schon aus dem Wortlaut ist zu schließen, dass es sich bei einer Verpflichtung um einen **rechtlich bindenden Akt** handeln muss. Dies folgt auch aus dem systematischen Verhältnis von Abs. 1 Nr. 3 zu Abs. 4: Eine

61 BeckOK DatenschutzR/*Hilgers* BDSG § 81 Rn. 20.
62 Sydow/*Johannes/Weinhold* BDSG § 81 Rn. 31.
63 Sydow/*Johannes/Weinhold* BDSG § 81 Rn. 32.
64 Paal/Pauly/*Frenzel* BDSG § 81 Rn. 10.
65 Sydow/*Johannes/Weinhold* BDSG § 81 Rn. 33.
66 So aber Plath/*v. d. Busche* BDSG § 81 Rn. 11.
67 LT-Drs. 17/1781, 171.

Verpflichtung ist stärker als ein Hinweis.[68] Insoweit besteht eine inhaltliche Übereinstimmung mit der Vorgabe nach § 63 Abs. 1 Nr. 1, wonach Übermittlungen an Drittstaaten oder internationale Organisationen zulässig sein können, wenn in einem rechtsverbindlichen Instrument geeignete Garantien für den Schutz personenbezogener Daten vorgesehen sind. Eine Verpflichtung besteht in der Regel in einem **rechtsverbindlichen Instrument**. Verwaltungsanweisungen des Verarbeiters gegenüber der empfangenen Stelle im Drittland sind in der Regel nicht ausreichend, da sie gegenüber jener mangels Zuständigkeit keine Rechtswirkung entfalten.[69] Rechtsverbindliche Instrumente im Kontext von § 65 können insbesondere Verträge (zB Non-Disclosure-Agreements) sein.[70]

Es bedarf **keiner gesonderten Verpflichtung**, wenn die Zweckbedingung bereits nach dem Recht des Drittstaats besteht und diese Regelung in ausreichender Weise durchgesetzt wird. Dies wird in der Regel durch das Vorliegen eines Angemessenheitsbeschlusses im Sinne von Art. 36 JI-RL indiziert. Auch Garantien im Sinne von § 63 können ausreichen. 39

VI. Übereinkünfte (Abs. 5)

Nach Abs. 5 bleiben Regelungen in bi- oder multilateralen internationalen Übereinkünften mit Dritten im Bereich der justiziellen Zusammenarbeit in Strafsachen und der polizeilichen Zusammenarbeit von § 65 unberührt. Solche Abkommen finden in der Regel vorrangige Anwendbarkeit auf eine Übermittlung von Daten an Drittstaaten. Grundsätzlich haben sich Strafverfolgungsbehörden mit einem Auskunftsersuchen zuerst an die im betreffenden Drittstaat für die Zwecke dieser Richtlinie zuständigen Behörden zu wenden. Jene soll dann die **Auskunft im Drittstaat einholen** oder zumindest mit der ersuchenden Behörde zusammenarbeiten. Dieser Grundsatz gilt auch dann, wenn keine bilaterale oder multilaterale internationale Übereinkunft existiert. Eine Übermittlung von zuständigen Behörden an in Drittländern niedergelassene nicht-zuständige Empfänger soll nur in speziellen Einzelfällen erfolgen.[71] 40

Die Vorschrift basiert auf einer Vorgabe in Art. 36 Abs. 1 JI-RL und der dazugehörigen Begriffsbestimmung in Art. 36 Abs. 2 JI-RL. 41

C. Bedeutung der Vorschrift für die behördliche Praxis

Die Vorschrift trägt dem Bedarf Rechnung, private Stellen und Behörden, die keine Aufgabe iSv § 35 erfüllen, in Drittstaaten direkt ansprechen zu können. Dies ist nicht nur angesichts multinationaler Konzerne notwendig,[72] sondern auch im Hinblick auf Drittstaaten und ausländische Ermittlungsbehörden, die keinen zuverlässigen Datenschutz gewährleisten können.[73] Ob die angesprochenen Stellen überhaupt anfragegemäß reagieren, wird von der Rechtslage und Rechtskultur im Drittstaat und von der Bereitschaft abhängen, selbst Daten zur Verfügung zu stellen.[74] 42

68 Entsprechend spricht die Gesetzesbegründung von „verstärkte Zweckbindung“, BT-Drs. 18/11325, 120.
69 Plath/*v. d. Busche* BDSG § 81 Rn. 8.
70 Sydow/*Johannes/Weinhold* BDSG § 81 Rn. 35.
71 ErwG 73 JI-RL.
72 Paal/Pauly/*Frenzel* BDSG § 81 Rn. 11.
73 ZB bei pervasiver Korruption oder zusammenbrechenden Staatssystemen.
74 Sydow/*Johannes/Weinhold* BDSG § 81 Rn. 38.

Kapitel 7 Ergänzende Vorschriften

§ 66 Vertrauliche Meldung von Datenschutzverstößen

Der Verantwortliche hat zu ermöglichen, dass ihm vertrauliche Meldungen über in seinem Verantwortungsbereich erfolgende Verstöße gegen Datenschutzvorschriften zugeleitet werden können.

Verwandte Norm JI-RL:

Artikel 48 Meldung von Verstößen

Die Mitgliedstaaten sehen vor, dass die zuständigen Behörden wirksame Vorkehrungen treffen, um vertrauliche Meldungen über Verstöße gegen diese Richtlinie zu fördern.

Kurzübersicht zum Verhältnis der entscheidenden Normen			
Norm des DSG NRW	Entsprechende Norm der JI-RL	Entsprechende Norm des BDSG	
§ 66 DSG NRW	Art. 48 JI-RL	§ 77 BDSG	

Literatur:

Beukelmann, Schutz von Hinweisgebern, NJW-Spezial 2019, 312; *Dann/Markgraf*, Das neue Gesetz zum Schutz von Geschäftsgeheimnissen, NJW 2019, 1774; *Groß/Platzer*, Whistleblowing: Keine Klarheit beim Umgang mit Informationen und Daten, NZA 2017, 1097; *Groß/Platzer*, Richtlinie der EU zur Stärkung des Schutzes von Hinweisgebern ante portas, NZA 2018, 913; *Günther*, Öffentlichkeitsarbeit von Behörden und externes Whistleblowing durch Beamte, NVwZ 2018, 1109; *Meyer*, Whistleblowing – Zwischen Selbstregulierung und effektiver Rechtsdurchsetzung, HRRS 2018, 322; *Müller*, Whistleblowing – Ein Kündigungsgrund?, NZA 2002, 424; *Naber/Peukert/Seeger*, Arbeitsrechtliche Aspekte des Geschäftsgeheimnisgesetzes, NZA 2019, 583; *Ohly*, Das neue Geschäftsgeheimnisgesetz im Überblick, GRUR 2019, 441; *Thüsing/Fütterer/Jänsch*, Petzen ist doof, RDV 2018, 133; *Thüsing/Rombey*, Nachdenken über den Richtlinienvorschlag der EU-Kommission zum Schutz von Whistleblowern, NZG 2018, 1001; *Trebeck/Schulte-Wissermann*, Die Geheimnisschutzrichtlinie und deren Anwendbarkeit, NZA 2018, 1175.

A. Grundlagen

I. Gesamtverständnis, Zweck der Norm und Verhältnis zu anderen Normen

1 § 66 ist in Teil 3, Kapitel 7 – „Ergänzende Vorschriften“ verortet und dient der Umsetzung von Art. 48 JI-RL. Die Vorschrift findet ihr Gegenstück in § 77 BDSG auf Bundesebene. § 45 Abs. 2 Nr. 4 JVollzDSG NRW verweist für den Bereich des Justizvollzugs auf die hiesige Vorschrift.

Der Landesgesetzgeber verfährt sehr frei bei der Umsetzung von Art. 48 JI-RL. Während der Unionsgesetzgeber „**wirksame Vorkehrungen zur Förderung**" von Meldungen verlangt, genügt dem NRW-Gesetzgeber die bloße „**Ermöglichung**". Insoweit ist eine extensive Auslegung zu bevorzugen.[1] 2

Art. 48 JI-RL ist zudem in Kapitel VI verortet, welches die unabhängigen Aufsichtsbehörden zum Gegenstand hat. Intendiert sind also aus Sicht des Unionsgesetzgebers vertrauliche Meldungen an die Datenschutzaufsicht. Das DSG NRW verlagert den Anwendungsbereich demgegenüber auf Meldungen, die unmittelbar dem Verantwortlichen zugeleitet werden. § 66 regelt insoweit dem Wortlaut nach allein das **interne Whistleblowing,** nicht die Weitergabe von Informationen an andere Behörden (Datenschutzaufsicht, Fach-/Rechtsaufsicht, Staatsanwaltschaft) oder die Öffentlichkeit/Presse. 3

Die Regelungen zum Umgang mit Whistleblowern in der RL 2016/943/EU über den Schutz vertraulichen Know-hows und vertraulicher Geschäftsinformationen (**Geschäftsgeheimnisse**) vor rechtswidrigem Erwerb sowie rechtswidriger Nutzung und Offenlegung bzw. deren Umsetzung im GeschGehG können sich uU mit hiesigen Fallkonstellationen überschneiden.[2] Die Geschäftsgeheimnisse müssen dabei einen kommerziellen Wert besitzen, was insbesondere bei Auftragsverarbeitern der Fall sein kann. 4

Am 16.4.2019 ist zudem der Entwurf einer **Richtlinie zum Schutz von Personen, die Verstöße gegen das Unionsrecht melden** (COM(2018) 218 final), vom Europäischen Parlament angenommen worden (→ Rn. 18 ff.).[3] 5

II. Bisherige Rechtslage

Die Vorschrift findet keine Vorläuferregelung im alten DSG NRW. Lediglich die Anrufung der oder des LDI NRW war in § 25 Abs. 1 Hs. 2 DSG NRW aF ohne Einhalten des Dienstweges vorgesehen. Niemand durfte gem. § 25 Abs. 2 DSG NRW aF deswegen gemaßregelt oder benachteiligt werden. Die Vorgabe eines internen Hinweisgebersystems ist dagegen gänzlich neu. 6

B. Kommentierung

I. Adressat

§ 66 richtet sich an den Verantwortlichen (§ 36 Nr. 9). Die Entgegennahme von Hinweisen kann ggf. Auftragsverarbeitern im Sinne von § 36 Nr. 10 ganz oder teilweise übertragen werden, solange dabei die Vertraulichkeit gewahrt bleibt. Gemeinsam Verantwortliche gem. § 67 Nr. 2 iVm Art. 26 DS-GVO sind grundsätzlich individuell angesprochen, der **Verantwortungsbereich** im Sinne von § 66 ist hier das maßgebliche Differenzierungskriterium. Der Verantwortungsbereich kann uU **nachgeordnete Behörden** umfassen.[4] 7

1 So auch *Scheurer* in Gola/Heckmann BDSG § 77 Rn. 2; *Schwichtenberg* in Kühling/Buchner DS-GVO/BDSG § 77 Rn. 2; *Johannes/Weinhold* in Sydow BDSG § 77 Rn. 2; *Hornung/Schindler/Schneider* ZJS 2018, 566 (569).

2 Hierzu *Dann/Markgraf* NJW 2019, 1774 ff.; *Ohly* GRUR 2019, 441 ff.; *Naber/Peukert/Seeger* NZA 2019, 583 ff.; *Trebeck/Schulte-Wissermann* NZA 2018, 1175 ff.

3 Hierzu *Beukelmann* NJW-Spezial 2019, 312 ff.; *Thüsing/Rombey* NZG 2018, 1001 ff.; *Groß/Platzer* NZA 2018, 913.

4 *Herbst* in Auernhammer DS-GVO/BDSG § 77 Rn. 5.

II. Zu meldende Verstöße

8 Die Regelung erfasst alle erdenklichen Verstöße gegen die geltenden Datenschutzvorschriften im Anwendungsbereich der JI-RL. Gemeint sind nicht nur **Schutzverletzungen** iSv § 36 Nr. 12 oder **Straftaten** bzw. **Ordnungswidrigkeiten** iSv § 69, sondern sämtliche Verstöße unterhalb dieser (hohen) Schwellen. Auch auf Vorsatz und Fahrlässigkeit kommt es nicht an. Der Verantwortliche erhält hierdurch ein zutreffendes Lagebild über die Verhältnisse innerhalb seiner Behörde und kann dementsprechend reagieren.

9 **Verstöße im Anwendungsbereich der DS-GVO** bleiben hingegen zunächst außen vor, da Teil 3 des DSG NRW ausschließlich der Richtlinienumsetzung dient. Der Verantwortliche wird jedoch bei Hinweisen auf DS-GVO-widrige Vorkommnisse nicht die Augen verschließen können.

III. Vertrauliche Meldungen

10 **Vertraulichkeit** erschöpft sich hier nicht allein in dem Sinne, der § 58 Abs. 2 Satz 2 Nr. 1 iVm § 58 Abs. 3 Nr. 1 eingegeben ist (→ § 58 Rn. 21). Vielmehr soll den Hinweisgebern die Sorge genommen werden, wegen derartiger Meldungen **Nachteile** zu erleiden.[5] Eine entsprechende verbindliche Zusicherung seitens der Behördenleitung sollte daher kommuniziert werden. Ggf. bietet sich der Abschluss einer Dienstvereinbarung (§ 70 iVm § 72 Abs. 3 Nr. 2 PersVG NRW) an. Nachteile müssen auch für den Fall ausgeschlossen sein, wenn sich der Hinweis ex post als unzutreffend erweist (vorstellbare Repressalien → Rn. 19.).[6]

11 Unklar bleibt nach dem DSG-Wortlaut die funktionelle Zuständigkeit, also, wer die Meldungen konkret entgegennehmen soll. Sämtliche Behörden trifft von vornherein die Pflicht zur Bestellung von **Datenschutzbeauftragten**, welche von Gesetzeswegen einer besonderen Verschwiegenheitspflicht unterliegen (§ 67 Nr. 6 iVm Art. 37 ff. DS-GVO iVm § 31 Abs. 2 Satz 2; § 203 Abs. 4 StGB). Die Datenschutzbeauftragten scheinen daher prädestiniert zur Entgegennahme etwaiger Hinweise.[7] Vorstellbar wäre auch die Lösung über entsprechende **Ombudspersonen**, zB externe Rechtsanwälte, die ihrerseits einer Schweigepflicht unterliegen.[8]

12 Unabhängig davon, wer den initialen Zugriff auf die eingehenden Meldungen erhält, ist ggf. an die Einrichtung eines dedizierten (elektronischen) **Briefkastens** oder eine entsprechende anonyme **Portallösung** zu denken.[9]

13 Ein vertraulicher Meldeweg sollte **auskunftsfest** sein. Wird das Fehlverhalten einer Person gemeldet, darf diese nicht in der Lage sein, Whistleblower im We-

---

5 *Burghardt/Reinbacher* in BeckOK Datenschutzrecht DS-GVO/BDSG § 77 Rn. 2; *Scheurer* in Gola/Heckmann BDSG § 77 Rn. 1; *Herbst* in Auernhammer DS-GVO/BDSG § 77 Rn. 1. Zum Spannungsverhältnis von Whistleblowing und Loyalitätspflicht *Müller* NZA 2002, 424 (427).

6 Vgl. parallel hierzu § 4 d Abs. 6 FinDAG.

7 *Burghardt/Reinbacher* in BeckOK Datenschutzrecht DS-GVO/BDSG § 77 Rn. 11; *Scheurer* in Gola/Heckmann BDSG § 77 Rn. 6; *Schwichtenberg* in Kühling/Buchner DS-GVO/BDSG § 77 Rn. 4; *Paal* in Paal/Pauly DS-GVO/BDSG § 77 Rn. 5; *Herbst* in Auernhammer DS-GVO/BDSG § 77 Rn. 6; *Els* DÖD 2019, 214 (219).

8 So auch *Groß/Platzer* NZA 2017, 1097 (1099). Vgl. aber LG Bochum Beschl. v. 16.3.2016 – II-6 Qs 1/16, BeckRS 2016, 15626 zum fehlenden Beschlagnahmeschutz beim Ombudsanwalt.

9 *Herbst* in Auernhammer DS-GVO/BDSG § 77 Rn. 7; *Johannes/Weinhold* in Sydow BDSG § 77 Rn. 13..

ge der **Auskunft** (Art. 15 DS-GVO) oder des **Personalakteneinsichtsrechts** (§ 86 LBG NRW) ausfindig zu machen. Das LAG Baden-Württemberg hat jüngst entschieden, dass Mitteilungen von Hinweisgebern, denen Anonymität zugesichert worden ist, nicht zu den Personalakten zu nehmen bzw. durch Schwärzung oder eine sonstige technische Vorkehrung unkenntlich zu machen sind. Versäumt der Verantwortliche diese Anonymisierung, kann er den betroffenen Beschäftigten nicht die Einsicht in die Personalakte verweigern.[10] Art. 16 Abs. 1 der kommenden Whistleblower-Richtlinie (→ Rn. 18 ff.) zählt das Akteneinsichtsrecht der vom Hinweis betroffenen Person ebenfalls zu den basalen Verfahrensgarantien.

Die Möglichkeit vertraulicher Meldungen darf nicht nur den **Beschäftigten** des Verantwortlichen offenstehen, sondern muss auch **betroffenen Personen** oder ansonsten unbeteiligten **Dritten** eingeräumt werden.[11] 14

IV. Primat der internen Meldung?

Für Beschäftigte ist in erster Linie relevant, ob sie gehalten sind, sich zunächst an **das interne Hinweisgebersystem** zu wenden, bevor eine Datenschutz-, Rechts- oder Fachaufsichtsbehörde bzw. die Staatsanwaltschaft eingeschaltet wird. § 66 regelt zwar ausdrücklich nur das interne Whistleblowing, im Wege der unionsrechtskonformen Auslegung ist die Vorschrift jedoch auch auf das externe Whistleblowing gegenüber der Datenschutzaufsicht zu erstrecken (→ Rn. 2 f.). 15

1. Rechtsprechung

Das **BVerfG** wies bereits 2001 darauf hin, dass die Wahrnehmung **staatsbürgerlicher Rechte** gegenüber den zuständigen Behörden jedenfalls dann nicht zu einer fristlosen Kündigung oder anderweitigen Nachteilen führen darf, soweit nicht wissentlich unwahre oder leichtfertig falsche Angaben gemacht werden.[12] 16

Das **BAG** konkretisierte diesen allgemeinen Grundsatz 2003 dahin gehend, dass ein Arbeitnehmer mit der Erstattung einer Strafanzeige eine nicht nur von der Rechtsordnung erlaubte und gebilligte, sondern auch von Verfassungs wegen geforderte Möglichkeit der Rechtsverfolgung wahrnehme.[13] Demnach gebühre der innerbetrieblichen Klärung **nicht generell der Vorrang.** Eine Rücksichtnahmepflicht des Beschäftigten und eine damit einhergehende Pflicht zur innerbetrieblichen Klärung müsse insbesondere dann zurücktreten, wenn Abhilfe berechtigterweise nicht zu erwarten ist. Der **EGMR** schloss sich 2011 insoweit der Rechtsprechung des BAG an[14] und stützte sich dabei ua auf die Entschließung 1729 (2010) der Parlamentarischen Versammlung über den Schutz von Whistleblowern.[15] 17

10 LAG BW Urt. v. 20.12.2018 – 17 Sa 11/18, ZD 2019, 276.

11 *Burghardt/Reinbacher* in BeckOK Datenschutzrecht DS-GVO/BDSG § 77 Rn. 13; *Scheurer* in Gola/Heckmann BDSG § 77 Rn. 4; *Schwichtenberg* in Kühling/Buchner DS-GVO/BDSG § 77 Rn. 3; *Herbst* in Auernhammer DS-GVO/BDSG § 77 Rn. 8; *Johannes/Weinhold* in Sydow BDSG § 77 Rn. 11.

12 BVerfG Beschl. v. 2.7.2001 – 1 BvR 2049/00.

13 BAG Urt. v. 3.7.2003 – 2 AZR 235/02.

14 EGMR Urt. v. 21.7.2011 – 28274/08.

15 Vgl. auch die Entschließung des Europäischen Parlaments vom 24.10.2017 zu legitimen Maßnahmen zum Schutz von Hinweisgebern, die aus Gründen des öffentlichen Interesses vertrauliche Informationen über Unternehmen und öffentliche Einrichtungen offenlegen (2016/2224(INI)).

2. Whistleblower-Richtlinie

18 Der hiesige Themenkomplex wird künftig abgedeckt von der **Richtlinie zum Schutz von Personen, die Verstöße gegen das Unionsrecht melden.**[16] Am 16.4.2019 ist der entsprechende Entwurf[17] vom Europäischen Parlament angenommen worden. Die Richtlinie ist bis zum 15.5.2021 von den Mitgliedsstaaten umzusetzen.[18]

19 Durch einen verbesserten Hinweisgeberschutz wird das Schutzniveau der Beschäftigten im Hinblick auf soziale Rechte, faire Arbeitsbedingungen und den Kündigungsschutz angehoben. Art. 14 lit. a–n des Entwurfs listet vielfältige mögliche **Repressalien** auf, denen ein Hinweisgeber ausgesetzt sein kann. Die Whistleblower-Richtlinie untersagt ua die Suspendierung, Entlassung, Herabstufung, Versagung einer Beförderung, Gehaltsminderung, negative Leistungsbeurteilung, Ausstellung eines schlechten Arbeitszeugnisses, disziplinarische Verweise, Mobbing, die ausbleibende Entfristung, Diskriminierung u.v.m.

20 Der sachliche Anwendungsbereich der Whistleblower-Richtlinie umfasst ua gem. Art. 2 Abs. 1 lit. a Nr. x des Entwurfs ausdrücklich den **Schutz der Privatsphäre und personenbezogener Daten sowie die Sicherheit von Netz- und Informationssystemen.** Die Richtlinie ist dabei agnostisch, ob es sich um den Schutz personenbezogener Daten nach der DS-GVO, der JI-RL oder jedem anderen europäischen Regelwerk handelt.[19] Geschützt sind gem. Art. 2 Abs. 1 des Entwurfs grds. sämtliche Hinweisgeber im privaten oder öffentlichen Sektor.

21 Alle juristischen Personen im öffentlichen Bereich[20] sind gem. Art. 4 Abs. 1 des Entwurfs verpflichtet, **interne Kanäle** und Verfahren für die Übermittlung und Weiterverfolgung von Meldungen einzurichten. Parallel hierzu haben die zuständigen Behörden gem. Art. 6 Abs. 2 lit. a des Entwurfs unabhängige, autonome, sichere und die Vertraulichkeit wahrende **externe Meldekanäle** für die Entgegennahme und Bearbeitung der von Hinweisgebern übermittelten Informationen einzurichten.

22 Art. 4 Abs. 2 Satz 2 Hs. 2 sowie Art. 13 des Entwurfs stellt klar, dass der Unionsgesetzgeber grundsätzlich von der Nutzung des internen Hinweisgebersystems ausgeht. Von diesem Grundsatz gibt es allerdings zahlreiche **Ausnahmen,** etwa, wenn keine internen Meldekanäle existieren oder unbekannt sind, die Nutzung interner Kanäle wegen des Inhalts der Meldung nicht zumutbar ist oder die Wirksamkeit etwaiger Ermittlungen der zuständigen Behörden beeinträchtigt werden könnte (Verschleierung).

23 Besondere Bedeutung erlangt Art. 13 Abs. 2 lit. f des Entwurfs. Demnach ist der Hinweisgeber nicht auf interne Kanäle verwiesen, wenn er **nach dem Unionsrecht berechtigt** ist, seine Meldung auf direktem Wege durch externe Kanäle an eine zuständige Behörde zu übermitteln. So liegt es hier. Nach Art. 48 JI-RL ist unmittelbar die Meldung an die Datenschutzaufsicht berührt (→ Rn. 3).

---

16 Hierzu *Beukelmann* NJW-Spezial 2019, 312 ff.; *Thüsing/Rombey* NZG 2018, 1001 ff.; *Groß/Platzer* NZA 2018, 913.
17 COM(2018) 218 final.
18 Vgl. Art. 20 Abs. 1 des Entwurfs.
19 Vgl. Art. 3 Nr. 2 des Entwurfs.
20 Vgl. Art. 4 Abs. 6 des Entwurfs.

C. Bedeutung der Vorschrift für die behördliche Praxis

Der Verantwortliche muss entsprechende interne Meldewege einrichten und auch in angemessener Weise bekannt machen.[21] Zudem ist er gehalten, eingehende Hinweise ernsthaft zu untersuchen.[22] 24

Die verantwortlichen Stellen im Anwendungsbereich der JI-RL tun bereits jetzt gut daran, die Vorgaben der **Whistleblower-Richtlinie** (→ Rn. 18 ff.) für interne Hinweisgebersysteme zu implementieren. Hierzu gehört nach Art. 5 des Richtlinien-Entwurfs die Konzeption, die Einrichtung und der Betrieb von Meldekanälen, welche die Vertraulichkeit der Identität des Hinweisgebers wahren und nicht befugten Mitarbeitern den Zugriff verwehren (Art. 5 Abs. 1 lit. a des Entwurfs). Zudem sind Personen oder Dienststellen zu benennen, die für die entsprechenden Folgemaßnahmen zuständig sind; als angemessener zeitlicher Rahmen für die Rückmeldung an den Hinweisgeber werden drei Monate veranschlagt (Art. 5 Abs. 1 lit. b–d des Entwurfs). Die so umschriebenen Meldekanäle müssen sowohl die schriftliche Meldungsübermittlung in elektronischer oder papiergebundener Form als auch die (fern-)mündliche Kontaktaufnahme ermöglichen (Art. 5 Abs. 2 Satz 1 lit. a und b des Entwurfs). 25

Die Implementierung eines solchen Hinweisgebersystems stellt das Minimum dar, das vom Unionsgesetzgeber im Rahmen der allgemeinen Whistleblower-Richtlinie gefordert ist. Nach der spezielleren Regelung des Art. 48 JI-RL sind derartige Meldungen jedoch nicht nur zu ermöglichen, sondern expressis verbis zu **fördern**. Die Wahrung der Vertraulichkeit und effektive Folgemaßnahmen sind nur ein erster Schritt. Zu überlegen ist, ob die Beschäftigten noch stärker motiviert werden können, auf eventuelle Verstöße aufmerksam zu machen. Im Rahmen sog. **„bug bounties“** werden bspw. in der Industrie regelmäßig Prämien für die Einlieferung von Fehlern und Schwachstellen in Software ausgesetzt. 26

Verstöße gegen § 66 als solches bleiben haftungsrechtlich folgenlos. Öffentliche Stellen sind gem. § 69 iVm § 33 Abs. 4 generell vom **Bußgeld** ausgenommen. Bußgelder für Einzelpersonen wegen Verstoßes gegen § 66 sind gem. § 69 iVm § 33 Abs. 1 Satz 1 Nr. 1 ausgeschlossen, da insofern die materiell rechtswidrige Verarbeitung in den Fokus genommen wird. Das fehlende Hinweisgebersystem ist jedoch lediglich ein formeller Rechtsverstoß. Das gleiche gilt für den **Schadensersatzanspruch** gem. § 68 Abs. 1 Satz 1. 27

Ein Bruch der Vertraulichkeit eingegangener Meldungen kann hingegen je nach den Umständen des Einzelfalles als schadensersatzpflichtiger Verstoß gegen § 58 (→ § 58 Rn. 71) bzw. als meldepflichtige Schutzverletzung (→ § 59 Rn. 14 f.) angesehen werden. 28

§ 67 Ergänzende Anwendung der Verordnung (EU) 2016/679

Die Vorschriften der Verordnung (EU) 2016/679 über

1. den Datenschutz durch Technikgestaltung und durch datenschutzfreundliche Voreinstellung nach Artikel 25 Absatz 1 und 2,
2. gemeinsam für die Verarbeitung Verantwortliche gemäß Artikel 26,

21 *Scheurer* in Gola/Heckmann BDSG § 77 Rn. 8; *Herbst* in Auernhammer DS-GVO/BDSG § 77 Rn. 9; *Johannes/Weinhold* Das neue DSR bei Polizei und Justiz § 1 Rn. 328; *Johannes/Weinhold* in Sydow BDSG § 77 Rn. 14.

22 *Johannes/Weinhold* Das neue DSR bei Polizei und Justiz § 1 Rn. 327.

3. die Verarbeitungen unter der Aufsicht des Verantwortlichen oder des Auftragsverarbeiters nach Artikel 29,
4. die Zusammenarbeit mit der Aufsichtsbehörde nach Artikel 31,
5. die Benachrichtigung der von einer Verletzung des Schutzes personenbezogener Daten betroffenen Person gemäß Artikel 34,
6. die Benennung, Stellung und Aufgaben des behördlichen Datenschutzbeauftragten nach Artikel 37 bis Artikel 39,
7. die gegenseitige Amtshilfe nach Artikel 61 und
8. das Recht auf wirksamen gerichtlichen Rechtsbehelf gegen eine Aufsichtsbehörde nach Artikel 78 Absatz 1 bis 3

sowie die zu ihrer Durchführung erlassenen Vorschriften des Teils 2 dieses Gesetzes sind auf Datenverarbeitungen im Sinne von § 1 Absatz 2 dieses Gesetzes entsprechend anzuwenden.

Verwandte Norm DS-GVO:

Art. 25 Datenschutz durch Technikgestaltung und durch datenschutzfreundliche Voreinstellungen

(1) Unter Berücksichtigung des Stands der Technik, der Implementierungskosten und der Art, des Umfangs, der Umstände und der Zwecke der Verarbeitung sowie der unterschiedlichen Eintrittswahrscheinlichkeit und Schwere der mit der Verarbeitung verbundenen Risiken für die Rechte und Freiheiten natürlicher Personen trifft der Verantwortliche sowohl zum Zeitpunkt der Festlegung der Mittel für die Verarbeitung als auch zum Zeitpunkt der eigentlichen Verarbeitung geeignete technische und organisatorische Maßnahmen – wie z.B. Pseudonymisierung –, die dafür ausgelegt sind, die Datenschutzgrundsätze wie etwa Datenminimierung wirksam umzusetzen und die notwendigen Garantien in die Verarbeitung aufzunehmen, um den Anforderungen dieser Verordnung zu genügen und die Rechte der betroffenen Personen zu schützen.

(2) [1]Der Verantwortliche trifft geeignete technische und organisatorische Maßnahmen, die sicherstellen, dass durch Voreinstellung nur personenbezogene Daten, deren Verarbeitung für den jeweiligen bestimmten Verarbeitungszweck erforderlich ist, verarbeitet werden. [2]Diese Verpflichtung gilt für die Menge der erhobenen personenbezogenen Daten, den Umfang ihrer Verarbeitung, ihre Speicherfrist und ihre Zugänglichkeit. [3]Solche Maßnahmen müssen insbesondere sicherstellen, dass personenbezogene Daten durch Voreinstellungen nicht ohne Eingreifen der Person einer unbestimmten Zahl von natürlichen Personen zugänglich gemacht werden.

(...)

Art. 26 Gemeinsam Verantwortliche

(1) [1]Legen zwei oder mehr Verantwortliche gemeinsam die Zwecke der und die Mittel zur Verarbeitung fest, so sind sie gemeinsam Verantwortliche. [2]Sie legen in einer Vereinbarung in transparenter Form fest, wer von ihnen welche Verpflichtung gemäß dieser Verordnung erfüllt, insbesondere was die Wahrnehmung der Rechte der betroffenen Person angeht, und wer welchen Informationspflichten gemäß den Artikeln 13 und 14 nachkommt, sofern und soweit die jeweiligen Aufgaben der Verantwortlichen nicht durch Rechtsvorschriften der Union oder der Mitgliedstaaten, denen die Verantwortlichen unterliegen, festgelegt sind. [3]In der Vereinbarung kann eine Anlaufstelle für die betroffenen Personen angegeben werden.

(2) [1]Die Vereinbarung gemäß Absatz 1 muss die jeweiligen tatsächlichen Funktionen und Beziehungen der gemeinsam Verantwortlichen gegenüber betroffenen Personen gebührend widerspiegeln. [2]Das wesentliche der Vereinbarung wird der betroffenen Person zur Verfügung gestellt.

(3) Ungeachtet der Einzelheiten der Vereinbarung gemäß Absatz 1 kann die betroffene Person ihre Rechte im Rahmen dieser Verordnung bei und gegenüber jedem einzelnen der Verantwortlichen geltend machen.

Art. 31 Zusammenarbeit mit der Aufsichtsbehörde

Der Verantwortliche und der Auftragsverarbeiter und gegebenenfalls deren Vertreter arbeiten auf Anfrage mit der Aufsichtsbehörde bei der Erfüllung ihrer Aufgaben zusammen.

Art. 34 Benachrichtigung der von einer Verletzung des Schutzes personenbezogener Daten betroffenen Person

(1) Hat die Verletzung des Schutzes personenbezogener Daten voraussichtlich ein hohes Risiko für die persönlichen Rechte und Freiheiten natürlicher Personen zur Folge, so benachrichtigt der Verantwortliche die betroffene Person unverzüglich von der Verletzung.

(2) Die in Absatz 1 genannte Benachrichtigung der betroffenen Person beschreibt in klarer und einfacher Sprache die Art der Verletzung des Schutzes personenbezogener Daten und enthält zumindest die in Artikel 33 Absatz 3 Buchstaben b, c und d genannten Informationen und Maßnahmen.

(3) Die Benachrichtigung der betroffenen Person gemäß Absatz 1 ist nicht erforderlich, wenn eine der folgenden Bedingungen erfüllt ist:

a) der Verantwortliche geeignete technische und organisatorische Sicherheitsvorkehrungen getroffen hat und diese Vorkehrungen auf die von der Verletzung betroffenen personenbezogenen Daten angewandt wurden, insbesondere solche, durch die die personenbezogenen Daten für alle Personen, die nicht zum Zugang zu den personenbezogenen Daten befugt sind, unzugänglich gemacht werden, etwa durch Verschlüsselung;
b) der Verantwortliche durch nachfolgende Maßnahmen sichergestellt hat, dass das hohe Risiko für die Rechte und Freiheiten der betroffenen Personen gemäß Absatz 1 aller Wahrscheinlichkeit nach nicht mehr besteht;
c) dies mit einem unverhältnismäßigen Aufwand verbunden wäre. In diesem Fall hat stattdessen eine öffentliche Bekanntmachung oder eine ähnliche Maßnahme zu erfolgen, durch die die betroffenen Personen vergleichbar wirksam informiert werden.

(4) Wenn der Verantwortliche die betroffene Person nicht bereits über die Verletzung des Schutzes personenbezogener Daten benachrichtigt hat, kann die Aufsichtsbehörde unter Berücksichtigung der Wahrscheinlichkeit, mit der die Verletzung des Schutzes personenbezogener Daten zu einem hohen Risiko führt, von dem Verantwortlichen verlangen, dies nachzuholen, oder sie kann mit einem Beschluss feststellen, dass bestimmte der in Absatz 3 genannten Voraussetzungen erfüllt sind.

Art. 37 Benennung eines Datenschutzbeauftragten

(1) Der Verantwortliche und der Auftragsverarbeiter benennen auf jeden Fall einen Datenschutzbeauftragten, wenn

a) die Verarbeitung von einer Behörde oder öffentlichen Stelle durchgeführt wird, mit Ausnahme von Gerichten, soweit sie im Rahmen ihrer justiziellen Tätigkeit handeln,
b) die Kerntätigkeit des Verantwortlichen oder des Auftragsverarbeiters in der Durchführung von Verarbeitungsvorgängen besteht, welche aufgrund ihrer Art, ihres Umfangs und/oder ihrer Zwecke eine umfangreiche regelmäßige und systematische Überwachung von betroffenen Personen erforderlich machen, oder
c) die Kerntätigkeit des Verantwortlichen oder des Auftragsverarbeiters in der umfangreichen Verarbeitung besonderer Kategorien von Daten gemäß Artikel 9 oder

von personenbezogenen Daten über strafrechtliche Verurteilungen und Straftaten gemäß Artikel 10 besteht.

(2) Eine Unternehmensgruppe darf einen gemeinsamen Datenschutzbeauftragten ernennen, sofern von jeder Niederlassung aus der Datenschutzbeauftragte leicht erreicht werden kann.

(3) Falls es sich bei dem Verantwortlichen oder dem Auftragsverarbeiter um eine Behörde oder öffentliche Stelle handelt, kann für mehrere solcher Behörden oder Stellen unter Berücksichtigung ihrer Organisationsstruktur und ihrer Größe ein gemeinsamer Datenschutzbeauftragter benannt werden.

(4) [1]In anderen als den in Absatz 1 genannten Fällen können der Verantwortliche oder der Auftragsverarbeiter oder Verbände und andere Vereinigungen, die Kategorien von Verantwortlichen oder Auftragsverarbeitern vertreten, einen Datenschutzbeauftragten benennen; falls dies nach dem Recht der Union oder der Mitgliedstaaten vorgeschrieben ist, müssen sie einen solchen benennen. [2]Der Datenschutzbeauftragte kann für derartige Verbände und andere Vereinigungen, die Verantwortliche oder Auftragsverarbeiter vertreten, handeln.

(5) Der Datenschutzbeauftragte wird auf der Grundlage seiner beruflichen Qualifikation und insbesondere des Fachwissens benannt, das er auf dem Gebiet des Datenschutzrechts und der Datenschutzpraxis besitzt, sowie auf der Grundlage seiner Fähigkeit zur Erfüllung der in Artikel 39 genannten Aufgaben.

(6) Der Datenschutzbeauftragte kann Beschäftigter des Verantwortlichen oder des Auftragsverarbeiters sein oder seine Aufgaben auf der Grundlage eines Dienstleistungsvertrags erfüllen.

(7) Der Verantwortliche oder der Auftragsverarbeiter veröffentlicht die Kontaktdaten des Datenschutzbeauftragten und teilt diese Daten der Aufsichtsbehörde mit.

Art. 38 Stellung des Datenschutzbeauftragten

(1) Der Verantwortliche und der Auftragsverarbeiter stellen sicher, dass der Datenschutzbeauftragte ordnungsgemäß und frühzeitig in alle mit dem Schutz personenbezogener Daten zusammenhängenden Fragen eingebunden wird.

(2) Der Verantwortliche und der Auftragsverarbeiter unterstützen den Datenschutzbeauftragten bei der Erfüllung seiner Aufgaben gemäß Artikel 39, indem sie die für die Erfüllung dieser Aufgaben erforderlichen Ressourcen und den Zugang zu personenbezogenen Daten und Verarbeitungsvorgängen sowie die zur Erhaltung seines Fachwissens erforderlichen Ressourcen zur Verfügung stellen.

(3) [1]Der Verantwortliche und der Auftragsverarbeiter stellen sicher, dass der Datenschutzbeauftragte bei der Erfüllung seiner Aufgaben keine Anweisungen bezüglich der Ausübung dieser Aufgaben erhält. [2]Der Datenschutzbeauftragte darf von dem Verantwortlichen oder dem Auftragsverarbeiter wegen der Erfüllung seiner Aufgaben nicht abberufen oder benachteiligt werden. [3]Der Datenschutzbeauftragte berichtet unmittelbar der höchsten Managementebene des Verantwortlichen oder des Auftragsverarbeiters.

(4) Betroffene Personen können den Datenschutzbeauftragten zu allen mit der Verarbeitung ihrer personenbezogenen Daten und mit der Wahrnehmung ihrer Rechte gemäß dieser Verordnung im Zusammenhang stehenden Fragen zu Rate ziehen.

(5) Der Datenschutzbeauftragte ist nach dem Recht der Union oder der Mitgliedstaaten bei der Erfüllung seiner Aufgaben an die Wahrung der Geheimhaltung oder der Vertraulichkeit gebunden.

(6) [1]Der Datenschutzbeauftragte kann andere Aufgaben und Pflichten wahrnehmen. [2]Der Verantwortliche oder der Auftragsverarbeiter stellt sicher, dass derartige Aufgaben und Pflichten nicht zu einem Interessenkonflikt führen.

Art. 39 Aufgaben des Datenschutzbeauftragten

(1) Dem Datenschutzbeauftragten obliegen zumindest folgende Aufgaben:

a) Unterrichtung und Beratung des Verantwortlichen oder des Auftragsverarbeiters und der Beschäftigten, die Verarbeitungen durchführen, hinsichtlich ihrer Pflichten nach dieser Verordnung sowie nach sonstigen Datenschutzvorschriften der Union bzw. der Mitgliedstaaten;
b) Überwachung der Einhaltung dieser Verordnung, anderer Datenschutzvorschriften der Union bzw. der Mitgliedstaaten sowie der Strategien des Verantwortlichen oder des Auftragsverarbeiters für den Schutz personenbezogener Daten einschließlich der Zuweisung von Zuständigkeiten, der Sensibilisierung und Schulung der an den Verarbeitungsvorgängen beteiligten Mitarbeiter und der diesbezüglichen Überprüfungen;
c) Beratung – auf Anfrage – im Zusammenhang mit der Datenschutz-Folgenabschätzung und Überwachung ihrer Durchführung gemäß Artikel 35;
d) Zusammenarbeit mit der Aufsichtsbehörde;
e) Tätigkeit als Anlaufstelle für die Aufsichtsbehörde in mit der Verarbeitung zusammenhängenden Fragen, einschließlich der vorherigen Konsultation gemäß Artikel 36, und gegebenenfalls Beratung zu allen sonstigen Fragen.

(2) Der Datenschutzbeauftragte trägt bei der Erfüllung seiner Aufgaben dem mit den Verarbeitungsvorgängen verbundenen Risiko gebührend Rechnung, wobei er die Art, den Umfang, die Umstände und die Zwecke der Verarbeitung berücksichtigt.

Art. 61 Gegenseitige Amtshilfe

(1) [1]Die Aufsichtsbehörden übermitteln einander maßgebliche Informationen und gewähren einander Amtshilfe, um diese Verordnung einheitlich durchzuführen und anzuwenden, und treffen Vorkehrungen für eine wirksame Zusammenarbeit. [2]Die Amtshilfe bezieht sich insbesondere auf Auskunftsersuchen und aufsichtsbezogene Maßnahmen, beispielsweise Ersuchen um vorherige Genehmigungen und eine vorherige Konsultation, um Vornahme von Nachprüfungen und Untersuchungen.

(2) [1]Jede Aufsichtsbehörde ergreift alle geeigneten Maßnahmen, um einem Ersuchen einer anderen Aufsichtsbehörde unverzüglich und spätestens innerhalb eines Monats nach Eingang des Ersuchens nachzukommen. [2]Dazu kann insbesondere auch die Übermittlung maßgeblicher Informationen über die Durchführung einer Untersuchung gehören.

(3) [1]Amtshilfeersuchen enthalten alle erforderlichen Informationen, einschließlich Zweck und Begründung des Ersuchens. [2]Die übermittelten Informationen werden ausschließlich für den Zweck verwendet, für den sie angefordert wurden.

(4) Die ersuchte Aufsichtsbehörde lehnt das Ersuchen nur ab, wenn

a) sie für den Gegenstand des Ersuchens oder für die Maßnahmen, die sie durchführen soll, nicht zuständig ist oder
b) ein Eingehen auf das Ersuchen gegen diese Verordnung verstoßen würde oder gegen das Unionsrecht oder das Recht der Mitgliedstaaten, dem die Aufsichtsbehörde, bei der das Ersuchen eingeht, unterliegt.

(5) [1]Die ersuchte Aufsichtsbehörde informiert die ersuchende Aufsichtsbehörde über die Ergebnisse oder gegebenenfalls über den Fortgang der Maßnahmen, die getroffen wurden, um dem Ersuchen nachzukommen. [2]Die ersuchte Aufsichtsbehörde erläutert gemäß Absatz 4 die Gründe für die Ablehnung des Ersuchens.

(6) Die ersuchten Aufsichtsbehörden übermitteln die Informationen, um die von einer anderen Aufsichtsbehörde ersucht wurde, in der Regel auf elektronischem Wege unter Verwendung eines standardisierten Formats.

(7) [1]Ersuchte Aufsichtsbehörden verlangen für Maßnahmen, die sie aufgrund eines Amtshilfeersuchens getroffen haben, keine Gebühren. [2]Die Aufsichtsbehörden kön-

nen untereinander Regeln vereinbaren, um einander in Ausnahmefällen besondere aufgrund der Amtshilfe entstandene Ausgaben zu erstatten.

(8) [1]Erteilt eine ersuchte Aufsichtsbehörde nicht binnen eines Monats nach Eingang des Ersuchens einer anderen Aufsichtsbehörde die Informationen gemäß Absatz 5, so kann die ersuchende Aufsichtsbehörde eine einstweilige Maßnahme im Hoheitsgebiet ihres Mitgliedstaats gemäß Artikel 55 Absatz 1 ergreifen. [2]In diesem Fall wird von einem dringenden Handlungsbedarf gemäß Artikel 66 Absatz 1 ausgegangen, der einen im Dringlichkeitsverfahren angenommenen verbindlichen Beschluss des Ausschuss gemäß Artikel 66 Absatz 2 erforderlich macht.

(9) [1]Die Kommission kann im Wege von Durchführungsrechtsakten Form und Verfahren der Amtshilfe nach diesem Artikel und die Ausgestaltung des elektronischen Informationsaustauschs zwischen den Aufsichtsbehörden sowie zwischen den Aufsichtsbehörden und dem Ausschuss, insbesondere das in Absatz 6 des vorliegenden Artikels genannte standardisierte Format, festlegen. [2]Diese Durchführungsrechtsakte werden gemäß dem in Artikel 93 Absatz 2 genannten Prüfverfahren erlassen.

Art. 78 Recht auf wirksamen gerichtlichen Rechtsbehelf gegen eine Aufsichtsbehörde

(1) Jede natürliche oder juristische Person hat unbeschadet eines anderweitigen verwaltungsrechtlichen oder außergerichtlichen Rechtsbehelfs das Recht auf einen wirksamen gerichtlichen Rechtsbehelf gegen einen sie betreffenden rechtsverbindlichen Beschluss einer Aufsichtsbehörde.

(2) Jede betroffene Person hat unbeschadet eines anderweitigen verwaltungsrechtlichen oder außergerichtlichen Rechtbehelfs das Recht auf einen wirksamen gerichtlichen Rechtsbehelf, wenn die nach den Artikeln 55 und 56 zuständige Aufsichtsbehörde sich nicht mit einer Beschwerde befasst oder die betroffene Person nicht innerhalb von drei Monaten über den Stand oder das Ergebnis der gemäß Artikel 77 erhobenen Beschwerde in Kenntnis gesetzt hat.

(3) Für Verfahren gegen eine Aufsichtsbehörde sind die Gerichte des Mitgliedstaats zuständig, in dem die Aufsichtsbehörde ihren Sitz hat.

(4) Kommt es zu einem Verfahren gegen den Beschluss einer Aufsichtsbehörde, dem eine Stellungnahme oder ein Beschluss des Ausschusses im Rahmen des Kohärenzverfahrens vorangegangen ist, so leitet die Aufsichtsbehörde diese Stellungnahme oder diesen Beschluss dem Gericht zu.

Kurzübersicht zum Verhältnis der entscheidenden Normen			
Norm des DSG NRW	Entsprechende Norm der DS-GVO	Entsprechende Norm des BDSG	Öffnungsklausel der DS-GVO
§ 67 DSG NRW	Art. 25 Abs. 1, 2, 26, 29, 31, 37, 38, 39, 61, 78 Abs. 1–3 DS-GVO	§ 82 BDSG	

Literatur:

Bäcker, Die Datenschutzrichtlinie für Polizei und Strafjustiz und das deutsche Eingriffsrecht, in: Hill/Kugelmann/Martini (Hrsg.), Perspektiven der digitalen Lebenswelt, 2017, S. 63 ff.; *v. Lewinski*, Datenschutzaufsicht in Europa im Netzwerk, NVwZ 2017, 1483.

A. Grundlagen

I. Gesamtverständnis, Zweck der Norm und Verhältnis zu anderen Normen

§ 67 ergänzt die Verfahrens- und Organisationsregelungen bzgl. der Umsetzung der Richtlinie (EU) 2016/680 des Europäischen Parlaments und des Rates vom 27.4.2016 zum Schutz natürlicher Personen bei der Verarbeitung personenbezogener Daten durch die zuständigen Behörden zum Zweck der Verhütung, Ermittlung, Aufdeckung oder Verfolgung von Straftaten oder der Strafvollstreckung sowie zum freien Datenverkehr und zur Aufhebung des Rahmenbeschlusses 2008/977/JI des Rates (ABl. L 119 vom 4.5.2016, S. 89), der JI-Richtlinie (JI-RL) um ausgewählte Regelungen des DS-GVO und die Reglungen des ersten und zweiten Teils des DSG NRW. Dadurch werden zugleich Regelungslücken und Doppelungen vermieden. Allerdings setzt insbesondere die Inbezugnahme der Normen des DS-GVO die Lesbarkeit des Gesetzes herab. 1

II. Bisherige Rechtslage

Eine parallele Vorschrift existierte unmittelbar nicht. Die betreffenden Regelungen waren teilwiese verstreut im DSG NRW aF enthalten. 2

B. Kommentierung

Zu differenzieren ist zwischen der Erklärung der Anwendbarkeit von Normen des DS-GVO einerseits und des ersten und zweiten Teils des DSG NRW andererseits. 3

I. Anwendbarkeit von Vorschriften des DS-GVO

§ 67 nimmt ausgewählte Verfahrensbestimmungen der DS-GVO in Bezug. 4

1. Nr. 1 – Art. 25 Abs. 1, 2 DS-GVO: Datenschutz durch Technikgestaltung und durch datenschutzfreundliche Voreinstellung

5 Auch für Verarbeitungen nach der JI-RL und dem hierzu erlassenen Landesrecht ist eine technische Ausgestaltung der Datenverarbeitung sicherzustellen, die darauf ausgelegt ist, die Datenschutzgrundsätze wie etwa die Datenminimierung wirksam umzusetzen. Der Verantwortliche ist gehalten, interne Strategien festzulegen und Maßnahmen zu ergreifen, die insbesondere den Grundsätzen des Datenschutzes durch Technik (data protection by design) und durch datenschutzfreundliche Voreinstellungen (data protection by default) Genüge tun.[1]

6 Die entsprechende Ausgestaltung der Technik erfolgt nach Art. 25 Abs. 1 S. 1 DS-GVO unter Berücksichtigung des Stands der Technik, der Implementierungskosten und der Art, des Umfangs, der Umstände und der Zwecke der Verarbeitung sowie der unterschiedlichen Eintrittswahrscheinlichkeit und Schwere der mit der Verarbeitung verbundenen Risiken für die Rechte und Freiheiten natürlicher Personen.[2]

7 Mangels Existenz eines Zertifizierungsverfahrens nach Art. 42 DS-GVO für Verarbeitungen nach dem dritten Teil ist ein Verweis auch auf Art. 25 Abs. 1 DS-GVO obsolet.

2. Nr. 2 – Art. 26 DS-GVO: Gemeinsam Verantwortliche für die Verarbeitung

8 In Nr. 2 verweist § 67 auf die Zusammenarbeit mehrerer Verantwortlicher bei der Datenverarbeitung nach Art. 66 DS-GVO, wodurch sie unter der Voraussetzung der gemeinsamen Festlegung der Zwecke und der Mittel der Verarbeitung zu gemeinsamen Verantwortlichen werden. Das Datenschutzrecht räumt der von der gemeinsamen Verarbeitung betroffenen Person Rechte jeweils gegen jeden der Verantwortlichen zu, auch wenn entsprechend der Forderung des Art. 26 Abs. 2 DS-GVO erkennbar sein muss, welche Funktion welcher Verantwortlicher bei der Verarbeitung wahrgenommen hat.[3]

3. Nr. 3 – Art. 29: Verarbeitungen unter der Aufsicht des Verantwortlichen oder des Auftragsverarbeiters

9 Durch den Verweis in Nr. 3 auf § 29 DS-GVO wird sichergestellt, dass auch bei Verarbeitungen nach dem dritten Teil der jeweils Verantwortliche oder der Auftragsdatenverarbeiter weisungsberechtigt gegenüber den ihnen unterstellten Personen sein muss, die Zugang zu den zu verarbeitenden personenbezogenen Daten haben.[4]

4. Nr. 4 – Art. 31 DS-GVO: Zusammenarbeit mit der Aufsichtsbehörde

10 Auch bei Verarbeitungen nach dem dritten Teil sind gem. Nr. 4 durch Verweis auf Art. 31 DS-GVO der Verantwortliche, ggf. der Auftragsverarbeiter und deren Vertreter verpflichtet, mit der zuständigen Aufsichtsbehörde auf deren Aufforderung hin zusammenzuarbeiten.[5]

---

1 Vgl. insoweit auch Erwägungsgrund 78 zur DS-GVO.
2 Näher *Keber/Keppeler* in HK-DS-GVO/BDSG Art. 25 Rn. 19 ff.
3 Näher *Kremer* in HK-DS-GVO/BDSG Art. 26 Rn. 11 ff.
4 Näher *Kremer* in HK-DS-GVO/BDSG Art. 29 Rn. 6 ff.
5 Näher *Dietze* in HK-DS-GVO/BDSG Art. 31 Rn. 15 ff.

5. Nr. 5 – Art. 34 DS-GVO: Benachrichtigung der von einer Verletzung des Schutzes personenbezogener Daten betroffenen Person

Nr. 5 verweist auf Art. 34 DS-GVO, dem zufolge im Falle einer Verletzung datenschutzrechtlicher Vorgaben bei einem hohen Risiko für persönliche Rechte und Freiheiten der von der Verletzung betroffenen Person diese unverzüglich von der Verletzung in klarer und einfacher Sprache zu informieren ist. In Bezug genommen ist auch der Ausnahmenkatalog nach Art. 34 Abs. 3 DS-GVO. Ausnahmen von der Informationspflicht bestehen bei auf den Einzelfall angewendeten Schutzvorkehrungen, bspw. Verschlüsselung der Daten, bei Minimierung der Risiken für eine Verletzung nach Absatz 1 im Nachgang der Verletzung und bei Unverhältnismäßigkeit der persönlichen Information, die dann durch eine öffentliche Bekanntgabe ersetzt werden kann.[6] 11

6. Nr. 6 – Art. 37–39 DS-GVO: Benennung, Stellung und Aufgaben des behördlichen Datenschutzbeauftragten

Auf Grundlage der Nr. 6 sind auch die Stellen nach § 35 entsprechend der Art. 37–39 DS-GVO verpflichtet, einen Datenschutzbeauftragten zu benennen. Dessen Stellung und Aufgaben entsprechen denen bei der Verarbeitung auf Grundlage der DS-GVO.[7] 12

Im Zweifel ist davon auszugehen, dass der nach Art. 37 DS-GVO benannte Datenschutzbeauftragte personenidentisch mit dem für die Verarbeitung nach dem dritten Teil benannten Datenschutzbeauftragten sein darf, sofern innerhalb einer Stelle nach § 35 sowohl Verarbeitungen nach der DS-GVO als auch nach dem auf Grundlage der JI-RL erlassenen landesrechtlichen Vorschriften vorgenommen werden. Dies legt eine Parallele zur insoweit identischen Aufsichtsbehörde nach § 60 nahe. 13

7. Nr. 7 – Art. 61 DS-GVO: Gegenseitige Amtshilfe

Nr. 7 erstreckt die Verpflichtung zur gegenseitigen Amtshilfe und zwischen den jeweiligen Aufsichtsbehörden und den hierfür vorgegebenen Rahmen nach Art. 61 DS-GVO auch auf die Aufsichtsbehörde, die für den Bereich der Verarbeitungen nach dem dritten Teil zuständig ist.[8] 14

Gem. § 60 ist die/der Landesbeauftragte für Datenschutz und Informationsfreiheit im Land NRW sowohl für die Aufsicht nach dem zweiten wie nach dem dritten Teil zuständig (vgl. insoweit → § 60 Rn. 4 ff.) 15

8. Nr. 8 – Art. 78 Abs. 1–3 DS-GVO: Recht auf wirksamen gerichtlichen Rechtsbehelf gegen eine Aufsichtsbehörde

Nr. 8 erstreckt durch den Verweis auf Art. 78 Abs. 1–3 DS-GVO das Recht auf einen wirksamen gerichtlichen Rechtsbehelf gegen die dort genannten Handlungen und Unterlassungen der/des Landesbeauftragten auch auf solche, die auf Grundlage der Verarbeitung nach dem dritten Teil ergehen. Wie nach Art. 78 DS-GVO müssen der betroffenen Person sowohl Rechtsbehelfe im Falle der Selbstbetroffenheit durch einen Beschluss der Aufsichtsbehörde (Absatz 1), als auch im Falle der Untätigkeit nach Beschwerde (Absatz 2) zustehen. Gem. 16

6 Vgl. insoweit *Franck* in HK-DS-GVO/BDSG Art. 34 Rn. 2 ff.
7 Näher *Jaspers/Reif* in HK-DS-GVO/BDSG Art. 37 Rn. 14, Art. 38 Rn. 7 ff., Art. 39 Rn. 8 ff.
8 Vgl. *Dietze* in HK-DS-GVO/BDSG Art. 61 Rn. 10 ff.

Art. 78 Abs. 3 DS-GVO ist das innerstaatlich zuständige Gericht des Sitzstaates der Aufsichtsbehörde zuständig.[9]

17 Der Verweis auf Absatz 4 ist mangels Existenz eines Kohärenzverfahrens auf europäischer Ebene obsolet.

II. Anwendbarkeit des ersten und zweiten Teils des DSG NRW

18 Der Verweis auf den ersten und zweiten Teil des DSG NRW gerät teilweise recht pauschal. So ist bspw. § 5 zum Anwendungsbereich durch § 35 weithin verdrängt. Zudem werden zukünftig weite Teile des zweiten Teils, etwa §§ 6 ff., durch spezialgesetzliche Regelungen bspw. zur Datenübermittlung nach der StPO verdrängt werden.

19 Jedenfalls aber kann der zweite Teil eventuell bestehende Lücken bzgl. des Verfahrens schließen, die sich auf Grundlage des dritten Teils bzw. auf Grundlage spezialgesetzlicher Vorschriften ergeben.

C. Bedeutung für die behördliche Praxis

20 Für die behördliche Praxis der nach § 35 betroffenen Behörden ist die Vorschrift von erheblicher Bedeutung, da denkbare Regelungslücken im Verfahrens- und Organisationsbereich vermieden werden. Zugleich wird für die betreffenden Stellen durch eine Parallelisierung der anzuwendenden Verfahren die Fehlerquelle der teils schwierigen Abgrenzbarkeit der Datenverarbeitung auf Grundlage der DS-GVO und auf Grundlage des zur Umsetzung der JI-RL erlassenen Landesrechts minimiert.[10]

§ 68 Schadensersatz

(1) [1]Wird der betroffenen Person durch eine nach den Vorschriften dieses Gesetzes oder nach anderen Vorschriften über den Datenschutz unzulässige oder unrichtige Verarbeitung ihrer personenbezogenen Daten ein Schaden zugefügt, ist der Träger der verantwortlichen Stelle ihr zum Schadensersatz verpflichtet. [2]Die Ersatzpflicht entfällt, soweit bei einer nicht automatisierten Verarbeitung der Schaden nicht auf ein Verschulden des Verantwortlichen zurückzuführen ist.

(2) Wegen eines Schadens, der nicht Vermögensschaden ist, kann die betroffene Person eine angemessene Entschädigung in Geld verlangen.

(3) Mehrere Ersatzpflichtige haften als Gesamtschuldner.

(4) [1]Auf eine schuldhafte Mitverursachung des Schadens durch die betroffene Person sind die §§ 254 und 839 Absatz 3 des Bürgerlichen Gesetzbuchs entsprechend anzuwenden. [2]Auf die Verjährung finden die für unerlaubte Handlungen geltenden Verjährungsvorschriften des Bürgerlichen Gesetzbuchs entsprechende Anwendung.

(5) Weitergehende Schadensersatzansprüche bleiben unberührt.

---

9 Näher *Schneider* in HK-DS-GVO/BDSG Art. 78 Rn. 18 ff.
10 Vgl. zu dieser Zielsetzung des Gesetzgebers LT-Drs. 17/1981, 172.

Verwandte Norm in der DS-GVO:

Art. 82 Haftung und Recht auf Schadenersatz

(1) Jede Person, der wegen eines Verstoßes gegen diese Verordnung ein materieller oder immaterieller Schaden entstanden ist, hat Anspruch auf Schadenersatz gegen den Verantwortlichen oder gegen den Auftragsverarbeiter.

(2) [1]Jeder an einer Verarbeitung beteiligte Verantwortliche haftet für den Schaden, der durch eine nicht dieser Verordnung entsprechende Verarbeitung verursacht wurde. [2]Ein Auftragsverarbeiter haftet für den durch eine Verarbeitung verursachten Schaden nur dann, wenn er seinen speziell den Auftragsverarbeitern auferlegten Pflichten aus dieser Verordnung nicht nachgekommen ist oder unter Nichtbeachtung der rechtmäßig erteilten Anweisungen des für die Datenverarbeitung Verantwortlichen oder gegen diese Anweisungen gehandelt hat.

(3) Der Verantwortliche oder der Auftragsverarbeiter wird von der Haftung gemäß Absatz 2 befreit, wenn er nachweist, dass er in keinerlei Hinsicht für den Umstand, durch den der Schaden eingetreten ist, verantwortlich ist.

(4) Ist mehr als ein Verantwortlicher oder mehr als ein Auftragsverarbeiter bzw. sowohl ein Verantwortlicher als auch ein Auftragsverarbeiter an derselben Verarbeitung beteiligt und sind sie gemäß den Absätzen 2 und 3 für einen durch die Verarbeitung verursachten Schaden verantwortlich, so haftet jeder Verantwortliche oder jeder Auftragsverarbeiter für den gesamten Schaden, damit ein wirksamer Schadensersatz für die betroffene Person sichergestellt ist.

(5) Hat ein Verantwortlicher oder Auftragsverarbeiter gemäß Absatz 4 vollständigen Schadenersatz für den erlittenen Schaden gezahlt, so ist dieser Verantwortliche oder Auftragsverarbeiter berechtigt, von den übrigen an derselben Verarbeitung beteiligten für die Datenverarbeitung Verantwortlichen oder Auftragsverarbeitern den Teil des Schadenersatzes zurückzufordern, der unter den in Absatz 2 festgelegten Bedingungen ihrem Anteil an der Verantwortung für den Schaden entspricht.

(6) Mit Gerichtsverfahren zur Inanspruchnahme des Rechts auf Schadenersatz sind die Gerichte zu befassen, die nach den in Artikel 79 Absatz 2 genannten Rechtsvorschriften des Mitgliedstaats zuständig sind.

Kurzübersicht zum Verhältnis der entscheidenden Normen			
Norm des DSG NRW	Entsprechende Norm der DS-GVO	Entsprechende Norm des BDSG	Öffnungsklausel der DS-GVO
§ 68 DSG NRW	Art. 82 DS-GVO	§ 83 BDSG	

Literatur:

Bäcker, Die Datenschutzrichtlinie für Polizei und Strafjustiz und das deutsche Eingriffsrecht, in: Hill/Kugelmann/Martini (Hrsg.), Perspektiven der digitalen Lebenswelt, 2017, S. 63 ff.; *v. Lewinski*, Datenschutzaufsicht in Europa im Netzwerk, NVwZ 2017, 1483.

A. Grundlagen

1 § 68 regelt die Schadenersatzpflicht bei Verletzung datenschutzrechtlicher Normen bezüglich materieller und immaterieller Schäden. Zugleich wird die gesamtschuldnerische Haftung mehrerer Verursacher normiert. Zudem ist eine Regelung zum Mitverschulden des Verletzten sowie zu einem Anspruchsausschluss entsprechend den Reglungen des Amtshaftungsrechts vorgesehen.

2 Eine parallele Regelung war in § 20 DSG NRW aF enthalten. Die Regelung wird teilweise in das neue Recht übernommen.

B. Kommentierung

3 Gemäß Art. 56 JI-RL sollen die Mitgliedstaaten Regelungen erlassen, nach denen einer Person bei rechtswidriger Verarbeitung personenbezogener Daten bezogen auf Rechtsvorschriften in Umsetzung der JI-RL ein eventueller materieller oder immaterieller Schaden ersetzt werden kann. Art. 56 JI-RL lautet:

Artikel 56 Recht auf Schadenersatz

Die Mitgliedstaaten sehen vor, dass jede Person, der wegen einer rechtswidrigen Verarbeitung oder einer anderen Handlung, die gegen nach Maßgabe dieser Richtlinie erlassenen nationalen Vorschriften verstößt, ein materieller oder immaterieller Schaden entstanden ist, Recht auf Schadenersatz seitens des Verantwortlichen oder jeder sonst nach dem Recht der Mitgliedstaaten zuständigen Stelle hat.

4 Die Norm betrifft nicht die Haftung für Verstöße gegen die DS-GVO und das hierzu erlassene Recht, da insoweit vorrangig die Haftung unmittelbar nach Art. 82 DS-GVO eingreift.[1] Damit sind Verstöße vornehmlich nach §§ 35 ff. erfasst.

5 Wie bei der Haftung nach BDSG ist davon auszugehen, dass die Haftung nach § 68 den Verstoß gegen eine Schutznorm voraussetzt, also gegen eine Norm mit drittschützendem Charakter. Sofern die entsprechenden Normen zugleich objektiv-rechtlichen Charakter haben, hindert das ihren drittschützenden Charakter nicht. Als Korrektiv wird gefordert, dass im Kern der potenziell verletzten Vorschrift der Datenschutz stehen muss.[2]

6 Zentraler Ansatzpunkt ist insoweit § 37, der allgemeine Grundsätze für die Verarbeitung personenbezogener Daten im Kontext der JI-RL normiert. Hier ist davon auszugehen, dass jedenfalls § 37 Nr. 2–6 drittschützenden Charakter haben. Die Nr. 1 ist insoweit relativ unspezifisch gefasst.[3]

7 Drittschützenden Charakter können insoweit aber auch die spezielleren Vorschriften des Teils 3 haben, soweit sie die allgemeinen Grundsätze nach § 37 konkretisieren. Dies gilt beispielsweise für § 38, der die Anforderungen an eine eventuell notwendige Einwilligung formuliert. Drittschützenden Charakter haben insoweit auch §§ 39–41, 44–46, 48–51, 52, 54 und 58.

I. Absatz 1 – Schadensersatz wegen materieller Schäden

8 Voraussetzung für einen Schadensersatz ist zunächst eine unzulässige oder unrichtige Verarbeitung von personenbezogenen Daten nach diesem Gesetz oder

1 So für die Parallele Konstruktion nach BDSG *Frenzel* in Paal/Pauly BDSG § 83 Rn. 2.

2 So zu § 83 BSDG BeckOK DatenschutzR/*Quaas* BDSG § 83 Rn. 40; *Gola/Reif* in Gola/Heckmann BDSG § 83 Rn. 7.

3 Ähnlich für § 47 BDSG *Frenzel* in Paal/Pauly BDSG § 83 Rn. 6.

nach anderen Vorschriften über den Datenschutz. Der Begriff der Verarbeitung entspricht dem Begriff nach § 36 Nr. 2 (vgl. insoweit → § 36 Rn. 33 ff.). Die Verarbeitung muss unzulässig oder unrichtig, also rechtswidrig sein. Unzulässig oder unrichtig ist eine Verarbeitung, die so nicht im Gesetz angelegt ist (unzulässig) oder entgegen dem Wortlaut des Gesetzes durchgeführt wird (unrichtig).

Schäden sind finanzielle Verluste aller Art, die kausal auf den unzulässigen oder 9
unrichtigen Verarbeitungsvorgang unter Verstoß gegen eine drittschützende Norm zurückzuführen sind. Der Schadensumfang richtet sich nach §§ 249 ff. BGB; verlangt ist insoweit der Nachweis der haftungsausfüllenden Kausalität.[4]

Die Haftung ist in Entsprechung zu Art. 56 JI-RL grundsätzlich verschuldens- 10
unabhängig ausgestaltet; Art. 56 JI-RL stellt auf den Datenverarbeitungsvorgang, nicht auf die handelnde Person ab.[5] Lediglich bei nicht-automatisierter Datenverarbeitung besteht für den Verantwortlichen die Möglichkeit der Exkulpation. Der Gesetzgeber begründet die Möglichkeit dieser Haftungserleichterung damit, dass die JI-RL entsprechend § 2 Abs. 2 JI-RL nicht für die nicht-automatisierte Datenverarbeitung gelten soll;[6] dies muss mit Blick auf den genauen Wortlaut des Art. 2 Abs. 2 JI-RL insoweit klarstellend ausgelegt werden, dass die nicht-automatisierte Verarbeitung personenbezogener Daten, die nicht in einem Dateisystem gespeichert sind oder nicht gespeichert werden sollen, nicht erfasst ist.

II. Absatz 2 – Entschädigung wegen immaterieller Schäden

Absatz 2 sieht im Einklang mit Art. 57 JI-RL ausdrücklich die Entschädigung 11
wegen immaterieller Schäden vor. Hier kommen in erster Linie Verletzungen des allgemeinen Persönlichkeitsrechts in Betracht. Der Ersatz immaterieller Schäden verlangt – anders als § 20 Abs. 1 S. 2 DSG NRW aF – keine besondere Schwere der Beeinträchtigung mehr.

III. Absatz 3 – Gesamtschuldnerische Haftung

Absatz 3 ordnet bei mehreren Verantwortlichen eine gesamtschuldnerische 12
Haftung an. Für Fälle automatisierter Datenverarbeitung handelt es sich damit um eine gesamtschuldnerische Gefährdungshaftung. Die Regelung ist deutlich untechnischer als die nach § 83 Abs. 3 BDSG. Diese nimmt in Anlehnung an § 830 BGB die Möglichkeit in Bezug, dass nicht zu ermitteln ist, welcher von mehreren beteiligten Verantwortlichen den Schaden verursacht hat. Für diesen Fall sieht § 83 Abs. 3 BDSG vor, dass jeder Verantwortliche beziehungsweise sein Rechtsträger haftet. Hier soll dann aber in Anlehnung an die herrschende Meinung zu § 830 Abs. 1 BGB jedem Verantwortlichen die Möglichkeit zustehen, insbesondere mit Verweis auf das eigene Datenschutzmanagement nachzuweisen, dass er für den Schaden nicht verantwortlich ist.[7]

Für die zuvor erwähnten Fälle der nicht-automatisierten Datenverarbeitung 13
steht jedem Beteiligten für sich die Exkulpationsmöglichkeit zu.

4 So zu § 83 BDSG *Gola/Reif* in Gola/Heckmann BDSG § 83 Rn. 9.
5 So auch *Frenzel* in Paal/Pauly BDSG § 83 Rn. 9 mit entsprechenden Nachweisen.
6 Vgl. LT-Drs. 17/1981, 172 zu § 68 Abs. 1.
7 So zu § 83 BDSG *Gola/Reif* in Gola/Heckmann BDSG § 83 Rn. 11.

IV. Absatz 4 – Mitverschulden und Verjährung

14 Absatz 3 stellt klar, dass mitwirkendes Verschulden der betroffenen Person nach § 254 BGB anzurechnen ist. Anders als § 83 BDSG nimmt Absatz 3 in Anlehnung an § 20 Abs. 3 DSG NRW aF § 839 Abs. 3 BGB in Bezug. Hiernach wird in Anlehnung an die Grundsätze der Amtshaftung der Schadensersatz ausgeschlossen, wenn es die betroffene Person vorsätzlich oder fahrlässig unterlassen hat, den Schaden durch Gebrauch eines Rechtsmittels abzuwenden.

15 Letztere Regelung schränkt den in Art. 56 JI-RL insoweit unbegrenzten Schadensersatz erheblich ein. So kann die betroffene Person vor die Schwierigkeit gestellt werden, im Einzelfall nachweisen zu müssen, ob die Einlegung von Rechtsmitteln zur Abwendung des Schadens möglich war. Auch kommt der Benachrichtigung der betroffenen Person von – gegebenenfalls rechtswidrigen – Datenverarbeitungsvorgängen, einschließlich zutreffender Aufklärung über Rechtsbehelfe, erhebliche Bedeutung zu. Zu kritisieren ist aber insbesondere, dass dem Konstrukt des § 839 Abs. 3 BGB zufolge anstelle der Anrechnung anteiligen Mitverschuldens nach § 254 BGB eine Alles-oder-nichts-Regelung tritt; es ist zweifelhaft, dass dies mit dem Geist der Regelung des Art. 56 JI-RL vereinbar ist.

16 Absatz 4 S. 2 verweist für die Verjährung auf die Verjährungsvorschiften für unerlaubte Handlungen nach §§ 194 ff. BGB, also insbesondere §§ 194, 199 BGB.

V. Absatz 5 – Anderweitige Haftungsregelungen

17 Absatz 5 lässt mögliche andere Ansprüche auf Schadensersatz oder Entschädigung neben denen nach § 68 unberührt, also beispielsweise solche aus unerlaubter Handlung, §§ 823 ff. BGB, insbesondere auch aus Amtshaftung, Art. 34 GG iVm § 839 BGB.

C. Bedeutung für die behördliche Praxis

18 Für die behördliche Praxis der nach § 35 betroffenen Behörden ist die Vorschrift aufgrund der Möglichkeit der Schadensersatzpflicht wie schon nach alter Rechtslage von besonderer Bedeutung. Verschärft wird die Haftung für immaterielle Schäden insoweit, als nunmehr kein Nachweis einer besonderen Schwere mehr vonnöten ist.

§ 69 Straf- und Bußgeldvorschriften

Für die Verarbeitung personenbezogener Daten durch öffentliche Stellen im Rahmen von Tätigkeiten nach § 35 finden die §§ 33 und 34 entsprechende Anwendung.

Verwandte Norm in der DS-GVO:

Art. 83 Allgemeine Bedingungen für die Verhängung von Geldbußen

(1) Jede Aufsichtsbehörde stellt sicher, dass die Verhängung von Geldbußen gemäß diesem Artikel für Verstöße gegen diese Verordnung gemäß den Absätzen 4, 5 und 6 in jedem Einzelfall wirksam, verhältnismäßig und abschreckend ist.

(2) [1]Geldbußen werden je nach den Umständen des Einzelfalls zusätzlich zu oder anstelle von Maßnahmen nach Artikel 58 Absatz 2 Buchstaben a bis h und j verhängt.

[2]Bei der Entscheidung über die Verhängung einer Geldbuße und über deren Betrag wird in jedem Einzelfall Folgendes gebührend berücksichtigt:

a) Art, Schwere und Dauer des Verstoßes unter Berücksichtigung der Art, des Umfangs oder des Zwecks der betreffenden Verarbeitung sowie der Zahl der von der Verarbeitung betroffenen Personen und des Ausmaßes des von ihnen erlittenen Schadens;
b) Vorsätzlichkeit oder Fahrlässigkeit des Verstoßes;
c) jegliche von dem Verantwortlichen oder dem Auftragsverarbeiter getroffenen Maßnahmen zur Minderung des den betroffenen Personen entstandenen Schadens;
d) Grad der Verantwortung des Verantwortlichen oder des Auftragsverarbeiters unter Berücksichtigung der von ihnen gemäß den Artikeln 25 und 32 getroffenen technischen und organisatorischen Maßnahmen;
e) etwaige einschlägige frühere Verstöße des Verantwortlichen oder des Auftragsverarbeiters;
f) Umfang der Zusammenarbeit mit der Aufsichtsbehörde, um dem Verstoß abzuhelfen und seine möglichen nachteiligen Auswirkungen zu mindern;
g) Kategorien personenbezogener Daten, die von dem Verstoß betroffen sind;
h) Art und Weise, wie der Verstoß der Aufsichtsbehörde bekannt wurde, insbesondere ob und gegebenenfalls in welchem Umfang der Verantwortliche oder der Auftragsverarbeiter den Verstoß mitgeteilt hat;
i) Einhaltung der nach Artikel 58 Absatz 2 früher gegen den für den betreffenden Verantwortlichen oder Auftragsverarbeiter in Bezug auf denselben Gegenstand angeordneten Maßnahmen, wenn solche Maßnahmen angeordnet wurden;
j) Einhaltung von genehmigten Verhaltensregeln nach Artikel 40 oder genehmigten Zertifizierungsverfahren nach Artikel 42 und
k) jegliche anderen erschwerenden oder mildernden Umstände im jeweiligen Fall, wie unmittelbar oder mittelbar durch den Verstoß erlangte finanzielle Vorteile oder vermiedene Verluste.

(3) Verstößt ein Verantwortlicher oder ein Auftragsverarbeiter bei gleichen oder miteinander verbundenen Verarbeitungsvorgängen vorsätzlich oder fahrlässig gegen mehrere Bestimmungen dieser Verordnung, so übersteigt der Gesamtbetrag der Geldbuße nicht den Betrag für den schwerwiegendsten Verstoß.

(4) Bei Verstößen gegen die folgenden Bestimmungen werden im Einklang mit Absatz 2 Geldbußen von bis zu 10 000 000 EUR oder im Fall eines Unternehmens von bis zu 2 % seines gesamten weltweit erzielten Jahresumsatzes des vorangegangenen Geschäftsjahrs verhängt, je nachdem, welcher der Beträge höher ist:

a) die Pflichten der Verantwortlichen und der Auftragsverarbeiter gemäß den Artikeln 8, 11, 25 bis 39, 42 und 43;
b) die Pflichten der Zertifizierungsstelle gemäß den Artikeln 42 und 43;
c) die Pflichten der Überwachungsstelle gemäß Artikel 41 Absatz 4.

(5) Bei Verstößen gegen die folgenden Bestimmungen werden im Einklang mit Absatz 2 Geldbußen von bis zu 20 000 000 EUR oder im Fall eines Unternehmens von bis zu 4 % seines gesamten weltweit erzielten Jahresumsatzes des vorangegangenen Geschäftsjahrs verhängt, je nachdem, welcher der Beträge höher ist:

a) die Grundsätze für die Verarbeitung, einschließlich der Bedingungen für die Einwilligung, gemäß den Artikeln 5, 6, 7 und 9;
b) die Rechte der betroffenen Person gemäß den Artikeln 12 bis 22;
c) die Übermittlung personenbezogener Daten an einen Empfänger in einem Drittland oder an eine internationale Organisation gemäß den Artikeln 44 bis 49;
d) alle Pflichten gemäß den Rechtsvorschriften der Mitgliedstaaten, die im Rahmen des Kapitels IX erlassen wurden;

e) Nichtbefolgung einer Anweisung oder einer vorübergehenden oder endgültigen Beschränkung oder Aussetzung der Datenübermittlung durch die Aufsichtsbehörde gemäß Artikel 58 Absatz 2 oder Nichtgewährung des Zugangs unter Verstoß gegen Artikel 58 Absatz 1.

(6) Bei Nichtbefolgung einer Anweisung der Aufsichtsbehörde gemäß Artikel 58 Absatz 2 werden im Einklang mit Absatz 2 des vorliegenden Artikels Geldbußen von bis zu 20 000 000 EUR oder im Fall eines Unternehmens von bis zu 4 % seines gesamten weltweit erzielten Jahresumsatzes des vorangegangenen Geschäftsjahrs verhängt, je nachdem, welcher der Beträge höher ist.

(7) Unbeschadet der Abhilfebefugnisse der Aufsichtsbehörden gemäß Artikel 58 Absatz 2 kann jeder Mitgliedstaat Vorschriften dafür festlegen, ob und in welchem Umfang gegen Behörden und öffentliche Stellen, die in dem betreffenden Mitgliedstaat niedergelassen sind, Geldbußen verhängt werden können.

(8) Die Ausübung der eigenen Befugnisse durch eine Aufsichtsbehörde gemäß diesem Artikel muss angemessenen Verfahrensgarantien gemäß dem Unionsrecht und dem Recht der Mitgliedstaaten, einschließlich wirksamer gerichtlicher Rechtsbehelfe und ordnungsgemäßer Verfahren, unterliegen.

(9) [1]Sieht die Rechtsordnung eines Mitgliedstaats keine Geldbußen vor, kann dieser Artikel so angewandt werden, dass die Geldbuße von der zuständigen Aufsichtsbehörde in die Wege geleitet und von den zuständigen nationalen Gerichten verhängt wird, wobei sicherzustellen ist, dass diese Rechtsbehelfe wirksam sind und die gleiche Wirkung wie die von Aufsichtsbehörden verhängten Geldbußen haben. [2]In jeden Fall müssen die verhängten Geldbußen wirksam, verhältnismäßig und abschreckend sein. [3]Die betreffenden Mitgliedstaaten teilen der Kommission bis zum 25. Mai 2018 die Rechtsvorschriften mit, die sie aufgrund dieses Absatzes erlassen, sowie unverzüglich alle späteren Änderungsgesetze oder Änderungen dieser Vorschriften.

Art. 84 Sanktionen

(1) [1]Die Mitgliedstaaten legen die Vorschriften über andere Sanktionen für Verstöße gegen diese Verordnung – insbesondere für Verstöße, die keiner Geldbuße gemäß Artikel 83 unterliegen – fest und treffen alle zu deren Anwendung erforderlichen Maßnahmen. [2]Diese Sanktionen müssen wirksam, verhältnismäßig und abschreckend sein.

(2) Jeder Mitgliedstaat teilt der Kommission bis zum 25. Mai 2018 die Rechtsvorschriften, die er aufgrund von Absatz 1 erlässt, sowie unverzüglich alle späteren Änderungen dieser Vorschriften mit.

Kurzübersicht zum Verhältnis der entscheidenden Normen			
Norm des DSG NRW	Entsprechende Norm der DS-GVO	Entsprechende Norm des BDSG	Öffnungsklausel der DS-GVO
§ 69 DSG NRW	Art. 83, 84 DS-GVO	§§ 41–43, 84 BDSG	

Literatur:

Bäcker, Die Datenschutzrichtlinie für Polizei und Strafjustiz und das deutsche Eingriffsrecht, in: Hill/Kugelmann/Martini (Hrsg.), Perspektiven der digitalen Lebenswelt, 2017, S. 63 ff.; *v. Lewinski*, Datenschutzaufsicht in Europa im Netzwerk, NVwZ 2017, 1483.

A. Grundlagen

§ 69 normiert die entsprechende Anwendung der §§ 33, 34 über Geldbußen und strafrechtliche Sanktionen auf Verarbeitungen nach § 35 im Rahmen der Umsetzung der JI-RL. 1

Eine parallele Regelung war in § 34 DSG NRW aF enthalten. Dieser enthielt keinen ausdrücklichen Vorbehalt für die Verhängung von Geldbußen bezogen auf öffentliche Stellen. 2

B. Kommentierung

Gemäß Art. 57 JI-RL sollen die Mitgliedstaaten Sanktionen für Verstöße gegen mitgliedstaatliches Recht, das zur Umsetzung der JI-RL erlassen wurde, normieren. Art. 57 JI-RL lautet: 3

Artikel 57 Sanktionen

[1]Die Mitgliedstaaten legen fest, welche Sanktionen bei einem Verstoß gegen die nach dieser Richtlinie erlassenen Vorschriften zu verhängen sind, und treffen die zu deren Anwendung erforderlichen Maßnahmen. [2]Die Sanktionen müssen wirksam, verhältnismäßig und abschreckend sein.

I. Entsprechende Anwendbarkeit des § 33

§ 33 betrifft die Verhängung von Geldbußen wegen der Begehung von Ordnungswidrigkeiten (vgl. insoweit → § 33 Rn. 9 ff.). Entscheidend ist hier allerdings § 33 Abs. 4, demzufolge gegen öffentliche Stellen im Sinne von § 5 Abs. 1 (vgl. dazu → § 5 Rn. 6 ff.) Geldbußen nach Absatz 2 oder einer anderen Rechtsvorschrift über den Schutz personenbezogener Daten nicht verhängt werden. In Anbetracht der Stellen, die nach § 35 Daten verarbeiten, läuft die Vorschrift damit weitestgehend leer. 4

Dies widerspricht aber nicht Art. 57 JI-RL, der die Regelung von Sanktionen in die Macht der Mitgliedstaaten stellt. Zugleich entsteht insoweit auch kein Wertungswiderspruch zu Art. 83 DS-GVO, da die Mitgliedstaaten nach der Öffnungsklausel des Art. 83 Abs. 7 DS-GVO über die Frage, inwieweit Behörden und öffentliche Stellen Geldbußen unterworfen werden, selbst entscheiden können. 5

Auch wird anzunehmen sein, dass die Verhängung von Geldbußen gegen einzelne Bedienstete öffentlicher Stellen ausscheidet.[1] Gegen diese ist aber die Anwendung des Straftatbestandes nach § 34 möglich. Zugleich kann gegen diese auch nach § 68, ggf. auch in Anwendung der Grundsätze der Amtshaftung nach Art. 34 GG iVm § 839 BGB, vorgegangen werden. 6

Die Vorschrift entfaltet damit Wirkung allenfalls in den Fällen einer Auftragsverarbeitung durch nicht-öffentliche Stellen im Auftrag der Stellen nach § 35, so wie sie in § 52 angelegt ist. 7

II. Entsprechende Anwendbarkeit des § 34

Wie bereits ausgeführt, finden auf das Verhalten Einzelner, auch Bediensteter öffentlicher Stellen nach § 35 im Rahmen der Verarbeitung personenbezogener Daten auf Grundlage der JI-RL, § 34 entsprechende Anwendung (vgl. → § 34 Rn. 5 ff.). Eine persönliche strafrechtliche Verantwortung für Datenschutzverstöße im Bereich des nach der JI-RL erlassenen Landesrechts kann daher sanktioniert werden. 8

1 Vgl. insoweit auch *Schwartmann/Jaquemain* in HK-DS-GVO/BDSG Art. 83 Rn. 18 f.

C. Bedeutung für die behördliche Praxis

9 Für die behördliche Praxis der nach § 35 betroffenen Behörden ist die Vorschrift aufgrund der entsprechenden Anwendbarkeit von § 33 Abs. 4 von geringerer Bedeutung. Die Möglichkeit einer strafrechtlichen Verantwortung muss aber in Betracht gezogen werden.

Teil 4
Übergangsvorschrift, Einschränkung von Grundrechten, Inkrafttreten, Außerkrafttreten

§ 70 Übergangsvorschrift

(1) [1]Mit Inkrafttreten dieses Gesetzes wird das bestehende Amtsverhältnis der Landesbeauftragten für Datenschutz und Informationsfreiheit in ein solches nach diesem Gesetz überführt. [2]Ihre statusrechtliche Stellung bleibt unberührt.

(2) Abweichend von § 53 gelten bis zum 6. Mai 2023 für vor dem 6. Mai 2016 bereits eingeführte Verfahren zur automatisierten Verarbeitung von personenbezogenen Daten im Anwendungsbereich von Teil 3 dieses Gesetzes die Vorschriften über Verfahrensverzeichnisse und Dokumentationen aus den §§ 8 und 10 Absatz 3 des Datenschutzgesetzes Nordrhein-Westfalen in der Fassung der Bekanntmachung vom 9. Juni 2000 (GV. NRW. S. 542) in der bis zum 24. Mai 2018 geltenden Fassung.

(3) Abweichend von § 55 gelten bis zum 6. Mai 2023 für vor dem 6. Mai 2016 bereits eingeführte Verfahren zur automatisierten Verarbeitung von personenbezogenen Daten im Anwendungsbereich von Teil 3 dieses Gesetzes die Vorschriften über Protokollierungen nach § 10 Absatz 2 des Datenschutzgesetzes Nordrhein-Westfalen in der bis zum 24. Mai 2018 geltenden Fassung.

1 Mit § 70 Abs. 1 DSG NRW wird eine Übergangsregelung für die zum Zeitpunkt des Inkrafttretens der DS-GVO und des DSG NRW im Amt befindlichen Landesbeauftragten für Datenschutz und Informationsfreiheit geschaffen. Mit der Regelung soll auf der einen Seite die Wahlperiode der derzeitigen Landesbeauftragten für Datenschutz und Informationsfreiheit und damit die damalige Entscheidung des Landtages unangetastet bleiben.[1] Auf der anderen Seite wird ihre Stellung mit den Vorgaben der Regelungen der DS-GVO in Einklang gebracht.[2]

2 Mit § 70 Abs. 2 und 3 DSG NRW beabsichtigt der Landesgesetzgeber eine angemessene Übergangsregelung für die **Anpassung der IT-Verfahren im Behördenbereich** zu schaffen.[3] Dies ist zu begrüßen, da die Anpassung einen erheblichen Aufwand mit sich bringt und zu befürchten ist, dass ein Zwang zu einer schnellstmöglichen Umsetzung zulasten der operativen Aufgabenerfüllung führen könnte. § 70 Abs. 2 und 3 DSG NRW betreffen nur Fachverfahren öffentlicher Stellen im Anwendungsbereich des dritten Teils des DSG NRW.[4] Bis zum Ablauf der Frist sind sämtliche IT-Verfahren in NRW im Anwendungsbereich des dritten Teils des Gesetzes mit den Voraussetzungen der §§ 53 und 55 DSG

1 Vgl. LT-Drs. 17/1981, 173.
2 Vgl. LT-Drs. 17/1981, 173.
3 Vgl. LT-Drs. 17/1981, 173.
4 Vgl. LT-Drs. 17/1981, 173.

NRW in Einklang zu bringen. Grundlage für diese nationale Regelung ist § 63 Abs. 2 JI-RL. Zwar stützt sich die Gesetzesbegründung auf Art. 63 Abs. 2 DS-RL, dies wird man jedoch als Redaktionsversehen qualifizieren können.

§ 71 Einschränkung von Grundrechten

Durch dieses Gesetz werden das Grundrecht auf informationelle Selbstbestimmung und das Grundrecht auf Schutz personenbezogener Daten nach Artikel 2 Absatz 1 in Verbindung mit Artikel 1 Absatz 1 des Grundgesetzes in Verbindung mit Artikel 4 Absatz 1 und Artikel 4 Absatz 2 Satz 1 der Verfassung für das Land Nordrhein-Westfalen eingeschränkt.

Die Vorschrift des § 71 DSG NRW stellt eine Umsetzung des verfassungsrechtlich geboten Zitiergebots aus Art. 4 Abs. 1 LVerfNRW iVm Art. 19 Abs. 1 GG dar.[1] 1

§ 72 Inkrafttreten, Außerkrafttreten

[1]Dieses Gesetz tritt am 25. Mai 2018 in Kraft. [2]Gleichzeitig tritt das Datenschutzgesetz Nordrhein-Westfalen in der Fassung der Bekanntmachung vom 9. Juni 2000 außer Kraft.

Die Norm regelt das Inkrafttreten der neuen Fassung des Datenschutzgesetzes 1 Nordrhein-Westfalen[1] und das Außerkrafttreten des Datenschutzgesetzes Nordrhein-Westfalen in der Fassung der Bekanntmachung vom 9.6.2000.

Das DSG NRW nF ist dementsprechend seit dem 25.5.2018 zeitgleich mit der 2 EU-Datenschutz-Grundverordnung (DS-GVO) in Kraft getreten (vgl. Art. 99 DS-GVO)[2] und ist seitdem in Nordrhein-Westfalen anwendungspflichtig und unmittelbar verbindliches Recht für die unter anderem in § 5 DSG NRW benannten Stellen.

Hierbei ist grundsätzlich der fragmentarische und ergänzende Charakter des 3 DSG NRW, insbesondere im Hinblick auf die DS-GVO zu beachten, indem der deutsche Gesetzgeber lediglich von den Öffnungsklauseln der DS-GVO Gebrauch machen und mitgliedsstaatliche Regelungen erlassen kann.[3] In allen übrigen Fällen bleiben die Vorschriften der DS-GVO unmittelbar anwendbar.

Daneben setzt das DSG NRW die Vorgaben der JI-RL um, die gemäß Art. 64 JI- 4 RL am 5.5.2016 in Kraft getreten ist und nach Art. 63 Abs. 1 JI-RL den Mitgliedstaaten eine zweijährige Umsetzungsfrist auferlegt.[4] Diese Vorgaben hat der Landesgesetzgeber durch Teil 3 dieses Landesdatenschutzgesetzes umgesetzt.[5]

1 LT-Drs. 17/1981, 173.

1 Datenschutzgesetz Nordrhein-Westfalen (DSG NRW), Artikel 1 des Gesetzes v. 17.5.2018 (GV. NRW. S. 244).

2 Vgl. dazu HK-DS-GVO/BDSG/*Richter* Art. 99 Rn. 4 ff.

3 LT-Drs. 17/1981, 173.

4 Dazu auch *Mack* in HK-LDSG RhPf § 74 Rn. 5.

5 Vgl. dazu auch *Schwartmann/Jacquemain* RDV 5/2019, 219 (219).

Stichwortverzeichnis

Fette Zahlen bezeichnen die Paragrafen, magere die Randnummern.

FSC
www.fsc.org
MIX
Papier | Fördert gute Waldnutzung
FSC® C083411

Kolibri 360 GmbH
Ferdinand-Jühlke-Straße 7
99095 Erfurt, Deutschland
produktsicherheit@kolibri360.de